中国水电 SINOHYDRO

中国水利水电建设集团公司

年　　鉴

2012

中国水利水电建设集团公司年鉴编辑委员会

中国电力出版社

图书在版编目（CIP）数据

中国水利水电建设集团公司年鉴. 2012/《中国水利水电建设集团公司年鉴》编辑委员会编. —北京：中国电力出版社，2012.12

ISBN 978-7-5123-3807-4

Ⅰ.①中… Ⅱ.①中… Ⅲ.①水电企业-中国-2012-年鉴 Ⅳ.①F426.9-54

中国版本图书馆 CIP 数据核字（2012）第 287804 号

中国电力出版社出版、发行

（北京市东城区北京站西街 19 号 100005 http://www.cepp.sgcc.com.cn）

北京盛通印刷股份有限公司印刷

各地新华书店经售

*

2013 年 3 月第一版 2013 年 3 月北京第一次印刷

889 毫米×1194 毫米 16 开本 49.625 印张 1728 千字 19 插页

定价 **300.00** 元

领导关怀

2011年5月6日，中共中央政治局常委、国务院副总理李克强在福建省省委书记孙春兰等的陪同下，视察集团公司承建的平潭综合实验区基础设施工程项目

2011年1月11日，中共中央政治局委员、国务院副总理回良玉视察股份公司承建的刚果（金）金沙萨中心医院项目工地

2011年8月18日，中共中央政治局委员、中央政法委副书记王乐泉在青海省省委书记强卫、省长骆惠宁的陪同下，到集团公司承建的玉树灾后重建项目——下西同城镇住宅项目工地检查、指导工作

2011年11月26日上午，中共中央政治局委员、北京市市委书记刘淇和北京市市长郭金龙到水电二局有限公司承建的永定河园博湖和永定河园博园水源净化工程施工现场视察、指导工作

2011年4月12日，中共中央政治局委员、广东省省委书记汪洋考察水电八局有限公司承建的珠海竹银水库水坝工程

2011年8月29日，全国政协副主席王志珍（女）出席股份公司在肯尼亚内罗毕举办的“中非友谊井”出水仪式，并为水井揭牌

2011年4月26日，全国政协副主席李金华在全国政协委员、人口资源环境委员会副主任张基尧的陪同下，到水电十一局有限公司承建的南水北调中线陶岔渠首枢纽工程考察，并亲切慰问工程建设人员

2011年8月21日，国务院国资委主任、党委书记王勇，青海省省委书记、省人大常委会主任强卫在国务院国资委副主任黄丹华、集团公司总经理范集湘等的陪同下，到水电四局有限公司调研考察，并参观了水电四局局史展

2011年6月14日，铁道部部长、党组书记盛光祖在集团公司总经理范集湘的陪同下，视察京沪高铁西渴马1号隧道现场

2011年6月2日，国务院国资委副主任金阳在股份公司副总经理黄保东的陪同下，考察股份公司承建的印尼佳迪格德大坝项目

2011年3月13日，铁道部副部长卢春房在股份公司副总经理王彤宙的陪同下，视察京沪高铁三标段工程

2011年9月29日，国务院国资委主任、党委书记王勇，国家发展改革委副主任彭森为中国电力建设集团有限公司成立揭牌

2011年1月20日，商务部副部长钟山率中国经贸代表团考察股份公司承建的卡里巴北岸电站扩建项目

2011年5月30日，水利部副部长周英（女）检查水电十二局有限公司承建的峡江工程防汛准备工作

2011年10月18日，国务院国有企业监事会主席李志群，集团公司总经理、股份公司董事长范集湘为中国水电首次公开发行A股鸣锣开市

2011年1月21日，中国水电建设集团铁路事业部/铁路建设有限公司揭牌仪式在北京举行

水电工程

建设中的金沙江溪洛渡水电站工程（总装机容量1260万千瓦）

施工中的锦屏一级水电站（总装机容量360万千瓦）

施工中的金沙江向家坝水电站（总装机容量640万千瓦）全景

贵州北盘江光照水电站工程荣获“2011年度中国电力优质工程奖”

施工中的澜沧江功果桥水电站（总装机容量90万千瓦）

青海拉西瓦水电站主坝浇筑封顶

雅砻江官地水电站大坝雄姿

2011年3月27日，金安桥水电站（总装机容量240万千瓦）首台机组并网发电

汶川地震后修复一新的四川紫坪铺水库大坝

锦屏二级水电站闸坝工程施工现场

亭子口水电站施工全貌

溪洛渡水电站右岸地下厂房施工现场

向家坝水电站右岸地下厂房施工现场

机电安装

2011年11月12日，向家坝水电站1号机组（80万千瓦）转子吊装成功

2011年8月6日，糯扎渡水电站（9×65万千瓦）首台机组定子机架吊装就位

2011年10月8日，雅砻江官地水电站首台水轮发电机组（60万千瓦）转子吊装就位

2011年5月28日，广东惠州抽水蓄能电站（总装机容量240万千瓦）八台机组全部投产发电，图为电站厂房

2011年7月1日，大渡河泸定水电站2号机组转子吊装就位

2011年3月14日，向家坝水电站左岸电站首台机组座环开始组装

溪洛渡水电站左岸进水口2500千牛II型门机

水利工程

亭子口水利枢纽全景

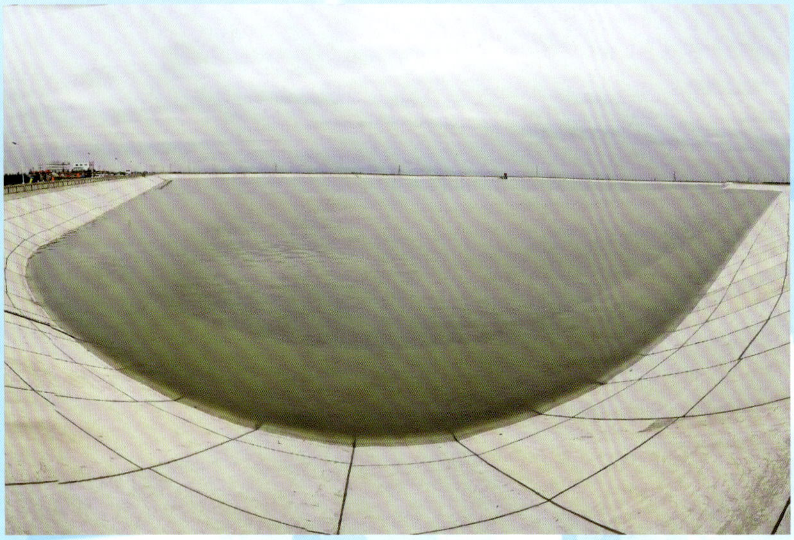

引黄入晋工程墙框堡水库全貌

新疆喀腊塑克水利枢纽工程碾压混凝土大坝

国内最大的土工膜防渗水库——金沙滩水库

珠海竹银水库

南水北调东线山东干线济南市区标段11施工标段

2011年10月19日，河南河口水库工程实现大江截流

“中国水电J09”绞吸式挖泥船在港航公司卡拉奇项目生产

港航公司皮带船在平潭项目施工

环太湖大堤加固工程

走向国际

2011年9月19日，中共中央总书记、国家主席胡锦涛和老挝人民革命党中央总书记、国家主席朱马利在中国人民大会堂共同出席了中老双边合作文件的签字仪式。股份公司签约老挝沙湾纳吉新国际机场项目

2011年8月18日，中共中央政治局常委、中央政法委书记周永康，老挝国家副主席本扬·沃拉吉共同见证老挝南乌江水电项目股东协议签约仪式

2011年9月19日，集团公司总经理范集湘在集团公司总部会见老挝国家主席朱马利

2011年7月21日，集团公司总经理范集湘在钓鱼台国宾馆拜会来华访问的喀麦隆总统保罗·比亚

2011年12月7日，柬埔寨总理洪森、股份公司副总经理孙洪水共同出席中国水电甘再BOT项目竣工仪式

2011年9月17日上午，股份公司副总经理黄保东在北京拜会贝宁总统博尼·亚伊，并进行了亲切、友好、务实的会谈

埃塞俄比亚泰克泽水电站工程荣获“2011年度中国建设工程鲁班奖（境外工程）”

安哥拉卢班戈体育场荣获“2011年度中国建设工程鲁班奖（境外工程）”

马来西亚巴贡水电站工程荣获“2011年度国家优质工程金奖”

柬埔寨甘再水电站大坝

巴基斯坦高摩赞水电站大坝

加纳布维水电站

2011年5月28日，柬埔寨科普奥斯跨海大桥合龙

马里卡伊机场扩建工程

加蓬布巴哈水电站加紧施工

阿尔及利亚布谷斯水坝工程

博茨瓦纳FR公路

缅甸耶瓦水电站

投资融资

2011年7月7日，中国水利水电建设股份有限公司与国家开发银行开发性金融合作协议签约仪式在北京举行

2011年10月18日，中国水电首次公开发行A股成功上市

内蒙古锡盟灰腾梁洪格尔风电场（贝力克风电场）

成简快速路石碑子大桥

甘肃瓜州干河口风电场

集团公司投资建设的北京“中国水电 · 北郡嘉源”保障房项目

集团公司投资建设的贵阳“观山湖1号”房地产项目

建设中的唐山“中国水电·首郡”房地产项目

北京“美立方家园”房地产项目

集团公司投资建设的长沙“星城映象”房地产项目

毛尔盖水电站（总装机容量42万千瓦）厂房

集团公司投资建设的四川沙湾水电站（总装机容量48万千瓦）

2011年3月3日，京沪高铁济南段进入联调联试阶段，图为综合检测列车以350千米/时的速度通过井子坡特大桥

2011年6月30日，京沪高铁首发列车通过水电十一局有限公司承建的钢箱系杆拱桥

2011年6月30日，京沪高铁首发列车通过集团公司承建的三标段

广东台山风电场

甘肃玉门桥湾三南风电场

股份公司承建的天津武清区还迁安置小区

云南昆明新国际机场工程

上海浦东国际机场工程

2011年9月16日，西安地铁2号线正式开通，图为水电十四局有限公司承建的市图书馆站

建成后的成简快速路龙泉山2号隧洞

贵广铁路加紧施工

2011年7月，四川省广元至巴中高速公路工程获“四川省建设工程天府杯金奖”

2011年5月20～23日，股份公司科技工作会暨科学技术委员会第三次年会在江苏省溧阳市召开

“高速铁路900t预应力混凝土简支箱梁制运架关键技术”获中国水利水电建设集团公司科技进步奖一等奖

水电八局有限公司“特大型人工砂石系统研究与应用”获中国水力发电科学技术奖一等奖，图为向家坝水电站人工砂石料加工系统

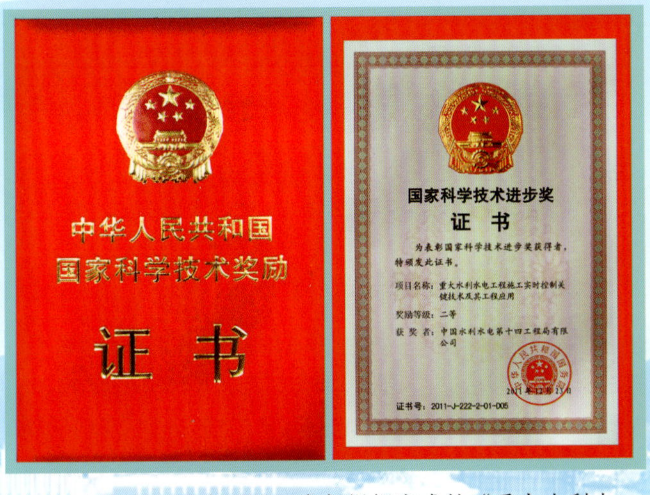

水电十四局有限公司参与组织完成的“重大水利水电工程施工实时控制关键技术及其工程应用”成果获2011年度国家科学技术进步二等奖

“超高压高精度平面链轮门制造技术研究与应用”获中国电力建设科学技术成果奖一等奖，图为小湾水电站链轮门制作现场

企业文化

2011年3月4日，中国水电3757名员工从利比亚安全、有序撤离。图为回到祖国的公司员工接受中央电视台记者采访

2011年6月26日，集团国际公司党委组织开展了卢沟桥党员教育日活动

2011年6月24日，由中国水电牵头的玉树援建四家央企参加庆祝建党90周年“红歌唱响玉树草原，彰显青年风采”红歌大赛

水电十一局有限公司老年大学书画展

《中国水利水电建设集团公司年鉴》
编 辑 委 员 会

《中国水利水电建设集团公司年鉴》
编　辑　部

编辑说明

一、《中国水利水电建设集团公司年鉴（2012）》是由中国水利水电建设集团公司（以下简称“集团公司”）主办，由集团公司总部各部门、各子公司共同参与编辑的大型资料性工具书。本卷为2012卷，总第八卷。本卷年鉴全面、系统地载录了2011年集团公司以邓小平理论、“三个代表”重要思想、科学发展观为指导，认真贯彻、落实党的十七届六中全会和中央企业负责人会议精神，围绕“建设具有较强国际竞争力的质量效益型跨国企业集团”的发展目标，按照“大集团、大土木、大市场、大品牌”的营销方式，强化巩固水利水电建设行业龙头地位、优先发展国际业务、大力开拓非水电建筑业务、积极审慎地发展资源性投资业务的战略导向，在巩固非水利水电建筑核心主业及行业领先地位的基础上，继续大力开拓国际市场，加大力度全方位开拓国内非水电建筑市场，加快培育集团公司新的经济增长点，优化业务结构，形成了国内水电、国内非水电、国际业务三足鼎立，工程承包产业与可再生能源产业协调发展的大经营新格局的历程。

本卷年鉴所载资料翔实，内容准确，具有权威性、综合性、史料性，供各界人士了解集团公司之用。

二、集团公司年鉴采用分类编辑法，按篇目、栏目、条目结构设计。全书内容横分篇目，各篇细分若干栏目，顺时纪事。栏目中的条目标题加【 】表示。本卷年鉴延续了前七卷年鉴基本框架结构，全书设12个篇目：“特载”、“文献　文件”、“专论”、“综述”、“大事记”、“集团化建设”、“科学可持续发展”、“党群工作和企业文化建设”、“检查监督”、“成员企业要览”、“人物及先进集体”、“附录”。12个篇目共设栏目302个，载录条目2262个，收录大事333条。全卷约173万字，彩版38页。

三、集团公司年鉴中，单位名称首次出现均使用全称，再次出现则使用规范简称。如中国水利水电建设集团公司，简称为“集团公司”；集团公司所属各公司如中国水利水电第一工程局有限公司，简称为“水电一局有限公司”；各控股公司如中国水电建设集团国际工程有限公司，简称为“国际公司”。

四、集团公司年鉴编纂工作实行三审制。集团公司总部各部门、各公司提供的文稿、图表由总部各部门、各公司审定，每个条目、每项资料后均在括号内注明撰稿人或供稿单位，实行文责自负；各篇目内容的编辑由相关篇目的责任编辑审定，主编负责总纂；编辑委员会部分编委终审定稿。

五、本年鉴出版得到中国电力出版社、北京地方志办公室和中国版协年鉴研究会的热情帮助，在此特表示感谢！

《中国水利水电建设集团公司年鉴》编辑委员会

2012年9月

篇　　目

目 录

第一篇 特 载

第二篇 文献 文件

第三篇　专　　论

第四篇　综　　述

第五篇　大　事　记

第六篇　集团化建设

第七篇 科学可持续发展

第八篇　党群工作和企业文化建设

第九篇　检查监督

第十篇　成员企业要览

第十一篇 人物及先进集体

第十二篇 附 录

Contents

Almanac of Sinohydro Corporation
(2012)

Chapter Ⅵ Development of Sinohydro Corporation

Chapter Ⅶ Scientific Sustainable Development

Chapter Ⅷ Corporation Culture & Organization Development

Chapter Ⅸ Inspection and Supervision

Chapter Ⅹ Group Members

Chapter Ⅺ Distinguished Individuals and Units

Chapter Ⅻ Addenda

第一篇　特　载

Chapter I Special Collection

股份公司领导调整

关于中共中国水利水电建设股份有限公司委员会常务委员会组成人员的通知

中电建党〔2012〕1号

中共中国水利水电建设股份有限公司委员会:

根据国务院国资委党委《关于同意中国水利水电建设股份有限公司领导班子人选的函》（国资党委干二〔2011〕250号）意见，经集团公司党政联席会议研究，决定:

范集湘同志任中国水利水电建设股份有限公司党委书记（兼）；

孙洪水同志任中国水利水电建设股份有限公司党委副书记（兼）；

陈永录同志任中国水利水电建设股份有限公司党委副书记、纪委书记（兼）；

宗敦峰、曾兴亮、杨忠、刘明江、丁永泉同志任中国水利水电建设股份有限公司党委常委。

袁柏松、王彤宙、李跃平、黄保东、孙璀同志不再担任中国水利水电建设股份有限公司党委常委职务。

特此通知。

中共中国电力建设集团有限公司委员会

2012年1月9日

关于中国水利水电建设股份有限公司高级管理人员职务聘免的通知

中水电股董〔2012〕1号

各公司、各部门、各事业部、各代表处：

根据国务院国资委党委《关于同意中国水利水电建设股份有限公司领导班子人选的函》（国资党委干二〔2011〕250号）意见及中国电建集团的推荐，经中国水利水电建设股份有限公司第一届董事会二十六次会议审议同意，公司董事会聘任：

孙洪水同志任中国水利水电建设股份有限公司总经理；

宗敦峰、曾兴亮、杨忠、刘明江同志任中国水利水电建设股份有限公司副总经理；

丁永泉同志任中国水利水电建设股份有限公司总会计师。

上述人员任期三年，任期自董事会表决通过之日起计算。

解聘：

袁柏松、王彤宙、李跃平、黄保东同志的中国水利水电建设股份有限公司副总经理职务，孙璀同志的中国水利水电建设股份有限公司总会计师职务。

特此通知。

中国水利水电建设股份有限公司董事会

2012年1月10日

中国水利水电建设股份有限公司领导

董事长、党委书记　范集湘

董事、总经理、党委副书记　孙洪水

党委副书记、纪委书记
监事会主席　陈永录

副总经理、党委常委　宗敦峰

副总经理、党委常委　曾兴亮

副总经理、党委常委　杨忠

副总经理、党委常委　刘明江

总会计师、党委常委　丁永泉

股份公司工作会议暨一届三次职代会

中国电建集团董事长、股份公司董事长兼党委书记范集湘讲话

中国电建集团党委常委、股份公司总经理孙洪水作工作报告

2012年2月18日，股份公司2012年工作会议暨一届三次职工代表大会在北京召开

股份公司工作会议暨一届三次职工代表大会 工作报告

在股份公司2012年工作会议暨一届三次职工代表大会上的讲话

（2012年2月18日）

范　集　湘

同志们：

这次会议是在中国电力建设集团有限公司（以下简称中国电建集团）成立、中国水利水电建设股份有限公司（以下简称股份公司）上市后召开的首次重要的工作会议。会议的主要任务是，认真贯彻落实中国电建集团2012年工作会议精神，总结2011年工作，部署2012年主要工作，以科学发展为主题，以加快转变发展方式为主线，推动股份公司平稳较快发展，为建设具有较强国际竞争力的质量效益型世界一流企业而努力。

根据会议安排，孙洪水总经理还要代表经理层就经营管理工作作工作报告，这个报告会前我已看过，我都同意，希望同志们认真贯彻落实。下面，我代表股份公司、股份公司党委讲三个方面意见。

在讲之前，我作一说明，由于股份公司是上市公司，按照资本市场监管的要求，一些具体的经营指标要经过公司内控程序后规范披露；会上提出的重大问题和重要安排，要通过董事会或股东会审定后才能生效。

一、对2011年工作的总体认识和评价

2011年是股份公司发展历史上极不平凡的一年。一年来，股份公司以科学发展观为指导，积极应对错综复杂的国内外经济形势，克服利比亚局势动荡等重大不利事件的影响，承担参与重组、实现整体上市等繁重任务，生产经营保持平稳较快增长，各项工作取得显著成效，突出表现在以下几个主要方面：

（一）主要经营指标再创历史新高，效益水平提升

2011年营业收入、利润总额、年末资产总额均创历史最好水平，全面完成国务院国资委下达的各项考核指标。按照国务院国资委制定的《中央企业综合绩效评价管理暂行办法》及《中央企业绩效评价实施细则》，对股份公司净资产收益率、总资产报酬率、销售（营业）利润率、成本费用利润率、资本收益率进行测算，公司整体盈利能力处于行业良好水平；对总资产周转率、应收账款周转率、不良资产比率、流动资产周转率、资产现金回收率进行测算，总体资产质量处于行业良好水平。这表明我们贯彻落实国务院国资委的安排部署，突出发展质量、坚持做强做优的战略决策是正确的，并且取得了实效。

（二）体制机制发生深刻变化，发展平台更高

股份公司成功登陆资本市场，实现了历史性的跨越。通过“跨越工程”的实施和上市，大大加快了体制变革的进程，实现了投资主体多元化，完善了股份公司治理结构，建立现代企业制度迈出实质性步伐；搭建了资本市场融资平台，首发上市融资135亿元，大大增强了发展后劲；成为证券监管机构严格监管的公众公司，为强化股份公司治理、强化管理、提升股份公司绩效增添了内在动力。同时，为中国电建集团分步推进整体上市搭建了平台，创造了条件。公司上市工作得到了国务院国资委、中国证监会有力的领导、支持和高度认可。

积极参与重组进入中国电建集团，发展的基础和条件进一步改善。作为重要子企业，股份公司在中国电建集团组建中发挥了重要作用，也将随之进入世界500强企业。重组后，有利于股份公司在中国电建集团统筹下，形成设计、施工、制造一体化运营的优势，创新商业模式，拓展业务领域，促进结

构优化调整，转变发展方式，提升质量效益水平；有利于发挥国际经营龙头企业作用，提高国际竞争力，股份公司的国际化经营能力将进一步提升。

（三）加快转型升级步伐，经营结构调整取得新进展

坚持以科学发展为主题，以转变发展方式为主线，继续大力推行“三个优化”，即，大力实施国际业务优先发展战略，优化市场结构；大力实施“大集团、大土木、大市场、大品牌”战略，拓展非水电基础设施市场，优化业务结构；稳健推行与主业相关的投资开发战略，优化产业结构。

2011年，国际营业收入约占总量的四分之一，利润约占总量的60%，新签合同占总量近一半，合同存量超过总量的50%，在海外的员工占总量近20%。目前在61个国家有311个在建项目，合同总额200多亿美元。与同类中央企业相比，股份公司国际经营指数相对较高，呈现出“两高一控”的特点，即营业收入占比高，利润占比高，国际经营风险总体可控，受到中央和有关部委的高度关注和认可。近些年国际经营模式转型升级效果明显，一是从提供劳务、施工承包到总承包，在产业链上的定位发生升级性改变；二是从过去单纯的服务业主收取服务费，到投资资源性项目开始经营资产。虽然离真正意义上的跨国公司尚有不小的距离，但我们的步伐在加快。这里特别强调的是，国际业务这些年的发展功不可没，作出了里程碑式的贡献，不仅支撑了股份公司的发展，扩大了知名度，提高了市场地位，而且创造了股份公司在中央企业之间相对的比较优势，难能可贵。

2011年，非水电基础设施业务收入、市场营销额与2006年相比，实现了大幅增长。投资业务资产、营业收入、利润同比增幅明显，在总量中的占比持续提升。部分子公司产业结构调整效果明显。经营结构的变化，使集团公司综合实力、抗御建筑业市场波动风险的能力逐步增强，发展的空间更为广阔。股份公司在复杂严峻的形势下保持了平稳较快增长，避免了经营上的大幅波动，这与公司近年来着力推进产业结构和业务结构调整优化所取得的成果是密不可分的。

（四）“中国水电”影响力持续提升，发展外部环境改善

一是国际影响力明显增强。2011年，股份公司组织或参与有外国元首、政府首脑出席的活动80余次，外国政府和党派高层到访56次，陪同党和国家领导人出访11次。作为中央企业，股份公司始终站在国家的高度，以经济促政治，以项目促外交，实现互利共赢，为增进国家间友好交往和互利合作作出积极贡献，得到党和国家领导人、有关部委的充分肯定。股份公司在去年利比亚人员撤离和今年苏丹被劫员工解救行动中表现突出，受到国务院国资委主要领导的充分肯定，得到各方赞誉。表明股份公司在应对海外突发事件上的动员能力、组织能力、应变能力不断增强。二是在中央企业的地位明显提升。2011年，集团公司经营业绩考核、“走出去”战略的实施、成功上市、海外党建、利比亚人员撤离、玉树灾后重建、节能减排、信息化建设等工作得到国务院国资委的肯定或表彰。水电四局有限公司代表中国水利水电建设集团公司、中国电建集团，克服重重困难，在参与玉树灾后重建的中央企业中率先完成阶段性任务，体现了中央企业坚决落实中央决策部署、关键时刻勇担重任的风范。水电四局有限公司局长王维斌同志，在灾后重建中坚守高原一线，率先垂范，以实际行动践行创先争优活动，彰显党员领导干部的先锋模范作用，感动了当地政府和群众。三是与有关部委、地方政府工作对接与合作日益深化。加强了高层互动，积极争取水利部等部委的行业指导和支持，深化了与四川、天津、甘肃、安徽、云南、青海、福建、西藏等省市区政府的合作，推动了项目的落实，拓展了市场空间，优化了经营环境，取得明显效果。四是与中央企业间的战略合作与业务合作走向深入。股份公司与多家央企建立了合作关系，实现了优势互补，开辟了新的业务领域，扩展了发展空间。五是社会影响扩大，知名度、美誉度大大提高。

（五）党的建设和反腐倡廉建设取得新成绩

坚持融入中心、服务大局。深入开展“四好”领导班子创建活动，各级班子的能力建设不断增强。加大竞争性选拔领导人员和重要岗位人员的工作力度，公开竞聘成为股份公司选拔领导人员的主要方式之一。健全党委议事规则和“三重一大”民主决策制度，发挥党委在企业重大问题决策中的重要作用，提高了决策的民主性、科学性。深入开展创先争优活动，激发党员立足岗位，发挥模范带头作用，收到了新的成效。在玉树灾后重建中，涌现出一批优秀党员、劳动模范、青年岗位能手。首次推行党建工作责任制，党建工作科学化水平得到提升。进一步加强海外党建工作，为国际业务优先发展提供了保证；大力推进学习型党组织建设，着力提高各级领导人员的素质和能力，得到中组部、国务院国资委党委的认可，并作了典型经验交流。深入推进企业文化建设，企业文化创新工程获全国电力行业与企业文化优秀成果一等奖。创新精神文明建设工

作，“三创建”活动取得新成效。股份公司被命名为全国文明单位。信息报送成果明显，信息采用数位列中央企业前列，中央领导同志对3篇稿件作了批示。宣传工作在推进上市中取得新成绩。

反腐倡廉建设深入推进。以惩防体系建设工作为主线，以党风廉政建设责任制为抓手，着力构建“五道防线”。规范庆典、研讨会、论坛活动，积极开展转变经济发展方式、推进“五项制度”的贯彻执行情况及工程建设领域突出问题治理等监督检查，开展效能监察，规范经营管理。加大对违纪违规人员的查处力度，强化了组织纪律的严肃性，提高了查办案件的惩戒和警示教育功能。

股份公司一年来的成绩显著，来之不易，这是股份公司各级领导班子带领全体员工负重自强、团结奋斗的结果，同志们为此付出了辛劳，承受了压力，经受住了考验，作出了积极贡献。借此机会，我代表公司、公司党委，向公司各级领导、管理团队和广大员工表示衷心的感谢和致以崇高的敬意！

成绩应予肯定，但问题绝不能回避。在刚刚闭幕的中国电建集团工作会议董事长讲话中阐述了五个方面的突出问题，这些问题在股份公司程度不同地存在。希望大家务必一一对照检查，自我反思，自我诊断，自我加压，下决心尽快加以解决。这里再强调一下市场营销问题。

去年，股份公司新签合同额出现多年来的首次同比下降，我们必须认真对待。这不仅表明股份公司发展的基础还不牢固，我们仍处在负重爬坡、不进则退的发展阶段，任何自满、懈怠都会带来市场无情的回应，而且反映出部分领导特别是主要负责人存在以下突出问题：一是思想解放不够、思维创新差、应势而变行动较慢；二是对转变发展方式、调整结构的危机感、紧迫感、使命感、责任感不强；三是战略执行力不强，导致公司战略层层弱化；四是学习精神不足，能力建设跟不上。这些问题在各项工作中都有表现，如在市场开拓上，对区域经济配套工程、城市基础建设项目上认识、行动跟不上，落后于有的中央建筑企业；在预算安排上，思想保守、指标落后，期望坐享其成，缺乏挑战性。这些问题首先在新签合同额上暴露出来，如果解决不及时，必然发生连锁反应。对此，我们必须高度重视。

关于存在的问题这里展开讲一下。第一，关于转变发展方式。近几年，股份公司经营保持了持续较快增长，但不少企业习惯于延续过去的路径和方法，增长靠的是投入的增加，靠的是“五个特别”的精神。对如何转变发展发式、调整结构，思考不多、谋划不够，行动跟不上。第二，关于应势而变。目前我们所处的环境更加复杂多变，比如安全问题，已经不只限于施工生产，还与政治局势、周边环境、社会治安、公共交通密切相关。再比如经营风险，以往主要是合同风险和自身运营风险，现在多种风险对我们形成挤压态势，产能闲置风险、业主支付风险、民工工资支付风险、资金断链风险等多重因素叠加。面对这些严峻挑战，有的企业还不敏感，应对措施跟不上。第三，关于领导班子能力建设。领导能力的强弱，直接决定企业能否实现科学发展，直接影响本企业数千乃至上万员工及家属的工作、生活。各级领导班子能力建设是股份公司发展能力建设的首要任务，这方面的工作我们还亟待加强。第四，关于适应国际业务的体制机制、组织架构、人才队伍建设。股份公司国际业务合同存量已占到总量的一半以上，而80％的产能仍在国内，表明股份公司国际化能力与国际业务的现实需要存在巨大反差。首先，体制机制、组织架构已经不能适应国际业务发展的需要；其次，“五支队伍”即国际化的职业经理人队伍、专业总工队伍、部门经理队伍、专业主管队伍、高技能人才队伍系统性短缺，阻碍了我们与国际接轨的进程。为什么印巴劳务、菲律宾劳务在日本、德国公司使用率高，而在我们这里使用率低？就是因为我们国际化能力较低，管不了、管不好他们，找不到感觉，只能带着自己人“走出去”。这种主要靠内生式的自给自足的生产方式占了主导地位，劳动生产率怎能提高，怎么能成为国际化的工程管理公司？问题的根源不是资金和其他硬件，仍是国际化能力偏弱。第五，关于学习。要提高能力，首先要有良好的学风。有个别领导同志，手头的日常事务做完后，就感到无事可做了，热衷于一些娱乐活动，很少安排时间学习与思考。这一问题很突出，不解决对我们的事业影响很大。

综上所述，股份公司要实现再次腾飞，必须把发展能力建设放在更加突出的位置，首先从各级班子的领导能力抓起，带动管理团队能力、职工素质的全面提升，以此作为落实科学发展观、转变发展方式的重要抓手，作为消除发展瓶颈的战略举措。

二、今年工作总体要求和需要强调的重点问题

2012年，是公司进入中国电建集团和上市后的第一年。我们面临着更加复杂严峻的国内外形势，同时又处于发展的重要战略机遇期，我们如何审时度势、扬长避短、趋利避害，实现股份公司在新阶段的新跨越，对股份公司乃至中国电建集团今后一个时期的改革发展关系重大。

2012年工作的总体要求是：坚持以科学发展

为主题，以转变发展方式为主线，全面贯彻落实中国电建集团工作会议的各项部署和要求，解放思想，应势而变，顺势勇为，狠抓落实，确保2012年各项经济指标和工作目标的全面实现，努力为电建集团平稳较快发展作出更大贡献，为建设具有较强国际竞争力的质量效益型世界一流企业集团而奋斗。

2012年主要经济指标建议值：营业收入不低于1231亿元，新签合同额不低于1550亿元，EVA考核值不低于10.5亿元，利润总额不低于50亿元，资产保值增值率不低于112%，员工人均年收入与企业发展协调增长。

按照以上总体要求，这里强调几个重点问题。

（一）着力保市场、保订单、保增长，更好更快地推动股份公司发展

到2011年底，股份公司资产总额、年营业收入、年利润总额、年新签合同额、在职员工、离退休人员分别占到中国电建集团的60%以上，同时又是中国电建集团整体上市的平台。股份公司对中国电建集团的改革发展稳定至关重要，被国务院国资委定位为中国电建集团的重要子企业。股份公司各级领导班子一定要有这样的使命感、责任感，率先树立集团意识、大局意识，主动自觉地服从战略管控，维护整体利益；率先解放思想，应势而变，顺势勇为，在转变发展方式、调整结构、提高国际竞争力上有更大作为；率先在保市场、保订单、保增长上采取新举措，瞄准先进，自我加压，以良好的业绩支撑中国电建集团平稳较快发展。我们属完全竞争性企业，聚股份公司之合力开拓市场要看得清、下手快、用实招、讲实效。

大力推进“大集团、大土木、大市场、大品牌”战略，在寻求市场增量上狠下工夫，坚决遏制市场营销额下滑的趋势。要集中力量，深度开发重点省市区和区域市场，抢抓宏观经济形势带来的新商机，在基础设施工程、工业园区项目、地铁、轨道交通、军队营区改造、房地产一级开发、保障房建造、持有和经营物业上积极作为，力争在年内取得大的突破。要积极配合做好中国电建集团市场统筹工作，发挥产业链一体化运营的优势，创新商业模式，优化传统市场的开发。各级领导班子特别是主要负责人，一定要把市场导向保订单、强化管理保发展作为重中之重的首要任务抓紧抓实抓好。股份公司在经营业绩考核及指标设计上，在领导人员管理考核上要充分考虑这一关键因素。

要从严治企，强化各项管理，采取切实有效措施，挖掘潜力，向管理要效益，向项目要效益，向存量资产要效益，通过管理防范风险，增收节支，确保完成股份公司全年经营目标。

（二）着力推进国际业务优先发展，加快提升国际竞争力

坚持“走出去”拓展发展空间的方向不动摇，坚持国际业务优先发展战略不改变。国际业务要立足新阶段，努力做到“四个结合”。

一是要将扩大规模与提高质量效益相结合。要不断优化结构，创新商业模式和经营方式，在着力提升现汇承包业务核心竞争力的基础上，向产业链中高端环节、高附加值服务升级，积极创建国际承包业务和融投资业务协同并进的新格局，逐步实现服务业主和经营资产的相互支撑、有机结合的新业态。我们将率先在国际业务上建立规划、设计、施工一体化运营的商业模式，进一步放大既有优势，提高国际经营的质量效益。要强化区域总部建设，优化资源配置，使营销力量、管理力量最大程度前移，把“他乡当故乡”，提高运营效率，推进国际经营的本土化。

二是将服务国家战略与提升企业国际竞争力相结合。国际经营一定要服务国家的政治外交，服务国家的能源资源战略，服务公司的发展战略，确保方向正确。要自觉维护国家利益，正确处理国家和企业的关系，将国际业务的发展与国家的外交经济政策联系起来。一定意义上讲，在海外中国企业的品牌就是国家的品牌，企业的业绩就是国家的业绩，企业的利益就是国家的利益，企业的风险就是国家的风险，企业员工的表现代表中国人的表现。中国企业“走出去”，一定要忠诚国家，自觉维护国家利益和形象。要用好国家关于“走出去”战略的政策，大力推动政府互惠项目、合作项目、双优项目、一揽子项目，积极参与中外资源、能源合作，使工程承包业务与国家能源资源战略有机结合。

三是将加快步伐与提升能力、防控风险相结合。要在总结和反思的基础上，结合每家子公司实际，准确定位、量力而行，大力支持有条件、有能力的子公司优先发展国际，不能一哄而起“走出去”。子公司一定要加强国际化经营能力的建设，超前投入必要成本，主动改变自己，适应性地全面与国际接轨，最大可能避免走同样的弯路、交同样的学费。这方面的教训是深刻的。要敢于、善于吸纳国际上高端人才为我所用，以最快速度弥补我们的短板，减少不必要的损失。切实强化境外资产监管，确保资产安全。对国有企业监事会去年年末提出的检查整改意见，我们要认真落实、限期整改到位，同时分析主要原因，举一反三，加强管理。加大对一些重点项目的指导、支持、监控、整改力度，避免重大经营风险的发生。要系统地研究国际业务主要结算货币的利率和汇率变动，提高对当前不确定的国际金融环境的应对能力，前瞻性地规避转移风险。高度重视防范政治、安全风险，健全应急机制，切实保障海外员工人身和财产安全。

四是将自身发展与他国（方）发展有机结合，努力实现互利共赢。要充分利用“两个市场”、“两种资源”，加大与互补性强、合作空间大的中央企业、金融机构、国际知名企业、所在国当地企业的合作力度，相互促进，共同发展。要进一步完善境外企业社会责任工作体系，树立依法合规、诚实守信的经营理念，积极推进属地化经营管理，注重环境保护，积极参与当地社会公益事业，提高对当地经济社会发展的贡献度，推动与当地文化的交流与融合，树立起负责企业的良好形象。要做到两个牢记：一是牢记国家和企业自身利益，二是牢记当地国家、企业和民众的利益，二者有机结合，不能偏废，否则风险巨大，国际经营事业将难以可持续发展。

（三）着力适应资本市场需要，做强做优上市公司

成功上市为股份公司发展创造了新的契机，但绝非一劳永逸。面对资本市场，我们还存在一些不适应的地方，面临着诸多考验。一是要按照中国电建集团的统一安排，积极配合做好相关业务资产注入上市公司的工作，兑现股份公司对资本市场的承诺，妥善解决同业竞争、关联交易问题。二是依法规范运作，将资本市场的法律法规要求转化为股份公司重大决策、日常经营管理的行为准则，完善各司其职、有效制衡、科学决策、高效运作的治理结构，进一步提高股份公司治理水平。三是加强企业内部控制规范体系建设。按照中国证监会的要求，制定全面内部控制建设发展规划，建立以价值为导向的内部控制体系并与现有管理体系有效衔接，提高上市公司质量。四是正确处理投资者关系，规范行使大股东的权利，形成对全体股东负责的文化。持续提升上市公司的业绩，增强投资者的价值投资信心，做一个对资本市场、对股东负责任的上市公司。五是切实加强信息披露工作。要落实内部重大事项报告制度，依法进行信息披露，提高股份公司运营的透明度，自觉接受监督。要按照上市公司财务管理要求，严格执行企业会计准则及相关规定，提高会计信息质量。

三、加强党建工作和反腐倡廉建设，将政治优势转化为企业发展能力

认真贯彻落实党的十七届五中、六中全会精神和全国国有企业党建工作会议精神，紧紧抓住以改革创新精神做好企业党建工作这条主线，以继续推行党建工作责任制、建立党建工作完整的制度体系两项基础工作为重点，结合实际，努力创新，注重务实，促进发展，全面提高党建工作科学化水平，推动股份公司党建工作再上一个新台阶，着力将中央企业的政治优势转化为企业的发展能力。

以改革创新的精神加强领导班子建设。坚持把党管干部的原则与维护企业行政领导用人权结合起来，加大竞争性选拔经营管理者的力度，健全领导人员选拔、任用、管理的新机制。进一步深化“四好”领导班子建设，深入推进学习型党组织建设，从严教育、从严要求、从严管理、从严监督各级领导班子，着力提高各级领导的综合素质和领导能力，强化领导班子的整体功能。股份公司领导班子已调整到位，要尽快地成为股份公司生产经营管理的强有力的领导中心、指挥中心。各级领导要增强组织意识、纪律意识，强化战略执行力，充分地支持股份公司班子的工作。

最近国务院国资委发文对如何授权央企主要负责人加强班子成员的管理考核奖惩作出安排，这一安排对央企二级企业班子管理同样是适用的。有的子公司主要负责人反映，企业班子成员由上级聘用，一定程度上带来难管副职、副职难管的问题。有的副职在本岗位时间久了，审美疲劳，缺乏激情，不在状态；有的副职定位不准，组织原则不强，对正职负责的意识不够，但主要负责人又感到缺乏有效的管理手段。有的副职反映，主要负责人思路不清，缺乏系统思考，与副职交流沟通不够，自己想干的事就抓的很紧，不想干的事情置之不管。这些问题已经影响到班子的整体领导能力和执行力。作为企业主要负责人，首先，要做到发展思路清晰，部署安排工作要有全局观念、系统意识，岗位的责权利关系一定要清楚。其次，要履行好管理班子的责任。对副职的工作要检查、监督，听取汇报、要求述职，要通过制度对副职进行考核，根据考核结果敢于兑现奖惩，对不在状态的要敢于提出批评或向上级组织报告处理。第三，要心胸坦荡、“五湖四海”、作风正派，以良好的个人修养与人格魅力服人。第四，要敢于担当，有胆有识。作为副职，要正确定位、准确到位、服从管理，充满激情、主动担责、良好履职。股份公司将对企业领导人员管理办法修改完善，着力加强各级领导班子建设，以增强整体功能。

落实党委班子抓党建、党政领导一岗双责的要求，加强子公司党建工作责任制的体系建设，努力提高党建工作制度化、科学化水平。落实加强国内

项目、海外项目党建工作的指导意见，推进海外党建"123创新工程"。以评选"四好"党委、"五好"党支部、党员争当"五个模范"为主要内容，以重点项目为载体，深入开展创先争优活动。突出实践特色，抓好关键环节，推进企业文化建设迈上新台阶。

加强反腐倡廉建设，为股份公司健康有序发展提供有力保障。以惩防体系建设为主线，以党风廉政建设责任制为抓手，以规范权力运行为核心，全面完成惩防体系建设年度目标及2008～2012年工作规划任务；强化主要负责人"一岗双责"的领导责任，严格执行"三重一大"决策制度，提高各级领导人员廉洁从业和依法依规正确履职的意识；加强监督检查，认真开展效能监察和专项治理工作，进一步促进各项管理制度在基层、项目部的全面执行；严肃查处各种违纪违规行为，确保股份公司反腐倡廉建设各项任务的全面落实；认真落实中纪委的要求，切实加强纪检监察组织建设。

同志们，我们站在一个新的历史起点上，肩负着承前启后、继往开来的历史重任。让我们在国务院国资委和中国电建集团的坚强领导下，解放思想，统一思想，顺势勇为，扎实工作，确保股份公司平稳较快发展，努力建设具有较强国际竞争力的质量效益型世界一流企业，以优异成绩迎接党的十八大召开！

奋力开拓市场　提升经营质量　确保股份公司实现平稳较快发展

——在股份公司2012年工作会议暨一届三次职工代表大会上的工作报告

（2012年2月18日）

孙　洪　水

各位董事、各位职工代表、同志们：

现在，我代表股份公司经理层，向股份公司2012年工作会议暨一届三次职工代表大会作工作报告，请予审议。工作报告提及的有关经营数据，以今后提交董事会审定的为准。

一、2011年股份公司改革发展取得的显著成效

2011年是股份公司发展历程中具有重大里程碑意义的一年。股份公司成功登陆资本市场，由一家国有全资企业转变为一家公众上市公司，同时通过参与电力一体化重组，随同中国电建集团站在了世界500强企业的更高发展平台，向建设具有较强国际竞争力的质量效益型世界一流公司迈进了一大步。股份公司以总营业收入位列ENR最大225家全球承包商第15位，较上年度排名前进11位，在全部上榜的39家中国企业中排名第6位；以海外营业收入位列ENR美国最大225家国际承包商第24位，提高17位，在全部上榜51家中国企业中排名第3位。在2011年里，股份公司始终坚持科学发展观，切实贯彻落实国务院国资委和中国电建集团的安排部署，加快转变发展方式，突出结构的调整优化，突出增强国际竞争力，突出发展的质量效益，突出整体素质的全面提高，确保了股份公司的持续健康发展。

（一）总体经营实现持续增长，经营成效显著

营业收入1134.71亿元，同比增长11.80%。其中：国内水电建筑业务收入487.23亿元，占总收入的42.94%，同比增长24.58%；国际业务收入288.49亿元，占总收入的25.42%；房地产收入30.08亿元，占总收入的21.19%。电力生产等其他业务共收入37.52亿元，占总收入的3.31%。

利润总额49.87亿元，同比增长23.62%。营业收入利润率4.39%；成本费用利润率4.61%；净资产收益率（不包含少数股东权益）19.02%；国有资产保值增值率121.53%。全员劳动生产率86.51万元/（人·年），同比增长12.1%；在岗员工人均工资59 091元/年，同比增长22.3%。

新签合同1278.5亿元，同比减少4.8%。其中：国内水电建筑业务421.3亿元，占新签合同的32.3%，同比减少15.6%。国内非水电建筑业务268.7亿元，占新签合同的21%，同比减少11.7%。

国际业务597.5亿元，占新签合同的46.7%，同比增长8.5%。

合同存量为2424.84亿元，同比增长13.48%。其中：国内水电建筑业务合同存量848.9亿元，占合同存量的35%；国内非水电建筑业务合同存量332.7亿元，占合同存量的13.7%；国际业务合同存量1243.22亿元，占合同存量的51.3%，同比增长27.1%。

（二）改革进一步深化，股份公司治理结构和经营机制进一步优化

股份公司成功首发上市。经过四年多的不懈努力，股份公司成功实现首发上市，登陆资本市场，成为年内A股最大的IPO，实现了历史性的跨越，完成了由传统国有独资企业向公众公司和上市公司的转变，这是股份公司改革发展的重大成就。通过首发上市，股份公司融资135亿元，改善了财务状况，降低了财务费用，使股份公司的资产结构更加优良，融资渠道更加多元，赢利能力和投融资能力进一步提升；形成了符合上市公司要求的决策、运作机制和管控体系，股份公司治理结构更加规范；为中国电建集团整体上市搭建了平台，为股份公司的可持续发展加快建设具有较强国际竞争力的世界一流公司奠定了良好基础。

顺利完成了参与施工设计一体化重组的各项任务。重组期间，股份公司领导和总部各部门人员做到一岗双责，确保了重组工作的顺利实施和经营管理工作的持续开展。股份公司作为电建集团的重要子公司。总资产、营业收入、利润总额、员工人数分别占中国电建集团总数的60%以上，对中国电建集团的发展具有重要的不可替代的支撑作用。重组实现了规划、勘测、设计、施工、制造、运营一体化整合，必将带来股份公司竞争力的系统性提高，特别是有助于大大提升股份公司的国际市场竞争力和总承包能力。

子公司重组整合成功启动，改革进一步深化。实现了辽宁水电工程局有限公司与水电六局有限公司的重组整合，这是解决子企业同质化问题的一次成功尝试，有利于促进股份公司内部管理体制改革的进一步深化，对推进子公司的重组整合、优化区域布局、提升股份公司的系统性竞争能力具有标志性意义。子公司的厂办大集体改革工作正在积极有序推进。一些子企业内部管理体制改革继续深化，作业队伍管理模式创新取得新进展，劳动用工机制进一步创新。

（三）市场结构、业务结构、产业结构进一步调整，经营质量进一步提高

继续推进结构调整优化和战略转型升级战略，股份公司的市场结构、业务结构和产业结构进一步调整，国际市场进一步拓展，投资业务稳步发展，建筑、投融资、房地产等多产业发展格局进一步优化。

水电建筑核心主业地位得到巩固。实现了营业收入和利润的稳步增长。中标了白鹤滩、猴子岩等一批重大水电项目，溪洛渡、锦屏一级、锦屏二级、长河坝等水电项目施工进展顺利，南水北调穿黄隧道主体工程如期完工，完成机组安装75台共438万千瓦，向家坝电站世界首台80万千瓦机组成功安装。公司在水电建筑行业的排头兵地位进一步巩固。

国际业务优先发展战略继续推进。在全球经济形势低靡的大环境下，股份公司国际业务保持了持续发展态势。经营质量效益同比进一步提高，实现利润33.77亿元。国际经营的层次和质量进一步提高，经营规模在公司整体业务中的比重进一步提高，对股份公司稳步发展的价值贡献率更加凸显。国际市场结构进一步调整优化，国际经营市场稳步扩张，新开辟了毛里求斯、乍得、莱索托、南苏丹、哥斯达黎加、洪都拉斯6个国别市场，形成了东南亚、北非、东非、中东等区域化的相对稳定市场和安哥拉、卡塔尔、苏丹和印尼等项目群国别市场。目前，股份公司在62个国家有311个海外在建项目，合同总额263.41亿美元。国际业务基本形成了以水电为核心的“大土木、大建筑”格局，业务拓展到火电、机场、路桥、市政、房建、疏浚吹填与港航、矿业等领域。

非水电建筑业务发展战略继续推进。股份公司成立了铁路事业部，构建了开拓铁路市场的组织体系并初步建立了经营管理体系。京沪高铁建设任务圆满完成。石济客运专线黄河特大桥胜利完工。在诸多外部不利因素叠加，形势十分严峻的情况下，积极调整工作思路和工作重点，大力推动子公司大力开拓城市轨道交通、基础设施、公路等非水电建筑市场。中标了新疆阿喀高速公路、唐津高速公路、西安地铁四号线等项目。总体来看，虽然非水电建筑市场营销额同比有所减少，但经营质量有所提高。

投资业务继续稳步推进。股份公司产业结构调整进一步深化和优化，水、火、风电等能源投资和房地产、基础设施等投资持续扩大，占股份公司资产额的比重进一步提高，投资业务结构日趋合理，进一步增强了股份公司的持续盈利能力和防御建筑业系统性风险的能力。年内共完成投资约181.07亿元，其中电力约占36.6%、房地产约占34.34%、基础设施约占9.55%。全年实现投资收入约77.38亿元，同比增长近40%。实现利润约8.73亿元，同比

增长约8.37%，在总收入和总利润的占比进一步提高。四川公司安谷水电站建设取得实质性进展，毛尔盖水电站提前8个月发电，沙湾水电站、岷江航电等进展顺利；甘肃崇信火电项目投产运营，并取得储量14.4亿吨的灵台煤矿开采权，西北坑口煤电一体开发取得阶段性进展；房地产市场积极应对国家宏观调控政策影响，较好地完成了计划任务，利润首次突破4亿元，新开工面积及在建面积均创历史新高。开发土地储备进一步增加，新增北京"云立方"、长沙"暮云"等项目约864亩土地；基础设施开发取得较快发展，新增投资额约13亿元；国外水电项目开发稳步推进，首个海外投资BOT项目甘再水电站竣工发电，老挝甘蒙塔克水泥厂运行良好；在建的甘肃瓜州20万千瓦和内蒙古二期5万千瓦风电项目都实现了提前发电目标。

（四）科技创新持续推进，科技成果丰硕

股份公司大力实施建设行业科技领先型企业战略，以全面推进科技工作上水平为目标，继续完善科技创新体系建设，扎实开展科技立项、科技奖励、科技考核工作，继续推进企业知识产权和标准化工作。科技成果丰硕，取得了一批具有国际领先和先进水平的科研成果，特别是高速铁路的系列技术成果；全年新获得专利授权103项，其中发明专利17项，国家工法12项，省部级工法84项；获得国家科技进步奖二等奖1项，水力发电科技奖一等奖2项，中国电力科技奖二等奖2项，国家能源科技奖一等奖2项。

（五）企业管理进一步强化，经营活动和企业风险总体受控

战略管理和经营管控继续推进。股份公司在认真总结"十一五"规划工作及其完成情况的基础上，根据宏观经济形势和外部环境变化，修订了股份公司"十二五"规划及三年（2010～2012）滚动规划。新的发展规划更符合股份公司的实际，具体实施计划和措施更切实可行。各层级的管理体制和经营机制进行了微观上的革新优化，经营管控措施进一步跟进落实，基础管理工作有所加强，经营管理活动总体受控。

全面风险管理与内部控制体系建设取得重要成果。股份公司总部及水电四局有限公司等四家试点单位的全面风险管理体系建设圆满完成，为今后全面风险管理与内部控制工作的正常开展奠定了基础。股份公司完成了对重大风险的评估，编制了《股份公司2011年度全面风险管理报告》。国际公司对海外在建项目建立了巡视检查和风险项目的会诊制度，对风险项目进行定期评估和检查，有效预防了国际经营风险。如年初利比亚局势持续动荡后，股份公司上下反应迅速，及时启动风险防控预案，及时从利比亚安全撤离转移公司员工3757人、其他中国公司员工2100人、第三国劳务851人，充分体现了一个走向国际的大型国企在应对国际突发事件中的积极应变能力、组织能力、执行能力，受到了党中央、国务院、国务院国资委、外交部及驻利使馆的充分肯定。

人力资源管理进一步加强。继续推进竞争性选拔企业领导人员，面向股份公司系统开展了纪委书记候选人的公开竞聘工作。国际公司、水电五局有限公司等五家单位的纪委书记均在竞聘后备人选库中产生。认真贯彻落实《中央企业中长期人才发展规划纲要（2010～2020）》，完成了股份公司"十二五"人才战略规划的编写并已下发实施，提出了人力资源工作的目标和方向。面向不同层级的人才培养、人力资源培训工作力度进一步加大，股份公司加强了对高级管理人才和项目经理的培训，取得了明显成效。经与国务院国资委管理部门的深入沟通，解决了工资总额指标不足的问题，核增了股份公司工资总额，提高了薪酬对员工的激励力度。

财务、资金、设备管理更具成效。财务工作以确保公司更好更快发展为中心任务，按照上市公司规范要求，进一步完善了财务管理制度，不断夯实财务管理基础。着力搭建财务风险防范体系，加强预算管理，前移风险关口，防范风险损失。加强了"小金库"专项治理，取得明显成效。制定了资金预算、金融衍生业务监管等管理办法，完善了资金管理制度体系。加大资金集中管理力度，集约化效益明显。创新融资模式，拓展融资渠道和融资品种，成功发行企业债券、中期票据、短期融资券共42亿元，融资成本大幅降低。制定了国际资金管理实施方案，完善了国际资金集中管理模式，提高了国际资金集中管控力度。狠抓大型专用设备调剂与租赁经营双平台机制建设，设备资源优化配置能力大幅提高，盘活了部分资源降低了成本。水电四局、七局、八局等有限公司在设备管理上成效较好。深入探索并完善两级集中采购招标平台的运行机制，使股份公司采购招标管理水平进一步提高，全年组织集中采购招标项目76个，采购资金节约率超过20%。

安全质量管控持续加强。股份公司进一步加强安全生产"六大体系"建设、着力提高"六种能力"，继续强化安全生产责任体系，不断加大各级组织的安全管控力度，加强安全管理队伍建设，推进

安全管理标准化、信息化建设，充分发挥技术指导、技术研发对安全生产的支撑作用。修订出台了总部安全管理制度体系，指导、督促子公司完善了生产安全事故总体应急预案和专项预案；通过开展“安全生产心中有数”活动，大规模组织项目地质自然灾害等隐患排查工作，排查重大隐患142项，减少了事故的发生，实现了企业安全生产持续稳步好转的目标。针对股份公司质量管理工作的总体形势和实际，加大两级总部质量工作的管控力度，建立健全质量管理体系，持续强化质量管理责任制，全面加强各项基础管理工作，积极有序地开展工程创优工作，不断丰富企业质量品牌。2011年，股份公司获得鲁班奖3项、国优金奖2项，还获得了一批国优银奖和省（部）级质量奖，股份公司单元工程优良率达到91%以上。

项目经营管理水平不断提高。股份公司以项目管理为对象，建立了铁路工程、非水电基础设施、国际业务项目管理标准；以推广应用和加强技术管理为目的，积极推动国家和行业标准化工作，持续建立企业工法和作业标准体系，标准化工作取得了一定成效。各子公司按照股份公司的要求，加强对在建工程项目的管控，进一步提高了管理标准化、规范化、程序化水平，促进了项目经营效益的提高。如国际公司制定了《海外项目前期启动管理办法》，依据项目性质与启动时间实行分层、分类和分阶段管理。水电四局有限公司为提高项目精细化管理水平，建立了项目前期策划管理办法，健全合同管理办法，从源头入手规范项目管理。水电十一局有限公司成立了国内工程监督管理中心，加强内部管理和经营核算，促进项目按期实现节点目标；还将南水北调项目群实行重点监控，在加强项目经营管理方面进行了有益的探索并取得了初步成效。

法律、审计、监察的保证、督促作用进一步发挥。法律管理工作不断加强，法律风险防范机制有效运行，对改革重组，投资运作，合同签订、项目履约等领域的法律介入和管控不断深入，对依法合规开展经营活动并保护股份公司合法权益发挥了应有作用。“五五”普法任务圆满完成。审计工作突出重点，不断拓展经济责任审计领域，在对工程分包、合同管理、工程结算等进行审计的基础上，将领导班子“三重一大”民主决策程序执行情况作为重点审计，促进了领导班子科学决策。通过强化监督检查开展了工程建设领域突出问题专项治理效能监察，重点抓了对厄瓜多尔CCS等国际项目的效能监察工作，促进了国际业务经营管理水平的持续提升。全年效能监察共立项582项，为促进股份公司规范管理行为、持续健康快速发展提供了有力保障。

企业信息化价值逐步体现。编制完成了信息化“十二五”战略规划。建成了覆盖所有二级单位的专线广域网，全面做好特级企业信息化考核的各项工作，不断推进财务、资金、设备物资、市场经营、投资、档案等信息系统的建设和应用，加强信息集成和数据挖掘，初步构建了股份公司内网门户和决策支持系统，企业信息化价值逐步体现。各子公司积极落实年度信息化登高计划，信息化逐渐融入生产、经营、管理和决策的各个环节，信息化工作迈上了一个新的台阶。特别是8家特级资质企业，信息化水平提升较快。

（六）积极履行中央企业的社会责任，为国家和社会的和谐稳定作出了贡献

承担党和国家十分关注的玉树灾后重建工作重任并圆满完成年度重建任务。2011年是玉树灾后重建实现“三个确保”目标的关键之年。水电四局有限公司代表股份公司执行玉树灾后重建这一艰巨任务，做了大量十分艰苦而卓有成效的工作，优先推进住房、学校、医疗机构的恢复重建，实现了事关民生的一大批重建项目的竣工交付使用，为党和政府兑现了承诺，赢得了民心，展现了中国水电人的可贵精神、综合实力和良好形象，得到了各级政府与玉树各族人民的高度认可。

积极投身于社会公益事业。水电四局有限公司积极参与青海省组织的“百企联百村”活动，投入资金近300万元，所援建的省内新牧区建设项目已顺利通过竣工验收，获得了各方好评。水电十四局有限公司积极参与云南省扶贫开发工作，投入专项资金用于扶贫，连续三年被云南省评为社会扶贫工作先进单位，展示了“中国水电”的良好社会形象。股份公司为肯尼亚“树木就是生命”造林活动捐款，积极向缅甸佛教捐赠节活动捐款，将埃塞俄比亚的我方员工营地等实物捐赠给当地政府等，都受到了当地政府和人民的充分肯定和好评。

各位代表、同志们，在经济形势十分复杂的情况下，股份公司取得了经营、改革、发展的显著成绩，这是国务院国资委、中国电建集团正确领导的结果，是董事会科学决策、经营班子带领全体员工全力打拼、勇于奋进的结果。在此，我代表股份公司新经理班子向集团公司领导、向董事会、向原经理班子表示衷心感谢！向在座的各位，并通过大家向辛勤工作、默默奉献的全体员工，尤其是奋战在一线的员工表示衷心的感谢和亲切的慰问！向所有关心支持股份公司发展的各级领导、广大投资者和社会各界表示诚挚的谢意！

二、股份公司生产经营中存在的主要问题及有利条件

中国电建集团工作会议刚刚结束，股份公司领导站在中国电建集团的高度和战略层面，对中国电建集团发展面临的形势进行了全面深刻的分析，提出了总体工作任务和要求。刚才，范董事长代表股份公司、代表股份公司党委，就股份公司贯彻落实中国电建集团工作会议精神、推进股份公司平稳较快发展提出了更切实具体的要求，我们要认真领会并大力贯彻执行。在此，我侧重从股份公司经营管理的角度，分析一下生产经营存在的主要问题。

（一）"保市场、保订单、保发展"形势严峻，任务非常艰巨

2011年，国内水电及水利招标项目减少较多，市场容量有限，股份公司水电业务新签合同同比下降15.6%。2012年，国内水电项目市场压力仍然较大。因国内铁路项目受到影响及货币政策调整，国内固定资产投资增速放缓，其他基础设施业务市场营销虽有突破但不足以弥补铁路市场的缺口。2011年国内基础设施业务新签合同完成年计划不足40%，同比减少11.7%。受利比亚、苏丹、中东不稳定局势的影响，国际传统市场业务萎缩，2012年，国际市场营销压力增大。股份公司市场结构的优化调整将面临工程总量萎缩和市场不确定因素的更大影响。

（二）项目成本压力增大，业主方支付能力减弱

项目经营管理水平参差不齐、效益不高的问题仍然十分突出，股份公司内部技术优势没有得到充分的整合运用，管理经验没有推广共享，利用效率不高。在国内项目管理方面，由于面临的成本上扬压力和项目成本中心体系建设滞后等原因，原有的规模效益可能流失。部分在建项目建设方支付能力下降，带资、垫资承包业务增多，项目经营风险增大。在国际项目管理方面，国际大宗原材料价格上涨加快，同时股份公司内部国际业务管理规范化仍显不足，成本增加甚至失控风险加剧。部分项目工程进度严重滞后，承包方存在被清退风险。部分子企业海外业务出现亏损，且增量不足。股份公司业务结构的优化调整将面临成本因素的更大制约。

（三）投资经营管控能力不足，投资项目收益偏低

投资管控存在重建设、轻管理，重工程、轻经营的现象，有的投资项目收益指标偏低，有的亏损。针对地方政府换届带来的政策变化风险、BT项目回购风险等的应对预案及措施存在不足。获取投资开发资源能力较弱，影响了产业结构调整优化升级的实施进程，投资业务在公司业务构成中的占比仍然偏低，仍需进一步加大寻求优质资源力度。

（四）融资成本上升，创现能力下降

受信贷政策影响，股份公司融资成本上升，财务费用增加，盈利能力下降。同时，业主单位支付能力下降，造成股份公司应收账款增加。

（五）安全质量管理依然存在一些问题，国际经营风险明显增大

安全生产依然存在管理薄弱环节，特别是一些海外项目安全生产管理水平、标准滞后于国内，安全监管不到位，甚至缺失。对分包商的施工质量管控还没有完全落实到位，少数工程还存在质量问题。受北非和中东地区复杂多变不稳定因素的影响，不确定突发事件增多，国际经营中不可控外部环境制约的风险在增大。受国际金融危机和欧债危机影响，国际金融市场持续动荡，货币汇率剧烈变化，国际经营风险凸显。

（六）资源优化配置还有较大差距，企业管理标准化水平还不高

因同质化经营竞争，导致各子公司资源分割占有、闲置和重复购置设备资源的问题没有得到根本解决。优化资源配置，系统性盘活存量资产，更加有效地降低资源利用成本，提高使用效率和效益，还有待大力推进。企业管理标准化有待系统性集成和进一步提高，优秀的管理成果、技术成果、标准流程共享机制有待进一步完善。

我们在查找影响股份公司持续发展的问题的同时，也要充分认识到股份公司持续发展具备的有利条件和市场机遇，增强发展的信心和勇气。

第一，股份公司成功登陆资本市场成为公众公司后，股份公司不仅实现了上市融资的目标、改善了财务状况、改良了资产结构，更重要的是跨上了多元化融资平台，为股份公司融资方式的多元创新、融资渠道的持续拓展、融资能力的不断提升创造了新的条件。股份公司跨出了依靠传统业务收益和投资产业收益积累实现发展的传统道路，迈上了通过资本运作实现持续发展的现代企业发展平台，股份公司的价值创造效应和品牌影响力将在资本市场得到更广泛的传播。

第二，随着中国电建集团的成立，股份公司建筑主业的发展和相关产业的拓展有了更强大的依托平台和规划、设计、勘测、施工、制造、运营一体化的支撑体系。股份公司在中国电建集团统筹市场开发的政策、规划、智力和更广泛社会资源的支持下，综合竞争能力将进一步提升，市场机遇将进一步增多，有利于获取更多的市场资源。同时，也有

利于股份公司商业模式的进一步创新和发展方式的进一步转变，进一步走向产业高端，从而系统性提升经营质量效益和发展能力。

第三，股份公司具有以水利水电建筑为传统核心主业的专业优势，具有技术、管理、人才优势和丰富经验，具有高于一般建筑业务的进入门槛和资质条件，具有在水利水电行业的主导地位、影响力及不可代替性，在大中型水利水电市场的竞争优势将长期保持，股份公司的发展基础稳固。

第四，股份公司具有海外经营先行优势和布局优势，具有技术、品牌、国际化人才队伍和国际营销网络优势，国际化经营程度较高，比较优势明显，发展空间巨大。

第五，股份公司近年来积极推进实施相关多元化战略，相关多元化经营格局已经形成，与水电建筑核心主业形成了优势互补、协同发展的良好态势，投融资业务稳健发展，盈利水平持续提升，初步具备了防御建筑业系统性风险的能力。

第六，经过连续数年来的持续快速发展，股份公司具备了较强的综合实力和竞争能力，总体发展态势良好。

第七，股份公司与社会各界有较广泛的联系，具有多年形成的多种社会资源，在水利水电行业也有宏观政策环境的支持，开拓国际业务也有国家发展战略的支持。同时，我国经济发展步伐虽然放缓，但城市化进程速度在加快，基础设施建设空间广阔，地方政府基础设施建设资金的短缺及职能的转变为股份公司介入基础设施市场提供了难得的潜在广泛市场机遇。

总之，通过分析，我们应清醒地认识到，股份公司虽然面临严峻的挑战，但也有难得的发展机遇，我们要充满克服困难、解决问题、勇往直前的信心，要进一步解放思想、抓住机遇，推进公司稳中有进实现持续良好发展。

三、2012年股份公司经营发展目标、重点任务和主要措施

根据中国电建集团工作会议精神和董事长范集湘关于股份公司工作的指示和要求，2012年股份公司生产经营管理工作的总体思路是：认真贯彻落实中国电建集团工作会议部署和要求，坚持以科学发展为主题，以加快转变经济发展方式为主线，围绕保市场、保订单、保发展这个工作重心，顺势勇为，稳中求进，着力于进一步调整结构、转变发展方式，着力于强化管理、提升发展质量，立足主业增实力，抢抓机遇保发展，力争在市场开拓方面取得新业绩，在加强项目经营管理方面取得新成效，在推进科技创新创效方面取得新收获，在完善股份公司治理结构方面迈出新步伐，确保2012年股份公司发展目标全面实现，确保股份公司稳中有进实现持续良好发展。

范集湘董事长代表股份公司提出2012年股份公司主要经营目标是：营业收入不低于1231亿元，新签合同额不低于1550亿元，EVA考核值不低于10.5亿元，利润总额不低于50亿元，资产保值增值率不低于112%，员工人均年收入与企业发展协调增长。

为实现这一目标。我们必须做好以下重点工作：

（一）进一步加大市场营销力度、拓展市场领域，着力保市场、保订单，保持生产经营稳中有进、持续良好发展

一是继续坚持“巩固水电市场、优先发展国际市场、大力开拓非水电市场、积极审慎拓展投资市场”的总方针，顺应市场变化，整合内外资源，优化市场营销策略，加快市场营销重点的转移，寻找并抓住市场机遇，抢占市场份额。二是依托中国电建集团重组后带来的规划、勘测、设计、施工一体化的契机，进一步深化与水电水利规划设计总院、中国水电工程顾问集团公司等兄弟单位的战略合作，主动作为，积极推动，打造新商业模式，针对性地重点跟踪新领域，创造性地开辟新市场，尽快将重组优势转化为市场竞争优势。三是完善高端营销机制，加强高端营销策划，做好高端营销与二级营销的充分联动，做好前沿营销与高端营销的充分联动，做好行业准入优势与区域地缘优势的充分联动，形成全方位、立体式体系。四是加强市场营销统筹协调，坚持项目协调与价格协调统一，突出各子公司优势领域的竞争力，最大程度减少同质化竞争，提高项目中标质量。五是改变年度营销计划固定不变的方式，推行中期调整方法，更好地保证计划指导的科学性。

（二）继续实施国际业务优先发展战略，进一步调整优化国际市场结构，着力提升国际业务市场份额和经营质量

2012年，股份公司要继续坚持国际业务优先发展战略，扩大国际经营规模、提升经营层次和经营质量，提高国际业务在整体业务中的比重。一是对有潜力的市场加强营销资源配置，抢占营销制高点，发挥区位优势，重点培育、做深做透战略性、区域性的国际市场。继续巩固已有国别市场，争取更大的市场份额。二是积极大力开发新兴市场，特别是

发达国家基础设施市场、拉美市场，进一步放大国际市场营销的统筹力、带动力，大力推动二级营销，提升各子公司国际业务经营能力和执行能力。三是遵循“资源和资金两条线”原则，以中国政府资金投向为主线，以国家战略资源为导向，集中配置市场营销资源，在扩大竞争性投标规模的同时，紧紧抓住国家利用工程承包和海外投资扩大出口以拉动内需、大力推动政府互惠项目、合作项目、双优项目、一揽子项目等。四是继续完善以战略管控、财务管控和关键经营要素管控为核心的国际经营管控体系，继续坚持海外事业部/国际公司的引领、统筹、协调作用，明晰股份公司各层级的职责和功能，理顺内部利益关系。五是加强境外财务和资金管理、投资预算管理，严格执行国务院国资委有关境外国有资产监管、国有产权管理办法，进一步规范海外资产管理，切实防范海外投资风险。六是继续加大在建项目风险管控力度，进一步提升在建项目风险管理水平。七是调整国际业务布局，有针对性地进行市场统筹和协调，打造分工模式，发挥股份公司整体优势；对各子公司从事国际业务实行能力优先，以强带弱，动态调整，区域性相对稳定的政策措施。八是进一步推进区域业务总部建设，增强区域业务总部的统筹力、带动力，逐步做到资源配置本土化、市场营销属地化，形成区域化管理、属地化经营的新格局。九是稳步推进海外投资，积极获取国际优质资源，实现由工程承包商向工程承包和投资开发商的转变。要探索成立海外投资公司，稳步推进对以水电为主业的优质资源（如水电、矿产、建材、环保等）的投资开发。大力推进投融资条件较为成熟的项目，如赞比亚下卡富峡水电站、尼泊尔上马相迪、老挝南乌江流域开发等项目，稳步推动缅甸哈吉、孟东项目的进程，力争取得突破性进展。十是增加特许经营在国际业务中的占比，为国际业务未来发展和行业地位提供支撑。在大型项目开发过程中，要与国内外资金实力雄厚、投资经验丰富的公司建立战略合作关系，以部分投资驱动带资承包和综合承包，拓展高端市场。

（三）进一步发挥国内水利水电建筑市场的龙头作用，确保股份公司在水利水电建筑行业的市场份额和领先地位，着力提升项目经营水平和效益

水利水电建筑是股份公司的核心主业，是股份公司生存发展的基础。要立足于“巩固水电市场地位，抢占水利市场份额”的国内水利水电市场营销方针，调整营销策略，加强对项目信息的收集，做好营销统筹规划，科学测定投标价格，更好地建立市场关系，确保获得水电招标项目势在必得的份额，确保获得国家政策支持和政府投资的较大以上水利项目份额。紧紧抓住国家加大水利基础设施建设的机会，加强对大江大河大湖治理、骨干水利枢纽和重点水源工程建设、病险水库除险加固的市场开发力度，统一部署、提前介入、积极作为。要进一步发挥子公司的市场营销主体和竞争主体作用，配置调动各种资源，保证水利水电市场的稳步拓展。要确保干好在建工程，以信誉和品牌优势保障市场份额的获取，进一步巩固股份公司的发展基础和在水利水电建筑行业的排头兵地位。

（四）大力实施非水电建筑业务发展战略，进一步加大国内非水电建筑市场的开发力度，着力提高非水电建筑业务市场份额和经营质量

进一步完善和强化以基础设施事业部为载体的发展平台，加快路桥公司与子公司的协调与配合，推动子公司勇于直接面向市场。支持铁路事业部和铁路公司继续加大对铁路项目的跟踪、参与力度，积极运作，有所作为。继续按照“大集团、大土木、大市场”的战略发展思路，充分依托中国电建集团整体资源优势、大平台优势，全力开拓国内非水电建筑市场。继续推进股份公司和子公司在基础设施市场的两级营销体系建设，共同进一步开拓铁路、城市轨道交通、城市基础设施、核电、公路、机场、港航疏浚等重点市场以及国家投入较大的油、气、粮战略储备建筑工程、国家军事基地建筑工程等非传统主业市场。股份公司将在经营业绩考核、内部产业分工上采取进一步激励措施，加大非水电建筑业务在经营业绩考核中的权重，引导子公司调配更多优质资源投入到非水电建筑主业上来。各子公司要根据自身的特点和优势，建立健全更加有效的管理体制、机制、制度，采取更切实有效的措施和办法，提升非水电建筑业务的管理水平、履约水平、经营质量和效益。

（五）进一步打造“中国水电地产”品牌，不断提高房地产业务的市场份额，着力提高地产业务的利润贡献率

一是要认真研究和把握国家宏观经济形势和国家房地产调控政策，进一步深入了解市场，重点加强区域性土地资源的系统性分析，重点加强对经济发展好的亮点地区、亮点城市的房地产市场及核心地块、优质项目的研究，把握机遇，通过实施BT项目等方式，换取优质土地资源，确保股份公司房地产业务的良性健康发展，做强做优“中国水电地产”板块。重点经营好“京津冀都市圈”、“成渝经济区”、“长株潭城市群”、“武汉城市圈”、“环渤海经济圈”核心项目。二是紧紧抓住中央企业布局结构调整的机会，创新商业模式，进一步加强与地方政府的合作，积极参与推进城市化进程的旧城改造、

城市保障房、新建工业园区项目的建设，协助其完成土地规划、基础设施建设等土地一级开发工作。三是充分依靠中国电建集团的大平台，进一步加强与中国电建集团各兄弟企业的协调合作，在发挥各兄弟企业在当地的地缘、人缘优势的基础上，大力开发其存量土地，引导和鼓励有能力的子公司参与到房地产业务板块中来，采取多种方式适时培育新的增长点。四是加快在建项目建设进度，加大产品营销力度，加快资金回笼，保持房地产业务良性较快发展。

（六）进一步加强投资管理，提高投资管理水平，着力提高投资项目的运营管控能力和投资收益

继续坚持积极、审慎的投资原则，以“三控三强一确保”的风险管控思想为指导，不断提高投资项目的运营管控水平和投资收益。一是按照国家产业政策和发展规划，围绕股份公司发展战略和主业定位，加强对投资项目的研究评估，强化投资的质量、效益、风险意识，提高投资门槛，制定投资标准，严格要求资产负债超过标准的子公司不准投资、不予审批，项目投资收益率达不到标准的项目不准投资、不予审批，对项目管理能力差的企业严格控制投资，切实降低投资风险，提高项目建设、运营和收益水平。严格控制未经评审决策的计划外投资，使总体投资规模有效受控。二是注重投资项目对主营承包业务的带动作用，优化投资结构，兼顾中短长期项目，科学评估安排投资时序，优先安排建设周期短、投资省、收益预期好的项目，对不能满足投资收益的项目要坚决控制。要集中子公司的资源优势和业绩优势，统筹分散的资金资源，以较少投资撬动地方的 BT 市场，拉动非水电承包业务的发展。三是注重发挥投资项目的区位聚合优势和规模优势，打造相对集中的投资项目群。四是抓好在建项目、续建项目的管理，突出投资预算管控和工期、质量、成本控制。对不能达到收益预期的项目或亏损项目，要制定专项管理措施，实现不亏或少亏，要依靠投资后评价体系，建立亏损项目逐步退出的机制。五是进一步建立健全国内外投资管理体系，强化投资管控制度的执行和监督检查，进一步抓好已投产项目的营运管理，提高经营质量和效益水平。2012 年，股份公司将集中力量争取金沙江上游水电资源、岷江中游航电项目和西昌市黄水黄联关镇风电场资源，力争获取新的资源点。

（七）大力实施“科技兴企”战略，全面提升科技创新能力，着力发挥科技创新对企业科学发展的支撑作用

科技自主创新能力是企业竞争力的核心。“十二五”期间，股份公司加快转变发展方式，作强作优、科学发展，加快建设具有较强国际竞争力的质量效益型世界一流公司，科技创新是重要支撑。要贯彻落实国家“自主创新、重点跨越、支撑发展、引领未来”的科技方针，认清新形势、明确新任务，围绕建设国际行业科技领先型企业的科技战略，以自主创新能力建设为中心，以体制机制创新为保障，以科技立项和股份公司重大专项为依托，加强科技创新规划与战略管理，提高企业科技创新能力，推动企业转型升级，实现创新驱动发展。

要以满足企业科学发展为目的，以加强企业技术中心建设为重点，以中国电建集团成立为机遇，优化配置企业科技资源，建立和完善具有建筑企业特色，高效、协同、开放的科技创新体系；要以科技立项和股份公司重大专项为龙头，不断开发和掌握水利水电建造的关键核心和领先技术，系统掌握相关建设领域的先进技术，大力推进安全、质量、节能减排和管理技术研究；要创新科技成果转化机制建设，发挥股份公司规模科技效益，实施知识产权战略，形成企业的自主知识产权和技术底蕴，持续打造“中国水电”知名品牌；要加强科技合作创新，深度开展产学研结合，探索中国电建集团旗下规划、设计、咨询、施工、制造全产业链企业间的科技合作机制；要完善科技人才评价、考核、激励机制，创造尊重知识、尊重创新、尊重人才的企业创新文化，着力推进科技人才队伍建设。

（八）大力实施安全发展战略和质量兴企战略，建立企业安全质量管理长效机制，着力促进安全质量与企业同步协调发展

安全质量是企业科学发展的前提和基础。要大力宣传贯彻国务院《关于进一步加强企业安全生产工作的通知》、《关于坚持科学发展安全发展，促进安全生产形势持续稳定好转的意见》和《安全生产“十二五”规划》等一系列战略部署，坚决执行国务院国资委《中央企业安全生产禁令》，坚持股份公司“以人为本，珍爱生命，安全发展”的理念和“技术可能、经济可行、风险可控、管控可及”的原则，大力实施安全发展战略，把安全真正作为企业发展的前提和基础，努力促进安全生产与企业同步协调发展，全面推进企业本质安全建设。

以深入扎实开展“安全生产年”活动为载体，以强化安全生产责任制为抓手，在系统开展安全基础工作的基础上，重点推进以安全生产隐患排查治理和安全生产应急管理与处置为主要手段的安全风险管控体系建设，推进以岗位达标、专业达标和企业达标为重要目标的安全生产标准化建设，推进以

加大科研攻关力度、加强技术管理、大力开发推广先进适用技术为主要内容的安全技术体系建设，开展以有效遏制违章违规作业、自然地质灾害、交通引发的安全事故和分包协作队伍的安全事故为重点的安全专项整治活动，全面提升安全保障能力，建立安全生产长效机制，促进企业安全生产形势的持续稳定好转。

大力实施“质量兴企”战略和品牌战略，坚持质量责任终身制，不断强化质量工作责任制。建立健全满足股份公司产业结构调整和转型升级发展需要的质量管理体系，严格管控分包工程和协作队伍，重点治理重大质量事故，大力推进质量管理标准化、信息化工作，加强质量管理队伍建设，积极有序地开展工程创优工作。坚决遏制近年来工程质量问题上升的苗头，保障工程产品质量，持续打造企业质量品牌，培育企业质量文化，全面提升企业质量管理水平，为股份公司转变增长方式和实现持续良好发展提供支撑和保障。

（九）转变经营管理观念，适应中国电建集团战略发展要求，适应上市公司规范运作的要求

中国电建集团成立后，搭建了中国电建集团的管控体系、制定了一系列基本管控制度，形成了新的公司治理结构，建立了符合集团公司实际的治理模式。同时，股份公司上市以后，面临证券监管机构和资本市场更严格规范的监管以及广大投资者的关注。股份公司各管理层级都要进一步转变观念，提高认识，从发展战略、投融资、财务资金、市场营销、国际经营、房地产等各方面加强与中国电建集团管理的对接协调，适应中国电建集团的管控要求，调整经营方略，提高经营质量。要遵守有关法律法规对上市公司的要求，完善内控制度建设，提高管理能力，推进依法合规经营，遵守重大事项内部报告制度、信息披露制度的规定，维护股份公司的市场信誉。

（十）进一步加强企业综合管理及基础管理工作，夯实企业发展基础，着力提高企业持续发展能力

（1）加强对经营活动的分析、统筹、管控，防控经营风险。继续做好经营活动分析工作，注重内部纵向对标、外部横向对标分析，注重对存在问题的全面分析，注重合同履约与执行情况分析和建设方管理动向的分析，将经营活动分析工作机制延伸到各子公司层面，在分析的基础上落实管理措施，保证经营活动的稳步推进。要进一步规范管理体系，改进管理流程，提高管理效率，提高经营水平，防控经营风险。要进一步推动子企业建立健全全面风险管理体系，加强重大风险管控，完善风险监测识别与防范体系，适时发布企业全面风险管理报告。

（2）适应上市公司财务管理及监管新要求，进一步加强财务管理，着力提升财务工作对股份公司经营决策的风险防范、服务支撑和资源保障能力。围绕上市公司财务管理体制、监管模式的新变化、新要求，着力建立股份公司财务管理新体制、新机制，着力把握以防范股份公司系统财务风险、提升会计信息质量、提高服务支撑水平和资源保障功能为重点的影响和带动全局性的工作。一是加快推进财务管理理念、管理体制、运行机制、管理方式、管理方法的调整、转变与升级，以适应股份公司运行和发展的需要。二是围绕财政部企业内部控制应用指引的新要求，梳理完善股份公司财务管理制度体系，以防范股份公司系统财务风险为重点，建立健全内部控制制度，提升财务工作对股份公司经营决策和流程控制的风险防范能力。三是围绕以树立适应资本市场要求为导向的预、决算管理理念，严格执行企业会计准则及相关规定，增强股份公司财务信息的真实性、准确性、完整性和及时性，提高股份公司信息披露质量，维护资本市场“三公”原则，为股份公司可持续发展提供有效的财务资金支持。四是进一步强化《建造合同准则》执行效果和加强应收账款的催收及未完施工的管控，不断提高成本预控水平和债权资金的回笼及夯实经营业绩，提升股份公司的价值创造能力，真实、公允地反映股份公司的财务状况、经营成果。同时，充分利用各种财务资源和创新财务管理手段，提升对公司经营决策的资源保障能力。五是强化财务信息安全防范措施，制定财务报告管理制度，确保公司财务信息披露规范、安全。

（3）进一步强化资金预算管理和融资管控，着力提高资金集约化水平。2012 年是股份公司上市之后第一个完整的财务年度，将接受市场和投资者的严格检阅和监督。资金管理要继续服务于股份公司战略目标，严格按照上市公司的标准和要求进行规范运作，着力提升资金管理的科学化和效益化，强化资金风险监管，重点规范外汇、银行账户、融资、资金预算、担保、金融衍生品的管理，打造资金集约化水平高、管理规范、风险可控、效益显著的符合上市公司要求的现代化的资金管理体系。要充分利用上市平台提供的新的金融工具，结合深化银企合作，进一步拓宽融资渠道，创新融资方式，降低融资成本。要加强担保的管理，规范担保审批程序，加强担保总量控制，及时清理到期担保，防控担保风险。

（4）进一步加强项目管理，防范分包风险，筑牢企业发展基础。认真抓好施工项目的班子建设、

制度建设，着力解决经营管理中的突出问题和薄弱环节，彻底扭转无序粗放的经营习惯和行为。把项目经营和合同履约放在同等重要的位置，加强基础管理，做好调差、理赔、结算工作，着力解决项目管理重施工、轻经营的现象。健全完善严格的项目经营业绩考核制度，实施履约业绩及经营绩效目标倒逼机制，将业绩目标作为硬指标、硬任务切实落实到各管理层级、各管理单元并严格考核奖惩。抓好在建项目的标准化、规范化、程序化、精细化管理，提高项目履约能力和盈利水平。有序开展分包商诚信体系建设和工程分包检查、顾客满意度调查等专项工作，严禁以收取管理费代替项目考核或管理费侵蚀项目利润的现象，推进资源配置的社会化。要大力开展以“分包价格确定、合格分包商使用、分包合同范本执行”为重点的工程分包和用工情况专项检查工作，杜绝违法违规分包，防范分包风险。要通过开展顾客满意度调查和专项检查，对问题较大的项目，实行综合治理，查清责任，严肃处理，落实整改。在对待分包队伍管理上，要进一步解放思想，以开放、包容、平等的心态，强力培养一批诚信好、能力强、可持续发展，能够与我们同舟共济、互利共赢的分包、协作队伍，使之成为企业发展的利益共同体。

（5）加强设备管理，不断提高设备调剂与设备租赁经营能力，推动设备物资管理升级上水平。加强设备物资管理能力建设，充分发挥设备物资管理对提高企业经营效率和效益的重要作用。不断创新管理模式和管理手段，搭建集中采购和大型专用设备调剂与租赁经营双平台，建立公平、公正、公开、诚信的内部调剂租赁市场，优化设备资源配置，盘活闲置设备，促进设备资源在股份公司内有序流动，提高使用效率和效益。进一步加强设备物资采购计划管理，整合采购需求，提高集中采购度，节约采购成本，并切实做好集中采购招标中的风险防控。

（6）系统推进企业标准化工作，大力推进信息化建设。标准化是现代企业集约化高效管理的基本方法，是推进企业管理创新、降本增效的重要手段，是企业科学管理、规范管理、可持续管理的重要内容。一要明确目标、思路和工作方针，把标准化建设纳入企业发展战略体系；二要股份公司统筹，顶层设计，构建涵盖股份公司各管理层级、全业务领域、全管理流程、全员管理行为的标准体系，并作到系统性、统一性和协调性；三要建立强有力的组织保障体系，有力推进工作进程；四要与三标体系贯标工作相结合，与业务体系高度融合，避免两层皮现象；五要制定有力措施，建立考核验收机制，确保标准贯彻执行。

企业信息化是适应经济全球化、中央企业转型升级和全面风险管控的新形势要求，创建世界一流企业的必备条件。要以加快转变发展方式、提高管理水平、增强核心竞争力为目标，以推进企业决策科学化、管理标准化、运营自动化为中心内容，继续加大信息化建设的投入，大力推进信息化建设。要把信息化建设作为提升股份公司现代化管理水平、提高效率、降低成本的有效手段，认真做好主营业务系统建设，逐步推进财务业务一体化，强化综合管理信息系统的推广和深化应用，增强企业配置和管理资源的能力，提升风险管控和决策支持水平，促进企业管理从粗放型向精细化转变，真正实现发展方式的转变。

（7）继续加强节能减排管理，提高节能减排成效。按照中国电建集团的总体要求，不断完善节能减排组织管理体系、统计监测体系和考核奖惩体系，保证节能减排投入，高度重视节能减排专业人员培训工作，强化节能减排基础管理工作。研究建立股份公司主要耗能施工设备的定额管理制度，继续开展节能环保技术的研究和推广应用工作，加大技术改造和淘汰落后耗能设备的力度，探索建立企业管理机制，创造能源管理效益，推动股份公司节能减排工作从本质上上水平。

（8）不断完善法律、审计、监察工作体系，加强法律、审计、监察的督促作用。要健全法制工作组织体系，没有设立总法律顾问和法律事务机构的子公司要及时设立。要全面构建股份公司法律风险防范机制，研究修订法律审核、法律纠纷管理等相关制度。要以规范运行管理、综合风险防范为核心，加强对企业规章制度、经济合同、重要决策的法律审核工作，注重源头预防和过程控制，不断提升企业法律管控能力和服务水平。认真贯彻执行股份公司《经济责任审计实施办法》，加强对“三重一大”制度执行情况的审计监督，强化内部审计、监察，继续推进审计监察工作向管理审计监察、风险审计监察转型，发挥专项审计的监管作用。强化经济责任、国内外在建项目、竣工项目和投资项目的审计、效能监察和专项监督检查，关注经营状态，加强过程监管，加强审计成果运用，不断增强内部审计和监察工作的独立性、权威性、有效性和灵敏性。积极探索股份公司上市后的审计工作新方式 ，提高内部审计科学化、标准化、规范化、信息化水平。

（9）不断加强两级总部能力建设，提高管控能力和服务水平。股份公司和子企业两级总部是股份公司的决策、指挥中心，要把两级总部建设成具有卓越领导力和优秀服务水平的总部。总部各级领导和工作人员，要积极适应股份公司上市和大电建组建后企业改革发展的重大变化，进一步统一思想，转变观念，认真把握好2012年股份公司工作的主线，加深对公司各项重点工作的理解，加强对系统工作的统筹协调，抓好涉及全局的重大工作。要进一步转变总部职能，着力培育务实高效的工作作风，要坚持一切从实际出发，着眼实处、着手实事，进一步提高工作的执行力，进一步强化服务意识。

同志们，股份公司2012年经营发展的任务非常艰巨。我们一定要以科学发展观为指导，放开思路，提振精神，充满信心，奋发勇为，狠抓落实，为确保股份公司实现平稳较快发展而努力奋斗！

在股份公司2012年工作会暨一届三次职工代表大会上的总结讲话

（2012年2月18日）

陈　永　录

各位代表、同志们：

股份公司2012年工作会暨一届三次职代会，经过大家的共同努力，圆满完成了各项议程，就要结束了。根据会议安排，由我来对会议作一个简要小结，并就贯彻落实会议精神讲几点意见。

一、对会议的总体评价

这次会议，是在中国电建集团重组、中国水电整体上市和股份公司新的领导班子调整到位之后，股份公司召开的第一次工作会和职代会。特别是在中国电建集团工作会议刚刚结束之后，接着召开贯彻落实集团公司工作会精神的会议，有利于我们结合股份公司实际，深刻领会集团公司工作会精神，分解和落实集团公司提出的各项任务目标；有利于深入研判国内外、集团公司内外和股份公司面临的新形势，更好地把握市场和环境变化，落实好各项目标任务。同时，这次会议也是股份公司完成了资产总额、营业收入、经济效益再创历史新高，股份公司呈现平稳较快发展势头的新形势下召开的一次对去年工作的总结会，对今年工作的安排部署会。是一次股份公司各项工作再上台阶的思想动员会、鼓劲加油会，必将对完成全年的工作任务起到有力的促进和推动作用。

会议听取和讨论了董事长、党委书记范集湘的重要讲话和总经理孙洪水的工作报告。大家认为，董事长范集湘的讲话是一个指导性、前瞻性很强的讲话，是一个站位高、立意深、鼓舞人心的讲话。讲话站在贯彻落实党的十七届五中、六中全会、中央经济工作会议、央企负责人会议精神，促进中国电建集团和股份公司科学发展的高度，从五个方面对2011年股份公司各级领导班子带领广大干部职工所做的工作和取得的成绩给予了充分肯定。同时，结合贯彻落实集团公司2012年工作会议精神，对股份公司面临的形势和任务进行了分析，指出了实现股份公司科学发展、转变经济发展方式存在的六个方面的主要问题，并要求各级领导特别是主要负责人，要解放思想、创新思维，自我反思、自我诊断、自我加压，着力保市场、保订单、保增长；着力推进国际业务优先发展，加快提升国际竞争力；着力顺应资本市场要求，打造优质上市公司，要审时度势、扬长避短、趋利避害，在新阶段实现新的跨越，提出了明确要求，阐述了发展思路和路径措施。

作为党委书记，范集湘同志结合贯彻落实党的十七届五中、六中全会和全国国有企业党建工作会议精神，提出了“紧紧抓住以改革创新精神做好企业党建工作这条主线，以继续推行党建工作责任制、建立党建工作完整的制度体系两项基础工作为重点，结合实际，努力创新，注重务实，促进发展，全面提高党建工作科学化水平，推动公司党建工作再上一个新台阶，着力将党组织的政治优势转化为企业的发展能力”的党建工作总体要求。

大家认为，董事长范集湘的讲话是一个充满新意、具有高度的讲话，指出的问题深刻，提出的要求到位，措施针对性强，对我们做好当前和今后一个时期的工作具有重要的指导意义。

与会同志认真讨论了总经理孙洪水代表股份公司经营班子所作的工作报告。大家认为，工作报告充分体现了务实创新的精神，内容实在、具体，具有指导性和可操作性，是一个高质量的工作报告。

报告全面客观地对股份公司一年来的经营管理工作所取得的成就从五个方面进行了总结。分析了股份公司当前生产经营面临六个方面的挑战及七个方面的有利因素和条件。同时提出了2012年股份公司生产经营、改革发展的总体思路、发展目标和十个方面的重点任务。目标明确，措施具体，操作性强。

工会主席王宗敏同志的讲话，重点回顾了股份公司一年来的工会工作和职代会民主管理等工作，肯定了各级工会在促进生产经营、开展技术创新、稳定职工队伍、发挥桥梁纽带作用方面做出的成绩，对新的一年如何加强职代会建设、代表和维护好职工合法权益、加强民主监督等工作，提出了具体设想。

副总经理杨忠宣读了《2011年业绩预考核兑现通知》，并作了2011年业绩预考核情况和2012年考核工作的说明，使大家找到了定位，明确了努力的目标。

大家认为，几位领导的讲话，紧密地结合了股份公司改革发展的实际，是我们做好今年工作的思想动力、行动指导和措施保证。一定要学习领会好，贯彻落实好。

二、会议的主要收获

大家认为，这次会议虽然时间很短，但是内容丰富，效率很高，收获很大。对于我们深入贯彻落实中央经济工作会议、央企负责人会议和中国电建集团工作会议精神，推进股份公司持续良好发展，开创股份公司改革发展新局面将起到重要的推动作用。

一是认清了形势，提高了认识。会前，多数与会代表参加了集团公司中心组学习（扩大）会议，加深了对中央经济工作会议和十七届六中全会精神的理解。这次中国电建集团工作会和股份公司工作会，都认真分析了国际国内严峻的经济形势，使大家对股份公司改革发展和生产经营面临的新形势、新特点，有了更准确、更全面的把握。大家表示，面对新的形势、新的任务，要从股份公司大局出发，自我加压，奋发勇为，全面贯彻好这次会议精神，把思想统一到集团公司和股份公司的总体部署和要求上来，把力量凝聚到实现股份公司确定的各项任务目标上来，精心思考和谋划，扎扎实实抓落实，切实把广大干部职工的积极性和创造性调动起来，为建设质量效益型世界一流企业作出新的贡献。

二是形成了共识，强化了责任。代表们重点围绕董事长讲话和总经理工作报告，讨论热烈，各抒己见，积极建言献策。大家一致感到机遇与挑战并存，困难与希望同在，既有压力，又有动力，必须牢固树立市场意识、竞争意识、机遇意识和责任意识，努力拼搏，抢抓机遇，迎接挑战。经营责任书和党建工作责任书的签订，大家感到了一种责任、一种压力、一种使命，进一步增强了责任感、紧迫感和使命感。

三是明确了任务，坚定了信心。大家认为，2012年股份公司工作指导思想、基本要求和总体思路已经明确，具体的目标任务已经分解落实，要确保目标任务的实现，必须要有改革创新的精神、锐意进取的斗志、敢于竞争的魄力，还要有科学的态度、超前的思维、过人的胆识、精心的运筹、勤奋的工作。只要把集团公司和股份公司的发展战略和具体措施与本单位的实际紧密结合起来，把本单位的优势和潜能充分发挥和挖潜出来，把大家的积极性充分调动起来，就能够顺利完成今年下达的目标任务。

讨论中，大家提出了一些好的意见建议，对于大家提出的问题和通过代表提案提出的意见和建议，股份公司党委将专题研究，提出解决和落实措施。

三、关于股份公司2012年党建重点工作

在党委书记范集湘的讲话中，提出了对做好股份公司2012年党建工作的总体要求，各级党委要认真贯彻落实。如何围绕今年的工作任务发挥党委的政治核心作用和保障作用，这里，我讲几点具体要求。

（1）以改革创新的精神推动领导班子建设，发挥好党委在选人用人上的作用。要进一步贯彻全国国有企业党建工作会议精神和中央企业提高选人用人满意度座谈会精神，把领导班子建设作为加强和改进企业党建工作的核心任务，抓好对文件的落实工作。要认真贯彻股份公司领导人员管理暂行办法和考评办法，按照股份公司党委的统一部署，制订详细的工作计划和方案，做好子企业领导班子的考核换届工作；要进一步深化“四好”领导班子建设，重点放在提高各级领导的素质和能力上，加强各级领导的思想作风建设，强化领导班子的整体功能，促进企业的发展。

（2）加强党委参与重大问题决策，发挥党委政治核心作用，提高企业科学决策水平，保证企业发展的正确方向。我们通过2011年党建工作的检查考

核发现，一些基层党组织、特别是部分项目党组织在参与生产经营等重大问题决策制度上还有不完善之处，在制度的执行上还有不到位的地方，导致少数项目的决策和领导人员行权履职上出现了一些问题。这是我们各级党委要重点抓的工作，要通过完善制度堵塞管理漏洞，通过有力的执行机制确保制度落实，要在不断反思、总结、探索中不断创新工作机制，保证企业科学可持续发展，不能出现权力失控和决策失误，为发展真正提供政治保证、思想保证和制度支撑。

（3）大力推进学习型党组织建设，引领企业增强创新应变能力。要围绕企业改革发展大局，以促进股份公司科学发展、加快转变经济发展方式为基本目标，以党委中心组学习为龙头，以抓好学习型领导班子为关键，以抓好基层党员学习与培训为基础，努力提高全体党员、特别是党员领导人员思想政治和业务素质。各级领导班子要结合企业改革发展的重点、难点问题，将领导班子成员调研、联系点结合起来，更深入地了解情况，建立调研成果分享机制，把成果交流与中心组学习有机结合，建立中心发言人制度，共同研讨和分享调研成果，推动重点、难点问题的解决，真正使党建工作创新成为推动生产经营的动力。

（4）深入开展创先争优活动，全面加强基层党组织建设。创先争优活动要紧紧围绕股份公司科学发展、加快转变经济发展方式、提升企业发展能力、推进企业平稳较快发展这一主题进行。要围绕生产经营中心，大力开展主题实践活动，充分发挥党组织和党员在完成生产经营任务中的战斗堡垒作用和先锋模范作用；要通过适当的评选表彰，选树活动中的先进集体和优秀个人，发挥好典型示范作用；要在完成重点、难点任务中大力开展党员承诺活动和党群共建活动，充分调动党员和广大职工的积极性、创造性，确保活动不流于形式，切实取得实效。要按照中央和国务院国资委党委的部署，积极开展“基层组织建设年”活动，通过抓基层、打基础、增活力，强化党组织在企业发展中的功能作用。

（5）围绕落实党建工作责任制，加强党建工作的制度建设，形成从上到下党建工作完整的制度体系，推进党建工作科学化、制度化、规范化。同时，各公司要结合党建工作责任制的贯彻落实工作，提高制度执行力。特别要结合实际，抓好几个重点环节：一是要按照领导人员“一岗双责”的要求和刚刚签订的党建工作责任书要求，明确领导人员党建工作责任。二是要把党建工作责任层层落实到位，细化责任制实施细则，明确本单位开展党建责任制考核的具体措施，做好党建责任制考核向子企业的二级单位和大中型项目部的延伸工作。三是围绕党建责任制的总体要求，各子企业党委要健全配套制度，提高党建工作的专业化水平。四是运用好考核成果，把党建责任制的考核结果同领导班子和领导人员的绩效挂钩，形成政策导向。

（6）加强领导，加大力度，进一步加强反腐倡廉建设。要坚持以党风廉政建设为抓手，以规范权力运行为核心，健全和完善惩防体系运行保障机制，提高预防和惩治腐败能力，促进反腐倡廉任务的落实。因为明天要召开反腐倡廉建设专题工作会议，这里我就不多讲了。

（7）围绕生产经营中心，开展好项目党建工作。要认真落实股份公司关于加强国内项目、海外项目党建工作指导意见的文件精神，做到经营活动开展到哪里，党的组织就建到哪里，党建工作就覆盖到哪里，通过组织的政治优势把党员、干部组织和凝聚起来，形成坚强有力的战斗堡垒，切实将党组织的政治优势转化为企业的发展能力。要进一步总结加强海外机构党建工作的经验，形成长效机制，形成具有“中国水电”特色的央企海外党建工作品牌。

（8）加强企业文化建设，增强企业软实力。2012年，我们要按照股份公司党委的要求，抓好企业文化建设七个实践环节的落实工作，抓好“中国水电”企业文化和“中国电建”文化的融合工作，继续抓好企业文化的延伸工作，突出实践特色，推进企业文化的深化和落地。还要充分发挥工青妇组织的桥梁纽带作用，努力维护企业稳定。

四、贯彻落实会议精神的几点要求

2012年是股份公司发展历程中极为重要的一年。面临复杂市场形势的考验和完善公司治理结构等一系列重要工作，生产经营和管理任务艰巨。贯彻落实好这次会议精神，做好当前各项工作，对抓住历史机遇，加快发展方式转变，促进股份公司持续良好发展具有重要意义。各公司要按照这次会议的要求，求真务实，抓好落实。

一是尽快召开本单位领导班子专题会议。各单位回去后要尽快安排召开领导班子会议，认真学习董事长范集湘讲话和总经理孙洪水工作报告精神，首先在班子中进一步统一思想，提高认识。充分认识新形势下企业发展的内外部环境，分析本单位面临的形势，找准存在的问题，结合本单位发展实际形成工作思路，落实工作重点，领导班子要投入主要精力抓好各项任务的落实。

二是认真组织好传达贯彻。各单位要传达贯彻好会议精神，切实做好会议精神的落实工作，采取召开工作会、职代会等形式，迅速传达到所属各基层组织、各级领导人员和职工群众。使大家认清形势，明确任务，形成共识，焕发干劲，鼓舞士气，凝聚力量，确保各项部署落实到位。

三是制订一套落实措施。各单位要对照董事长、总经理提出的各项重点任务，结合本单位实际，拿出时间和精力，专门进行研究，逐一制定落实措施和相应的工作计划，明确落实责任，确定落实时限，拿出考核奖惩办法，有的要形成具体工作制度。决不能以会议落实会议，以文件落实文件，要切实动动脑子，想想招数，扑下身子，真抓实干，把计划一项一项落到实处。我相信，有中国电建集团重组的优势，有股份公司的正确指导，有在座各位主要领导的积极努力，2012 年的目标任务一定能够实现。

第二篇 文献 文件

Chapter Ⅱ Researches and Documents

国务院国有资产监督管理委员会关于组建中国电力建设集团有限公司、中国能源建设集团有限公司的公告

经国务院批准，中国水利水电建设集团公司、中国水电工程顾问集团公司与国家电网公司、中国南方电网有限责任公司所属14个省（区、市）勘测设计企业、施工企业、修造企业重组，组建中国电力建设集团有限公司；中国葛洲坝集团公司、中国电力工程顾问集团公司与国家电网公司、中国南方电网有限责任公司所属15个省（区、市）勘测设计企业、施工企业、修造企业重组，组建中国能源建设集团有限公司。中国电力建设集团有限公司、中国能源建设集团有限公司由国务院国有资产监督管理委员会代表国务院履行出资人职责。中国水利水电建设集团公司、中国水电工程顾问集团公司成为中国电力建设集团有限公司的全资子公司，中国葛洲坝集团公司、中国电力工程顾问集团公司成为中国能源建设集团有限公司的全资子公司，不再列入国务院国有资产监督管理委员会履行出资人职责的企业名单。

特此公告。

二〇一一年九月二十九日

转发国家部委文件

中央企业境外国有产权管理暂行办法

（国务院国有资产监督管理委员会令第27号·2011年6月14日）

第一条 为加强和规范中央企业境外国有产权管理，根据《中华人民共和国企业国有资产法》、《企业国有资产监督管理暂行条例》（国务院令第378号）和国家有关法律、行政法规的规定，制定本办法。

第二条 国务院国有资产监督管理委员会（以下简称国务院国资委）履行出资人职责的企业（以下简称中央企业）及其各级独资、控股子企业（以下简称各级子企业）持有的境外国有产权管理适用本办法。国家法律、行政法规另有规定的，从其规定。

本办法所称境外国有产权是指中央企业及其各级子企业以各种形式对境外企业出资所形成的权益。

前款所称境外企业，是指中央企业及其各级子企业在我国境外以及香港特别行政区、澳门特别行政区和台湾地区依据当地法律出资设立的企业。

第三条 中央企业是其境外国有产权管理的责任主体，应当依照我国法律、行政法规建立健全境外国有产权管理制度，同时遵守境外注册地和上市地的相关法律规定，规范境外国有产权管理行为。

第四条 中央企业应当完善境外企业治理结构，强化境外企业章程管理，优化境外国有产权配置，保障境外国有产权安全。

第五条 中央企业及其各级子企业独资或者控股的境外企业所持有的境内国有产权的管理，比照国务院国资委境内国有产权管理的相关规定执行。

第六条 境外国有产权应当由中央企业或者其各级子企业持有。境外企业注册地相关法律规定须以个人名义持有的，应当统一由中央企业依据有关规定决定或者批准，依法办理委托出资等保全国有

产权的法律手续，并以书面形式报告国务院国资委。

第七条 中央企业应当加强对离岸公司等特殊目的公司的管理。因重组、上市、转让或者经营管理需要设立特殊目的公司的，应当由中央企业决定或者批准并以书面形式报告国务院国资委。已无存续必要的特殊目的公司，应当及时依法予以注销。

第八条 中央企业及其各级子企业发生以下事项时，应当由中央企业统一向国务院国资委申办产权登记：

（一）以投资、分立、合并等方式新设境外企业，或者以收购、投资入股等方式首次取得境外企业产权的。

（二）境外企业名称、注册地、注册资本、主营业务范围等企业基本信息发生改变，或者因企业出资人、出资额、出资比例等变化导致境外企业产权状况发生改变的。

（三）境外企业解散、破产，或者因产权转让、减资等原因不再保留国有产权的。

（四）其他需要办理产权登记的情形。

第九条 中央企业及其各级子企业以其拥有的境内国有产权向境外企业注资或者转让，或者以其拥有的境外国有产权向境内企业注资或者转让，应当依照《企业国有资产评估管理暂行办法》（国务院国资委令第12号）等相关规定，聘请具有相应资质的境内评估机构对标的物进行评估，并办理评估备案或者核准。

第十条 中央企业及其各级子企业独资或者控股的境外企业在境外发生转让或者受让产权、以非货币资产出资、非上市公司国有股东股权比例变动、合并分立、解散清算等经济行为时，应当聘请具有相应资质、专业经验和良好信誉的专业机构对标的物进行评估或者估值，评估项目或者估值情况应当由中央企业备案；涉及中央企业重要子企业由国有独资转为绝对控股、绝对控股转为相对控股或者失去控股地位等经济行为的，评估项目或者估值情况应当报国务院国资委备案或者核准。

中央企业及其各级子企业独资或者控股的境外企业在进行与评估或者估值相应的经济行为时，其交易对价应当以经备案的评估或者估值结果为基准。

第十一条 境外国有产权转让等涉及国有产权变动的事项，由中央企业决定或者批准，并按国家有关法律和法规办理相关手续。其中，中央企业重要子企业由国有独资转为绝对控股、绝对控股转为相对控股或者失去控股地位的，应当报国务院国资委审核同意。

第十二条 中央企业及其各级子企业转让境外国有产权，要多方比选意向受让方。具备条件的，应当公开征集意向受让方并竞价转让，或者进入中央企业国有产权转让交易试点机构挂牌交易。

第十三条 中央企业在本企业内部实施资产重组，转让方为中央企业及其直接或者间接全资拥有的境外企业，受让方为中央企业及其直接或者间接全资拥有的境内外企业的，转让价格可以以评估或者审计确认的净资产值为底价确定。

第十四条 境外国有产权转让价款应当按照产权转让合同约定支付，原则上应当一次付清。确需采取分期付款的，受让方须提供合法的担保。

第十五条 中央企业及其各级子企业独资或者控股的境外企业在境外首次公开发行股票，或者中央企业及其各级子企业所持有的境外注册并上市公司的股份发生变动的，由中央企业按照证券监管法律、法规决定或者批准，并将有关情况以书面形式报告国务院国资委。境外注册并上市公司属于中央企业重要子企业的，上述事项应当由中央企业按照《国有股东转让所持上市公司股份管理暂行办法》（国务院国资委令第19号）等相关规定报国务院国资委审核同意或者备案。

第十六条 中央企业应当按照本办法落实境外国有产权管理工作责任，完善档案管理，并及时将本企业境外国有产权管理制度、负责机构等相关情况以书面形式报告国务院国资委。

第十七条 中央企业应当每年对各级子企业执行本办法的情况进行监督检查，并及时将检查情况以书面形式报告国务院国资委。

国务院国资委对中央企业境外国有产权管理情况进行不定期抽查。

第十八条 中央企业及其各级子企业有关责任人员违反国家法律、法规和本办法规定，未履行对境外国有产权的监管责任，导致国有资产损失的，由有关部门按照干部管理权限和有关法律法规给予处分；涉嫌犯罪的，依法移交司法机关处理。

第十九条 地方国有资产监督管理机构可以参照本办法制定所出资企业境外国有产权管理制度。

第二十条 本办法自2011年7月1日起施行。

（中水电股财〔2011〕139号文转发）

关于进一步加强建筑市场监管工作的意见

（建市〔2011〕86号·2011年6月24日）

当前，我国建筑市场运行机制初步建立，建筑业规模不断扩大，为我国经济社会发展作出了积极贡献。但是，目前建筑市场仍然存在着一些突出问题，尤其是市场各方主体行为不规范，影响了建筑业的健康发展。为维护建筑市场秩序，保障工程质量安全，现就进一步加强建筑市场监管工作提出如下意见：

一、落实建设单位责任，严格依法发包工程

（一）不具备建设条件的项目一律不得发包。建设单位要严格遵守国家有关建设工程基本程序、工期、造价、质量、安全、节能与环境保护等方面的法律法规和强制性标准，依法进行项目发包，不得以任何名义不履行法定建设程序或者擅自简化法定建设程序。建设工程发包应当具备以下条件：

1. 已经履行工程立项审批、核准或备案手续；
2. 发包人为法人或依法成立的其他组织；
3. 有满足工程发包所需的资料或文件；
4. 工程建设资金已经落实；
5. 法律法规规定的其他条件。

（二）禁止设置不合理的招标条件。建设单位要严格依法进行工程招标，不得设置不合理条款排斥或限制潜在投标人，不得将所有制形式、企业注册地、过高资质等级要求、特定地域业绩及奖项等设置为招标条件，严禁政府投资项目使用带资承包方式进行建设。

（三）禁止肢解发包工程。建设单位要将工程发包给具备相应资质条件的承包单位，不得将应当由一个承包单位完成的建设工程肢解成若干部分发包给不同的承包单位。建设单位将施工总承包单位资质范围内的工程发包给两个及以上单位的，视为肢解发包，有关部门要依法进行查处。

建设单位直接向施工总承包单位的分包单位支付分包工程款，或者要求承包单位将已经承包的部分建设工程分包给指定单位的，有关部门应当依法进行查处。

（四）禁止建设单位指定工程分包单位。承包单位对其承包范围内的部分专业工程依法进行分包时，建设单位不得指定分包单位，不得要求承包单位购入其指定的建筑材料、构配件和设备，不得采用与总承包单位、分包单位签订“三方协议”的方式变相指定分包单位。

二、规范工程承包行为，严禁转包和违法分包

（五）禁止转包工程。承包单位要严格履行合同约定的责任和义务，不得转包工程。工程勘察、设计、施工单位不履行合同约定的责任和义务，将其承包的全部建设工程转给他人或者以分包名义分别转给他人的；分包工程的发包单位未在施工现场设立项目管理机构、派驻项目经理及配备项目管理人员的，视为转包工程，有关部门要依法进行查处。

实行施工总承包的工程，施工总承包单位与施工总承包范围内分包工程的发包单位是两个独立法人单位的；主体工程使用的主要建筑材料或设备由分包单位购买或租赁的，有关部门应当依法进行查处。

（六）禁止违法分包工程。承包单位要严格按照法律法规的规定进行工程分包。承包单位不得将承接工程的主体工程进行分包，分包单位不得将分包工程再分包。承包单位存在下列情形之一的视为违法分包，有关部门要依法进行查处：

1. 承包单位将建设工程分包给不具备相应资质条件的单位或个人的；
2. 承包合同中没有约定，又未经建设单位书面认可，承包单位将其承包的部分建设工程交由其他单位完成的；
3. 劳务企业将承包的劳务作业再分包的；
4. 法律法规规定的其他情形。

建筑工程设计单位将建筑专业的全部设计业务分包给其他单位的，建筑、结构、机电工程设计事务所将本专业的设计业务分包给其他单位的，其他专业工程设计单位将全部工艺设计业务分包给其他单位的，有关部门应当依法进行查处。

三、加强合同管理，规范合同履约行为

（七）规范合同订立。建设工程合同双方要在合同中明确约定承包范围、质量安全要求、工期、价

款及支付方式、变更要求、验收与结算以及合同争议的解决方式等内容，避免因双方责任、权利、义务约定不明确造成合同纠纷。建设单位不得任意压低造价和压缩工期。合同双方要依据国家和建设项目所在地的有关规定，合理确定工程预付款、进度款的数额和支付方式，工程变更的调整方式，工程量清单错漏项的认定方式，人工及材料价格大幅变化所致风险的承担方式，竣工结算款的支付期限等。各地造价管理机构要依据市场实际价格情况及时发布建设工程造价信息，指导和推进合同双方规范工程计价行为。

（八）推行合同备案制度。合同双方要按照有关规定，将合同报项目所在地建设主管部门备案。工程项目的规模标准、使用功能、结构形式、基础处理等方面发生重大变更的，合同双方要及时签订变更协议并报送原备案机关备案。在解决合同争议时，应当以备案合同为依据。

（九）落实合同履约责任。合同双方应当按照合同约定，全面履行各自义务和责任，协商处理合同履行中出现的问题和争议。建设单位要及时跟踪工程质量安全、工程进展等情况，按时支付工程预付款、安全防护费、进度款和办理竣工结算，并督促承包单位落实质量安全防护措施。建设单位未按合同约定支付工程款，致使承包单位无法施工的，由建设单位承担工期延误的责任，并按照合同约定向承包单位赔偿经济损失。承包单位要按照合同约定认真履行工程质量安全、工期等义务，按时支付劳务费和办理竣工结算。

（十）建立合同履约风险防范机制。在工程建设项目特别是房地产开发项目中，要积极推行以业主工程款支付担保、承包商履约担保为主要内容的工程担保制度，完善相关措施，落实担保人保后监管责任，促进合同履约，防范和化解合同争议。要积极推行工程质量保险制度，防范和降低工程质量风险。

四、加强施工现场管理，保障工程质量安全

（十一）强化施工总承包单位负责制。施工总承包单位对工程施工的质量、安全、工期、造价以及执行强制性标准等负总责。施工总承包单位的责任不因工程分包行为而转移。分包单位责任导致的工程质量安全事故，施工总承包单位承担连带责任。专业分包或劳务分包单位应当接受施工总承包单位的施工现场统一管理。建设单位依法直接发包的专业工程，建设单位、专业承包单位要与施工总承包单位签订施工现场统一管理协议，明确各方的责任、权利、义务。

（十二）健全施工现场管理制度。施工单位要制定工程项目现场管理办法并严格执行，配备与项目规模技术要求相适应的项目管理班子。项目经理、施工、技术、质量、安全、劳资等管理人员应为本企业人员且持有相应资格的上岗证书。施工单位要切实履行职责，定期对本单位和分包单位的现场管理人员和作业人员到位和持证上岗、质量安全保证体系、技术交底、教育培训等实施情况进行检查。

（十三）强化设计单位的现场设计服务。建设单位和设计单位要明确约定现场设计服务的内容及费用。设计单位要加强工程项目建设过程中的现场设计服务，在项目施工前应对审查合格的施工图文件向施工单位作出详细说明，并及时解决施工过程中与设计有关的问题。设计单位要对参加现场设计服务情况作出记录并予以保存。

（十四）严格履行监理单位职责。监理单位要严格依照法律法规以及有关技术标准、设计文件和建设工程承包合同实施监理，对建设工程的施工质量安全依法承担监理责任。监理单位要落实项目总监负责制，建立项目监理机构，配备足够的、专业配套的监理人员，严格按程序开展监理工作。监理工程师要按照工程监理规范的要求，采取旁站、巡视、平行检验等多种形式，及时到位进行监督检查，对达不到规定要求的建筑材料、构配件、设备以及不符合要求的施工组织设计、施工方案不得签字放行。发现存在质量安全隐患的，应当要求施工单位整改；情况严重的，应当要求施工单位暂停施工，并及时报告建设单位。施工单位拒不整改或者不停止施工的，监理单位要及时向有关主管部门报告。

（十五）严格执行工程建设标准。建设工程的建设、勘察、设计、施工、监理、检测等单位要严格执行工程建设标准，督促从业人员认真掌握并严格执行相关工程建设标准。各地要加强对工程建设标准的培训和宣传，并将市场各方主体不执行工程建设强制性标准的情况及时在建筑市场诚信信息平台上公布。

五、加强建筑劳务管理，提高作业人员素质

（十六）落实用工单位责任。施工总承包单位对劳务分包单位的日常管理、劳务作业和用工情况负有监督管理责任，对监管不到位以及因转包、违法分包工程造成拖欠劳务人员工资的，依法承担相应责任。施工总承包单位不得要求劳务分包单位垫资

承包，不得拖欠劳务分包单位的劳务费用。用工单位要依法与劳务人员签订规范的劳动合同。用工单位对内部用工管理、持证上岗作业和劳务人员工资发放负直接责任，并要按月或按合同约定及时支付劳务人员工资，不得以任何理由拖欠劳务人员工资。

（十七）加大农民工培训力度。要利用各类职业培训资源，充分发挥职业院校和社会化职业培训机构作用，建立政府部门、行业协会、施工单位多层次培训体系，多渠道筹集培训经费，加大对农民工的培训力度。进一步落实持证上岗制度，特殊工种人员严禁无证上岗。大力开展职业技能培训与鉴定工作，普通技术工人在“十二五”期间推行持证上岗。营造职业技能等级与劳动报酬挂钩的市场环境，增强农民工参加培训、提升技术水平的积极性，全面提高建筑劳务人员素质。

（十八）推行建筑劳务人员实名制管理。施工总承包单位要以工程项目为单位落实劳务人员实名管理制度，要配置专人对劳务分包单位的劳动统计、出工考勤、工资发放进行监管，并处理劳务人员的举报投诉。用工单位要设置专人对劳务人员身份信息、劳动合同、工资发放、持证上岗、工伤保险、意外伤害险等情况进行规范管理。各地要总结试点地区的经验，扩大建筑劳务人员信息化管理试点范围，实行建筑劳务人员从业档案电子化管理。

六、加强诚信体系建设，提高监管信息化水平

（十九）建立完善建筑市场监管信息系统。要加快行业注册人员数据库、企业数据库、工程项目数据库的建设步伐。住房和城乡建设部将尽快制定全国建筑市场监管信息系统基础数据库的数据标准。各地要健全和完善省级建筑市场监管信息系统的基础数据库，实现与中央数据库的对接和互联互通，在全国范围内建立覆盖建设、勘察、设计、施工、监理等各方主体，以及招标投标、施工许可、工程施工、质量安全各环节的监管信息系统。

（二十）加强信用信息的采集和录入。各地要建立由企业资质、人员资格、招标投标、施工许可、合同备案、设计、施工、监理、造价、质量、安全、行政执法等多部门组成的联席办公机制，建立综合与专业相结合、上下对口联动的信用信息采集体系，落实工作职责，按照《全国建筑市场责任主体不良行为记录基本标准》，及时录入和上报不良信用信息。住房和城乡建设部将继续完善全国建筑市场诚信信息平台，尽快出台注册执业人员不良行为记录基本标准，并建立信息报送通报制度，对不按期报送、瞒报信用信息的地区进行通报批评。

（二十一）实现市场主体行为信息公开。各级住房和城乡建设主管部门要充分利用全国建筑市场诚信信息平台，向社会公布工程项目、承包企业及注册人员的基本情况、招投标、施工许可、质量安全、合同备案、合同履约等各类信息，尽快制定不良行为信息分级分类管理办法，公示市场主体的不良行为，公布发生较大及以上质量安全事故、转包工程、违法分包工程、拖欠农民工工资、以讨要工资为名扰乱正常生产生活秩序等违法违规行为的企业和人员，接受社会监督。要逐步建立失信惩戒、守信激励制度，通过约谈、公示、公告等方式进行信用惩戒和社会监督，通报表彰诚实守信的企业和人员，引导建设单位在发包中选用遵纪守法、重视质量安全的企业和人员，不用不遵纪守法、不重视质量安全的企业和人员。

七、加大市场清出力度，严肃查处违法违规行为

（二十二）强化质量安全事故“一票否决制”。各地要积极主动参与质量安全事故的调查处理，建立事故统计通报制度，及时将事故情况及涉及企业和个人信息通报上级住房和城乡建设主管部门。对事故涉及的企业和个人，要暂停其资质资格的升级、增项。要加强事故责任认定后的处罚，对事故负有责任的企业和个人，要按照有关法律法规和《规范住房和城乡建设部工程建设行政处罚裁量权实施办法》、《住房和城乡建设部工程建设行政处罚裁量基准》，予以严肃查处。

（二十三）加强资质资格动态监管。要严格资质资格的审批，适度提高准入标准，调控各类企业数量规模。各级住房和城乡建设主管部门要明确职责、严格把关，认真核实企业的工程业绩，严厉打击资质资格申报过程中弄虚作假行为。要认真落实《关于加强建筑市场资质资格动态监管完善企业和人员准入清出制度的指导意见》，对企业取得资质后是否符合资质标准进行动态核查，依法清理一批不再符合资质资格条件的企业和个人，逐步扭转建筑市场供大于求的局面。省级住房和城乡建设主管部门每年要将本行政区域内对企业和从业人员违法违规行为的处罚情况书面报送住房和城乡建设部，住房和城乡建设部汇总后向全国通报。

（二十四）严肃查处建设单位违法违规行为。各地要及时纠正建设单位在招标时设置不合理条件，

任意压缩工期和工程造价，或者政府投资工程要求带资承包等违法违规行为，建设单位拒不改正的，应依法进行处理。要依法查处建设单位肢解发包工程，指定分包单位或材料设备生产厂、供应商，强迫承包单位签订“阴阳合同”等违法违规行为，造成工程质量安全事故或重大隐患的，应依法追究建设单位的责任。要按照有关法律法规，严肃处理建设单位不按合同约定及时支付工程款，或质量保证金等到期不及时返还的问题，对造成农民工工资拖欠以及群体性事件的，应依法追究其责任。各地要严格施工许可管理，不符合法定条件的不得颁发施工许可证；对于违法开工的工程，要依法责令停工。建设单位发生上述行为的，各地应将其作为不良行为在建筑市场诚信信息平台上进行公布。

（二十五）严肃查处勘察、设计、施工单位的违法违规行为。对勘察、设计、施工单位转包、违法分包、转让、出借资质证书或者以其他方式允许他人以本单位名义承揽工程的，要责令改正，依法给予没收违法所得、罚款等行政处罚；对勘察设计单位不按照建设工程质量安全标准进行勘察设计，施工单位在施工中偷工减料的，或者使用不合格的材料、构配件和设备的，要责令改正，依法给予罚款等行政处罚。施工单位未将其承包的工程进行分包，但在施工现场所设项目管理机构的项目经理及项目管理人员与承包单位之间无注册执业关系和劳动合同及社会保险关系的，视同允许他人以本企业名义承揽工程进行查处。勘察、设计、施工单位的不良行为要在建筑市场诚信信息平台上向社会公布。对因拖欠农民工工资造成群体性事件的，要记入建筑市场诚信信息平台并向全国通报。对于造成工程质量安全事故的，依法给予停业整顿、降低资质等级、吊销资质证书的行政处罚；构成犯罪的，依法追究刑事责任。

（二十六）严肃查处工程监理等单位违法违规行为。各地要结合实际，对工程监理单位以及招标代理、造价咨询、工程检测、施工图审查等中介机构开展专项治理。对工程监理单位转让监理业务、不按《建设工程监理规范》规定和合同约定配备监理人员、超越资质等级承接业务、出卖或转让资质证书的，招标代理机构与招标人或投标人串通搞虚假招标的，造价咨询机构违法违规编审工程造价的，工程检测机构出具虚假检测报告的，施工图审查单位在审查中发生重大失误或弄虚作假的，要依法追究其责任，给委托方造成损失的，要承担相应赔偿责任。上述行为要作为不良行为在建筑市场诚信信息平台上向社会公布。对于造成工程质量安全事故的，要依法降低其资质资格等级直至吊销资质资格证书；构成犯罪的，依法追究刑事责任。

（二十七）严肃查处从业人员违法违规行为。各地要按照“企业和人员并重”的监管方针，切实加强对注册建筑师、勘察设计注册工程师、注册监理工程师、注册建造师等注册人员的监管，落实其法定责任和签章制度。要严肃查处注册人员出租出借资格证书、出卖印章、人证分离、重复注册、不执行有关法律法规与强制性标准等违法违规行为，造成工程质量安全事故，情节严重的，要依法吊销其执业资格直至终身禁止执业，并在建筑市场诚信信息平台上向社会公布；构成犯罪的，依法追究刑事责任。

八、创建良好市场环境，促进建筑业健康发展

（二十八）加强组织领导。各地要高度重视加强建筑市场监管工作，认真落实党中央、国务院关于开展工程建设领域突出问题专项治理的有关要求，坚持以科学发展观为指导，切实增强紧迫感和使命感，充分运用法律、经济、行政以及信用约束等手段，维护公平竞争、依法诚信的建筑市场秩序，保障工程质量安全和人民群众切身利益，维护社会和谐稳定。

各地要规范外地企业进入本地的告知性备案制度，取消强制要求外地企业在当地注册独立子公司，将本地区、本系统业绩作为评标加分条件等不合理的限制措施，维护全国建筑市场的统一。政府部门要加快与其所属企业脱钩，严禁利用自身监管权力违法违规干预工程招投标，为其下属或本地企业承接工程，努力构建公平竞争、合理流动的市场环境。

（二十九）健全监督执法机制。从 2011 年开始，住房和城乡建设部将定期组织全国建筑市场专项检查活动，对建筑市场中的突出问题进行集中执法检查。市（县）级住房和城乡建设主管部门要对本地所有在建工程项目进行全面检查，省级住房和城乡建设主管部门要进行重点巡查，住房和城乡建设部进行抽查，通过强化对市场主体违法违规行为的打击力度，将建筑市场专项检查活动常态化、制度化。各地要加强对开发区、保税区、工业园区等区域内工程建设的管理，不允许以加快建设、营造良好软环境为借口，不履行法定建设程序，不遵守相关法律制度，逃避监督执法。各地要充分发挥部门联动执法的作用，加强与工商、税务、司法、银行等相关行业主管部门的协调配合，完善沟通渠道，健全信息共享、联动执法等制度，形成建筑市场监管合力。

（三十）加强监管队伍建设。各级住房和城乡建设主管部门要加强建筑市场监管队伍建设，充实监管人员，落实必要的工作条件和经费。上级住房和城乡建设主管部门要加强对基层建筑市场监管工作的指导，针对突出问题组织专题调研，强化对基层监管人员的业务培训和工作监督，提高基层建筑市场监管工作对政策的掌握水平和依法行政能力。各地要加强对建筑市场执法情况的检查，对有法不依、执法不严、违法不究的单位和人员，要依法追究责任。

（三十一）促进行业发展。各地要督促企业落实“绿色建筑、节能减排”要求，推动企业技术进步，提升企业自主创新能力，鼓励企业开发具有自主知识产权的专利和专有技术，鼓励企业制定具有自身特点的技术标准和工法，提高大型现代化机械设备装备能力，增强企业的核心竞争力。要加大支持力度，在一些大型公共建筑和基础设施建设中推行工程总承包，引导大型设计、施工企业发展成为具有设计、采购、施工管理等全过程服务能力的龙头企业，全面提升建筑企业的技术与管理水平，促进建筑业健康发展。

中华人民共和国住房和城乡建设部

（中水电股经〔2011〕16号文转发）

中央企业“十二五”和谐发展战略实施纲要

（国资发研究〔2011〕146号·2011年9月30日）

为深入贯彻落实党的十七届五中全会与国民经济和社会发展“十二五”规划纲要精神，落实中央企业“十二五”发展规划纲要，实现“做强做优中央企业、培育具有国际竞争力的世界一流企业”的目标，制定《中央企业“十二五”和谐发展战略实施纲要》（以下简称《纲要》）。

一、现状和面临的形势

（一）现状

“十一五”期间，中央企业认真贯彻落实党中央、国务院的各项方针政策，在企业持续快速发展的同时，模范履行社会责任，为经济社会发展作出了积极贡献。

1. 实现国有资产保值增值，为国家和人民创造了巨额财富。“十一五”期间，中央企业累计实现净利润32 417.1亿元，向国家缴纳税收52 378.7亿元，上交国有资本收益2309亿元，向全国社会保障基金转持国有股总值1718.4亿元，为国家和人民创造了巨额财富。

2. 积极落实国家宏观调控政策，促进经济社会平稳发展。煤电油运和商贸储备等行业企业切实采取有效措施，全力保障市场供应。电力、电信和涉农企业加强“三农”服务，为农业稳定高产作出积极贡献。中央企业有效应对国际金融危机的严重冲击，为国家经济安全和社会稳定作出了积极贡献。

3. 坚持“两型”发展，全面完成节能减排任务。坚持资源节约型和环境友好型发展，加大环保投入，推进节能减排，积极探索低投入、低消耗、低排放和高产出的发展道路。2010年中央企业万元产值综合能耗比2005年下降20.3%，二氧化硫排放量、化学需氧量分别比2005年减少36.3%和36.1%，超额完成国家下达的节能减排指标。

4. 维护职工合法权益，促进职工与企业共同发展。依法与职工签订并履行劳动合同，保证合理的薪酬待遇，基本实现了职工养老、失业、医疗、工伤、生育五大类基本保险的全员覆盖。加强职工民主管理，不断完善以职代会为基本形式的职工民主管理制度，探索实施职工董事制度。加强职业教育培训，开展职工素质工程，创造平等发展机会。

5. 加强安全生产，保障职业健康。加大安全投入，全面加强安全管理，严格落实安全生产责任制，切实提升安全生产水平。2010年中央企业百亿元销售收入较大以上安全生产事故死亡率，比2005年下降53%。建立完善职业安全与健康管理体系，为职工提供安全、健康、卫生的工作条件和生活环境，有效预防各种可能的伤害，保障职工职业健康。

6. 积极参与社会公益活动，争做优秀企业公民。充分发挥中央企业顶梁柱作用，在抗击雨雪冰冻、汶川和玉树地震等重大自然灾害的特殊时期，在保障北京奥运会、上海世博会、新中国成立六十周年庆典、广州亚运会等国家重大活动的关键时刻，冲锋在前，勇挑重担。热心社会公益事业，关心支持社会公共福利，积极参与重大自然灾害救助，努力保障和改善民生，服务城乡、区域的协调发展。2008～2010 年，中央企业累计对外公益捐赠 133.7 亿元。

“十一五”期间，中央企业认真贯彻落实国务院国资委《关于中央企业履行社会责任的指导意见》，积极探索开展符合国情和中央企业实际的社会责任工作。加强与利益相关方沟通，55 家中央企业发布了社会责任报告。探索推进企业社会责任管理，部分中央企业建立了社会责任工作委员会和社会责任工作专门机构。许多中央企业在总结提炼将社会责任融入企业使命、战略和日常运营的有效模式方面进行了积极探索。一些中央企业积极参与社会责任国际标准制定，深入开展社会责任国际交流，在国际社会中产生了积极影响。

在看到成绩的同时，也必须清醒地认识到，与党中央、国务院的要求及社会的普遍期望相比，中央企业在履行社会责任、促进和谐发展方面还有不少改进和发展的空间。突出表现在：和谐发展、可持续发展和企业社会责任理念意识还不够强，社会责任管理体制机制和制度还不够健全，社会责任报告的数量和质量有待进一步提高；完善法人治理结构任务还很重，维护各利益相关方权益的机制还有待进一步完善；高投入、高消耗的粗放式增长问题还没有根本解决，节约资源保护环境的创新能力不强，加快转变发展方式的任务还很艰巨；企业内部存在的一些不和谐、不稳定因素，一些影响活力的因素，仍然影响着企业的科学发展与和谐稳定；应对复杂舆论环境的能力还比较弱，运用互联网等新媒体的能力和水平需要进一步加强，塑造责任央企品牌的意识和能力需要进一步提升。

（二）面临的形势

从国际看，世界多极化和经济全球化日益深入发展，科技创新孕育着新的突破，资源环境对经济可持续发展的压力越来越大，国际社会对企业履行社会责任的要求越来越高、约束越来越严。联合国全球契约影响力不断增强，国际标准化组织发布社会责任指南（ISO 26000），企业社会责任已经成为企业竞争力的重要组成部分。

从国内看，我国经济社会发展呈现新的阶段性特征，经济发展中的不平衡、不协调、不可持续问题依然突出，经济增长的资源环境约束强化，收入分配差距较大，社会矛盾明显增多，经济体制的深刻变革、社会结构的深刻变动、利益格局的深刻调整、思想观念的深刻变化，对构建和谐社会、满足人民群众日益增长的物质文化需要提出了新的更高的要求。

党的十六届六中全会通过的《中共中央关于构建社会主义和谐社会若干重大问题的决定》明确提出，要构建“民主法治、公平正义、诚信友爱、充满活力、安定有序、人与自然和谐相处”的社会主义和谐社会。党的十七届五中全会进一步提出，“十二五”时期要以科学发展为主题，坚持科学发展，更加注重以人为本，更加注重全面协调可持续发展，更加注重统筹兼顾，更加注重保障和改善民生，促进社会公平正义。企业是经济社会的微观主体，也是社会主义市场经济中的资源配置主体，是推动社会进步的重要力量，对构建和谐社会具有重要作用。中央企业是国民经济的骨干和中坚，在构建和谐社会中担负着光荣的使命和责任。

实施和谐发展战略，立足战略高度认识、部署和推进中央企业与社会、环境的和谐发展，既是中央企业以科学发展观为指导，开辟符合国情和中央企业实际的中国特色企业和谐发展道路，服务构建和谐社会和全面建设小康社会的战略选择，也是中央企业适应新形势新变化，顺应新要求新期待，应对新挑战新问题，实现“做强做优中央企业、培育具有国际竞争力的世界一流企业”目标的现实需要。

二、指导思想和主要目标

（一）和谐发展战略的内涵

以可持续发展为核心，以推进企业履行社会责任为载体，立足战略高度认识、部署和推进中央企业与社会、环境的和谐发展，为实现“做强做优、世界一流”目标提供支撑。

（二）指导思想

以邓小平理论和“三个代表”重要思想为指导，深入贯彻落实科学发展观，按照“民主法治、公平正义、诚信友爱、充满活力、安定有序、人与自然和谐相处”的和谐社会创建要求，树立先进发展思想，围绕“做强做优中央企业、培育具有国际竞争力的世界一流企业”的目标，推进企业可持续发展，模范履行社会责任，追求经济、社会、环境的综合价值最大化，努力做依法经营诚实守信的表率、节约资源保护环境的表率、以人为本构建和谐企业的表率，成为国家经济的栋梁和全社会企业的榜样，为构建社会主义和谐社会和实现全面建设小康社会的宏伟目标贡献力量。

（三）主要目标

能力显著增强：经济、社会、环境综合价值创造能力显著增强。保值增值能力显著增强，在激烈的国内外市场竞争中赢得持续竞争优势；为利益相关方创造价值的能力显著增强，在保障和改善民生、促进社会公平正义方面发挥重要作用；“两型”发展能力显著增强，成为节约资源、保护环境、低碳发展、绿色发展的模范。

水平显著提高：沟通和运营透明度显著提高。沟通意识显著提高，加强社会沟通和内部沟通的制度机制得到健全和完善；运营透明度显著提高，中央企业改革发展和经营情况更加透明；应对复杂的舆论环境和妥善处置重大突发事件的水平显著提高。

形象显著提升：品牌美誉度和影响力显著提升。行业排头兵地位牢固树立，产业带动力和社会影响力显著提升；品牌建设全面推进，涌现一批具有较大影响力、受人尊敬的企业，央企社会贡献和价值得到社会认可。

围绕“三个显著”目标，大力推进“五个建设”。

诚信央企建设。社会主义市场经济是法制经济、诚信经济，依法经营、诚实守信是中央企业和谐发展的基本要求。必须全面推进依法治企、诚信经营，维护各类投资者、消费者的合法权益，与合作伙伴共赢发展。

绿色央企建设。节约资源，保护环境，是中央企业和谐发展的必然选择。必须加快转变发展方式，大力推进节能减排，发展循环经济，保护生态环境，形成低投入、低消耗、低排放和高效率的集约型发展方式。

平安央企建设。企业安全事关职工群众的生命财产，企业稳定事关职工群众的切身利益，安全稳定是中央企业和谐发展的基本保障。必须加强安全生产，妥善处理改革发展稳定的关系，认真解决历史遗留问题，努力实现企业的和谐稳定发展。

活力央企建设。落实以人为本理念，建设和谐劳动关系，是中央企业和谐发展的内在需要。必须创新企业内部机制和文化，深化职工民主管理，促进职工全面发展，激发企业活力和创造力。

责任央企建设。争做优秀企业公民，模范履行企业公民的责任和义务，是中央企业和谐发展的重要内容。必须大力加强企业社会责任体制机制建设，围绕国家和社会发展的重大议题，发挥企业的特长和优势，积极开展社会责任实践活动，为构建社会主义和谐社会作出积极贡献。

三、大力推进诚信央企建设

确保依法合规经营。贯彻落实国家“六五”普法工作，持续提升依法合规经营水平。模范遵守《中华人民共和国反垄断法》、《中华人民共和国反不正当竞争法》等法律法规，杜绝不正当竞争行为。进一步完善企业总法律顾问制度，建立完善的法律风险防范和依法合规管理体系，有效防范违法违规经营风险。加大依法合规宣传、教育和培训力度，增强全员依法合规意识和能力。

维护各类投资者合法权益。完善公司治理，健全决策机制。完善企业国有产权进场交易制度，防止国有资产流失。模范遵守境内外证券市场规则，依法规范披露信息，坚决杜绝操纵股价、内幕交易、虚假陈述等违法违规行为。模范遵守债券融资有关规定，有效控制债务风险，保护好债权人合法权益。依法规范公司大股东行为，保障中小股东合法权益。

维护消费者权益。模范遵守《中华人民共和国产品质量法》等法律法规要求，建立完善质量管理体系，加强质量管理，为消费者提供优质产品和服务。加强上下游供应链质量管理，有效防范产业链质量风险，确保产品质量。建立和完善客户满意度测评、客户投诉等制度，不断改进产品质量、提高服务水平。探索建立产品召回制度，及时主动召回有缺陷的产品。

与合作伙伴共赢发展。发挥行业排头兵和系统集成商的重要作用，带动全行业不断提高发展水平，提升我国产业在国际分工体系中的层次。推进产业内专业化分工协作，促进产业链资源配置优化，带动产业链健康发展。向合作伙伴传导社会责任理念和要求，为合作伙伴提供公平机会。坚持“两个毫不动摇”，通过产权纽带大力发展混合所有制经济，通过上下游合作带动各类所有制经济共同发展。

加强反腐倡廉建设。坚持“标本兼治、综合治理、惩防并举、注重预防”方针，加强以完善惩治和预防腐败体系为重点的反腐倡廉建设。严格执行党风廉政建设责任制规定，全面落实“三重一大”决策制度和廉洁从业规定，实施厂务公开和经济责任审计。重点对企业改制、股份制改造、国有产权转让、工程建设等领域进行监督检查，加大查办商业贿赂等违规违纪违法案件。健全巡视工作领导体制和工作机制，完善巡视制度，规范巡视工作方式和程序，提高巡视成效。

四、大力推进绿色央企建设

模范推进节能减排。进一步强化节能减排组织体系建设，完善机构设置，层层落实责任。进一步加大节能减排技术创新资金投入，形成一批自主知识产权和关键核心技术。加快节能减排技术的推广应用，切实发挥科技进步对节能减排的支撑作用。

到“十二五”期末，中央企业万元产值综合能耗（可比价）下降16%左右，单位主要污染物排放总量低于全国平均水平，重要行业主要产品单位能耗指标达到国内领先水平。

大力发展循环经济。在产品科研设计、生产、使用全过程推进循环经济，努力实现“资源—产品—再生资源”循环。加快推进石油石化、电力、钢铁、有色金属、煤炭、建材、化工、交通运输等行业企业的清洁生产，努力占领未来清洁生产发展的制高点。推进大宗工业固体废物和建筑、运输废弃物资源化利用，工业固体废物综合利用率达到国内领先水平。

积极保护生态环境。加强重大开发建设活动的地质影响评价、气候风险评估和生物多样性管理，维护生态环境安全。矿产资源开发企业要积极参加国家对矿产资源的整合，提高矿产资源开发的规模经济水平，提高矿产资源开采回采率、选矿回收率和综合利用率。对生态环境影响显著的企业，要严格遵守国家有关法律和我国政府承诺参加的国际公约，切实保护生物多样性及对资源的持续利用。

五、大力推进平安央企建设

加强安全生产管理。围绕企业安全生产组织体系健全、责任落实到位、制度标准完善、执行规范严格、技术保障有力、安全考核有效的目标，抓好安全生产工作的“四大重点项目”：科学制定并全面实施企业安全发展五年规划；大力推动安全技术攻关；大力提升安全生产管理水平；加快培养一支具有国际水平的安全监管专业队伍。

切实抓好企业稳定工作。认真落实《关于建立国有企业改革重大事项社会稳定风险评估机制的指导意见》，对企业重大改革进行社会稳定风险评估，妥善处理改革发展稳定关系。在企业改制、重组中，切实维护好下岗分流职工的合法权益。关心困难职工的生活，健全扶贫帮困机制，努力帮助他们解决实际困难。建立健全信访工作灵敏反应机制，切实解决职工群众的合理诉求，防范不稳定事件的发生。

认真解决历史遗留问题。积极推进主辅分离、分离企业办社会职能、厂办大集体改革，妥善处理历史遗留的离退休人员统筹外费用、内退人员费用等问题。做好政策性关闭破产收尾后续工作，妥善处理因实施政策性重组而形成的债权债务关系以及历史遗留的重大法律纠纷案件。加快对低效、无效资产和长期亏损、扭亏无望、资不抵债等经营困难企业的处置，维护相关各方权益，消除潜在的不稳定因素。

六、大力推进活力央企建设

创新企业内部机制。进一步深化劳动用工分配三项制度改革，形成人员能进能出、职务能升能降、收入能高能低的机制。加强和改进劳动用工管理，实现规范化、市场化用工。加大企业领导人员公开招聘、竞争上岗等市场化选聘工作力度，提高市场化选聘的比例和职位层次。健全企业领导人员考核评价体系，探索企业中长期激励制度。立足于企业特性和发展要求，正确处理效率与公平的关系，完善收入分配调控机制，建立职工工资正常增长机制。

深化职工民主管理。积极探索完善符合现代企业制度要求、与公司治理结构有机融合的企业职工民主管理体系。健全职工代表大会制度，切实保障职工的知情权、参与权和监督权。进一步推进厂务公开、民主监督工作，不断丰富职工参与民主管理的形式，逐步拓宽民主管理渠道。创新工作方法，做好新形势下的群众工作。

促进职工全面发展。及时足额缴纳职工养老、医疗、失业、工伤、生育等基本保险，健全完善职工社会保障。加强职业教育培训，实施高技能人才培训计划，着力打造技术精湛、作风过硬的高素质、高层次、现代化职工队伍。推进职工职业生涯成长规划，为不同类型职工分别建立职业成长通道。加强青年职工队伍建设，促进青年职工成长成才。

创建先进企业文化。落实“十二五”时期企业文化建设的目标和任务，建立符合社会主义核心价值体系和适应企业发展战略要求的企业价值体系。结合企业实际，将和谐发展要求和社会责任理念融入企业愿景、使命和核心价值观。加强职工教育和培训，把企业文化融入企业战略和日常管理运营中。

七、大力推进责任央企建设

模范落实国家宏观调控政策。正确处理当前与长远、局部与全局、企业发展与宏观调控的关系，在国家调控经济、稳定发展中发挥积极作用。煤电油运、商贸、储备、交通运输等行业企业要自觉服从和支持国家经济运营调度的安排，保障市场供应，维护市场秩序。电力、通信等行业企业要积极推进基础公共服务均等化，提高普遍服务水平。涉农企业要加强“三农”服务，积极支持农业生产，切实维护农民利益。

在特殊时期和关键时刻发挥顶梁柱作用。在国家遭遇自然灾害的特殊时期，模范履行社会责任，积极承担抢险救灾的责任，保障人民群众的生命财产安全和国家社会的稳定。在国家经济社会发展的关键时刻，敢于担当、冲锋在前，切实保证在关键时刻信得过、拉得动、打得赢，努力在国家应对经济社会发展的大事、难事、急事中发挥主力军和顶梁柱作用。

积极参与社会公益事业。积极承担援疆援藏和定点帮扶老少边穷地区的任务。创新形式方式，主动参与社区建设，积极开展以奉献、友爱、互助、进步为宗旨的形式多样的志愿者活动。规范企业捐赠，探索建立企业慈善和公益基金会，提高公益资金的使用效率，切实提高企业慈善公益的水平。

加强与利益相关方沟通。建立健全企业信息披露制度，依法、及时、准确、全面披露企业重大信息，主动加强与政府、客户、消费者、社区、供应商、媒体和内部职工等利益相关方的沟通。发布社会责任报告，切实提高报告的质量和水平。在国际化经营中遵守有关国际法、国际标准和国际惯例，遵守所在国法律、民族习惯和宗教信仰，保护所在国环境，促进文化交流融合，努力实现互利共赢。

切实做好新闻宣传工作。加强新闻宣传组织领导，建立健全企业新闻宣传工作领导协调机制，构建大宣传格局。建立和完善新闻发言人制度，及时回应新闻媒体的关切。加大正面宣传力度，积极宣传中央企业模范履行社会责任的成效。提高利用互联网等新媒体和应变处置引导能力，切实做好生产经营突发事件与新闻媒体的沟通工作。建立完善品牌管理体系，塑造一流的央企品牌形象。

八、保障措施

实施和谐发展战略是一项系统工程，必须做好顶层设计，加强执行力，各个方面统筹规划、协调推进。

（一）国务院国资委的主要措施

加强领导。成立国务院国资委中央企业社会责任推进委员会，根据企业所处不同行业，分类指导、推进中央企业履行社会责任、实施和谐发展战略。

政策支持。加大与有关部门的沟通协调，积极争取有关政策，鼓励和支持中央企业履行社会责任、实施和谐发展战略，帮助企业解决存在的困难和问题，为中央企业实施和谐发展战略提供政策支持。

提供服务。深入研究国内外企业履行社会责任的理论和经验，帮助企业开展与世界一流企业的对标学习，加强社会责任培训，研讨有关企业在实施和谐发展战略过程中的共性问题。

强化引导。研究制订《中央企业社会责任指引》，探索建立评价机制，开展中央企业社会责任评价。建立中央企业社会责任工作交流平台，促进中央企业之间经验共享。

（二）中央企业的主要措施

加强组织保障。明确企业履行社会责任、实施和谐发展战略的领导责任，加强统一领导。明确归口管理部门，清晰界定职责，细化落实目标，优化运行程序。

加强规划保障。结合企业的行业特点和发展阶段，积极探索具有企业特色的和谐发展战略实施路径，加强对实施效果的评估与考核，实现和谐发展战略管理的持续优化。

加强制度保障。以构建实施和谐发展战略的长效机制为着眼点，大力加强企业社会责任战略、治理、融合、绩效、沟通机制建设，系统梳理、修订和完善相应的制度管理体系。

加强资源保障。加大对履行社会责任和实施和谐发展战略的人力、物力、财力投入，为企业实施和谐发展战略提供支持。

实施和谐发展战略要与中央企业实施转型升级、科技创新、国际化经营、人才强企等战略相统筹，要加强党的领导，充分发挥企业党组织的政治核心作用。

中央企业要从建设中国特色社会主义、构建社会主义和谐社会的高度，认识、部署和推进实施和谐发展战略，解放思想、开拓创新、积极探索、扎实工作，模范履行社会责任，努力建设诚信央企、绿色央企、平安央企、活力央企和责任央企，为做强做优中央企业、培育具有国际竞争力的世界一流企业提供强有力的支撑。

（中水电股企〔2011〕32号文转发）

集团(股份)公司管理文件

战　略　管　理

中国水利水电建设股份有限公司
“十二五”发展规划

（中水电股企〔2011〕13号·2011年4月22日）

一、发展基础和外部环境分析（略）

二、指导思想和发展思路

（一）指导思想

以邓小平理论和“三个代表”重要思想为指导，深入贯彻落实科学发展观，切实落实国务院国资委的安排和部署，坚持以科学发展为主题，以加快转变发展方式为主线，突出国际竞争力的显著增强，突出发展的质量效益，突出结构的调整优化，突出整体素质的全面提高，加强和改进企业党的建设，把国有企业的政治优势转化为企业发展能力，确保公司平稳较快发展，为把公司建设成为具有较强国际竞争力的质量效益型世界一流公司而不懈努力。

（二）发展思路

总体思路：围绕一个目标，做到“四强四优”，实施五大战略，推动企业转型升级上水平。

一个目标：努力把公司建设成为具有较强国际竞争力的质量效益型的世界一流综合性建筑企业。

“四强四优”：“四强”就是自主创新能力强、资源配置能力强、风险管控能力强、人才队伍强；“四优”就是经营业绩优、公司治理优、结构布局优、社会形象优。

自主创新能力强：技术先进，主业突出，拥有知名品牌和自主知识产权，水利水电工程建设领域领先优势更加明显。

资源配置能力强：面向两个市场的资源配置效率高、社会化、国际化程度高。

风险管控能力强：建立全面风险管控体系，重大企业风险处于可控状态。

人才队伍强：人才队伍总量适当、专业结构配套、层级结构清晰、年龄结构合理，职业化、市场化、专业化、国际化程度高。

经营业绩优：主要经济指标争取达到国际同行业先进水平，规模经济效益好，在国际国内同行业拥有持续的较高的市场占有率，具有持续的盈利能力和抗御风险能力。

公司治理优：制度先进，管理体制科学，公司治理规范、高效，管理达到同行业先进水平。

结构布局优：市场结构、产业结构、业务结构、组织结构合理优化。

社会形象优：社会责任工作体系完善、履行状况好，社会认同度、品牌价值高。

五大战略：国际业务优先发展战略、转型升级战略、人才强企战略、行业科技领先战略以及和谐发展战略。

业务转型：从单一水电施工企业转变为相关多元化的“大土木”建设公司，从主要以水电施工为业务支撑转变为水电建设业务、非水电建设业务、国际工程承包“三足鼎立”的业务组合。

产业升级：由传统低附加价值的施工生产经营型企业转变为高附加价值的总承包经营及相关技术咨询、资产经营和资本经营型企业。

管理上水平：由传统国有企业管理模式转变为适应市场环境的跨国公司管理体制。彻底扭转规模扩张型的粗放式的管理方式，实施精益化管理，获得超过同行竞争对手的质量水平和效益水平，逐步达到国际先进经营管理水平。

（三）公司愿景及定位

1. 使命

成为国际领先，提供全方位、高质量的工程建设和资源开发服务，核心竞争力明显的世界一流企业。

2. 战略定位

以工程建设、电力投资、相关设备制造与租赁、房地产开发和其他经营性业务为主营业务，以技术、质量为竞争核心，以创新为导向，逐步提升项目管理水平和资本运作能力，积极拓展国际工程承包市场、国际投资市场和非水电市场，以资产管理、资本运营与大型项目开发运作相结合，不断在更高的层次上形成和发展更为强大的综合国际竞争能力。成为行业领先，管理一流，品牌影响力明显，具有持续成长性和较强自主创新能力，可持续发展能力和较强国际竞争力的质量效益型世界一流企业。

具体来说，公司要成为：

行业领先：巩固并发展水利水电行业的领先地位，大力拓展其他相关建筑领域，发挥公司在国家江河湖海治理和水力资源开发中的主力军作用，逐步成为以“高、大、难、险、新、精、尖、特”工程施工为主导的，涵盖相关工程投融资、设计、监理、建造、采购、运行、咨询的工程总承包和工程项目管理企业。通过技术创新和科学管理，保持国际领先的建设成就，持续开发应用行业领先水平的科技成果，掌握拥有世界领先的先进技术和设备，拥有一支高素质的知名专家和科技创新队伍。

管理一流：建立完善以产权为联结纽带，管理科学、运营规范，符合现代企业制度要求的管理体制，构建有效的公司治理结构，规范公司治理。创建质量效益型、创新型、和谐型企业，在管理理念、管理技术、管理模式、管理方法和管理手段上达到行业一流标准。

品牌影响力明显：充分发挥“中国水电”国内国际水电建设第一品牌的影响力、美誉度，通过资产重组、联合、并购等实现“中国水电”第一品牌的放大效应，进一步提升“中国水电”的品牌价值。

具有持续成长性：以科学发展观统领全局，坚持以人为本，转变发展观念，创新发展模式，提高发展质量，构建和谐企业，通过调整资产和产权结构、产业和产品结构、组织结构、队伍结构，使企业不断增强可持续发展的能力。在经营结构、技术结构、功能结构、人才结构上加快与国际接轨的步伐，更加主动、广泛地参与国际分工和合作。实现经营理念、经营战略、经营方式的国际化。

具有较强自主创新能力、可持续发展能力和较强国际竞争力的质量效益型世界一流企业：弥补设计和管理上的薄弱环节，全面拉近与国际化大公司在管理上的距离，相关技术发展和设备制造紧跟世界潮流，全面参与国际竞争，在市场竞争力、行业影响力、技术水平、管理水平和经营业绩上达到世界一流标准。

三、战略目标

（一）远景规划目标

成为国际领先，具有较强国际竞争力的质量效益型世界一流综合性建筑企业。

（二）企业发展五年目标

以较强的国际竞争力和质量效益型的姿态参与市场竞争，初步建成“行业领先，管理一流，品牌影响力明显，具有持续成长性与较强自主创新能力，可持续发展能力”的世界一流公司。

在经营规模上保持持续稳健增长，不断提升在行业中的地位；在质量效益和成长性方面领先于国内主要竞争对手，成为具有较强国际竞争力的世界一流公司。

（三）“十二五”主要发展目标

1. 财务目标（略）

2. 主要业务发展目标

(1) 继续巩固国内水利水电建设市场的地位。确保国内水利水电市场占有率65%以上。通过精益化管理，提高水利水电建设业务的利润率，为公司的产业调整提供利润支撑。

(2) 进一步加大非水电建筑市场的开拓力度，重点开拓铁路、公路、桥梁、港航市场，争取较大的市场份额，提高相关行业市场地位和占有率。

(3) 继续加大国际市场开拓力度。进一步巩固和发展亚洲、非洲市场，积极开拓南美市场，在欧洲、北美市场占据一定份额。在国内对外工程承包企业的排名中稳居前3位，成为国内建筑行业的国际一流品牌。进一步提高国际市场占有份额，提高国际业务对公司的利润贡献度。审慎稳健开拓国际投资市场，引领承包模式和主业结构转型升级。同时积极探索以资产经营和资本经营来支持与扩大海外投资业务，提升海外投资业务的质量与资产周转率。

(4) 继续加大资源开发业务投资力度，拓展融资渠道，扩大水电、风电、水务、优质矿产资源、坑口煤电等领域的开发规模。

(5) 加大房地产开发与经营。提高房地产业务对公司的利润贡献度，争取使其成为公司利润的重要支柱。

(6) 巩固并拓展水利、水电、风电、航电永久设备及施工专用设备制造市场，积极发展设备租赁业务。

(7) 积极开展工程咨询、监理、勘察、设计业务，通过重组、兼并逐步完善工程总承包功能，使其充分发挥技术创新作用，为公司保持行业技术领先地位提供技术创新平台。

规划期主营业务指标（略）。

3. 市场目标

巩固国内水利水电建设业务的绝对优势地位。

非水电建设业务达到国内行业先进水平。

国际经营业务成为国内建筑行业中的国际一流品牌。

扩大电力投资业务市场份额，争取在重点区域形成规模优势。

加大房地产开发与经营，力争成为行业领先、具备较强投融资能力和品牌竞争力的房地产发展运营商。

保持水利、水电、航电永久设备及施工专用设备制造市场的国内领先地位，设备租赁业务占据国内较大市场份额。

4. 客户目标

进一步强化与核心客户的战略合作伙伴关系，逐步实现客户多元化，在区域国际市场形成公司的细分客户群。

5. 员工薪酬福利目标

在企业经济效益不断增长的条件下，逐步提高员工特别是普通员工的薪酬福利水平，员工薪酬逐年与企业经济效益同步增长，努力在规划期内使员工薪酬福利水平达到行业中等水平。

6. 人力资源目标

按照“创新人才观念、优化人才结构、提高人才素质”的指导思路，加快推进人力资源队伍建设；努力形成与公司产业结构调整、增长方式转变相适应的总量适当、素质优良、层级合理、专业配套的人才梯队；基本建立起符合国际化、产业多元化和现代企业制度要求的人才选用、培养、评价和激励约束机制。

不断提高员工学历层次，不断优化员工业务素质，进一步改善员工专业结构，初步实现公司由劳务密集型向技术管理密集型企业的转变。水电、非水电、国际三大业务板块从业人员数量充足、结构合理，充分满足三大业务板块的发展速度和规模要求。吸纳和引进包括投资、房地产、法律、经济、管理、财务和国际化人才等在内的各类优秀人才，精心打造一支数量足、结构佳、素质高的专业化运作团队。

7. 技术创新目标

建立系统完善、具有自身特色的科技创新体系，形成较强的自主研发和制造能力。紧随世界适用先进技术，保持传统主业水利水电行业工程技术的领先水平，系统掌握非水电基础设施领域重点行业先进技术，在其他非水电基础设施领域实现技术突破，总体施工技术水平达到国际先进水平。拥有影响力明显、具有自主知识产权的专利技术和技术品牌，保持行业发展的骨干力量和标准化的龙头地位，造就一支数量充足、结构合理的科技创新人才队伍。

8. 节能减排目标

建立系统完善的企业节能减排组织管理、统计监测和考核奖惩三大体系，不发生造成重大社会影响的重大环境污染事件和节能减排重大违法违规事件，按期完成国务院国资委下达的节能减排考核目标，达到同行业节能减排先进水平。

9. 管理创新目标

决策机制科学，管理界面清晰，管理流程流畅，人力资源良性循环，公司资源配置合理，运作高效，有健全的考核和激励制度，形成充满活力的企业文化。注重培育企业硬实力和软实力，具有高瞻远瞩的全球战略决策能力和全球市场把握能力，按照国际惯例规范运作的全球战略管理机制和运作能力。

10. 信息化建设目标

实现公司核心业务的全面信息化，初步建成纵向贯通、横向关联、资源共享、安全可靠的信息集成平台；形成标准统一、流程清晰、职责明确、管理规范的信息化管理和支持体系；培养一支技术过硬，结构合理，能够支撑公司信息化建设与运营的人才队伍；促进IT和经营业务的有机融合，进一步提高信息化在企业核心竞争力、抗风险能力和可持续发展能力等方面的作用。

11. 社会责任目标

按照GB/T 19001—2000—ISO 9001：2000、GB/T 24001—2004—ISO 14001：2004、GB/T 28001—2001（OHSAS18000）质量、环境、职业健康安全三大管理体系建立、实施并保持管理体系有效运行，确保公司不断满足顾客、社会、公众及员工的要求。

争取实现：合同履约率100%，相关方满意度80%以上；预防污染，节约能源资源，不发生重大环境危害事故；节能降耗指标达到国务院国资委要求；控制安全责任事故，减少职业危害。

12. 产业结构调整目标

巩固水利水电建设传统主业和行业领先地位，优先发展国际业务，大力开拓非水电建筑业务，积极审慎发展资源性投资业务，加快培育新的经济增长点，优化业务结构，形成国内水电、国内非水电、国际业务三足鼎立，工程承包产业与可再生能源产业协调发展的经营新格局。

13. 产权结构调整目标

继续建立健全各子公司的公司治理结构，深化企业体制机制改革。

14. 组织结构调整目标

改革内部管理体制和机制，适应市场需求和企业发展需要，准确定位各事业部、业务单元的功能，打造规范、高效、科学、现代的组织体系。

推进内部重组，通过内部整合，形成若干家年营业收入100亿元以上的具有较强综合实力的质量效益型骨干子公司和一批具有明显业务优势和特色的专业子公司，改变目前子公司业务雷同、内部同质竞争的状况。

15. 投资风险控制目标（略）

四、“十二五”发展调整重点与实施计划（略）

（一）发展调整重点（略）

（二）发展计划（略）

五、战略措施

根据公司的战略定位和发展方向，公司以国际业务优先发展战略、转型升级战略、人才强企战略、行业科技领先战略以及和谐发展战略为公司的核心发展战略；以深化企业改革、提高集团公司管控能力以及加强企业党的建设等作为保证发展战略顺利实施的手段，与公司的核心发展战略互为补充互为促进，形成具有公司特色的竞争优势。

（一）着力实施国际业务优先发展战略（略）

（二）着力实施转型升级战略（略）

（三）着力实施人才强企战略（略）

（四）着力实施行业科技领先战略（略）

（五）着力实施和谐发展战略（略）

六、战略实现的保障措施（略）

中国水利水电建设股份有限公司战略管理办法

（中水电股企〔2011〕14号·2011年5月9日）

第一章　总　　则

第一条　为推动中国水利水电建设股份有限公司（以下简称股份公司）提高战略管理水平，增强企业核心竞争力，促进企业持续、健康、科学发展，根据国务院国有资产监督管理委员会《中央企业发展战略和规划管理办法（试行）》和《中央企业战略管理指引》，结合股份公司实际，制定本办法。

第二条　股份公司及其子公司按照本办法要求结合企业实际开展企业战略管理工作。

第三条　本办法所称发展战略和发展规划是指股份公司为实现长期稳定发展，根据国家发展规划和产业政策，结合外部环境和内部条件，通过分析、判断、预测等手段，确定企业在未来一定时期内的发展目标以及实现这一发展目标的基本途径和手段，是对股份公司未来发展方向的纲领性规划和设计。

第四条　股份公司战略管理是通过股份公司战略的分析与制定，评价与选择及实施与控制，以保证股份公司战略目标实现的动态的连续的管理过程。股份公司战略管理过程涵盖了企业管理的整个过程，其实质是以股份公司战略目标为核心，以股份公司内外部环境为依据，以资源运用和价值创造为手段，以股份公司发展为目的的一个完整的管理系统。

股份公司战略管理主要包括：股份公司发展战略、发展规划的分析与制定、评价与选择及实施与控制；股份公司对子公司战略规划的指导、评价和监督。

第五条　股份公司战略管理遵循以下基本原则：

（一）科学发展。认真贯彻落实科学发展观，坚持从实际出发，遵循经济发展规律，学习借鉴国内外先进管理经验，树立经济增长与资源、环境、社会和谐发展的理念，转变经济发展方式，提高运行质量和效率。

（二）突出主业。遵循国家发展规划和产业政策，按照国有经济布局和结构调整的要求，突出主业发展、培育核心能力，发挥整体优势，增强自主创新能力，形成企业竞争优势。

（三）战略统领。充分发挥发展战略总揽全局、把握方向的统领作用，以股份公司全局为对象，从企业发展需要出发，指导企业经营的具体活动，追求企业总体目标的实现。坚持围绕股份公司战略目标展开各项管理工作，切实加强战略管理和预算管理、绩效考核的衔接，建立和完善战略规划保障体系。

（四）系统管理。股份公司战略管理作为企业总体发展的动态管理过程，应坚持统筹兼顾，密切协同的原则。战略管理各阶段紧密衔接，形成有机整体。根据战略管理实践，优化设计，优化计划，优化管理，优化控制。建立相应的组织架构与有效管理机制，不断提高战略管理能力。

第二章　战略管理

第六条　战略管理的主要内容。股份公司战略管理是对股份公司制定、实施、评价战略规划的全部活动的总称，是一个完整的、系统的、动态的管理过程，具有综合性、持续性和科学性。战略制定是基础，战略实施是关键，战略评价是保障。股份公司战略管理过程包括三个基本阶段，九个环节。

（一）战略制定阶段。战略制定是股份公司决策机构组织各方面的力量，按照一定的程序和方法为股份公司选择适宜的发展战略的过程。战略制定是战略管理活动的起点，在战略管理过程中居于首要地位。

第一环节，确定股份公司远景与使命。

第二环节，战略定位与确定战略目标。

第三环节，制定战略规划。

（二）战略实施阶段。战略实施对于股份公司战略目标的实现起到决定性的作用，是自上而下的动态管理过程，在战略实施过程中，股份公司战略在其内部运营的各个环节中进行分解、落实。

第四环节，战略分解与合成。

第五环节，战略控制与调整。

第六环节，战略实施保障。

（三）战略评价阶段。战略评价是股份公司保证战略目标实现的必要的战略管理手段。战略评价工作分为内部评价和外部评价，按照战略管理的时间顺序可划分为以下三个环节。

第七环节，事前评价。

第八环节，事中评价。

第九环节，事后评价。

股份公司根据战略管理的主要内容，建立相应的战略管理工作流程，规范战略管理工作，并做好相关制度的实施工作。

第七条　战略管理机构。股份公司根据战略管理的需要设立战略管理机构。战略管理机构由战略规划决策机构、战略规划管理机构、战略规划实施机构和战略规划咨询机构四部分组成。

（一）战略规划决策机构。

战略规划决策机构是企业战略管理的最高机构。

对于股份公司，股份公司董事会是战略规划决策机构。股份公司董事会下设的战略委员会为董事会决策提供参谋和咨询。

对于子公司，设有董事会的子公司，董事会即是战略规划决策机构，具备条件的子公司董事会可设立战略委员会；对于尚未设立董事会的子公司由子公司党政联席会履行战略规划决策机构的相应职责。战略规划决策机构的主要职责如下：

1. 负责提出制定战略规划的要求；

2. 负责审议战略规划；

3. 负责监督战略规划执行；

4. 负责评估战略规划执行效果。

（二）战略规划管理机构。

战略规划管理机构是经营管理层的常设机构，股份公司企业发展部是股份公司战略管理的归口部门。战略规划管理机构主要职责如下：

1. 负责定期编制股份公司战略规划草案；

2. 负责每年滚动修订股份公司战略规划；

3. 负责制定和分解股份公司战略规划指标体系；

4. 负责股份公司内部各专题规划的指导审核工作；

5. 负责股份公司内部战略规划的宣传贯彻；

6. 负责股份公司战略规划的评审、评估；

7. 负责组织开展股份公司战略规划的前期研究工作；

8. 负责研究股份公司发展面临的重大战略课题；

9. 持续开展战略研究，建立股份公司战略规划基础数据库。

（三）战略规划实施机构。

战略规划实施机构是股份公司具体执行战略规划的战略单元，包括股份公司各事业部、子公司及相关职能部门。战略规划实施机构的主要职责如下：

1. 负责明确子公司、事业部或部门在股份公司战略规划中的任务分工；

2. 负责根据股份公司战略规划指标分解情况，编制并修订子公司、事业部战略规划或部门战略规划；

3. 负责子公司、事业部战略规划或部门战略规划的具体实施；

4. 负责对子公司、事业部战略规划或部门战略规划目标的年度完成情况进行分析；

5. 负责对子公司、事业部战略规划或部门战略规划的评审、评估；

6. 负责持续开展子公司、事业部战略规划或部门战略规划的基础资料收集研究工作。

（四）战略规划咨询机构。

战略规划咨询机构是股份公司科学管理委员会战略与资源配置委员会，由股份公司内外部人员组成，包括行业、技术、经济、管理、法律等方面的专家。战略规划咨询机构的主要职责如下：

1. 对股份公司战略规划进行前期研究并提供决策咨询；

2. 对股份公司战略规划编制工作提供指导；

3. 接受委托，负责对股份公司发展中重大决策的实施情况进行监督并提出建议；

4. 对需要战略决策的事项提供咨询和建议；

5. 对股份公司发展中存在的突出问题进行调研并提出建议。

第三章 战略制定

第八条 战略制定。战略制定是指在综合分析股份公司内外部环境的基础上，提出未来一段时间内股份公司发展的思路与方案。战略制定包括明确股份公司使命以及未来发展的纲领性目标或战略目标，并将纲领性目标或战略目标转化为具体的规划目标和战略规划的过程。战略规划制定以战略规划文本为主要载体，遵循科学、合理、全面、可行的原则。

第九条 战略制定的一般流程。

（一）明确股份公司战略制定的基本原则。

（二）确定股份公司的愿景与使命。

（三）确定股份公司的战略定位。

（四）确定股份公司未来发展的战略目标。

（五）制定股份公司战略规划。

第十条 战略制定的主要内容。战略制定主要包括确定股份公司愿景与使命、战略定位、战略目标、发展构想，制定战略规划等。

（一）企业愿景和使命。

企业愿景是对企业存在意义和未来发展远景的陈述，具有高度的抽象性。

股份公司的愿景与使命应基于中央企业的总体使命，体现国家和出资人意愿，符合股份公司的主业定位，同时又充分体现股份公司对于未来发展的设想。

（二）战略定位。

股份公司根据内外部环境，综合考虑长中短期面临的挑战和机遇，研究国内外竞争对手和同类型企业的发展战略和发展方向，基于现拥有资源及潜在可获取资源的考虑，选择适合自身发展的路径，确定战略定位。

（三）战略目标。

股份公司战略目标与其使命相一致，是某一战略规划期内的阶段性发展目标，一般为用以统一认识的非定量的纲领性目标。

第十一条 战略规划体系。战略规划体系是通过对企业资源进行优化配置，以实现企业战略目标的完整工作体系。股份公司战略规划体系由股份公司总体战略规划、经营单元战略规划、职能战略规划组成。

股份公司战略规划是股份公司的战略总纲，是股份公司最高管理层指导和控制企业的全部行为的最高行动纲领。包括确定股份公司的愿景与使命、价值观，业务组合和主营业务的发展目标，确定股份公司如何发展、如何管理、如何配置资源等。股份公司战略规划由股份公司企业发展部牵头制定。

经营单元战略规划是指股份公司子公司、事业部根据股份公司战略规划制定的战略规划，确定本公司、事业部在市场上的具体竞争方式和资源使用重点，服务于股份公司总体战略。该战略确定各子公司、事业部如何在市场中发展壮大、占有有效资源、获取最大回报。股份公司各子公司、事业部制定经营单元战略规划。

职能战略规划是股份公司职能部门为贯彻、实施和支持股份公司总体战略与经营单元战略根据各自的职能分工制定的战略。职能战略一般包括营销战略、人力资源战略、财务战略、资金战略、市场营销战略、研究与开发战略、信息化战略等。

股份公司根据实际情况，编制长期发展规划，灵活制定科技创新、风险管理、国际化经营、收购与重组等专项战略规划。

第十二条 战略规划制定的主要内容。股份公司根据所在行业的特征和本公司的特点，按照相对固定的格式编制战略规划，内容主要包含规划目标、指标体系、发展重点与实施计划、保障措施等。

（一）规划目标。

股份公司规划目标服务于战略目标，是某一规划期内的可操作、可实施、可评估的量化目标，便于分解实施和检查评估。

（二）指标体系。

指标体系由股份公司战略目标和规划目标细化形成，是股份公司编制规划的依据。主要由综合指标体系、经济指标体系、技术指标体系等组成。指标体系与股份公司战略目标相对应，与内部管理体制相对应，形成多层次、完整的指标体系。

各子公司、事业部规划指标体系应涵盖股份公司指标体系，同时可结合自身实际与发展需要，增加某些指标。

（三）发展重点与实施计划。

具体内容及要求参见第四章战略实施部分。

（四）保障措施。

具体内容及要求参见第四章战略实施部分。

第十三条 战略规划期确定。股份公司根据自身发展需要、所处的外部环境、行业特点和国家发展规划期的现状等因素来确定战略规划期。股份公司战略规划主要包括三年滚动规划和五年发展规划。股份公司战略管理的重点是三年滚动规划。

第十四条 三年滚动规划制定要求。

按照《中央企业发展战略与规划管理办法（试行）》要求，股份公司滚动制定三年期发展规划（暨三年滚动规划）。三年滚动规划与国务院国资委现行的三年任期业绩考核时间一致、内容衔接，确保战略规划执行与预算相衔接，与业绩考核相匹配。规划内容涵盖《中央企业发展战略与规划编制大纲》的内容，包括具体的规划目标和完整的指标体系，并按照年度分解，还包括规划期内的主要投资项目和股权投资设想，根据股份公司投资能力出发，合理把握股份公司总体投资规划和资产负债率。

三年滚动规划中第一年的年度指标与当年国务院国资委确定的年度经营业绩考核指标保持基本一致，第二年和第三年指标应当体现规划的前瞻性和积极性，预测值原则上不低于企业领导人任期经营业绩考核的要求。

各子公司、事业部三年滚动规划原则上与股份公司规划期保持一致，三年滚动规划中第一年的年度指标与当年股份公司确定的年度经营业绩考核指标保持基本一致，第二年和第三年的指标预测值原则上不低于企业负责人任期业绩考核的要求。

第十五条 中长期发展战略与规划（5年及以上）制定要求。

股份公司中长期发展战略与规划的规划期与国家五年规划相衔接，战略规划执行与国家发展规划相匹配。

股份公司子公司可根据发展需要，研究制定5年及以上的发展规划。

第十六条 战略规划制定的主要方式和基本要求。战略规划制定的主要方式一般包括“自上而下、自下而上、上下结合、内外结合、成立战略策划小组”等五种类型，根据情况可以单独使用，也可以组合使用。

股份公司战略规划制定工作由股份公司企业发展部归口负责，相关部门参加，各部门在制定过程中形成合力。

子公司、事业部的战略规划制定工作由其各自相应的战略管理部门负责，相关部门参加，也可委托外部咨询机构协助制定。

第十七条 战略规划制定的主要参照因素。

（一）内部因素。

1. 企业所处发展阶段、成长方式和竞争能力；

2. 企业拥有资源情况及优势、劣势；

包括财务资源、组织资源、实物资源、技术资源等有形资源和人力资源、创新资源、社会网络资源、品牌资源等无形资源；

3. 资源重新配置到优先发展领域的机会；

4. 可持续发展的要求和相关因素。

（二）外部因素。

1. 国内外经济技术现状及发展趋势；

2. 企业所处的产业环境和产业结构；

3. 企业面临的市场需求、竞争环境，机遇与挑战。

（三）竞争对手情况。

1. 同行业企业现状，主要竞争对手情况；

2. 国际标杆企业发展现状；

3. 潜在竞争对手情况。

（四）经济、社会、道德、法律、政策及其他方面的潜在风险。

1. 国际政治经济环境；

2. 国家产业政策调整情况；

3. 国家对企业发展的财政、金融、税收支持情况；

4. 相关产业配套情况。

第十八条 战略规划制定的数据处理。

（一）股份公司战略规划制定采用科学系统的方法进行数据采集和信息分析。根据外部竞争环境和内部发展需要，确定股份公司发展战略规划，提出目标体系和指标体系。

（二）战略规划所依据的数据既充分考虑现实条件，又要具备一定的创新思维，在开拓创新与规避风险之间取得平衡。

（三）战略规划指标体系应尽量做到可量化。可量化的指标一般占指标体系的60%以上。

第十九条 三年滚动规划制定一般流程。

（一）战略规划决策机构（股份公司董事会）根据股份公司战略定位提出战略目标及制定战略规划的要求。

（二）战略规划管理机构（股份公司企业发展部）根据战略目标，细化指标体系，制定股份公司总体战略规划。

（三）战略规划实施机构（子公司、事业部，各职能部门）在股份公司总体战略规划指导下，根据指标体系，制定相应的经营单元战略和职能战略。

（四）战略规划管理机构（股份公司企业发展部）对经营单元战略和职能战略进行指导审核，汇总后报战略规划决策机构（股份公司董事会）。

（五）战略规划决策机构（股份公司董事会）对战略规划进行事前内部评价。

（六）战略规划决策机构（股份公司董事会）将股份公司战略规划报股份公司股东大会审议。

（七）股份公司股东大会对股份公司战略规划进行审议，提出审核意见。

（八）战略规划决策机构（股份公司董事会）根据股东大会审议意见，指示战略规划管理机构（股份公司企业发展部）对股份公司战略规划进行修订，并正式批准股份公司战略规划印发。

（九）股份公司企业发展部组织有关部门、有关专家对子公司、事业部报送的战略规划进行审核，提出审核意见。

（十）子公司、事业部根据审核意见对战略规划进行修订并正式印发，修订后的战略规划报股份公司企业发展部备案。

（十一）战略规划咨询机构为股份公司战略规划制定提供决策支持。

第二十条 战略制定的工具应用。股份公司在战略规划制定过程中，从实际情况出发，可以选择生命周期理论分析、SWOT 分析矩阵（威胁—机会—劣势—优势矩阵）、SPACE 矩阵（战略地位与行动评价矩阵）、BCG 矩阵（业务增长/市场份额矩阵，又称波士顿矩阵）、I—E 矩阵（又称 GE 矩阵，由通用电气公司的业务检查矩阵发展而来）、KSF 分析（关键成功因素分析）、战略目标图、价值链分析等战略分析方法与工具。

第四章 战略实施

第二十一条 战略实施。战略实施是战略付诸实践的过程，指企业通过各种手段，组织各种力量，为实现战略规划目标所采取的行动及管理过程。战略实施的关键在于其有效性。

股份公司战略规划中的发展重点、实施计划、主要战略措施和保障措施的具体落实需要转换到年度计划予以实施。股份公司切实加强战略规划和预算管理之间的联系，在战略规划的实施过程中，通过年度预算、季度/月度经营分析、绩效管理和业绩考核等环节分解和落实战略目标。

投资计划是战略实施的重点。企业的内涵和外延发展主要通过投资活动来实现。股份公司根据企业固定资产投资和股权收购的需要，制定相应的年度投资计划。在年度计划实施过程中，对投资计划的执行情况进行实时监控、严格管理。

第二十二条 战略实施主体和职责定位。

（一）股份公司战略实施主体涉及股份公司战略规划决策机构、战略规划管理机构和战略规划实施机构；

（二）股份公司战略规划决策机构（股份公司董事会）负责股份公司战略实施的组织控制系统的构建，以保证战略实施成功；

（三）股份公司战略规划管理机构（股份公司企业发展部）负责股份公司战略实施的组织、控制、汇总、评估和反馈；

（四）股份公司战略规划实施机构（子公司、事业部，股份公司职能部门）是股份公司战略实施的执行主体。

第二十三条 战略分解与合成。

（一）战略规划管理机构（股份公司企业发展部）负责将总体战略规划的指标体系分解至战略规划实施机构（子公司、事业部，股份公司职能部门）。

（二）战略规划实施机构（子公司、事业部，股份公司职能部门）根据所承担的规划内容和分解指标编制相应的经营单元战略或专题战略，并将其细化、分解为可操作的年度执行计划，促进战略落地。

（三）战略规划实施机构（子公司、事业部，股份公司职能部门）将本机构战略规划和年度执行计划上报战略管理机构。年度执行计划是制定预算、控制投资进度、进行资金准备和人力资源配置的依据，应当至少按照季度分解完成指标。

（四）战略规划管理机构（股份公司企业发展部）牵头负责各层次战略规划的衔接，确保各类战略规划在实施中形成合力，确保股份公司总体战略规划的实施。

第二十四条 战略实施管理流程。

（一）为便于战略规划实施，股份公司及子公司应当制定相应的战略实施管理流程。

（二）战略规划实施过程中，战略规划管理机构（股份公司企业发展部）对战略规划实施机构（子公司、事业部，股份公司职能部门）的战略规划和年度执行情况、投资计划完成情况进行过程监督和控制。

（三）战略规划实施机构（子公司、事业部，股份公司职能部门）在战略管理框架下，定期向战略规划管理机构（股份公司企业发展部）提供战略规划执行报告，及时反映战略规划执行情况和指标完成情况，通过对比分析，提出意见。

（四）战略规划管理机构（股份公司企业发展部）负责定期汇总和分析战略规划实施机构（子公司、事业部，股份公司职能部门）执行战略规划的情况，内容包括生产经营任务执行情况、规划目标中各项指标的落实情况、执行过程中的问题、资源保障情况、规划调整需求等。

（五）战略规划管理机构（股份公司企业发展部）定期召开股份公司战略研讨会，向战略规划决策机构（股份公司董事会）汇报股份公司战略规划的执行情况。该会议频率应至少每一年召开一次。

（六）战略规划管理机构（股份公司企业发展部）定期组织召开股份公司战略规划实施情况分析会，由战略规划实施机构（子公司、事业部，各职能部门）向战略规划管理机构汇报本机构年度计划的执行情况。该会议应至少每年召开一次。

（七）战略规划决策机构（股份公司董事会）对股份公司总体战略的全年实施情况进行年度评价，请参见战略评价部分。

第二十五条 战略调整。

（一）战略调整是指由于股份公司发展的外部环境发生重要变化或者股份公司自身条件变化等原因，股份公司及时调整正在实施的战略规划，以保证股份公司战略规划对经营管理指导的有效性。

（二）股份公司发生重组并购后根据重组后的实际情况，及时进行战略调整，必要时可重新制定战略规划。

（三）股份公司战略调整遵循及时反应、有效控制、动态适应、局部调整的原则，保持战略柔性。

（四）对于符合股份公司战略方向的重大事项包括重大投资项目，或者未列入股份公司战略规划范围，在战略规划实施期内需要开展的项目，由相关战略规划实施机构（股份公司子公司、事业部或者相关职能部门）进行可行性论证，尤其要分析其投资需求是否超出股份公司的投资能力，并以专题论证报告的形式上报战略规划管理机构（股份公司企业发展部）汇总。

（五）战略规划管理机构（股份公司企业发展部）依据股份公司发展战略，对项目调整需求进行审核。对于符合股份公司战略并不会引起股份公司总体战略方向性调整的，由战略规划管理机构（股份公司企业发展部）统一报战略规划决策机构（股份公司董事会）审批。战略规划决策机构（股份公司董事会）对调整需求进行审核。

（六）对于可能导致战略方向趋势性变化的重大调整，由战略规划管理机构（股份公司企业发展部）在充分论证的基础上提出，并报战略规划决策机构（股份公司董事会）审议。战略规划决策机构（股份公司董事会）对调整需求进行审核，如确需进行调整，应作为战略后评价的输入，并在下一规划期中体现。

（七）战略规划实施机构（子公司、事业部，职能部门）与其他企业或者机构建立重大战略合作关系，应该在履行必要的决策程序后，将战略合作协议文本报股份公司企业发展部备案，并将战略合作协议的履行情况定期报送股份公司企业发展部。

第二十六条 战略实施保障体系。

股份公司战略实施保障体系包括企业管理的多个方面，股份公司及子公司根据自身情况建立结构化、系统化的战略执行保障体系，重点做好以下方面的工作：

（一）企业组织架构是保证战略实施的必要手段。为有效地实施战略，股份公司应建立适宜的与股份公司战略相匹配的组织架构，为战略实施提供有利的制度环境，做到配套有效。

（二）预算管理是确保战略目标实施的重要手段。通过实施预算管理，能够准确、全面地掌握企业的发展方向，有利于企业各项决策的有力执行，使企业的整体目标与分解目标保持动态一致。股份公司财务部门是预算管理的牵头部门，负责编制预算和相应的绩效考核体系；股份公司资金管理部门是战略实施的资金保障部门，对战略规划实施机构依据年度执行计划提出的资金使用计划予以支持，并细化体现在年度资金计划中。

（三）在股份公司战略规划实施过程中，充分发挥考核评价部门的作用，确保战略规划与预算、绩效考核紧密衔接。在计划、预算确定后，各个部门要将主要工作任务细化，与个人业绩考核挂钩。

（四）人力资源是企业发展的非常重要的战略性资源。股份公司人力资源部门是战略实施的人才保障部门。对战略规划实施机构（事业部、子公司，各职能部门）依据年度执行计划提出的人才需求予以支持，并在人力资源专项规划中体现。为战略实施建立人才储备，根据战略目标合理配置人力资源。根据个人业绩考核指标的完成情况，对员工进行相应的考核与激励。

（五）技术创新能力是保持和提高企业核心竞争力的关键能力。股份公司工程科技部门是战略实施的技术保障部门。围绕股份公司总体战略提出的战略目标凝练技术发展线路图，编制科技发展规划，配置相应科技资源，开展研发活动。

（六）信息化是支撑企业战略发展与转型、落实精益化管理、规避经营风险的有效手段与重要保障。股份公司信息化管理部门是信息化战略实施的牵头部门，应当通过科学规划、强化管理、稳步推进等举措，推动信息资源的深度开发，逐步实现信息共享与流程整合，最终达到生产、经营、管理、决策的有机融合。

（七）股份公司战略管理部门（股份公司企业发展部）要通过各种形式开展战略宣贯工作，向股份公司战略实施的相关机构、组织、人员宣贯股份公司战略的内涵、目标与实施要求，统一思想，明确重点，使其深入透彻理解股份公司战略意图；同时，股份公司战略管理部门还应通过企业文化建设，提高员工对执行股份公司战略的认同感。

（八）股份公司各部门要相互配合，避免出现短板，以提高战略执行力。股份公司战略管理部门（企业发展部）总体上把握战略执行的进度情况，进行阶段性的分析，并开展阶段性的调整决策建议。

第五章　战 略 评 价

第二十七条　战略评价。战略评价是对战略规划制定、实施及进展情况以及预期目标完成情况进行的评价。一般包括事前评价、事中评价、事后评价，三个阶段评价构成了完整的战略规划评价体系。

战略评价应遵循以下原则：

（一）科学性原则。战略评价过程中应充分体现科学发展观，注重企业的科学可持续发展。

（二）客观性原则。在充分评估企业目前拥有的和未来可获取的资源状况的基础上，客观评价发展战略和发展规划。

（三）及时性原则。及时开展事前、事中和事后评价，总结战略实施有效性及战略实施偏差。

第二十八条　事前评价。是指战略规划文本在正式批准执行前，对战略规划文本的全面评价，并得出是否可以批准执行的综合评价结论。一般分为内部评价和外部评价。

（一）内部评价。股份公司发展战略规划编制完成后，由战略规划管理机构（股份公司企业发展部）组织评审。参加人员可包括战略规划决策机构成员、战略规划实施机构负责人、技术类、经济类、战略管理类专家等。评价主要包括以下内容：

1. 战略定位表述、战略目标表述是否准确可行；

2. 指标体系是否科学规范；

3. 投资计划是否在企业投资能力范围内；

4. 战略规划中重点项目和重大举措是否能够支撑战略目标实现；

5. 资源配置是否合理；

6. 战略措施是否有针对性和可操作性；

7. 战略实施过程中的风险控制方案以及针对可能出现的重大风险的应急方案是否可行。

对于评审过程中提出修改意见，应进行记录并存档。

战略规划管理机构（股份公司企业发展部）按照评审意见修改形成发展战略规划草案，上报股份公司董事会。

（二）外部评价。是指股份公司组织外部专家对股份公司战略规划草案（含股份公司总体战略规划，子公司、事业部战略规划，职能部门战略规划）组织的审核。

参加评审的专家一般包括行业、技术、财务、金融、管理方面的专家和优秀企业家等。审核的重点是：

1. 是否符合国家发展规划和产业政策；

2. 是否符合国有经济布局和结构的战略性调整方向；

3. 是否突出主业，提升企业核心竞争力；

4. 是否坚持效益优先和可持续发展原则；

5. 战略定位和战略目标是否清晰；

6. 战略指标体系是否完整，是否做到便于分解落实；

7. 是否将战略管理和预算、考核体系结合起来；

8. 是否针对企业发展中的突出问题提出了相应的措施和方案。

第二十九条　事中评价。是指股份公司战略规划经正式批准执行后，战略规划实施期间的各种评价。事中评价最主要的是年度战略评价。各子公司、事业部自行组织开展年度战略评价。

年度战略评价是股份公司战略规划实施的重要步骤，通过对比分析股份公司年度经营绩效与股份公司年度分解目标进行评价，评价结果作为下一年度规划滚动调整的依据。

评价结论一般应包括总体结论、修改意见和风险防范内容。根据股份公司战略规划中提出的预期目标与目前实际完成目标的对比情况，提出对规划的调整意见、对战略实施能力的改进建议以及对股份公司风险控制方案的意见。

子公司年度战略评价结果应形成报告报股份公司备案。子公司对战略规划进行重大调整时，应及时将调整内容和原因形成报告报股份公司。

第三十条　事后评价。是指股份公司战略规划期结束后开展的后评价。包括三年滚动规划后评价和中长期战略规划后评价等。

三年滚动规划后评价指三年滚动规划期结束后，对战略规划整体进行的评价。根据股份公司规划目标实际完成情况和预期目标的对比情况等，综合评价股份公司规划完成情况。评价结果作为下一规划期战略规划制定和调整战略方向的依据。股份公司将逐步开展对子公司的战略评价工作。

中长期战略规划后评价指中长期战略规划期结束后对战略规划整体进行的评价。根据股份公司战略目标实际完成情况和预期目标的对比情况，综合评价股份公司战略的完成情况。评价结果作为下一规划期战略规划制定和调整战略方向的依据。

评价结论一般应包括总体结论、修改意见和风险防范内容。根据股份公司战略规划中提出的预期目标与规划期结束后实际完成目标的对比情况，提出对下一规划期战略规划的调整意见、具体改进建议以及对股份公司风险控制方案的意见。

第三十一条 评价结果应用。股份公司对股份公司战略规划的评价结果应成为编制规划和投资决策的参考和依据，也可作为考核子公司负责人的重要依据。子公司自我评价的结果可以作为内部人事调整、薪酬分配等的参考。通过战略评价找出规划目标与实际结果的差距，分析企业经营管理的薄弱环节，加强企业能力建设，提高股份公司经营管理水平。

第六章 附 则

第三十二条 各子公司应根据本办法，结合实际制订战略管理实施办法，报股份公司备案后实施。

第三十三条 本办法由股份公司负责解释。

第三十四条 本办法自印发之日起实施。

中国水利水电建设股份有限公司
厂办大集体改革指导意见

（中水电股企〔2011〕35号·2011年11月24日）

为贯彻落实《国务院办公厅关于在全国范围内开展厂办大集体改革工作的指导意见》（国办发〔2011〕18号，以下简称18号文件）以及国务院国资委《关于做好中央企业厂办大集体改革工作的通知》（国资发分配〔2011〕53号，以下简称53号文件）文件精神，积极稳妥地做好公司系统的厂办大集体改革工作，现就公司系统的厂办大集体改革工作提出如下指导意见：

一、指导思想和基本原则

（一）指导思想。

以邓小平理论、“三个代表”重要思想和公司转型升级、科学发展为指导，认真贯彻落实18号文件精神，充分利用国家有关厂办大集体改革的政策、机遇，通过对公司系统的厂办大集体实施体制创新和机制创新，彻底解决厂办大集体这一历史遗留问题，使厂办大集体与公司所属各子企业彻底分离，成为产权清晰、面向市场、自负盈亏的独立法人实体和市场竞争主体，使厂办大集体职工得到妥善安置，职工合法权益得到切实维护。

（二）基本原则。

1. 从实际出发，着重解决好厂办大集体存在的突出矛盾与主要问题，着重处理好厂办大集体职工的劳动关系与社会保险关系的原则。

2. 统筹规划、分类施策的原则。由股份公司制订厂办大集体改革的总体方案，并根据各厂办大集体的不同情况，分别采取重组改制、关闭注销、依法破产等改革方式，多途径解决职工安置和集体企业发展的问题。

3. 执行地方政策为主，兼顾企业内部总体平衡的原则。厂办大集体改革的有关政策，原则上以执行厂办大集体所在地政府的政策为主，但有关经济补偿金的支付标准、办法等事项，各单位之间要总体平衡，避免相互攀比，引起新的不稳定。

4. 规范有序、依法操作、确保稳定的原则。厂办大集体改革的程序、政策适用要做到依法合规，公平、公开、公正，落实相关责任，切实维护国家、企业和职工的合法权益，确保企业与社会的稳定。

二、改革范围、目标及主要方式

（一）改革范围。

以往由各子企业资助兴办的劳动服务公司或以其他形式在工商行政管理机关登记注册，以安置回城知识青年和子企业职工子女就业为目的，并依附于子企业从事生产经营活动，向子企业提供配套产品或劳务服务的集体所有制企业，即厂办大集体企业（以下简称厂办大集体）。

（二）改革目标。

从现在开始至2015年，通过制度创新、体制创新，彻底完成厂办大集体改革任务，实现公司所属各子企业无集体企业、无集体资产、无集体员工的“三无”目标。

（三）改革方式。

1. 重组改制。对资产质量较好、生产经营正常的厂办大集体，可按照《中华人民共和国公司法》和《关于国有大中型企业实施主辅分离辅业改制分流安置富余人员的实施办法》（国经贸企改〔2002〕859号文）等有关法律法规和政策规定，实施重组改制为有限责任公司。

2. 产权出售。对于中小型厂办大集体可以实行整体出售，购买方可以是本企业职工，也可以是其他自然人或法人。产权出售应在审计评估的基础上，通过产权交易机构公开进行，依法规范操作。

3. 关闭或依法破产。对不具备重组改制条件或亏损严重、资不抵债、不能清偿到期债务的厂办大集体，可实施关闭或依法破产。

三、改革实施步骤

（一）成立厂办大集体改革领导小组。各子企业应成立由主要领导、分管领导及财务、资产、人力资源、社保等部门组成的厂办大集体改革领导小组及改革办公室，负责厂办大集体改革工作的组织领导和实施推进。

（二）对厂办大集体情况进行认真的调查摸底，详细了解和掌握本单位资助兴办的厂办大集体的资产人员、债权债务情况，经营管理现状，存在的困难与问题。

（三）加强与所在地政府的沟通与联系，及时了解掌握地方政府关于厂办大集体改革的相关政策，推进情况，做好有关社保衔接工作。

（四）制订厂办大集体改革方案。改革方案应根据国家及所在地政府有关厂办大集体改革的政策文件，结合厂办大集体的实际情况并会同厂办大集体企业制订。方案制订过程中，要通过各种形式充分听取职工意见。对涉及职工安置和用于安置职工的集体资产处置事项，要经过职工（代表）大会审核通过，并形成决议。对于长期停产放假的厂办大集体，职工（代表）大会不健全、无法组织召开的，根据实际情况对于相关改革事项也可不召开职工（代表）大会进行审核，但厂办大集体的改革方案应作为各子企业的“三重一大”事项进行决策，尽可能采取各种方式征求职工意见，应提前15天进行公布。

厂办大集体改革方案的内容主要应包括：

1. 厂办大集体企业的基本情况。主要包括资产情况、人员情况、土地及房屋情况、债权债务、经营状况、资产负债、职工参保情况、社保欠费情况等。

2. 厂办大集体改革的目标及方式。

3. 资产及股权处置方式。

4. 职工安置方案。

5. 改革成本费用测算及支付渠道。主要为职工经济补偿、资产评估处置等发生的费用。

6. 职工对改制的意见及职工代表大会或职工大会通过情况。

7. 企业改革后的发展设想。

（五）改革方案的申报。各单位将拟订的厂办大集体改革方案报股份公司审批。

（六）改革方案的报批。股份公司审核汇总各子企业申报的改革方案，拟订股份公司厂办大集体改革总体方案，报国务院国资委、人力资源社会保障部联合审批，并报财政部备案。

（七）组织实施。股份公司厂办大集体改革总体方案经国务院国资委等部门批准后，由股份公司根据国务院国资委等部门的批准情况，批复各单位申报的改革方案。各单位根据批复情况，组织实施厂办大集体改革。

（八）资产评估、财务审计及确认。由股份公司统一聘请中介机构对厂办大集体的资产财务情况进行审计、评估，审计、评估结果报股份公司确认。

（九）资产处置。根据厂办大集体改革的有关政策规定进行。

（十）职工安置。根据18号、53号文件和国务院国资委《关于推动中央企业规范厂办大集体改革工作有关事项的通知》（国资发分配〔2011〕111号）以及地方政府相关配套政策文件规定，妥善安置好职工。

（十一）新企业的设立与相关法律关系变更。企业改制后，原企业办理工商注销手续。新企业按照工商登记程序办理企业注册变更手续，并相应办理债权、债务、产权等关系变更。

（十二）改革实施情况报告及备案。各子企业完成厂办大集体改革后，应将实施改革的文件、资料报股份公司备案，同时抄报地方政府相关部门。股份公司对各子企业的厂办大集体改革情况进行汇总后，呈报国务院国资委、人力资源和社会保障部备案。需申请中央财政专项补助资金的子企业，应按照《财政部关于中央企业厂办大集体改革中央财政专项补助资金管理问题的通知》（财企〔2011〕231号）文件要求，提供申请文件及其他各项文件资料。

四、资产、债权、债务处理

（一）可重组改制的厂办大集体的资产、债权、债务处理方式。

1. 厂办大集体净资产可用于支付解除在职集体职工劳动关系经济补偿金等改革成本。若厂办大集体净资产不足以支付改革成本，不足部分由子企业提供补助。若厂办大集体净资产支付改革成本后有剩余，剩余部分可作为子企业持有改制企业的股权，也可以向改制企业的员工或者外部投资者转让，转让收益暂归子企业，最终处理方式由股份公司报国务院国资委审批后明确。

2. 对厂办大集体长期使用的子企业的固定资产，在厂办大集体安置职工费用不足时，可实行无偿划拨。由此产生的损失由子企业先行列入当期损益。

3. 厂办大集体使用的主办企业的行政划拨土地，应依法办理土地划转手续。不改变土地用途的，经所在地县级以上人民政府批准，可继续以划拨方式使用土地，并办理土地变更登记；改变土地用途的，如改变后的用途符合《划拨用地目录》（国土资源部令第 9 号）的，可继续以划拨方式使用，不符合的，应依法办理土地有偿使用手续。土地出让收益可用于安置职工。

4. 子企业提供的补助、使用厂办大集体长期占用的子企业的固定资产、土地等国有资产支付的改革成本，可由股份公司向国务院国资委申请核销国有权益。

5. 对厂办大集体改制过程中发生的资产置换以及土地、房产、车辆过户等各项税费，按现行有关规定可享受减免优惠。

6. 厂办大集体与子企业之间至资产评估基准日前发生的一个经营年度以上的债权、债务可以进行轧差处理。轧差后子企业欠厂办大集体的债务，由子企业予以偿还；轧差后厂办大集体欠子企业的债务，在厂办大集体净资产不足以安置职工时，由子企业予以豁免，并用于支付安置职工所需的费用。

使用轧差后豁免厂办大集体所欠子企业债务支付改革成本的，对于账龄较长，且已按照规定在以前年度提足坏账准备的，按照现行会计制度的程序核销；对于扣除坏账准备后余额较大，且子企业在当期费用中承担确有困难的，可以报请股份公司确定处理方式。

7. 厂办大集体拖欠职工的工资等债务，要按照实事求是的原则依法认定，制订债务清偿计划，通过资产变现等方式积极筹集资金偿还。

8. 厂办大集体拖欠的金融债务，要明确债权债务关系，落实清偿责任，不得以改制为名逃废债务，须按照《国务院关于在国有中小企业和集体企业改制过程中加强金融债权管理的通知》（国发明电〔1998〕4 号）的有关规定处理。

（二）实施关闭的厂办大集体的资产、债权、债务处理方式。

1. 对不具备重组改制条件或亏损严重、资不抵债、不能清偿到期债务的厂办大集体，可实施关闭。对关闭企业的自有资产要依法进行资产评估，按照评估结果进行公开处理。厂办大集体长期使用的主办企业的固定资产、土地等由主办企业收回。

2. 厂办大集体与子企业之间至资产评估基准日前发生的一个经营年度以上的债权、债务可以进行轧差处理。轧差后子企业欠厂办大集体的债务，由子企业予以偿还；轧差后厂办大集体欠子企业的债务，在厂办大集体净资产不足以安置职工时，由子企业予以豁免，并用于支付安置职工所需的费用。

使用轧差后豁免厂办大集体所欠子企业债务支付改革成本的，对于账龄较长，且已按照规定在以前年度提足坏账准备的，按照现行会计制度的程序核销；对于扣除坏账准备后余额较大，且子企业在当期费用中承担确有困难的，可以报请股份公司确定处理方式。

3. 厂办大集体拖欠职工的工资等债务，要按照实事求是的原则依法认定，制订债务清偿计划，通过资产变现等方式积极筹集资金偿还，不足部分由子企业提供补助，子企业由此产生的损失先行列入当期损益。

4. 厂办大集体拖欠的金融债务，要明确债权债务关系，落实清偿责任，不足部分由子企业提供补助，子企业由此产生的损失先行列入当期损益。

五、职工安置和劳动关系处理

（一）正常经营的厂办大集体职工，在厂办大集体改制时，由厂办大集体与职工解除劳动合同关系，并由改制后的新企业与职工重新签订劳动合同。与职工解除劳动合同后不再签订新劳动合同的，应依法支付经济补偿。

（二）对在子企业工作 10 年以上仍在岗位上履职的厂办大集体身份职工，可与子企业签订长期劳动合同，或享受本次厂办大集体改革有关在职职工的安置政策。

（三）对在厂办大集体工作或服务的子企业职工，已与厂办大集体签订劳动合同的，可享受本次厂办大集体改革的有关在职职工安置政策；未与厂办大集体签订劳动合同的，由子企业妥善安置。

（四）对距法定退休年龄不足 5 年（含 5 年）或工龄已满 30 年、再就业有困难的厂办大集体职工，可实行企业内部退养，发放基本生活费，继续为其缴纳社会保险费，达到退休年龄时正式办理退休手续。其中，正常经营的厂办大集体职工的上述事宜由改制后的新企业负责；已注销、停产歇业的厂办大集体职工的上述事宜由子企业负责。

（五）对再就业有困难且接近内部退养年龄的厂办大集体在职职工，在解除劳动关系时，经企业与职工协商一致，可以签订社会保险缴费协议，由企业为职工缴纳基本养老保险费和职工基本医疗保险费，代替支付经济补偿金或生活补助费。

六、社会保障政策

（一）厂办大集体改革涉及职工的切身利益及合法权益，有关就业扶持政策、社会保障政策等，应严格按照国家和所在地人民政府的有关规定执行。

（二）厂办大集体与职工解除劳动关系前，欠缴的各项社会保险费用，应足额补缴。个人欠缴的部分由个人补齐；企业欠缴的部分，经地方社保部门认定后，可制订补缴计划，分期缴纳，但企业缴纳划入职工个人账户部分和职工个人缴费部分应一次性补齐。关闭、破产的厂办大集体确实无法通过资产变现补缴的基本养老保险欠费，除企业缴费中应划入职工养老保险个人账户部分外，可按有关规定报经批准后核销。

（三）对未参加基本养老保险的厂办大集体在职集体职工和退休人员，在自愿的基础上，纳入基本养老保险范围，按照地方政府规定缴纳基本养老保险费用。

七、厂办大集体改革的组织领导

（一）股份公司负责厂办大集体改革工作的组织、领导、决策工作。

（二）股份公司厂办大集体改革领导小组负责股份公司厂办大集体改革工作的指导、协调工作，对各子企业上报的改革方案进行审查；对改革实施过程中的有关工作进行审核，并向股份公司提出建议或意见。

（三）各子企业负责本单位厂办大集体改革工作的组织、领导，履行与所在地人民政府联系、沟通的职责。

（四）各子企业改革领导小组，按照股份公司厂办大集体改革工作的总体部署，负责本单位厂办大集体改革方案的制订、申报及具体组织实施工作。

八、其他有关事项

（一）各子企业要高度重视厂办大集体改革工作，要加强组织领导，明确工作职责，按照股份公司及所在地政府的统一安排，做好各项工作。

（二）各子企业要十分注重做好与当地政府部门的沟通衔接工作，实施厂办大集体改革前，应充分了解地方政府制定的厂办大集体改革相关政策文件，并主动汇报企业制定的厂办大集体改革方案，将企业实施的厂办大集体改革主动纳入到地方政府的厂办大集体改革工作之中。厂办大集体改革完成之后，要按照属地化管理原则，认真做好厂办大集体职工的组织关系、社会保险、档案管理等各类关系的移交工作。

（三）各子企业在实施厂办大集体改革工作中，要注重做好深入细致的思想工作，发挥企业党团组织和工会的作用，做好政策解释和宣传工作，维护企业和社会的稳定。

（四）各子企业可根据本指导意见精神，结合企业实际，制订本企业的厂办大集体改革实施细则。

（五）本指导意见由股份公司负责解释。

中国水利水电建设股份有限公司
国内区域总部管理暂行办法

（中水电股〔2011〕6号·2011年4月7日）

第一章　总　　则

第一条　为建立健全股份公司两级市场营销体系，加强对国内重点区域市场营销工作的管理，制定本办法。

第二条　在国内重点区域市场设立区域总部，是股份公司实施两级市场营销战略的重要载体，是股份公司响应国家有关重大发展战略，抢抓相关市场重要发展机遇的一种重要形式，其主要目的在于促进“中国水电”品牌影响力在相关区域市场的提升，促进股份公司整合资源、拓展市场整体优势的发挥，促进股份公司与相关地区经济社会的和谐共同发展。

第三条　本办法所称“国内重点区域市场”，是指受到国家重点支持发展、区域内建筑与相关市场潜力较大，发展前景良好，对股份公司建设具有较强国际竞争力的质量效益型世界一流公司具有重要意义的有关地区性市场。

第四条 本办法所称“国内区域总部”（以下简称区域总部），是指股份公司根据战略发展与市场营销需要，在国内重点区域市场设立的并在股份公司授权与制度规定范围内执行股份公司的区域市场发展战略，代表股份公司履行有关职责，承担一定经营目标的区域性市场营销管理机构，是股份公司的派出机构。

第五条 股份公司授权基础设施事业部对区域总部的日常行政及日常经营业务进行归口管理。股份公司各职能部门按照各自的职责分工，对区域总部提供支持、服务，并履行业务指导、管理和监督职责。股份公司有关文件直接发送区域总部。

第六条 股份公司成立区域总部领导小组，统筹领导区域总部市场规划、统筹协调、资源配置、预算考核等有关工作，重要事项按“三重一大”决策规定及程序提交股份公司研究决策。

第二章　区域总部的设立

第七条 区域总部的设立，应符合以下基本条件：

1. 该区域是国家重点支持发展的区域，区域内建筑市场潜力较大，发展前景良好，符合股份公司在该区域进一步拓展市场的战略需求。

2. 股份公司在该区域的市场份额较低，在该区域未设有子企业总部，或是虽然设有子企业总部，但需要通过发挥股份公司的整体优势来迅速提升股份公司在该区域的市场份额。

第八条 区域总部的设立，由股份公司有关部门或子企业根据市场发展情况提出建议，由股份公司基础设施事业部在认真调研的基础上提出可研报告与建议方案，经股份公司有关部门初审后报股份公司按有关规定及程序进行审议决策后，由股份公司行文设立。

第三章　区域总部的职责

第九条 区域总部以提升“中国水电”的品牌影响力与市场竞争力，发挥股份公司的整体优势与资源配置能力，推动子企业在区域内做强做大为工作目标，其主要职责是：市场规划、市场营销、统筹协调、指导服务，具体包括：

1. 研究区域内的有关经济社会发展政策、措施和市场发展形势，研究提出股份公司在该区域的总体市场营销战略规划，以及在基础设施建设、房地产开发、产业投资等领域的市场开发子战略，引领区域内相关子企业积极推进战略规划的落地与实施。

2. 负责区域内高端政府资源和社会公共资源库的建立和维护，树立和展现股份公司的品牌形象，不断提升“中国水电”的品牌影响力、竞争力和市场占有率。

3. 负责梳理、整合、集成、放大股份公司系统在区域内已有的公共关系资源，并实现内部资源共享，最大程度地减少股份公司的共同成本支出，有效降低市场开发成本。

4. 按照“承包类项目为主，投资类项目为辅”的原则，组织、指导相关子企业开展授权范围内的市场开发工作，完成年度市场开发指标。目前对区域总部的授权范围，原则上不包括已建立完整营销体系的水利水电和轨道交通工程项目，但以地方为投资主体的此类工程项目在股份公司认为必要时也可纳入授权范围。

5. 按照“市场配置为主，行政配置为辅”的原则，根据股份公司的授权，代表股份公司统筹协调区域内重大项目的市场开发与资源配置。

6. 负责为子企业在区域内开展市场营销、生产经营提供支持和服务，协助、配合子企业开展市场准入、项目评估、招标投标、商务谈判、争取优惠政策等工作，为子企业的项目实施与履约提供支持、指导与服务。

7. 代表股份公司在区域内行使授权范围内的管理职能，履行管理职责。在区域内开展市场营销与实施项目的子企业，应服从区域总部的组织领导，接受区域总部的管控、指导、协调。

8. 完成股份公司交办的其他工作和任务。

第十条 根据责、权、利对等原则，股份公司赋予区域总部主要职责的同时，授予区域总部以适当的选人用人权、财务支配权、统筹协调权、营销收费权等四项主要职权，区域总部应根据股份公司的有关规定，正确行权，认真履责。

第四章　区域总部的组织机构

第十一条 区域总部的组织机构和人员编制，由股份公司基础设施事业部根据区域市场的特点及业务工作需要，按照精干高效的原则提出建议方案，报经股份公司批准后实施。

原则上，区域总部设总经理一名，副总经理若干名。

第十二条 区域总部实行总经理负责制，并建立“三重一大”事项决策制度，重要事项应通过总经理办公会议集体研究决策。重大事项应上报股份公司基础设施事业部，并由基础设施事业部提请股份公司区域总部领导小组及股份公司总经理办公会议研究决策。

区域总部的总经理办公会议每月至少应召开一次，必要时，股份公司基础设施事业部应派人参加会议。会议纪要应报股份公司基础设施事业部备案。

第十三条 区域总部应当建立健全党的组织，配备相应的专（兼）职纪检工作人员，并按照相关规定开展工作。

第五章 区域总部的营销管理

第十四条 区域总部的营销管理范围由股份公司确定。区域内非授权范围的市场营销工作，仍按现有营销体制进行管理。

第十五条 区域总部应当在认真调查研究的基础上，根据区域市场的信息情况，制定出区域市场的总体营销规划，明确主要营销、跟踪项目及各项目的具体营销策略，指导营销工作的持续推进。

第十六条 各子企业应根据企业自身情况，积极主动参与有关区域市场开发，子企业在股份公司设立了区域总部的区域市场内进行市场开发并获得承包类项目信息后，应及时报区域总部备案。未事先向区域总部备案或区域总部在营销规划中已明确了项目跟踪营销单位的承包类项目，原则上各子企业不得参加项目投（议）标。对于有多个子企业参与投标的承包类项目，区域总部有权本着“业主意向优先、培育专业能力优先、备案顺序优先”的原则，进行统筹协调。

第十七条 区域总部应当根据营销项目的具体情况，制定出有竞争力的营销方案。对于3亿元以上或需要进行资金运作的承包类项目的营销方案，区域总部应及时报股份公司基础设施事业部评审确定。对于各种投资类项目以及股份公司尚未掌握的属于非授权范围的项目，区域总部在对有关项目信息进行筛选后，有责任根据项目类别，及时将相关信息或投资合作意向报股份公司有关部门（市场经营部、投资部、房地产事业部、铁路事业部）启动相关工作程序。

第十八条 对于由区域总部组织中标的项目，由实施单位按照股份公司和签约主体的规定对项目进行管理；并按照“谁实施、谁负责”的原则，由实施单位承担全部管理责任和经济责任。在项目履约过程中，给签约主体和股份公司造成不良影响或损失的，区域总部有权对实施单位提出处罚建议，报股份公司决策后执行。

第十九条 由区域总部组织中标的项目，区域总部有权按照股份公司的有关规定，向项目中标单位收取一定比例的项目营销费用。区域总部收取项目营销费用的情形、标准及费用管理方式，由股份公司另行制定。

第二十条 各子企业在区域内实施项目时，应主动加强与区域总部的沟通和协调，及时将有关项目工作信息告知区域总部，以利于区域总部市场营销及公关工作的开展。

第六章 区域总部的人事薪酬管理

第二十一条 区域总部员工的聘任或解聘按照以下原则进行管理：

1. 区域总部应当按照有利于履行职责的原则，建立健全更加开放的人事薪酬管理制度，创新用人模式，广纳社会贤才。

2. 区域总部正职，按照股份公司所属子企业副职层级进行管理并实行任期制，任期三年，由股份公司人力资源部提出任免建议，按股份公司有关企业领导人员管理规定进行考察、考核，并经股份公司党委常委会会议审批后，由股份公司聘任或解聘。

区域总部正职列席股份公司子企业负责人参加的相关会议。

3. 区域总部副职，由股份公司基础设施事业部或区域总部正职建议、提名，经基础设施事业部按规定程序组织考核审定并报股份公司任前备案后，由股份公司基础设施事业部按规定程序行文聘任或解聘。区域总部副职按子企业部门正职管理并纳入股份公司子企业后备干部系列进行培养。

区域总部副职领导可列席股份公司子企业副职领导参加的有关专业会议。

4. 区域总部中层正职管理人员，由区域总部报股份公司基础设施事业部任前备案后，由区域总部聘用、解聘、奖惩。其他管理人员，由区域总部按其决策程序自行聘用或解聘。

第二十二条 区域总部员工的劳动人事、社会保险关系按以下原则进行管理：

1. 区域总部正职的劳动人事、社会保险关系由股份公司人力资源部管理。

2. 区域总部副职及以下员工中，由股份公司及各子企业调入区域总部的员工，其劳动人事关系不变，仍由原单位管理，社会保险由区域总部委托原单位代管；由股份公司及各子企业以外进入区域总部的员工，一律采用聘用制，其劳动人事关系、个人档案、社会保险等，由区域总部按照属地化管理原则，委托当地有资格的相关机构管理。

第二十三条 区域总部在股份公司核定的工资总额内具有薪酬分配权，区域总部正副职的薪酬实行年薪制，与业绩挂钩，其他员工的薪酬体系，由工资、津贴、绩效年奖等三部分组成。薪酬制度由区域总部拟订建议方案，经股份公司基础设施事业部初审后报股份公司薪酬委员会批准执行。

第七章 区域总部的财务管理

第二十四条 区域总部应当建立健全各项财务管理规章制度并严格遵照执行。区域总部财务资产管理规章制度应报股份公司财务产权部审定后执行。

第二十五条 区域总部的财务管理人员，按照股份公司关于财务管理人员选配的相关规定进行选配，其中区域总部的财务负责人，由股份公司基础设施事业部、人力资源部按照股份公司有关规定办理。

第二十六条 区域总部的资金按照“收支两条线”的原则进行管理，其中：区域总部的管理费用实行预算制，按照股份公司的预算管理办法进行申请、审批和拨付；区域总部收取的市场营销费用，直接进入股份公司账户。

第八章 对区域总部的业绩考核

第二十七条 区域总部的年度经营计划、年度财务预算、年度薪酬计划，由区域总部拟订方案，经基础设施事业部初审后报股份公司审定，由股份公司下达。

第二十八条 区域总部的业绩考核指标及考核奖励，由区域总部拟定建议方案，经基础设施事业部初审后报股份公司业绩考核委员会审定，由股份公司批准执行。

第九章 附 则

第二十九条 本办法是股份公司设置、管理区域总部的原则性文件。股份公司授权基础设施事业部牵头会同股份公司相关职能部门根据本办法，对区域总部的日常运行、业务流程、市场营销、劳动人事薪酬、财务资金、业绩考核、审计监察及奖惩等管理工作，制订具体的管理实施细则。

管理细则作为本办法的配套文件，经股份公司批准后执行。

第三十条 各区域总部应根据本办法和相应的管理实施细则，结合本区域的实际情况，制定出具体的实施办法，报基础设施事业部批准后执行。

第三十一条 本办法由股份公司授权股份公司企业发展部负责解释。

第三十二条 本办法自发布之日起执行。

人力资源管理

中国水利水电建设股份有限公司“十二五”人才战略规划

（中水电股人〔2011〕71号·2011年6月20日）

为贯彻落实全国人才工作会议精神和《国家中长期人才发展规划纲要（2010～2020）》、《中央企业中长期人才发展规划纲要（2010～2020年）》，实施人才强企战略，适应公司战略转型需要，培养造就高素质人才队伍，为公司“十二五”战略目标的实现提供强有力的智力支持，制定本规划。

一、“十二五”[1] 人才战略规划的背景

“十一五”时期，公司坚持以科学发展观为指导，及时把握发展机遇大力开拓市场，着力调整优化上水平，整体改制稳步推进，如期创立了股份公司，各项工作取得新的成果，主要经营指标再创历史新高，取得了经营质量效益持续快速提高，总资产规模超过千亿的重大历史性突破，实现了在高风险期的持续稳步发展。

进入“十二五”时期，公司继往开来，进一步明确了“业务转型、产业升级和管理上水平”的战略构想及“成为行业领先，管理一流，品牌影响力明显，具有持续成长性和较强自主创新能力，可持续发展能力和国际竞争力的质量效益型跨国公司”

[1] “十二五”规划期在本报告中指2011～2015年。

的战略定位，提出了资产总额超2200亿元、营业收入超过1800亿元的经营发展目标。

公司业务相关多元化、产业纵向一体化、经营管理精益化的发展方向，要求公司人才队伍必须向复合型、高端化、专业化、国际化的方向转变，彻底扭转劳动密集型发展方式，真正实现打造管理技术密集型企业的目标。为此，公司人才的专业、层次将出现多样化局面，以往单一关注水电人才的传统人才观念和管理方式受到严峻挑战，必须认真研究各类人才特点和成长规律，建立差异化、人性化人才工作机制，创造适合各类人才成长的人才环境。

公司在顺利实现股份化改制后，还将面临整体上市的新挑战。《公司法》和上市公司监管条例对公司规范运行提出一系列刚性要求，对人才工作的规范化也提出了更高标准。同时，要加强母子公司间的纽带关系，加强总部对所属企业的战略管控力度，在人才工作上要实现全系统一盘棋，实现资源整合、上下协同的目标，这对公司人才工作也提出了更高的要求。

二、“十一五”❶时期公司人才工作的回顾与总结

“十一五”期间，公司认真贯彻《国务院国资委关于加强和改进中央企业人才工作的意见》、《“十一五”中央企业人才队伍建设规划纲要》以及《中国水利水电建设集团公司人才战略规划（2005～2010年）》，高度重视人才队伍建设，逐步完善现代化人力资源管理工作机制，不断优化人才发展环境，加大人才引进力度，为企业快速健康发展提供了充足的人才保证和智力支持。

（一）主要成绩

“十一五”期间，公司紧紧围绕服务于公司整体发展战略展开人才工作，人才队伍建设取得了较好成绩，人才工作机制不断创新，人才总量保持稳定，人才结构更加优化，人才质效明显提升，有效促进了公司发展模式由“劳动密集型”向“管理技术密集型”的转变。

1. 在人才队伍建设上，人员总量实现平稳发展，结构和质量得到明显改善。

（1）人员总量发展平稳。“十一五”期间，通过严格实施“一进一出”的总量控制政策，人员数量有效控制在13万以内，平均增速满足国务院国资委提出的人员增长速度（0.08%）低于营业收入增长速度（24.69%）的要求。截至2010年，公司员工总量为129 674人，其中在岗职工101 599❷人，占员工总量的78.35%。

（2）队伍结构大为改善。大力发展管理技术型❸员工队伍，截至2010年，管理技术型员工达到49 871人，占比由2005年的43%上升至49%，其中企业领导人员348人、经营管理人员26 442人、专业技术人员❹20 549人、党群工作人员2532人；技能操作人员51 728人，占比由57%下降至51%，在有效控制人员总量前提下，队伍结构的内在升级得到改善，劳动生产率❺大幅提升，从2005年的32.84万元/（人·年）提高到2010年的76.64万元/（人·年）。

（3）专业转型基本满足业务发展需要。通过大力引进紧缺专业人才和实施转岗培训，促进人才从传统水电建设领域向国际工程和基础设施领域转移，业务转型带来的人才专业不平衡问题得到一定程度的缓解。截至2010年，从事国内水电业务67 353人、国际业务15 724人、基础设施业务13 408人、房地产业务1050人、电力投资与生产业务1331人、专业设备制造2695人。

（4）人才素质水平稳步提升。通过严把入口关、加强培训教育、大力推进职称评审和职业技能鉴定，稳步提高员工的学历、职称和职业技能水平。截至2010年，全系统硕士及以上学历808人(0.79%)、本科学历19 243人(18.92%)、大专学历25 587人(25.18%)，中专及以下学历55 961人(55.11%)，本科及以上学历人员比例由2005年的9.37%提高到19.71%，企业领导人员中本科及以上学历比例达到88.21%。

获得各等级职称人数由2005年的31 183人增长到2010年的36 560人，其中高级职称5513人，中级职称11 931人，初级职称19 531人，中高级职称人数比例达到在岗员工数的17.17%，高级职称中高级会计师438人、高级经济师799人、高级政工师520人，高级工程师3339人、教授级高工417人；技能型员工中获得高级技师和技师人数由4412人增长到6503人。

❶ “十一五”期间是指2005年末到2010年末，由于2010年末数据尚未统计，本报告暂用2010年年初数据代替2010年年末数据对“十一五”进行盘点。

❷ 在岗员工人数101 599人，本报告中出现的百分比若未做说明，基数均为在岗员工人数。

❸ 除技能操作类以外的员工统称为管理技术型员工，包括企业领导人员、经营管理人员、专业技术人员和党群工作人员四类。

❹ 在本报告中专业技术人员仅指工程技术类方面的专业技术员工。

❺ 在本报告中劳动生产率=营业收入/在岗职工人数。

获得职业资格人数稳步增长，截至2010年，全系统共拥有一级建造师1280名，注册会计师33名，企业法律顾问48名，注册安全工程师500余人，注册造价师200余人。各类专家队伍不断优化，截至2010年，公司共拥有中国工程院院士1名，享受国务院政府特殊津贴人员59名，集团级专业技术带头人20人。

(5) 年龄结构不断优化。“十一五”期间，公司加大对青年优秀人才和应届大学生的引进力度，员工年龄更趋年轻化。截至2010年，员工平均年龄38.5岁，35岁及以下人员比例达到38.31%。其中，企业领导人员平均年龄由2005年的50.4岁下降到2010年的49.15岁，经营管理和专业技术类员工平均年龄由2005年的37.4岁下降到2010年的36.08岁。

2. 在人才工作机制方面，紧紧抓住培养、吸引、用好人才三个环节，不断深化人力资源制度改革。

(1) 有效整合培训资源，分层分类培训体系初见雏形。公司、二级单位、项目部三个层面人才培训资源有机整合，发挥各自比较优势，基本形成了“公司主抓所属企业领导人员、高级项目经理、高水平技术专家、国际业务人才和总部人才队伍建设，子公司主抓管理\技术骨干、高技能人才队伍和外协工队伍建设”的分层培训体系。不断优化整合社会教育培训资源，加强与清华大学、中国科学院等高层次培训机构的联系，加强培训基地建设，目前已成立集团级人才培训中心，并建立了六个由中国电力企业联合会挂牌的高技能人才培训基地，培训中心的专业化和集约化优势逐步发挥。

(2) 全面推行竞争上岗与公开招聘，提高全员市场化选聘力度。从2005年开始，公司开始推行二级企业领导人员公开招聘、竞争上岗的市场化选拔方式，有效推进了竞争性选拔领导干部进程。各单位在此基础上，逐步建立了全员竞聘上岗制度，重要岗位实行竞争上岗，打破了论资排辈的传统选人方式，员工队伍年轻化、专业化程度得到提高，竞争择优理念深入人心，创先争优积极性明显增强。

(3) 推动收入分配制度改革，不断优化激励约束机制。规范了工资总额管理，大力推行国务院国资委“工效挂钩”基本政策，树立了“业绩升、工资升，业绩降、工资降”的分配理念；部分子公司已实行了“以岗定薪，按绩取酬”的联动收入分配模式。成功实施了企业负责人年薪制，按照责任、风险和利益相一致原则规范了对所属企业负责人的激励约束机制，有效调动了领导人员的工作积极性。逐步推进企业年金的政策制定和规范工作，原补充养老保险向企业年金转换工作正有条不紊的开展，部分子公司已建立了规范的企业年金。

(4) 推动了劳动用工管理制度的落实，开展了社会人才资源整合的成功尝试。出台了劳动用工管理办法，确定了“进出平衡，控制总量”的基本原则，提出了适应调整、改善人员结构的总体要求，统一了员工录用、减员的管理程序，规范了劳动用工方式的各类管理。开展了社会人才资源整合的成功尝试，以铁路建设为契机，推行了架子队管理模式的建设，各公司通过与社会劳务公司和战略分包企业结盟，提升了市场化配置资源的能力，推进了管理层与劳务层的分离。推行“引才借智，借脑发展”的柔性用人方式，公司总部加强科学技术委员会、科学管理委员会建设，通过聘请国家与行业知名院士、大师、专家出任特邀委员，汇集全行业最优秀的科技人员，为公司技术创新提供宝贵智力资源。

(5) 人力资源管理信息化突破性发展。公司总部人力资源管理信息系统正式上线，人事、工资、保险、职称、绩效考核、培训、经理自助、员工自助等模块已基本完成上线试运行，部分子公司已着手建立了具有本公司特色的信息化系统，为提高人力资源管理人员工作效率提供了条件。

(二) 主要不足

由于历史原因和长期计划经济体制的影响，公司人才工作还存在许多问题，集中表现在以下四个方面：

(1) 人才理念相对传统，尚未形成科学的人才观。人才管理的行政化色彩依然较浓，市场化配置人力资源的基础性作用没有充分发挥，科学合理的人才评价和激励约束机制尚未形成。人力资本理念还未树立，“重业绩、轻管理”的传统思想束缚了对人才潜能的开发和投入。科学的人才观念尚未形成，公司目前还未建立一套完整的人才理念和人才价值标准，文化在引人留人方面的独特价值尚未体现。

(2) 员工队伍整体素质不高，结构有待进一步优化。员工队伍结构不合理，技能操作类员工比例偏高，而具有高超技艺、善于解决技术难题的高技能人才匮乏；管理技术型员工中，战略领军人才、适应市场化竞争的高素质复合型人才偏少，外部董事、监事队伍人才储备不足，资本运营、市场营销、财务、法律等专业化经营管理人才紧缺，“高、精、尖”技术带头人和科技骨干比例偏低。专业结构单一，懂技术、善管理，具有外语交流能力的复合型国际工程管理人才和商务人才短缺；路桥、市政、环保、工民建等非水电专业人才不足；熟悉房地产开发、电力投资与运营的高端人才储备数量偏少。

(3) 人力资源管理体系性不强，各项人力资源改革推动缓慢。公司整体上还没有建立起规范畅通的人才工作平台，岗位分类不规范、职业通道不顺畅、薪酬体系不统一。人才资源配置功能发挥不充分，人才的部门、项目所有制限制了人才的统一调配和管理，全系统统一的应届生招聘平台尚未搭建，“大集团”品牌效应在吸引优秀学生上的作用没有充分发挥。人力资源改革力度有待提高，政策措施在基层深化不够，从总部到项目的纵向一体化人力资源管理职能有待加强。

（4）人才开发投入相对不足，后备人才培养比较薄弱。2010 年，员工培训费用仅占工资总额的 1.44%，低于国务院国资委最低 1.6%的规定。培训手段不够灵活、工学矛盾突出。对后备人才储备重视程度不够，选拔手段较传统。对人才长期和系统性培养关注不够，技术技能人才晋升通道狭窄，缺乏以人为本、促进员工和组织共同成长的职业生涯规划。

三、“十二五”时期人才工作的指导思想、基本原则与发展目标

（一）指导思想

以邓小平理论和“三个代表”重要思想为指导，全面贯彻落实科学发展观，坚持党管人才原则，树立科学的人才观，遵循企业发展规律和人才发展规律，以服务企业科学发展为根本出发点和落脚点，以“创新人才发展机制、优化人才队伍结构、提高人才队伍素质”为核心，以能力建设为主题，以企业领导人员、经营管理人才、专业技术人才、党群工作人才和技能操作人才五支人才队伍建设为重点，大力推进人才职业化、市场化、专业化和国际化发展，为建设具有较强国际竞争力的质量效益型跨国公司提供坚强的人才保证和广泛的智力支持。

（二）基本原则

（1）服务企业科学发展原则。以促进企业科学发展、为公司总体发展战略提供人才保证和智力支持为出发点，将人才规划纳入公司发展战略体系当中，以顺利实现公司的全面协调可持续发展。

（2）遵循以人为本原则。遵循人才成长规律，尊重人才价值，坚定不移的推行以人为中心的“差异化、个性化”人才开发战略，充分调动各类人才的积极性、创造性，充分激发人才内生动力和原创力。

（3）加强能力建设原则。将能力建设作为人才开发的重要主题，努力培育人才学习实践和自主创新能力，增强人才队伍整体素质，充分发挥优秀人才带动企业改革发展的影响与作用。

（4）坚持市场配置原则。转变人才增长方式，遵循人才资源开发规律，坚持市场化改革方向，充分发挥市场配置人才资源的基础性作用，推动市场化选人用人机制。

（5）坚持党管人才原则。加强党对人才工作的领导，创新人才工作机制，改进人才工作方法，整合各类人才资源、营造良好人才发展环境、确保人才工作服务于企业改革发展大局。

（三）发展目标

公司“十二五”人才战略总体目标是：围绕“成为业务相关多元化、产业纵向一体化的质量效益型跨国公司”的战略目标，以打造支撑公司提升品牌影响力、自主创新能力、可持续发展能力和国际竞争力的关键人才队伍为核心，培养造就总量适当、结构合理、专业配套、素质优良的企业领导人员、经营管理人才、专业技术人才、党群工作人才和技能操作人才五支人才队伍，实现人才结构由劳动密集型向管理技术密集型的转变，建立起符合国际化、产业多元化和现代企业制度要求的人才选用、培养、评价和激励约束机制。

至 2015 年，员工总量控制在 13 万人左右，人均营业收入达到 140 万元/（人·年）。进一步调整员工内在结构以促进公司质量效益的提升，实现人才结构向管理型、技术型、高技能型和复合型转变。到 2015 年，管理技术型员工占比提高十个百分点，达到 60%，技能操作员工占比降低十个百分点，降到 40%内。重点加强企业领导人员、经营管理人才、专业技术人才、党群工作人才及技能操作人才五支队伍建设，实施“41521”人才工程，即到 2015 年，培养造就 400 名企业领导人员、10 000 名经营管理人才、5000 名专业技术人才、2000 名党群工作人才和 10 000 名技能操作人才。人才素质稳步提升，本科及以上学历人员比例达到 35%；职称结构更趋合理，获高中级职称人数比例达到 30%；取得职业资格人数大幅增长，一级建造师达到 3000 人，注册会计师达到 100 人，企业法律顾问达到 100 人，注册安全师达到 800 人，注册造价师达到 400 人。充分满足业务发展需要，实现人才业务结构的多元化转变。至 2015 年，重点打造一支具有标杆引领作用的国际业务强军，国际业务从业人员达到 20 000 人；基础设施业务领域人才储备充足，从业人员达到 15 000 人；房地产、电力投资等领域人才数量快速增长，从业人员达到 5000 人。

在人才工作机制方面，通过 1～2 年努力，以岗位规范化管理为基础，以信息系统建设为纽带夯实人力资源基础性工作，加速人力资源管理统一平台建设，逐步加强人才管控力度，畅通内部人才流动

渠道；用3～5年时间，建立健全人才选、用、育、留体系，形成人力资源各模块工作的联动机制，为人才队伍建设目标的达成提供强有力的机制保障。

四、“十二五”时期人才队伍建设主要任务

围绕员工总量平稳发展、人才结构持续优化、人才素质不断提高的核心要求，重点建设以下五支人才队伍。

（一）加强企业领导人员队伍建设

以提高战略思维、国际化视野、领导力、开拓创新能力为核心，造就400名左右善于引领和推动企业发展的职业化、专业化和国际化企业领导人员队伍。至2015年，企业领导人员中具备本科及以上学历比例达到95%，高级职称比例达到100%。

（1）加快建设高素质的外部董事队伍。以全面建立现代企业制度、完善公司法人治理结构为目标，逐步完善外部董事储备制度，建立由50名左右来自工程科技、战略规划、财务会计、资本运作、法律等方面的专业人才组成的外部董事人才库。建立和完善外部董事专业资格认定制度，严格从资格认定的人选中择优聘任外部董事，形成好中选优、优中选强的选聘机制。加强外部董事的职业能力建设和培训，重点提高战略决策、风险管理、识人用人能力，各级企业外部董事上岗前轮训率应达到100%。

（2）努力建设高效能的监事队伍。以增强监事会监督的有效性和权威性为目的，大力提高监事队伍的职业素质和专业化水平。努力建立一支由50名左右具有较高思想政治水平、职业道德、责任意识和专业能力的高级管理人才组成的监事队伍。加大对监事的岗位培训力度，重点开展财务会计、审计、法律等方面的业务知识培训，有效提升监事队伍的履职能力和水平。

（3）着力培养优秀的经理层队伍。围绕建设相关多元化、现代化、国际化大公司的发展任务，以提高现代经营管理水平和企业核心竞争力为重点，培养造就300名左右职业素质好、市场意识强、管理水平高，熟悉国内国际承包和投资领域商业规则，在经营、投资等方面具有较高造诣的经理层队伍。全面实行聘任制、任期制和任期目标责任制，变身份管理为岗位管理，真正实现“能上能下”的用人机制。建立符合经理层特征的能力素质模型，引入专业测评技术，提高招聘选拔的准确性和成功率。以提升领导力为核心，建立经理层队伍能力档案，了解差距，开展动态的有针对性培训，全面提高经理层队伍的综合素质和领导能力。

（4）重点抓好企业领导人员后备队伍建设。按照正职1∶2、副职1∶3的比例，建立由1000名左右后备人选组成的领导后备人才库。以岗位胜任力为核心健全后备人才评价标准，以实施人才测评和公开选拔为重点创新评价手段。建立后备人才动态管理制度，通过跟踪考察培养使用情况，实时调整入库人员。

（二）加强经营管理人才队伍建设

以适应业务转型、产业升级和精细化管理需要为出发点，培养造就10 000名左右具有较高专业素质和较强管理沟通能力的经营管理人才队伍。至2015年，具有本科及以上学历的经营管理人才比例由目前的37.8%上升到50%，高级职称人数由目前的3125人达到5000人。

（1）着重培养造就职业化项目经理队伍。以适应大型复杂工程和基础设施建设项目为重点，以提高职业化素养和综合管理能力为目标，努力培养4000名左右既熟悉质量、安全、进度等技术管理又擅长资金、成本、人力资源等经营管理的复合型职业项目经理。有重点地选送综合素质较好的管理、技术骨干到境外工程项目锻炼，在实践中积累国际工程管理经验，着重培养1000名左右熟悉国际惯例、具有外语交流能力，善于处理复杂局面的国际项目经理。根据项目经理职业化、专业化发展趋势，探讨推行项目经理期薪制和建立公司内部项目经理市场，用竞争性选拔大型项目经理的方式推进优秀经理的发现和培养。推行项目经理知识更新工程，在继续举办高级项目经理培训班的基础上，设置项目经理学习实践专项奖，鼓励应用新知识、新方法不断提高工程质量效益。加强项目经理梯队建设，按照1∶2的比例建立由8000名项目助理组成的后备项目经理队伍，建立项目经理后备人才培养责任制，鼓励给后备人才压担子、创造实践机会，加速青年项目人才的成长。

（2）加快推进经营管理人才专业化、国际化发展。以提升专业化管理能力为重点，以打造专家型部门负责人为目标，培养造就1000名左右在资本运作、市场开发、财务管理、战略规划、人力资源、法律等方向具有专业知识背景和实践经验的高层次经营管理人才；围绕推行总会计师和总法律顾问制度，培养600名左右高级会计和高级法律人才。围绕提高国际市场占有率、提升海外投资业务质量与资金周转率的发展目标，培养1500名熟悉海外政策和环境、善于进行国际市场开拓和管理的复合型国际经营管理和商务人才。每年有重点地选送20～30名优秀经营管理人才到境外研修，有计划的选派国内优秀人才到境外合资合作企业、海外分支机构工作

锻炼，重点提高跨文化沟通能力、多元化团队领导力和跨国经营管理水平。加快引进公司紧缺的海外高层次经营管理人才，大力吸引具有跨文化实践经验的国际商务人才；高校应届生招聘侧重选拔高学历、多语种的适应国际发展需要的经管类毕业生；积极推进使用本土化人才，加大对本土化人才的培养教育和文化输出。

（三）加强专业技术人才队伍建设

以提高工程技术水平和创新能力为核心，以高层次人才和紧缺人才为重点，培养5000名左右掌握相关领域关键技术、具有丰富实践经验的专业技术人才。至2015年，具有本科及以上学历的专业技术人才比例由目前的38.11%达到50%，高级职称人数实现翻番，达到3000人。

（1）重点打造以技术带头人为核心的高层次技术专家队伍。加强技术带头人制度的执行力度，培养打造100名股份公司级专业技术带头人、1000名工程局级专业技术带头人、800名教授级高级工程师，形成具有解决本专业领域重大技术难题能力的技术带头人梯队。依托专业技术带头人制度和科学技术委员会平台，聚集和培养一大批科技水平高，具有较强科技创新能力的高端专业技术人才；重点做好国家级、省部级专家和专家后备人才的选拔培养，构建以工程院院士为核心竞争力的阶梯型联动专家群体。整合资源，加快公司内部知识技术积累和共享机制的建设，建立专家担任培训师、咨询师制度，将专家知识显性化、推广化，为专家梯队人才建设提供机制和平台保障。

（2）着重培养国际业务专业技术人才，逐步引导人才从国内向国际转型。综合考虑公司国际化发展趋势和国内水电技术人才相对丰富现状，在保持一定的引进数量前提下，侧重加强对现有水电专业人才从国内到国际的转型培养工作，着重提高工程技术人才在语言沟通、国际规程、国际商务技能等方面的综合能力，鼓励专业技术人才考取国际认证的职业资格证书。

（3）加快充实基础设施建设、电力运营领域专业技术人才。重点引进铁路、公路、市政、工业与民用建筑、机场场道、疏浚与吹填等基础设施领域紧缺专业技术人才，稳步推进电力运营与维护、海上与潮间带风电、核电等能源开发与建设领域人才储备和培养。坚持走产、学、研结合道路，加强与科研院校、社会科研力量的广泛合作，建立人才共享与联动培养机制。

（4）加强青年技术骨干人才队伍建设。进一步破除专业技术职务聘任中的论资排辈现象，选拔具有发展潜力的优秀年轻人才到重点工程、主要科研项目挑重担，长才干。建立公司突出贡献中青年专家、青年科技拔尖人才培养基金，加快青年专业技术人才培养。实施青年人才“导师引领”计划，加强导师队伍建设，开展导师带徒评比，将青年人才发展与导师利益挂钩。从了解掌握员工实际需求出发，建立青年员工关爱平台，帮助员工解决困难、规划目标、发展兴趣；以项目为依托，突破部门界限，建立技术攻关团队、管理创新小组等各类学习型团队，鼓励开办项目夜校、工学结合，使学习和培训常规化、现场化。

（5）加强和完善职称评聘分离制度，实行专业技术职业资格认证制度。建立技术职位聘期制，打破专业技术职务终身制，进一步推行专业技术职务评聘分开，做到专业技术职务能上能下、待遇能高能低。鼓励专业技术人员通过社会考试取得国家职业资格证书，对于取得职业资格人员，给予奖励和相应待遇；实施关键技术岗位职业资格准入控制体系，不断适应国际化、专业化趋势对人才的更高要求。

（四）加强党群工作人才队伍建设

按照稳定队伍、优化结构、提高素质的要求，努力培养造就2000名左右梯次合理、善于围绕企业生产经营开展党建工作的复合型党群工作人才队伍。到2015年，具有本科及以上学历人员由目前的37.6%上升到50%，高级政工师达到800人。

（1）着力培养优秀的党组织负责人。按照理论培训、知识更新、党性教育、实践锻炼“四位一体”的培养培训要求，全面提高企业党组织负责人的政治素养、政策理论水平以及参加重大问题决策、加强和改进企业党建工作的能力。重点加强公司法人治理结构、现代企业经营管理知识方面的培训，改善党组织负责人的知识结构。注重选派有发展潜力的优秀党群工作人才到生产经营一线、群众工作一线和急难险重任务一线砥砺品质、锤炼作风、增长才干；注重选拔有丰富经营管理工作经验的优秀党员担任党组织负责人，努力造就一批政治坚定、作风过硬、熟悉企业生产经营管理的高素质党组织负责人。

（2）加强复合型党群工作人才的培养。从培养一专多能复合型党群工作人才高度出发，从行政和技术岗位遴选有实践经验、政治素质过硬的优秀年轻人才和一定数量的优秀大学生充实到党群管理人员队伍，不断优化党群工作人才队伍结构。有意安排有潜力的党群工作人才到基层挂职或兼任行政、技术职务，增加他们的行政、技术管理经验，提高他们的综合素质。通过进一步落实“一岗双责”、“双向纳入”，逐步构建以专职党群人员为骨干、以各级兼职党群人员为重点、以各级行政领导和管理人员以及专业技术人员为补充的专兼职相结合的党建、思想政治工作队伍格局。

（3）推进党群工作人才竞争性选拔机制的建立。根据企业党组织参与决策、带头执行、有效监督的工作职责，建立党群工作人才岗位规范和职位标准，明确任职资格条件和能力素质要求。继续完善竞争性选拔党群工作人才的方式，防止和克服照顾性安置的不良做法，促进优秀党群工作人才脱颖而出。

（五）加强技能人才队伍建设

以提升职业素质和职业技能为核心，培养10 000名左右爱岗敬业、技艺精湛、善于解决技术难题的技能人才队伍。至2015年，具有大专以上学历的技能操作人才比例由目前9.65%上升到20%，技师和高级技师人数达到8000人。

（1）着重培养专业特色鲜明的特殊技能人才。以满足关键技术环节和特殊设备操作需要为出发点，以打造专业特色鲜明的高技能人才队伍为目标，大力推进技能人才职业化发展改革。通过区分核心岗位和辅助岗位，建立分层分类的技能人才岗位管理体系。以六家电力行业高技能培训基地为依托，采取集中轮训、名师带徒等方式，加快培养一批企业重点工种、重点工艺和短缺工种的技术能手，充分发挥技师、高级技师在技术攻关、传授技艺、传播技能等方面的重要作用。

（2）加快建设高素质的班组长队伍。按照国务院国资委关于加强中央企业班组建设指导意见要求，以适应架子队用工模式为出发点，加快培养一支生产管理水平高、现场执行力能力强的班组长队伍。“十二五”期间继续推行班组长岗位业务技能培训，力争五年内对现有班组长轮训一遍。建立班组长常态化学习交流机制，组织优秀班组长对口学习、交流班组建设成果；选派优秀班组长出国培训，消化吸收国际知名建筑企业班组建设先进经验。加强对政治素质高、协调能力强、业绩突出和具有领导潜质的优秀班组长的发现和重点培养，建立优秀班组长晋升到项目副经理等管理岗位的职业通道。加强荣誉激励，深入开展“创建学习型红旗班组、争当知识型先进职工”活动，以优秀班组、高素质班组长队伍建设为契机带动职工队伍素质技能的整体提升。

（3）推进技师、高级技师评聘制度改革，畅通高技能人才成长通道。按照“统一标准、自主申报、规范评审、企业聘任”的原则，全面推进技师、高级技师评聘制度改革。建立技能职务聘期制，实行资格认定与聘任分开，对取得技师、高级技师资格的人员，由用人单位根据生产实际需要进行聘任。畅通技能人才成长通道，贯彻落实国家关于高技能人才与工程技术人才职业发展贯通的有关规定，拓展技能人才的职业发展空间。打破身份限制，鼓励外部劳务队伍人员参加公司职业技能鉴定；不唯职称限制，在施工生产一线开展专业技术人员和管理人员参加技师、高级技师考核的探索和试点。

（4）重视技能人才成长，打造“四个一流”职工队伍。以深入开展“四个一流”职工队伍建设活动为载体，大力开展岗位练兵、技能竞赛、技术比武、业务交流等活动，全面提升技能人才的技术素质和技能水平。加大评比表彰工作力度，获得技能竞赛前三名的职工，可直接获得技师或高级技师待遇。鼓励职工技术创新，注重选拔高技能人才参与企业科技研发和重大技术改造工程，对技术革新带头人进行广泛宣传，重大技术革新可考虑以发明人名字命名等特殊奖励。推行职工资格证书制度，有选择地建立企业内部不同工种的资格证书制度，鼓励职工参加国家颁发的职工资格证书考试。关心职工生活，开展形式多样的职工文化活动，帮助职工放松身心，精神愉悦地投入工作；健全困难职工档案，建立困难职工生活帮扶平台和领导定期走访制度。争取通过五年时间，打造一支具有“一流职业素养、一流业务技能、一流工作作风、一流岗位业绩”的标杆职工队伍。

五、“十二五”时期人才工作机制的创新发展

以建立“现代化、专业化、人本化”的人力资源管理体系为目标，不断创新和发展人才工作机制。人才工作立足点逐步由身份管理向岗位管理转变，注重人力资源管理的基础性工作和战略性工作内容的结合，注重人力资源管理工作短期性和长期性相结合，注重企业人力资源管理体系和人才开发与利用规律相结合。

（一）建立全公司规范畅通的职位序列和职业发展体系

夯实人力资源基础性工作，以促进人才内部流动和岗位对接为目的，推进全系统职位序列体系的梳理规范工作；对于工程行业同质性企业岗位分类进行统一，对其他行业企业要研究个性化岗位设置如何纳入全公司体系的具体方案。结合行业特点和人才成长规律，按照经营管理、专业技术、技能操作三个序列进行岗位规范，并建立“纵向畅通、横向互通”的职业发展通道体系，使各类人才都能获得前程激励；完善技术带头人制度，探索建立首席技师、首席职工等制度，解决技术、技能人才晋升通道问题，促进个人和企业共同成长。

（二）建立以公司为平台的市场化人才选拔和配置体系

以打造雇主品牌、提升招聘质量为目标，建立全公司统一的人才招聘平台。通过制订统一的人才聘用指导意见，规范招聘条件、流程、方法、渠道，形成公司和子公司分工明确、协调有力的分层次专业化招聘体系。规范人才引进标准，严把“入口关”，以建立岗位能力素质模型为契机，建立不同类型、不同层次、不同岗位人才的选拔任用标准体系，降低录用风险。

进一步完善市场化选拔为主的竞争性人才择用机制。初级岗位人才主要以社会化公开招聘方式选拔，以引进和补充紧缺专业人才为重点，通过与市场专业人才机构和重点高校合作，及时了解和掌握人才供给信息，提前规划优秀人才；中级岗位人才主要以内部竞聘方式产生，重在选拔各岗位具有实践经验的专业化人才；高级岗位人才主要以选拔培养后备梯队人才方式优中选优，后备人选需在组织与群众推荐基础上，结合绩效考核与能力评价动态产生。

建立公司内部人才共享机制，整合公司紧缺急需专业人才，形成合力，组建公司内部人才市场，承担起系统内部人才供需信息发布、内部人才招聘工作，促进内部人才跨企业、跨区域的市场化配备；通过完善人才轮岗、换岗和交流机制，促进培养造就复合型人才，提高人才使用效能。

（三）建立以项目经营模式为基础的项目经营团队配置和评价体系

结合项目经营特点，确定对应的项目管理模式和岗位需求，明确项目管理职责和定位，确定项目经营团队的专业、经历、任职资格和能力素质要求，实现项目经营团队的科学化配置和标准化管理。建立针对项目团队配置水平的评价标准，加强项目经营团队运行状况的动态评估和管理，不断优化和强化高效团队匹配模式，促进项目经营管理水平的提升。

（四）建立以价值创造为导向的绩效管理体系

围绕企业发展战略，建立健全以目标管理为重点，以岗位职责为基础，定量考核和定性评价相结合的，由品德、能力、态度、业绩要素构成的绩效考评体系。其中对领导人员积极推行经济增加值考核，注重通过国际国内对标设定有挑战性的考核目标值，引导领导人员不断提高价值创造能力。其他人员按照国务院国资委要求推行全员绩效考核，建立和完善员工业绩档案，实行绩效考核闭环管理，通过实施“设定绩效目标、进行绩效沟通、实施绩效考核和运用考核结果”的完整绩效管理循环，将绩效考核与各类人才的选拔任用、岗位调整、薪酬分配和职业发展相结合，不断提高人才培养、使用和激励的针对性和时效性。

（五）建立体现岗位特征和业绩贡献的薪酬分配体系

以“以岗定薪、按绩取酬、岗变薪变，动态调整”为原则，逐步推进公司范围内薪酬体系的规范与改革。公司制定统一的薪酬结构和分配规则指导意见，所属公司在统一的薪酬框架下，按照效益、地区等因素合理确定薪酬水平。新的薪酬体系根据不同类别人才在不同岗位上的责任、风险和实际贡献，结合企业经济效益，确定薪酬标准。调整优化企业内部分配结构，使关键岗位、一线艰苦岗位、高素质紧缺人才的薪酬水平适当高上去，劳动力市场供应充裕的通用岗位、辅助岗位工资水平适当降下来，逐步做到各类人才的薪酬水平向市场价位靠拢，形成收入差距合理、分配关系和谐的新格局。

加大对优秀关键人才的薪酬激励力度。对引进的高层次人才、紧缺专业人才和关键岗位核心人才，可根据人才的市场化程度，按照市场价位实行协议薪酬；积极探索知识、技术、管理、技能等生产要素按贡献参与分配的有效途径。建立健全年薪制和期薪制，进一步规范股权激励、企业年金等中长期激励办法，重点保证对企业发展作出突出贡献人才实施激励。完善企业特殊贡献人才、重大工程项目杰出人才奖励制度，改进和完善人才特殊津贴制度，探讨建立特殊人才企业投保制度。

按照“十七届五中全会”关于“职工共享改革发展成果”的要求，建立职工工资与物价水平和企业经营效益相联系的动态增长机制。在保障低收入群体基本生活水平的前提下，实现员工收入与经济效益的协调增长。建立工资收入预警机制，加强人工成本统计分析，及时发现可能出现的人工成本失控、薪酬激励作用下降、员工满意度降低等问题。

加强薪酬福利制度的保障作用。健全各类员工的社会保险，解决由于身份管理、用工方式等原因造成的社会保险不健全问题。进一步完善福利制度，对基层一线员工加大保障性福利政策的安排，重视员工权益的维护，探索推行灵活的休假制度、弹性福利制度、项目机关两地轮岗制度，逐步解决一线员工的工作家庭平衡问题。

（六）建立以能力素质模型为基础的人才培养开

发体系

以人才的全面可持续发展为目标，个性化教育为原则，研究构建不同类别人才的能力素质模型；基于能力素质测评和绩效考核结果，查找能力“短板”，制订有针对性的分层分类培训计划。加强员工职业生涯管理，结合培训计划和不同人才职业生涯阶段，推行按需调训和个人选训相结合的培训开发体系建设，使员工能在公司需要和个人意愿相结合的基础上，获得贯穿入职、上岗、在岗、转岗、晋升等各个职业发展环节的培训。以人力资源信息化建设为契机，构建网络化、自主化、开放化的学习培训系统，实现培训资源共享和教育经费节约。推行岗位培训达标制度，规定每类人才年最低培训时间，并将培训完成情况和员工个人晋升和绩效考核结果挂钩，鼓励员工持续主动学习。

优化整合教育培训资源。推进公司培训中心建设，努力打造重点面向高层次、紧缺、特殊人才的高端培训平台和企业文化教育基地。充分发挥六大培训基地的资源互补优势，统一规划、合理分工，努力打造特色鲜明、适应业务转型需要的教育特色项目。加强内部培训师选拔培养工作，注重从各层级技术带头人、管理专家中发现优秀师资，并配套相应的内训师津贴和荣誉奖励制度。推进联合办学，聘请客座教授，充分发挥公司培训中心、知名高校等教育平台的资源整合优势。加强培训的宏观管理和指导，规范教育培训质量监督，定期对重点班次的培训效果进行考核评估，不断提高培训质量。

保证教育培训所需经费投入。完善带薪学习制度和培训经费保障制度，一般企业按职工工资总额的1.5%～2%提取职工培训经费，列入成本开支。从业人员技术要求高、培训任务重、经济效益较好的企业可按职工工资总额的2.5%列支，主要用于企业职工特别是施工生产一线职工的教育培训。

（七）搭建统一平台，加强人力资源专业化管控力度

以加强战略管控力度、建设六型总部为目标，打造全公司统一规范的人才工作平台，实现资源整合、上下协同。公司负责牵头统一人力资源开发管理理念、制度、规范和政策框架，并以关键业务流程为主调整人力资源部内部职能划分，围绕招聘配置、培训开发、薪酬管理、绩效管理等人力资源管理专业模块设置部门职能、配置人员。各子公司按照总部“纵向一体化”的专业化人力资源管控要求，对应设置部门职能和相关人员，形成总部到项目畅通高效的人才工作沟通机制，为将人力资源各项政策和措施深入推进到基层奠定制度保障。同时，进一步加强人力资源从业人员专业水平的提升，强化战略措施的执行力，提高人才工作效率和质量。

以人力资源信息化建设为手段加强人力资源管控。进一步完善人才信息库，加强人才信息的规范管理，全面掌握人员情况，为实现人才共享夯实基础。以信息系统为依托建立人才流失预警机制，对人员流失形成有效监控，及时采取有效应对措施。运用现代化信息手段建立人才工作交流和学习平台，促进全系统范围内人才工作者的工作经验分享和业务能力互助提升。加强人才工作监督考核，实行人才工作问责制。在人力资源工作考核指标设计上，除上岗率、工资总额控制等传统指标外，更要关注人才质效的提升，逐步将队伍结构、劳动生产率、关键人才流失率、人力资源投入产出比等作为各级领导班子和人力资源部门的考核指标，推动人才工作的持续改进。

六、组织保障

（一）加强对《“十二五”人才战略规划》实施工作的组织领导

各成员单位要把人才战略纳入企业总体发展战略，按照党委总揽全局、协调各方的要求，把贯彻落实本规划作为实施“人才强企”战略的重大任务来抓，突出重点、统筹实施、有效推进。坚持党政“一把手”抓规划的贯彻落实，把人才规划落实工作纳入领导班子任期目标，变“软任务”为“硬指标”。层层建立和完善人才工作责任制，做到任务到人、责任到人；各单位人力资源部为规划落实的责任部门，负责人才队伍建设的具体组织实施、综合协调和统筹安排。

（二）建立健全自上而下的人才战略规划体系

公司总部人力资源部负责规划的宏观指导、协调服务和监督落实工作，负责组织规划的专题培训研讨、指导贯彻落实和定期检查工作。各成员单位要以本规划为指导，紧密结合实际情况，进一步制订、完善本企业人才队伍建设规划与具体措施，提出操作性强的工作目标分解方案，形成全公司自上而下的整体人才队伍发展规划体系。

（三）建立实施本规划的过程跟踪、评价监督和反馈调节系统

完善人才资源统计工作和信息化建设，建立规范化的动态监测机制，建立人才规划实施情况定期通报和年度评估制度，有计划、分阶段地对本规划实施情况进行检查督察，重点抓好中期评估和年度评估，根据需要开展专项评估，有针对性地提出改进建议，并根据未来变化和实施进度适时修订内容，

确保规划的科学性和指导性。

(四)加大人力资源开发的投入力度

加大人才资源开发的投入力度。牢固树立人才资源是第一资源，人才资源投入是效益最大投入的观念，实施人才资源开发适度优先战略，不断加大人才开发资金的投入力度。设立专门经费，用于人才培养、引进、奖励和支持重大人才开发工程的实施；设立人才规划实施专项账户，保证规划各项工作所需资金事前有预算、项项有落实、额度有保障。加强对人才开发资金使用情况的监督管理和跟踪评估，实现人才开发资金使用效能的最大化。

(五)创造良好的人才成长环境和氛围

加强制度建设，形成尊重知识、鼓励创新、有利于各类优秀人才脱颖而出和充分发挥作用的政策环境；加强企业文化建设，形成鼓励人才干事业、支持人才干成事业、帮助人才干好事业的工作环境；加强人才宣传工作，形成创业光荣、创新可贵、创造无价的舆论环境。

中国水利水电建设股份有限公司
子公司负责人年度业绩考核办法

(中水电股财〔2011〕53号·2011年6月8日)

第一章　总　　则

第一条　根据国务院国资委对中央企业开展经营业绩和全员业绩考核工作的要求，结合股份公司战略发展所处不同时期的新特点，为切实履行出资人职责，维护所有者权益，落实国有资产保值增值责任，建立有效的激励和约束机制，用科学的发展观和正确的业绩观评价子公司负责人经营业绩和管理能力，加强股份公司短板的考核，体现区别对待的原则和充分发挥业绩考核评价的导向作用，特制定本办法。

第二条　本办法是考核评价子公司负责人经营业绩和管理水平的主要依据，由《中国水利水电建设股份有限公司子公司负责人年度经营业绩考核办法》和《中国水利水电建设股份有限公司子公司管理评价暂行办法》构成。

第三条　本办法适用于股份公司所属的全资子公司及控股子公司。

第二章　年度业绩考核工作职责

第四条　股份公司业绩考核评价委员会是股份公司业绩考核工作的领导机构，主要负责审核股份公司业绩考核办法，审定子公司经营业绩、管理评价考核指标目标值和考核结果，对股份公司业绩考核工作中的重大事项进行决策等工作。

第五条　股份公司业绩考核评价委员会下设业绩考核评价办公室，主要负责起草、修改股份公司业绩考核办法，测算子公司业绩考核指标目标值，整理汇总并完成子公司年度业绩考核兑现工作，组织年度业绩考核责任书的签订，对责任书的执行情况实施动态监控，有重点、有选择的对经营业绩考核目标和管理评价目标执行情况及经营业绩的真实性、准确性进行专项审计确认等工作。股份公司业绩考核评价办公室设在股份公司财务产权部。

第六条　股份公司财务产权部是股份公司子公司年度经营业绩考核工作的牵头部门，负责组织实施年度经营业绩考核工作，制订、修改股份公司经营业绩考核办法，测算、汇总、下达子公司年度经营业绩考核目标值，审核、汇总子公司年度经营业绩考核结果和年度管理评价考核结果，撰写子公司业绩考核报告，并将考核报告报送业绩考核评价委员会等工作。

第七条　股份公司市场经营部是股份公司子公司管理评价工作的牵头部门，负责组织实施管理评价工作，制订、修改股份公司管理评价办法，审核子公司年度管理评价指标目标建议值，测算、汇总、下达子公司管理评价考核目标，对管理评价指标的执行情况实施动态监控，审核、提交年度管理评价结果，分单位撰写管理评价报告，并将评价报告报送业绩考核评价办公室等工作。

第三章　年度业绩考核体系构成

第八条　子公司年度业绩考核体系由经营业绩考核子体系和管理评价子体系构成。

经营业绩考核子体系用于考核子公司负责人的年度经营业绩，是突出反映企业发展能力、盈利能力、价值创造能力、资产运营能力的指标体系，属于激励性指标体系。

管理评价子体系包括专项管理评价与动态管理评价两部分，该子体系的评价结果主要反映企业管理水平，其作用是通过提升管理水平促进企业经营业绩水平的提高，属于约束性指标体系。

第四章　子公司年度经营业绩考核

第九条　为组织实施子公司经营业绩考核工作，股份公司制定了《中国水利水电建设股份有限公司子公司负责人年度经营业绩考核办法》（详见附件一）（略），其中就年度经营业绩工作职责、考核原则及方式、考核指标及计分、年度业绩考核责任书的签订程序、奖惩等方面进行了明确。

第五章　子公司管理评价考核

第十条　为组织实施子公司管理评价考核工作，股份公司制定了《中国水利水电建设股份有限公司子公司管理评价暂行办法》（详见附件二）（略），其中就管理评价工作职责、评价原则及方式、管理评价指标及计分、管理评价程序、管理评价结果的应用等方面进行了明确。

第六章　年度业绩考核兑现方式

第十一条　股份公司根据子公司年度业绩考核结果，对子公司实施年度薪酬的兑现。

第十二条　年度经营业绩考核结果决定子公司负责人年薪总额，其中年薪的60%直接兑现，剩余40%由管理评价考核结果决定，实现综合管理业绩考核结果对子公司负责人薪酬的直接调控。即：子公司负责人实际兑现年薪＝经营业绩考核年薪总额×60%＋经营业绩考核年薪总额×40%×（管理评价考核得分/100）。

第十三条　被考核的子公司主要负责人的年薪，其分配系数为1，其余负责人的考核按照《中国水利水电建设集团公司所属企业负责人年薪制暂行办法》进行兑现。对经考核确认其经营业绩上升幅度较大，经营业绩全面协调增长特别显著的子公司，股份公司可酌情另行给予子公司负责人特别奖励。

第十四条　根据年度业绩预考核结果兑现子公司负责人扣除基薪后的年薪的70%，并根据中介机构审计及股份公司确认的财务报告等资料进行正式考核，依据正式考核结果调整预考核兑现的绩效年薪，多退少补。以子公司负责人任期为结算期，每年度按正式考核计算，将扣除基薪后的年薪的30%作为风险抵押金，上交股份公司，三年期满时，经股份公司审计部对其业绩考核结果予以审计确认后，再进行结算兑现。在三年结算期内，子公司负责人任期届满的，股份公司根据内部离任审计确认的业绩考核结果进行提前结算兑现。

第七章　附　　则

第十五条　本办法由股份公司负责解释。

第十六条　本办法自2011年1月1日起施行。

资　金　管　理

中国水利水电建设股份有限公司
资金预算管理实施办法

（中水电股资〔2011〕18号·2011年9月1日）

第一章　总　　则

第一条　为促使中国水利水电建设股份有限公司（以下简称股份公司）的资金运行全面纳入预算管理范畴，加强资金集中管理，优化资金配置，防范资金风险，依据《中国水利水电建设股份有限公司预算管理办法》（中水电股〔2010〕94号）、《中国水利水电建设股份有限公司资金管理办法》（中水电股〔2010〕53号）等制度，制定本实施办法。

第二条　资金预算是财务预算的重要组成部分，是以货币金额反映企业为未来时期而制定的经营活动、投资活动、筹资活动等方面资金收支额度、现金流量的财务规划。本办法所称资金，系指库存现金、银行存款、应收票据，以及其他货币资金等。

第三条　资金预算管理是以经营业务计划为基础，对未来一定时期内的资金收支、现金流量进行预测和统筹安排，并根据预算指标监控资金流转情况，以确保企业资金链条安全受控和资金运营动态平衡。该管理是对资金运行实施事前规划、事中监督和事后分析的全过程管控活动。

第四条 资金预算管理的目的及范围。

加强资金管控，防范资金风险；优化资金配置，提高资金使用效益。股份公司及所属各子公司的各项资金收支（包括国内工程及境外工程资金）必须全部纳入资金预算管理范畴。

第五条 资金预算管理的基本原则：

（一）以收定支、量入为出；

（二）科学合理、切实可行；

（三）全面受控、防范风险；

（四）责权明确、监管有力。

第六条 股份公司资金预算分为年度资金预算、月度资金计划。月度资金计划是年度资金预算的具体执行形式和动态调整的结果，各单位应以月度计划的有效控制，确保年度预算目标的实现。

第七条 各子公司要将国际业务资金纳入本公司统一的资金管理体系，资金预算要涵盖境内、境外所有资金运行，并明确界定境外资金调度和使用的权限与责任，加强境外资金日常监管和预算控制。

第八条 本办法适用于股份公司及所属全资、控股公司（以下简称“各子公司”）。

第九条 各子公司应根据本办法结合本单位实际，制定具体实施细则。

第二章 组织机构和职责

第十条 股份公司全面负责资金预算管理的组织工作，制定资金预算管理制度，审核、平衡、下达年度预算指标，监督检查资金预算执行与控制，考核评价子公司资金预算执行情况。其管理机构为股份公司预算管理委员会，具体执行部门为股份公司资金管理部。

第十一条 子公司负责子公司总部及所属分、子公司、项目部的资金预算管理。建立、健全本公司资金预算管理实施细则，组织编制、审核、汇总、上报资金预算，监督、控制、考核下属单位资金预算执行，分析资金预算完成情况。子公司预算管理委员会为本单位预算的最高管理机构，其组成及职责按照《中国水利水电建设股份有限公司预算管理办法》（中水电股〔2010〕94 号）执行。子公司法定代表人对本公司资金预算工作负全责。

第十二条 各级资金管理部门是本单位资金预算的主管部门，其主要职责：

（一）拟订资金预算管理制度和内部控制措施；

（二）负责资金预算的收集、审核、汇总，综合平衡、协调编报本级资金预算；

（三）按照管理层级，负责将已批复资金预算指标分解下达下属单位；

（四）依据预算指标，对资金预算执行实施监督、控制；

（五）分析资金预算执行情况，对下属单位资金预算执行进行检查、考核、评价；

（六）负责资金预算其他日常管理工作。

第十三条 财务部门是本单位资金预算编制和执行的责任部门，其主要职责：

（一）依据经营任务和预算目标，结合本单位业务计划和财务资金状况，编制、上报资金预算草案；

（二）按照批准的资金预算指标，统筹安排资金收支和资金运作；

（三）按期编报各类资金预算报表，并对资金预算执行情况作出分析和报告；

（四）资金预算发生变更，按规定及时履行报批手续。

第十四条 其他职能部门按照本单位的职责分工，协助、配合做好资金预算相关工作。

第三章 资金预算的管理流程

第十五条 编制上报。

（一）各子公司所属分、子公司、项目部根据本单位预算目标、业务计划、财务资金状况等编制资金预算草案，报送子公司资金管理部门；

（二）子公司资金管理部门将上报的资金预算进行审核，并结合公司整体财务资金状况和生产经营目标，协调、平衡、汇总形成本公司资金预算，编制《年度资金预算表》（格式见附件一），报送子公司总会计师审查；

（三）审查通过，上报子公司预算管理委员会审定。

第十六条 修正审批。

（一）子公司预算管理委员会审议通过，资金管理部门将预算报表及编报说明以正式文件形式上报股份公司资金管理部，上报时间与财务预算一致；

（二）股份公司资金管理部根据股份公司整体发展规划和管理要求，结合以前年度预算执行情况，对子公司的资金预算指标进行修正，随同财务预算上报股份公司审批。

第十七条 下达分解。

（一）股份公司资金管理部将批准后的资金预算下达至各子公司；

（二）子公司按照下属单位级次合理确定所属分、子公司、项目部的年度资金预算；

（三）分、子公司、项目部按照施工生产进度、资金安排等，将年度资金预算分解为月度资金计划，报送子公司资金管理部门审核、总会计师审定、子公司预算管理委员会批准后组织实施。

第十八条 执行控制。

资金预算执行实行收支两条线管理，控制原则为“年度预算控制月度计划、月度计划控制实际资金收付”。

（一）资金收入。

1. 原则要求项目部、分公司由其上级独立法人的公司总部统一进行收入结算；对于须单独结算的，子公司总部应通过资金信息系统，将其收入资金进行上收集中管理。各单位收入应及时入账，原则要求未经上收集中的资金不得对外支付（业主监管资金的项目，监管协议需报送股份公司资金管理部备案）。

2. 分、子公司、项目部是收款责任方，各子公司应建立以责任单位为核心、各相关职能部门配合协作的收款体系，加强外部债权的催收力度，加速结算资金的及时回笼，确保预算收入的完成。

（二）资金使用。

分、子公司、项目部资金使用监督和控制的主体为各子公司，具体执行部门为子公司资金管理部门。

1. 月度计划内资金使用：月度资金计划内的日常生产性资金，经相关业务主管部门及业务分管领导审核、单位主要负责人和财务负责人联审、联签后办理资金使用。

2. 月度计划外资金使用：原则上计划外资金不得办理使用手续。生产施工急需等特殊情况下的计划外日常生产性资金，经计划内资金审批流程后，可先行办理资金使用，随后应及时补充办理子公司预算管理委员会的审批手续。

3. 大额资金使用及调度：各子公司应按照《中国水利水电建设股份有限公司关于“三重一大”决策制度的实施办法》（中水电股〔2011〕11号，以下简称《“三重一大”实施办法》）规定，结合本单位实际制定“三重一大”具体实施细则，细则中须明确规定本公司“大额资金”审批标准，上报股份公司批准、备案后执行。无论资金计划内、外，大额资金使用及调度均应按照《“三重一大”实施办法》规定程序办理资金审批。根据股份公司相关制度规定，需上报股份公司审批的大额资金事项，经子公司“三重一大”决策机构会审、会签后，上报股份公司批准。

4. 原则要求，超过年度资金预算指标不得办理资金使用手续。特殊情况，超出资金预算部分要按照同期财务预算执行偏差幅度进行控制。

第十九条 预算分析。

各子公司按期对本单位资金预算执行情况作出分析，分析重点为预算执行偏差，分析报告定期上报股份公司资金管理部。

第二十条 考核评价。

预算年度终了，股份公司资金管理部对各子公司资金预算管理情况进行考核评价。考核结果作为下一年度预算批复的重要参考依据。

第四章 资金预算的编制

第二十一条 资金预算按年度编制，预算年度为公历1月1日至12月31日。

第二十二条 编制依据：

（一）国家有关财经政策及相关规定；

（二）股份公司关于预算编制的总体要求，以及年初下达的经营责任目标和有关考核指标；

（三）本单位经营业务计划；

（四）本单位资金状况及未来财务、资金的统筹安排。

第二十三条 编制原则：

围绕股份公司发展战略，以业务计划为基础，以经营利润为目标，以收定支、总量平衡。资金预算与财务预算保持一致。

第二十四条 编制要求：

（一）股份公司资金预算报表是按照资金管理重点和要求，对企业预算期内资金收支的整体规模和筹融资状况进行规范反映。各子公司可根据管理需要，结合本单位业务特点对本单位资金预算项目进行细化，并上报股份公司资金管理部备案。各子公司根据细化的预算项目汇总，并充分抵消内部交易事项形成的现金流后，严格按照股份公司统一规定的预算内容和格式编报年度预算报表，与财务预算同期上报；月度终了编制下月度《月度资金计划及执行情况表》（格式见附件三）和编报说明，对于境外大额资金的管理和运行情况要在编报说明中作出详尽说明。

（二）按照《关于对子公司设立的重要经营性子企业的重大事项实行行前备案管理的若干规定》（中水电股〔2011〕12号）的要求，各子公司要将下属重要经营性子企业的资金预算（计划）随同本公司的资金预算（计划）一并编制上报。

（三）列入资金预算的条件：列入收入预算的资金必须是当期能够实现入账的资金；列入支出预算

的资金必须是当期支付的资金，且满足“以收定支，收支平衡”的原则。各单位应充分预计上缴费用、税金、社保统筹、人工费、内部分包等费用项目后，合理安排本单位资金预算和计划。

（四）各子公司融资计划要“以用定筹、量力而行”，确保融资规模与企业发展规模、财务能力相匹配，要严格控制融资规模的无序增长。新增固定资产贷款仅限于已纳入股份公司年度投资计划的投资项目，流动资金贷款须按照公司经营规模和资金结构合理测算资金需求。各子公司应根据生产经营和投融资活动的资金需求，合理编制《年度融资计划表》（格式见附件二），作为年度资金预算的附表一并上报。

（五）资金预算编制应注重防范资金风险，严格控制担保、抵押、金融负债规模。各子公司不得为本公司之外的企业或个人进行任何形式的融资、拆借资金，不得为股份公司系统之外的企业或个人提供担保。各级单位要将逾期担保、逾期债务、不良投资、不良债权等问题的清理和处置作为重要内容，积极消化潜亏挂账，不得出现新的潜亏。

第五章　资金预算的执行控制

第二十五条　子公司要以股份公司批复的年度资金预算作为全年资金收支的控制标准。任何单位不得超越权限调整、变动预算指标。

第二十六条　股份公司对各子公司的资金预算执行控制：

股份公司资金管理部按照“月度计划柔性约束、上存资金刚性控制、年度预算严格掌控”的原则实施资金预算执行管理。

（一）月度计划柔性约束：本月资金计划额度不足，子公司可自主调用下月计划额度；本月资金计划额度剩余，可结转下月使用，但应遵照“以收定支”原则，资金使用的调用额度原则上不得高于本月超计划完成的资金收入。

（二）上存资金计划刚性控制：月度资金计划中各子公司上存于股份公司的资金应严格按照计划指标实施控制。原则上涉及此部分的计划指标，其执行偏差率不得高于10%。执行期内如该计划指标发生变更，应于月度中旬（20日前）报送股份公司资金管理部备案。

（三）年度预算严格掌控：各子公司资金实际发生额要严格按照资金预算指标进行控制。年度资金预算发生变更，应与财务预算同频次办理预算调整审批手续，各子公司按照调整批复后的预算指标对资金收支实施控制；年终，各子公司实际融资规模不得超过融资计划，其他主要预算指标（经营活动产生的资金流出、经营活动产生的资金净流入、资本性资金流出、筹资支出）执行偏差应控制在本单位同期财务预算执行偏差率以内。

（四）根据《中国水利水电建设股份有限公司资金结算管理办法》（中水电股〔2010〕11号）规定，各子公司上存股份公司的资金，按照计划指标可以随时下拨支用。申请下拨的资金原则上应为当日使用资金，不得“拨而不用”形成大量资金下移沉淀，影响资金整体使用效益和效率。

第二十七条　子公司总部对分、子公司、项目部资金预算执行控制：

（一）各子公司应严格审批月度资金计划，月度计划要合理分配并确保年度支出总额不超预算。

（二）各子公司应建立、健全资金使用审批内控制度，明确各管理层级的授权审批权限和资金审批流程，资金使用必须依据合规。特别应加强对大额资金使用和调度的审批监管，未经《“三重一大”实施办法》规定程序审批的大额资金严禁办理使用手续。

（三）各子公司资金管理部门应借助资金信息系统和网上银行平台，按照资金预算（计划）指标对本公司及所属各单位的资金收支进行实时监督、控制；未纳入账户集中监管体系的分、子公司、项目部，原则上应由子公司指定资金管理专员负责资金预算（计划）的监控和资金日常管理。以确保资金预算的有效执行。

（四）子公司应对所属各单位账户资金实施限额控制，限额标准由各子公司根据实际情况进行明确。对于下拨未用资金要及时上收集中，分、子公司、项目部账户不得出现资金大量沉淀现象。

（五）各子公司应加强合同的集中管理，及时办理工程结算，确保结算资金的及时回笼。同时，要加强工程分包及物资采购管理，无合同或合同中对预付条款未予明确规定的，不得预付工程款或采购款；未办理工程结算手续，不得以“暂借款、预付款”等名义支付分包款；未达到合同规定付款条件，不得支付物料采购款。分包结算和物资采购中严禁出现“超结、超付”现象。

第六章　资金预算的调整

第二十八条　年度资金预算一经确定，原则上不宜变动。但遇到业务计划、财务预算发生调整时，子公司应编制资金预算调整方案，按照财务预算调整频次上报股份公司批复。

第二十九条　年度资金预算调整须经子公司预

算管理委员会审定、股份公司资金管理部审核后，随同财务预算调整上报股份公司批复。

第三十条 资金预算调整申请报告中应详细说明调整事由、调整前后资金预算主要项目对比、预算指标比较、调整对预算目标影响、调整后预算责任人变化等。

第七章 资金预算执行分析和考核

第三十一条 各子公司应建立健全预算分析制度，定期召开预算分析会议，研究、解决预算执行中存在的问题，提出改进措施，通报预算执行情况，实时控制预算执行过程，确保预算目标完成。

第三十二条 子公司资金管理部门要定期对本公司预算执行（包括大额资金使用情况）作出分析，按月填报《月度资金计划及执行情况表》及分析说明。子公司本月实际资金支出高于计划、实际收入低于计划的偏差率大于10%，要在报表说明中对预算执行结果进行详实分析，查找预算执行偏差原因，提出改进措施；年度资金预算执行偏差高于年度财务预算执行偏差、未按照规定使用、调度大额资金，股份公司将停止该子公司资金拨付。

第三十三条 股份公司资金管理部对存在预算执行偏差的明细项目进行审核，主要关注子公司资金回笼是否及时、有无违规使用资金等情况。资金管理部根据下属各单位上报的资金计划执行报告，编制股份公司资金预算执行情况报告，分类汇总并分析计划偏离的原因，对存在的问题提出合理化建议和改进措施。

第三十四条 各子公司应于年度末对全年的资金预算工作进行总结，编制上报《年度资金预算分析报告》，全面分析资金预算执行情况，将资金预算分析与经营分析相结合，寻找产生预算偏差的根源，通过预算方式驱动业务收支，实现资金预算良性循环。

第三十五条 股份公司资金管理部根据管理要求，对各单位资金预算上报、执行、分析等情况进行监督、检查，定期对股份公司资金预算整体执行情况进行分析；并对各子公司资金预算执行情况进行通报，对于资金预算编制不认真、报表上报不及时、预算执行偏差大、预算控制不力、大额资金使用不规范的子公司，将要求其进行整改，严重的将给予通报批评。

第三十六条 预算年度终了，股份公司资金管理部对各子公司资金预算管理情况进行考核评价。考核内容主要包括上报时间是否及时、编报内容和格式是否符合规定、编报数据是否真实与准确、资金支出是否按照批准的预算执行、资金预算执行偏差情况、是否定期对预算执行进行详实分析、大额资金使用是否规范等。评价结果作为下一年度预算批复和资金工作考核的重要依据。

第三十七条 各子公司应加强对其下级分、子公司、项目部的资金预算执行的监督检查，及时发现预算管理中存在的问题，提出改进意见和建议，保证资金预算目标的逐级落实。

第八章 附 则

第三十八条 本办法解释权归股份公司资金管理部。

第三十九条 本办法自下发之日起执行。

附件：1. 年度资金预算表（略）

2. 年度融资计划表（略）

3. 月度资金计划及执行情况表（略）

经 营 管 理

中国水利水电建设股份有限公司
经营计划管理办法

（中水电股经〔2011〕20号·2011年11月7日）

第一章 总 则

第一条 为贯彻中国水利水电建设股份有限公司（以下简称股份公司）发展战略，加强股份公司经营计划的管理，促进股份公司持续健康平稳发展，特制定本办法。

第二条 年度经营计划是加强资源宏观管理、保障企业持续有效发展、实现发展战略规划的重要管理措施，是保证股份公司经营管理有序、效益稳步提高的重要手段，也是考核各级经营者的重要依据。

第三条 本办法适用范围为股份公司及其全资子公司、控股子公司。

第二章 组织和职责

第四条 股份公司建立经营计划编制和监控体系、汇报体系，通过规范年度经营计划的编制、批准、执行、总结及考核的管理过程，保障股份公司年度经营计划目标的实现。

第五条 股份公司总经理办公会负责审批年度经营计划，并检查年度经营计划的执行结果。

第六条 主管经营计划的副总经理负责审核年度经营计划和年度经营计划执行的分析报告，并负责向总经理办公会提交需要审议的年度经营计划和年度经营计划执行分析报告。

第七条 股份公司市场经营部是年度经营计划编制的组织部门，负责组织各子公司编制年度经营计划，负责编制股份公司的年度经营计划。

第八条 股份公司基础设施事业部、铁路事业部、海外事业部、房地产事业部负责编制本业务板块的年度经营计划。

第九条 股份公司市场经营部是年度经营计划执行管理部门，负责监督检查各子公司年度经营计划的执行情况，并负责根据股份公司《经营活动分析工作指导意见》编制经营计划执行分析季度和年度报告，即经营活动分析报告，各业务部门参与经营计划执行分析报告的编制。

第十条 各子公司执行董事/董事长是本单位年度经营计划的负责人。各子公司年度经营计划经本单位业务负责人审核后，报股份公司市场经营部。各子公司负责人组织实施经股份公司批准的年度经营计划。

第三章 依据、原则与范围

第十一条 年度经营计划的编制依据：

（一）上级单位对股份公司的考核要求；

（二）股份公司五年发展规划和三年滚动发展规划的要求；

（三）股份公司健康持续发展的要求。

第十二条 年度经营计划的编制原则：

（一）坚持以科学发展观为统领、以经济效益为中心的原则；

（二）坚持以市场为导向、以市场开拓为第一要务的原则；

（三）坚持科学、合理、可行和积极稳妥的实事求是原则。

第十三条 年度经营计划的编制范围：

（一）年度经营计划包括生产经营计划和市场营销计划，分为股份公司及各子公司两级，按照“统一计划、分级管理”的原则，进行调控和管理。

（二）年度生产经营计划包括在建工程项目及当年新签合同预计完成值，按国内水利水电工程、国内基础设施工程、国际业务及其他业务分类。

（三）年度市场营销计划，按国内水利水电工程、国内基础设施工程、国际业分类。

第四章 计划编制

第十四条 计划期。

计划期指年度经营计划编制所覆盖的经营期间和经营计划的实际执行期。计划期为每年的1月1日至12月31日。

第十五条 年度经营计划的编制过程包括：各子公司年度经营计划报审，年度经营计划草案的编制，年度经营计划的审核、确定。

第十六条 各子公司年度经营计划的报审。

（一）每年12月10日前，各子公司应将本单位的下年度经营计划报股份公司审批。

（二）各子公司年度经营计划的内容包括：生产经营计划表；市场营销计划表；年度经营计划报告，含经营计划编制说明、上年经营计划的预计执行情况及分析、市场形势分析、主要计划指标（营业收入、新签合同，并按业务板块分类）的计划值。

（三）各子公司年度经营计划的报审方式：

1. 生产经营计划表通过市场经营管理系统—经营管理子系统—经营计划管理模块报市场经营部。

2. 市场营销计划表通过市场经营管理系统—市场营销子系统—营销计划管理模块报市场经营部。

3. 年度经营计划报告通过股份公司OA系统报股份公司市场经营部。

第十七条 编制股份公司年度经营计划草案。

（一）根据股份公司五年发展规划、市场形势及各子公司报送的经营计划：

1. 市场经营部编制国内水电业务生产经营计划和市场营销计划草案；

2. 基础设施事业部编制国内基础设施业务生产经营计划和市场营销计划草案；

3. 铁路事业部编制铁路业务生产经营计划和市场营销计划草案；

4. 海外事业部编制国际业务的生产经营计划和市场营销计划草案；

5. 房地产事业部编制房地产业务生产经营计划和市场营销计划草案。

（二）各业务部门在每年的12月20日前将各业务年度经营计划报市场经营部，市场经营部在12月25日前完成各部门的经营计划草案的汇集。

第十八条 审核年度经营计划草案。

市场经营部汇集各部门经营计划草案后，提交总经理办公会审核年度经营计划草案。具体审核生产经营计划与市场营销计划的协调性、可行性。审核通过后，提交董事会审批；审核不通过，由市场经营部反馈各业务部门修订经营计划草案后，再提交审核、审批。

第十九条 编制经营计划的要求。

年度经营计划目标的确定是股份公司上下结合过程中产生的，对年度经营计划目标的确定应按照挑战性与现实性相结合的原则来进行。股份公司总体经营计划目标和各子公司的分解目标都应有充分的支持理由和依据。

第五章 审核与发布

第二十条 计划年度1月15日前，股份公司董事会审议、批准由总经理办公会议审核的、市场经营部组织编制的股份公司年度经营计划。

第二十一条 年度经营计划审议。

股份公司董事会审议总经理办公会提交的年度经营计划，审查经营计划的整体协调性，并对是否修改和修改的意图作出具体的指示。

第二十二条 年度经营计划修改。

根据董事会提出的修改意见，市场经营部修改、完善年度经营计划，再次报董事会审批。

第二十三条 年度经营计划批准。

由股份公司董事会批准年度经营计划。

第二十四条 年度经营计划的发布。

根据股份公司董事会批准的股份公司年度经营计划，市场经营部通过市场经营管理系统发布各子公司生产经营计划和市场营销计划。

第六章 执行与调整

第二十五条 下达年度计划。

股份公司发布的年度经营计划作为各子公司经营责任考核的主要内容之一。经股份公司董事会批准的年度计划发布后，股份公司依据《子公司负责人年度业绩考核办法》（中水电股财〔2011〕53号）与各子公司签订经营责任书，并在经营责任书中明确有关经营计划的考核指标。

第二十六条 股份公司年度经营目标一经确定，必须严格执行，各子公司须按照最终确定的目标确定本单位的经营计划。

第二十七条 调整年度经营计划。

（一）确因客观因素影响需要调整股份公司年度经营计划，必须向总经理办公会提出申请说明原因，经股份公司董事会讨论通过后才能执行。

（二）确因客观因素影响需要调整子公司年度经营计划，必须由相应子企业执行董事/董事长向股份公司提出申请并说明原因，经总经理办公会讨论通过后才能执行。

（三）调整年度经营计划一律以书面批复为准，在未接书面批复以前，一律按原计划执行。

第七章 分析与考核

第二十八条 股份公司建立以季度为周期的经营活动分析制度。有关经营计划指标的完成情况分析列入《经营活动分析报告》。

第二十九条 年度经营计划指标的完成情况考核，应根据股份公司与各子公司签订的经营责任书进行考核。

第八章 附 则

第三十条 股份公司市场经营管理系统网址：http：//scjy.sinohydro.com。

第三十一条 本办法由股份公司负责解释说明。

第三十二条 各子公司应根据本办法，修订完善本公司的经营计划管理制度。

第三十三条 本办法自发布之日起执行。

安　全　管　理

中国水利水电建设股份有限公司安全生产管理制度

（中水电股安〔2011〕7号·2011年4月28日）

总　　则

一、为进一步加强股份公司安全生产工作，规范安全生产管理，依据国家有关法律法规，结合股份公司生产经营特点，对原集团公司安全生产管理规章制度进行了修订，形成了《中国水利水电建设股份有限公司安全生产管理制度》（以下简称《管理制度》）。

二、《管理制度》包括25个管理办法，针对股份公司安全机构设置、检查考核、教育培训、事故管理、档案管理以及各级管理人员的安全责任等作出了明确规定。同时，对特种设备安全管理、重大危险（源）因素、消防、民用爆炸物品、安全技术等制定了专门的管理办法。

三、《管理制度》中，"各单位"是指股份公司所属全资和控股公司；"二级单位"是指"各单位"所属或直管的分局（工程处）、施工局（项目部、联营体）以及所属的全资和控股公司；"项目部"是指各"二级单位"所属或直管的项目部。

四、《管理制度》适用于股份公司总部、所属各单位及其二级单位、项目部。

五、股份公司的安全生产方针："安全第一、预防为主、综合治理"。

六、股份公司安全管理目标：规范管理，持续改进；杜绝较大及以上事故，逐步消灭一般事故，建设本质安全企业。

七、股份公司在安全生产管理工作中，坚持以人为本，珍爱生命，安全发展的理念，坚持"技术可能、经济可行、风险可控、管控可及"的原则，坚决反对在安全生产不受控条件下的赶工抢工，坚决反对在安全生产不受控条件下的产值规模扩张；坚决反对企业减少必要安全投入形成的非正常业绩利润。

八、股份公司实行安全生产岗位责任制度，坚持谁在岗谁负责、谁主管谁负责的原则；坚持责任明确，分工负责，齐抓共管的原则；坚持分级管理，各负其责，自上而下逐级监管的原则。

九、各单位在贯彻落实《管理制度》的同时，应根据各自的生产经营特点，制定实施细则，完善本单位安全生产规章制度。

十、各单位要在认真贯彻OSHMS18000职业安全健康管理体系标准的同时，积极研究和引进其他先进的安全生产管理思想和工作方法，不断提高员工的安全生产意识，不断提高企业的安全生产管理水平，实现安全生产管理标准化、规范化、制度化。

十一、海外业务安全生产管理工作应遵守项目所在国法律法规，按照"不低于股份公司国内安全生产管理标准"原则开展管理工作。

十二、本《管理制度》由股份公司安全生产委员会负责解释。

十三、本《管理制度》以股份公司正式文件发布，自发布之日起执行，原《中国水利水电建设集团公司安全规章制度》（2006版）同时废止。

安全生产责任制度

第一章　总　　则

第一条　为加强安全生产管理，明确安全生产责任，结合股份公司生产经营实际，制定本制度。

第二条　股份公司实行安全生产岗位责任制度，依据谁主管谁负责的原则，依据责任明确、落实到人、分工负责、齐抓共管的原则，依据分级管理、各负其责、逐级监督管理的原则，依据"一岗双责"

的原则，开展安全管理工作。

第三条 股份公司通过《安全生产责任书》明确安全目标，督促各单位、各岗位落实安全生产责任。

第四条 股份公司及所属各公司法人代表是本单位安全生产第一责任人，对本单位安全生产工作负全面领导责任。领导班子其他成员对分管工作范围内的安全生产负领导责任。

第五条 股份公司全体员工应以建设本质安全企业为目标，坚持“以人为本、安全第一”的原则，相互支持，密切配合，全面履行岗位安全生产责任。

第二章 岗位安全职责

第六条 法定代表人安全生产职责。

（一）法人代表是股份公司安全生产第一责任人，对股份公司安全生产和职业健康工作负全面领导责任。

（二）坚持“安全第一、预防为主、综合治理”的工作方针，把安全生产工作列入重要议事日程。

（三）主持召开股份公司安全生产委员会会议，研究解决安全生产重大事项。

（四）批准股份公司关于安全生产工作的重大决定、安全投入资金和管理制度文件。

第七条 总经理安全生产职责。

（一）在董事会领导下，全面负责股份公司安全生产工作。

（二）主持股份公司安全生产工作会议，组织制订并实施股份公司安全生产和职业健康工作计划，协调解决安全生产中重大问题。

（三）负责建立、健全股份公司安全生产责任制度。

（四）组织制定股份公司安全生产规章制度和操作规程。

（五）保证股份公司安全生产投入的有效实施。

（六）督促开展安全生产检查，及时消除生产安全事故隐患。

（七）组织制定股份公司生产安全事故应急救援预案。

（八）及时、如实报告安全事故。

第八条 党委书记安全生产职责。

（一）监督股份公司各级领导干部贯彻落实安全生产方针政策。

（二）按照“以人为本，安全发展”的理念，指导股份公司干部选聘工作，把安全生产管理业绩作为重要条件之一。

（三）指导各级党组织在安全生产中发挥监督保证作用，督促、教育全体党员模范执行安全生产规章制度，指导工会、团委开展群众性的安全生产活动。

（四）指导企业安全文化建设和安全宣传教育活动。

第九条 分管安全生产副总经理安全生产职责。

（一）协助总经理开展安全生产工作，具体负责股份公司安全生产工作。

（二）根据国家法律法规、国家部委有关安全生产工作指示精神，结合生产经营实际，组织制订、实施安全生产工作计划。

（三）主持股份公司有关安全生产会议，听取安全监督管理部门的工作汇报，解决安全生产工作中存在的问题。

（四）组织安全生产检查和安全事故调查。

（五）以建设本质安全企业为目标，组织开展安全管理创新和安全技术创新。

第十条 分管其他工作的副总经理按照股份公司“一岗双责”的原则，在开展分管范围内工作的同时，做好安全生产工作，对分管工作范围内的安全工作负直接领导责任。

第十一条 党委副书记（纪委书记）安全生产职责。

协助党委书记做好安全生产调研、指导、教育、检查整改、落实工作。

第十二条 总会计师安全生产职责。

（一）指导各级财务部门按规定提取安全生产投入费用和统计工作。

（二）审核安全生产投入计划，保证安全生产资金需要。

第十三条 总工程师安全生产职责。

（一）协助分管安全的副总经理开展安全技术管理工作。

（二）协助分管安全的副总经理组织安全技术规程、操作规程的修编工作。

（三）负责组织有关安全科技和职业危害问题的课题研究。

（四）负责安全技术管理体系建设。

第十四条 总经济师安全生产职责。

协助总经理分析经营管理活动的安全生产因素，并为生产安全开展经济分析，按照工作分工，履行其他安全生产管理职责。

第十五条 工会主席安全生产职责。

（一）监督企业贯彻执行国家安全生产、劳动保护的方针、政策、法规。

（二）组织各级工会开展和参与安全生产、劳动保护管理制度的制定和过程检查。

（三）组织总结、交流安全生产及劳动保护工作的经验。

第十六条 其他高级管理人员及副总工程师、副总会计师、副总经济师按照工作分工，履行本岗位的安全生产管理责任。

第三章 职能部门安全职责

第十七条 董事会办公室安全生产职责。

（一）负责督促、检查股份公司股东大会和董事会决议中有关安全生产工作的贯彻执行。

（二）负责股份公司安全生产信息的对外披露。

第十八条 总经理工作部安全生产职责。

（一）负责总部公务车辆的交通安全管理。

（二）负责总部办公区域消防安全和设备设施安全工作。

（三）协助安排安全生产会议。

第十九条 党委工作部安全生产职责。

（一）组织企业安全文化建设工作。

（二）组织党、工、团组织开展安全生产宣传工作。

（三）开展党工团安全生产主题活动。

第二十条 人力资源部安全生产职责。

（一）在干部推荐、选聘、考核时，把安全生产管理业绩作为重要条件之一，不推荐安全生产工作不称职的人员到领导岗位。

（二）负责安全生产管理人员的队伍建设。

（三）负责办理总部员工的工伤保险。

第二十一条 财务产权部安全生产职责。

（一）保证安全生产和劳动保护费用的支出，并监督使用。

（二）建立安全生产专项费用账户。

（三）负责安全生产投入费用统计管理。

（四）负责安全事故罚款的收缴和管理。

第二十二条 工程科技部（环保部）安全生产职责。

（一）指导开展安全技术创新工作。

（二）组织开展安全技术的研发、引进推广工作。

（三）负责编制安全技术规范、标准的计划。

第二十三条 投资部安全生产职责。

（一）组织投资项目的安全可研和安全评估。

（二）负责督促项目建设单位按照安全评估意见开展安全工作。

第二十四条 市场经营部安全生产职责。

（一）督促各公司在投标报价中的安全生产费用满足需要。

（二）督促各公司审查分包单位的安全资质，对于使用不合格分包商的按有关规定处罚。

第二十五条 企业发展部安全生产职责。

在制订企业发展规划时，将安全生产规划作为重要内容之一。

第二十六条 资金管理部安全生产职责。

监督各公司及时支付安全生产的各项费用。

第二十七条 设备物资部安全生产职责。

（一）指导设备安全管理工作。

（二）定期开展设备专项安全检查。

（三）采购符合安全标准的设备、物资。

（四）指导各公司对出租、承租设备的安全管理。

第二十八条 审计部安全生产职责。

审计过程中，审计安全生产专项费用的使用情况。

第二十九条 监察（纪检）部安全生产职责。

（一）组织开展安全生产效能监察。

（二）参与较大及以上安全生产事故调查处理。

第三十条 法律事务部安全生产职责。

负责安全生产管理工作方面的法律事务。

第三十一条 信息中心安全生产职责。

负责安全生产监督管理信息系统的建设、运维和技术保障工作。

第三十二条 史志办公室安全生产职责。

通过公司《年鉴》，负责记载上一年度股份公司安全生产情况。

第三十三条 海外事业部安全生产职责。

（一）监督、指导股份公司海外业务安全生产工作。

（二）贯彻落实股份公司有关安全生产规章制度。

（三）负责制定海外业务安全生产规章制度。

（四）培训国际工程安全生产管理人员。

（五）负责组织对海外项目的安全生产检查、考核。

（六）组织海外业务的安全生产应急救援工作。

（七）及时报告海外业务安全生产事故。

第三十四条 基础设施事业部安全生产职责。

（一）监督、指导股份公司基础设施业务安全生产工作。

（二）贯彻落实股份公司有关安全生产规章制度。

（三）负责制定基础设施业务安全生产规章制度。

（四）培训基础设施业务安全生产管理人员。

（五）负责组织对基础设施项目的安全生产检查、考核。

第三十五条 房地产事业部安全生产职责。

（一）监督、指导股份公司房地产业务安全生产工作。

（二）贯彻落实股份公司有关安全生产规章制度。

（三）负责制定房地产业务安全生产规章制度。

（四）培训房地产业务安全生产管理人员。

（五）负责组织对房地产项目的安全生产检查、考核。

第三十六条 铁路事业部安全生产职责。

（一）监督、指导股份公司铁路业务安全生产工作。

（二）贯彻落实股份公司有关安全生产规章制度。

（三）负责制定铁路业务安全生产规章制度。

（四）培训铁路业务安全生产管理人员。

（五）负责组织对铁路项目的安全生产检查、考核。

第四章 安全生产委员会及安全监督管理机构职责

第三十七条 安全生产委员会职责。

（一）贯彻落实国家有关法律、法规、方针、政策。

（二）审定股份公司安全生产发展规划和管理目标。

（三）定期召开会议，分析安全生产形势，研究有关安全生产重大事项。

（四）研究安全生产事故处理决定。

（五）表彰安全生产先进单位和个人。

第三十八条 安全生产监督管理部（安委会办公室）职责。

（一）负责股份公司安全生产监督管理工作和安委会日常工作。

（二）贯彻落实股份公司安全生产规章制度。

（三）监督、指导各公司安全教育培训工作。

（四）开展安全生产督查，督促整改重大安全隐患。

（五）组织实施安全生产检查、考核。

（六）组织或参与安全生产事故调查，及时、如实报告安全生产事故情况。

（七）负责组织股份公司安全生产会议及安全活动。

（八）负责安全生产应急救援管理工作。

第五章 各单位安全生产职责

第三十九条 股份公司所属子公司、控股公司是安全生产的责任主体。在股份公司统一领导下，依据分级管理、各负其责、自上而下逐级监督管理的原则，建立健全本单位安全生产责任制度，明确本单位领导班子成员、各部门、各二级单位和项目部的安全生产责任。

第四十条 各单位通过建立健全本单位安全生产责任制度，把股份公司安全生产责任体系扩展到每个项目、每个部位，延伸到每个班组、每位员工。在股份公司系统内，构建责任明确、层次清晰、衔接顺畅的安全生产责任体系。

安全事故隐患排查治理管理办法

第一章 总 则

第一条 为建立安全生产事故隐患排查治理长效机制，强化安全生产主体责任，及时消除事故隐患，防止和减少事故，保障员工生命财产安全，制定本办法。

第二条 本办法所称安全生产事故隐患（以下简称事故隐患），是指生产经营单位违反安全生产法律、法规、规章、标准、规程和安全生产管理制度的规定，或者因其他因素在生产经营活动中存在可能导致事故发生的物的危险状态、人的不安全行为和管理上的缺陷。

事故隐患分为一般事故隐患和重大事故隐患。

一般事故隐患，是指危害和整改难度较小，发现后能够立即整改排除的隐患。

重大事故隐患，是指危害和整改难度较大，应当全部或者局部停产停业，并经过一定时间整改治理方能排除的隐患，或者因外部因素影响致使生产经营单位自身难以排除的隐患。

第三条 各单位主要负责人对本单位事故隐患排查治理工作负全面领导责任；各级安全监督管理部门对事故隐患排查治理工作实施监督管理。

第二章 排 查 治 理

第四条 各单位是事故隐患排查、治理和防控的责任主体，应当建立健全事故隐患排查治理和建档监控等制度，逐级建立并落实从主要负责人到每个从业人员的隐患排查治理和监控责任制，同时应当保证事故隐患排查治理所需的资源。

第五条 各项目部每月至少组织一次安全生产管理人员、工程技术人员和其他相关人员参加的事故隐患排查。对排查出的事故隐患，应当按照事故隐患的等级进行登记、建档，并按照职责分工实施监控治理。

第六条 一般事故隐患应立即整改。重大事故隐患，由单位主要负责人组织制订事故隐患治理方案并实施。重大事故隐患治理方案应当包括以下内容：

（一）治理的目标和任务；

（二）采取的方法和措施；

（三）经费和物资的落实；

（四）负责治理的机构和人员；

（五）治理的时限和要求；

（六）安全措施和应急预案。

第七条 事故隐患实行分级监控治理。可能引起一般安全生产事故的隐患由项目部监控治理；可能引起较大安全生产事故的重大隐患由各公司或其指定单位组织监控治理；可能引起重大及以上安全生产事故的重大隐患，由股份公司监督，各公司组织实施监控治理。

第八条 各单位将生产经营项目、场所、设备发包、出租的，应当与承包、承租单位签订安全生产管理协议，并在协议中明确各方对事故隐患排查、治理和防控的管理职责。各单位对承包、承租单位的事故隐患排查治理负有统一协调和监督管理的职责。

第九条 各单位在事故隐患治理过程中，应当采取相应的安全防范措施，防止事故发生。事故隐患排除前或者排除过程中无法保证安全的，应当从危险区域内撤出作业人员，并疏散可能危及的其他人员，设置警戒标志，暂时停产停业或者停止使用；对暂时难以停产或者停止使用的相关生产储存装置、设施、设备，应当加强维护和保养，防止事故发生。

第十条 各单位应当加强对自然灾害的预防。对于因自然灾害可能导致事故灾难的隐患，应当按照有关法律、法规、标准排查治理，采取可靠的预防措施，制定应急预案。在接到有关自然灾害预报时，应当及时向下属单位发出预警通知；发生自然灾害可能危及生产经营单位和人员安全的情况时，应当采取撤离人员、停止作业、加强监测等安全措施，并及时向股份公司和当地政府有关部门报告。

第十一条 各单位应当鼓励、发动职工发现和排除事故隐患。对发现、排除和举报事故隐患的有功人员，应当给予物质奖励和表彰。

第十二条 各单位应当每季、每年对本单位事故隐患排查治理情况进行统计分析，并分别于下一季度15日前和下一年1月15日前填报在安全生产信息系统相应栏目里。对于应由股份公司监控的重大隐患同时报送隐患登记表。

安全事故和违规行为处罚办法

第一章 总 则

第一条 为认真贯彻“安全第一、预防为主、综合治理”的安全生产方针，落实安全生产责任制，惩处安全生产违规行为，保障员工生命和国家财产安全，制定本办法。

第二条 本办法依据《安全生产法》、《安全生产事故报告和调查处理条例》、《建设工程安全生产管理条例》等法律法规和股份公司《领导人员违纪违规行为纪律处分暂行规定》制定。

第三条 对安全事故、违规行为责任人处罚时，坚持实事求是、依法依规原则，以岗位职责为标准，以事故责任为依据，杜绝无责株连。

第四条 本办法适用于股份公司总部、各单位及其二级单位、项目部。

第五条 安全事故、违规行为处罚的职责划分：发生违规行为和一般事故时，由责任单位依据有关制度处理；发生较大及以上安全事故时，由股份公司处理。

第二章 纪律处分 组织处理

第六条 发生下列违规行为时，无论是否造成事故，都应对违规行为人和责任单位负责人按有关规定给予处罚。处罚办法由各单位制定。

（一）违章指挥、违章作业、违反劳动纪律；

（二）无证上岗；

（三）设备“带病”运行、违规运行；

（四）安全防护设施失效、警示标志缺损；

（五）安全技术措施不交底、不落实或存在明显缺陷；

（六）不正确履行安全生产职责；

（七）其他危及安全生产的行为。

第七条 发生安全生产责任事故时，根据事故等级对事故责任人和事故单位主要负责人处罚。

（一）轻伤、重伤责任事故。

对轻伤、重伤责任事故责任人和责任单位主要负责人的处分，由各单位制定具体处分细则并实施。

（二）一般责任事故。

发生一般责任事故，对项目部主要负责人给予记过、记大过处分；对二级单位主要负责人给予警告、记过处分。

年内发生两起一般责任事故，对项目部主要负责人给予记大过、降级（职）处分；对二级单位主要负责人给予记过、记大过处分。

年内发生三起以上、或者发生一起责任关系重大、造成重大影响的一般责任事故，对项目部主要负责人给予降级（职）、撤职处分或免除职务的组织处理；对二级单位主要负责人给予记大过、降级（职）处分或免除职务的组织处理；对单位主要负责人给予记过、记大过、降级（职）处分。

（三）较大责任事故。

发生一起较大责任事故，对项目部主要负责人给予记大过、降级（职）处分或免除职务的组织处理；对二级单位主要负责人给予记过、记大过、降级（职）处分；对单位主要负责人给予警告、记过、记大过处分。

年内发生两起较大责任事故，对项目部主要负责人给予撤职处分；对二级单位主要负责人给予记大过、降级（职）处分或免除职务的组织处理；对单位主要负责人给予记大过、降级（职）处分。

年内发生三起以上、或者发生一起责任关系重大、造成重大影响的较大责任事故，对项目部、二级单位主要负责人给予撤职处分；对单位主要负责人给予降级（职）或免除职务的组织处理。

（四）重大及以上责任事故。

发生重大及以上责任事故，对项目部主要负责人给予撤职处分；对二级单位主要负责人给予降级（职）、撤职处分；对单位主要负责人按照《国务院关于进一步加强企业安全生产工作的通知》（国发〔2010〕23号）的要求进行责任追究和职业准入。

第八条 发生其他安全事故（主要包括负有主要责任的场外交通事故、分包商发生的安全责任事故、负有主要管理责任的自然灾害等，下同）时，对事故责任人和责任单位主要负责人追究责任。

（一）负有主要责任的场外交通事故。

发生负有主要责任的一般场外交通事故，对项目部主要负责人给予警告、记过处分。

发生负有主要责任的较大场外交通事故，对项目部主要负责人给予记过、记大过处分；对二级单位主要负责人给予警告、记过处分。责任关系重大或造成重大影响的，对项目部主要负责人给予记大过、降级（职）处分或免除职务的组织处理；对二级单位主要负责人应给予记过、记大过、降级（职）或免除职务的组织处理；对单位主要负责人给予记过、记大过处分。

发生负有主要责任的重大以上场外交通事故，对项目部主要负责人给予降级（职）、撤职处分；对二级单位主要负责人给予记大过、降级（职）或免除职务的组织处理；对单位主要负责人给予记过、记大过、降级（职）处分。责任关系重大或造成重大影响的，对项目部、二级单位的主要负责人给予撤职处分或免除职务的组织处理；对单位主要负责人给予降级（职）处分或免除职务的组织处理。

（二）承担管理责任的分包商安全责任事故。

分包商发生较大安全责任事故，对项目部主要负责人给予记过、记大过处分；对二级单位主要负责人给予警告、记过处分。

年内分包商发生两起以上、或者发生一起责任关系重大、造成重大影响的较大安全责任事故，对项目部主要负责人给予降级（职）处分或免除职务的组织处理；对二级单位主要负责人给予记大过、降级（职）处分或免除职务的组织处理；对单位主要负责人给予记过、记大过处分。

分包商发生重大安全责任事故，对项目部主要负责人给予撤职处分或免除职务的组织处理；对二级单位主要负责人给予降级（职）处分或免除职务的组织处理；对单位主要负责人给予记过、记大过处分。责任关系重大或造成重大影响的，对项目部主要负责人给予撤职处分；对二级单位主要负责人给予降级（职）、撤职处分或免除职务的组织处理；对企业主要负责人给予记大过、降级（职）处分或免除职务的组织处理。

分包商发生特大安全责任事故，对项目部主要负责人给予降级（职）、撤职处分；对二级单位的主要负责人给予降级（职）处分或免除职务的组织处理；对单位主要负责人给予记大过、降级（职）处分或免除职务的组织处理。责任关系重大或造成重大影响的，给予撤职处分。

（三）负有主要管理责任的自然灾害。

发生自然灾害，因应急管理体系不完善、应急救援措施不力、危险因素监控与防范措施不到位等原因导致人员伤亡和财产损失的：

造成较大事故，对项目部主要负责人给予记过处分。情节特别严重的，对项目部主要负责人给予记大过、降级（职）处分或免除职务的组织处理；对二级单位主要负责人给予记过、记大过处分。

造成重大事故，对项目部主要负责人给予记大过、降级（职）处分；对二级单位主要负责人给予记过、记大过处分。情节特别严重的，对项目部主要负责人给予降级（职）、撤职处分或免除职务的组织处理；对二级单位主要负责人给予记大过、降级（职）处分或免除职务的组织处理；对单位主要负责人给予记过、记大过处分。

造成特别重大事故，对项目部主要负责人给予降级（职）、撤职处分；对二级单位的主要负责人给予降级（职）处分或免除职务的组织处理；对单位主要负责人给予记大过、降级（职）处分。情节特别严重的，对项目部主要负责人给予撤职处分；对二级单位的主要负责人给予撤职处分或免除职务的组织处理；对单位主要负责人给予降级（职）处分或免除职务的组织处理。

第九条　发生未遂事故，未按照“四不放过”原则进行处理的，对项目部主要负责人给予警告、记过处分。

第十条　因失职、渎职或强令冒险作业造成较大以上事故的，依据第七条、第八条的规定从重处罚。

第十一条　事故发生后，故意瞒报、谎报、迟报的；故意破坏现场、提供伪证、阻碍调查、拒绝提供相关资料的，对有关责任人给予记大过、降级（职）、撤职处分或免除职务的组织处理；如果是由领导授意的，对授意人给予降级（职）、撤职处分或免除职务的组织处理。

第三章　经 济 处 罚

第十二条　发生安全事故时，对事故单位的各级领导班子成员、主要负责人员，给予经济处罚。对科队、班组、二级单位、项目部领导班子成员的经济处罚，由各单位制定处罚细则并实施，但不应低于本办法规定的标准。

第十三条　安全生产责任事故。

（一）发生一般责任事故，对单位班子成员处以3000元的经济处罚。

（二）较大责任事故，每发生一起对单位班子成员处以5000～10000元的经济处罚。

（三）重大责任事故，每发生一起对单位班子成员处以16000元的经济处罚。

（四）特别重大责任事故，每发生一起对单位班子成员处以32000元的经济处罚。

第十四条　其他安全事故。

对造成重大影响的负有主要责任的场外交通事故、分包商发生的安全责任事故、负有主要管理责任的自然灾害、意外事故，视情节轻重，给予事故单位的领导班子成员给予4000～16000元的经济处罚。

第十五条　对安全事故相关责任人和违规行为人的经济处罚，由各单位制定处罚细则并实施。相关责任人和违规行为人涉及项目部、二级单位或各单位领导班子成员的，不得因上述对领导班子成员的扣罚年薪而减免经济处罚。

第十六条　对事故单位的经济处罚。

（一）安全生产事故：

每发生一起较大责任事故，对事故单位处以30万～50万元的经济处罚；

每发生一起重大责任事故，对事故单位处以50万～80万元的经济处罚；

每发生一起特别重大责任事故，对事故单位处以80万～100万元的经济处罚。

（二）对发生负有主要责任的场外交通事故、负有主要管理责任的自然灾害、负主要管理责任的分包商安全责任事故单位的经济处罚：

每发生一起较大事故，对事故单位处以15万～20万元的经济处罚；

每发生一起重大事故，对事故单位处以30万～40万元的经济处罚；

每发生一起特大事故，对事故单位处以50万～60万元的经济处罚。

（三）事故发生后，故意隐瞒不报、谎报、迟报的，故意破坏现场、提供伪证、阻碍调查的，对事故单位处以20万～60万元的经济处罚。

第四章　附　　则

第十七条　本办法中的事故按照股份公司《安全生产事故管理办法》分类。

第十八条　本办法所指场外交通事故是指从事与生产经营活动或单位安排有关的工作时，发生的场外交通事故。

第十九条　本办法规定的纪律处分、组织处理和经济处罚只针对各级单位主要负责人和领导班子成员，对其他有关责任人，根据其应承担的责任，给予相应的纪律处分、组织处理和经济处罚。

第二十条 “未遂事故”是指已发生，但未造成财产损失和人员伤亡的事件。

第二十一条 依据本规定进行处罚时，由股份公司安全生产监督管理部会同监察部、人事部、工会提出具体处理意见，经股份公司安委会讨论审定并由股份公司决定执行，各职能部门根据职责分工具体落实。

第二十二条 对各单位及其领导班子成员的经济处罚，由各单位在处罚决定下达后30日内上缴股份公司。对二级单位、项目部及其他有关责任人的纪律处分和经济处罚，由各单位负责落实。

第二十三条 本办法所有罚款，按管理权限全部纳入各级安全生产专项基金统一管理和使用。

安全生产考核管理办法

第一章 总 则

第一条 为规范股份公司安全生产考核管理工作，依据国家有关安全生产法律、法规，制定本办法。

第二条 安全生产考核工作在股份公司业绩考核管理委员会的统一领导下，由安全生产监督管理部负责组织实施。

第三条 本办法中非主要责任指承担管理、次要和一定责任；自然灾害事故等级参照国务院493号令中安全生产事故等级划分。

第二章 考核评价

第四条 股份公司安全生产考核根据各公司经营领域不同采用不同的考核评分体系，并实行责任事故一票否决。

（一）主业为建筑施工的发生以下事故连续2年不得评选安全生产先进企业：

承担主要责任的较大及以上生产安全事故；承担主要责任的一般生产安全事故超过控制指标。

承担非主要责任的重大及以上生产安全事故或较大生产安全事故超过2起。

瞒报、谎报、漏报安全事故或发生其他造成重大影响的事故。

（二）主业为非建筑施工的发生以下事故连续2年不得评选安全生产先进企业：

承担主要责任的一般生产安全死亡事故。

安全生产重伤事故超过2人次（设备制造类超过3人次）。

承担非主要责任较大及以上生产安全事故。

瞒报、谎报、漏报安全事故或发生其他造成重大影响的事故。

第五条 安全生产考核评价采取考核评分制。

（一）主业为建筑施工的公司本部使用附表2，项目部使用附表3，标准分均为200分。

（二）电力生产、设备制造类使用附表4，标准分为200分。

（三）投资建设（含有生产运营任务）、商贸类使用附表5，其项目公司使用附表6，标准分均为200分。

（四）其他公司按照当年业务情况选定使用附表2或附表5，标准分均为200分。

（五）最终考核得分由管理和事故控制两部分得分组成。管理部分得分按照公司本部20%、项目部80%的权重计入；事故控制得分按照公司事故控制部分考核得分直接计入公司总分。

第六条 评分表采用单表设基准分，单项不设基准分，单表基准分减去单项所扣分即为本表得分，单表不得负分。

第七条 安全事故归属划分原则。

（一）分包单位发生的安全事故，按事故责任划分。事故主要责任是发包单位的计入发包单位；事故主要责任是分包单位的计入分包单位。

（二）联营体发生的安全事故，按联营体的属性划分。属于紧密性联营体的，按联营份额比例计入相应的母体单位；属于松散型联营体的，计入发生事故的联营成员所在的母体单位。

（三）临时用工发生的安全事故，以劳务合同为依据，计入用人单位。

第八条 国际项目发生的安全事故考核参照国内标准执行。

第九条 股份公司鼓励各单位积极参加国家及地方政府组织的安全生产活动。对在国家级安全生产活动中为股份公司争得荣誉、在安全科技或管理创新等方面获得省部级及以上奖励、在股份公司每年推行的安全生产领域重点工作中做出突出成绩的，经股份公司认定，每项可总分中加1～2分，但加分之和不得超过6分。

第三章 考核评优

第十条 股份公司每年开展安全生产先进企业、安全生产先进项目部、安全生产优秀项目经理、安全生产先进个人的评选活动。被评为安全生产先进企业、安全生产先进项目部、安全生产优秀项目经理、安全生产先进个人的，由股份公司给予表彰，授予荣誉称号，各公司依据本单位有关规定给予奖励。

第十一条 安全生产先进企业分A、B两类进行评选（企业分类见附件），当选数量不超过各自类别企业数量的30%。

第十二条 安全生产先进项目部、安全生产优秀项目经理、安全生产先进个人由各公司推荐，股份公司审定。

（一）安全生产先进项目部必须满足以下条件：

项目部全面完成安全生产责任书规定的安全生产目标和事故控制指标；年度考评结果不低于180分。

（二）安全生产优秀项目经理必须满足以下条件：

所在项目部本年度被股份公司评为安全生产先进项目部；本人在该项目任职超过1年；本人近3年内没有安全生产管理的不良记录。

（三）安全生产先进个人必须满足以下条件：

认真贯彻落实国家、股份公司有关安全生产方针政策和指示精神，坚持原则、钻研业务、爱岗敬业、业绩突出，在安全管理岗位成绩显著；或在事故防范或紧急避险等方面作出突出贡献，避免较大事故发生的。

被评选人是安全部门负责人或安全总监的，其所在单位在股份公司或各公司的考评中得分不得低于180分。

（四）主业为建筑施工的公司推荐的安全生产先进项目部数量、安全生产优秀项目经理的人数为：年产值10亿元以下的2个（人），产值每增加15亿元增加1个（人）；推荐的安全生产先进个人人数不超过其施工生产项目部总数的10%。其他公司推荐的数量按其规模及当年营业收入情况，由股份公司酌定。

第四章 考核方式

第十三条 股份公司结合日常安全生产管理，每年组织一次对各单位（本部和项目部）的安全生产考核。

第十四条 对各公司的项目部或所属二级单位的考核检查，采用随机抽查方式，每个公司的抽查数量原则上不少于3个。各公司应制订安全生产考核管理办法并负责对其所属二级单位、项目部的安全生产工作进行考核。

第十五条 各公司应在每年12月底前，将本年度安全生产工作总结报股份公司，并按要求推荐安全生产先进项目部（先进集体）、优秀项目经理、先进个人。

附表1～附表6（略）

附件：安全生产考核兑现分类表（略）

安全评价和重大危险因素管理办法

第一章 总　　则

第一条 为规范股份公司的安全评价和重大危险因素管理工作，制定本办法。

第二条 安全评价是指为了保证安全生产处于受控状态，在生产开始前、生产过程中、建设项目竣工、试生产运行后，对生产场所及周边环境中的危险因素进行辨识、分析和评估；对安全管理体系的有效性进行评估，为安全生产管理决策提供科学依据。

第三条 安全评价的目的：通过识别、分析、评价危险及有害因素，通过对潜在危险进行定性、定量分析和预测，通过对安全管理体系的有效性的评价，制定安全生产最优管理方案和安全措施，预防安全事故，实现本质安全。

第二章 安全评价分类及要求

第四条 安全评价分为预评价、验收评价、现状综合评价、专项评价。

（一）安全预评价是依据建设项目可行性报告，分析和预测建设项目建设过程中或项目建成后可能存在的危险、有害因素的种类和危险程度，提出安全技术设计和安全管理意见和建议。

（二）安全验收评价是在建设项目竣工、试生产运行正常后，对建设项目投产后可能存在的危险、有害因素，提出安全技术调整方案和安全管理意见和建议。

（三）安全现状综合评价是针对某一个公司、项目或局部的生产经营活动安全现状进行的全面评价，确定其安全风险，提出管理意见和建议。安全现状综合评价内容应包括组织体系、制度体系、员工培训、技术管理、分包单位和临时用工管理、事故管理、应急管理和现场控制等。

（四）安全专项评价是针对项目的专项施工、具体场所，以及一个特定的生产工艺或生产装置、大型施工设备等存在的危险、有害因素进行的一种安全评价。

第五条 股份公司投资开发的所有建设项目应进行安全预评价、验收评价、现状综合评价。所有建设施工项目应进行安全现状综合评价和专项评价。

第六条 有下列情况的，应进行安全评价。

（一）新开工、竣工的建设项目。

（二）重大危险因素较多的时段。

（三）施工环境、条件、方法、工艺、设备、设施以及劳动组织和人员等发生重大变化时。

（四）发生安全事故后。

（五）其他有必要进行安全评价时。

第三章 安全评价的基本方法

第七条 安全评价应按照划分作业活动、明确评价对象和范围、识别危险和有害因素、确定评价方法、制定控制措施、编写安全评价报告等程序进行。

第八条 作业活动一般按照作业区域、施工工序、施工设施和设备等进行划分。

第九条 识别危险和有害因素一般从施工区域内外部环境、道路运输、作业场所、生产设备和设施、施工过程、劳动组织和人员、安全管理等方面进行识别。

第十条 控制措施分为管理措施和工程措施（技术措施），一般按照消除、削弱和个体防护的顺序和原则选择，控制措施在实施前应对其可行性、有效性和充分性进行评审。

第十一条 安全评价的方法可分为定性安全评价方法和定量安全评价方法。主要有预先危险性分析法、安全检查表法、一般作业条件危险评价法、故障树分析法等。

（一）预先危险性分析法是在每项生产经营活动之前，对存在的危险性类型、来源、出现条件、导致事故的后果以及有关措施，作一概略的分析，定性地分析评价危险因素和危险程度的方法。

（二）安全检查表法是根据作业区域、施工工序、施工设施和设备，按照制度和规范要求事先编制有针对性的安全检查表。以在定期和专项安全检查时，发现和查明各种危险因素和隐患，监督各项安全规章制度的实施，及时发现并制止违章行为。

（三）一般作业条件危险评价法是根据发生事故或危险事件的可能性，人员暴露于危险环境中的频度或时间，发生事故会造成的损失后果三个条件的变化来定性和定量的判断、评价危险因素和危险程度的方法。

（四）故障树分析法是根据一种演绎的表示故障事件发生原因及其逻辑关系的逻辑树图，来定性定量地对危险因素和危险性进行辨识、分析和评价。

第四章 安全评价的组织实施

第十二条 各单位安全生产分管领导负责本单位安全评价工作的组织实施。

第十三条 在进行安全评价时，应成立安全评价工作小组，安全评价工作小组主要职责：

（一）组织制定安全评价工作计划，确定评价方法。

（二）组织开展安全评价。

（三）形成安全评价报告。

第十四条 安全评价工作计划应对人员、时间、工作范围、方法、职责、质量要求等做出明确规定。

第十五条 安全评价可采用自评价、聘请有关专业人员评价和委托有资质的第三方进行评价。

第十六条 各单位应建立安全评价工作档案，认真总结，持续改进，不断提高安全评价工作水平。

第十七条 安全评价报告是安全评价工作的主要成果，主要包括以下内容：

（一）评价对象的基本情况和安全评价的目的、范围。

（二）评价对象的作业程序、流程和现有的安全生产管理状况。

（三）采用的安全评价方法和评价程序。

（四）评价对象存在的不安全因素、事故发生的可能性与后果、消除或控制不安全因素的措施。

（五）安全管理方面的建议。

（六）安全评价结论。

第五章 重大危险因素管理

第十八条 股份公司对于重大危险因素实行分级控制、重点监控的原则进行管理。

第十九条 重大危险因素分级：

根据可能造成的伤害程度，将重大危险因素分为四个级别：

一级：可能造成特别重大安全事故；

二级：可能造成重大安全事故；

三级：可能造成较大安全事故；

四级：可能造成人员重伤和一般安全事故。

第二十条 重大危险因素主要存在于以下施工范围，各单位应根据实际辨识和评价确定危险等级。

(一) 高边坡土石方开挖、支护及不良地质段开挖。

(二) 爆破施工、导截流施工、深基坑开挖施工、洞挖施工、斜井竖井施工。

(三) 高处模板施工、大模板施工、桥梁施工、脚手架施工。

(四) 易燃易爆物品、危险化学品的运输、存放、使用。

(五) 大件运输、大型设备制造及大型金属结构制安。

(六) 特种设备的安拆、运行。

(七) 大件起重吊装施工。

(八) 场内上下班班车。

(九) 重要临时设施施工（如大型设备的安装、调试；现场临时供电线路施工；厂内施工道路建设运行等）。

(十) 电力生产设备的故障运行。

(十一) 电厂大坝、尾矿库的病险运行。

第二十一条 重大危险因素的辨识、评价和建档。

(一) 重大危险因素主要由项目部建立一个由专业技术人员、安全管理人员、有经验的工人或聘请安全评估专家组成危险因素辨识及施工作业风险评价小组，组织辨识、评价，并建立档案和管理台账，也可由上级单位组织辨识和评价。

(二) 确定为一级、二级、三级重大危险因素的，报项目部所在单位的安全生产管理部门备案。各单位应对重大危险因素的辨识、评价进行复查确认，并建立档案和管理台账。

第二十二条 属于国家标准中确定的重大危险源应按照规定向所在地政府有关部门报告。

第二十三条 存在重大危险因素的部位，应在危险区域设置明显的警示标志和管理要求，并加强巡查。

第二十四条 各单位和所属项目部应对重大危险因素采取有效措施进行控制，保证所需资源的配置，确保重大危险因素处于受控状态。

第二十五条 各单位应根据情况变化，对重大危险因素实行动态管理，及时评价。

第二十六条 对于一级、二级、三级重大危险因素，应按照股份公司《生产安全事故和自然灾害应急管理办法》的规定，制定应急预案，并组织演练。

第二十七条 确定为一级、二级重大危险因素和属于国家标准中确定为重大危险源的，应将重大危险源和重大危险因素有关情况（位置、危险等级、事故发生方式、已经采取的监控措施）分类报股份公司安全生产监督管理部。

安全总监制度实施办法

第一章 总 则

第一条 为加强安全生产监督管理工作，结合股份公司实际，制定本办法。

第二条 股份公司各项目部必须配备安全总监；鼓励各公司、分公司（分局）配备安全总监。

第三条 实行安全总监制度，旨在从监督管理机制上入手，逐步建设一支综合素质好、具有权威性和相对独立性、履职能力强、权责清晰明确的安全生产监督管理队伍。

第四条 本办法适用于主业为建筑施工的子公司，其他单位参照执行。

第二章 安全总监的职责及任职条件

第五条 安全总监的职责：

(一) 贯彻落实国家安全生产法律法规、股份公司和本单位的安全生产规章制度。

(二) 协助安全生产第一责任人开展安全管理工作，建立健全安全生产保证体系、监督体系、管理制度。

(三) 督促班子成员、职能部门履行安全生产职责；监督安全生产责任制及安全生产管理制度的落实和执行。

(四) 定期报告本单位安全生产情况，及时报告安全生产重大事项。

(五) 组织或参加安全事故的调查处理，监督处理决定的落实。

第六条 安全总监应当具备下列条件：

(一) 忠于职守、爱岗敬业、坚持原则、认真负责，具有较强的组织协调能力。

(二) 具有5年以上的工作经历，并具有2年以上的项目安全管理经验。

（三）熟悉安全生产法律法规、股份公司和本单位安全生产管理制度，具备相应的专业知识。

（四）持有有效的上岗资格证书。

第三章　安全总监的管理

第七条　安全总监由各单位按照干部管理权限进行管理，公司本部安全总监待遇不低于“副三总师”待遇，分公司（分局）、项目部安全总监享受班子成员待遇。

第八条　项目部应设立安全总监。项目分管生产的副经理、总工程师不得兼任项目安全总监。

第九条　安全总监每半年向上级安全生产监管部门报告履职情况。

第十条　各公司（或所属的二级单位）应对所聘任的项目部安全总监进行全面的履职考核和评价，鼓励和支持项目部安全总监开展工作。对不能胜任本职工作的，要及时调整；对违规操作、滥用权力或工作失职的，要依据有关规定追究责任。

注：《安全教育培训管理办法》等其他管理办法（略）

信　息　管　理

中国水利水电建设股份有限公司
信息化“十二五”战略规划

（中水电股信〔2011〕5号　2011年8月2日）

第一章　前　　言

1.1　规划背景

“十一五”期间，中国水利水电建设股份有限公司（英文简称 Sinohydro Group Ltd.，以下简称中国水电或股份公司）按照国务院国资委《关于加强中央企业信息化工作的指导意见》以及住房和城乡建设部《施工总承包企业特级资质标准实施办法》的总体要求，紧紧围绕转型升级上水平的战略目标，按照“统一规划、统一标准、统一建设、统一管理”的基本原则和“十一五”规划的总体部署，以业务需求为驱动，大规模地开展了信息化基础设施和业务管理信息系统的建设工作，逐步建立和完善了信息化组织体系，制定了相应的标准、规范和管理办法，构建了立体的信息安全防护网络，信息化工作整体水平显著提高。

中国水电信息化“十二五”战略规划是在“十一五”规划和工作成果的基础上，充分结合企业深化体制改革、重组上市和建设中国水电产业领军企业等大背景下面临的机遇与挑战，立足于股份公司和各子企业的信息化工作现状，根据2010年公司范围内的信息化建设情况，以业务新涌现的需求、适应新技术发展、提升信息化综合实力为出发点，制定《中国水利水电建设股份有限公司信息化“十二五”战略规划》，作为中国水电“十二五”发展规划的重要组成部分，契合企业战略和市场发展的需要。

1.2　规划目的

中国水电信息化战略规划的目的是满足公司生产经营需求，实现企业战略目标，统一信息化整体工作思路，明确信息化建设方向，确保中国水电信息化能力在统一的规划下持续、稳定、全面提升，从而使信息化工作为实现企业效益最大化创造更大的价值。

企业信息化规划是一项循序渐进的工作，具有长期的滚动性和延续性，本次信息化工作整体规划是在《中国水利水电建设集团公司信息化“十一五”规划》的基础上进行的完善和提升，按照《中国水利水电建设股份有限公司“十二五”发展规划》的战略要求，结合企业整体业务最新发展情况，保证实现公司核心业务的全面信息化，完成纵向贯通、横向关联、资源共享的信息平台和战略管控体系的建设目标，用以指导和落实公司在2011～2015年的信息化建设任务和工作要求。

1.3　规划依据（略）

1.4　规划范围

（1）信息化规划所覆盖的组织。

中国水电信息化战略规划由股份公司总部、工程承包业务板块子企业、电力投资与运营业务板块子企业、房地产业务板块子企业、设备制造与租赁业务板块子企业以及勘测设计咨询业务板块子企业的信息化规划共同组成。

工程承包业务板块子企业包括中国水利水电第

一至第十六工程局有限公司、中国水电基础局有限公司、中国水电建设集团辽宁工程局有限公司、中国水电建设集团国际工程有限公司、中国水电建设集团路桥工程有限公司、中国水电建设集团铁路建设有限公司、中国水电建设集团港航建设有限公司。

电力投资与运营业务板块子企业包括中国水电建设集团四川电力开发有限公司、中国水电建设集团新能源开发有限责任公司、中国水电建设集团甘肃能源投资开发有限公司、中国水电建设集团华亭发电有限责任公司、中国水电建设集团崇信发电有限责任公司。

房地产业务板块子企业指中国水电建设集团房地产有限公司。

设备制造与租赁业务板块子企业包括中国水电建设集团夹江水工机械有限公司、中国水电建设集团租赁控股有限公司。

(2)信息化规划内容范畴。

中国水电信息化建设是以公司发展战略的需要和业务运营的需求为驱动,通过信息化组织管控和信息系统建设,实现对公司各类资源的管理,为客户和公司提供服务。信息化规划范围示意图见图1。

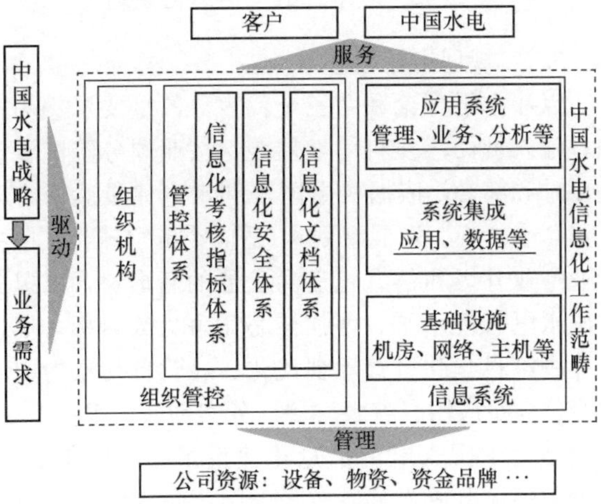

图1 信息化规划范围示意图

中国水电信息化规划内容范畴包括信息化组织管控和信息系统两大方面内容。信息化组织管控规划包括组织机构规划和管控体系规划。信息系统规划包括应用系统规划、系统集成规划、基础设施规划和信息安全与运维服务规划。

(3)信息化规划工作范畴。

股份公司总部负责制定中国水电信息化战略、信息化总体目标、主要建设任务和信息化总体实施计划,各子企业在公司信息化整体规划的指导下,按照年度目标要求,结合企业自身情况,制定各自的信息化建设规划和实施计划。股份公司总部统筹管理各子企业的信息化规划和建设实施计划,实现战略引领和总部的服务职能。

1.5 规划说明

鉴于中国水电信息化“十二五”战略规划的背景,本期规划将更加突出对公司战略和业务的技术支撑,从信息技术的角度来描述中国水电未来五年的应用架构,加强集成应用的模式,进一步提高系统和数据集成的程度,达成信息共享的目的。所以,“十二五”规划是在中国水电“十一五”期间信息化工作成果基础上的深入规划,以核心业务全面协同和信息资源高度共享为深化重点,注重突出实效。本期规划编制过程重点参考了面向服务的架构(SOA)、系统设计模型(MVC)、建筑信息模型(BIM)、协同设计、移动通信、虚拟现实、4D项目管理、云计算、物联网、移动互联网等技术和理论体系。

1.6 解释权

本规划的解释权归中国水利水电建设股份有限公司。

第二章 信息化建设的背景分析

中国水电信息化建设是自身战略发展和管理提升的自主选择,也是适应信息时代发展的需求以及国务院国资委和行业监管部门对信息化建设的要求。企业信息化的最终目的就是要根据企业的战略需要,结合自身特点,全面提升信息化建设水平,为企业转变经济发展方式,实现科学发展,不断提高企业的软实力提供技术支撑和保障,从而实现做强做优中央企业,培育具有国际竞争力的世界一流企业的目标。

2.1 外部因素

2.1.1 信息时代发展的要求(略)。

2.1.2 中国水电面临发展环境的要求

过去的五年,中国水电已经圆满完成了“十一五”规划的各项目标,获得了国务院国资委授予的“绩效进步特别奖”和“管理进步特别奖”,为全力打造“中国水电”知名品牌,建设中国水电产业“走出去”的领军企业,巩固水电建设行业的主导地位作出了卓有成效贡献。

国际宏观环境(略)。

国内宏观环境(略)。

市场环境(略)。

2.1.3 国务院国资委和行业监管部门对信息化建设的要求

根据国务院国资委下发的《关于加强中央企业信息化工作的指导意见》和《关于进一步推进中央企业信息化工作的意见》要求,企业信息化工作是落实企业信息化战略，实现信息化与工业化融合，创建世界一流企业的重要举措。同时，国务院国资委每年要依据《中央企业信息化水平评价暂行办法》，对中央企业的信息化领导力、基础设施建设、深入拓展信息应用领域、强化IT服务管理和IT治理、信息化人才队伍建设等五方面进行重点考核，并明确要求各中央企业要根据考核的情况制订自身的信息化“登高计划”，加快信息化建设进度。

为了进一步加强建设施工企业综合实力，整顿建筑市场资质和秩序，住房和城乡建设部从2010年开始对建筑企业资质进行重新就位审核，下发了《施工总承包企业特级资质标准实施办法》（建市〔2010〕210号），并将信息化水平作为资质考核的一个重要内容，对建筑施工企业的信息化建设提出了具体的要求。2011年5月，住房和城乡建设部印发了《2011～2015年建筑业信息化发展纲要》（建质〔2011〕67号），对未来5年建筑企业信息化发展的重点、目标和组织保障做了明确的规定。

国家电力监管委员会也从电力生产安全的角度强调了电力企业信息化建设工作的重要性，特别是对电力企业的信息安全等级保护、信息安全防护以及信息系统安全运行监控等方面提出了具体的要求，促进电力企业进一步加强信息化建设，确保电力生产的安全稳定。

本期规划也是根据这些要求，对公司“十二五”期间的信息化水平登高目标、主要任务、采取措施等内容进行统一的规划。

2.2　内部因素

2.2.1　中国水电信息化要求

中国水电信息化工作是根据企业战略发展需要和业务开展实际需求，利用信息技术和系统对企业资源进行科学管理，对企业流程进行高效支撑，实现以提升企业效益和竞争力为目标的全部工作。

中国水电信息化工作的总体指导原则是：“统一规划、统一标准、统一建设、统一管理”。统一规划，是企业信息化工作的出发点；统一标准，是企业信息化工作的基本支撑；统一管理，是企业信息化工作的强力手段；统一建设，是企业信息化工作的健康之路。

根据企业信息化工作的总体原则，结合中国水电信息化工作的实际情况，中国水电“十二五”期间的信息化建设工作将采取“统一能力要求，差异化实施，滚动式实现统一”的方式，通过进一步提升能力，统筹规划与具体实施相结合，确保在2015年实现公司核心业务的全面信息化，初步建成纵向贯通、横向关联、资源共享、安全可靠的信息集成和战略管控平台。

2.2.2　中国水电运营发展的需要（略，参见股份公司“十二五”发展规划）

2.3　信息化现状分析

2.3.1　信息化发展现状分析（略）

2.3.2　信息化存在的问题

通过“十一五”期间的信息化建设，中国水电的整体信息化水平迈上一个新的台阶，信息化在企业发展中也发挥着积极的作用，但与国际、国内同行业的先进企业相比，与企业战略发展要求和公司在国际上的知名度和品牌影响力相比还有较大的差距。存在的问题主要表现在以下几个方面：

（1）传统的企业管理模式和观念制约信息化的发展（略）。

（2）部分子企业对信息化建设的重要性认识程度有待提高（略）。

（3）主营业务信息化是薄弱环节（略）。

（4）部分项目部网络接入条件差（略）。

（5）信息系统的集成和共享程度较低（略）。

（6）信息安全建设工作亟需加强（略）。

第三章　“十二五”信息化规划

3.1　规划指导思想

以邓小平理论和“三个代表”的重要思想为指引，深入贯彻落实科学发展观，按照国务院国资委的要求和部署，依据《中国水利水电建设股份有限公司“十二五”发展规划》，适应经济全球化、中央企业产业升级和信息化迅猛发展的新形势，以提升中国水电管理水平、增强核心竞争力为目标，推进企业决策科学化、管理现代化、运营自动化为中心内容，立足应用，着眼发展，务实创新，服务企业，全面推动中国水电的信息化建设平稳、快速发展，助力中国水电成为具有较强国际竞争力的质量效益型的世界一流公司。

3.2　规划原则

按照中国水电信息化发展的要求，在规划的编制过程中，始终坚持以科学发展观为指导，坚持“先进性、实用性和可行性”原则。

（规划原则详述略）。

3.3　总体目标

“十二五”期间，中国水电信息化建设的总体目标是：夯实公司“十一五”期间的信息化成果，紧跟信息技术的发展方向，引进、吸收国际主流的信息技术和管理经验，加强信息化建设的规范化、标准化和专业化，实现系统建设、IT管控和服务模式的同步升级。全面推进一体化运营平台、两级数据中心和战略管控体系的建设，促进公司的业务协同、共享服务和集中管控，及时有效的传递客户和国务院国资委的价值主张，强力支撑中国水电的业务发展，力争在“十二五”末成为信息技术应用达到国际先进水平的建筑企业。

3.3.1 管理目标

中国水电信息化建设重点体现“业务协同、共享服务、集中管控”的核心思想。

(1) 业务协同。

与股份公司的协同。贯彻中国水电的战略部署，及时、准确的传递和落实公司下发的各种文件以及管理指令，将子企业的生产经营状况与公司领导、各业务管理部门进行有效沟通。

子企业经营管理的协同。按照统一、规范的流程，将子企业经营的所有事件在相关部门高效率的协同工作，实现所有业务经营处理过程的透明化管理。

与客户的协同。将客户的要求与企业的经营价值相融合，使客户的需求与中国水电的业务形成一个有机的整体，逐步打造和完善客户与企业的价值链。

(2) 共享服务。

共享服务是大型集团化企业降低综合成本，优化业务流程，实现战略管控升级，提高运营质量和客户满意度的必由之路。共享服务的领域涉及生产、经营、设备物资、财务、人力资源、信息系统、客户服务等多个方面。中国水电信息化建设的共享服务，就是要通过对企业内部人员、技术和流程的有效整合，实现资源信息、知识信息、经营信息、管理信息的共享，解决信息垂直报送和多头报送的弊端，加强股份公司管控的规范化、标准化、精简化、可视化和自动化。

(3) 集中管控。

信息资源的集中管控。信息不对称是现代企业管理的最大障碍之一，在企业发展的过程中，信息的集中管控是一切现代化管理模式顺利实现的基础。中国水电的信息资源集中管控主要体现在三个方面：① 各类业务数据的实时横向和纵向获取。② 管理信息穿越各中间管理环节的直接统计汇集。③ 各类管理指标的多角度和多元化分析。

核心业务的集中管控。工程项目管理、电力生产等核心业务为股份公司带来利润和市场竞争优势，是企业持续发展的关键。针对这些核心业务，制定、完善规范化的业务流程，使得核心业务能够高效、可控的运行，是企业生产、经营和管理的核心管控目标。

核心资源的集中管控。股份公司核心资源主要包括人力资产、金融资产、实物资产、知识产权等，针对这些资源，制定出相应的管理体系，来确保核心资源价值的最大化。

3.3.2 建设任务

根据管理目标，中国水电“十二五”期间信息化工作的建设任务包括：

(1) 全面建设以主营业务为主的一体化运营平台，加强业务协同，提高经营管理水平，进一步提升资金、成本、利润、计划等经营分析和市场预测能力。

(2) 全面建成中国水电总部和子企业总部两级数据中心，逐步实现数据及业务系统的集中和共享服务，满足公司“横向集成、纵向贯通”发展要求。

(3) 全面加强战略管控体系的建设，实现中国水电全面预算、决策分析、全面风险管理的要求，提升公司的战略管控水平和管理效益。

3.4 信息化规划蓝图

3.4.1 股份公司信息化规划蓝图

综上所述，股份公司“十二五”期间的信息化整体规划蓝图如图2所示，其核心思想便是围绕主营业务，全面推进一体化运营平台、两级数据中心和战略管控体系的建设。具体来说，包括以下建设内容：

(1) 股份公司总部层：主要建设全公司的内外网门户和战略管控体系，实现流程和业务集成，通过业务流程管理（BPM）和企业服务总线（ESB），为员工提供基于一体化平台的业务服务和基于数据中心的信息服务。

(2) 子企业层：各业务板块的子企业围绕核心业务建设一体化运营平台或ERP系统，并根据两级数据中心的架构建设子企业数据中心。

(3) 数据集成层：为股份公司总部和子企业两级数据中心之间的数据集成、数据交换提供服务和支撑。其中，总部数据中心作为股份公司的全局数据中心，既包括总部管理与运营一体化平台产生的有关数据，也包括按照股份公司战略管控的要求，由子企业数据中心通过数据集成平台为总部数据中心提供的有关数据，总部数据中心为全公司的战略管控平台提供数据支持；子企业数据中心从本企业一体化平台或ERP系统中获取相关数据，并为其一体化平台或ERP系统中的决策支持模块提供数据支撑。

(4) 基础设施层：进一步优化完善网络/机房/主机/存储/终端等信息化基础设施，为上层业务的系统稳定、可靠运行提供强有力的支撑。

（5）保障体系：通过建设统一通信，统一用户/身份认证/权限控制/单点登录，信息化标准体系，信息安全与运维体系等，确保公司的信息化建设和运维进一步规范化、标准化。

3.4.2　总部信息化规划蓝图（见图 3）

“十二五”期间，股份公司总部信息系统建设内容主要包括：

（1）完善系统集成、数据中心等软硬件支撑环境。

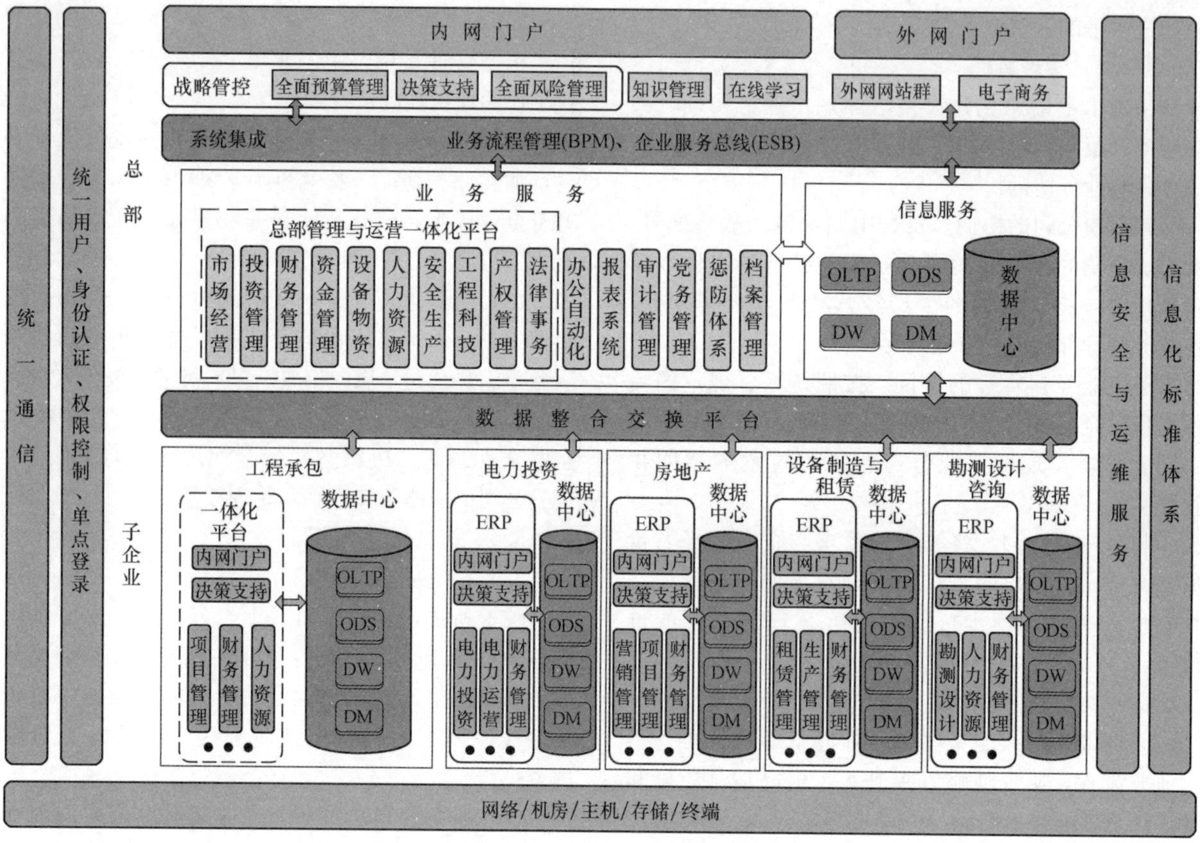

图 2　中国水电“十二五”信息系统建设总体规划蓝图

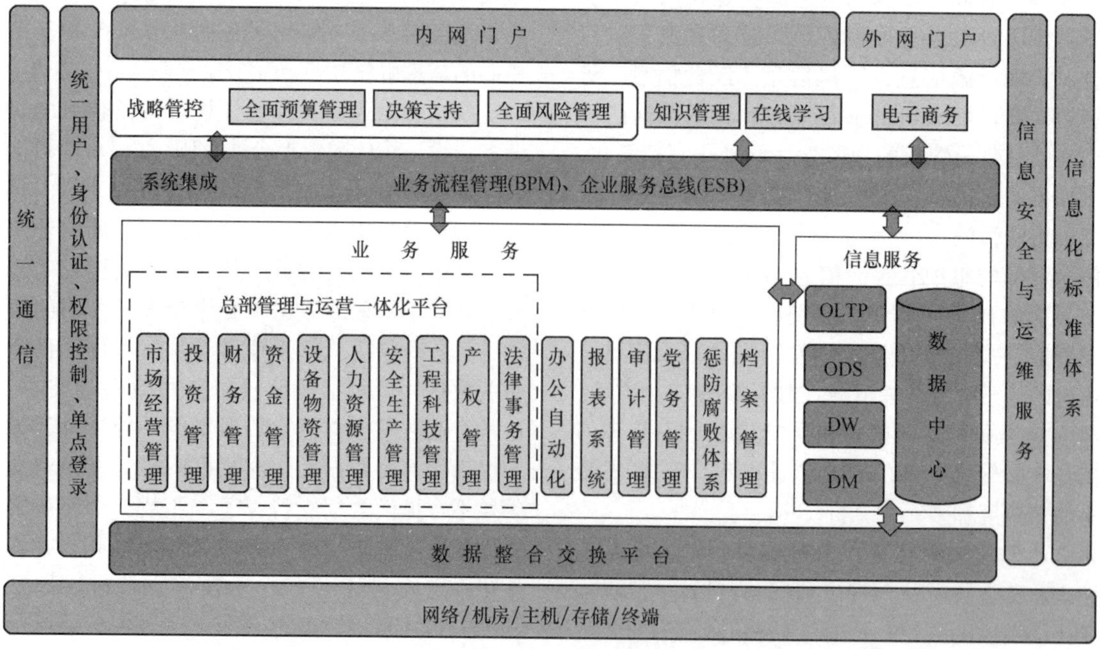

图 3　股份公司总部“十二五”信息系统规划蓝图

按照 SOA 的技术架构体系及 J2EE 的技术路线，进一步完善总部的系统集成、数据中心等软硬件支撑环境，为应用交互、数据交换与集成、跨系统业务流程整合提供基础平台，为管理和运营一体化平台提供技术支撑。包括主数据管理、数据仓库、Portal框架、统一身份认证、企业服务总线和业务流程管理等环境的建设。

（2）建设和完善门户系统。进一步完善企业内网门户，新建知识管理系统、在线学习系统，将内网门户打造成为公司范围内相关内网资源的统一入口；继续做好企业外网门户的建设和运维管理，形成中国水电企业文化、品牌宣传和学习交流的平台。

（3）建设和完善战略管控体系。进一步完善决策支持系统，新建全面预算管理系统和全面风险管理系统，建立风险案例库和全面风险管控体系，形成协调资源运用和衡量经营绩效的战略管控能力，为决策层提供全局生产经营及管理综合性决策服务。

（4）建设和完善管理与运营一体化平台。这是股份公司总部“十二五”期间信息化建设的重点，总部将在系统集成和数据中心支撑环境的基础之上，整合集成已有的财务核算系统、产权管理系统、资金管理系统、投资管理系统、财务报表与预算管理系统、人力资源管理系统、设备物资管理系统、市场经营管理系统、工程科技管理系统、安全生产管理系统，新建法律事务管理系统，打造总部各职能部门管理与业务运营的一体化平台，条件成熟时基于企业资源计划（ERP）的理念构建新的管理信息系统。同时进一步完善相对独立的办公自动化系统、惩治和预防腐败体系管理系统、审计管理系统，新建党务管理系统和档案管理系统，全面提升协同办公效率。

（5）建设和完善电子商务系统。在信息资源网的基础之上，逐步建成具备交易功能的电子商务系统，主要包括设备物资集中采购、分包招标、设备租赁服务、供应商和分包商管理等，为全公司提供电子商务服务。

（6）建设统一通信系统。在股份公司专线广域网和VOIP系统建成的基础之上，建设统一通信系统，整合现有的邮件、短信、即时通信、视频会议等，进一步降低通信费用，提高沟通效率。

（7）完善信息安全与运维服务体系。在现有的信息安全和运维服务体系的基础之上，按照等级保护和ITIL的有关要求，进一步完善信息安全和运维服务体系，为业务系统的不间断稳定运行提供有力的支撑。主要包括基于安全域的网络以及对外网站安全加固、身份/认证/授权/审计系统、终端安全管理与准入控制系统、存储/备份/归档与灾难恢复系统、内网敏感信息防泄漏体系、安全运行中心、集中监控系统和IT服务管理系统的建设等。

（8）完善信息化标准体系。不断梳理、总结现有的信息化标准规范，结合信息化建设和运维的实践，进一步细化和完善标准体系，形成相对完整的信息化规划、建设、运行、维护的管理规范和技术标准，提高信息化的标准化、规范化管理水平。

3.4.3 工程承包业务板块子企业信息化规划蓝图（见图4）

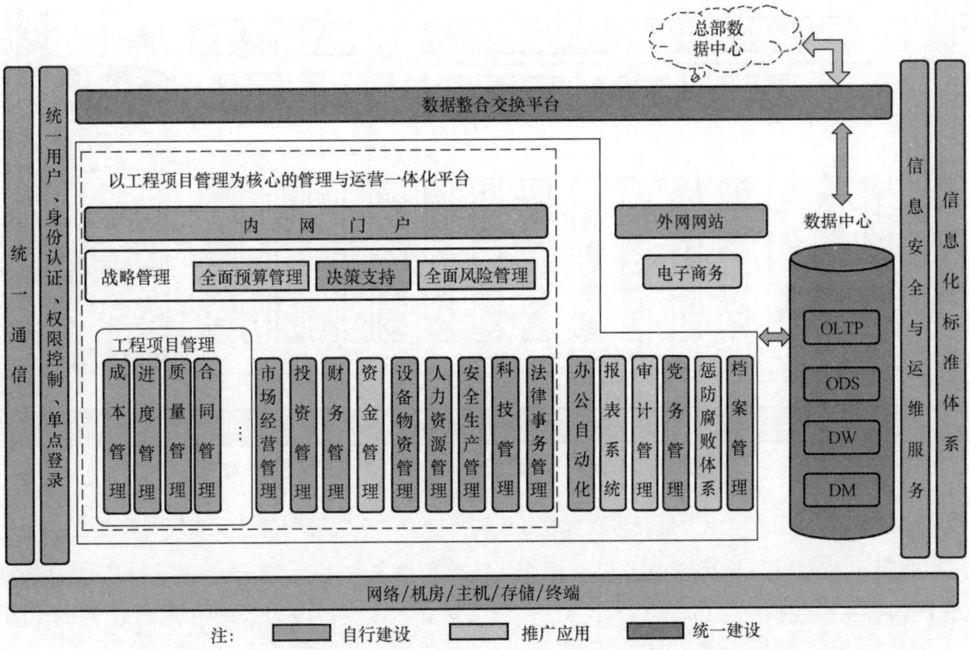

图4 中国水电工程承包业务板块子企业“十二五”信息系统规划蓝图

“十二五”期间，工程承包业务板块子企业信息系统建设内容主要包括：

（1）大力推进以工程项目管理为核心的管理与运营一体化平台建设。这是各工程承包类子企业“十二五”期间信息化建设的重点，相关单位要从企业自身管理和运营的实际需要出发，结合住房和城乡建设部资质考核对信息化的要求，加快项目管理信息化建设和普及应用，全面提升项目管理水平。还未部署工程项目管理信息系统的子企业，可以在现有或新建的财务核算平台的基础上增加工程项目管理和人力资源管理等功能模块，完善项目管理体系，直接实现核心业务管理与运营的一体化平台建设；已经部署了工程项目管理信息系统但是其他管理信息系统还未建设的子企业，一定要围绕工程项目管理系统进行核心业务的一体化平台建设，也不再单独建设人力资源、设备物资、市场经营等与核心经营有关的、独立的信息系统，而是在现有的工程项目管理系统中增加相应的功能模块并推广使用，从而实现一体化平台的建设目标；工程项目管理系统和人力资源、设备物资、市场经营等信息系统已经建成并投入运行的信息化水平较好的企业，要求继续完善和推广使用现有的信息系统，重点实现工程项目管理系统与财务资金、设备物资、人力资源等系统的集成，消除信息孤岛。所有工程承包类子企业尽量通过一体化平台的内网门户统一访问所有资源，在条件成熟的时候，要研究和实施企业资源计划系统（ERP），基于企业资源计划（ERP）的理念构建新的管理信息系统，支撑企业向集约化和协同管理发展，提升企业决策水平和集中管理能力。

同时进一步完善和深化相对独立的办公自动化系统、惩治和预防腐败体系管理系统、审计管理系统，新建党务管理系统和档案管理系统，全面提升协同办公效率。

（2）建设数据中心和决策支持系统。按照总部制定的相关标准规范以及“一个平台、两级数据中心”的整体架构建设数据中心和决策支持系统，同时充分利用总部统一推广应用的全面预算管理系统和全面风险管理系统，为本企业领导提供辅助决策支撑。决策支持可以在一体化平台中实现，也可以单独建设后与一体化平台进行集成。

（3）完善企业外网网站（略）。

（4）建设统一通信系统（略）。

（5）完善信息安全与运维服务体系（略）。

（6）建立和完善信息化标准体系（略）。

3.4.4　电力投资与运营业务板块子企业信息化规划蓝图（见图5）

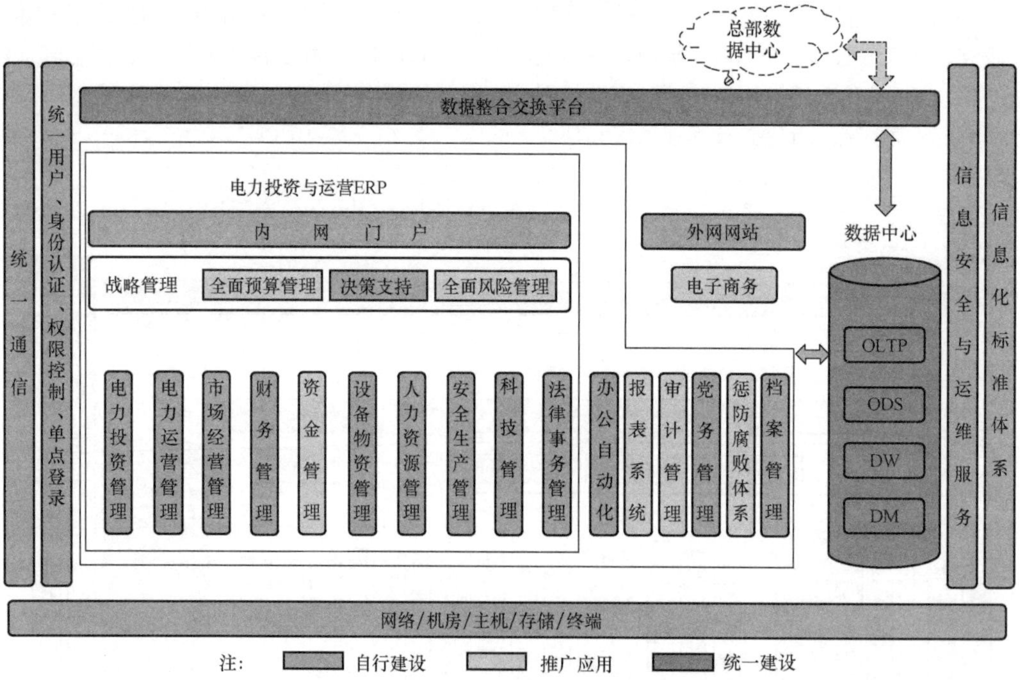

图5　中国水电电力投资与运营业务板块子企业“十二五”信息系统规划蓝图

“十二五”期间，电力投资与运营业务板块子企业信息系统建设内容主要包括：

（1）大力推进电力投资与运营ERP系统建设。电力投资与运营子企业要从企业自身管理和运营的实际需要出发，结合总部对投资的管控要求，逐步建立全面支撑电力投资和运营业务的ERP系统。还未部署电力投资和运营管理系统的子企业，应按照ERP的思路从总体上进行规划，选择适合的ERP平台，然后在该平台上根据企业的需求有序地开发应用电力投资决策管理、电力投资项目建设管理、电厂运营全生命周期管理、财务管理、人力资源管理等功能模块，直接实现电力投资和运营ERP系统；已经部署了电力投资管理系统但是其他管理信息系统还未建设的子企业，一定要围绕电力投资和运营ERP系统进行建设，不再单独建设设备物资、人力资源、市场经营等与核心经营有关的、独立的信息系统，而是在现有的电力投资管理系统中增加相应的功能模块并推广使用，从而实现ERP系统的建设目标；电力投资和运营管理、设备物资、人力资源、市场经营等信息系统已经建成并投入运行的信息化水平较好的企业，要求继续完善和推广使用现有的信息系统，重点实现电力投资和运营管理系统与财务资金、设备物资、人力资源等系统的集成，消除信息孤岛。所有电力投资与运营类子企业应在ERP系统中建立内网门户，通过内网门户统一访问所有资源。

同时进一步完善和深化相对独立的办公自动化系统、惩治和预防腐败体系管理系统、审计管理系统，新建党务管理系统和档案管理系统，全面提升协同办公效率。

（2）完善企业外网网站（略）。

（3）建设数据中心和决策支持系统（略）。

（4）建设统一通信系统（略）。

（5）完善信息安全与运维服务体系（略）。

（6）建立和完善信息化标准体系（略）。

3.4.5　房地产业务板块子企业信息化规划蓝图（见图6）

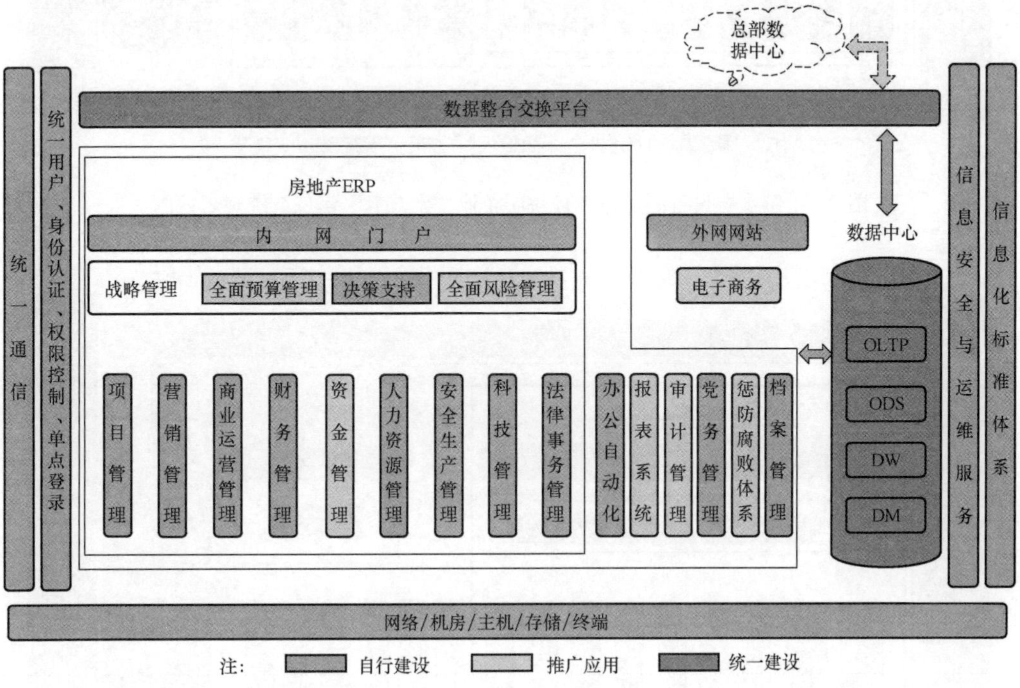

图6　中国水电房地产业务板块子企业“十二五”信息系统规划蓝图

“十二五”期间，房地产业务板块子企业信息系统建设内容主要包括：

（1）大力推进房地产ERP系统建设。目前，股份公司从事房地产业务的各级公司都还未部署房地产ERP系统，大多数公司都直接使用总部统一推广应用的财务管理、资金管理等业务系统。各房地产业务子企业要从企业自身管理和运营的实际需要出发，逐步建立全面支撑房地产业务的ERP系统，即应按照ERP的思路从总体上进行规划，选择好ERP平台，然后在该平台上根据企业的需求有序地开发应用项目管理、营销管理、商业运营管理等功能模块，并在ERP平台上开发应用与核心业务紧密相关的财务管理、资金管理、人力资源管理、安全生产管理、科技管理、法律事务管理等功能模块，不再单独建设人力资源、市场经营等与核心经营有关的、独立的信息系统。所有房地产类子企业应在ERP系统中建立内网门户，通过内网门户统一访问所有资源。

同时进一步完善和深化相对独立的办公自动化系统、惩治和预防腐败体系管理系统、审计管理系统，新建党务管理系统和档案管理系统，全面提升协同办公效率。

（2）完善企业外网网站（略）。

（3）建设数据中心和决策支持系统（略）。

(4) 建设统一通信系统(略)。

(5) 完善信息安全与运维服务体系(略)。

(6) 建立和完善信息化标准体系(略)。

3.4.6 设备制造与租赁业务板块子企业信息化规划蓝图(见图7和图8)

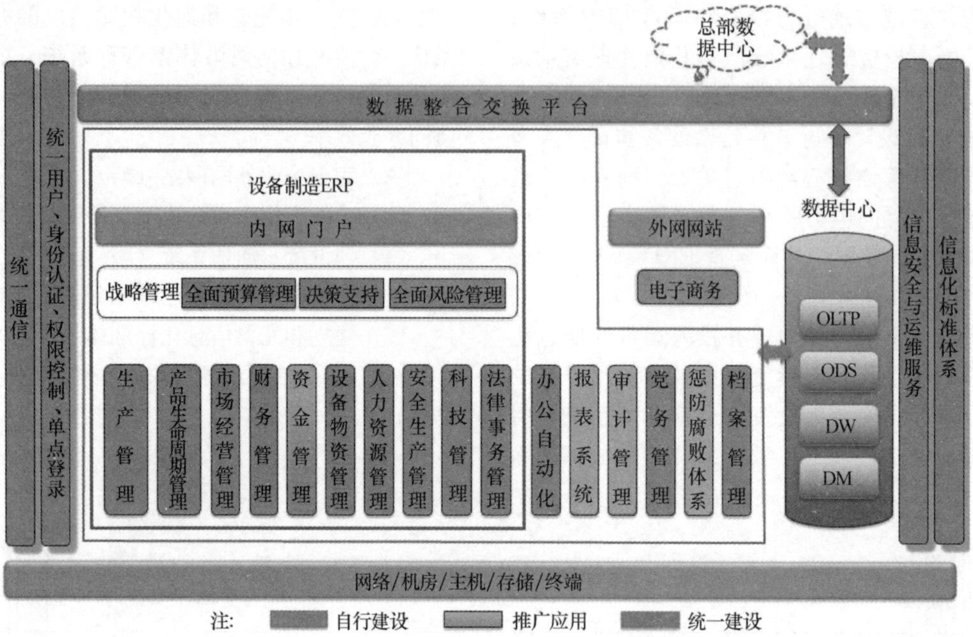

图7 中国水电设备制造业务板块子企业“十二五”信息系统规划蓝图

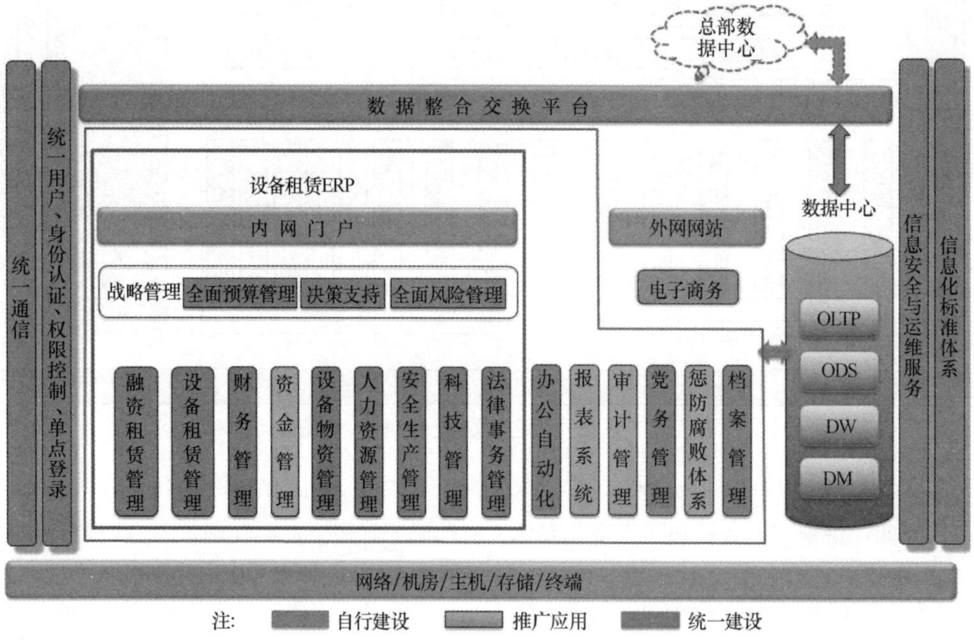

图8 中国水电设备租赁业务板块子企业“十二五”信息系统规划蓝图

“十二五”期间,设备制造与租赁业务板块子企业信息系统建设内容主要包括:

(1) 大力推进设备制造ERP系统、设备租赁ERP系统建设。该业务板块子企业主要分为设备制造企业和以设备租赁为主的租赁公司。目前,该业务板块的子企业都还未部署相应的ERP系统,基本上都是直接使用总部统一推广应用的财务管理、资金管理等业务系统。

对于设备制造企业,要从企业自身管理和运营的实际需要出发,逐步建立全面支撑设备制造的ERP系统,即应按照ERP的思路从总体上进行规划,选择好ERP平台,然后在该平台上根据企业的需求有序地开发应用产品生命周期管理、生产管理、供应链管理等功能模块,并在ERP平台上开发应用与核心业务紧密相关的市场经营管理、财务管理、资金管理、设备物资管理、人力资源管理、安全生产管理、科技管理、法律事务管理等功能模块，不再单独建设人力资源、设备物资、市场经营等与核心经营有关的、独立的信息系统。

对于设备租赁企业，要从企业自身管理和运营的实际需要出发，逐步建立全面支撑设备租赁的ERP系统，即应按照ERP的思路从总体上进行规划，选择好ERP平台，然后在该平台上根据企业的需求有序地开发应用融资租赁管理、设备租赁管理等功能模块，并在ERP平台上开发应用与核心业务紧密相关的财务管理、资金管理、设备物资管理、人力资源管理、安全生产管理、科技管理、法律事务管理等功能模块，也不再单独建设人力资源、设备物资、市场经营等与核心经营有关的、独立的信息系统。

所有设备制造与租赁类子企业都应在ERP系统中建立内网门户，通过内网门户统一访问所有资源。

同时进一步完善和深化相对独立的办公自动化系统、惩治和预防腐败体系管理系统、审计管理系统，新建党务管理系统和档案管理系统，全面提升协同办公效率。

（2）完善企业外网网站（略）。

（3）建设数据中心和决策支持系统（略）。

（4）建设统一通信系统（略）。

（5）完善信息安全与运维服务体系（略）。

（6）建立和完善信息化标准体系（略）。

3.4.7　勘测设计咨询业务板块子企业信息化规划蓝图（见图9）

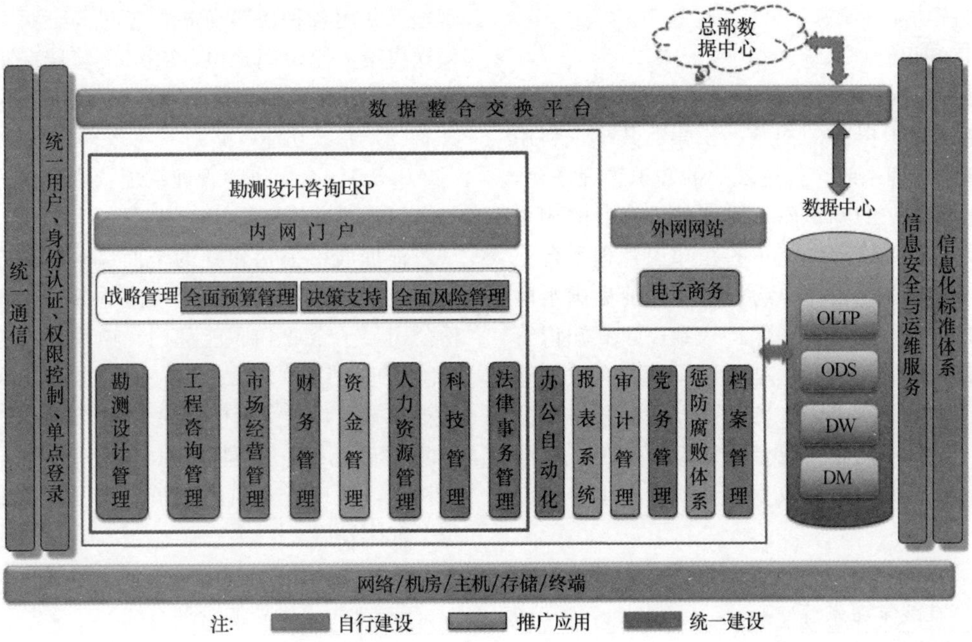

图9　中国水电勘测设计咨询业务板块子企业“十二五”信息系统规划蓝图

“十二五”期间，勘测设计咨询业务板块子企业信息系统建设内容主要包括：

（1）大力推进勘测设计咨询ERP系统建设。勘测设计咨询类子企业要从企业自身管理和运营的实际需要出发，逐步建立全面支撑勘测设计咨询业务的ERP系统，即应按照ERP的思路从总体上进行规划，选择好ERP平台，然后在该平台上根据企业的需求有序地开发应用勘测设计管理和工程咨询管理，实现基于BIM技术的协同设计，并在ERP平台上开发应用与核心业务紧密相关的市场经营管理、财务管理、资金管理、人力资源管理、科技管理、法律事务管理等功能模块，不再单独建设人力资源、市场经营等与核心经营有关的、独立的信息系统。所有勘测设计咨询类子企业都应在ERP系统中建立内网门户，通过内网门户统一访问所有资源。

同时进一步完善相对独立的办公自动化系统、惩治和预防腐败体系管理系统、审计管理系统和报表系统，新建党务管理系统和档案管理系统，全面提升协同办公效率。

（2）完善企业外网网站（略）。

（3）建设数据中心和决策支持系统（略）。

（4）建设统一通信系统（略）。

（5）完善信息安全与运维服务体系（略）。

（6）建立和完善信息化标准体系（略）。

3.5　应用系统规划

3.5.1　外网网站

（1）建设目标。

通过中国水电外网网站，进行“中国水电”品牌宣贯，展示企业形象，发布企业生产经营情况，展示企业技术、产品和服务，提升企业竞争力和软实力、促进企业管理与服务水平。

（2）系统功能（略）。

3.5.2 内网门户

（1）建设目标。

通过单点登录、个性化展示、应用集成企业内部各应用系统，建立公司内部横向与纵向信息沟通渠道，向公司员工提供工作所需的各种信息，方便公司员工的沟通与交流。通过企业内网门户使信息能上下（按业务）和左右（按管理）流动，及时向公司用户提供准确的信息，支持企业运作和管理，提高工作效率。

（2）系统功能（略）。

3.5.3 知识管理系统

（1）建设目标。

新建企业知识资源的捕获、积累、共享、利用和创新的知识管理系统，打造统一的知识管理平台，建立中国水电统一的知识库，保证各子企业的相关技术文档及工程文档可以统一的在知识管理平台上进行聚合，同时通过各种外购资料库保证中国水电知识库不断与国际先进水平保持一致；建立知识管理平台的使用规范及制度，对知识库进行有效的管理及发布，使股份公司全体员工可方便的获得所需要的信息、知识，充分实现企业知识的价值，从而提高整个中国水电的生产效率、经营管理水平和创新能力。

（2）系统功能（略）。

3.5.4 在线学习系统

（1）建设目标。

为贯彻和实施公司人才强企、行业科技领先战略，建立学习型企业文化，完善与形成具有中国水电特色的科技创新体系和有利于实施行业科技领先的战略体制机制，以此来创造有力的技术支持。新建集培训需求管理、培训活动管理、培训文件管理和在线学习过程管理于一体的在线学习系统。通过在线学习系统与知识管理系统的整合与应用，使公司内部培训资源得到充分利用，学习内容得到反复使用，有效提升员工技能、提高员工个人能力素质，降低员工离职所带来的损失，提高培训效率，降低培训成本。

（2）系统功能（略）。

3.5.5 全面预算管理系统

（1）建设目标。

建立作为中国水电内部资源配置的依据、衡量企业业绩的标尺、观察和控制企业经营状况的全面预算管理平台，实现中国水电预算管理体系的统一规范，保障预算管理的实时性，为股份公司总部、子企业各管理层决策提供有效的支持，满足各类预算管理要求，提高预算的精确性。通过预算管理系统的全面应用，提升中国水电的战略管控能力，有效的对业务进行指导、监控和考核，高效使用企业资源，有效管理经营风险，节约成本，实现公司战略管控的目标。

（2）系统功能（略）。

3.5.6 决策支持系统

（1）建设目标。

建设决策支持系统，在数据仓库系统及两级数据中心建设的基础上，对各类数据信息进行收集、管理，并用各种决策分析模型进行数据分析，支持领导决策，使中国水电的各级决策层获得知识或洞察力，促使他们作出对企业发展更有利的决策。

（2）系统功能（略）。

3.5.7 全面风险管理系统

（1）建设目标。

根据股份公司建立的全面风险管理及内部控制体系规范，构建股份公司风险管理信息系统，为股份公司、子企业和职能部门、项目部的各级、各类风险管理组织和人员打造一个高效、协同的风险管理工作平台，落实股份风险管理“六大体系”，有效预防“五类风险”，建立公司风险案例库，行业风险案例库，全球行业风险案例库。促进企业持续、稳定、健康发展。

（2）系统功能（略）。

3.5.8 人力资源管理系统

（1）建设目标。

紧密结合股份公司“十二五”人才战略规划，完善和扩展股份公司总部人力资源管理系统功能，调整和优化管理流程、深化系统应用，规范系统基础信息编码，进一步完善“五支人才队伍”信息库，强化人力资源专业管控力度，以实现战略人力资源管理模式转型为目标，在“战略、管控、事务”三个层面促进人力资源管理战略规划落地。具体包括：

在战略层面。股份公司总部建立战略人力资源管理体系（人才规划体系、职位体系、绩效体系、培训体系、能力素质模型、员工发展体系等），通过人力资源管理系统和管控体系的结合，加强人力资源管控力度，促进人力资源管理战略落地。各子企业按照股份公司总部“纵向一体化”的专业化人力资源管控要求，结合企业实际，建立配套的人力资源管理体系和人力资源管理系统。

在管控层面。充分利用人力资源管理系统平台，在体系化、标准化基础上建立两级人力资源信息库，使人力资源管理信息在集团管控上实现规范透明。满足股份公司总部对全公司人力资源状况进行统计分析的需要，在人力资源关键业务上，股份公司总部可以通过人力资源管理系统建立关键业务工作流，使需要总部控制的关键业务在信息化平台上实现规范化流程管理，从而进一步促进管控目标的实现。

在事务层面。在满足人力资源管理专业人员日常管理工作的基础上，将人力资源不同层面工作有效分配到各个角色，充分运用系统为全员人力资源管理服务，实现全员人力资源管理模式，大量压缩专业人力资源管理工作者的事务性工作时间，使专业人力资源工作者有更多的时间从事专业性、战略性人力资源工作，实现人力资源工作专业价值的提升。

(2) 系统功能（略）。

3.5.9　财务核算系统

(1) 建设目标。

构建整个公司范围内运作的集成、灵活、高效、可分析的财务核算管理信息系统，提高财务管理工作效率和效益。进一步加强集中化的财务管理模式，强化管理监控、辅助领导科学决策，打造三算合一的集团财务管理平台，财务核算系统与设备物资管理系统、人力资源系统集成共享数据。

(2) 系统功能（略）。

3.5.10　产权管理系统

(1) 建设目标。

新建产权管理系统，实现中国水电各类产权的全生命周期管理。支持产权两级管理模式，股份公司总部作为产权管理的管控机构，对产权信息标准统一制定、审批、分析、汇总和决策，并实现公司产权登记和产权变动的过程管理，子企业根据总部的产权管理要求，完成相应信息的上报和执行过程中的控制。产权系统信息需要在财务、合同管理等相关信息中有所反映。

(2) 系统功能（略）。

3.5.11　资金管理系统

(1) 建设目标。

突出中国水电的资金管理的优化调整战略，构建集内部结算平台、对外结算平台和票据集中管理、内部调剂使用的平台于一体的网络化、信息化、自动化资金管理系统，通过资金管理系统的建设、实施与高效应用，盘活内部资金，提高资金利用效率，降低融资规模、融资成本，减少资金沉淀。提高内部结算效率，降低结算费用；提高支付安全性，防范资金风险，建设较为完善的资金风险管控体系；提高中国水电在银行的信誉，增强还贷能力和融资能力，降低财务风险。

(2) 系统功能（略）。

3.5.12　投资项目管理系统

(1) 建设目标。

构建股份公司投资项目管理系统，实现对投资项目决策、建设、运营全过程的管控，强化公司投资管理能力，规范公司投资行为，提高公司整体投资项目管理水平，确保公司投资安全，提高公司投资效益。

(2) 系统功能（略）。

3.5.13　财务报表与预算系统

(1) 建设目标。

建设财务报表和预算管理平台，建立股份公司统一预算管理体系，实现股份公司各专业和各子企业的费用支出纳入预算进行统一管理；建立股份公司综合报表财务信息管理体系，管理汇总月度、季度、中期、年度会计报表，满足股份公司内部报表数据上报、审核、查询以及多维数据分析的需要。

(2) 系统功能（略）。

3.5.14　办公自动化系统

(1) 建设目标。

通过办公自动化系统的应用，实现公司内部多种职能部门的管理和服务的职能，实现管理规范化、制度流程化，逐步达到无纸办公的目标，使公司各部门之间高度协调，多种职能的垂直管控、跨组织的横向业务快速协作和审批，提高整体的工作效率。

(2) 系统功能（略）。

3.5.15　惩治和预防腐败体系管理系统

(1) 建设目标。

通过系统贯彻公司惩治与预防腐败的各项政策、制度，高效的进行惩治与预防腐败的各项管理工作。

(2) 系统功能（略）。

3.5.16　审计管理系统

(1) 建设目标。

建设面向股份公司总部、子企业二个层次，适应公司审计管理需要的统一审计业务管理平台；实现覆盖审计业务全过程，基于自定义、可配置、可视化、智能化支持业务流程导向驱动作业模式的审计作业处理；实现公司及其所属各子企业的审计机构与审计人员的统一管理；具备智能化的审计知识管理能力，有效支撑审计工作；基于公司的管理层面，提供面向所属各子企业的审计业务监控平台。

(2) 系统功能（略）。

3.5.17 法律事务管理系统

(1) 建设目标。

新建法律事务管理系统，包括各类合同的管理、法制工作队伍管理、法制宣传教育培训管理与信息发布、法律纠纷案件及重大法律风险管理等，提供有利于提高法律事务工作效率和质量的统计报表，实现企业法制工作流程化与标准化管理，有效降低法律风险。

(2) 系统功能（略）。

3.5.18 党务管理系统

(1) 建设目标。

构建党务管理系统，实现公司各级党组织的党务工作的集中管理。系统以党组织、党员的基本信息管理为基础，集党务基础数据、党员发展计划执行与跟踪、事务提醒与预测、统计分析等功能为一体，实现党务工作规范化、标准化和精细化管理。

(2) 系统功能（略）。

3.5.19 档案管理系统

(1) 建设目标。

应用现代信息技术，建设一个基于网络的档案信息管理平台，实现中国水电内各单位档案资源全过程的自动化、网络化处理，实现对公司文书档案、工程档案、科技档案、人事档案、会计档案、特种载体等档案信息资源的有效采集、整理、归档、利用，实现档案信息的数字化管理和在线检索，使档案利用率得以提高。

(2) 系统功能（略）。

3.5.20 设备物资管理系统

(1) 建设目标。

构建设备物资管理系统，为各子企业管理人员提供设备物资管理信息服务，提升中国水电设备物资的管理水平，使设备物资管理和采购供应工作更加高效、规范、有序，为公司领导、各子企业负责人提供设备物资管理决策依据。

(2) 系统功能（略）。

3.5.21 市场经营管理系统

(1) 建设目标。

通过信息化的手段，将市场营销、计划经营、合同管理、项目管理、统计分析等经营管理活动标准化、规范化、精益化，做到管理目标具体、可行、可量化，实现内部协同管理和数据、信息资源的共享。采取图、表等分析工具实现各子系统及关联内容分析，为公司决策提供依据。

(2) 系统功能（略）。

3.5.22 工程科技管理系统

(1) 建设目标。

构建工程科技管理系统，实现总部对子企业的科技项目、重大工程项目的统一管理。

(2) 系统功能（略）。

3.5.23 安全生产管理系统

(1) 建设目标。

构建安全生产管理系统，落实安全生产管理规章制度，规范安全管理业务流程，加强企业内部信息交流，实现安全管理过程跟踪，支撑整个中国水电的安全生产管理体系，从而降低事故发生率，确保生产安全。

(2) 系统功能（略）。

3.5.24 工程项目管理系统

(1) 建设目标。

工程承包类子企业构建以工程项目管理为核心的一体化运营平台，满足公司各级围绕主业进行集成化管理的需要，强化各级的管控和协同工作能力，提升公司工程项目管理业务的规范化、标准化、流程化、信息化管理水平，实现数据和信息共享，优化资源配置，不断提高工程项目管理和履约水平，促进主业做大、做强。

(2) 系统功能（略）。

3.5.25 电力投资与运营 ERP 系统

(1) 建设目标。

根据公司电力投资和运营业务发展战略，对公司电力投资和运营业务信息化进行全面、科学、合理的规划，逐步建立全面支撑电力投资和运营业务的 ERP，集成、整合、升级完善有关信息系统，实现公司对电力投资决策、电力投资项目建设、电厂运营全生命周期的管理，促进电力投资和运营业务的健康、快速、可持续发展，促进管理水平、经营水平、运营效率的全面提升。

(2) 系统功能（略）。

3.5.26 房地产 ERP 系统

(1) 建设目标。

根据公司房地产业务发展战略，对房地产业务信息化进行全面、科学、合理的规划，逐步建立全面支撑房地产业务的 ERP，集成、整合、升级完善有关信息系统，实现公司房地产业务健康、快速、可持续发展，促进管理水平、经营水平、运营效率的全面提升。

房地产 ERP 应用的分步骤目标是：① 将各方面的业务信息通过房地产 ERP 进行高效的传递和共享，在房地产业务领域建立比较顺畅的信息流，提升业务协作效率。② 以房地产 ERP 为手段，推进房地产业务流程化管理，实现对业务的有效管理和监控，并逐步完善房地产业务的管理体系。③ 在完善房地产业务管理体系的基础上，通过房地产ERP对业务的监管有效控制成本，变事后控制为事中控制，提高利润。

（2）系统功能（略）。

3.5.27　设备制造ERP系统

（1）建设目标。

建设生产管理系统，加强企业生产计划进度控制，改善生产过程中的各个流程、各环节的衔接，缩短整体交付周期；实现以产品为中心的企业基础信息服务和数据、过程管理平台，提供包括市场销售、概念设计、产品设计、工艺设计、生产制造、产品交付、维修服务等产品各个生命周期阶段的多层面、多目标的服务。规范业务流程，加强监控、及时掌握企业业务运行状况，通过系统固化企业的业务流程和管理流程，保证企业内的采购、生产、检验等业务流程合理而顺畅；同时通过对流程节点的检查，加强对业务的监控；各部门能适时了解采购、库存和生产的信息，提早发现问题，解决问题。完成集成供应链计划的管理要求，提高运营效率。

（2）系统功能（略）。

3.5.28　设备租赁ERP系统

（1）建设目标。

构建融资租赁管理子系统，提高融资效率，加快资金回流，屏蔽经营风险。构建设备租赁管理子系统，以工作流平台为业务处理的基础，实现计划、采购、库存、租赁、维护、检修业务流程的电子化、自动化处理，实现设备租赁业务数据的共享和业务流程的有效监控，实现设备闭环管理，达到管理、控制和优化的目标。

（2）系统功能（略）。

3.5.29　电子商务系统

（1）建设目标。

构建设备物资集中采购系统和供应商门户网站，实现与设备物资供应商的信息协同，推进公司招标采购透明、规范、高效，促进采购工作效率和工作水平的提高，促进公司采购工作的机制和体制创新。

构建分包招标系统和分包商门户网站，通过互联网与公司内部和外部分包商进行信息交互，并逐步实现招投标流程的电子化。

构建租赁服务系统，充分利用网络快捷、跨地域优势进行闲置设备信息发布和租赁交易管理，提供租赁业务的商机与交易平台。

（2）系统功能（略）。

3.6　系统集成规划

3.6.1　建设目标

采用股份公司总部和子企业“两级数据中心”的架构模式构建企业级数据仓库，实现业务系统数据及信息资源的集中；搭建主数据管理平台，建立数据建模与数据标准规范体系，保障关键数据资源在全公司范围内的一致性、完整性和可控性。构建企业数据仓库，实现数据资源共享、分析利用，向公司决策层、管理者提供智能化的决策支持。

应用先进的IT系统集成技术，构建支撑应用系统建设、升级和扩展的系统集成平台，实现股份公司总部、子企业内部、股份公司总部和子企业之间应用系统的集成，提高信息资源的共享和利用水平，缩短应用系统的建设周期，降低应用系统总体建设成本。

3.6.2　架构设计

系统集成技术包括应用集成技术和数据集成技术。

中国水电全面采用面向服务架构（SOA）的系统集成技术架构，利用基于Portal框架、统一身份认证系统、企业服务总线、业务流程管理平台、主数据管理平台和数据仓库相结合的系统集成技术，构建中国水电的系统集成平台，将企业的业务流程、公共数据、应用软件、硬件和各种标准联合起来，在不同应用系统之间实现无缝集成，使它们像一个整体一样进行业务处理和信息资源共享。

系统集成架构如图10所示：

3.6.3　建设任务

3.6.3.1　系统集成平台

（1）建设目标。

构建基于Portal框架应用集成平台，为各应用系统提供统一的信息展现、发布、管理以及与用户交互平台，提高工作效率。

构建统一的用户身份认证系统和统一用户管理平台，解决各应用系统中用户分散管理的问题，实现对信息集成资源的统一授权管理，保证信息资源的安全应用，实现单点登录。

构建基于企业服务总线（ESB）、业务流程管理的数据集成平台，实现各应用系统间、内部与外部不同业务系统间，尤其是异构数据的数据集成，实现信息共享。

（2）建设内容（略）。

（3）建设方式（略）。

3.6.3.2　主数据管理平台

（1）建设目标。

搭建主数据管理平台，建立在全公司范围内能够跨业务重复使用的、高价值的主数据管理规范体系，维护主数据的准确性、一致性以及完整性，提高业务的响应速度，有效降低数据管理成本。

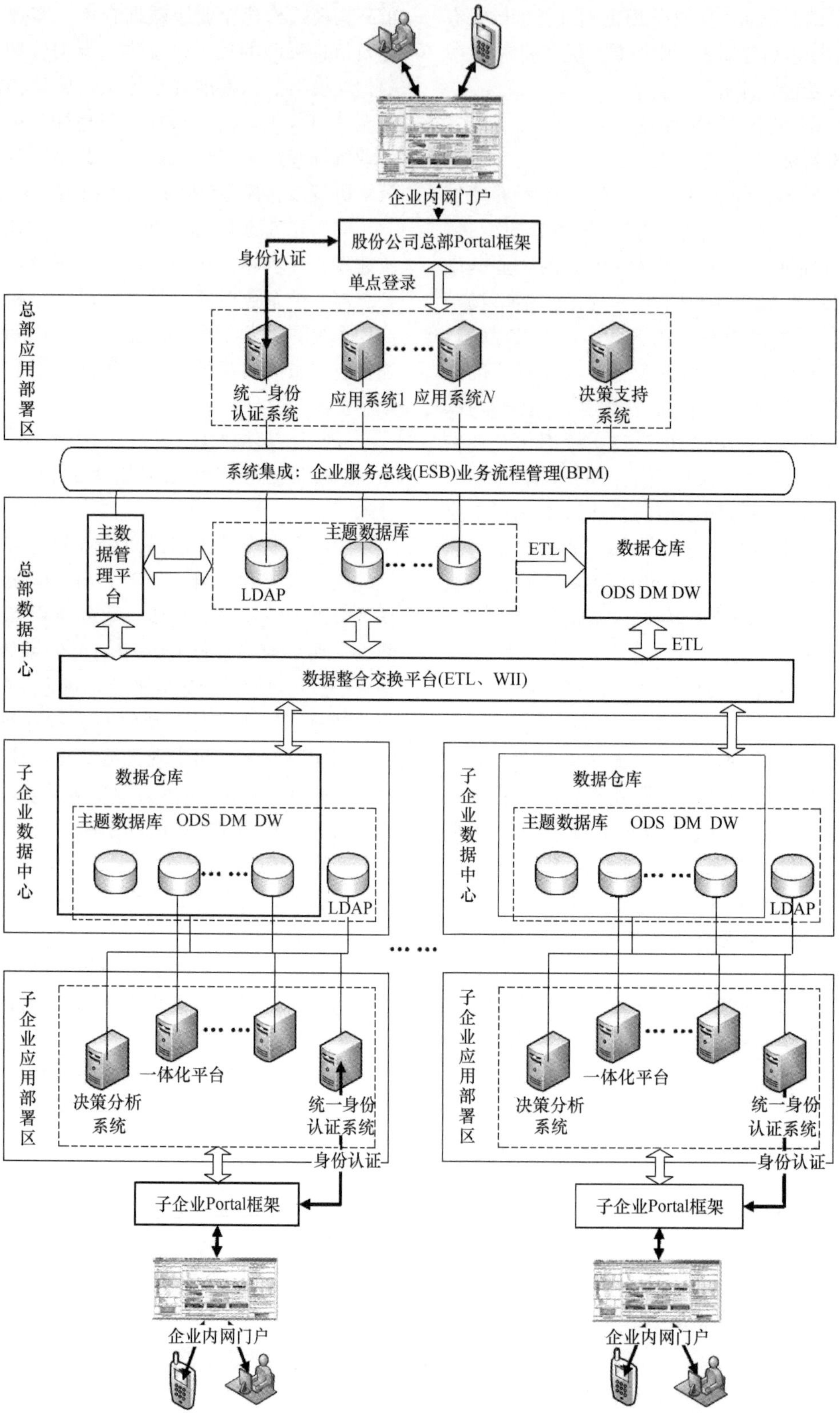

图10 系统集成架构设计图

(2) 建设内容（略）。

(3) 建设方式（略）。

3.6.3.3 数据仓库

(1) 建设目标。

利用先进成熟的技术和产品，采用国内外建筑业务的先进管理模式；全面建成企业级数据仓库，逐步实现数据及业务系统的集中；实现数据的唯一性与共享性；建立统一的安全体系，保证业务系统数据及数据仓库的访问安全；结合数据仓库建设，完善数据整合交换体系，实现总部与子企业两级数据中心间的级联；统一信息管理模式，统一技术架构，最终建成一个满足其业务要求的、可扩展的、适合业务发展需要的、基于业务系统基本数据源并能与国际逐步接轨的数据仓库系统，向用户提供智能化的决策支持，实现中国水电的信息资源化、决策科学化。

（2）建设内容（略）。

（3）建设方式（略）。

3.7　基础设施规划

3.7.1　机房

（1）建设目标。

以满足企业信息化建设的需求为出发点，结合近年来不断推出的绿色机房的相关技术，建立一个安全可靠、舒适实用、节能高效和具有可扩充性的企业级信息机房，满足信息网络系统等各种电子设备，以及工作人员对温度、湿度、洁净度、电磁场强度、噪声干扰、安全保安、防漏、电源质量、振动、防雷和接地等的要求，为企业信息化建设提供良好的运行环境。

（2）建设要求。

按照电监会《电力行业信息系统等级保护定级工作指导意见》（电监信息〔2007〕44号）（略）。

（3）建设方式（略）。

3.7.2　局域网

（1）建设目标。

采用成熟的企业网组网技术，建立一个支持数据、语音、视频等综合业务传输的，安全、可靠、高速的网络平台，满足企业日常办公的需求，为上层业务系统提供稳定的信息高速公路。

（2）建设要求（略）。

（3）建设方式（略）。

3.7.3　广域网

（1）建设目标。

按照国家信息系统等级保护的有关要求，以及国务院国资委、电监会等上级单位对企业信息安全的相关规定，与企业生产经营相关的信息系统都必须部署在企业内网，不能直接通过Internet访问使用。为此，股份公司必须建立一个既满足业务系统数据传输要求，又尽量降低日常运维成本的经济、实用的广域网，将企业信息化管理的覆盖面延伸到项目部，切实提高项目的精益化、标准化管理水平，降低成本，扩大利润贡献率。

（2）建设要求（略）。

（3）建设方式（略）。

3.7.4　视频会议系统

（1）建设目标。

构建覆盖股份公司总部、子企业、项目部的视频会议系统，应用于公司内部通信、外部协作、商务谈判、远程培训等，克服空间与时间距离上的障碍，节约成本及精力，提高工作效率。

（2）建设要求（略）。

（3）建设方式（略）。

3.7.5　统一通信系统

（1）建设目标。

结合信息技术和通信技术的发展趋势，股份公司将逐步整合RTX、邮件和短信，探讨将计算机网络与传统通信网络融合到一个网络平台上，建立公司的统一通信系统，实现固定电话、移动电话、电子邮件、语音留言、即时信息、音频及视频会议等各种类型的通信手段融合集成。通过这种将多种通信工具、网络服务和移动设备进行整合，为公司员工提供统一服务的方式，将员工、客户、合作伙伴等智能地联结在一起，从而最大限度的提高公司整体的协作效率，降低沟通成本和企业内部通信费用。

（2）建设内容（略）。

（3）建设方式（略）。

3.8　信息安全与运维服务规划

随着中国水电信息化进程的发展，必须加强信息安全和运维服务的规划。一方面，通过统一规划，系统建设符合国家等级保护管理要求的信息安全等级保护体系，从物理、网络、系统、应用和管理等层面部署适合中国水电需求的安全技术措施和安全管理措施，为中国水电信息系统保驾护航，提升信息系统的抵御威胁和风险管理能力；另一方面，通过统一规划，系统建设标准规范的运维服务体系，科学地梳理运维管理流程，务实地规划部署物理环境、网络系统、服务器系统、应用系统的监控设备，组建德才兼备的运维服务管理团队，形成强大的运维服务能力，提高故障和性能处理效率，降低系统故障带来的损失。

3.8.1　基于等级保护的信息安全保障体系

近年来，信息安全的风险日益加大，国家对防范信息安全风险非常重视。国家信息化领导小组2008年颁发的27号文件《关于加强信息安全保障工作的意见》对我国信息安全保障工作作出原则性、战略性的规定，要求坚持积极防御、综合防范的方针，全面提高信息安全防护能力，重点保障基础信息网络和重要信息系统安全。

作为国有特大型企业，中国水电在国内经济和社会领域具有重要的地位，是关系国计民生的水利水电建设支撑企业。随着企业主营业务对信息系统的依赖度不断提高，信息系统的安全状况直接影响企业主营业务的运营状况，因此全面加强信息安全保护体系建设迫在眉睫。从国家要求和企业自身业务的要求出发，都迫切需要提高信息安全保障水平。

（1）建设目标。

中国水电信息安全保障体系的建设目标是：通过建立完善的信息安全管理制度和智能、深度的安全防御技术手段，构建一个管理手段与技术手段相结合的全方位、多层次、可动态发展的纵深安全防范体系，实现信息系统的可靠性、保密性、完整性、有效性、不可否认性，为企业发展提供一个坚实的信息系统基础保障。具体包括：① 坚持积极防御、综合防范，探索和把握信息化与信息安全的内在规律，主动应对信息安全挑战，实现信息化与信息安全协调发展。② 坚持适度超前的原则，综合平衡安全成本和风险，确保重点，优化信息安全资源配置。③ 坚持按照信息安全等级保护相关规范指导安全保障体系的建设，做到“贯标”、“达标”，确保信息系统安全可靠地运行，确保信息资源受控合法地利用，对外抵御外部人员的攻击威胁，对内防护内部人员的违规行为。④ 坚持在安全法律、法规、政策的支持与指导下，通过制定客户化的安全策略，采用规范的安全技术措施以及制度化的安全管理，建立和完善中国水电信息安全管理系统，确保中国水电“系统服务”连续、稳定、可靠地运行，确保中国水电“系统资源”安全、受控、合法地使用。

（2）建设要求（略）。

（3）建设方式（略）。

3.8.2　基于 ITIL 的综合运维服务体系

信息系统的运行离不开安全、高效、快捷的运维服务管理。运维服务管理是在自动化监控的条件下，通过对 IT 系统性能与故障、威胁与风险、流程与程序三个方面要素的基于流程的管理。提高 IT 系统对企业主营业务运营的支撑保障能力，降低主营业务在运营过程中的运营风险，提高运营效率，降低运营成本，提高运营效益。

（1）建设目标。

中国水电的综合运维服务体系建设目标为：① 科学地梳理运维服务管理的流程和程序。② 务实地规划部署基于物理环境、网络系统、服务器系统、应用系统的性能与故障监控设备。③ 健全完善基于 ITIL 的服务管理平台，固化适合企业需求的运维管理流程和程序。④ 组建德才兼备的服务管理团队，装备相应的质量管理、性能管理工具，签约具备服务能力的专业服务商等。

从规划、工具、团队、备件、服务商几个方面形成强大的运维服务保障能力，提升服务管理团队对 IT 系统的服务支持能力，着力提高故障和性能处理效率，降低系统故障带来的损失，最终达到提升整个 IT 系统对企业主营业务的服务交付能力。

（2）建设要求（略）。

（3）建设方式。

总部和各子企业按照股份公司下发的相关建设规范自行进行建设。

3.8.3　主要建设任务

结合股份公司信息安全体系的建设现状，根据 3.8.1 中的信息安全技术框架，把类似的技术措施归结成一个项目，分解提炼出构建信息安全与运维服务体系的“十二五”期间建议建设的十大项目和一个测评（简称 10＋1）。信息安全与运维服务建设项目见图 11（主要建设任务详述略）。

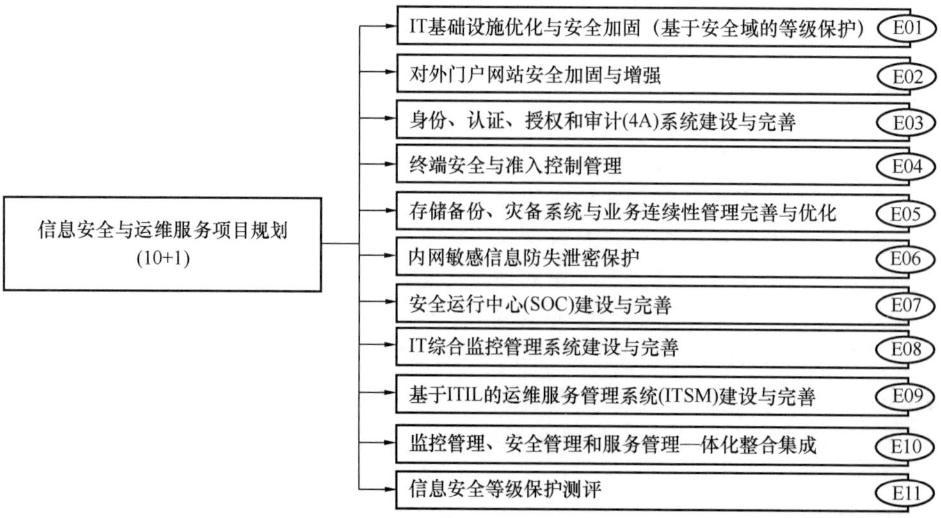

图 11　信息安全与运维服务建设项目

3.9 IT组织管控体系规划

（1）建设目标。

为了支持中国水电核心业务的全面信息化，初步建成纵向贯通、横向关联、资源共享、安全可靠的信息集成平台，需要建立一支技术过硬、结构合理、能够支撑公司信息化建设与运营的人才队伍。通过信息化组织管控的规划，构建中国水电两级三层的信息化组织，支持中国水电的企业发展战略，落实企业经营理念，全面推进总部和子企业的信息化建设。同时，在构建信息化组织的基础上逐步建立和完善信息化组织管控体系，更好地对中国水电信息系统进行规划、建设和管理，规范信息化项目的管理流程和管理办法，为核心系统管理流程提供合作、协调的框架，促进业务部门对信息化工作的支持，确保中国水电信息化建设工作的有序进行。

（2）建设内容（略）。

（3）建设任务（略）。

第四章 “十二五”信息化建设实施路线图

中国水电的信息化建设工作将按照“统筹规划、分步实施”的方法来开展，各信息系统的建设以项目建设的方式进行。对于一些重点项目，首先在试点子企业开展试点示范，探索项目推进模式并完善系统功能，然后再推广到其他子企业。（实施路线图略。）

第五章 结 束 语

中国水电正处在“十二五”重要发展时期，公司改革重组也已进入到关键阶段，机遇难得、挑战严峻。大力推进信息化建设，是顺应全球新的竞争环境的需要，是全面提升管理水平的需要，是满足上市目标和服从上市企业监管的需要，是从企业信息化走向信息化企业的战略选择。

在新的起点上，站在科学发展的战略高度，坚持“四个统一”和“经济、实用、科学、先进”的信息化总体建设原则，建成以工程项目管理为核心的完善高效的一体化综合管理信息平台，全面支撑中国水电的各项经营管理活动，全面提高企业运营效率和效益、创新能力、管理和决策水平，树立中央企业信息化工作的主力军品牌，不断增强企业核心竞争力，保障中国水电持续、健康、快速的发展。

本次规划从中国水电的战略和管理出发，审视企业战略，分析关键业务流程，诊断信息化应用现存的问题，提炼出企业信息化的当前需求和长远目标，在此基础上确定企业信息化的工作任务、实施步骤和计划。由于公司的信息化工作整体规划是一项循序渐进的工作，具有长期的滚动性和延续性。每年应根据新的市场环境、企业新的发展和技术上新的趋势等因素对其作出滚动的调整，为完善中国水电的管理模式、规范业务流程，提升公司管控服务能力与整体运营效率和效益，为成为行业信息化领先，管理一流，具有可持续发展能力和较强国际竞争力的质量效益型世界一流企业作出更大的贡献。

中国水利水电建设股份有限公司
信息化水平评价办法

（中水电股信〔2011〕8号·2011年12月2日）

第一章 总 则

第一条 为了加强中国水利水电建设股份有限公司信息化建设工作，确保层层落实信息化建设、应用、维护、升级和优化责任，推动股份公司整体信息化水平的提高。按照国务院国资委《中央企业信息化水平评价暂行办法》以及住房和城乡建设部《施工总承包企业特级资质标准》等相关要求，结合股份公司的实际情况，制定本办法。

第二条 本办法适用于股份公司所属的全资子公司及控股子公司。

第三条 信息化水平评价由股份公司信息化领导小组统一领导，股份公司信息中心具体负责组织实施。

第四条 信息化水平评价以各子公司的总体信息化水平为对象，实行自评价和复评相结合的方式。

第五条 信息化水平评价采用百分制，根据评价结果，各子公司年度信息化水平被划分为A、B、C、D、E共五个级别，划分标准为：90～100分为A级、80～89分为B级、70～79分为C级、50～69分为D级、49分以下为E级。

第六条 信息化水平评价是以股份公司所属子

公司为评价基本单位，各子公司总经理对本单位信息化建设工作全面负责，是第一责任人；分管信息化工作的副总经理或总工程师直接领导本单位的信息化建设工作，是直接责任人。

第七条 子公司信息化水平评价遵循的原则是坚持实事求是，客观反映子公司信息化现状，数据采集要真实准确，做到评价办法公开，评价过程透明，评价结果公平、公正。

第二章 评价的基本内容和指标

第八条 建立信息化水平评价制度，目的是要进一步提高股份公司信息化的整体水平，切实把信息化建设的责任和义务传递到子公司及其负责人。要求各子公司必须做到：

（一）企业领导要高度重视信息化工作，要积极参加信息化总体规划和重大项目的关键决策会议，日常工作中带头使用信息系统。

（二）进一步完善信息化组织管理体系，明确子公司信息化职能，健全信息机构，落实人员，将信息化投入纳入企业的预算管理。

（三）加大信息化基础设施投入力度，建设符合相关标准的企业级信息机房，完善局域网平台、广域网平台和视频会议系统，为企业信息化建设和发展准备好基础条件。

（四）积极推进主营业务系统和经营管理系统建设，高度重视信息化应用效果，切实提高信息化关键应用的广度和深度。

（1）根据企业资质信息化考核的要求以及企业生产和管理的需要，加快推进以工程项目管理系统为主的主营业务系统的建设进度。

（2）配合股份公司的统一部署，积极推广和应用办公自动化系统、财务预算和报表系统、财务核算系统、资金管理系统、人力资源管理系统、设备物资管理系统、审计管理系统、惩治与预防腐败管理系统、安全生产管理系统、市场经营管理系统、工程科技管理系统、投资项目管理系统和决策分析系统。

（3）整合信息资源，认真做好信息集成、共享和综合应用，逐步加强一体化运营平台、两级数据中心和战略管控体系的建设。

（4）充分利用股份公司外网网站、内网门户、信息资源网和电子商务平台。

（五）努力提高IT服务与IT治理水平，完善网络及信息系统运维和保障制度，加强运维服务管理能力，提高信息化服务保障的支持水平。

（六）落实信息安全等级保护要求，建设必备的信息安全系统和保障体系，确保重要数据的安全以及网络和信息系统稳定运行。

第九条 具体指标以评价的基本内容和要求为基础，划分为信息化领导力、信息化基础建设、信息化应用与效果、IT服务与运维、年度工作开展情况五大类，采用量化计分方式，对各子公司信息化建设工作的实际效果进行综合评价。指标详细分解见《信息化水平评价指标及权重》（附件2）和《数据采集表》（附件3）。

第十条 股份公司将根据子公司信息化建设的实际情况和股份公司阶段性整体目标和任务分解，在每年的信息化评价中对本办法中附件2的《信息化水平评价指标及权重》和附件3的《数据采集表》进行部分调整。

第三章 评价程序

第十一条 股份公司每年开展一次信息化水平评价，由股份公司信息中心组织部分子公司和总部相关部门成立评审小组，具体负责评审和监督工作。

第十二条 每年11月底之前，股份公司将《信息化水平评价指标及权重》和《数据采集表》通过办公自动化系统下发给各子公司，并在“IT管理信息系统”（http://it.sinohydro.com/）的“信息化水平评价”栏目发布网上填报系统。

第十三条 各子公司根据评价指标先进行自我评价，通过网上填报系统填写自评价数据采集表，并上报相关证明材料。

第十四条 当年12月底之前，股份公司对上报的评价数据进行统一复议审核，并根据情况对子公司上报数据和证明材料进行检查，或者对个别单位现场核查。

第十五条 复评结束后，形成各子公司年度信息化水平评价最终结果，包括信息化水平指数和水平级别，并以文件形式公布评价结果。

第十六条 信息化水平属于A级的子公司，由股份公司授予“信息化建设先进企业”称号；属于B级的子公司，由股份公司进行通报表彰；属于D、E级的子公司，由股份公司进行通报批评，并要求制订整改措施、限期整改。

第十七条 信息化水平评价的最终结果经股份公司领导审核后报股份公司业绩考核评价办公室，作为子公司负责人年度管理评价内容的一部分。

第四章 附　则

第十八条 各子公司可参照本办法评价下属单

位的信息化建设工作绩效。

第十九条 本办法由股份公司信息中心负责解释。

第二十条 本办法自下发之日起施行，原《中国水利水电建设集团公司信息化建设工作绩效考核暂行办法》（中水电信〔2009〕30号）同时废止。

附件：1. 信息化水平级别定义（略）

2. 信息化水平评价指标及权重（略）

3. 数据采集表（略）

外事、国际经营管理

中国水利水电建设股份有限公司国际业务境外税收管理办法

（中水电股外〔2011〕2号·2011年2月9日）

第一章 总 则

第一条 为规范股份公司国际业务境外税收管理工作，强化内部管理和控制，依法纳税，降低税务成本，有效防范境外税收风险，提高国际业务的发展质量和经济效益，根据相关规定，结合国际业务的实际情况，制定本办法。

第二条 境外税收管理是指根据国际业务所在国家（地区）的相关会计制度建立会计核算体系、编制财务报表，并根据所在国家（地区）的相关税收法规进行税收筹划、税收申报、税收缴纳、接受所在国政府税收审计等相关管理工作。

第三条 本办法适用于股份公司、股份公司各子公司及境外机构（包括境外子公司、分公司、区域业务总部、经理部、代表处、联营体、项目部等实行独立核算的机构）。

第四条 境外税收管理工作主要任务是执行国际业务所在国家（地区）的财经税收法规，按照相关规定开展各项税收管理工作，防范境外税收风险。

第五条 各公司应根据本办法，制定本单位境外税收管理工作实施细则。

第二章 组织机构及职责

第六条 股份公司负责股份公司国际业务的境外税收管理工作制度建设、组织协调、监督检查，其日常管理工作由公司海外事业部/国际公司具体负责。主要工作职责为：

（一）制定股份公司国际业务境外税收工作管理制度；

（二）指导、组织、协调各境外机构境外税收管理工作；

（三）监督、检查各境外机构境外财务、税收筹划工作的开展情况；

（四）参与处理境外税收管理工作中的其他重大事项。

第七条 股份公司各子公司对所实施境外项目的税收管理工作负责，主要职责包括：

（一）指导、监督、协调所实施境外项目的税收管理工作；

（二）审议、批准所实施境外项目的税收筹划工作方案；

（三）负责受托实施项目当地整体税收管理工作；

（四）按要求定期上报境外税收管理工作相关资料。

第八条 各境外机构是境外税收管理工作的具体责任单位，主要职责包括：

（一）持续收集所在国家（地区）的税收法规，建立充分的理论储备，广泛借鉴所在国家（地区）外国机构税收管理的先进经验，有效防范税收风险；

（二）编制所辖纳税主体的境外财务与税收工作方案；

（三）向所属上级单位提交境外财务与税收工作方案和执行报告；

（四）执行经批准的税收筹划工作方案；

（五）对税收筹划执行情况进行分析，包括执行过程中发现的问题、解决问题的办法等。

第三章 境外税收管理工作的基本原则

第九条 加强境外税收管理工作是股份公司国际业务发展战略的要求，也是股份公司国际化、属地化发展战略的具体实施措施之一，为了规范和加强境外税收管理工作，应坚持以下几个基本原则：

（一）合法性原则。为规避法律风险，维护股份公司品牌价值，境外税收管理工作必须在所在国（地区）法律规定的框架内、法律许可的范围内进行。

（二）整体性原则。为体现股份公司国际业务四个统一的管理原则，通过统一的整体性管理发挥协同效应，境外税收管理工作必须在股份公司整体利益最大化的基础上坚持整体性原则。

（三）超前性原则。境外税收管理工作必须充分考虑项目税收管理工作面临的风险和困难，坚持事先统筹安排、超前谋划的原则。

（四）持续性原则。股份公司国际业务坚持可持续的、科学的、健康的发展原则，应将境外税收管理工作作为一项基础性、日常性的管理工作，坚持在市场营销、项目履约的全过程进行持续性管理的原则。

（五）可行性原则。境外税收管理工作方案应根据境外项目、机构的具体情况具体制定，应充分考虑成本效益原则，做到因地制宜、实事求是、易于执行。

第四章　境外税收管理工作

第十条　各境外机构应根据所在国家（地区）税收法规及规章制度，依法办理纳税登记，明确纳税义务。

第十一条　原则上，在同一个国家（地区）只设一个税号，由一个机构负责组织境外税收管理工作。

（一）股份公司设立分支机构且该机构具备税收管理职能的，由该分支机构负责组织该国家（地区）各境外机构的境外会计核算体系及税收申报筹划体系的建立和管理。

（二）股份公司尚未设立分支机构或虽设立分支机构但该机构不具备税收管理职能的，由股份公司协调指定在该国家（区域）负责实施的一家子公司牵头负责该国家（地区）各境外机构境外会计核算体系及税收申报筹划体系的建立和管理。其他公司项目部应在牵头公司的统一协调与组织下完成境外税收管理工作。

第十二条　各境外机构应做好税收管理基础工作，依法设置账簿，依据合法、有效凭证记账，避免因缺乏有效凭证、核算不清晰导致核定征税等税收利益损失的结果。

第十三条　各境外机构应严格按照所在国家（地区）法规要求领取、开具、接收和保管本单位各类发票。在经济业务运行过程中根据经济业务性质按规定开具、取得真实合法的发票。

第十四条　税收筹划是指在税法规定许可范围内，以追求效益最大化为目的，通过对生产经营、投资、理财等活动事先筹划和安排，尽可能节约税收支出，以获得最优税收利益。

第十五条　各公司、境外机构在办理投标、签约等经济业务活动过程中应了解项目的税收环境，充分考虑税收成本，对各类经济业务进行事先的税收筹划，并在经济业务执行过程中对纳税情况进行适时分析，查出纳税异常变动原因，达到合理运用税收法规节约税收支出的目的。

第十六条　各境外机构税收筹划的实施。

（一）各境外机构应在项目开工之日起 3 个月内完成该项目的最终税收筹划方案的制定和审批工作。税务筹划方案需涵盖以下内容：

1. 项目投标运作法律主体形式。

2. 项目所在国的法律税收环境。

3. 项目适用的主要税种、税率和优惠条款。重点关注对所得税、流转税、财产税、海关税、印花税、个人所得税及社会保险的征收规定，包括税收减免及减免条件，利润汇出的税收规定等。

4. 该国与中国有无税收协定和饶让条款。

5. 当地税务对会计处理的要求。

6. 本机构的具体税务筹划和实施措施。

7. 需要股份公司予以协调或支持的事项。

8. 税务筹划的不确定因素及存在的潜在风险。

（二）税收或税法政策发生重大变化时，境外机构应对项目税收筹划方案进行相应调整并按规定报所属上级单位审批。

第十七条　各境外机构应严格按照所在国家（地区）有关法规要求，及时、定期进行纳税申报工作。

第十八条　各境外机构接受所在国家（地区）财务、税务检查（审计）时，应及时将相关情况报告所属上级单位，存在重大税收风险和法律风险的，应及时报告股份公司。

各境外机构应咨询所聘请会计师事务所的专业意见，对本机构存在的财务、税务问题商讨解决方案，积极配合财务、税务检查。对当地税务审计发现的问题，应及时制定应对措施和整改方案。检查结束后，应将检查结果整理归档并报所属上级单位。

第五章　境外财务管理工作

第十九条　各境外机构应根据所在国家（地区）相关会计法律法规、会计制度和股份公司有关规定，结合境外机构具体情况，制定适合的会计核算办法。主要内容包括但不限于：

（一）会计期间；

（二）记账本位币；

（三）记账方法；

（四）会计核算科目体系；

（五）主要会计政策；

（六）财务报表编制。

第二十条　各境外机构所在国尚不具备完善的会计法规及会计制度的，境外机构应依据国际会计准则、国际财务报告准则和股份公司相关规定，进行会计核算及报表披露。

第二十一条　各境外机构应按照所在国家（地区）会计法规制度要求，填制会计凭证、登记会计账簿、管理会计档案等。

第二十二条　会计凭证所附原始单据应充分真实，同时兼顾中国会计法规对会计凭证的要求。

第二十三条　各境外机构应定期编制境外财务工作方案，其主要内容包括但不限于：

（一）会计核算办法主要内容摘要；

（二）根据所在国家（地区）会计制度编报的财务会计报告表；

（三）按所在国家（地区）会计制度编制的会计报表与按中国会计制度编制的会计报表之间的差异分析及说明。

第二十四条　各境外机构应根据所在国家（地区）实际情况选择会计电算化软件，所选软件应适合本行业特点，易于操作，有良好服务及升级开发能力，适应业务持续发展。

第二十五条　各境外机构应按当地相关部门要求编制真实、完整的财务会计报告。各境外机构对外提供的财务会计报告应报送上级主管单位备案。

境外机构在选择会计师事务所提供相关服务时，应优先选择具备专业资质，业务经验丰富，在当地及国际具有一定知名度并且与当地财务税务管理机关具有良好合作关系的会计师事务所。

第二十六条　各境外机构应加强税收档案管理，定期对本单位税收缴纳情况进行分析，及时整理、装订本单位的财务报表、税务报表、完税凭证及证明等文档。办税人员工作调动时，应办理税收资料、档案的移交手续。

第六章　监督管理

第二十七条　股份公司建立境外税收管理工作问责制。各公司主要负责人为所实施境外项目境外税收管理工作第一责任人，境外机构负责人为境外税收管理工作相关责任人。对于由各公司负责实施的境外项目或境外项目以外其他境外机构因境外税收问题而造成股份公司品牌受损、影响股份公司市场开拓及在建项目履约的，将追究各公司主要负责人及相关责任人的责任。

第二十八条　各公司应于每年5月31日之前将上一年度的境外税收管理工作报告报股份公司。境外税收管理工作报告应包括境外税收管理工作的责任机构及组织运行情况、境外税收管理和税收筹划开展情况、取得的成绩、存在的问题、管理建议与本年度的管理计划、当地会计师事务所出具的鉴证报告及税务部门出具的完税证明情况等相关内容。

第二十九条　股份公司将不定期对境外税收管理工作情况进行检查，确保境外税收管理政策和相关制度的贯彻落实以及具体税收筹划方案的正确实施。

第三十条　各公司应定期对其所负责实施项目（或所负责市场）的境外税收管理工作情况进行检查，加强境外税收管理政策和相关制度的贯彻落实以及具体税收筹划方案的正确实施。

第七章　附　　则

第三十一条　本办法由股份公司海外事业部负责解释。

第三十二条　本办法自2011年1月1日起执行。

法律、审计、监察工作管理

中国水利水电建设股份有限公司
法制工作考核办法

（中水电股法〔2011〕6号·2011年9月2日）

（一）总　　则

第一条　为了规范股份公司法制工作年度考核，加强对各公司法制工作开展情况的监督，根据上级监管部门的有关要求和股份公司子公司管理评价暂行办法的规定，结合法制工作实际，制定本办法。

第二条　本办法适用于股份公司所属各子公司。

第三条　法制工作年度考核，是指股份公司定期对各子公司的法制工作体系建设、法律审核业务开展、风险管理处置情况和普法培训活动成效等内容进行年度检查考核，对其管理状况和工作实效作出评价。

第四条　法制工作年度考核的实施目的是引导推动各子公司增强法制意识，加强规范管理，保证生产经营管理合法合规，切实维护企业合法权益。

第五条　法制工作年度考核坚持公平、公正、公开的原则。

第六条　股份公司企业业绩考核办公室负责指导、监督法制工作年度考核，股份公司法律事务部负责组织实施对各子公司的法制工作年度考核。

（二）考核内容及评定标准

第七条　对各子公司法制工作的年度考核主要内容包括下列四个方面：

（一）法制工作体系建设。

（二）法律审核业务开展。

（三）风险管理处置情况。

（四）普法培训活动成效。

第八条　考核“法制工作体系建设”，旨在确保法制工作具有牵头人，具备运行平台和载体，具有承担的专职责任人，建立健全工作制度并得以有效执行。其内容主要包括下列事项：

（一）总法律顾问岗位设置：设置总法律顾问或专职副总法律顾问，职责明确，履职良好。

（二）法律事务机构设立：在总部层面独立设置法律事务机构，权责明晰。

（三）法制工作人员配置：配置满足业务需求的工作人员，持证率（持证人员数/法制人员数）70%以上，并及时向股份公司法律事务部报备人员变更情况。

（四）法制工作制度制定和执行：建立健全法制工作相关制度，并得以有效实施。

第九条　考核“法律审核业务开展”，旨在保障法律审核工作开展具备完善的工作机制，确保法律审核的覆盖面和实效性，并实现审核过程和责任的可追溯性。其主要内容包括下列事项：

（一）法律审核制度保障和运行机制：制定、发布制度和流程，使法律审核有效融入经营管理。

（二）重要规章制度、重大经济合同和重要决策法律审核把关率：三项内容的法律审核把关率（法律审核数量/制度、合同、决策总量）分别达到100%。

（三）法律审核备案登记管理：法律审核的日常台账记录清晰，资料整理归档规范。

（四）法律审核的实际效果：凡经法律审核的规章制度、合同和决策，保证其合法合规性。

第十条　考核“风险管理处置情况”，旨在确保法律纠纷案件妥善处置，行政违法风险可控，充分利用法律手段维护其合法权益，并实现法律风险防范的关口前移。其主要内容包括下列事项：

（一）法律纠纷案件处理（诉讼、仲裁、劳动争议、协商调处等）：纠纷案件及时准确向股份公司法律事务部报备，基本解决历史遗留的重大法律纠纷案件，基本杜绝因自身违法违规引发新的重大法律纠纷案件。

（二）行政处罚应对：积极应对行政处罚，维护企业形象，未因处置不当使企业利益受损。

（三）合法权益维护（维护企业权益、应收账款催收、知识产权保护等）：积极维护企业权益，应收账款和其他债权及时通过法律手段清收，知识产权保护意识强，善于运用法律手段维护权益。

（四）融入全面风险管理：切实履行法律风险管理职能，把法律管控融入企业日常生产经营管理流程，注重事先预防和过程控制，构筑风险防范的屏障。

第十一条 考核“普法培训活动成效”，旨在保证法制宣传教育培训工作组织保障和落实措施到位，扎实开展法制宣传教育活动，提高职工法律素质，促进企业合法合规经营，确保法制从业人员的专业技能和水平的持续提升。其主要内容包括下列事项：

（一）法制宣传教育的组织落实：领导重视普法宣传教育工作，制定规划或实施方案，组织体系、工作机构和队伍健全。

（二）普法宣传活动的开展：围绕中心工作，开展法制宣传教育活动，企业领导人员和全体职工学习法律法规。

（三）普法取得实际成效：通过普法教育，企业领导人员及全体职工法律意识和法律素质明显提高；犯罪、违法行为逐步减少。

（四）法律专项培训的有效开展：参加公司总部组织的法律业务培训；本公司内部每年度组织安排业务培训。

（三）考核程序

第十二条 法制工作考核期限为本年度的1月1日至12月31日，年度考核事宜在下年度的2月份集中办理。

第十三条 考核采用评分方式，总分值为100分，具体考核指标权重及评分规则，详见《法制工作考核指标及评分表》（见附件）。考核内容和评定标准视阶段性法制工作重点做动态调整。

第十四条 考核采取自我考评与现场抽查相结合的方式进行。

每年2月1日前，各子公司按照本办法设定的考核指标内容，将上一年度指标完成情况与总结分析报告、指标完成情况的支撑材料以及自考核评分表报股份公司法律事务部。

股份公司法律事务部组成法制工作考核小组，结合各子公司日常法制工作开展情况，依据各子公司提交的考核材料对其进行考核，对自我考评中指标偏差较大的子公司进行重点现场抽查，现场抽查采取听取汇报、查看资料、访谈调查、重点核实等形式进行。

股份公司法制工作考核小组根据自我考评和现场抽查的情况，对各子公司的法制工作开展情况作出综合考核，并将考核结果报股份公司企业业绩考核办公室。

（四）考核结果

第十五条 股份公司企业业绩考核办公室根据《所属企业（公司）管理评价暂行办法》的规定，将各子公司法制工作考核结果纳入管理评价体系，并按照法制工作在管理评价体系中所占权重折算出结果计入管理评价得分。

管理评价得分结果决定各子公司负责人年度薪酬兑现水平，并作为子公司等级评定的依据和经营者职务任免的考评依据。

第十六条 股份公司法制工作考核小组根据法制工作考核得分，将排名前30%、中50%、后20%分别评为A、B、C三个等级。

第十七条 法制工作被评定为A级的子公司，将在每年度举行的股份公司法制工作会议上予以通报表彰，并优先向上级主管部门推优评先。

对法制工作被评定为C级的子公司，对其缺失的工作内容予以责令整改完善。

（五）附　　则

第十八条 本办法自2011年1月1日起实施。

第十九条 本办法由股份公司负责解释。

第二十条 各子公司可以参照本办法制定考评细则，对其所属单位的法制工作予以考核。

附件：法制工作考核评价指标及评分表（略）

中国水利水电建设股份有限公司
经济责任审计实施办法

（中水电股审〔2011〕14号·2011年6月8日）

第一章　总　　则

第一条 为规范中国水利水电建设股份有限公司（以下简称股份公司）经济责任审计工作，提高经济责任审计工作质量，根据中共中央办公厅、国务院办公厅《党政主要领导干部和国有企业领导人员经济责任审计规定》、国务院国资委《中央企业经济责任审计实施细则》以及《中国水利水电建设股份有限公司内部审计工作规定》，结合股份公司经济责任审计实际情况，制定本办法。

第二条 本办法所称经济责任审计，是指股份公司审计部门依据规定的程序、方法和要求，对股份公司各子公司主要负责人（包括全资子公司、控股子公司）任职期间其所在企业资产、负债、权益和损益的真实性、合法性和效益性及重大经营决策等有关经济活动，以及执行国家有关法律法规和上级有关规章制度情况进行的监督和评价活动。经济责任审计包括：任期届中经济责任审计、届满审计、离任审计、重大经济事项专项责任审计。

第三条 本办法所指审计对象，是指股份公司各子公司专职董事长、总经理。

第四条 经济责任审计的主要目的是为了加强对股份公司各子公司的责任监督，建立与完善企业负责人经济责任的审计认定制度，客观评价企业负责人任职期间的经营业绩与经济责任，为企业负责人的任免、考核和奖惩提供参考依据，促进股份公司各子公司加强和改善经营管理，保障国有资产安全和国有资本保值增值。

第五条 经济责任审计的主要任务：

在对企业风险与内部控制进行了解测试的基础上，对企业资产、负债和经营成果的真实性、财务收支的合规性，以及企业资产质量的变动状况和重大经营决策等情况进行审计，以全面、客观、真实地反映企业的财务状况和经营成果。

根据股份公司经营业绩考核办法，通过定量和定性相结合的评价方法，从企业的盈利能力、资产质量、债务风险、发展能力等财务绩效与管理绩效角度，对企业负责人任职期间企业的经营绩效进行全面分析和客观评价。并综合考虑企业发展基础、经营环境等方面因素，对企业负责人任职期间的主要经营业绩和应承担的经济责任进行评估，对企业负责人任职期间履行工作职责情况作出较为全面、客观和公正的评价结论。

第六条 在经济责任审计中，审计范围应遵循重要性原则，并充分考虑企业实际情况和审计风险，纳入经济责任审计范围的资产量一般不低于被审计企业资产总额的70%，户数不低于被审计企业总户数的50%。被审计企业的下列所属单位（含子企业）应当纳入经济责任审计范围：

（一）资产或效益占有重要位置的单位；

（二）由企业负责人兼职的单位；

（三）任期内发生合并、分立、重组、改制等产权变动的单位；

（四）任期内关停并转或者出现高额经营亏损、资不抵债、债务危机等财务状况异常的单位；

（五）任期内未经审计或财务负责人更换频繁的单位；

（六）企业内部资金结算中心等。

第七条 在经济责任审计过程中，财务基础审计应充分利用企业近期内部与外部审计成果，被审计企业及其上级主管部门的纪检监察工作成果，提高审计效率。

第二章 工作组织

第八条 经济责任审计应当有计划地进行。每年根据人力资源部门考核计划，按规定程序审核批准后，纳入审计部门年度审计工作计划并组织实施。

第九条 开展经济责任审计工作应按照企业人事管理权限，依据“统一要求、分级负责、下审一级”的原则进行，即：股份公司审计部负责实施对各子公司负责人的经济责任审计；各子公司审计部门负责实施对所属单位（项目）负责人的经济责任审计。

第十条 股份公司所属企业负责人离任前，应组织有关人员做好离任移交经济事项的准备工作，并按规定撰写《中国水利水电建设股份有限公司企业负责人离任经济事项交接书》。企业负责人离任经济事项交接手续在离任企业负责人与接任企业负责人之间进行。

第十一条 审计部门负责组织实施经济责任审计的，应当成立审计项目组。

第十二条 审计项目组组长为审计项目的具体组织者，由审计部门负责人指派；审计项目组长应履行以下主要职责：

（一）组织协调与被审计企业单位的审计工作事宜；

（二）负责审核审计方案；

（三）负责带领审计项目组正式进驻企业，并落实有关工作要求；

（四）在审计工作中，及时协调解决有关重要事项；

（五）负责组织访谈、与企业及企业负责人交换审计意见；

（六）负责组织审核和修改经济责任审计报告，并对经济责任审计报告的真实性、合法性承担责任；

（七）组织对被审计企业有关财务效益状况、资产质量、重大经营活动和经营决策、遵守法律法规和上级规章制度等情况进行审计；

（八）组织对企业负责人任期的经营业绩和经济责任进行评估，得出评价结论。

第三章 工作程序

第十三条 经济责任审计工作分为准备、实施、报告三个阶段。

第十四条 准备阶段。经济责任审计准备阶段工作主要包括：审前调查、制定方案、下发通知等。

（一）审前调查。为提高审计质量，审计部门在确定审计对象后，对审计企业做必要的审前调查，审前调查应包括以下内容：企业的基本情况、审计期间的主要经营范围和主要投资活动、企业改革改制情况、审计期间的财务状况和经济效益情况等。

（二）制定方案。审计项目组根据审计重点、被审计企业的基本情况和业务流程特点等因素制定审计工作方案并报审计部门负责人批准。审计方案应包括以下内容：审计的目标及审计依据、审计范围和具体审计对象、本次审计的重点、审计的工作时间及人员安排等。

（三）下发通知。审计部门按规定向被审计企业负责人所在企业送达审计通知书，同时抄送被审计企业负责人。

审计通知书包括：审计依据，被审计单位，被审计企业负责人，审计内容，审计时间，审计组成员，被审计单位应提供的资料。

1. 企业应提供的审计资料主要有：

（1）任职期内企业的财务会计资料、预算资料、统计资料及有关审计报告、管理建议书等。

（2）企业的基本情况，如企业组织架构、企业发展战略、资本结构、资产产权证明、重要合同、贷款合同目录、主管部门有关政策的批准文件等；任职期内职工人数、职工薪酬、社会保险等情况变化，企业的社会负担情况等。

（3）企业的管理情况，主要为以文字形式描述的企业内部改革改制情况、内部决策程序及执行情况、内控制度及执行情况等，如内部财务核算制度、业务操作规程、授权与权限制度、费用开支审批办法等。

（4）重大事项，包括重大项目安排、重要投资项目、大额资金使用、重大诉讼、重大违纪事项、重要会议记录等。

（5）关联方关系及其交易情况、会计政策变更、会计估计变更及原因说明等。

（6）企业有关财产损失审批及税务部门批准处理的文件，税务部门出具的完税证明、银行对账单等外部资料。

（7）以施工为主业的子公司应对建造合同的执行情况及结果进行分析说明。

（8）在审计过程中，需要补充提供的其他资料。

2. 企业及企业负责人应提供的绩效评价资料主要有：

（1）任期内企业的年度工作计划、工作报告和工作总结。

（2）任期内企业经营目标及目标实现情况。

（3）企业负责人关于任期的述职报告。述职报告应包括任期内的主要业绩、各项经济指标的完成情况、内控制度建设及执行效果、职工生活改善情况；存在的主要问题、工作中应承担的经济责任，进一步改进企业经营管理的意见与建议等。

（4）在经济责任审计过程中，需要补充提供的其他资料。

第十五条 实施阶段。审计组在开始现场审计后，主要应完成以下工作：

（一）进驻企业。组织召开由被审计企业负责人及有关人员参加的经济责任审计见面会，明确工作要求及配合事项。

（二）发布审计公告。审计公告的内容包括：

开展本次经济责任审计工作的依据；委托单位及审计对象、审计范围、审计工作具体时间段落等；经济责任审计工作的内容、方式、方法等；审计公告的目的和方式，审计项目组具体的电话、电子邮件、办公地点等联系方式方法。

（三）开设审计意见箱，收集职工的意见，掌握审计线索。审计意见箱的钥匙要由审计项目现场负责人掌握，对收到的有关情况保守秘密，不得泄漏。

（四）开展问卷调查。

审计组进驻企业后应当组织部分职工对被审计企业负责人任期内任期目标、任期工作表现、职工中的口碑、任期内工作职责及完成情况等个人基本情况进行测评。

（五）审计人员根据对企业内部控制系统的了解、测试，明确重点与内容，并通过审查会计资料、查阅与审计范围有关的文件、盘点实物资产、向有关单位和个人询问、函证等程序，取得具有充分证明力的审计证据，为形成审计报告奠定基础。

（六）审计人员在现场审计中，应当认真填写审计工作记录，整理编制审计工作底稿。审计工作底稿包括以下内容：

（1）审计人员在审计准备阶段所形成的材料、收集的有关证据、被审计企业提供的基本情况和审计工作实施方案；

（2）与审计事项有关的证明材料及其鉴定意见；

（3）审计中发现的问题及产生的原因；

（4）判断审计事项的法律、法规、政策依据；

(5) 审计人员对审计事项的评价、初步结论和处理意见、建议，以及被审计企业及其负责人的意见；

(6) 在执行具体审计工作方案过程中所作的其他有关记录等。

审计组长应当对审计工作底稿进行复核，并对审计工作底稿的真实性、准确性负责。

(七) 进一步了解被审计企业及企业负责人的情况，向被审计企业有关人员征求意见、接收职工来信和访谈。

(八) 对被审计企业的领导班子、主要业务部门及重要下属单位负责人开展访谈工作。

第十六条 报告阶段。经济责任审计报告阶段工作主要包括：形成经济责任审计报告初稿，向被审单位和被审者征求意见，修改报告初稿、形成正式审计报告、主管审计领导审核报告、下达审计意见（决定）。具体程序按《中国水利水电建设股份有限公司内部审计工作规定》执行。

第四章 审计主要内容

第十七条 审计内容主要包括被审计企业负责人任职期间企业财务收支状况真实性审计、资产质量审计、经营成果审计、企业重大经营活动和经营决策审计、经营合法合规性审计等内容。

第十八条 财务收支状况真实性审计。根据企业会计准则及相关法律法规和上级有关规定，通过必要的审计程序，了解企业负责人任职期间企业的财务收支活动是否合法合规，会计信息是否真实、完整，账表、账账、账实是否相符，判断企业会计核算的合规性，检查企业财务管理存在的有关问题。

财务收支状况真实性审计应特别关注对货币资金、往来款项、存货、固定资产、应付职工薪酬等科目，以及合并会计报告的审计。

第十九条 任职期间资产质量的审计。重点审计企业负责人任职期间固定资产的管理和使用情况，资产质量变动情况，特别是任职期间不良资产的变动情况，审计确认任职期初到任职期末各年的不良资产总额及任期内新增不良资产情况。

本办法所称不良资产是指预期不能给企业带来经济利益的资产和企业尚未处理的资产净损失和潜亏（资金）挂账，以及按财务会计制度规定各类有问题资产预计损失金额。

第二十条 对不良资产审计时，应重点关注以下内容：

(一) 不良投资、风险债权，应提未提或少提的各项减值准备；

(二) 应转销而未转销的待处理流动资产和固定资产损益、应提未提及应摊未摊的折旧和费用；

(三) 不符合固定资产确认条件的固定资产更新改造支出、修理费用等后续支出尚未计入当期费用的金额；符合固定资产确认条件的后续支出，因未遵循合理、谨慎原则重新确定使用寿命、预计净残值和折旧方法计提折旧而少计入当期成本费用的金额；发生固定资产后续支出涉及替换原固定资产的组成部分未从账面价值扣除的金额；其他按照企业会计准则的规定应计入当期成本费用而结转下期的金额；

(四) 处于对外经济担保、未决诉讼、未决仲裁、已贴现的商业承兑汇票等或有事项状态下的资产，由于未按照企业会计准则的规定预计费用和负债而虚增的金额；

(五) 关停并转企业和未纳入财务决算范围企业的不良资产；

(六) 其他因素引起的资产损失金额。

第二十一条 在对企业不良资产审计中，还应当关注以下情况：

(一) 企业负责人任期内资产质量变动的原因。分析产生不良资产的主、客观原因，客观原因主要指国家政策、自然灾害等；主观因素主要指决策失误、经营不善等。

(二) 企业负责人任期内不良资产责任划分。按照企业负责人任期职责、任期时间及不良资产产生原因等情况，分清企业不良资产的责任，核实企业负责人任职期间不良资产情形。

第二十二条 任职期间经营成果审计。在财务收支审计与资产质量审计的基础上，审计企业负责人任期内的经营成果的真实性与完整性。同时审计确认企业负责人任期初至任期末各年的利润总额、净利润、主营业务收入、主营业务成本、期间费用、管理费用等财务评价指标。审计中应重点关注：

(一) 任期内企业收入确认和核算是否真实、完整、及时，是否符合企业会计准则规定，有无虚列、多列或透支未来收入，少列、漏列或转移当期收入等问题。

(二) 任期内企业成本费用开支范围和开支标准是否符合企业会计准则规定，成本核算是否真实、完整，符合配比原则，有无错列、多列、少列或漏列成本费用等问题。

(三) 执行建造合同准则以完工进度来确认合同收入，和办理的工程价款结算会存在一定差异。应注意：①资产负债表列示的“在建合同工程累计已发生的成本和累计已确认的毛利或亏损”与“在建合同已办理结算的价款金额”二者相抵后的差额大小；②工程项目有关变更、索赔、奖励收入的实现情况以及未来趋势。在审计报告中，对未来经营成果将产生重大影响的不确定事项要如实披露。

（四）任期经营成果的调整。如果企业存在经营成果不实问题，应当根据审计结果对企业相关的会计数据进行调整，对任期产生的不良资产进行扣除，并作出调整后的新的会计报表。

（五）确认任期内企业实际业绩利润。企业任期内实际业绩利润一般按照以下公式计算：

任期内实际业绩利润＝经过审计调整核实后的任期利润总额（已扣除任期产生的不良资产）＋消化任期以前年度不良资产。

第二十三条 任职期间企业重大经营活动和经营决策审计。重点关注企业的重大经营活动和经营决策过程是否合法合规，以及所产生的结果等。

（一）对外投资、担保、大额采购、改组改制、兼并破产等重大经营活动和重大经济决策是否符合国家有关法律法规、政策及上级有关规定；

（二）重要投资项目的建设和管理情况；

（三）重要经济事项管理制度的建立和执行情况；

（四）有关决策是否按规定程序进行；

（五）有关决策协议或合同内容是否符合企业实际，是否存在损害本企业利益的条款，其中有无个人谋利行为；

（六）有关决策的执行是否明确了具体实施管理部门，有无过程监控；

（七）有关决策结果有无给企业造成损失等。

第二十四条 任职期间企业经营合法合规性审计。主要审计企业负责人任职期间的有关经营、管理等行为是否符合国家有关法律法规及上级有关规定等。应重点关注以下情况：

（一）公款私存，坐收坐支，私设“小金库”，资金账外循环；

（二）违规越权炒作股票、期货等高风险金融品种；

（三）违规对外拆借、出借账户；

（四）违规对外出借资金等。

第二十五条 在审计以上主要内容时，应当关注企业负责人在履行经济责任过程中的下列情况：贯彻落实科学发展观，遵守有关经济法律法规情况，与领导干部履行经济责任有关的管理、决策等活动的经济效益、社会效益和环境效益情况，遵守有关廉洁从业规定情况等。

第二十六条 运用股份公司对被审计企业下达的经营业绩考核指标体系，根据审计核实后的财务数据，计算考核指标的实际完成情况，对企业负责人任职期内经营业绩和经济责任评价奠定基础。

第五章 经济责任评价

第二十七条 经济责任评价是指根据审计结果，综合考虑企业负责人任期影响企业发展的相关因素，对企业负责人任期的经营业绩与经济责任进行客观公正的分析和评价。

第二十八条 在经济责任审计过程中，应对如下内容进行评价：

（一）根据审计核实后的财务数据，计算考核指标的实际完成情况，对企业负责人任期的绩效进行的定量分析评价。

（二）对资产质量评价包括三个方面：

（1）资产运行效果评价分析，就是对总资产周转率、流动资产周转率、资产回报率等反映资产运行效果指标的环比分析后评价其运行情况及发展变化情况；

（2）资产的质量评价分析，主要对实物资产挂账真实性的核实，评价固定资产的完好率及存货实物与财务挂账的一致性等，对于其他流动资产主要考虑有无潜亏挂账，核定不良资产率水平等；

（3）企业的资产结构状况评价，分析企业资产结构的变化情况，通过资产负债率、流动比率、速动比率的变化趋势分析及单项资产趋势变化分析，评价资产组成结构的合理性、流动性、安全性等。

（三）通过对企业负责人任期内的企业发展战略规划、经营决策机制、内部风险控制、人力资源建设等方面的分析评价，反映企业采取的各项管理措施及其管理成效，对企业负责人任期的绩效进行的分析评价。

第二十九条 任期经济责任评价应遵循以下原则：

（一）客观性原则。业绩与经济责任评价要客观的反映企业负责人的实际业绩与问题，避免由于证据不足、个人主观印象等造成的人为误差。

（二）公正性原则。根据有关问题的性质，比照公平、明确的评价标准，分清企业负责人应当承担的责任，做到责任定位准确、公正。

（三）全面性原则。业绩与经济责任评价不但要充分考虑企业负责人的责任，还要充分考虑企业负责人的贡献，全面评估企业负责人任期的成绩与不足。

（四）发展性原则。对企业负责人的业绩与经济责任评价，不但要充分考虑其任期企业的效益、管理等情况，还要充分考虑企业负责人本任期行为对企业今后发展的贡献。

第三十条 在经济责任审计工作中，应当客观公正的评价企业负责人任职期间对企业的主要贡献，重点关注企业的经营效益状况、基础管理水平、重大改制改革、发展战略及执行情况、内部控制建设与落实情况、企业可持续发展情况等内容。

第三十一条 在经济责任审计工作中，应当明确企业负责人对其任期内企业存在问题应承担的经济责任。经济责任是指企业负责人在任期内职责可控范围内应当负有的责任，分为直接责任、主管责任和领导责任。

（一）直接责任是指企业负责人直接违反法律法规、国家有关规定和单位内部管理规定的行为；授意、指使、强令、纵容、包庇下属人员违反法律法规、国家有关规定和单位内部管理规定的行为；未经民主决策、相关会议讨论而直接决定、批准、组织实施重大经济事项，并造成重大经济损失浪费、国有资产流失等严重后果的行为；主持相关会议讨论或者以其他方式研究，但是在多数人不同意的情况下直接决定、批准、组织实施重大经济事项，由于决策不当或者决策失误造成重大经济损失浪费、国有资产流失等严重后果的行为。

（二）主管责任是指除直接责任外，领导干部对其直接分管的工作不履行或者不正确履行经济责任的行为；主持相关会议讨论或者以其他方式研究，并且在多数人同意的情况下决定、批准、组织实施重大经济事项，由于决策不当或者决策失误造成重大经济损失浪费、国有资产流失等严重后果的行为。

（三）领导责任是指企业负责人对其所在企业应当负有的直接责任和主管责任以外的管理责任。

第三十二条 对于企业负责人任期经济责任的评价，既要考虑企业负责人的经营业绩，又要分析企业负责人的经济责任，并要充分考虑企业自身发展状况、历史负担、行业特点、持续发展等因素。

第三十三条 经济责任审计，原则上以会计年度作为企业负责人经济责任审计期间，并以此确定审计和评价财务数据的期初数；但对于重大经营决策、重大财务事项等的责任界定，以企业负责人的实际任期为准。

（一）企业负责人的任职时间为某一年度的上半年，以本年初作为企业负责人经济责任审计的期初；

（二）企业负责人的任职时间为某一年度的下半年，以下一年初作为企业负责人经济责任审计的期初。

第六章 审计报告

第三十四条 经济责任审计报告是经济责任审计工作最终的工作报告，应由标题、受报人、正文、附件、签章、报告日期等基本要素组成。

（一）标题。标题中应明确经济责任审计的企业及企业负责人名称和报告性质。

（二）受报人。应为签发审计通知书的企业负责人。

（三）正文。审计报告的正文内容一般包括：

1. 审计任务的说明。主要包括：执行审计的依据、被审计企业名称、被审计企业负责人姓名、任职时间、审计范围、内容、方式和时间，采用的主要审计方法，延伸或追溯审计的重要事项，以及对被审计企业及负责人配合与协助情况的评价等。

2. 被审计企业基本情况。主要包括：企业的经济性质、管理体制、业务范围及经营规模、财务隶属关系、核算形式等基本内容。

3. 被审计企业的基本财务状况。主要包括：审计前后企业基本财务数据的变化及原因，任期内各年企业的经营成果、财务状况、收入结构、成本费用等主要指标的变化情况等。

4. 被审计企业的财务绩效分析。主要包括：任期内的经营成果的变动及趋势分析、任期内的资产运营及资产质量变动和趋势分析、任期内的发展能力变动及趋势分析、任期内的偿债能力变动及趋势分析。

5. 经审计发现企业存在的主要问题，包括企业的问题和负责人的问题两方面。对于审计中发现的主要问题要进行分类整理，并明确发现问题的事实，产生问题的原因，所违反有关法律法规的具体内容，存在问题所造成的影响或后果等。

6. 审计评价。重点分析企业负责人任职期间，企业各项考核指标的完成情况；分析企业负责人在企业发展战略规划、改革改组改制、生产经营成果、内部控制机制，提高企业市场竞争力和持续发展能力等方面的主要业绩。根据审计中发现的问题与业绩，结合企业的历史沿革、发展战略等，对企业负责人任职期间的经营业绩与经济责任进行综合客观的评价，并明确其应当承担的经济责任。

7. 审计意见和建议。对审计发现的有关问题提出审计处理意见和审计建议。

8. 需要在审计报告中反映的其他情况。

（四）签章。由审计项目组长签章。

（五）报告日期。上报审计报告的日期。

第三十五条 经济责任审计报告的撰写要求：

（一）报告涉及的相关内容必须要有证据支持；

（二）报告应当观点明确，内容清晰，严谨精练，论述清楚，业绩要讲透，问题要讲准，责任要讲清。

第三十六条 被审计单位应对审计部门提出的审计意见认真加以整改，并将整改落实情况按规定时限书面报审计部门；有关部门和单位应当根据干部管理监督的相关要求运用经济责任审计结果，将其作为考核、任免、奖惩领导干部的重要依据，并以适当方式将审计结果运用情况反馈审计部门。

第七章 质量控制

第三十七条 审计项目组的质量控制主要包括以下内容：

（一）与被审计企业或企业负责人有利害关系的人员，不应当进入审计项目组；

（二）审计项目组应当取得企业关于保证所提供资料真实完整及对有关事项的书面承诺（承诺书格式附后），以明确会计责任和审计责任；

（三）审计项目组应当建立严格的审计复核制度；

（四）审计项目组对于不熟悉的专业难题，可以请专家出具意见书；对未经审计的项目或内容不予评价；经审计认定的经济责任中，需要追究党纪政纪责任的，移交企业负责人主管单位纪检监察部门处理。应当依法追究刑事责任的，由有关部门移交司法机关处理；

（五）审计项目组在实施审计时，应当与企业负责人主管单位组织、人事、纪检部门联系，将了解的被审计企业财务管理情况与人力资源管理部门掌握的企业负责人考核情况有机结合，以客观评估企业负责人任期的经营业绩和经济责任。

第三十八条 审计程序上的质量控制，主要包括审计计划质量控制、审计项目实施过程质量控制、审计结论和报告质量控制三部分。具体按《中国水利水电建设股份有限公司内部审计质量控制规范》执行。

第八章 附则

第三十九条 各子企业可根据本办法结合本企业实际制定本单位的经济责任审计办法。

第四十条 本办法未涉及的事项按《中国水利水电建设股份有限公司内部审计工作规定》执行。

第四十一条 本办法解释权属股份公司。

第四十二条 本办法自发布之日起施行。

附：审计承诺书（略）

中国水利水电建设股份有限公司
党风廉政建设责任制实施办法

（中水电股党〔2011〕43号·2011年7月7日）

第一章 总则

第一条 为加强中国水利水电建设股份有限公司（以下简称股份公司）党风廉政建设，明确各级党政领导班子、领导人员在加强党风廉政建设中的责任，保证党中央、国务院关于党风廉政建设和反腐倡廉各项决策部署的贯彻落实，进一步提高管党、治党水平，推动股份公司持续、平稳、健康发展，根据中共中央、国务院颁发的《关于实行党风廉政建设责任制的规定》（中发〔2011〕19号）和《中国共产党章程》，结合股份公司实际，制定本办法。

第二条 落实党风廉政建设责任制，要以邓小平理论和“三个代表”重要思想为指导，深入贯彻落实科学发展观，坚持党要管党、从严治党，坚持标本兼治、综合治理、惩防并举、注重预防，扎实推进惩治和预防腐败体系建设，认真贯彻上级党委和股份公司党委关于党风廉政建设和反腐倡廉工作的决策部署，为股份公司改革发展提供有效保障。

第三条 落实党风廉政建设责任制，要坚持党委统一领导，党政齐抓共管，纪委组织协调，部门各负其责，依靠群众支持和参与的领导体制和工作机制。把落实党风廉政建设责任制作为党的建设的重要内容，纳入各级党政领导班子、领导人员目标管理，把党风廉政建设与生产经营管理、企业文化建设等工作紧密结合，一起部署，一起落实，一起检查，一起考核。

第四条 坚持集体领导与个人分工负责相结合；坚持谁主管，谁负责，一级抓一级，层层抓落实的工作原则。

第五条 本办法适用于股份公司，总部各部门、各代表处、各子公司、控股公司、各区域总部等（以下简称：各单位）。

第二章 责任内容

第六条 股份公司党政领导班子对股份公司党风廉政建设负全面领导责任；各单位领导班子对本单位党风廉政建设负全面领导责任。党委书记、董事长、总经理对本单位的党风廉政建设负总责；领导班子其他成员根据分工，对职责范围内的党风廉政建设负主要领导责任；总部各职能部门正职对本部门的党风廉政建设负主要领导责任。

党政领导班子主要负责人是职责范围内的党风廉政建设第一责任人。要对重要工作亲自部署，重大问题亲自过问，重点环节亲自协调，重要违法违纪案件亲自督办。

第七条 股份公司及各单位党政领导班子，在党风廉政建设中承担以下领导责任：

（一）认真贯彻落实上级党委关于党风廉政建设的有关部署和要求，分析研究职责范围内的党风廉政状况，研究制订党风廉政建设工作计划、目标要求和具体措施，并组织实施。

（二）认真落实股份公司《建立健全惩治和预防腐败体系2008～2012年工作规划任务分解方案》（中水电党〔2009〕62号）和《关于进一步推进公司惩防体系建设的工作意见》（中水电党〔2009〕110号）等工作部署，扎实、协调、均衡推进惩防体系建设，构建教育、制度、监督并重的惩治和预防腐败体系，完善落实各项管理制度，从源头上预防和治理腐败。

（三）开展党性党风党纪和廉洁从业教育。组织党员、员工学习党风廉政建设理论，学习国家法律法规和党纪政纪条规。

（四）贯彻落实党风廉政法规制度，要结合本单位实际情况，推动制度、体制、机制创新，制定具体办法并组织实施。

（五）强化权力制约，履行监督职责。建立健全决策权、执行权、监督权既相互制约又相互协调的权力结构和运行机制，推进权力运行的程序化和公开透明。

（六）严格执行党管干部原则和国有企业市场化选拔聘用人员的有关规定，防止和纠正用人上的不正之风。

（七）切实加强纪检监察组织建设，领导并支持纪检组织、监察部门履行职责。

（八）加强作风建设，改变工作作风、生活作风，切实解决党风方面存在的突出问题。

（九）对职责范围内的党风廉政建设情况、领导班子和领导人员廉洁从业情况进行监督、检查和考核。及时听取工作汇报，切实解决重大问题。

第八条 股份公司及各单位党政主要负责人的主要目标责任：

（一）党委主要负责人。

1. 负责抓好本级和下一级党委领导班子成员的管理、教育和监督工作，抓好领导人员廉洁从业的教育、监督、检查、考核、奖惩，把党风廉政建设责任制一级一级落到实处。

2. 定期主持召开党委会议、党政联席会议或党风廉政建设领导小组会议，研究党风廉政建设的情况，抓住主要矛盾，找出党风廉政建设存在的重点问题和薄弱环节，明确工作重点，按照工作规划推动落实。

3. 主持召开领导班子民主生活会，解决领导班子成员作风和廉洁从业方面的主要问题，带头开展批评与自我批评，述廉议廉，加强领导班子团结，增强领导班子成员廉洁自律、廉洁从业意识，提高领导人员拒腐防变能力。

4. 贯彻落实中水电股党〔2010〕85号文件要求，切实加强对纪检组织、监察部门的领导，切实加强纪检监察队伍建设，为开展执纪监督创造有利环境和必要的条件。

（二）行政主要负责人。

1. 抓好同级副职领导人员和所属二级单位主要行政领导的廉洁从业工作，认真开展督促、检查、考核、奖惩，坚持“一岗双责”，抓好分管单位、部门党风廉政建设责任制的工作落实。

2. 强化企业管理，建立健全各项规章制度，完善约束监督机制，组织开展效能监察，加强对有资源配置权的部门及人员的管理、教育和监督，规范经营行为，依法合规经营，抓好职责范围内的领导人员廉洁从业工作，落实各项管理及监督制度。

3. 全面落实党中央、国务院和上级关于“三重一大”决策制度规定，切实增强集体决策、科学决策意识，完善决策程序并组织落实。

4. 贯彻落实中水电股党〔2010〕85号文件要求，充实和配备好监察部门工作人员，加强对监督部门工作的支持和指导，支持执纪监督工作的开展，为做好效能监察、执纪检查和查处违纪案件提供经费保障和工作条件。

第九条 党政领导班子其他成员、领导人员，依据党内或行政工作分工，对职责范围内的党风廉政建设负主要领导责任。

第三章 检查考核与监督

第十条 股份公司党政领导班子执行党风廉政建设责任制情况的检查考核与监督由上级党委负责。

股份公司对各单位的集中考核工作每年进行一次。检查考核结合对领导班子、领导人员的工作业绩考核、年度考核、专项检查等日常工作相结合，也可以单独组织检查考核。

第十一条 股份公司党风廉政建设领导小组负责对各单位领导班子、领导人员党风廉政建设责任制执行情况的检查考核组织工作。纪委、监察部会同相关部门对各单位领导班子和领导人员党风廉政建设责任制的执行情况进行检查考核与监督。

第十二条 党风廉政建设责任制的检查和考核内容：由责任制考核评分标准、股份公司党委常委评价、股份公司职能部门评价、本单位中层领导人员、员工代表问卷测评等五部分组成。

第十三条 党风廉政建设检查考核结果向党委报告，考核结果作为对领导人员的业绩评定、薪酬兑现、选拔任用的重要依据。

考核结果可在股份公司工作会议、反腐倡廉工作会议或适当的范围内通报。对检查考核中发现的问题要及时研究解决，并督促整改落实。

第十四条 领导人员落实党风廉政建设责任制的工作情况，作为民主生活会和述廉议廉的一项重要内容，并接受参会和列席会议人员的民主评议。

第十五条 股份公司党委常委要加强对各单位领导班子、领导人员执行党风廉政建设责任制情况的巡视与监督，切实“一岗双责”。

第十六条 各单位党委每年 11 月底前，将贯彻落实党风廉政建设责任制情况专题报告股份公司党委和纪委。

第四章 责任追究

第十七条 按照“谁主管谁负责”的原则，党风廉政建设责任制实行下管一级、上追一级的责任追究机制。副职出现问题，正职要承担相应的责任；下级班子主要负责人出现问题，上级领导班子或主管领导要承担相应责任；部门领导出现问题，分管领导要承担相应的责任。

第十八条 领导人员违反本办法责任内容的相关规定，在党风廉政建设中疏于管理，失职渎职，有下列情形之一的，要追究其领导责任：

（一）对党风廉政建设工作领导不力，致使责任范围内明令禁止的不正之风得不到有效的治理，造成不良影响的；

（二）对上级交办的党风廉政建设责任范围内的事项不传达贯彻、不安排部署、不督促落实，或者拒不办理的；

（三）领导班子、领导人员违反“三重一大”决策制度，造成严重后果的；违反规定选拔任用干部，或者用人失察、失误造成恶劣影响的；

（四）对苗头性、倾向性腐败现象和群众举报的违纪问题，不及时提醒、不及时查处的；

（五）放任、包庇、纵容下属人员违反财经、税务、审计、统计等法律法规弄虚作假，有案不查，压案不报或查处不力的；

（六）疏于监督管理，致使领导班子成员或领导人员职责范围内的下属发生严重违法违纪问题的；

（七）其他需要追究的相关责任。

第十九条 领导班子、领导人员发生本办法第十八条所列情形，情节较轻的，给予批评教育、诫勉谈话、责令作出书面检查；情节较重的，给予通报批评；情节严重的，给予党纪政纪处分，或者给予调整职务、责令辞职、免职和降职等组织处理。涉嫌犯罪的，移送司法机关依法处理。

以上责任追究方式可以单独使用，也可以合并使用。

第二十条 领导班子、领导人员具有本办法第十八条所列情形，并具有下列情节之一的，从重追究责任：

（一）对职责范围内发生的问题进行掩盖、袒护的；

（二）干扰、阻碍责任追究调查处理的。

第二十一条 领导班子、领导人员具有本办法第十八条所列情形，并具有下列情节之一的，可以从轻或者减轻追究责任：

（一）对职责范围内发生的问题及时如实报告并主动查处和纠正，有效避免损失或者挽回影响的；

（二）认真整改，成效明显的。

第二十二条 领导班子、领导人员违反本办法，需要查明事实、追究责任的，按照领导人员管理权限进行调查处理。其中需要追究党纪政纪责任的，由纪检组织、监察部门按照党纪政纪案件的调查处理程序办理；需要给予组织处理的，由组织人事部门或者由负责调查的纪检监察部门会同组织人事部门，按照有关权限和程序办理。

第二十三条 实施责任追究要实事求是，分清集体责任和个人责任、主要领导责任和重要领导责任。

追究集体责任时，领导班子主要负责人和直接主管的领导班子成员承担主要领导责任，参与决策的班子其他成员承担重要领导责任。对错误决策提出明确反对意见而没有被采纳的，不承担领导责任。

错误决策由领导人员个人决定或者批准的，追究该领导人员个人的责任。

第二十四条 实施责任追究不因领导人员工作岗位或者职务的变动而免予追究。已退休但按照本规定应当追究责任的，仍须进行相应的责任追究。

第二十五条 受到责任追究的领导班子、领导人员，取消当年年度考核评优和评选各类先进的资格。

单独受到责令辞职、免职处理的领导人员，一年内不得重新担任与其原任职务相当的领导职务；受到降职处理的，两年内不得提升职务。同时受到党纪政纪处分和组织处理的，按影响期较长的执行。

第二十六条 各级纪检组织、监察部门应当加强对下级党组织实施责任追究情况的监督检查，发现有应当追究而未追究或者责任追究处理决定不落实等问题的，应当及时督促下级党组织予以纠正。

第五章 附 则

第二十七条 股份公司各单位应根据本办法制定实施细则和有关配套制度，并报股份公司纪委备案。

第二十八条 本办法由股份公司纪委、监察部负责解释。

第二十九条 本办法自发布之日起施行。2010年发布的《党风廉政建设责任制实施意见》同时废止。

中国水利水电建设股份有限公司
反腐倡廉教育长效机制实施办法

（中水电股党〔2011〕55号·2011年8月9日）

为贯彻落实《国务院国资委党委关于加强中央企业领导人员反腐倡廉教育的意见》（国资委党委纪检〔2011〕118号），增强企业领导人员廉洁从业意识，提高拒腐防变能力，建立健全与股份公司改革发展相适应的领导人员反腐倡廉教育长效机制，结合股份公司实际，特制定反腐倡廉教育长效机制实施办法。

一、不断提高对加强公司领导人员反腐倡廉教育的认识

领导人员反腐倡廉教育是惩治和预防腐败体系建设的重要内容，是反腐倡廉建设的基础性工作，是一项长期而紧迫的任务。当前，公司正处在改革发展关键阶段，领导人员廉洁从业面临的环境越来越复杂，体制机制还不完善，滋生腐败现象的土壤和条件依然存在。面对新形势、新情况，加强公司各级领导人员反腐倡廉教育，对于建设具有坚定理想信念、坚强党性修养和良好道德品质和领导人员队伍，推动公司做强做优、培育成具有国际竞争力的世界一流企业，具有重要意义。

二、反腐倡廉教育工作的指导思想、目标要求和工作原则

（一）指导思想

高举中国特色社会主义伟大旗帜，以邓小平理论和“三个代表”重要思想为指导，深入贯彻落实科学发展观，以树立正确的世界观、人生观、价值观和权力观、地位观、利益观为导向，以理想信念教育、思想作风教育、形势任务教育、廉洁从业教育和反腐倡廉法规制度教育为重点，引导企业领导人员筑牢思想道德防线，着力解决在党性党风党纪方面存在的突出问题，为股份公司科学发展提供精神动力和思想保证。

（二）目标要求

按照惩治和预防腐败体系工作规划的目标要求，构建充分发挥教育说服力和制度约束力的反腐倡廉教育机制。从2011年起，股份公司领导班子成员每三年至少参加一次国务院国资委组织的反腐倡廉专题教育；股份公司将至少每两年开展一次对总部中层领导人员及各二级单位领导班子成员的反腐倡廉专题教育；各二级单位根据自身实际制订阶段性的领导人员反腐倡廉教育计划。

（三）工作原则

1. 围绕中心，服务大局。反腐倡廉教育要紧紧围绕股份公司生产经营管理的中心任务，把反腐倡廉教育寓于企业改革发展的各项工作之中，把促进股份公司建设成为具有较强国际竞争力的质量效益型跨国公司作为教育的根本出发点和落脚点。

2. 分类实施，突出重点。根据教育对象的特点和需求，坚持因人施教，按需施教，分类分层分岗施教。既要保障教育的覆盖面，又突出抓好公司主要负责人和重点领域、重要岗位领导人员的教育，提高教育的针对性。

3. 贴近实际，注重实效。教育内容和形式要贴近股份公司发展实际，贴近生产经营实际，贴近领导人员思想和工作实际，着重解决职工群众反映突出的实际问题，增强教育的实效性。

4. 统筹协调，齐抓共管。把反腐倡廉教育融入党的思想政治建设和宣传教育总体部署，贯穿于构建惩治和预防腐败体系各个环节，体现在从严管理领导人员各项要求之中。按照党风廉政建设责任制的要求，完善反腐倡廉教育工作格局，形成工作合力。

5. 探索规律，改革创新。不断丰富教育内容，改进教育方式，创新教育载体，拓宽教育领域，推动反腐倡廉教育理论和实践创新，增强教育的生机活力，提高教育的科学化水平。

三、不断丰富反腐倡廉教育内容

股份公司反腐倡廉教育在强化党的优良传统教育、道德修养教育的基础上，突出作为中央企业所肩负的经济责任、政治责任和社会责任，重点抓好五个方面的教育：

（一）理想信念教育

开展中国特色社会主义理论体系教育，引导领导人员坚定马克思主义信仰和中国特色社会主义信念。提高政治敏锐性和政治鉴别力，始终坚持立场坚定、头脑清醒。坚持进行党的基本理论、基本路线、基本纲领和基本经验教育。增强领导人员对企业的忠诚度和归属感，增加领导人员对股份公司做强做优、成为具有国际竞争力的世界一流企业的信心和决心。

（二）思想作风教育

贯彻以人为本的从业理念，保持领导人员同职工群众的血肉联系。全面加强领导人员的思想作风、工作作风、领导作风、生活作风建设，真抓实干，求真务实，管理科学高效。继续发扬党员领导人员艰苦奋斗、勤俭节约的优良传统，继续保持批评与自我批评的优良作风。激励领导人员加强党性修养和从业道德修养，更好发挥表率作用。

（三）形势任务教育

不断分析公司反腐倡廉建设的现状、特点和趋势，总结工作经验，增强领导人员反腐倡廉的信心。引导领导人员充分认识企业反腐倡廉建设的长期性、复杂性和艰巨性，增强忧患意识，提升政治责任感、工作紧迫感和反腐倡廉自觉性。

（四）廉洁从业教育

教育各级领导人员自觉遵守《中国共产党党员领导干部廉洁从政若干准则》和《国有企业领导人员廉洁从业若干规定》，坚决纠正滥用职权、以权谋私、违规职务消费以及侵害公司利益的行为，促进领导人员规范用权、廉洁从业。

（五）反腐倡廉法规制度教育

经常性地开展法律法规教育，不断增强领导人员依法从业意识。以《中国共产党章程》、《中国共产党党内监督条例》、《中国共产党纪律处分条例》等党内法规为重点，进行党纪政纪条规教育，使广大党员领导人员全面掌握党内的各项具体规定，自觉遵守和维护党纪条规。对各级领导人员开展企业规章制度教育，帮助领导人员全面把握企业各项规章制度，促进各级领导人员自觉按照国家法律法规和企业各项规章制度办事。

四、不断创新反腐倡廉教育方式方法

各公司应发挥自身优势，创新教育形式，拓展教育渠道和教育阵地，增强教育的感召力和影响力。

（一）推进示范教育和警示教育

开展典型示范教育，注重发现和宣传遵纪守法、廉洁奉公的先进典型，弘扬正气，通过身边人身边事教育、引导、感染广大党员干部，形成学先进、崇廉洁的良好气氛。推进警示教育，组织案件通报会、学习警示读本、观看警示教育片、参观警示图片等活动，使领导人员引以为戒、防微杜渐。把榜样示范和案件警示教育与任前廉洁谈话相结合、与日常教育、党课教育和自我教育相结合，用正面典型激励，用腐败案例警示，增强教育效果。

（二）注重岗位教育

对于各级领导班子成员，依托中心组学习、上党课等方式开展理想信念、廉洁从业、领导作风和纪律教育，引导领导班子成员正确看待和行使权力，加强党性修养，完善领导方法，改进领导作风，树立科学发展观和以人为本的领导理念。对于重要岗位领导人员，通过集中教育和个别教育、典型示范教育和警示案例教育相结合等方式，着重加强职业道德教育和依法经营教育，促进重点岗位领导人员遵纪守法、廉洁自律，把岗位教育同创建“四好”领导班子、创先争优活动和岗位建设等有机结合。重点关注腐败现象易发多发的领域和部门，查找不同岗位存在的廉洁风险，通过有针对性的教育和警示，强化责任意识和风险意识。

（三）开展主题教育活动

根据不同时期企业的工作安排、反腐倡廉建设重点工作以及领导人员在思想作风等方面出现的倾向性、苗头性问题确定教育活动的主题。专门拿出时间，开展集中教育，通过党课、民主生活会、报告会、演讲、知识竞赛、征文比赛、廉洁承诺、诫勉谈话、示范警示等丰富多彩的教育实践和研讨活动，强化廉洁意识、法纪意识、政治意识，促进领导人员理想信念更加坚定、作风更加优良，预防腐败能力进一步提升。

（四）营造廉洁文化氛围

贯彻落实《中国水利水电建设股份有限公司加强廉洁文化建设的实施意见》（中水电股党〔2010〕59号）和中国电力企业联合下发的《全国电力行业核心价值公约》（中水电股党〔2011〕45号），进一步推动廉洁文化进机关、进项目、进岗位、进家庭活动，着力培育“廉洁从业、诚信守法、行为规范、道德高尚”的廉洁理念，形成“以廉为乐、以廉为荣、以贪为耻”廉洁文化氛围。充分利用公司网站、报纸等媒体，广泛传播廉洁文化思想内涵，营造廉洁文化建设的浓厚文化氛围。

（五）拓宽教育渠道

坚持传统方法和现代手段相结合，突出电化教育形象、直观、生动的特点，发挥网络、手机短信便捷的优势，重点加强网上反腐倡廉教育阵地建设。加强与公检法等单位的合作，深入开展企检共建等活动，增强教育的说服力和震撼力。

（六）加强教育基地的使用

利用当地的思想文化、教育资源，联合建设反腐倡廉教育基地。定期组织领导人员到基地接受教育，充分发挥基地在领导人员反腐倡廉教育中的重要作用。

五、健全公司领导人员反腐倡廉教育机制

（一）把反腐倡廉教育贯穿于领导人员的培养、选拔、管理和使用全过程

在年轻领导人员和后备领导人员的培养中，加强反腐倡廉教育。建立廉洁从业考试制度，在领导人员公开选拔、竞争上岗等工作中增加廉洁从业知识测试内容。坚持和完善领导人员任前廉洁谈话制度。对新进入领导岗位的领导人员集中开展反腐倡廉教育。强化领导人员述职述廉制度、个人有关事项报告和诫勉谈话制度。建立健全党性定期分析制度和反腐倡廉专题民主生活会制度。

（二）健全反腐倡廉教育培训机制

把反腐倡廉教育内容列为企业党委中心组学习的重要内容，企业主要负责人每年至少做一次反腐倡廉报告。各类进修班、培训班要安排反腐倡廉教育内容。建立健全教育管理制度和学员学习档案制度。加强反腐倡廉教育培训师资建设和教学研讨，开发具有公司特色的优质教材，建立反腐倡廉教育资料库。

（三）创新反腐倡廉教育制度

总结提炼反腐倡廉教育实践中的典型经验和有效做法，上升为制度。以改革创新精神推动制度建设，建立健全用制度开展工作、规范工作、落实工作的机制。

（四）保障反腐倡廉教育经费

设立反腐倡廉教育专项经费，纳入公司财务预算管理，专款专用。

六、确保公司领导人员反腐倡廉教育落到实处

（一）加强组织领导

公司各级党委要高度重视，把领导人员反腐倡廉教育列入重要议事日程，纳入企业“十二五”发展规划，制定实施方案。为加强对开展反腐倡廉教育活动的组织领导，股份公司将成立反腐倡廉教育活动领导小组，重点对反腐倡廉教育活动进行指导。各二级单位也要高度重视，成立相应的组织机构，党委书记、总经理是反腐倡廉教育的主要责任人，领导班子成员不仅要带头接受反腐倡廉教育，而且要落实“一岗双责”，要落实一级抓一级，层层抓落实的领导机制。同时，各部门要结合各自实际，做好协调配合工作，充分发挥反腐倡廉教育的整体合力。

（二）健全工作格局

建立企业党委统一领导、党政齐抓共管，纪委组织协调、有关部门各负其责的工作格局。各级党委要把领导人员反腐倡廉教育作为党建工作责任制考核的重要考核内容，做到有计划、有安排、有部署、有检查；各级纪委要做好组织协调工作，发挥牵头作用，积极提出工作建议，拿出工作方案，把领导人员反腐倡廉教育作为党风廉政建设和反腐败工作联席会议的重要内容，沟通情况，加强督促检查；组织人事部门重点做好党性教育，在领导人员培养、选拔、管理和使用过程中落实好反腐倡廉教育任务；党委宣传的重点是抓好各级领导人员的理想信念教育，组织好反腐倡廉理论学习和反腐倡廉形势政策的宣传教育，其他相关部门要根据所负责工作的“面”和“线”，有针对性地开展好反腐倡廉教育工作。

（三）注重教育质量

反腐倡廉教育要注重实效，防止流于形式走过场，不仅要保证教育时间、人员落实，更重要的是保证教育效果。要通过检查考核促进学习质量的提高，要建立奖惩机制，把反腐倡廉教育考核结果作为年度考核的重要内容，对反腐倡廉教育工作有创新、有实效的单位及个人要予以表扬和奖励，对教育不重视、不落实、搞形式主义的单位及个人要进行通报批评，并追究相关领导的责任。公司各级领导人员每人每年至少写出反腐倡廉教育心得体会一篇，并在民主生活会、述职述廉会议上进行汇报。

（四）强化督促检查

各级党委要把领导人员反腐倡廉教育工作纳入

党风廉政建设责任制、惩治和预防腐败体系建设检查范围，作为领导班子和领导人员年度考核的重要内容以及评先选优的重要依据。股份公司纪委将通过召开情况汇报会、组织跟踪检查等形式，对反腐倡廉教育活动进行督导。各公司纪委每半年向股份公司纪委反腐倡廉教育活动领导小组报告本单位开展反腐倡廉教育活动的情况，根据各单位教育开展情况，股份公司纪委将适时组织召开反腐倡廉教育经验交流会，不断推进公司反腐倡廉教育工作的经常化、创新性、科学性、先进性。

中国水利水电建设股份有限公司开展加快转变经济发展方式监督检查的实施方案

（中水电股党〔2011〕56号·2011年8月11日）

加快转变经济发展方式，是中央"十二五"时期经济发展的主线，是贯彻落实科学发展观的内在要求。开展加快转变经济发展方式监督检查，是严明纪律、确保政令畅通的基本要求，是坚持围绕中心、服务大局、推动"十二五"规划顺利实施的重要保证，是加快推进惩治和预防腐败体系建设的重要内容，是推动公司全面实施转型升级、科技创新、国际化经营、人才强企、和谐发展战略的有力抓手。为切实做好加快转变经济发展方式监督检查工作，推动公司平稳较快发展，根据国务院国资委《关于开展中央企业加快转变经济发展方式监督检查的通知》（国资党委纪检〔2011〕147号），结合公司实际，特制定本实施方案。

一、监督检查的工作原则

开展加快转变经济发展方式监督检查工作，遵循以下原则：

（一）统一组织，分工负责

建立科学有效的组织领导体制和协作配合机制，注重发挥和整合各种监督资源的监管作用，形成各司其职、各负其责、上下联动、齐抓共管的工作格局，切实增强监督检查的整体性和协调性。

（二）统筹兼顾，突出重点

既要保证监督检查能够覆盖转变经济发展方式的主要方面，又要紧盯突出问题、抓住关键环节，切实增强监督检查的针对性和有效性。

（三）通盘谋划，分类实施

既要从集团公司全局出发考虑和处理问题，又要把握好公司各主业及各子公司协调发展、相关行业科学发展的特点和规律，实事求是地确定检查内容，切实增强监督检查的科学性和合理性。

（四）查纠结合，务求实效

严格执行党纪政纪、国家法律法规和公司各项规章制度，综合运用督促整改、查办案件、纪律处分、行政问责等多种手段，及时解决和严肃查处违规违纪问题，切实增强监督检查的权威性和严肃性，保证公司各项决策部署落到实处。

二、监督检查的主要内容

开展加快转变经济发展方式监督检查，要按照加快转变经济发展方式"五个坚持"的基本要求，围绕做强做优、培育具有国际竞争力的世界一流企业的核心目标，重点从以下四个方面开展监督检查：

（一）贯彻落实中央关于"十二五"时期经济社会发展的指导思想、总体思路、重大举措的情况

主要是在确定公司发展思路、制定和实施公司发展规划时是否全面贯彻落实"五个坚持"的基本要求，发展战略是否符合"十二五"时期国家发展规划和产业政策、符合企业结构调整方向，是否找准了影响和制约公司科学发展和加快经济发展方式转变的主要矛盾和突出问题并实施了有效的对策措施，投资决策是否突出主业、有利于提高企业核心竞争能力。

（二）结构调整、资源整合和"走出去"有关工作落实情况

主要是淘汰落后生产工艺和技术的工作目标是否完成，优化产业结构和产品结构工作是否落实，产品质量提升和品牌建设是否有效；低效、无效资产和长期亏损业务是否正抓紧清理，内部资源的整合优化工作是否有效，公司制股份制改革是否规范有序推进；国际化经营战略是否明晰，国际化经营体制机制是否健全，境外风险管控体系和法律风险防范机制是否建立。

（三）重点产业振兴和技术改造专项投资项目实施、国家科技重大专项实施及其经费管理使用、国家重点科技计划项目实施及其经费管理使用情况

主要是配套资金是否及时、足额到位，经费管理使用是否合法合规、公开透明，项目建设和运营是否按照批准的建设内容组织实施，项目审批和建设程序是否合法合规，招标投标活动是否依法进行，

工程质量和安全生产领导责任制是否得到落实，项目执行是否有良好的经济效益和社会效益。

（四）节能减排和环境保护政策措施落实情况

主要是节能减排组织管理体系和考核奖惩体系和统计监测体系是否健全，节能减排规划和目标责任制是否落实，节能减排措施是否完善，资金投入是否到位，节能减排目标是否完成，产业结构调整和淘汰落后产能是否符合国家要求，新上项目是否严格执行固定资产投资项目节能评估和审查制度，能效水平是否进一步提高，单位能耗是否进一步降低，重点类企业是否达到国内和国际先进水平；环境污染是否得到有效治理，环境影响评价制度是否得到严格执行，饮用水安全保障、大气污染联防联控、化学品环境风险防控、危险废物处置等方面工作是否有效。

除上述四个方面外，公司将结合自身改革发展的实际，在完成统一部署的监督检查任务的基础上，紧紧抓住制约公司转变发展方式的薄弱环节和突出问题，开展相关监督检查。

三、组织领导

加快转变经济发展方式监督检查涉及面广、政策性强、工作难度大，必须加强组织领导和统筹协调。经公司党委批准，成立中国水电建设股份有限公司加快转变经济发展方式监督检查工作领导小组，股份公司董事长、党委书记范集湘担任组长，股份公司副总经理、党委常委袁柏松和股份公司党委副书记、纪委书记陈永录分别担任副组长，股份公司总经理工作部、企业发展部、财务产权部、工程科技部、投资部、市场经营部、审计部、监察部、股份公司各事业部等部门为成员单位，领导小组办公室设在监察部（组成人员名单附后）。

四、责任分工

监督检查实行“领导小组牵头主抓、统筹协调，相关职能部门分工负责、各司其职”的工作方式。各子公司要加强组织领导，明确责任分工，确保监督检查工作扎实、有序地向前推进。

1. 股份公司总经理工作部、企业发展部：负责贯彻落实中央关于“十二五”时期经济社会发展的指导思想、总体思路、重大举措情况的监督检查；

2. 股份公司投资部、市场经营部、各事业部：负责结构调整、资源整合和“走出去”有关工作落实情况的监督检查；

3. 股份公司财务产权部、工程科技部、审计部：负责重点产业振兴和技术改造专项投资项目实施、国家科技重大专项实施及其经费管理使用、国家重点科技计划项目实施及其经费管理使用情况的监督检查；

4. 股份公司工程科技部：负责节能减排和环境保护政策措施落实情况的监督检查；

5. 股份公司监察部：负责具体组织联络工作。

五、工作步骤

2011年股份公司开展加快转变经济发展方式监督检查从8月份开始，12月份结束，分为以下四个阶段：

（一）动员部署阶段（2011年8月15日前）

股份公司将认真组织学习中央、国务院国资委有关文件精神，做好动员部署工作，健全组织领导机构和办事机构，研究制定实施方案，分解落实工作责任，确保监督检查工作有效开展。

（二）自查自纠阶段（2011年9月底前）

股份公司将按照国务院国资委要求及本实施方案，全面组织自查自纠，及时发现问题，总结经验，研究制定改进措施，边检查、边总结、边整改。按照责任分工，各相关部门及各子公司于10月10日前将自查自纠总结报告报送股份公司加快转变经济发展方式监督检查工作领导小组办公室。

（三）重点检查阶段（2011年10月）

股份公司将根据自查自纠情况，组织若干检查组对部分子公司进行重点检查，发现、纠正存在问题，总结、推广好的经验做法。

（四）整改总结阶段（截至2011年12月15日）

重点检查阶段结束后，股份公司将认真组织制定整改方案，并对2011年开展加快转变经济发展方式监督检查工作进行全面总结，整改方案和总结报告于12月15日前一并报送国务院国资委加快转变经济发展方式监督检查工作领导小组办公室。

六、工作要求

加快转变经济发展方式监督检查工作头绪多、任务重，政治性、政策性都很强，工作中着力做到以下几点：

（1）加强组织领导。为切实加强对转变经济发展方式监督检查工作的组织领导，各子公司要成立加快转变经济发展方式监督检查工作领导小组，负责监督检查工作的组织领导和工作协调。

（2）精心安排部署。各相关部门、各子公司要在深入调查研究、科学分析论证的基础上，研究制定监督检查工作的具体方案和监督检查工作计划，重点对监督检查工作作出安排。同时，要根据形势发展变化和监督检查实际，针对工作中存在的薄弱环节和遇到的新情况、新问题，及时调整监督检查的工作重点、时间安排和力量投入，创新监督检查的方式方法，保证监督检查工作扎实有效进行。

（3）加强协调配合。各相关部门既要各司其职、各负其责，又要团结协作、密切配合，增强监督检查的整体合力。负责牵头部门要认真履行职责，落实主抓责任，落实责任人员，加强协调沟通，有效推进工作。股份公司领导小组办公室将加强协调、指导和督办力度，对各负责牵头部门提出的监督检查计划进行必要的衔接，对检查时间、检查地点进行必要的协调，避免在一个部门同时开展多项检查，影响部门的正常工作。各项专项检查之间要互通情况、资源共享，做到运转协调、衔接紧密，优势互补，相互促进。

（4）健全工作制度。各子公司要结合监督检查工作实际，建立健全指导性和可操作性强，体现监督检查特点、涵盖监督检查全过程的工作制度，包括职责分工、工作程序、工作方法、效果评估、纪律执行、成果运用等方面的规定，提高监督检查的规范化水平。重点建立健全联席会议制度、情况通报报告制度、工作责任制度、责任追究制度以及工作任务和发现问题台账管理、挂牌督办，整改制度，保证监督检查工作有条不紊、扎实有效开展。

（5）严肃执纪执法。对监督检查中发现的苗头性、倾向性问题，各负责部门要责令被检查单位限期纠正，实行跟踪问责，确保整改落实到位；对发现的违纪违规案件线索，要及时移送纪检组织监察部门，纪检组织监察部门要把执行纪律作为推动整改落实、确保检查实效的重要手段，对违纪违规案件做到发现一起、查处一起，决不姑息迁就。

（6）要营造良好氛围。要加强对涉及职工切身利益的重大事项和群众关心的热点问题，通过下发通报、公开报道等方式及时公布，正确引导社会舆论，为加快转变经济发展方式营造良好氛围。

（7）注重探索创新。积极探索监督检查的有效方法和途径，将普遍自查与重点抽查相结合，将实地查阅文件账簿等传统检查方式与建立电子监察系统等现代科技手段相结合，将督促问题整改与查办违纪违法案件相结合。认真总结，推广典型经验，为确保政令畅通和转变经济发展方式取得实质性进展提供有力保证。

中国水利水电建设股份有限公司
关于“三重一大”决策制度的实施办法（暂行）

（中水电股〔2011〕11号·2011年6月24日）

第一章　总　　则

第一条　为进一步健全现代企业制度，切实加强企业反腐倡廉建设，促进企业领导人员廉洁从业，规范决策行为，提高决策水平，有效规避决策风险，确保企业领导人员特别是主要领导人员正确履职，根据《国有企业领导人员廉洁从业若干规定》、中共中央办公厅、国务院办公厅《关于进一步推进国有企业贯彻落实“三重一大”决策制度的意见》、国务院国资委党委关于贯彻落实《关于进一步推进国有企业贯彻落实“三重一大”决策制度的意见》的通知以及《中国水利水电建设股份有限公司章程》，结合股份公司实际，制定本办法。

第二条　本办法适用于股份公司及各子公司。

第三条　执行“三重一大”决策制度应遵循：

（一）按照议事规则，依法依规决策的原则；

（二）务实高效、科学决策的原则；

（三）群众参与、专家咨询和集体决策相结合的原则；

（四）决策事项可追溯的原则；

（五）监督检查、责任追究的原则。

第二章　“三重一大”的内容和范围

第四条　“三重一大”是指：重大决策事项、重要人事任免事项、重大项目安排事项和大额度资金运作事项。

（一）重大决策事项，是指依照国家有关法律法规、党内法规规定和股份公司有关规章制度应当由股东大会（股东会）、董事会、未设立董事会的经理班子、职工代表大会、党委常委会（党委会）决定的事项。主要包括：

1. 公司贯彻执行党和国家的路线方针政策、法律法规和上级重要决定的重大措施。

2. 公司的发展战略、经营方针、中长期发展规划等重大战略管理事项。

3. 公司章程的修订，企业党的建设和安全稳定的重大决策。

4. 国有产权变动、利润分配、资本运营、注册资本变更等重大资产（资本）管理事项。

5. 公司改制、兼并重组、破产、合并、分立、解散或者变更公司，国（境）外注册公司、投资参股等重大管理事项。

6. 年度生产经营计划、年度工作报告、财务预决算，以及内部机构设置和调整等重大生产经营管理事项。

7. 公司薪酬分配方案，以及涉及职工切身利益的重大事项。

8. 重大资产处置：

（1）股份公司处置总部发生的单台或批量账面净值在50万元（含50万元）以上的；批准处置各子公司发生的单台或批量账面原值在400万元（含400万元）以上且净值在200万元（含200万元）以上的；所有不动产的资产处置。

（2）各子公司处置单台或批量账面原值在200万元（含200万元）以上且净值在100万元（含100万元）以上的。

9. 资产损失核销：

（1）股份公司处置总部发生的单项或单笔资产损失在100万元（含100万元）以上的；批准处置各子公司发生的单项或单笔资产损失在400万元（含400万元）以上的。

（2）各子公司处置单项或单笔资产损失在100万元（含100万元）以上的。

10. 下一级企业按股份公司规定提交决策的重大事项。

11. 其他有关公司全局性、方向性、战略性的重大事项。

（二）重要人事任免事项，是指公司直接管理的领导人员及其他经营管理人员的职务调整事项。主要包括：

1. 公司总部中层以上经营管理人员的任免、聘用、解除聘用；

2. 下属单位领导班子成员的任免、聘用、解除聘用；

3. 向控股、参股、联营体等单位委派或更换股东代表和高级经营管理人员，推荐董事会、监事会成员和经理、财务负责人；

4. 公司直管项目部班子成员的任免、聘用、解除聘用；

5. 公司中层以上后备干部的确定；

6. 其他重要人事任免事项。

（三）重大项目安排事项，是指对公司资产规模、资本结构、盈利能力以及生产装备、技术状况等产生重要影响的项目的设立和安排。主要包括：

1. 年度投资计划和融资、担保项目；

2. 计划外追加投资项目；

3. 股权投资项目；

4. 筹融资项目；

5. 应当向上一级主管单位报告的重大投资管理项目；

6. 证券投资，期权、期货等金融衍生业务；

7. 年度设备物资采购计划及重要设备和技术引进；

8. 股份公司投资建设项目招标工作中项目分标规划、年度招标计划和大额重要招标项目的招标结果；

9. 其他重大项目的安排。

（四）大额度资金运作事项，是指超过由公司或者上级主管单位所规定的公司领导人员有权调动、使用的资金限额的资金调动和使用。主要包括：

1. 年度资金使用计划；

2. 股份公司处置年度预算内资金使用单笔在1000万元（含1000万元）以上的；

3. 股份公司处置年度预算外资金使用单笔在150万元（含150万元）以上的；

4. 股份公司处置非生产性资金使用单笔在100万元（含100万元）以上的；

5. 捐赠、赞助，对外借款，对困难职工的补助方案；

6. 其他大额度资金运作事项。

第三章　“三重一大”事项的决策程序

第五条　“三重一大”事项决策机构：设立董事会的，股东大会（股东会）、董事会、党委；未设立董事会的，经理班子、党委。

第六条　依据总经理职权范围或董事会授权范围内的“三重一大”事项，经理班子进行决策时，按照本办法执行。

第七条　“三重一大”事项决策机构要依据各自的职责、权限和股份公司议事规则（中水电股〔2010〕40号）、股份公司工作规则（中水电股〔2010〕2号），以会议的形式集体讨论决定涉及“三重一大”事项的有关规章制度或具体事项。设董事会的企业应根据决策内容以股东会、董事会、党委会形式，未设董事会的企业应根据决策内容以总经理办公会、党政联席会、党委会、职代会的形式，集体讨论决策“三重一大”事项。董事会、未设董事会的经理班子研究“三重一大”事项时，应事先与党委沟通，听取党委的意见。进入董事会、未设董事会的经理班子的党委成员，应当贯彻党委会的意见或决定。

第八条　公司党组织要对决策实施中发现的与

党和国家方针政策、法律法规不符或脱离实际的情况及时提出意见，如得不到纠正，应当向上级反映。

第九条 凡应报上级进行批复或备案的“三重一大”事项，应由本级按决策程序进行决策后进行上报。

第十条 党委、董事会、未设董事会的经理班子，应当以会议形式对职责权限内的“三重一大”事项作出集体决策。遇重大突发事件或紧急情况需要作出临时处置的，可不以会议形式决策，主要负责人进行必要沟通后先予以处置，并对决策情况负责，同时应在处置后及时在相应会议上进行通报，按程序予以追认。非紧急情况，“三重一大”事项不得以传阅、会签或者个别征求意见等方式代替集体决策。

第十一条 “三重一大”决策制度应当履行以下程序：

（一）议题确定

1.“三重一大”决策议题，应广泛调研并征求各方面的意见，对专业性、技术性较强的事项，应进行专家论证、咨询评估，提出完整的决策提案。

2.重要人事任免要先征求同级纪检组织、监察部门的意见，并履行相应程序听取各方面意见后提交会议讨论。

3.研究决定企业改制以及经营管理方面的重大问题、涉及职工切身利益的重大事项、制定重要的规章制度，应听取公司工会的意见，并通过职工代表大会或其他形式听取职工群众的意见和建议。

4.拟提请决策的“三重一大”事项，应按公司工作规则，提交议题的部门首先书面呈报分管领导签批并经公司主要领导同意后，报送会务工作责任部门汇总。

（二）会议通知

会议时间、会议议题、会议有关材料应至少提前3个工作日同时告知和送达所有参与决策人员。不得临时动议。

（三）议题讨论

1.决策会议符合规定人数方可召开。与会人员应认真履行职责，充分发表意见。因故未到会的人员可以以书面形式表达意见。

2.集中讨论时，议题提出人员或有关人员全面介绍议题有关情况。研究多个事项时，应当逐项讨论决定。

3.董事长、党委书记或未设董事会的总经理、党委书记或其委托的会议主持人应在其他与会人员充分发表意见的基础上，最后发表结论性意见。

（四）会议表决

1.与会决策人员应对决策事项逐一明确表示同意、不同意或缓议的意见，并说明理由。

2.议题讨论决策时，要建立表决机制。董事会决策事项的表决，按照股份公司章程第一百零七条规定办理；未设董事会的经理班子和党委会决策事项的表决，应由超过全体决策人员总人数2/3以上通过方才有效。条件具备时可实行票决制。

3.对讨论中意见分歧较大或发现有重大问题尚不清楚的，一般应当推迟作出决策。

（五）会议记录

1.会务工作责任部门负责决策过程及结果的会议记录，整理会议纪要，汇总会议文件。

2.记录应完整、准确地反映会议决定的事项、过程及参加决策人员的意见建议并存档备查，参会人员应在记录簿上签字确认。

3.会议纪要和会议文件按规定程序审签后下发执行。总经理办公会议涉及“三重一大”事项的会议纪要要由党委书记会签，总经理签发。

（六）决议执行

1.形成的会议决议经公司签发后，按照职责分工，明确责任部门和责任人组织实施。

2.对集体决策形成的决议，任何个人无权改变，有不同意见允许保留，也可按组织程序向上级反映。但在没有重新改变决策前，应无条件服从，不得擅自变更或者拒绝执行。

3.会务工作责任部门及相关业务主管部门负责跟踪和监督各项决策执行情况，并将办理结果及时向会议主持人汇报。

4.如在决议执行过程中情况发生变化，需要改变原来的决定或对决策内容作重大调整，应经过原作出决定的机构集体复议，作出新的决定，并按新的决定执行。

第十二条 会务工作责任部门。

（一）公司股东大会会议、董事会会议、董事长办公会议由董事会办公室负责会务工作。

（二）公司党委会会议由党委工作部负责会务工作。

（三）公司总经理办公会议由总经理工作部负责会务工作。

（四）公司职工代表大会由工会负责会务工作。

第十三条 领导班子集体决策“三重一大”事项，涉及回避事项需要领导成员回避的，有关领导成员应按照领导人员回避制度的有关规定自觉回避。

第四章 组织实施和监督检查

第十四条 公司党委书记、董事长、未设董事会的总经理作为本企业实施本办法的主要责任人，要切实履行领导责任，抓好“三重一大”决策制度在本企业的贯彻落实。

第十五条 公司党委定期向上级党委报告公司贯彻落实“三重一大”决策制度执行情况。

第十六条 公司纪检组织、监察部门分级负责监督公司和系统各单位“三重一大”决策制度执行情况，定期实行监督检查。

第十七条 “三重一大”制度执行情况应列入公司领导班子民主生活会和领导人员述职述廉报告的主要内容；列入党风廉政建设责任制的考核内容；并列入厂务公开和职工民主监督的范围，除按照国家法律法规和有关政策以及公司保密制度应当保密的事项外，在适当范围内公开，参加和列席决策会议的人员不得私自泄露、传播会议内容和决议事项。

第十八条 公司党委企业领导人员管理部、党委工作部、审计部，应当将“三重一大”决策制度的执行情况，作为对企业领导人员考察、考核的重要内容和任免、审计评价的重要依据。

第十九条 对未经集体决策而实施的“三重一大”事项，同级党委、纪委应在查实后及时向上级党委、纪检组织、监察部门报告。上级党委、纪检组织、监察部门应在收到报告后5个工作日内回复。

第五章 责任追究

第二十条 有下列情形之一的，对责任人实行责任追究：

（1）不履行或不正确履行“三重一大”制度决策程序，违反决策原则，不执行或擅自改变集体决定的；

（2）未经集体讨论决定而个人决策；

（3）未向领导集体提供全面真实情况而造成错误决定的责任人；

（4）其他违反本办法的情况。

第二十一条 对不执行本办法决策的，给予警示谈话，并限令改正；拒不改正的，给予调离岗位、降职或者免职。

第二十二条 对不执行本办法决策，造成重大经济损失或者恶劣影响的，依照国家有关法律法规和公司的相关规定给予相应的处分，其中的共产党员依照《中国共产党纪律处分条例》给予相应的党纪处分。涉嫌犯罪的，移送司法机关处理。

第二十三条 受到警示谈话、调离岗位、降职、免职处理的，减发或者全部扣发当年的绩效薪金、奖金。

第二十四条 对违反本办法决策造成经济损失的，依照国家或者本企业的有关规定承担经济赔偿责任；获取不正当经济利益的，应当责令清退。

第二十五条 违反本办法决策受到降级处理的，两年内不得担任与其原任职务相当或者高于其原任职务的职务。受到免职处理的，两年内不得担任股份公司系统内的领导职务；造成国有资产重大损失被撤职的，五年内不得担任股份公司系统内的领导职务。构成犯罪被判处刑罚的，终身不得担任股份公司系统内领导职务。

第六章 附 则

第二十六条 各子公司要结合本企业实际修订或制定具体的实施办法，报股份公司审查批准，并定期向股份公司纪委监察部报告“三重一大”决策制度的执行情况。

第二十七条 本办法由股份公司纪委负责解释。

第二十八条 本办法自发布之日起施行。

党群工作和企业文化建设

中国水利水电建设股份有限公司
党建工作责任制实施办法（试行）

（中水电股党〔2011〕30号·2011年5月16日）

第一章 总 则

第一条 主要依据。

根据党的十七大报告关于“要落实党建工作责任制”、党的十七届四中全会通过的《中共中央关于加强和改进新形势下党的建设若干重大问题的决定》

中“坚持党要管党、从严治党，全面落实党建工作责任制，建立健全党建工作长效机制，确保党的建设各项部署落到实处”、《国务院国资委党委办公室转发中共中央组织部关于认真学习贯彻胡锦涛同志在中共中央政治局第二十一次集体学习时的重要讲话精神通知的通知》（国资委党办组织〔2010〕23号）中“强化基层党建工作责任制，确保党的基层组织建设各项任务落到实处”、《中共中央办公厅转发〈中央组织部、国务院国资委党委关于加强和改进中央企业党建工作的意见〉的通知》（中办发〔2004〕31号）、《中共中央办公厅、国务院办公厅关于印发〈中央企业领导人员管理暂行规定〉的通知》（中办发〔2009〕41号）、《中共中央办公厅、国务院办公厅印发〈关于进一步推进国有企业贯彻落实“三重一大”决策制度的意见〉的通知》（中办发〔2010〕17号）、《中共中央办公厅、国务院办公厅转发〈中央宣传部、国务院国资委关于加强和改进新形势下国有及国有控股企业思想政治工作的意见〉的通知》（厅字〔2010〕10号）的精神，为切实加强和改进股份公司党建工作，按党中央及中组部、中宣部、国务院国资委党委的要求，结合股份公司实际，特制定本办法。

第二条　总体要求。

企业党委抓党建工作的总体要求是：以马克思列宁主义、毛泽东思想、邓小平理论和“三个代表”重要思想为指导，全面落实科学发展观。着眼于加强党的执政能力建设和先进性建设，着眼于提高领导班子领导科学发展、构建和谐企业的能力建设，努力形成责任明确、领导有力、运转有序、保障到位的工作机制。按党的十七届四中、五中全会精神，用改革创新精神做好企业党建工作，提高党的建设工作科学化水平，形成公司在新形势下党建工作的新体制（即“融入中心、服务大局；把握方向、参与大事；抓好班子、带好队伍；建立制度、形成体系；保证监督、促进发展”的新体制）。按照科学、创新、规范、务实、专业的党建工作思路和建立党建工作责任制这个重要载体，激发基层党建工作创新创优的内在活力，不断增强基层党组织的创造力、凝聚力和战斗力，为建设质量效益型世界一流的跨国公司的目标提供坚强的政治保证和组织保证。

第三条　主要原则。

1. 坚持党要管党、从严治党的原则。始终把基层党建工作摆在突出位置，逐级明确责任，强化工作措施，整合各方面力量，切实加强领导和指导，主要领导亲自抓，分级管理，一级抓一级，层层抓落实。

2. 坚持融入中心、服务大局的原则。把基层党建工作放到企业科学可持续发展的大局中去谋划，紧紧围绕企业的改革、发展、稳定大局开展党建工作；紧紧围绕生产经营中心任务来开展党建工作，做到融入中心抓党建，进入管理起作用，促进企业又好又快发展。

3. 坚持分类指导、整体推进的原则。从不同领域、不同单位的实际出发，找准基层党建工作着力点，有针对性地采取措施，全面推进思想、组织、作风和制度建设。

4. 坚持与时俱进、开拓创新的原则。以改革创新精神研究新情况、解决新问题、总结新经验，创新工作机制，使党的基层组织和党员队伍始终充满生机与活力。

第二章　主要任务和工作目标

第四条　实行党建工作责任制，坚持集体领导与个人分工负责相结合，谁主管谁负责，一级抓一级，层层抓落实。股份公司党委负责股份公司系统党建工作的组织、管理、指导和考核。

第五条　股份公司所属各单位党委负责本单位党建工作的领导、组织、管理和考核。

第六条　公司党委主要任务。

1. 坚持党对国有企业的政治领导。认真贯彻落实党的路线、方针、政策，保证党和国家的方针政策在公司的贯彻执行，发挥党委的政治核心作用和保证监督作用。努力建设学习型党组织，加强理论武装工作。

2. 党委参与公司重大问题决策。明确党委参与决策的内容、方法，认真贯彻执行《关于进一步推进国有企业贯彻落实“三重一大”决策制度的意见》等有关规定，参与企业“三重一大”问题决策，发挥党委的保证监督作用。

3. 坚持党管干部原则，发挥党委在选人用人中的主导作用。支持董事会、经理层依法行使用人权。按照党中央、国务院国资委党委的要求，加强企业领导班子建设和后备干部队伍建设，加强对企业领导人员的管理和考核，开展“四好”领导班子创建活动，并形成长效机制，推动各级领导班子建设。

4. 加强党的基层组织建设。建立健全党的各级组织，保证党组织的覆盖面，指导基层党组织建立党建工作的制度体系，做好制度落实的督促和检查工作，确保基层党组织有效开展工作，不断提高党组织的影响力和凝聚力。

5. 加强党员队伍建设。开展党内创先争优活动，形成长效机制；加强对党员的教育、管理、监督和服务，及时处置不合格党员。

6. 坚持党管人才原则，加强人才队伍建设。努力培养人才，选好、用好、管好人才，为公司改革发展提供人才支撑。

7. 加强党委对纪检监察工作和党风廉政建设工作的领导。坚持“标本兼治、综合治理、惩防并举、注重预防”的方针，推进反腐倡廉教育、制度、监督工作，促进党风廉政建设工作。

8. 加强党委对工会、共青团组织的领导和指导。健全群众组织，完善工作机制，进一步加强党的群众工作。

9. 围绕企业改革发展大局开展党建工作。融入生产经营中心，加强项目党建工作，用项目党建带动项目工建、项目团建，在党建工作中带动群团组织建设，在推进群团组织建设中促进党建工作的开展，形成工作合力。

10. 领导企业的思想政治工作和精神文明建设，推动企业文化建设工作，为企业科学发展提供动力。

第七条 公司党委主要负责人（党委书记）是党建工作第一责任人，按照“一岗双责”的要求，主要职责是：

1. 主持召开党的会议，贯彻落实上级党组织和本级党委会议的决议、决定、指示和指令，并检查其执行情况。向党委会、党代会、党员大会和上级党组织如实报告工作。组织本单位党建工作制度体系的制定工作，并检查制度的落实情况。

2. 积极支持行政领导日常经营管理方面的决策，并通过有效的工作保证其实施。

3. 按照加强领导班子建设的规定，健全工作制度，切实抓好领导班子建设、后备干部队伍建设。按照党管人才的要求，组织党委会研究人才队伍建设中的重大问题。

4. 严格执行民主集中制原则，按期组织召开领导班子民主生活会，提高民主生活会的质量；组织研究党风廉政建设工作中的重大问题，支持纪委依法依规开展工作。

5. 深入基层及时发现和解决问题，检查、指导基层党组织的工作。

6. 研究工会、共青团等群众组织工作中的重要问题，领导和支持群团组织依照法律和各自的章程独立自主地开展工作。

7. 提出党建工作思路和主要任务，组织制定并落实本单位党建工作、精神文明建设、思想政治工作、企业文化建设规划。

8. 组织党委会及时研究党委、纪委、工会、共青团组织加强自身建设的重大问题，按股份公司党委有关规定，健全组织机构，配齐配强党群工作机构的人员，负责与总经理协商，按上级规定，保证党群系统的工作人员纳入企业业绩考核体系，并与同一岗级的经营管理人员实行同岗同薪。

第八条 公司党委兼职负责人（一般是总经理兼党委副书记）负有抓党建工作的责任，按照“一岗双责”的要求，其主要职责是：

1. 协助第一责任人，就围绕生产经营抓好党建工作提出建设性意见，主动支持并积极参与和协助党委书记抓好党建工作。

2. 提高对党委参与重大问题决策和党委在选人用人方面主导作用的认识，按照加强领导班子建设等规定，协助党委书记加强领导班子建设，并按领导班子职责分工，主抓领导班子的日常管理、分工、协调、授权等工作。

3. 协助第一责任人，抓好党委自身建设，对党委、纪委、工会、共青团组织按照规定健全机构、配备工作人员给予支持，对保证党群系统工作人员与同一岗级的经营管理人员实行同岗同薪给予支持；对党委、纪委、工会、共青团组织工作经费按规定予以保障。

4. 根据生产经营具体工作情况，认真抓好项目党建、文明工程创建等工作。

第九条 公司党委分管领导（一般是党委副书记兼纪委书记）负责抓好分管范围内的党建工作，主要职责是：

1. 按照党委分工，认真负责地完成分管工作任务，协助第一责任人，当好参谋和助手，做好组织协调工作，保证党委日常工作正常有序开展。

2. 具体负责组织制定党委制度、规定和工作计划、年度总结，经常了解和检查党的决议、决定、制度和计划的贯彻执行情况和执行中出现的问题，研究并提出解决办法，为党委决策提供意见和建议。

3. 按照领导班子建设规定，协助党政主要领导健全工作制度，抓好领导班子建设、后备干部队伍建设。

4. 具体指导、抓好党的组织建设和党员队伍管理、教育、发展工作。抓好宣传思想政治工作，培育和树立各类基层先进典型，具体组织实施经常性的检查督促。

5. 在上级纪委和同级党委的领导下，负责纪检监察工作，落实党风廉政责任制内容，协调相关工作。

6. 具体负责指导群众组织的工作，支持工会、共青团组织按照各自的章程和职能发挥作用。定期或不定期地提出建议，将调研群众工作中的有关问题提交党委会讨论，并具体负责对党委决定的实施。

第十条 公司党委班子成员是抓党建工作的重要领导成员。按照“一岗双责”的要求，其主要职责是：

1. 围绕中心任务，把党委对党建工作的要求落实到分管工作中。

2. 及时向党委提出抓好党建工作的建设性意见。

3. 认真落实党建工作责任制中党委的主要职责和工作任务。

4. 按分工，落实好党委会决议事项，并完成党委交办的其他工作。

第十一条 工作目标。

1. 组织建设坚强有力。公司各级党的基层组织健全，设置合理，隶属关系明确，各项制度配套落实，努力探索建立党建工作的新体制，充分发挥党委的政治核心作用和党支部的战斗堡垒作用，真正成为贯彻落实科学发展观的组织者、推动者和实践者，确保企业改革、发展、稳定任务的完成。

2. 党员先锋模范作用突出。广大党员自觉运用马克思主义中国化的最新成果武装头脑，理想信念坚定，宗旨观念牢固，树立良好的形象，勤学习、干实事、讲奉献，讲党性、重品行、作表率，在工作、学习和完成急难险重任务中充分发挥先锋模范作用。

3. 各项工作得到促进。党的路线方针政策得到贯彻落实，广大党员和群众的积极性、创造性得到发挥，影响改革发展稳定的突出问题得到解决，企业经营管理工作取得突出业绩。

4. 职工群众满意。党建工作体现职工群众意愿、反映职工群众呼声，职工群众权益得到有效维护和保障，切实解决影响企业稳定发展的突出矛盾，妥善解决职工群众关注的热点难点问题，组织群众、宣传群众和服务群众工作成效明显，党群干群关系进一步密切。

第十二条 工作措施。

1. 加强统一领导。公司各级党委对本单位党建工作负总责，应建立健全“书记带头抓、分管领导经常抓、党委成员分工抓、有关部门具体抓”的党建工作制度，形成由党委统一领导，党政齐抓共管，党委工作部牵头协调，有关职能部门各司其职、密切配合的工作格局。

股份公司各子企业党委每季度召开1次专题会议，听取基层党建工作情况汇报，研究解决重要问题，督促完成各项任务；每年召开1次综合性党建工作会议，贯彻落实国务院国资委、集团公司、股份公司党建工作会议精神，专题研究本单位党建工作，确定工作目标，安排部署全年党建工作任务。

2. 深入调查研究。公司各级党委应结合党建工作现状，每年确定2～3个党建重点研究课题，组织力量进行调查研究。各级党委领导班子成员应经常深入基层，深入一线，研究解决工作中遇到的新情况、新问题，及时总结推广党建工作的新经验，努力探索创新与发展党建工作的新途径、新方法。

3. 规范工作机构。各公司及直属项目部应根据公司规模、党员人数，合理设置党群工作机构，配备好专兼职党群工作人员。

4. 完善联系点制度。各级领导班子中的党员领导成员应结合各自分工，每人建立1～2个党建工作联系点。注意在党组织力量比较薄弱、工作难度大、问题多的地方和单位建立联系点。应经常深入联系点具体指导，每人每年到联系点调查研究、指导工作、帮助解决问题不少于2次，努力把联系点建成示范点，以点带面，推动党建工作的深入开展。

5. 做好舆论宣传。把宣传党的先进性及先进性建设作为一项长期任务，利用报纸、网络、闭路电视等多种形式，深入宣传党的路线、方针、政策和新形势下先进基层党组织和优秀共产党员的先进事迹，及时推广、介绍基层党建工作的好经验好做法，形成积极向上、奋发有为的浓厚氛围。

6. 落实保障措施。建立健全基层党建工作经费保障机制，党委、纪委、工会、共青团的工作经费纳入企业年度费用预算中，实行活动经费预算制，并得到保证，加大对基层党组织阵地、设施和党员干部教育培训的投入，为基层党组织开展工作搭建平台、创造条件。

7. 强化督促检查。各级党委应采取自查、督查、巡回检查和随机抽样检查等方式，定期或不定期地对基层党建工作进行督促检查，发现问题及时整改解决。要注意检查党员经常性教育、党员联系和服务群众、流动党员管理等党建工作各项制度的落实情况，建立督促检查工作机制，真正使党建工作落到实处。

第三章 公司党建责任的主要内容

第十三条 加强领导班子建设。

1. “四好”领导班子创建。认真组织开展以政治素质好、经营业绩好、团结协作好、作风形象好为主要内容的“四好”领导班子创建活动。在“四好”领导班子创建工作中，领导班子和领导人员之间的团结问题、领导班子和领导人员的廉洁问题、经营业绩是否突出为主要的一票否决条件，必须坚决执行。坚持“围绕一条主线，搞好三个结合，实现三个见成效、加强五大建设”（即以贯彻落实科学发展观，提升企业发展能力和核心竞争力为主线；搞好与企业战略目标、生产经营和管理工作、班子建设和队伍建设的三个相结合；实现班子建设上见成效、创建活动上见成效、经营业绩上见成效；加强思想、能力、组织、制度、作风建设）。参见《关于印发〈中国水利水电建设集团公司关于开展“四好”领导班子创建活动的实施方案〉及考核评价办法的通知》（中水电临党〔2006〕7号）。

2. 领导班子思想建设。

（1）党委中心学习组学习。党委中心学习组学习坚持学以致用、学用结合、统一认识、促进工作的原则，坚持“三个结合”和“三个三分之一”的原则。“三个结合”是指：理论与实践相结合、集体学习与个人自学相结合、定期学习和系统学习相结合；“三个三分之一”是指：用三分之一的时间学习中央、国务院国资委等上级组织的重要文件；用三分之一时间传达上级重要会议精神，布置重要工作；用三分之一时间专家辅导、专题发言，集体讨论，形成共识。具体参见《关于印发〈中国水利水电建设股份有限公司党委中心学习组学习制度〉的通知》（中水电股党〔2010〕78号）。

（2）学习型党组织建设。紧密围绕股份公司改革发展大局，以抓好学习型领导班子建设为关键，以抓好基层党员领导人员学习与培训为基础，按照科学理论武装、具有世界眼光、善于把握规律、富于创新精神的要求，重点以提高党员领导人员的素质和能力为基本目标，深入学习党的路线方针政策和国家的法律法规，学习企业经营管理所需的各方面知识，不断提高全体党员思想政治素养和岗位业务素质。以学习型党组织建设带动和促进学习型企业建设，从而促进股份公司加快转变发展方式，不断提升核心竞争力，为企业科学可持续发展提供动力机制和智力保障。具体参见《关于印发〈股份公司党委关于推进学习型党组织建设的实施意见〉的通知》（中水电股党〔2010〕100号）。

3. 领导班子组织建设。

（1）落实股份公司企业领导人员管理规定。按照《中共中央办公厅　国务院办公厅关于印发〈中央企业领导人员管理暂行规定〉的通知》（中办发〔2009〕41号）精神，落实中央有关要求，加强领导人员管理工作。坚持党管干部原则和德才兼备、以德为先的用人标准，坚持民主、公开、竞争、择优，把出资人认可、职工群众认可和市场认可结合起来，坚持权利与责任义务统一、激励与监督约束并重和依法管理企业领导人员。坚持和完善民主推荐、民主测评、考察预告、任前公示制度，严格干部选拔任用程序，严肃干部选拔任用纪律。在选拔形式上，引入竞争机制，突出品格、能力和业绩，坚持公开、公平、竞争、择优和依法办事。积极推行差额推荐、差额考察、差额酝酿、差额票决，通过全程差额选拔，好中择优，优中选强。具体参见《关于印发〈中国水利水电建设股份有限公司企业领导人员管理暂行办法〉的通知》（中水电股党〔2010〕81号）。

（2）落实股份公司企业领导班子和领导人员综合考核评价办法。按照《关于印发〈中央企业领导班子和领导人员综合考核评价办法（试行）〉的通知》（中组发〔2009〕17号）精神，结合股份公司实际，运用多维度测评、定量考核与定性评价相结合等方法，对子企业领导班子和领导人员的政治素质、业务能力、工作实绩、勤勉尽职和廉洁自律等情况进行综合考核评价。领导班子综合考核评价内容为：政治素质、经营业绩、团结协作和作风形象，共10项指标。政治素质包括政治方向、社会责任、企业党建；经营业绩包括业绩成果、科学管理；团结协作包括发扬民主、整体合力；作风形象包括诚信务实、联系群众、廉洁自律。各项综合考核评价指标，依据所设置的考核评价要点和标准进行考评。具体参见《中国水利水电建设集团（股份）公司企业领导班子和领导人员综合考核评价办法》（待发）。

（3）规范党委换届。健全党的民主集中制，完善党内选举制度，规范党内选举工作。具体参见《关于印发〈中国水利水电建设股份有限公司基层党组织换届选举工作暂行办法〉的通知》（中水电股党〔2010〕54号）。

4. 领导班子作风建设。

（1）落实廉洁从业若干规定。各级领导人员及有资源配置权的管理人员要带头严格遵守廉洁从业规定，凡违反有关规定者按照党纪、条规及股份公司相关规定严肃处理。具体参见《关于印发〈中国水利水电建设股份有限公司工程发包、分包、设备物资采购和市场营销等领域廉洁从业若干规定〉的通知》（中水电股党〔2010〕39号）。

（2）落实廉洁从业谈话制度。坚持领导人员廉洁从业谈话制度，按要求组织好领导人员任职廉洁谈话、诫勉谈话、日常谈话，要求领导人员牢固树立实事求是的思想作风、求真务实的工作作风、节俭朴素的生活作风、拒腐防变的廉洁作风。具体参见《关于印发〈中国水利水电建设股份有限公司领导人员廉洁从业谈话制度〉的通知》（中水电股党〔2010〕104号）。

（3）做好述廉议廉工作。按照“自我总结、民主评议、班子集体反馈意见、认真整改”四个步骤开展述廉议廉工作，健全监督机制，拓宽监督渠道，改进监督方式，充分发挥组织监督和民主监督的作用，提高领导人员廉洁从业意识，加强领导人员作风建设，强化领导人员自觉接受监督的意识，不断推进股份公司党风建设和反腐倡廉工作的深入开展。具体参见《关于印发〈中国水利水电建设股份有限公司领导人员述廉议廉制度的实施意见〉的通知》（中水电股党〔2010〕93号）。

（4）召开好民主生活会。采用“3＋1”的方法召开领导班子民主生活会。“3”是指：每年度的民主生活会必须有一个鲜明的主题，民主生活会围绕主题展开，民主生活会前开展有针对性的学习，主要是学习与主题相关的有关文件；班子领导人员之间开展一次面对面的谈心交心，特别是班长和班子成员逐一谈心，通过谈心达到交换认识、统一思想的目的；广泛征求一次基层单位和党员群众对班子的意见，找出班子存在的突出问题。“1”是指：写好一个发言材料，开展严肃的批评和自我批评。具体参见《关于印发〈股份公司规范企业领导班子民主生活会制度的实施意见〉的通知》（中水电股党〔2010〕65号）。

第十四条　党委参与重大问题决策。

1. 落实党委议事规则。按股份公司党委常委会议议事规则的规定，充分发挥公司党委把握方向、选人用人、参与决策、协调力量、保证监督的职能作用，坚持民主集中制原则、依法合规原则和调查研究原则，明确企业党委（常委）会的职权，界定议事范围，规范工作流程，确保党的路线方针政策和上级党组织的指示决定在本企业得到贯彻落实。股份有限公司党委对重大问题应集体研究，提出意见和建议，并由公司党委书记向董事会、经理层通报，使党组织的意图得到尊重和体现。党委按照干部管理权限，在领导人员的考核选用工作中，可采取民主推荐、组织推荐、公开招聘、领导人员个人提名等方式进行，并由党委（常委）会确定推荐考察对象。考察工作由党委主导，组织人事部门负责考察工作。在考察的基础上，党委（常委）会研究决定提出选用建议，由股东会、董事会或经理层依照有关规章和程序聘任。建立完善法人治理结构的公司，选人用人应按股份公司党委常委会议议事规则和企业领导人员管理暂行办法规定进行；未建立完善法人治理结构的公司，企业选拔中层领导人员可采取党政联席会或党委会集体研究决定的方式进行。具体参见《关于印发〈中国水利水电建设股份有限公司党委（常委）会议事规则〉的通知》（中水电股党〔2010〕33号）。

2. 坚持“三重一大”民主决策程序。国有企业党委参与企业重大问题决策是发挥政治核心作用的重要职责和基本途径。企业党委作为“三重一大”民主决策的决策机构之一，应坚持依法依规决策、科学民主决策、党管干部和市场化选聘经营管理者相结合、责任追究的原则执行企业“三重一大”事项民主决策程序（“三重一大”是指企业重大决策、重要人事任免、重要项目安排和大额度资金使用）。具体参见《关于印发〈中国水利水电建设股份有限公司关于“三重一大”事项民主决策的若干规定实施办法〉的通知》（待发）。

第十五条　党风廉政建设责任制及考核。

按中共中央、国务院2010年12月新修订的《关于实行党风廉政建设责任制的规定》中“要把党风廉政建设作为党的建设和政权建设的重要内容，纳入党政领导班子、领导干部的目标管理”的要求，加强公司党风廉政建设责任制的工作。坚持党委统一领导，党政齐抓共管，纪委组织协调，部门各负其责，依靠群众支持和参与的党风廉政建设责任制领导体制和工作机制。公司党风廉政建设责任制检查考核工作采取专门检查考核的方式进行，按照股份公司党风廉政建设责任制实施办法和考评办法，由党委组织，纪委牵头，单独考核，考核成果纳入领导班子和领导人员的业绩考核体系之中。

第十六条　加强党委对人才工作的领导。

1. 加强人才管理工作。按照“服务发展、人才优先、以用为本、创新机制、高端引领、整体开发”的要求，全面实施人才强企战略，各级党委在人才工作中重点做好制定规划、整合力量、营造环境、提供服务的工作，努力做到用事业造就人才、用环境凝聚人才、用机制激励人才、用制度保障人才，为一切有志成才的员工提供更多发展机遇和更大发展空间。具体参见《关于加强人才管理工作的意见》（中水电股党〔2010〕84号）。

2. 加强职工队伍建设。以建设“四个一流”（一流职业素养、一流业务技能、一流工作作风、一流岗位业绩）职工队伍为目标，以尊重职工、激发活力、促进企业与职工共同发展为宗旨，以落实岗位责任制为基础，以培养自强不息、勇于超越的企业精神为核心，以理论武装、班组建设、职工素质工程、企业文化建设等为载体，切实加强职工队伍的教育、培训、考核、管理工作，不断提高职工队伍的思想素质、业务技能、知识结构、创新意识和工作理念，着力打造一支技术精湛、作风过硬的高素质、高层次、现代化的职工队伍，为公司的改革发展提供扎实的人才基础和智力保证。具体参见《关于印发〈中国水利水电建设股份有限公司建设“四个一流”职工队伍实施意见〉的通知》（中水电股党〔2010〕89号）。

第十七条 加强党委对工会、共青团工作的领导。

1. 加强对工会工作的领导。充分认识新形势下工会工作的重要性，落实“组织起来、切实维权”的工作方针，加强和改进党对工会工作的领导，引导各级工会自觉服从服务于公司工作大局，不断扩大工会工作覆盖面，增强工会组织凝聚力。切实加强工会组织建设，规范职代会建设，落实职代会职权，不断加强和改进企业民主管理，切实发挥工会在构建和谐企业中的重要作用。以建设和谐劳动关系、推进公司持续稳步发展为主线，坚持围绕企业改革发展和生产经营工作、坚持围绕维护职工的合法权益两个重点，深化民主管理、职工素质工程、职工维权、群众性文体活动、工会组织自身建设“五个体系建设”，团结动员广大职工在推动公司科学发展中充分发挥作用。具体参见《关于进一步加强和改进工会工作的意见》（待发）和《关于印发〈中国水利水电建设股份有限公司职工代表大会制度的实施意见（暂行）〉的通知》（中水电党〔2010〕2号）。

2. 加强对共青团工作的领导。认真贯彻落实中央组织部、共青团中央、国务院国资委党委《关于印发〈关于进一步加强和改进中央企业共青团工作的意见〉的通知》（中青联发〔2006〕59号文件）文件精神，加强对共青团工作的领导，加强党建带团建工作，把企业团的建设纳入党的建设工作整体格局，在党建的带动下加强团建，以团建的成效服务于党建，建立健全组织领导制度、考核管理制度、推荐优秀团员作党的发展对象制度、物质保障制度，改进共青团作用发挥方式；坚持以加强能力建设为重点，紧扣企业改革发展稳定大局和青年成长成才的多样化需求开展共青团工作，建立健全团的组织，合理设置团组织工作机构，配强团组织的领导班子，保证团的工作力量，做好团干部管理工作；坚持正确的政治方向，加强青年职工思想政治工作，加强团员管理，不断增强团组织的内在活力。具体参见《关于进一步加强和改进共青团工作的意见》（待发）。

第十八条 围绕生产经营中心做好党建工作。

1. 加强党的基层组织建设和党员教育管理工作。加强党的基层组织建设，按上级规定，保证党的基层组织按期换届、组织健全、工作有力，充分发挥政治核心作用和战斗堡垒作用。上级党组织对下级党组织应经常性地检查考核，对软弱涣散的党组织限期整改，整改达不到要求的，应采取组织手段。加强党员的理想信念教育，引导党员树立正确的世界观、人生观、价值观。注重发挥好党员的模范带动作用，做好党员管理工作。主要依靠制度来落实党员管理，健全党的组织生活制度、党员定期向党组织汇报思想和工作制度、党日制度、党员交纳党费制度、民主评议党员制度、转移党员组织关系制度、流动党员管理制度。对党员特别是党员领导人员严格教育、严格要求、严格管理，对违反党规党纪的党员领导人员，应按规定给予处分；对那些不履行党员义务、党员作用不明显的，要多做教育工作。根据党章和有关规定，及时处置不合格党员，保持党员队伍的先进性。具体参见《关于印发〈关于加强和改进党员管理工作的意见〉的通知》（中水电股党〔2010〕80号）。

2. 加强项目党建工作。坚持项目发展到哪里，党组织就建到哪里，作用就发挥到哪里，坚持“三同时”、“三基本”的项目党建工作原则，“三同时”即在建立经营班子的同时建立党组织；在明确生产经营负责人的同时，明确党组织的负责人；在安排检查生产经营工作的同时安排检查党建工作。“三基本”是指：形成项目党建工作的基本组织体系，要求结合项目实际，建立党委、党总支、党支部、党小组完整的组织体系；形成项目党建工作的基本制度体系，形成党建思想、组织、作风建设的制度体系；形成项目党建工作的基本主题实践活动体系。具体参见《关于印发〈关于加强股份公司国内项目党建工作的实施办法〉的通知》（中水电股党〔2010〕83号）和《关于印发〈中国水利水电建设股份有限公司海外工作机构党建工作指导意见〉的通知》（中水电股党〔2010〕101号）。

3. 开展“创先争优”活动。深入开展创先争优活动，围绕科学发展中心任务，以“推动科学发展、促进社会和谐、服务人民群众、加强基层组织”为主要目标，以创建先进基层党组织、争当优秀共产党员为主要内容。在基层党组织中开展创建“四好党委”、“五好党支部”、争当“五个模范”的创先争优活动，形成公司党内创先争优工作的长效机制。“四好党委”是指政治引领作用好、推动发展作用好、改革创新作用好、凝聚保障作用好；“五好党支部”是指支部班子好、党员队伍好、工作机制好、工作业绩好、群众反映好；“五个模范”是指刻苦学习的模范、勤奋工作的模范、服务群众的模范、弘扬正气的模范、文明建设的模范。把开展“四强四优”活动作为创先争优活动一个重要组成部分，按上级党组织和股份公司党委有关文件抓紧抓好，抓出成效。具体参见《关于印发〈中国水利水电建设股份有限公司深入开展创先争优活动实施意见〉的通知》（中水电股党〔2010〕57号）、《关于开展争创“四好党委”、“五好党支部”和争当“五个模范”活动的实施意见》（中水电股党〔2010〕67号）和《关于印发〈关于开展争创“四强”党组织争做“四优”共产党员活动的实施方案〉的通知》（中水电股党〔2010〕35号）。

第十九条 加强精神文明建设和企业文化建设。

1. 加强精神文明建设工作。加强精神文明建设，促进三个文明建设协调发展，使精神文明建设规范化、制度化；坚持思想政治工作创新性的原则，认真贯彻落实《中央宣传部、国务院国资委关于加强和改进新形势下国有及国有控股企业思想政治工作的意见》，全面加强和改进思想政治工作，以此促进职工队伍建设；建立党委统一领导，党政共同负责，党政工团齐抓共管，以专职党群干部为骨干，以各级领导和经营管理人员为主体，党员、团员和职工群众广泛参与的新的领导体制和工作格局；认真抓好职工素质工程，全面提高职工队伍的整体素质；积极开展创建文明工程、文明小区、文明机关的“三创建”活动。深入开展文明工程项目创建活动，以企业的生产经营为中心，以全面履行项目合同为基础，促进项目文明活动、队伍建设、文明环境、履约效益全面提高。健全文明工程项目两级创建体系，每年由各公司评选表彰本单位的文明工程，采取好中选优的方式，向股份公司推荐文明工程，一年评选表彰一次，形成长效机制。文明工程项目创建活动按照股份公司新修订的有关指导意见执行。

2. 加强企业文化建设。充分认识加强企业文化建设的重大意义，在公司发展进程中，坚持“自强不息、勇于超越”的企业精神；追求“为股东创效益、为社会担责任、为职工谋幸福”的核心价值观；秉承“顺势而变、诚信守诺、科技领先、管理图强”的经营理念；广大职工恪守“诚信、尽责、坚韧、团结、创新”的行为规范；共同努力，将公司建设成具有较强国际竞争力的质量效益型世界一流公司，实现共同愿景。努力建设股份公司企业文化新机制，集中抓好企业文化的宣贯工作，按照股份公司要求，突出实践特色，务求取得实效，抓好企业文化七个载体建设，推进企业文化的延伸落地工作。具体参见《关于发布〈中国水利水电建设集团公司企业文化方案〉的通知》（中水电党〔2008〕60号）和《关于加强企业文化建设的实施意见》（中水电股党〔2010〕115号）。

第二十条 加强党建工作队伍建设。

认真贯彻落实《中共中央办公厅转发〈中央组织部、国务院国资委党委关于加强和改进中央企业党建工作的意见〉的通知》（中办发〔2004〕31号）精神，坚持和完善“双向进入、交叉任职”的企业领导体制，加强各级党委领导班子建设；规范党组织换届工作，加强工程项目部党组织和基层党支部建设，增强党员队伍生机与活力，建立健全党组织规范运行制度；本着精干、高效、得力和有利于加强党建工作的原则设置党组织内部机构，各公司党委根据工作需要，大型企业党委工作部内设立党委办公室（综合处）和组织、宣传等工作部门，中小型企业党委工作部可根据实际情况，设立内部工作部门，或采取人员分工负责的方式开展工作。按上级文件要求，必须建立一支素质较高的专职党务工作者队伍，保证党的工作机构健全。结合股份公司实际情况，可采取专兼职相结合的形式，保证党务工作人员得力到位。具体参见《关于加强和改进基层党组织建设的实施意见》（待发）。

第四章　责 任 考 核

第二十一条 成立党建工作责任制考核机构。

党建工作责任制考核在党委的领导下，由党委工作部牵头负责，相关部门人员组成考核组具体实施。股份公司党委成立党建工作责任制考核领导小组：

组　长：党委书记

副组长：党委副书记

成　员：党委常委、三总师

领导小组办公室设在党委工作部。党委工作部主任任办公室主任，办公室成员由党委工作部（党委组织部）、人力资源部（党委企业领导人员管理部）、工会、团委等相关组织和部门人员组成。

第二十二条 考核形式。

股份公司党委每年年终组织有关人员参加经济责任制等一揽子考核工作，严格按照本办法和考评办法、评分标准对各公司进行检查考核。考评办法和评分标准按照本办法规定的内容制定，采取定性和定量指标相结合的方式进行考评，做到量化、细化。本办法和考评办法、评分标准的制定和执行，以公司党建工作责任制配套制度为具体依据（配套制度清单附后，略）。

第二十三条 考核结果运用。

把党建工作责任制的执行情况纳入股份公司《企业业绩考核评价体系》之中，在企业管理评价体系中占有一定比例，与公司经营业绩考核体系一起检查，一起考核，形成对领导班子和领导干部的总体评价，并与各单位党政主要领导和班子成员的绩效年薪挂钩，作为领导人员业绩评定、选拔任用和奖励惩戒的重要依据。对抓基层党建工作成绩突出的予以表彰，对思想不重视、工作不得力的提出批评，限期整改。对不认真履行职责，责任范围内基层党建工作存在的严重问题没有及时解决，造成不良影响和严重后果的，追究领导班子和相关责任人的责任。

第五章 附 则

第二十四条 各子企业、公司要按照本办法和考评办法的要求，制定本单位党建工作责任制实施办法和考评办法，制定本单位贯彻落实股份公司党建工作责任制的措施，明确对所属二级单位和大型项目部党委实行党建工作责任制的实施意见，做到一级抓一级，层层抓落实。

第二十五条 本办法作为暂行办法试行，根据新的情况和中央有关精神及时修改，在实践中不断完善。

第二十六条 本办法自印发之日起试行，由股份公司党委负责解释。

中国水利水电建设股份有限公司深化厂务公开工作的指导意见

（中水电股党〔2011〕35 号·2011 年 6 月 20 日）

为深入贯彻党的十七大和十七届四中、五中全会精神，贯彻落实科学发展观，坚持以人为本推进企业民主政治建设，深化企业民主管理，加强职工民主监督，依据中共中央办公厅、国务院办公厅《关于在国有企业、集体企业及其控股企业深入实行厂务公开制度的通知》（中办发〔2002〕13 号）和国家有关法律、法规及中共中央纪委、全国总工会、国务院国资委有关推行厂务公开制度的要求，制定股份公司深化厂务公开工作的指导意见。

一、厂务公开的指导思想

坚持以科学发展观为统领，以邓小平理论和“三个代表”重要思想为指导，认真贯彻党的十七大精神，充分调动经营管理者和职工群众的积极性和创造性，在建立中国特色的现代国有企业的过程中，把实行厂务公开、民主管理制度作为重要内容，进一步完善以企业职工代表大会为主要形式的职工民主管理、民主监督、民主决策机制，促进党风廉政建设，建立风清气正的干部队伍，建设企业政治文明，增强企业凝聚力和市场竞争力。

二、厂务公开的基本原则

（一）坚持党委统一领导，党政共同负责，有关方面齐抓共管，动员职工广泛参与的原则。

（二）坚持实事求是、依法公开的原则。从公司实际出发，积极稳妥地推进厂务公开工作。要确保公开内容的真实、准确和保护企业科研、商业秘密。

（三）坚持谁办理、谁公开的原则。按照规定的内容、程序、范围和形式，向职工群众公开。在维护企业整体利益的同时，切实依法维护职工民主权利和合法权益。

（四）坚持与时俱进的原则。针对不同时期的特点和要求，不断调整和完善公开的内容和形式，使厂务公开工作伴随着社会的进步和企业的发展不断充实和完善。

三、厂务公开的主要内容和形式

厂务公开的内容，要结合本单位的实际和职工群众的要求，围绕改革、发展和稳定的任务，有所侧重。厂务公开的内容必须真实可靠，除国家法律、法规规定的保密事项和企业的科技、商业机密之外，企业内部事务原则上都应按照法定的民主程序和公开的形式，适时适度公开（但涉及上市公司信息披露的事项，按上市公司信息披露的相关规定执行）。既要公开有关政策依据和本单位的有关规定、又要公开具体内容、标准和承办部门；既要公开办事结果，又要公开办事程序；既要公开职工的意见和建议，又要公开职工意见的处理情况，使厂务公开始终在职工的广泛参与和监督下进行。

（一）公司一级厂务公开的主要内容和形式。

（1）企业重大决策问题。主要包括企业发展战略、中长期发展规划，投资和生产经营重大决策方案，企业改革、改制方案，兼并、破产方案、重大技术改造方案，职工分流、安置方案等重大事项。主要以职工代表大会、文件、专题会议或会议纪要等形式公开。

（2）企业生产经营管理方面的重要问题。主要包括年度生产经营目标及完成情况，财务预决算，大额资金的使用，工程项目招投标，劳务分包，大宗物资材料、机械设备采购，废旧物资处理，经济责任制落实情况及重要规章制度的制定等。主要以文件、年度工作会议、职工代表大会、专题会议、会议纪要、情况通报等形式公开。

（3）涉及职工切身利益的问题。主要包括劳动法律法规的执行情况，职工福利费、公益金使用，集体合同、劳动合同的签订和履行，劳动用工、提薪晋级、职工工资、奖惩与福利，住房公积金政策执行情况，职工养老、医疗保险，企业补充保险金及其他社会保障基金缴纳和使用情况，专业技术职称的评聘，评先评优，安全生产和劳动保护措施，职工培训计划，开展扶贫济困工作的情况以及职代会对收集提案的处理情况等。主要以情况通报、网站与报纸等内部新闻媒体公示的形式公开。

（4）企业领导班子建设和党风廉政建设相关的问题。主要包括业务招待费使用情况，民主评议领导干部情况，干部选聘和任用情况，干部廉洁自律规定执行情况，领导干部的住房、购房、用车、通信费支出、出差、出国（境）费用支出，收受馈赠礼品、配偶、子女经商办公司（企业）情况等（领导干部的工资、年薪、奖金按照正常程序申报）。主要以职工代表大会、情况通报、内部媒体公告等形式公开。

（二）各公司所属分公司、分局一级厂务公开的主要内容和形式。

（1）企业重大决策问题。主要包括生产经营重大决策方案，重大技术改造方案，职工分流、安置方案等重大事项。主要以职工代表大会、文件或会议纪要等形式公开。

（2）企业生产经营管理方面的重要问题。主要包括年度生产经营目标及完成情况，大额资金的使用，工程项目招投标，劳务分包，大宗物资材料、机械设备采购，废旧物资处理，经济责任制落实情况及重要规章制度的制定等。主要以文件、年度工作会议、职工代表大会、专题会议、会议纪要、情况通报、厂务公开栏等形式公开。

（3）涉及职工切身利益的问题。主要包括职工福利费使用，劳动用工、提薪晋级、职工工资、奖惩与福利，专业技术职称的评聘，评先评优，安全生产和劳动保护措施，职工培训计划、困难补助方案等。主要以情况通报、网站、简报、厂务公开栏等形式公开。

（4）领导班子建设和党风廉政建设相关的问题。主要包括业务招待费使用情况，民主评议领导干部情况，干部选聘和任用情况，干部廉洁自律规定执行情况，领导干部的用车、通信费支出、出差、出国（境）费用支出，收受馈赠礼品情况等（领导干部的工资、年薪、奖金按照正常程序申报）。主要以职工代表大会、情况通报、内部媒体公告等形式公开。

（三）项目部厂务公开的主要内容和形式。

项目部厂务公开应重点放在生产经营状况，项目资金的管理使用，劳务分包，大宗物资材料、机械设备采购，较大数量废旧物资处理，职工上岗下岗和工资、奖金分配情况，职工休息休假制度和落实情况等方面；班组应重点解决生产任务完成、考勤及奖惩、成本管理、职工收入等情况公开。通过厂务公开，规范经营活动，加强成本控制，切实提高管理水平和经济效益。主要以职工大会、工地调度会、班前会、厂务公开栏等多种形式公开。

四、厂务公开的程序

（一）根据公司具体情况和厂务公开内容的要求，厂务公开领导小组或有关部门提供公开资料，提出公开时限、范围和公开的实施方式，设计出符合实际的审批流程表，经主管领导审阅后，按公开内容分别由行政各有关部门按规定形式组织实施。

（二）负责厂务公开的有关领导、组织和责任部门要采取多种形式，广泛听取职工群众的意见和建议，制定整改措施，给予答复或说明，并将整改情况及时向职工公示，接受职工群众的评议和监督。

五、厂务公开的组织机构与工作责任

（一）股份公司和各公司要建立厂务公开领导小组，由党委书记担任组长，由总经理、党委副书记、工会主席等担任副组长、各有关部门负责人为成员，办公室设在工会。厂务公开领导小组负责制定厂务公开的实施意见，审定厂务公开的内容和重大事项，研究解决实施中的问题，做好督导考核工作，建立健全厂务公开的责任制和责任追究制度。

（二）股份公司和各公司都要成立由纪委牵头、工会有关人员和职工代表组成的厂务公开监督检查小组，负责建立健全厂务公开的监督检查考核办法，监督检查厂务公开内容是否真实、全面，公开是否及时，程序是否符合规定，职工的意见和建议是否得到落实，并组织职工对厂务公开工作进行监督。

（三）各级党委要在厂务公开中充分发挥领导作用，统一组织和协调厂务公开工作；行政负责生产经营、改革发展以及涉及职工切身利益重大事项的公开；纪委负责党风廉政建设和领导干部廉洁自律方面问题的公开及厂务公开监督检查考核工作；工会通过职工代表大会及其他形式，组织职工参政议政。

六、厂务公开的检查考核与责任追究

（一）在厂务公开工作中，必须保证公开的真实性，务求公开的实效性，推动厂务公开不断向经营管理的难点、职工关注的热点、党风廉政建设的焦点延伸。把是否促进企业发展和职工群众是否满意作为检验厂务公开成效的重要标准。

（二）各单位每年进行一次自查和职工群众对厂务公开满意率的民主测评，并将检查和测评结果上报股份公司厂务公开办公室。股份公司厂务公开监督检查小组每年组织重点抽查，年终进行全面检查。

（三）要将厂务公开工作作为考核各单位领导班子建设、党风廉政建设、民主管理和工会工作的一项重要内容。

（四）有下列行为之一的，取消其单位和相关领导人员的评先资格，并在全系统内进行通报；情节严重的，建议有关方面按规定给予相应的责任追究。

1. 拒不实行厂务公开的；

2. 不按规定内容和程序公开或搞虚假公开的；

3. 违反职代会决议和厂务公开有关规定，对职工合理意见不整改、不答复，导致矛盾激化，影响企业和社会稳定的；

4. 打击报复检举人和在厂务公开工作中依法履行职责的工作人员的；

5. 经评议测评，多数职工对厂务公开工作不满意的。

七、有关要求

（一）健全机制，加强领导。健全和完善党委统一领导、党政共同负责、工会组织牵头协调、有关方面齐抓共管、职工群众全员参与的领导体制和工作机制。要根据工作需要，及时调整、充实厂务公开协调领导机构。各公司厂务公开领导小组要加强领导，组织协调各有关部门认真负责、密切配合、及时沟通、相互支持，共同推动工作。要深入调查研究，总结和推广先进典型，进一步提高厂务公开民主管理工作的整体水平。

（二）明确分工、合力推进。要明确各有关部门的责任分工，明确有关公开事项的责任部门和责任人，落实责任。各有关部门要结合各自业务工作，主动沟通配合，加强工作指导，及时解决问题，扎实有效地推行厂务公开。

（三）健全制度，规范管理。建立健全厂务公开制度，明确厂务公开的内容、形式、时间、程序，建立有关的台账资料。建立健全监督检查制度。各公司都要建立监督检查小组，负责检查公开项目是否真实全面，公开是否及时，程序是否合乎规定，职工反映的问题是否得到解决，并负责组织职工对厂务公开工作进行评议。要加强网络建设，更多地通过企业内网公开有关事项，促进公开的覆盖面。

（四）总结经验，不断深化。各公司党政要把厂务公开民主管理工作列入重要日程，纳入工作计划、目标考核之中，进一步建立健全并认真落实协调领导机构责任制，把厂务公开民主管理工作与建立现代企业制度结合起来，与提升企业管理水平、促进企业健康发展结合起来，与维护职工合法权益、构建和谐劳动关系结合起来，及时解决工作中遇到的困难和问题，认真总结经验，表彰先进典型，使厂务公开民主管理工作取得实效，推动企业又好又快发展。

各公司要认真贯彻落实本指导意见，并结合实际修订完善本单位厂务公开工作的制度措施。

中国水利水电建设股份有限公司
关于规范庆典、研讨会、论坛活动的管理办法

（中水电股党〔2011〕61号·2011年9月13日）

为进一步规范股份公司庆典、研讨会和论坛活动，根据国务院国资委有关规定，结合股份公司实际，制定本办法。

一、举办庆典、研讨会、论坛活动的原则和范围

1. 举办庆典、研讨会和论坛活动应符合国家有关法律法规及中共中央办公厅、国务院办公厅、国务院国资委等有关文件规定，按照“分级管理、合理计划、提前申报、严格审核、统一规范”的原则，统筹安排、从严控制。经批准举办的，要严格控制经费支出，严格控制活动规模，做到依据明确、规模适度、经费合规、确保实效。

2. 本管理办法所规范的庆典、研讨会、论坛活动主要包括：要求基层、职工群众出钱出物出工或以各种名目乱收费、摊派、拉赞助的；以营利为目

的或违反有关经济工作纪律和财经制度的；其他违反党风廉政建设有关规定的。

3. 国家法定节日的庆典活动，面向本系统举办的或参加的业务研讨和学术交流活动按有关规定执行。

二、严格庆典、研讨会、论坛活动审批程序

1. 坚持“谁主管、谁负责；谁审批，谁监管”的原则，严格庆典、研讨会、论坛活动审批程序。

2. 股份公司举办或承办的庆典活动，由股份公司报国务院国资委审批；由中央和国家相关部委指定股份公司承办的庆典、研讨会、论坛活动，由股份公司通过集团公司向国务院国资委报告备案。

3. 各子公司举办的庆典，包括周年庆典、纪念庆典，工程奠基、工程重要节点和竣工庆典等活动，由举办单位报股份公司审批。

4. 股份公司总部各部门、各事业部、各子公司举办或承办的面向本系统或系统外的研讨会及论坛活动报股份公司审批。

5. 举办涉外论坛按照《中共中央办公厅国务院办公厅关于从严控制在华举办各类论坛的通知》（中办发〔2010〕10号）和国务院国资委相关规定执行。

6. 报批的内容主要包括：活动名称、活动时间、活动目的、参与人数，邀请的主要领导和嘉宾，经费预算、经费来源等。

7. 每年1月30日前，总部各部门、股份公司各子公司提出本年度庆典、研讨会、论坛活动计划，由总经理工作部会同党委工作部、监察部、相关部门初审后分类汇总，按程序统一报批。

8. 年初集中申报时无法预见的，根据工作需要或上级指示确需新增的庆典、研讨会、论坛活动，由主办单位至少提前15个工作日向总经理工作部提交计划，再按程序报批。

三、严格控制庆典、研讨会、论坛活动规模和开支

1. 对确需举办的庆典、研讨会、论坛活动，要严格控制规模，严格限制开支，按照“谁举办，谁出资”的原则，所需经费由举办单位承担，纳入本单位预算管理，列入公示范围，接受职代会监督、审计监督，不得向下级单位转嫁费用。

2. 股份公司投资的工程项目包括子公司承包的工程项目，经批准举行的工程奠基、重要节点和竣工的庆典活动，要严格控制规模、数量和经费开支。

3. 不得在风景名胜区举办或变相举办公款旅游性质的研讨会和论坛活动；不得举办或参与各种联谊性质的研讨会、论坛活动。

四、严格控制各级领导人员出席庆典、研讨会和论坛活动

各级领导人员原则上不得出席与本企业工作无关的庆典、研讨会和论坛活动。邀请股份公司领导出席活动的，由总经理工作部统一协调安排并报股份公司主要领导批准；邀请股份公司总部各部门主要负责人出席活动，须以书面形式报经分管领导同意，并报股份公司主要领导审批；邀请股份公司总部部门其他同志出席活动的，须经公司分管领导批准。未经批准，各级领导人员不得出席有关活动。经批准同意出席庆典、研讨会、论坛活动的领导人员，不得接受超规格、超标准接待，不得收受礼金、礼品、贵重纪念品和各种有价证券、支付凭证，推托不掉的，回来后及时上交纪检监察部门，并说明情况。

五、切实加强对庆典、研讨会和论坛活动的监督检查

股份公司系统举办庆典、研讨会、论坛活动情况由股份公司纪委、监察部牵头负责监督检查。在初审环节，对不符合规定的庆典、研讨会、论坛活动要坚决予以撤销；对可办可不办的庆典、研讨会、论坛活动要最大限度进行缩减。活动中必须遵守党风廉政建设和财经制度有关规定，不得以各种名目乱收费、搞摊派、拉赞助。未经审批的活动一律不得举办，财务一律不得报账。如出现违规违纪行为，按规定追究相关人员责任。

六、本管理办法从下发之日起执行。

第三篇　专　　论

Chapter Ⅲ Special Thesis

2011年集团（股份）公司领导专论

在中国水利水电建设股份有限公司 2011年安全生产工作会议上的讲话

（2011年1月22日）

范 集 湘

同志们：

这次会议开得很好。会上，孙洪水副总经理代表公司作了安全生产工作报告，对2010年的安全生产工作进行了系统的总结，对2011年的工作作了具体的安排，我完全赞同，希望大家认真贯彻执行。

刚才，公司表彰了安全生产先进单位和个人。首先，向受到表彰的安全生产优秀企业、先进项目部、优秀项目经理和先进个人表示热烈的祝贺！去年被评上先进的单位比例较大，这说明绝大多数单位安全生产工作做得不错，安全生产的基本面是好的，我很欣慰。当然，这些先进中的安全生产管理也各有特色、参差不齐，严格按照先进企业的标准、按照本质安全的标准对照，有的单位还存在不少差距。所以我们要辩证地认识"先进"问题，一如既往用如履薄冰的态度对待安全生产工作。下一步我们要考虑提高先进的标准，调整考核办法，在合格的安全单位中选出标杆单位作为先进，这样做才更有意义。此外，安全生产的"先进"的覆盖面，要向国际业务倾斜，这是公司市场结构调整的客观需要。

下面，按照会议安排，我讲几点意见。

一、关于"十一五"以来的安全生产工作

大家知道，"十一五"初期，公司安全生产形势十分严峻，曾在中央企业第一任期经营业绩考核中两次受到影响。近几年，公司坚定不移地坚持安全发展理念，以强化责任落实为重点，努力构建以法定代表人为第一责任人、全员重视安全的安全生产责任体系。强化制度落实，建立健全安全生产长效管理机制。依法治安，重典治安，严惩违规，决不手软。加大科技投入，提高科技对安全生产的保障作用。强化监管，严格考核，构建安全生产的长效机制。经过上下不懈努力，公司安全生产管理水平大幅度提升，安全生产形势总体受控，责任事故起数和死亡人数总体呈逐年递减趋势，实现了安全生产形势持续稳步好转，扭转了安全生产的被动局面。

下面这一组数据充分说明了这一点：2005年，公司完成营业收入320亿元，发生8起责任事故，死亡29人；2006年，完成营业收入409亿元，发生7起责任事故，死亡10人；2007年，完成营业收入500亿元，发生9起责任事故，死亡15人；2008年，完成营业收入608亿元，发生2起责任事故，死亡5人；2009年，完成营业收入755亿元，1起责任事故，死亡1人；2010年，完成营业收入1012亿元，发生责任事故2起，死亡2人。

这些成绩是在规模快速扩大、项目不断增多、监管对象日趋多元化、局部资源和管理能力不足、各类自然灾害频发、安全风险挑战严峻的形势下取得的，实属不易。大家为此承受了很大压力，付出了艰辛而又卓有成效的劳动，有力促进了公司"十一五"发展目标的圆满实现，成绩应予充分肯定。借这个机会，我代表公司、公司党委向大家并通过你们向所有从事安全生产工作的同志们表示衷心的感谢和崇高的敬意！

二、关于今后安全生产工作

（一）适应新形势、新阶段的要求，将安全生产工作摆在更加突出、更加重要的位置

安全生产是落实科学发展观、转变发展方式的必然要求。党的十七届五中全会明确提出，"十二五"时期要以科学发展观为主题，以转变发展方式为主

线，促进经济长期平稳较快发展和社会和谐稳定。科学发展必然是安全的发展，“以人为本”首先要保障人的生命安全，转变发展方式离不开发展环境的健康安全，和谐社会必定是生产生活的祥和有序。中央企业肩负着重要的政治责任、社会责任，建筑行业又是国民经济的支柱行业和高风险行业，这就要求我们以高度的使命感、责任感，把事关人的生命和健康的安全生产工作摆在更加重要的位置上，认真贯彻落实党中央、国务院对安全生产工作的决策部署，切实执行好国务院国资委和国家有关部门的工作要求，牢固树立安全发展理念，加强和改进安全生产工作，进一步推进安全生产形势的根本性好转。

安全生产是建设具有较强国际竞争力的质量效益型世界一流公司的使命使然。刚刚闭幕的公司2010年工作会暨职代会，明确公司“十二五”时期要加快转变发展方式，确保平稳较快发展，努力建设具有国际竞争力的质量效益型世界一流公司，围绕这一目标，会上提出要大力实施“五大战略”，达到“四强四优”的总体要求。实现这一战略安排，更加需要一个安全健康和谐有序的发展环境。

（1）安全生产和生产的安全是公司转变发展方式、平稳较快发展的应有之义和重要方面，是世界一流公司的必备要素。没有安全生产管理的规范、有序、受控、高效，就谈不上公司运营的一流水平，就谈不上高质量的发展、和谐有序的发展、全面协调的发展。

（2）安全生产是公司战略落地的重要保障。安全生产是调动职工生产积极性、创造性的基本前提和必要条件，是企业增强凝聚力、向心力的客观要求。如果职工的生命健康都没有保障，工作和生活中事故隐患四伏，就会严重挫伤工作和生活热情，损害积极性。此外，从一定意义上讲，“安全就是品牌”，只有做到安全生产，才可能树立起负责任的央企形象，才可能成为国际同行业知名品牌。

（3）随着经济社会的发展进步，安全生产的社会关注程度不断上升，安全生产事故的综合性负面影响越来越大，责任主体付出的成本越来越高，不安全的经营活动注定是不可持续的，尤其是重特大事故对企业的影响有时是致命的。这方面我们曾经有过深刻的教训。

安全生产形势依然严峻，一定要如履薄冰、长抓不懈。公司年营业收入过千亿后，部分企业规模快速扩张与管理能力不足的矛盾将更为凸显，领导团队和员工队伍的素质、能力与企业发展的速度、质量的要求不相适应的特点更为明显。反映在安全生产工作上，表现为有的单位、有的领导同志安全发展的意识不够浓、安全管控的能力不够强、安全生产的投人不够足、安全生产的措施不够落实、安全监管的覆盖不够全、安全生产的隐患未消除，总之，安全生产的基础仍然不够牢靠，挑战更为严峻，稍有松懈，就可能造成事故反弹，给企业发展带来重大负面影响。对此我们一定保持清醒的头脑，任何时候、任何情况下都要警钟长鸣、如履薄冰。

（二）把握新规律、新特点，着力完善“六大体系”，提高“六种能力”

要根据新形势、新阶段的要求，科学把握经济社会发展、公司运行和安全生产工作的新规律、新特点，统筹谋划好安全发展的战略安排，统筹安排好安全生产各项工作。总的来讲，要进一步完善“六大体系”，着力提高“六种能力”：

（1）进一步完善责任落实、基础扎实、投入到位、管理规范的企业安全保障体系，着力提高企业本质安全水平和事故防范能力。

（2）进一步完善覆盖全面、监管到位、执行有力、奖惩过硬的监管体系，不留任何盲区和死角，着力提高全业务监管、全员治安的能力。

（3）进一步完善与同行业科技领先战略相适应的安全科技支撑体系，着力提高技术措施、装备的安全保障能力。

（4）进一步完善与结构优化调整相适应的门类齐全、配套完备、针对性强的制度体系，着力提高依法治安、按规治安的能力。

（5）进一步完善反应迅速、机动灵活、处置高效的应急救援体系，着力提高事故救援和应急处置能力。

（6）进一步完善面向所有从业人员、贴近实际、载体多样的宣传教育培训体系，着力提高从业人员的安全素质和安全防范救助能力。

关于应急处置能力。比如国际经营中发生事故，一定要及时报告、及时处置，否则不仅工作被动，而且有损中央企业的形象，有损中国作为负责任的大国形象。我们要有这种政治敏锐性，有这样一种压力。如果出现报告不及时或处置不当，首先是领导问题，其次是管理体系问题，第三是应急处置能力不强，信息系统不畅。一定意义上讲，报忧一定要比报喜快。遇到重大问题及时上报，我们可以及时整合公司的资源，化解危机，最大限度减少损失。

关于安全文化。做安全生产工作要向德国企业学习，将规则奉为信条，按规则办事成为一种职业习惯。如果我们的企业形成这样的文化，实现本质安全就有保证了。这方面我们还有很长的路要走，需要继续不懈地努力。比如文明工地、文明项目部的评选就要紧扣标准和规则，谁执行得最好，谁就是标杆、优秀者，这样工作也就做实了。

（三）落实领导责任，认真贯彻、严格执行国务院及国资委对安全生产工作的重要部署和要求

要认真贯彻落实《国务院关于进一步加强企业安全生产工作的通知》和张德江副总理在全国安全生产工作会议上的重要讲话精神，严格执行《中央企业安全生产禁令》，促进公司安全生产形势实现根本性好转。法定代表人、实际控制人要切实履行好第一责任人的职责，其他分管领导要负起强调安全、落实安全、推动安全的责任，真正做到一岗双责，将国务院及国资委的决策部署和各项工作要求落到实处。

国务院国资委的“九条禁令”，从安全生产条件、承包商管理、从业人员资格、事故报告等方面提出了所有中央企业必须坚决禁止的行为，其中明确规定中央企业严禁在安全生产条件不具备、隐患未排除、安全措施不到位的情况下组织生产，严禁超能力、超强度、超定员组织生产，严禁违反程序擅自压缩工期、改变技术方案和工艺流程。国务院国资委将在中央企业业绩考核中，加大对违反禁令行为的处罚力度；违反党纪政纪的由纪检监察部门依照有关规定进行处分；违反禁令并涉嫌犯罪的，依法移送司法机关处理。

据了解，2004年至2009年中央企业发生的135起较大以上生产安全事故，大多与抢工期、超能力生产有关。造成抢工一般有三方面原因：一是自身原因工期拖后；二是业主方单方调整工期、调整施工方案；三是第三方的原因。抢工期就会造成我们的能力满足不了施工高峰的需要，隐患突增，出现系统性的不安全。因此这里着重强调两点：一是只要遇到不安全的情况，要旗帜鲜明地把安全放到第一位，保障每位员工基本的安全施工环境，决不能在不安全的条件下赶工抢工。在建筑市场产能过剩的情况下，承包商在产业链条上处于相对弱势，这是现实。但无论怎样，都不能突破安全这条底线，我们要深刻吸取这方面的教训。二是引导、激励子公司在“技术可能、经济可行、风险可控、管控可及”的状态下扩大规模，严控任何不安全的规模扩张，坚决反对减少必要安全投入形成非正常业绩利润。我们的平稳较快发展一定要建立在安全生产有可靠保障的基础上。

对国务院国资委“九条禁令”要不折不扣地落实到位，统一思想，统一行动，股份公司要切实做好部署、检查、督促落实整改工作。贯彻落实情况要向国务院国资委报告。

（四）紧跟市场结构的优化调整，切实加强国际业务安全生产工作

随着国际业务优先发展战略的深入实施，经营规模不断扩大，这一业务板块的安全生产工作亟待强化。目前，公司大部分国际项目分布在经济社会发展相对落后的国家和地区，项目所在地政府对安全生产的监管相对薄弱，一些项目的业主和监理工程师对安全生产的重视程度和管理手段的有效性与国内项目相比还有一定距离。对此我们首先应看到的是这一问题的严重性、危害性、挑战性，而不是心存侥幸、麻痹大意。公司各级要高度重视国际业务的安全生产，抓紧完善安全生产监管体系，使每一个项目都处于可控状态。这里重申，海外事业部/国际公司是公司国际项目安全管理的责任单位，对国际项目的安全管理负全面监管责任。参与国际项目施工的子公司，是安全生产的直接责任主体，应把国际项目的安全管理纳入本企业安全生产管理工作的范畴切实抓好。子公司要按照不低于国内安全生产管理标准的要求，配置安全生产资源，保证安全投入，强化过程管控，严格防范各类事故的发生。不能因国别不同、业主要求不同而随意降低安全管控标准。要继续开展应对紧急情况和恐怖袭击等方面的预案编制和相关准备工作，加强对外部安全风险的防范。无论出现什么情况，一定要把员工的人身安全放在各项工作的首位。这方面的工作一定要及时跟上，落实到位。

到今年年底国际业务合同存量超过1000亿元，占整个公司合同存量的近一半，而与之相匹配的领导力量、管理力量、物质资源的配置占了几成？所以我们一定要根据形势的变化，让资源的配置与合同存量的比例相匹配，否则很难做到本质安全。怎么解决这一问题？首先领导团队、管理团队要以满足经营需要为前提。党政领导一定要解放思想，出思路、想办法，研究制定一司两制等特殊政策，向职工讲清楚，争取大家的理解和支持。

（五）加强对一线作业层的安全培训与管理，筑牢安全生产的基层基础

去年在作业层农民工的安全管理上暴露出不少问题，我们一定要认真反思，强力整改，抓紧补课。目前公司分包产值已经占公司总产值较大的比重，而且比重将会进一步增加，分包活动已经成为公司转型升级和项目管理的重要内容。数十万农民工、外籍劳务为公司持续快速发展作出了重要贡献，从某种意义上讲，他们的劳动技能和安全水平直接影响我们的产品质量和安全状况。作为中央企业，我们一方面要从“以人为本”的理念出发，尽可能地给予他们关心、爱护、帮助，改善他们的生产生活条件，合法合规、量力而行地满足他们的合理诉求；

另一方面，一定要加大教育、培训力度，强化现场管理，增强一线作业人员的安全意识，提高他们正确使用工具、操作设备的技能，促进他们由要我安全到我要安全、我会安全转变，筑牢公司安全生产的基层基础。要坚决反对漠视农民工、外籍劳务的生命健康、不关心他们的生活的不良倾向，坚决遏制“以包代管”、违法分包、非法转包、非法挂靠等恶劣现象，最大限度消除安全生产的隐患。这方面的麻木不仁是企业管理者境界不高、领导能力不强的直接表现，最终将由企业付出沉重的代价。

现阶段中国的产业工人的主体是农民工。城乡二元体制使我们使用农民工的方式也再现二元体制，正式职工与农民工同工不同酬，还有优越感，我们要努力逐步改变这种状况。从微观看，我们多数是用分包商，如工序分包、单项分包等，所以风险集中在不合格的“分包商”身上，这一问题普遍存在。所以国务院国资委“九条禁令”中对分包商的使用作了明确规定，我们一定要认真执行好。党中央、国务院对农民工非常关心，我们作为中央企业要认真领会中央精神，超前思考，合法合规地统筹安排好农民工的生产生活，特别是要把农民工的安全管理放在更加突出的位置，在条件许可的情况下逐步淡化用工上的二元体制。

（六）强化科技对安全生产的保障作用，提高企业本质安全水平

建立本质安全企业，技术是基础、是保证。从许多事故案例分析的结果来看，技术措施的缺失、施工方案的缺陷是导致重大事故的主要原因之一。因此，一定要强化安全技术管理，项目施工组织、技术方案的编制要同步考虑安全生产的保障措施。子公司要建立以总工程师为主要责任人的安全技术管理体系，不断完善安全技术管理制度，对重大技术措施总工程师要把好安全关。要结合“十二五”规划的拟定，明确有关安全生产技术和安全管理的研发计划，加大研发投入，以满足安全生产中的技术需求，提供牢靠的技术手段，切实提高公司本质安全水平。

关于安全生产的新技术、新方法，这几年我们做了不少工作，取得了可喜的成绩，例如高边坡开挖施工技术、大型洞室施工技术、大型竖井施工技术、安全管理标准化、安全管理信息系统等等，这些新技术、新方法的出台不仅解决了生产施工的手段问题，也解决了生产施工过程中安全技术和管理方法问题。对此，我们要做好总结、集成、推广工作。

（七）突出预防为主的方针，加快推进安全生产标准化工作

开展标准化工作，就是要把我们在经营、管理、技术、作业以及外在形象用统一的标准予以规范，运用标准化工作方法把我们在经营、管理、技术、工艺流程取得的成功经验进行提炼、总结，使之成为企业标准，按照持续改进的原则不断完善。安全标准化就是要通过建立安全生产责任标准、安全管理标准、队伍配备标准、安全技术标准、工作流程标准和一线作业操作规程，按照制定的标准开展安全管理、编制技术方案、配置人力物力、组织生产作业。通过每一个管理过程的标准化，保证经营规划受控、技术策划受控、资源配置受控、作业流程受控，把“预防为主”这一安全管理的核心思想运用到生产经营全过程，从而彻底消除事故隐患。

同志们，安全生产责任重大、使命光荣。让我们以科学发展观统揽全局，以扎实的工作继续推进安全生产形势的根本性好转，为公司转变发展方式、实现平稳较快发展，为建设具有较强国际竞争力的质量效益型世界一流公司而努力奋斗！

扎实推进反腐倡廉建设工作
促进领导人员依法依规廉洁从业

——在公司2011年反腐倡廉建设工作会议上的讲话

（2011年3月2日）

范　集　湘

同志们：

刚才，永录书记传达了十七届中央纪委六次全会和国务院国资委中央企业反腐倡廉建设工作会议精神，并代表公司纪委系统地总结了2010年纪检监

察工作，提出了2011年任务，通报了在反腐倡廉工作中出现的问题。讲得很好，我完全赞同，希望同志们认真学习贯彻。借此机会，我代表公司党委、公司向工作富有成效、作出突出贡献的纪检监察系统的同志们，表示衷心的感谢并致以崇高的敬意！公司党委决定对用一天半的时间召开公司2011年反腐倡廉建设工作会议，专门研讨、部署与企业改革发展同步的、同等重要的反腐倡廉工作。主要任务就是进一步学习贯彻落实中央和国务院国资委的精神，研究、部署、落实好今年的反腐倡廉建设工作。下面，我就进一步加强反腐倡廉建设，促进领导人员廉洁从业讲四点意见。

一、充分认识公司反腐倡廉建设面临的新形势和新任务，增强抓好廉洁从业工作的责任感和紧迫感

企业反腐倡廉工作要以人为本、围绕中心、服务大局，这是反腐倡廉工作的定位和方向。这几年，在国际国内政治经济形势的不断变化中，公司改革发展进入一个关键历史时期，机遇与挑战并存，希望与困难同在。2010年，公司实现营业收入1007.13亿元，在121家中央企业中排名第44位；实现利润总额37.95亿元，在121家中央企业中排名第42位。我们要充分认识公司反腐倡廉工作面临的新形势和新任务，就必须准确把握国家政策和公司改革发展对反腐倡廉工作带来的变化与挑战，在应对挑战中认清形势，总结规律，坚定信心，找准方向。

（一）要充分认识中央、国务院国资委对中央企业反腐倡廉建设提出的新要求

近年来，党和国家对反腐倡廉工作的认识和态度始终坚定，方向更加明确，思路更加清晰，措施更加有力。不久前召开的十七届中央纪委六次全会，胡锦涛总书记站在党和国家改革事业发展的战略高度，科学分析了当前的反腐倡廉形势，明确提出了今年党风廉政建设和反腐败工作的主要任务，深刻阐述了切实把“以人为本、执政为民”的执政理念贯彻落实到反腐倡廉工作中的重要性。今年1月份，国务院国资委召开中央企业反腐倡廉建设工作会议，明确提出，中央企业的国有资产是全国人民的共同财富，要始终坚持“以人为本，执政为民，实现好、维护好、发展好最广大人民的根本利益”这个根本执政理念，就是要把中央企业不断做强做优，抓好具有国有企业特色的反腐倡廉建设，解决好广大职工群众反映强烈的突出问题，密切党同人民群众的血肉联系，把企业发展好，把人心凝聚好。我们是一个拥有近13万名职工和近10万名离退休人员的中央企业，同时还招聘和雇佣了几十万的农民工和临时工，取得的每一份成绩，都凝结着广大职工的心血和汗水。我们受出资人委托和广大职工信任经营管理国有资产，如果腐败问题得不到很好的解决，任其发展，造成国有资产损失，就是对广大职工和人民的犯罪。我们要从实现好、维护好、发展好最广大人民的根本利益出发，加强反腐倡廉建设，促进和保证公司健康发展，为社会创造更多财富。同时要切实遵循企业发展的规律和反腐倡廉建设的规律，通过加强反腐倡廉工作，进一步健全公司治理结构，规范权力运行，减少决策和管理上的失误，不断增强企业活力和竞争力，为公司实现科学发展和落实“十二五”规划目标提供有力保证。这也是中央企业反腐倡廉建设最本质的要求。

（二）要充分认识公司反腐倡廉建设面临的新任务

这几年，公司反腐倡廉工作围绕中心、服务大局，为生产经营中心保驾护航作出了突出贡献。但随着公司经营和资产规模持续快速发展、产业和经营结构发生重大变化，反腐倡廉工作涉及的领域越来越宽，面临的任务更加艰巨。

（1）在目前市场经济法制环境尚不完善、公司监控体系尚不健全的情况下，市场行为容易出现偏差，经营管理容易出现漏洞和薄弱环节，如果我们不能正确理解和执行依法合规经营企业的要求，个人经受不住考验，反腐倡廉和廉洁从业工作就很容易出问题。

（2）在企业自主经营压力越来越大、各子公司法人治理结构尚不健全的情况下，如果不能建立有效的权力制衡机制，领导人员不能正确对待权力，合法规范地行使权力，把企业依法享有的经营自主权视为个人权力，重大事项决策习惯个人说了算，企业经营就容易违规操作，滥用经营权谋取小集体利益甚至个人利益的事情就容易发生。

（3）在我们深化改革、加快推进改制、重组的过程中，如果不能按照要求规范运作，强化对国有资产的监管和风险防范，就容易使国有权益受到侵害，给国有资产安全带来隐患。

（4）在优先发展国际业务、大力开拓海外市场的过程中，国情政情的变化需要主动适应。国际业务经营比重越来越大，管理区域广、链条长、风险因素多，如果不能对国际业务建立健全规范有效的监管制度和制衡机制，一旦出现问题，就会影响恶劣，破坏公司“走出去”的大好局面。

刚才，永录书记通报了公司2010年违法违纪案件，这些问题虽然发生在个别单位和少数领导人员

身上，但说明了当前公司反腐倡廉建设形势严峻，任务艰巨。比如，通报案件中暴露出的个别单位工作人员通过虚列会计凭证、套取现金、据为己有的违纪违法情况，就反映了我们有些单位制度控制存在盲区，财务检查存在死角，这些问题单靠纪检监察工作监督无法完全解决，必须要通过健全制度、过程控制来加以规范，我们要高度警醒、深刻反思。同时，这些问题也是发展中、前进中的问题，只要我们高度重视、坚定信心，我们就有力量、有能力解决好这些问题，并将反腐倡廉建设工作不断推向深入。

这里，结合永录书记通报的案件情况，对公司反腐倡廉建设面临的形势和任务，我再补充几点，希望引起大家深刻反思。

（1）目前在公司内部，有个别领导影响、指定内部工程分包的现象仍然存在。我们处在竞争性的行业，求人办事，是客观存在的，但必须是同等条件、阳光运作、集体决策，而不能暗箱操作，更不能违规违纪操作、输送利益。

（2）有的单位行权不规范、决策不规范，特别是个别主要领导决策随意性大，不仅违反决策的原则和规定，更会影响决策的质量和科学性，给企业带来风险和隐患。

（3）公共关系费用或者业务费用管理不规范。必须要高度重视这个问题，阳光、规范去运作。

（4）要正确认识开展战略合作、引进专业咨询和通过违规中介输送利益之间的关系。我们提倡运用社会化资源，战略合作就是必然的选择，我们的技术不能完全囊括我们的服务对象，引进专业咨询就必不可少，前提必须是合法合规。反之，如果对方没有付出实质的成本和服务，就拿走约定的费用，这就涉嫌通过违规中介向其他企业或个人输送利益，涉嫌造成国有资产流失和谋取私利。

（5）有的单位的少数领导，仍然习惯于忽略和违反规定或者规避规定去行使权力。深刻分析有三方面原因：一是少数领导“三重一大”决策观念和法治观念不强，自己搞不清楚，稀里糊涂就违反规定了；二是以提高效率、降低决策成本为借口，习惯自己说了算，彰显个人权威；三是主观故意地去谋私、去违反规定。虽然比例很小，但也是客观存在的。因此，对待领导人员违规违纪，我们的纪检监察、审计等监督部门要认真从以上三个方面，查找漏洞，提出对策。各级领导人员行使权力必须树立正确认识，公司支持各单位创新发展，不等于容忍和放任去违纪违规，不等于认可少数人我行我素、埋头独干、独断专行，个人说了算，也不等于漠视和忽略企业无视风险。

（6）要以主动、正确、理性的心态接受监督，特别是对待职工群众的信访举报要做到有则改之、无则加勉。

（7）要坚决纠正公司内部请客送礼、送卡等不正之风，科学配置企业内部资源，消除内部不良竞争带来的负面效应，根治内部隐性腐败的苗头。

（8）借这个机会，认真反省、反思京沪高铁三标投标中存在的问题，在会议范围进行一次廉洁从业专项教育。我们要清醒地认识到我们正处在建设社会主义法治国家的伟大进程，公司所处的发展环境在不断改善，发展的质量和效益在不断提高，市场地位和行业地位在不断提升，发展不能违法，创新不等于蛮干。我们要深刻吸取教训，认真端正态度，在今后的工作中切实做到“红线内的项目不能拿，不踩红线、不违规、不违纪、不违法”。大家回去以后，一定要将这个会议精神层层传达到各级管理团队。

（三）要充分认识纪检监察工作所承担的重要职责

现在，我们有的同志仍然存在一些错误观念，认为纪检监察工作比较虚，或者认为纪检监察工作就是查案子，不查案子就无事可做，实际上，是这些同志没有深刻认识到纪检监察工作的地位和作用。我们要看到，这几年，中央和国资委相继提出了反腐倡廉建设一系列要求和任务，对国资监管的能力和要求越来越高，工作越来越多；公司改革发展正处于重要战略转型期，今年是实施“十二五”规划目标的起步年，要大力实施五大战略，实现“四强四优”，建设具有较强国际竞争力的质量效益型世界一流跨国公司的目标。在这种情况下，公司纪检监察工作就显得尤为重要和紧迫，既面临着在公司改革发展的事业中建功立业的重要机遇，也面临着更好地发挥服务、监督、保障作用的严峻考验。要充分认识纪检监察工作承担的重要职责，一方面，我们要深刻理解纪检监察工作的性质。纪委是党的纪律检查机关，也是党的一级组织，监察部门是企业内部行使监督的职能部门，按照党章和公司章程要求，纪检监察工作的首要职责就是维护党纪政纪、中央和国务院国资委各项决策、公司各项规章制度在企业内的贯彻执行。另一方面，企业纪检监察工作的中心任务是为生产经营保驾护航，目标是促进企业又好又快发展。纪检监察工作的中心职责就是围绕生产经营中心，通过组织协调抓反腐倡廉建设，旗帜鲜明地支持合法合规经营，毫不手软地惩治违纪违规行为，为企业做强做优提供保障。可以说，纪检监察工作责任重大、使命光荣，各级党委、行政要高度重视和切实加强纪检监察工作，各级纪检监察人员应当牢记职责，不辱使命，扎扎实实做好本职工作。

二、以惩防体系建设为主线，构建领导人员廉洁从业的“五道”防线

建立健全与社会主义市场经济体制相适应的教育、制度、监督并重的惩治和预防腐败体系，是党中央从完成经济社会发展的重大任务和巩固党的执政地位的全局出发，为做好新形势下反腐倡廉工作作出的重大战略决策。通过近年来的工作，大家逐步认识到，只有以惩防体系建设为统揽，才可以将教育、制度、监督、改革、惩治等要素综合考虑，从而提高有效防治腐败的能力和水平。我们要切实按照中央和国务院国资委的要求，把惩防体系建设植根于企业内部控制和风险管理流程之内，融入经营管理体系，构建好领导人员廉洁从业防线，为企业发展营造廉洁健康的良好环境。

（一）要结合廉洁文化建设，构建好领导人员廉洁从业的思想道德防线

中国水电近六十年的奋斗发展史，凝聚并形成了优秀的企业文化价值理念，企业文化通过内化于心、固化于制、外化于行，影响和规范着每名员工的行为习惯，实质上是制度管理的更高级形态，促使员工行为不断由他律走向自律，由被动走向自觉。这几年，公司少数领导人员个人思想道德防线失守、违纪违法，个别单位内部不良文化、不良风气较重，这些都属于企业文化中的廉洁文化建设范畴。公司从2010年开始全面部署和推进廉洁文化建设，我们不能将其摆在桌面，而要善于将廉洁文化的核心价值理念与企业生产、经营、管理的全过程结合起来，通过文化渗透、制度规定、绩效管理，引导、激励和约束职工行为，在企业内营造良好风气。特别是要将宣传廉洁文化理念与开展党性党风党纪教育相结合，不断创新廉洁教育的方式，增强廉洁教育的亲和力、互动力、渗透力和影响力，使职业行为规范与遵章守纪相统一，使廉洁从业成为大家共同遵守的从业操守和行为准则。

构建领导人员廉洁从业的思想道德防线的最根本的基础还在于领导人员自身。作为领导人员，一要以身作则，做廉洁从业的表率，做履职为公、规范行使权力的表率。二要切实将守规、守纪、守法作为履职行权的基本前提。三是要对违法违纪要有羞耻感和罪恶感。只有这样，才能筑牢廉洁从业的思想道德防线。

（二）要结合公司风险管理，构建好领导人员廉洁从业的风险预警防线

按照国资委的要求，公司正在大力推进包括腐败风险在内的全面风险管理工作。腐败风险作为惩防体系建设和全面风险管理体系共同的专项工作，开展风险管理为我们推进管理科学化、提高惩防体系建设工作水平提供了有利条件。以风险管理为契机有效预防腐败，重点是要学习运用风险管理的方法抓好腐败风险防范。要积极建立腐败信息识别预警系统，通过建立监督工作协调机制，采集审计发现问题信息、监事会发现问题信息、资产损失信息、信访举报信息、案件查办信息、专项检查中发现的问题信息和风险管理信息等，认真分析企业各层面、各职能部门、各业务单元存在的腐败风险，做好腐败风险的识别和评估工作。要通过开展腐败风险识别和评估，确定惩防体系工作的重点领域、重点部门和重点环节，研究提出综合防范对策，明确惩防体系阶段性目标，切实构建腐败风险预警防线。

这里，再强调一点。构建领导人员廉洁从业的风险预警防线，关键要从源头抓起。要切实做到最本质的领导人员廉洁风险预警防范，前提就是要坚持德才兼备、以德为先的用人标准，选好用好各级领导人员。大家试想，如果一个领导人员有职有权，而又主观故意去以权谋私，势必会防不胜防，危害也将是系统性的，这也是因为廉洁从业的风险源没有从本质、从源头防范好。最近，习近平同志在中央党校春季学期开学典礼上强调：党要管党，从严治党，首要是要管好领导干部。我们各级党委要切实发挥在企业选人用人中的主导作用，将德才兼备、以德为先作为选拔领导人员的重要标准，同时要将胡锦涛总书记提出的“以人为本、执政为民”理念落实到选人用人工作中，坚持以人为本、有根有据、实事求是的原则，绝不让品行不端者、投机钻营者得逞，并使德才兼备的干部得到信任、提拔和重用。

（三）要结合落实“三重一大”决策制度，构建好领导人员廉洁从业的决策风险防线

去年6月份，中办和国办联合印发《关于进一步推进国有企业贯彻落实“三重一大”决策制度的意见》，其中规定国有企业重大事项必须由企业领导集体决定，才能保证重大决策的民主化和科学化。这个制度设计说明，这几年，随着中央企业迅速发展，领导人员具备正确的决策意识和决策能力，切实遵守决策规则，不仅是科学履职、充分运用集体智慧的内在要求，也是防范决策风险、维护国有资产安全的重要保证。我们要高度重视贯彻落实“三重一大”决策制度，构建好决策风险防线。

今年，审计署将审计中央企业“三重一大”决策制度的落实情况作为年度七项重要工作之一，各单位要围绕贯彻落实“三重一大”决策制度，结合自身实际抓好制度健全、规则健全和狠抓落实三个方面的重点工作。制度健全，就是要结合企业自身实际，制定“三重一大”制度体系；规则健全，就是制定各项议事规则，明晰领导人员的责任、权利、义务，明确业务流程，先干什么，后干什么；然后狠抓执行。要督促企业在完善公司治理的过程中，确保决策权、执行权、监督权既相互协调又相互制衡，切实发挥作用。要做好“三重一大”决策制度与企业现有各项决策制度和议事规则的衔接配套，在坚持“三重一大”决策制度原则的指导下，细化决策程序，并充分发挥企业党组织在参与重大决策中的政治核心作用和选人用人上的导向作用。各级纪委要重点开展对落实“三重一大”决策制度情况的监督检查，进一步完善、强化决策失误纠偏和责任追究机制，坚决防止决策时拍脑袋，执行时拍胸脯，承担责任时拍屁股的“三拍”现象发生。

（四）要结合企业内部控制，构建好领导人员廉洁从业的权力运行风险防线

重点是两方面：

1. 检查管理制度的合法合规性

要将领导人员廉洁从业工作关口前移，着眼于有效预防，切实领会吃透中央去年修订下发的《中国共产党党员领导干部廉洁从政若干准则》和《国有企业领导人员廉洁从业若干规定》制度精神，在制定企业各项内控制度时，将有关精神体现到企业经管办法和流程设计之中，及时纠正与有关法规文件相抵触或不符合要求的办法、规定。

2. 在业务流程设计方面体现合规性

认真研究业务链是否规范、制度是否健全；研究权力链，授权、管权、行权的制度是否健全；研究责任链是否明确；切实解决授权不清楚、职责不明确、权限不清晰、程序不完善、监督不到位的问题。

（五）要结合责任追究机制，构建领导人员不敢腐败的惩戒防线

企业的发展是一个前进过程，经营活动形式不可能以规定去穷尽，只要没有违纪违法，支持创新发展是硬道理，但对待违纪违法人员，还要坚持正确的执纪导向，将警戒和惩治充分结合起来，宽严相济，区别对待，做到惩前毖后、治病救人。一方面要充分发挥警戒作用，进一步建立完善领导人员责任追究制度和工作机制，对干事创业、错误轻微的党员领导人员，要以保护企业人力资源和体现政治爱护为出发点，善于运用提醒谈话、警示训诫的手段予以教育挽救，最大限度地警示和挽救企业管理人员。另一方面要依法依规严肃查办案件，惩治严重违纪违规者绝不手软，切实做到教育失误者，惩治腐败者。此外，还要充分发挥查办案件的治本功能，通过召开案例通报会、编写案例警示教育读本等方式，切实做到警钟长鸣，以惩促教，以惩促建，以惩促改。

三、各级领导人员要做好廉洁从业工作的“四个”表率

推进领导人员廉洁从业是抓好反腐倡廉建设的重要环节，今天，各公司、总部各部门的主要负责人都参加了会议，借此机会，向大家提四点希望和要求：

（一）做好学习的表率

古人说：“立身百行，以学为基。”学习是改变观念、创新理念及行为方式的前提。市场经济瞬息万变，企业竞争日趋激烈，决定了我们每个人做好本职工作必须要坚持学习，善于学习。只有通过不断学习党和国家的大政方针，才能够坚定正确的政治方向，准确理解和把握中央、国务院国资委关于中央企业的决策部署；只有通过不断学习反腐倡廉和廉洁从业的各项法规，才能够准确理解和掌握廉洁从业的红线、底线和高压线；只有通过不断学习现代企业经营管理、财务、法律等方面的知识，才能够掌握履行岗位职责必备的各种知识，学以致用，履职尽责。因此，领导人员的学习是一个长期不间断的过程，我们要让学习伴随终生，成为一种习惯。同时，领导人员带头学习，势必会创造一个“学习型企业”的环境和风气，领导人员既要做善于学习的自觉实践者，又要做推动“学习型企业”的积极倡导者、精心组织者和大力推动者，为企业的发展不断提供智力支持。总体看，学习氛围浓的企业风气也正。

（二）做好模范执行制度的表率

目前，我们企业发生的违纪违法行为，主要表现在不严格遵守各项法规制度的同时，又程度不同地谋取私利，而在制度执行中，矛盾的主要方面又集中在领导人员。我们有的领导执行制度不严肃，落实“三重一大”决策不上会，执行制度宽己严人。上行下效的规律决定，如果领导人员不能带头严格执行制度，就会大大削弱制度的有效性，其效果甚至比没有制度还要糟。因此，领导人员更应带头执行制度，要求别人做到的自己首先做到，要求别人不做的，自己首先不做。特别是公司“十二五”发

展目标已定，各级领导要增强政治意识、大局意识和责任意识，不仅要以率先垂范为原则，同时还要敢抓敢管，强化制度的执行力，坚决纠正有令不行、有禁不止的现象，确保公司的各项重要决策、制度规定落实到位。

（三）做好主动接受监督的表率

监督与被监督是矛盾的统一体，领导人员的健康成长需要不断的自律和他律，党内没有可以不接受监督的特殊党员，公司管理着国有资产也不可以有不接受监督的领导人员。因此，领导人员接受监督既是组织纪律和组织保护，从根本上说也是党性修养和作风问题。现在，我们仍有极少数领导人员会自觉或不自觉地抵制监督、害怕监督，认为自己监督别人是职责所在，别人监督自己就是跟自己过不去，这种态度和心理是极端错误和有害的。我们要深刻认识到权力运行的过程也是接受监督的过程，要自觉培养接受监督的勇气和雅量，树立在监督下工作和生活的正常心态。同时，各级企业主要负责人还要在班子内部营造一种敢于监督、善于监督的良好氛围，鼓励班子成员发表不同意见，提出不同看法，不搞一言堂、小圈子，只有这样才能听到真话，看到实情，时刻保持清醒头脑，真正做到权力运行公开透明。

（四）做好落实“一岗双责”的表率

去年底，中央、国务院刚刚颁布了新修订的《关于实行党风廉政建设责任制的规定》，今年，中央企业反腐倡廉建设工作会议明确提出企业党委书记、董事长、总经理都是落实党风廉政建设责任的第一责任人，进一步强化了落实“一岗双责”的责任。各级领导班子和领导人员要切实担负起全面领导党风建设和反腐倡廉工作的政治责任，落实“一岗双责”，把反腐倡廉工作纳入企业总体工作，与生产经营工作紧密结合，一起部署，一起落实，一起检查，一起考核，形成全员全方位抓反腐倡廉的工作格局。要深刻领会“一岗双责”的要求，在抓好生产经营工作的同时，切实担负起自己业务管辖范围内的反腐倡廉建设责任，领导、组织并支持各项反腐倡廉工作落实，全面推进惩防体系建设。要将中央提出的“以人为本、执政为民”要求贯彻落实到反腐倡廉工作中，关爱职工冷暖，了解职工诉求，认真解决好职工反映强烈的突出问题，坚决纠正不顾职工利益甚至损害职工合法权益的突出问题，维护好职工合法权益；切实把改善职工生活与企业改革发展统筹兼顾起来，使全体职工共享企业改革发展成果。

同志们，做好廉洁从业工作，就是要求大家以更高的境界和党性修养，抵得住诱惑，经得住考验，管好自己，带好队伍。在这里，我代表公司领导班子向大家郑重承诺：自觉遵守《国有企业领导人员廉洁从业若干规定》和《中国共产党党员领导干部廉洁从政若干准则》的要求，带头执行公司各项规章制度和“三重一大”决策制度；加强党性修养，树立和弘扬优良作风，依法依规廉洁履职。希望大家积极支持我们履行承诺，并给予监督。

四、高度重视和切实加强纪检监察工作

纪检组织、监察部门担负着党风廉政建设和反腐倡廉工作的重要职责。公司各级党委、行政要高度重视纪检监察工作，切实加强纪检监察组织建设。要认真贯彻执行公司《关于加强和改进纪检监察组织建设的实施意见》，结合本单位实际，研究制定贯彻落实的具体办法。纪检监察组织目前还不够健全的，要按照意见，加快健全完善；人员力量薄弱的，要抓紧充实重点人员，为开展纪检监察工作提供组织保证。

纪检监察干部肩上的担子很重，要进一步加强纪检监察队伍建设。把思想政治建设放在首位，以建设学习型组织为抓手，组织纪检监察干部认真学习理论，不断提高党性修养，带头讲党性、重品行、作表率，增强政治意识、表率意识、法制意识、创新意识和宗旨意识，为正确履行职责奠定坚实基础。要切实加强纪检监察队伍能力建设，适应新形势下党风廉政建设和反腐倡廉工作的需要，通过开展有针对性的教育培训，突出业务素质和专业能力提升，不断优化纪检监察队伍知识结构，提高纪检监察队伍专业化工作的水平；要强化交流锻炼，加大纪检监察部门工作人员和其他部门工作人员的交流力度并逐步形成制度，这是一个战略举措，各级党委、行政要支持把经营管理上的骨干输送到纪检监察队伍中去锻炼，把年轻、有培养前途的经营干部放到纪检监察队伍中，努力建设一支综合型、复合型的纪检监察队伍。今年，我们将按照中央纪委、国务院国资委的要求，对部分子公司的纪委书记进行交流任职，今后还要不断加大这方面的工作力度，实行分期分批交流，今后在本单位产生的纪委书记人选，原则上也要交流到其他公司任职。同时，对交流人员的工作、生活上的问题和困难，公司也会统筹考虑，进行安排。

要全力支持纪检监察队伍履职尽责，特别是履行好监督职责。纪检组织、监察部门作为专业监督机构，开展有效监督需要胆识、勇气和奉献精神，纪检监察干部要牢固树立开拓创新、真抓实干的工

作作风，不断创新工作思路、工作方法、工作机制，认真结合新实践，深入研究新情况，潜心解决新问题，积极探索新形势下加强和改进监督工作的有效途径和方法，推动纪检监察工作在创新发展中取得新成效；要坚持原则，刚正不阿，秉公执纪，敢于监督，坚决同各种违纪违法现象作斗争。纪检监察工作有其特殊性、挑战性，对坚持原则，不怕得罪人的同志，各级党委要敢于为他们说话，多为他们撑腰壮胆；对因秉公执纪遭到报复的干部，我们要旗帜鲜明地予以保护和支持，为他们履职尽责创造条件。搞好监督工作的关键，还在于以制度安排和程序规范为保障，要进一步建立完善和严格执行公司民主决策制度、廉洁承诺制度、重大事项报告制度、述廉议廉制度、纪委书记报告工作制度和廉洁谈话制度等各项纪检监察工作制度，今后要把各项纪检监察工作制度的执行情况作为检查重点。

最后，在会议结束之前，强调两个问题。一是各公司主要负责人要高度关注并管理好企业的资金流动性。当前，国家银根紧缩，信贷收紧，国务院国资委对中央企业要求，哪个企业的现金链断裂，企业主要负责人就要引咎辞职，并要被追究责任。我们要建立压力层层传递机制，并清醒认识到，一个赚钱的企业也会破产，一个亏损的企业还能生存，各级单位要特别要防止由于企业规模扩张、盲目投资、盲目垫款而导致现金链断裂。二是一年之计在于春，希望大家在会议结束后，尽快开好本单位的工作会、反腐倡廉建设工作会议以及安全生产工作会议等，抓紧安排好全年工作，从而全面、有序、有利地推进各项工作，圆满地完成2011年各项工作目标任务。

同志们，公司新的历史发展阶段对反腐倡廉工作提出了新的要求和任务，我们要按照十七届中央纪委六次全会和中央企业反腐倡廉建设工作会议的部署，振奋精神，牢记使命，扎实工作，以反腐倡廉建设的新成效，促进和保障公司科学发展，为实现公司“十二五”规划顺利开局，加快建设具有较强国际竞争力的质量效益型世界一流企业作出新的贡献。

在公司总部2011年工作会议上的讲话

（2011年3月30日）

范　集　湘

同志们：

今天，我们召开公司总部2011年工作会议，简要总结总部“十一五”的工作，贯彻落实公司2011年工作会议精神，部署2011年总部重点工作，动员总部全体员工，立足新形势、新任务，坚持以科学发展观为主题，以转变发展方式为主线，切实加强总部建设，共同推进总部加快转型升级，引领整个公司平稳较快发展，努力建设具有较强国际竞争力的质量效益型世界一流公司，为“十二五”期间公司发展开好局、起好步。

下面我讲几个方面的意见。

一、过去五年公司发展总体情况和总部工作情况

（一）生产经营连续五年保持快速增长，跨入资产规模、营业收入双超千亿的中央企业行列

“十一五”时期，公司坚定不移地贯彻落实科学发展观，努力建设具有较强国际竞争力的质量效益型跨国企业集团，在遭受“5·12”特大地震等自然灾害和国际金融危机严重冲击的情况下，经营规模与效益连续五年大幅提升，圆满完成国资委下达的业绩考核指标，跨入资产规模、营业收入双超千亿的中央企业行列。各项工作取得新的成绩，保持了快速协调发展的态势。

从经营业绩看，“十一五”期间，公司营业收入年均增长25.71%；利润总额年均增长57.36%，利润指标增长高于央企建筑业平均值。期末资产总额1243亿元，所有者权益为136亿元。2010年与2005年相比，营业收入增长了3.14倍，利润增长了9.65倍、资产总额增长了3.52倍。新签合同年均增长23.98%，年末合同存量增长了2.5倍。“十一五”期间在岗职工人均收入从2005年末的19 242元/(人·年)，提高到2010年的45 606元/（人·年)，年均增长22.83%。2010年，公司实现营业收入1012亿元，同比增长34.08%，实现利润总额38亿元，同比增长23.31%；新签合同1348亿元，同比增长

44.9%。合同存量为 2128 亿元，同比增长 19%。由于经营业绩突出，国务院国资委在中央企业负责人两个任期考核中先后授予集团“绩效进步特别奖”和“管理进步特别奖”。2010 年，公司在全球最大 225 家国际工程承包商中以总营业额排名第 26 位，以国外营业额排名第 41 位，在中国对外承包工程企业中以新签合同额排名第 2 位，仅次于华为，以营业收入排名第 3 位，仅次于华为和中建；在“中国企业 500 强”中排名第 78 位，在“中国建筑业百强企业”中排名第 5 位。在 120 家中央企业中，以营业收入排名第 43 位，以净利润排名第 44 位，以总资产排名约第 50 位。

关于公司整体发展，大家要有这样几个概念：

第一，排名上升反映什么？五年来我们与其他企业在同样的国际国内环境下，都在追求价值最大化，都在尽最大努力谋求发展，在环境一样的前提下，排名的提升与下降说明发展的快与慢。特别是公司国际排名上升了 41 位，说明海外事业部代表公司发挥了强劲的战略引领作用，应予充分肯定。所以说公司的发展不能简单地认为是“水涨船高”，而是在同等环境下，公司的发展相对来说更快些。

第二，过去我们有的同志自嘲是“丐帮”、“要饭的”，这叫有自尊吗？有尊严吗？没有！无论是企业还是个人，没有自尊就会苟且。那么现在呢？最让我们自豪的，就是市场统筹战略较好实施，主业结构调整成效明显。过去我们基本靠水电施工吃饭， 现在国内水电收入只占四成，海外业务收入占了 1/4，国内非水电基础设施业务收入占了近 1/4。较大程度摆脱了靠单一业务吃饭的格局，争得了一定的话语权，市场地位也理性回归。

第三，产业结构调整初见成效。公司总资产当中，有 1/4 是比较优质的投资性资产，虽然目前产生的效益还不明显，但呈逐年上升趋势。2010 年投资业务收入占比不到 8%，但利润占比 18%。所以说公司由于产业结构的调整，发展的空间更广阔了，运行更稳健、更安全了。所以走产业结构调整这条路要坚定不移，量力而行，积极作为，不管国际还是国内，产业结构调整我认为是初步到位，还任重道远。当然我们不可能变为纯投资类的企业，但是投资类板块一定要做强做大。比如法国的万喜公司，75%左右的收入来自于承包业务，而 70%的利润来自于投资业务，所以万喜公司在国际建筑市场的竞争优势明显，排头兵的地位稳固。

（二）总部在公司战略发展和整体经营中，发挥了十分重要的作用

在公司战略发展和整体经营中，总部以建设“六型”总部为抓手，不断推进适应性的转型升级，努力发挥发展引领作用、战略管控作用、服务指导作用，为公司在复杂形势下保持平稳快速发展提供了坚强保证，成绩是显著的。有几个方面较为突出：

（1）发展战略体系逐步完备，集团化战略管控成效显著，总部通过战略引领推进公司全面超额实现“十一五”发展规划各项指标，发展战略基本实现落地。公司发展战略即使在遭受严重自然灾害和国际金融危机冲击的情况下，通过采取综合性防控风险与促进发展的措施，仍保持了延续性、一贯性。

（2）通过总部引导带动，大力推进经营结构转型升级，市场结构、业务结构、产业结构得到了明显优化。通过五年努力，形成了国内水电、国际业务、国内非水电、投融资业务协调发展的经营格局，公司已由单一的国内水利水电施工企业初步发展成为集国际国内建筑工程承包于一体，能源、房地产、基础设施、矿产等投资业务协调发展的具有较强国际竞争力的综合型跨国公司。特别是国际业务优先发展战略的实施成效显著，国际业务实现了从“量”到“质”的跨越。

（3）集团化建设提升了集团整体实力。统一发展理念，强化集团控制力，使过去各自为战、内部争斗，政令不畅、我行我素、集而不团的状况彻底改观。特别是“两个市场”的营销统筹战略充分体现了这一可喜变化。集团化建设工作得到了国资委的充分肯定。

（4）业绩考核的导向作用在不断优化中得到较好的发挥。这几年的业绩考核制度设计，都是紧密结合公司战略发展的需要制订和不断完善的，考核与兑现也是严肃有力的，实践证明发挥了较好的导向作用。为适应公司新阶段的发展需要，从去年起，公司组织对业绩考核制度进行阶段性调整，将推出更为全面的企业考核评价体系，在今年开始实施。

（5）体制创新取得新成果，整体改制创立股份公司，全面完成了各子企业的公司制改建工作。特别是总部紧密结合企业实际，建立了规范的治理结构和管理体制，制定完善了各项议事规则和基本制度，明确了决策、执行、监督等各层面的职责权限，形成了有效的运作、监督和管理机制，得到了同类央企的关注和认可。

（6）事业部制运作机制日渐成熟完善，在公司战略发展中的重要作用日益显现，国内国际区域总部建设取得初步成果。

（7）确立了建设“国际行业科技领先型企业”这一战略思路，深化了科技兴企战略，成立了国家级企业技术中心，公司技术创新体系建设迈上新

台阶。

(8) 安全生产的长效机制逐步建立，扭转了“十一五”初期的被动局面，实现了安全生产形势的稳步好转。安全生产监督管理部被评为2010年先进部门，这是大家对安全生产工作的肯定。

(9) 总部的指导、服务功能不断强化，对子公司的影响力、凝聚力、感召力明显增强。包括重要经营业务的高端平台支持、外部经营环境的创造、突发事件的应急处理、相关政策的争取等，做了大量卓有成效的工作。

(10) 加强和改进公司党建工作和反腐倡廉建设工作，努力将党组织的政治优势、组织优势转化为企业的发展能力。党建工作的新思路基本形成，制度建设、组织建设、机制建设上都取得新的成绩。学习实践活动深入开展，公司党委在中央企业中作了大会典型发言。创先争优活动得到了国资委检查巡视组的充分肯定。

关于事业部运作机制问题，这里展开讲一下。事业部与法人公司两位一体、双轨运行，是我们的一个特色，同时也因认识不同有争议，但实践证明这是一个阶段性的很好的制度安排。这种运行模式最大的副作用就是“红顶商人”与非“红顶商人”处于不公平的地位；正面作用是运营强劲、机制灵活，战略管控与企业经营两种功能合二为一，对统筹资源、落实战略非常有帮助。“两利相权取其重，两害相权取其轻”，怎么消除负面作用呢？就是要切实解决“红顶商人”利用权力与非“红顶商人”争利的边界不清的问题。这个问题解决好了，这一制度安排就会更好地发挥作用。所以我们一直要求事业部与子公司都要正确定位，各司其职，各负其责。事业部要把战略引领放在第一位，而不能把自身利益放在第一位，这就是本质边界。下一步要更加清楚地规范两者的利益边界，理顺经济关系，更大地发挥这一制度安排的正面作用。事非经过不知难，希望事业部在代表公司执行战略管控的时候，要换位思考，让管控对象心悦诚服地接受管控，这样他们才能追随你，否则就是被迫跟随。

在过去不平凡的五年中，总部在公司整体发展中发挥了极为重要的领导作用和中心功能，成绩应予充分肯定。在推动公司发展的同时，总部围绕建设“学习创新型”、“战略管控型”、“指导服务型”、“科学规范高效型”、“形象示范型”、“团结向上型”总部的要求，不断加强总部自身的制度建设、组织建设、队伍建设、能力建设，整体素质较五年前大幅提高，管控与服务能力明显提升，以往行政机关型的总部形象得到根本改观，整体面貌发生了显著而深刻的变化，总部的自身建设和工作成效得到了公司内外较为普遍的认可。在公司发展中总部各部门、全体员工付出了富有创造的劳动，作出了积极的贡献，绝大多数同志都非常敬业、非常勤奋、非常辛苦，这里我代表公司和公司党委向总部全体员工表示衷心的感谢，致以诚挚的敬意！

（三）立足新阶段、新要求，认真审视存在的问题和差距

对待成绩和问题，我们一定要用辩证的观点去认识，用发展的眼光去审视，这样才可能更好地提升自己，更好地促进工作。我们与过去相比，总部建设和总部工作都取得了长足的进展，但在新的形势下，与同类先进公司总部“对标”，与公司未来发展的要求相比，总部建设还存在不少的差距。

(1) 围绕公司转变发展方式，对总部如何率先响应、开展工作，如何提高本部门、本岗位的管控与服务能力，以及本部门工作的突破口在哪里、着眼点在哪里的思考不够、谋划不多，落实不到位。在实际工作中，缺乏对外部形势变化的敏感性和快速反应；围绕公司的决策部署，自我加压、超前思考、勇挑重担的主动性不足，工作新思路、新举措跟不上。作为公司的指挥中枢，如果这一问题不及时解决，势必影响到公司的当前和长远发展。

(2) 对公司资源调控的职能作用有待进一步发挥。对公司重要资源的整合不够充分，资源调控的手段不够有力，有的缺乏对基层情况的全面、深入了解，有些措施和要求在贯彻落实方面存在薄弱环节。

(3) 加强学习提升的积极性、主动性不够高，风气不够浓。有的同志满足于现状，缺乏进取的精神，学习提升的动力不足，紧迫感不强，工作只求一般化，得过且过。有的墨守成规，凭经验，凭感觉，不思学习创新。有的同志对环境的变化不适应，遇到新问题，话都说不清，词汇都很匮乏，这难道不需要学习吗？有的职位没提升，收入没增加，查找主观少，抱怨客观多，感觉怀才不遇，而不主动加强自身能力建设。相对于公司转型升级的客观要求，还不同程度地存在专业素质不高、专业能力单一、综合能力不够的情况，如果不从现在做起，从自身做起加强学习修炼，就越来越难以适应岗位的要求。这一点很重要，我们自己关起门来比感觉较好，然而与外面的人才比怎样？在总部几次面向社会竞聘管理人员过程中发现，外面进来的同志，差距在满足职位的经验上，强在专业素质、专业能力、知识水平上，这恰恰是总部不少员工的短板。我们在系统内几年几十年，能没有经验吗？有的同志往

往以此为理由掩饰自己，替自己辩护，从不反思自我，还怨天尤人。

(4) 总部的用人机制和分配机制仍需改进，考核评价的激励约束作用不明显。从一定意义上讲就是负向激励不够，导致有的同志压力不够，危机感、紧迫感不强，工作缺乏内生的动力，表现在工作中有的同志激情不够，活力不足，甚至推诿拖拉、敷衍塞责。有的缺乏职业精神、责任意识，遇到矛盾瞻前顾后、明哲保身，不敢抓、不敢管。有的片面强调个性意愿与个人所得，缺少应有的自我反思、自知之明、自我约束。有的作风涣散、纪律松懈、办事粗放；部门之间、员工之间存在着忙闲不均的情况；个别部门仍然有业务层层分包和单纯依靠外包的现象。

什么是单纯依靠外包？就是遇到问题请外部咨询，而不把自己的思想、理念、意志、目标告诉咨询，事情几乎由咨询包办，而咨询交出的顶多是理论文章，缺乏针对性、指导性。什么是层层分包？比如领导交办一件事，主任交给副主任，副主任交给处长，处长交给科员，科员干完后，处长、副主任、主任层层“画圈”往上交。层层分包实际上就是把自己的岗位空壳化了，自己把组织体系无意义地简单扁平化了，相当于让总经理、分管副总直接面对办事员了。这个问题不解决，总部水平怎么能提高？

还有一个情况，总部正向激励的力度在中央建筑企业中处于中等偏上水平，我们不属于相对垄断的电源运营企业，我们没有理由与他们比收入高低。讲到这里，希望大家算一下账，总部员工的收入水平与子公司员工的平均收入相比，是多少倍数？应当认识到，正向激励不是无穷尽的，它总是要受资源的约束。这一点我们要向民营企业借鉴，按岗位要求定责、考核，按实际业绩付酬，做不到就处罚、辞退，这叫负向激励。我们正向激励多，负向激励弱，造成少数同志缺乏压力和动力，这就是为什么国有企业有些人到了民营企业，不需要做思想工作就自我加压，干得很好。有的同志可能在问，2010年公司经营业绩较快增长，收入是不是要涨一点？我说应该提高些。但是反过来讲，干得不好的，想没想过收入是否应该降低？如果在收入上只做加法不做减法，企业还能往前发展吗？比如有的同志不遵守劳动纪律，迟到、早退的人有之，是否应当在收入上予以体现呢？这些同志想过没有，迟到、早退对二级企业的影响有多大？我们是一支13万人的队伍，如果二级企业来办事，看到总部个别同志这样涣散，会产生怎样的效应。所以总部的用人机制、考核机制、分配机制必须改进强化，希望大家充分地认识和改进这些问题。

(5) 总部各项工作之间、部门之间的主动协同沟通互动不够，条块分割的现象仍然存在，一定程度上弱化了总部整体功能的发挥。我们一直在强调实行总部协同工作机制，就是主管部门牵头，相关部门全力配合。但是实践中出现主管部门牵头难、相关部门也难的情况，这个问题一定要解决。

(6) 少数同志把子公司领导、部门领导对公司总部、公司部门，对组织的尊重和认同片面地自以为是地视同对自己个人素质、能力的认同，到基层去作风不实，自以为是，对自己工作要求不高，对子公司指导服务意识不强，指导服务水平较低，据反映还有极个别同志形象操守较差的情况，这些都程度不同地损害了总部形象。有的同志管理指导能力很弱，还很强势，自己没搞懂，一知半解，还特别固执，二级企业能发自内心地认同吗？

以上问题虽然是少数的、非主流的，但解决不好对总部建设和公司发展危害很大。希望各部门、各位同志结合自己的实际，认真对照以上问题，分析解剖，查找不足，找准定位，自我加压，自我改进，自我完善，自我提高。公司将进一步加强总部管理，采取相应的组织措施加以解决。

二、总部面临的形势和主要任务

(一) 新的形势对总部工作提出更新更高的要求

春节前召开的公司2011年工作会议，对公司发展所面临的新形势作了全面的分析，概括起来讲，“十二五”时期我们面临着新的发展机遇和新的挑战，未来的国际国内竞争将在更高层次、更新水平上更为激烈，不确定风险进一步增加。我们既要善于抓住机遇并利用好机遇，又要充分认识到外部环境的复杂性，务必切实做好防控企业风险的工作，确保企业平稳较快发展，这是做强做优、建设世界一流公司的必然选择，也是国务院国资委的明确要求。从今年以来的形势发展看，要高度关注以下企业风险：

(1) 国际国内形势发生局部较大变化，建筑市场某些区域、某些行业需求减少的风险在增大，我们保市场、保订单、保发展的难度增加。这对公司经营是较大的挑战。

(2) 国际局势局部动荡使国际经营环境恶化。主要包括国际市场萎缩、汇率损失、业主恶意欠款、安全形势严峻、政局动荡等方面带来的风险。如今年中东、北非局势不稳，特别是利比亚安全形势发生重大变化，对公司国际经营影响较大。

(3) 国内信贷形势变化带来的财务风险。今年以来，银行信贷条件日益趋紧，对我们而言，一方面将使公司融资成本上升，另一方面个别子公司可能出现资金链断裂的风险。同时，业主项目信贷资金不能及时到位的风险也可能转嫁给施工企业，子公司“已完未结算”总额和应收账款总额异常增长的可能性增加。

(4) 法律风险可能加剧。主要是外部环境变化带来的合同风险、项目停工风险、业主违约风险、支付风险、群体事件等，此外，内部违规违法的风险也要高度关注。这方面有的单位是有深刻教训的。

(5) 稳定和安全生产方面的风险。公司这方面的压力一直很大，加上今年电网主辅分离及设计、施工一体化重组工作启动，稍有不慎可能引发稳定和安全生产上的问题。

这些形势的变化充分说明，公司未来的发展对总部工作提出了更新更高的要求，对我们的素质、能力带来巨大的挑战。加快新形势下的总部建设，切实承担起引领整个公司在战略机遇期、高风险期平稳较快发展的历史重任，已经成为摆在我们面前的一项迫在眉睫的战略性任务。

（二）紧扣公司发展战略，努力建设具有较强国际竞争力的质量效益型世界一流公司总部

今年工作会议明确了公司“十二五”时期要加快转变发展方式，确保平稳较快发展，努力建设具有国际竞争力的质量效益型世界一流公司。

公司战略目标的实现、战略要求的落地及战略措施的有效实施，很大程度上取决于总部各项职能的发挥；公司整体的转型升级上水平，必然要求总部率先实现转型升级上水平。总部的同志担负的任务光荣而艰巨，同时面临的压力和挑战严峻而空前。我们一定要紧扣公司发展战略，以扎扎实实的行动加快推进总部适应性转型升级，努力建设具有较强国际竞争力的质量效益型世界一流公司总部。

一流公司总部的努力方向为“五强五优”，即：引领发展能力强，公司治理能力强，资源整合能力强，服务指导能力强，内外影响能力强；思想素质优，工作能力优，业绩成效优，作风建设优，系统功能优；公司总部功能得到较好发挥，在公司发展中的核心价值体现较为充分，与同类型公司总部相比具有较高的认可度。

建设具有较强国际竞争力的质量效益型世界一流公司总部，要把握好以下几个着力点：

1. 理念、思路更超前

总部是整个公司的领导机关，确立科学的发展理念、工作思路是总部建设的首要任务，事关公司发展的方向，根本要求是以科学发展观为指导，保证公司发展符合党中央、国务院对国有经济的决策部署，符合国资委对中央企业的各项要求，符合建筑企业的发展规律，符合国情、企情。当前各部门要紧扣公司发展战略，进一步理解把握公司在新形势、新阶段“干什么、怎么干、怎么干好”的重大问题，统一思想和行动。按照工作会议精神，今后总部工作的着力点放在“五突出”、“一确保”上，即：突出发展的质量效益，突出国际竞争力的显著增强，突出结构的调整优化，突出整体素质的全面提高，突出加强和改进企业党的建设，把国有企业的政治优势切实转化为企业发展能力，确保平稳较快发展。以此为前提，要及时将公司战略部署细化为本部门、本岗位的具体工作思路、工作计划和安排并切实落实到位。各部门、每位员工要从公司发展的大局出发，始终保持忧患意识和进取意识，增强事业心和责任感，自觉克服安于现状、故步自封、不思进取的倾向，准确把握公司的决策思路和工作重点并贯穿到部门工作中，增强贯彻落实公司各项部署、要求的自觉性、主动性和本职工作的预见性、计划性、规范性，努力做到超前思考、超前安排、切实落实。

2. 能力建设更适应

(1) 抓好学习和培训。结合公司发展需要和员工培训需求，进一步拓展总部员工的学习培训渠道，为员工提供更多的学习培训机会，不断提高培训的针对性和有效性。这里要强调的是，总部员工一定要有强烈的危机感、紧迫感，自我加压、自我提升，以适应更新更高的从业要求，提高解决实际问题的能力。每位员工要勇于上下“对标”、左右“对标”、岗位“对标”，通过“对标”，找差距，查不足，补短板，强素质。部门要加强组织和引导，创建爱学习、勤学习、支持学习的学习型部门。学习培训一定要实现“三结合”、“三强化”即：结合总部的统筹安排，结合学习型部门的建设，结合员工的自我学习，强化个人素质，强化履职能力，强化解决实际问题的能力，而不能夸夸其谈，坐而论道，自我包装。

(2) 继续加大总部选人用人机制的创新力度。总部空缺管理岗位，原则上都要运用市场机制、竞争机制，择优选聘，切实做到任人唯贤、广纳贤才、才为我用。对高端人才、特殊人才，要积极探索适用有效的引进、吸纳方式。要建立退出机制，真正使能者上、平者让、庸者下，对能力不够、不胜任岗位工作的，要逐步按程序予以调整，全面提高各

级管理岗位对公司发展的贡献率。同时通过竞争，切实把有能力、能干事、能干成事的优秀人才选拔到重要管理岗位上来。要创造条件，加大包括二级公司、部门主要负责同志在内的各级干部的横向、纵向交流轮岗力度。

（3）强化绩效考核，深化总部薪酬分配制度改革。要健全部门工作业绩考核评价体系和全员绩效考核制度，科学评价员工绩效，把考核结果作为员工发展和收入分配的重要依据，进一步消除“大锅饭”现象，更多地体现素质和业绩的差别。

3. 职能发挥更高效

总部是公司的战略管理中心、投资中心、信息中心和服务中心，其基本职能可以分解为十个字：“引领、服务、管控、评价、奖惩”。“引领”职能为首要，当前要抓紧做好公司“十二五”规划的修订工作，并指导各子公司本级规划的拟订工作，确保各子公司发展与公司总体战略协调统一。公司总部拟设立巡视办公室，加强对子公司执行战略的监督检查，确保战略落地。对于“管控”职能，公司要对国际国内战略管控模式作阶段性优化调整，更加侧重于发挥子公司的积极性，相关意见要抓紧拟订。关于“评价”和“奖惩”，公司对企业业绩考核办法作了优化调整，以更好地发挥考核的杠杆作用，这项工作很重要，方案几经修改已定稿，要把下一步的实施工作做扎实。对今年工作会议提出的重点工作，公司已将任务分解到分管领导和主管部门，关键要抓好落实。如何高效地发挥总部职能，这里强调几点：

（1）在增强执行力、狠抓工作落实上下工夫。加强组织领导，狠抓重点工作，认真制定和落实工作措施，以求真务实的作风抓管理目标和经营目标的落实，抓管理制度的科学标准、管理过程的规范有序受控、管理措施的完善落实。不能思路多、主意多、建议多而落实少，朝令夕改，让基层无所适从，出了多个主意一个没有落实，还不如没有主意。要在抓落实上狠下工夫，落实不到位不松手。

（2）讲究工作方法。总部工作千头万绪、涉及方方面面，要统筹兼顾，突出重点，注意方式方法。要深刻认识企业特点，准确把握公司定位，自觉按企业规律和方式开展工作。加强对重点工作的统筹策划和过程设计，有计划按程序抓好关键环节，善于把握工作节奏、时机和力度，保证工作取得实效。部门之间、处室之间要相互支持，协作配合，形成协同有序的工作机制，汇聚成促进公司发展的强劲合力。希望各部门主任要当好部门的“一把手”，做到分工明确、责任清晰、检查督促到位，从而聚合本部门的力量，提高部门的整体功能。特别是要管好、指导帮助好副主任，发挥好副主任的作用；副主任要正确定位，服从主任领导，主动支持、配合主任做好部门工作。这里既有组织原则问题，也有境界、胸怀问题，还有工作责任和工作思路、方法问题。

（3）加强对外沟通，善于整合各方面力量共同促进公司发展。公司总部要进一步强化公共关系意识，建立完善与政府和社会间的常态沟通机制，切实加强同各方面的交流合作，真诚接受、主动配合政府监管和社会监督，不断提高整合外部资源、促进公司发展的能力和水平。参加外部的会议和重要活动，一定要站在公司战略高度发表意见，重要情况及时报告。

4. 指导服务更优质

（1）主动加强上下沟通和交流，广泛听取各方面特别是基层的意见和建议，安排布置工作要从实际出发，周密策划，换位思考，充分考虑基层单位的实际和困难，增强针对性和实效性，避免政出多门和朝令夕改，避免效率低下、重复检查、重复考评、重复开会。

（2）到基层去，多替基层着想，多为基层服务，讲党性、重品行、树表率。要把主要时间和精力用在工作上，坚持高标准、严要求，精益求精，尽职尽责。要提高效率，轻车简从，不搞铺张浪费，尽量减轻基层负担。坚决反对形式主义、走过场，坚决反对“摆谱”、“扰民”行为。这里再重申，总部的同志要率先垂范，带头执行廉洁从业若干规定，坚决制止过年过节在内部用公款层层送礼的现象，确保企业、队伍的安全健康。

（3）既要当好战略管控者，也要做好价值服务者。总部部门要支持鼓励子企业充满活力地创造性地开展自己的经营活动，努力为子企业创造较为宽松的外部环境和激励约束机制强劲的内部环境，主动、热情、优质、高效地为子公司提供职责范围内的价值服务，提供工作上的指导、帮助。

5. 作风建设更强化

（1）增强“六种意识”即：大局意识、发展意识、制度意识、团队意识、组织意识、纪律意识，增强总部的凝聚力、战斗力、感召力，带动起整个公司勃勃向上的生机与活力。要牢固树立全公司一盘棋意识，正确处理全局和局部、大局和小局的关系，自觉打破思想观念上的桎梏，无论思考问题、作判断、作决策，都要以公司整体利益为重。

（2）科学专业、雷厉风行、真抓实干。部门负责同志要亲自组织重大问题研究，亲自组织重要文件起草，把好关口，亲自组织重点工作的检查落实，进一步杜绝业务层层分包的现象。协办部门也要主动配合、认真负责，不能事非主办则消极敷衍、“画圈”应付了事。

（3）讲实话、办实事，坚持原则，敢于负责。提倡“实干、实用、实效”，力戒“表面、表层、表演”现象。要本着对企业负责的态度，敢抓敢管，不能一味回避矛盾、“和稀泥”。

（4）切实改进会风文风，坚持会议形式服务内容，提倡少开会、开短会、讲短话，少行文、行短文。文字材料要言简意赅，不做表面文章，出实用、管用、好用的主意。据反映，有的同志专业能力很强，开拓能力很强，也很有魄力，但大局意识较差、组织纪律性不强，往往居功自傲，桀骜不驯，我行我素。说到底是政治素质较差、德较低。对这样的同志，要用其所长，严控其短，控不住其短，宁可不用，否则危害很大。高级人才犹如神枪手一样，方向正确，打敌人枪法准，但方向错了，打好人也危害极大。所以用人必须坚持要德才兼备、以德为先。

电网主辅分离及设计、施工一体化重组工作已经启动，这次重组涉及人多面广、情况复杂，时间紧、任务重、要求高。公司作为参与重组的主要集团之一，要坚决服从国资委党委的安排做好各项工作，把思想和行动统一到国家电力体制改革的精神上来，统一到国务院批准的改革方案上来，统一到国资委的安排部署上来，统一到重组将有利于公司发展的认识上来。按照国资委及公司安排参与这次重组实施工作的部门和同志，工作量会在一段时间内大幅增加，希望大家顾全大局，发扬水电人“五个特别”的精神，心无旁骛，保证完成组织交给的任务。总部的同志们要一起努力，坚决落实好国资委提出的重组期间各参与企业“思想不乱、生产不断、队伍不散、国有资产不流失、维护企业和社会稳定”的总体要求。

三、加强和改进党建工作，为建设具有较强国际竞争力的质量效益型世界一流公司总部提供坚强保证

关于党建工作，公司今年工作会议上作了全面部署，这里围绕总部建设，强调几项重点工作：

（一）抓好建设学习型总部的工作，推动学习型企业建设

总部分三个层次抓好学习：

（1）抓好公司党委中心组学习，按照“三个结合”和“三个三分之一”的方法，重点提高领导层对解决关系公司改革发展重大问题的认识，解决贯彻科学发展观、转变经济增长方式的自觉性和坚定性的问题。

（2）抓好总部和在京公司各党支部的学习，按照直属党委的要求，以提高党员的素质和能力为重点，抓好支部集体学习。

（3）抓好部门员工学习，采取集体学习和个人自学相结合的方式，紧密结合部门和本职工作实际，部门主任要带头学习并抓好本部门的学习，切实将学习所得转换为更强的履职尽责的能力。

（二）抓好总部和在京公司创先争优活动，迎接建党90周年

“创先争优”活动要按党中央、国务院和国资委党委的部署进行。最近，胡锦涛总书记在第十七届中央纪律检查委员会第六次全体会议上强调，要坚持以推动科学发展、促进社会和谐、服务人民群众为主题，深入一线，深入实际，开展创先争优活动。习近平同志在全国组织部长会议上强调，要在广大基层党组织和党员中形成学先进、赶先进、创先进的良好风尚，推动基层党组织履职尽责创先进、促使广大党员立足岗位争优秀，为基层党建工作注入新的动力和活力。总部各党支部和在京公司党委要善于发现身边的鲜活典型，最近，公司、公司党委、公司工会联合下文，表彰了在利比亚撤离行动中和在创先争优活动中涌现出来的优秀党员和先进个人。今年“七一”前后，公司各级党组织要按照股份公司党委关于开展争创四好党委、“五好党支部”、“五个模范”活动的实施意见，做好党内创先争优的评选工作，组织丰富多彩的纪念活动，纪念建党90周年。

（三）加强总部文明建设，积极开展争创全国文明单位和中央企业文明单位

直属党委和在京公司党委要在保持集团公司总部连续11年获得中央企业文明单位称号的基础上，做好全国精神文明建设先进单位的迎检工作，进而申报全国文明单位，使总部文明单位创建工作再上一个新台阶。

同志们，公司正处在发展进程中极为关键的时期，总部肩负的使命责任重大，任务光荣艰巨。希望总部全体员工以高度的责任感和使命感，以实际行动推进总部适应性转型升级，聚精会神、充满激情、心无旁骛地狠抓各项工作的落实，以良好的工作业绩贯彻公司重大决策和部署，为建设具有较强国际竞争力的质量效益型世界一流公司而努力奋斗！

在股份公司2011年经营管理工作会上的讲话

（2011年4月2日）

范　集　湘

同志们：

这次会议就要结束了，按照会议安排，我作一个总结。昨天会上三个专题报告，大家讨论的时候反映很好，提了不少建设性的意见，会后公司按照大家的建议和意见，对三个专题报告做些修改、完善，以公司文件下发，要认真贯彻执行。今天上午四个工程局作了很好的经验介绍，从一个侧面反映子公司领导团队、管理团队的经营管理水平在不断提高。所以公司总部包括我本人和公司领导班子，也感到一种学习提高的压力。由于时间关系，四个单位的经验可能没有完全讲透，希望会后工程局之间多进行沟通交流，取长补短，共同提高。总的来讲这次会议基本达到了预期目的。

我们开会的目的，就是要找准需要解决的突出问题，针对突出问题进行分析后加以解决。如果问题没有解决，只是以会传会、以文传文，不抓落实，开会就没有任何意义。也正是基于这种思考，我讲几点意见。

一、对“十一五”公司经营管理工作的总体评价

“十一五”期间，公司的发展取得了一系列重大成果，是不平凡的五年。五年来，公司以科学发展观为指导，紧紧围绕“建设具有较强国际竞争力的质量效益型跨国企业集团”这一战略目标，团结奋进，锐意进取，攻坚克难，励精图治，在经受汶川“5·12”特大地震等自然灾害和国际金融危机严重冲击的情况下，经营规模与效益连续五年全面大幅提升，圆满完成国资委下达的业绩考核指标，各项工作取得新的成绩，保持了快速协调发展的态势。由于经营业绩突出，国务院国资委在中央企业负责人两个任期考核中先后授予中国水利水电建设集团公司“绩效进步特别奖”和“管理进步特别奖”。

由于经营业绩增长较快，公司在国际国内企业和中央企业中的排名不断上升。2010年，公司在全球最大225家国际工程承包商中排名第26位（以总营业收入排），较2005年提升23位；在中国对外承包工程企业中排名第2位（以签约额排），较2006年提升8位。从中央企业的排名看，2010年公司的资产总额、营业收入、净利润在120家中央企业的排名分别是第50位、第43位、第44位，比2005年提升10位、10位、19位，三项指标分别是2005年的3.6倍、3.2倍、10.7倍。这足以证明，经过大家共同努力，公司实现了持续快速发展，而且发展速度高于了中央企业的平均水平。

之所以取得这些经营业绩，有哪些做法或者经验值得总结呢?

（1）坚持发扬“自强不息、勇于超越”的企业精神，包括弘扬“五个特别”的精神。在“不快则退、不优则败、不进则亡”的激烈竞争环境下，大家都有强烈的责任感、使命感、紧迫感、危机感，攻坚克难，同心同德，奋力拼搏，非常难能可贵。

（2）坚定不移地贯彻落实公司发展战略。公司经营管理工作以科学发展观为指导，加快转变发展方式，突出集团化战略管控，突出提高发展的质量效益，突出增强国际竞争力，突出调整优化产业结构和业务结构，各项战略管控措施基本得到落实，使公司成为一个坚强有力的生命共同体，提升了市场地位、社会地位，从而保证了公司持续快速发展。

（3）坚定不移地促进经营管理体制机制的转变。依法构建集团治理结构，明确母子公司权、责、利关系及功能定位，逐步理顺母子公司经济关系、管理关系，以实现规模效益为目的的集团化运作的体制机制已经形成。以市场为导向，以最大限度解放生产力为目的，大力推进经营管理转型，经营机制不断转换。推行以经营业绩为基础、动态优化的企业业绩考核制度与年薪制，着力构建基于“两个市场”的营销统筹机制，努力创建资金、设备物资、技术、人才等资源动态优化配置的管理运作机制，创新经营管理人才的考核、评价、选用机制，实行“一司两制”等人才引进、使用办法，这些在公司经营中发挥了很好的促进作用。

（4）不断强化经营管理能力建设。公司总部整合内部优势资源和力量，构建了适应结构调整优化的组织结构和业务架构。组建了专业化公司和投资性公司，打造了非水电基础设施业务、国际业务和

投资业务专业化队伍，实行“双轨制”模式的事业部制，设立了国际国内区域总部，两级总部对经营战略的驾驭、统筹、指导、服务能力日渐提高，上下互动、分层营销、协同营销、多维度营销的局面正在形成，水电一元型的经营管理体制机制正在改变。公司各级经营管理的领导团队、管理团队的素质、能力在企业转型升级中总体提升，专家支持体系逐步完善。部分综合实力强、发展速度快的子公司在公司整体经营中的标杆、示范作用日趋明显。与此同时，与大业主、大战略伙伴、各级政府、金融机构的合作不断深化和升级，对外交往的层次逐年上升，整合各方面力量共同促进公司发展的能力和水平不断提高。简单对照一下过去和现在各子公司的工作报告、大会发言，就能说明领导团结、管理团队对经营管理的认识水平、方法、手段已经有了较大幅度的提升。

(5) 党的建设和反腐倡廉建设工作为经营管理活动的健康有序提供了坚强保证。

五年来的成绩来之不易，经营管理系统的同志们作出了突出贡献，付出了智慧和辛劳。这里我代表公司和公司党委向你们并通过你们，向所有从事经营管理工作的同志表示亲切的慰问和衷心的感谢!

值得分析总结的做法或经验很多，但是问题和差距也明显存在。公司 2011 年工作会议和这次会上的几个专题报告对问题和差距已作了全面认真的分析，这里仅强调几点。

(1) 成本费用的增长速度高于营业收入的增长速度，也就是成本控制工作还不到位。原因很多，这里不再展开。

(2) 子公司主业雷同、规模较小、产能相对过剩、同质化过度竞争的局面仍然存在，专业化定位与综合大型化相结合的子公司功能定位缺乏明确的导向，抵减了集团模式下的规模效益。

以上两个问题是在最近召开的一次董事会上，独立董事提出来的，我认为提得准确、到位。

(3) 管理粗放的现象仍未根本扭转，低水平重复、低效益扩张的情况仍较普遍。有些领导意识当中还是“拿标就是硬道理”，项目能干完、不出事就算完成任务，安全不出事故靠碰运气，有的认为账上有钱就等于企业有钱，这些认识在工程局及分局层面不是少数。在这种情况下，有的单位仍在重复走一些弯路，重复犯一些错误，重复在交学费，辛辛苦苦，流血流汗，事倍功半、事与愿违。前不久发生的一件事对我触动很大，公司一位领导同志七年后重返苏丹项目调研，发现他七年前交的有些学费，走的有些弯路，出现的有些问题，现在项目上仍不同程度地延续。他还有一个认识，就是我们作为中国水电第一品牌，项目管理的专业化程度国内比国外强。对此希望大家深思，人只有跳出自己看自己，跳出企业看企业才能发现问题，跳不出自己就可能自恋。

二、以科学发展为主题，以转变发展方式为主线，切实加强经营管理工作

我一直在思考，面对经营管理中的突出问题应该怎么办？总体思路就是以科学发展为主题、以转变发展方式为主线，切实加强经营管理工作，促进经营管理工作创新、升级、增效，这是此次会议务必要研究落实的重大课题。

(一) 各级领导班子特别是主要负责人，要将提高经营管理水平作为转变发展方式的主攻方向、重中之重的工作，要有紧迫感，要有使命感

在既定的历史与现实条件下，影响企业发展的因素很多，有体制机制的问题，有资源的优劣与资本实力的问题，有党组织的政治核心作用发挥好与不好的问题，这里主要讲的是经营管理问题。经营管理这一命题很大，简单讲就是提高效率、控制消耗，提高效率是间接降低成本，控制消耗是直接降低成本，两者结合才能提高效益，所以提高经营管理水平是建设质量效益型企业的一个主要抓手，是企业可持续发展的重要工作，是培育和提升企业品牌的基础工程，是企业“软实力”的本质要素，一定要把它作为转变发展方式的主攻方向。这正是中国国有企业最短的短板。

1. 加强经营管理的领导力建设

企业主要负责人一定要把经营管理工作作为重中之重的工作列入主要议事日程，在班子中要设立统筹分管经营管理的副总经理。经营管理与业务管理既有差别，又有联系，经营管理主要解决共通性、综合性的规定问题、约束问题，它要求各级团队做规定动作，具有政策性、强制性的特点。业务管理体现专业特殊性，但要受制于共通性、综合性、政策性的管理。如果没有分管经营管理的领导，再加上主要领导不重视、精力能力不够用，就很容易出现政出多门、体系不健全的情况。对照检查一下，还有哪些子公司没有设分管经营管理的副职？

加强经营管理职能机构，培养好管理团队。要把专业技术方面的尖子培养为经营管理的高级人才，有的企业把经营管理系统当作安置人员的地方，重拿标、重生产、轻经营管理，“一腿粗、一腿细”。传统的工程局在项目生产上有很强的执行力，但是

这种执行力优势必须在经营管理的“围墙”内发挥，才能转换为企业的核心竞争力。经营管理解决的就是“围墙”的界面，实现无障碍施工，这点做到了，项目的效益还会提升。

对经营管理系统能力建设的投资，是事半功倍、收益率最高的可持续的投资。有两种现象应认真反思：一是不少项目“赔钱赚吆喝”，项目做成精品工程却严重亏损，目的和手段严重错位；二是“三重复”项目难以尽绝，即重复走弯路、重复犯错、重复交学费，有的国外项目干干停停、停停干干，资源配置与生产经营需要脱节，紧缺的设备跟不上，不需要的设备“晒太阳”，能不亏损吗？有的国外项目配置资源不考虑对生产关系的影响，出了问题处置不及时，报喜不报忧，结果付出沉重的代价。如果经营管理能力建设跟上了，这些问题就可以得到解决。

提高效率，降低消耗。目前我们基础设施业务的营业收入利润率考核指标为1%，不少同志说太高了。中国那么多建筑业企业在从事基础设施业务，它们的利润率是多高的呢？这里举一个抽象的例子，比如说一个一般条件下的项目，月开挖强度100万立方米时固定费用全部摊销实现盈亏平衡，如果管理能力强可能完成150万立方米，这样每立方米的固定费用也就是成本就会降低，边际效益也会实现。所以管理能力强能够把资源有机整合起来，提高效率，就会产生效益；管理能力弱效率低下就增加成本，包括经济成本、时间成本、机会成本。这就是管理、效率、效益的关系。提高效率的同时，要降低消耗。消耗的控制是传统的管理手段，是必要的，但增效的空间更在于提高效率。

2. 经营管理在企业发展中的使命

经营管理是企业运营的两个主要环节，一般而言，经营是企业进行市场活动的行为，而管理是企业理顺工作流程、发现问题的行为。具体到我们，经营管理要解决以下问题。

（1）干什么？这是战略问题，如企业的发展方向、主业的定位，企业主要负责人首先要考虑这一问题。

（2）怎么干？首先是开拓市场拿项目，其次是拿到项目后采用什么样的资源配置模式，组建什么样的组织架构，确定什么样的经济利益关系。

（3）谁来干？要定好、选好项目班子和管理团队。

（4）怎么干好？要定项目管控模式、定实施方案、定运营规则、定项目预算、定考核目标、定激励政策、定约束办法。“五定”工作一定要整合本企业最高水平的人才来做，要做到本企业先进水平各项目共享，否则项目水平就参差不齐，项目效益流失巨大。有的工程局没有这种制度安排，项目以“以交代管”，出了问题再去救火，这种情况下赚钱是怪事，赔钱才正常。怎么干好很关键，企业主要负责人要高度重视。

（5）干好怎么办？没干好怎么办？先有规矩后有方圆，政策一旦制定，奖罚一定要分明。

3. 提高经营管理水平就是直接提高企业的市场竞争力、直接增加企业效益

企业的市场竞争力体现为：同样的生态和合同条件下，品牌与服务相同时，价格低者胜；价格相同时，品牌与服务优者胜。这是正常市场条件下用户选择供应商的本质标准。为什么我们有的国外竞争性项目报价高，市场竞争力相对降低？是因为我们企业的实际成本抬升了预计建造成本，高于社会平均成本或者竞争对手的成本，而实际成本与经营管理能力直接相关。在市场开放的情况下，我们既不能挡住竞争对手，又不能封闭市场，要在竞争中获胜，必须千方百计提高企业竞争力和管理能力，通过提高资源使用效率和控制消耗来降低企业的实际成本。

现实告诉我们，经营管理水平跟不上，会直接导致企业利润的流失，直接损害职工的权益和福利。比如同样是房地产公司，甲公司拿一块地，六个月资金回笼，乙公司由于经营管理能力低需要一年，就直接多支出半年的资金成本。整个公司去年1000多亿元营业收入，如果通过经营管理使营业收入利润率提高一个百分点，就多出10亿元的利润。这些成本和利润不可以让员工更多地享受企业发展的成果吗？

4. 着力提高经营管理水平的主要措施

（1）加强经营管理的领导力建设。刚才已经讲了。

（2）推进资源配置社会化、一体化。企业做大规模，主要有几种战略措施：兼并重组做大；出资人注资做大；增加负债做大；战略合作做大；内部整合、提高效率做大。靠增加负债做大空间有限，而且管控能力跟不上则造成恶性循环。现在我们最需要的是发挥品牌杠杆、资本杠杆的作用，通过战略合作做大、兼并重组做大、内涵式提升效率做大，公司支持大张旗鼓、旗帜鲜明、非常阳光地培养合格的战略合作方。

（3）精心策划履约预案。要整合企业内部优势，集成推广管理成果，全面覆盖、以强补短。不打无准备之仗，不打各行其是之仗。

（4）强化合同管理，创造无障碍的施工环境。大型基础设施工程的施工，工程的非均衡施工对成本的影响是巨大的，特别是国际项目这一特点明显。解决这一问题一定要强化合同管理、商务管理，为产能最科学的利用创造无障碍的施工环境。

（5）坚持标准化、程序化、规范化、精细化的过程管理。有的企业制度、标准、程序不健全，有的执行不到位，造成经营管理过程粗放、失控。一个有专业表现、质量保证、品牌形象、行为受控的公司，必然是业务标准化、程序化、规范化、精细化的公司。把规则当作信仰，这是德国产品质量得以保证的关键。国内高铁项目虽然是线性施工，但标准化、程序化、规范化程度超过水电施工，这是我们要学习借鉴推广的。

（6）提高风险防控工作水平。这里特别强调海外风险防控问题，利比亚事件出现后，国家层面对中央企业海外资产安全问题非常重视，据悉正拟设立专门的部门，加强对海外国有资产的监管。国际业务板块对公司极为重要，对海外资产的监管与重要经营活动的监管必须加强。

（二）提高认识，做好企业考核评价工作，引导发展方式转变和经营管理能力的提升

国有企业与民营企业相比既有优势，也有劣势，最突出的体现是激励约束机制相差较大。生产力要素中最活跃的是人，“人是自利的”被作为市场经济的最基本条件。但同样一个人，由国有企业到民营企业后，危机感增强，压力增大，工作主动性提高，“自利”的正面作用放大，关键还是体制机制的不同。国有企业机制的弊端短时期内很难消除，弥补这一不足的抓手就在于业绩考核，薪酬与业绩挂钩，能高能低，而且很阳光、很规范。这次公司业绩考核办法的调整完善，最重要的是既考虑当期经营成果，又关注企业可持续发展，既关注增量又注重基础保障。公司考核的评级分为 A、B、C、D 级，全面协调可持续发展的中小工程局也能够进 A 级；大型工程局经营管理粗放，也可能进 B 级或 C 级。这套体系的出台及推行，是公司转换经营机制、转变发展方式的重要战略性举措，是一项至关重要的管理制度，一旦出台，务必切实抓好执行工作，维护体系的权威性、严肃性。希望大家重视，参照调整完善本企业的考评办法并严格执行。

（三）以市场为导向，高度重视市场开发工作，为转变发展方式、确保平稳较快发展奠定坚实基础

从今年以来的形势发展看，我们面临的市场需求减少的风险在增大，公司保市场、保订单、保发展的难度增加，这一特点在三大业务板块中都有体现，需要引起我们各级领导的高度重视，务必加大市场营销力度，千方百计解决订单问题。

要抓住“十二五”期间我国水利大发展的机遇，大力开拓水利建设市场，充分发挥“大土木”优势，在公路、铁路、城市轨道交通、港口与航道上多拿订单。公司层面主抓全国性大型项目，各子公司紧盯区域性重点项目和中小项目，要充分发挥事业部的战略引领、业务带动、平台支持作用和区域总部的独特优势，争取面向大土木市场争取更多订单。要实行公司、事业部、区域总部、子公司“四位一体”的分层营销、多维营销、系统营销，在市场开发上形成合力。关于国内区域总部建设，公司将就各区域的共性问题出台统一的指导意见，同时由于各区域情况不同，还要遵循分类指导、一地一策，试点先行、稳步推进，竞争有度、协调有序的原则。对市场潜力巨大、没有子公司总部、竞争对手先期进入的地区，如新疆，要尽快试行。对子公司营销比较集中的区域，如深圳，要强化区域总部的协调管控能力，着力解决重复营销、无序营销、内部恶性竞争的问题，这方面的工作大家要共同思考、共同推进。区域总部的设立，很可能影响到局部利益，各子公司要识大体、顾大局，找准自身定位，合理配置资源、优化市场布局，服从公司的安排。海外区域总部班子的配备要拓宽视野，从子公司、社会上广纳贤才；要加大政策引导力度，鼓励年轻的同志到海外区域总部、大型项目锻炼成才。要合理利用社会资源。自主营销和依托社会资源是公司市场开发的两个渠道，企业要想做大、做强，必须要善于借力、讲究策略，在坚持自主营销为主的同时，可以合理、合法借助社会资源，但一定要杜绝“违规中介”、“霸王中介”。

近一年多来不少子公司对 BT 项目的热情较高，这里强调两点：第一，BT 项目一定要符合公司发展战略和自身实际，首要目的是培养基础设施业务的能力，其次是获取投资收益，最后才是带动承包业务的规模增长，竞争性的承包业务是我们的主攻方向。第二，BT 项目决策一定要满足三个前提：一是防范政府回购违约风险的措施要合法合规，要受法律保护，要具操作性，确保所有风险管控措施足以对冲政府支付违约风险；二是担保方案要切实可行，能够及时变现；三是融资方案一定要切实落实，不能出现“半拉子工程”。

（四）调整优化组织结构、管控模式，为转变发展方式创造体制机制条件

公司管控模式基于现阶段的发展，需要作适应

性的调整，主要是侧重于发挥二级企业的积极性、创造性。当前工作的重点是探索完善事业部的运行模式，更好地激发子公司的积极、创造性。事业部与法人公司两位一体、双轨运行，是我们的一个特色，同时也颇受争议，在具体问题上意见多有不一致，但实践证明这是一个阶段性的很好的制度安排。这种运行模式最大的副作用就是“红顶商人”与非“红顶商人”处于不公平的地位；正面作用是运营强劲、机制灵活，战略管控与企业经营两种功能合二为一，对统筹资源、落实战略非常有帮助。怎么消除负面作用呢？就是要切实解决“红顶商人”利用权力与非“红顶商人”争利的边界不清的问题。这个问题解决好了，这一制度安排还有发挥作用的空间。所以我们一直要求事业部与子公司都要正确定位，各司其职，各负其责。事业部是公司行政权力运作的平台和公司市场化的业务操作平台，要把战略引领放在第一位，而不能把自身利益放在第一位，这就是本质边界。比如对海外事业部/国际公司的考核，要立足于整个公司的“大国际”，它的业绩体现到整个公司的国际业务业绩中，把成本费用利润率作为考核的关键性指标，而不是国际公司自身的利润总额。下一步要更加清楚地规范事业部与子公司的利益边界，理顺经济关系，更大地发挥这一制度安排的正面作用，提升“水电航母”的竞争力、向心力、凝聚力、执行力。

推进组织结构调整和管控模式的变革，一定要把总部的能力建设放在首位，这样才能为其他改革创造坚实的组织支持和领导力保障。今年的总部工作会提出总部建设的努力方向为“五强五优”，即：引领发展能力强、公司治理能力强、资源整合能力强、服务指导能力强、内外影响能力强；思想素质优、工作能力优、业绩成效优、作风建设优、系统功能优。两级总部虽然层次不同，但基本方向是一致的，都要按照这一标准去努力，首先在总部组织架构的设计上要体现出这一要求，同时在功能定位上要满足战略发展的需要。

三、几点希望和要求

（1）加强学习，学以明志，学以致用，学以提升履职能力。各级领导一定要坚持解放思想，始终保持忧患意识和进取意识，增强事业心和责任感，自觉克服安于现状、故步自封、不思进取的倾向，自我加压、自我提升，以适应更新更高的履职从业要求，提高解决新问题的能力。要学会向先进学习、向竞争对手学习，我们既不能妄自菲薄，更不能自恋、自负，那种“以己之长比人之短”的思维方式绝不利于企业的科学可持续发展。

（2）勤勉务实，真抓实干，一抓到底，达成目标。要加强组织领导，认准工作目标，认真制定和落实工作措施，以求真务实的作风抓管理目标和经营目标的落实，抓管理制度的科学管用、管理过程的规范有序受控、管理措施的完善落实。

（3）艰苦奋斗、勤俭节约、关心基层、情系员工。虽然公司这几年发展很快，但要充分认识到我们还面临不少困难，员工的生产生活条件尚待改善，一定要保持艰苦奋斗的优良作风，保持勤俭节约的好风气，严控非生产性支出，严控职务性消费。这方面党员领导干部要切实做到讲党性、重品行、树表率。

（4）遵守政治纪律，服从组织安排，树立大局观念，做到令行禁止。

（5）守法、守纪、守规，规范尽责、廉洁从业。经营管理系统的领导干部，直接参与生产经营工作，有的掌握着资源支配权，要坚持做到“三不”：不拿违法违规的项目、不赚违法违规的钱、不花违法违规的钱。

（6）民主集中，团结共事，作风正派，情趣健康。

最后强调一点，电网主辅分离及设计、施工一体化重组工作已经启动，这次重组涉及人多面广、情况复杂，时间紧、任务重、要求高。公司作为参与重组的主要集团之一，要坚决服从国资委党委的安排做好各项工作，把思想和行动统一到国家电力体制改革的精神上来，统一到国务院批准的改革方案上来，统一到国资委的安排部署上来，统一到重组将有利于公司发展的认识上来，不利于重组的话不说，不利于重组的事不做，顾全大局，心无旁骛，保证完成组织交给的任务，坚决落实好国资委党委提出的重组期间各参与企业“思想不乱、生产不断、队伍不散、国有资产不流失、维护企业和社会稳定”的总体要求。公司作为品牌企业，一定要发挥表率作用、示范作用，做到在重组期间各个单位稳定、安全、持续发展，这是对重组工作的最有力的支持。

同志们，公司正处在发展进程中极为关键的时期，我们的使命责任重大、任务艰巨、使命光荣。希望各级领导和经营管理系统的同志们始终以高度的责任感和使命感，统一思想、聚合力量、心无旁骛地扎实工作，以更加良好的业绩落实公司重大决策和战略部署，为建设具有较强国际竞争力的质量效益型世界一流公司而努力奋斗。

锐意改革创新　强化能力建设
确保公司平稳较快发展

——在股份公司2011年年中工作会议上的讲话

（2011年8月3日）

范　集　湘

同志们：

今天，我们召开股份公司2011年年中工作会议。这次会议的主要任务是：深入学习贯彻胡锦涛总书记"七一"重要讲话精神，传达贯彻中央企业负责人年中会议精神，总结上半年工作，安排部署下半年的重点工作，全面实现年度各项工作目标。

一、对上半年工作的简要回顾及总体评价

今年上半年，股份公司认真学习贯彻党的十七届五中全会和国资委中央企业负责人会议精神，坚持以科学发展为主题，以转变发展方式为主线，以加快建设具有较强国际竞争力的质量效益型世界一流公司为目标，各项工作取得了新的进展，公司保持了平稳较快发展的良好态势。

（一）主要经营指标保持平稳增长

1. 营业收入情况

上半年实现营业收入487.40亿元，为年计划的42.36%，同比增长18.23%。其中：国内水电建筑业务营业收入完成240.7亿元，占营业总收入的49.4%，同比增长39.2%；国内非水电建筑业务完成营业收入87.5亿元，占营业总收入的17.95%，同比减少11.9%；国际业务完成128.26亿元，占营业总收入的26.32%，同比增长23.73%。发电业务营业收入19.07亿元，占营业总收入的3.92%；房地产业务营业收入7.52亿元，占营业总收入的1.6%。营业收入排名前六家的子公司是：水电七局、水电八局、水电四局、水电十四局、水电三局、水电五局。前四家如果能完成全年任务，今年收入总计将超过400亿元。

2. 经营利润情况

上半年实现利润总额21.19亿元，同比增长36.96%；营业收入利润率为4.35%。利润排名前六家的子公司是：国际公司、水电七局、水电八局、房地产公司、水电十四局、水电十三局。

3. 新签合同额情况

上半年新签合同576.7亿元，为年计划的44.4%，同比增长19.5%。其中：国内水电建筑业务新签合同195.7亿元，为年计划的51.5%，同比增长19.6%。国内非水电建筑业务新签合同126亿元，为年度计划的46.67%，同比增长3.1%。国际业务新签合同255亿元，为年度计划的57.95%，同比增长29.6%。

新签合同额排名前六家的子公司是：水电十一局、水电十四局、水电十五局、水电四局、水电十三局、水电十局。

新签非水电合同额排名前六家的子公司是：水电十四局、水电十五局、港航公司、水电八局、水电一局、水电六局。

4. 合同存量情况

截至6月30日，股份公司合同存量为2257.7亿元，同比增长23.3%。其中：国内水电建筑业务合同存量877.6亿元，占合同存量的38.9%，同比增长19.3%；国内非水电建筑业务合同存量312.7亿元，占合同存量的13.9%，同比增长172.%；国际业务合同存量1067.4亿元，占合同存量的47.2%，同比增长28.9%。

希望大家注意，国内水电建筑业合同存量的占比只有38.9%，公司13万人，将近400名副局级以上干部，3万多名专业技术干部，有多少还滞留在这一业务板块？这一数据表明我们的人员布局、资源布局已与业务结构极不适配。

股份公司目前拥有29个全资子公司和控股子公司，从上半年经营情况来看，各子公司在总体发展的前提下，结构性、差异性变化的状况更加凸显。一是少数重要子公司对股份公司营业收入、利润的增长作出了持续性、支撑性的贡献。水电四局、水电七局、水电八局、水电十四局上半年共完成营业收入209.59亿元，占营业总收入的43.01%，实现

利润8.24亿元，占利润总额的38.89%，形成市场认可的优势施工企业群体。二是大多数子公司在经营业绩持续增长的同时，着重解决历史遗留问题，维护企业稳定，为公司的平稳发展创造了良好的内部环境；各专业工程局努力做精、做专和培育公司专业特色，为公司的发展作出了积极贡献。三是国际业务仍然是股份公司强劲发展的增长点和未来拓展的新空间。国际业务上半年完成营业收入占营业收入总额的26.32%，实现利润16.16亿元，占股份公司上半年利润总额的76.27%。四是投资类、资产经营性企业为股份公司创造新的利润增长点的战略作用正在逐步显现。发电和房地产企业上半年完成营业收入占营业总收入的5.46%，实现利润3.95亿元，占利润总额的18.64%，产业结构调整升级初见成效。

以上分析表明，由于子公司的发展历史、市场需求导向、用户选择、品牌差别、领导班子的能力、管理团队和员工队伍的素质、抓住机遇的程度等原因，决定了各子公司在同样的发展阶段呈现出不同的发展状态，在股份公司的战略布局中承担着不同的发展任务，发挥着不同的重要作用，形成了股份公司优势互补、高度协同、团结奋进、共同应对外部竞争的发展合力，共同推动着公司的平稳较快发展。

（二）强化战略引领、明确“十二五”发展规划，推进公司科学发展进程

今年是“十二五”开局之年，我们在认真总结“十一五”发展经验的基础上，修订完善了股份公司“十二五”规划。新的发展规划确立了坚持以科学发展为主题，以加快转变发展方式为主线，确保公司平稳较快发展的指导思想；明确了建设具有较强国际竞争力、以质量效益型为显著特征的“行业领先、管理一流、品牌影响力明显、具有持续成长性与较强自主创新能力、可持续发展能力”的世界一流公司的发展目标；提出了“四强四优”的总体要求和着力实施的“五大战略”。新的发展规划更加符合股份公司的实际情况，措施更加切实可行。规划上报国资委后，得到了国资委规划局的充分肯定。同时，加强了对子企业战略工作的指导。目前，已有22家子企业向股份公司报送了“十二五”规划，子企业对股份公司的战略规划响应程度普遍比较高，为股份公司总体战略的落地奠定了较好的基础。

（三）转变发展方式，推进结构调整优化，各项业务取得新的业绩

1. 国际业务优先发展战略深入实施

（1）创新体制机制，加快建立适新阶段要求的国际经营管理体制，在实施集团一体化的同时，充分调动子公司的积极性，支持有条件、有能力的子公司加大“走出去”的力度，努力培育、打造一定数量的国际化经营强局。

（2）强化区域化营销平台建设，做优做强国际区域业务总部。

（3）着力提高国际竞争性项目的竞争力，增强项目营运管理能力。

（4）积极理顺内部经济关系，强化同舟共济、奋进共赢的利益共同体。

上半年，海外事业部/国际公司、利比亚区域业务总部、水电二局、水电九局、水电十三局、水电十六局沉着应对利比亚动荡局势，精心组织，通力协作，克服重重困难，安全撤离了公司在利比亚的全部人员，充分体现了公司对国际危机事件的风险防范和应急管理能力的不断提升，受到了国务院领导和国资委领导的表扬。此外，在缅甸耶瓦项目的机电事故抢险和越南松邦项目的合同风险化解中，水电八局表现出色，充分体现出较强的集团意识、强局实力及专业水平。

2. 调整优化结构工作持续推进

继续在巩固水电建筑主营业务核心地位的同时，大力拓展非水电建筑业务，积极稳健地推进投资业务的发展。

（1）针对上半年水电项目招标不多、水利项目投资增加等新情况，适应市场变化，及时采取应对措施，加大对以南水北调为主的水利建筑市场营销力度，加强对大型水电工程及重要流域项目的市场开发，确保了公司在国内水利水电建筑市场的主导地位。

（2）继续从战略引领、组织架构、制度支持和应对措施等方面推动非水电基础设施业务的持续发展。大力开发铁路、公路、市政工程三大主要市场和城市轨道交通以及港口航道市场，加快战略转型和结构调整优化，公路建设特级资质重新就位工作正在稳步推进，铁路建筑业务正在积极推进公司内部相关资源的整合。

（3）坚持稳健、审慎原则，突出主业，有序推进在电力、新能源、基础设施领域的投资开发工作，进一步提高了运营管控水平和投资收益。目前，股份公司控股开发电力项目总装机容量达1284万千瓦（权益装机容量约981万千瓦），其中已投产运营电力项目约426万千瓦。上半年，发电业务实现营业收入19.07亿元，同比增长109.92%。

（4）积极应对房地产市场的变化，加大政府保障房项目开发力度，将战略重心从一线城市适当转

向土地成本较低的二、三线城市，加强土地储备工作，有效防范市场风险。上半年新获项目土地764亩；完成营业收入8.02亿元，同比增长48.51％，实现利润2.1亿元，同比增长701.09％；签订销售合同额3.71亿元，实现销售回款5.26亿元。

这里举两个例子：一是四川公司开发的毛尔盖水电站，经受了"5·12"特大地震极为严峻的考验，通过这支队伍超常的付出，提前实现下闸蓄水，有可能会提前发电。这证明水电人60年积淀的"五个特别"精神与我们的融资投资能力结合起来，形成了难能可贵的比较优势。二是水电十四局的大理风电项目，短短几个月实现发电并且盈利。一方面是因为项目建设组织得好，另一方面是因为他们发挥了投资与总承包有机结合的一体化优势，这是单纯从事投资业务的单位不具备的。以上两点优势是我们要坚持和发扬的。

3. 首发上市工作取得决定性重大突破

自2007年6月启动集团整体改制上市工作以来，经过四年多坚持不懈的努力，先后克服了全球金融危机、"5·12"汶川特大地震、国家上市融资政策数次调整、国家最严厉的房地产行业宏观调控和正在进行的国家电网主辅分离重组改革的影响，股份公司首发上市申请终于在今年7月29日通过了中国证监会审核，获得无附加条件批准，为促进股份公司在资本市场这一更高平台上的平稳较快发展创造了良好的条件。目前，首发上市工作已转入发行准备阶段，计划于9月份内实现发行上市。跨越工程办公室、保荐单位及相关单位的同志，始终不懈怠、不放弃，精神难能可贵。国资委的领导和有关司局，亲力亲为推动央企改革发展，令我们十分感动。

4. 创新企业业绩考核评价体系迈出新的步伐

根据国资委对央企考核的新要求，公司通过完善业绩考核与管理评价体系，创造性地建立了企业业绩考核评价新体系。新的考核体系可以概括为"一个模型、两个子体系和三个支点"。"一个模型"是指《企业业绩考核评价体系》；"两个子体系"是指业绩考核子体系和管理评价子体系；"三个支点"是指考核兑现、企业评级、科学用人。新的企业业绩考核评价体系针对公司发展的新特点，用科学的方法衡量子公司负责人的经营业绩，评价其经营管理能力，既关注量的增长，又关注质的提升，对促进公司转变发展方式起到了积极的作用。

5. 防范财务风险取得新成效

一是密切关注国家货币政策调整，启动风险预警工作，对高风险子公司进行风险提示。二是制定融资预案，调整融资结构。上半年成功发行10亿元十年期企业债券、10亿元五年期中期票、12亿元一年期短期融资券，为股份公司的经营发展提供了强有力的现金流支撑。三是加强预算审核力度，严防资金链断裂的风险，加强对应收账款的管理。

6. 全面风险管理体系建设取得新进展

在股份公司层面完成了对重大风险的评估，编制了《股份公司2011年度全面风险管理报告》，提出了风险管理策略和解决方案。在子公司层面，基本完成了对国际公司等四家试点企业的体系建设和初步验收。

7. 内部经济审计工作进一步强化

（1）强化制度建设，规范审计工作。修订完善了《中国水利水电建设股份有限公司经济责任审计实施办法》，首次明确了对"三重一大"制度执行情况的审计监督。

（2）借用社会资源，强化内部经济责任审计工作。首次委托中介机构，分别对国际公司、四川电力公司、水电九局领导干部任期内经济责任进行审计。

（3）加强了对投资项目的后评价工作，首次委托中介机构对邵武公路和成名公路项目的工程造价、竣工决算进行了财务审计。

上半年，其他各项工作也都取得了新的成绩，这里就不一一总结了。

值得一提的是，上半年公司先后被国资委和其他有关方面授予多项荣誉奖，主要有：在刚刚结束的国资委央企负责人年中工作会议上，股份公司以2010年经营业绩考核结果首次被评为A级；节能减排工作圆满完成国资委下达的"十一五"节能减排指标，被国资委授予"十一五"中央企业节能减排优秀企业荣誉称号；在企业信息化建设方面获得中央企业信息化水平评价A级荣誉称号；在专利技术方面以有效专利总数222件，在中央企业专利排名中位列第63位，上升了6位。水电八局员工张志平在全国电力行业坝工模板技能大赛中荣获第一名。

这里还要表扬的是，水电四局代表公司执行玉树重建这一艰巨的任务，做了大量十分艰苦而富有成效的工作，展现了中央企业和中国水电人的可贵精神、综合实力和良好形象，得到了各级政府与玉树各族人民的高度认可。

（四）融入中心、服务大局，企业党建工作和党风廉政建设取得新成绩

坚持党要管党、从严治党的原则，把党的政治优势切实转化为核心竞争力，推动党建工作不断创新。上半年，完成了股份公司党建工作责任制实施办法和考核评价办法。对项目党建工作进行了检查

和调研，今年6月，国资委副主任金阳率团到中国水电集团印尼佳迪格德大坝项目考察时，对股份公司“三同时，三基本”的项目党建经验给予了充分肯定。

围绕庆祝建党90周年，各公司党委组织广大党员开展以“学党史、知党情、跟党走”的系列活动。各公司党委在“七一”前按四好党委、五好党支部和党员五个模范的要求，评选表彰了一批先进基层党组织、优秀共产党员和优秀党务工作者。股份公司党委下发了关于开展基层党组织和党员公开承诺活动的实施方案，各单位党委认真完成好“公开承诺、领导点评、群众评议、评选表彰”等规定性动作，激发党员立足岗位，发挥模范带头作用，收到了较好的成效。股份公司党委下发了《关于加强企业文化建设的实施意见》，提出公司“12347企业文化创新工程”。

以惩防体系建设为主线，全面落实党风廉政建设责任制，推进惩防体系建设工作。一是加强制度建设，加大对制度执行情况的监督检查力度，完善修订党风廉政建设责任实施办法、“三重一大”决策制度等重要制度规定，组织安排开展党风廉政建设责任制实施办法等四项重要工作综合监督检查工作，进一步推进制度贯彻执行到位。二是积极开展效能监察和监督检查工作，做好效能监察项目立项工作，认真组织对设备物资采购的过程监督，继续开展工程领域专项治理工作。三是严肃查处违纪违规行为，进一步发挥查办案件的治本功能，根据群众来信和公司安排，严肃查处某公司领导人员违纪行为，组织调查了对股份公司造成严重不良影响的事件，对相关责任人进行了组织处理和纪律处分。公司纪检监察部门坚持原则、敢于碰硬，一方面查处违规违纪行为，另一方面澄清事实、保护干部，工作扎实有效。四是进一步加强纪检监察组织建设，健全子公司纪检监察组织机构，加大子公司纪委书记选拔交流力度。五是加强领导人员作风建设，积极开展宣传教育工作，各级领导人员依法依规履职意识和廉洁从业意识进一步提高，正确履职和廉洁从业的主动性和自觉性得到加强，取得了良好效果。

在肯定上半年工作成绩的同时，我们还应清醒地看到存在的影响公司平稳较快发展的深层次问题。

（1）能力建设不适应企业发展的需要。主要表现为：在解放思想、转变观念、创新变革、转型升级、提升能力方面缺乏紧迫感和忧患意识；企业的领导体制、管理机制、管理模式、领导能力和管理能力等方面落后于新形势、新任务的需要；转型升级的步伐滞后于结构调整的步伐，能力提高的速度滞后于规模增长的速度，项目管理的水平弱于市场营销的水平；开拓非水电市场的谋略和资源投入远远低于水电市场营销的谋略和投入，如上半年有1个特级企业非水电业务新签合同额为零，3个特级企业新签合同额不足3000万元；国际项目投资成效、工程项目管理水平、资产负债率控制等方面工作与出资人的要求相比还有不少差距。这些现象都是能力建设滞后于规模增长带来的系统性问题的反映。

（2）与建筑业中央企业相比，公司还存在一些差距，反映在经营指标上，最主要的差距是劳动生产率相对偏低，这一问题的实质是商业模式、资源配置方式落后，经营管控能力相对偏低。一方面，习惯于自给自足的“重资产型”项目经营，不熟悉“轻资产型”的管理型项目经营，不善于规范、受控地与多种所有制企业合作，配置社会资源程度低，战略合作意识差，创新商业模式的内在动力不足；另一方面，缺乏利用好社会资源、管理好分包商的能力，个别项目甚至出现主包商能力弱而受制于分包商，对分包商资源无法有效管控的情况。

水电十三局在卡塔尔一供水项目，只派去五六十个管理人员，面向国际配置资源，两年多时间就完成了1亿多美元的合同，他们的劳动生产率为什么这么高？说到底还是能力是否跟得上的问题。

（3）管控薄弱，领导不力，给公司品牌形象造成不良影响。如：个别子公司在国际项目履约中严重违约，在项目所在国严重损害了公司形象，严重影响了市场的深度开发；个别子公司领导对重大群体性事件反应迟钝，严重违反重大信息及时报送的规定，迟迟不报，给企业和职工造成了严重的后果；个别子公司对下属分公司缺乏严格监管，违规招标，严重违反了公司关于工程项目招投标的管理规定。

（4）水电人艰苦奋斗、勤俭节约、苦干实干的精神有所衰减，主要表现是：精神懈怠、缺乏工作激情的现象在部分领导人员中程度不同地存在；有的子公司公务用车、公款接待、公费出国等方面没有严格控制，比排场，讲享受，铺张浪费，甚至个别子公司违规购买超标小汽车。领导带头违规，会造成放大性破坏；有制度不执行，比没有制度更可怕；低水平的业绩考核指标，还不如没有考核指标。对此我们要深刻反思。

（5）高技能人才的培养有所弱化。在全国电力行业坝工模板技能大赛中，公司7家特级施工企业6家榜上无名，这给我们高技能人才工作敲响了警钟。

以上这些主要问题说明胡锦涛总书记“七一”重要讲话深刻揭示的“四大考验”、“四大危险”在公司程度不同地存在，必须引起我们的高度重视，要在今后的工作中痛下决心切实加以克服。

二、解放思想，改革创新，转型升级，提升能力，确保公司平稳较快发展

（一）充分认识公司面临的风险和挑战，居安思危，审时度势，积极应变，确保公司平稳较快发展

从今年以来的情况看，宏观经济形势和市场走势更为复杂，诸多因素的叠加，使国际环境和国内经济出现了一些新情况、新问题，给我们带来许多潜在的风险和挑战。我们一定要按照国务院国资委的要求，把困难估计得重一些，把影响的时间估计得长一些，把工作做得更扎实一些，增强对未来形势发展的敏感性、预见性，确保公司平稳较快发展。

（1）宏观经济形势趋紧，企业经营难度增大。今年以来，中央为抑制通胀，货币政策不断收紧，先后6次提高存款准备金率，3次提高利率水平，企业融资难度和融资成本不断上升，加之能源、原材料价格和用工成本持续上涨，使企业发展空间受限，控制成本、提高效益的压力明显增大。

（2）影响建筑市场需求的不利因素增多，保市场、保订单压力较大。从国内看，受宏观调控影响，国内建筑市场产能过剩的问题更加凸显，水电及水利工程拟招标额度下降，市场预期有限，国内基础设施新开工项目减少，特别是铁路项目缺口较大，BT等带资承包项目风险递增，房地产工程承包项目受调控影响需求不旺，基础设施工程承包市场呈萎缩趋势。从国际看，经济复苏乏力，部分国家局势动荡和贸易保护主义意识增强，对我们部分传统区域市场营销形成负面影响，国际承包商争夺项目的竞争更为激烈。

（3）产业链上游风险传导明显，下游挤压矛盾突出。要密切关注的是，受宏观经济走势的影响，业主项目信贷资金不能及时到位的风险也可能传导给施工企业，工程价款结算难度增大，控制应收账款与存货增长的难度增大，承包商显性垫资和隐性垫资的面在扩大。下游分包商、民工利益诉求不断上升，导致双方矛盾冲突的因素凸显。这些情况导致高负债经营的企业风险增大。对此，我们一定要合法、合规，有理、有利、有节地做好相关工作。

（4）转型期的社会生态对中央企业的期望值日益提高，法律约束、政府和出资人的监管更加严格到位，中央企业的责任更加重大。近几年，中央和国务院国资委从国民经济社会发展的全局出发，加强对中央企业的全面监管，强化中央企业的经济责任、政治责任、社会责任，相继出台了一系列的监管制度，加大责任追究力度，充分体现了中央企业在国民经济中的重要作用和对中央企业的高度重视，充分体现了国有资产出资人“管人、管事、管资产”职责的落实到位。最近国务院国资委提出，要加大对违规、失职造成国有资产流失的责任追究。要通过加大国有资本经营预算支持等措施，促进国有资本向优势产业、优势企业集中，加快培育一批具有较强国际竞争力的大企业大集团。中央和国资委部署和举措，对我们提出了更新、更高的要求，我们规范管理、科学发展的任务十分艰巨，我们解放思想、变革创新、优化调整结构、转变发展方式、提高发展能力、做强做优的使命更加紧迫，这对我们各级领导班子的能力、素质是巨大的挑战。

（二）新的发展阶段亟须我们进一步解放思想，转变观念，改革创新，将发展能力建设作为重中之重的紧迫任务抓紧抓实抓好

今年是“十二五”开局之年，也是公司进入新的发展阶段的转承之年，公司正在发生历史性的重大而深刻的变化。我们作为骨干集团之一即将被重组到一个有实力跻身世界500强的特大型电力建设集团；公司即将以今年国内目前最大IPO公司的姿态登陆资本市场，由国有独资公司转身为公众公司。这些重大变化标志着我们站在一个新的更高的发展起点上，肩负着开创新局面的历史重任，诸多前所未有的新情况新问题新挑战更加尖锐地摆在我们面前，这对我们发展能力的考验比以往更加严峻。我们要结合实际，认真学习贯彻和深刻领会胡锦涛总书记“七一”重要讲话精神，认真贯彻落实国资委中央企业负责人年中工作会议精神，积极有效地应对企业面临的各种考验、各种危险，从解决最根本、最突出的问题入手，以时不我待的精神，切实将发展能力建设作为重中之重的任务扎实推进。

1. 以解放思想、转变观念为前提，为提升发展能力奠定思想基础

解放思想就是要在科学的理论指导下打破习惯和主观偏见的束缚，研究新情况，解决新问题，使思想和实际相符合，使主观和客观相符合。在以往工作中出现的种种不适应，存在的诸多突出问题，追根溯源，都是思想不解放、观念陈旧落后带来的。思想的障碍不破除，发展能力建设就无从谈起。

相对于外部环境的深刻变化和公司持续快速发展，思想不解放、观念跟不上的问题在公司各个层级不同程度地存在，有的方面的问题还比较突出。一是“以不变应万变”，自我封闭。有的进入了“十

二五"，思想还停留在"十一五"，对外部环境的变化不敏感，反应迟钝，甚至应对失当。二是主观代替客观，路径依赖严重。有的墨守成规，凭经验，凭感觉，想当然，主观与实际脱节，付出很多，却事倍功半甚而事与愿违。三是故步自封，自我欣赏。表现在缺乏忧患意识、进取精神；盲目自大，文过饰非，讳疾忌医，听不进不同的意见，甚至恃"才"傲物，藐视制度，唯我独尊。四是组织纪律观念淡化。有的把"潜规则"作为判断处理事情的标准，作为自己不作为的挡箭牌。有的大局意识淡薄，从局部利益出发，山头主义、圈子文化抬头，坚守既有的权力和利益，不思改革，畏惧改革，抵制改革。凡此种种，对我们的事业危害很大。

推动思想的进一步解放，必须加强学习调研，为解放思想提供科学的理论指引、政治的保证、新知识的支撑、新实践的基础；必须坚持实事求是，主观认识一定要同实践相结合，克服行动的盲目性，增强工作的主动性；必须牢牢把握时代的先进性，跳出自己看自己，跳出企业看企业，勇于变革，勇于创新，永不僵化，永不停滞；必须将解放思想与统一思想有机结合起来，为统一思想打下基础，更好地促进思想的解放；必须通过组织引导，使领导人员特别是主要负责人的思想要加快解放、率先解放、充分解放。

2. 以改革创新为动力，为提升发展能力增添活力

内外部的变化是系统的、巨大的，发生在市场、政府、用户、出资人、利益相关者、社会大众和企业内部多个层面，唯有改革创新，才能跟上这种变化的节奏。改革创新必然会打破已有的利益格局，既得利益者的反对永远是坚定的，而支持者总是比较温和的，当制约发展的体制机制模式障碍躲不开、绕不过的时候，就需要有一种力量来推动。对公司来讲，就是要从公司层面自上而下破除阻力推动改革创新，调整生产关系，激发新的活力。

关于国际管控模式的创新。国际业务发展到现在，如何将优先发展战略引向深入，在新的更高起点上取得新的突破，是我们这次国际经营管理工作会议的主题。这里强调两点：第一，正确认识国际业务管控模式调整的必要性。在战略方向不变的前提下，策略、模式、方法、手段不是一成不变的，而是应当根据需要顺势而变，与时俱进，自上而下地进行调整的。国际业务发展到今天，对管控模式作适应性调整的诉求越来越强烈，加之电网主辅分离、设计施工一体化重组挂牌在即，这一调整正当其时。前段时间我们到国际公司作专题调研，大家形成这样的共识：一是国际业务的快速发展，是战略的成功、机制转化的成功、模式渐进调整的成功、经济关系不断理顺的成功，用一句话来讲就是生产关系的变革解放了生产力；二是照搬"十一五"的方式从事"十二五"的国际业务是绝对不可取的，解放思想、改革创新是我们的必然选择。第二，调整优化要从四个方面考虑：一是进一步理顺海外事业部/国际公司、区域总部、工程局之间的关系；二是强化海外业务区域总部的建设，推动其向标准化、一体化、本土化方向发展；三是着力培育工程局相对完整的国际经营能力，鼓励、支持有能力的工程局在遵从统一战略管控的情况下以法人主体、竞争主体从事国际业务，逐步实现自主营销、自主经营，最大限度地提高子公司国际经营管理能力；四是国际投资业务与承包业务实行分治。

关于市场营销模式的创新。要按照大土木的思路，适时整合水电与非水电承包业务的营销平台，使营销能力、管理能力转移、复合。要采取进一步的强力措施，引导子公司发挥法人主体和竞争主体的作用，扑下身子、集中精力开拓非水电基础设施市场，坚决遏制国内非水电基础设施业务新签合同额下降的不利局面。对国内非水电基础设施业务中标额明显偏低的子公司，公司领导要对其主要负责人进行约谈，对约谈后仍无改观的做出必要的处理。要切实提高竞争性项目的竞争力。无论是国内还是国际市场，有些子公司竞争力下降的势头仍未得到有效遏制。据不少国内业主反映，有些工程局坐享市场统筹的成果，连做标都敷衍了事，自废"武功"。这一问题暗藏着巨大的危机，根源还是在工程局的主要领导身上，公司要采取果断措施及时加以解决。要正确处理投资拉动承包业务和参与竞争性承包业务的辩证关系。由于地方政府的偿债能力问题，BT项目的风险在加大，加上负债率的制约，通过BT项目带动承包业务的空间十分有限，总之，竞争性的承包业务是我们的主攻方向。基础事业部/路桥公司要统筹策划、身体力行，把工作重点放在引领子公司开拓竞争性基础设施项目上。

关于投资管控工作的创新。公司的投资业务要坚持服从战略需要，紧扣盈利目标，确保目标达成。要切实考虑国际投资与国际承包业务的不同属性、不同使命，改变两者混业运营的现状，拟从管理体制、组织架构上实行分离，以增强国际投资业务的管控能力，提高专业化水平，降低风险。近一两年，子公司参与投资调结构的意识增强，从某种意义讲这是一件好事。但要科学决策、加强管控，目的是使投资行为有序、有效，为此公司将在执行原有办法的基础上，采取几项具体措施：

(1) 在子公司进行房地产开发，由房地产事业部履行战略管理职能，做好战略指导、技术服务、专业支持和过程监督工作。

(2) 强化项目评审的有效性，要求把公司投资评审委员会的评审提示和评审建议，作为行政指令和出资人的意见纳入批复文件，子公司要严格贯彻执行。

(3) 对已投资项目关键节点及目标完成情况进行效能监察，并引入问责制度。投资项目不能一批了之，要加强过程监管，对此拟实行季报制度，要求项目所在子公司主要负责人签字后按期上报，接受监督和指导。

关于对重要三级企业的监管制度创新。公司已制定颁发了对重要三级企业的重大事项行使部分股东权利，实行行前备案管理的制度，总部职能管理部门和相关子公司要认真贯彻执行。

3. 以转型升级为方向，为提升发展能力构筑新的平台

转型升级既是公司转变发展方式的内在要求、战略举措，也是提升发展能力的有效依托。企业全方位的转型升级，一定能创生出新的发展能力。

抓紧推进首发上市工作，确保9月份发行上市成功。公司的整体上市，将使公司产权结构真正实现股权多元化，标志着现代企业制度建设迈出了关键性的一步，必将加快推进公司市场化体制机制创建进程。同时，这对我们来讲是一项前所未有的体制性变革，企业运行环境也将发生深刻变化。如何顺应资本市场监管的要求，将压力转化为企业科学发展的动力，是我们共同面临的重大课题。上市后我们一定要规范运作、阳光运作，不能有任何侥幸心理、投机心理，要靠优良业绩成为资本市场的优质股，树立良好的公众公司形象。同时，要以上市为契机切实提升公司治理水平，一定要继续在抓战略、强管理、调结构、促转型、增效益上下工夫，将体制的创新成果真正转化为企业的发展能力。国务院国资委鼓励中央企业进行不留存续资产的整体上市，下一步我们要按照中国电建集团的统一安排，积极支持和参与新的集团的整体上市工作。

继续推进“四个调整优化”，创造可持续发展的结构性平台。调整优化市场结构、主营业务结构、产业结构、组织结构是公司转型升级战略的核心内容之一。在这一战略安排中，各子公司所负的使命不同，定位也不同，一定要根据自身实际，找准位置，理清本企业转型升级的主攻方向、工作着力点，集中精力、整合资源解决重点问题，带动其他工作转型升级上水平。中国电建集团组建后，将会着手考虑按照战略定位，整合内部资源，打破原有的企业界限，调整优化业务结构和组织结构，按照突出主业、形成特色、分类调控、优势互补、集团化协同的原则，积极推行子公司间的重组、整合，着力培育部分综合优势明显的子公司，打造部分专业品牌企业，占据专业化的中高端市场，消除子公司同质化严重、过度竞争和规模不经济的弊端。同时也将会尽快对设计施工一体化协同运作作出制度性、机制性的安排。对此，我们要有充分的思想准备。这里要进一步说明的是，中国电建集团组建后，拟暂时保留中国水利水电建设集团公司和中国水利水电建设股份公司，两个层级合二为一；中国水利水电建设股份公司资产在新集团中的比重超过60%，是新集团最重要的子企业，国务院国资委对其将行使部分股东权利；对工程局和设计院拟实行三级产权、二级管理，尽量维护原有的社会地位、政治地位、市场地位。目前正在抓紧拟订设计方案。

继续推进管理升级，打造模式化、标准化、程序化、规范化的专业管理平台。一是加大项目管理模式和手段的优化升级集成推广的工作力度，对同类项目创造、推广、实施模块式的项目管理指南，避免同类项目重复交学费，减少项目管理水平参差不齐带来的损失。二是有针对性地抓好项目经理队伍建设，切实解决项目迅速增加项目经理人才跟不上的问题，公司今后的培训一定要把这项工作作为主要抓手之一。三是健全完善严格的科学的项目经营业绩考核制度，实施履约业绩及经营绩效目标倒逼机制，将业绩目标作为硬指标、硬任务切实落实到各管理层级、各管理单元并严格考核奖惩。四是加强项目基础管理工作，理性地、专业地做好调差、理赔、结算工作。五是加强两级总部对项目的管理、指导和服务工作，对个别“问题”项目，要实行专项检查、综合治理，查清责任，严肃处理，落实整改，杜绝任何项目的非受控状态。

继续强化两级总部建设，打造更高层次的管控与服务平台。打造一流公司总部的努力方向为“五强五优”，即：引领发展能力强、公司治理能力强、资源整合能力强、服务指导能力强、内外影响能力强；思想素质优，工作能力优，业绩成效优，作风建设优，系统功能优。按照“五强五优”要求，一要推进学习型总部建设，带动每个部门、每位员工与先进对标，找差距，查不足，补短板，强素质。二要针对总部管理的通病和难点，加大选人用人机制的创新力度，深化绩效考核、分配制度的改革。加大部门负责人的横向交流轮岗力度，增强活力；

严把总部进人关，严禁照顾性安置人员，革除机构臃肿、人浮于事的弊端；强化绩效导向，消除分配上的“大锅饭”现象。对“混岗”、“混业”的，要下决心采取组织措施予以调整。三要强化总部部门的执行力。政令是否畅通，总部部门是关键。总部作为指挥中枢，要扮演好“两个角色”，既要当好战略管控者，也要当好价值服务者，两者都要强化，缺一不可。不少工程局成为国际项目的执行主体，但总部的支持非常零散、乏力，非常缓慢、不专业，严重影响了国际团队的履约，直接弱化了企业的国际竞争力。加强总部的建设，就一定要把最优秀的人才包括国际人才安排到总部去，使优势资源产生一对多的放大效果。总部的国际化还有较长的路要走，但要率先实现局部的国际化，打造强有力的事业部、系统性的支撑平台、政策的高地，以争夺国际人才充实到总部中去。

4. 以队伍建设为基础，为提升发展能力打造有力支撑

人是生产力中最活跃的因素，企业之间的竞争首先就是“兵对兵”、“将对将”的竞争。因此，队伍建设是发展能力建设最基础性的工作，也是一直困扰我们的薄弱环节。这项工作做好了，公司的发展能力必将会有一个质的飞跃。

（1）能力建设要从各级领导班子抓起，重点放在提高各级领导人员适应新形势的综合素质和领导能力上，强化领导班子的整体功能。主要负责人要率先垂范，做能力建设的引领者、示范者、组织推动者。要着力培养造就具有国际视野、战略思维、创新创业精神的企业领军人才队伍和职业化、专业化、国际化的经营管理者队伍。

（2）坚持民主、公开、竞争、择优原则，健全组织选拔、市场化配置和依法管理相结合的领导人员选拔任用制度，把那些德才兼备、能干事、能干成事的人才选拔到重要岗位上来，同时要进一步探索领导人员退出机制，逐步使领导人员有序进退、正常更替。对考核结果达不到岗位目标要求、开拓进取精神不强、不在状态的，按组织程序及时予以调整；对不能胜任工作岗位的，按照规定及时予以解聘。

（3）完善以岗位职责为基础，以品德、能力和业绩为导向，考核评价结果与人才培养、使用、激励相挂钩，充分体现科学发展观要求的考核评价机制。今后的考核指标设计，一定要强化与国际国内同行业企业全面对标，引导领导人员和主要经营者不断提高价值创造能力。

（4）要加强培训与交流。除常规性的培训外，重点对领导人员、项目经理进行系统性“补短”式的强化培训。切实加大交流力度，使领导人员在不同岗位上丰富工作阅历、积累决策经验、增长治企才干。加强后备干部队伍建设，注重选拔综合素质好、发展潜力大的优秀人才，及时放到重要岗位上、艰苦复杂的环境中磨炼，提高综合能力。

（5）要紧扣企业发展需要，创造政策高地和事业平台，面向全球、全社会以更为灵活实用的方式吸纳、争夺一切有用人才为我所用，抓紧解决部分领域、部分专业高端人才紧缺的问题，如战略管理、资本运作、风险管理、国际投资、国际商务、国际经济法律、房地产开发等方面的高层次专门人才。

（6）加强规划和计划工作，增强前瞻性、系统性、计划性、有序性。公司出台了企业领导人员管理暂行办法、新的企业考核评价体系，要狠抓落实并做好向各层级公司、项目部的延伸细化工作。

（三）切实做好下半年工作，确保完成全年目标任务

关于今年公司各项工作的总体部署和要求，在年初的工作会议上已经作了全面的、系统的安排，下半年要继续深入贯彻，抓好落实。这里我再强调几点。

1. 努力保持生产经营平稳运行，确保完成全年目标任务

2011年公司和各子公司的经营指标和阶段性工作目标已经确定，从上半年的情况看，各项经营指标完成情况总体较好，但不能盲目乐观。对此，要加大过程跟踪、监管、检查的力度，各子公司要针对存在的突出问题，认真分析原因，研究对策，采取切实有效的措施，确保全年经营目标的实现，为“十二五”开好局、起好步。

要切实加强市场开发工作。在国内水利水电建设市场，继续优化市场营销策略，积极参与国内水利市场特别是水利枢纽工程的竞争，巩固在水利水电施工领域的领先地位。国际市场仍是公司发展强劲的增长极，要在优化调整模式、结构的同时，抓好重点国别、重要用户、大型项目的市场开发和项目落实工作，把水利水电建设的独特优势和品牌更好地推向国际市场。继续落实“大集团、大土木、大市场、大品牌”战略思路，下大力气开拓非水电基础设施市场，积极在新疆、海西、成渝等重点区域寻求新的突破。切实抓好增收节支、降本增效。要以成本管理为重点大力推行精细化管理，强化成本控制，努力挖潜增效，化解劳动成本、原材料成本和财务费用成本上升的压力，提高经济效益。

关于内部工程施工任务统筹分配，我们已重新核定了管理流程和决策机制，目的是使该项工作更加科学、规范、透明、有序，以理顺内部生产关系，激发子公司的积极性、创造性，增强整个公司的凝聚力、向心力。相关单位要认真执行。

2. 推进全面风险管理，严防财务资金风险

坚决贯彻落实国务院国有企业监事会的要求，严控国际投资项目风险、项目管理风险、资金链断裂的风险。这里再次强调，公司年初预定的负债率红线决不能突破。公司近日已下发针对超计划融资的禁令，违反者要严处。如子公司因经营不当，造成资金链裂的，严肃追究主要负责人和总会计师的责任。要针对资金供给趋紧、货款回收困难、资金成本提高等问题，加大应收账款清理回收力度，加快资金回笼，留足现金头寸，防止资金链断裂。在负债率较高的情况下，要量力而行，严控投资方向，压缩投资规模，控制扩张速度，谨慎经营，严防风险。

推动全面风险管理，切实加强风险防范。要强化集团管控，完善内控机制，健全全面风险管理体系，建立风险评估常态化机制，做到重大风险可控在控。加强“走出去”过程中的风险防范，加强投资项目管理，建立健全法律风险防范机制，做好风险评估和危机处理预案，保障海外员工安全，防止重大资产损失。

3. 狠抓安全质量不放松，切实维护中央企业形象

今年7月份以来，公司国内国际项目接连发生几起安全事故和交通事故，安全形势严峻。我们一定要警钟长鸣、如履薄冰，时刻绷紧“安全第一，预防为主”、“依法治安、重典治安、科学治安”这根弦，决不能有一丝一毫的懈怠和麻痹。要认真贯彻落实党中央、国务院对于安全生产工作的总体要求，严格执行《中央企业安全生产禁令》，狠抓安全生产责任体系不放松，切实落实好第一责任人的责任，加强隐患排查治理工作，高度重视对农民工的安全管理，加强应急救援体系建设，坚决遏制事故多发的势头。要切实做好汛期安全防范工作，凡是受山洪、泥石流威胁隐患较大的项目，在强降雨等极端天气来临前，必须停产撤人。这里重申：严禁子企业在安全生产条件不具备、隐患未排除、安全措施不到位的情况下组织生产、赶工抢工。要抓好工程质量管理，深入开展质量标准化体系建设，严格执行工艺标准和操作流程，健全质量管理体系，加强质量监督，加大责任追究力度，努力为用户创造安全可靠的产品。特别是对个别国家重点项目出现的质量问题，要抓紧整改，严肃处理。

4. 着力发挥骨干集团的作用，积极参与重组改革

电网主辅分离及设计、施工一体化重组涉及人多面广、情况复杂，时间紧、任务重、要求高。公司作为参与重组的主要集团之一，总资产、营业收入、利润、人员等指标在新集团中占有60%以上的比重，我们一定要在重组过程中积极发挥骨干作用、稳定作用、推进作用、表率作用。一定要坚决服从国资委党委的安排做好各项工作，把思想和行动统一到国家电力体制改革的精神上来，统一到国务院批准的改革方案上来，统一到国资委的安排部署上来，统一到重组将有利于公司发展的认识上来。希望大家顾全大局，坚决落实好国资委提出的重组期间各参与企业“思想不乱、生产不断、队伍不散、国有资产不流失、维护企业和社会稳定”的总体要求。

三、切实加强党的建设和反腐倡廉工作，为公司实现平稳较快发展提供坚强保证

下半年，股份公司党建工作的指导思想是：认真学习贯彻胡锦涛总书记“七一”重要讲话精神，认真贯彻中央企业“一先两优”表彰大会精神，以推进党建工作责任制和建立健全党建工作制度体系为抓手，全面提升党建工作科学化水平，为完成下半年生产经营任务和企业改革发展目标，提供坚强的思想组织保障。主要抓好以下几项工作：

（一）要把深入学习贯彻胡锦涛总书记“七一”重要讲话精神，作为当前和今后一个时期一项重要政治任务抓紧抓好

各单位党组织要采取党委中心组学习、支部学习、专题党课等形式，结合公司下半年和今后一段时间的各项工作的实际，领导班子积极发挥示范带头作用，引导广大党员把思想和行动统一到讲话精神上来，用讲话精神推动各项工作任务的完成。

（二）按国资委党委的要求，积极构建党建工作大格局

要建立健全企业党委抓党建，书记对党建工作负第一责任，行政领导“一岗双责”，党委职能部门齐抓共管，群团组织各负其责，行政部门积极支持，形成合心、合作、合力的党建工作大格局，要认真贯彻落实股份公司党委下发的党建工作责任制的实施办法，抓住抓好领导班子和领导干部队伍建设这个关键，抓住抓好基层党组织和党员队伍建设这个关键。要按照国资委党委和股份公司党委的要求，继续深入推进创先争优活动，不断创新活动方式和内容，把创先争优活动融入企业生产经营，大力营

造学习先进、弘扬水电精神的良好氛围，要注意将活动中总结出来的好经验制度化，使创先争优活动常态化，真正成为群众满意工程。

（三）切实加强领导班子建设

经受“四大考验”，化解“四大危险”，领导班子建设极其重要，这里我着重强调几点。

1. 要以提高素质能力为重点，建设学习型班子

要通过刻苦学习、持之以恒的学习，强化班子成员理论学习和现代企业管理知识的学习，提高政治素质和解决实际问题的能力。

2. 增强开拓意识，建设创新型领导班子

各级领导班子一定要强化创新精神，善于用前瞻的思维、开阔的眼界把握大势、捕捉机遇，用创新的思路、探索的勇气谋求开创公司发展的新局面，用执著的精神、坚韧的品格解决发展中遇到的各种矛盾问题。

3. 要增强团结意识，建设和谐型班子

要坚持“三重一大”集体决策制度，按要求开好下半年民主生活会，积极开展批评与自我批评；要准确定位，正确到位，换位思考，加强沟通，相互支持，相互理解，相互尊重，共同营造和谐共事的良好局面。

4. 加强作风建设，建设勤勉廉洁型班子

通过作风建设，着力解决个别单位和领导人员风气不正、精神懈怠的问题，工作浮漂、蛮干，不扎实、不务实、不讲科学的问题，脱离群众、缺乏民主意识，做事不讲程序、不讲规则的问题，思想蜕化、贪图享受、腐化堕落的问题。

我们要通过机制创新，侧重于选用有理论知识、有实践经验、敢于变革创新、坚持原则的干部，选用推进发展有思路的干部、遇到问题敢面对的干部、遇到矛盾善于化解的干部、遇到歪风敢于斗争的干部，不让实干有为者吃亏，不让明哲保身、讨好奉迎者占便宜。一定要把民主选拔和组织选拔有机地结合起来，对不称职的干部要建立退出机制。“主帅无能、累死三军”，主帅浮躁、全军浮躁，这充分说明领导人员特别是主要负责人的极端重要性。

（四）积极推进反腐倡廉建设各项工作的落实

（1）按照国务院国资委工作部署，认真做好党风廉政建设责任制、《廉洁准则》、《若干规定》、惩防体系建设、“三重一大”决策制度、纪检监察组织建设等五项工作的综合检查，8月底前各单位按照通知要求先进行自查自纠，9月份迎接国务院国资委重点抽查，股份公司纪检监察部将组织力量进行重点检查。

（2）积极开展效能监察及专项治理工作。切实加强境外国有资产监督管理，对境外国有资产监管措施执行情况进行检查，进一步规范境外经营行为，提高境外项目运营效益；继续深入开展工程建设领域突出问题专项治理，抓好开展公务用车和庆典、研讨会、论坛的专项治理工作，建立健全长效机制，巩固治理成果。

（3）深入推进惩防体系建设，抓好任务分解的落实。组织开展好片区惩防体系交流促进工作，充分发挥监督工作协调机制作用，整合监督资源，积极运用惩防体系建设解决突出问题。

（4）进一步加强纪检监察组织建设。抓好纪检监察干部业务培训，提高纪检监察人员的素质和能力。

（5）严肃查处违纪违规问题，重点查办违反“三重一大”决策制度、失职渎职及背后的腐败案件、商业贿赂案件、违反财经纪律和组织人事纪律的案件。切实发挥案件查办的治本功能，抓好警示教育，切实增强各级领导人员的遵纪守法观念和廉洁从业意识。

（五）切实做好维护稳定工作

“发展是硬道理，维稳是硬任务”。要切实落实党中央、国务院关于加强和创新社会管理的重大决策部署，妥善处理好改革发展与稳定的关系，建立健全社会稳定风险评估机制，密切关注企业改革发展中出现的新情况新问题，强化源头治理，提高突发事件的应急处置水平，合法合规地进行处理。结合组建中国电建集团工作的实际，各级党政组织要认真宣传组建中国电建集团的意义，并针对本单位在维护稳定方面存在的突出问题，制定方案，认真做好矛盾纠纷的排查工作，做好信访接待工作，充分考虑职工的合理诉求，维护职工的合法权益，努力把矛盾和问题解决在基层和萌芽状态，为企业深化改革提供良好的环境条件。

同志们，公司的发展进入一个新的征程，我们肩负的任务艰巨、责任重大。我们要始终以邓小平理论和“三个代表”重要思想为指导，切实贯彻落实科学发展观和胡锦涛总书记“七一”重要讲话精神，在国务院国资委的坚强领导下，勇于变革、勇于创新，坚定不移地建设具有较强国际竞争力的质量效益型世界一流公司，更加奋发有为地开创公司发展的美好明天！

在股份公司2011年年中工作会议上的总结讲话

（2011年8月3日）

范　集　湘

同志们：

下面，我对会议作个总结。

一、关于会议基本情况和主要收获

为开好这次会议，公司做了长时间的酝酿、准备，在大家的共同努力下，圆满完成了预定的各项议程，会议开得很成功，达到了预期目的，收获很大。

刚才听了分组讨论情况的汇报，感到大家的讨论是较为充分的，提出的意见和建议很有建设性，我也深受启发。从一定意义上讲，讨论情况的汇报已经对会议作了部分总结。从汇报内容看，大家在大多数问题上达成了共识，这里着重强调两点：第一，更进一步认识到不解放思想、转变观念，不反思自己的不足，就不可能有改革的思想、改革的行动。国有企业进入了建立现代企业制度、加快转变发展方式的关键阶段，把改革作为国有企业强壮之根本。立足新阶段、新要求，大家已经认识到：现在的发展不等于以后也发展，现在的优势不等于将来的优势，一成不变地用“十一五”的观念、体制、机制、模式、方法手段去做“十二五”的工作，肯定是有碍于企业发展的。只有按照胡锦涛总书记“七一”重要讲话精神，增强忧患意识，继续解放思想，锐意改革创新，用扬弃的观点看待过去，才能实现公司更好更快的发展。第二，更加深刻认识到提升发展能力，关键在“人”。我们的任务艰巨繁重，我们的工作千头万绪，最终要靠“人”来完成，所以要以人为中心，狠抓队伍能力建设，着力提高发展能力，这是所有问题的中心环节、基础所在。

二、关于贯彻落实会议精神的几点要求

（一）各级领导班子要做解放思想、改革创新的先行者、引领者、推动者、组织者

公司发展到今天，解决温饱、为了生存的阶段已经过去了。各级领导人员特别是主要负责人，一定要有这样的使命感，就是使员工因为你的存在生活得更幸福。因此，我们不能错失良机，不能坐而论道，不能固守小我而成为改革创新的阻力。什么是德？有两个方面，一是个人的品德，以身示范作表率；二是大德，就是你坐在这个位置上，要通过实实在在的业绩，为出资人、为社会创造价值，为员工谋福利。二者要有机结合起来。企业的成长是一个渐进的历史过程，不同的阶段解决不同的问题，创造不同的企业形态，实现不同的目标。我们要努力做到：在正确的时间，提出正确的目标，以正确的方式实现目标，而不能时间错位、目标错位、方式错位，这就是责任！“不换思想就换人”，强调的也是责任问题。

希望会后大家做好会议精神的传达贯彻落实工作，结合本单位的实际，以解放思想、转变观念为前提，以改革创新为动力，以转型升级为重点方向，以队伍建设为促进发展的基础性工作，制订计划、方案、措施，拿出时间表，党政齐心共同推动落实。当然，改革创新不能一蹴而就，要围绕最紧迫的需要，抓紧解决最突出、最关键的几个问题，这一点非常重要。

（二）正确处理能力建设和规模发展、“硬实力”和“软实力”的辩证关系

某子公司提出来要增资买设备，我完全理解。但我同时要关注的是，你们的经营能力、开拓能力、运营能力是不是也要同时做好准备？对我们来讲，解决资金的难度要小于能力建设的难度。再比如，房地产业务对巩固我们作为央企的地位发挥了很大作用，但这一板块的业绩与它的主业定位还不相称。原因有客观的，也有主观的，最根本的就是要建设好市场化、专业化的决策团队和运营团队，与同行业先进企业“对标”，我们最缺的不是资金，而是“软实力”、发展的能力。出资人有通过资金支持等方式助推被出资企业发展的责任，但被出资企业一定要有让出资人放心的能力，这种要求是双向的。所以这次会议把发展能力建设放在了重中之重的位置。

（三）正确认识市场话语权的问题

大家讨论中谈到了提升市场话语权的问题。一般来讲，资本总处于强势地位，什么时候处于弱势

地位呢？在卖方市场的情况下。如果是买方市场的话，很难实现平等对话，市场统筹协调只能减少恶性竞争的损失。有四个方面我们要认真面对：第一，要创造相对均衡的市场条件；第二，自身要有很强的专业实力，让用户感到你是一个专业公司；第三，内部要有高度的协同性，任何情况下都不能自相残杀，否则是雪上加霜；第四，要有较高的经营管理能力。这四条都做到了，才有可能提升市场话语权，才可能在甲乙方的博弈中处于相对平等状态。中国电力建设集团组建后，一定要进一步加强这方面的协同。

（四）切实做好防范企业风险的工作

规模的增长一定要审时度势，量力而为，一定要遵照公司的战略布局，聚焦主业，积极作为，不要再形成新的同质化的业务和单位。这是国务院国资委要求的，对公司、对工程局都是适用的。展开讲有五点要求：一是符合公司战略和战略布局；二是技术、经济、环境一定要可行；三是风险一定要可控、在控，出了风险可承受；四是投资能力和资源配置能力必须可能；五是生产运营、销售、效益回收必须可靠。在转型期、风险期必须贯彻这几点要求，这是底线。

最后，希望大家从不同的层面，积极参与、推动重组与上市工作，切实处理好改革发展稳定之间的关系，以扎实的工作、更好的业绩确保公司平稳较快发展。

在股份公司2011年
国际经营管理工作会议上的讲话

（2011年8月5日）

范　集　湘

同志们：

股份公司2011年国际经营管理工作会议在大家的共同努力下，圆满完成了预定的各项议程，即将闭幕。下面我作个会议总结，并谈几点意见。

一、会议的基本情况和主要收获

当前，中国的国有企业正处于加快建立现代企业制度、加快转变发展方式的关键阶段，股份公司正处在乘势而上、开创发展新局面的重大历史阶段，年中工作会议刚刚结束，我们随即召开一天半的国际经营管理工作会议，足见国际业务对公司整体发展的极端重要性。为开好这次会议，公司作了长时间的酝酿、准备，进行了专题研究、专题调研，对会议主题、议程安排、参会人员范围都作了详细的策划。开好这次会议，对深入实施国际业务优先发展战略，推动国际经营管理转型升级，加快建设具有较强国际竞争力的质量效益型世界一流公司具有重要意义。

会上，公司总经理助理、国际公司总经理曾兴亮传达了中央企业“走出去”工作会议精神，黄保东副总经理代表股份公司作了关于国际经营管理的工作报告，对“十一五”期间公司实施国际业务优先发展战略、取得的显著成绩及体会作了全面的总结，在与世界一流公司对标、分析新的形势的基础上，明确了公司“十二五”期间国际业务发展目标，以及实现目标的战略措施，特别是对创新国际业务管控模式、提升国际经营管理能力作了重点阐述。黄保东同志的这一报告符合公司总体战略要求，贯彻了公司年中工作会议的精神，是对新形势下公司国际业务优先发展战略的深入细化和系统性的安排。对报告的起草，我们都作了深入的研究。这一报告非常重要，内容全面，很有针对性、指导性，同时专业信息量也很大，希望会后大家进一步学习领会、切实贯彻落实。特别是从事国际业务的同志要认真研读、消化。

会上，大家进行了热烈的讨论，对国际业务的进一步发展建言献策，提出了不少好的意见和建议，我们要吸纳落实到具体的政策调整和工作安排中。四个单位作了经验交流发言，这些发言各有特点，希望大家会后更多更广地推进经验交流，相互学习借鉴，共同进步。

总之，这次会议达到了预期目的，开得很成功。会议总结了成绩和经验，统一了思想，提高了认识，明确了目标和任务，增强了能力不足的危机感和解放思想、改革创新、提升发展能力的紧迫感，增强了履行岗位职责的责任感和承担科学发展重任的使命感，收获很大。

主要有几个方面：

第一，总结了成绩，深化了对“十一五”期间公司国际业务快速发展主要原因的认识。过去五年国际经营业务取得了优异成绩，对公司整体发展起到了重要的战略支撑作用。大家普遍感到，这一成绩令人鼓舞，催人奋进，感到很自豪，很有成就感，认为取得这些成绩的主要经验、原因在于：一是公司较好地把握住了相对有利的战略机遇期和外部环境；二是公司制定了符合实际的总体发展战略、业务战略，实行有力有效的战略管控，不断构建品牌共享、责任共担的集团化国际，不断理顺内部的责任、权力、利益关系，创造了凝聚力与向心力，解放了生产力；三是水电人特别是水电国际团队开拓进取、励精图治、真抓实干、团结奋进，响应公司战略引领，支持公司战略管控，努力推动公司战略落地。成绩的取得归功于十三万特别能战斗的水电人。

第二，进一步认清了相对新阶段科学发展要求的最根本的差距、最突出的问题。会上大家一致认为，我们与世界一流企业最根本的差距，首先在于国际经营管理人才系统性短缺，要想实现国际业务更好更快发展，必须加快建设体系合理、结构适配的国际人才队伍建设，包括国际化的总经理人才、副总经理人才队伍、职能管理经理人才队伍、专业主管人才队伍、高技能人才队伍、工序管理人才队伍和公共关系协调人才队伍。同时，决策、服务、执行力强的国际化、专业化两级总部建设滞后，也是我们面临的突出问题。我们不少企业用传统、几十年形成的水电版的理念、思路、体制、手段，去打国际化的现代战争，往往是事倍功半。反映在两级总部身上，表现为用国内较传统的组织结构、管理模式、专业方式去对接、支持国际经营管理，出现了国内国际脱节、职能分割、职能重复等问题，表现为总部管理的行政化色彩太浓，专业化水平不高，国际化程度较低，在项目执行上表现为我们几十年积累的经验、核心技术优势没有聚集在项目的前期策划上，而主要用在事中、事后问题的解决上。我们一定要从领导能力建设、领导力量配备、团队建设、职能管控与支持、业务流程和组织结构设计与再造上入手，让国际业务优先发展战略真正落到实处，加快形成真正系统性的国际业务优先发展战略结构性、系统性、强有力的后方支撑体系。

第三，进一步增强了在新的阶段解放思想、创新模式、推进国际经营管理转型升级的自觉性、主动性。通过这次会议，大家总体上达成这样一种共识：外部环境的重大变化、内部发展新阶段的特殊性这些客观现实进一步揭示：我们照搬“十一五”阶段的思路、理念、方法、机制、体制，来从事“十二五”阶段的国际经营管理业务，是要阻碍国际业务的发展的。只有以变应变，方能可持续发展，不变则落后，不变则失败，这是客观真理，是企业发展的规律。为此，我们一定要深刻学习领会贯彻胡锦涛总书记“七一”重要讲话的精神，积极应对“四大考验”，主动防控和化解“四大危险”。希望同志们针对自己的岗位分析面临的“四大考验”是什么，“四大危险”是什么，居安思危、戒骄戒躁，解放思想、改革创新，审时度势、积极应变，以解决最根本、最突出的问题入手，以时不我待的精神，以转型升级为目标，变革、创新、优化调整国际经营管理。

第四，明晰了新阶段转型升级的重点工作任务，对调整理顺内部管理关系、经济利益关系、更好地解放生产力的工作思路加深了理解。会上，不少同志对与时俱进地调整管控模式，充分发挥两级法人主体的积极性表示了高度赞同。认为进一步调整理顺国际经营各主体间的经济利益关系、权力责任关系、义务关系，使公司内各主体目标更加高度一致、行动更加高度协同、利益更能公平共享、合作更加真诚和谐，打造同舟共济、奋进共赢的“集团化国际航母”的一系列举措是非常必要的、非常迫切的，是对以往经验的提升，同时也是对问题的反思和应对，应当作为国际经营管理转型升级的重点任务、主要抓手，真正落到实处去。

二、关于会议讨论中大家关注的重点问题和建议

（一）关于国际业务共享平台和支持平台建设

这方面的问题是大家讨论中提及较多的问题之一，许多建议很具建设性和代表性，有的工作已经很紧迫。归纳一下有几个方面：

（1）建议建立统一的内部设备资源有偿使用、流动、转让的平台。

（2）建议建立统一的国际项目履约与经营的监督、指导、服务平台，包括建立商务服务团队以对子公司在项目前期策划、税收筹划、商务和合同管理等方面提供高端平台支持和指导。

（3）建议建立统一的国际人才培养、培训、吸收、招聘平台，人才可在系统内有偿调配使用。比如在水电十三局的中等国际人才，到有的局可能就是高端人才。通过建立有偿使用的流通机制，就能够更好地发挥人才的作用，产生更大的效益。这就

是“不求所有、但求所用”的理念，这就需要解放思想、改革创新。讨论中有的同志还建议中高端人才统一由股份公司培训。将来我们要有高端、中端、低端的人才培训机制，高端的可以送到国际知名院校培训，中端的可以送到国内知名的院校培训。也希望有志于献身国际事业的同志根据自己的情况，构划自己的成长计划，创造条件从低端到中端再到高端，成长为国际顶级商务人才、顶级专业技术人才，体现自身的人生价值，不要大家都往“仕途”上挤。

(4) 建议建立区域化的劳务管理平台，统一管理，统一劳务标准和劳务待遇。

（二）关于国际竞争性项目

大家普遍建议业绩考核指标的设计要向国际竞争性项目倾斜。这是提高竞争性项目竞争力的一项措施，但不全面。比如不收管理费并不等于就能提高竞争力。只有通过各种机制、手段，降低成本，提高效率，才能从根本上解决竞争力的问题。大家建议竞争性项目少收或不收管理费，我认为值得研究，但前提是要核算清楚成本，理性科学地评价业绩的贡献，有利于调动各级经营者的积极性、创造性。不少同志建议对非竞争性项目要建立内部定价机制和战略性的、政策性的、策划性收益的合理分享机制。这一问题涉及风险收益分配和风险管控责任的平衡，涉及项目执行单位因经济责任边界不清而使“亏损放大”的现象，比较复杂，但一定要认真研究，加以解决。

（三）关于“四个统一”

有的代表认为工程局自主“走出去”，能够发挥资源优势，得到当地政府和国内政府的支持，享受一些优惠政策。建议中小型项目由工程局自主签约，大型特大型项目由股份公司运作。

有的代表认为多品牌是做大、做强的必经之路，但不能“一刀切”，要有规划，成熟一个推出一个。

多数代表认为“四个统一”体现的集团化大国际的精神不能丢，坚持“四个统一”才能把集团资源合理整合，实现集团化国际，实现效益最大化。很多工程局独立“走出去”，目前能力不够，还需要依托国际公司进行国际市场的开发、支持、帮助。通俗地讲，少数国际经营管理能力较强的工程局需要“裁判”、“教练”，多数工程局既需要“裁判”、“教练”，还需要“保安”，还有相当数量的工程局除“裁判”、“教练”、“保安”外，还需要“保姆”。这就是不同的发展阶段呈现出的不同发展状态，我们要根据这一现状拟订政策，因地制宜，差别安排，有序统筹，既不能“一刀切”，又不能从一个倾向走向另一个倾向。

（四）关于区域总部建设的问题

建议切实做实做强区域总部，加快区域总部能力建设，真正做到日常业务前移，经营管理中心下移，使区域总部成为责任、权利、义务、业绩有机统一，责任明确、授权充分、行权规范、风险可控、制衡有效、精干高效的股份公司区域市场的营销中心、指挥协调中心、项目管理管控中心、支持服务中心、资源配置中心，最后发展成为区域化的公司。有的代表建议加快推进区域总部属地化，以此为突破口解决人才问题和成本高的问题。其中，中下级管理人员、当地劳务要率先本土化。这些建议非常好。

（五）关于国际承包业务和国际投资业务的混业与分治问题

“十一五”时期国际承包业务与国际投资业务混业经营，这是符合当时实际的，因为投资业务刚刚起步，承包业务占绝对主导地位。目前，国际投资业务已经发展到一定的规模，而且成长空间很大，现在与承包业务分治恰逢其时。同时，“十一五”期间国际投资主要是靠国际公司从施工业务中获取的利润来支撑，股份公司作为出资人职能未完全到位，混业问题单靠国际公司无法解决，应由股份公司通过分治来解决，由此带来的其他问题也会随之化解。分治将会进一步解放生产力，能够培育工程局的综合能力。这一问题大家具有高度的共识，我也是支持的。

（六）关于融入当地社会、遵纪守法、行为文明的问题

目前国际形势非常复杂，要融入当地社会，增进合作，互利共赢。要做好出国前的培训，包括民工的培训，要关心所在国的公益事业，量力而行地承担社会责任。要注重与当地的沟通，善于跟国外的媒体打交道，与当地企业、民众建立规范的互利合作关系等。这些问题很重要，大家提出来了，要引起高度重视。

（七）关于事业留人、政策留人的问题

事业留人、政策留人、感情留人、待遇留人，不能只是停留在领导的口头上，应该尽快拟定政策和办法，规范有序、常态长效地予以实施，不能总是一事一议或临时动议。

三、关于贯彻落实好会议精神

我们要把此次会议精神与年中工作会议精神的传达贯彻结合起来，作为当前的一项重要任务，抓实抓好。会后，公司将成立落实本次会议精神的领

导小组，我担任组长，保东同志担任副组长，办公室设在海外事业部，相关领导和部门要全力支持。领导小组要根据本次会议的精神制定具体实施方案，提交公司决策层决策，尽快推进实施。各子公司回去后，也要根据会议精神抓紧拟订具体落实方案。

传达贯彻本次会议精神要始终坚持以解放思想、转变观念为前提，以转型升级为重点方向，以提升发展能力为目标，以改革创新为动力，超常规抓实抓好队伍建设这一基础工作。要认真解决坐而论道、以会议代行动、落实不下去的问题，切实提高各级领导班子的决策能力、执行力。

新阶段的改革创新更具有挑战性、复杂性，应该自上而下主导推进。各公司各部门的主要负责同志必须义无反顾、旗帜鲜明地履行好岗位职责，承担起主导改革、推进改革、落实改革的任务，落实实现改革目标的岗位责任，各级领导班子、广大员工要全力支持有利于提升企业科学发展能力的改革举措。过多考虑个人和局部利益而患得患失，错失改革创新的机会影响企业发展的领导，是有负于企业，有负于员工的。我们一定不能作有负于团队、企业的人。

同志们，国际业务的发展事关当前与长远发展的全局，事关我们作为中央企业的责任和使命，事关公司十三万员工的切身利益。我们要始终以邓小平理论和“三个代表”重要思想为指导，切实贯彻落实科学发展观和胡锦涛总书记“七一”重要讲话精神，在国务院国资委的坚强领导下，勇于变革、勇于创新，永不停滞，永不懈怠，真抓实干，坚定不移地为建设具有较强国际竞争力的质量效益型世界一流公司而共同奋斗！

在中国电力建设集团有限公司首次干部大会上的讲话

（2011 年 9 月 29 日）

范　集　湘

同志们：

经过相关各方六个多月紧张有序的筹备，在国务院国资委的直接领导和深切关怀下，中国电力建设集团有限公司今天上午正式揭牌成立了。这是中国电力建设企业发展史上具有里程碑意义的重大事件，标志着中国又一家有实力跻身世界500强的综合性特大型电力建设集团诞生了。

此时此刻，我们齐聚一堂，召开中国电建集团首次干部大会，共庆新集团建立，共商改革发展大计。这里，我代表中国电建集团、中国电建集团党委，对大家表示热烈欢迎，特别对电网辅业企业从今天开始正式回归主业团队表示衷心的祝贺！对改革重组期间大家卓有成效的工作表示诚挚的谢意！

下面，我代表中国电建集团、中国电建集团党委讲三点意见。

一、深刻认识中国电建成立的重大意义

电网企业主辅分离改革及电力设计、施工企业一体化重组，是党中央、国务院关于进一步深化电力体制改革的重要决策，是国资委推进中央企业布局及结构调整的重大战略举措，本次分离重组有利于做强做优中国电力建设企业，加快培育具有较强国际竞争力的质量效益型世界一流电力建设企业；有利于推进我国电力工业结构调整和产业升级，促进电力工业科学可持续发展；有利于统筹解决电建企业的历史遗留问题，维护职工合法权益。重组方案历时多年，反复论证，从国有经济和中央企业改革发展的全局出发，兼顾当前与长远，充分考虑了各方利益，体现了国家、行业、企业和职工的意愿。从第一次四大辅业集团分离到如今第二次主辅分离，相隔八年。根据我们掌握的情况，暂留电网的大多数辅业职工翘首以盼，希望回归主业。中国电建集团的成立，是此次改革重组的标志性成果，中国电建集团承载着历史赋予的重大责任和开创未来的光荣使命，凝聚着各方的期盼与重托。

新成立的中国电建集团，具备成为世界一流企业的基础。根据国务院批复集团注册资金 300 亿元，按照 2010 年主要经济数据，集团资产总额为 1960 亿元，年营业收入 1600 亿元，年利润总额 65 亿元，职工人数 20.27 万人，离退休人员 15.15 万人，所属企业和业务分布于中国各大区域、全球 62 个国家和地区。中国电建集团总体实力已经达到进入世界 500 强

企业的相关标准，在全球最大 225 家国际工程承包商中排名 15 位之前。根据美国 ENR 杂志 2011 年公布的世界 500 强数据，集团 2012 年有望排名 350 位左右。

新成立的中国电建集团，拥有明显的发展优势和有利条件：

（1）具有完整产业链。国务院批复中明确集团是综合性电力建设集团，主要从事工程总承包、电力行业规划及相关服务、能源及基础设施的投资与经营、相关设备制造等，能够为电力能源及基础设施等领域提供规划、勘测、设计、施工、制造、运营一体化服务。

（2）在水利水电建设行业处于领导地位。初步测算，中国电建集团在国内水电工程建设领域占有 65%以上的施工和 84%以上的勘测设计市场份额，在全球占有 50%以上的大中型水电工程市场份额，在水电领域具有国际领先的综合实力和核心竞争力。

（3）国际经营的先发优势和品牌影响力明显。中国电建集团所属企业多年来积极实施“走出去”战略，成果显著，已形成了较为完善的国际市场网络和较高的品牌知名度。新集团成立后，更有利于发挥行业龙头骨干企业作用，提高国际竞争力，强化“中国电建”国际知名品牌影响力。

（4）集团化的资源重组、产业整合、设计施工一体化，将有力地提升国际国内竞争力，拓展业务空间，促进企业发展方式转型升级上水平。

（5）在国有资本布局和中央企业中的地位明显提升，社会影响力、国际竞争力大大增强，符合国有资本预算支持的重点企业条件，发展的平台更高更宽。

中国电建集团成功组建，只是我们新征程的开始。如何将党中央、国务院、国资委的决策部署变为电力建设行业快速健康发展的现实，如何把中国电建集团的既有优势转化成世界一流企业的国际国内竞争优势，如何以优秀业绩回报各方对我们的支持和信任，如何用实实在在的发展成果惠及几十万职工群众，是历史赋予中国电建人的光荣使命。我们深感任务艰巨、责任重大、使命光荣、任重道远。新集团全体干部职工必须以高度的政治责任感、历史使命感和昂扬向上、只争朝夕的精神状态，顺势勇为、变革创新，同心协力、奋勇拼搏，推动中国电建集团开启新航程、创造新业绩。

二、同心同德，团结奋进，努力建设具有较强国际竞争力的质量效益型世界 500 强企业

中国电建集团发展既面临许多有利条件，也面临重大考验。我们要深入分析形势，找准自身定位，明确战略目标，把握战略性重点工作。

（一）当前面临的机遇和挑战

1. 国民经济持续健康发展为中国电建集团发展奠定了坚实基础

今年上半年，我国 GDP 同比增长 9.6%，固定资产投资同比增长 25.6%，经济社会发展总体保持良好态势。“十二五”期间，电力需求将持续增长，预计新开工水电 6000 万千瓦、煤电 3 亿千瓦、风电 6000 多万千瓦、太阳能 900 万千瓦。未来 10 年我国将建设一批骨干水利水电工程和重点水利枢纽，继续推进大江大河治理，水利投资或将达到 4 万亿元甚至更多。我国当前正处于城镇化快速发展阶段，预计“十二五”末，城市化率将超过 51%，城市基础设施建设市场仍将保持持续发展。此外，国家还将扩大铁路、公路、民航、水运网络。未来几年，仍然是中国电建集团难得的战略发展机遇期。

2. 经济全球化持续深入发展为中国电建集团实施“走出去”战略提供了广阔空间

从国际看，为了应对国际金融危机带来的影响，世界各国相继出台了经济刺激计划，为我国企业对外投资合作带来新的市场空间。一些新兴国家和发展中国家较快摆脱了金融危机的冲击，对经济增长的要求十分迫切，普遍希望加大基础设施建设力度。在经济全球化的大潮中，抓住“走出去”的历史机遇，迈出国际化经营的重大步伐，我们大有可为。

3. 国务院国资委做强做优中央企业的总体要求为中国电建集团明确了战略定位，指明了发展方向

年初中央企业负责人会议上，国资委王勇主任提出了中央企业“十二五”期间的“一大目标”、“五大战略”和“三大保障”，其中核心就是：做强做优中央企业，培育具有国际竞争力的质量效益型世界一流企业。这一根本要求将是中国电建集团成立后的发展目标和努力方向。在这方面我们在中央企业中有一定的比较优势。

在把握机遇同时，我们要清醒地看到，中国电建集团改革发展也面临着严峻挑战。中央加强和改善宏观调控，抑制通胀预期，货币政策不断收紧，企业融资难度和融资成本持续上升；部分国家局势动荡和贸易保护主义抬头，国际承包商竞争更为激烈；随着《中央企业境外国有资产监督管理办法》等政策出台，出资人对央企监管及考核力度的日益加强，企业合法、合规、从严治企的必要性和紧迫性逐步增大，集团总部对所属各级企业管控的责任更加明确、更加重大；中国电建集团所属企业点多面广，产业跨度大，发展水平不平衡，各业务板块、

各所属企业之间的战略协同机制和市场协同机制尚未建立；部分企业管控模式和管理方式相对传统落后，管理体制机制难以适应市场经济需要，管理水平亟待提高；电力建设企业普遍历史包袱沉重，人员结构老化，人才流失严重；改革重组的企业来自不同方面，文化差异较大，建立集团共有的核心价值观，促进企业文化融合，还有很多工作要做。

根据我们掌握的情况，此次分离重组的电网辅业企业中，发展思路清晰，班子团结、有魄力、干练、开拓性强的，总体发展较好；有的辅业企业，受制于辅业定位这一政策框架，循规蹈矩，按部就班，等待重组，积累了不少困难和问题，承受了很大的等待成本。我们要辩证地、历史地、实事求是地分析、判断、看待这些困难和问题，共同应对，共同通过发展来解决，集团公司有责任、有义务支持、帮助大家去解决。

综观中国电建集团改革发展的总体形势，机遇与挑战并存，机遇大于挑战。机遇是流动的资源，既不会时时出现，也不会永久停留。能不能以中国电建集团成立为契机，抓住当前的发展机遇，乘势而上、奋发有为，决定了我们能否加快发展以及以怎样的方式加快发展。我们要增强对未来形势发展的敏感性、预见性，做好应对各种风险和挑战的准备。

（二）集团战略定位、战略目标和战略性重点工作

电网企业主辅分离改革及电力设计、施工企业一体化重组工作启动以来，中国电建集团筹备组、筹备组党委始终把新集团的战略制定作为各项工作的重中之重，深入开展管控模式和战略体系研究，尤其注重新集团的顶层设计及整体框架设计，力争建立科学现代的集团组织结构、管理架构。经过多轮研究，初步确立了新集团的战略定位、战略目标。

中国电建集团的战略定位是：全球清洁可再生能源和水利资源开发建设行业的领先者，中国电力和水利工程建设行业的龙头企业，中国房地产开发与经营的骨干企业，带动行业“走出去”的重要领军企业。

中国电建集团的战略目标是：承担“大使命”，实施“大集团、大土木、大市场、大品牌”战略，成为清洁可再生能源和水利工程建设行业国际领先，提供集成式、全产业链、综合性基础设施建设服务，拥有核心技术和国际知名品牌，成为具有较强国际竞争力的质量效益型世界500强企业。

实现总体发展目标，必须认真坚决地落实科学发展观，落实好国务院国资委关于中央企业改革发展的各项要求，以科学发展为主题，以转变发展方式为主线，牢牢把握、扎实推进以下战略性的重点工作。

1. 着力推进集团化建设

要做到三个坚持。一是坚持战略引领。集团统一总体战略，统一总体规划，逐级分解，强化集团战略管控，强化战略的执行，确保战略落地。所属企业要从集团总体战略出发，找准自身定位，调整优化本企业发展战略，明晰新阶段的发展路径。二是坚持体制机制创新。要做到“穿新鞋、走新路”，深化企业内部改革，减少管理层次，规范母子公司关系，建立规范高效的集团运营管理体系。要按照建立现代企业制度和股份制改革的总体要求，有序推进电建集团整体改制上市。三是坚持资源整合、战略协同。要按照突出主业、形成特色、分类调控、优势互补、协同有效的原则，积极有序推进所属企业重组、整合。要发挥总部中心平台作用，对关键要素、重要战略资源通过内部模拟市场进行统筹，促进内部要素、资源流动、共享，降低交易成本，提高资源使用效率。坚决实施统一的市场战略、营销策略，加强内外联合与合作，规范市场竞争秩序，提升市场地位和整体竞争力，维护合法合理的权益。目前建筑市场供大于求，属典型的买方市场，业主作为甲方即买方处于相对强势地位，承包商作为乙方即卖方处于相对弱势地位。在利益驱动下，甲方会向乙方转移风险，乙方被迫接受风险并让渡部分利润甚至亏损。中国电建集团成立后，我们更有责任建立内外统筹机制，形成集团强大合力共同应对外部竞争。我们要反对恶性竞争，维护良性的市场竞争秩序，获取合理的价格水平和合同条件。这一点做好了，有利于广大电建干部职工获得基本的自尊，有利于电建事业有序健康发展，有利于国有资产的保值增值。我们决不做内部恶性竞争、自相残杀、“雪上加霜”的事。

2. 着力推进转型升级

大力推进业务结构转型和产业结构升级，努力实现“三个转型”，即：从相对单一的专业工程建设向相关多元化的“大土木”工程建设转型；由单一的承包商向承包商与投资商的结合转型；由传统低端的生产经营型企业向具有完整产业链的总承包经营企业转型。要突出主业，发挥产业链纵向一体化、施工设计总承包的优势，拓展经营领域，提升业务层级，实施相关多元化经营，调整优化产业结构，提高集团持续发展能力。要改变传统的、分割的、低端的商业模式，积极探索建立现代的、一体化的、高端的商业模式，提高市场影响力和发展的质量

效益。

3. 着力推进国际业务优先发展

要认真落实“走出去”战略，以全球化的战略思维，立足全球配置资源，逐步实现战略、资源、运营、管理、文化全球化。深化国际经济技术交流与合作，充分发挥在核心业务领域的比较优势，努力争取较多的话语权。扩大国际经营规模，提升国际经营层次和国际经营质量，将国际业务发展成为具有核心竞争力、较高创利能力、品牌优势凸显的业务板块，成为集团持续发展的重要支柱。

关于国际市场我再补充讲一下。从当前的形势看，全球现实的市场需求在下降，政府和企业的信用危机在增加。但是我们可以整合优势创造市场机遇。如非洲国家及其他相对落后的国家，资源丰富、资金匮乏、建设能力较弱，而中国相对来讲资源短缺、资金丰富、建设能力过剩，两相结合、优势互补就会产生新的需求。如果总体形势不好的时候，我们可以寻求建立区域合作机制，区域形势不好的时候，我们可以建立“一对一”的双边合作机制，通过互补、互利获取商机，我们目前正在按照这一思路积极运作，效果较好。

4. 着力推进科技创新

认真贯彻党和国家建设创新型国家的战略决策，增强集团技术创新和管理创新的主体意识和责任，加快形成国际同行业技术先进、核心技术领先的技术实力、创新能力，建立系统完善的创新体系，形成有利于实施国际行业领先战略的体制机制。加快技术创新步伐，提高自主创新能力，积极推进创新型公司建设。加快信息化建设，充分利用信息化手段，提升市场开拓能力、集团管控能力、建设服务能力和协调合作能力，提高运营管理及工作效率，推动管理转型升级。

5. 着力推进人才队伍建设

企业发展，人才为本。要树立科学的人才观，以“创新人才发展机制、优化人才队伍结构、提高人才队伍素质”为核心，以能力建设为主题，以企业领导人员、经营管理人才、专业技术人才、党群工作人才和高技能人才五支人才队伍建设为重点，大力推进人才职业化、市场化、专业化和国际化，实现人才结构由劳动密集型向管理技术密集型的转变，为集团发展提供坚强的人才保证和智力支持。要树立“以人为本”的思想，对内尊重员工的创造精神，建立激励强劲、约束有力的机制，充分调动广大员工的积极性和创造性，妥善处理历史遗留问题，营造企业与员工共同发展的和谐氛围。

三、切实做好中国电建集团成立初期的各项工作

中国电建集团成立伊始，生产经营管理工作千头万绪，改革发展稳定任务十分繁重。这次会上下发的一号文件，针对维护生产经营秩序、确保企业安全稳定提出了要求。下一步，新集团还将陆续下发各项规章制度和有关工作意见，作出具体安排部署。当前，要重点做好以下几项工作。

（一）务必加强集团战略管控，充分发挥集团整体优势

加强集团战略管控、增强集团控制力是国务院国资委的明确要求，是集团化建设的关键环节，事关集团改革发展的大局。集团战略管控的出发点，是以发展战略为导向，通过整合内部资源，统筹市场营销，发挥集团整体优势，形成共同应对外部竞争的合力，实现集团整体利益最大化。集团战略管控的成果，由所属企业共同分享，形成内部多赢、共赢的局面。

集团总部作为出资人代表，是集团的战略管控中心，对重大战略问题作出决策，对重要战略资源实施集中管理和统一调配，对经营管理的重要环节、重要流程、重要目标进行调控和监督，依法规范高效地履行“引领、管控、服务、评价、奖惩”五大基本职能，以实现所属企业的利益与集团整体利益的和谐统一。总部要充分尊重所属企业的独立法人地位，为支持所属企业充分发挥能动性、创造性，最大限度地解放生产力，提供主动、热情、高质量的增值服务，为所属企业的发展加劲、给力，使所属企业因为有了总部的存在而感到更加有力量、有底气。针对各业务板块不同的市场环境、业务特点和发展阶段，集团总部将实行差异化管理，管理层级和产权层级不简单对应。对原中国水电建设集团和原中国水电顾问集团下属企业，实行三级产权、部分事权二级管理模式，对电网分离企业暂时实行事业部制，同时大力推进产业链横向与纵向的战略协同，创造集成价值。

所属企业依据法律法规和章程，享有有效的法人治理权，享有充分的经营自主权，是独立的市场竞争主体，自负盈亏，独立承担法律责任。所属企业一定要遵守集团章程，认同集团理念，服从集团统一的战略管控，树立集团“一盘棋”观念，确保集团政令畅通、战略落地。所属企业领导特别是主要负责人一定要增强集团意识，正确定位、主动到位，自觉维护几十万电建人的整体利益。任何集而不团、各自为政、一盘散沙、内部争斗、恶性竞争的做法都是有损于集团整体利益的，都是不能允许

的。用一句话来讲，就是总部作为出资人代表要让成员企业满意，所属企业作为被出资企业要让出资人放心。

（二）务必做好安全生产与维稳工作，为新集团平稳过渡与改革发展营造良好环境

当前，中国电建集团正处于安全生产和稳定的极为敏感期：一是我们正处在社会转型期中的改革重组过渡期，加之建筑行业属高危行业，不安全、不稳定的诱发因素较多；二是社会各界对我们重组的关注度空前提高，安全生产事故和不稳定事件的负面影响会被成倍放大，稍有不慎就会酿成极其严重的后果。对此我们一定要有政治敏锐性，要以如履薄冰的心态，扎扎实实地切实抓好安全生产与维稳工作。

对于安全生产工作，要时刻绷紧“安全第一，预防为主，综合治理”这根弦，坚持“依法治安、科学治安、重典治安”。首先要严格落实领导责任，各企业法定代表人、实际控制人要认真履行第一责任人的职责，其他分管领导要负起强调安全、落实安全、推动安全的责任，真正做到一岗双责，安全生产责任体系要纵到底、横到边，不留盲区，不留死角，切实将党中央、国务院对于安全生产工作的总体要求落到实处。对国资委的“九条禁令”，我们要不折不扣地落实到位。中央企业近几年发生的较大以上安全生产事故，大多与抢工期、超能力生产有关，与规章未落实到位有关，建筑行业尤为突出。这里着重强调两点：一是只要遇到不安全的情况，要旗帜鲜明地把安全放到第一位，把保障每位职工基本的安全生产环境放到第一位，决不能在不安全的条件下赶工抢工。无论什么情况，都不能突破生产安全这条底线。二是严控所属企业超能力、在安全不可控的情况下进行规模扩张，中央企业决不能追求带血腥味的利润和业绩。

“发展是硬道理、维稳是硬任务”，我们一定要认真贯彻落实好党中央、国务院关于加强和创新社会管理的重大决策部署，落实好国资委对维稳工作的要求，妥善处理好改革、发展与稳定的关系，确保企业总体和谐稳定。做好维稳工作，一定要强化党委主要负责人的第一责任、法定代表人的主要责任、班子成员的共同责任，强化依法合规、把握政策尺度，强化源头治理、超前化解，更加注重职工及利益相关方的合理诉求和合法权益，更加注重让广大职工分享改革发展成果。对过渡期的不稳定因素，我们一定要做到心中有数，对诉求方要主动对接、疏导，共同推动问题的解决，千万不能麻木不仁。一定要把国资委党委的要求落到实处。

（三）务必保持生产经营正常有序，为新集团可持续发展开好局

为保证生产经营等工作的延续性，要加快建设基于主要管理流程的标准制度体系，建立健全集团领导工作规则、议事工作规则和“三重一大”决策制度，明晰企业治理结构各组成部分的责权利关系，切实做到正确定位、规范到位、有序对接、良好履责、有效制衡、有机协同、运营高效。要建立健全各项基本管理制度和专业管理制度，理顺管理流程。相关制度未出台前，各企业要按照原有制度执行。总部各部门、各事业部和所属企业之间，要加快制度、职能、流程等方面的有效衔接，尽快理顺资产、业务、人事等方面的关系，集团总部要尽快与国家有关部委对接，上市公司要推进与监管部门、资本市场的对接，确保生产经营管理各项工作有序高效。要认真做好电网分离企业的接收工作，在整体移交协议框架下，创造条件，合理合法合规地维护移交企业的权益，为将来正常的生产经营创造必要的条件。

中国电建集团成立后，所属企业作为法人单位是市场竞争主体，是国有资产保值增值的责任主体，按照法律法规和集团章程享有充分的经营自主权，自负盈亏，独立承担法律责任。所属企业法定代表人和领导班子依法对所任职企业的经营管理负领导责任。所属企业的首要任务，就是必须以市场需求为导向，发挥市场主体作用，千方百计保市场、保订单、保发展。作为竞争性企业，以经营效益为中心，就必须以市场营销为中心，离开了市场订单其他工作都无从谈起。我们一定要牢牢抓住这个“命门”，而不是夸夸其谈、坐而论道。今年仍然沿用各企业原有的经营业绩及工作考核评价标准，并据此进行年度业绩考核评价兑现。同时，按照尊重历史、战略导向、分类调控、差异化考核的思路，总部将抓紧建立新的考核评价体系，并于明年执行。

今年的信贷政策持续收紧，这对建筑行业的冲击是全方位的，带来的经营风险在一些企业已经显现，必须引起我们的高度重视。这里提出一个原则性的要求，就是要“严控资产负债率上升，严控规模超能力无效增长，严控现金流异常现象；强化领导责任，强化财务资金管理，强化精益化项目管理，确保企业平稳有序发展”。如因经营管理不当，造成资金链断裂的，要严肃追究主要负责人责任。所属企业要针对资金供给趋紧、货款回收困难、资金成本提高等问题，加大应收账款清理回收力度，加快资金回笼，留足现金头寸，防止资金链断裂。距离年末还有三个月时间，各企业要对照年初生产经营

预算安排，认真梳理工作进展情况，确保完成全年生产经营任务。

从目前情况看，今年以来中国电建集团总体经营形势好于上年，但所属企业之间很不平衡，有的企业亏损严重、经营困难甚至难以为继。希望这些企业进一步增强市场意识，勇于参与竞争，向市场要订单，向项目要效益；进一步增强改革意识，顺势而变，创新变革，激发活力，提升企业发展能力。新集团将针对所属企业不同发展形态，作出系统的战略安排，总的指导思想是在集团统一战略框架下支持、帮助各所属企业加快发展。

（四）务必加强领导班子和干部队伍管理，将思想和行动统一到集团改革发展稳定的大局上来

切实加强各级领导班子建设，深入开展“四好”班子创建活动，优化班子结构，提高综合素质，增强整体功能。新集团对干部的选拔任用，一定会认真贯彻党的干部管理原则，紧密结合企业实际，坚持“五湖四海”、任人唯贤，坚决反对圈子文化、徇私舞弊；坚持德才兼备、以德为先，坚决反对论资排辈、迁就照顾；坚持务实创新、不拘一格，坚决反对保守僵化、墨守成规；坚持业绩导向、注重实绩，坚决反对平均主义、混业混岗。在选拔方式上，坚持民主、公开、竞争、择优原则，实行民主推荐、组织选拔、市场化配置和依法管理相结合的领导人员选拔任用制度，真正把那些能干事、能干成事的人才选拔到重要岗位上来，为中国电建几十万职工服务。大家为了一个共同的目标走到一起来，进了电建门，就是电建人，发展稳定，人人有责，机会面前，公平公正。同时，我们还要推进退出机制建设，逐步使领导干部有序进退、正常更替。当前要抓紧做好集团企业领导人员管理及考核评价制度体系建设工作，并向各层级企业延伸细化。

各级领导班子和全体党员领导干部一定要把思想统一到党中央、国务院关于这次改革重组的重大决策上来，统一到国务院国资委关于中央企业改革发展的重大部署上来，统一到中国电建集团整体战略思路和各项工作要求上来，切实做到讲大局、讲团结、讲纪律、讲廉洁。讲大局，就是关心大局，了解大局，把握大局，服从大局，正确处理好个人与集体、局部与整体、重点与一般的关系。讲团结，就是“大事讲原则，小事讲风格”，相互支持、相互配合、相互补台、同舟共济、和谐共进，不利于团结的话不说，不利于团结的事不做。讲纪律，就是严格遵守政治纪律，自觉同党中央在思想上政治上行动上保持高度一致；严格遵守组织纪律，令行禁止，防止个人主义；严格执行规章制度，以身作则，做好表率。讲廉洁，就是带头执行廉洁从业若干规定，严格自律、情趣健康，廉洁从业、规范执业、合法经营，确保国有资产保值增值不流失。

（五）务必加强能力建设，为集团战略目标的实现提供强有力的关键支撑

各级领导班子和干部队伍是推动改革发展的中坚力量，是保证发展战略全面实施的关键。要有强烈的责任感、危机意识，有超于常人的职业素养和品德标准，努力做能力建设的引领者、示范者、组织推动者。

1. 努力提高战略决策的能力和水平

培养战略思维和系统思维，善于从长远的、整体的、系统的角度，认真分析判断企业所面临的内外部形势，准确把握集团战略方向和发展目标。要透过现象看本质，从工作内在联系上把握规律，抓住关系改革发展的重大问题，充分研究论证，及时决策。

2. 努力提高开拓创新的能力和水平

树立创新思维，学习先进经验和方法，按照现代企业制度和管理现代化的方向，大力推进体制、机制、管理和科技创新。不断向更高标准看齐，向更高目标迈进，通过与先进企业的对标比较，找出管理上、指标上的差距和不足，认真加以改进。

3. 努力提高市场竞争的能力和水平

密切关注市场动态，及时了解市场需求，掌握国内外相关企业的发展动向和趋势，制定有效的市场策略。加强与国家有关部门、地方党委政府和社会各界的沟通协调，超前工作，建立良好的公共关系，以服务赢得市场，以服务赢得社会认可。

4. 努力提高履行职责的能力和水平

集团发展目标能否实现，关键在于执行和落实。要善于把集团的决策部署与企业实际结合起来，创造性地开展工作，落实责任、明确措施、量化标准、强化考核、确保完成。

5. 努力提高服务基层的能力和水平

集团总部人员要提高服务意识，既要积极为集团领导班子决策服务，也要主动为所属企业和广大职工服务，切实为所属企业解决矛盾和问题，真正使集团总部成为所属企业的强大后盾。各企业党员领导干部也要扑下身子、深入基层，认真调查研究，加强沟通交流，切实为职工群众解决实际困难。

（六）务必加强党的建设，为新集团改革发展提供坚强的政治保障

要以改革创新精神加强党的建设，充分发挥国有企业党组织的政治核心作用，为集团改革发展提供坚强的保证。要将党组织的政治优势转化为企业

的发展能力，实现“五个转化”：加强领导班子和人才队伍建设，把党的组织优势转化为企业的领导力；确保党委参与企业重大问题决策，把党组织的政治核心作用转化为企业发展的保障力；加强党的基层组织建设，把党支部的战斗堡垒作用和广大党员的模范带动作用，转化为企业的凝聚力和人力资源活力；加强党风建设和反腐倡廉工作，把党的组织纪律优势转化为企业的执行力；落实党建工作责任，把党的体制机制优势转化为提升企业党建工作的推动力。要加强党的组织建设、制度建设，加快建立公司治理结构与党组织职责明确、有机融合、运转协调的运作机制，使党的建设与其他各项工作同步进行、相互促进。各级党组织要通过“创先争优”活动等有效载体，教育引导党员特别是党员领导干部讲党性、重品行、树表率。

要加强集团企业文化建设，以传承、创新、包容、和谐为指导方针，整合所属各企业的文化精髓，注入新集团文化元素，稳妥推进思想融合、价值观融合、制度融合、行为融合和形象融合，在包容多样中确立主导，在尊重差异中求得和谐，在交流交融中谋求发展，建立起基于中国电建共同价值观的文化纽带。

同志们，中国电建集团已扬帆起航，我们责任重大，任务艰巨、任重道远。让我们以邓小平理论和“三个代表”重要思想为指导，在国务院国资委的坚强领导下，深入贯彻落实科学发展观，聚精会神搞建设，一心一意谋发展，和衷共济、团结奋进，锐意进取、继往开来，为建设具有较强国际竞争力的质量效益型世界500强企业而努力奋斗！

在中国水利水电建设股份有限公司总部全体员工大会上的讲话

（2011年12月2日）

范　集　湘

同志们：

当前，公司正处在重组协同过渡期，召开这次总部全体员工大会非常必要的。下面，我讲几点意见。

一、关于近期工作的总结

经国务院决定并批准，由中国水电建设集团、中国水电顾问集团以及国家电网和南方电网14个省（区域）电网企业所属的勘测设计企业、电力施工企业、装备修造企业改革重组为中国电建集团。在国务院国资委的坚强领导下，改革重组工作有序推进，目前已基本完成，正在开展58家网省分离企业的接收移交工作，预定12月上旬在北京签订移交接收协议。

改革重组期间，股份公司上市工作紧张有序开展，今年10月18日成功登陆资本市场，成为年内A股最大的IPO项目，融资规模达135亿元。与此同时，股份公司坚决落实国务院国资委关于重组期间的工作要求，生产经营和总部管理工作正常有序。在国际国内环境更加复杂、不确定性增加的情况下，预计2011年的经营业绩总体好于2010年。

在工作任务繁重、艰巨的情况下，经过大家共同努力，较好地完成了股份公司阶段性的重要任务。同志们为此付出了超常的辛劳，承受了很大的压力，经受住了考验，作出了重要贡献。借此机会，我代表股份公司、代表股份公司领导班子，向同志们表示衷心的感谢！希望同志们再接再厉，为股份公司的发展作出新的贡献。

二、股份公司在新集团中的定位和对未来发展的影响

在国务院的批复中明确，中国电建集团是综合性电力建设集团，主要从事工程总承包、电力行业规划及相关服务、能源及基础设施的投资与经营、相关设备制造等，是具有设计、施工总承包优势的电建行业龙头骨干企业，能够为电力能源及基础设施等领域提供规划、勘测、设计、施工、制造、运营一体化服务。按照批复精神，我们要充分发挥改革重组带来的发展优势和有利条件，努力建设具有较强国际竞争力的质量效益型世界500强企业，这是中国电建集团所属企业共同的战略使命。

新成立的中国电建集团在职员工20多万人，预

计今年完成营业收入1800亿元，实现利润总额70多亿元，年底资产总额达到2500亿元。按照2011年世界500强企业相关标准，中国电建集团有望排名350位左右，在全球最大225家国际工程承包商中排名15位之前。股份公司在中国电建集团中资产、营业收入、员工人数占比超过50%，是中国电建集团的重要子企业，这是国资委对股份公司的定位，所以股份公司领导班子的补充调整人选由国资委直接组织考察、公示、推荐、提名，实行任前备案制。股份公司也将随着中国电建集团进入世界500强企业这一被世人关注和认可的平台中，占有中国电建集团50%以上资产、收入、利润、员工的水电股份公司在中国电建集团的发展中具有非常重要、非常关键的不可替代的支撑作用。这是水电股份公司的重要职责和光荣任务。

这次重组必将带来我们竞争力的系统性提高。首先，具有完整的产业链，能够推行"融投资＋EPC＋运营＋维修"的全产业链一体化商业模式，而且是一个出资人旗下的一体化。在这种模式下，我们通过模拟市场建立所属企业间有机合作的责权利机制，同时通过强有力的管控即组织、行政手段使这一机制得到有效运行。这将大大提升我们国际国内市场的竞争力。对完善产业链我们做了很多努力、尝试，过去我们在运作海外EPC项目时，与设计院签订分包协议，大家以合同为纽带，以各自利益为目标，是非同一出资人的合同约定关系，无法通过组织纪律、行政手段、战略协同实现效率、效益的最优化，重组过后我们有条件、有决心解决这一问题。前些日子在设计院调研的时候，我专门强调了同一出资人不同法人间的一体化合作问题，以后再做EPC项目，设计、施工企业共同投标，约定责任，限额设计，优化分成，用集团有力有效的战略管理、组织纪律和行政手段给予保证，这样的模式很有竞争力、生命力，集团所属企业都不允许破坏这一战略协同模式。总之，这次重组对中国水利水电建设股份公司和其他所属企业是重大的历史机遇，是里程碑式的重大事件，它的重要性在未来三五年将更加得到体现。

三、关于两级总部设置和过渡期工作要求

此次是由中国水电建设集团、中国水电顾问集团、南方电网公司、国家电网公司四家央企共同参与，组建一个新集团，而非兼并。这就需要在原有组织架构上新设一个"顶层"架构，即中国电建集团总部。总部组织架构如何设计，新总部的人员从哪里来，都要与新集团未来发展相结合。中央已明确，整体上市是中央企业现阶段实现股权多元化、完善公司治理的有效途径和努力方向。已上市的中国水利水电建设股份公司是中国电建集团的重要子企业，也是新集团整体上市的平台公司。按照筹备期间国资委的要求，我们将很快推进新集团的整体上市工作，届时两级集团总部必然要再次整合。在此之前两到三年时间内，需要一个过渡期的组织架构，即新集团总部和二级集团总部同时存在。所以现在的两级总部必须精干高效，为将来的整合预留空间。在这种情况下，就会有部分同志到中国电建集团总部工作，一部分留在中国水利水电建设股份公司总部工作。

变是永远的不变，对竞争性企业来讲更是如此。当前我们正处于转型期、改革期，这为企业带来了新的发展机遇，同时也为员工带来成长的新机会。面对重组带来的外部变化，有的同志对现有岗位、职位的变化有一定预期，有不同的思想反应，这是正常的。从现阶段现实的角度讲，一个人考虑自己的个人利益得失功过是可以理解的，"主观为自己、客观为企业"也并非没有道理，但"主观为自己"要有边界，要符合规则和原则。我倡导大家表达自己的诉求，但要讲原则、讲方法，不能对企业、对组织、对他人造成不应有的负面影响。我们处在竞争性行业，选拔任用干部一定要坚持五湖四海、德才兼备、以德为先的标准和公正、公平、公开的原则。一定要把有能力、作风正派、胸怀宽广、有开拓性、能驾驭大局的人选拔到重要岗位上来，这关系到企业根本利益，是用人的第一标准，是原则性问题。常言道，人贵有自知之明，有了自知之明，才可能在判断得失时比较理性、公正，才可能避免浮躁，才可能不会非理性地感到怀才不遇，才可能理性务实地面对变化，我相信大多数同志具备这样的基本素质，也应该具备这样的素质！

保市场、保订单、保发展是我们竞争性企业的根本任务，离开了这一点其他都无从谈起。尤其是在过渡期，更需要大家以高度的责任感，自我加压，心无旁骛，正确地思考和切实履行岗位职责、岗位权力、岗位义务，确保股份公司生产经营各项工作正常有序开展。希望大家要讲大局、讲团结、讲纪律、讲廉洁、讲职业操守、讲职业道德。讲大局，就是关心大局，了解大局，把握大局，服从大局，正确处理好个人与集体、局部与整体、重点与一般的关系；讲团结，就是"大事讲原则，小事讲风格"，相互支持、相互配合、相互补台、同舟共济、和谐共进，不利于团结的话不说，不利于团结的事不做；讲纪律，就是严格遵守政治纪律、组织纪律、

劳动纪律，严格执行规章制度，服从管理，令行禁止，防止个人主义；讲廉洁，就是严格执行廉洁从业若干规定，严格自律、情趣健康，廉洁从业、规范执业、合法经营，确保国有资产保值增值不流失。股份公司领导班子将于近期调整补充到位，之后股份公司部门人员要抓紧补充到位。从股份公司到中国电建集团总部工作的同志，在原岗位职务未免职之前，要坚持一人双岗、一岗双责的原则，原来在股份公司的岗位职责要继续履行，工作不能受影响。

最后强调一下，到年末了，总部要安排好明年经营计划、财务（资金）预算、投资计划、安全科技计划、生产经营计划，做好今年经营业绩考核和明年业绩考核指标值测算工作。要持之以恒地抓好安全生产、质量管理、廉洁从业工作，出了问题要严肃查处、绝不姑息。今年是股份公司上市第一年，一定要合法合规、真实、准确、全面地反映公司业绩，向资本市场交一份满意的答卷。

开拓创新　打造精品 进一步做好股份公司年鉴和史志编著工作

——在股份公司2011年史志鉴工作会议上的讲话

（2011年5月11日）

袁　柏　松

同志们：

今天召开股份公司2011年史志鉴工作视频会议。这次会议的主要任务是：贯彻落实股份公司2011年工作会议精神，总结2010年和六年以来公司史志鉴工作和经验，部署2011年股份公司史志鉴工作任务；以科学发展观为指导，进一步做好公司年鉴和史志编著工作；为进一步加强公司企业文化建设，进一步扩大“中国水电”品牌影响力，作出新的贡献。

今天中国版协年鉴工作委员会、北京市地方志办公室、国资委年鉴社、英大传媒投资集团有限公司（中国电力出版社）的领导及专家莅临会议，指导工作，在这里我代表股份公司表示热烈的欢迎！对他们长期以来给予公司史志鉴工作的大力支持和热情帮助，表示衷心的感谢！

下面，我就公司几年来的史志鉴工作和公司“十一五”期间经营业绩及今后总体发展思路、面临的发展形势讲几点意见。

一、六年以来公司年鉴和史志编著工作情况的回顾

2002年12月29日，中国水利水电建设集团公司组建后，为加强集团公司精神文明建设和企业形象建设，进一步增强企业凝聚力，激发职工创造力，提高企业核心竞争力，推进企业跨越式发展，集团公司党组站在时代和历史的高度，面对几十万水电人为之奋斗了半个多世纪辉煌的发展史和一座座水电丰碑，本着对前人、后人和对集团公司今后的发展负责的精神，决定自2004年3月起开展集团公司史志鉴编研工作。专门成立了集团公司《年鉴》编委会和编辑部，明确了“集团公司年鉴是由集团公司主办，集团公司总部各部门、公司和各工程局（厂）共同参与编纂的大型资料性工具书，是集团公司史志建设的重要组成部分”，并于2004年3月15日成立了史志办公室，具体组织实施公司史志鉴的编研工作。面对编纂史志鉴这项全新工作，史志办全体人员克服困难，边干边学，一方面积极联系中国版协年鉴研究会、北京地方志办公室，寻求帮助支持；另一方面充分利用首都丰厚的社会资源，走出去向一些开展史志鉴编纂工作比较早的企事业单

位学习、调研，借鉴他们编纂的成功经验。在多年的史志鉴编纂工作中，修志编鉴的同志们树立和加强“创新意识、历史意识、精品意识、服务意识”，把精益求精的思想贯穿于编纂工作的全过程，使严谨的工作作风和历史的责任感体现于编纂工作的全过程，使史志鉴编纂工作紧紧融入公司全面开创科学可持续发展的伟大事业中，完成几代水电人的心愿，搞好这项内聚人心、外树形象的宏大工程。

几年来，在各有关部门、出版社的支持帮助下，在各级领导的高度重视和全体编纂人员的共同努力和辛勤耕耘下，公司的年鉴、史志编著工作取得了显著的成绩和丰硕成果。

（一）各级领导的高度重视，保证了史志鉴工作的有效开展

史志鉴工作是一项十分浩繁的系统工程，是企业软实力的重要组成部分，但它又是一项不直接创造经济效益的重要工作；因此，对作为经济组织的企业来说，单位领导是否重视是史志鉴工作能否顺利开展的决定因素。

多年来，公司领导非常重视史志鉴工作，把史志鉴工作作为公司企业文化建设的重要内容来抓。郭建堂总经理在任时，不仅成立了史志办公室，确定了人员编制，而且亲自担任集团公司《志》编委会主任和集团公司《年鉴》编委会主任。范集湘总经理和原党委书记刘起涛，全力支持史志鉴编著工作，共同担任集团公司《志》和集团公司《年鉴》的编委会主任，并对年鉴编纂工作及时提出指导意见。同时各单位的党政领导对史志鉴工作也是高度重视和全方位支持。正是有了公司各级领导的全力支持，我们的史志鉴工作才能取得的今天的优异成绩。

（二）公司年鉴编纂工作成绩斐然

从2006年1月集团公司首部《年鉴》（2003～2005卷创刊号）正式出版发行，到现在已编纂出版发行了六卷。《年鉴》（2003～2005卷创刊号）获得第二届全国年鉴编校质量检查评比一等奖；2006、2007卷均获得全国年鉴编校质量检查评比特等奖；2008卷获得中国版协评审的年鉴编纂出版质量综合特等奖；2009卷于2010年第一次参加由中国地方志指导小组办公室、中国地方志协会共同举办的评奖活动，荣获全国地方志系统年鉴评奖一等奖；2010卷年鉴编纂质量也得到了业界和读者的好评。集团公司年鉴通过文字、图片，忠实载录了集团公司几年来所取得的辉煌业绩。

（三）公司的修志工作取得显著成果

几年来，经过大家共同努力，公司的修志工作取得显著成果。公司《光辉历程》历史画册经过上下艰辛的工作已于2009年正式出版、发行；在各子公司、总部各部门的大力支持配合下，经过三年时间的汇总、编辑，基本完成了《组织机构志》、《大事记》初稿工作；公司已于2010年正式启动了公司志系列编著22卷之一的《人物志》编修工作；各子公司“分志卷”已有四个单位正式出版、发行，有四个单位“分志卷”已进入印刷、出版流程。

（四）公司形成了一支稳定、精干的专兼职史志鉴编研工作队伍

通过几年的努力，公司上下一支相对稳定、精干、高效的专兼职史志鉴编研队伍基本形成，建立了一个跨地域的搜集资料、撰写、编纂、信息交流于一体的网络系统。各公司都进一步明确了史志工作分管领导、责任部门、组稿和搜集资料负责人。不少单位专门成立了史志办公室，做到了史志鉴组织工作有人抓，具体工作有人干，编修工作有专人负责，在选配现职编研人员的同时，注意吸收各类专家和具有丰富工作经验的同志参加，吸收一些退居二线的老同志参加，使公司史志鉴的编研工作有组织、有领导地有效开展，保证了公司史志鉴工作的需要。在六年多的时间里，各单位领导和在座的各位同志为公司的史志鉴编著队伍建设做了大量卓有成效的工作，付出了艰辛的劳动，取得了良好的成绩！

（五）史志、年鉴界的广泛交流发挥了公司志鉴对外宣传作用，树立了“中国水电”品牌和形象

几年来公司积极开展同全国史志、年鉴界的交流活动；广泛地与国资委年鉴、中央部委级年鉴、中央企业年鉴及地方史志界的交往，通过交换年鉴、史志资料，互相学习交流经验，提高了公司志鉴在业界的知名度。公司多年组织向《中国国有资产监督管理年鉴》、《中国建设年鉴》、《中国电力年鉴》、《中国水力发电年鉴》提供年度稿件，在《中国水利年鉴》等出版物上，刊登宣传公司经营业绩的宣传彩页，有效地宣传了公司改革发展的巨大成就。公司作为中国版协年鉴研究会、北京地方志学会的常务理事单位，积极参加常务理事会等活动；多次派员分别参加国资委、住建部、《中国电力年鉴》编纂工作会议，参加国家电监会、国资委召开的《抗震救灾志》资料长篇的审稿会议。2009年7月，公司协助中国年鉴工委会在西宁承办了第四届全国企业年鉴研讨会，在全国企业范围内有力宣传了“中国水电”品牌和形象。

几年来我们在开展史志鉴工作中积累了一定的经验，需要在今后的史志鉴编修工作中继续加以发扬光大。

（六）公司2010年史志鉴工作取得了新的成绩

2010年，史志鉴工作在公司的正确领导下，坚持以科学发展观为指导，认真贯彻落实公司2010年工作会议精神，全面落实2010年公司史志鉴工作视频会议所确定的各项任务。公司的史志鉴编纂工作紧紧围绕公司经济建设的中心任务和发展大局，继续发扬“自强不息、勇于超越”的企业精神和求真务实的工作作风，克服困难，扎实工作，锐意进取、精益求精地做好公司的史志鉴编纂工作；始终坚持修志编鉴，为企业科学可持续发展服务的宗旨，认真编纂公司《年鉴》（2010年卷）、编修公司《组织机构志》、《大事记》、《人物志》；始终坚持组织、指导、协调、服务的工作职能，进一步抓好各子公司分志卷的编修工作。继续向国资委、电力志编纂办公室及有关部委单位报送有关年鉴、专志资料；公司史志办继续通过多种形式对从事史志鉴编辑工作人员进行培训，不断提高史志鉴编辑人员业务水平。继续适时组织内部研讨和交流活动，扩大业界内外交流，发挥公司志鉴对外宣传作用。

六年来在各子公司、公司总部各部门及大家的共同努力下，通过全体志鉴编纂人员的默默耕耘与无私奉献，公司史志鉴工作取得了优异成绩和丰硕成果，为提高公司文化软实力，为建设公司和谐的企业文化，为公司平稳较快发展作出了应有贡献。在此，我代表股份公司向大家表示祝贺和感谢！

同志们：在肯定成绩的同时，我们还要看到公司志鉴编纂工作还有较大的差距，仍存在着一定问题和不足：一是史志编纂工作进展不平衡。个别单位修志工作滞后，影响了公司修志工作的进度。二是史志鉴工作队伍建设有待加强和相对稳定。个别单位人员力量配备不足，人员不稳定，新老交替出现空档，造成编纂工作衔接不好，影响撰稿工作。三是从事史志鉴工作人员的编著能力、业务水平有待提高。以上这些问题从一定程度上影响和制约了我们修志编鉴工作的开展，我们必须高度重视，需要在今后工作中认真加以改进。

二、公司发展的新业绩及面临的形势任务

（一）“十一五”经营业绩和改革发展情况

2010年是“十一五”收官之年，公司全面完成了年度各项任务，各项经营指标再创历史新高。优良的经营业绩标志着公司胜利地实现了“十一五”发展目标，标志着公司“十一五”的发展取得了具有里程碑意义的重大成功，它将对公司“十二五”的发展产生重大而深刻的影响。

（1）“十一五”期间，公司累计实现营业收入3283.93亿元，年均增长25.71%；累计实现利润111.73亿元，年均增长57.36%，利润指标增长高于央企建筑业平均值。期末资产总额1209.93亿，所有者权益为135.87亿元。2010年与2005年相比，营业收入增长了3.14倍，利润增长了9.65倍，资产总额增长了3.52倍。新签合同年均增长23.98%，年末合同存量增长了2.5倍。营业收入、新签合同、资产规模均超过千亿元。“十一五”期间在岗职工人均收入从2005年末的19 242元/(人·年)，提高到2010年的45 606元/(人·年)，年均增长达到22.83%。

公司2007年获得了国资委授予的“绩效进步特别奖”荣誉称号，2010年又获得了国资委授予的“管理进步特别奖”荣誉称号。2010年，公司在全球最大225家国际工程承包商中以总营业额排名第26位，在“中国企业500强”中排名第78位，分别比2005年上升23位、21位，进入中国建筑业企业前五强行列。

（2）“十一五”期间，公司跨入铁路建设领域，承建了举世瞩目的京沪高铁三标项目，并率先完成了轨道铺通任务，以优良的业绩得到了铁道部的充分肯定，奠定了“中国水电铁建”坚实的品牌基础。公司大力推进非水电建筑业务发展战略，进一步采取有效措施，推动子公司大力开拓铁路、公路等非水电主业市场，并在核电、军工等建筑市场取得了突破，使非水电项目签约额持续大幅增长。“十一五”末，公司投资水电、火电、风电等能源项目，房地产项目、高速公路等基础设施项目，矿产等项目形成的资产总量约400亿元，约占资产总额的33%，增强了公司持续盈利能力和防御建筑业系统性风险的能力。

（3）“十一五”期间，企业改革取得重大进展，构建了现代企业制度的新体制新机制。公司以建立现代企业制度为目标，大力推进主辅分离辅业改制，圆满完成了各子企业的公司制改建，实现了中国水电集团整体改制，2009年11月27日成立了股份有限公司。建立了规范的股份有限公司治理结构和管理体制，推进了规范的董事会建设，制订完善了各项议事规则和基本制度，明确了决策、执行、监督等方面的职责权限，形成了有效的运作、监督、管理机制并规范运作，进一步提升了公司治理水平，增强了发展的动力和活力，公司实现了从传统企业制度到现代企业制度的体制变革。公司上市工作，克服了“5·12”汶川大地震及房地产业有史以来最严厉的宏观调控政策给公司上市审核带来的重重困难，正积极推进公司首发上市工作。

进行了管理体制的构建创新。整合集团内的优

势资源和力量，构建了适应结构调整优化的组织结构和业务架构。组建了专业化公司和投资性公司，打造了非水电工程承包、国际业务和投资业务专业化队伍。构建了4个事业部和3个国际业务区域总部及若干国内区域总部。调整明确了子公司主业结构。加强了两级总部建设，总部的管理和管控能力有很大提高。开展了内部管理体制改革工作，理顺了子企业内部各级次之间的管理关系，在经营规模不断扩大的情况下，公司管理级次基本控制在三级以内。

推进了管理机制的变革创新。全面推行了以质量效益、安全生产、廉洁从业为主要指标的业绩考核制度。不断调整和强化了内部激励、约束、监督机制。不断调整强化市场开发的管理运作机制，公司应对市场变化的能力和开拓市场的能力不断提高。加强管理创新工作，6项管理创新成果被评为全国企业管理现代化创新成果，28项管理创新成果被评为电力行业管理现代化创新成果。

(4)“十一五”期间，充分发挥党组织的政治核心作用和保证监督作用，党的建设、精神文明建设和企业文化建设成效显著。公司成立了党委，建立了党建工作新机制，建立了公司治理结构与党组织职责明确、有机融合、运转协调的运作机制。积极开展了党员先进性教育活动、深入学习实践科学发展观活动并取得良好效果，有力地推动了公司战略转型升级上水平。各级党委积极参与重大问题的决策，围绕生产经营中心和改革发展大局开展党建工作，为实现各项发展目标提供了坚强的思想保证和组织保障。深入开展“四好”领导班子创建活动，各级班子的思想建设和能力建设不断增强。

（二）“十二五”时期公司发展的总体战略思路

“十二五”的指导思想是：以邓小平理论和“三个代表”重要思想为指导，深入贯彻落实科学发展观，切实落实国务院国资委的安排部署，以科学发展为主题，以加快转变发展方式为主线，突出国际竞争力的显著增强，突出发展的质量效益，突出结构的调整优化，突出整体素质的全面提高，突出加强和改进企业党的建设，把国有企业的政治优势切实转化为企业发展能力，确保公司平稳较快发展，为建设具有较强国际竞争力的质量效益型世界一流公司而不懈努力。

“十二五”发展的总体目标是：初步建成具有较强国际竞争力、以质量效益型为显著特征的“行业领先、管理一流、品牌影响力明显、具有持续成长性与较强自主创新能力、可持续发展能力”的世界一流公司。到2015年主要预期指标拟达到：公司资产总额2200亿元以上，年营业收入1800亿元以上，年利润总额65亿元以上。国际营业收入、利润总额分别占到29%和31%以上。在不断提高企业经济效益的同时，确保员工特别是普通员工收入水平逐步提高，达到同行业中上水平。

实现“十二五”的战略目标，开创公司发展的新局面、新境界，要着力实施“五大战略”，即：国际业务优先发展战略、转型升级战略、人才强企战略、行业科技领先战略、和谐发展战略。

（三）2011年公司工作的主要形势和任务

2011年公司主要经济指标建议值：营业收入不低于1150亿元，新签合同额不低于1200亿元，EVA考核值不低于9.17亿元，利润总额不低于43亿元，资产保值增值率不低于113%，员工人均年收入与企业发展协调增长。

2011年是“十二五”开局之年，开好局，起好步，对公司今后几年的平稳较快发展，如期实现战略发展目标至关重要。根据国资委的要求，公司将认真做好“电力重组”工作；继续推进企业改制上市工作，进一步创新体制机制，努力建设具有较强国际竞争力的质量效益型世界一流企业。

为了完成公司的工作任务，希望从事史志鉴编纂工作的同志们，在公司、公司党委的坚强领导下，深入贯彻落实科学发展观，进一步解放思想，坚定信心，顺势勇为，扎实工作，把本职工作同公司科学发展大局密切结合，以更加有力的组织领导、更加有效的工作措施，全面完成2011年修志编鉴工作的各项任务，为公司平稳较快发展作出新的贡献。

三、对公司2011年史志鉴工作的要求和希望

2011年我们要以邓小平理论、“三个代表”重要思想为指导，深入贯彻落实科学发展观，认真落实2011年公司工作会议会议精神和总体部署，始终坚持“求真务实、精益求精”的工作作风和“创新、精品、效率、效益”的工作方针，在取得的成绩基础上，再接再厉，在史志鉴工作实践中，再创精品，谱写新的篇章。针对2011年公司史志鉴工作的特点，我重点提出以下四个方面的要求和希望。

（一）进一步认识公司《年鉴》的重要性、现实性，提高公司《年鉴》编纂的质量和水平

公司年鉴已经编纂出版六卷，每一卷都具有特色，起到了“资政、鉴戒、教化、存史”的作用。不仅得到有关业界的好评，而且受到了公司上下的欢迎。希望从事史志鉴工作的每一位同志，进一步认识公司《年鉴》的重要性、现实性，本着对现实发展和历史负责的精神，认真做好今后《年鉴》的编纂工作，进一步提高公司年鉴编纂的质量和水平。

在今后年鉴的编纂过程中，一是要始终坚持求真务实、与时俱进、遵循规律、把握标准，突出时代特征和公司蓬勃发展的面貌；二是要准确把握《年鉴》的科学性、资料性、全面性、权威性、时间性、年度性等特点；三是要具有可读性，条目撰写要简练，表述要准确，语言文体要符合工具书的要求，版面设计和图片设计要有审美感；四是《年鉴》载录的内容要体现综合性、全局性、现实性、典型性的特征，使读者感到有查阅和收藏价值；五是要联系实际，不断创新，体现公司自己的企业特色；六是要建立公司年鉴编纂工作的常态、长效机制，保证逐年编纂工作顺利开展，保证公司年鉴当年编纂当年出版发行。

（二）进一步拓展公司《志》系列编著的成果，开创公司史志编修工作的新局面

2011年是我们完成第一轮修志的关键一年，公司史志的编修工作任务依然很重。目前，公司《光辉历程》历史画册经过上下艰辛的工作已于2009年正式出版、发行；公司的《组织机构志》、《大事记》，已基本形成了初稿，争取今年年底前出版发行；公司的《人物志》编修工作正式启动；已有四个单位正式出版发行了“分志卷”，有四个单位“分志卷”已进入印刷、出版流程，其他单位的“分志卷”编修工作正在抓紧进行。经过大家几年来的共同努力，公司的修志工作取得显著成果，公司史志编著工作有了一个良好的开端。但就目前公司史志工作整体而言，仅仅是迈出了第一步，今年和以后的史志编修工作还相当繁重，任务还非常艰巨。希望各子公司一定要统筹兼顾，总体安排，在认真做好公司《年鉴》编纂工作的同时，积极开展公司《志》系列编著的编修工作。把史志编修工作与公司的发展大局结合起来，为解决企业发展道路上的新问题提供历史借鉴；把史志编修工作与总结和发扬水电建设企业所特有的优良传统和企业精神结合起来，坚定实现公司的发展战略目标；把史志编修工作与探索企业兴衰起伏的规律结合起来，从中吸取有益于推进公司改革发展的经验。

（三）进一步扩大业界交流发挥公司志鉴对外宣传作用

2011年为了更有力地宣传“中国水电”品牌和形象，更好地打造《中国水利水电建设集团公司年鉴》品牌，公司将继续开展业界交流活动，广泛地与国资委年鉴、中央部委级年鉴、中央企业年鉴及地方史志界进行交流，按时完成国家有关部委年鉴和《抗震救灾志》稿件以及资料的报送任务；公司作为中国版协年鉴研究会、北京地方志学会的常务理事单位，要积极参加常务理事会的活动以及国资委、住建部、《中国电力年鉴》等编纂工作会议。希望大家要充分利用好这些平台，通过交换年鉴、史志资料，互相学习交流经验，不断提高公司在业内外的知名度和企业文化软实力，提高公司志鉴在史志、年鉴界的知名度，有力宣传“中国水电”品牌和形象。

（四）进一步加强领导、强化业务培训，确保修志编鉴队伍稳定和素质的提高

2011年公司史志鉴编纂工作任务依然十分繁重，公司史志鉴编纂工作同步开展，编纂质量要求高，修志编鉴交叉作业，时间紧迫。今年又是修志工作的关键时期，是完成第一轮修志的关键之年；因此，要有一支稳定高效素质好的修志编鉴队伍，才能确保公司史志鉴编纂工作的圆满完成。

希望各子公司和总部各部门的领导，要进一步提高对史志鉴工作重要性的认识，要充分认识公司史志鉴的现实意义和历史意义，增强责任感、紧迫感和使命感。各级领导认识的高度、关心的力度、支持的程度是搞好公司史志鉴工作的关键因素。各公司一定要加强领导，组织、协调好修志编鉴这项工作，要切实做到“四落实”，继续一如既往地支持史志鉴编撰人员的工作，为他们创造良好的工作环境，帮助解决实际困难和问题。建设一支高素质的编鉴队伍是做好修志、编鉴工作的基础，没有高素质的编纂队伍，修志编鉴工作很难开展，志书、年鉴的编纂质量就无法保证；要想建设一支高素质的编鉴队伍，就要从理论素养、业务知识和编纂能力上，加强对修志编鉴人员的培养。希望各单位领导一定要重视修志编鉴队伍建设，要强化对修志编纂人员的业务培训，不断提高修志编鉴的能力和水平，要充分调动修志编纂人员的积极性、主动性、创造性。希望全体史志鉴编纂人员在实际工作中，要进一步加强自身建设，努力提高自身素质和能力，发扬默默耕耘、勇于奉献的精神和作风，不断加强学习，不断用理论知识丰富自己，通过参加学习培训，进行学术交流、学术研讨，博采众长，吸收新经验，探索新途径，才能有效提高自己的业务水平，提高工作质量。

2011年公司将继续采用以会代培、专家辅导、业务交流、专题调研等外培内训的方式加强对公司编纂志鉴人员的业务培训；发挥四个协作组的作用，组织内外交流活动；聘请地方志专家对有关单位修志资料进行评审、把关和指导。通过多种方式的培训，建设一支稳定、高效、素质好的修志编鉴队伍，确保公司史志鉴编纂工作的圆满完成。

同志们：公司今后将面临更加繁重的改革发展任务。我们每个从事史志鉴的编纂人员，既是公司改革发展过程的亲历者，又是公司改革发展过程的见证者，同时也是公司改革发展过程的忠实记载者。希望同志们继续忠诚于这一伟大的事业，把编著“良志好史”作为奋斗目标，以更加饱满的热情、永远进取的精神风貌，勤勤恳恳、兢兢业业，全身心投入史志鉴编纂工作中，继续开拓创新、再接再厉，全面开创公司史志鉴工作新局面，以史志鉴工作的新成绩、新成果，为公司平稳较快发展作出应有的贡献，以优异的成绩迎接建党90周年！

围绕公司发展目标　认真履行审计职责
为股份公司可持续发展作出新贡献

——在股份公司2011年审计工作会议上的讲话

（2011年7月7日）

袁　柏　松

同志们：

今天，股份公司召开2011年审计工作会议。本次会议是在全国人民认真学习贯彻《胡锦涛总书记在庆祝中国共产党成立90周年大会上的讲话》精神，股份公司圆满完成“十一五”目标任务、开启“十二五”新的发展征程之际召开的一次重要会议，本次会议的主要任务是：以科学发展观为统领，认真贯彻落实公司2011年工作会议精神，全面总结2010年和“十一五”期间内部审计工作经验，提出“十二五”审计工作总体思路，部署2011年审计工作，认真履行审计职责，为股份公司可持续发展作出新贡献！

下面，我讲几点意见。

一、“十一五”期间，股份公司经营业绩成效明显，内部审计工作扎实推进

过去五年，在国资委的正确领导下，股份公司经受了历史罕见的汶川特大地震等自然灾害以及国际金融危机冲击的严峻考验，以科学发展观统领全局，努力建设具有较强国际竞争力的质量效益型跨国企业集团，五年来累计实现营业收入3284亿元，年均增长25.7%；累计实现利润112亿元，年均增长57.4%，利润指标增长高于央企建筑业平均值。2010年与2005年相比，营业收入增长了3.14倍，利润增长了9.65倍，资产总额增长了3.52倍，年末合同存量增长了2.5倍，在岗职工人均年收入增长了1.42倍。2010年实现营业收入1015亿元，利润总额40.3亿元，年末资产总额1215亿元，所有者权益136亿元，跨入资产规模、营业收入双超千亿的中央企业行列，圆满完成了公司五年发展目标，实现了“十一五”顺利收官，取得了具有里程碑意义的重大发展。在中央企业负责人任期考核中被国资委先后授予“绩效进步特别奖”和“管理进步特别奖”。

“十一五”期间，公司各级审计部门认真贯彻落实国资委对中央企业内部审计工作的要求，以科学发展观为指导，以公司发展战略为核心，以强化子公司规范化管理为重点，努力适应公司发展模式的变化，积极探索集团公司改制、构建法人治理结构下审计工作新思路，切实履行内部审计职责，认真践行从财务审计向管理审计、风险控制审计、绩效审计的转变，审计工作取得了显著成绩，为公司持续、健康发展作出了积极贡献。

（一）“十一五”期间各级审计部门卓有成效地开展了内审工作

2006～2010年五年间，股份公司各级审计部门共完成审计项目1648个，年均完成330个，审计项目类型主要有：领导干部经济责任审计、财务收支审计、经济效益审计、资产负债损益审计、绩效兑现审计、在建项目过程跟踪审计、项目完工审计、联营体审计、国外项目审计、风险控制及内控审计、审计意见整改落实审计等。根据国资委关于开展固定资产项目后评价工作以及股份公司加强投资项目监管的要求，股份公司总部探索性地开展了水电、火电、公路投资项目的工程造价审计、竣工财务决算审计、过程跟踪审计和项目后评价，一些工程局还开展了部门同级审计的工作尝试。五年来通过审计，共提出审计整改建议 5676 条，其中股份公司总部共开展 78 个审计项目，提出审计建议 338 条。

（二）内部审计工作特点显著

1. 内部审计工作体系逐步完善

（1）审计组织机构得到加强。截至 2010 年末，18 家工程局有限公司均设立了独立的审计机构，控股公司在完善法人治理结构、构建内部监督体制方面不断取得突破，目前 10 家控股公司中有 7 家设立了审计机构，控股公司审计机构普及率达 70%，其中：房地产公司、路桥公司、新能源公司和港航公司陆续设立了审计监察部，国际公司、租赁公司将审计部从审计监察部中独立，进一步理顺了审计工作关系，增强了审计的独立性。目前子公司审计机构普及率达 90%，股份公司和子公司二级审计监督体系得到加强，为内部审计工作顺利开展提供了组织保证。

（2）打造了一支吃苦善战、作风过硬的审计队伍。随着公司审计机构的不断健全，审计人员逐年增加，2006 年股份公司审计从业人员 170 多人，2010 年增加至 230 多人，人员增幅达 35%，2010 年末公司专职审计人员达 108 人，占审计从业人员的 47%，具有中级以上技术职称的达 70%，具有 5 年以上审计工作经验超过 50%。

（3）完善了审计规章制度。五年来股份公司不断加大审计规章制度建设的力度，根据公司发展情况，总部制定下发了《内部审计工作规定》、《领导干部经济责任审计管理办法》、《境外工程项目审计管理办法》、《投资项目后评价管理办法》等 12 项审计管理制度。股份公司成立以后，审计部对原有制度及时进行梳理和修订，制定下发了内容涉及审计质量控制、投资项目审计、投资项目后评价、委托审计的管理制度。与此同时，各子公司结合自身实际，制定并完善了子公司内部审计规章制度体系，据统计，至 2010 年末，各子公司共制定下发了 100 多项审计管理规定，促进了审计工作的规范化、标准化。

2. 内部审计工作理念不断创新

“十一五”以来，随着公司审计工作的深入推进，我们对审计内在本质和规律的认识也逐渐提高。过去我们将内部审计定位于“查错纠偏”，审计重点关注企业财务收支、会计核算方面。随着公司快速发展，产业结构不断调整优化，提出了“管理＋效益”的内部审计理念，通过实施由财务收支审计向管理审计的转变，促进企业强化管理、提高效益。近几年来，各级审计机构不断加大对在建项目过程跟踪审计力度，体现了内部审计由“事后审计”向“过程控制”转变的新观念。2009 年开始，为贯彻落实集团公司“三控三强一确保”的风险管控要求，充分发挥内部审计在防范风险、强化内部控制方面的作用，提出了“风险审计”、“内部控制审计”的新理念，总部加强了对国外项目履约风险的审计，一些工程局也在风险管理审计方面进行了探索和实践。2010 年根据公司发展战略和管理要点，要求各级审计部门必须结合公司法人治理结构要求和刘家义审计长的“免疫系统”理论，创新审计工作理念，以财务收支审计为基础，以经济效益审计为出发点，以内部控制审计为主线，以风险审计为重点，不断提升内部审计层次，努力推动内部审计转型。

总结五年来的审计工作实践，我们对内部审计本质和内涵的认识越来越清晰，“防范”胜于“纠正”、“整改”优于“查处”、“监督”寓于“服务”的内部审计理念已成为股份公司各级审计部门和审计人员的共识。

3. 内部审计工作领域持续拓展

近年来，各级审计部门根据内部审计工作发展的趋势和要求，结合本企业治理结构和经营管理实际，积极拓展内部审计工作领域，内部审计已开始融入公司经营管理的各个环节之中。

（1）经济责任审计的内容和范围不断拓宽。股份公司始终坚持领导干部“离任必审”工作原则，2008 年开始，审计部门开始对任期届满的子公司领导班子开展任期经济责任审计，将“离任必审”和“任期届满必审”相结合，拓展了经济责任审计的范围。近几年公司总部开展领导干部任期审计的数量已占经济责任审计的 80%以上，并探索性地开展了对控股公司董事长和总经理经济责任审计的尝试。与此同时，总部将经济责任审计结果纳入领导干部个人档案，作为对干部考核任免和绩效兑现的重要依据，经济责任审计的功能得到增强。

（2）内部审计逐渐向国际业务延伸。在“国际业务优先发展”的战略指引下，股份公司国际业务取得迅猛发展，国际业务已成为股份公司四大业务板块的支柱产业，对公司持续发展起到重要的支撑作用，因此加强国外项目监管，控制和防范国际经营风险的重要性凸显。“十一五”期间，审计部门不断加大国际项目的审计监督，在子公司审计部密切配合下，共实施了 38 个审计项目，项目类型有区域业务总部管理审计和在建项目经济效益审计，涉及非洲、中东、东南亚地区。

（3）投资项目和非水电业务审计力度得到加强。为适应公司产业结构调整和转变增长方式的要求，从 2007 年开始，总部对 4 个投资项目实施了工程造价审计和竣工财务决算审计，项目类型涉及火电、水电、风电和房地产开发项目，对2个在建公路项目开展了过程跟踪审计。

4. 内部审计工作力度进一步强化

“十一五”期间，各子公司在强化审计监督力度方面亮点频出，呈现出“纵向深入”的态势。主要表现在：强化了境外项目的监管力度，各级审计部门在人员少、任务重的情况下，充分利用各种审计资源，通过牵头组织、联合审计、参与审计的方式，对境外在建和完工项目开展了现场审计、竣工决算审计、经济效益审计；注重内部审计与项目风险管理相融合，努力探索以风险为导向的审计工作，充分发挥审计风险预警和防范作用；重视完工项目审计，及时总结项目施工中的经验教训，准确评价项目经营业绩和管理水平；开展对社保资金和离退休职工统筹外费用管理情况的审计，为股份公司开展“同级审计”做了很好的探索实践；参与公司重点工程项目的设备物资采购招标、合同谈判、合格分包商评审等工作，将内部审计与生产经营进行有效融合，使审计工作更好地服务于公司生产经营。

5. 内部审计工作方式不断改进

过去五年，股份公司各级审计部门在拓宽审计领域、增强审计力度的同时，也致力于对审计工作方法的改进创新，具体表现在：

(1) 根据人员少、时间紧、任务重的实际，总部和部分子公司通过自主审计、联合审计、参与审计、委托中介机构审计等多种方式，最大限度地整合审计资源，确保年度审计计划的全面完成。

(2) 开始启动计算机辅助审计工作。2008年总部通过招标方式聘请专业机构建立股份公司审计管理信息系统，审计信息化对提高审计效率、节约成本的作用正逐步显现。

(3) 不断探索内部控制审计新方式。如水电八局2010年完成了《内部控制审计支持系统的建设与实施》报告，并代表公司参加了全国电力行业企业管理创新成果评选，顺利通过了集团公司的评审，为内部控制审计提供了可借鉴的工作方法和技术措施。

(4) 通过对公司财务决算报告进行审签，对财务报告的真实性、准确性、完整性和合规性进行验证把关，强化了审计监督评价的效果，提高了所属单位财务报告的编报水平。

6. 内部审计工作成果日渐突出

(1) 狠抓审计意见的贯彻落实。审计部门在下达审计意见的同时，明确了整改期限，并对被审单位整改过程进行了解跟踪，督促企业按时保质保量完成整改。据统计，2006～2008年总部和子公司审计意见整改到位率分别为88%、82%、80%，2009～2010年审计意见整改到位率提高至91%和96%。

(2) 审计成果综合运用水平不断提高。2010年公司审计工作会议期间，将审计署对公司京沪高铁三标段项目审计结果进行了专题通报，特别针对审计发现的问题整改提出要求，要求各单位“举一反三”，最大限度地防止同类问题的再次发生。

(3) 部分子公司内部审计工作得到肯定，获得荣誉，如：水电十四局荣获2006～2008年“全国内部审计先进单位”光荣称号；水电二局审计部被中华全国总工会授予2010年度“全国五一巾帼标兵岗”称号；水电四局、水电五局、水电八局、水电十一局被评为省级内部审计先进单位；水电五局郑久存总经理、水电八局林修建总经理荣获省级2008～2010年度“关心、重视和支持审计工作十佳领导”称号。

(三) 内审工作取得成绩的基础及存在的差距

过去五年，股份公司内部审计工作取得了突出成绩，有许多经验值得总结和思考：

1. 领导重视是关键

股份公司审计工作长期以来得到国资委、国有企业监事会的重视和关心，国资委和监事会的领导每年坚持参加股份公司审计工作会，对加强股份公司审计工作提出了前瞻性、指导性意见。股份公司和子公司两级领导对审计工作始终给予高度重视和支持，审计工作由总经理直管和副总经理（纪委书记、总会计师）协管，审计工作直接对本单位一把手负责。有领导“撑腰”和领导授权，是内部审计敢于发现问题和揭露问题的重要前提，提升了内部审计的独立性和权威性。与此同时，各单位加强了对审计工作支持力度，在机构设置、人员配备、经费开支、设备更新方面给予充分保证，审计力量不断增强，审计工作地位得到提升。

2. 制度建设是保障

公司各级审计部门始终重视加强审计规章制度建设，根据国资委、审计署的要求，结合股份公司经营发展实际，加大了制度建设、修订和补充完善力度，突出制度的指导性和可操作性，初步建立了以“基本制度、业务规范、实务指南”三个层次为主体的内部审计制度体系，成为审计工作实践中的重要指导和支撑，促进了审计工作科学化、规范化。

3. 人才培养是基础

内部审计功能作用是否充分发挥，队伍建设是基础。过去公司审计人员绝大多数是财会专业出身，知识结构较为单一，近几年公司不断加大对审计人员的引进、培养力度，注重专业结构的调整和能力素质的提高。一些单位将经营、投资、法律、合同、商务管理等方面的人才吸纳进审计队伍，部分审计人员具有注册会计师、注册审计师和注册造价师等执业资格，队伍的专业化程度不断提高。同时，组织系统审计人员参加各种形式的学习培训，执业能力得到提升，确保了审计工作的顺利开展。

4. 扎实工作是根本

五年来，股份公司各级审计人员充分发挥专业性强的特点，深入实际，扎实工作，勤勉尽责，为企业“把脉诊病”，为公司发展“保驾护航”，体现出良好的执业水平和精神风貌，成为股份公司发展中的不可或缺的重要力量。

回首过去，在国资委的正确领导下，在公司各级领导的重视下，在同志们的共同努力下，内部审计工作取得显著成绩，为公司“十一五”发展目标的顺利实现作出了积极贡献。在此，我代表股份公司向各位领导，特别是向在审计战线上辛勤工作、默默奉献的审计工作者表示衷心的感谢！

在总结、肯定成绩的同时，我们还要看到工作中存在的差距和不足：

（1）内部审计工作在子公司之间发展不平衡，目前除工程局（厂）和部分控股公司设立审计机构外，仍有部分子公司尚未设立审计机构，公司内部监督体制不健全，有的单位审计人员流动性大，队伍不稳定，制约了审计工作的开展。

（2）从近两年审计署对京沪高铁、贵广、南广铁路项目和五家子公司审计情况看，还存在收入成本核算不实、固定资产折旧计提不规范、违规分包转包、违规拆借资金、拖欠职工薪酬、投资审批程序不全、以虚假票据入账以及负债率高、国际业务风险等问题。上述问题具有一定的普遍性和重复性，说明我们的审计工作距离过程控制和风险防范仍存在差距，审计风险预警和防范作用未能充分发挥。

（3）目前公司高素质审计人才还比较缺乏，审计理念还不适应审计转型和公司发展的需要，审计人员的专业知识、综合素质、执业能力仍有待提高。这些问题的存在，既有客观方面的因素，也有主观方面的原因，应当引起高度重视，需要我们认真思考研究，并采取有效措施，逐步加以解决。

二、正确认识新时期内部审计工作面临的新形势，进一步明确“十二五”公司内部审计工作的目标和任务

（一）股份公司面临的经济形势和发展目标

胡锦涛总书记在庆祝中国共产党成立 90 周年大会上的讲话中指出：“在当代中国，坚持发展是硬道理的本质要求就是坚持科学发展。我们要以科学发展为主题，以加快转变经济发展方式为主线，更加注重以人为本，更加注重全面协调可持续发展”，可见，学习好、贯彻好、实践好科学发展观，是股份公司保持可持续发展的根本，我们必须一以贯之。

“十二五”是股份公司贯彻落实科学发展观，通过调整经营结构、转变经济方式，确保平稳较快发展的关键时期，我们一方面面临着国家宏观经济运行良好、经济发展长期向好的有利形势，面临着国内持续保持基础设施投资规模、加大“走出去”战略实施力度带来的重大商机，面临着国资委加快推进中央企业重组调整的重要时期，同时也面临着世界经济复苏进程缓慢、国际金融危机导致全球结构性重大调整带来的更加激烈的市场竞争环境，面临着更为复杂多变和难以预测的国际政治经济风险，机遇和挑战并存。

股份公司 2011 年工作会议已经明确了未来五年公司总体发展战略和发展目标，即：到“十二五”末，初步建成具有较强国际竞争力、以质量效益型为显著特征的“行业领先、管理一流、品牌影响力明显、具有持续成长性与较强自主创新能力、可持续发展能力的”世界一流公司以及实现“四强四优”的总体要求，即：自主创新能力强、资源配置能力强、风险管控能力强、人才队伍强以及经营业绩优、公司治理优、结构布局优、社会形象优。截至 2015 年末，股份公司力争实现以下目标：资产总额 2200 亿元以上，年营业收入 1800 亿元以上，实现年利润总额 65 亿元以上。

新形势下，公司各级审计机关和广大审计人员要切实增强责任意识、大局意识和风险意识，充分认识审计工作面临的新形势、新任务和新要求，增强责任感和使命感，为股份公司科学发展提供强有力的支持和保障。

（二）新时期股份公司内部审计工作的总体思路和工作目标

“十二五”股份公司内部审计发展的基本思路是：以邓小平理论和“三个代表”重要思想为指导，以深入贯彻落实科学发展观为根本，以努力实现公司“十二五”发展目标为宗旨，以加快实施公司内部审计转型为重点，认真履行内部审计职责，通过揭示、查处、纠正违规违纪问题，提高审计风险识别和防范能力，力求从体制、机制和制度层面分析问题，提出建议，服务于股份公司科学发展。

“十二五”股份公司内部审计工作的总体目标是：围绕公司发展战略，总部和子公司之间纵向统一管理和横向职责明确的内部审计工作体系逐步建立和完善；内部审计功能由单一的查错纠偏向监督、评价、服务等价值管理转型基本完成；内部审计工作科学化、标准化、规范化、信息化水平显著提升；内部审计队伍专业素质和执业能力进一步提高；为股份公司全面完成“十二五”发展目标的保障和促进作用明显增强。

“十二五”公司内部审计工作的主要任务是：紧紧围绕一个中心大局，始终坚持二项基本原则，大力推进三项建设任务，重点强化四项管理，扎实推进五个转变。

1. 围绕一个中心大局即公司改革发展大局

股份公司已经明确了“建设具有较强国际竞争力、以质量效益型为显著特征的世界一流公司”的发展战略，内部审计工作必须以公司发展战略为出发点，服务于公司发展大局，为公司实现发展目标保驾护航。这既是内部审计的本质要求，也是内部审计存在和发展的动力。

2. 坚持二项基本原则即“独立性、客观性”原则和“监督与服务并重”原则

我国《内部审计基本准则》第九条规定：“内部审计机构和人员应保持独立性和客观性，不得参与被审计单位的任何实际经营管理活动”，也就是说内部审计人员不能既当运动员又当裁判员，必须独立于公司的生产经营活动，做到机构独立、人员独立，必须严格遵循内部审计法律法规，按照部门职责和管理层要求开展工作，对公司经营管理活动以及领导干部履职情况进行客观公正的监督评价。内部审计在履行监督职责的同时，更要为公司管理层提供信息参考，为公司规范管理、防范风险、促进增值服务，为公司生产经营的正常运转提供强有力的支撑，这是企业内部审计的最终目标。

3. 推进三项建设任务即组织建设、队伍建设、制度建设

机构、人员、制度建设是内部审计工作有效开展的前提和基础，国资委颁布的《中央企业内部审计管理暂行办法》第六条明确规定：“企业应当按照国家有关规定，建立相对独立的内部审计机构，配备相应的专业工作人员，建立健全内部审计工作规章制度，有效开展内部审计工作。”目前审计机构在子公司层面还没有全部到位，审计工作在个别公司中还存在盲区，公司内部监督体系还不健全，不能满足现代企业治理结构的需要和国资委的要求。对尚未设立内审机构的单位，领导要高度重视，抓紧研究，结合自身实际，逐步建立内部审计机构，落实人员，明确责任，构建在公司治理结构框架下的内部审计工作体系。要结合公司发展，对现有审计规章制度及时进行修订，强化制度的指导性和可操作性，进一步规范审计工作程序，提高内部审计科学化、标准化水平。

4. 强化四项管理

要把管理融入审计工作的全过程，做到目标明确、计划科学、重点突出、方案具体、实施规范、整改彻底、成果高效。

(1) 强化审计战略管理。各单位要把审计战略规划作为头等大事来抓，结合股份公司五年发展规划和本单位实际，制定“十二五”内部审计战略规划，明确发展思路、工作目标和具体安排，增强审计工作的前瞻性和指导性。

(2) 加强审计计划管理。制定审计工作计划要围绕公司发展大局，既要统筹兼顾，又要突出重点，要找准公司发展中的热点难点，找准关键环节，有的放矢。

(3) 严格审计质量管理。坚持依法审计，认真执行审计法和国家审计准则等法律法规，做到审计程序合法严谨，对问题定性处理合法。要强化审计人员的质量意识，明确审计各环节的质量责任，加强现场审计的实时动态监管，确保审计结论能够真实、客观、准确地反映实际，使审计工作能经得起检验。

(4) 抓好审计成果管理。一方面要加强对审计结果落实情况的跟踪监督，督促被审计单位认真整改；另一方面，要加强对审计结果和审计信息的整理、分析，探索建立审计项目信息库，为领导决策提供建议和支撑服务。另外，要探索将审计结果与绩效评价、业绩考核、干部任免相结合，实现审计成果向管理服务转化。

5. 推进五大转变

2010年8月，国资委召开了中央企业内部审计工作会议，国资委副主任孟建民同志作了重要讲话，提出了当前和今后一个时期中央企业内部审计工作的发展目标和重点工作。按照国资委的要求，结合股份公司发展特点和内部审计转型需要，“十二五”期间股份公司内部审计工作应继续强化以下五大转变：

(1) 审计功能要从查错纠偏向价值增值转变。内部审计发展到今天，其本质和功能已经有了新的发展。本世纪初，国际内部审计师协会对企业内部审计的定义是：“内部审计是一种独立、客观的确认和咨询活动，旨在增加价值和改善组织运营”，也就

是说，现代企业内部审计工作不仅局限于查错纠偏，更要通过监督、评价、服务、咨询等工作，促进企业改进管理模式、业务流程，帮助企业增加价值，确保实现战略目标。

（2）审计重点要从财务收支审计向管理审计和绩效审计转变。财务收支审计是企业内部审计工作的基础，通过对财务报表合规性的审查，确保公司财务状况和经营成果的真实性和完整性。随着公司的发展，内部审计作为企业内部控制流程中的重要环节，帮助企业及时发现和消除经营管理中存在的风险和隐患，促进企业不断改进管理、规范经营，已经成为内部审计的新功能。因此，内部审计的重点要从传统的财务收支审计转向对企业重大决策、重要业务流程、重点风险环节、资产安全等管理环节进行监督审查，增强自我免疫能力，提高管理水平。同时，还要对经营者履职行为和经营绩效进行监督评价，促进领导干部强化履职责任，提高企业经营管理绩效。

（3）审计领域要从事后监督向过程控制和风险预警、防范转变。企业的发展实际告诉我们，事后监督只能亡羊补牢，事中防范和过程控制更为重要。在审计实践中，要注重将领导干部离任审计和任中审计相结合，将绩效审计和战略实施审计相结合，将风险审计和内部控制审计相结合，通过加强对施工过程中的立项、招投标、合同、采购、工程进度、质量、安全、结算等业务流程进行实时监督，对施工过程中的风险进行识别、诊断，督促企业及时改进完善，从源头和过程中控制风险，保障企业健康运行。

（4）审计方法要从传统的现场检查向网络应用及信息化管理相结合转变。计算机应用和网络技术的发展为审计信息化建设提供了强有力的保证，如何有效运用现代信息技术，探索远程审计和信息化管理，降低审计成本，是目前内部审计工作面临的新课题。目前股份公司审计信息化管理平台已经搭建，总部要统一部署，扎实推进，“十二五”期间，各单位要在审计管理平台运用、远程审计、实时监控方面取得实质性进展，不断增强审计分析判断能力和快速反应能力，提高审计效率。

（5）审计机制要从监督服务向完善公司治理转变。股份公司成立以后，已经明确内部审计机构的双重职能：一方面，审计部门是公司经营管理的职能部门，为公司规范管理、防范风险服务；另一方面，审计部作为董事会审计与风险管理委员会的办事机构，也要对董事会负责。审计部门要切实转变观念，自觉接受董事会审计与风险管理委员会的领导，在履行内部审计职责的同时，还要对公司治理环境、治理流程、治理程序和治理效果进行监督，为完善公司法人治理结构、促进公司健康发展发挥应有的作用。

三、进一步强化内部审计工作，努力完成2011年审计工作任务

2011年是“十二五”的开局之年，也是公司发展进程中至为关键的一年，目前中央企业电网主辅分离及设计、施工一体化重组方案已获国务院批准。在国资委的领导下，集团公司层面的重组调整工作已经启动，股份公司也将面临进一步完善法人治理结构以及转变发展方式、创新发展机制的新任务，内部审计如何在公司重组调整和完善治理结构下发挥更大的作用，要求公司各级审计机构和审计人员不断适应新形势，进一步统一思想、明确方向、开拓创新、扎实工作，努力推动股份审计工作再上新台阶。

（一）加强组织领导，努力构建公司内部“大监督”格局

各单位要切实加强对内部审计工作的组织领导，结合公司发展实际，明确内部审计由公司总经理直接领导和副总经理协管相结合的领导体制，探索建立公司内部“大监督”格局。

（1）要明确机构人员，细化职责流程，确保审计工作的独立性和权威性，进一步完善内部审计组织体系。

（2）要不断创新审计管理模式，聚合审计力量，建立一种能够将全系统审计业务骨干统筹调配使用的工作机制，通过开展联合审计、交叉审计、委托审计等方式，充分利用系统内外审计资源，实现审计效果最大化。

（3）整合公司内部监督资源，探索将内部审计与公司纪检、监察、财务、资金、法律及公司监事会的协调联动机制，做到资源和信息共享，逐步形成公司内部“大监督”工作格局。

（二）继续深化领导干部经济责任审计和国外项目、投资项目审计监督

1. 不断完善领导干部经济责任审计工作

（1）按照中办、国办关于《党政主要领导干部和国有企业领导人员经济责任审计规定》和国资委2010年经济责任审计工作会议的要求，对公司现有的经济责任审计办法进行补充完善，对经济责任审计思路、原则和方法进行调整。

（2）坚持“离任必审”，对子公司负责人离任的，必须开展离任经济责任审计，客观评价其履职

情况和经济责任，切实做到未经审计，不得解除经济责任和兑现任期绩效薪金。

（3）按照“任期届满必审”工作要求，逐步加大对领导干部任中审计力度，促进审计关口前移，以便更加及时、有效地对企业负责人任期内的履职行为和经营业绩情况进行监督和评价。

（4）将“三重一大”民主决策制度执行情况作为领导干部经济责任审计的重要内容，加强对决策过程、决策程序的监督，促进领导干部提高民主决策、科学决策水平。

（5）强化对子公司经济责任审计工作的指导，及时了解经济责任审计工作开展情况，创新经济责任审计方法，建立经济责任审计工作日常沟通与重大事项报告制度，不断提高经济责任审计水平。

2. 扎实推进国外业务、投资项目审计监督

在国际化、多元化发展战略引领下，股份公司国际业务、投资业务快速增长，效果显著。2010年公司国际施工业务实现毛利所占比重已达43.2%，电力投资运营和房地产项目实现毛利率分别达到57.2%和24.1%，成为新的利润增长点，股份公司主业突出、相关多元的产业发展格局基本形成。近期国资委下发了“关于认真贯彻实施《中央企业境外国有资产监督管理暂行办法》和《中央企业境外国有产权管理暂行办法》的通知”，要求加强境外资产和产权管理，国务院监事会也将组织开展对境外企业（项目）的检查，因此，加强对国际业务、投资项目的审计监督已经成为审计部门的重要工作。审计部门要通过审计监督，及时发现和揭示项目履约过程中面临的工期风险、税务风险、汇率风险、政治风险，充分发挥内部审计风险预警、识别、防范作用，切实维护公司利益。

要根据投资项目类型、投资规模和管理需要，有选择性地对重要投资项目组织开展工程造价审计、竣工财务决算审计和投资项目后评价工作，对投资项目立项、决策、建设、运营全过程进行监督，对投资效果进行分析评价，为股份公司科学评价投资项目，规范投资行为，提高投资效益做出努力。

（三）加大专项审计工作力度，提高风险防范能力

内部审计工作职责决定了审计工作要深入基层，深入实际，深入到公司生产经营的最前沿，做到业务延伸到哪里，审计监督就到哪里。各单位要按照股份公司“三控三强一确保”的管理要求，根据本企业发展情况和管理特点，加强对固定资产投资、改制重组、产权交易等重大事项以及工程分包、投资担保等高风险业务的审计监督，加强对资金流、负债规模、成本控制等财务情况的跟踪分析，加大对在建项目过程履约、工程结算、经济效益、工程完工审计力度，积极探索开展内部控制审计、风险管理审计。同时，要加强对子公司直接投资的重要三级子企业的监管，对三级子企业的重要领导岗位、重大财务资金事项进行重点关注，切实维护出资人利益，确保国有资产安全。

（四）狠抓审计署审计意见的整改落实

2009～2011年，审计署连续三年对股份公司京沪高铁三标段项目开展了过程跟踪审计，2010年对贵广、南广铁路项目开展了审计，并委托地方审计机构对水电一局、水电八局、水电十一局、水电十六局和华亭发电公司五家子公司开展了财务收支审计，在肯定成绩的同时，也披露了公司在项目管理、工程款支付、资金管理、工资管理、投资决策、工程分包、国际业务风险等方面的问题。公司领导高度重视，范总作了重要批示，责成由审计部门牵头，召集相关部门专题研究落实整改工作，并专门下发了整改通知。借本次会议，对整改工作提出以下要求：

（1）各被审单位领导要高度重视审计署审计结果，加强对整改工作的组织领导，明确整改实施部门和监督部门，落实工作责任。

（2）各被审单位要根据审计报告中反映的问题，逐条进行对照，限期整改到位，特别是对出借资金、假发票入账等违规行为，要进一步查找原因，明确责任，完善制度，堵塞漏洞。其他单位要引以为戒，举一反三，防止问题重复发生，坚决杜绝违规集资、违规出借资金、拖欠职工工资、假发票入账等违规行为，确保公司依法规范经营。

（3）审计部门要以此次审计署审计为契机，认真梳理问题，查找原因，提出对策，及时向公司管理层提出改进管理、防范风险的意见建议，促进公司持续、健康发展。

同志们，股份公司已经进入科学发展的新阶段，内部审计工作责任重大，任重道远，我们要紧紧围绕建设具有较强国际竞争力、以质量效益型为显著特征的世界一流公司的战略目标，进一步更新观念，锐意进取，求真务实，开拓创新，全面加强内部审计监督，努力开创股份公司审计工作新局面！

持续提升法制工作整体水平 在公司改革发展中全面发挥服务保障和支撑作用

——在股份公司2011年法制工作会议上的讲话

(2011年9月27日)

袁柏松

同志们：

这次会议是在股份公司全面实施“十二五”规划的开局之年，在集团重组全面推进、股份上市顺利进行、法制工作取得阶段性成果的大背景下召开的，意义十分重大。会议的主要任务是：以科学发展为主题，以转变经济发展方式为主线。全面贯彻中央企业法制工作会议精神，深入落实股份公司2011年度和年中工作会议安排，系统总结三年来公司法制工作成效和经验，充分认识法制工作面临的新形势新要求。在新的起点上持续完善提高，确保实现中央企业法制工作第三个三年目标（以下简称新三年目标），为建设具有较强国际竞争力的质量效益型世界一流公司充分发挥法制工作的保障和支撑作用。

股份公司对这次会议高度重视，董事长、党委书记范集湘同志做出了重要批示，大家要认真学习领会，全面贯彻落实。下面，我代表股份公司和股份公司党委讲几点意见。

一、三年来法制工作取得了显著成效

在近三年来的法制工作实践中，领导高度重视，组织筹划得力，执行落实到位，公司以落实中央企业法制工作第二个三年目标为契机，按照“统一管理、分级负责、纵向指导、横向协作”的管控模式，更新理念，拓宽思路，不断完善法制工作体系。总部和子公司两个层面的法律风险防范机制有效运行，在服务支撑企业生产经营管理过程中追求实效，为公司全面实现“十一五”规划目标、在高风险期实现稳步发展发挥了积极作用。

（一）工作成绩得到上级肯定

公司“五五”普法规划圆满完成，法制工作三年目标全面实现，整体进步明显、作用良好、成绩喜人。在中共中央宣传部和国家司法部组织的表彰活动中有1人荣获“2006～2010年全国法制宣传教育先进个人”荣誉，公司法制工作系统获得了首个全国性奖励。集团公司被评为国务院国资委“五五”普法先进单位，有3名同志被评为国资委“五五”普法先进个人。在国务院国资委组织的第二次中央企业法制工作“双十优”评选表彰活动中，公司有1人荣获“中央企业优秀总法律顾问”，有2人荣获“中央企业法律事务先进工作者”。在刚刚召开的中央企业法制工作会议上，集团公司作为六家先进单位之一作经验交流发言，并在会议现场设置展板全面生动地展示了公司近年来法制工作成就。集团法制工作服务生产经营管理追求实际效果的做法获得了与会领导和代表的一致认可和称赞。国资委有关领导对集团法制工作取得的成绩给予表扬。

（二）总法律顾问制度全面落实

公司积极响应和落实国资委推行企业总法律顾问制度的要求，为系统实施总法律顾问制度提供组织保证，打造实施平台，健全保障体系。公司总部和28家子公司已全部聘任了总法律顾问，较2008年增加了19家，增幅达68%。总法律顾问在各自所在岗位充分承担职责，参与重大经营决策，规范企业经营管理，维护企业合法权益，发挥了积极有效的牵头组织作用。水电一局安排专职人员担任总法律顾问，法律风险防范进一步加强，企业合法权益得到有效维护。水电三局总法律顾问履职以来，除统一协调处理公司决策、经营和管理中的法律事务外，还关注下属单位法律事务负责人的任免，纠正下属单位违反法律法规的行为。水电基础局实施了“五个一”的标准配置，即总部设一名总法律顾问，设置一个独立的法律事务机构，分公司设置一名法制经理、一名法律顾问，项目部聘任一名法制经理。

（三）人才队伍和工作架构系统完善

公司专职法制工作人员达到125人，较2008年

增加了61人，增幅达95%。股份公司总部和16家子公司已独立设置法律事务部，另有6家子公司在综合管理、经营管理等相关职能部门内部设置了法律事务机构，比例达到79%。水电五局法律事务部开展“上下联动”实习交流模式，安排公司法律顾问到一线单位深入实践，安排二级单位法律顾问到公司法律事务部学习，加强互相协作，推进经验交流。水电八局与中南大学法学院签订战略合作协议，由中南大学法学院代为培养公司法务人员，双方在疑难案件的咨询、法律风险防范研讨、社会资源共享等各方面进行深度合作。水电十二局鼓励员工参加企业法律顾问资格考试，对通过资格考试人员给予3000元的现金奖励。水电十六局加强法制化纵向管理，设立法制工作网络QQ群，加强工作管理与交流，及时处理工作中出现的问题。路桥公司法律事务部与风险管控中心、港航公司法律事务部与经营管理部合署办公，对经营过程中的法律风险防范起到了积极作用。

（四）法制工作制度体系逐步健全

公司始终将完善法制工作的制度体系作为加强法律手段科学管控的重要途径，三年来共制定发布了《集团公司法制工作三年规划》、《集团公司经营行为法律审核工作规范（试行）》、《股份公司企业法律顾问职业岗位等级资格评审管理办法》、《股份公司法制工作考核办法》、《关于进一步加强经营行为法律审核工作的指导意见》、《关于进一步规范公司运营加强外部股东管理的通知》等12项法制工作管理制度，内容涉及法制工作规划、法律审核、人员管理、风险管理、考核评价等重要环节，初步形成了闭合的法律管控制度体系。水电十二局、路桥公司、四川电力公司等多家子公司都加强建章立制，出台或修订了《法律事务管理办法》、《法律审核规范》、《合同管理办法》等管理制度。

（五）法律审核业务得以规范和深化

公司通过《经营行为法律审核工作规范》优化了法律审核流程设计；通过开展法律审核专项研讨，形成并发布了相对统一的标准；强调法律审核实际效果，强化了法律审核备案管理。各项具体措施极大提升了法律审核把关率，三年来公司总部及子公司法律审核事项达10 157件，审核率达到了100%。总部通过公司章程、议事规则等制度设计，明确了总法律顾问列席总经理办公会、董事会、股东会议的程序，注重由法律部门参加投资项目评审会议、设备招标定标会签、进入各类重要事项专门领导小组等多种务实方式提供法律论证。水电二局推行使用I6P企业运营管理系统，逐步将企业经营活动纳入法制化管理。水电三局利用法律确认函对分包商资质和合同签订事项进行审查确认。水电五局将法律审核覆盖到投资领域，介入对海外重大采购合同和分包合同的审核。水电六局要求对外签订的联合投标协议必须由公司法律顾问审核签批。水电九局注重对二级单位分包立项工作的审批、分包队伍资质资信的审核和招投标管理程序的规范执行。

（六）普法宣传教育和培训持续开展

公司结合企业经营实际，找准行业特色，紧扣管理需求，采取多种形式，有针对性地开展“五五”普法和“12·4”法制宣传日活动以及其他法制宣传教育活动，累计投入普法经费3000余万元，普法对象覆盖集团总部、子企业和基层单位各层级人员。总部和子公司两个层面法律培训得以常态开展，参培人员达1800余人次。多数子公司注重对新员工开展法制教育，在进行岗前培训时加入法律内容。水电七局组织召开了“五五”普法总结经验自查交流会，现场进行了普法展板制作、幻灯片制作、论文等活动评比，全方位、多角度展示了普法工作的成果。水电十局通过《岷江报》、公司网站以及实地走访等多种途径大力开展了灾后重建相关政策法规的宣传普及和解释工作。水电十一局组织编制《典型案例汇编》发放至一线项目部。水电基础局实施了干部任前法律知识考试制度，利用职代会对经营管理人员进行法制培训。辽宁工程局开展了现场有奖法律知识竞赛，极大调动了公司员工学习法律知识的热情。夹江公司利用部门架构设置的独特优势，连年开展主题突出的普法宣传教育活动。路桥公司坚持每年“12·4”普法宣传日期间都邀请常年法律顾问开展法律知识讲座。房地产公司邀请检察官开展法制专题教育讲座。华亭公司、崇信公司利用广播站将法律条文用具体案例演绎讲解。多家子公司因普法成效显著，连续获得地方政府表彰。

（七）法律风险管控效果明显

公司加强对法律纠纷案件进行管理，各子公司按照制度要求进行重大案件的及时报备和年中、年末阶段性案件情况汇总报告，法律事务部定期形成法律纠纷案件情况分析报告，从不同角度全面分析法律纠纷案件态势，把握企业整体法律风险状况，并有针对性地提出具体的管控指导意见。三年来，总部和各子公司共计处理法律纠纷案件721起，涉及金额97 223万元，避免和挽回经济损失达15 138万元。特别是针对一些历史遗留的可能产生负面影响的纠纷案件和市场营销过程中产生的当期风险，采取得力处置措施，取得了积极成效。水电四局定期印发《法律风险简报》将法律风险点予以警示。水电六局定期编辑整理法律纠纷工作简报指导二级单位。水电八局出具公司法律风险年度评估报告，建立公司合同风险防范体系和法律风险预警救济机制。水电十三局法律事务机构积极参与国际业务法律风险防范，为企业实施"走出去"战略发挥了重要保障作用。水电十五局积极化解历史遗留的重大法律纠纷案件，抓好诉讼案件的统一协调，提高案件胜诉率。水电十四局、国际公司、租赁公司、新能源公司等单位采取"内外结合"的法律风险防范机制，加强内部管理与利用社会资源相结合，在国内外工程承包、融资租赁、投资等业务领域有效地实施了法律风险管控。

（八）法制工作考评机制有效确立

法制工作作为公司综合管理考评的一个重要子项，纳入了子企业负责人年度业绩考评体系，考评结果决定领导人员年度薪酬兑现水平。公司制定下发了《法制工作考核办法》，设定了"工作体系、法律审核、风险处置、普法培训"四项重点考评指标，按照100分值记分制方式设置了打分细则，保证了考评的可操作性。水电七局将法律风险控制水平纳入分局、施工局、项目部负责人年度业绩考核体系，进一步强化公司管理人员的法律素养和风险管控意识。水电十二局法定代表人与二级单位负责人签订《法律风险防范管理责任书》，层层分解法律风险防范责任。

三年来，法制工作取得的成效，是围绕公司发展战略、主动响应发展需求、突出阶段工作重点的结果；是公司领导支持、总部强力引领、子公司积极跟进的结果；是法制工作团队忠诚勤勉、持续提升、爱岗奉献的结果。在此，我代表股份公司和公司党委向从事法制工作的同志们表示崇高的敬意和衷心的感谢！

在总结成绩的同时，我们也要关注到当前公司法制工作仍然存在一些不容忽视的问题。一是公司内部法制工作开展不均衡，主要表现为全资子公司与控股子公司之间进展不同和各子公司之间法律管控能力的高低差异。二是法制工作团队面临社会环境的快速变化和企业的高速发展所带来的现实挑战，整体水平和综合素养亟须进一步提升。三是由于建筑企业的现实环境和法律专业的特殊性，公司法制人才队伍面临着数量偏少、梯次不合理等亟待解决的问题。这些问题必须引起大家的高度重视，并要认真研究，妥善加以解决。

二、法制工作基本经验值得总结

公司法制工作取得的阶段性成果来之不易，积累的实践经验弥足珍贵，多年探索形成的适应企业实际的法制工作模式和工作理念需要进一步完善深化。这些年的探索和实践，使我们进一步加深了对中央企业开展法制工作重要性、紧迫性的认识，更加增强了搞好法制工作的信心。很多好的做法和思路值得我们在今后的工作中加以坚持。

（一）坚持围绕企业中心工作，服务于公司发展需要

法制工作是企业全面风险管理的重要基础性、保障性工作，是企业内部风险管控机制的重要环节，坚持围绕企业中心工作，服务于公司发展需要，是做好法制工作的客观要求和检验标准。在推进法制工作中，我们始终坚持把"保障企业法律风险充分防范、促进企业经营管理持续规范"作为核心目标，紧紧围绕公司转型升级上水平、持续稳步发展这个中心任务，提升法制工作质量和效率，追求工作实效。

（二）坚持构建适合运营架构和业务需求的管控模式

公司作为以建筑业为核心的大型企业，在转变经济发展方式和调整产业结构的过程中，不断进行改革改组，积极拓展业务领域，实施国际化经营，正是确立了适合公司这一运营架构和业务需求的法制工作模式，为法制工作的深化开展创造了先决条件。

（三）坚持健全两个层级的法律风险防范机制

建筑企业的内在特性决定公司法制工作的管理不能单纯地实施集中管控，需要依靠各子公司的积极响应和执行落实。经过三年来的不懈努力，公司确立和巩固了上下联动的法制工作组织体系、制度体系和执行体系，总部和子公司两个层级的法律风险防范体系得以建立并有效运转，为法制工作的全面开展提供了基本保障。

（四）坚持规范风险管控支撑性业务流程

法制工作要想真正发挥其应有的作用，必须要有合适的工作平台和融合路径。公司在推进法制工作三年目标落实的进程中，积极打造出"六大业务支撑"，即确立固化了重要经营决策全过程参与、重大项目法律评审跟进、合同规章审核全面覆盖、重大风险过程管控、法制宣传教育培训常态开展、专业人才队伍建设持续推动等基础性、长效化的基本业务流程，并逐步通过制度约束和实践操作将之固化，保证了法制工作积极融入企业生产经营管理过程。

（五）坚持法律管控与经营管理有机融合

促进法律管控融入企业经营管理，既是提升企业法制工作水平的重要手段，同时也是实现企业管理现代化的一个重要标志。公司积极秉承这一思路，使法律管控渗透到企业运营的决策、管理、执行等各个环节，做到“管控不缺位、服务不越位、指导不错位”，使其发挥直接的、可持续的支撑作用。

（六）坚持以实际绩效取得企业上下的广泛认同

法制工作坚持注重实际效果，以实际工作绩效彰显重要性。法制工作人员坚持“有为才有位，有位更有为”的理念，努力提高自身水平，在参与重要决策、防控法律风险和协助配合其他重要事务等方面，通过近年来卓有成效的付出和努力，全力服务于企业，以实实在在的工作业绩获得了公司上下的认可和肯定，法制工作和企业发展形成了良性互动。

三、把握新形势，顺应新要求，全面落实中央企业法制工作新三年目标

（一）认真把握法制工作面临的新形势

当前，全球经济格局正在发生深刻变化，中央企业面临更高层次、更加激烈的竞争。国际上，发达国家的债务风险和金融风险问题十分突出。在国内，经过前几年的高速扩张，“十二五”期间的经济发展呈现出较大的复杂性和不确定性。在公司内部，也将面临业务调整、组织变革和管理优化。

国内外法律政策环境的变化正在改变着中央企业的市场地位、关系格局和利益机制，法律关系已经成为维系企业生产经营最为普遍和广泛的基础纽带。如何更好地发挥法律管控的服务支撑作用，适应经济社会发展和公司改革步伐的需要，规范企业经营管理行为，降低法律适用成本，维护企业核心利益，是当前中央企业法制工作面临的重要而紧迫的任务。我们要认真理解和深刻把握社会经济的发展和企业国际化的进程以及外部各方对中央企业法制工作监管所提出的要求，充分认识法制工作支撑企业良性发展的重要性和不断提升企业法制工作水平及服务能力的紧迫性，响应新形势，确立新理念，积极思变，顺势而为。

（二）积极顺应法制工作确立的新要求

刚刚召开的中央企业法制工作会议提出了中央企业法制工作新三年目标的总体要求：紧紧围绕做强做优中央企业、培育具有国际竞争力的世界一流企业的大目标，按照“完善提高”的总体要求，力争再通过2012～2014年的三年努力，着力完善企业法律风险防范机制、总法律顾问制度和法律管理工作体系，加快提高法律顾问队伍素质和依法治企能力水平，中央企业及其重要子企业规章制度、经济合同和重要决策的法律审核率全面实现100%，总法律顾问专职率和法律顾问持证上岗率均达到80%以上，法律风险防范机制的完整链条全面形成，因企业自身违法违规引发的重大法律纠纷案件基本杜绝，为培育世界一流企业提供坚强的法律保障。

中央企业法制工作新三年目标的重点任务，概括起来就是：围绕“一大目标”，着力“三个完善”，加快“两个提高”。

1. 围绕“一大目标”

即法制工作要紧紧围绕“培育世界一流企业”这一大目标，立足内在需求，把握工作方向，努力发挥作用，在加强法律管理与经营管理的有效融合上狠下工夫，不断拓展工作领域，探索创新工作模式，努力推进企业法制工作向纵深发展。

2. 着力“三个完善”

即着力完善企业法律风险防范机制，着力完善企业总法律顾问制度，着力完善企业法律管理工作体系。法制工作要继续以法律风险防范机制为核心，以总法律顾问制度为重点，以法律管理规范化、系统化、信息化为手段，立足深化完善，努力再攀高峰。

3. 加快“两个提高”

即全面提高企业法律顾问队伍素质，全面提高企业依法治企能力。法制工作要进一步发挥支撑保障作用，必须全面提高企业法律顾问队伍素质和企业依法治企能力。

新三年目标要求更高、重点更突出，需要做大量的推动与落实的工作。

（三）全面落实法制工作新三年目标

总体上看，中央企业法制工作新三年目标给今后一个时期中央企业的法制工作提出了明确的导向和具体的工作指标，公司将据此尽快制定发布法制工作的下一个三年规划，在响应国资委管控要求的同时结合公司管理实际和发展趋势，细化工作计划和明确实施步骤，希望各子公司结合实际，抓好落实。

1. 把握新三年目标的核心要素，找准落实的关键环节

落实新三年目标，总体要求是“完善提高”，要着力优化法律风险防范机制、制度和体系；要着力提升法制工作队伍的综合能力素养和企业整体水平；要着力加强法律审核的覆盖面和精准度；要着力把

握对企业经营风险的管控处置。法制工作所有的规划设计和措施制定，都要紧紧围绕为做强做优中央企业、培育具有国际竞争力的世界一流公司的发展战略提供法律支撑。

2. 制定落实新三年目标的总体规划和工作计划

公司法律事务部要按照国资委提出的新三年目标的要求，进一步深入分析研究公司的法制工作整体情况，研究制定公司的下一个法制工作三年规划，细化任务分解，明确实施步骤，设定进度节点，确保新三年目标如期实现。各子公司要根据中央企业新三年目标和公司制定的下一个三年规划要求，结合各自企业实际具体加以落实，以满足目标要求，适应企业发展需要。

3. 关注总法律顾问专职率、法制工作人员持证率的约束性指标

能否将公司法制工作提升到一个新高度，总法律顾问团队和法制工作人员队伍的整体水平将成为决定性因素。为响应国资委总法律顾问专职率和法律顾问持证上岗率均达到80%以上的要求和后续工作开展的实际需求，各子公司要及早采取措施，注重从内部发掘合适人员、加强后备人才培养的同时，要积极面向社会公开化招聘。公司在条件具备时将探索施行向子公司直接委派总法律顾问的做法。针对提高法制工作人员的持证率问题，要鼓励和督导尚未取得职业资格的在岗人员尽快通过考试取得资格；要采取得力措施引导符合报考条件的人员参加资格考试；要吸纳已经取得法律职业资格的企业员工专职从事法制工作。

4. 加强上下协同、沟通交流和共同推动

公司总部法律事务部在落实新三年目标过程中遇到的新情况、新问题要及时向上级管理部门沟通汇报，同时要加强对各子公司的指导推动。各子公司对本企业落实新三年目标的部署和做法、有关工作计划及进展情况，也要及时向公司法律事务部反馈，形成上下协同、合力推动的良性循环，确保总部和子公司两个层面战略趋同、目标一致、执行落地。

5. 明确工作责任，加大落实新三年目标的推进力度

从企业领导班子、企业总法律顾问到法律事务部门，都要明确自身职责，将新三年目标的完成情况纳入有关年度工作计划和考核内容，定期检查进度完成情况。总部要加强引领协调，通过多种方式进行督促推动，有效解决落实新三年目标的障碍性问题。各子公司要针对与新三年目标要求的差距和薄弱环节，逐项研究提出改进措施。

在中央企业法制工作会议上，国资委政策法规局周渝波局长特别强调，各位专职和兼职的总法律顾问虽然在推动工作的方式上会有区别，但承担的落实新三年目标的责任是完全一致的。

四、下一阶段的工作重点

今后几年是公司改革发展的关键时期，公司将按照“十二五”规划确定的总体目标，落实“努力建设具有较强国际竞争力的质量效益型世界一流公司”的发展战略。法制工作必须紧紧围绕公司总体发展战略，响应平稳较快发展的阶段性要求，在全面完成中央企业法制工作第二个三年目标的基础上，坚持以往的成功经验和有效做法，统一认识，再接再厉，以饱满的工作热情和务实的工作作风，在新的起点上不断开创法制工作新局面。

（一）要不断创新公司法制工作的管理模式

从公司实际情况出发，在有利于建立上下联动的法制工作机制，优化整合系统法律资源，形成团队优势，提高法律资源使用效率的原则下，不断创新法制工作的管理模式，强化对子公司法制工作的推动，逐步形成全系统、大范围、广覆盖的法制工作网络。同时，还应当适应企业信息化管理的发展趋势，运用信息化手段提高企业法律管理水平，进一步强化有效的法律管控。

（二）要围绕发展战略深化法制工作理念和规划

法制工作要围绕公司的发展战略，着力研究涉及法制工作的全局性、战略性和前瞻性业务，不断更新工作理念，在公司2012～2014年法制工作三年规划目标中，明确法制工作的指导思想、总体目标、主要任务和实施步骤，充分体现出适应公司发展战略的规划和措施，并要认真抓好落实。

（三）要巩固提高实施总法律顾问制度取得的成效

公司总部和各子公司全面实施了总法律顾问制度，要进一步落实职责、提升能力、发挥作用，切实让总法律顾问参与到企业的重大决策当中去。要为企业总法律顾问提供充分施展才能的平台和机会，从制度设计、流程管理、机制建立等方面切实落实好总法律顾问制度的要求。同时，要注重提高总法律顾问的履职能力，实现好从咨询型、事务型向谋划型、管理型的角色转变，充分发挥其对法制工作的统筹协调作用。

（四）要服务支撑公司运营全产业链、全业务流程

牢牢把握持续发挥法制工作的服务保障和促进作用这一核心，推进企业法律风险防范机制建设，

通过对经营管理流程的规范，使法律管控全面渗透到企业经营管理的各个环节。牢牢把握法律风险发生的新动向、新特点和新趋势，提升公司整体在全产业链的法律风险防范能力。同时，在服务企业日常经营活动中，优化工作制度流程，不断提升法律基础管理工作效能。

（五）要增强法律审核的深度、广度和精度

通过加快促进法律审核融入企业经营管理，进一步创新符合企业实际的法律审核模式，提高法律审核的质量和水平。重视与跨国公司进行法律管理的"对标"，不断开阔国际视野，深入研究国际大集团内部法律管控业务流程，借鉴学习以提高法律审核的水平。同时，不断拓宽法律审核业务领域，深化工作内容，强化价值服务。

（六）要提升整体工作水平，消除内部不均衡情况

公司总部作为引领主体，继续推动总体管控能力较强的子公司优化法律风险防范措施，全面提升法制工作水平；指导协调总体管控能力较弱的子公司，按照公司要求健全机构设置，提高管控水平。此外，强化整体业务指导，按照公司制定颁布的制度，加强考核评价的力度，推行法制工作评级制度，以促进各子公司总体管理能力均衡发展。

（七）要加强专业人才队伍建设，解决人才短缺问题

进一步健全法律工作机构，加强法制工作人才队伍建设，尽快构建一支专业素质高、业务能力强、工作作风过硬的法制工作人才队伍。通过引进和培养"两条腿走路"的方式，改善人才紧缺，力量薄弱的问题，加大法律业务骨干的培养和引进力度，储备法律后备人才；通过加强专业知识和企业管理知识的学习培训，提升法制工作人员的业务能力；通过开展协作交流活动，加强专业人员之间的交流；通过开展岗位等级资格评审和考核评价，增强激励促进力度。

（八）要使法制宣传教育培训工作更有针对性、实效性

公司要制定实施"六五"普法规划，深入开展"六五"普法工作，结合企业实际，不断创新方式方法，增强针对性和实效性，培育和构建企业合规文化，提升企业软实力。同时，要统筹安排、精心组织各类专业培训，加大对企业总法律顾问、法律事务机构负责人和法律专业人才的培训力度。此外，组织差异化、符合实际需求的法律知识培训，满足企业基层人员的法律服务需求。

（九）要响应改革重组和整体首发上市，做好法律服务和法律风险管控工作

公司作为国家电力主辅分离改革及设计施工一体化重组的主要参与者，目前各项工作正在顺利推动，本月29日中国电建集团将正式挂牌。股份公司首发上市也成功进行。法制工作面临着前所未有的机遇和考验。法制工作人员要不断提升工作质量和效率，进一步采取得力措施，积极关注法律风险防范的保障支撑，对涉法事务要"早了解、早介入、早思考、早提意见"，真正做到"关口前移、源头介入、全程参与"，确保各项工作依法运转。同时，要进一步加强对法律纠纷案件的管理，定期对法律纠纷案件进行认真的排查和总结，分析原因和趋势，提出有效的应对措施。

同志们，股份公司改革发展的新阶段赋予我们法制工作团队以新的历史使命，我们要积极承载起重要责任和繁重任务。在国务院国资委的正确领导下，在公司和公司党委的重视支持下，深入落实法制工作新三年目标，不断优化法律风险防范机制，完善总法律顾问制度，持续提升法制工作整体水平，增强国际化法律管控能力，为建设具有较强国际竞争力的质量效益型世界一流公司、实现"十二五"规划总体目标和保证企业科学发展提供更加强有力的法律服务保障和支撑！

以安全技术为基础　以班组建设为抓手 全面推进本质安全建设

——2011年安全生产工作会议报告

（2011年1月22日）

孙　洪　水

同志们：

今年的安全生产工作会议的主要任务是：认真学习国务院《关于进一步加强企业安全生产工作的通知》，贯彻全国安全生产工作会议精神，总结经验，表彰先进，按照股份公司工作会议精神和《股份公司2010～2012年发展规划》要求，部署2011年安全生产工作，以思想保证、组织保证、制度保证为基础，强化技术、科研对安全生产的支撑作用，加强安全培训，加强班组建设，进一步完善安全生产制度体系、责任体系、检查考核体系，全面推进股份公司本质安全建设。

今天的会议，范集湘董事长还要作重要讲话，对股份公司2010年的安全生产工作进行全面的分析，并提出今年安全生产工作的目标和要求。对董事长的讲话和要求，我们要深刻领会，认真贯彻落实。

下面，我从三个方面报告安全生产工作。

一、2010年安全生产工作回顾

2010年，我们以预防为主、过程控制为指导思想，“突出预防为主，着力做好事故防范；突出过程监管，着力保证生产安全要素处于受控状态；突出正确履行安全责任，着力检查考核与事故问责”。并按照“明确责任、明确方法、明确目标”的要求开展了“安全生产心中有数”活动。全年发生生产安全责任事故2起，死亡2人，全面完成了2010年的安全生产考核目标，考核的28个子公司中，除1个单位外，27个子公司达到了优秀安全生产企业标准，实现了股份公司在快速发展时期，连续三年保持安全生产相对平稳的局面。回顾2010年安全生产工作，突出表现在以下几个方面：

1. 抓一把手，确保一把手抓

各公司、各个项目部的一把手，对安全生产重要性的认识，直接影响着对安全生产形势的判断，对安全投入的多寡，对安全资源配置的优劣，对处理安全与质量、进度、成本关系的偏好，最终直接关系到企业或项目的安全生产状况。一把手重视安全生产工作，像抓其他经营管理工作一样抓安全生产，既是一条成功经验，也是我们继续抓好安全生产管理工作的手段。一年来，各公司、各分公司、各项目部一把手对安全生产工作重要性的认识有了很大的提高，采取了恰当有力的措施，正确履行职责，合理配置安全生产资源，保证安全投入；用安全优先的原则解决安全生产与经营规模的矛盾，处理安全生产与质量、进度、成本的关系；经常听取有关安全生产工作的汇报，研究解决问题，督促班子成员认真履行安全责任。也正是这三点构成了我们判断一个单位主要领导是否重视安全生产的标准。很多事实表明，一把手抓安全生产立马见效、一抓就灵。成简高速公路隧道施工遭遇瓦斯地层，对我们来说，很少遇到，比较陌生，由于路桥公司、成简路总承包部以及承担施工任务的水电七局有限公司、水电九局有限公司对瓦斯危害的认识正确，治理方法科学，投入到位，所制定的制度措施能够自始至终地保持落实到位，确保了成简路两条隧道安全顺利贯通，没有发生一起安全事故。

2. 不断创新安全生产管理方法

为了更加有效开展安全管理工作，各公司、各项目部积极、主动结合自己的特点，从不同方面探索安全管理新方法、新思路。有的将相互提醒、遵章守纪不违章作为新的班组建设主要内容，有的在班前五分钟开展安全讲评、安全注意事项主题活动，有的从项目开工前组织专家对项目实施的每个过程进行安全评价，对存在重大安全风险的分部分项工程制订具体的安全措施等，一批特点突出、实用有效的安全生产管理方法不断得到总结、创新。

3. 安全管理标准化工作逐步完善

近几年来，各单位在安全管理实践中深刻认识到：管理标准化是系统地加强安全管理能力的必然要求，也是建设本质安全企业的有力工具，在消除隐患、节省成本、文明施工、保证质量、均衡生产等方面具有不可替代的作用。各单位根据各自特点从不同方面组织开展了安全生产标准化工作，认真总结项目规划、技术措施、工艺流程、管理方法、激励机制、员工培训等方面的成功经验，加工提炼、归类固化，使之上升为企业管理标准、技术标准和操作规程。其中，典型的代表是水电十四局有限公司在2010年年初发布的《安全生产标准化管理手册》，通过运行检验，效果良好，正逐步在系统内推广应用。

4. 形式多样、内容丰富、层次分明地开展安全培训

安全生产实践告诉我们，安全管理既是企业生产经营管理工作的重要内容，也是一门综合管理科学，传统的经验管理满足不了企业迅速发展需要。因此，广泛开展安全培训就成为强化安全管理基础的重要手段。各单位对安全培训认识不断提高，培训投入不断增加，培训内容不断规范，师资力量不断加强，使得“我要安全，我会安全”逐渐成为企业安全管理的坚实基础。比如，为了加强安全管理队伍建设，各单位广泛开展了三类人员培训，据最近三年统计，每年平均参加各类安全培训人数超过2500人。为了从安全意识、操作技能方面提高农民工素质，许多项目部开办了农民工学校，由有经验的管理人员和技术工人讲授安全规章制度和操作方法。正是有了这些持续不断的培训，才使我们的员工安全操作技能不断提高，我们企业的安全管理能力不断加强，安全管理基础不断夯实。

5. 交叉互检、统一考核，为共享安全管理资源、消除同类事故隐患提供了有效的交流平台

根据范集湘董事长关于大集团建设的总体思路，股份公司和各个子公司通过组织交叉互检、统一考核，在及时消除事故隐患的同时，强化以查促学，相互为戒，将优秀的管理经验迅速扩展到整个公司，将一个事故的教训变成每个子公司、每个项目的警钟。通过交叉互检、统一考核这个抓手，有力推动了公司系统的安全队伍素质建设和各类人员履行安全责任的能力建设，使得我们开展安全工作的思路更加清晰、方法更加有效。

6. “安全生产心中有数”活动初见成效，隐患治理工作成效显著

2010年，我们按照“预防为主”这一安全管理的核心思想，根据股份公司生产经营特点，以强化落实一把手安全责任为主题，以安全事故多发环节和安全管理盲区为重点，组织开展了“安全生产心中有数”活动。从去年安全生产检查考核情况来看，“安全生产心中有数”活动初见成效。各子公司一把手对安全生产工作的重视程度有了进一步的提高，工作精力投入和资源配置投入明显加强，并认真敦促有关部门加强检查，及时整改。各项目部一把手对主要管理人员的安全职责及履职情况、隐患排查治理及危险源监控情况、安全投入情况、重大安全技术方案及安全生产现状认识更加清晰，并能根据发现的问题有针对性地开展安全生产工作，带动班子成员、安全管理人员和员工自觉地履行安全职责。

很值得一提的是，在2010年安全生产心中有数活动中，有的单位主管领导、安全部主任对本单位每一个项目的概况、项目经理和安全总监情况、阶段重大危险源受控状况以及公司需要采取的对策等情况了如指掌，真正做到了心中有数。正是因为有了这样一批全身心地投入安全生产工作的各级管理人员，我们的安全生产才会有今天不断向好的发展趋势。通过“安全生产心中有数”活动，我们得到这样的启示，要搞好安全生产工作，必须全面了解、全面掌控每一个项目的真实情况，及时采取有针对性的对策，才能行之有效，化险为夷。对那些合同数额大、管理力量配置齐全、危险因素比较多的项目我们需要关注；对那些规模小、管理力量弱、隐患未必少的项目，我们更加需要关注，尤其是对那些政府监管不到位、业主对安全生产不能足够重视的项目，包括海外项目，需要我们予以特别的关注，要确保过程受控，要及时对这些项目给予更多的、特别的管理支持、技术支持和政策支持。因为，安全事故与项目规模的大小没有必然的联系，无论项目规模大还是小，发生了安全事故，所造成的负面影响都是相同的。这些年的事故教训告诉我们，对于安全生产工作，必须根据项目的特点和规律开展有针对性的差异化管理，才能避免发生事故或者少发生事故。

2009年，我们在自然灾害的防范上吃了大亏，

为吸取教训，按照“早排查、早治理、早防范”的原则，于2010年3月份就开始认真组织开展隐患排查治理工作。各个子公司共组织146个检查组（包括各单位督察组），针对生活营地、地下洞室施工、深基坑作业、高排架高边坡施工、起重吊装作业、爆破作业、大型施工机械和起重设备的运行、员工上下班交通等安全隐患进行了排查治理。在各子公司、项目部排查的基础上，股份公司组织11个督察组，对地质条件、施工环境恶劣的雅砻江、澜沧江、大渡河、金沙江等流域的85个项目部进行了重点督察。防范效果明显，在全国多地遭受洪涝灾害和恶劣天气的情况下，避免了自然灾害引发的重大人员伤亡和财产损失。

实践表明，只要我们高度重视安全生产工作，各个管理岗位、生产岗位员工认真履行安全责任，认真执行操作规程，保证安全投入，我们就能做好安全工作。2010年，股份公司营业收入突破1000亿元，在发展迅速、规模快速扩张的情况下，股份公司能够连续三年保持安全生产相对平稳的局面，是全体员工重视并参与的结果，是各级领导、各个部门正确履行安全生产责任的结果。在此，我代表股份公司向在座各位以及为股份公司安全生产辛勤工作的全体员工表示衷心的感谢！

二、2010年安全生产事故情况

2010年，股份公司共发生各类事故7起，死亡人数16人。其中，经初步调查属于自然或地质灾害的事故2起，死亡8人；交通事故3起，死亡6人；由股份公司的子公司承担主要责任的生产安全事故2起，死亡2人。与去年相比，包括自然灾害在内的各类事故起数下降30%，死亡人数下降70%。

2010年，虽然没有发生较大及以上安全生产责任事故，但上述这些事故的发生，说明我们在安全管理工作中还存在盲区，在隐患排查治理工作方面还有死角，在制度执行上还存在着不到位的地方，尤其是在股份公司高度关注的特种作业、交叉作业方面。虽然我们在防范自然和地质灾害的威胁方面做了大量的工作，但这两类事故仍然是造成我们人员伤害最多的隐患，这说明我们的应对方法、技术措施、监控手段方面还存在不足。针对这些问题，在今年的工作中我们要从项目安全规划、安全技术措施、资源配置、现场监管、隐患排查方面加强管理，进一步加强安全能力建设。

三、2011年安全生产工作安排

2011年，股份公司整体上市和重组将翻开企业发展新的一页，同时国务院《关于进一步加强企业安全生产工作的通知》（简称《通知》）和国资委《中央企业安全生产禁令》（简称《禁令》）对企业安全生产工作提出了更高的要求。为此，我们各级领导务必高度重视人的生命价值，高度重视安全生产工作，高度重视央企形象，加强企业安全管控能力建设，以建设本质安全企业为目标，努力做好安全生产各项工作。

今年股份公司的安全生产工作思路是：以落实《通知》和《禁令》精神为主线，在进一步完善管理制度、加强队伍建设、强化考核机制的基础上，狠抓安全技术措施，狠抓班组安全建设，按照整齐、有序、规范的要求，打造以“中国水电”为标志、标准化安全生产的企业、工厂、车间和项目部，全面推进本质安全建设。

1．认真落实《通知》和《禁令》精神，进一步强化安全生产意识，完善工作制度，落实安全责任

《通知》是继2004年国务院《关于进一步加强安全生产工作的决定》、2005年国务院第116次常务会议提出的安全生产12项治本之策之后，国务院出台的又一个安全生产的重要文件，意义重大、影响深远。《禁令》是国资委为央企安全生产划定的红线、底线，对强化企业安全生产工作具有重要的指导意义。股份公司各单位要深刻领会《通知》和《禁令》的精神实质和内涵，全面理解新形势下国家对安全生产工作的新要求，将我们对安全生产工作的认识提升到适应党和国家对企业这个安全生产责任主体的要求上来，把国家对安全生产工作的要求落实到企业生产经营的每一个过程每一个环节。

各单位要根据《通知》和《禁令》要求全面修订安全管理制度。要在以下六个方面一一对照检查，认真完善、落实。

（1）建立重大隐患治理和重大事故查处督办制度。要求每个公司每个项目部（车间）制定安全检查制度、重大事故隐患和责任事故查处报告制度、安全检查标准。对每一个排查发现的隐患，要按照定措施、定责任人、定整改资金、定整改完成时间，验收整改结果，实行闭环管理。对重大事故隐患和责任事故查处要按规定及时向上一级管理部门报告，上级管理部门要及时组织检查、督办。

（2）建立领导干部现场轮流带班制度。要求项目（工厂）领导轮流带班，每天亲临施工（生产）现场开展安全检查指导，要求建立项目（工厂）领导安全检查工作日志。

（3）建立先进适用技术装备强制推行制度。要求各单位技术部门、设备部门加强管理，坚决淘汰

落后技术和设备，强化安全技术对安全生产的支撑作用。

（4）建立安全生产长期投入制度。要求各单位从人力资源配置，从安全技术安全管理方法研发、引进、推广，从员工安全培训，从安全设施投入等方面制订投入计划并跟踪落实，确保安全生产能力不断提高。

（5）建立现场紧急撤人避险制度。要求各单位制定制度，完善应急预案，明确工作责任和指挥程序，赋予生产现场带班人员、班组长和调度人员在遇到险情时第一时间下达停产撤人命令的直接决策权和指挥权。

（6）建立企业负责人（项目经理）职业资格否决制度。要求各单位进一步强化安全事故责任追究制度，对安全事故负有主要责任的有关领导要终止其担任主要负责人的资格。

2. 进一步完善以一把手为主要责任人的安全生产责任体系建设

搞好安全生产工作的关键在责任的落实。要落实责任首先要明确的各个管理岗位、生产岗位的安全责任。各单位要严格按照国资委关于《中央企业安全生产监督管理暂行办法》，强化各级领导层的安全职责，尤其是强化各级一把手对本单位安全生产工作的全面管理责任。

各单位（项目部）要建立以行政一把手为主要责任人的安全管理体系，一把手要按照保证安全生产资源配置，正确处理安全生产与经营规模、质量、成本、效益的关系，检查敦促班子成员、职能部门正确履行安全责任，建立三项工作责任体系，即：建立以总工程师为主要责任人的安全技术管理体系，强化项目施工规划、技术方法、工作流程、资源组织，指导安全生产，强化技术指导、技术研发对安全生产的支撑作用；建立以主管生产的领导为主要责任人的安全生产实施体系，强化主管生产领导按法律法规、按企业规章制度、按技术规程规范组织生产的生产组织实施责任；建立以主管安全领导（安全总监）为主要责任人的安全生产责任监督体系，强化主管安全领导（安全总监）研究安全生产工作方法、制订工作计划、组织安全检查监督的责任。

3. 充分发挥技术指导、技术研发对安全生产的支撑作用

进一步强化企业技术管理部门的安全职能，按规定配备安全技术人员，强化企业主要技术负责人技术决策和指挥权。要求生产经营单位加快安全生产技术研发，在年度财务预算中必须确定必要的安全投入。

在总结近几年各类安全事故教训中，我们发现技术指导的缺失、技术方案的不完备是导致事故发生的重要原因之一，是导致重大事故的主要原因。针对安全检查中发现的施工组织设计、技术方案缺乏针对性和指导性，许多施工组织设计没有有关项目施工的系统性规划，技术措施中没有有关构筑物和安全设施的强度、刚度、稳定性的计算，甚至于技术措施中鲜有施工图，而主要以文字说明。一些技术措施表明我们工程技术人员对技术方案只是知其然，不知所以然。这种状况很容易形成以讹传讹的局面，在技术措施中留下事故隐患。为了从根本上消除存在于技术措施中的隐患，股份公司决定从今年开始重点加强安全技术管理工作，全面修订安全技术管理制度，逐渐建立、不断完善有中国水电知识产权的技术标准体系。

在今年的安全技术管理工作中，要求各单位认真做好以下几个方面的工作：

（1）要求技术部门对每一项目制订贯穿施工全过程的施工规划，根据设计文件和施工进度要求，科学合理编制施工组织设计，做到不冒险、不蛮干。尤其是在进行生活营地、生产设施的选址时，要避开存在自然灾害危害的区域。

（2）要求技术部门对每一项分部工程、单项作业提出以施工图为主的施工方法，强化技术方案对安全生产的保障作用。

（3）要求加强设计资料的进场复验关，及时发现问题，及时与业主、设计、监理沟通，及时组织设计变更研究，对一些存在着较大安全风险的项目，必须深入探讨，确保施工在安全的条件下进行。

（4）要严格执行安全技术交底工作，确保每位员工了解自己的岗位职责、安全操作要领、防护措施、异常情况征兆和应急处置方法。

（5）要严格执行安全技术措施编制、会签、审核、批准、执行程序，确保措施合理、理解到位、执行准确。

4. 以安全培训、班组建设为切入点，加强外协队伍培育与安全监管

《通知》和《禁令》要求，各生产经营单位应加强职工安全培训工作。企业主要负责人和安全生产管理人员、特殊工种人员一律严格考核，按国家有关规定持职业资格证书上岗；职工必须全部经过培训合格后上岗。

外协队伍的存在是我们企业发展的基础，外协队伍的状况直接影响到我们企业的生产经营。要建立规模效益型跨国企业集团，就必须高度重视伴随

我们股份公司发展而不断扩大的外协队伍培育与建设。每年数十万农民工和我们一起劳动在数以百计的建筑工地上，他们的劳动技能不仅决定我们企业的经营规模和产品质量，也直接影响到我们的安全生产状况。因此，加强外协队伍培育与建设，加强对农民工的操作技能安全意识培训，就成为我们企业一项重要而且十分紧迫的任务。关于外协队伍建设，一方面我们要继续保持与之形成的合同合作关系；另一方面需要我们全面加强对外协队伍的标准化管理工作和员工培训工作，要把我们的管理方法推广应用到外协队伍。一方面要通过优胜劣汰方式建立合格外协队伍数据库，对外协队伍进行包括安全生产在内的综合评估，择优选取，培育管理能力强、守信用的队伍；另一方面加强对外协队伍的安全管理支持，加强并扶持外协队伍的安全管理培训和作业人员培训。

加强外协队伍培育与建设，要把外协队伍班组建设作为我们搞好安全生产管理工作的一项重要任务来抓，要把班组建设与加强对外协队伍的安全监管结合起来，把安全培训与对外协队伍的培育工作结合起来，要按照“个人无违章，岗位无隐患，班组无事故”班组建设目标，强化班前五分钟活动，强化作业前安全检查，强化按规程作业，强化相互监督。

5. 深入开展以岗位达标、专业达标和企业达标为内容的安全生产标准化建设

股份公司今年安全生产基础建设任务之一，就是加快完善安全生产技术标准，加快制定修订生产、安全技术标准，制定专项安全技术作业规程和岗位安全操作规程。

实现安全标准化是解决员工的误操作、设备的不安全状态、在不安全的环境下作业的有效手段，也是提升企业的安全生产水平，展现企业安全生产形象的最好途径。由水电十四局组织研发的股份公司第一个比较系统的安全标准化工作手册已经试运行一年，总的来说，这是一个很好的开端。解决普遍的有关安全生产的问题，必须通过标准化这个渠道。从全球安全管理的标杆企业杜邦公司经验来看，从这几年国家安全生产监管总局和国资委大力推动的安全生产标准化建设的要求来看，安全标准化建设势在必行。各单位主要领导对此要有一个充分的认识，要下大力气做好这项基础工作，要用标准化管理取代经验型管理，要运用标准化工作方法提升企业综合管理水平。

今年标准化工作要按照先易后难的原则加以推行。先推进施工现场的安全防护设施、交通道路、作业通道、安全警示标识、标牌、临时生产、生活设施的标准化建设，营造一个安全标准化的氛围。各单位要选择条件较好的项目开展安全生产标准化样板工地建设，发挥带头示范作用。股份公司安全生产监督管理部牵头组织有关安全标准化课题研究，在水电十四局已经完成的标准化手册的基础上进一步完善，建立一个具有“中国水电”特色的安全管理标准体系、安全技术标准体系、安全培训标准体系，使我们每一个公司每一个项目都具有整齐、有序、规范、安全、环保的“中国水电”特色。这是一项任务艰巨的系统工程，也是我们股份公司“十二五”期间的一项重要工作，希望各单位按照大集团建设要求分工合作，把这项基础工作做实做好。

6. 加强海外业务安全管理

股份公司海外业务优先发展战略实施4年来，股份公司海外业务营业收入增长24倍，利润增长50倍，合同量增长9倍，海外业务新签合同额超过了股份公司新签合同总额的50%，利润超过了股份公司利润总额的一半，合同存量也约占股份公司合同存量的一半。但是，海外业务安全生产基础管理相对国内较为薄弱，海外业务所在的一些国家和地区的政府安全监管体系不完备甚至缺失，一些项目的业主、监理对安全生产这项工作相对国内要求低、监管弱。海外业务的快速发展，迫切需要全面提升安全生产管理水平，迫切需要全面加强安全监管，迫切需要采取有效手段彻底消除海外业务安全生产形势严峻的隐忧。

参与国际竞争需要全方位与国际接轨，职业健康安全管理与国际全面接轨是大势所趋。作为一个以建立本质安全企业为目标的从事跨国经营的中国水电建设股份公司，对员工的安全健康负责是股份公司管理工作首要任务，也是股份公司基本社会责任。

股份公司海外业务规模越来越大，在国际国内的正反两个方面的影响也会越来越大。目前，股份公司海外业务一些项目安全生产管理不到位，一些公司对海外业务的安全管理薄弱，海外项目安全监管队伍配置不满足海外业务扩张需要，安全事故起数和死亡人数呈上升趋势，安全形势严峻。

国务院《关于进一步加强企业安全生产工作的通知》要求，各中央企业要全面加强对境外中资企业安全生产工作的指导和管理，严格落实境内投资主体和派出企业的安全生产监督责任。根据《通知》要求，结合海外业务安全生产工作实际，各公司要认真贯彻执行今年安全生产工作会议精神，全面分析海外项目安全生产管理中存在的问题，提出解决

办法；海外项目安全管理工作标准必须等于或高于国内项目安全生产管理工作标准；安全生产监督管理部门要全面加强海外业务安全生产监管工作；要全面加强海外业务安全监管力量，调整工作制度、管理流程和检查考核监管机制，用2～3年的时间实现股份公司海外业务安全形势的全面好转。

7. 在做好以上六项工作的同时，各单位要进一步加强安全投入统计工作，统一统计口径，完善统计方法

继续强化以预警为主的应急工作，加强应急演练，要让所有员工熟悉本人的岗位职责和具有相应的技能，做到在征兆出现时和事故发生后有条不紊地开展应急救援工作，最大限度保障职工生命财产安全，减少事故损失。加强突发事件新闻管理能力，加强与媒体沟通，减少企业负面影响。进一步完善安全生产信息管理系统，实现安全生产的远程监控、远程管理目标，实现安全生产管理资源共享，及时传达安全管理指示、反馈现场安全信息。

安全生产，事关全局，责任重大。我们要团结一致，充分发挥各级管理人员的积极性和智慧，抓好抓细抓实安全生产的基础工作，以“零死亡”作为我们的奋斗目标，全面推进股份公司的安全生产工作，保持安全生产形势的持续稳定，为建设本质安全企业而努力奋斗。

总结经验　正视问题
以积极的态度积极的方法开创安全生产新局面

——2011年安全生产专题会议讲话

（2011年8月16日）

孙　洪　水

同志们：

今天我们在这召开一年一度的安全生产专题会议，目的一是对上半年的安全生产进行总结，及时发现问题并展开讨论，提出解决的办法；二是进行经验交流，互相借鉴，互相学习，取长补短，以利于更好地开展下阶段的安全生产工作，为全面完成今年的安全生产任务打好基础。

本次会议大家进行了充分的准备，各单位分管领导都准备了一个书面发言材料，这次会议还邀请了水电四局、水电十一局、水电十四局、水电十五局的项目部就项目的综合管理、项目安全总监队伍建设、项目安全技术、班组安全标准化建设进行经验交流，股份公司安监部对这些资料进行了汇编。我初看了下汇编，发现这个汇编充分体现了各单位在安全管理方面好的做法和存在的一些问题，充分反映了目前安全生产的现状，对下一阶段安全生产工作具有一定的指导意义，是难得的，我希望大家回去后好好地研究研究，针对本单位安全方面存在的问题，借鉴其他单位的经验，制定工作方法。

今年是“十二五”开局的第一年，我想大家还记得“十一五”开始的时候公司面临的安全生产严峻形势，2004、2005年连续两年被国资委考核降级。从当时情况来看，我们各级对安全生产管理工作从认识上、理念上就存在问题，每当发生一个安全事故，各级领导从上到下，都存在着一个想法，怎么去隐瞒怎么去掩盖，怎么大事化小小事化了。由于对安全生产管理工作的是这样一种认识，安全事故的频发、多发也就不难理解了。最近这几年，我们针对这种情况，建立了以考核为抓手，强化各级领导班子正确履行安全生产责任。在这种机制的激励下，各单位履行安全生产责任的自觉性也有了很大的提高，从事故控制、安全理念、制度建设、组织体系、人员配备等各个方面都有了重大突破，这才有2008、2009、2010年公司安全生产形势的快速好转。从2009年开始，股份公司和各子公司汛前组织检查组到项目上去，敦促项目防汛和自然灾害预防工作，效果比较明显。总的来说，今天的安全生产形势与大家的努力分不开，与员工的安全意识提高分不开，与在座各位与各单位对安全生产的重视分不开。在这里，我代表股份公司、股份公司党委向各位安全管理人员和为安全生产作出贡献的员工表示深深的感谢，谢谢大家。

年初的安全工作会已经对今年的安全生产工作进行了安排部署，总的目标方针已经明确。在这次

专题会上，我希望大家就不要总结成绩了，不管是讨论也好或是中心发言也好，要多谈具体问题、多谈工作思路，这样才能有利于促进我们的安全生产工作。

下面，我从三个方面与各位交流。

一、安全生产情况

今年1～7月，股份公司发生各类事故13起，死亡17人。其中，由我们子公司承担主要责任的安全事故2起，死亡2人；海外交通事故8起，死亡10人，海外生产事故2起，死亡2人。还有1起事故目前正在调查中。到今天为止，已确认由我们承担主要责任的生产安全事故2起。

(1) 1月5日，夹江厂一名职工在对一工件进行修校作业时，由于没有对工件采取固定措施，工件失稳倾倒，导致这名员工被工件挤压死亡。这里需要说明的是，导致事故的工件是按同样方法修校的第8件，进行这项作业的工人有10年工龄。按厂有关规定，进行这一作业前，应将工件吊装到加工平台并固定。

对这起事故进行分析我们不难发现，一是操作人员不按操作规程进行作业；二是我们的班组长、车间主任、安全管理人员、值班厂领导等对这种不按规程进行作业的违章行为已经达到熟视无睹、习以为常、听之任之的程度。可以说只要这其中有任何一人站出来对这种违章行为说“不”，这次事故是完全可以避免的。

请在座的各位想想，在我们日常的生产活动中，这种现象是否普遍存在？为什么每次安全大检查，总能查出数以万计的安全事故隐患？如果这种习以为常、见怪不怪的违章行为能得到及时制止，安全事故是不是会减少很多？

(2) 5月21日，天津徐官屯还迁小区水电二局总承包部一分包商在安装布料机时，由于在安装布料机时没有按先加固后摘钩的程序作业，导致布料机倾覆，致使一作业人员被布料杆甩出落在防护网上，并冲破安全网，坠落死亡。

分析这起事故我们不难发现，一是作业人员进行高空作业不系安全绳；二是不按操作规程进行安装作业；三是我们的安全防护网没有起到应有的保护作用。一道又一道的安全防线被突破，只要我们其中任何一道防线起作用，这次事故就不会发生。由于制度的不落实、规程的不遵守、安全防护设施无效而导致了这起事故的发生。我们应该通过这次事故的表面现象去分析我们安全管理上存在的问题，反思类似的问题在其他项目是否存在，思考用什么样的措施保证制度落实，制止违章作业，保证安全防护设施始终有效。

二、存在的问题

从近两年安全检查和开展安全生产心中有数活动中反馈回来的信息中表明，我们的安全管理工作在安全技术、工程分包、员工培训、队伍建设、标准化工作等多方面存在问题，让我们感觉安全生产心中无数。回过头来看看我们的工作，有些地方很值得我们深思。今年以来发生的事故让我们担心，安全生产是否存在周期性的波动？过去连续三年安全事故控制比较稳定的情况，往下是否会出现反弹？不仅我们有这样的担心，国务院监事会也感觉苗头不好，昨天监事会召集我和范总等五家央企领导参加安全生产约谈会，以监事会的名义要求大家把安全工作做好。

从目前状况来看，安全生产管理基础薄弱，安全管理资源严重不足，安全事故没有得到根本性遏制，我们的安全管理能力离本质安全目标还有很大差距。分析原因可以归结为以下几个方面：一是一些企业一把手对安全生产的重要性的认识还只是停留在文件中，停留在口头上，没有真正认识到安全生产的极端重要性，也就谈不上下工夫去解决影响安全生产的深层次问题，一把手对安全生产的认识有待提高；二是企业安全管理资源满足不了企业发展的需要，这个矛盾在较长时间内是客观存在的；三是凡事问是否安全的意识还很淡漠，凡事按制度办的习惯还没有真正形成，包括我们员工的安全意识、安全习惯也没有真正形成；四是不了解本岗位、本部门安全责任的现象还在很多单位存在；五是工程技术还没有成为安全生产的重要支撑；六是对作业人员的培训还缺乏针对性、有效性，还只是停留在一般安全常识方面，还没有将正确使用工具、正确操作设备的技能培训提到议事日程等。

下面我具体谈谈这些问题：

1. 关于一把手对安全生产的认识问题

通过检查我们发现这样的现象，一把手对安全生产的认识普遍都有提高，但确实也有些单位一把手忙于经营，忙于日常事务，对安全生产工作关注不够，管理手段欠缺，资源投入不足。有的单位主要负责人处理安全文件时，连文件内容都没看清楚就随手批给分管领导，分管领导如法炮制再批给安全管理部门，批文内容无一具体要求，甚至张冠李戴。同时每年的安委会会议，总经理办公会上研究安全生产问题的走形式的多，解决实质性问题的少，主动听取安全生产汇报就更不到位。

要解决上述问题我认为有两个方法，一是重压，二是倒逼。“重压”就是各公司要在对下属各单位一把手经济奖罚、班子考核、责任追究、职务晋升方面进一步加大力度，以高压的态势来提高他对安全工作的认识；“倒逼”就是分管领导要主动地去向一把手汇报，主动提示一把手，主动反映安全生产中存在的薄弱环节以及解决方法、措施。我想绝大多数一把手是支持的，有的甚至会提出更高的要求，因为你这是在主动地给他当好安全生产的防火墙。为什么要这样做呢，因为一把手的时间、精力毕竟有限。在座各位是安全生产方面的专家，安全生产管理是我们的本职工作，因此我们应该将主要精力放到安全生产工作上来，多去思考，多去想办法，多去提措施，多去汇报，多去提醒，这样才能从根本上解决安全生产认识上的问题。

2. 关于安全技术体系建设问题

通过安全检查和事故分析，我们发现安全技术方案、安全措施特别缺乏且不规范，所以在去年股份公司安全工作会要求强化工程技术对安全生产的支撑作用，今年更加明确提出要求建立以总工程师为主要责任人的安全技术管理体系。但在今年的安全检查中还是很难看到这个体系建立的痕迹，很难看到按通知要求开展安全技术管理工作的痕迹。为什么会形成这样的局面呢，这是因为我们缺乏相应的技术管理人员，不可回避的现实是我们有的项目上刚毕业两三年的学生就在项目当总工。我们面临的问题一方面是人才短缺，另一方面是企业快速扩张。怎么解决这个问题呢，我认为一是要充分利用好现有的平台，发挥局、分局人才比较集中的优势，加强对项目技术工作的指导；二是要充分利用社会资源，发挥离退休人员的作用，请他们为项目安全技术工作咨询；三是要充分发挥安全督察组的作用，对那些技术力量薄弱的项目进行重点督导，做好安全技术服务工作；四是各单位分管领导、安全部门要把项目安全技术管理的实际情况向一把手汇报，合理调配企业管理资源，全面研究应对办法；五是要加强对分包商的安全技术指导，不能听之任之，让分包商随心所欲地组织施工。各单位要全面加强安全技术体系建设、安全监管体系建设、安全生产实施体系建设，形成凡事有一个好的方案，有责任落实的人认真实施，有铁面无私的严格监督，相互支持相互制约的安全工作格局。

3. 关于安全管理资源问题

在项目设立专职安全总监这项工作开始于2008年，其目的旨在强化生产一线安全管理力量，提高项目安全生产管控能力。到今天为止，时间过去了三年半，完全按照股份公司要求设置安全总监的项目不足三分之一。大多数项目采取的是由分管生产的副经理、总工程师或其他项目班子成员兼职的方式，还有一些项目将其他岗位不好安排的人员放到安全总监的位置。另有一些单位认为某个担任安全总监的人资历浅、能力差，不满足总监要求，就给其安排一个助理安全总监职务作为权宜之计。

目前安全总监到位情况与股份公司要求的三年内配齐的要求有很大差距。解决这个问题，一要加强培训，将一部分有培养前途的管理人员放到安全总监位置上去，在实践中锻炼成长，具备相应的能力后再正式认命；二是可以用社会资源，采用聘用的方式；三是比较现实的方式，采用轮岗或兼职的形式，但是主管生产的副经理、项目总工不得兼任，这不利于我们三个体系的建设；四是采用内部交流的方式，不管是管经营的还是管生产的，在安全岗位上工作一段时间有好处。

关于分包问题。目前，协作队伍已成为项目施工的主力，但是，一部分项目签订完协议分包就完事了，就不管了。有业主对此事尖锐批评水电集团是“一流队伍投标，二流队伍进场，三流队伍施工”。强化对分包商的管理，让分包商完全成为我们企业的一个组成部分是项目管理的一项重要任务。第一，要和承包商签订分包协议，在协议中明确规定安全费用使用拨付办法；第二，要制订一个保证安全投入的方案；第三，严格按照规章制度按照分包协议对分包商安全生产开展管理；第四，对不遵守规章制度的要有详细具体的处罚措施，对认真开展这项工作的要有详细具体的奖励办法。

各公司对分包商的管理决不能听之任之，要把我们管理制度管理目标落实对分包商管理的每一项工作中。大家要清醒地认识到，我们如再不重视分包、劳务的管理，我们的管理就是一句空话，“中国水电”这个品牌就砸在我们手上了。

4. 关于目标管理问题

最近几年检查发现，业主要求高、规模大的项目，项目表现出比较高的安全管理水平。而在一些业主要求不那么严格、规模比较小、地理位置比较偏僻的项目的安全管理就比较差，现场的问题也比较多，各方面的问题就比较明显。这说明了我们目前的安全管理体系和工作标准很容易因外界条件的变化而改变，没有真正意义上的按安全标准开展工作，这与我们要建设一个质量效益性的国际一流企业是极不相称的。

作为国际一流企业应该有自己的标准，遇到的项目、环境比我们的标准低的时候，要按我们的标准去带动去影响；遇到项目环境、要求比我们标准高的时候，我们要思考修改自己的标准去适应新的环境，向高标准看齐。我们各级领导要充分认识到，搞好安全管理工作不仅是安全生产管理能力本身的反映，也是一家企业综合管理能力的反映，更是企业社会责任之所在，是我们企业自身发展的需要，是我们企业品牌建设的需要。搞好安全生产工作不是要做给别人看，是我们公司的责任、发展、形象的要求。

关于安全管理标准，无论环境怎样，各单位都应该坚持以高标准要求开展工作，遇到标准高的我们要坚决执行，遇到标准低的要严格执行我们公司自己的标准，不能因外界的变化而降低安全标准。我们安全管理的工作重点要向业主要求低、项目规模小、地理位置偏僻的项目倾斜。安全管理的特点就是这样，管好是责任是应该的，管不好就会发生事故，就会有人去找你，就会影响企业正常生产经营工作，影响企业的发展。由于管理资源相对较少，我们做安全管理工作的同志对管理比较规范的地方要少去，要以总结这些好的地方的成功经验为主；有问题的地方要多去，要多去现场帮助项目部同志理清思想认识，明确工作目标。到现场去，既要检查工作中存在的问题，也要开展调查研究，系统研究搞好安全生产工作方法。

5. 关于制度执行问题

一些单位在落实股份公司关于安全生产工作的指示、通知上存在严重拖延问题，一个文件从股份公司发出一两个月往往还到不了项目部。一些安全生产文件，到股份公司检查组开展检查工作时，项目部也没有收到。比如落实国资委九条禁令的问题，在贯彻要求发出几个月后在有的项目还看不到落实的具体行动。

同时各单位面对目前各家都在抓安全，婆婆众多，如何落实各方安全要求方面还存在个技巧问题。这个技巧就是要对全年的安全工作进行统筹安排，不能因各种突发事件等计划外的事情影响整体工作的推进，要将各种随机出现的要求有机地结合到日常工作中去。既要以积极的态度地认真执行上级部门的要求，不管部委也好，地方政府也好，来文都是为了促进我单位的安全生产工作，又要把贯彻落实这些文件精神与本单位工作计划结合起来，与日常工作结合起来，不能顾此失彼、打乱仗。

在这里，我还要说说安全投入统计工作，上半年统计数据表明，全系统安全投入提取结余比 2010 年底的 4 亿元增加 1 亿元。这个数据究竟是说明建安工程安全投入根本上就用不了 1.5%？还是这个统计就是我们这一时段安全投入真实的情况？还是我们安全投入统计工作方法存在问题，执行安全投入统计管理办法很困难？

完成安全投入统计工作并不复杂，在项目上需要明确财务、经营、工程管理、设备、安全等部门责任，有关部门相互配合就能把安全投入统计基础数据统计做好，在公司层级只需要财务一个部门汇总，安全部门会签确认。就这样一件事几年都做不好，说明内部管理只有分工，没有协调，说明综合管控能力弱，说明执行能力弱。

6. 海外项目安全管理问题

今年以来，海外项目发生交通事故达 8 起之多，形势非常严峻。虽然事故发生的原因多样，但有一点是相同的，这就是海外项目交通安全管理混乱，不管有没有驾驶执照、能不能开车，抓到车就开，超速、超载比比皆是。

今年年初，范集湘董事长在安全工作会上明确指出，海外事业部是公司国际项目安全管理的责任部门；各子公司是国际项目安全生产的责任主体；各子公司必须按照不低于国内安全生产管理标准的要求，配置资源，保证投入，强化管控，绝不能因国别不同、业主要求不同而降低这一标准。这是股份公司开展海外项目安全管理工作的原则要求。股份公司对海外项目安全管理的责任划分是明确的，要求也是具体的。希望各单位认真领会这个原则，并按照这个原则开展工作。从今年海外项目反馈回来的信息来看，在海外项目执行股份公司安全生产管理制度方面很不理想，各单位安全管理部门对海外项目的监管不如国内项目重视，力度也相对较小。

我在这里强调，股份公司有关安全生产管理制度适用于所有子公司、分公司，适用于国内外所有项目。不要以为一出国，就可以不受制度约束了。用“中国水电”这个品牌走出国门的基本要求就是按股份公司的规章制度开展经营管理，用中国水电 60 年来在管理上和技术上积累的经验指导项目经营管理实践。今后，海外项目将越来越多，海外经营规模越来越大，我们必须按多而不乱、大而有序的要求拓展海外市场，经营海外项目。希望各单位高度重视海外项目安全管理工作，确定工作目标，研究工作方法，规范有序开展海外项目经营管理工作。

7. 安全标准化问题

安全标准化是建设一个本质安全的质量安全效益性世界一流企业的需要，目前安全标准化工作在股份公司还处于起步阶段，除水电十四局开发了一套安全生产标准化管理手册并用于他们的项目管理外，其他单位（包括总部）均还没有系统性的东西。

希望下一步公司安监部先组织安全标准化研究课题立项，然后以水电十四局已经完成的工作为基础，组织有关单位参加，系统性地开展安全生产标准化的研究工作，做好安全标准化工作的整体规划，做到成熟一项推广一项，实现安全标准化的有序推进。

随着工作的深入，越来越感觉到我们的安全管理工作在方方面面都存在问题。在这些问题中，一把手对安全生产工作重要性的认识不到位是至关重要的，是根本问题。一把手是企业经营管理的灵魂，一把手的思想认识决定企业经营目标，决定资源配置，决定执行出资人关于企业经营管理要求和各项制度的执行力度，最后决定企业安全生产状况。因此，要真正搞好安全生产工作，我们必须建立“抓一把手，促使一把手抓安全生产”的工作机制。

三、工作目标与方法

今天，我们召开这个会议不仅要把我们安全管理中存在的主要问题搞清楚，更重要的是明确今后的工作目标和做好安全生产工作的基本方法。前面已经把主要问题都摆出来了。下面，我想通过和大家一起学习《国务院关于进一步加强企业安全生产工作的通知》和国务院国资委《关于中央企业安全生产禁令》，谈谈我们的努力目标和工作方法。

《国务院关于进一步加强企业安全生产工作的通知》是2001年《安全生产法》颁布以来，国家就加强企业安全生产工作的一项新的政策，这个通知对当前和今后一个时期做好企业安全生产工作有很强的指导性意义。《通知》告诉我们，搞好安全生产，思想认识是第一性的。搞好安全生产，首先要树立以人为本、安全发展的理念。只有确定了“以人为本”的经营理念，才能正确认识安全生产和企业发展的辩证关系，才会按照安全优先的原则处理安全生产与经营规模、与效益、与生产进度、与质量的关系。只有真正认识了安全生产的极端重要性，才能真正把安全生产做到心中有数。《通知》还就做好企业安全生产管理工作其他方面，包括安全培训、安全技术、安全标准化、隐患治理、安全投入、领导带班、责任追究、政府监管等提出了详细而具体的要求。希望各单位认真学习《通知》，认真贯彻《通知》精神，用《通知》精神指导企业生产经营，指导安全生产工作。

国资委去年发布的《中央企业安全生产禁令》告诉我们，要搞好安全生产工作，必须坚决禁止在安全生产条件不具备、隐患未排除、安全措施不到位的情况下组织生产；坚决禁止使用不具备国家规定资质和安全生产保障能力的承包商和分包商。坚决禁止超能力、超强度、超定员组织生产；坚决禁止违章指挥、违章作业、违反劳动纪律；坚决禁止违反程序擅自压缩工期，改变技术方案和工艺流程；坚决禁止使用未经检验合格、无安全保障的特种设备；坚决禁止不具备相应资格的人员从事特种作业；坚决禁止未经安全培训教育并考试合格的人员上岗作业；同时严禁迟报、漏报、谎报、瞒报生产安全事故。国资委关于安全生产的九条禁令是从大量事故原因分析中得出的经验总结，许多事故的发生都是违反禁令要求所导致的。按照这九条禁令检查我们的安全生产工作就可以消除经营管理上的隐患、现场环境中的隐患、设备设施方面的隐患、方法程序上的隐患、员工作业中的隐患。企业生产经营活动，尤其是项目管理工作凡事要求对照这九条禁令检查，发现问题及时解决。

去年年底安全考核检查和今年的安全检查中反馈回来的信息表明，有的单位认真学习了国资委这九条禁令，理解了这是一条搞好安全生产工作不能触及的红线。但更多情况是一些单位一些项目并没有真正理解国资委发布这一禁令的重要意义。还有的企业把这个禁令作为一般通知来处理，既没有组织学习，更没有认真研究贯彻执行方法。今年安全事故有所抬头，尤其是7月份以来，事故有多发苗头，说明这些单位那种以文件传达文件、以会议传达会议的毛病很严重。那种一把手把安全文件不认真看一眼就批给分管领导，分管领导再批给安全部门的做法是一种不负责任的行为，是渎职行为。那种不结合本单位情况学习文件精神、研究贯彻落实办法的行为本身就是事故隐患。这些现象希望引起大家深思，认真对照检查，认真整改。

今天，我在这里再次强调，国资委关于中央企业安全生产的九条禁令既是原则要求，也是做好安全生产工作的方法。各单位要严格按照“技术可能、经济可行、风险可控、管控可及”的原则组织生产经营，要不折不扣地落实国资委的要求：凡是越红线的事不能干，凡是越红线的钱不能赚，凡是越红线的行为要坚决查处。坚决杜绝有令不行、有禁不止的行为。

根据《国务院关于进一步加强企业安全生产工作的通知》精神和国资委关于中央企业安全生产禁令要求，结合股份公司安全生产现状，今后一个时期我们安全生产工作思路是：

（1）建立“抓一把手，促使一把手抓安全生产”的工作机制；

（2）建立以工程技术为支撑的安全技术管理

体系；

（3）以安全标准化为手段强化队伍建设、规范员工培训、开展隐患治理；

（4）加强外协队伍的培育和管理，加强以外协队伍为主的班组建设。

同志们，我们目前正处在上市、企业重组的关键时段，安全生产工作任务艰巨，责任重大。我们要以这次会议为契机，坚持以人为本，强化安全责任，积极推进安全标准化，努力打造一个有中国水电特色的安全品牌。

在中国水利水电建设股份有限公司 2011年质量管理工作专题会议上的讲话

（2011年11月15日）

孙　洪　水

同志们：

今天，我们召开股份公司2011年度质量管理工作专题会议，这是股份公司成立以来的第二次质量工作会议，召开于中国电力建设集团成立伊始，股份公司成功上市不久，具有不同寻常的意义。

本次会议，公司将表彰奖励“十一五”时期质量管理先进单位和先进个人，表彰2010年度、2011年度中国水电优质工程和2011年度优秀项目经理，还将通报表彰“十一五”以来获得国家级优质工程的单位，在此我代表股份公司向受到表彰的先进单位、先进个人、优秀项目经理，向获得中国水电优质工程的项目和在创优工作中做出优异成绩的企业表示热烈的祝贺！

9月29日，中国电力建设集团有限公司（以下简称中国电建集团）正式揭牌成立。这是中国电力建设行业具有重大意义的事件，也是股份公司改革发展的大事。中国电力建设集团有限公司由中国水利水电建设集团公司（股份公司）、中国水电工程顾问集团公司以及国家电网公司和中国南方电网有限责任公司14个省电网企业所属的勘察设计企业、电力施工企业、装备修造企业改革重组而成。集团资产总额1960亿元，员工20余万人，营业收入1600亿元，按照2010年全球500强企业的经营业绩，中国电建集团已经进入500强的行列。

按照国务院的批复，中国电建集团是综合性电力建设集团，主要从事电力行业规划、工程总承包及相关服务、能源及基础设施的投资与经营、房地产业务、相关设备制造等，能够为电力能源及基础设施等领域提供规划、勘测、设计、施工、制造、运营一体化服务，具有完整的产业链，在水利水电建设行业处于领导地位，具有电力建设国际先进水平和国际知名品牌影响力。

中国电建集团成立后，股份公司成为子集团，由于股份公司拥有中国电建集团60%以上的资产、营业额和员工人数，将是国资委备案管理的重要子集团。

10月18日，经过四年左右的努力，中国水电股票在A股市场上海证券交易所正式公开发行，这是中国水电几代人不懈追求的又一重大成就，标志着股份公司实现了由传统国有企业向公众的、国际化的现代企业的转变，拥有了更广阔的融资平台。

中国电建集团的成立和股份公司上市，对公司发展具有重大而深远的意义，中国水电人也将由此迈向新的征程。

下面，按照会议安排，我讲几点意见。

一、“十一五”以来股份公司质量管理工作的主要成绩

今年，是“十二五”的开局之年。“十一五”时期，股份公司大力推进建设具有较强国际竞争力的质量效益型的大型跨国企业集团战略目标，集团化建设卓有成效，企业得到快速发展，取得了令人瞩目的成绩。与公司发展同步，质量管理工作在各级领导高度重视、全体质量管理人员和项目管理人员的共同努力下，取得了系统进步，有力支撑了股份公司的优质快速发展。

（1）股份公司各级领导高度重视质量工作，牢固树立科学发展观，认真贯彻“百年大计、质量第一”的方针，落实国家《质量振兴纲要》和《建设工程质量管理条例》，大力实施“质量兴企”战略。

“十一五”以来，股份公司以对国家和人民的高度负责和“如履薄冰、如临深渊”的态度开展质量

工作，深刻领会党和国家关于工程质量的方针政策，认真执行国家及行业有关质量的各项规定，按照国家、行业、工程业主以及国资委的各项要求，深入开展质量年、质量月和专项整治、专项治理、质量检查等工作，使得党和国家的质量战略在公司得以认真贯彻。

股份公司把企业的质量管理工作提升到战略管理的高度，并融入企业文化建设之中，确立了“诚信规范，争创精品工程”的企业质量方针，把“为股东创效益，为社会担责任”作为企业的核心价值观，把“诚信守诺”作为企业的经营理念，把“优质服务”作为企业的营销战略，企业文化中处处体现着诚信、负责和优质服务。

两级企业积极开展质量宣传教育工作，通过各种质量活动，各种会议和培训班，利用各种宣传手段，大力宣传“质量第一”、“质量是企业的生命”的理念，全体员工质量意识不断提高，质量工作氛围日益良好，“质量兴企”战略深入人心。

伴随着“十一五”以来公司集团化建设，一个集团化质量管理模式已经形成，并不断向科学化、规范化、标准化迈进，创造了质量效益，提升了企业品牌，为企业科学发展作出了应有贡献。

（2）建立健全质量管理体系，扎实开展各项质量管理基础工作，不断推进质量管理工作上水平。

按照ISO 9000族体系标准要求，两级企业质量管理体系不断完善，并长期持续有效运行。在质量管理体系的基础上，从事工程建设的子企业，建立了质量、环境和职业健康安全三位一体的综合管理体系，全部通过了第三方认证机构的认证。三位一体综合管理体系的建立、认证和运行，从更高层面完善了质量、环境和职业健康安全工作的标准和程序，也大大提高了企业标准化管理水平。

按照“统一管理、分级负责”的原则，确立了股份公司总部“宏观管理、重点控制”，各子企业作为法人企业，全面负责本企业的质量管理工作的管理定位，实行工程项目项目经理负责制，使得质量管理工作层次分明，权责明确，职责清晰。

两级企业不断加强质量管理组织体系建设，两级总部设立质量管理部门，配备专职管理人员，保证管理资源投入。从事工程建设的子企业，在二级经营单位（法人公司）和工程项目部，均成立质量管理机构，设置专职管理岗位，形成了股份公司精干、高效的三级管理组织体系。

两级企业结合三位一体综合管理体系文件的建立，不断健全和完善质量管理制度，形成了全方位、全过程、全员管理的质量管理制度体系。

两级企业不断建立和完善质量管理责任体系，按照质量责任终身制的原则和质量工作全员管理的理念，普遍建立了最高管理者是第一责任人，管理者代表组织实施，质量管理部门牵头负责，全体员工一岗双责，覆盖各项管理要素和全部管理岗位的质量责任制。大多数子企业将质量管理指标纳入经营业绩考核体系，成为二级经营单位和项目部业绩考核的重要内容，使得质量责任制成为质量管理工作的有力抓手。

两级企业高度重视质量管理队伍建设，推行持证上岗制度，分层次开展项目经理、质量管理人员和技术工人的培训。积极开展创先争优工作，每年开展优秀项目经理评选，推出行业和国家级优秀项目经理，定期表彰质量管理先进单位和先进个人，通过激励和导向，激发项目管理者和质量管理工作者的工作激情。

（3）依靠科学管理和技术进步，相继于三峡工程，股份公司完成了新的一批大型、特大型水利水电工程，创造了一大批精品项目，保持了世界一流的工程业绩，大大丰富和提升了股份公司质量品牌。

水电四局、水电三局、水电十一局、水电十五局等单位完成的黄河公伯峡水电站，是黄河干流上修建的第一座大型钢筋混凝土面板堆石坝工程，首次采用了自行混凝土挤压式边墙、K30质量检测、水平旋流消能技术等多项新技术，大力推行“以良好的文明施工保质量促安全促进度”的理念，保证了工程施工质量，各项指标工程质量优于国家和行业的标准，被誉为我国水电工程建设管理的样板工程。该工程获得中国电力优质工程奖、詹天佑土木工程大奖和中国建筑工程鲁班奖，并获得了中国境内唯一一个水电行业国家优质工程金奖。

水电七局、水电八局、水电十一局、水电十四局有限公司等单位承建的龙滩水电站，是当时中国仅次于三峡电站、溪洛渡电站的第三大水电站，它的建设创造了当期最高的碾压混凝土重力坝、规模最大的地下厂房、提升高度最高的垂直升船机和最大的空冷水轮发电机组四项世界之最，碾压混凝土重力坝被国际大坝委员会授予里程碑奖。

由水电十二局、水电十六局有限公司承建的紫坪铺水利枢纽面板堆石坝和水电八局有限公司承建的沙牌水电站碾压混凝土拱坝，位于汶川特大地震的震中区域，在汶川特大地震山崩地裂的考验之后，大坝岿然不动，创造了奇迹，为世界同行交口称赞。紫坪铺水利枢纽面板堆石坝被国际大坝委员会授予里程碑特别工程奖。

其他如刚刚获得鲁班奖的小浪底水利枢纽，峡谷岩溶地区与严寒地区的构皮滩水电站和拉西瓦水电站200米以上的双曲拱坝工程，小湾、锦屏一级水电站700米级高边坡开挖加固工程，小湾、溪洛渡水电站300米级特高拱坝坝肩开挖工程，三峡、溪洛渡、向家坝水电站地下厂房开挖工程，溪洛渡导流洞和西龙池斜井开挖工程，南水北调漕河渡槽工程，龙滩、小湾等700兆瓦水轮发电机组安装工程，下板地、狮子坪、泸定水电站地基基础工程等，数不胜数的标志性工程、精品工程，不断铸牢股份公司水利水电第一品牌的地位。

在非水电基础设施领域，京沪高铁项目紧紧围绕“把京沪高铁建设成世界一流的精品工程、全力打造中国水电铁建品牌”的目标，落实责任，强化质量管理，不但系统掌握了高速铁路建造技术，全面按期完成了工程建设目标，同时还先后获得了7个优质样板工程奖、铁道部火车头奖状和全国五一劳动奖状。京沪高铁开通运营以来，公司施工段各项检测指标优良。

在国际工程中，水电七局、水电八局、国际公司承建的巴贡水电站，面板堆石坝坝高世界第二，被称为东南亚的“三峡”。项目施工集成国内先进的施工技术，把中国企业的管理特点与国际惯例相融合，优质快速地完成了工程建设，获得中国唯一一个海外国家优质工程金奖（正在公示中）。

水电二局有限公司承建的卢班戈体育场，是2010年非洲国家杯主赛场之一，在工期紧、任务重、物资匮乏等客观因素的制约下，克服了技术、材料、环境等方面的困难，高质量地完成了工程建设，受到安哥拉共和国总理颁发的政府嘉奖令，并获得了股份公司唯一一个房建项目境外鲁班奖。

与工程施工项目一样，沙湾水电站、毛儿盖水电站、崇信电厂、长岭风电等电力投资项目，公路、市政等BOT、BT项目，房地产项目等也都以一流的质量水平圆满完成工程建设，体现了公司工程建设和质量管理的综合水平。

“十一五”以来，股份公司共获得国家优质工程金奖2项、银奖13项、鲁班奖13项，还获得了大量省优、部优和流域奖项。

在总结成绩的同时，也要看到公司质量工作的不足，系统性的问题主要有：

（1）在股份公司高速发展期，各项管理资源相对全面紧缺，高素质项目管理人员和质量管理专业人员总量不足，导致了公司每年近两千个工程项目的管理水平高低不一，影响了公司集团化效益的发挥。

（2）质量管理专业队伍建设力度不大，激励性不强，系统培训不够，导致部分同志学习精神不够，专业化程度不高，能力不足，甚至不安心于岗位工作，影响了质量工作的水平。

（3）项目分包与外协劳务队伍管理依然是公司项目管理的薄弱环节，加之极少数同志质量意识薄弱，项目资源配置不合理，质量管理粗放，在项目上的较大甚至重大质量问题仍有发生。

（4）个别企业、项目和同志，政治意识、大局意识淡薄，形势不清，路径依赖严重，不遵守重大事项报告制度，发生问题局限于摆平、勾兑，被业主责任追究时，又缺乏科学有效的保护措施，致使一些问题恶性发展，影响被放大，给企业增加了不必要的损失。

上述问题，显然不能满足股份公司科学发展的要求，必须系统性采取措施，加以解决。

二、充分认识新形势下股份公司质量管理工作的新特点、新任务

面对国际金融危机之后复杂多变的国际国内经济形势，国资委根据国家发展战略和中央企业发展的实际，对中央企业发展提出了更高的要求。中国电建集团的成立和股份公司的成功上市，为公司发展带来难得的机遇，也使得公司面临着全新的发展形势。企业总体发展变化的环境和形势，将对公司质量工作提出新的、更高的要求。

在今年中央企业负责人会议上，国务院国资委领导明确提出了“十二五”时期的总体思路是：做强做优中央企业，培育具有国际竞争力的世界一流企业，这标志着中央企业发展由量的发展转型为质的提高。股份公司工作会议，明确公司“十二五”时期要加快转变发展方式，确保平稳较快发展，努力建设具有国际竞争力的质量效益型世界一流公司，提出要大力实施“五大战略”，达到“四强四优”的总体要求。公司“五大战略”的实施和“四强四优”目标的实现，哪一个都离不开质量工作的支撑，都与质量工作密切相关。

质量工作是公司平稳较快发展的重要保障，是公司转变发展方式的基础。首先，没有质量品牌和企业形象，就无从谈起市场的开拓；其次，建筑企业的产品是工程，没有产品质量的保证，就不能有效控制成本，获得真正的效益；第三，质量工作是企业风险管控的重要内容，一个质量事故频发的企业，不可能有健康、平稳发展的环境。

股份公司成功上市后，实现了由传统国有企业向公众的、国际化的现代企业的转变，公司上市给质量工作带来了两个最明显的特点：一是作为现代化公众公司，公司的管理活动、业绩、风险，必须接受公众和社会的监督，任何质量问题，都存在潜在风险，都可能影响公司的市场价值。二是公司由国有独资企业成为股民参股的股份公司，这就意味着公司的发展不仅要对国家、员工负责，还要对大众股东负责。质量是公司发展和效益的基础和保障，公司的效益得不到稳步增长，股民就会“用脚投票”。所以，公司在变，人的思想要变，工作思路和方法也要变，公司上市，人也要上市。

中国电建集团业已成立，这为股份公司发展带来了新的机遇。在产业结构上，电建公司集规划设计、工程施工、设备制造、项目运营一体化，投资项目由过去的水电工程为主，也将拓展到更广的领域；在业务结构上，将更有利地推进股份公司向更广泛的非水电基础设施业务领域拓展；在市场结构上，将带动公司国际化向更大范围、更宽领域和更高层次发展。新领域、新的承包模式、新的市场范围，无疑给质量工作提出了新的、更高的要求。

回顾中国水电建设集团成立以来和公司“十一五”的发展，公司的发展伴随着企业一次次重大变革，股份公司顺势而变的经营理念，要求我们不断解放思想、更新观念、与时俱进、锐意创新，适应新形势，肩负新使命，开拓新思路，创造性地开展质量工作，为公司平稳快速发展提供保障。

三、股份公司质量管理工作的重点任务

企业的质量工作是长期基础性工作，要系统、全面推进，在此，我强调一下当前阶段的重点任务。

（一）大力宣传质量工作，持续开展员工质量教育

质量是企业的生命，时刻关系着企业的生存与发展；建筑工程是社会公共产品，关系到国计民生。近年来，建筑领域的重大质量事故屡有发生，屡见不鲜的“楼倒倒”、“楼歪歪”、“楼脆脆”、“楼裂裂”、“桥塌塌”、“桥修修”等怪象和“豆腐渣工程”，充分证明了建筑业质量形势依然严峻。随着股份公司的快速发展，各项管理资源全面紧缺，每年子企业自行处理的和反映到公司总部的质量问题都有发生，有的被建设单位定为了重大质量事故，这足以表明股份公司的质量形势并不乐观。为此，各级领导要高度重视，保持正确清醒的判断。

要明确当前质量工作的重点任务和主题，利用企业的各种新闻载体和手段，结合“质量月”等质量活动，大力宣传质量工作的重要性，使职工牢固地树立质量第一的观念，深刻认识质量对于整个国家、企业的重要作用，不断增强质量意识，认清自身的责任，自觉地提高管理水平、技术水平和工作质量。

要深入开展质量工作形势教育，深刻认识股份公司新的发展时期质量工作的新形势、新任务，掌握公司产业结构调整、业务结构调整、市场结构调整和转变发展方式中质量工作的新特点、新规律，提高广大员工的责任感、使命感，激发广大质量管理者的能动性、创造性。

要大力开展创先争优工作，定期表彰质量工作中做出突出成绩的单位和个人，推出行业和国家级项目管理和质量管理的先进个人，大力宣传先进事迹，营造良好的工作氛围。

（二）不断完善质量管理体系，大力推进质量管理标准化、信息化工作

质量是建设单位长期的重要管理工作，质量管理体系是质量工作的保证。针对目前的形势和任务：

（1）通过科学设计，形成母子公司质量管理体系的有机结合，加强两级总部控制力和执行力。

（2）继续完善母子公司质量管理体系，满足公司产业延伸、业务拓展、国际经营的需要，发挥水利水电工程质量管理的传统优势，研究新产业、新领域质量管理的特点，形成科学、系统的大土木跨国企业的质量管理体系。

（3）建立全业务系统的标准化企业项目管理标准、质量标准，推广公司成熟先进的工法技术，最大限度地统一作业工艺标准，减少管理差异，大力推进项目管理和质量管理的标准化。

（4）完善和推广股份公司工程项目管理、工程科技管理以及各个专业管理的信息化系统，利用信息化手段形成质量管理的网络系统，消灭管理死角，缩短监督路径，提高管理效率。

（三）坚持质量责任终身制，不断完善质量工作责任制

质量责任终身制是国家针对严峻的质量形势作出的重要决策，质量工作责任制是企业质量工作的重要手段。要不断完善质量责任制，坚持“一岗双责”的原则，明确各级组织和全岗位系统的责任制，实现全员管理。

要科学设计企业业绩考核制度，以工程建设为主要业务的子企业，要将质量管理纳入二级经营单位和项目经营业绩考核体系，承包项目的工程质量实行项目经理负责制，投资项目工程质量实行项目法人责任制，实现全方位的目标管理。

要建立和完善质量事故责任追究制度，实行重大事故报告制度，对质量事故分级管理、层层负责，按照“四不放过”的原则处理好每项质量事故，并

确保得到彻底整改。

（四）继续强化精品意识，不断打造企业质量品牌

树立精品意识，建设不朽工程，争创优质工作，是社会主义市场经济初级阶段国家倡导的、颇具中国特色、符合发展国情的质量活动，也是企业质量品牌的载体，其影响已延伸到了国外。在这样一个大背景下，与建筑行业的其他央企相比，公司的优质工程是少了，而不是多了，需要加大力度，有序推进。

推进工程创优工作，是质量工作的手段，根本在于提升质量理念，提高工程质量，扭转建筑行业并不乐观的质量形势。所以，在创优工作中，要形式和目的相统一，过程与结果相一致，不能流于形式。

创优工作是系统工作，两级总部要加强指导，调动项目的积极性，提高项目的组织、管理能力，上下形成合力，有目标、有计划、有措施地开展创优工作。

（五）提高管理层次，构建企业质量文化

企业管理不仅是一门科学，还是一种文化。企业质量文化通常被认为是企业文化的重要组成部分，是以质量为中心，致力于企业质量绩效建设的共同价值观和行为模式，是质量管理的新境界、新高度。

股份公司几十年的发展历史，形成了公司全体员工所普遍接受的核心价值观。建立股份公司的质量文化，就是要使公司的质量方针成为全体员工的价值取向和道德观念，使公司的质量目标成为全体员工的工作目标和业务追求，使质量标准和制度成为全体员工的工作标准和行为规范，使企业的质量追求凝聚成为全体员工的意志。

建设企业质量文化，重点是以人为本。人是生产力诸要素中最活跃的要素，又是企业质量文化的承载者、实践者、创造者。要通过企业质量文化建设，让员工在质量工作中的“他律”走向“自律”，通过对员工积极性、主动性、创造性的保护和激励，变被动管理为主动管理，变强制管理为自主管理，变少数人管理为全员管理，变终端产品检测管理为全过程预防管理，最终达到推进质量零缺陷和卓越绩效目的的实现。质量文化要通过质量方针、质量目标导向、个人价值体现、提高生活质量等关注人的切身利益的文化管理，唤醒员工的质量意识，强化持续改进的质量追求，达到天人合一的理想效果。

质量文化作为以人为主体、以提高经营质量为目标的全新管理，我们的学习、认识和实践还很少。但是，一个追求实现多元化、国际化、现代化的具有较强国际竞争力的质量效益型的大型跨国企业集团，必须建立卓越的企业质量文化。要将本次会议作为起点，潜心研究质量文化理论，积极推行质量文化建设，全面提升质量管理层次和水平。

四、关于南水北调工程施工

同志们，本次会议在郑州召开，特别邀请了公司参与河南段南水北调工程施工的60多位项目经理参加，用意之一是公司是南水北调工程的主要建设者，工程正处于关键时期，影响巨大，所以借此机会，我想谈一下工程施工问题。

2011年4月份以来，国务院南水北调工程建设委员会办公室（简称南水北调办）就南水北调工程质量进行了全面检查，发现了工程建设中大量的质量问题，分三批对存在问题的单位进行了处理。被处理的单位中，涉及股份公司下属6家单位7个项目部，问题主要表现在混凝土裂缝、大面积麻面、局部混凝土密实性差、强度偏低、钻孔取芯质量差等，对股份公司形象和信誉造成了不良影响。

上述问题发生后，股份公司十分重视，范集湘董事长多次作出指示，要求工程科技部调查了解情况，并坚决整改。我参加了南水北调办召开的中线工程参建施工单位质量约谈会后，立即传达贯彻会议精神，并要求工程科技部采取了一系列措施。根据《股份公司质量管理办法》、《股份公司质量事故处理办法》的有关规定，股份公司对相关单位进行了通报批评，并责成相关工程局对相关责任人给予行政处理。

分析股份公司参建单位在南水北调工程出现的问题，不是公司施工能力、管理水平和技术水平方面的问题，主要是重视程度不够，管理资源投入不足，分包队伍、劳务协作队伍管理薄弱等原因。为此，公司要求：

（1）南水北调是国家重点工程项目，举世瞩目，一旦发生质量事故危害巨大、影响极坏。南水北调办和中线建管局对股份公司高度信任，股份公司在南水北调工程占有50%以上的份额，作为水利水电第一品牌企业，一定要树立强烈的责任意识，以对国家、对社会、对企业、对历史、对人民、对生命高度负责的精神，确保工程质量，做到不留遗憾、不当罪人，建不朽工程。

（2）要把南水北调工程作为各参建单位的重点工程，确保项目资源投入，严格质量管理责任，坚决实行“可追溯”制度。

（3）要严格控制和管理分包队伍和劳务协作队伍，控制分包工程的主要管理要素，严禁“以包代

管”。

(4) 要严格现场控制，把材料质量、施工工艺、检验试验、文明施工、劳务用工等作为现场控制的重点，确保质量受控。

(5) 股份公司正在南水北调工程河南段开展“为民服务建新功、五比五赛展风采”劳动竞赛活动，要使劳动竞赛形成工程建设的能动力，并以本次会议为节点，彻底扭转上述问题带来的不利局面，重塑股份公司企业形象。

同志们，本次质量专题工作会议召开于股份公司的重大机遇期和发展关键期，希望广大干部职工，充分认识公司质量管理工作的新形势、新任务，要牢记使命、肩负责任、创新思路、扎实工作，全面提升高质量工作水平，为股份公司平稳较快科学发展提供有效支撑。

关于基础设施经营及投资管理工作的专题报告

（2011年4月1日）

王　彤　宙

各位领导、各位同事：

根据会议安排，下面由我介绍一下分管的非水电建筑业务和投资业务的情况。我的发言分为两个部分。

第一部分：非水电建筑业务

一、对国内建筑市场的基本分析

2011年是“十二五”规划开局之年，为了全面了解国内建筑市场的现状与发展趋势，我们有必要回顾“十一五”，展望“十二五”。

“十一五”期间：国内生产总值年均增长11.2%，全社会固定资产投资年均增长25.5%，累计完成922 889亿元。其中：房建市场累计完成投资159 741亿元，年均增长24.4%；铁路市场累计完成投资24 131.48亿元，年均增长43.31%；公路市场累计完成投资21 742.45亿元，年均增长18.22%。此外，市政工程、轨道交通等市场也实现了快速发展。

“十二五”期间：虽然存在着很多不确定因素，但是随着工业化和城镇化进程的持续加快，我国的国民经济预计将保持稳定增长，固定资产投资继续增加，建筑市场总的趋势不会有大的改变，繁荣仍将继续。城市基础设施建设、高速铁路建设、快速交通设施建设、住宅建设、环境治理工程、新的能源基地建设、新兴工业基地建设、旅游休闲设施的建设、新农村的建设等仍保持旺盛的需求，成为市场热点。其中：

(1) 房屋建筑市场：“十二五”期间房建市场固定资产投资预计将达到20万～25万亿元的规模；扣除保障性住房，投资总规模也将超过15万亿元。房屋建筑市场仍将保持第一大细分市场的地位。

(2) 保障性住房市场：“十二五”期间，全国城镇保障性住房覆盖面积达到20%左右，国家将建设3600万套保障房，约30亿平方米，总投资将超过7万亿元。这是一个新兴的细分市场。

(3) 公路建设市场：按照公路水路交通运输“十二五”发展规划思路，国家将继续加强高速公路建设，公路网总里程达到450万公里，高速公路总里程达到10万公里，二级及以上公路里程达到65万公里。预计总投资超过5万亿元。

(4) 铁路建设市场：根据铁路“十二五”规划草案，“十二五”期间，将基本建成由高速铁路干线、省际、城际快速交通线组成的快速铁路网。预计投资规模约3.5万亿元。

综上，在“十二五”期间，房建市场、保障性住房市场、公路市场、铁路市场有望成为中国建筑业的四大细分市场。这四个市场的年均投资规模将分别达到3万亿元、1.4万亿元、1万亿元、7000亿元。因此，股份公司应坚定不移地贯彻“大集团、大土木、大市场、大品牌”的经营战略，抢抓市场机遇，进一步加大开拓非水电建筑市场，继续加快向综合性集团转型的步伐。

建筑市场的基本情况是这样，我们再看看其他中央建筑企业的情况。

“十一五”期间：

中国中铁：营业收入年均增长率53.92%，2010年达到4280亿元；在承包业务收入中，路内工程占58%，路外工程占42%。

中国铁建：营业收入年均增长率53.97%，2010年达到4221亿元；在承包业务收入中，路内工程占56%，路外工程占44%。

中国建筑：营业收入年均增长率25.78%，2010年达到3564亿元；在承包业务收入中，房建工程占84%，非房建工程占16%。

此外，“十一五”期间，中交集团、中冶集团都实现了快速发展。究其原因，一方面得益于他们所在的传统优势市场为其发展提供了巨大的市场空间；另一方面，他们突破了原有的传统市场，逐步形成了具有自身特点的非传统性优势市场，例如中国铁建在轨道交通市场，中交集团在铁路市场，都从原先的单一建筑业务集团逐步转变为综合性的大建筑业务集团。

可以预见，在“十二五”期间，持续、稳定的建筑市场仍将继续为这些企业提供广阔的发展空间。因此，股份公司要成为国资委所要求的“世界一流企业”，就需要加快转变经济发展方式，加快业务结构调整，要在巩固水电建筑市场的同时，全面开拓非水电建筑市场。

二、对公司非水电建筑业务发展状况的分析

从2006年开始，集团公司领导审时度势，提出了开拓非水电建筑业务。特别是自2007年以来，集团明确提出了大力开拓非水电建筑业务战略。在集团公司党委、股份公司董事会的正确领导下，经过股份公司和子企业的共同努力，非水电建筑业务已经从原先的辅业、从属性业务发展成为股份公司的主要业务之一。

“十一五”期间，股份公司非水电建筑业务累计新签合同额1014.11亿元，其中：2006年新签77.09亿元，2007年新签80.17亿元，2008年新签324.43亿元，2009年新签226.32亿元，2010年新签306.1亿元；2010年新签合同额占股份公司新签合同总额的比例为22.7%；截至2010年底，非水电建筑业务合同存量289.3亿元。

“十一五”期间，股份公司非水电建筑业务累计完成营业收入657.54亿元，其中：2006年完成34.39亿元，2007年完成44.10亿元，2008年完成125.92亿元，2009年完成192.74亿元，2010年完成260.39亿元；实现年均增长164.3%；2010年占股份公司营业收入总额的比例为25.8%。

回顾“十一五”，是为了更好地展望和规划“十二五”。在“十二五”期间，无论是从企业内部看还是从外部环境看，股份公司非水电建筑业务都已经进入一个新的阶段，需要实现新的突破。

从企业内部看，我们已经具备了实现非水电建筑业务大发展的基本条件，包括：

——非水电业务战略已经深入人心；

——高速铁路建设、BOT项目建设已经完成一个循环；

——工程局已经经历了一轮市场与项目的洗礼；

——路桥公司、铁路公司双翼齐飞；

——即将进行的集团大重组将带来新的机遇……

从外部环境看，国内建筑市场格局正在悄然变化之中，机遇与挑战并存，例如：

——城市化进程继续加快；

——铁路建设市场正在发生着更加规范的演变；

——金融、货币环境的变化；

——竞争对手综合实力雄厚……

同时，在发展的道路上，我们面临着不少的困难，例如：

——能力匹配问题，包括：投资规模与资金能力、市场要求与开拓能力等方面；

——主攻方向不明，表现为：四处出击、资源分散；铁路、轨道交通市场进入门槛越来越高等；

——资源匹配问题，包括：市场开发与区域市场建设不足；营销、项目管理等专业化人才的短缺；

——资质匹配问题，非水电建筑类资质资源严重不足；

——经营管理风险增大，包括：业主/项目的要求高、最低价中标/保证金；中标主体、履约主体、实施主体的错位；财务账务处理模式存在诸多问题；合作项目过多、品牌风险大等。

三、今后一段时期的工作思路和2011年的主要任务

在今后一段时期，股份公司的非水电建筑业务

要重点开展好七个方面的工作：

（一）重新梳理非水电建筑业务的内涵，调整业务结构，确定发展重点，创新发展方式，提升管理水平

1. 铁路、轨道交通业务

这里要重点说一下铁路业务。虽然铁道部主要负责人发生了变化，未来的铁路建设投资体制、铁路建设管理模式将会有所改革，但国家铁路建设的总体规划、总体规模不会有大的变化，未来五年，国内铁路建设市场将进入相对持续和稳定的阶段，高速铁路发展的方向不会变。同时，随着“走出去”战略的实施，近年来中国铁路快速发展所形成的技术、产能将加快向国外转移，我国必将在全球范围参与铁路建设。我们还应注意到，随着城市化的进程，地铁和城际轨道市场有很大发展空间。我们要重点打造轨道交通业务；整合水电十四局和有关工程局的资源，利用集团优势，提升资质，力争在竞争市场有大的突破。同时，通过投融资带动方式，尽快进入地铁BT项目和总承包的高端市场。

因此，股份公司能否在铁路建设市场有大的作为，关键在于能否坚定信心，做到不动摇、不摇摆；主动适应铁路建设市场的新变化，新要求；努力在经营，管理和技术方面提升实力，坚持走专业化道路，我们一定会成为铁建市场的一支劲旅。

“十二五”期间，铁路事业部/铁路公司应继续发挥引领、统筹作用，大力拓展铁路市场，继续推行铁路建设标准化管理，认真研究铁路项目组织模式和盈利模式，解决中标主体与财务核算“两层皮”的问题；要充分利用路桥公司和水电三局、水电四局、水电五局、水电七局、水电八局、水电十一局、水电十四局等工程局的已有优势和特级资质，通过资源整合，扶大扶强，打造出2～3家在铁路建设系统接近中等实力铁路业务的强局。

2. 公路业务

进一步建立和完善基础设施事业部/路桥公司统筹、协调，以工程局为市场竞争主体的公路市场开发体系；加快发展已有一定基础的新疆、四川、陕西、福建等区域市场；积极开发新的潜在市场，通过整合内外部优势资源，扶大扶强，在“十二五”期间打造出1～2家具有公路建设系统中等实力的工程局。

3. 市政业务

充分发挥各子企业具有多个市政一级资质的优势，在国家规划的重点经济圈的大中型城市形成集结，将城市道路、水厂建设、污水处理等作为重点方向，实现大的突破。

4. 房建业务

积极支持水电二局、水电十三局、水电十五局等具有房建一级资质的企业做大做强房建业务；“十二五”期间，要将水电二局打造成具有房建系统中等实力的特级企业。

此外，要加大开拓水务工程、环保工程的力度，支持路桥公司等子企业开拓环保业务；支持水电十六局做大做强机场业务。

（二）重视资质申报工作，下大力气解决市场准入难的问题

由于建筑行业的特殊性，国家对建筑业实行“双向准入”的管理。建筑企业除工商注册以外，还需要具有相应的行业资质。没有资质就没有独立进入市场的资格。因此，在“十二五”期间，各单位一定要高度重视并且下大气力解决资质问题。在股份公司层面，今年要确保路桥公司的公路工程特级资质的重新就位，各个工程局特别是使用路桥公司品牌承接项目的工程局，一定要支持、配合路桥公司做好相关工作，特别是在建项目的信息化达标工作。要尽快完成铁路公司资源和业绩整合工作，通过重组，申报市政工程特级资质，在股份公司层面形成公路特级和市政特级两个龙头企业。在工程局层面，要加快非水电资质申报和升级。“十二五”期间，每个工程局原则上都应新增1～2项非水电一级施工总承包资质，2～3项非水电一级专业施工资质。

（三）按照“市场经营区域化，工程建设专业化”的原则，加快区域性营销机构建设，加快打造专业化施工企业

要建立健全“股份公司—事业部—区域总部—工程局”的营销体系，在进一步发挥海西区域总部、新疆区域总部的同时，继续加快区域营销机构建设，加大区域性市场开发力度。同时，以专业化为导向，加大内部资源整合力度，逐步打造包括铁路、公路桥梁、房建、轨道交通、环保以及铁路铺轨、公路路面、机电安装、机场跑道等在内的专业化施工企业。

（四）按照“中标主体、履约主体、财务核算主体一致”的思路，理顺内部管理关系和管理权责

在股份公司相关部门支持下，根据铁路工程、公路工程、市政工程、房建工程的不同特点，在对外的法律关系、合同关系、核算关系等方面，要做到中标主体与履约主体、中标主体与财务核算主体保持一致；在对内管理关系上，要进一步强化工程局作为项目实施主体的责任，要确保项目履约，切实解决好目前存在的履约风险、合约风险、分包风险。

（五）按照“以中短期投资为主，充分发挥带动作用”的思路，进一步明确非水电业务的投资模式、投资领域和投资重点

“十二五”期间，非水电业务领域的投资业务应以BT等中短期投资为主，同时，积极探索和发展城市综合基础设施建设模式。投资重点应放在轨道交通、城际铁路和城市基础设施综合开发领域，充分发挥投资业务对工程总承包的带动作用和市场竞争力的提升作用。同时，投资区域重点应逐步转向经济发达地区。

（六）按照“两个龙头、齐头并进”的思路，进一步发挥两个事业部/两家公司的引领和带动作用

继续强化和夯实基础设施事业部/路桥公司、铁路事业部/铁路公司这两个业务发展平台，充分发挥他们在融投资、高端营销、承包管理、技术研发等方面的引领带动作用。进一步加强统一协调和管理，结合现有的市场布局，分区域与工程局实现联动。

（七）继续加快非水电业务人才队伍建设

“十二五”期间，要从子企业领导班子、子企业部门和项目经理部这三个层面，加快非水电业务人才队伍建设。进一步加快水电人才向非水电业务的转型，继续做好非水电人才、新毕业大学生的引进、培养、使用工作。要培养一大批从事市场开发、计划合同、法律、投资、项目管理、技术研发等方面的非水电业务人才，特别是要培养好市场开发、项目经理两个团队。

下面，我说一下2011年非水电建筑业务的主要经济指标。2011年，股份公司非水电建筑业务计划新签合同额480亿元，其中：基础设施业务板块新签270亿元，铁路业务板块新签210亿元。2011年，股份公司非水电建筑业务计划完成营业收入200亿元，其中：基础设施业务板块完成115亿元，铁路业务板块完成营业收入85亿元。

各单位要认真贯彻股份公司2011年度工作会议和本次会议精神，进一步加快转变经济发展方式，从体制、机制方面加大改革力度；进一步加大开拓非水电建筑市场，提高自主经营力度；进一步切实保证项目履约，确保京沪、宁杭、成简等重点项目按期完工；进一步提高在建项目管理特别是商务合约管理水平，提升项目盈利能力，全面完成2011年各项经济指标。

第二部分：投资业务的情况

一、“十一五”投资业务发展现状

（一）投资业务阶段性成果显著

自2003年电力体制改革以来，集团公司被赋予投融资权，开始实施调整产业结构、促进可持续发展战略，围绕主业开展投资活动。在“十一五”期间，股份公司投资活动取得快速发展，控股开发投资项目涉及电力、房地产、基础设施、水务以及国外水电、矿产等多个领域。

截至“十一五”末，以水电投资为主的电力开发约占股份公司总投资规模一半，控股开发电力项目总装机容量1352万千瓦（权益装机容量1020万千瓦），其中开展前期工作的电力项目装机容量756万千瓦，处于建设阶段电力项目装机容量201万千瓦，投产运营电力项目装机容量395万千瓦。“十一五”期间，房地产业务提升至股份公司层面，股份公司成为国资委核准的16家以房地产为主业的中央企业之一，房地产公司具有房地产开发一级资质，2010年新增土地储备近1870亩，“中国水电地产”品牌影响力日益扩大。同时，以高速公路、城市基础设施BOT/BT投资开发带动的基础设施领域开发，极大加快了股份公司进军非水电领域的步伐。

股份公司的投资规模初见成效，打造以四川为中心的西南水电开发、西部甘肃为中心的煤电一体化项目开发以及内蒙古、甘肃酒泉和东北地区风电开发的战略布局已经形成。股份公司综合实力显著增强，从过去单一工程承包转向综合性发展取得阶段性进展；由单一的水电施工企业，初步发展成为四大主业协同发展、国际国内“两个市场”双向拓展的综合性企业集团，初步奠定了资产经营和生产经营并举的经营新格局。

（二）投资项目已经成为股份公司资本集中区域和新的利润增长点，有效带动了工程承包业务开展

2009年末股份公司主要投资项目形成资产总量约314亿元，占股份公司资产总额的比例30.7%；至2010年末，股份公司主要投资项目形成资产总量约400亿元，约占股份公司资产总额的33%。投资项目形成资产逐年上升，预计2011年末将接近股份公司总资产的一半。2009年，股份公司主要投资项目营业收入和利润分别为26.6亿元和5.5亿元，分别占股份公司营业收入和利润总额的3.42%和17.89%。2010年度，股份公司主要投资项目实现总收入44亿元，占股份公司年度营业收入的4.4%。实现利润8.3亿元，占股份公司年度利润的21.9%。预计“十二五”期间，相关业务指标还将呈逐年上升趋势。

通过对四川公司、房地产公司、路桥公司、新能源公司所投资的26个在建或运营项目的数据统计，项目总投资额共计470亿元，在子公司层面形成或将

形成施工产值177亿元，金属结构制安1.6亿元，设备制造合同额4.32亿元。其中：BT及BOT类基础设施投资项目总投资168亿元，带动施工承包额126亿元。

(三)股份公司投资重点工作进展显著，投资业务开发及管理水平稳步提高

目前，股份公司投资项目涉及水电、风电、火电、气电以及基础设施、水务、房地产等行业，投资领域不断拓展，投资监管体系基本形成，投资行为逐步规范，初步打造了一支专业性较强、工作效率较高，能吃苦、能奋斗的投资业务人才队伍，有效推动了股份公司投资业务开展，确保股份公司重大投资项目重要工作节点目标如期实现。

水电项目投资作为股份公司投资核心部分，重点项目推进进展显著。四川沙湾电站，在移民工作进行中，面临国家政策调整以及移民安置的极大困难考验，全体项目员工在股份公司的领导下，付出了艰苦努力，确保投资项目按计划投产。毛尔盖水电站，总装机容量42万千瓦，工程复杂，技术难点多，移民工作艰巨。通过科学论证，多点联动，措施得力，有效推进，比原计划下闸时间提前8个月，为电站首台机组提前一年发电打下了坚实基础。作为股份公司西南水电开发的重点项目——安谷水电站，总装机容量77万千瓦，在股份公司的高度重视和推进下，国家发展改革委已经批复开展前期工作，并批复上网电价“实行与新建火电厂相同的电价”，为电站的顺利投资开发、提高投资收益水平创造了有利条件。

风电投资作为股份公司清洁能源领域发展战略的延伸，发展战略规划实施成果显著。目前股份公司在酒泉千万千瓦级风电基地投资建设的首座风力发电场——甘肃瓜州干河口第四风电场项目，于2010年5月正式破土动工，成功克服和解决了主材供应紧张、施工用水不足、夏季天气高温炎热、冬季极度严寒等困难，7个半月时间内实现首台机组并网发电。以水电十四局为主投资的云南者磨山风电场，为云南省核准的第一个风电场，也是目前已建成的海拔最高的风电场。项目利用法国开发署贷款成效突出，运行以来电场各主要财务指标值良好，处于同行业先进水平，对于云南省的清洁能源开发有着重要的示范作用。

崇信发电公司2×60万千瓦火电项目作为甘肃省第十三届兰洽会最大的签约项目，2010年3月顺利取得了国家发展改革委对项目的核准批复。为进一步保障股份公司西北地区火电项目煤炭供应，解决火电项目的效益与发展问题，经过不懈努力，甘肃省政府于2010年4月确定将甘肃灵台煤田邵寨西矿区煤炭资源配置给股份公司进行开采，奠定了股份公司西北地区坑口煤电一体开发战略的基础并有良好的预期。

基础设施投资项目重要节点目标如期实现。股份公司投资建设的四川邛名高速公路有效化解群体性阻工、材料涨价、雨季长雨水多等困难，2010年11月9日全线通车，成为四川省18个BOT高速公路项目中最早通车的项目，也是四川省交通重点项目三年集中建设攻坚活动启动以来建成的第一个重点项目。福建武夷山至邵武高速公路BOT项目克服持续特大暴雨等困难，努力抗灾确保工程建设进度，2010年11月15日顺利通车。四川成简快速路项目进一步加大过程管控力度，成功化解高瓦斯隧道及大断层等不良地质影响，确保全面完成年度生产经营目标。天津武清项目一期市政工程已基本完工，房建工程进展顺利，多次受到天津市各级政府的肯定和表扬。上述项目成果为股份公司基础设施建设领域的发展积累了宝贵的经验。

房地产投资业务土地储备力度进一步加大。2010年全年新获项目总用地面积1876亩，总计可开发建筑面积约275万平方米，有效推进了房地产项目后续开发工作开展。2010年在国家房地产调控政策市场背景下，股份公司采取有力措施，加大项目销售力度。北京“美立方”项目开盘以来，普通商品房销售计划及配售限价房工作进展顺利，所有限价房均已签约，回款全部到位；长沙“星城映象”创品牌成效显著，一期、二期工程实现年内入住目标，项目销售全面清盘；成都“西岸观邸”项目、绵阳“长兴太阳城”项目超额完成全年销售任务。确保资金回笼，为房地产开发实现良性循环创造了条件。

股份公司上述重大投资项目工程节点的实现和工作进展，有效锻炼了队伍，积累了工作经验，为股份公司投资业务深入开展创造了有利条件。

二、“十二五”投资业务发展设想

“十二五”期间，股份公司投资工作将继续坚持科学发展观，以“三控三强一确保”的风险管控措施为基础，以“三加强一严控”为切入点，认真研究并贯彻国家宏观调控的政策要求，严格遵守国家发展改革委、国资委关于中央企业投资管理的相关规定，准确把握投资业务市场发展动态、性质、特点、筹资方式等方面的变化，按照国家产业政策发展建设规划、市场准入和土地供应等政策要求，紧紧围绕股份公司发展战略和主业定位，以积极稳健

的态度稳步推进股份公司投资工作的开展，为实现股份公司可持续发展壮大创造条件。

“十二五”期间，重点建立健全股份公司投资管理制度，完善相关管理工作实施细则，指导股份公司投资管理工作，使投资业务操作有制度可循，有流程可行，尽快形成一套适应上市公司管控要求的投资管理体系。

“十二五”期间，投资业务遵循质量效益型的原则，紧紧抓住“质量”和“效益”两个主线。股份公司将进一步加大投资管控力度，确保在建电力项目投资开发进程，保障在建项目按计划投产。遵循国家产业政策导向，继续以水电、风电等清洁能源项目开发为主，加快现有资源开发，继续寻求优质水电、风电资源项目的开发权以及项目并购；充分考虑电煤供应以及国家环保、节能减排的产业政策，稳步推进火电后期项目；房地产在开发好现有项目的同时，适时、适当地进行结构性调整，注重投资质量，特别关注国家政策和区域性市场变化，保持健康快速发展；积极推进基础设施BT项目投资，缩短资金回收期，有效减小资金压力，降低投资风险。国际方面支持能源走出去发展战略，以国际水电项目为龙头建立国际投资业务平台。

“十二五”期间，继续稳步提高投资业务资产规模、营业收入及利润在股份公司总体指标中的比重。预计“十二五”期间，股份公司主要投资项目形成资产相比现在水平翻一番；实现营业收入突破200亿元，约占股份公司总营业收入10%以上；力争实现利润25亿元左右，约占股份公司利润总额的30%以上。有效增强股份公司可持续发展能力。

三、2011年投资业务主要工作

1. 继续努力建立健全股份公司投资管理体系

重点工作是将投资活动全过程工作加以细化，完善相关管理工作实施细则。编制股份公司五年投资发展规划，明确投资发展战略定位，促进股份公司投资管理工作科学化、规范化、健康发展。

2. 根据国内经济发展形势，适当调整投资方向

国内方面稳步推进城市基础设施建设BT类项目投资，进一步降低资金压力，缩短投资回收期，同时有效带动施工承包业务的发展。国际方面支持能源走出去发展战略，建立和完善以国际水电投资为龙头的投资业务平台。

3. 继续强化投资效益观念和质量意识，提高投资项目建设管理水平

（1）继续加强前期工作项目推进力度，完成股份公司关于陇东煤电一体化发展研究报告，加快完成灵台南煤田的矿产资源开采登记以及项目核准等手续。同时全力推进四川安谷水电站的核准。

（2）加快提升投资项目建设管理水平。目前，在投资项目建设过程中，存在着两种倾向：一种是只注重投资控制，不注重施工管理，导致工期拖期，施工成本加大，投资总额增加；另一种是只注重施工管理，忽视投资控制，将投资项目管理等同于施工项目管理。在建项目要重点降低投资成本，涉及子企业参建项目要引入竞争机制，增强工程承包合同履约的管控；严格工程进度管理，保障施工进度，在质量、安全可控的前提下，确保项目按计划竣工、投产。

（3）继续重视运营管理工作，搞好内部挖潜。电力运行项目以及房地产项目作为重点，努力增加发电量和销售收入，降低运行成本，稳步提高投资效益。

4. 强化项目管理执行力

继续落实“三控三强一确保”、“三加强一严控”管控措施，加强相关子公司治理结构的完善工作，规范工作流程，提高办事效率；加强对投资管控制度执行、落实工作的监督和检查；加强各公司股东会、董事会决议的实施监管，保障相关工作的有效落实。针对历史上形成的规模小、效益差的投资项目进行清理，促进投资退出机制的形成。

同志们，在“努力把公司建设成为具有较强国际竞争力的质量效益型的世界一流综合性建筑企业”的战略目标指引下，股份公司的非水电建筑业务、投资业务都面临着新的发展阶段，需要有新的突破。我相信，在集团公司、集团党委和股份公司董事会的领导下，通过股份公司和子企业的共同努力，我们在“十二五”期间一定能够取得更大的成绩，为集团和股份公司的发展作出更大的贡献。

强化企业投资管理能力建设
全面提升投资项目质量效益水平

——在股份公司2011年度投资工作研讨会议上的讲话

（2011年8月24日）

王　彤　宙

各位领导、各位同事：

我们这次会议是在总结“十一五”工作，全面铺开“十二五”开局工作，结合集团公司获得国资委A级企业称号、参与重组成立中国电力建设集团有限公司以及股份公司准备上市等多元背景下召开的，意义重大。会议选在大理召开，主要原因就是水电十四局以及新能源公司共同投资的大理者磨山风电项目，在开发建设运营之中取得了显著的建设成果以及宝贵的经验。希望大家在学习先进经验的同时，进一步深入思考水电十四局取得投资项目成功的原因，对照思考自身在投资方向、项目选择、能力把握上的不足。

本次会议我想讲三个方面的内容。

一、当前股份公司投资发展概况

2005年9月，国务院国有资产监督管理委员会确认集团公司主业范围为“建筑工程；相关工程技术研究、勘测、设计、服务与专用设备制造；水电投资建设与经营；房地产开发经营”。这个主业定位，也是股份公司投资工作所坚持的主业范围。

股份公司根据国务院国资委的主业规定以及自身发展实际，主要投资发展方向为相关的电力、房地产以及基础设施领域。经过几年的发展，股份公司投资项目涉及水电、风电、火电以及基础设施、水务、房地产等行业，投资领域不断拓展，投资监管体系基本形成，投资行为逐步规范，投资规模初见成效。

“十一五”期间，已由2006年的完成投资70亿元左右增长到2010年接近230亿元。截至2011年6月底，股份公司控股开发电力项目总装机容量约1285万千瓦（权益装机容量约986万千瓦），其中开展前期工作的电力项目装机容量约687万千瓦，处于建设阶段的电力项目装机容量约172万千瓦，投产运营电力项目装机容量约426万千瓦；房地产土地一级开发面积约95万平方米，二级开发面积约487万平方米；基础设施高速公路项目开发总里程约160公里（投运约144公里）。股份公司初步实现了以四川为中心的西南水电开发、西部甘肃为中心的煤电一体化开发以及甘肃、内蒙古、东北地区风电开发的投资战略布局，同时国际投资业务也实现了良好开局。股份公司开始走上集国内国际工程承包，水电、风电等能源投资开发，城市基础设施及房地产建设开发协调发展的综合型大型跨国企业集团的发展阶段。

股份公司上述成就突出表现在以下几个方面：

（1）投资业务板块已经成为公司经营性资本集中领域。投资形成资产逐年增长明显。2009年末股份公司主要投资项目形成资产总量约310亿元，占股份公司资产总额的比例约31%；至2010年末，股份公司主要投资项目形成资产总量约400亿元，约占股份公司资产总额的33%。未来投资资产仍将呈逐年增长趋势，在股份公司可持续发展战略中发挥更大作用。

（2）“十一五”期间，股份公司投资业务为股份公司的整体市场地位的提高和品牌影响力的增强起到了极大的推动作用。例如随着投资活动的开展，位于四川、云南、青海、福建等地的工程局单位更加切实感到了企业在地方影响力的提升。

（3）初步形成了一套行之有效的投资管理体系。通过几年的发展，股份公司在投资管理制度建设、投资工作业务流程，包括投资项目前期、建设期、运营期各个阶段，在涉及项目申报、投资评估、投资决策、项目实施、项目后评价等多方面，形成了一套行之有效的投资管理体系，为股份公司投资业务健康发展创造了条件。

（4）为股份公司在投资领域培养了一大批优秀的投资开发和投资管理人才。例如甘肃火电项目，虽然受到煤电价格倒挂、政策市场因素混合影响，造成盈利困难，但是在同行业同类机组里面，管理上是走在前列的；四川公司的水电开发，在同时期、同流域电站的开发上，仅就征地移民设计优化上，可以媲美大型发电企业；大理者磨山风电场项目是建设周期最快、成本最节约、盈利能力一流的投资项目。上述成果的取得离不开一大批专业人才的努力。

（5）有力带动了股份公司主业的转型升级，也就是极大带动了工程承包核心主业的竞争力。目前，部分工程局在公路、桥梁承包上的竞争力提升很快；还有的工程局在风电相关设备的加工、风电基础的施工能力上有了很大提高。

这些成果的取得，得益于国务院国资委的正确领导，也得益于集团公司制订了正确的发展战略，更得益于全体干部员工的励精图治、辛勤工作。在此，我代表范集湘董事长，代表股份公司向关心支持我们的各级组织、领导表示衷心的感谢，向战斗在投资领域的全体干部员工致以崇高的敬意。

成果固然令人振奋，但时刻保持清醒的头脑更为必要。善于分析，不断地总结经验，发现问题，巩固优势、弥补劣势，不断提高认识水平和业务水平，才更加具有实际意义。这也是我们历年投资研讨会的首要出发点。

二、投资业务板块成绩和不足的简要分析

（一）电力板块

电力板块作为我们最为熟知的行业，一直是股份公司的投资重点，占有投资总规模的最大部分，发展最快，投资效益最为明显，总体来讲有如下特点：

（1）规模增长快，已经从2004年约110万千瓦的控股开发规模，增长到现在约1285万千瓦。

（2）资源优势潜力明显，电力特别是优质水电、风电项目作为有限的清洁能源，未来仍将在我国能源发展战略中占有不可替代的重要作用，目前投产的部分水电、风电项目已经显现出较好的效益优势。

（3）极大提升了股份公司品牌效应。随着股份公司四川为中心的西南水电开发、西部甘肃为中心的煤电一体化开发以及甘肃、内蒙古、东北地区风电开发的投资战略布局，股份公司投资建设开发能力得到地方政府的广泛认同，股份公司整体实力和品牌效应得到进一步彰显。

但是快速发展的光环也不能掩盖自身的不足，例如前期项目的策划，不够优，不够细，不够全。特别是此次投资项目检查之中，暴露出个别项目前期工作深度明显不足；对于开发过程中新出现的问题，应对经验不足、能力不够，造成建设成本上升。同时获取资源能力不足，特别是在大江大河的大项目开发权的获取上，难度较大。综合起来看，依然是企业综合实力发展的问题，股份公司投资管理能力建设水平亟待进一步提高。

（二）房地产板块

房地产作为集团公司发展主业，作为不多的十几家地产开发为主业的中央企业之一，发展推进力度逐年加强，应该说阶段性成果显著。首先是规模逐年增长较快。特别是去年新增项目土地储备1876亩，达到历史最高水平，有效推进了房地产项目后续开发工作开展。其次是部分房地产项目运作较好，成效显著。2010年房地产公司签订销售合同额约29.4亿元，同比增长3.1%，销售房屋4265套，净利润同比增长约250%。第三是团队建设成绩、品牌效应明显。部分项目成功地推向市场，积累了宝贵的开发管理经验，锻炼了一只专业化队伍，“中国水电地产”的品牌影响力进一步扩大。

房地产的发展相对于集团公司、股份公司总体发展战略要求，相对于同行业先进企业的发展速度，依然存在差距。地产项目作为调整产业结构的重要板块，在对股份公司投资利润贡献度上，在调整股份公司投资项目的周期结构上面承担着重要责任，面临更高的要求，因而房地产总体投资开发规模有待进一步增强，在一线以及二、三线地产开发上应该有科学的发展规划。规模的发展不可避免地会带来资金的压力，在这方面股份公司的支持是必要的，但是房地产自身融资方式的创新、融资能力的提高在企业持续发展中更为迫切，特别是在目前的外部经济形势和国家政策影响环境下，显得尤为重要。

（三）基础设施板块

基础设施板块作为股份公司大力实施非水电开发、实现多条腿走路可持续发展的投资业务，承担着重要的引领作用。在我们的共同努力下，2010年11月9日，股份公司投资建设的四川邛名高速公路全线通车，成为四川省18个BOT高速公路项目中最早通车的项目，也是四川省交通重点项目三年集中建设攻坚活动启动以来建成的第一个重点项目。11月15日，股份公司投资建设的福建武夷山至邵武高速公路BOT项目通车。目前投资建设的成简快速路也已进入开发后期阶段。股份公司在有序开展基础设施BOT投资项目开发建设的同时，引导、支持有能力的企业加大BT项目投资。在股份公司的带动下，更多的有实力的工程局参与到基础设施BT项目中来，有效带动了其结构调整。据截至2010年底的不完全统计，BT及BOT类基础设施投资项目总投资约168亿元，带动施工承包额约126亿元。总体上

看，在调整投资业务结构、有效缩短基础设施投资回收期、降低投资资金压力上取得了一定成效。

相对于传统的水电施工领域，城市基础设施建设，特别是该领域的投资开发，我们相对经验还有所欠缺。随之而来的突出问题就是前期工作深度不够，特别是投资项目前期可研深度有待加强；BT项目回购风险的防范、担保、融资方案的落实方面存在明显不足。在新的形势条件下，BOT类项目效益问题也带来经营方式如何转变、创新的问题，应引起我们足够的重视。

（四）国际投资板块

伴随着股份公司国际化发展战略的实施，公司国际业务的发展在股份公司总体业务规模中占有举足轻重的地位。经过多年努力，“走出去”发展战略的成果是有目共睹的，积累了很多前期资源。与此同时，股份公司积极响应国家资源战略和能源战略导向，结合自身特点，积极开展境外投资业务，主要是水电和部分国家紧缺的矿业投资开发，投资市场由传统东南亚逐渐向非洲市场延伸，投资行业和领域开始向水利水电及相关产业链上游延展，并以投资拉动承包业发展。

截至2010年末，股份公司境外投资存量约100亿元人民币。目前股份公司海外投资水电站的柬埔寨甘再水电站BOT项目（19.4万千瓦）首台机组已于今年9月实现发电；老挝南俄5水电站BOT项目（12万千瓦）正处于建设高峰阶段。目前正在进行尼泊尔上马相迪（5万千瓦）、印尼佳迪格德（11万千瓦）、老挝南乌江（114万千瓦）、缅甸哈吉（136万千瓦）等项目前期工作的开展。海外项目投资，将为股份公司调整产业结构、走国际化发展战略进一步发挥重大作用。

与此同时，未来国际投资业务领域应加大专业化建设重视程度，有效规避不同国家、地区的区域性政治风险和政策风险。

（五）其他行业项目板块

除了上述几大板块之外，股份公司以及所属单位还参股投资了水务、气电、设备制造以及其他多种经营的项目，其中相关设备制造、工程、咨询类公司等存续期较长，可以说为股份公司投资初期的多种经营作出了一定贡献，积极作用不容忽视。但是也暴露出规模小、竞争力不强、效益明显不足的弱点，需要进一步进行清理。股份公司将在这一点上加大工作力度，为股份公司建立良好的投资退出机制创造条件。

（六）办公和生活设施的投资

办公条件的改善，要在企业能力的基础上进行，不能超出企业承受能力。生活设施的建设要严格执行国家、股份公司的相关规定。目前在实施主辅分离的形势下，把有限的资金投入大量场馆建设，不符合企业改革的方向。

三、下一步投资工作设想

2011年是“十二五”规划的开局之年，是股份公司贯彻落实科学发展观，加快转变发展方式，确保平稳较快发展的关键时期。股份公司将以科学发展观为指导，以加快转变企业发展方式为目标，以“三控三强一确保”的风险管控措施为基础，以“三加强一严控”为切入点，认真研究并贯彻国家宏观调控的政策要求，准确把握投资业务市场发展脉搏，按照国家产业政策发展要求，在股份公司“十二五”规划的总体战略指引下，从全局的视角出发，结合投资业务实际发展的具体情况，本着求真务实、科学规划、合理配置、可持续发展的原则，以积极稳健的态度稳步推进股份公司投资工作的开展，充分挖掘投资机会，有序扩大投资规模，不断开拓新的潜力市场，谋求长期稳定的投资收益和资产升值，提高抗风险能力以及可持续发展能力。

股份公司将继续稳步提高投资业务资产规模、营业收入及利润水平在股份公司总体指标中的比重。力争“十二五”末，在当前股份公司经营状态下，主要投资项目形成资产相比“十一五”期末翻一番，达到800亿元左右，接近股份公司总资产的40%左右；实现年度营业收入接近300亿元，约占股份公司年度总营业收入16%以上；实现年度利润30亿元，约占股份公司年度利润总额的40%以上，有效增强股份公司可持续发展能力。

为实现股份公司总体投资目标，强化企业投资管理能力建设，全面提升投资项目质量效益水平将是根本性保障。主要从以下几个方面着手。

（一）进一步提高总部对投资业务的管控能力

（1）研究对投资管理组织架构的深化改革。在新时期、新的形势下，投资管理一定要适应市场经济发展的客观要求。

（2）进一步强化投资管理体系的制度建设。特别是投资项目的选择和经济技术条件的制定，坚持“有所为，有所不为”。

（3）进一步加强投资管理的人才培养。要引进、培养与使用相结合。

（4）创新总部对投资业务的管理办法。特别是针对过程管理，要细化各项投资业务的具体要求；规范报送材料的标准化。对投资类公司和投资项目的考核，要以同行业先进水平作为目标考核的标准。

（二）继续强化风险管控

按照国资委投资管控要求，继续落实“三控三强一确保”以及“三加强一严控”管控措施。一段时期以来，股份公司积极按照国家宏观产业政策指引，紧密围绕主业进行投资，把“防范投资风险”作为投资工作的重中之重，坚持量入为出、有所为有所不为的原则，大力实施“三控三强一确保”的综合风险防控措施，即“严控资产负债率上升、严控规模无效增长、严控现金流异常现象、巩固资金链；着力强化风险管控、强化精益化项目管理，强化开源增收；确保持续稳步发展”。在充分总结“十一五”投资管理工作的基础上，为确保股份公司投资业务健康、受控、科学发展，股份公司在“三控三强一确保”综合风险防控措施的基础上，进一步贯彻实施“三加强一严控”的管控要求，即：进一步加强市场营销工作，进一步加强项目管理，进一步加强国际经营管理能力建设，严控资产负债率上升，确保现金流安全。重点强化项目建设及运营规范化管理以及指标控制，进一步提高风险识别、评估、管理能力。实际工作中按照国务院国资委《中央企业全面风险管理指引》的具体要求，围绕股份公司总体发展战略目标，在投资管理的各个环节和过程中开展全面风险管理。

（三）继续有效落实“三重一大”决策原则

股份公司投资发展进程中，不断完善“三重一大”制度体系，规范“三重一大”集体决策行为有着十分重大的意义。股份公司将继续实施对各单位以及重大投资活动执行“三重一大”制度情况专项督察制度，不断完善决策制度体系，改进决策方式，规范决策行为，确保决策程序完整、合规，提高企业整体效能，规避企业决策风险。同时逐步建立并严格执行投资决策的法律审核制度，确保投资决策规避法律风险；建立健全投资决策和投资项目重要程序的事前风险审核制度，最大限度地降低投资风险。按照现代企业管理制度的要求，不断完善股份公司股东会、董事会、监事会等管理职责和议事规则，形成一整套以上市公司为标准的投资决策制度，为有效规避投资风险打下制度基础。

（四）继续强化投资前期工作要求

(1) 选好项目。主动出击，结合自身实际、企业战略、行业发展规律，科学、合理、专业化地找项目。好项目是好管理的先行条件。

(2) 项目论证。切实加强项目前期的合法合规性要求，从投资模式的设计、投资谈判，到投资项目的批准的合法性，严格执行国家投资项目审批程序。把握住项目签约生效、建设开工阶段各项法律手续的完整性。

(3) 项目立项报批。切实做好项目建议书的编制和深度研究。其中BT项目重点在于回购风险的防范、担保、融资方案的落实。股份公司要求对于投资项目出现的暂时难以明晰的问题，由投资责任主体向股份公司作出书面承诺，承诺项目前期设定的边界条件届时能够实现，力求风险得到有效控制。

（五）不断提升项目执行能力

加强企业能力建设，投资管理首先要切实加强投资内控程序上的管理，确保程序合规。严格做到项目立项、谈判、签约、决策、建设、运营全过程的合法、合规，坚决杜绝“先斩后奏”的投资行为发生。规范招投标，确保层层到底、职责明确；精细化成本管控，内部施工承包管理应确保责任明确，成本分担合理，利润分享公平。

按照现代企业管理制度的要求，逐步加强项目公司治理结构的完善工作，规范工作流程，提高办事效率。重点加强各公司股东会、董事会决议的实施监管，加强对投资管控制度执行、落实工作的监督和检查。有效提高投资项目公司执行能力和管理水平，更好地适应现代企业制度的管控要求。同时股份公司将按照国资委的要求，逐步实施与投资项目承担单位主要责任人签订项目收益保证书，不断提高投资质量水平。

（六）抓好“负债率”及“投资规模”两个控制要素

针对国务院国资委管控要求，股份公司将严格执行投资管理办法中所设定的相关指标要求，一方面严格投资能力指标的审核，一方面重点强化资产负债率指标控制上的投资准入审核，为把股份公司总体负债率指标控制在合理范围之内创造条件。

为了进一步贯彻落实国务院国资委投资管控要求，股份公司将继续控制固定资产投资规模。目前，针对国际国内经济形势的发展变化，结合股份公司投资项目实际情况，有效贯彻国务院国资委在经济形势不断变化的情况下“有保有压”、“量力而行”、“控制风险”的投资指导方针，今年股份公司投资调整计划已经下发，股份公司本年度实际投资额度已经调减大约23%。

坚持主业投资，注重负债率指标和总体规模的控制，目的就是规避投资风险，促进股份公司投资活动健康发展。

（七）方向明确重点突出

坚持“突出主业、突出效益、突出风险管控”的“三突出”原则。

(1) 电力板块：重点在于做好项目各阶段管控，在实际工作中不断总结经验，持续提升管理能力建设水平，努力降低成本，增加效益。积极寻求新的资源，特别是在川、藏、滇、青等区域河流和界河上争取水电资源开发权。国际水电开发重点确保在建项目的如期投产运行。

（2）房地产板块：继续增加土地储备，加强项目营销能力的提升，加快资金的回收和周转，有序推进在建项目建设。特别是创新融资模式，增强项目融资能力，突破资金瓶颈的制约。

（3）基础设施项目板块：适当调整投资方向，充分利用国家区域性开发以及城镇化建设推进的各项政策，加大优质项目的工作力度，进一步带动股份公司非水电领域的开发建设。创新经营方式，努力提升运营项目的收益水平。

同志们，今年是我们党建党90周年，我们的党走过了一段艰难曲折的革命道路，取得了非凡的成就。我们的股份公司经过几代人的努力，同样取得了令我们水电人骄傲的发展成果。让我们携起手来，共同努力，为把股份公司投资建设管理水平推向新的高度，为把股份公司建设成为行业领先，管理一流，品牌影响力明显，具有持续成长性和较强自主创新能力，可持续发展能力和较强国际竞争力的质量效益型世界一流企业共同奋斗。

再抓机遇谋发展　加快转型上台阶
努力推进股份公司做强做优

——在股份公司2011年经营管理工作会议上的报告

（2011年4月1日）

李　跃　平

同志们：

今天，股份公司召开2011年经营管理工作会，这次大会是继2007年集团公司经营管理工作会以来的又一次盛会。2007年经营管理工作会，集团公司推出了基础设施发展战略，它成功地推动了企业经营转型，将企业推上了新的发展轨道。本次会议的主要任务是：全面贯彻落实股份公司2011年工作会议精神，在总结2010年和“十一五”规划实施期间经营管理工作的基础上，明确2011年乃至今后一段时间经营管理工作思路、经营目标和重点工作，创新性地推出企业业绩考核体系；更重要的是范总要在此次会议上部署集团和股份公司今后一段时期的重大工作和战略任务。我们要认清形势、把握机遇，积极开拓、加快转型，确保公司平稳较快发展，推进股份公司做强做优。借此机会，我谈几点意见。

一、2010年经营管理工作总体情况汇报

（一）鏖战“十一五”，收官之年成绩斐然

“十一五”期间，集团公司暨股份公司遭遇了汶川大地震、全球性经济危机等重大风险后，公司以科学发展观统揽全局，转危为机，励精图治，进入了加速发展时期。“十一五”期间，公司在加快发展促转型上迈开新步伐，资产结构更加合理。公司在持续稳健快速发展的同时，管理软实力显著增强。2010年是“十一五”收官之年，公司咬定青山不放松，围绕战略求发展，资产总额突破1200亿元，营业收入突破1000亿元，利润总额达四十亿元。“十一五”规划主要指标圆满实现，形成了新一轮发展的历史起点。

（二）“多板块”协同发展，国内水电签约再创新高

2010年，公司坚持“大集团、大土木、大市场、大品牌”的发展方向，坚持“巩固水电市场地位、优先发展国际业务、大力开拓基础设施业务”的营销战略，全力、全方位拓展建筑市场。2010年，公

司新签合同1347.6亿元，同比增长44.9%，合同存量为2127.5亿元，同比增长19%，其中：国际合同存量首次超过1000亿元。

国内水电市场统筹是维护集团整体利益、提高市场话语权和促进企业内部和谐发展的重要战略管控手段。效率与公平相兼顾、自主营销与高端营销相结合、分散营销与集中营销相结合、项目统筹与价格统筹相结合的系统措施，已成为市场统筹的常态化机制。2010年的市场统筹具有“点多面广”的特点。通过价格协调项目126个，总金额401.4亿元（2009年为90个项目合计207.1亿元）。其中，为公司协调项目104个，金额307.9亿元，占总协调额的76.7%，包括军工、核电、市政项目6个。全年协调机电安装1100.5万千瓦，金额8.4亿元，公司占100%。2010年8月股份公司顺利签下长河坝、溧阳抽水蓄能两个项目七个主体标，合计84.2亿元，创出同一大型水电站主体工程全部由股份公司所属子公司中标的好成绩。2010年，公司紧紧抓住南水北调工程建设的历史机遇，完成南水北调新签合同118.8亿元，同比增加34%。2010年，新签国内水利水电工程合同490.7亿元，同比增长41.5%。

（三）创新业绩考核制度，建立发展导向的长效机制

1. 注重指标结构的增进

（1）推进经济增加值考核，变辅助指标为核心指标，以增强企业价值创造能力。

（2）强化利润规模等核心指标的考核刚度，以正确引导子公司经营方向。

（3）加强节能减排和信息化建设工作，以约束条件纳入考核体系。

2. 注重考核方法的改进

（1）针对子公司的产业属性差异及其在战略定位、经营规模、竞争力等方面存在的差异，结合集团战略共性和子公司经营个性，形成导向明确的分类考核目标值。

（2）梳理考核工作流程，简化检查程序，变拉网检查为重点检查，针对业绩较差的子公司进行帮改式检查，分析问题，解决难题，督促其改善管理。

3. 注重考核体系的创新

自公司建立经营业绩考核制度以来，业绩考核工作充分发挥了“指挥棒”作用。没有最好，只有更好。我们一直致力于探索建立一个更好的考核体系，这个体系能更准确地反映企业经营管理要素之间的内在逻辑结构及关系，并驱动其协同运行，达到目标。建立管理评价体系，改造现有的经营业绩考核体系，进而创立企业业绩考核评价体系，其目的就在于此。

（四）深化集团化管控，提高企业资源配置效率

1. 完善制度建设，提高设备物资集中采购效率

集团化采购制度是集团化建设的重要环节。建立物资设备集中采购平台，有利于实现规模效益，降低企业成本，产生经济效益的后发效应。

基于“两级平台、两效并举”的基本原则，公司实行了资源共享采购和补充采购等新的采购模式；在分析梳理国际项目采购流程的基础之上，改进了国际EPC项目、直接供货项目和二手设备采购的管理流程，优化了采购环节；结合国际大型项目采购的特点，推出了国际大型项目中标即后策划的措施，为推动资源优化配置奠定了坚实基础。同集中采购工作开展初期相比，子公司对集中采购这一集团战略的认识更加到位，配合更加主动，在自觉拥护集团集中采购平台的同时也越来越重视自身平台的完善和提高。两级集中采购招标平台结合更加紧密，步调更加协同，工作效率有了显著提高。

2010年度，公司总部和子公司两级平台组织开展了集中采购招标项目1392个，累计金额人民币约54亿元；其中：公司招标86个，金额15.3亿元。三年来，两级平台共计招标4281个，累计金额186.4亿元；其中：公司采购中心招标356个，金额67.7亿元。

2. 扎实推进大型专用设备调剂和租赁经营管理双平台的建设，优化资源配置

设备配置是企业资源配置的重要对象。我们在建立集团集中采购制度和平台后，乘势将管理关口前移，做好优化配置和减少闲置这“两篇文章”，坚持以“科学控制增量、有效盘活存量”的要求管理大型专用设备。各子公司已经逐步从“求全求新”的配置思路转变为在公司管控下进行资源优化配置。为此，公司提出了建立租赁经营管理平台和大型专用设备调剂双平台的建设思路。2009年，在大量调查研究基础上，精心策划，颁发了公司《大型专用设备资源管理办法（试行）》。近两年子公司进行设备资源配置时，已调剂盘活了大量闲置设备，并建立起五个承租平台，集中配置，系统共享，市场化运作。起步艰难，初见成效。

3. 坚持投资项目评审制度，提高投资决策质量

投资项目决策前评审工作是集团管控机制的一项重大创新。四年来，公司投资项目评审委员会以柔性组织的方式，履行“战略引领、风险规避、决策服务”的职能，发挥内外部专家作用，实行相对独立评审，有效提高了决策的科学性和民主化水平。

投资评审，从为决策服务角度出发，把好三关：

准入关，效益关，风险关；从为投资主体管理角度出发，做好三项交底：风险交底、操作交底、责任交底。

自2006年正式成立以来，共召开评审会议45次，评审投资项目75项，投资金额约合人民币1173.0亿元（仅统计我方投融资额度，人民币与美元汇率取值6.6），涉及：企业新立，资产重组与并购，基地建设，高速公路建设，矿产资源开采，土地一级开发，房地产开发，水电、风电、火电开发等资产管理、资源投资类项目。其中，2010年投资评审委员会召开评审会议9次，评审投资项目17项，投资金额约合人民币447.0亿元，涉及水电、风电、矿产资源开发、基地建设、水泥厂、房地产、高速公路投资等方面。

4. 统筹经营活动，增强企业运行的协同性

（1）公司产业结构加快调整转型，投资额度和投资主体日益增多。这意味着我们需要实现从工程承包商向投资运营商的角色和经营行为转型，并且这种转型需要整体推进。为此，公司抓住第一环节，加强项目建设的合同招标管理。招标工作进一步规范，招标管理工作前移，竞争机制逐步体现，评标方式更加合理，招标过程更加透明。这一机制的实行，使我们完成了一大批质量高、工期短、消耗低、投资省、效益好的项目。2009、2010年共批复大额重要招标项目招标结果35项，合同金额38.7亿元，节约造价金额15127万元，节约率3.9%。

（2）由于内部投资带动、外部项目整合和平衡利用内部资源，内部合同日益增多。为实现内部契约化管理、平衡内部利益关系和规范内部市场秩序，我们颁发了《内部合同监督协调办法》，以此加强总部层面的过程主动管控和协调。在这一办法的指导下，已有效地解决了数起内部重大经济纠纷。

（五）软硬两手抓管理，管理图强见实效

1. 规范化管理进一步强化

（1）把执行建造合同准则作为提高规范化管理的主要推手。各子公司把执行建造合同与经营管理工作紧密结合，按照建造合同准则实施细则的要求，分工明确，配合紧密，落实责任。各子公司在经营管理工作中不仅对建造合同的成本实行动态监控，也对建造合同价格的变化实行动态跟踪。

（2）把建立分包指导价格体系作为提高企业规范化管理的重要内容。

（3）把南水北调项目作为规范化管理的主要抓手。出台专项管理办法，开展劳动竞赛，使项目群管理有一个基本的规范。

2. 管理创效年活动取得显著效果

2010年，公司开展了以“管理上水平、创效增能力”为总体目标的“管理创效年”活动，取得了许多“管理创效”的好经验、好办法，为规范公司内部治理、实现年度经营目标奠定了基础。各子公司及京沪高铁项目部29家单位能够积极响应、高度重视，结合日常工作、落实活动计划，以活动开展为抓手，寻找管理短板，加强基础管理，规范治理结构，转化活动成果为生产力，有力保障了公司全年生产经营指标的全面超额完成。绝大部分单位实现了既定活动目标，“管理创效年”活动取得预期效果。国际公司在劳务用工、税收策划、竞争力分析及建立“六大体系”、防范“五类风险”，整体提升国际业务风险管理能力等方面成效突出。水电四局“已完未结”项目组织专项清理及信息化建设成绩斐然；水电七局全面预算管理进一步完善。水电八局完善了项目建造合同成本测算办法，加强成本管理，效益明显提升。水电十一局制定了较为完善的内部定额与分包指导价格体系，设备物资采购集中度达90%。水电十四局坚持“一线三关”项目成本管理模式，强化收尾项目应收账款催收管理，效果明显。水电十五局等子公司采取项目群集中管控与专项考核管理，效果良好。

3. 管理创新促进机制稳步运行

管理创新步伐逐步加快，经营质量和管理效率稳步提高。精细化、规范化、集约化经营管理理念得到强化，僵化的管理机制得到激活，粗放的管理手段发生了显著改变，管理创新促进了经营质量和管理效率的提高。公司参与市场竞争，强化管理内部挖潜，运行科学管理机制，促进了公司管理逐步由随意型向规范化、制度化转变，由经验型向科学型、研究型转变，由规模扩张的外延式增长向质量效益型的内涵式增长转变，由机会型企业向战略型企业转变，由粗放型经营向精细化管理发展，切实提高了增强核心竞争力，提高了经营效益。公司管理创新机制逐步健全，管理创新成果不断涌现。股份公司科管委完成第一届管理创新与科学管理11项课题结题初审，并积极推荐公司优秀管理成果参加全国性、行业性的评审，股份公司“大型施工企业提升整体竞争力的集团管控体系建设”、水电十四局“打造水电工程一流品牌的精细化项目管理”分别获得国家级企业管理现代化创新成果二等奖，提高了公司影响力。

（六）加强全面风险管理，推进企业管理升级

一个成功企业的成长历程，既是优化资源配置的过程，也是有效进行风险管理的过程。因此，公司把增强风险意识、规范风险管理，作为推进经营

管理上水平的重要保障。

公司按照“统筹规划、分步实施”的原则和横向覆盖到边、纵向延伸到底的工作要求，全面启动了公司的风险管理与内部控制体系建设工作，建立健全了总部风险管理与内部控制组织体系，制订了全面风险管理工作推进计划，在公司总部全面扎实推行，并在水电四局、水电十四局、国际公司和路桥公司等四家单位试点。试点单位能够按照要求，认清市场环境变化对企业经营管理的持续影响，并积极主动应对各种风险，把施工项目风险管理工作摆在企业经营管理的重要位置。公司通过风险评估和分析，了解到公司目前面临的重大风险，并提出了相应的应对策略，对风险进行积极有效的控制。通过全面风险防控措施，2010年各项重大风险在承受范围内，没有发生比较严重的风险损失事件。

（七）积极调控薪酬标准，保障职工收入水平

2009年以来，公司以业绩考核为手段，以两项指标为核心，引导公司工资薪酬分配政策。一是对子公司负责人年薪基薪进行测算调整。同时对计算指标进行调整，经过调整指标权重，着重考虑企业规模和管理难度，各企业负责人之间基薪分布更趋于合理。二是科学合理设置工资增长率考核指标，在引导子公司关注职工利益的同时，引导子公司薪酬发放与企业营业收入和利润水平有机结合。

同志们，在科学发展观的指导下，公司走的是一条产业转型、效益提升的又好又快发展之路。2010年，经营管理成绩的取得，是公司十二万多职工辛勤工作和团结奋斗的结果。经营管理和市场营销系统的同志们为此做了大量艰苦而细致的工作，借此机会对你们所付出的辛勤劳动和创造出的突出业绩表示崇高的敬意！

在总结成绩的同时，我们必须清楚地看到，我们的工作还存在许多的差距、面临许多的困难和深层次的矛盾。问题主要表现在以下几个方面：

1. 市场竞争力局部失强，与中央建筑先进企业存在差距

（1）在国内基础设施大力投资的进程中，公司整体竞争优势不明显，国内、国际建筑业务市场开发相对压力较大。公司人均国内新签合同54.2万元/人，为对标企业的59.0％；人均国际新签合同41.9万元/人，为对标企业的67.0％。

（2）部分子公司自主市场营销能力不足，协作营销不规范，依靠中介的市场营销加大了企业经营风险。

（3）公司系统化的市场营销信息收集、整理、分析、使用机制不健全，与主要竞争对手的战略形态不明。

2. 企业内部发展失衡，不能充分发挥公司的规模效益

（1）公司营业收入和利润主要集中于少数子公司；大多数子公司以相同的组织形式、相近的生产水平和规模，进行着相同的施工总承包业务，管理和技术手段落后，产值利润率比较低，经济效益增长缓慢，发展后劲不足。

（2）子公司之间利益冲突使得股份公司在市场营销中力量分散；受市场资源稀缺的影响，子公司之间竞争加剧，在投标竞争中恶性营销的问题依然存在。

3. 基础管理工作失范，粗放式经营没有得到彻底改变

（1）一些子公司负责人思想认识不到位，导致企业缺乏重视基础管理的氛围，职工的责任意识不强，对从业人员缺乏必要的培训，管理标准、工作标准不完善，监督检查走过场，贯彻执行不到位，粗放式经营依然是企业发展中的“短板”。

（2）管理能力跟不上企业发展和外部环境变化的要求，项目履约能力不强。部分子公司对项目管理失控，对分包商管理失控，现场控制权丧失，造成个别项目盈利偏低甚至亏损严重。这些现象表明了基础管理薄弱，严重影响了出资人利益，并影响了企业品牌和信誉，影响了企业的持续竞争能力。

4. 业绩考核制度失严，未能发挥导向效用的最大化

（1）集团层面：经营业绩考核体系亟待增强对战略实施和经营管理要素动态变化的反应灵敏度。

（2）子公司层面，经营业绩考核体系的对接性不够，考核奖惩的刚性不够。

5. 分配政策体系失重，职工不能充分享受企业发展成果

公司内部岗位收入差距扩大，一线职工工资增长偏慢等问题尚未得到根本解决。一是因为国务院国资委管控工资政策要求与职工工资增长需求的矛盾；二是企业职工薪酬分配制度不够细化，尤其对低收入层的增长率指导性不够，职工不能共享企业发展成果，收入分配指导力度不够。

二、2011年的形势和机遇

在当前复杂多变的经济形势下，如何审时度势地分析判断经营环境和发展趋势，如何采取有效措施化解风险积极发挥“大品牌”优势，实现企业战略目标，这是当前必须思考的最为紧迫而重大的课题。

（一）国际宏观经济形势

1. 有利因素

(1) 席卷全球的金融危机，有望在世界范围内带来产业、金融、市场秩序和资源配置格局的重新调整，这对公司的发展方式转变和战略格局调整而言，也是一个难得的历史机遇。

(2) 中国的国际地位呈上升态势，对全球经济的稳定和增长将发挥重要作用。中国对外承包企业正面临难得的历史机遇。

(3) 2011年全球经济状况虽仍将处于缓慢恢复过程中，但各国基础设施建设刚性需求强烈，特别是发展中国家的基础设施建设需求仍然保持较旺盛态势。公司国际业务在非洲、东盟、中亚、俄罗斯和拉美地区的基础设施领域都存在较大的市场增长空间和潜力。

2. 不利因素

(1) 受欧元对各主要货币持续贬值和美国量化宽松货币政策的影响，人民币对各主要货币持续升值。国际业务货币资金面临的汇兑损失风险增加。

(2) 国际承包市场产业组织和分工不利于中国企业。

(3) 部分国家内部政治不稳定，个别地区局部冲突和区域性对抗增强，尤其是公司传统国际市场北非、中东地区，经营环境急剧恶化，给国际市场的开拓带来负面影响。

（二）国内宏观经济形势

1. 有利因素

(1)“十二五”期间，城镇化程度稳步提高，基础设施投资加大。国内有关区域经济发展政策有利于公司市场开拓。2011年国内基础设施投资仍将保持平稳的增长态势，国家产业政策为基础设施建设、区域建设等行业的发展带来商机，为基础设施建筑业务拓展带来良好机遇，对于公司的发展带来正面影响。

(2) 根据中央经济工作会议精神，大规模的水电建设将于2011年开始启动，水电的行业景气周期即将来临。到2020年，中国水电投产目标将从原来初定的3.8亿千瓦提升到约4.3亿千瓦，“十二五”期间水电开工规划目标可能随之上调5000万千瓦。在大规模的基础设施投入面前，国内水电行业必然迎来新一轮发展时期。

(3) 根据2011年中央一号文件“突出加强农田水利等薄弱环节建设，全面加快水利基础设施建设，建立水利投入稳定增长机制”要求，“加强水利和防灾减灾体系建设”也已被明确写入国家“十二五”发展规划纲要。从水利部初步投资规划上来看，今后10年全社会水利年平均投入比2010年高出一倍，至2020年年均水利投资将达4000亿元，国内水利建设迎来新的发展机遇。

(4) 按照国家中长期铁路网规划，到2020年，中国铁路营业里程将达到12万公里以上。未来五年内，我国高速铁路建设都将维持大规模投入，投资额将保持在每年7000亿元左右，共计3.5万亿元左右。

(5) 中央经济工作会议及央企工作会议中，进一步明确了央企的“走出去”战略，国家将进一步提升“走出去”水平，为公司国际业务带来了发展的动力并创造了较为宽松的发展环境。

2. 不利因素

中央经济工作会议确定中国2011年实行积极的财政政策和稳健的货币政策，并强调“保持宏观经济政策的连续性和稳定性，根据新形势新情况着力提高政策的针对性和灵活性”。据此分析，2011年经济增长率难以再现持续多年10%以上的高增长，国家投资总体信贷规模将受到影响，新增贷款增幅将大幅减少。同时，针对我国面临的通胀压力，央行已多次提高了存款准备金率和存贷款利率，融资成本将进一步升高。各种宏观调控政策的出台，将使基础设施行业的投资信贷支持受到相应影响。作为股份公司主业之一的国内水电建筑业，因其上游产业的各发电公司的负债率较高，在2011年的信贷政策下融资能力受到制约，影响其在建项目的进展。加之开发规划的滞后，各发电公司今年新开工项目明显不足。

（三）2011年经营管理工作存在的困难

1. 市场营销遇到新瓶颈，制约规模进一步提升

(1) 根据前期调研，尽管中央“十二五”期间要加大开展水电项目，但由于水电项目规划相对滞后，2011年国内水电拟新开工项目锐减。中央一号文件虽提出“全面加快水利基础设施建设”，但相对公司有竞争优势的大型水利水电枢纽项目在2011年计划开工的不足。可以预见2011年有限的水利水电市场竞争将更加激烈，公司国内水电市场营销遇到新瓶颈，制约公司核心主业的发展。

(2) 实施“大力开拓国内基础设施建筑业务”战略还面临困难，2010年国内基础设施建筑业务新签合同不足。2011年铁路市场具有不确定性，新开工项目不多，招标项目少，前3个月公司没有签约铁路项目，铁路市场开发面临严峻的挑战；城市轨道交通市场准入资质数量不足。

(3) 公司传统国际业务市场北非地区持续动荡，影响国际业务开展。2010年国际建筑业务新签合同

增幅为46.7%，2011年如要保持同样的增长速度，面临的难度较大。

2. 发展步入高成本时代，遇到前所未有的挑战

随着经济的增长，企业一直以来享受的低成本正在逐渐消失，劳动要素的成本上升、各种资源及原材料价格的上升等因素不断地推高生产经营成本。

(1) 随着公司的高速成长，其外部经营环境也在不断发生变化，其中最明显的变化就是国内通货膨胀、人民币升值、原材料（柴油、水泥、钢铁等）价格上扬、劳动力成本上升，客观上将推升建筑施工企业生产经营成本。

(2) 我国工业长期高速发展的背后，是以低劳动力成本和诸多低价生产要素作为主要竞争优势，企业盈利能力的增强在一定程度上是靠挤压劳动力成本获得的。

(3) 资金要素成本上升。国家把控制物价上涨、抑制通货膨胀放在更加突出的位置，国内已进入加息通道，利率的提高必然会影响企业的资金成本，特别是负债率较高的子企业，财务费用将会大幅度抵减企业利润。

(4) 资源税改革经进一步深化。政府提高资源税，扩大征收范围。在价格传递作用的影响下，建筑施工企业的成本也将加大。

三、2011年经营管理工作主要安排

（一）既定目标

营业收入不低于1150亿元，新签合同额不低于1300亿元，EVA考核值不低于9.17亿元，利润总额不低于43亿元，资产保值增值率不低于113%，职工人均年收入与企业发展协调增长。

（二）指导方针

贯彻落实公司工作会议精神，以科学发展为主题，以加快转变发展方式为主线，以提升企业效益为中心，抓住“新十年”机遇，把握重组良机，力促新阶段发展；增强发展转型能力，提高价值创造能力，快速实现发展转型；遵循科学发展之道，完善企业管理之术，努力推动公司做优做强，为“十二五”起好步、开好局，为建设世界一流公司奠定坚实基础。

（三）重点工作

1. 抢抓机遇保订单，夯实企业发展基础

我们必须坚持既定的建筑市场营销战略的执行，必须坚持“保市场、保订单、保发展”的营销目标，必须坚持“有选择、大规模、高端化”的营销方针，创新市场营销模式，规范合作营销行为，防范市场营销风险，加大市场开发力度，为实现公司平稳较快发展奠定基础。“有选择”就是要根据核心竞争力优势针对性地选择重点项目开展营销；“大规模”就是要统一编队、集群出航，打造公司市场营销的规模化战斗群；“高端化”就是要坚持集团化战略、强化市场统筹，发挥加强公司强大的工程总承包能力和融资能力，强化总部营销中心建设。

(1) 要针对国内水电项目新开工项目锐减的情况，加大水电项目方向性统筹力度，积极参与水利市场特别是水利枢纽工程的竞争，确保新签合同额保持稳定。在积极开拓各流域水电建筑市场的同时，紧跟国家经济形势的变化，抓住2011年中央一号文件“全面加快水利基础设施建设”的历史机遇，发挥总部区域优势，加强与国家发展改革委、水利部等政府部门联系，高度关注特大型水利工程的建设进展情况，努力做到统一部署、提前介入、抢占先机。

但也要认清形势：一是根据水利部数据分析，2011年水利部及地方政府的水利项目投资计划为4000亿元，实际落实的投资计划还是未知数。二是2011年水利投资方向可能是不能充分体现公司竞争优势的民生水利和水源工程居多。三是水利项目规划滞后，主体开工项目有限；尤其是公司重点跟踪的“滇中调水”和“辽西北调水”还处于规划阶段，预计2011年主体工程进入招标阶段的可能性不大。四是对于2011年有限水利市场竞争将更加激烈。根据目前掌握的市场资料分析，公司2011年水利市场份额将在100亿～150亿元。

(2) 要强化两级法人在基础设施领域的营销责任。坚持集团化营销与自主营销相结合，加大市场开拓力度的同时，支持有条件的子公司积极申报基础设施专业资质，提高子公司协同参与市场竞争的能力。要切实发挥基础设施部及铁路事业部的战略引领和市场导向作用，要进一步发挥集团化营销中心的市场开拓作用，完善和强化市场开发体制机制，不断加大国内基础设施及铁路市场的开拓力度。海西区域总部要为子公司开发海西基础设施市场积极营造外部环境，组织指导子公司进行项目跟踪，有效推进海西基础设施高端营销。

(3) 要积极开拓国际建筑市场的新领域。一方面要以更具竞争力的价格参与公开竞标项目的竞争。同时把握机遇，充分利用国家支持“走出去”政策，重点推动中国资金融资总承包项目，进一步扩大市场占有和市场地位，提高集团品牌影响力，提高收益。另一方面，要把公司的技术能力与当地市场需求和企业的发展方向结合起来，并且在有条件的市场，积极培育、引导当地市场发展和走向，成为当地经济发展的战略伙伴或重要支持者。

2. 创建实施企业业绩考核体系，引导发展方式转型

2011年，温家宝总理指出“加快转型的关键在于正确的干部考核”；国务院国资委对央企经营业绩考核提出了“更加注重发展基础的夯实，更加注重发展方式的转变，更加注重发展质量的提升，更加注重科学发展的实现”的新要求。由此，范总在最近的总经理办公会议上指出，企业业绩考核体系必须根据企业发展阶段进行调整，并要求新修订的企业业绩管理评价考核体系“不仅要关注企业的平稳快速发展，也要关注企业发展的基础、发展的可持续性，要坚持以业绩考核指导企业发展转型，以管理评价督促企业管理水平升级，为公司的平稳较快发展和转型升级提供正确的导向作用”。因此，如何实现考核制度的转型，创建一套更为全面、更加长效的激励与约束机制，对于推动股份公司科学可持续发展将具有重要意义。

自公司建立经营业绩考核制度以来，业绩考核工作对引导企业产业结构和经营结构调整、优先发展国际业务、大力拓展国内基础设施业务、保持企业规模协调持续增长、保证企业安全生产、提高企业管理水平、改善职工收入等方面，充分发挥了“指挥棒”作用，实施效果良好。但是，随着企业发展转型的加速、经营管理要素的变化，现存的经营业绩考核办法逐渐暴露出一些突出的矛盾和问题：一是现存经营业绩考核体系的结构是以反映企业经营成果的财务经济指标为主构成，一些管理工作以修正因子的方式直接进入经营业绩考核体系；一些管理工作以子体系的方式与经营业绩考核体系挂钩，其结果以算术方式与经营业绩考核结果链接；一些管理工作以独立体系的方式存在，与经营业绩考核体系并列，根据其考核结果按权重分配薪酬总额。这使得经营业绩指标与管理指标的逻辑结构不清，相互关系混乱，链接复杂冗长。具体反映到薪酬兑现上产生的问题是：摊薄了经营业绩考核对兑现分配的直接影响权重，从而削弱了其经营成果的杠杆作用。二是对于管理工作，现存办法缺乏管理考核的体系化，对管理指标的开放性和相容性差，有些“管理短板”未能或难以纳入体系约束，从而引导企业做强管理的作用并不十分明显。因此，创立一个全新的考核体系势在必行。

公司建立的新的考核体系可以概括为一个模型、两个子体系和三个支点。一个模型就是《企业业绩考核评价体系》；两个子体系是考核评价模型的主要内容，即业绩考核子体系和管理评价子体系；三个支点是考核评价模型的作用和功能，即考核兑现、企业评级、科学用人。

《企业业绩考核评价体系》包括经营业绩考核体系和管理评价两个子体系。业绩考核子体系是在现存经营业绩考核体系中剥离管理考核指标，保留和更新了个别反映企业经营成果的财务经济指标的基础上构成的。该子体系用于考核子公司以年度为单位的经营成果，是突出反映企业发展、企业成长的指标体系。业绩考核子体系属于激励性指标体系。管理评价子体系主要包括专项管理评价指标与动态管理评价指标。该子体系的评价结果主要反映企业管理水平，所发挥的主要作用是通过提升管理水平促进企业业绩水平增长；管理评价体系属于约束性指标体系。

《企业业绩考核评价体系》在应用中主要实现三方面的功能：一是考核兑现。经营业绩考核子体系的考核结果决定60%兑现，管理评价子体系的评价结果决定经营者年薪额40%的兑现水平，两者相结合，确定企业经营者年度个人收入，实现了管理水平与经营者收入的对接。二是企业评级。企业业绩考核评价体系的得分结果可作为子公司的分级依据，按年度将子公司评定为A、B、C三个等级，促进子公司横向比较，不断提升。三是科学用人。企业业绩考核评价体系的考评结果可作为企业经营者职务任免的考评依据纳入人事任免考核指标。

《企业业绩考核评价体系》是一个系统工程，需要公司总部、各子公司责任明确、通力协作，各子公司要对接新考核评价体系，把公司结构转型、平稳发展的责任落到实处。为宣贯《企业业绩考核评价体系》，公司编制了宣贯手册，希望各子公司领导人员认真学习、贯彻执行，用以指导日常的经营管理工作。

《企业业绩考核评价体系》结合了公司战略发展所处不同时期的新特点，用科学的方法衡量子公司负责人的经营业绩、评价其经营管理能力，对企业持续发展起到极大的促进作用。

3. 加强两级总部管控，强化发展方式转型

公司规模越大越需要集中式管理，因此要切实加强公司总部的管控管理力度。

（1）要加强总部预算与计划的管理控制力度。严格全面预算管理制度，并根据国家政策、宏观经济环境及行业变化等因素的影响，进一步完善预算调整机制，明确预算调整的边界。

（2）要加强总部投资控制力度，切实落实投资项目立项审批机制，切实加强投资项目招标管控，切实加强投资项目资金管理，要建立投资项目阶段审计，要完善投资项目后评价机制和完工审计机制。

投资项目能否实现预定目标，事关公司发展转型战略能否实现的关键。

（3）要加强总部监察力度，切实提高服从总部管控的自觉性。范总在年度工作报告中提出今年要设立“巡视办公室”，目的就在于根治办事拖拉、推诿扯皮、执行不力、总部管控薄弱等问题，切实提高服从总部管控的自觉性和有效性。对总部管控、管理的执行来源于对事业、对工作、对制度高度的敬畏心、责任心。子公司要坚决贯彻执行公司的决策部署，自觉做到令行禁止、快速反应、高效执行，千方百计克服一切困难，卓有成效地推动经营管理工作的进展。

（4）切实提升总部推进转型、科学管理的能力，强化总部投资决策中心、资源配置中心、绩效管理中心、重大问题决策中心的职能建设。

工程局总部管理的重心在工程项目，要把项目精益化管理作为目标。范总在公司工作会议中指出“务必抓好在建项目的标准化、规范化、程序化、精细化管理，提高项目履约能力和盈利水平”。从提高盈利水平而言，一是要加强对建造合同的管理，各子公司要规范建造合同的签订，减少合同风险。二是加强对合同执行全过程的监督管理，对因变更设计、非可控因素造成的工程造价的变化应及时取得业主的签认，真实反映经营业绩，促使经济利益及时流入。特别要强调，在目前宏观经济形势下，要加大“应收账款”的催收力度，及时做好正常的工程结算工作，及时做好调差、理赔和补偿工作，合理管理已完未结项目。三是要建立完善的内部成本核算制度和有效的内部财务预算及报告制度。各子公司应将成本预测与控制有机地结合起来，着力提高对成本的预测与控制能力。四是要建立健全与成本核算有关的各项原始记录和工程量统计制度，制定或修订工时、材料、费用等各项内部消耗定额，着力做好建造合同成本核算的各项基础工作。五是要及时、系统地核算和反映实施建造合同所发生的各项经济业务，准确划清当期成本与下期成本的界限，不同成本核算对象之间的界限、未完合同成本与已完合同成本的界限。六是要确保建造合同领导小组和工作协调小组按准则履行职责。七是要按照权责发生制及时进行分包工程结算。

提高项目履约能力是我们工作的当务之急。我们会经常接到业主的投诉，当然，在我这里主要是水利水电业主那边过来的。我们一定要高度重视，一定要从根子上去解决问题。我认为，要着力解决的与其说是体制外的以包代管的问题，不如说是体制内的以销代管问题。板子还是要打在工程局身上，问题的表象是重营销轻管理，拿多少标是工程局的事，干不干得好是分局的事、项目的事。问题产生和存在的原因是：责任和组织的脱节。应该说，合同的责任主体是工程局，但工程局总部以计划切分或简单的业绩考核的方式将履约责任整体打包给分局，而在项目的实施过程中，总部缺少资源配置、技术服务的系统管理和主动支持，总部唯一的责任就是检查。随着责任下移，自然权力就下移，项目经理主导。上行下效，以包代管便也就应势而生。我们不禁要问：这样的机制和体制能履好约吗？

4. 转变资源配置模式，支撑发展方式转型

国有建筑企业要实现发展方式的转型，首先要变革资源配置模式。那种资源自给自足、靠企业人员和资产增加进行原生态扩张的方式，效率极低。企业发展能力的高低，不是你拥有资源的多少，而是你支配资源的多少。因此，在优化自有资源存量的前提下，用好用足市场资源是我们经营管理工作的着力点。用足意味着效率，用好意味着效益。各子公司要充分利用好两种资源，加强社会资源管理，加强自有存量资源盘活力度，提高优化资源配置水平。对外而言，要创新市场资源配置方式，加强战略联合，把一批信誉好、能力强、业绩优的工程分包商转化为长期合作的工程和劳务分包相结合的综合分包商。对内而言，一是要以推行架子队管理模式为目标，在工程局层面建立可控的、模拟市场化的劳务组织方式。在这一点上，水电八局、水电四局已进行了探索。我们认为，实现这一模式的责任主体不是工程项目，而是工程局。因为工程局才具有足够的信息资源、组织资源和保证资源合理流动的容量。二是要继续推进大型专用设备的双平台建设。采取调剂和租赁两种方式，提高公司设备资源的盘活力度。子公司层面要优化资源配置，统筹安排好企业资源，做到人尽其才，物尽其用，盘活企业的各类存量资产；项目层面要发挥资源的最大效率，努力降低额外的资源投入，优化配置社会资源。

5. 推进全面风险管理，保障发展方式转型

面对新形势，各级管理人员必须树立现代管理思想，自觉形成风险管理观念。我们必须牢牢把握国内外市场环境中的不利因素，把提高发展能力、防控企业风险放到更加突出的位置。全面风险管理一定要从实际出发，要认真总结试点经验，加强交流，把全面风险管理理论与公司发展实际结合起来，认真梳理公司各核心业务流程和关键衔接点，围绕公司发展过程中的难点、热点问题，把有效控制企业重大决策事件的风险作为开展全面风险管理的目标，为公司科学、健康、平稳、持续发展提供保障。

6. 促进职工收入实质性增长，获取发展方式转型实效

目前公司的收入分配现状是：在岗职工人均收入低于央企在岗职工人均收入20%以上；约占在职员工总数60%的项目一线员工人均收入为3万8千元，其中有四个子公司的近万名项目一线职工人均收入在2万8千元以下。近几年来，职工提高收入的诉求越来越多。国家“十二五”规划提出要“努力提高居民收入在国民收入分配中的比重，提高劳动报酬在初次分配中的比重”。国务院国资委也明确提出对央企职工收入的“调高、扩中、提低”的要求。因此，我们要以改善民生、促进和谐为出发点，以提高一线职工收入和低收入劳动群体收入水平为直接目标，改善收入分配政策。范总已明确指示：对在岗人均收入明显偏低的几家企业，降低营业收入目标利润率考核指标值，扩大其提高收入的空间。各子公司也应从自己的实际情况出发，制定激励性和保障性相结合的政策，促进职工收入实质性增长。

同志们，在新的历史时期，抓好经营管理工作，对于推动公司发展转型、实现平稳较快发展具有重要的现实意义。展望未来，我们满怀信心！让我们抓住机遇，围绕目标，创新管理，为推动公司平稳较快发展、推进全面建设具有较强国际竞争力的质量效益型世界一流企业而努力奋斗！

转变设备配置观念　提升资源利用能力
努力开创设备物资管理工作新局面

——在股份公司2011年设备物资管理工作会议上的讲话

2011年8月11日

李　跃　平

各位代表、同志们：

今天，我们召开股份公司两年一度的设备物资管理专题会议。本次会议的主要任务是：认真贯彻科学发展观，全面落实股份公司2011年工作会议和2011年年中工作会议精神，总结两年来设备物资管理工作的经验，按照范集湘董事长提出的进一步加强资源配置能力建设的指导思想，对照目标，查找差距，分析原因，并结合股份公司的发展战略，提出下一步设备物资管理工作的思路，明确今后一段时间的工作方向和工作重点，紧紧围绕股份公司“建设具有较强国际竞争力的质量效益型世界一流公司”的发展目标，进一步深化管理，改革创新，努力开创设备物资管理工作新局面。会议还有一项重要的内容，那就是我们要借此次机会举行《机电设备技术与管理》的首刊发行仪式。根据会议安排，我向大会作工作报告。

一、两年来设备物资管理工作的总体情况

2009、2010年，股份公司克服了后金融危机时代的困难和挑战，厚积薄发，各项经营指标连创新高，发展速度和发展质量都处于历史上最好的时期。营业总收入从2008年的601.31亿元增长到2010年的1007.13亿元，利润从16.1亿元增长到37.95亿元。股份公司总资产从733.72亿元增长到1209.93亿元，实现了又好又快发展的目标；同时，股份公司通过建立现代企业制度，顺利实现了传统国有企业向现代企业的制度转型，为公司的未来发展提供了广阔的空间和强劲的动力。

在股份公司迅速发展的大背景下，设备物资管理工作紧紧围绕公司整体战略，大力加强集团化建设，着力强化资源优化配置，管理水平迈上了新的台阶，有力地保障了公司各项经营目标的顺利实现，促进了公司管理工作转型升级上水平。

（一）设备资源的基本情况

截至2010年底，股份公司机械设备总计140 593台（套），原值215.7亿元，净值115亿元，总功率560万千瓦。其中国内机械设备111 444台（套），原值124.4亿元，占机械设备总原值的57.7%，净值65.1亿元；国际机械设备29 149台（套），原值91.3亿元，占机械设备总原值的42.3%，净值49.9亿元。从上述数据看，国际与国内相比有三个特点：一是国际项目设备单台价值比国内高，国际项目设备呈现高端化；二是国际项目设备投入产出比国内低，国际项目以42%的设备创造了27%的收入；三

是国际项目创造利润比国内高，国际项目以42%的设备创造了股份公司利润的65%。

2010年股份公司从业人员12.78万人，技术装备率9万元/人；设备新度系数0.53。其中主要施工机械（主要指一定价值、能力以上的施工机械）总计21 004台（套），完好率达到90.7%，利用率达到68.4%。

股份公司100万元以上的大型机械设备总计3254台（套），原值92.9亿元，占机械设备总原值的43.1%，净值51.4亿元。其中150万元以上（含150万元）的大型机械设备2064台（套），原值78.5亿元，占机械设备总原值的36.4%，净值43.7亿元。在用特种设备共计2912台（套），原值20.3亿元，净值10.1亿元。

（二）设备资源的主要特点

1. 装备结构随业务结构调整发生了重大变化

两年来，随着股份公司的快速发展，在建项目规模迅速扩大，设备增长较快，设备总原值从144.17亿元增加到215.72亿元，增长幅度达到49.6%，平均年增长幅度达到22.3%。

在股份公司的各承包业务板块中，铁路建设、公路建设、港航疏浚等工程承包业务发展迅速，相应的机械设备出现了快速增长，其中工程船舶增长了220.7%，铁路专用设备增长了182.5%，压实机械及路面机械设备增长了66.1%。与此形成对比的是，土石方等通用类设备社会化利用程度有所提高，自购速度相对放缓。

随着股份公司国际优先战略的深入实施，子企业纷纷跨出国门承揽工程，国际项目新签合同额增长速度高于国内项目，国际工程新签合同由2008年的299.3亿元增长到2010年的550.9亿元。与此同时，国际项目施工设备从54.8亿元增长到91.3亿元，增幅为66.6%，平均年增长幅度29.1%，与国内设备年平均增长幅度18%相比，国际设备增速较快，其原因有三：第一，国际市场增长较快，带来了设备的快速增长；第二，国际项目当地社会资源可利用程度低，主要靠新购来满足项目的设备需求；第三，国际项目设备配置的高品质化。

2. 设备购置增速呈回落趋势

两年来，股份公司加强了对设备资源的调剂力度，充分挖掘存量设备的潜力，提高设备的利用效率；不断拓宽设备的利用渠道，减少设备的新购，设备资源的宏观管理取得了明显成效。股份公司高度重视设备资源管控与调剂，成立了大型专用设备资源领导小组，建立了大型专用设备资源调剂与租赁经营双平台，在股份公司层面统筹配置大型设备，减少了重复购置，优化了资源配置。同时子企业设备资源配置的能力也不断增强，片面追求“高配置”、“小而全”的局面得到了改观，利用社会资源的程度有所提高，减轻了子企业的资金压力，保障了生产经营的正常进行。2009年和2010年设备的年增长速度分别为28.3%和16.6%，设备购置增速呈明显回落的趋势。

3. 设备配置趋于大型化

在股份公司的引导下，各子企业在通用类设备和中小型设备方面利用社会化资源的程度普遍提高，自有设备的购置趋于大型化和专用化。100万元以上的大型设备从2008年的2105台（套）、原值54.8亿元增长到2010年的3254台（套）、原值92.9亿元，其占设备原值的权重由2008年的38%增长到2010年的43.1%，逐步呈现出向大型化方向发展的趋势。

4. 设备完好率总体稳定，利用率略有下降

股份公司通过健全制度、强化执行力等一系列措施，保持了完好率指标的总体稳定，2008年股份公司设备完好率为90.4%，2010年股份公司设备完好率为90.7%。但是，在股份公司设备总量大幅增加的情况下，一些设备也出现了阶段性的闲置，设备整体利用率略有下降，股份公司设备利用率从2008年的70.1%降低到2010年的68.4%。

5. 大型设备闲置量增加，但闲置率有所下降

近年来由于国内水电项目、铁路项目土石方工程出现阶段性低谷，同时国际上闲置下来的设备跨区域大量调剂存在一些困难，部分大型设备使用时间较长、无利用价值而在账闲置，股份公司大型设备闲置量出现了增长。2010年150万元以上大型设备总数2064台（套），闲置设备385台（套），原值14.3亿元，净值4.47亿元，比2008年150万元以上的大型设备总数增加了645台（套），大型闲置设备数量增加了172台（套），原值增加了7.7亿元，净值增加了0.99亿元。但是，闲置设备总量中购买年限超过10年的有68台套，已基本无再利用价值，虚增了股份公司的闲置设备总价量，这说明部分子企业在折旧、报废管理中还存在一些不合理的现象，应充分引起财务部门的重视。在闲置总量增加的同时，闲置率（大型闲置设备净值/大型设备净值）却从2008年的13.8%降为2010年的10.2%，降低了3.6个百分点。

（三）设备物资管理工作取得的主要成绩

1. 建立健全制度体系，夯实基础管理工作，设备物资管理水平进一步提升

两年来，面对经营管理形势发生的重大变化，股份公司及时对设备物资管理制度体系进行调整和

完善，为管理工作提供了保障和依据。

2009年底股份公司成立后，按照现代企业制度的要求，在集团公司设备物资管理制度的基础上修订完善并下发了一系列管理制度，包括《设备物资管理办法》、《设备物资集中采购招标管理办法》、《设备物资采购中心集中采购招标实施细则》、《供应商管理办法》、《特种设备管理办法》5项管理制度，并针对管理工作的要求，新制定了《起重（吊装）机械作业指导意见》、《大型专用设备资源管理办法（试行）》、《大型专用设备内部调剂转让与租赁价格制定的指导意见》，从而进一步完善了设备物资管理制度，形成了较为完善的股份公司设备物资管理制度体系。与此同时，各公司也对照股份公司的各项制度，进一步完善了本单位的管理制度，规范了工作流程，使设备物资管理工作做到了有章可循、有据可依，大幅提升了股份公司设备物资管理整体水平。

为提高基础管理工作精细化、标准化、规范化水平，在三家试点单位一年试运行的基础上，股份公司于2010年底在全公司范围内推行了设备物资管理信息系统，并在2011年3月份正式上线运行。该系统涵盖了设备物资基础管理、采购招标管理、报表数据管理等内容，为设备物资日常管理和分析决策提供了有力的工具，加强了设备物资信息的沟通和共享，实现了基础管理工作的信息化和升级。在各公司的积极努力下，目前系统已经逐步启用各项功能，运行良好，已录入10多万条信息，未来将在管理工作中发挥更大的作用。

两年来，各子企业立足本企业现状，积极进取、开拓创新，在设备物资基础管理工作方面做了大量的工作，进一步提升了股份公司设备物资管理整体水平：

水电七局通过加强设备物资团队建设来强化基础管理，推行机长专项奖、维修保养专人负责制、提高设备物资管理人员待遇等一系列措施后，使得本单位的基础管理工作水平稳步提升。

水电十一局以“规范、有序、精细、受控、高效”为目标，推行项目设备物资标准化管理，编制了《项目物资设备管理指导书》，并在24个重点项目进行试点，努力将项目设备物资管理纳入标准化、制度化、规范化轨道，推动了本单位又好又快发展。

2. 转变资源配置观念，创新设备管控模式，搭建调剂与租赁经营双平台

如何科学开展设备资源的优化配置工作一直是设备管理者的重点和难点，一方面要突破传统资源配置观念的束缚，一方面要满足股份公司“建立世界一流公司”战略目标的要求。近年来，股份公司经过大量的调研和分析，创新性地提出了在股份公司层面搭建大型专用设备调剂与租赁经营双平台，科学管控增量、有效盘活存量，统筹配置大型专用设备资源，提高设备资源的配置能力。

为此，股份公司制定出台了《大型专用设备资源管理办法》，成立了大型专用设备资源配置领导小组，确定了大型土石方设备、地下工程设备、起重吊装设备等大型专用设备的承载单位，从而搭建了调剂与租赁经营双平台。与此同时，为保证设备资产在子企业间调剂转让中的公平性及租赁价格的合理性，出台了《大型专用设备内部调剂转让与租赁价格制订的指导意见》，成立了大型专用设备价值评估工作小组，从而有力地保障了调剂转让与租赁经营双平台的有效运营。

双平台建立后，股份公司积极组织开展了设备的调剂租赁运营工作，各子企业积极配合，调剂租赁了大量的设备资源，特别是在大西客运专线项目设备的配置中，在水电三局的积极配合下，调剂利用了京沪高铁水电七局、水电八局、水电五局的8000余万元下场设备和模板，既节约了采购资金，又盘活了闲置设备。与此同时，各承载单位也按照股份公司的要求，积极发挥自身作用，特别是租赁公司采取购买、置换等方式盘活了股份公司的部分设备，大型专用设备正在逐步由分散闲置向集中专业管理过渡。

随着双平台建设的推进，2010年的大型设备（100万元以上）增加值与2009年相比减少5.5亿元，增长率从39.8%降低为21.3%，大型专用设备资源管控初见成效。

3. 调整优化两级平台，完善采购体制机制，集中采购管理水平再上新台阶

在总结前几年集中采购招标工作经验的基础上，按照“两级平台，适时动态分流，两效并举，发挥窗口效应”的思路，修订出台了《设备物资集中采购招标管理办法》，进一步梳理流程，优化环节，合理调整两级集中采购招标平台的采购权限。各子企业也及时作出相应调整，并结合以前集中采购工作中发现的问题，进一步规范流程，提高了子企业集中采购招标平台的工作效率。

股份公司在归纳总结的基础上创造性地提炼出资源共享采购和补充采购等新的采购模式；在分析调研的基础上创造性地概括出国际项目当地采购的管理范围和流程；在实践经验的基础上明确规定了国际EPC项目、直接供货项目和二手设备采购的管理途径，进一步规范了管控流程，优化了采购环节，

并结合国际大型项目采购的特点，创造性地推出了国际大型项目中标即后策划的措施，为推动资源优化配置奠定了坚实的基础。同集中采购工作开展初期相比，子企业对集中采购这一集团战略的认识更加到位，配合更加主动，在自觉拥护集团集中采购平台的同时也越来越重视自身平台的完善和提高。两级集中采购招标平台结合更加紧密，步调更加协同，工作效率有了显著提高。

股份公司设备物资采购中心注重收集、学习和领悟国家关于采购招标的法律法规，合法、依规地开展设备物资集中采购招标工作；注重指导二级采购平台在股份公司的制度体系下科学严谨地开展集中采购工作；注重开展供应商的资格审查和年度评价工作，把好了采购环节的源头关；注重推行产品性价比最优化原则，防范了低价恶性竞争带来的风险，初步建立起了采购环节的风险防控体系，有效规避和防范了采购风险。为股份公司的全面风险管理工作奠定了基础。

通过对集中采购招标工作的经验进行总结和升华，股份公司形成了“大型跨国集团设备物资集中采购管理体系的创建和实施”这一管理成果，获得了全国电力行业管理创新成果二等奖和集团公司第一届管理创新成果一等奖。

采购计划是集中采购管理工作的关键环节，关系着资源配置的效率和采购工作的质量。设备物资采购中心以季度采购计划为抓手，着重加强了采购计划管理。通过要求成员企业按时编制并上报季度采购计划并对计划执行情况进行分析，促使成员企业更加重视采购计划的及时性和科学性；通过对采购计划进行统计汇总和统筹安排，两级集中采购平台的管理工作更加有序，结合更加紧密；集中采购的管控能力进一步得以提升。2010 年的年度采购计划实施在总体上实现了与预算的差异控制在 5%左右，基本达到预算管理的总体要求。

四川公司和水电十局在采购计划编制的科学性、完整性和及时性方面较为突出，与股份公司采购中心良性互动，既保证了采购的效率，又获得了采购的效益。

在股份公司设备物资采购中心的引领下，两级集中采购招标平台运行良好，子企业作为资源配置中心的作用也开始体现，两级平台有机互动，动态分流，提高了集中采购的效率和效益，进一步推动了集中采购管理水平再上新台阶。

2009～2010 年，股份公司两级集中采购平台共完成集中采购招标 2749 个，累计金额人民币 115.2 亿元，其中股份公司总部 212 个金额 33.1 亿元，子企业 2537 个金额 82.1 亿元，节资率达 10%以上。

两年来，股份公司不断健全“公平、公开、公正、科学择优”的集中采购管理体系，以“两级集中、动态分流、提高效率”为原则，积极开展各项工作，两级集中采购平台的集中度得到了大幅提高，规模采购效益和中国水电的品牌形象进一步彰显。

4. 重点突出，点面结合，安全管理长抓不懈，设备物资安全管理的良好形势得到进一步巩固

设备物资安全管理是生产经营安全管理的重要内容，其管理效果直接对生产经营活动产生重大影响。几年来，股份公司高度重视设备物资安全管理，认真贯彻落实股份公司安全管理的各项规章制度，结合设备物资管理的特点，从特种设备、危险物资以及铁路专用施工设备的安全管理入手，全面开展设备安全管理工作，取得了良好的效果，设备物资安全管理的良好形势进一步得以加强巩固。

在特种设备安全管理制度上，出台了《股份公司特种设备管理办法》、《起重（吊装）机械作业指导意见》等制度，形成了股份公司、子企业、项目部三级特种设备安全管理制度体系，覆盖了宏观管理到微观操作的各项内容，为特种设备的安全管理提供了有力的保障。同时，股份公司结合效能监察、安全生产专项检查等具体形式，开展了以特种设备、危险物资为主要内容的设备物资安全检查，重点对国外项目、非水电项目进行了抽查，并以点带面、上下结合，带动子企业和项目部对设备物资安全管理进行自检和抽检，建立起了多级安全管理检查体系，进一步促进了施工设备和危险物资的安全管理工作。

针对公司进入铁路建设市场时间不长、经验不足的情况，我们开展了全公司范围内的铁路专用施工设备安全大检查，以检查促管理，督促各项安全管理制度和措施的执行落实，取得了良好的效果。自进入铁路市场以来，股份公司未发生一起较大以上设备安全事故。

水电四局有限公司及时掌握特种设备的现场使用状况，督促特种设备使用单位按期保养、长期不懈地坚持在本单位范围内定期开展特种设备安全隐患的排查治理工作，发现问题限期整改，确保了特种设备的长期安全可靠运行，为本公司的安全管理工作奠定了良好的基础。

水电八局有限公司在巩固设备物资安全水平的基础上，突出抓好新建项目大型特种设备的验收和管理制度的建立健全；加大培训力度，认真组织设备生产厂家的培训、岗位培训以及取证培训，做到制度规范化、程序化、标准化以及相关人员持证上岗；加强分包队伍的特种设备管理，防范分包安全

风险，强化设备物资的安全管理，确保企业安全生产健康发展。

在股份公司和各子企业的共同努力下，设备物资部门和安全生产管理部门共同努力长期不懈地狠抓设备安全，基本上杜绝了重大设备安全事故的发生，设备事故数量和损失金额逐年减少，设备物资安全管理形势出现了明显好转。2009年度，直接损失在2万元以上的设备责任事故共有19起，损失金额148万元，设备事故损失率为0.008%，事故中有一人死亡（国外工程当地监理），两人重伤；2010年度，直接损失在2万元以上的设备责任事故共有4起，损失金额53万元，设备事故损失率为0.002%，事故中仅有两人轻伤。这意味着我们的工作在好转中仍存在问题，我们的工作目标是“零死亡”。

5. 总结经验开拓创新，探索研究管理模式，国际项目设备物资管理工作水平稳步提高

由于国际项目所处国家、法律法规、风俗习惯等各不相同，市场发育程度较低，国际项目设备物资管理一直是我们管理的重点和难点。近年来，在国际优先战略的引领下，各子企业积极实施“走出去”战略，主动探索国际项目设备物资管理规律，进一步加强了管理力度，积累了宝贵的经验，为进一步总结形成具有中国水电特色的海外设备物资管理模式奠定了基础。

水电十三局和水电十四局完善了海外项目的设备现场管理制度，并加强制度的执行和落实，现场管理水平有了一定程度的提高；在设备配置方面采用区域化动态管理，优先考虑区域内的互相调剂，在资产折旧方面探索出了较为完善的方法，为国际项目间的设备调剂、资源的充分利用提供了很好的经验，可供大家借鉴。

国际公司通过集中利用组织优势和人才优势，加大对国际项目的保障力度，实现设备物资计划、采购、运输、清关等各个环节的紧密衔接；借力区域管理总部，加大对存量闲置设备的调剂力度，为股份公司节省了大量资金，取得了较好的经济效益。

回顾过去两年的工作，我们在股份公司整体战略的指引下，通过各级领导和员工夜以继日的辛勤工作，取得了来之不易的成绩。在这里，我代表股份公司向勤奋工作、无私奉献，为设备物资管理工作做出突出成绩的同志们表示衷心的感谢，并通过你们向长期战斗在生产一线的基层工作人员表示亲切的慰问并致以崇高的敬意！

（四）设备物资管理工作中存在的问题

过去的两年，我们的工作取得了长足的进步。但是，我们也应该清醒地认识到，设备物资管理工作中仍然存在一些制约和影响企业发展的深层次问题。我把这些问题归纳为以下几个方面，希望能够引起大家的高度重视，并在以后的工作中加以解决。

1. 资源优化配置能力不足

自从集团实行设备物资的集中管控工作以来，尤其在2009年的设备物资管理会议后，大部分子企业在设备管理理念和设备资源配置模式方面有较大的转变，管理水平有了一定的进步，设备资源配置能力有了一定的提高。但是，与同类企业集团相比、与股份公司发展战略要求相比，还存在着差距。

正如范集湘董事长在2011年工作会议上指出的：“股份公司资源配置和资源管理的观念、现状与结构调整和转变发展方式的要求还有较大差距，资源运用的效率、效益不高。”资源优化配置能力不足主要表现在以下方面：子企业配置设备资源的思路还没有根本转变，依靠企业增加负债、投入资源扩大规模的小生产者生产方式依然占主导地位，资源配置方式单一、封闭，投入产出率低，劳动生产率不高；配置社会资源的能力较低，企业间横向联合合作意识较差，“中国水电”知名品牌在资源配置方面的杠杆作用没有充分发挥；有的子企业对外协队伍的管理非常落后，甚至出现受制于分包商，对分包商资源无法管控的情况，潜伏着重大财务风险；在部分子企业的设备资源配置中，机制还不完善，仍然受项目部左右，子企业总部在设备资源配置中的中心作用还没有得到充分体现。

对于后面这一点大家尤其要注意，虽然子企业现在都在进行集中采购，但是设备资源配置的主导权并没有到子企业总部来，而是在项目上。一般情况下，项目部要用设备了，就把设备采购清单递上来，而设备采购部门就原原本本地按照清单上的内容去采购。但是否需要这么多设备，是否需要这样的设备，有没有更优的配置方案，子企业总部管不了。今后子企业总部要在项目尤其是大型项目的设备资源配置上，通过中标即后策划等方式，积极参与并主导项目实施过程中的设备资源配置。

2. 设备物资管理作为企业经营管理的重要要素还没有得到充分重视

现代企业管理中，人才、资金和设备物资是企业经营管理活动中最重要的资源和管理要素，是管理活动中的重中之重。股份公司作为工程建设企业，主要产品是工程项目，设备及物资占到工程项目总成本的60%～70%。而占项目成本如此之高的设备物资管理恰恰是我们项目管理中的短板，这与股份公司“管理图强”的经营理念是不相称的。主要原因是设备物资管理没有被提升到经营性管理要素的

高度来认识。目前股份公司部分子企业将设备物资管理工作简单等同为后勤保障工作，难以吸引优秀人才投入到设备物资管理岗位上来，导致很多关于设备物资管理的制度、方法难以在基层推行和落实。一些好的想法和思路得不到领导重视，阻碍了设备物资管理工作的顺利开展，职能难以发挥。

3. 子企业集中采购招标平台的集中采购度有待于进一步提高

在股份公司集中采购招标制度的引领下，各子企业在集中采购方面做了大量的工作，取得了较为明显的效果。但是，子企业间的集中采购度参差不齐，总体偏低。主要表现为：对项目部采购额授权偏大（特别是物资）；项目部分散采购行为较多，同类项目间的集中统一采购行为较少，一次招标、分期供货的集中采购活动较少。其主要原因是：

（1）子企业对集中采购工作的重视程度不够，没有认识到抓好采购计划是做好集中采购的重要前提，缺乏促进采购计划管理的手段和措施。

（2）面对项目分散的现状和物资供应地域性的特点，子企业没有深入探索和研究物资集中采购的方式和方法，提高集中采购度。

4. 设备物资现场管理能力偏弱

随着股份公司的快速发展，设备物资现场管理暴露出了一些问题，具体表现在：管理松散，规章制度得不到全面执行落实，违规违章操作的现象时有发生；精细化、规范化、标准化、信息化程度不高；基础档案资料还不够完整，难以及时提供完整、准确的数据信息。设备物资现场管理能力偏弱的主要原因是：

（1）部分子企业对项目现场的设备物资管理不够重视，现场管理人员配置不足，数量和素质达不到要求。按照最新统计，各工程局设备物资管理人员共有4097人，与2003年集团成立时相比，人员数量上变化不大。但是营业收入却增长了4倍多，工作量急剧增大，虽然我们采取了创新工作方式、提高效率等一些措施，保证了工作任务的完成，但是难以把工作做实做精，只能疲于应付，谈不上精管理促发展。当前，工程局亿元营业收入设备物资管理人员配置仅为6.1人，个别工程局最低甚至只有2.7人。个别子企业总部设备物资部门甚至只有两三个人。有些项目甚至没有专门的设备物资管理机构和现场管理人员，人员配置严重不足。

（2）部分子企业项目现场设备物资管理考核评价的方法缺乏科学性、合理性，没有客观评价设备物资管理人员的工作成果；缺乏人才的培养、选拔、使用和激励机制，无法激发设备物资管理人员的工作激情；缺乏有效的制约手段与措施，导致管理制度在项目现场得不到有效的执行落实。

5. 大型专用设备调剂与租赁经营双平台建设中存在一些问题和困难

主要包括以下四个方面：

（1）大多数子企业仅从设备折旧、维护维修、人力成本来计算设备租赁价格，忽略了设备的闲置成本、资金占用成本等，与承载单位的价格有不小的差距，影响和制约了租赁业务的开展。

（2）个别子企业依然延续“重资产型”的自给自足的资源配置模式，往往总是希望购置新设备，没有自觉主动地将调剂平台上的大型专用设备作为自有设备进行配置。

（3）一些租用单位不按时支付设备租赁费，甚至故意拖欠，严重影响了承载单位的正常生产经营活动。这个现象比较普遍，一个是对外部企业的拖欠；另外一个是对内部企业挂账现象比较严重。希望大家要把这个问题解决好。

（4）一些承载单位存在专业技术人员缺乏、队伍不稳定等情况，影响了对租用单位的服务质量和水平。

6. 采购要怎样更好地适应市场变化的问题

随着股份公司产业结构的多元化发展和业务领域的不断扩张，采购量在不断增长，涉外的采购也越来越多。我们公司上市后，集中采购环节必然要受到更多的关注，要注意风险的防范。在今年上半年我们采购TBM设备的时候，遇到了一些国外厂家故意曲解国家法律法规干扰招标的问题。这就要求子企业认真学习国家的相关法律、法规和制度，合法依规地开展采购，防范可能出现的风险。

7. 永久成套设备采购中的问题

当前，永久成套设备招标采购主要是从经济出发，绝大多数都是选择满足招标要求的最低评标价的厂商。但是，一味地追求低价中标往往会给后面的工作带来不良后果，尤其是会给安装调试和验收工作造成很大的影响，在缅甸的耶瓦项目中我们就发现了类似的问题。因此，大家一定要注意永久成套设备招标采购的问题。

以上这些问题，有的是长期困扰我们且一直没有得到解决的问题，有的是随着股份公司产业结构调整和发展出现的新问题，这就需要我们在今后的工作中更加深入地贯彻落实科学发展观，勇于开拓创新，以时代赋予我们的责任感和使命感，充分发挥我们的聪明才智，攻坚破难，加以解决。

二、今后一段时期设备物资管理工作的思路

今年是股份公司“十二五”规划的开局之年，

我们面临的形势和任务十分艰巨，这就需要我们彻底转变思维模式，不断创新工作思路，以争创世界一流的勇气和信心去化解我们面临的困难与挑战，建立起新形势下的设备物资管理新模式。下面我从四个方面谈一些思路，希望大家深入讨论，进而统一思想，明确设备物资管理工作的方向和重点，并认真组织实施。

（一）创新思路，提高资源配置能力

资源配置是现代企业管理的重要内容和课题，放眼全球，世界一流的成功企业均具有卓越的资源配置能力。当前，股份公司经营收入和资产规模都超千亿，进入了一个新的发展阶段，为建设世界一流公司的发展目标奠定了良好基础。但是，我们的资源配置理念还比较落后、配置方式还比较单一，配置能力与公司发展的要求差距很大。这就要求我们创新思路，加强能力建设，突破固有思想的桎梏，以超凡的胆略和勇气，打破资源配置的传统方式，探索出一条符合行业发展规律、适应公司发展特点的新模式，统筹利用好内部和外部两种设备资源，服务于国内、国际两个市场，为股份公司的发展提供源源不断的动力。

1. 转变观念，充分发挥两级总部在资源配置中的作用

资源配置能力的提升需要股份公司总部各有关部门通力配合、协同作战，研究资源配置中各个环节的内在联系，建立起工作协同机制，制定出科学高效的资源配置方案和措施，充分发挥股份公司在资源配置中的龙头和核心作用。同时，各子企业要切实转变由项目部主导资源配置方案的陈旧方式，打破传统思想的束缚，出台落实相关配套政策，彻底建立起以子企业总部为资源配置中心的有效机制，进一步强化子企业总部在资源配置中的中心地位。

对于股份公司总部来说，要充分发挥在资源配置中的引领作用。一是总部各部门要研究制定有关办法和措施，创造有利于子企业提高资源配置能力、优化资源配置的环境和机制。对特别重大的项目，股份公司总部更应该发挥服务职能，向子企业提供资源配置的建议。二是总部各部门要协同配合，不仅在系统范围内整合资源，还要充分发挥股份公司作为信息汇集中心的作用，对社会资源进行有效利用，从而促使子企业形成科学有效的资源配置方案，克服子企业资源配置中来源单一、范围狭窄的缺点。对于子企业总部来说，要强化资源配置中心的作用，一是要调动整合全系统资源，减少资源重复配置和闲置浪费；二是要建立有利于对项目公平考核的机制，提高项目管理整体水平。两级总部做到目标一致、责任一致，互相促进管理能力的提高。

2. 进一步加强大型专用设备资源调剂与租赁经营双平台建设，充分提高股份公司设备资源的使用效率

大型专用设备资源调剂与租赁经营双平台是股份公司层面的资源配置平台，其目的是“科学控制增量、有效盘活存量”。通过不断完善运行机制，控制设备资源无序增长，打破子企业之间的法人壁垒，实现设备资源在股份公司内部的合理有序流动，优化设备资源配置。双平台是股份公司设备资源优化配置的重要举措，为子企业盘活闲置设备资产开辟了一条全新的途径。

双平台成立以来，在大家的共同努力下，股份公司设备资源的优化配置取得了一定的成绩。但是，应该看到，子企业配置设备资源的思路还没有根本转变，仍然存在存量设备闲置而同类设备新购并存的现象；双平台运营的体制、机制还不完善，设备资源闲置浪费还较为严重。截至2010年底，股份公司共有原值14.3亿元、净值4.47亿元的设备出现了暂时或者长期的闲置。因此，我们一定要加快转变观念，解放思想，认真学习消化吸收国内外先进的管理经验；认真寻找并解决双平台运营过程中存在的问题，不断创新体制机制，运行好双平台。

3. 进一步发挥杠杆作用，充分利用好股份公司外部设备资源

近年来，我们在国内外项目上有意识地做了一些有益的尝试，取得了良好的成果和经验。但是，与同类企业相比，我们的资源配置理念非常落后，利用外部社会资源的能力很薄弱，利用杠杆撬动资源的能力远远不足。

同属于“大土木”建设行业的中交股份、中国中铁等公司，统筹应用外部资源的能力很强，他们通过社会化租赁、分包项目、参股联合、资本运作等多种形式调动外部设备资源，与内部设备资源相结合，提高实施项目的能力。根据2010年统计数据，中国中铁、中交股份和中国水电的营业收入分别是4737亿元、2727亿元、1007亿元，利润分别是101亿元、141亿元、38亿元，设备原值是405亿元、527亿元、216亿元，设备净值是228亿元、324亿元、115亿元，原值创收系数（营业收入/设备原值）分别是11.7、5.2、4.7，净值创效系数（利润/设备净值）分别是0.44、0.44、0.33。从以上数据可以看出，我们与同类企业相比，统筹运用设备资源的能力相对较弱，尤其是在对外部设备资源的利用上还处于较低水平，还需要不断学习和借鉴。

为此，我们要改变过去自给自足的经营格局，

善于通过业务分包、合作、租赁等方式将社会资源为我所用，提高外部设备资源的利用程度，实现资源的大统筹、大配置。

（二）坚定不移，继续推进集中采购制度

股份公司自建立两级集中采购招标平台、实行集中采购招标以来，取得了突出的成绩。设备物资集中采购招标管理运行体系使股份公司和子企业在采购市场中拥有了更多的话语权，实现了规模效应。在保证产品质量的同时降低了采购成本，有力地保障了国内外工程项目的履约进度和质量，有效防范了采购风险。同时，通过集中采购招标严格规范的招投标程序，将招投标活动的各个环节置于公开透明的环境，从源头上预防和治理在采购环节中可能出现的腐败和寻租行为。实践证明，设备物资集中采购招标是正确的战略决策，是股份公司战略体系的重要组成部分，这也符合国务院国资委作为出资人对我们管理的要求，我们应该继续坚定不移地推进。

我们在工作中要进一步创新体制和机制，规范管理流程，加强两级集中采购平台建设，扩大集中采购的覆盖面，提高设备物资集中采购度，提升集中采购管理水平。

（三）探索研究，形成中国水电特色的国际项目设备物资管理体系

几年来，股份公司国际业务快速发展，而国际项目设备物资的管理基本沿用国内项目的管理模式，已经难以适应国际业务发展的需要。因此，子企业要深入研究国际项目管理的特点，把握好国际项目设备物资管理的要素，不断总结经验，针对当前国际项目在设备物资管理中有关当地采购、现场管理、设备下场与转移中出现的问题，出台管理办法，形成有特色的国际项目设备物资管理体系。同时，要结合国际项目管理特点，建立一套有效的、分工明确的突发事件处置预案，防范国际项目设备资产风险。

（四）强化能力建设，构建优秀的设备物资管理团队

总的来说，我们设备物资系统是主动学习、积极进取的一支优秀的、有力的团队。但是，我们的服务软实力还不够，有些工作机制、工作方法还比较陈旧，基层管理还缺乏科学性，员工的素质还有待于进一步提高。为强化能力建设，构建优秀的设备物资管理团队，提升服务软实力，要把握好以下几点：

（1）广大设备物资管理者要紧紧围绕公司的决策部署，自我加压、主动学习、超前思考、勇挑重担，不断丰富知识结构，提高自身素质。

（2）要建立内部交流平台，加强子企业间的横向沟通与交流，使管理经验能够得到充分地共享。同时，随着股份公司产业结构的调整，我们进入了许多新的领域，在这些领域设备资源如何配置、专业设备如何应用，我们还有很多东西需要探索。因此，要善于吸取国内外优秀企业的成功管理经验，补强管理短板，提升管理水平。

（3）设备物资管理工作是保障公司正常生产经营，为公司创造利润和价值的一项重要工作，同时也是专业性很强的一项基础工作，各级领导要高度重视，激发广大管理人员的积极性和主动性。要为这项工作创造良好的工作环境和舆论氛围，配备合格的人员，建立起科学的激励机制，拓宽上升通道。特别是项目部，要客观、公正、全面地看待广大设备物资管理人员所付出的辛苦和创造的效益，减少主观性、片面性评价。同时，设备物资管理人员也要加强自身修养，加强自身自律，维护企业的利益，避免一些片面和不客观的评价。

三、今明两年的重点工作

刚才，我们对2009、2010年的设备物资管理工作进行了回顾和总结，同时提出了下一步工作的主要思路，下面我结合工作中存在的一些问题以及新的工作思路，对今明两年要开展的重点工作做以下安排：

（一）进一步完善大型专用设备调剂与租赁经营双平台的运营管理机制，加大设备资源调剂力度

经过前一阶段的努力，大型专用设备调剂与租赁经营双平台的建设取得了一定的成绩，但是，双平台的运营管理机制还不完善，大型专用设备资源的调剂能力还不强，有待于进一步完善和提高。因此，应继续深化改革，做好以下三方面的工作：

（1）子企业要解放思想，摒弃自给自足、“小而全”的陈旧观念，从项目投标开始就要将双平台上的设备资源作为自有资源进行配置，建立起新的资源配置模式。

（2）在对双平台设备进行调剂与租赁时，租用双方应以股份公司指导价格制定机制为基础，友好协商，解决好双平台运作中的利益分配问题。通过建立公平、公正、公开、诚信的内部调剂租赁市场，促进内部设备资源在子企业间的有序流动。

（3）承载单位要提高租赁服务能力，提高专业化管理水平，建设高素质的设备运营管理团队，为内部企业提供一流的租赁服务。要有充足的人力和设备资源，确保高质高效地履行合同，不能出现合同签订后无设备可租或设备租出后无人操作和管理

的情况，影响双平台的有效运作。

今后，要在运用市场化手段的基础上，加强集团化管控的行政手段，建立起较为完善的制度和机制，充分发挥双平台的资源管控作用，加大设备资源调剂力度。

（二）打破传统思维，增强利用社会资源的能力

两年来，我们利用社会资源的能力有了较大程度的提高，但是，距离我们打造世界一流资源配置能力的目标还有较大差距。我们要进一步解放思想，开阔思路，打破传统思维的束缚，增强利用社会资源的能力，突破资源瓶颈，促进股份公司的又好又快发展。

股份公司要借鉴同类企业的先进经验，推广内部企业的成熟做法，并通过推先进、树典型，积极引导各单位利用社会资源，改变自给自足配置资源的传统观念。

子企业设备资产管理部门要配合经营管理部门，在选择分包商时重点考察分包商的实际装备能力，选择培养一批装备实力强的分包商队伍。同时与效能监察相结合，对分包商进行动态监管，对无相应装备能力的分包商实行一票否决。从而建立起分包商承接任务的能力审查机制，有效利用分包商的设备资源，减少本单位的设备资源投入。

子企业要加强与社会设备租赁企业的战略合作，加大设备资源社会化租赁配置的比重；在项目中标后配置资源的过程中，要从大局出发，统筹考虑、精确计算不同配置方式的成本和效益，合理选择资源配置方式。

（三）创新体制机制，进一步发挥子企业总部在资源配置中的中心作用

由于长期以来形成的观念意识和资源配置机制，子企业总部在资源配置中的中心作用不突出，话语权不强。因此，为进一步发挥子企业总部在资源配置中的中心作用，应做到以下几点：

（1）子企业要成立由主要领导、分管经营领导、分管设备物资领导、经营管理部门、设备物资部门、工程技术部门、国际业务管理部门及其他相关领导和部门组成的设备资源统筹机构，对年度资源配置计划、主要项目尤其是国际项目的资源配置进行控制和决策。

（2）从项目投标环节开始，设备资源统筹机构就要介入，对资源配置方案进行严格把关，避免可能出现的资源浪费、方案不合理等问题，助力项目投标。

（3）项目中标后，设备资源统筹机构要根据项目的实际需要对配置方案进行优化，统筹利用好内外部设备资源，降低项目成本。

（4）项目实施过程中，通过监察督导机制，监督检查项目是否严格按照既定的方案进行资源配置，确保方案实施不走样。

（四）强化企业业绩考核指标的考核刚性，提高设备资源的利用效率和效益

为引导子企业管好用好设备，提高设备资源的利用效率和效益，从今年开始，股份公司企业业绩考核体系中加入了一项管理评价指标——设备净值创效系数。该指标是在股份公司创建质量效益型世界一流企业的背景下推出的，旨在评价子企业设备管理能力和资源利用能力，具有十分重要的意义。

该指标的计算公式是：设备净值创效系数＝企业当年建筑业营业利润总额/企业当年设备净值总额。它的内在含义是每投入一元的设备净值能够为公司创造多少利润。具体的考核方法和目标值请大家查看股份公司有关文件。

该考核指标的推出，重在鼓励大家尽快转变设备资源配置模式，充分发挥杠杆和品牌效应，减少自有设备投入，提高设备的利用效率，以较少的设备资源投入创造更多的效益。各子企业应围绕这个指标，进行分解和细化，健全本单位的考核指标体系，并通过考核指标的引导，促进本单位加快资源配置模式的转变，优化资源配置，提高本单位发展的速度、质量和效益。

年底我们将严格按照设定的指标对各子企业进行考核，并强化考核的刚性，根据指标实际完成情况来考核打分，不考虑指标外的其他因素。希望各子企业高度重视，围绕指标来调整部署相关的工作，促进经营业绩的提升。

（五）抓好采购计划，促进集中采购招标工作升级上水平

子企业要切实贯彻落实《股份公司集中采购招标管理办法》，进一步规范集中采购招标工作；下大力气解决集中采购招标中的突出问题，不断提高科学选择、配置设备的能力。

子企业要认识到采购预算和计划的制订是科学开展集中采购的前提，建立起设备物资采购计划管理的机制，进一步提高采购计划的编制和上报工作水平。要对历年的设备预算编制工作进行总结和分析，解决预算编制中的无序性、随意性等问题，提高预算管理的能力和水平。要通过大力开展大中型工程项目设备物资的中标即后策划工作，将预算管理与采购计划进行有效联动，提高采购计划的及时性和科学性。通过分析和对比采购计划的执行情况，查找计划编制困难的主要原因，有针对性地采取措

施，提高采购计划编制的准确性，从而有力地促进大型设备和大宗物资的集中采购招标工作升级上水平。

（六）警钟长鸣，特种设备安全管理工作长抓不懈

特种设备安全管理工作要如履薄冰、长抓不懈。尽管前两年特种设备安全管理工作效果良好，取得了不错的成绩。但是，今年行业内发生的多起安全事故给我们敲响了警钟。因此，在今后的工作中，还要一如既往地深入加强特种设备安全管理工作，在体制机制进行创新并狠抓落实，在国外设备、外协队伍等方面的工作要进一步加强，切实杜绝安全隐患。特别要加强对新进入的工程建设领域所使用的特种设备和社会租赁的特种设备的管理，不能简单地一租了事，一包了事。我们要站在中央企业讲政治、讲长远发展、讲社会责任的高度来看待特种设备安全管理问题，配合安全生产监督管理部门建立起一个良好的管理机制，保持股份公司特种设备安全管理的良好局面。

（七）真抓实干，建立起国际项目设备物资管理的制度基础

在国际优先战略的指引下，国际项目持续快速发展，尤其是近年来发展更快，在设备物资管理方面有一些好的做法和成功的经验，亟待我们总结和提炼；同时也存在一些问题，亟须我们研究和解决。

2011 年，子企业应总结国际项目设备物资管理中正反两方面的经验，借鉴同类企业先进的做法，提炼升华，出台一套行之有效的、适应国际项目特点的国际项目设备物资管理制度，推广成功的管理经验和典型的管理模式，提高本单位国际项目设备物资管理水平。

子企业应加快国际化步伐，努力探索设备的全球化资源配置模式。要配置相应的人才，不断对国际新设备、二手设备的信息进行动态收集、积累和整合，并利用信息化平台建立设备信息数据库，实现信息的充分交换和共享，为设备资源配置决策提供充分的信息支持，从而改变目前信息仅来源于项目部或个别人的现状，使决策更加科学、准确。

到 2012 年，股份公司设备物资部应归纳总结各子企业的实践经验，并充分借助国际区域总部的作用，建立起区域内的设备资源采购、调配和管控制度，改变当前国际项目设备资源配置中存在的分散配置、调剂困难等问题，在满足项目需要的同时，提高设备资源的利用效率和效益，为股份公司制定国际项目设备物资管理制度，建立国际项目设备物资管理体系奠定基础。

（八）学习消化吸收，建立多元产业结构下的电力成套设备管理办法

近年来，股份公司投资类业务发展迅速，资产规模迅速扩大，利润稳步增长，增强了公司持续盈利能力和防御建筑业系统性风险的能力，已成为公司战略发展的重要业务。目前，股份公司控股开发电力项目总装机容量达 1284 万千瓦（权益装机容量约 981 万千瓦），其中已投产运营电力项目约 426 万千瓦，电力成套设备资产已经形成了较大的规模。但是，我们对电力成套设备资产的运营管理、维护保养还没有形成比较成熟的经验。因此，我们要对标电力发电企业，不断寻找自身存在的缺陷和问题，充分发挥后发优势，积极进取，勇于创新，经过两年左右的时间，建立起多元产业结构下的电力成套设备管理办法。

要充分利用电力行业协会这一平台，加强与国家电力主管部门和其他发电企业的沟通交流，取长补短、提升能力，真正融入国家发电行业中去，为公司电力投资类业务的发展拓展空间。

要通过提高电力设备管理信息化程度，不断更新检修模式及检修技术手段，加强电力设备的防灾、抗灾能力建设，建立科学合理的发电设备管理工作考评指标等措施，提升设备运营管理水平。

要重视发电设备专业技术人才队伍的建设，引进一些经验丰富、技术过硬的同志，加强技术交流与培训，加大人才的培养力度，使我们的专业技术人才队伍迅速成熟起来，运营和维护好发电成套设备。

（九）及时总结提高，建立设备利用信息反馈与评价机制

为改进当前集中采购招标中有关评标工作的传统定性评价模式，为采购过程中的科学决策提供准确可靠的参考依据，同时总结和推广良好的管理经验，推动设备管理升级上水平，股份公司将建立设备利用信息反馈与评价机制。

到 2012 年，要通过选择有代表性的设备类型，积极开展关键设备的使用、维护、售后服务等情况的信息追踪工作，在国内外工程项目中收集、汇总和分析关键设备（批量设备）的实际使用数据，初步建立起设备利用信息反馈与评价机制。再经过几年，通过不断改进机制，建立起顺畅的信息反馈渠道，形成各类设备的寿命周期总费用数据库，进而用于指导今后设备的选型采购和内部调剂。

（十）采取措施，加强设备物资从业人员能力建设

经过几年来的努力，各子企业设备物资管理能

力有了较大的进步，但与股份公司发展战略的要求相比，综合管理能力的提高迫在眉睫。

要充分认识设备物资管理工作的重要性，在各层级尤其是项目上建立健全相应的组织机构，配备足够的、高素质的人员，使各项制度和措施能够得到贯彻落实。

要在人才的培养和使用上多下工夫。要注意在岗员工知识技能的培训与提高，提高从业人员的素质与能力；要注意人才的锻炼与培养，对于适当的人才，要多压担子，多岗位锻炼，培养出复合型人才；要建立公平公正的人才考核体系，创造顺畅的人才上升通道；要积极培养技能型操作人才。

要创造优良的学习环境和学习氛围。要充分调动大家的学习积极性和主动性，建立相应的激励机制，创造学习提高的平台，创造一个积极向上的学习氛围，将设备物资系统打造成一个学习型组织，从而提高我们的整体能力。

为提高股份公司设备应用技术与管理的专业化和职业化水平，培养优秀的管理人才队伍，股份公司创办了一份以设备物资管理、电站设备安装、运行以及设备制造等为主要内容的刊物——《机电设备技术与管理》，旨在搭建股份公司内部机电设备技术与管理的经验交流平台，使有价值的技术创新、管理经验能够得到发扬与推广，充分激发设备物资从业人员在科技进步、管理创新上的主动性和创造性，提高设备物资管理能力。今天期刊要举行首刊发行仪式，希望大家能够充分利用好这个交流平台，共同提高、共同进步。

以上十项措施是我们今明两年要重点开展的工作。总部各部门和各子企业要有针对性地制订工作时间表，划分责任，逐项落实。总部各部门要协同合作，借助效能监察等方式进行检查和评价，促进各项重点工作落到实处。

同志们，今年是股份公司“十二五”规划的开局之年，面临新形势、新目标、新任务，我们深感责任重大、任重道远，让我们继续发扬水电人“五个特别”的精神，坚定信心、顺势勇为，转变设备配置观念，提升资源利用能力，努力开创设备物资管理工作新局面，为创建具有较强国际竞争力的质量效益型世界一流公司而努力奋斗！

在股份公司2011年设备物资管理工作会议上的总结讲话

2011年8月12日

李 跃 平

同志们：

中国水利水电建设股份有限公司2011年设备物资管理工作会议经过一天半的时间，圆满完成了会议的各项议程，现在会议即将结束。根据会议安排，我做一个简要总结。

一、会议总体情况

这次会议是在股份公司全面贯彻落实“十二五”发展规划、创建具有较强国际竞争力的质量效益型世界一流公司的特殊背景下召开的一次重要的会议，会议总结了两年来股份公司设备物资管理工作的经验，提出了创新资源配置思路、加强资源配置能力建设、提升服务软实力的新思路，同时安排部署了今后一段时期的主要工作。

会议期间，我作了《转变设备配置观念，提升资源利用能力，努力开创设备物资管理工作新局面》的工作报告。我在报告中回顾了两年来设备物资管理工作的基本情况和主要成绩，股份公司以“科学控制增量、有效盘活存量”为原则，建立了大型专用设备资源调剂与租赁经营管理双平台，优化配置资源；进一步梳理流程，改进采购计划的科学性和及时性，提高了两级集中采购招标平台的工作水平，推动了集团化建设的进程。各级设备物资管理干部人员做了大量辛苦的工作，为保障项目顺利履约、促进股份公司转型升级作出了重要贡献。当然，在看到成绩的同时，也指出了在设备物资管理工作中依然存在的一些突出问题和一些不适应发展战略的管理模式、方法和现象。我在会上提到了七个问题，希望引起大家的高度重视。国际公司要总结经验、吸取教训，认真总结，采取有效措施严控采购风险；要对机电产品供应商进行严格筛选，建立合格供应商库；大宗的成套发电设备要由股份公司采购中心与国际公司共同进行招标。

报告分析了现阶段股份公司面临的形势和设备物资管理未来的发展趋势，阐述了在贯彻落实股份公司"十二五"发展规划和创建质量效益型世界一流公司的背景下设备物资管理工作的新思路与新举措，强调"创新资源配置思路，提高资源配置能力"，利用好公司的内外部设备资源，继续加强集中采购招标，提高设备物资管理服务软实力。对当前及今后一段时期股份公司设备物资管理的主要任务和工作做了安排，并要求认真切实地组织好实施。

大会表彰了在设备物资管理方面做出突出成绩的 95 名公司员工，授予他们"设备物资管理先进工作者"荣誉称号。评优工作的目的是激励先进、鞭策后进，希望这些同志珍惜荣誉，戒骄戒躁，继续努力工作，创造出更好的成绩。当然，其他同志也不要气馁，要以先进工作者为榜样，立足本职岗位，争先创优，做好自己的本职工作。这次评比先进工作，奖金不多，关键是荣誉和精神鼓励。有的单位提出名额少，这正说明了通过此次评优活动，激发了设备物资管理者的荣誉感。今后的奖励面是否要扩大，我们会根据大家的意见做一些考虑。

会议期间，我们组织了与会代表对工作报告的内容和下一步的工作进行了讨论。关于讨论的内容和讨论的结果这里我就不再说了，刚才苟达平主任和江迎宪副主任已经对讨论情况作了全面的汇报。会议讨论非常深刻到位，意见和建议具有建设性，会后我们要认真加以整理分析，并在以后的工作中做好贯彻落实。

会议期间，还举办了《机电设备技术与管理》期刊首刊发行仪式。与会代表认为，期刊设计新颖、内容丰富，为广大设备物资管理者提供了一个很好的经验总结和沟通交流平台，必将对建设优秀的设备物资管理团队、提高设备物资管理工作水平起到积极的推动作用。

另外，在这里我想强调一下会议组织纪律问题。我们系统两年开一次大会不容易，今年是第三次，会议内容也比较重要，可是个别公司班子成员或分管领导一个都不来，说明对这项工作不重视，没有把设备物资工作当回事，没有把设备物资这种重要的资源纳入到本单位的管理中去。另外，来了的代表有的请了假，有的没请假走了，这样做对吗？希望大家今后一定要注意这个问题。

二、会议的主要收获

本次会议主题突出，内容丰富，富有成效，对股份公司设备物资系统上下团结一心，努力开创设备物资管理工作新局面，起到了积极、重要的促进作用，会议达到了预期的目的，获得了圆满成功，我们取得了以下主要收获：

（1）反映了问题，交流了经验。与会代表畅所欲言，认真思考本单位的问题，对照会议要求进行了认真分析，提出了下一步的工作措施。各位代表对本单位的情况是有所思考的，在讨论中，大家也介绍了本单位在设备物资管理中的新鲜经验。会议后，大家好的想法和建议可以利用我们昨天推出的《机电设备技术与管理》期刊平台进行刊登。

（2）统一了思想，提高了认识。通过对大会工作报告的认真学习和讨论，大家把思想都统一到了转变资源配置思路，加强资源配置能力建设，提高服务软实力的认识上来。与会代表认为，现有的资源配置模式已经不能满足股份公司发展的要求，需要进一步解放思想、大胆尝试，加强双平台的机制体制建设，创新资源配置模式，充分利用好内部、外部两种设备资源，才能突破资源瓶颈，保障股份公司又好又快地发展。因循守旧、故步自封的做法是我们设备物资系统应该摒弃的，要对标先进，查找差距，积极学习新的理论知识，打造高素质的管理队伍，不断提高服务软实力，才能创建出质量效益型的世界一流跨国公司。

（3）明确了今后的工作目标和任务。与会代表认为，股份公司已经进入了一个新的历史发展阶段，即将在国内 A 股市场上市，上市后将面临更为艰巨的挑战和任务。在此时召开这个会议，非常必要，非常及时，为今后的设备物资管理工作指明了工作的方向。会后，将围绕会议精神安排部署工作，将工作目标和任务层层分解，狠抓落实，促进设备物资管理水平迈上新的台阶。

（4）进一步拓宽了设备物资管理工作的视野和思路。我们通过分组讨论，就设备物资管理的各个方面进行了经验介绍和交流，进一步开阔了视野、拓展了思路，也坚定了做好设备物资管理工作的信心。同时，大家也分析了本单位存在的问题和薄弱环节，交流了今后的工作打算和贯彻本次会议精神的初步计划。大家纷纷表示，要按照股份公司总体要求和统一部署，解放思想，开拓创新，转变资源配置的观念和模式，切实加强能力建设，做好新形势下的设备物资管理工作。

三、关于落实会议精神的几点要求

这次会议是新时期、新形势下，股份公司设备物资管理工作承前启后的一次重要会议。为落实好会议精神，我在这里提出以下几点要求。

1. 要切实把工作报告学习好、领会好

这个工作报告不是我个人的报告，是股份公司在这方面工作的专题报告，是有关部门和各子企业在工作中成绩的汇总和问题的集结。所以，基于这些因素，这个报告对我们前期工作经验的总结和未来工作思路、安排部署的系统阐述，是未来一段时期我们工作中所应遵循的规则。

2. 要把会议精神传达好

参会的各位代表不仅要全面把握会议精神，同时也要把会议精神传达给整个领导班子和全体干部职工，使他们领会这次会议的主要精神，了解和掌握未来股份公司设备物资管理工作的部署和要求。进一步统一思想，提高认识，激发广大职工的工作热情，保证整个系统目标一致、思路一致、行动一致。

3. 要把握重点，落实好会议部署的各项工作

设备物资管理工作会议开了一天半，效果不错，收获颇大。但是，如果会议成果得不到落实，召开会议也就失去了它固有的意义。因此，会议结束后，各公司要精心组织，统筹安排，制订明确的工作计划，一一落实各项重点工作，我们下一步要进行检查。

4. 要扎实解决工作中存在的难点、重点问题

(1) 要着力解决双平台运营中的难题。这里为什么叫“运营”而不叫“运行”呢？“营”字有经营的意思。股份公司总部设备物资部、财务部要研究分析股份公司、工程局、租赁公司和工程项目之间在租用设备时的利益矛盾关系，并建立制度，合理处理这些利益关系，推进双平台的有序正常运营。我们成立租赁经营平台，好处和整体效应已经说得很清楚了。承载单位特别是租赁公司，一方面站在股份公司的利益上，一方面也站在自己的经营效益上，也很积极。子企业因为没有必要买大量设备占用很多资金，也非常支持这个平台。但是，目前矛盾在什么地方呢？主要是由于租赁设备对工程项目的当期成本有压力，对它的效益有影响，项目不愿意。买新设备项目经理很高兴，但是对某些子企业来讲，这个设备可能近几年只用一次，如何既要满足合同履约要求又不让设备闲置浪费，子企业左右为难。真正有头脑的子企业，不会考虑买这个设备，而会向租赁公司租用，但是租用设备会增大项目部的成本，项目部就不一定愿意干。同时，这个情况也和我们工程局设备折旧政策及设备内部租赁价格有关系。因此，这个关系很复杂，怎么解决这个问题，我们要深入研究，要从工程局的设备产权管理体系、管理体制的研究开始入手，最终破解这个难题。

(2) 要着力解决在项目设备资源配置中子企业主导和职能协调的难题。要下大力气解决好子企业总部的统筹问题。在这里我要进一步强调一下，这个事情不是设备物资部门一个部门就能做到的，这是总体机制的问题。下一步我们要找一个子企业尤其是国际市场份额比较多的子企业，在这个方面搞一个试点。如果这个问题不解决，走国际化道路、建立跨国公司就是空谈。

(3) 要着手解决企业制度向分包协作队伍延伸执行的问题。这是一个大问题。我们现在不光是在设备管理方面，还在安全、质量、环保以及农民工的收入管理等方面，都涉及企业制度怎样深入贯彻执行下去。分包既是影响我们效益、效率提高的大问题，也是影响我们企业转型升级的大问题。刚才在第二组的汇报里面提到了“四有”即有资源、有资质、有资金、有信誉。这个“四有”非常重要，应该作为今后我们分包商队伍选择的重要概念提出来。另外，重视利用社会资源，是不是不让子企业买设备了？说实话这不可能，如果子企业没有自己的骨干设备、专用设备，我们的品牌怎么体现？社会资源主要是指要利用好社会通用资源，尤其是国内。

(4) 着手解决电力成套设备的资源配置问题。今天讨论的时候，有个别发电企业提出来了检修队伍人少的问题。我们的目的是做强队伍、做优效益，但不是单纯做大队伍。人多不一定是好事，发电企业本来就应该人少、资产多、效益高，况且我们还需要盘活内部资源。目前，我们十几家施工企业，起码一半的企业在大型机组上都具有丰富的经验和技术积累。由于前一轮的水电高峰，积累的人才比较多，其中我们安装队伍的人才结构最适合发电企业的运行和检修的。国际公司在盘活内部人才资源方面做得比较好，用我们内部的运行队伍和检修队伍做了很多EPC工程。因此，现在我们内部一方面有需求，一方面有供应，就是对接不起来，大家要研究解决这个问题。

同志们，随着股份公司跨入新的历史发展阶段，我们设备物资管理工作也翻开了新的一页。回顾过去，我们成绩显著、硕果累累；放眼未来，我们使命光荣，任务艰巨。在未来的工作中，我们要认真贯彻股份公司2011年工作会议和年中工作会议精神，落实好本次会议的任务和要求，团结一致，奋力拼搏，探索创新，求真务实，创新资源配置思路、加强资源配置能力，努力促进设备物资管理工作迈上新的台阶，为建设具有较强国际竞争力的质量效益

型世界一流公司作出应有的贡献！

会议结束后，各位代表要奔赴自己的工作岗位。我在这里祝大家工作愉快，身体健康，家庭幸福！

解放思想　创新模式
推动国际经营管理转型升级
加快打造质量效益型世界一流公司

——在股份公司2011年国际经营管理工作会上的报告

（2011年8月4日）

黄　保　东

各位领导、各位代表、同志们：

按照会议安排，现在我就公司国际经营管理工作情况向大会作工作报告，请予以审议。

一、深入实施国际业务优先发展战略，国际经营再上新台阶

公司深入实施国际业务优先发展战略，提升了跨国经营的管理水平，开创了国际经营的新局面，逐步树立了“中国水电”的国际一流品牌形象，公司影响力不断扩大，取得了里程碑式的跨越发展，国际业务已成为集团持续快速发展的重要支柱。

（一）经营业绩连创辉煌，国际业务支柱作用明显

“十一五”期间，公司国际业务保持持续快速发展，各项经营指标屡创历史新高，经营规模呈几何级数增长，经营质量稳步提升，发展速度继续领跑国内同行，共实现国际经营收入790亿元，利润总额56亿元，新签约合同额1594亿元，营业收入、新签合同额、合同存量、营业利润分别年均增长48.87%、32.7%、36.3%、89.95%。其中，2010年公司国际业务营业收入263亿元，新签国际项目合同额551亿元，国际业务利润19亿元，国际合同存量1018亿元，分别占公司总量的25.93%、40.9%、50.38%、47.8%。2011年1～6月份，国际业务继续保持强劲增长势头，实现营业收入128.26亿元，占公司营业收入总额的26.28%，同比增长23.73%；国际业务实现利润16.16亿元，占公司利润总额的75.94%，新签约国际项目55个，合同额203.86亿元（其中，公司签约合同44个，合同额为169.77亿元；系统外分包合同11个，合同额为34.09亿元），同比增长3.6%；合同存量1016.24亿元，同比增长29.14 %（去年同期为786.94亿元）。

国际业务的支柱作用明显显现。2010年底，各子公司国际合同存量超过自身合同总存量一半以上的有水电二局、水电十局、水电十一局、水电十三局、水电十四局以及港航公司等六家单位；营业额达到三分之一以上的有水电二局、水电十局、水电十一局、水电十三局以及港航公司等五家单位；利润达到三分之一以上的有水电二局、水电四局、水电六局、水电八局、水电九局、水电十一局、水电十三局以及港航公司等八家单位。

（二）优化升级成效显著，市场空间和经营层次协调发展

1. 市场布局进一步优化

“十一五”以来，公司国际市场开拓成效显著，海外五大洲市场布局基本形成并不断优化，可持续发展前景良好。公司驻外国家、机构数量由2006年初的23个国家、23个驻外机构猛增至2010年的53个国家和地区、69个驻外机构，在57个国家承担着261个在建项目，合同总额228.5亿美元。其中，以中国水电名义中标项目209个，占总合同额的

84.80%；从外窗口单位分包项目52个，合同额占总合同额的15.20%。在建项目中，1亿美元以上的项目59个，占合同总额的72.68%。项目遍布亚洲和非洲约50%的发展中国家，并已扩展至拉美、东欧部分国家，形成了巩固亚洲、非洲传统市场，进一步深度开发中东市场，成功突破拉美市场、积极进军东欧市场的良性发展态势，形成了安哥拉、卡塔尔、苏丹、老挝、印尼、刚果（金）、博茨瓦纳和委内瑞拉等9个稳固的项目群国别市场。哈萨克斯坦、格鲁吉亚和摩尔多瓦市场的成功进入标志着公司在西亚、东欧市场也取得了良好开局。大区域、多国别、优质稳定项目群市场格局的形成，除每年可提供较稳定的合同来源外，更重要的是使公司在全球行业激烈竞争中占据了有利位置，为“十二五”期间国际业务持续、快速、健康发展提供了广阔空间。

2. 专业领域进一步拓宽

公司始终坚持“大品牌、大国际、大土木、大建筑”经营战略，发挥水电核心业务优势，积极拓展其他业务领域，相关多元化发展趋势更加明显。目前，国际业务基本形成了以水利水电建设为核心，涉及火电、市政、机场、公路、房建、水处理、疏浚吹填与港航，并进一步向铁路、矿山、矿业、旅游业、农业、咨询服务、建材等领域综合发展的“大土木、大建筑”多元化发展的良好业务结构，特别是老挝钾盐矿、尼日尔铀矿EPC项目、缅甸蒙育瓦莱比塘铜矿等一批有影响力的项目合同的签订和实施，标志着公司在海外矿业项目方面实现了重大突破。

3. 经营层次进一步提升

目前，公司国际业务已由传统的以单纯的工程施工为主向设计、施工、采购总承包（EPC），带资承包（EPC+F：出口信贷、资源项目贷款一揽子合作、双边和多边合作），特许经营（BOT、PPP），海外投资等综合的业务模式升级发展，国际业务承包模式形成了施工承包业务、EPC总承包和投资业务有效互补协同、可持续发展的格局，向经营模式的高端迈进。同时，公司紧跟国家经济外交政策，实践国家资源战略和能源战略，为实现股份公司建设具有较强国际竞争力的质量效益型世界一流公司目标，积极开展境外投资业务。通过发挥主业优势，成功拓展了电力、矿产、水泥等基础行业和领域，开始向水利水电及相关产业链上游延展。目前，公司在海外拥有水电资源开发权装机容量达到1206万千瓦，其中权益装机容量522.91万千瓦，在柬埔寨、老挝、尼泊尔、缅甸、刚果（金）、莫桑比克、安哥拉等国家实施电源、矿产资源等投资，已投产项目1个，在建项目8个，跟踪项目6个。

（三）在建项目履约良好，项目管理和品牌建设持续加强

公司积极推行模式化管理，大力引导各级组织和国际经营团队坚持创新精神，改变固有行为，用国际化理念驾驭国际经营。学习、引进国际先进的项目管理模式，推行基于国际化要求的模式化管理，与国际规则系统对接，结合自身国际业务发展实践，颁布并大力推行《国际业务管理指导手册》、《股份公司质量、环境和职业健康安全三标一体化管理体系海外业务子体系》，综合总结并推广《国际工程项目管理实践》，促进个人知识组织化、标准化和流程化，实现系统资源共享，推进项目模块化、标准化、程序化管理，形成企业标准化的管理流程和管理规则，实现管理革命，有力地提升了整体国际经营能力。

各在建项目部以履约创效、打造SINOHYDRO国际一流品牌为己任，全力推动工程建设，合同履约总体受控，安全生产形势良好，工程质量稳中有升。公司在国际市场树立了良好的品牌形象，“中国水电”以成熟、稳健、专业、负责的国际知名品牌形象被世界各国广为认可。“十一五”期间，公司在全球水电建设领域成功建成苏丹麦洛维水电站、埃塞俄比亚泰可则水电站、马来西亚巴贡水电站的基础上，又承建了中国在海外承建的最大的水电站项目——厄瓜多尔科卡科多—辛克雷水电站项目，签约了世界最高的双曲拱坝——伊朗315米高坝巴哈提亚瑞项目（合同金额超过140亿元）等一批具有全球行业影响力的标志性水电工程，得到海内外业内同行的充分认可，进一步巩固了在全球水利水电建设行业的优势地位。其中，承建的伊朗塔里干水利枢纽工程、苏丹麦洛维大坝工程荣获中国建筑最高奖项——鲁班奖，有效地带动了中国水电建设产业全产业链国际化产业转移和产业升级。

（四）战略管控不断强化，内部关系进一步理顺

始终坚持“大集团、大国际、大品牌、一体化”的集团化运营和集团战略管控是公司国际经营成功的主要经验之一。公司在国际经营中充分发挥整体优势，实行“大兵团”整体式作战，采用集团化集权式集中管控模式，战略管理高度集中，内部合理分工，市场集中营销，资源共享，项目分头实施；资金集中管理，形成资金池放大效应；物资集中采供，节约成本；风险集中管控，强化高端支持，有效预防和化解风险。在国际优先发展战略指引下，按照“四个统一”原则，在集团总部用事业部制打造海外事业部/国际公司这一国际化龙头，海外事业部形成集权管控中心，国际公司形成市场机制经营

平台，用集团化协同方式统合集团各子公司，用本土化思维推进各区域总部的适应性，用刚柔相济的弹性管理调理激发整个组织体系的内在潜能，使国际业务实现了组织一体化、资源一体化、利益一体化和风险防范一体化的大国际经营格局，形成了一个强有力的、分工清晰、职责明确、高效协同、奋进共赢的和谐共同体和利益共同体，以“水电航空母舰战斗群”方式走向海外，破浪远航。

“十一五”期间，公司两级总部对国际业务重视程度不断提升。

(1) 公司总部继续增强国际化战略的组织、执行、引导、服务作用，进一步提升海外事业部/国际公司的战略职能和服务意识，加快建立适应新阶段要求的管理体制，在实行战略宏观管控的同时，着力加强二级营销，增强各子公司自主意识，调整竞争性项目利益分配，进一步向子公司倾斜，提升竞争性业务的竞争能力；理顺内部国际经营关系，解决内部博弈问题，微观运作上充分授权，充分调动子公司的积极性和自主能动性。

(2) 在国际优先发展战略的指引下，各子公司根据国际业务发展需要并结合自身实际，相继建立、健全了海外事业部（国际部）、国际公司等国际业务组织机构和管理体系，配备1～2名领导班子成员分管国际业务，在领导班子成员中从事过国际业务的正职占到了三分之一以上，部分子公司正职直接分管国际业务。各子公司上至领导班子成员下至普通员工参与国际业务的积极性空前高涨，在思想观念上实现了“要我国际”到“我要国际”的真正跨越，同时集中优质资源，出台国际优先发展配套措施，踊跃拓展海外业务。目前，在公司高端引领下，各子公司形成了强局带弱局、携手共闯国际市场的大好局面，形成了共同推进国际业务跨越发展的整体合力，形成了上下齐心、共赢共进的“大国际”良性发展态势。

（五）国际业务总体运行稳健，风险有效规避化解

针对国际业务经营的诸多风险，公司坚持防范为先、以防为主、防治结合的工作原则，坚持将风险控制在初期，消灭在萌芽。坚持标准化、模式化、程序化管理，2010年以来，公司在坚持“三控三强一确保”综合性风险防控原则，实行三级三层制风险管控体系（两级总部和项目部，项目开发跟踪阶段、项目与投标谈判阶段以及项目实施阶段三个阶段）的基础上，初步建立了职能清晰、运作良好的国际业务全面风险管理体系、风险管理专家支持体系，初步完成12个管理模块的关键内控业务流程和制度体系框架建设，建立了风险识别、评估和应急预案体系，制定了风险管理策略与方案，提高了全面风险管理能力。

公司有效加强了财务资金风险管控。集中、实时监管境外在建项目，对项目的盈亏情况、财务状况进行统计分析，发现异常波动及项目存在的财务问题，及时进行整改。集中管理融资、保函、担保和外汇风险。统筹管理境外税收，通过加强税收理论研究、统筹规划、划分权责、分类动态管理等一系列措施规范管理、积极应对、精细筹划，完善税收管理体系，降低了国际业务面临的税收风险。加强资金集中管理，加大应收账款催收力度，及时回笼，减少在途资金，提高资金运行效率。密切关注国际业务外币资金风险，采取措施规避利率汇率风险。针对人民币汇率有加速升值的趋势，开展了外汇远期套期保值业务，利用金融衍生产品、金融工具等降低汇率损失。

公司还结合海外业务实际，不断丰富和完善风险管控制度，成立相应组织机构，对于重大风险项目实行紧急状态，直至风险有效化解后解除。加强业务流程体系建设，及时发现和控制各类风险源。特别是2008年金融危机爆发三年来，公司着重加强对国际经营风险源的系统排查和梳理，认真研究布置防控措施，有针对性和适应性地整合资源，调整经营策略和组织结构，强化集团管控，确保了高风险期国际业务的持续健康发展。受金融危机影响，国内外众多企业国际业务业绩普遍下滑，公司国际业务却逆势上扬，三年登上三个台阶，对外签约额分别为36亿美元、55亿美元、81亿美元。此外，公司不断完善应急机制和应急预案，提高应对能力。今年年初的利比亚撤离行动中集团反应快捷、组织严密、行动有序、结果圆满，得到了国务院国资委、外交部的充分肯定，得到了张德江副总理的高度赞扬。

（六）加强区域总部建设，本土化经营扎实推进

在进入国际市场之初，公司就致力于本土化建设，积极探索建设区域业务总部、代表处、子公司多种有效形式，向本土化、区域型、网络式组织机构转型，把国际因素和当地因素相结合，使企业的分支机构成为当地企业的一员，与当地人文环境融合，遵守当地法律法规，并将其经营重心前移，贴近市场，靠前指挥，灵活决策，努力实现人才、营销、品牌以及企业文化等多方面的本土化。

目前，公司在海外成立了三个区域总部，制定了区域总部管理办法和实施细则并不断完善。针对各区域总部不同的市场、不同的国情和不同的发展阶段，采取不同的管理模式。各区域总部充分发挥

“引领、管控、指导、监督、支持、服务”作用，深入了解所在市场和国别实情，建设形成统一的营销网络、商务平台、技术平台、采购平台和资金平台，统一管理境外机构党组织建设、员工队伍建设和企业文化建设，打造具有所在区域市场特色的管理体系和营销体系。目前，各区域总部的统筹力、带动力、管理力、资源配置能力不断提升，国际一线经营阵地和桥头堡作用开始显现，初步形成了区域化管理、属地化经营、授权运营的格局。

（七）强化人才队伍建设，国际化一流团队基本形成

公司始终坚持“人才资源是企业的第一资源”理念，高度重视国际化人才队伍建设。

（1）通过创新用人机制，实施差别化的“一司两制”人才政策。建立健全了国际经营人才的引进、选用、评价和激励约束机制，在待遇、职称、职务任用上实行差别政策，包括从多种渠道高薪聘用国内外专家，不拘一格吸纳使用人才等，用适应国际业务发展的差别化政策和机制选好人、用好人，留住人。集团聚结了一大批国际化精英人才，特别是集中在公司总部的高端国际化人才队伍以及分布在各局和海外项目的国际复合型人才队伍，成为推进国际业务发展的中坚力量，成为提升13万水电人国际经营能力的核心力量。

（2）建立了包括培养体系、培训基地、建立人才库、内部人才培养配置的市场化共享机制等在内的国际化人才队伍培养机制。

（3）建立内部交流和上下互动的人才动态管理机制，坚持用国际人才标准择优录用和降级辞退，坚持“唯才是用、人尽其才”、“能上能下，能进能出”的人才运行机制，实现人才队伍动态稳定，努力形成一支与国际业务发展相适应、总量适当、层级结构合理、专业结构配套的国际化人才队伍。

（八）市场地位持续提升，全球竞合联盟初步建立

公司始终坚持以开放的姿态、广阔的视野、共赢共进的胸怀面对世界，积极寻求国际间的广泛合作与共同发展。加强与国内外知名跨国企业、行业组织、金融机构的广泛合作，积极探索与产业链上下游跨国企业合作，推动公司全球全产业链竞合联盟的建立。

（1）与相关央企强强合作，实现优势互补，形成中国企业的国际竞争优势，共同走出去。如与哈尔滨电气集团、中国北方工业公司、中国广东核电集团有限公司、中国国核海外铀业有限公司等建立了战略合作关系。与中国长江三峡集团、中国南方电网公司合作开发海外水电站等。

（2）与中国进出口银行、国家开发银行和中国四大国有商业银行、中国交通银行、上海浦东发展银行及中国出口信用保险公司等国内金融机构签署了战略合作协议，加大银企合作，拓宽融资渠道，获取强大的金融支持。

（3）加强与世界一流企业合作，寻求与上下游企业建立战略合作伙伴，形成稳定的商业机会，放大与延伸市场占有能力。如与力拓、阿尔斯通、西门子、万喜、通用和美国AES电力公司、AECOM公司等世界著名跨国公司结成战略合作伙伴。

（4）注重与各国政府建立战略合作伙伴关系，积极参加国际组织的活动，加强沟通与交流，增进了解与互信。如与埃塞俄比亚、加蓬、刚果（金）、赞比亚等国政府建立战略合作伙伴关系；与世界银行、亚洲开发银行、非洲开发银行等世界金融组织建立沟通协调机制，与国际水电协会、塞内加尔流域机构等国际组织合作；积极与国际河流组织、国际透明组织、美国千年挑战账户等国际组织沟通交流，增进了解，减少发展阻力。公司已初步建立了全球互利共赢的竞合联盟。

“十一五”以来，公司市场地位得到了持续提升。公司在海外同行、多边金融机构、国际组织中声名鹊起，美誉度和认可度已经远超出我们在国内的社会地位和认知程度，发展速度令国内外同行瞩目，发展模式受到追捧和效仿，多个企业来公司调研学习，并赢得了国务院国资委、商务部、外交部等政府机关的高度认可。在前不久召开的中央企业“走出去”工作会议上，公司是建筑行业唯一的经验交流发言企业。公司在全球225家最大承包商以国际业务排名从2006年的第68位跃升至2010年的41位，在中国外经企业以合同额排名第二，以营业额排名第三，被评为“履行社会责任金奖企业”、“感动非洲十大企业”之一，是中国对外承包商会副会长单位、中国机电进出口商会副会长单位、国际水电协会白金会员，并已成为博鳌论坛钻石会员。

（九）海外党建工作亮点频出，强力护航国际业务发展

公司党委从发展国际业务之初就高度重视海外党建工作。海外党建工作从2001年开始，至今历经10个年头。早在2006年，集团形成了《集团公司海外党建工作的指导意见》，并每年对《指导意见》执行情况进行检查。目前已经形成了海外党建完整的组织体系、制度体系、信息报送体系以及党建工作考核体系。公司海外党建工作亮点频出，成效卓著，海外党建的经验、做法以及成果得到了中组部、国

务院国资委的高度赞赏，并上榜《央企要闻》，成为中央企业海外党建工作的标杆单位。《中国电力报》专版报道了公司海外党建的先进经验，公司成为今年国务院国资委赴海外调研央企党建工作的重点考察单位，国务院国资委副主任金阳专门到印度尼西亚项目、赞比亚考察公司海外党建工作并听取汇报。目前，公司在海外已成立4个党委41个党工委28个党总支168个党支部，覆盖所有海外机构，共有3092名党员，专兼职党务干部478人。在公司国际业务快速发展的过程中，党组织发挥了重要的引领和领导作用，党组织的政治优势成为推动公司国际化经营、建设质量效益型世界一流公司的坚强组织保障，成为公司持续创造骄人国际经营业绩的坚强组织保障，成为国际竞争力的重要组成部分，确保国际经营持续健康快速发展。

"十一五"期间，特别是近几年，国际业务取得了里程碑式的跨越发展，为公司的生存与发展起到了支柱性的重要作用。其根本原因在于：公司上下在邓小平理论、"三个代表"重要思想指引下，认真实践与贯彻科学发展观；公司领导集体在国务院国资委正确领导下，正确决策，牢牢把握国家经济发展与"走出去"有利的战略机遇期和相对有利的外部环境；集团切合发展阶段和实际情况的发展战略、业务战略和战略措施的引领；有力有效的集团战略管控和品牌共享、责任共担的不断理顺的责任、权力、利益关系形成的凝聚力与激励。更重要的是我们水电人，特别是水电国际团队开拓进取、励精图治、真抓实干、敬业奉献、团结奋斗，响应集团战略引领，支持集团战略管控，努力推动战略落地的结果。卓越的业绩归功于自强不息、勇于超越的十三万水电人！在此我代表股份公司、股份公司党委向你们致以崇高的敬意！

但是外部环境的重大变化、内部发展阶段的特殊性的客观揭示，我们照搬"十一五"阶段的思路、理念、方法、体制、机制做"十二五"阶段的国际经营管理业务，可能会阻碍国际业务的发展。内部变化以适应外部变化，方能可持续发展，这是客观真理和企业发展规律之一。

二、对标世界一流企业，深刻认识不足与差距，认真分析国际业务面临的巨大挑战

（一）放眼全球，与世界一流企业对标，积极借鉴经验

企业的国际化是一个永无止境，不断升级与创新的进程。首先要求我们用全球视野来审视自己，在全球竞争环境中对标，向全球一流企业学习。与世界一流建筑企业对标可以发现：在总体规模、装备水平、技术、技能、经验和资质等硬实力方面，我们与世界一流企业相比差距不大，在成本和资金支持方面甚至更具竞争优势。但在软实力方面，特别是在国际化人才、国际化水平、国际化经营能力、全球资源整合能力、经营结构和经营模式、组织结构与业务流程化、制度化、信息化和管理现代化等方面存在着巨大差距。

1. 国际一流建筑承包商国际化程度高

2009年全球十大国际承包商国际业务收入占比平均为52%，而公司国际业务占比为27%，中国八家中央建筑企业国际收入占比平均为11%。与国际知名企业相比仍有差距。特别是长期位于全球国际承包商前三甲的德国的Hochtief和瑞典的Skanska，2009年国际营业收入分别达到90%和80%。Hochtief的外籍员工占83%。

2. 坚定不移地推进业务多元化和产业升级是世界一流企业成长的必然路径

国际一流承包商都遵循了"立足主业→适度多元→业务升级"发展阶段。成立初期，重点发展1～2个核心工程业务领域，做强做大主业，谋求生存和发展，增强自身核心竞争能力。随着业务能力不断增强和原有业务领域竞争日趋激烈，开始在核心业务之外寻找新的业务发展机会，伺机进入其他相关工程领域，同时进入更多国家和地区，增加业务收入来源，选择适度、相关、有限多元化发展战略。全球领先承包商通常有3～5个核心业务板块。发展到一定阶段后，业务模式开始向产业链高端转移，由单纯的工程施工向EPC和EPC+F等综合性业务模式升级，同时进入高利润的特许经营和投资业务，逐渐从单纯的承包商角色向全产业链资源整合型服务商角色转变。对比国际著名承包商发展阶段，目前，公司国际业务发展正处于"适度多元"向"业务升级"过渡阶段。近些年，公司不断推进业务适度多元化，取得显著成绩，但业务更多处于产业链低端，BOT、PPP等高附加值业务模式运作项目还较少，矿业投资和特许经营投资尚未形成规模。

3. 世界一流建筑企业的增长模式都经历过从规模性增长向盈利性增长

企业规模代表企业对市场的占有能力和控制能力，盈利能力代表企业运营质量和效率。世界一流建筑企业都具有规模大、盈利能力强的优势，规模和利润是其协同性的业务组合形成的。世界一流建筑企业始终以核心业务为基础，不断创新模式，延伸和整合产业链。以工程承包业务形成主要营业规模，以特许经营和投资业务形成主要资产和利润来源。大多数世界一流建筑企业已经不是传统意义上

的承包商，而是综合型全产业链资源整合型建筑服务商。通常是70%的营业规模和30%的利润来自工程承包，而70%的利润和30%的营业收入来自投资和特许经营。

4. 世界一流建筑企业在全球市场配置和整合资源

世界一流建筑企业与国际资本市场紧密融合，与跨国和多边金融机构结成战略伙伴，在全球配置金融资源，具有很强的融资能力；与产业上下游企业建立合作联盟，协同竞争和互为机会；参与和引领行业组织，制定标准、规则和引领标准规则的创新；与政府和非政府组织建立良好关系，形成良好的企业生态网；与全球和本土供应商、分包商、服务商建立良好合作关系，形成资源优化组合供应链管理体系；在全球范围选人、用人，市场化、全球化配置人力资源；控制着产业链的核心环节，致力于把全球优质资源吸引、结合到自己的产业链中，成为其核心竞争力的组成部分。

5. 世界一流建筑企业不断创新组织结构适应性，形成高效的协同性市场响应型组织结构

世界一流企业都有一个强大的集团总部，扁平化和网络式的组织结构。基本上都是以一个大型企业为核心，以纵向联合为特点，外延联结着若干个子公司和关联公司的企业集团。按照企业资源结构和业务结构与分布，从职能线、业务板块和地域进行分权和集权设计。通过总部功能的发挥，实现协同效应、整体效应和品牌效应，达到标准化、模式化的业务流程与灵活的、市场响应式本土化运营有机结合。比较典型的是SKANSKA的组织结构，设置了各业务板块事业部，在世界不同区域设立了区域总部，区域总部下设各国别各地区分公司和子公司。HOCHTIEF总部目前有6个事业部，主要按照区域及行业进行划分，各部门下按区域及行业联结着若干个子公司和关联公司，各子公司的业务形成地域上或业务上的独立经营，各子公司之间业务基本上没有交叉和重叠。VINCI主要按工程承包和特许经营两条业务线进行设置，在这两条业务线下联结着若干个子公司和关联公司，同样各子公司之间业务基本上没有交叉和重叠。在其工程承包事业部下，设置了独立的大项目公司，负责营销与实施公司所有大型基础设施项目。与国外著名承包商相比，公司总部功能相对较弱，上下级公司以及同级公司之间的联系不紧密，下属子公司之间业务同质化，公司内部分工不合理，“大而全、中而全、小而全”，导致资源分散，企业专业化效益不明显，各子公司之间时有内部竞争的现象。

（二）居安思危，深刻认识自身的差距与不足

在取得巨大成绩的同时，我们也要清醒地认识到我们自身存在系统性问题和不足。这些问题和不足主要集中表现在两个方面：一是公开竞争项目中标率下降，市场开拓后劲乏力。公司国际公开竞争性项目的投标报价竞争力在下降，公开竞标营销方式对公司国际业务的支撑作用在不断弱化。近几年，公司以公开竞标方式获得的新签合同额占国际业务新签合同额的比例、绝对数在逐年减少，中标率一直维持在行业中等偏下的水平，特别是在与国内、国际主要竞争对手同台竞标的国际项目中，往往在报价上处于劣势。二是在建项目履约风险频现，同类问题反复出现。一些在建项目拖期严重，重大合同争议久拖不决，阶段经营性风险、亏损风险不断出现，业主投诉、劳务纠纷、质量和安全问题也时有发生。

上述问题的根源是系统性的。从宏观上看，中国目前仍处在国际分工的中下游，是国际规则的追随者，而国际市场规则主要是西方国家用西方的语言、西方的规则和西方文化经过200多年形成的，中国还远没有成为国际规则的制定者。再加上国内市场与国际市场接轨程度不高，整个国家国际化水平较低。集团虽然总体上进入了跨国经营阶段，但仍处于国际化初级阶段，处于国际化能力培育期。从微观上看，各子企业国际业务系统化能力还没有形成或者说还不强，国际业务还不是企业成熟运营系统中的一个自然而然的体系。这些问题的根源主要在以下几个方面：

1. 国际化人才系统性匮乏

这是我们与世界一流企业最根本的差距，国际人才队伍紧缺的局面未得到根本缓解将是阻碍“十二五”期间国际业务进一步发展的最根本问题，也是制约国际业务发展能力和阻碍国际经营管理能力提升的根本原因。由于国际化企业家人才的不足，对国际业务的系统化建设和引领能力弱，习惯用国内业务方式领导和管理国际业务；由于国际化职能管理人才不足，总部各职能部门对国际业务的管控与支持体系难以形成，总部对国际业务的后台支撑能力弱；由于国际化技术人才的不足，我们在国内长期积累的技术能力和先进经验难以系统性地变成国际竞争优势，编标报价水平与国际接轨程度还较低；由于项目经理型国际化人才的不足，项目履约与执行时常举步维艰。

2. 还没有形成真正系统性的国际业务优先发展战略支撑体系，决策、服务、执行力强的国际化、专业化二级总部建设滞后

各子公司总部战略体系、组织机构、业务整合、职能调整归并、流程再造、扁平对接与国际业务发

展的要求矛盾突出。目前，公司国际业务发展战略和战略目标基本完备，公司上下对国际业务优先发展的认识也是高度统一，但二级子公司总部战略执行与实施体系薄弱，从领导能力建设、领导力配置、团队建设、职能管控与支持、业务流程和组织结构的设计与再造到资源配置和绩效评价，缺乏制度和措施的系统支撑。还存在“有个国际业务部门，拿个国际项目，增加点收入”的临时观念，而不是把国际业务作为一个业务板块来系统性地规划、设计、配置资源和培育能力。

3. 国内、国际业务体系融合和通用度较低

国内基本上还是多层集权组织管理模式，而国际业务要求扁平化授权式组织管理；国内业务主要是重资产式的资源内部化的资源配置模式，国际业务要求轻资产式的全球资源整合方式配置资源。国际、国内技术标准和市场规则仍然存在巨大差异，而我们还习惯性地用国内的方式、方法、手段和组织模式来从事国际业务。

4. 国际业务组织机构和管理流程系统不完善

各子公司虽然已经设立了国际业务主管机构和配备了国际业务领导与部门领导，但是国际业务主管机构和其他职能部门的职能交叉与重合缺乏系统性的制度与流程来界定，分管领导不能统合总部各职能支持与服务国际业务，各子公司对国际业务的管理还没有形成一个自然而然的从前方到后方和从后方到前方的过程。国际业务部门能力和职能配备之外的事项基本上是一事一议，临时解决。国际业务在一定程度上容易形成业务孤岛。国际业务板块的领导体系、职能体系，业务体系和管控与支持体系等统合协作运营模式没有形成。

5. 子公司主要领导对国际业务的领导精力分配、关注度和参与度，与国内业务相比普遍较低

各子公司主要领导分配在国际业务领域的精力和研究国际业务的系统性问题的时间与国际业务的规模相比，差距较大。由于国际业务总体还处在创业成长阶段，不论是战略规划、业务体系与管理体系建设、资源配置、项目营销和项目履约的早期策划和阶段性重大问题的解决都呼唤主要领导的亲力亲为。

（三）着眼未来，认真分析国际业务面临的新挑战

集团的国际业务经历了十多年的高速增长和发展，又将进入一个重要的转型升级机遇期，同时也面临新的巨大的挑战和发展阻力，主要表现在：

1. 宏观经济形势影响全球建筑市场所带来的挑战

全球金融危机并未结束，欧债危机又持续蔓延，石油价格动荡不定，发达国家经济总体上复苏乏力，发展中国家收入和外援减少，导致贸易保护主义抬头，国际建筑市场供求矛盾仍然比较突出。全球建筑市场规模总体萎缩，特别是传统市场与传统融资模式的市场规模（如中东和非洲国家竞争性领域项目）下降，市场竞争更趋激烈。

2. 中国企业的国际生态进一步恶化形成的挑战

随着中国持续崛起，全球影响力和国际地位不断提升；中国公司竞争力和市场占有能力快速上升。加上中国资金优势的助推和全球自然资源争夺日趋激烈，而发达国家深受危机困扰，国际影响力和国际地位受到挑战。这种反差使部分发达国家和多边组织机构加大了对中国发展遏制战略的实施力度，宣扬“中国威胁论”和“资源殖民主义”论调，放大中国企业劳工、环保、安全和质量问题。利用国际组织、非政府组织对中国企业在海外经营活动进行跟踪、质疑甚至负面宣传报道。如：美国千年挑战账户封杀中国企业；世界银行开始全面对主要几家中国大型企业进行合规调查等。中国公司过早被置于全球竞争聚光灯下，在一些项目竞争中，来自发达国家的企业甚至联合围攻和抵制中资企业。我们传统的竞争模式、竞争方法和手段受到挑战，大大增加了我们在海外竞争成本和难度。发展中国家由于受金融危机冲击，加大了对当地公司的保护，从政策、税收、就业、生态环保等方面对中国公司提出更加严格的要求，增加了我们市场可持续发展的困难。

3. 全球竞争态势和格局所带来的挑战

由于国内经济形势的影响，发达国家建筑企业纷纷转向国外市场发展，他们重返非洲市场，大举进军中东市场、拉美市场，并重返低端业务领域。一方面，由于人民币升值和中国经济增长等综合因素造成中国公司低成本优势逐步丧失；另一方面，一些新兴国家也利用成本更低、与国际接轨的优势，与我们争夺国际市场，形成了巨大的竞争压力，中国企业在国际市场上面临“前有堵截、后有追兵”的局面。同时，国内大型综合性基础设施网络已基本建成，国内建筑业产能过剩，纷纷向国外转移，国际市场竞争的国内化问题日益突出，竞争将空前激烈。

4. 国际局势动荡、政治风险剧增所带来的挑战

当前国际政治形势复杂多变，西亚、北非部分国家局势动荡，一些国家和地区治安恶化，甚至出现武装冲突，一些突发性政治事件给项目带来严重不利影响和损失（如利比亚事件），一些国家和地区针对中资企业和个人的恐怖袭击和治安事件也时有

发生。而公司国际业务多在局势不稳定的市场开展，导致国别政治风险加大，非传统安全风险和劳务风险持续增加。

挑战是压力，也是动力；是风险，也是机遇。面对国际竞争的巨大压力和国际市场的巨大挑战，我们只有针对阻碍国际业务发展的突出问题和主要差距，进一步解放思想、转变观念，破除阻力、积极作为，转型升级、创新模式，国际业务才能持续快速发展与增长。

三、解放思想，创新经营模式，加快打造具有较强国际竞争力的质量效益型世界一流公司

(一) 强化战略导向作用，明确“十二五”期间国际业务发展战略和目标

1.“十二五”期间公司总体发展目标和发展战略

初步建成具有较强国际竞争力、以质量效益型为显著特征的“行业领先、管理一流、品牌影响力明显、具有持续成长性与较强自主创新能力、可持续发展能力”的世界一流公司。实施“五大战略”，即：国际业务优先发展战略、转型升级战略、人才强企战略、行业科技领先战略、和谐发展战略。

2.“十二五”期间公司国际化发展目标

(1) 市场定位：在行业定位上进一步巩固和树立“全球水电建设第一品牌”的地位，进一步扩大全球水电建设市场份额，成为全球最大水电承包商；在相关基础设施领域成为细分市场的领先专业承包商，如机场、医院建设领域、城市基础设施领域的领先承包商，交通工程和房建市场竞争的重要一员；积极开拓化石电力建设、油田基础设施和矿业建设领域，培育新增长点。同时不放弃机会型业务，以扩大和巩固市场。成为中国海外电力特许经营领先企业和矿业投资的积极参与者。在地域市场上，进一步巩固和深度开发亚洲、非洲传统市场，创新模式，提高市场占有份额；细分北非和海湾国家市场，力争大范围突破；大力开拓拉美和加勒比海国家市场，努力开拓东欧市场，力争在欧洲、北美市场有所突破。

(2) 经营结构：稳步推进产业相关多元化和产业链的前伸和后延。向世界一流建筑企业经营结构对标，工程承包占总规模的约70%，创造利润占总利润的约30%；特许经营、矿业资源投资开发占总规模的约30%产值，创造利润占总利润的约70%。

(3) 经济指标：到2015年，国际营业收入力争达到100亿美元，占公司收入的30%以上，实现利润达40亿元，占公司利润的40%以上，将国际业务发展成为具有较强竞争力、较高创利能力、品牌优势凸显的业务板块；进入到全球最大225家国际承包商前30名。

3.“十二五”期间公司国际化战略体系

(1) 坚定不移实施国际业务优先发展战略。“十一五”以来公司国际经营取得的成绩已经充分证明了国际业务优先发展战略的正确性和可行性。“十二五”期间，要继续着力优先发展国际业务，建立优先发展战略的支持体系，在业务组合中突出国际业务的优先地位，不断扩大国际经营规模，提升国际经营层次和国际经营质量，提高国际业务在整体业务中的比重。

(2) 稳步推进相关多元化战略。继续发挥公司在水利水电建设行业的领先优势，巩固海外水电市场，积极推进国际业务大土木相关多元化战略，加大海外火电、市政、公路、工民建、机场、港湾、铁路等市场开发力度，在相关领域形成优势互补、协同发展的态势。

(3) 积极推行一体化战略。向产业链的上下游延伸，深入价值创造的高端环节，向特许经营、投资、并购和运行维护领域进一步拓展。在继续巩固建筑施工能力为核心能力和建筑施工为核心主业的基础上，向相关行业和产业链的上下游进行延伸、渗透，以达到多元化、综合型的企业集团目标，打造全产业链资源整合能力。

4.“十二五”期间公司国际化发展战略措施

(1) 与时俱进调整集团化管控模式。在坚持集团化战略管控的同时，创新国际业务管控模式，加快建立适应新阶段要求的管理体制，优化调整股份公司、海外事业部、国际公司、子公司、区域总部、项目部的职责定位，进一步做实做强区域总部。充分调动两级法人主体的积极性，着力培育工程局相对完整的国际化经营能力，鼓励、支持有能力、有条件的工程局在公司统一协调、统一品牌、统一战略框架下以法人主体、竞争主体从事国际业务。

(2) 积极推动经营模式转型升级。在坚持和巩固传统竞争性承包模式的基础上，积极推动经营模式的转型升级，进一步向高端上移，充分发挥中国资金优势，加大带资承包（FEPC）项目开发力度，积极稳健开拓国际投资业务，引领承包模式和主业结构转型升级，积极探索以资产经营和资本经营支持与扩大海外投资业务，努力创造以承包工程为主、产品经营和资本运营相结合、产业资本与金融资本为一体的国际经营新模式，实现经营多元化。

(3) 强化国际业务能力建设。着力加强两个层级五个能力打造。第一层级是培育海外事业部国际

化引领力。要加强海外事业部市场营销能力、高端支持能力、协调管控能力、全球资源整合协同能力等四个能力的建设。第二个层级就是培育工程局的国际业务实施和项目履约能力。

(4) 着力加强国际化人才队伍建设。要站在企业生存发展的战略高度加快打造一支系统化的、适应国际化发展的、年富力强的国际化经营管理人才队伍。

(二) 用世界眼光、全球视野和国际化思维，进一步强化两级公司总部的国际化引领能力和管控能力

强有力的公司总部和子公司总部是企业国际化可持续发展的保障，也是世界一流企业的基本特征。公司将重点从以下几个方面来强化公司和各子公司二级总部的国际化引领能力和管控能力：

1. 提升战略规划能力，完善国际化战略体系，强化总部战略引领能力

公司总部要进一步加强中长期市场研究和市场规划，提升市场细分能力，开拓蓝海领域，制订有效的市场进入和市场开发战略；对潜力市场、可持续市场、基础市场和机会型市场进行分类分级，优化市场资源配置战略；加强对市场竞争格局和竞争对手研究，及时调整市场竞争战略，提升市场竞争能力；加大与国别和区域市场融合力度，进一步推进本土化战略。

2. 创新经营模式与合作模式，提升市场开拓引领能力

传统市场与传统模式业务领域的竞争将越来越激烈，只有不断进行模式创新，才能占据行业和市场领导地位。公司将加大模式创新力度，以建筑能力为核心，整合融资、设计、制造供货、维修服务资源，推动承包模式向全产业链转型升级；加大特许经营和矿产资源投资业务的市场开拓力度，进一步推动产业升级，形成差别化的市场开拓与占有能力；在总部组建集融资、技术、商务和合同为一体的系统化专家团队，从国别市场规划开始，帮助市场所在国进行国家经济发展规划、行业发展规划和重大项目规划和可行性研究，从规划阶段和可研阶段早期介入重要市场和重大项目，使我们成为国别市场经济发展合作伙伴、行业发展合作伙伴，提升系统性的市场开发能力。

3. 加大高层公关力度，构建良好全球生态网络和全球竞合联盟

加强与国别市场政府和行业主管部门高层互动，培养良好畅通的政府关系，推动国别市场战略合作关系建立；加强与本土上下游企业和竞争对手的合作，形成稳定的本土化供应链，融入本土利益，形成本土竞争联盟、利益与生存共同体；与国际行业组织合作，增加行业话语权和品牌影响力；与非政府组织保持良好关系，积极参与非政府组织活动，减少发展阻力和提升品牌形象；进一步推动和加强与全球行业巨头，特别是上下游企业的战略合作伙伴关系的建立，融入全球高端竞争力俱乐部，形成全球跨国企业集团的战略联盟，互为机会，互为市场，互为竞争力。努力从融入规则到改变规则，最后到主导市场规则，把我们具备的中国优势、技术优势、行业优势和对方相应的优势结合起来，主导全球行业的发展；与跨国银行、多边金融机构建立更加紧密的银企合作伙伴关系，扩大融资渠道，为业主提供高附加值的融资解决方案；在国内，与政府主管部门、行业组织建立更好的政企、行企关系，加强与商务部、外交部、国家发展改革委等相关国家部委和承包商会、机电商会等协会机构的联络沟通，进一步强化与中国进出口银行、中国出口信用保险公司、国家开发银行等金融机构的合作，成为国家对外合作和中国资金输出的重要载体；加强与互补性的、行业上下游企业，特别是央企的合作，互为平台，结伴出海。

4. 强化全面风险管控体系，系统性地管理国际业务风险

(1) 公司总部要打造强有力的合同商务管理体系，为项目提供商务合同支持和风险控制。建立内部核心商务团队和常设国际专家团队，为重大项目提供系统的商务合同管理策划和流程设计，并参与、监督实施；对国际业务处于起步阶段的子公司提供“保姆”式的服务；对重大风险进行亲力亲为的处理；负责 DRB、DAB 和仲裁、诉讼业务的归口管理。

(2) 进一步完善国际业务财务、资金、外汇管理体系，为各子企业（项目）提供融资支持、理财服务和外汇风险管理，加强资金和海外资产集中管控，防止国有资产流失。

(3) 建立国际业务税收筹划体系，依法、合规履行纳税义务，科学规避税收风险。

(4) 不断完善应急体系，建立应急预案管理体系，积极应对非传统安全风险和政治风险。

5. 履行社会责任，深化可持续发展的国际业务理念，培育国际业务良好的外部环境

社会责任体系是世界一流企业管理体系和核心竞争力的重要组成部分。总部要加快推进国际业务社会责任体系建设，制定国际业务社会责任管理办法，对每一个国家、每一个项目都要根据所在国具

体情况，针对性地对社会责任进行规划、计划和设计，社会责任成本要纳入预算。进一步打造“中国水电”工程建设水平和企业责任双一流的良好形象，促进国际业务的持续健康发展。

（1）要认真遵守、尊重所在国的法律法规、国际惯例和风俗习惯，恪守商业道德，保护当地生态环境，树立讲诚信、负责任的良好企业形象。

（2）要继续秉承“授人以鱼，更要授人以渔”的社会责任感，积极帮助工程所在国培养技能人才、适应现代企业管理的专业技术人才和管理人才，为当地产业结构优化、当地技术进步作出贡献，注重建立当地关系，融入当地的主流社会，建立共同发展体系。

（3）积极参与当地社区建设，力所能及地参与社会公益活动。继续开展捐款捐物、扶危救困、资助本地办学、开办医院和诊所，开展各种联谊、主题活动，支持当地重大节日庆祝活动，增进企业和当地社会相互之间的了解和融合，塑造企业良好的社会形象。

（4）要增强区域总部的统筹力、带动力，进一步扩大资源配置的本土化占比、市场营销属地化程度。严格遵循国际惯例、规则、规范，不断实施属地化经营，实现营销方式的本土化、物资配置的本土化、人员使用的本土化、高端资源建设的本土化，要使区域总部像一颗深深扎根于当地的大树，与当地社会共风雨、同成长。

（三）与时俱进升级国际业务管控模式，充分发挥两级法人主体积极性，实现国际业务新的飞跃

目前国际经营管理处在转型升级的起点，如何与时俱进地调整集团化国际业务管控模式，充分发挥两级总部积极性，实现国际业务新的飞跃，是摆在我们面前的一个重要问题。管控模式调整的目的：一是要符合企业发展阶段，响应企业发展战略；二是要适应企业组织结构和资源结构；三是要能达到集团利益最大化，形成集团共同追求和共有价值观；四是要有利于风险控制，有效降低企业运营风险；五是能做到上下同心，使管控对象满意，管控者放心，内部交易成本最低。

1. 要坚持集团化优先发展国际业务发展战略，贯彻“四个统一”的原则，顺势而变，与时俱进调整、充实“四个统一”的具体内容和体现方式

“四个统一”是国际业务集团化战略管控的具体原则，是“集团航母式”国际业务模式即集团化模式的主要内容。在“中国水电（SINOHYDRO）”旗下，“中国水电（SINOHYDRO）”的品牌要统一，资源配置要统筹与协同，集团利益要统一，对外竞争要统一。这样才能使集团航母式的经营模式赋予新的内容和产生更大的放大作用。

2. 要积极探索、动态调整集团内部国际业务价值链分工定位

优化调整股份公司、海外事业部、国际公司、子公司、区域总部、项目部的职责定位，充分调动两级法人主体的积极性。股份公司负责战略规划、高端引领，制定国际经营战略、中长期发展规划，协调并解决重大事项；海外事业部是股份公司国际经营的归口综合管理部门，是股份公司国际化战略的拟订者和组织者，代表股份公司拟订国际经营规章、制度，是股份公司国际业务的归口管控平台；国际公司是国际业务的经营窗口、经营平台和市场机制对接平台，制定具体经营方针和策略，对子公司进行常规业务指导；各子公司与国际公司一起形成市场主体，是合同履约的主体和利润中心，是国际经营的具体实施者之一，对项目具有经营管理权、资源配置权，拥有部分自主开发国际市场经营权，对经营成果和风险负责；区域总部是股份公司国际经营组织机构的延伸，在授权范围内执行股份公司国际业务战略，承担所在区域经营任务，并履行管控职能，相对独立运作、核算，并部分授权经营管控；项目部是项目具体实施的现场组织机构，是国际业务链和价值链的末端，按照工期、质量和成本等合同规范规定，完成项目履约，是质量、进度、成本控制中心，是国际业务被考核的基本单元。要进一步调整理顺国际经营各主体间的利益、权力、责任关系，使公司内部各主体目标高度一致，行动高度协同，利益公平共享，合作真诚和谐。

3. 分级分类，分层营销，分别负责

目前，公司上市重组在即，中国电建集团即将挂牌成立，我们要积极探索研究新形势下适合于公司实际的国际业务品牌战略，探索实施“中国电建”核心品牌（大品牌）下的“中国水电”品牌与其他兄弟品牌（如“中国水电顾问”、“山东电建”等多个重要子品牌）协同营销战略，实行核心品牌共享、重要品牌相对自主运作机制。在统一的股份公司战略框架和统一的“中国水电”品牌下，要着力培育子公司相对完整的国际经营能力，鼓励、支持有能力的子公司以法人主体、竞争主体从事国际业务，逐步实现自主营销、自主经营，充分调动各子公司国际市场开拓积极性，但要因时制宜、因局制宜，不能“一刀切”、“一哄而起”，从一个倾向到另一个倾向。对于有能力的子公司以独立的法人主体、竞争主体自行签约的项目，经公司批准且业主认可，可采用子公司自身子品牌；对于委托施工、分包签

约的项目，应采用“中国水电”大品牌。要根据子公司的财务能力、资质和国际化发展水平，将具有地方优势的项目、力所能及的项目、公开竞争的中小型项目开放给工程局以自身法人实体自主营销、自主经营；国际公司将集中于高端业务、大项目、战略合作和高端支持。

4. 资源向优势子公司集中，加快培育经营国际化骨干企业步伐

部分子公司已开始进入国际化转型升级的发展阶段，如水电二局、水电十局、水电十一局、水电十三局有限公司的国际合同金额、合同存量、营业额和利润均超过本单位总量的50%，水电四局、水电七局、水电八局、水电十四局有限公司等传统大的子公司国际业务也已成为其重要支撑。要推动这些子公司向全面国际化公司的方向优先发展，要将资源向这些优势子公司集中，加大力度推动打造，积极提供政策、商务和统筹协调上的支持，帮助他们提高国际业务能力和水平，注重发挥其主动性和创造性，将其打造成为集团的经营国际化的骨干企业。各相关子公司要树立“大国际”意识，逐步培养和提高自身国际经营管理能力，要适应发展需要，调整组织机构和管理机制，加大对国际惯例、技术标准、商务合同等方面的学习和研究，加快提高利用当地资源的能力、属地化管理能力，量力而行，审势而为，积极发展国际业务。

5. 制度化统筹协调，统一市场资源配置，杜绝任何形式的内部恶性竞争

公司将出台相关制度，对项目信息报送、经营主体审批和市场协调进行具体规范，避免一标多投，无序竞争，资源重叠。确保一个项目，一个主体，提高中标率。实现公司总体利益的最大化，坚决杜绝以局部利益损害集团利益或损害集团形象的行为。严格子公司与外窗口单位进行合作承揽海外业务的统一管理，各子公司在与外单位合作时必须服从海外事业部的统一调配，执行审批核准制度。

6. 加快区域总部建设，管理业务前移，经营重心下移

加快大型、优质区域化市场建设的步伐，使公司国际经营和管理“指挥部”进一步前移，减少流程时间，缩短管理环节，提高效率、深化市场和管控风险，在组织结构上向世界一流跨国公司管理模式迈进。年内已将海湾六国的市场营销划归卡塔尔区域总部统筹负责，即将扩大安哥拉区域总部的市场范围，并将利比亚区域总部改为北非区域总部，以苏丹为中心，建立辐射北非地区的营销网络；还将把子公司的领导力量充实到区域总部，国际公司与子公司联合建立区域总部，日常业务管理前移和集中，部分管理权限下移，增强区域总部的统筹力、带动力、管理力，提高区域总部的市场适应能力、把握市场脉搏的能力和建立国际业务市场生态网的能力。股份公司对区域总部要切实做到经营业绩、目标及考核明确；职能、职责、义务明确；授权充分，行权规范明确；风险防控、制衡监督明确，努力做实、做优、做强区域总部，逐步实现区域总部公司化运作。

7. 国际投资和承包业务分治

国际投资和承包业务均属主业，且使命、功能、考核、流程均差别大。目前，公司国际承包和投资业务交叉管理导致的问题主要包括：一是专业化程度较低，特许经营等投资业务对专业性要求较高，过多的参与项目各环节，造成其无法专注于投资领域，影响投资部门专业化运营能力；二是责权不清晰，缺乏明确的责权划分，容易造成出现问题相互推诿情况；三是绩效考核困难，难以界定考核标准，影响考核的有效性。公司将把国际工程承包与投资业务分开，成立工程承包公司和投资公司，建立投资业务和工程承包业务有效协同机制，充分发挥业务板块之间的协同效应，实现由投资带动工程承包业务的目标。

（四）夯实管理基础，强化项目管理，着力提升子公司项目履约能力

目前，公司国际项目履约任务十分繁重，履约压力特别巨大。提升各子公司项目履约能力是国际业务可持续发展的最关键因素之一。

1. 各子公司要进一步强化和完善国际业务领导体系

把行政领导体系、职能管理体系、技术与业务流程体系和资源配置体系建立、完善并有机结合在一起，形成一个纵向有序、横向支持的板块业务体系。同时，要强化各级领导的国际化能力建设，做到能履职、能引领。在项目营销、前期策划、资源配置和重要阶段与重大问题处理方面，主要领导要亲力亲为。

2. 要着力提升员工国际化素质

通过脱产培训、岗前培训、岗位成才和传帮带，把员工现有的知识、技能和经验国际化，成为国际业务合格的职能和业务人才。

3. 强化“三个逐步推进”

一是逐步推进国内外技术体系的融合，把国内积累的技术和经验应用到国际项目，将国内技术体系延伸到国际项目，形成对国际业务强有力的后台支持系统；二是逐步推进国内外职能管理的融合；三是逐步调整组织结构适应国际业务全方位管理的需要。

4. 着力提升以生产组织为核心的履约能力

在所有国际项目中大力推行股份公司《国际业务管理指导手册》和《海外业务三标管理体系》，探索、必要时实施海外项目机构设置分类标准化以及相应的管理流程、程序的标准化与制度的标准化。各子公司要结合股份公司《国际业务管理指导手册》，形成既体现本公司管理特色，又具有较强的指导性、适应性和可操作性的国际项目商务、进度、安全、财税、行政人事、机电物资等项目管理模块，使新项目很快就能“复制”建立起科学的管理体系，用最短的时间实现项目管理科学化、规范化和标准化；要建立规范的项目管理报表体系、项目巡查制度、项目经理回国述职制度等一系列监管制度，确保项目在实施过程中的全面受控。

5. 着力提升项目前期策划能力

要严格执行《公司海外项目前期启动管理办法》，依据项目性质与启动时间实行分层、分类和分阶段管理，明确前期启动运行工作机构的设立规则、各层级相关人员的管理责任以及各阶段的工作任务和主要目标。加大总部和相关子公司两级总部的管控和支持力度，实现项目投标团队与项目实施团队之间的无缝衔接，项目启动工作组与项目管理团队要紧密配合，避免出现项目履约过程“前期拖、中间赶、后期抢”的被动局面。各子公司要按照差异化管理的原则，建立“一国一策，一点一策”和项目管理两级策划的管理体制，注重对新中标项目的实施模式、组织机构、资源配置、风险评估等各方面进行细致策划，缜密安排，保证新中标项目从开工的第一天就步入规范化、科学化管理轨道。

6. 着力推进国际项目信息化进程

信息化是现代企业提高管理效率、提升管理水平的必要手段，是企业核心竞争力的重要体现。要提前谋划，周密安排，分步实施，大力开展信息化建设，做好国际项目综合管理系统的开发，强化系统集成，构建公司数据中心，共享各类数据和信息，通过信息化手段使国际业务管理上水平。

（五）牢固树立人才资源是国际经营第一资源的思想，优化结构，以人才强企战略推动公司国际化发展

胡锦涛总书记在“七一”讲话中说：“人才是第一资源，是国家发展的战略资源”，要打造世界一流的企业，也必须要有世界一流的人才。人才瓶颈不解决，组织结构、业务流程、风险控制、职能管理等都是无源之水、无本之木。我们要坚持“人才资源是企业的第一资源”理念，高度重视国际化人才队伍建设，创造政策高地，构建激励机制，积极吸引、培养、猎取、争夺国际经营管理人才，以人才强企战略推动国际化发展。国际化人才不足是制约国际发展能力的根本问题，是国际业务生存与发展的战略问题，国际化人才队伍建设时不我待，非常紧迫。集团公司上下要有危机感与紧迫感。

1. 不断创新人才管理体制，树立整体性人力资源开发理念

实现从主要参与国内人才竞争变为积极参与国际人才竞争，从使用型人才竞争上升为开发型人才竞争的转变，使人才“配置—培训—使用—激励—流动”整个链条与国际接轨，为国际化人才的涌现提供制度环境。

2. 不断拓展人才选聘视野，建立和完善国际间人才的“柔性流动”机制

即“不改变国籍、不调档案、来去自由”，按照“不求所有，但求所用”的原则，大胆在全球视野内进行社会化资源配置，在短时间内形成生产力。

3. 不断加强各梯次国际化人才队伍建设，完善激励机制

要不断加强企业自身人才队伍国际化能力建设，培养国际化总经理人才、国际化副总经理人才、国际化专业副总经理人才、国际化职能管理经理、专业主管、高技能、工序管理和公共关系协调人才等系统化人才队伍，注重加强中层管理、专业技术人才队伍建设，不断补齐“人才短板”；同时在全球积极吸引、培养、猎取、争夺国际经营管理人才，特别是加大吸收引进具有国际化意识、胸怀以及国际一流的知识结构，具有国际化水准的视野和能力，能在全球竞争中善于把握机遇和积极争取主动的高端国际化人才；吸收引进国内外知名院校的优秀大学毕业生，把专业基础好、语言能力强、能吃苦耐劳的大学生放到一线锻炼，做好后备人才储备。要创造政策高地，充分体现国际优先的原则，在待遇、职称、职务任用、荣誉上优先，有效地拴心留人。

4. 不断完善内部交流和上下互动的人才动态管理机制

坚持用国际人才标准择优录用和降级辞退，坚持“唯才是用、人尽其才”、“能上能下，能进能出”的人才流动运行机制，在保持人才队伍总量平衡、动态稳定的基础上，着力优化队伍结构、提高整体素质、激发创业激情。要重点引进商务、金融、保险、法律、风险管理、安全、环保等专业人才。

（六）加强海外党组织建设和国际化企业文化建设，把党组织的政治优势、组织优势和群众优势转化为企业核心竞争力

要充分认识党建工作是国有企业的独特政治资

源，是企业的组织优势、政治优势和核心竞争力的重要组成部分，是实现企业科学发展的关键因素。要通过行之有效的海外党建工作，积极推动公司国际业务健康蓬勃地开展。

各单位党组织要按照“融入中心，服务大局，更具活力，特色突出”的工作思路，分析和研究国外开展党的建设的特殊规律和特殊方法，探索建立海外党建工作责任制，因地制宜，坚持形式服从于内容的原则，形成不同国别的党建工作模块，以改革创新精神加强海外党建工作，将党的政治优势切实转化为国际业务的核心竞争力、可持续发展的牵引力。

要坚持人本管理理念，加强人文关怀，深入了解驻外员工的困难和心声，排忧解难。不断改善和提高海外员工的工作和生活条件，让海外员工在国外过有尊严生活，做有尊严的中国人。让国际业务从业员工在海外工作顺心、生活安心。持续建设国际化的企业文化和共同追求国际化发展的理念与共有价值观，把60年积淀的企业精神进一步提炼和引入国际化的理念，传承优良传统，持续提升“软实力”。建设一个具有强大软实力的国际化公司。

同志们，目前公司重组和首发上市在即，产业链功能将更加完善，全产业链服务能力将大大加强，资本实力将大大增加，给国际业务又带来了新的发展机会和实力；“十二五”时期是股份公司国际业务调整创新，突破发展瓶颈，破茧成蝶、振翅高飞的关键时期，国际事业大有可为，大有作为！我们要坚定信心，务实创新，再接再厉，为将股份公司未来建设成为具有较强国际竞争力的质量效益型世界一流公司而努力奋斗！

转变管理理念　创新管理模式
提高风险意识　强化管控能力

（2011年5月5日）

孙　璀

同志们：

今天我们召开公司2011年财务资金工作会议。这次会议是公司在圆满完成“十一五”任务、跨入“十二五”之际召开的财务资金系统专业会议，意义重大、非同寻常。会议的主要任务是：贯彻落实股份公司2011年工作会议精神，总结回顾2010年和“十一五”期间集团及股份公司财务资金管理工作，深刻剖析当前财务资金工作面临的新形势和新问题，安排部署2011年及“十二五”期间财务资金管理任务，转变管理理念，创新管理模式，以进一步提高财务资金管理水平，规避财务风险，提升财务管控能力，全力确保公司平稳可持续发展。

一、2010年和“十一五”财务资金管理主要工作回顾

“十一五”期间，公司面对错综复杂的国际国内经济形势，积极应对全球金融危机的严峻挑战，牢牢把握国家拉动内需为建筑行业发展带来的新机遇，不断加强管理，积极开拓创新，各级子公司全面落实股份公司的各项战略决策部署，自强不息、努力奋进，使集团及股份公司各项工作取得了新的重要成果，总体运营继续呈现迅猛发展的良好态势。在此我代表公司向在座各位，并通过大家向公司财务资金系统的同志们为此付出的艰辛劳动表示最衷心的感谢！

2010年，是“十一五”收官之年，也是集团及股份公司发展史上具有里程碑意义的一年，公司不但圆满实现了“十一五”期间的各项任务，而且取得了优良的经营业绩，各项经营指标再创历史新高。为公司“十二五”的发展奠定了坚实的基础。

（一）生产经营连续五年保持快速增长势头

1. 跨入资产规模千亿央企行列

2009年末，公司资产总额达到1012.28亿元，成功跨入资产规模千亿元央企行列，实现了历史性的重大突破，并有力的提升了集团公司在中央企业及行业中的地位，显著扩大了集团公司的国际竞争力和品牌影响力。2010年末，公司资产总额1234.65亿，较2009年增长21.97%，资产与营业收入规模继续保持良好的协同增长。与2005年相比，公司实现了资产规模3.59倍的增长。股份公司作为集团公司主要经营业务的承载主体，2010年末，资产总额为1209.93亿元，占集团资产总额的98.0%。

2. 经营规模持续稳步增长

2010年，集团公司实现营业收入1014.82亿元，比上年增加259.36亿元，增长34.33%，高于去年增幅近10个百分点，继续保持年增长超过25%的快速增长势头。集团公司首次实现了营业收入超千亿，实现了几代水电人多年的夙愿，为“十一五”期间公司的改革发展书写了一个亮丽的结尾。

“十一五”期间，公司累计实现营业收入3283.93亿元，年均增长25.71%。其中，2010年，实现营业收入为1007.13亿元，同比增长33.33%，占集团营业收入总额的99.24%。股份公司成员企业中营业收入排名前五位的单位依次为：国际公司(223.68亿元，同比增长35.28%)、水电七局(120.06亿元，同比增长36.91%)、水电八局(106.20亿元，同比增长31.13%)、水电四局(105.10亿元，同比增长30.78%)、水电十四局(102.92亿元，同比增长35.94%)。这五家单位实现营业收入657.96亿元，占股份公司营业收入总额的65.33%，占集团营业收入总额的64.84%，营业收入向大型、特大型子企业集中的趋势更加明显。

3. 经济效益大幅提升

2010年，集团公司实现利润38.17亿元，同比增长23.19%；营业收入利润率为3.76%，高于央企建筑业企业平均水平，较好的实现了经济效益与资产规模同步协调增长。

“十一五”期间，公司累计实现利润111.73亿元，年均增长57.36%，利润指标增长高于央企建筑业企业平均值。其中，2010年，公司实现利润总额37.95亿元，同比增长17.17%；营业收入利润率为3.77%。股份公司成员企业中盈利最多的五家单位依次是：国际公司(78 453.4万元)、水电七局(68 866.8万元)、水电八局(42 388.3万元)、水电十四局(41 331.4万元)、路桥公司(30 530.8万元)。这五家单位合计实现利润总额26.16亿元，占股份公司利润总额的68.93%，占集团公司实现总利润的68.54%，对股份公司乃至集团公司整体效益的贡献突出；五家单位平均营业收入利润率为4.25%，基本与上年持平。

4. 业务结构调整成效显著

2010年，股份公司实现营业收入1007.13亿元，同比增长33.33%。其中：国内水电建筑业务营业收入完成412.38亿元，占营业收入的40.95%，同比增长22.89%；国际业务完成262.62亿元，占营业收入的26.08%，同比增长35.95%，高于国内业务增幅13.06个百分点；国内非水电建筑业务完成营业收入259.32亿元，占营业收入的25.75%，同比增长24.28 %；电力生产等其他业务营业收入72.81亿元，占总营业收入的7.23%，其中：发电营业收入22.74亿元，占总营业收入的2.26%；房地产营业收入18.91亿元，占总收入的1.88%。

“十一五”期间，公司主业从单一水电建筑调整到建筑业、投融资业、房地产业等多产业协同齐驱，其中：建筑工程承包业务稳中有升，电力投资与运营、房地产开发业务增幅较大，逐步形成了国内水电、国际业务、国内非水电、投融资业务协调发展的经营格局。同时，各业务板块盈利能力逐步提高，业务结构调整成效显著，经营质量不断提高，可持续发展能力进一步增强。

5. 资金管理效益稳步提高

“十一五”期间，集团公司以建立统一的“资金池”为管理目标，持续推进资金集约化管理，提高了资金使用效益，降低了融资成本，初步建成了完善的资金管理体系。依托资金管理“收支两条线”机制，通过资金集约化管理的不断优化改进，资金管理效益逐年提高。2010年股份公司两级总部资金流量集中度达到87.6%，两级总部资金存量集中度达到43%。其中，流入股份公司总部资金管理部的资金为523.6亿元，较去年同期增幅达46%。股份公司流量集中度指标除两家单位以外，其余单位均超过40%。通过分析判断2011年宏观金融环境，提前启动企业债券、中期票据和短期融资券的发行工作，将股份公司的净资产额度用到最大。企业债券已于今年4月25日发行，发行票面利率为5.25%，创今年以来同期企业债券发行利率新低。中期票据和短期融资券已通过银行间市场交易商协会注册，将择机发行。

在资金集约化水平不断提高的基础上，通过对资金的有效调剂，提高了资金的利用效率，降低了对外部融资的依赖，有效增强了融资的弹性，在股份公司规模不断扩张的同时，融资增速得到良好控制，带息负债比例较上年有所降低，资产负债率较为稳定，彰显了集约化管理效益，有效缓解了存贷双高的局面。

（二）财务资金管控能力不断提升

1. 进一步梳理和完善了公司会计核算制度体系

“十一五”期间，公司为规范会计核算，提高会计信息质量，对原有会计核算制度进行了进一步修改和完善，制定并下发了股份公司《会计核算办法》、《对外捐赠管理暂行办法》、《财务管理办法》、《资产管理办法》、《预算管理办法》等一系列会计核算规章制度。同时，为真实反映各公司项目的生产经营情况，确保建造合同准则的执行效果，在已出台和下发执行建造合同准则《工作方案》和《指导意见》基础上，制定下发了《建造合同准则实施细则》，进一步明确了建造合同准则执行的工作职责、工作机制和工作流程，规范了收入、成本的确认标准和条件，真实反映了项目的经营状况，提高了会计信息质量，推动了项目预算管理工作，提升了项目精益化管理水平。

2. 加强控制，防范风险，资金管理得到规范和加强

2010 年是股份公司成立的第一年，在新的公司治理结构下，认真做好各项新旧制度的衔接工作，修改完善资金管理办法，制定完善相关业务规范制度，资金管理工作规范化水平进一步提高。

按照“三控三强一确保”的要求，把加强资金管理，防范资金风险作为工作的重点。严格履行担保管理审批程序，严格控制担保总量，资金报告管理着重强调时效性和准确性。通过卓有成效的工作，有效盘活了国际业务存量资金，也使得国际业务资金的运转轨迹更加清晰，增强了海外资金风险的管控力度。大额资金使用和报告制度按照“三重一大”民主决策程序认真执行。按照国务院国资委要求，加强对金融衍生业务的管理，严格审批程序，对金融衍生业务采用备案管理、评议核准的形式进行分门别类的监管，严控风险。针对中国人民银行加息及提高存款准备金率等紧缩性货币政策频繁出台的情况，专门发文提示在当前信贷形势下严防系统性财务风险，采取有力有效的风险管控措施，确保资金链条安全，严格限制高负债、运营资金不足、项目管理水平不够的子公司超越负债能力扩大简单再生产。统一股份公司银行账户管理，要求各子公司对本单位银行账户进行清理，全面清理整顿各类银行账户，对各单位上报的银行账户进行审查核实，根据各单位生产经营情况以及银行业务现状，核准银行账户 2276 个，撤销账户 183 个。

3. 突出预算管理引导作用，强化预算的刚性约束

公司各级企业已逐步建立起了由相关职能部门参与的较为完善的预算管理体系和机制，形成了编制、上报、审核、批复这一系列合理规范的预算管理流程。通过预算管理手段，帮助各公司合理制订未来发展目标，预期经营发展收益，严格控制投、融资规模，防范财务风险及经营风险。

2010 年，公司通过将资产总额、负债总额和经营活动产生的现金流量净额等指标的预算执行情况纳入子企业经营业绩考核体系，既突出了预算对子企业年度生产经营活动的引领和导向作用，又提高了预算的刚性约束，强力推进公司预算管理水平的提升。

4. 完善经营业绩考核体系，增强考核的导向和激励作用

2010 年是第三任期的起步之年，也是国务院国资委全面推行经济增加值考核和全员业绩考核的开局之年。为适应国务院国资委新的中央企业负责人经营业绩考核暂行办法的考核要求，股份公司在全面总结近几年经营业绩考核工作得与失的基础上，第一次将经济增加值（EVA）指标引入考核指标体系，并加强了对预算执行偏差的考核，更加注重对子公司价值创造能力的提升和预算编制水平的提高的引导。还对股份公司全员业绩考核制度进行了梳理和完善，使全员业绩考核向“大范围、广覆盖”，“横向到边、纵向到底”的方向健康发展。特别是今年上半年，股份公司在做了大量的研究调研工作后，创造性的制定了股份公司管理评价办法，引入专项管理评价指标和动态管理评价指标，这是股份公司业绩考核制度的一次重大变革和创新。并对年度经营业绩考核办法进行了修订，出台了新的业绩考核办法。新的业绩办法将年度经营业绩和管理评价相结合，能够更加真实全面地反映子公司负责人的经营业绩。

5. 加强风险管控，有效应对国际金融危机

2008 年以来，面对国际金融危机余波及国内复杂多变的宏观经济形势，集团公司及时提出了“三控三强一确保”的综合风险防控目标，并制订了一系列风险防范措施，建立健全了全面风险管理体系。一是强化了对国际经营风险的防控，不仅成立了国际业务应对金融危机领导小组，提出了系统的应对方案，编制了金融危机对国际业务影响与对策报告，还加大了对外币资金的管控力度，通过合理使用金融工具，有效规避了欧元波动，美元贬值等外汇风险。二是加强了对应收账款的监管，起草下发了《关于进一步加强集团公司应收账款管理的通知》，

要求各子公司进一步加强应收账款管理工作的组织领导，健全组织机构，建立激励与约束并重的奖惩机制。三是强化对控股公司的财务监管，组织对各控股公司会计核算、资金收支、制衡机制合法合规进行集中检查，对其财务管理情况作出评估，有效促进各公司财务管理上水平。

6. 加强资产确权管理，完善产权管理体系

“十一五”期间，公司紧紧围绕国务院国资委对国有资产确权和保值增值的相关要求，坚持依法合规，遵循市场机制，进一步加强对资产处置和产权转让事项的评估、备案管理工作，及时跟踪研究资产评估结果。积极做好产权登记、产权报表编制和产权转让等日常工作，进一步完善了资产产权管理体系。组织开展集团所属成员企业国有产权占有、变动、注销登记，及时了解和确认集团内部国有资产存量分布及增减变化情况。大力开展投资清理整合工作，进一步突出和精干主业，实行非主业战略性退出，减少管理层级，提高资产质量和运行效率。

7. 初步搭建财务资金信息管理体系，实现财务资金资源实时监管

集团公司财务信息集中管理体系的建设工作从2007年开始启动，在三年时间内分批、分步逐步完善，并实现了集团资金、预决算报表管理系统与财务核算信息系统的对接。截至目前，集团公司各子企业均已启动了系统搭建工作，并均已实现数据采集、数据实时查询等功能。财务信息管理体系的搭建为集团公司及时了解各子企业财务信息、经营及财务管理情况提供了很好的平台，并为有效帮助各子企业解决存在的问题，加强对其的财务监管打下了良好的基础。

2010年资金管理信息系统努力做到提高信息质量，实现信息透明，加强系统安全。在资金管理信息系统覆盖方面，资金管理信息系统已经在各二级公司完成上线工作，完成了数据集中工作，缓解了上下级信息不对称的局面，为提高财会信息质量、实现精细化管理奠定了基础。在资金管理信息系统银企直联方面，已经完成中国建设银行、中国农业银行的银企直联账户归集及提交工作，初步搭建起一个业务覆盖全面、操作便捷、流程规范的网络化资金管理平台。在资金管理信息系统决策支持方面，重点解决决策支持系统实时取数与信息全面覆盖的兼容问题。

二、目前财务资金管理工作中尚需重点关注的问题

回顾过去的五年，集团财务资金系统同志们同心同德、逆势勇为，上下一致、共同努力，集团财务整体状况不断得以改善，资金有序平稳流动，财务风险受控可控，经济效益大幅提升，在国际金融危机影响下能取得如此业绩是实属不易。但是，我们也必须看到自身仍存在的不足和需要重点关注的问题：

（一）会计基础工作存在不足，财务管理水平有待提高

通过国务院国资委对集团年度财务预、决算审核的批复，以及集团内审部门对下属子公司的日常和专项审计，发现一些单位的会计基础工作仍存在着薄弱环节，财务管理水平和会计人员的职业素质都有待进一步提高。主要表现在会计报表期初调整事项多，年度决算工作不准确；资产清查核对、盘存不全面，收入成本确认不及时，潜亏挂账不处理；成本费用增长过快，应收款项及存货占用资金过大，资本运营效率低；部分子公司领导对《建造合同准则》重视程度不够，没有按照集团公司下发的文件要求建立相关工作机构和机制，造成职责缺失，或者虽建立了相关机构但工作机制并未正常运转，执行不到位，从而导致项目收入、成本计量不准确，依据不充分，反映经营成果欠真实。

（二）财务预算管理的前瞻性不强，成效不够突出

从去年集团财务预算结果来看，以往各单位财务预算编制单纯依靠财务部门的现象已得到了很大的改善和扭转，全面预算管理联动工作机制已基本建立。但部分单位仍存在将预算指标的编报与业绩考核指标目标值的编报联系起来，有意压缩预算指标目标值的现象，预算目标过于保守；部分单位一味加大投资规模，忽视带息负债增长过快带来的债务风险，以及自身承受的能力；部分单位期间费用增幅过大，造成成本与收入的配比性和同步性严重缺乏；还有部分单位期初预算目标设定不合理，过程管控不力，年中的预算调整较大，预算管控能力不强，预算管理的作用尚未充分发挥。

（三）资金链安全仍需重点关注

2011年，世界经济环境持续低迷，国内通货膨胀压力的进一步加大，由于去年信贷投放量的猛增和通货膨胀预期的增强，央行今年将对信贷投放采取更加审慎的态度和监管措施。随着集团业务及结构调整力度的增强，公司融资规模不断扩大，带息负债规模也在增长，信贷形势不容乐观，资金链安全风险依然存在。一是投资项目资本金不足，银行借款仍是集团公司最主要的融资渠道，需进一步降低融资成本和资产负债率，调整融资结构；二是金

融危机余波的渗透以及BT、BOT项目的大量投入将对部分资金运转不畅的子公司继续产生不利影响，在严峻金融环境下依靠负债经营的公司还款压力仍然很大。

（四）风险防范意识薄弱，预警机制有待完善

一些单位对于项目投资的财务监督和管控职能仅仅停滞于表面，事前参与项目经济可行性分析不够甚至缺失，风险意识不强、预警机制不全，从而导致项目经济指标的实际运行结果与可研报告差别较大或严重背离，项目严重亏损；一些单位对项目实施过程监控不力，一方面没有及时掌握项目的真实盈亏情况，另一方面对于出现的问题也提不出切实可行的改进建议，没有发挥过程管控作用；一些单位过分依赖带息负债扩大经营规模，资产负债率居高不下，带息负债比重不断增加，财务风险日趋加大。

（五）工程结算和应收账款回收力度有待进一步加强

2010年集团应收账款增长率为16.73%，增速较快。《建造合同准则》的执行，使施工企业每期收入的确定不再依赖于工程价款结算，在一定程度上弱化了各企业对工程价款结算的积极性，从而导致了已完工未结算工程中包含了巨大的风险。2010年末"已完工未结算"期末余额128.20亿元，较年初114.10亿元增长12.47%，占当年施工承包业务营业收入的比重为13.77%，较年初16.23%降低2.46个百分点。从数据上来看"已完工未结算"整体增幅得到了一定的控制，但其所占当年施工承包业务营业收入的比重仍然较大，若不加大对这部分隐性应收账款的关注度，将使公司面临着更大的价款回收危机和潜在亏损。

三、2011年财务资金管理面临的新挑战新任务

2011年是"十二五"的开局之年，是确保公司今后几年平稳较快发展，如期实现战略发展目标至关重要的一年，也是电力体制改革深化和国务院国资委加快对中央企业进行外部重组的关键一年。集团公司将面临电网主辅分离改革大重组的新形势，股份公司将面临《证券法》对上市公司规范运行的一系列新要求，面临公司整体上市的新挑战，这些因素决定了今年将是财务资金管理任务较为繁重的一年，展现在我们面前的形势亦将是机遇与挑战并存。结合当前集团及股份公司财务资金管理工作中尚存在的差距，面对2011年及今后一段时期财务资金管理面临的新任务新挑战，我们应该做好以下几个方面工作：

（一）紧紧围绕"十二五"发展的规划目标，力争顺利圆满地完成各项指标

公司的"十二五"发展的总体目标是：初步建成具有较强国际竞争力、以质量效益型为显著特征的"行业领先、管理一流、品牌影响力明显、具有持续成长性与较强自主创新能力、可持续发展能力"的世界一流公司。到2015年主要预期指标拟达到：公司资产总额2200亿元以上，年营业收入1800亿元以上，年利润总额65亿元以上。国际营业收入、利润总额分别占到29%、31%以上。在不断提高企业经济效益的同时，确保员工特别是普通员工收入水平逐步提高，达到同行业中上水平。公司将着力实施国际业务优先发展战略、转型升级战略、人才强企战略、行业科技领先战略、和谐发展战略的"五大战略"，以确保到"十二五"末，公司达到"四强四优"的总体要求，保质保量地实现发展的总体目标。

（二）牢牢把握宏观经济运行形势，将防控财务风险放到更加突出的位置

"十二五"期间，国家经济发展长期向好的趋势没有改变，各种有利条件依然存在，伴随着国家工业化、城镇化、国际化的深入发展，国内基础设施投资、水利水电建设投资、铁路建设投资仍将保持一定规模。对外国际工程建设也将随着国家不断加大实施"走出去"战略力度而大有可为。同时，国家积极推动可再生能源发展，也必将为水电、风电开发带来新的机遇。但同时，我们必须看到，近两年来全球经济发展速度放缓，而公司海外市场较为集中的发展中及不发达国家尚存在着政治不稳、经济波动、自然灾害、政策和法律不利变更、贸易限制和经济制裁等客观情况，这些因素都将可能影响到海外业务的正常开展和工程实施，进而影响公司的盈利状况。而在国内，国家降低GDP增长预期，实施稳健的货币政策，并继续控制信贷规模和资金投放量，这些政策的实施也都将对公司的筹资及经营产生不同程度的影响。因此，各公司要在看到新机遇的同时，加强对未来可能发生的风险，特别是财务风险的预案，做到未雨绸缪，真正将防控财务风险放到更加突出的位置。

（三）抢抓机遇，积极稳妥地解决历史遗留问题

由国务院国资委组织开展的电网主辅分离改革大重组工作已经启动并运行。这次电网主辅分离改革重组，采取将电网企业所属辅业单位的分离与四家中央电力设计、施工企业的重组调整相结合的办法，在统筹考虑各方利益的原则下，组建两家实力相当、布局合理、设计施工一体化的综合性电力建

设集团公司。组建规模更大、资源更集中、优势更明显、产业链更合理、综合实力更强的电力建设队伍，一方面促进了我国电力工业的发展，更好地适应了我国电力工业结构调整和产业升级的需要；另一方面也有利于电力辅业集团充分利用现有资源，优化调整业务结构，加快技术创新和产业转型，提高企业市场应变能力和抗风险能力，提升我国电力建设领域的综合竞争力。而对我们而言更为重要的是，能够帮助公司揭示和梳理多年经营管理中存在的问题，特别是一些难以解决的历史遗留问题。各公司应该积极利用这次改革重组的机会，认真清理各自所属的基地问题，拖欠在职职工工资及各项保险费问题，离退休人员社会保险费和基本生活费等改制成本问题，自办医院、技校、幼儿园等办社会负担问题等。只有摸清了家底，才能为下一步彻底解决历史遗留问题打好基础、提供保障。

（四）转变管理理念，积极建立股份公司财务资金管理新模式

股份公司已经设立一年多时间，并拟于今年择机上市，这将使公司财务资金管理工作面临前所未有的新挑战，将对公司财务信息披露内容、质量及披露时间提出更高更严的新要求。公司财务信息不仅需要满足财政部、国务院国资委对我们的监管要求，而且更重要的是要按照中国证监会对上市公司财务信息披露的相关法规要求，切实做到财务信息披露的及时、合规、完整、详尽。因此，股份公司一方面要积极实现管理理念转变，逐步建立适应出资人、上市公司和社会公众及有关监管机构要求的财务管理新机制，探索更加科学规范的组织机构、内控制度和管理措施；另一方面要不断完善公司财务管理会计核算相关的法规制度，着手研究上市公司财务资金管理新模式，勇于开拓管理新手段，从而真正提高财务管理的导向性、规范性和控制性水平，充分发挥财务监督职能，为推动公司实现战略转型升级及可持续发展的宏伟目标作出积极的努力。

（五）以《建造合同准则》为载体，进一步加强和细化公司项目经营管理

《建造合同准则》的全面执行完全符合对工程项目实现全面预算管理和“精益化”管理的要求，《建造合同准则》的执行效果也将直接影响到公司经营成果的真实性和准确性。目前，虽然集团公司已出台并下发了《建造合同准则实施细则》，但各子公司在执行《建造合同准则》方面还存在着诸多问题，主要表现是：一些单位对项目跟踪不及时，合同变更记录收集不完整，没有认真开展成本测算工作，关键数据未经审核，导致预计合同总成本的确认缺乏可靠依据；一些单位对按照《建造合同准则》确认的完工进度与实际完工进度的偏差不予及时调整，审核监督不到位。

为实现《建造合同准则》执行落地，加强执行和监管力度，各企业必须严格按照《建造合同准则实施细则》的相关规定，成立执行《建造合同准则》专门的机构或部门，明确其工作职责，为执行《建造合同准则》提供组织保障。同时规范业务流程，明确工作标准，严格损益界定，确保经营成果和经营业绩的真实可靠。并对《建造合同准则》执行情况建立考核评价机制，通过考评全面提高股份公司《建造合同准则》执行水平。去年公司组建《建造合同》执行专家评审委员会，抽选部分子企业的工程项目部对建造合同执行情况进行检查，取得了很好的效果。今年我们仍将继续将此项工作推动深入下去。今年我们将继续深入推动此项工作，各单位也要积极开展《建造合同准则》执行情况自查，总结经验，寻找差距。

（六）加强资金集中管理，提高存量资金使用效益

根据股份公司统一安排，股份公司对2011年全资子公司业绩考核体系进行了调整，取消了股份公司存量集中度的修正指标考核，将股份公司流量集中度指标由原来的35%提高至40%，进一步强化了资金归口集中管理。各公司要进一步清理和减少银行账户，对需要保留的银行账户加强管理，对新开账户严格按照股份公司银行账户管理办法进行报备和管理，禁止擅自开立股份公司合作银行之外的银行账户。禁止以任何名义设立账外账和小金库。

按照范总提出的“创新体制机制，着力提高竞争力，将国际业务优先发展战略引向深入”的要求，股份公司要创新国际资金管理方式，充分发挥资金管理部国际分部作用，分步骤对境外机构的资金进行统一管理，强化国际资金在股份公司层面的统一调配力度，提高国际资金利用效率。

（七）搭建全面预算管理平台，创新财务资金预算管理手段

要继续完善预算管理体系，在现有预算报告制度的基础上，进一步加大预算执行过程的控制力度。各单位要积极参与预算管理平台的建设，加强全面预算管理的研究，从项目预算管理抓起，探索业务板块预算管理的新途径、新方法。同时，认真贯彻落实预算管理办法，明确预算管理工作职责，进一步细化完善预算管理工作流程和方法，查找财务预算编制过程中的问题，预算切实提高预算目标的合理性和准确性。

在全面预算管理体系下严格资金预算管理。资金预算管理不仅包括静态资金存量的反映，如资金流入、资金流出、资金盈余或不足，还包括动态的调整和控制，如不足部分的筹措方案和多余部分的利用方案等能真正动态地反映企业资金余缺，保证公司生产经营活动的顺利进行。用资金预算管理来规范企业的经济行为，杜绝无预算资金支出。研究制定股份公司资金预算管理办法，按照分级管理、权责对等、逐级负责的原则，统筹财务资源，制定完善预算指标体系。对涉及资金支出的项目，必须追加预算后才能安排，杜绝资金管理与专业部门管理两张皮。

（八）努力提高资金筹措能力，切实降低筹资成本

针对目前的信贷形势，要充分利用股份公司信用等级高、资产规模大、筹资渠道广的优势，充分利用票据、企业债券、信托计划、融资券等方式，实现多渠道、多元化、低成本筹集资金。

各单位要密切关注银行产品动态和放贷形势，积极开展与主要银行在新型融资品种的合作。因中国进出口银行不受此次金融调控影响，境外项目所需信贷资金主要依靠中国进出口银行解决；地产板块要创新融资思路，加大对债权信托和股权信托的利用。同时，各子公司应加大对商业信用、应付票据、应收账款保理等间接融资渠道的利用，盘活存量资产。加强对建设项目筹资的统筹和指导，确保资金到位和有效使用，电源公司、项目公司自身要不断优化债务结构，有效防范支付风险，严格履行对外结算义务，努力创造良好的资金筹集环境。

（九）潜心研究，对新领域、新问题进行更深层次的探索

随着集团公司“大集团、大土木、大市场、大品牌”、“国际业务优先发展”、“大力发展非水电”等战略的进一步推进，集团公司经营结构逐步呈现多元化发展趋势，业务领域不断拓展，这必然要求有新的与之相适应相匹配的会计核算与财务管理模式。面对国际业务、国内非水电，要抓紧研究复杂国际国内经济环境下面临的财务风险，创新财务管理模式，探索解决非水电建筑业务发展中遇到的突出问题，通过对相关兄弟单位调研及内部研讨会等形式，结合公司实际情况，制订财务管理与会计核算的处置方案，修改完善财务管理与会计核算办法。特别是近年来各公司争先恐后投资的BT、BOT等新业务领域，一定要在投资前重点关注项目的融资条件，在国家缩紧银根、融资环境恶化的情况下提高风险意识，而不能一味的只是追求利益最大化。这些即将出现的新情况、新变化，是对大家的新挑战，我们要努力提升解决新问题的能力和水平，积极思考，不断探索，谋划好财务资金工作，为集团快速发展提供强有力的支撑。

（十）进一步加强资金监管，有效防范资金风险

资金作为一个企业经营运作的血液，时刻关系着企业的生存与发展。为加强对资金的监管，各公司一是需将维持股份公司资金链的稳定作为重中之重，依据各子公司资金情况对其进行分类管理，密切关注部分财务状况较差的子公司和个别投资项目资金链的风险防范，积极做好资金的风险预警。二是要严格依据担保预算，控制担保规模，并按照担保管理办法的要求规范履行担保程序，及时清理到期担保。同时，要做好对金融衍生产品等高风险业务的监管和风险管控。三是加强信用体系建设，防范信用风险。在降低融资成本的同时，有效防范支付风险，严格履行对外结算义务，努力创造良好的资金筹集环境。四是要发挥资金管理信息系统作用，加强资金日常监管和动态监控。

（十一）着力实施人才强企战略，努力加强财务人员队伍建设

公司“十二五”规划中明确将人才队伍强作为“四强四优”的内容之一，提出人才队伍总量适当、专业结构配套、层级结构清晰、年龄结构合理，职业化、市场化、专业化、国际化程度高。人才是公司实现科学发展的第一资源、第一推动力，是公司各项工作转型升级的重要基础。各公司要坚持科学的人才观，以人才资源能力建设为核心，以创新人才工作机制为动力，以优化人才队伍结构为主线，以培养选拔高层次人才为重点，以强化人才激励为突破口，着力建设财务领导人员队伍、财务技能人才队伍，积极强化培训，不断更新知识。特别是要把提升各级财务领导人员的素质作为人才强企战略的重中之重，在建立科学的培养、吸引、选用、激励、评价机制上狠下工夫。

同志们，公司正在步入调整、变革、创新的关键时期，财务资金系统的同志们肩负的历史使命光荣而艰巨，面对国家宏观经济向好的发展机遇我们要紧紧抓住，面对即将出现的新问题新困难我们也不能有所畏惧，要迎难而上，不负重托，转变思想，锐意进取，扎实工作，为公司的改革、发展贡献出自己的力量，为提升公司财务资金管理工作水平、推动公司持续稳步发展作出新的更大的贡献。

加强党风廉政建设　推动公司健康和谐发展

——在公司反腐倡廉建设工作会议上的报告

（2011年3月2日）

陈　永　录

同志们：

我们今天召开股份公司反腐倡廉建设工作会议。这次会议与往年有两个明显不同，一是会议名称由往年的纪检监察工作会议改为反腐倡廉建设工作会议；二是由过去的纪检监察工作会议与股份公司工作会议、职代会一起套开改为单独召开。这充分说明了股份公司党委对纪检监察工作的高度重视和抓好反腐倡廉建设的坚强决心。这次会议的主要任务是：认真贯彻落实十七届中央纪委六次全会和国务院国资委中央企业反腐倡廉建设工作会议精神，回顾总结股份公司2010年的纪检监察工作，对2011年的纪检监察和反腐倡廉工作作出部署。

下面，我受股份公司党委委托，报告反腐倡廉建设工作。

一、2010年主要工作情况

过去的一年，在国务院国资委纪委、股份公司党委领导下，股份公司反腐倡廉建设工作坚持以党的十七大精神为指导，认真贯彻落实科学发展观，紧紧围绕公司发展战略，围绕企业“加快发展、增创效益、促进转型升级上水平”的中心工作，狠抓党风廉政建设责任制的落实，狠抓惩治和预防体系建设，狠抓专项教育、制度建设、效能监察、案件查办工作，全面落实公司2010年纪检监察工作部署，在强化企业管理、防范企业经营风险、保障国有资产安全运行等方面取得了新的成效，为公司持续健康、稳步发展提供了有效保障。

（一）强化意识，各级领导人员对做好反腐倡廉工作重要性和紧迫性的认识进一步增强

2010年，中办、国办相继颁发了《中国共产党党员领导干部廉洁从政若干准则》和《国有企业领导人员廉洁从业若干规定》、《关于进一步推进国有企业贯彻落实“三重一大”决策制度的意见》、《关于加强和改进中央企业和中央金融机构纪检监察组织建设的若干意见》，对这些法规和文件，股份公司统一部署，各级党委都以不同方式组织领导人员进行了认真的学习和贯彻落实，大家紧密联系企业的实际，联系中央企业肩负的政治责任、经济责任和社会责任，深刻认识做好反腐倡廉工作的重要性和紧迫性，深刻认识反腐败斗争的长期性、复杂性、艰巨性，深刻认识发生腐败对企业、对个人、对家庭的危害性，从而不断增强开展反腐倡廉的自觉性和坚定性。股份公司党委高度重视反腐倡廉工作，全力支持纪检监察部门的工作，坚持把反腐倡廉建设放在企业改革发展的大局中来谋划和部署，把反腐倡廉工作与公司经营业务工作同步推进、协调发展。公司董事长、党委书记范集湘同志在2010年几次公司视频会议、党建会议和其他会议上，讲的最多的、最严肃的、最振聋发聩又语重心长的就是反腐倡廉和领导人员廉洁从业。股份公司班子成员都能够做到走到哪里，把反腐倡廉工作讲到哪里、要求到哪里，较好地履行了“一岗双责”。各子公司主要领导也切实履行了党风廉政建设第一责任人的职责，做到了反腐倡廉的重要工作亲自部署，重大问题亲自过问，重点环节亲自协调，重要案件亲自督办。特别是把落实两个“两办”文件作为实现公司科学发展的政治保证，作为加强和改进企业党的建设的重要抓手，作为推进企业反腐倡廉建设的重要举措，增强了抓好各级领导人员廉洁从业的责任感和紧迫感。

（二）强化责任，党风廉政建设责任制有效落实

中共中央、国务院印发的《关于实行党风廉政建设责任制的规定》执行了12年，在促进各级领导人员抓好党风廉政建设和反腐败斗争、不断增强拒腐防变和抵御风险能力、提高领导水平方面发挥了重要作用。根据新时期党的建设特别是反腐倡廉建设的实际需要，这个规定又重新修订，并于2010年11月以中共中央文件印发，修订后的新规定共32条3500字，反映出了我国经济社会的发展变化和党风廉政建设的实际需要，体现了今后反腐倡廉建设的新部署、新要求。近年来，公司各级领导始终把落实党风廉政建设责任制作为反腐倡廉工作的重点，继续加强责任分解，完善制度建设，细化考核标准，努力与企业生产经营管理工作紧密结合，党风廉政建设责任制在各级组织中得到了较好的落实。2010年，股份公司与各子公司共签订党风廉政建设责任书27份，子公司与所属单位签订责任书4670份，责任书签订率达到100%。通过层层签订责任书，形成了纵到底、横到边的网络体系，提高了各级领导人员“一岗双责”的责任意识，为党风建设和反腐倡廉工作的深入开展提供了组织保证。同时，为强化责任意识，各级班子都把反腐倡廉作为民主生活会的重要内容。股份公司的班子民主生活会，不仅邀请部分中层领导和职工代表52人列席，而且对每个班子成员述职述廉、党风廉政责任制履行情况进行现场评议打分。2010年对27个子公司（不含辽工局）党风廉政责任制考核，平均得分96.24分。最高分98.79，最低分87.11；国际公司、水电七局、水电十一局、房地产公司均达到98分以上。与2009年相比，党风廉政建设点对点考核由平均96.61上升到97.11，上升了0.5个百分点；本单位民主测评由28.17上升到28.75，上升了0.58；股份公司班子成员对各子公司的测评打分由18.37上升到18.49，上升了0.12，三个指标都在上升，很不容易，说明了大家的工作是有成效的。

按照公司改制要求，纪检监察工作专项制度进行了修订和健全，累计修订下发了党风廉政建设责任制考核办法、领导人员述廉议廉、廉洁谈话、纪委书记（监察部门负责人）述职报告、《保廉合同》管理办法、效能监察实施办法、招标监督暂行办法、纪检监察组织建设实施意见等16项规章制度。为认真贯彻中央办公厅、国务院办公厅关于进一步推进国有企业贯彻落实“三重一大”决策制度的意见，股份公司重新制定了“三重一大”决策制度实施办法，并已报国务院国资委审批。水电三局制定下发了《廉洁从业腐败风险源分析》，水电四局把玉树重建作为政治工程、廉洁工程，狠抓了重建中的制度建设，水电六局制作了专门统一的“三重一大”决策事项会议记录备案簿，制定了“三重一大”民主决策备案簿填写制度，水电八局对管理体系文件进行了全面改版，港航公司修改并制定下发了《党风廉政建设考核办法及评分标准》等。

（三）强化基础，惩防体系建设有效推进

建立健全惩防体系建设是一项基础工程。各公司按照改革创新、惩防并举、统筹推进、重在建设的基本要求，重点推进惩治和预防腐败体系建设，逐步建立思想道德教育的长效机制、反腐倡廉的制度体系、权力运行的监控机制。切实加强领导，狠抓工作落实，做到了惩防体系建设与企业生产经营工作一起部署、一起落实、一起检查、一起考核。进一步强化“党委统一领导、党政齐抓共管、纪委组织协调、部门各负其责、职工群众广泛参与”的领导体制与工作机制。2010年，股份公司调整和充实了惩防体系建设领导小组成员，建立联络员制度、强化责任人制度和定期交流制度，9月到11月，股份公司纪委与三个片区惩防体系建设组长单位先后组织27家子企业开展惩防体系建设工作交流研讨活动，组织总部部门间惩防体系建设汇报交流，并参加了国务院国资委组织的惩防体系建设交流促进会。通过公司上下纵向和横向的交流研讨，有效实现了惩防体系建设工作信息共享、资源共享、经验共享，使大家受到了启发，开阔了视野，拓展了工作思路，对推动惩防体系建设起到了积极的促进作用 。水电七局不仅对落实惩防体系建设工作制度分解到单位、落实到责任人，而且创建了惩防体系建设《工作联系单》新机制，使纪委与各部门、单位之间用《工作联系单》的形式进行相互沟通和交流，让各职能部门和单位根据公司七大板块的工作，在惩防体系建设方面自定任务，量力而行，纪委备案，起到了自加压力、责任到位、考核有据的多重效果。

此外，惩防体系建设信息化水平逐步提升。惩防体系信息系统中领导人员个人信息录入等工作已初步完成，惩防体系管理信息系统已经正式投入运行，顺利地与国务院国资委惩防体系管理一级系统进行联通并与各子公司系统实现有效对接。水电二局、基础局利用信息化手段强化公司风险管理，形成了一套风险识别、预警、控制防范和处理机制，提高了项目管理能力和风险防范能力。

（四）强化教育，筑牢廉洁从业思想防线

为了认真贯彻落实《国有企业领导人员廉洁从业若干规定》、《中国共产党党员领导干部廉洁从政若干准则》，使各级领导人员筑牢思想道德防线，守

住廉洁从业底线，不碰文件规定的高压线，确保企业健康发展，股份公司在全系统开展了为期三个月的廉洁从业专项教育活动，并下发了开展此项活动的实施意见。各子公司党委高度重视，严格按照三个阶段六个重点环节狠抓落实。各级领导人员通过系统学习、深入调研、广泛征求意见、剖析查找问题、交流心得体会和实施边整边改，思想得到武装，意识得到强化，素质得到提高，防御能力得到增强。据统计，股份公司及子公司共15 319人参加教育活动，其中副处级以上领导人员4020人，项目经理部班子成员4987人，共召开各级班子查找问题专题会和心得交流会1388次，撰写心得体会8236篇。在此期间，股份公司先后到十一个单位进行检查，发现问题，及时整改 。水电十局、水电十五局、水电十六局、房地产公司、租赁公司等单位教育比较深入扎实。

在创新教育形式、内容和载体方面，各单位从实际和效果出发，不拘一格，各显其能，形式多样，丰富多彩。坚持把集中教育与经常性教育相结合，抓反腐倡廉与促进生产经营相结合，反腐倡廉工作与创先争优、四好班子建设相结合，做到持之以恒，长抓不懈，警钟长鸣。股份公司党委下发了《关于加强廉洁文化建设的实施意见》，对廉洁文化工作进行了全面部署。各单位都在自己的网站、闭路电视、报纸开辟了廉洁从业专栏，大力宣传“认认真真学习、清清白白做人、干干净净干事”的廉洁核心理念，大力弘扬“六崇尚、六反对”的廉洁从业准则，大力推进廉洁班子、廉洁机关、廉洁项目、廉洁岗位、廉洁家庭五廉建设，努力培养领导人员高尚的精神境界、价值观念、道德修养、敬业精神和人格品德。四川公司开展的层层廉洁承诺、廉洁谈话活动，水电五局、水电十六局的廉洁从业征文、廉洁警句格言征集活动，水电十局的重点岗位人员廉洁从业教育“讲一课”活动、水电十二局的廉洁从业警句书签赠送活动；新能源公司的廉洁格言签字和选聘“廉洁从业监督员”活动；国际公司的到革命圣地接受红色教育活动，利用互联网、越洋电话或录制光盘在国外项目开展我为祖国争荣誉活动，水电九局的送廉洁挂历、廉洁光碟、廉洁倡议书活动；水电一局、水电十一局、水电十三局、水电十四局、房地产公司到反腐倡廉教育基地及监狱、看守所参观，邀请当地纪委、检察院等到企业进行预防职务犯罪讲座活动；路桥公司的查找重要岗位权力运行风险点活动；华亭、崇信公司“贯彻西部大开发精神、改善企业经营环境、推动企业健康发展”大讨论活动等。多数单位还在机关大厅、会议场所、项目工地张贴、悬挂反腐倡廉宣传挂图和廉洁警句警示牌。股份公司总部及各子公司全年共组织各类形式讲座787场，组织观看违纪案件教育片773场，组织法规知识答题竞赛280场，这些活动大大丰富了廉洁从业教育的形式和内容，有效推进了廉洁文化建设，营造了企业健康发展的良好氛围。

（五）强化监督检查，专项治理取得阶段性成果

根据中央、中纪委和国务院国资委关于开展工程建设领域和“小金库”专项治理工作的部署，2010年两个专项治理工作取得了阶段性成果。

中央决定利用两年时间对工程建设领域突出问题进行专项治理，其根本目的就是针对工程建设领域这个重灾区，进一步加大监管力度，规范市场交易行为和领导干部从业行为，使工程建设领域的腐败现象易发多发的势头得到进一步遏制。为抓好这项工作的落实，股份公司成立了工程建设领域突出问题专项治理工作协调小组，制订了详细的实施方案，明确了工作任务、工作步骤和工作要求。各公司层层组织对2008年以来中央投资项目和股份公司投资项目进行全面排查，摸清存在问题的底数，掌握重点部门、重点岗位、重点人员的基本情况，认真查找存在的漏洞和薄弱环节，找出突出问题，认真分析原因，及时提出改进措施和办法，采取切实可行的整改对策。自查和整改进展情况分别于2010年9月和11月向国务院国资委进行了报告。

在全面自查的基础上，股份公司总部选择南水北调等项目运用效能监察手段开展专项治理工作抽查，工作中充分整合资源，发挥相关职能部门的优势和业务专长，围绕项目合同管理、财务资金管理、设备物资采购管理、安全生产管理以及专项治理自查情况等方面进行综合效能监察，共查找发现问题45个，提出监察建议49条，并跟踪、督促项目单位对发现的问题及时进行整改落实。

“小金库”专项治理工作，中央纪委和国务院国资委整治的决心大、力度大、措施严厉。股份公司各级领导高度重视，狠抓落实，执行有力。着力把问题解决在自查自纠阶段，股份公司各单位自查面达到100%，自查户两千多户，自查发现各类“小金库”60个，“小金库”涉及金额2449万元。在此基础上，各子公司组织检查组，按不低于所属企业、单位和项目户数的30%，对亏损严重或管理混乱、外包工程量或采购量大、管理链条较长、分支机构较多的单位进行重点检查和“回头看”检查。股份公司组织四个检查组分别对10个单位进行了监督检查。检查中，对防治“小金库”责任体系、加强制度建设等方面提出了61条建议。检查没有发现自查以外

的私设“小金库”，原有的问题已得到纠正，说明整改治理工作已取得实效。此外多数单位进一步加强了内部控制，正在着力构建防治“小金库”的长效机制。

随着股份公司“走出去”战略的有效实施和经营业务的不断扩大，股份公司和各子公司加强了对国外项目效能监察，进一步加强国际业务监管，促进国际业务经营管理水平稳步提升。股份公司总部于2010年8～9月份选取了三个具有代表性的国际项目和两个区域总部（经理部），对项目合同商务管理、财务资金管理、设备物资管理、文件信息管理、党建和纪检监察工作六个方面实施效能监察和监督检查。通过采取听取工作汇报、现场检查、个别谈话以及查阅资料等方式，全面了解掌握了以上单位、项目管理的基本情况，总结了管理经验，查找发现问题29个，提出监察建议34条。对进一步加强国外项目的管理起到了促进作用。

2010年，股份公司系统效能监察共立项726项，提出监察建议1899条，作出监察决定101个，整章建制736个，避免经济损失6152万元，挽回经济损失4426万元，节约资金6699万元，直接增加经济效益10 027万元。水电十一局高度重视效能监察工作，抽调专职人员专门成立效能监察巡视小组作为常设机构，常年在项目上进行巡视检查，及时发现问题，反馈问题，对项目的规范运行发挥了很好作用。

（六）推动企检共建，加强信访管理，严肃处理各类违纪违规行为

为了加强与地方纪委、检察机关的联系沟通，共同预防职务犯罪，充分发挥检察院在预防职务犯罪方面的职能优势，从源头上防治腐败和职务犯罪的发生，从2008年开始，公司开始在系统内全面部署开展与地方纪委、检察院等相关政府执纪执法机构的共建活动。目前，公司总部（含在京公司）、21家子企业均已与当地检察机关签订企检共建方案和工作协议。通过不断深化“企检共建”活动，与检察院建立联席会议制度、联络工作制度、情况通报制度、案件查办协作制度、法律服务制度和协助警示教育制度等，进一步丰富了查办案件的功能和手段。水电四局主动邀请青海省人民检察院参与公司重要经营管理活动的过程监督，水电十三局邀请地方检察院到南水北调工地举办廉政讲座，夹江厂与检察院建立了“行贿犯罪档案查询”工作机制等。

2010年，股份公司系统内共发生违法案件并移送或受到司法机关处理的有11起，涉案人员15人，其中一般管理人员8名，处级领导人员7名。违法犯罪案件类型均为经济案件。在案件发生后，公司领导高度重视，股份公司纪委和案件发生涉及单位的纪委及时了解情况，并与地方纪委、检察机关主动进行沟通，积极配合地方检察机关的工作，同时做好善后工作，最大限度地降低案件对企业发展的负面影响。目前，上述案件有的已经结案，有的正在依法进行审理，教训非常深刻。

2010年，股份公司纪委共收到信访件19件次，比去年同期32件次减少13件次，下降40.63%。其中：署名信访件8件次，匿名信访件11件次。反映的主要问题包括：有的领导人员工作作风霸道，擅用权力，办事不公，违规用人，收受贿赂，弄虚作假，生活作风不正等，也有涉及个人生活待遇等历史遗留问题。来信有涉及子公司领导人员的，有涉及三级公司中层管理人员的。对这些信访举报，我们处理都是非常慎重的，都是经过认真分析甄别才作处理的。对有的明显是因为个人目的没有达到，个人要求没有得到满足，属于泄私愤诬告性质的信件，一般都是与子公司有关领导沟通，要求妥善处理，防止矛盾激化；属于只是猜测、怀疑没有事实根据、明显是攻击性的匿名信件，也是与有关领导沟通，掌握情况，注意动向，做好相关工作；凡是有具体事实的信件，不管是不是匿名，都要认真调查，具体进行落实，并按干部管理权限进行处理。凡涉及子公司班子成员的，股份公司纪委都要谈话核实，对其警示或提醒，要求有则改之，无则加勉。

（七）加强队伍建设，不断提升纪检监察工作人员能力和水平

根据公司各级纪检组织、监察部门的实际情况，从股份公司当前经营管理工作的需要出发，继续从充实优化队伍、加强思想作风和增加履职能力三方面入手，加强纪检监察队伍建设。

(1) 认真贯彻落实中央纪委、监察部等四部委联合下发的《关于加强和改进中央企业和中央金融机构纪检监察组织建设的若干意见》，结合公司实际，经充分征求意见，并经股份公司党委会审议，制定下发了《关于加强和改进股份公司纪检监察组织建设的实施意见》，对加强纪检监察队伍建设从制度上给予保障。2010年，部分监督力量较为薄弱的子企业成立独立的监察部门，调整补充了4个子公司的纪委书记，新增纪检监察机构编制121人（含工程项目部），纪检监察部门与业务部门双向交流190人次。纪检监察队伍的充实，壮大了公司监督力量，有利于纪检监察工作的开展，也为公司又好又快发展提供了有力保障。

(2) 继续坚持纪委书记报告工作和纪委民主生活会制度。组织了27家子公司的纪委书记报告工作。

通过听取专项工作报告，沟通思想，交流情况，比较全面地了解了各级领导班子的反腐倡廉和班子成员的廉洁从业情况。

(3) 从加大培训力度入手，进一步提高了纪检监察队伍的业务水平。利用以会代训的方式积极开展业务交流培训。8月份在西安召开了各公司纪委书记、监察部门负责人参加的座谈会（培训班），会议组织学习观看了中央纪委副书记干以胜同志和国务院国资委副主任邵宁同志在中央企业纪委书记研讨会上的辅导录像，各公司纪委书记汇报了本单位上半年的工作，交流了工作中的主要做法、问题不足以及工作难点。同时，公司积极组织各级纪检监察人员参加国务院国资委纪委、中纪委等单位组织的效能监察、招投标监督管理、案件审理等各类业务培训，进一步提高了专业能力和业务素质。

在看到取得成绩的同时，我们也要清醒地看到反腐倡廉建设还面临一些问题。一是党风廉政建设责任制落实不够到位，表面上都层层签订了党风廉政建设责任书，但对所承担的责任内容研究不够，检查不够，抓得不力，有的只是流于形式。二是有的单位管理粗放，制度执行力不强，有制度但落实不够，特别是"三重一大"决策制度执行上还有薄弱环节，缺乏应有的决策程序和会议纪要。三是少数领导人员廉洁从业意识还有待加强，特别是施工局和项目负责人仍有腐败问题发生，工程局的辅业单位反腐倡廉建设不容忽视。四是纪检监察工作制度体系需要进行科学、有效、系统的梳理，有的单位尽管制度较多，但未进行有效的整合，导致制度零碎、分散，可操作性不强。五是现有的纪检监察工作机制和工作方法不能完全满足新形势的需求，需要进一步创新来提升纪检监察水平。对这些问题，我们要认真研究，逐步解决。

二、2011年反腐倡廉建设工作的主要任务

2011年股份公司反腐倡廉建设工作的指导思想：认真贯彻落实党的十七届五中全会精神和十七届中央纪委六次全会精神，围绕"加快转变发展方式，确保平稳较快发展，建设具有较强国际竞争力的质量效益型世界一流公司"目标，以推进惩防体系建设为主线，以加强领导人员作风建设、落实党风廉政建设责任制和效能监察、专项检查为抓手，以落实领导人员廉洁从业若干规定和解决反腐倡廉建设中职工群众反映的突出问题为着力点，加强纪检监察队伍建设，坚持体制机制创新，不断提高反腐倡廉建设科学化水平，为推动公司党风廉政和反腐倡廉各项工作，促进公司科学发展提供有力保障。

2011年公司党风建设和反腐倡廉建设的工作目标：

(1) 公司各级领导人员落实党风廉政建设责任制，坚持"一岗双责"，切实担负起职责范围内党风建设和反腐倡廉工作职责。

(2) 落实党内监督各项制度，严格执行"三重一大"决策制度和"厂务公开"，自觉践行《国有企业领导人员廉洁从业若干规定》。

(3) 惩治和预防腐败体系建设有效推进，本级和下一级领导班子及其成员不发生违法和严重违纪问题，本年度职工违法和严重违纪人数少于职工总数的1.5‰。

(4) 在深化企业改革和生产经营过程中，公司安全稳定，不发生影响稳定的重大事件和突发事件。

(5) 领导人员的作风建设得到加强，民主生活会、述职述廉、廉洁承诺得到落实。

(6) 反腐倡廉工作体制机制有所创新，廉洁文化建设有效推进，廉洁从业教育深入扎实。

(7) 不发生领导人员大办婚丧喜庆借机敛财，不发生与管理对象有赌博性质的打牌行为。

(8) 全面落实《关于加强和改进股份公司纪检监察组织建设的实施意见》。

2011年反腐倡廉建设工作重点任务：

（一）认真抓好党的十七届五中会和中纪委六次全会、国务院国资委反腐倡廉建设工作会议精神的贯彻落实

一是各级领导人员要认真学习领会胡锦涛总书记的重要讲话，坚持把以人为本、执政为民的要求贯彻落实到反腐倡廉建设的全过程，既要把党和人民的资产看管好、经营好，使其保值增值，又要关心好、维护好、发展好企业职工群众的利益，使大家共享企业发展成果。二是各级领导人员要进一步把思想和行动统一到中央对国内国际形势特别是反腐倡廉形势分析判断上来，把反腐倡廉建设提高到关乎企业兴衰、个人成败的高度来认识，增强责任感、使命感，认真分析和准确判断本单位反腐倡廉工作形势，针对问题，强化措施，明确责任，狠抓工作落实。三是结合本单位实际，认真研究本单位2011年反腐倡廉工作，制订出具体的工作计划，扎扎实实抓几件实实在在的事情，在抓落实和见成效上下工夫。

（二）加快惩治和预防腐败体系建设，着力构建"五条防线"

《建立健全惩治和预防腐败体系2008～2012年工作规划》确定的任务，现在只剩下一年多的时间，任务艰巨，时间紧迫，必须坚持系统的思维、统筹

的观念、科学的方式，按照《工作规划》的要求，扎实推进教育、制度、监督、改革、纠风、惩治等工作，努力完成惩治和预防腐败体系建设的各项任务，提高反腐倡廉工作的整体效应。要重点在建立健全"五条防线"方面下工夫。

（1）要构建好腐败风险预警防线。主要是做好腐败风险的信息收集、识别和评估等工作。要充分运用信访举报中反映的情况，效能监察、巡视、调研、审计过程中发现的问题，通过全面收集和分析风险信息，最大限度地查找腐败风险，提高各级领导人员的风险意识、自律意识；要定期开展风险识别，认真分析企业各层面、各职能部门、各业务单位存在的腐败风险，明确体系建设的重点领域、重点部门、重点环节和重点人员；要进行科学的风险评估，通过评估确定风险等级、重点任务和重点对象，采取积极有效措施，做到早发现、早查处，防止大案要案发生。

（2）构建好思想道德防线。重点在提高廉洁文化建设的针对性和增强廉洁从业教育的实效性上下工夫。要立足企业廉洁文化现状，着眼于解决问题，区分不同教育对象，采取不同的方式方法开展开放式的思想道德教育、职业道德教育、理想信念教育、法律法规教育、警示教育、廉洁从业教育，认真开展好廉洁文化建设"六进"活动，让廉洁从业的理念牢牢植根于每一个领导人员和职工群众的思想深处，不断提升企业的软实力。

（3）构建好决策风险防线。重点要不折不扣落实好"三重一大"决策制度，逐步形成企业决策权、执行权、监督权既相互协调高效运转又有效制约的机制。把"三重一大"决策情况作为向职代会报告和领导人员述职述廉的重要内容，作为民主评议领导人员的重要依据，接受党组织、监事会、巡视机构和广大职工群众的监督。

（4）构建好权力运行风险防线。重点是运用现代管理理念和科学管理方法，对企业权力运行的各个环节的各类风险源进行有效监控；要对业务流程进行优化、细化、固定化、程序化，避免有章不循、有法不依的现象；要充分运用信息化系统，加强技术防控，保障流程的规范性；要强化对权力运行的监督制约，健全企业内部控制，构建全方位、全过程的监督体系，重点对权力行使过程的合规性进行事中、事后检查，让权力在监督下运作，在阳光下运行。

（5）构建好惩处腐败行为的惩戒防线。重点建立健全企业经营管理责任、党纪责任、领导人问责和法律责任等责任追究机制，加大经济处罚和资格处罚的力度，发挥惩治的威慑作用。下半年适时召开片区惩防体系建设交流促进会，积极推进五条防线的构建。

（三）认真抓好党风廉政建设责任制的落实

一是要完善抓落实的责任体系。坚持党委统一领导，党政齐抓共管，纪委组织协调，部门各负其责，依靠群众的支持和参与。要把党风廉政建设纳入领导班子、领导干部目标管理，与生产经营业务工作紧密结合，一起部署，一起落实，一起检查，一起考核，一起奖惩。二是要切实实施"一把手"工程，主要负责人做到重要工作亲自部署，重大问题亲自过问，重点环节亲自协调，重要案件亲自督办。三是要坚持"一岗双责"，强化各级领导人员的抓反腐倡廉建设的政治责任，强化部门责任，继续坚持各级主要领导层层签订责任书，加强对责任书落实情况的日常督察和集中检查考核。四是各单位要对已有的党风廉政责任制实施办法进行修改补充，完善配套制度，抓好责任分工、责任落实、责任考核、责任追究。

（四）认真抓好各级领导人员的作风建设

一是强化政治纪律，保证中央、国务院国资委、股份公司的决策部署有效贯彻实施，严肃查处有令不行，有禁不止，越权行事的现象，不断提升各级领导人员的执行力；二是强化务实作风，培养扎扎实实、实事求是的工作作风，严格重大问题请示报告制度，严肃查处出现问题瞒报、迟报和报喜不报忧的现象；三是强化艰苦奋斗的作风，查处违规职务消费、配备车辆、大手大脚、奢侈浪费行为；四是强化密切联系群众作风，建立健全服务职工、联系职工和保障职工权益制度，认真解决职工群众反映强烈的突出问题，查处侵占职工利益、损害职工权益的行为。

（五）组织开展综合检查，推进反腐倡廉制度的落实

配合国务院国资委组织力量对落实《关于实行党风廉政建设责任制的规定》、《廉政准则》、《若干规定》、"三重一大"决策制度和12号文件的执行情况，开展综合检查。各单位要作出相应计划，制订具体落实意见。认真抓好"三重一大"决策制度实施细则的制订。要遵循管用、实效的原则，对现有的制度进行重新梳理，该合并的合并，该废止的废止，该完善的完善，要注重制度之间的衔接配套，增强针对性和可操作性。要认真执行《关于领导干部报告个人有关事项的规定》和《关于对配偶子女均已移居国（境）外的国家工作人员加强管理的暂行规定》，按干部管理权限及时上报。要加强对工程

局的辅业、服务业和保障部门的监督检查，消灭监督死角。要继续深入开展工程建设领域突出问题专项治理和“小金库”专项治理工作，大力气抓好整改，建立健全长效机制，巩固治理成果。继续开展好效能监察工作，适时召开效能监察工作交流会，提高效能监察工作的整体水平。认真做好集团重组、股份公司上市中的纪检监察工作，确保重组和上市顺利进行。

（六）抓好海外业务的纪检监察工作

一是对境外国有资产监管措施执行情况进行检查。通过各种监督检查，促进企业强化境外资产监管，确保“走出去”战略的实施。二是加强对国外项目的效能监察。总结近几年来国际业务效能监察和监督检查工作的做法和经验，进一步深入调研，探索开展国际业务纪检监察工作的有效方式，研究制订股份公司关于加强国际业务纪检监察工作的指导意见。三是针对有些海外项目在内控制度、“三重一大”制度、合同商务管理、标准化管理、党建工作等方面存在的问题，会同海外事业部和相关子企业，拟订整改措施，并抓好整改落实。

（七）坚持依法依纪办案，发挥查办案件的治本作用

一是重点查办集团重组过程中的违法违纪案件。二是重点查办违反“三重一大”决策制度失职渎职及背后的腐败案件、商业贿赂案件、违反财经纪律和组织人事纪律的案件。三是充分利用各种监督资源，统一协调办案力量。要改进信访举报、案件管理和审理工作，加强办案指导和督办工作，健全案件逐级报告制度，完善案件初核和立案程序，严肃处理有案不查、压案不查和瞒案不报等情况；要完善和落实查办案件责任制，坚持依法办案、文明办案。

（八）坚持体制机制制度创新，提高反腐倡廉建设科学化水平

一是创新监督体制。探索纪检监察机构融入公司治理的问题，探索垂直监督和区域监督等方式方法，强化上级对下级的监督，加强权力制衡，防范领导人员决策失误、权力失控。二是建立有效的协调机制。筹备成立股份公司巡视办公室。在党委统一领导下，充分发挥纪委统一协调纪检、监察、审计、法律、监事会、派驻子企业监事、巡视等机构，增强监督的协同性，形成监督信息互通、检查结果共享的工作机制，增强监督合力。三是健全制度体系。按照惩防体系的责任分工，建立健全改制重组、资本运营、上市内部信息管理、境外资产管理、企业工资总额预算管理、内部控制和全面风险管理等制度；制定《廉政准则》、《若干规定》实施办法，完善监事会监督检查制度、健全职工董事、职代会民主管理和监督制度，建立健全职工违规处理、领导人员问责等责任追究制度。研究制定和完善惩防体系建设考核评价标准，强化激励保障。四是坚持制度规范与科技手段相结合的有效方法，用网络信息技术保证制度的执行力。

（九）加强纪检监察队伍建设，为落实各项任务提供坚强思想组织保证

加强纪检监察队伍思想、能力和作风建设，举办一期纪检监察工作人员业务培训班，通过辅导、研讨、交流，丰富知识，开阔视野，提高能力，牢固树立监督者更要接受监督的意识，牢固树立秉公执纪、依法办事、廉洁公正的意识，培养一支掌握和运用新思想、新知识、新经验的复合型人才队伍。纪检监察队伍要加强作风建设，严格遵守政治纪律、工作纪律、办案纪律、保密纪律和廉政纪律，保持良好形象。加强纪检监察队伍组织建设，认真落实《关于加强和改进股份公司纪检监察组织建设的实施意见》，把纪检监察部门的人员配齐配强，舍得把有能力、有前途的年轻干部放到纪检监察部门锻炼培养。继续坚持各子公司纪委书记和监察部门负责人的述职报告工作制度，保持公司纪检监察工作上下工作协调、信息畅通、配合默契、步调一致、执行有力。

同志们，2011年是“十二五”开局之年，公司改革发展的任务繁重，反腐倡廉建设任务艰巨。让我们在股份公司党委、股份公司的领导下，坚定信心，勤奋工作，开拓进取，迎难而上，扎扎实实做好反腐倡廉建设各项工作，为公司加快转变发展方式，实现平稳较快发展，建设具有较强国际竞争力的质量效益型世界一流公司，提供强有力的保障。

在公司反腐倡廉建设工作会议上的总结讲话

（2011 年 3 月 3 日）

陈 永 录

同志们：

股份公司 2011 年反腐倡廉建设工作会议，经过大家的共同努力，圆满完成了既定的议程和任务，就要闭幕了。根据会议安排，由我作一个简要总结。

一、对本次会议的基本评价和主要收获

两个组的讨论和刚才召集人的汇报交流都对这次会议给予了较高评价。大家认为，这次会议是在公司年度工作会议之后，为专题研讨部署与企业改革发展同步的反腐倡廉建设工作，而召开的一次重要会议。会议组织学习传达了十七届中央纪委六次全会精神和中央企业 2011 年反腐倡廉建设工作会议精神，听取并讨论了公司董事长、党委书记范集湘同志的重要讲话，公司纪委关于 2010 年工作回顾和 2011 工作安排的工作报告。大家感到，范总的讲话高屋建瓴，旗帜鲜明，重点突出，要求到位，推心置腹，语重心长，对大家做好反腐倡廉工作寄予了殷切期望；工作报告比较全面客观，实事求是，成绩讲的实在，问题找的准确；工作部署目标明确，任务具体，具有较强的指导性和操作性。大家表示参加这次会议感到受教育、受鼓舞、受启发、受触动，既有压力，又有动力，既感到责任重大，又增强了做好工作的决心和信心。

大家在讨论中谈到，与往年的纪检监察工作会议不同，今年的反腐倡廉建设工作会议无论是在会议的层级、参会人员范围、会议的内容安排等方面，与往年均有明显不同。

（1）会议层级比较高。把纪检监察工作会议上升到公司反腐倡廉建设工作会议，不是简单的会议名称的改变，而是把这项工作内涵和外延层级都大大提升，提升到了股份公司的一项重要建设和公司转变发展方式的重要保障；会议由过去的多会套开改为单独召开，专题部署研讨反腐倡廉建设工作，表明了公司领导对抓好反腐倡廉建设的重视程度和坚强决心。

（2）参会人员范围广。不仅各公司的党政主要负责人和纪委书记参加了会议，各公司纪委副书记、监察部门负责人也参加了会议，一个专项会议把党政一把手都请来参会，也是要求他们切实履行“第一责任人”政治责任的具体举措，有利于主要负责同志切实履行“一岗双责”，重视、支持纪检监察工作。

（3）会议内容丰富。一天半时间，不仅有中央、国务院国资委会议精神传达，公司主要领导讲话、工作总结、工作部署，还有案件通报、案例分析、经验交流和会议讨论，会议时间虽然很紧，但是内容安排紧凑，进行井然有序，衔接也比较好。

与会代表都能够认真听会，并就如何做好反腐倡廉工作动脑筋、想办法、出主意、谋良策，讨论中提出了许多诚恳的、有建设性的意见和建议，使得这次会议达到了预期目的，获得了圆满成功。

从会议分组讨论和刚才两个组的汇报交流情况看，这次会议的收获主要有以下三个方面：

（1）更加深刻地领会和理解了党中央和国务院国资委对中央企业反腐倡廉工作的要求，统一了思想，提高了认识。这次会议，我们专门组织学习传达了十七届中央纪委六次全会和中央企业反腐倡廉建设工作会议精神，公司董事长、党委书记范集湘同志在讲话中深刻分析了当前中央和国务院国资委对公司反腐倡廉工作提出的新要求，指出了股份公司反腐倡廉工作面临的新形势和新任务。与会代表结合学习中央和国务院国资委会议精神，围绕范总讲话和纪委工作报告展开热烈讨论。大家一致认为，近年来，党和国家对反腐倡廉工作的认识和态度始终坚定，方向更加明确，思路更加清晰，措施更加有力。特别是近两年，中央、中纪委办法、规定、准则、条例不断出台，遏制和治理腐败的力度越来越大，反腐倡廉工作在企业发展中涉及的领域越来越宽，承担的职责越来越重。加强反腐倡廉建设工作，既是我们作为中央企业承担的政治职责和社会责任，也是公司不断增强活力和竞争能力、实现科学发展的必然要求。我们的工作做好了，使企业能够平稳较快发展，就是为企业发展作出了自己的贡献。

（2）更加深刻地领会和理解了股份公司反腐倡廉建设和纪检监察工作的目标和任务。大家表示，会议明确了今年的工作目标、任务和要求，理清了工作重点，我们一定要深入贯彻落实，结合本单位的工作实际，谋划部署好本单位的反腐倡廉建设工作，做到层层明确任务，确定目标，强化措施，落实责任，为推动企业持续健康稳定发展发挥好纪检监察部门的作用。

（3）进一步拓宽了做好反腐倡廉工作的思路和视野。我们选取了水电四局等四家单位就纪检监察的一些专项工作进行经验介绍和交流，小组讨论中，大家也相互交流、借鉴在反腐倡廉工作中有效的做法和实用的经验，进一步开阔了视野，拓展了思路，也坚定了可以更加扎实做好纪检监察工作的信心。分组讨论中，大家也认真分析了各自企业存在的问题和薄弱环节，交流了2011年本单位的工作打算和贯彻落实这次会议的初步计划。大家纷纷表示，一定要认真按照股份公司反腐倡廉工作的总体要求和部署，进一步解放思想，转变观念，创新开展纪检监察工作的方式、方法，切实增强工作责任感和使命感，锐意创新做好新形势下的公司反腐倡廉各项工作。

对讨论中大家提出的一些好的意见和建议，我们将认真进行归纳整理，认真进行研究，不断改进工作。

二、关于进一步明确的几个问题

（一）关于如何把以人为本、执政为民理念贯彻落实到反腐倡廉建设中的问题

中央纪委六次全会上，胡锦涛总书记突出强调了把以人为本、执政为民的理念贯彻落实到反腐倡廉建设中。作为中央企业如何贯彻落实这一精神，我认为应当从三个方面把握。

（1）要抓好对干部职工以人为本、执企为民的教育。所谓执企为民，是因为中央企业性质属于国有，本质上是人民的企业，是公众的资产。中央企业的一切基础都源自于人民，企业的一切发展都是为了人民，企业的一切成果都应有人民共享。所以，把企业做大做强、使资产保值增值，就是实现好、维护好、发展好了人民群众的根本利益。要让大家认识到：中央企业的一言一行，人民群众都看在眼中；中央企业的一举一动，都关乎我们党执政的民心向背和事业兴衰。

（2）纪检监察要强化对企业中心工作的监督服务。中央企业肩负着重大的经济责任、社会责任和政治责任，把以人为本、执企为民贯彻落实到反腐倡廉建设中，说到底就是要通过强化对企业中心工作的监督服务，确保企业始终与党中央保持高度一致，推动企业实现国有资产保值增值和降本增效，多创利税。为党和国家惠民利民、宏观调控打下坚实基础。要求我们紧紧围绕企业经济效益这个中心工作，对企业决策、资金使用、物资采购、项目建设、招标投标、生产运营等进行监督检查，建立健全监控严密、有效管用、配套齐全的风险管控制度和流程制约制度，使每一项工作都有章可循有规可依。

（3）要在企业内部营造风清气正的良好氛围，维护好企业职工群众的根本利益。着力引导各级领导人员大力营造和谐团结、积极向上的工作氛围。对职工群众做到政治上关心、工作上尊重、学习上支持、生活上照顾、权益上保护、处理上慎重。最大限度地提升职工群众的幸福指数，最大限度地维护职工群众的合法权益，最大限度地保护职工群众干事创业的积极性，保障职工群众心思纯正、心底踏实、心情舒畅，一心一意干事创业。

抓好了以上三点，就是贯彻落实好了胡锦涛总书记的讲话精神。

（二）关于股份公司反腐倡廉建设工作的基本思路

这个思路我在工作报告里没有讲，但我认为应当让大家共同思考，在实践中进一步总结完善。根据纪检监察部门的基本职能，我们的纪检监察工作必须抓住根本，打牢基础，突出重点，持之以恒。基本工作思路应当概括为：贯穿一条主线，就是坚持用科学发展观统领纪检监察工作这条主线，就是要按科学办事，按规律办事，按法律法规办事，按以人为本的要求办事，按实事求是精神、结合企业实际办事。着眼两大目标，就是着眼确保企业持续平稳健康发展和建设具有较强国际竞争力的质量效益型世界一流公司这两大目标，卓有成效开展工作；简单讲就是不出事、创一流。融入三大板块，就是纪检监察工作切实融入和服务于国内水电、国内非水电、国际业务三大业务板块的各项生产经营之中，用有效的监督和效能监察促进和保障生产经营；要深入进去，融合进去，服务到位，不能出现“两张皮”和工作脱节。推进四项工程，就是积极推进惩防体系建设、廉洁文化建设、党风廉政责任制、领导人员作风建设四项工程。构建五条防线，就是努力构建腐败风险预警防线、思想道德防线、决策风险防线、权力运行风险防线、惩戒防线。创新六种机制，就是努力创新反腐倡廉教育机制、制度约束机制、权力运行监督机制、效能监察工作机制、查

办案件惩治机制、纪检监察工作内外部协调机制等六种工作机制，纪检监察部门要围绕上述工作思路创新和开展工作，充分发挥为企业保驾护航的作用。

（三）关于正确处理几个重大关系问题

（1）正确处理推进反腐倡廉建设与党和国家工作大局、企业发展大局的关系。要从政治和全局的高度来谋划反腐倡廉建设。科学整合服务的内容和举措，积极探索服务的方式方法。在开展工作尤其是查办案件过程中，要立足于服务经济社会和企业发展大局，把握好工作的时机、节奏和方式方法，注意防止因方式不当和政策策略把握失度给改革发展稳定大局和企业发展带来不良影响。

（2）正确处理惩治与预防的关系。应把惩治作为一种特殊的预防，把预防作为一种超前的“惩治”，统筹推进惩防体系建设，增强反腐倡廉建设的整体性和协调性。切实做到惩治和预防两手抓，治标和治本两手硬，使之相互协调、相互促进。坚决防止有案不查，瞒案不报。

（3）正确处理继承与创新的关系。一方面，在反腐倡廉建设中长期形成的已被实践证明行之有效的思路措施和办法，应当继承、丰富和发展；另一方面，要坚持与时俱进，认真总结实践中出现的新经验，用建设性的思路、举措和办法推进反腐倡廉建设理论、制度和方式方法创新。创新还要处理好实用性和新颖性的关系，实用性是创新的基础，创新的目的是切实对工作发挥作用，真正意义上的创新是在实际落实中容易操作、可行性强；新颖性不是摆花架子，而是要求以新的工作方式、新的传播手段、新的制度加科技，以喜闻乐见的形式，为职工群众所认可、所接受，增强工作效果，尽可能做到实用与新颖的统一。

（4）正确处理当前工作与长远任务的关系。应立足当前，通过做好当前反腐倡廉各项工作，不断实现反腐败斗争新的进展和突破，让职工群众感受到我们的工作取得实实在在的成效，增强战胜腐败的信心。同时，坚持战略上长远规划、战术上分步实施，着力建设长效工作机制，为反腐倡廉建设的科学发展奠定坚实基础，比如惩防体系建设就是一项基础性、长效性建设，必须持之以恒，常抓不懈。

（5）正确处理扎扎实实打基础和应付考核的关系。考核只是一种检查督促的形式，有的考核不能完全反映一个单位的实际工作情况，如果把工夫用在应付考核上，就是大错特错，表面文章迟早是会吃亏的；工夫应该下在平时，下在扎扎实实打基础的工作上，所以，要一步一个脚印，一项一项把工作抓实。这样，就要付出艰苦的心血和汗水，一个有事业心和责任感的纪检监察领导人员，是应该这样去做的。

（四）关于今年重点抓好的几项工作

工作报告中部署了九个方面的工作，其中几个重点工作必须抓好。

（1）党风廉政建设责任制的落实。要按照中共中央19号文件要求，对重新修订印发的《关于实行党风廉政责任制的规定》，认真组织学习，制订落实方案，完善配套制度，抓好责任分工、责任落实、责任考核、责任追究。

（2）抓好惩防体系建设规划阶段性任务的完成。与有关部门一起认真检查规划的任务分解方案落实情况和教育体系、制度体系、监督体系、保障体系的建设情况，包括五条防线的构建，任务相当艰巨，一定要以强烈的责任感和使命感，扑下身子，真抓实干。2012年是惩防体系五年规划的最后一年，今年是关键的一年，一定要认认真真把基础性工作做扎实。

（3）抓好制度落实情况，特别是“三重一大”决策制度落实情况的检查。有制度不抓落实等于一堆废纸，凡是出现问题都是因为制度不落实，所以，今年要作为制度落实年，强化制度意识、制度教育、制度落实。股份公司的“三重一大”决策制度实施意见，已报国务院国资委审批，各子公司不要等，根据中办、国办文件精神，结合自己公司的实际，修订出具体的实施办法报股份公司备案，待股份公司的实施办法被国务院国资委批准后，各单位再作进一步修订。今年各级纪检监察部门要把“三重一大”制度执行情况作为重点进行监督检查。

（4）开展作风建设主体实践活动问题。据了解，有的公司已经安排部署。领导人员的作风建设关系企业形象、企业声誉、企业发展、企业兴衰。一定要把领导人员的思想作风、工作作风、领导作风、生活作风和学风抓紧抓好，特别是抓好各级领导人员执行制度的率先垂范表率作用。

（5）狠抓治理内部腐败问题。重点查处在工程项目资源配置、资金资源配置内部收受礼金问题，在工作检查、工作调研、年度考核、干部考察中收受红包问题，在逢年过节内部层层收受购物卡和现金红包问题，利用婚丧嫁娶借机内部敛财问题等，对外的业务需要，礼尚往来不可避免，但内部腐败对企业危害极大，我们一定要努力营造风清气正的内部环境，这是我们纪检监察部门的职责。

三、关于会议精神的贯彻落实问题

贯彻落实好本次会议精神，要切实组织好层层学习传达会议精神。关于组织学习传达会议精神，要抓住两个重点：

（1）确保学习范围。在会议结束后，各级班子要及时开展班子专题会、中心组学习等各种形式，确保这次会议精神要传达到各级班子和各级领导人员。各级纪检组织、监察组织要组织全体纪检监察工作人员进行学习，确保全面覆盖，使他们了解和掌握股份公司关于反腐倡廉的工作部署与工作要求。进一步统一思想，统一认识，高度重视，狠抓工作落实。

（2）要抓住学习重点。要以学习范总讲话、工作报告以及贯彻中央和国务院国资委会议为重点，进一步领会会议的主题，把握会议的重点，抓住工作的关键。要将学习贯彻落实会议精神与谋划部署本单位今年反腐倡廉重点工作结合起来，按照股份公司2011年纪检监察工作重点，结合各自实际，精心部署好本单位今年工作重点，制订有力措施，逐项分解任务，逐级落实责任。

各单位要在这次会议后尽快召开本单位的反腐倡廉建设工作会议，做好各项工作的部署，这次会议前已召开过反腐倡廉工作会议的单位，要对照本次会议精神和工作部署，将会议精神还未安排的工作及时落实到位。贯彻会议精神，重在结合实际，重在讲求实效。决不能以会议落实会议，以讲话落实讲话，以文件落实文件，要扎扎实实抓落实。希望大家共同努力，推动股份公司反腐倡廉建设不断上新台阶。

在股份公司2011年新闻宣传暨信息工作会议上的讲话

（2011年5月27日）

陈　永　录

同志们：

今天，我们在公司“十二五”开局之年，召开股份公司2011年新闻宣传暨信息工作会议，总结2010年的新闻宣传工作，表彰先进，交流经验，研究和部署今后一个时期的新闻宣传工作，这对进一步加强和改进公司的新闻宣传工作，为公司科学持续发展提供坚强的舆论支持具有重要意义。

下面，我讲两个问题。

一、2010年公司新闻宣传工作的主要成绩

过去的一年，在公司党委的正确领导下，水利水电工程报社和各地记者站以科学发展观为统领，认真贯彻公司年度工作会议精神，坚持正确舆论导向，不断创新宣传报道实践，紧紧围绕公司发展战略，紧紧围绕公司生产经营中心，竭力服务企业发展与改革大局，充分发挥企业媒体的主阵地、主渠道、主平台、主窗口作用，整合报、网、音像“三位一体”的媒体资源，开展了卓有成效的新闻宣传工作，为公司科学发展提供了强大的精神动力，作出了重要贡献。报社各项工作实现了新进展，取得了新成绩。

（一）坚持正确的舆论导向，整合新闻资源，提高舆论引导力

2010年，新闻中心始终坚持围绕公司中心工作，进行工作创新，提高舆论引导能力，以正确的舆论导向，为公司快速发展提供了强有力的舆论支持。

（1）坚持团结鼓劲、正面宣传为主的原则，唱响主旋律，打好主动仗。牢固树立政治意识、责任意识、大局意识，牢牢把握正确的政治导向、舆论导向和行业政策导向，充分运用报社媒体资源，倾力宣传报道公司系统贯彻落实科学发展观、加快转型升级上水平、深入开展创先争优活动，唱响科学发展的主旋律，打好舆论引导的主动仗。

（2）整合媒体资源，形成了报纸、网络、电视“三位一体”的媒体格局，加大了企业品牌推介力度。在公司总部，新闻中心在不断完善工作机制和规范工作的基础上，注重新闻挖潜，充分发挥网络、报纸、电视媒体各自特点与优势，按照各自规律进行创新，以达到最佳新闻宣传效果。同时，在重大报道题材的宣传上，与各子公司宣传系统形成联动机制，丰富了宣传报道手段，提高了宣传报道的整体性、立体感，强化了宣传报道效果。比如，在“玉树重建”、“创先争优”、“管理创效年”等重大宣传报道和“高铁采风”、“武邵采风”等重大宣传活动中，报刊、网络、音像从不同的视角、以不同方式进行全方位报道，形成宣传报道强势，提升了企业品牌影响力。

（3）整合人力资源，形成重大新闻宣传报道报社、记者站联动机制。一年来，各地记者站充分发挥贴近基层、贴近现场的独特优势，认真履行岗位职责，深入一线，积极主动地开展工作，采写了大量的精品力作。同时，在报社重大宣传策划实施中，各地记者站积极配合，全力协同，实现了报社和记者站的紧密联动，高质量地完成报道任务。如在玉树抗震救灾和重建宣传报道中，水电四局记者站驻地记者在高寒缺氧的玉树重建工地，忍受着强烈的高原反应，及时采写并传送了大量时效快、现场感强的文字、照片和影像资料，有力地彰显了集团公司在玉树重建中的业绩和央企风采。在两次采风活动中，水电七局、水电八局、水电十一局、水电十三局、水电十四局等记者站在协助报社实施重点选题策划、联合采访等方面，均发挥了重要作用。

（二）围绕中心，服务大局，公司新闻宣传和信息工作成效显著

一年来，新闻中心坚持“围绕中心，服务大局”宣传工作宗旨，积极推进公司的社会知名度和品牌影响力的形象宣传工作，在多方面取得了突破和提升，成为集团对外宣传工作的亮点。

1. 抓住企业重大事件，在央视高端媒体报道取得新突破

2010年，新闻中心抓住公司承建的南水北调东线穿黄河隧洞工程贯通、青海玉树救灾与重建、京沪高铁率先完成铺轨任务等重大报道契机，提前策划，积极主动与中央电视台央企对接组联系沟通，提供相关资料，并配合中央电视台到工地现场采访，使这3条重大消息及时在中央一台播出，彰显了公司企业形象和品牌影响力，也实现了公司重要新闻在央视高端媒体报道的新突破。

2. 平面媒体对外报道稳步提升

2010年，新闻中心紧紧抓住集团公司国际经营的突出业绩和重大事件、中国水电战略转型等重大新闻报道内容，积极组织报道。针对专业和权威媒体报道的真实性、细致性和条理性的特点，我们与《人民铁道报》、《中国企业报》、《中国水电》等报刊紧密合作，刊发了一批深度报道的专刊、专版，向社会各层面全面介绍集团公司的整体形象。据不完全统计，公司2010年分别在《人民日报》、《工人日报》、《光明日报》、《中国能源报》、《国际商报》、《中国电力报》、《中国水利报》、《人民铁道报》、《中国企业报》、《中国水电》等报刊发稿200多篇。同时各地记者站也都在当地省市媒体进行了大量的对外宣传报道。据不完全统计，2010年各公司通过各种渠道在中央、行业和省市报刊电视共发稿1200多条（幅），其中水电四局简报中《集团玉树灾后重建第二批项目正式开工》消息被国务院办公厅选用，通讯《以实际行动书写中国水电的风采》刊登在了新华社《瞭望》周刊上，并被送到“两会”代表驻地，有力地宣传了公司的品牌形象。

3. 创先争优活动典型报道突出

在创先争优活动中，各单位以深入学习实践科学发展观为主题，结合实际，统筹推进党的建设及其他经常性工作，充分发挥企业党组织的政治核心作用、基层党组织的战斗堡垒作用和共产党员的先锋模范作用，推动企业改革发展。其中，中国水电集团玉树灾后重建现场指挥部党委、集团国际公司总经理助理邓国平事迹突出，成为公司创先争优活动中两个突出典型，新闻中心对此做了重点策划报道。

为做好创先争优活动的宣传报道，我们在公司网站开设了《股份公司创先争优活动专题》专栏，专栏开设以来，共刊发150多篇约10多万字的宣传稿件，起到了很好的宣传效果。其中组织采写的长篇通讯《玉树重建党旗红——记中国水电集团玉树灾后重建现场指挥部党委创先争优事迹》，突出地宣传了中国水电集团玉树灾后重建现场指挥部党委，在高寒缺氧的恶劣环境下，团结带领全体共产党员和广大干部职工，克服重重困难，出色完成了年度任务目标的事迹，彰显了央企党组织在重任面前强大的凝聚力、向心力和战斗力。通讯在公司网站和《水利水电工程报》上发表，获得了公司上下的好评。

为做好在创先争优活动中的典型人物邓国平的宣传报道，新闻中心与国际公司共同组织采写了长篇通讯《平凡人生　非凡足迹——记集团国际公司优秀共产党员邓国平》，全面报道了他刻苦学习政治理论、坚定理想信念和勤奋敬业、勇于拼搏的精神及长期工作在国际经营的第一线创造一流工作业绩的经历。通讯在公司网站和《水利水电工程报》上发表后，其崇高品质和感人事迹在公司引起了极大反响。

在参与《中国电力报》开展的2010年感动电力征文活动中，新闻中心组织推荐的《邓国平：永远的国际骑士》、《水电七局抢险突击队：九天八夜抢通映汶“生命线”》分别获得感动电力人物奖和感动电力团队奖。

4. 高铁、武邵新闻采风活动声势大、影响好

为浓墨重彩宣传集团参建京沪高铁路建设和武邵高速公路建设取得的巨大成就和重大意义，按照股份公司2010年新闻宣传工作会议的要求，新闻中

心于7月中旬和9月初组织公司30多名记者到工地采风，创作了23篇约13万字有分量的工作和人物通讯，对京沪高铁三标项目部推荐的8名个人和6个集体典型在系统内外进行深入广泛的宣传报道，全方位展示了集团公司战略转型和在京沪高铁创造“中国速度”的不凡表现；对集团公司在武邵高速公路BOT＋EPC模式平台上探索基础设施高端市场的过程，在公司网站和《水利水电工程报》上进行了全面解读和报道。两次活动题材重大，主题突出，报道深入，反映良好。

5. 记者通讯员队伍建设加强

2010年，各记者站通过集中培训和工地采风活动提高队伍素养，提高了队伍的实战能力。水电五局组织了70多名通讯员参加了公司自行举办的新闻报道培训班，邀请了《四川日报》、《西南电力报》的资深编辑编辑、记者给大家授课；水电六局采取总部集中培训、二级单位对口培训和一对一单独培训三种方式进行通讯员培训，培训238人次；水电七局组织一次为期7天的新闻写作培训，参加培训人数70余人，邀请《人民日报》、《经济日报》驻四川记者站、《四川日报》等资深记者现场授课；水电八局在积极开展了通讯员培训的同时，还组织通讯员到湘江航电工地开展了摄影竞赛活动；水电九局自行举办一期45人参加的宣传通讯员培训班；水电十局组织各单位22名通讯员参加成都市记协企业报协会举办的新闻培训班；水电十一局邀请《中国水利报》资深编辑对公司近50多名通讯员进行了业务培训；水电十二局选送通讯员参加浙江省企业报协会举办的新闻业务培训班学习；水电十五局举办了一期新闻宣传业务培训班，邀请《中国水利报》记者进行了新闻写作及摄影培训；水电十六局从全局选拔组织40名基层通讯员参加福建日报新闻培训班的专业培训。同时各局还注重对通讯员岗位练兵，组织记者到工地一线进行新闻采风。其中，水电七局组织的“非水电项目记者行”采风活动，先后到包西铁路、响水风电、台山风电、成简快速路等工地采访，活动时间长，点多面广，报道主题深刻，形式多样，在系统引起了较大反响。

这些培训和活动有效地提高了各记者站的快速反应能力和实战能力，在去年的南方干旱、玉树地震、贵州关岭山体滑坡、福建南平洪灾、舟曲特大泥石流、东北洪灾、四川汶川泥石流等自然灾害报道中，相关各局记者站都以敏感的新闻意识、良好的职业素养及时向公司新闻中心和社会媒体发送了大量公司积极抢险救灾支援地方的新闻报道，彰显了企业社会责任。

6. 信息报送工作取得了历年来的最好成绩

去年6月，公司召开了首届新闻宣传及信息工作会后，为认真贯彻落实国务院国资委信息工作会议精神，股份公司党委从加强信息工作规范化建设入手，下发了《股份公司信息报送工作管理办法》、《股份公司信息报送工作实施意见》，把此项工作做到了制度化，并建立了国内信息、国外信息、总部信息三个分支网络，进一步健全了股份公司和各子公司两级信息工作领导小组，完善了信息报送网络。各子公司和有关部门充分认识了信息工作的重要性，并切实加强对信息工作的指导，广大信息员充分利用身处基层的信息发生地的优势，及时采写上报。同时党委工作部加强了与国务院国资委相关部门的联系，随时掌握《央企要情》报道要点和动态，有针对性地加强了报道力度和指导力度，发稿的质量和数量有了较大提高。2010年，集团公司共向国务院国资委《央企要情》报送稿件189篇，采用数102篇，位列125家中央企业的第8位，位列7家建筑类央企第1位，获得2010年度“中央企业信息工作先进单位”荣誉称号，提高了集团公司的知名度和美誉度。

回顾一年的工作，我们深切感受到，做好企业新闻宣传工作，离不开公司党委的高度重视和正确领导，离不开各子公司的倾心关注和大力支持，离不开报社和各地记者站和通讯员的团结协作和共同努力。在此，我代表公司党委向所有关心和支持新闻宣传工作的领导和广大记者通讯员表示衷心的感谢！

在肯定成绩的同时，也要清醒地看到，我们的工作与公司党委和广大员工的要求还有不小差距，报刊、网络、音像的整体质量需要进一步提高，深度报道、专题策划需要进一步加强，信息报送工作还严重存在滞后、漏报与缺乏深度流于一般化等。同时，各记者站、通联组织建设还需进一步规范和加强。这种状况与公司发展对新闻宣传工作的要求不相适应，必须引起各级领导高度重视，并切实采取措施加紧改进。

二、2011年的工作要求和重点

今年是中国共产党成立90周年，也是公司实施“十二五”规划的开局之年，公司的宣传工作任务光荣、责任重大。因此，我们要认真谋划，周密安排，突出重点，狠抓落实。今年公司新闻宣传工作的指导思想是：坚持高举旗帜、围绕大局、服务人民、改革创新；坚持贴近实际、贴近生活、贴近群众；坚持正确的舆论导向，把握公司新闻宣传工作的主旋律；紧紧围绕科学发展这个主题和加快转变经济发展方式这条主线，着力营造推动科学发展、促进社会和谐的浓厚氛围，结合公司的实际，切实提高新形势下新闻宣传工作的感召力，为公司快速发展提供强有力的思想保证和舆论支持，以优异成绩迎接中国共产党成立90周年。

（一）准确把握企业当前的新形势、新要求，不断提高新闻宣传舆论引导能力和水平

胡锦涛同志指出，要“科学地认识和把握新形势下的宣传思想工作的特点和规律，形成新思路，探索新办法，开辟新途径，取得新成效”。党的十七届五中全会再次强调，面对新形势的挑战，宣传思想文化工作要坚持高举旗帜、围绕大局、服务人民、促进发展、改革创新的指导方针，我们要深刻领会，认真落实。进一步加强企业新闻宣传工作，进一步提升和改善企业新闻宣传舆论引导能力和水平，是适应形势发展的必然要求，也是实现公司科学发展、和谐发展的迫切需要。

1. 公司发展新形势对新闻宣传工作提出了新的要求

公司2010年工作会议，对公司发展所面临的新形势作了全面的分析，概括地讲，“十二五”时期我们面临着新的发展机遇和新的挑战，未来的国际国内竞争将在更高层次、更新水平上更为激烈。当前，公司又面临着企业重组和改制上市的新机遇。一方面是新的发展机遇，另一方面又是新的挑战，同时还有面对企业平衡过渡、持续发展和保持稳定的巨大压力。深入学习实践科学发展观、加快企业经济发展方式转变，推进企业改制，建立现代企业制度，弘扬企业精神，凝聚公司全体员工力量等，都对新时期公司新闻宣传工作提出了新的任务和新的要求，做好企业新闻宣传工作任务繁重，意义重大，使命光荣。

面对新形势下新任务、新要求，当前和今后一个时期，公司的新闻宣传工作要以认真学习宣传贯彻党的十七届五中全会精神为指导，深入贯彻科学发展观，以科学发展为主题，以转变发展方式为主线，不断创新报道思路，加强宣传策划，丰富报道内容，改进报网电视的文风，提高舆论引导能力，为实现公司建设世界一流公司和又好又快发展营造良好的舆论氛围。

2. 媒体发展的新形势对新闻宣传工作提出了新的要求

进入新世纪后，新闻媒体业界进入一个加快发展的阶段。网络媒体等新媒体的发展提速，使得传媒业发生着日新月异的变化。传统新闻媒体的传播格局、传播手段、传播效果都因之改变。这一方面使得传统主流媒体的影响力格局发生变化，另一方面也促使了传统媒体的整合发展，推动传统媒体向立体化、全媒化发展。与此同时，中央明确提出要加快文化体制改革。这些是新时期企业新闻宣传工作面临的新形势，也是我们必须面对的考验。

3. 适应新形势，探索新思路，努力提升新闻宣传舆论引导能力和水平

公司宣传工作要准确把握经济社会、电力发展、传媒发展趋势，积极探索新形势下的企业新闻宣传的内在规律和有效途径，进一步改进企业新闻宣传工作的方式方法。我们要认真落实公司年度工作会议精神，着力在建设企业宣传的主平台、传播企业文化的主载体、了解企业情况的主渠道方面下工夫，为公司平稳健康较快发展提供强大的文化支撑。

（1）要在开展重大主题宣传方面上水平，服务企业科学发展。要紧紧围绕公司“十二五”规划纲要和工作方针，紧紧围绕公司发展战略和中心工作，切实做好重大决策、重大部署、重大决定、重大任务、重大活动的宣传报道，全方位、多角度及时反映公司发展与改革的新成就，把广大干部职工的思想统一到国务院国资委关于中央企业做强做优做大和股份公司关于公司建设世界一流公司的重要方针、指示和决策部署上来。要通过切实有效、生动有力的宣传，加强公司职工对改革发展思路和远景目标的理解和认识。要不断提高组织策划能力，提升宏观把握能力和思想深度，打造一批能够反映时代精神、体现企业文化、具有一流水准的精品力作，进一步提高舆论的公信力和影响力。要加强整体组织策划，树立多维报道理念，调动报刊网音像等多种宣传资源，运用各种宣传方式，形成报刊、网络、电视整体联动的立体式宣传报道格局，为公司科学发展营造良好的舆论氛围。

（2）要在紧密联系企业改革发展实际方面上水平，推进企业创新实践。积极主动做好热点、难点、焦点问题的舆论引导，及时发布权威信息，加强政策解读，回答群众关切的问题，努力解疑释惑。要积极宣传推广基层实践中创造的鲜活经验和有效做法，充分发挥基层典型经验、典型事迹的示范和辐射带动作用。要注意发现和宣传各子公司落实股份公司发展战略和工作方针的新理念、新思路、新举措，促进企业科学发展。

（3）要在服务读者方面上水平，满足职工精神文化需求。坚持贴近实际、贴近生活、贴近群众，充分考虑广大干部职工特别是基层一线职工的阅读习惯和接受能力，把深邃的理论用平实质朴的语言

讲清楚，把深刻的道理用群众乐于接受的方式说明白，使抽象的理论逻辑转化为形象的生活逻辑。要关注民生，体察民意，反映民情，找准基层职工关心的问题，联系基层职工身边的事例，运用基层职工喜闻乐见的语言，用事实说话，用典型说话，用数字说话，力求内容上丰富多彩，形式上生动活泼，不断满足行业职工日益增长的精神文化需求。

(4) 要在促进企业职工队伍素质提高方面上水平，推动加强作风建设。在长期的水电发展与建设中，水电职工队伍形成了良好的行业作风，涌现出大量献身水电事业、奉献于祖国和人民、求真务实的先进典型。水电队伍是一支忠于党和人民，在关键时刻拉得出、顶得上、能打硬仗的队伍。用先进的思想引导人，以模范的事迹激励人，用事业的发展凝聚人，是我们新闻工作者义不容辞的职责。我们一定要注意宣传公司系统涌现出来的先进人物和先进集体的事迹，用他们的先进思想和模范行动感召和鼓舞广大职工群众，把水电行业精神在新时期发扬光大。同时，注意赋予新的发展和新的内涵，努力发挥新闻宣传在促进水电职工队伍素质提高方面的重要作用。

（二）今年新闻工作宣传工作的重点

2011年是公司实施“十二五”的第一年，公司面临公司整体上市的新挑战，面临电力体制改革的深化和中央企业外部重组的新机遇。我们新闻宣传工作的中心任务，就是要紧紧围绕贯彻落实今年工作会议提出来的主要任务和工作目标，全面做好新闻宣传工作，有力促进和推动公司全年各项工作目标的顺利实现。

2011年新闻宣传工作的重点应把握以下八个方面。

1. 要做好企业重组宣传

按照国家深化电力体制改革的要求和国务院国资委的部署，国家电力设计、施工企业一体化重组已经启动，这将有利于我们提高企业竞争力、优化配置资源，在更高层次上做优、做强、做大。但随着重组的工作的推进，不可避免地要出现一些无法预见的矛盾和问题。对此，我们要高度重视，加强组织领导，统筹改革发展和稳定的关系，充分发挥新闻宣传工作的优势，加强宣传，正确引导，宣传改制重组的重大意义，及时宣传改制重组的进展动态，对改制重组过程中出现的问题进行解惑释疑，对职工的思想进行有效疏导，切实把思想和行动统一到国家电力体制改革的精神上来，统一到国务院批准的改革方案上来，统一到国务院国资委的安排部署上来，统一到重组将有利于公司发展的认识上来，切实做到在改制重组过程中思想不乱、生产不断、队伍不散、国有资产不流失，维护企业和社会稳定。

2. 做好股份公司工作会议的深入报道

股份公司2011年工作会议，全面总结了公司2010年和“十一五”时期的工作，深入分析了公司改革发展形势，提出了“十二五”时期公司发展的总体战略思路和远景目标——建设具有较强国际竞争力的质量效益型世界一流公司的目标，使公司迈上了一个更高的高度。确立建设具有较强国际竞争力的质量效益型世界一流公司目标，符合党中央、国务院的精神，符合国务院国资委的要求，符合股份公司改革发展的方向，对于企业战略转型升级上水平具有重大意义。做好会议精神的全面深入的宣传报道，是我们新闻宣传工作者今年的重要任务，必须认真思考。

报道主题：以科学发展为主题，以加快转变发展方式为主线。一是五个突出报道：突出国际竞争力的显著增强；突出发展的质量效益；突出结构的调整优化；突出整体素质的全面提高；突出加强和改进企业党的建设，把国有企业的政治优势切实转化为企业发展能力。二是“五大战略”报道：国际业务优先发展战略；转型升级战略；人才强企战略；行业科技领先战略；和谐发展战略。三是“四个转变”报道：继续推进增长方式由主要依靠要素投入、规模扩张向主要依靠管理创新、员工素质提高、科技进步的转变；继续推进领导团队、员工队伍向学习型、现代型、国际化的方向转变；继续推进由传统的国有企业制度向中国特色现代国有企业制度转变；继续推进资源配置方式向集团化、市场化、社会化方向转变。

3. 做好中国共产党成立90周年宣传报道工作

宣传新中国成立60多年特别是改革开放30多年电力建设取得的伟大成就，唱响共产党好、社会主义好、改革开放好、伟大祖国好的时代主旋律。在“七一”前后，推出一批基层先进党组织和先进共产党员，充分展示基层党组织的战斗堡垒作用、共产党员的先锋模范作用、党员领导干部的模范带头作用。当前，全党正在广泛开展学习宣传杨善洲同志活动，我们要把学习杨善洲同志的先进事迹同学习宣传身边的先进人物结合起来，进一步激励广大党员干部职工奋发向上，立足岗位，创造一流工作业绩，推动公司做强做优、科学发展。

4. 典型人物和先进集体报道

努力挖掘公司系统的工作模范、道德模范和各类先进人物，重点推出一批在建筑行业、在社会上有影响力的典型单位和典型人物，大力弘扬时代精神，颂扬新时期企业员工的崭新风貌，提升公司的行业精神、思想价值和文化价值。

5. 继续做好创先争优先进事迹活动报道

要大力宣传报道公司系统开展创先争优活动的好经验和好做法，大力宣传报道公司系统涌现出的先进党组织和优秀党员，通过开展学习宣传创先争优先进事迹活动，把先进人物的崇高精神，转化为广大党员干部职工奋发向上、积极进取的强大动力，营造成广大党员干部职工比学赶超、争创一流的良好氛围，全力推动“建设具有较强国际竞争力质量效益型世界一流公司”目标的实现。在新闻宣传工作中，要积极探索中国特色现代国有企业制度下企业党组织发挥政治核心作用的有效途径，不断把党的政治优势转化为企业科学发展优势，把党的组织活力转化为企业核心竞争力。

6. 要做好企业法制和文化建设的报道

结合企业整体上市，要加大对《公司法》、《证券法》及相关法律的宣传力度，使企业不断完善法律风险防范机制，使员工不断提高法制观念和法律意识。企业文化建设，主要解决发展观念、思路和共有价值观以及战略认同度的问题，使社会主义核心价值体系和企业精神、企业理念这些文化元素在企业中深入人心，达成共识，潜移默化地成为广大员工的自觉行为，进而形成推动企业不断发展的强大精神动力。

7. 要突出科技创新的宣传

公司秉承“顺势而变、诚信守诺、科技领先、管理图强”的经营理念，确立了“建设国际行业科技领先型企业”的科技发展战略，致力于“科技兴企”。各单位要立足公司战略发展和应对未来竞争的需要，切实贯彻“科技领先”的经营理念。大力宣传公司推广自主创新的典型经验。充分宣传公司在国内外世界级水利水电建设项目中，通过科研攻关和工程实践，取得相当数量的有影响、高水平、拥有自主知识产权的科技成果，彰显公司在国际同行业技术标准上的话语权。宣传一批公司在非水电基础设施重点领域将水利水电施工的先进技术与相关行业技术集成创新，打造成具有中国水电特色的技术品牌的新成果。

8. 要加大反腐倡廉和惩防体系建设宣传力度

一是积极探索创新工作方法，通过报纸、电视、网络等媒体，及时、深入、立体宣传公司党风廉政建设和反腐败工作的目标任务、工作措施、进展成效，为推进具有公司特色的惩防体系建设营造良好氛围。二是宣传公司系统企业领导人员廉洁从业的先进事迹和先进人物，宣传企业落实党风廉政建设责任制、落实“三重一大”决策制度、落实廉洁从业若干规定和反腐倡廉教育、作风建设主题实践活动等，筑牢思想道德防线方面好的经验和做法。要大力弘扬正气，树立企业新风，积极营造风清气正的企业环境。三是发挥舆论监督功能，对一些不正之风和腐败现象，要采取适当的方式及时反映，形成一个不想腐败、不能腐败、不敢腐败的舆论氛围，做到警钟长鸣，确保企业不出问题，干部不出问题。

以上提出了今年新闻宣传的八项重点工作，供大家研究参考。总之要紧紧围绕公司的“十二五”发展规划和发展战略，围绕企业中心工作，围绕提升企业形象，围绕企业的又好又快发展，努力发挥好新闻宣传工作的作用。

（三）几点要求

新形势、新任务要求我们必须以十七大精神和科学发展观统领公司的新闻宣传和信息工作，努力完成公司党委赋予的各项工作任务。下面，就如何做好今后的工作提四点要求。

1. 各级党委要继续加强对新闻宣传信息工作的领导

新闻宣传是党的思想宣传工作的一项战略任务，股份公司各级党组织要切实加强对新闻宣传工作的领导，高度重视这一工作，并摆上重要议事日程。要全面指导公司的新闻宣传工作，定期研究制订本单位的新闻宣传工作的整体规划，就公司重大政策、重点工作、先进典型的宣传及舆论引导工作提出要求。要把新闻宣传工作置于公司改革与发展的全局之中，形成新闻宣传部门组织、策划、实施，各部门通力协作的中国水电新闻“大宣传、大服务”格局。要以高度的政治敏锐性和政治鉴别力，在重大问题、敏感问题、热点问题上严格把关，弘扬主旋律，打好主动仗。要积极为新闻宣传和信息部门提供必要的组织和物质保证，在人员、经费、设备、办公条件上，尽可能满足实际工作需要，满腔热情地支持新闻宣传和信息工作。

2. 切实做好信息报送工作

央企上报信息是中央领导和国务院国资委领导了解基层情况的重要途径，也是党和国家科学决策和指导工作的重要参考依据。做好信息报送工作不仅是中央企业义不容辞的职责，也是提高企业竞争能力和企业影响力的有力手段。各单位要在不断健全信息报送体系和完善信息工作机制的基础上，增强责任意识，提高工作能力，促进公司信息工作上台阶。一是要强化“信息第一”的意识。央企的重大信息特别是一些事关行业全局的重要信息，对国家作出应对策略具有重要参考价值，事件发生后应在第一时间优于新闻、快于新闻上报。二是要加强对信息的研判。对掌握的信息要进行认真分析、挖掘，提炼出有价值的信息上报。三是要注重挖掘深度综合信息。对于企业所处行业发展面临的重大问题和发生影响全局的事件，要结合国家经济和社会发展作深入调研、分析、综合，写成有分量的综合信息上报，提高公司信息报送质量。

3. 打造一支高素质的记者通讯员队伍

建设一支具有坚定政治立场、良好业务素质、广博文化知识、高尚职业道德、过硬工作本领的企业新闻宣传工作者队伍，是做好企业新闻宣传工作的重要保障。广大记者、通讯员要充分认识肩负的重大责任，进一步增强政治意识、大局意识、责任意识、阵地意识。进一步加强自身建设，要发扬勤奋好学、学以致用的作风，养成勤奋学习的习惯，学习政治理论，坚定理想信念；学习科学文化，完善知识结构；学习思想方法，训练思维能力。要坚持学习与思考相结合，学习与运用相结合，学习与创新相结合，不断开阔视野，优化知识结构，提高综合素质，增强做好新形势下企业新闻宣传工作的本领。

4. 要发扬勇于探索、敢于创新的作风

新闻是对实践的报道，实践是与时俱进的，反映实践的新闻也必然是与时俱进的。记者、通信员必须牢牢树立起创新意识，培植创新思维，吸纳创新知识，坚持用时代要求审视新闻宣传工作，按照新闻传播规律办事，把继承与创新统一起来，确立与企业发展形势、与时代精神相适应的新观念、新做法，积极探索工作的新途径、新办法，努力实现在内容、形式、方法、手段、机制等方面的创新。

同志们，新闻宣传工作是一项富有开创性和挑战性的工作。在新形势下，公司新闻宣传工作的责任更加重大，使命更加光荣，舞台更加广阔。公司党委对新闻宣传工作高度重视，对新闻宣传工作者寄予厚望。希望同志们认真贯彻中央宣传方针和公司党委部署，再接再厉，顽强拼搏，求真务实，开拓进取，努力谱写企业新闻宣传工作的新篇章，为推动股份公司又好又快发展作出新的更大贡献！

围绕中心　创新工作
动员全体职工为实现公司的各项目标建功立业

——在股份公司一届二次职工代表大会上的讲话

(2011年1月22日)

王　宗　敏

各位代表、同志们：

2010年，我们胜利跨入了千亿元资产的中央企业行列，成为中国水利水电建设集团公司发展历程中辉煌的里程碑。集团公司13万儿女为此感到骄傲和自豪！共同欢呼和见证这必将载入历史的不平凡的2010年。在这光荣的时刻，我们胜利召开了一届二次职工代表大会，股份公司各个层面的182名职工代表齐聚祖国的首都，肩负着13万员工的重托，共商公司未来的发展大计。

借此机会，我受工会常委会的委托向大会报告一年工会所做的主要工作和职工董事履职情况。

一、一年来工会所做的主要工作

(一) 在股份公司党委的领导下，我们建立了集团层面的职代会，为推进企业民主政治建设建立了从基层到高层的民主沟通平台。对总部部门副主任以上领导干部的无记名评议，体现了广大职工代表对使用干部的话语权和监督权。股份公司首届职代会的圆满成功必将对集团公司的发展产生深远的历史影响。

（二）在去年的职代会上，我们共征集职工代表提案77份，为股份公司领导决策提供了来自各条战线上的富有建设性的信息，有半数的提案在制订政策时被陆续参考使用。

（三）去年职代会闭幕以后，我们制定了职工代表大会联席会议制度、代表培训制度、代表述职制度、代表巡视制度、专门委员会工作制度、代表提案管理制度、质量评估制度、职工董事述职制度、文书档案管理制度，作为指导全系统职代会工作的配套制度。

（四）建立了先进人物疗养制度。在股份公司党委的积极支持下，出台了《股份公司先进人物奖励性疗养办法》，于2011年9月5～28日分三批组织了54名先进人物赴北戴河疗养，体现了组织上对作出贡献的先进人物的关心和爱护。这将成为激励更多的员工为企业生存和发展更加努力工作的无形动力。

（五）承办了第七届全国电力行业职业技能竞赛坝工模板工决赛。在这次全国性的技能比赛中，中国水电集团公司、葛洲坝集团公司、中国安能集团公司的选手同台竞技。受表彰的前40名选手中，中国水利水电集团公司占据31名席位，前7名全是中国水电集团公司的选手，特别是水电八局，囊括了整个比赛的前3名，为各工程局如何培养技术工人树立了榜样。

水电八局为了承办好此次比赛，党委书记朱素华、工会主席肖华民，亲自坐镇在现场，精心组织，为选手比赛提供了舒适的环境，为这次比赛的成功作出了贡献，受到全国总工会和国家人力资源劳动保障部领导的表扬。

（六）结合集团公司的生产经营需要，开展了两次大规模的劳动竞赛。在举世瞩目的京沪高铁和南水北调河南段的各个项目中分别开展了大规模高层次的劳动竞赛，分别有13个工程局同台竞技，这在集团公司历史上还是第一次。

我们每个工程局都有着令人骄傲的历史瞬间，都以能在各自的领域纵横捭阖感到光荣，现在放在一个平台上竞争，对各自的管理能力、施工实力是一次很好的检验。每个参与竞赛的工程局为了自身的荣誉，为了项目的合同目标，充分调动各自的资源，最大限度地发挥参战职工的积极性，顶酷暑、洒汗水，涌现出了许许多多可歌可泣的英雄事迹，胜利地完成了预定的目标，受到业主、监理、设计的广泛赞誉。

（七）借助远程教育，组织660名班组长参加了国务院国资委和清华大学组织的班组长远程培训。使班组长在各自的岗位上接受了高层次、高水平的专业培训，提高了班组长在日常管理工作中的水平。

（八）继续开展了扶贫送温暖活动。扶贫济困在中国水电集团有着光荣的传统，“不让一个职工看不起病、不让一个职工的子女上不起学、不让一个职工生活难以维持”的口号深入人心。各级工会组织大都建立了职工特困救助基金，体现了对职工的人文关怀，推进了和谐企业的建设。

2010年，水电一局、水电六局、水电十六局的基地先后发生了洪涝灾害，股份公司总部全体员工、在京公司的员工和部分兄弟工程局都伸出了救援之手，体现了“中国水电”这个大集团“一方有难、八方支援”的博大胸怀。

（九）稳步推进厂务公开的工作。大多数单位都设立了厂务公开栏、局域网等形式对企业的重大问题、重要决策及时披露，基本保障了职工的知情权。去年，集团公司被全国总工会授予“全国厂务公开民主管理先进单位”的光荣称号。

（十）各级工会组织结合各单位的实际积极开展了各种职业技能比赛和劳动竞赛活动，提高了职工素质，促进了企业的生产经营。积极开展了丰富多彩的文体活动，活跃、充实了广大职工的精神生活，并积极参与了全国层面的体育比赛。

二、职工董事履职情况

2010年，我担任职工董事以后，认真学习了《公司法》、《劳动法》、《工会法》等国家基本法律，学习了有关企业改革、重组改制、兼并破产、产权转让、主辅分离和职工董事等相关方面的法规、规章和政策，认真参与了上级组织的有关职工董事的培训和学习，对职工董事进入董事会参与决策有了进一步的认识，明确了肩负的职责，为源头参与维护职工的合法权益奠定了思想和理论基础。

依据法律和上级文件要求，职工董事具有常规职责和特别职责两种情况。

（一）履行常规职责情况：即履行《公司章程》规定的董事的权利、义务情况。

积极参加了股份公司召开的13次董事会。对董事会决策的每一个议题都进行了认真的了解和思考，并和其他董事建立了不定期的沟通渠道，相互交流看法，与管理层保持日常联系，了解每个决策议题的背景和主要风险。认真负责的在董事会上阐述意见，认真投票。

（二）履行职工董事特别职责的情况：即履行关

注和反映职工合理诉求，代表职工利益和维护职工合法权益的特别职责情况。

我们是一个具有50多年光荣历史的大型国有企业，一大批干部都来自基层，和广大职工有着天然的血肉联系，各级党组织、行政组织、工会组织都比较重视职工基本利益的维护，所以一年来没有发现有危害职工利益的政策出台，也没有发现特别危害职工利益的事件出现，仅有一些零星的关于工伤补偿、困难职工看病等个别问题的诉求，均已通过相关组织协商，已做好妥善处理。

做得不足的地方有：还没有通过工会组织系统完全建立起反映职工诉求的信息渠道；深入基层调查研究基层职工生活和工作情况不够。在新的一年里需要认真改进工作，不辜负组织和广大职工的期望。

三、在党委领导下，继续深化企业的民主政治建设

（一）积极推进职代会相关制度的落实，重点推进职工代表巡视制度和述职制度的落实。我们的各级领导干部大都是从基层、从一线经过长期锻炼和考验逐渐走向领导岗位的，和职工群众有着天然的、历史的联系。但是随着企业规模的不断扩大，点多面广，市场开拓，经营管理，安全生产任务繁重，社会事务繁多等原因，一些领导干部深入一线，倾听职工的呼声少了。加之层级不断增多，来自一线的真实信息不同程度地受到衰减。一些单位在生产经营中出现的问题常被一些“报喜不报忧”的畸形文化而遮盖。群众的观点、群众的疾苦、一线的艰辛，渐渐被一些领导干部淡忘，高高在上，耳目闭塞，陶醉在一片赞扬声中。一些领导干部长期处在这种不对称的信息之中，必然会导致企业下滑、优秀员工流失。所以建立职工代表巡视制度，去第一线了解基层职工和干部的思想状态、存在的问题，无疑可以为上级领导提供一线最直接的信息。

职工代表巡视制度的推行在集团公司历史上是第一次，所以一定要认真组织，避免流于形式。代表巡视可以分为股份公司、子公司（控股公司）两个层次来开展，要有详细的调查提纲，把问卷调查和座谈会、个别交谈结合起来，巡视结束以后要形成实事求是的调查报告。

职工代表每年分批向各自选区的职工征求意见并作述职报告。

（二）进一步深化厂务公开工作。厂务公开是中央对国企的历来要求，目的是使广大职工具备知情权，同时厂务公开也是民主监督的重要内容。各级领导干部要注意学习，提高认识，避免群众议论的“职工想知道的不公开，公开的职工不关心”的问题出现。机构变化、人事调整、项目投资、分配改革、住房和生活补贴等涉及职工利益的重大问题要及时公开。公开的形式可以通过报纸、网络和公开栏等多种形式。各级工会组织要切实履行职责，各级行政组织要给予积极支持，各级党组织要加强领导。

（三）深入研究在企业法人治理结构制度下，如何发挥工会的作用。企业改制后，管理模式和思想观念都会发生变化，为工会工作赋予了新的使命。工会组织代表职工的利益，维护职工的合法权益，是法律赋予工会的神圣权力，企业应当支持工会依法开展工作。工会应当支持企业依法行使经营管理权。在企业困难的时候，要引导广大职工和企业共渡难关；在企业顺利的时候，特别是企业发展较好的时候，企业要与广大员工共同分享改革胜利的成果，兼顾好各方的利益。

（1）正确处理好股东会和职代会的关系。股东会的主要职权侧重在公司的重大经营问题的决策；职代会的主要职权侧重在讨论企业重大经营决策并提出建议。对企业改革改制、产权变更、资产重组、职工安置，以及涉及职工利益的重要制度事项上具有审议建议权。在这些问题的议事程序上，应采取职代会审议在前，董事会、股东会审议决策在后。

（2）正确处理职代会和职工董事、职工监事的关系。职工董事、职工监事由职代会选举产生，向职代会负责。职工董事、职工监事代表全体职工行使法律赋予的权利，完成职代会的委托事项，贯彻职代会的意志，定期向职代会报告工作，接受职工代表的评议和监督。如果职工董事、监事没有履行职责，职代会有权罢免。

职工董事、监事，在参加董事会和监事会时，要如实表达职工群众的意见，实施源头参与和监督，维护职工群众的合法权益。

（3）正确处理厂务公开和上市公司信息披露的关系。厂务公开是要在涉及企业改革发展、职工关心的热点难点问题，通过内部公开网络，及时分层次向全体职工公开。

上市公司信息披露是依据《证券法》等规定，对董事会、监事会、股东会决议公告、收购和出售资产事项公告、关联交易公告和其他重大事项等内容向社会各界进行信息披露，并通过有关会议、公开栏、办公OA系统等形式，向全体职工公开。

需要注意的是上市公司的信息披露不能代替厂务公开。

我们是大型的国有企业，党组织、行政组织、工会组织是从不同的侧面工作，共同保证企业生产经营始终在健康的道路上发展。角度不同，目标一致，所以各级工会组织要和党组织、行政组织的领导充分沟通、相互理解。工会组织要在党组织的领导下，创造性地开展工作，以充分发挥在法人治理结构下工会工作的重要作用。

（四）以班组建设为重点，关注技术工人的培养和使用。一个企业，合适的人才结构才能构成企业核心的竞争力。一个建筑企业，单单具有优秀的管理人员、技术人员是远远不够的，还需要一定比例的具有专业的技能工人，因为我们企业的产品最终都要依靠技术工人用灵巧的双手把它做出来。那种把项目的工期、质量全部寄托在外协队伍上的观点是造成部分项目严重失控，企业声誉受到损害的重要原因。

要重视架子队的建设，这是加强班组建设和培养技术工人的基本载体。

（五）切实负起责任，建立和完善维护职工合法权益的信息渠道。支撑企业脊梁的是企业的广大职工，维护广大职工的切身利益就是维护企业的生命。在我们企业里，任意侵害职工利益的事件是极少见的，但是拖欠职工工资、职工的劳动保护用品少发或迟发、安全防护设施不做或做得不合标准等类似事件还是时有发生的。这些事情都会成为影响职工积极性的重要因素，各级工会组织要切实履行职责，建立起维护职工合法权益的信息渠道，及时解决和反映出现的问题。

（六）继续开展职工技术比武活动，加强技能型人才队伍建设。技术比武的作用主要是为全系统的技术工人提供一个展示自己技艺的平台。对优胜者授予技师、高级技师、工匠等称号，在报纸、网站上广泛宣传，目的是激励更多的职工学技术、学本领。只有拥有一大批技术稳定的职工，才可能产生质量稳定、工艺一流的产品。

（七）在经济许可的前提下，建立职工救助基金，建立职工补充医疗基金，并建立稳定的基金来源。深入开展困难职工帮扶工作，努力解决职工生活中存在的困难，进一步促进和谐企业建设。

（八）继续完善健全职工法律救助体系和劳动争议调解组织，努力维护社会的公平正义！

各位代表、同志们：未来的十年，中国的建筑市场，第三世界国家的建筑市场依旧会保持繁荣，为我们继续发展壮大提供了历史的市场机遇。我们要进一步振奋精神，努力工作，团结一心，同心同德，充分发挥广大职工的聪明才智和伟大的创造精神，在股份公司党委领导下，去开创中国水电更加辉煌的未来！

持续改进　扎实工作
为股份公司平稳较快科学发展提供保障

（2011年11月15日）

宗　敦　峰

同志们：

今天在河南郑州召开股份公司2011年度质量管理工作专题会议，会议的主要内容是：认真实践科学发展观，进一步贯彻落实股份公司工作会议精神，总结"十一五"时期和一年多来公司质量管理工作，交流经验，表彰、奖励"十一五"时期质量管理先进单位和先进个人，表彰公司优质工程和优秀项目经理，通报表彰"十一五"以来获得国家级优质工程的单位，研究部署今后一段时期公司质量管理工作的重点。

今天的会议，孙洪水副总经理还要作重要讲话，总结股份公司"十一五"以来质量管理的主要工作，分析当前公司质量工作的形势和任务，强调公司当前质量工作的重点。对孙总的讲话和要求，我们要深刻领会、认真贯彻落实。按照会议安排，我就去年质量工作专题会议以来的工作和今、明两年工作要求作一个专题报告。

一、一年多来质量工作的简要回顾

（一）不断优化完善质量管理体系，建立健全制度体系

近年来，股份公司两级工程建设企业，建立了质量、环境和职业健康安全三位一体的综合管理体系，全部通过了第三方认证机构的认证，历年来的外部审核结果表明，母子公司质量管理体系持续有效运行。去年以来，结合公司业务发展的需要和相关规定，母子公司质量管理体系进行了必要的改进和完善。

一是股份公司国际公司，根据业务发展需要，在原质量管理体系的基础上，聘请专业公司咨询，集中公司部分子企业质量管理专家的力量，研究、编制、发布了股份公司质量、环境和职业健康安全管理体系海外业务子体系，对股份公司和国际公司签约管理的国际项目，统一采用公司海外业务子体系，理顺了管理关系和标准，对国际工程项目项目管理意义重大。

二是与股份公司质量、环境和职业健康安全管理体系海外业务子体系建设同步，公司设计调整了总部三位一体管理体系，与海外业务子体系关系更加有机地结合，使得公司管理体系在项目上落地。

三是按照中国国家认证认可监督管理委员会与住房和城乡建设部的决定，自2010年11月1日起，在建筑施工领域质量管理体系认证中应用《工程建设施工企业质量管理规范》，对已获得质量管理体系认证证书的建筑工程施工企业在监审、再认证时须完成认证证书转换。部分子企业已经着手或完成了满足上述要求的换版工作，并着手准备换证审核工作。

与母子公司质量管理体系持续改进同步，一年多来，母子公司的质量管理制度体系也得到不断完善。公司总部下发实施了《中国水利水电建设股份有限公司质量管理办法》、《中国水利水电建设股份有限公司工程质量事故处理暂行规定》、《中国水利水电建设股份有限公司优质工程奖评选办法》和《中国水利水电股份有限公司优秀项目经理评选办法》，各子企业也补充完善了大量的管理制度。

（二）积极开展形式多样的质量活动，提高公司质量管理水平

一年多来，股份公司两级企业积极开展“质量年”、“质量月”、QC小组、“创用户满意工程”等形式多样的质量活动，营造质量氛围，增强全体员工的质量意识，消除质量隐患，提高质量水平。

按照国家质检总局等十部门的要求，各子企业根据自身实际，积极开展丰富多样的“质量月”活动，营造质量氛围、开展群众性质量活动、质量服务活动、质量整治和提升活动，取得了良好的成效。

各子企业普遍开展了QC小组活动，吸引广大职工群众积极参与质量管理，提高职工素质，激发职工的积极性和创造性，改进质量、降低消耗，创造经济效益，取得了丰硕成果，彰显了群众性质量活动的巨大效应。

（三）强化质量责任制，加大两级总部指导管控力度

一年多来，各子企业不断建立和完善质量管理责任体系，从管理过程和管理效果两个大的方面对二级经营单位和项目进行质量考核与奖罚，层层签订质量责任书。质量激励和约束机制的建立，促进了员工特别是各级领导质量责任的落实。

两级总部按照集团化管理的要求，继续加大两级总部对质量工作的指导管控力度。公司总部按照各行业主管部门的要求，多次开展质量检查工作，及时发现问题，制订整改要求。对投诉或被告知发生在国内国际项目的质量问题，公司总部及时调查、深入研究，协调各方关系，监督整改工作，处理相关责任单位和责任人。

各子企业总部，利用项目考核、项目检查、质量活动、专项整治等机会和手段，指导和监督项目管理，发现质量问题，查找质量隐患，督促质量改进。

两级总部继续加大对项目的技术支持，组织项目重大技术问题的咨询、评审和专题会议，开展科技攻关，为保证工程质量提供了保障。

（四）分层次开展质量培训工作，加强质量管理队伍建设

近年来，股份公司不断加强质量管理队伍建设。一是加强组织建设，各子企业总部、二级经营单位和项目部设岗设人，配置了大量专（兼）职质量工作人员，基本消除了质量管理缺岗缺员的现象。二是各子企业坚持质量管理持证上岗制度，对国家和行业强制要求持证上岗的岗位，全面梳理，基本做到了持证上岗。三是分层次开展项目经理、质量管理人员和技术工人的培训工作。股份公司联合水利部，集中对质量管理人员综合培训；子企业利用社会资源和自身力量，根据自身实际，开展专题培训；项目部针对现场管理人员、技术工人、外来劳务人员，开展专业和技能培训。各单位对质量培训的认识不断提高，培训投入不断增加，培训内容不断规范，师资力量不断加强。

2011年，股份公司和水利部在郑州共同举办了

两期质量管理人员培训班，培训对象面向各公司南水北调项目部，课程内容主要包括：水利水电工程施工质量控制、水利水电工程质量标准、工程质量控制的统计分析、规范与强制性条文、工程质量管理政策等。培训班师资力量雄厚，除了邀请三峡大学的老师编制教材和授课，还邀请水利部建设与管理司相关领导进行专题讲座，邀请南水北调中线建管局相关领导讲解了众多工程实例，并与学员进行热烈的互动交流。课程结束后组织学员进行笔试，对考试合格的学员颁发由水利部授予的培训证书。为了不断提高培训班质量，最大限度地满足学员需求，在课程结束后要求大家认真填写意见调查表，根据多数人的反馈意见，培训内容贴近工程实际，切合工作需要，学员反映收效明显。

从各单位提交的工作总结来看，近年来各子企业的质量培训工作力度普遍加强，成为公司加强质量管理工作的一大亮点。

（五）继续开展“创优评先”活动，持续打造股份公司质量品牌

去年以来，股份公司继续开展质量工作的创先争优工作，评选公司优秀项目经理、优质工程，推出行业和国家优秀项目经理和优质工程，不断提高广大员工的精品意识，激励先进个人和优秀项目，培育项目经理队伍，打造公司质量品牌。

一是在历年工作的基础上，公司去年以来的工程创优工作注重了创优工作的培训工作，利用公司质量工作会、质量检查、优质工程复查等各种场合，宣传工程创优的目的与意义，普及工程创优的基础知识，指导工程创优的重点工作，减少了工程创优的盲目性。

二是为保证股份公司中国水电优质工程的质量，指导项目创优业务工作，公司优质工程评选加大了专家现场复查的力度，集中公司专家，现场抽查了16个项目。

三是与相关部委、行业组织积极沟通联系，介绍公司的质量创优成果，宣传水利水电工程的先进性，努力争取指标，并积极建言献策。在股份公司领导的建议下，中国施工企业协会今年首次设立了海外国家优质工程奖，中国建筑业协会正在研究扩大非房建行业鲁班奖评选范围的问题，中国电力建设企业协会增设了中小型工程电力优质工程的评选。

四是在今年公司水利水电工程由于验收手续等原因申报项目少的情况下，寻找突破口，获得了公司第一个房建行业境外鲁班奖，中国唯一一个海外国家优质工程金奖，在建筑行业引起了强烈反响。

2010年，股份公司在建工程完成单元工程198 123个，单元工程合格率100%，优良率96.31%，一次验收合格率99.3%，体现了较高的质量水平，总体质量水平处于受控状态。去年以来，公司新增鲁班奖6项、国家优质工程4项、中国电力优质工程6项、中国水利优质工程（大禹）奖3项。

总结股份公司的质量工作，依然存在着许多需要持续加强和改进的问题，在工作层面的主要有：

（1）一体化管理体系运行工作在一定程度上还流于形式，两层皮现象依然严重，有的单位内部审核、管理评审等活动没有认真实施，体系运行的有效性没有显现出来，贯标工作还需持续深入开展。

（2）母子公司质量管理体系不能完全满足公司非水电、海外工程等市场领域，投资、设计、监理、咨询、制造等专业的共性要求，需要进一步系统性改进和完善。

（3）少数项目部管理体系操作性不强，管理粗放，工艺作风粗糙，重进度成本、轻质量，特别是在原材料采购、质量检查、特殊过程控制以及“三检制”检查制度的执行上，控制不严，极易发生质量问题。

（4）个别单位和一些项目领导责任心不强，管理不到位，管理职责不明确，对质量管理理念的宣传和落实缺少广度和深度；现场质检人员能力不足、地位不高、不安心本职工作，现场管控力度不够，质量管理专业队伍的素质和能力需要提高。

（5）工程分包和外协队伍、外来劳务人员的管理存在大量漏洞，以包代管现象依然存在，今年公司发生的重大质量问题，多数与工程分包有关，外协队伍、外来劳务人员的管理将是今后一段时期质量工作的重中之重。

二、今明两年股份公司质量管理工作安排

分析股份公司质量管理工作的新形势，公司质量管理工作的任务仍然是紧迫与艰巨的，公司质量管理工作的工作思路是：认真实践科学发展观，适应新形势、迎接新挑战，大力实施“质量兴企”战略和品牌战略，不断建立健全母子公司质量管理体系，建立和完善质量责任制，严格工程质量的过程控制，全面提升企业质量管理水平，持续打造企业质量品牌，培育企业质量文化，为股份公司转变经营方式和持续稳步快速发展提供支撑和保障。

在深入落实公司总体工作要求和本次会议孙总重要讲话的基础上，重点开展以下业务工作。

（一）继续构建科学合理的母子公司质量管理体系，满足公司转型升级发展需要

质量管理体系需要持续改进，尤其是企业重大

变革和快速发展期。要不断改进和完善母子公司的质量管理体系，保证体系与公司业务发展的适宜性，满足公司转型升级发展需要。

一要继续开展股份公司三位一体海外业务子体系的宣贯工作，进一步理顺管理关系，确保有效运行。

二要针对股份公司业务结构调整的需要，深入研究非水电基础设施业务相关行业质量管理的特点，改进和完善质量管理体系，满足相关行业的质量标准，遵循相关行业的管理规律，符合相关行业的管理惯例。股份公司基础设施事业部和铁路事业部要牵头研究和建立、与两级企业质量管理体系有机结合的非水电基础设施业务质量管理子体系。

三要研究建立两级企业投资项目、BOT、BT项目、工程总承包项目的质量管理子体系，研究建立覆盖设计、监理、咨询、设备制造等公司全业务的质量管理体系。

公司工程科技部要以改进和完善总部质量管理体系为目的，继续推进母子公司质量管理体系的一体化建设，达到母子公司质量管理体系的有机融合，并通过体系运行，实现子体系对母体系的有效支撑和母体系对子体系的有效管理。

按照中国国家认证认可监督管理委员会与住房和城乡建设部的要求，各单位要及早着手修改换版工作，保证顺利通过质量体系应用《工程建设施工企业质量管理规范》的认证审核。

(二)严格工程质量过程控制，保障工程产品质量

工程产品质量在操作层面，关键在于过程控制。要树立“过程精品”、“过程管理”的新型质量管理理念，把质量问题消除在萌芽状态，把产品质量建立在过程之中。

一要严把重要物资材料的进口关，严格按照两级企业物资采购的规定和程序，选择优质供货商，严控采购物资检验，确保重要物资原材料的质量。

二要严格工艺标准，严格工序管理和工序检验，严格认真执行“三检制”，认真对待每一个过程、每一道工序、每一个细节，不放松任何标准，不放过任何不合格产品。

三要建立质量可追溯制度，通过记录、标示、档案，建立物资材料、工艺操作、检验验收全过程的可追溯性。

四要强化责任追究，建立和落实项目全员责任制和全过程的责任制，一旦发生问题，一定要找到最直接的原因，追查到具体责任人。

过程控制作为工程产品质量控制的重要环节，公司上下已积累了宝贵的经验，形成了成熟的标准，各单位都有好的做法。但是，工程施工质量问题的发生，往往具体体现在过程控制中，关键在于把握关键环节和工作落实上。

(三)严格管控分包工程和协作队伍，确保分包工程质量受控

分析近年来股份公司质量问题发生的原因，分包工程和外部协作队伍管理失控是重要原因之一。建筑大型企业扩大产能，采用总承包模式下的轻资产管理是发展方向，依法分包和劳务协作是国家认可的正常经营方式。降低工程质量不是工程分包和劳务协作的必然结果，关键是严格管控，严格执行并不断完善两级企业分包工程的管理制度。重点在于：

一要严格按照工程分包和选择外来协作队伍的权限、程序和规定，公开公正公平地开展工程分包和选择劳务协作队伍，严禁暗箱操作、变通运作，严禁选择无资质、无业绩、无资源、无能力的协作队伍；二要控制工程施工的主要材料和关键设备，避免受制于人，施工失控；三要配足管理资源，严格过程控制和验收检验，将分包工程和外来协作队伍纳入质量保证体系，严禁“以包代管”；四要公平对待外来协作队伍，合理价格，满足外来协作队伍的合理诉求，保证对待外来协作队伍正常经营的基本条件。

鉴于我国建筑市场专业队伍、劳务企业尚处于培育发展阶段，要培育公司的合格协作队伍，建立考核评价制度，实行档案管理。对实力强、管理水平高、守信用的协作队伍，要建立长期合作机制。

分包工程与外来协作队伍管理，是当前股份公司经营管理和项目管理的重大课题，不仅关系到质量安全和项目经营、履约，甚至关系到公司的科学发展。各级领导要高度重视，纳入到企业战略研究范畴和重点经营工作，一旦失控，就会造成不可挽回的损失。

(四)依靠技术支撑，大力推进质量管理标准化、信息化

质量管理离不开技术支撑，要进一步强化企业技术系统的质量职责，实现对项目管理的技术支持。要制订科学合理的施工技术方案并根据现场实际及时优化，明确工程项目的技术标准、工艺标准和检测、检验手段；要严格执行安全技术交底工作，开展现场技术岗前培训，确保每位员工了解自己的技术要领、质量标准，做到理解到位、执行准确；要大力推广应用新材料、新工艺、新技术，对工程技术难题进行技术攻关，开展质量技术研究，依靠技

术进步提高质量水平。

2012年，要深入开展包括质量标准化的项目管理标准化工作，借鉴铁路行业标准化工作的经验，研究建立公司包括管理体系标准、组织标准、制度标准、技术质量安全标准、现场标准在内的一体化标准体系，把项目的经营、管理、技术、作业以及外在形象用统一的标准予以规范，运用标准化工作方法提高公司项目管理整体水平。

目前，股份公司组织开发了公司工程项目管理信息系统，正在特级资质企业推广应用，公司总部各专业系统也开发应用了相应的信息系统，包括质量综合业务管理的工程科技管理系统，也已上线运行。要加大公司信息化系统的推广应用工作，不断整合完善系统功能，实现子系统之间的联通共享，早日实现股份公司全业务系统的信息化管理。

（五）继续开展质量教育，加强质量管理队伍建设

要加大力度，开展形式多样的质量教育，进一步提高全体员工的质量意识、精品意识。要重点开展质量管理队伍的职业教育，增强责任感、使命感，爱岗敬业，求真务实，积极奉献。

要继续开展系统的技术培训，针对需要，母子公司开展不同层次的培训；针对不同的群体，开展不同专业内容的岗位培训；针对不同岗位，开展不同形式的培训，通过技术培训提升质量管理队伍的素质、能力和专业化水平。要特别研究制订技术工人、外来协作队伍、外来劳务人员的培训工作，他们的劳动技能和质量水平直接影响企业的产品质量。

要研究制定质量专业队伍的评价激励机制，引导质量管理人员的事业追求和价值取向，激发他们的工作积极性。要继续开展质量工作的创先争优工作，在开展优秀项目经理评选的基础上，定期表彰质量工作的先进人物，推出国家、行业的代表性人物，大力宣传先进单位和个人的先进事迹。

（六）提高工作水平，积极有序的推进工程创优工作

经过股份公司几年来的大力推进，两级企业对工程创优工作的积极性普遍提升，认识水平逐渐提高，但是仍然存在着不同程度的误解和盲目性，必须改进工作方法，提高工作水平。

一要深刻理解工程创优工作的意义。工程创优工作的目的，一是激励增强企业和项目精品意识，提高工程实物质量水平，同时要求项目科技含量高、资源消耗低、环境污染少、综合效益好，并采取重大安全事故、违法违纪案件一票否决制，实际上是促进项目管理水平的整体提高，鼓励项目创造质量效益和综合效益，而不是鼓励企业一味的靠高成本、高标准完成工程。二是工程创优是一种机制，要求贯穿于建设的整个周期，不鼓励施工与申报两层皮。所以，工程创优要从开工开始，确立创优目标，制订创优规划，制订创优措施，通过实施、检查、改进、提高的过程，加强工程项目全过程的质量管理，不断提高项目管理水平。三是工程创优为企业质量品牌提供了载体，帮助企业为提高工程质量、创建精品工程树立目标，为企业树立良好的社会形象。

二要认真研究工程创优工作的业务知识和规律，提高工程创优的工作质量，提高优质工程申报的成功率。

三要统筹股份公司工程创优工作，规划特级企业、一级企业、专业企业的创优工作，保持水利水电行业的领头地位，大力推进非水电基础设施领域、国际工程和公司投资项目的工程创优工作。

此外，公司要加大优质工程的宣传力度，发挥优质工程的示范作用，彰显公司的品牌影响力和综合竞争力。

同志们，质量工作责任重大、使命光荣，让我们牢固树立科学发展观，不断创新工作思路、改进工作作风、扎实开展工作，确保公司质量形势的总体受控，支撑企业生产经营，建设一流企业质量品牌，为建设具有较强国际竞争力的质量效益型世界一流公司作出积极贡献！

第四篇　综　　述

Chapter Ⅳ Introductory Collection

中国水利水电建设集团公司概况

一、基本情况

中国水利水电建设集团公司是中央管理的、跨国经营的综合性大型企业，是中国规模最大、科技水平领先、最具实力、行业品牌影响力最强的水利水电建设企业，是中国电力建设集团有限公司重要的子企业。具有国家施工总承包特级企业资质、对外工程承包经营权、进出口贸易权、AAA级信用等级。其前身为20世纪50年代初成立的燃料工业部水力发电建设总局，后在国家部委机构调整中，经过几次合并与拆分，名称和隶属关系有所变化，先后由水利电力部、能源部、电力工业部、国家电力公司归口管理。2002年12月，在国家电力体制改革中经国务院批准正式改组为中国水利水电建设集团公司，成为由国务院国有资产监督管理委员会监管的中央企业。根据国务院国资委2011年9月29日通知，经国务院批准，中国水利水电建设集团公司、中国水电工程顾问集团公司与国家电网公司、中国南方电网有限责任公司所属14个省（区、市）勘测设计企业、施工企业、修造企业重组，组建中国电力建设集团有限公司，由国务院国有资产监督管理委员会代表国务院履行出资人职责。中国水利水电建设集团公司成为中国电力建设集团有限公司的全资子公司，不再列入国务院国有资产监督管理委员会履行出资人职责的企业名单。

中国水利水电建设集团公司（以下简称集团公司）注册资本金40亿元，截至2011年底，集团公司总资产达1632.15亿元，在中国各大区域设有19个全资子公司、9个控股公司、2个参股公司，在世界53个国家设有69个驻外机构。在职员工近13万人。集团公司具有世界一流的综合工程建设施工能力：具备年完成土石方开挖60000万立方米、混凝土浇筑5000万立方米、水轮发电机组安装3000万千瓦、水工金属结构制作安装100万吨的综合施工能力。2007年，集团公司以营业收入和总资产双双超过500亿元进入中央企业500亿～1000亿元规模企业行列，被国务院国资委授予“绩效进步特别奖”荣誉称号。2010年获得国务院国资委授予的“管理进步特别奖”荣誉称号。

集团公司以科学发展观为指导，确立了建设具有较强国际竞争力的质量效益型大型跨国企业集团的战略目标，实现了持续、快速、协调发展。集团公司的主要经济指标每年都以20%以上的幅度快速增长。

集团公司在从事工程建设的同时，积极稳健地开展融投资业务，投资建设了水电、风电、煤电等一批优质能源项目和房地产项目、BOT高速公路项目、水务项目。控股及参股在建电力项目总装机容量约667万千瓦，其中权益装机容量约

402万千瓦。

集团公司积极推进国际化战略，是中国水电产业“走出去”的排头兵和中国企业“走出去”的重要力量。目前在40多个国家和地区进行工程建设，经营领域涉及水电站、机场、高速公路及矿产资源开发等，在全球拥有约50%的水电建筑市场份额，树立起“中国水电”的良好形象，已成为中国水电建设行业的第一品牌和行业代表。

2009年11月27日，集团公司整体改制与中国水电工程顾问集团公司在北京共同发起创立了中国水利水电建设股份有限公司（以下简称股份公司）。2011年10月18日，股份公司中国水电（股票代码601669）首次公开发行A股成功上市，在社会上产生了广泛影响。

二、集团（股份）公司2011年改革发展主要情况

2011年是公司发展历程中具有重大里程碑意义的一年。股份公司成功登陆资本市场，由一家国有全资企业转变为一家公众上市公司，同时通过参与电力一体化重组，随同中国电力建设集团有限公司（以下简称电建集团）站在了世界500强企业的更高发展平台上，向建设具有较强国际竞争力的质量效益型世界一流公司迈进了一大步。公司以总营业收入在美国工程新闻纪录（ENR）评选的全球最大225家工程承包商中排名第15位，较上年度排名前进11位，在全部上榜的39家中国企业中排名第6位；以海外营业收入位列美国工程新闻纪录（ENR）评选的全球最大225家国际工程承包商中排名第24位，提高17位，在全部上榜51家中国企业中排名第3位。2011年，股份公司始终坚持科学发展观，切实贯彻落实国务院国资委和电建集团的安排部署，加快转变发展方式，突出结构的调整优化，突出增强国际竞争力，突出发展的质量效益，突出整体素质的全面提高，确保了股份公司的持续健康发展。

（一）总体经营实现持续增长，经营成效显著

2011年，公司营业收入1134.71亿元，同比增长11.80%。其中：国内水电建筑业务收入487.23亿元，占总收入的42.94%，同比增长24.58%；国际业务收入288.49亿元，占总收入的25.42%，同比增长10.58%；基础设施建设业务收入240.45亿元，占总收入的21.19%，同比降低14.02%；房地产业务收入30.08亿元，占总收入的2.65%，同比增长25.17%；电力投资与运营收入40.46亿元，占总收入的3.57%，同比增长77.82%。在国外业务收入中，水利水电建设业务收入119.69亿元，占总收入的10.55%，同比增长11.59%；基础设施建设收入128.87亿元，占总收入的11.36%，同比增长5.64%；其他电力建设收入37.52亿元，占总收入的3.31%，同比增长20.93%。

利润总额49.87亿元，同比增长23.62%。营业收入利润率4.39%；成本费用利润率4.61%；净资产收益率（不包含少数股东权益）19.02%；国有资产保值增值率121.53%。全员劳动生产率86.51万元/（人·年），同比增长12.1%，

在岗员工人均工资59 091元/年，同比增长22.3%。

新签合同金额1278.5亿元，同比减少4.8%。其中：国内水电建筑业务412.3亿元，占新签合同金额的32.3%，同比减少15.6%；国内非水电建筑业务268.7亿元，占新签合同金额的21%，同比减少11.7%；国际业务597.5亿元，占新签合同金额的46.7%，同比增长8.5%。

合同存量为2424.8亿元，同比增长13.48%。其中：国内水电建筑业务合同存量848.9亿元，占合同存量的35%；国内非水电建筑业务合同存量332.7亿元，占合同存量的13.7%；国际业务合同存量1243.2亿元，占合同存量的51.3%，同比增长27.1%。

（二）改革进一步深化，治理结构和经营机制进一步优化

股份公司成功首发上市。经过四年多的不懈努力，股份公司成功实现首发上市，登陆资本市场，成为2011年内A股最大的IPO，实现了历史性的跨越，完成了由传统国有独资企业向公众公司和上市公司的转变，这是公司改革发展的重大成就。通过首发上市，公司融资135亿元，改善了财务状况，降低了财务费用，使公司的资产结构更加优良，融资渠道更加多元，赢利能力和投融资能力进一步提升；形成了符合上市公司要求的决策、运作机制和管控体系，公司治理结构更加规范；为中国电建集团整体上市搭建了平台，为公司的可持续发展、加快建设具有较强国际竞争力的世界一流公司奠定了良好基础。

顺利完成了参与施工设计一体化重组的各项任务。重组期间，股份公司领导和总部各部门人员做到一岗双责，确保了重组工作的顺利实施和经营管理工作的持续开展。股份公司作为电建集团的重要子公司。总资产、营业收入、利润总额、员工人数分别占电建集团总数的60%以上，对电建集团的发展具有重要的不可替代的支撑作用。重组实现了规划、勘测、设计、施工、制造、运营一体化整合，必将带来股份公司竞争力的系统性提高，特别是有助于大大提升股份公司的国际市场竞争力和总承包能力。

子公司重组整合成功启动，改革进一步深化。实现了辽工局有限公司与水电六局有限公司的重组整合，这是解决子企业同质化问题的一次成功尝试，有利于促进公司内部管理体制改革的进一步深化，对推进子公司的重组整合、优化区域布局、提升股份公司的系统性竞争能力具有标志性意义。子公司的厂办大集体改革工作正在积极有序推进。一些子企业内部管理体制改革继续深化，作业队伍管理模式创新取得新进展，劳动用工机制进一步创新。

（三）市场结构、业务结构、产业结构进一步调整，经营质量进一步提高

继续推进结构调整优化和战略转型升级战略，公司的市场结构、业务结构和产业结构进一步调整，国际市场进一步拓展，投资业务稳步发展，建筑、投融资、房地产等多产业发展格局进一步优化。

水电建筑核心主业地位得到巩固。实现了营业收入和利润的稳步增长。中标

了白鹤滩、猴子岩等一批重大水电项目，溪洛渡、锦屏一二级、长河坝等水电项目施工进展顺利，南水北调穿黄隧道主体工程如期完工，完成机组安装75台共438万千瓦，向家坝水电站世界首台80万千瓦机组成功安装。公司在水电建筑行业的排头兵地位进一步巩固。

国际业务优先发展战略继续推进。在全球经济形势低靡的大环境下，公司国际业务保持了持续发展态势。经营质量效益同比进一步提高，实现利润33.77亿元，同比增长79.6%，利润率11.8%，同比上升4.5%。国际经营的层次和质量进一步提高，经营规模在公司整体业务中的比重进一步提高，对公司稳步发展的价值贡献率更加凸显。国际市场结构进一步调整优化，国际经营市场稳步扩张，新开辟了毛里求斯、乍得、莱索托、南苏丹、哥斯达黎加、洪都拉斯6个国别市场，形成了东南亚、北非、东非、中东等区域化的相对稳定市场以及安哥拉、卡塔尔、苏丹和印尼等项目群国别市场。目前，股份公司在61个国家有311个海外在建项目，合同总额263.43亿美元。国际业务基本形成了以水电为核心的“大土木、大建筑”格局，业务拓展到火电、机场、路桥、市政、房建、疏浚吹填与港航、矿业等领域。

非水电建筑业务发展战略继续推进。公司成立了铁路事业部，构建了开拓铁路市场的组织体系并初步建立了经营管理体系。京沪高铁建设任务圆满完成，石济客运专线黄河特大桥胜利完工。在诸多外部不利因素叠加、形势十分严峻的情况下，积极调整工作思路和工作重点，大力推动子公司开拓城市轨道交通、基础设施、公路等非水电建筑市场。公路市场新签承包合同金额81.39亿元。中标了新疆阿喀高速公路、唐津高速公路、西安地铁四号线等项目。总体来看，虽然非水电建筑市场营销额同比有所减少，但经营质量有所提高。

投资业务继续稳步推进。公司产业结构调整进一步深化和优化，水、火、风电等能源投资以及房地产、基础设施等投资持续扩大，占公司资产额的比重进一步提高，投资业务结构日趋合理，进一步增强了公司的持续盈利能力和防御建筑业系统性风险的能力。2011年内完成投资额181.07亿元，其中电力占36.67%、房地产约占34.47%、基础设施约占9.55%。全年实现投资收入约77.38亿元，同比增长近40%。实现利润约8.73亿元，同比增长约8.37%，在总收入和总利润的占比进一步提高。四川公司安谷水电站建设取得实质性进展，毛尔盖水电站提前8个月发电，沙湾水电站、岷江航电等进展顺利；甘肃崇信火电项目投产运营，并取得储量14.4亿吨的甘肃灵台煤矿开采权，西北坑口煤电一体开发取得阶段性进展；房地产市场积极应对国家宏观调控政策影响，较好地完成了计划任务，利润首次突破4亿元，新开工面积及在建面积均创历史新高。开发土地储备进一步增加，新增北京“云立方”、长沙“暮云”等项目约864亩土地；基础设施开发取得较快发展，新增投资额约13亿元；国外水电项目开发稳步推进，首个海外投资BOT项目甘再水电站竣工发电，老挝甘蒙塔克水泥厂运行良好；在建的甘肃瓜州20万千瓦和内蒙二期5万千瓦风电项目都实现了提前发电目标。截至2011年底，股份公司控股开发项目已达142个，预计总投资额2698亿元，累计完成投资717亿元。

（四）科技创新持续推进，科技成果丰硕

大力实施建设行业科技领先型企业战略，以全面推进科技工作上水平为目标，继续完善科技创新体系建设，扎实开展科技立项、科技奖励、科技考核工作，继续推进企业知识产权和标准化工作。科技成果丰硕，取得了一批具有国际领先和先进水平的科研成果，特别是高速铁路的系列技术成果；全年新获得专利授权103项，其中发明专利17项、国家工法12项、省部级工法84项；获得国家科技进步二等奖1项、水力发电科技奖一等奖2项、中国电力科技二等奖2项、国家能源科技一等奖2项。

（五）企业管理进一步强化，经营活动和企业风险总体受控

战略管理和经营管控继续推进。在认真总结“十一五”规划工作及其完成情况的基础上，根据宏观经济形势和外部环境变化，修订了股份公司“十二五”规划及三年（2010～2012年）滚动规划。新的发展规划更符合股份公司的实际，具体实施计划和措施更切实可行。各层级的管理体制和经营机制进行了微观上的革新优化，经营管控措施进一步跟进落实，基础管理工作有所加强，经营管理活动总体受控。

全面风险管理与内部控制体系建设取得重要成果。公司总部及水电四局有限公司等四家试点单位的全面风险管理体系建设圆满完成，为今后全面风险管理与内部控制工作的正常开展奠定了基础。完成了对重大风险的评估，编制了《股份公司2011年度全面风险管理报告》。国际公司对海外在建项目建立了巡视检查和风险项目的会诊制度，对风险项目进行定期评估和检查，有效预防了国际经营风险。如2011年初利比亚局势持续动荡后，股份公司上下反应迅速，及时启动风险防控预案，及时从利比亚安全撤离转移公司员工3757人、其他中国公司员工2100人、第三国劳务851人，充分体现了一个走向国际的大型国企在应对国际突发事件中的积极应变能力、组织能力、执行能力，受到了党中央、国务院、国务院国资委、外交部及驻利使馆的充分肯定。

人力资源管理进一步加强。继续推进竞争性选拔企业领导人员，面向公司系统开展了纪委书记候选人的公开竞聘工作。国际公司、水电五局有限公司等五家单位的纪委书记均在竞聘后备人选库中产生。认真贯彻落实《中央企业中长期人才发展规划纲要（2010～2020年）》，完成了公司“十二五”人才战略规划的编写并已下发实施，提出了人力资源工作的目标和方向。面向不同层级的人才培养、人力资源培训工作力度进一步加大，股份公司加强了对高级管理人才和项目经理的培训，取得了明显成效。经与国务院国资委管理部门的深入沟通，解决了工资总额指标不足的问题，核增了股份公司工资总额，提高了薪酬对员工的激励

力度。

财务、资金、设备管理更具成效。 以确保公司更好更快发展为中心任务，按照上市公司规范要求，进一步完善了财务管理制度，不断夯实财务管理基础。着力搭建财务风险防范体系，加强预算管理，前移风险关口，防范风险损失。加强了“小金库”专项治理，取得明显成效。制定了资金预算、金融衍生业务监管等管理办法，完善了资金管理制度体系。加大资金集中管理力度，集约化效益明显。创新融资模式，拓展融资渠道和融资品种，成功发行企业债券、中期票据、短期融资券共42亿元，融资成本大幅降低。制定了国际资金管理实施方案，完善了国际资金集中管理模式，提高了国际资金集中管控力度。狠抓大型专用设备调剂与租赁经营双平台机制建设，设备资源优化配置能力大幅提高，盘活了部分资源降低了成本。水电四局有限公司、水电七局有限公司、水电八局有限公司等在设备管理上成效较好。深入探索并完善两级集中采购招标平台的运行机制，使公司采购招标管理水平进一步提高，全年组织集中采购招标项目76个，采购资金节约率超过20%。

安全质量管控持续加强。 进一步加强安全生产“六大体系”建设、着力提高“六种能力”，继续强化安全生产责任体系，不断加大各级组织的安全管控力度，加强安全管理队伍建设，推进安全管理标准化、信息化建设，充分发挥技术指导、技术研发对安全生产的支撑作用。修订出台了总部安全管理制度体系，指导、督促子公司完善生产安全事故总体应急预案和专项预案；通过开展“安全生产心中有数”活动，大规模组织项目地质自然灾害等隐患排查工作，排查重大隐患142项，减少了事故的发生，实现了企业安全生产持续、稳步好转的目标。针对公司质量管理工作的总体形势和实际，加大两级总部质量工作的管控力度，建立健全质量管理体系，持续强化质量管理责任制，全面加强各项基础管理工作，积极有序地开展工程创优工作，不断丰富企业质量品牌。2011年，公司获得鲁班奖3项、国优金奖2项，还获得了一批国优银奖和省（部）级质量奖，公司单元工程优良率达到91%以上。

项目经营管理水平不断提高。 股份公司以项目管理为对象，建立了铁路工程、非水电基础设施、国际业务项目管理标准；以推广应用和加强技术管理为目的，积极推动国家和行业标准化工作，持续建立企业工法和作业标准体系，标准化工作取得了一定成效。各子公司按照股份公司的要求，加强对在建工程项目的管控，进一步提高了管理标准化、规范化、程序化水平，促进了项目经营效益的提高。如国际公司制定了《海外项目前期启动管理办法》，依据项目性质与启动时间实行分层、分类和分阶段管理。水电四局有限公司为提高项目精细化管理水平，建立了项目前期策划管理办法，健全合同管理办法，从源头入手规范项目管理。水电十一局有限公司成立了国内工程监督管理中心，加强内部管理和经营核算，促进项目按期实现节点目标；还将南水北调项目群实行重点监控，在加强项目经营管理方面进行了有益的探索，并取得了初步成效。

法律、审计、监察的保证、督促作用进一步发挥。法律管理工作不断加强，法律风险防范机制有效运行，对改革重组、投资运作、合同签订、项目履约等领域的法律介入和管控不断深入，对依法合规开展经营活动并保护公司合法权益发挥了应有作用。“五五”普法任务圆满完成。审计工作突出重点，不断拓展经济责任审计领域，在对工程分包、合同管理、工程结算等进行审计的基础上，将领导班子“三重一大”民主决策程序执行情况作为审计重点，促进了领导班子科学决策。通过强化监督检查，开展了工程建设领域突出问题专项治理效能监察，重点抓了对厄瓜多尔CCS等国际项目的效能监察工作，促进了国际业务经营管理水平的持续提升。全年效能监察共立项582项，为促进公司规范管理行为、持续健康快速发展提供了有力保障。

企业信息化价值逐步体现。编制完成了信息化“十二五”战略规划。建成了覆盖所有二级单位的专线广域网，全面做好特级企业信息化考核的各项工作，不断推进财务、资金、设备物资、市场经营、投资、档案等信息系统的建设和应用，加强信息集成和数据挖掘，初步构建了公司内网门户和决策支持系统，企业信息化价值逐步体现。各子公司积极落实年度信息化登高计划，信息化逐渐融入生产、经营、管理和决策的各个环节，信息化工作迈上了一个新的台阶。特别是8家特级资质子企业，信息化水平提升较快。

（六）积极履行中央企业的社会责任，为国家和社会的和谐稳定作出了贡献

承担党和国家十分关注的玉树灾后重建工作重任，并圆满完成年度重建任务。2011年是玉树灾后重建实现“三个确保”目标的关键之年。水电四局有限公司代表公司执行玉树重建这一艰巨任务，做了大量十分艰苦而卓有成效的工作，优先推进住房、学校、医疗机构的恢复重建，实现了事关民生的一大批重建项目的竣工交付使用，为党和政府兑现了承诺，赢得了民心，展现了中国水电人的可贵精神、综合实力和良好形象，得到了各级政府与玉树各族人民的高度认可。

积极投身于社会公益事业。水电四局有限公司积极参与青海省组织的“百企联百村”活动，投入资金近300万元，所援建的青海省内新牧区建设项目已顺利通过竣工验收，获得了各方好评。水电十四局有限公司积极参与云南省扶贫开发工作，投入专项资金用于扶贫，连续三年被云南省评为“社会扶贫工作先进单位”，展示了“中国水电”的良好社会形象。股份公司为肯尼亚“树木就是生命”造林活动捐款，积极向缅甸佛教捐赠节活动捐款，将埃塞俄比亚的我方员工营地等实物捐赠给当地政府等，都受到了当地政府和人民的充分肯定和好评。

（七）党的建设和反腐倡廉建设取得新成绩

坚持融入中心、服务大局。深入开展“四好”领导班子创建活动，各级班子的能力建设不断增强。加大竞争性选拔领导人员和重要岗位人员的工作力度，公开竞聘成为公司选拔领导人员的主要方式之一。健全党委议事规则和“三重一

大”民主决策制度，发挥党委在企业重大问题决策中的重要作用，提高了决策的民主性、科学性。深入开展创先争优活动，激发党员立足岗位，发挥模范带头作用，收到了新的成效。在玉树恢复重建中，涌现出一批优秀党员、劳动模范、青年岗位能手。首次推行党建工作责任制，党建工作科学化水平得到提升。进一步加强海外党建工作，为国际业务优先发展提供了保证；大力推进学习型党组织建设，着力提高各级领导人员的素质和能力，得到中组部、国资委党委的认可，并作了典型经验交流。深入推进企业文化建设，企业文化创新工程获全国电力行业与企业文化优秀成果一等奖。创新精神文明建设工作，“三创建”活动取得新成效。公司被命名为全国文明单位。信息报送成果明显，信息采用数位列中央企业前列，中央领导同志对3篇稿件作了批示。宣传工作在推进上市中取得新成绩。

反腐倡廉建设深入推进。以惩防体系建设工作为主线，以党风廉政建设责任制为抓手，着力构建“五道防线”。规范庆典、研讨会、论坛活动，积极开展转变经济发展方式、推进“五项制度”的贯彻执行情况及工程建设领域突出问题治理等监督检查，开展效能监察，规范经营管理。加大对违纪违规人员的查处力度，强化了组织纪律的严肃性，提高了查办案件的惩戒和警示教育功能。

（总经理工作部）

集团公司、股份公司领导班子

中国水利水电建设集团公司领导班子

集团公司总经理、党委副书记：范集湘（法定代表人）

集团公司党委常委：袁柏松　孙洪水　王彤宙　李跃平　黄保东

集团公司党委副书记、纪委书记：陈永录

集团公司党委常委、总会计师：孙　璀

中国水利水电建设股份有限公司领导班子

股份公司董事长、党委书记：范集湘（法定代表人）

股份公司副总经理、党委常委：袁柏松　孙洪水　王彤宙　李跃平　黄保东

股份公司党委副书记、纪委书记、监事会主席：陈永录

股份公司党委常委、总会计师：孙　璀

中国水利水电建设集团公司组织机构图（截至 2011 年底）

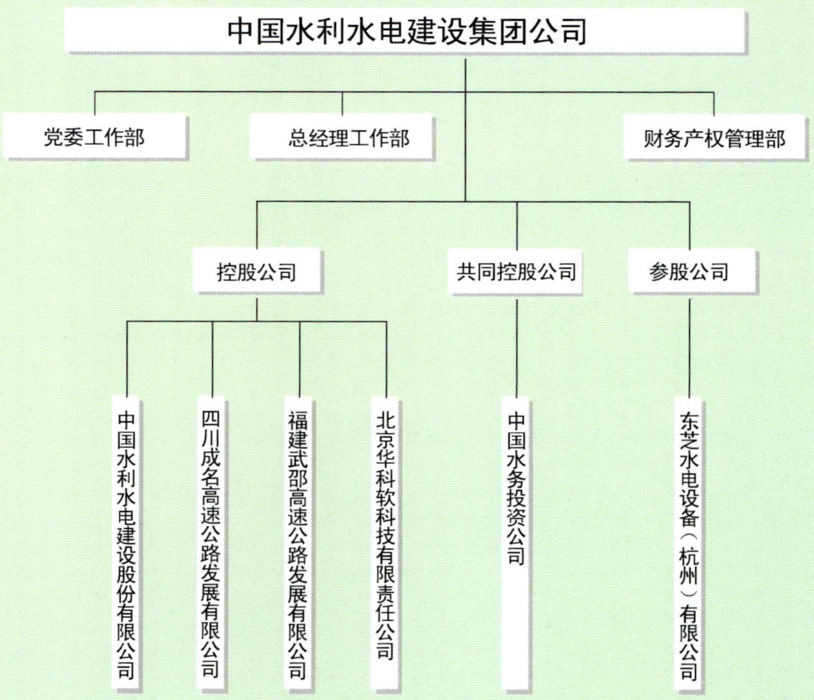

中国水利水电建设股份有限公司组织机构图（截至2011年底）

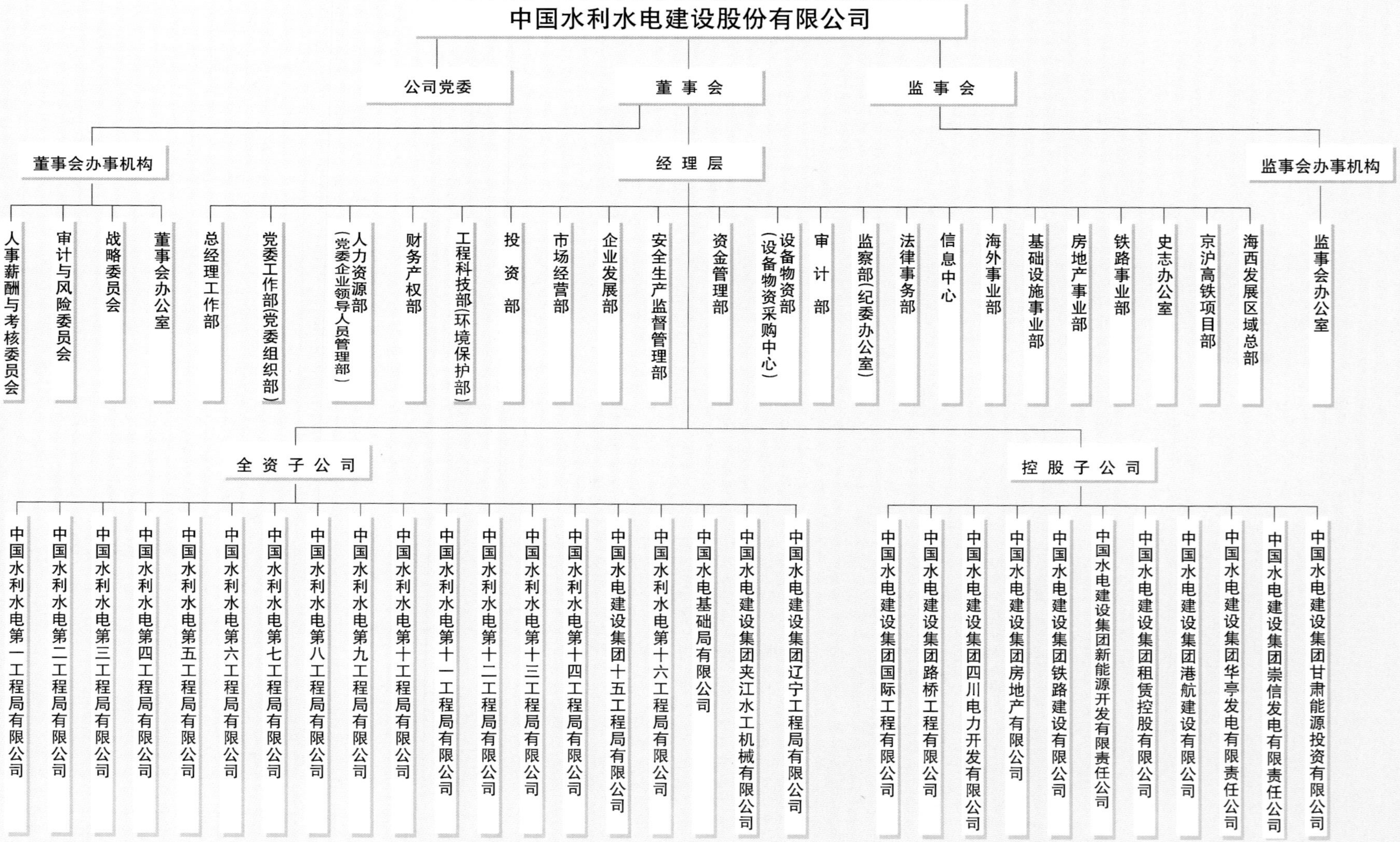

（人力资源部）

中国水利水电建设集团公司业务发展示意图
（2002～2011 年）

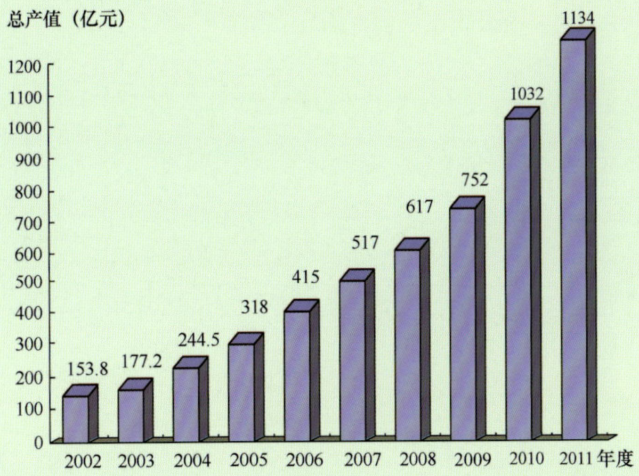

图 1　集团公司经营业绩成长图示

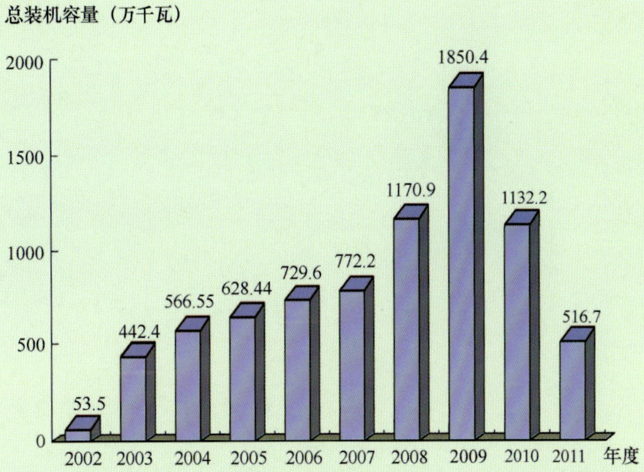

图 2　集团公司大中型机组安装业绩图示

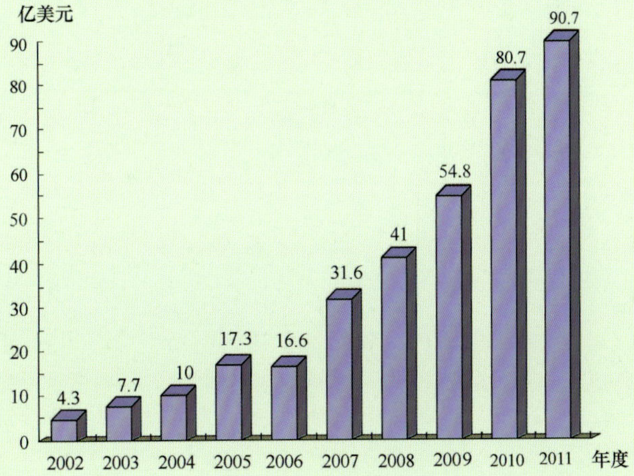

图 3　集团公司国际经营签约额图示

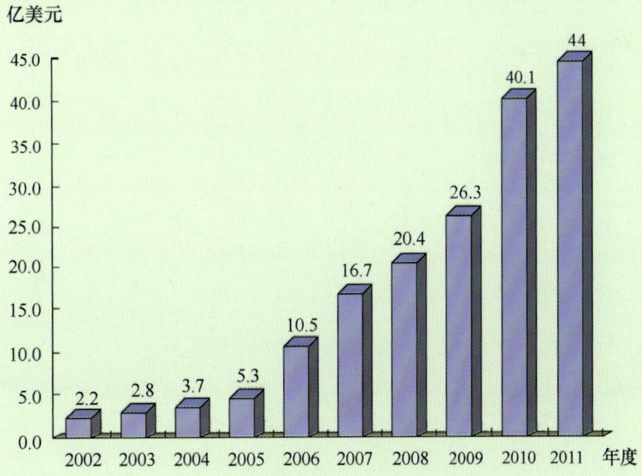

图 4　集团公司国际经营实现营业额图示

中国水利水电建设集团公司国际经营营业额排名
（2002～2011 年）

	2002 年	2003 年	2004 年	2005 年	2006 年	2007 年	2008 年	2009 年	2010 年	2011 年
国际排名	89	81	81	68	51	50	56	41	24	23
国内排名	13	11	8	6	4	4	4	5	3	3

注　国际排名是指全球最大 225 家国际承包商排名名次。国内排名是指我国对外承包工程业务营业额前 50 名排名名次。

（市场经营部　海外事业部）

中国水利水电建设集团公司2011年产业(营业收入)结构图

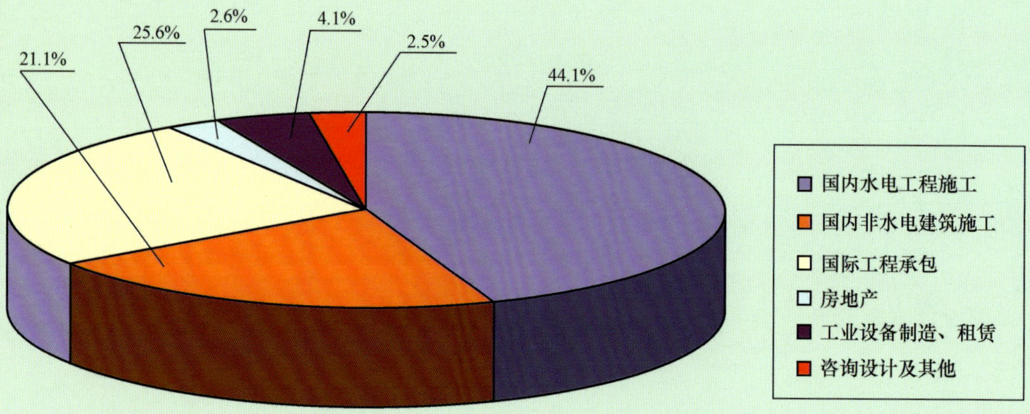

(市场经营部)

中国水电
SINOHYDRO

第五篇　大　事　记

Chapter Ⅴ Memorabilia

大　事　记

2011 年

一月

1月5日，水电十四局有限公司党委书记洪坤等完成的“高混凝土坝与地下厂房施工实时控制关键技术及工程应用”被天津市政府评为天津市科学技术进步二等奖。

1月6日，股份公司副总经理袁柏松到水电十一局有限公司召开中层以上干部大会，宣布对新一届领导班子的任命：任命王禹为党委书记，孙玉民为党委副书记，冯真理为党委副书记兼纪委书记，王大刚为工会主席；聘任孙玉民为执行董事、总经理，冯真理为监事，王禹、金万福、张玉峰、黄敏吾、陈双权、张东生、夏水芳为副总经理，牛健为总会计师，钟彦祥为总工程师，高留发为总经济师。

1月8日，水电七局有限公司控股的四川苏巴姑水电站2号机组并网发电。

1月9日，甘肃省副省长石军等到崇信公司考察工作，崇信公司副总经理刘玉柱就崇信电厂建设情况、发电情况进行汇报并陪同查看现场。

1月10日，股份公司董事长范集湘在深圳与深圳市市长许勤就加强合作、共同发展进行会谈。深圳市常务副市长吕锐锋、副市长袁宝成，股份公司副总经理王彤宙等参加会谈。

同日，2010年第十七届全国企业管理现代化创新成果评选结果公布，股份公司完成的“大型施工企业攻守平衡的风险管理”、路桥公司完成的“施工企业融资建造项目决策管理”获国家级企业管理创新成果二等奖。

1月11日，国务院副总理回良玉率中国政府代表团访问刚果民主共和国期间，专程视察了股份公司承建的刚果（金）金沙萨中心医院项目工地。

同日，股份公司在卡塔尔多哈与卡塔尔迪亚尔房地产公司签订了新增7.24亿美元补充协议合同，路赛CP1项目合同总额由原来6.42亿美元增加到13.66亿美元。

1月12日，赞比亚副总统孔达视察股份公司承建的卡里巴北岸电站扩建项目。

同日，水电十四局有限公司承建的云南禄劝县甲岩水电站截流。

1月13～14日，股份公司董事长范集湘在副总经理王彤宙等的陪同下到水电四局有限公司检查指导工作，看望慰问干部职工，听取工作情况汇报。

1月14日，水电七局有限公司完成的“200米级高碾压混凝土重力坝关键技术”获2010年度国家技术发明奖二等奖。

1月16日，水电七局有限公司南广铁路项目部被全国铁路总工会授予“火车头奖杯”，职工牟兴华、王焕强、张兴德被授予“火车头奖章”。

1月18日，股份公司副总经理李跃平在股份公司总部会见了来访的武警水电指挥部副政委程跃进一行，双方在亲切友好的氛围中进行了会谈。股份公司总工程师宗敦峰等参加了会见。

1月20日，商务部副部长钟山率中国经贸代表团考察股份公司承建的卡里巴北岸电站扩建项目，中国驻赞比亚大使李强民陪同前往。

1月20～22日，国务院南水北调办副主任蒋旭光一行到南水北调中线一期工程检查慰问，向股份公司相关子公司职工表达新年问候并发放慰问品。

1月21日，股份公司铁路事业部/铁路公司在北京举行揭牌仪式，国务院国有企业监事会主席李志群出席仪式并与股份公司董事长范集湘共同揭牌。股份公司领导等参加了揭牌仪式。

同日，商务部公布2010年我国对外承包工程业务新签合同额及完成营业额前50家企业排行榜，集团公司以新签国外项目合同额66.91亿美元的业绩位列新签合同额前50家企业排行榜第二位，以完成国外项目营业额40.17亿美元的业绩位列完成营业额前50家企业排行榜第三位。

1月21～22日上午，集团（股份）公司2011年工作会议暨一届二次职工代表大会在北京召开。国务院国有企业监事会主席李志群出席会议并讲话，股份公司董事长范集湘作了题为《加快转变发展方式，确保平稳较快发展，建设具有较强国际竞争力的质量效益型世界一流公司》的工作报告，副总经理袁柏松主持会议。副总经理孙洪水、王彤宙、李跃平、黄保东，总会计师孙璀，党委副书记陈永录，总经济师王宗敏，总工程师宗敦峰等出席会议。

1月23日，水电十四局有限公司承担主体工程施工的缅甸太平江一级水电站和中国投资、施工、设计、监理各方共同庆祝电站建成。缅甸总理登盛在密支那省长塞亚翁、国家电力一部部长乌索敏等的陪同下，中国大唐集团公司总经济师吴静、水电十四局有限公司副总经理杨毅平等出席了庆典仪式。

1月24日，陕西省委书记赵乐际在省人大常委会副主任黄玮等的陪同下，专程到水电三局有限公司进行春节前的走访慰问，看望老同志和困难职工，代表陕西省省委、省政府向他们及亲属致以节日祝福和新春问候。

同日，国务院南水北调办主任鄂竟平到水电十三局有限公司南水北调安阳项目进行节日慰问。

1月25日，水电四局有限公司被全国铁路总工会授予“火车头奖杯”。

1月27日，青海省省长骆惠宁在副省长骆玉林等的陪同下，到水电四局有限公司西宁乐家湾水电小区走访慰问，看望困难职工和劳动模范，发放慰问金和慰问品。

同日，云南省副省长孔垂柱到水电十四局有限公司承建的牛栏江—滇池补水干河泵站工程项目部慰问生产一线员工，表达新春祝福。水电十四局有限公司总经理周宇、党委副书记陈志明等陪同慰问。

同日，股份公司党委以中水电股党〔2011〕4号文，任命刘明江为四川公司党委书记，荣其富为党委副书记（兼），王坤任为党委副书记、纪委书记，张跃涛任工会主席；股份公司以股人〔2011〕1号文，推荐刘明江为董事长，荣其富为总经理，张跃涛、罗朝国、杨建明、牟官华、刘万海为副总经理，罗朝国为总会计师（兼），杨清为总工程师。

1月28日，股份公司党委副书记陈永录、人力资源部主任李燕明，宣布夹江公司新一届领导班子任命：任命刘忠长为党委书记，雷建容为党委副书记，张克爱为党委副书记、纪委书记、工会主席；聘任雷建容为执行董事、总经理，张克爱为监事，刘忠长、曾文（兼总工程师）、吴渝、程胜华、王忠义为副总经理，张大军为总会计师。

1月29日，陕西省副省长姚引良出席水电十五局有限公司2011年度工作会议并讲话。

1月，水电五局有限公司机电制造安装分局获“四川省五一劳动奖状”；基地分局广元基地管理处和职工教育培训中心获“四川省工人先锋号”称号。

二月

2月5日，集团公司总经理范集湘到大渡河安谷水电站项目施工现场考察调研，看望慰问节日期间坚守工程一线的干部职工。

2月17日，股份公司和泰国尤尼克工程与建设公共有限公司组成联营体，中标泰国大众捷运蓝色延长线轨道交通项目第三标段项目工程，合同总额约3.75亿美元。

2月18日，刚果（金）布桑加水电站EPC总承包框架协议签字仪式在北京华刚矿业股份有限公司举行。股份公司总经理助理曾兴亮与华刚矿业股份有限公司执行董事闵国暐代表双方在协议书上签字。布桑加水电站位于刚果（金）南部加丹加省卢阿拉巴河上，距科鲁韦齐直线距离约65千米，总装机容量24万千瓦，年均发电量13.05亿千瓦·时，合同金额约6.6亿美元。

同日，股份公司承建、水电五局有限公司具体实施的摩洛哥拉巴特绕城高速公路开工。摩洛哥王国国王默罕默德六世出席并主持皇家开工仪式。中国驻摩洛哥大使馆与水电五局有限公司建设者代表等参加了开工仪式。

2月23日，股份公司副总经理王彤宙在总部与到访的辽宁省丹东市市委书记戴玉林一行就加强合作、共同发展进行会谈。

2月25日，水电十四局有限公司安装分公司小湾项目部荣获“云南省五一劳动奖状”。

2月27日，股份公司副总经理孙洪水、总经济师王宗敏等到水电十一局召开中层以上干部大会，宣布对十一局有限公司领导班子进行调整：调王禹到股份公司铁路事业部/铁路公司工作，任命张玉峰为党委书记，聘任杨和明为副总经理兼总工程师，调整聘任钟彦祥为副总经理。

同日，股份公司承建、水电十一局有限公司负责施工的阿曼马斯喀特污水收集项目在安萨巴污水处理厂隆重举行竣工庆典。阿曼财政大臣麦基、马斯喀特市长阿哈森、中国驻阿曼大使吴久洪、国际公司副总经理盛玉明、水电十一局有限公司副总经理夏水芳等参加了庆典。

同日，水电十四局有限公司承建主体工程的云南天花板水电站首台机组投产发电。

2月28日，四川省省委书记刘奇葆到武都水库大坝建设工地检查指导工作，慰问水电八局有限公司武都施工局建设者。

同日，国家发展改革委副主任穆虹率国务院玉树重建协调组到集团玉树援建项目调研。青海省副省长马顺清等、集团公司玉树重建现场指挥部副指挥长张宏陪同调研。

2月，水电九局有限公司参建的贵州乌江索风营水电站被中国土木工程学会、詹天佑土木工程科技发展基金会授予“第十届中国土木工程‘詹天佑’奖”。

三月

3月2日，甘肃省省委、省政府在北京钓鱼台国宾馆举行甘肃省与中央企业战略合作框架协议和项目合作协议签约仪式。甘肃省省委书记陆浩致辞，国务院国资委副主任黄丹华讲话。甘肃省省长刘伟平与有关中央企业分别签订战略合作协议和项目合作协议，集团公司总经理范集湘代表集团公司与甘肃省签订项目合作协议书。

3月3日，柬埔寨王国工矿能源部部长瑞赛在水电八局有限公司柬埔寨水电开发有限公司党委书记邱惠斌等的陪同下，考察了其负责施工的沃代项目工地。

3月5日，长沙市市委书记陈润儿一行赴湘江长沙综合枢纽督察防汛工作，水电八局有限公司总经理林修建、副总经理刘中刚全程陪同。

3月7日，国务院南水北调办副主任张野到水电七局有限公司承建的南水北调焦作1段三标段视察。

3月8日，郑州市市委书记连维良一行到郑州市引黄灌溉龙湖调蓄工程水电七局有限公司项目部施工现场考察。

同日，集团公司总经理范集湘在集团公司总部会见了来访的辽宁省抚顺市市长王桂芬一行，双方就合作事宜进行会谈。

同日，股份公司副总经理王彤宙在股份公司副总经济师夏进、水电十四局有限公司总经理周宇的陪同下，在北京钓鱼台大酒店拜会来京出席两会的辽宁省朝阳市市委书记陈铁新、市长王明玉一行。

3月9日，集团公司总经理范集湘在北京拜会了江西省省委书记苏荣，就集团公司积极参与江西省经济社会发展进行亲切交谈。

同日，股份公司副总经理王彤宙在总部与到访的江西省南昌市市长陈俊卿一行就加强合作、共同发展进行会谈。

同日，股份公司副总经理李跃平在水电十六局有限公司党委书记李良顺等的陪同下，到福建平潭综合实验区考察调研。

同日，水电五局有限公司中心医院正式移交广元市政府。

3月10日，山西省省委副书记金道铭一行到水电八局有限公司承建的金沙滩水库工地考察，对工程建设表示满意。

3月11日，集团公司总经理范集湘在北京拜会辽宁省省长陈政高，就集团公司积极参与辽宁省经济社会发展、实现互利共赢进行亲切交谈。

同日，集团公司总经理范集湘在北京拜会安徽省省长王三运，就集团公司积极参与安徽省经济社会发展进行亲切交谈。

3月12日，集团公司总经理范集湘在北京拜会福建省省委书记孙春兰，就集团公司在闽发展情况和下一步打算进行交谈。

3月13日，铁道部副部长卢春房，京沪高速铁路股份有限公司董事长蔡庆华、总经理李志义等在股份公司副总经理王彤宙等陪同下，对京沪高铁石济客专工程施工进展情况等项目进行检查指导，对股份公司给予高度评价。

3月14日，股份公司副总经理李跃平受江西九江市市委、市政府邀请，在北京江西大饭店出席2011年江西九江（北京）产业对接座谈会。会前，李跃平应邀与九江市市长曾庆红单独会谈。

3月14日，广东省与中央企业战略合作座谈会暨签约仪式在北京钓鱼台国宾馆举行。广东省省委书记汪洋、国务院国资委主任王勇、广东省省长黄华华出席会议并讲话。集团公司总经理范集湘应邀出席会议，并代表集团公司与深圳市签订合作协议。

3月15日，伊朗巴哈提亚瑞大坝项目签约仪式在德黑兰举行。国际公司副总经理季晓勇与伊朗水电开发公司总经理雷扎扎德先生分别代表双方在合同文件上签字。伊朗能源部部长纳木祝、副部长阿塔尔扎德，中国驻伊朗大使郁宏阳，股份公司副总经理孙洪水等出席签约仪式。合同金额折合约140.08亿元。

3月17日，国际公司总承包、水电十局有限公司承建施工的尼日尔阿泽里克矿冶工程投入试生产，中国核工业集团副总经理邱建刚、尼日尔能矿部部长基博·萨尔默女士出席庆典仪式并为试生产启动剪彩，水电十局有限公司党委书记何其刚出席庆典仪式并致辞。

同日，股份公司副总经理孙洪水到卡塔尔对集团区域业务总部及在建项目群进行考察。

3月18日，路桥公司以21.94亿元中标新疆G3015克拉玛依—塔城高速公路项目KT-1标。标段全长79.876千米，工程主要包括标段范围内路基、路面、桥梁、隧道、交通安全设施及预埋管线施工等。

3月20日，股份公司党委副书记陈永录在中国水电地产成都公司负责人陪同下前往“中国水电·

云立方”项目检查指导工作。

3月22日，国土资源部部长徐绍史、福建省副省长张志南等视察水电十六局有限公司承建的平潭综合试验区竹屿排涝防潮闸工程。

同日，水电十四局有限公司荣获“2010年度全国电力建设优秀施工企业”称号；参建的云南省李仙江戈兰滩水电站工程被授予“中国电力优质工程奖”。

3月23日，股份公司副总经理李跃平在水电八局有限公司总经理林修建、副总经理刘中刚等的陪同下，考察湘江长沙综合枢纽工程建设情况。

3月24日，国务院南水北调办副主任于幼军一行，到湖北兴隆水利枢纽引江济汉工程考察，对水电五局有限公司在工程建设中取得的成绩给予充分肯定。

3月25日，由股份公司与印尼阿迪公司组成的联合体承建的印尼东加2×11万千瓦燃煤电站项目举行开工仪式。印尼东加省省长阿旺·法洛克、印尼国家电力公司总裁余世甘及200多名当地社会各界代表一同出席仪式，阿旺·法洛克省长宣布工程开工。印尼东加2×11万千瓦燃煤电站项目是股份公司在印尼承建的第二个燃煤电站EPC总承包项目，合同总额约2.5亿美元。

3月27日，金沙江金安桥水电站首台机组并网发电。全国政协副主席郑万通出席当天举行的发电庆典仪式并宣布电站正式发电，云南省省长秦光荣启动水轮机模型。水电四局有限公司、水电八局有限公司、水电一局有限公司、水电三局有限公司、水电六局有限公司承担了电站工程施工任务。

3月29日，股份公司承建、水电七局有限公司具体实施的巴基斯坦高摩赞大坝工程成功实现下闸蓄水，现场举行了隆重的庆典仪式。

3月30日，股份公司中标刚果（布）凯塔连接喀麦隆边境段整治工程，合同金额折合1.5亿美元。

3月31日，由股份公司、埃塞俄比亚水利能源部、埃塞电力公司和国际水电协会联合举办的“非洲水电可持续发展高层论坛”在埃塞俄比亚首都亚的斯亚贝巴召开。埃塞俄比亚总理梅莱斯、联合国副秘书长兼联合国非洲经济委员会执行秘书詹纳、苏丹水利部长、卢旺达水资源和能源部长等出席了为期两天的高层论坛。股份公司副总经理黄保东作为特邀嘉宾应邀参加并发表讲话。

3月，水电一局有限公司松江施工局财务部荣获吉林省总工会“五一巾帼标兵岗”称号；云南分局总会计师张智华荣获“五一巾帼标兵”称号；水电一局有限公司工会袁红荣获“优秀女职工干部”称号。

同月，水电八局有限公司东江基地荣获“湖南省省级文明单位”称号。

四月

4月1日，股份公司国外首个BOT投资项目——柬埔寨甘再水电站大坝下闸蓄水仪式在坝前平台举行。柬埔寨王国工矿能源部、环境部、国家电力公司等及项目所在地贡不省政府官员代表与项目公司、管理公司、设计院、施工方共计200余人见证了这一节点目标的实现。

4月4日，股份公司总经济师王宗敏到股份公司承建、水电十一局有限公司具体实施的哥斯达黎加楚卡斯水电站工程考察，详细了解工程前期准备工作情况，向全体职工表示慰问。

4月6日 水电七局有限公司与四川大学联合完成的“复杂地质高陡边坡施工技术与安全控制”被中国电力建设协会评为科学技术成果一等奖。

4月7日，集团公司总经理范集湘在集团公司总部会见吉尔吉斯斯坦第一副总理巴巴诺夫及其率领的政府代表团，并与对方进行工作会谈。

同日，水电十四局有限公司完成的“大型地下洞室高边墙稳定施工技术研究”获云南省科技进步二等奖。

4月8日，水电四局有限公司安装调试的新疆波波娜水电站首台机组发电。10日，电站建设方举行首台机组发电仪式。水电四局有限公司、水电五局有限公司、水电六局有限公司、水电十一局有限公司分别承建了波波娜电站厂房、机组安装、大坝、引水隧洞、永久进场道路改建等主体工程。

4月9日，基础局有限公司磨盘水库项目部完成的“复合堆石坝加固技术研究与实践”获长江水利委员会科学技术一等奖。

4月11日，国务院南水北调办主任鄂竟平到水电十三局有限公司南水北调西黑山项目检查指导工作。

4月12日，股份公司副总经理王彤宙在北京会见神华集团总经理张玉卓。

4月13日，新疆维吾尔自治区党委书记张春贤视察水电十六局有限公司参建的喀腊塑克水利枢纽工程。

同日，水电八局有限公司砂石分局宁梅珍荣获湖南省总工会“芙蓉百岗明星”称号。

4月13～15日，股份公司副总经理孙洪水等到水电七局有限公司成都总部检查工作。

4月13～15日，股份公司副总经理黄保东到牙买加考察。期间，黄保东与牙买加总理、水利和住房部部长、交通部和工程部部长分别举行会谈。

4月14日，肯尼亚总统齐贝吉出席水电十三局有限公司承建的伊玛里公路开通剪彩仪式。该项目位于肯尼亚南部，全长112.5千米。

4月15日，集团公司总经理范集湘在集团公司总部会见阿尔斯通董事长兼全球首席执行官柏珂龙（Patrick Kron）及率领的代表团，双方进行了会谈。

4月16日，青海省玉树地震灾后重建现场指挥部指挥长徐福顺到集团公司玉树灾后重建现场指挥部看望慰问干部职工，并检查指导工作。玉树灾后重建现场指挥部领导王维斌、席浩、张宏等参加了汇报会。

4月18日，集团公司总经理范集湘应邀出席在钓鱼台国宾馆举行的乌克兰总理与中国企业家见面会。

4月19日，广东省人民政府在水电八局有限公司承建的竹银水库大坝工地举行珠海竹银水源工程竣工仪式。水利部部长陈雷、广东省省长黄华华、澳门特别行政区行政长官崔世安等出席竣工仪式，并为工程竣工剪彩。水电八局有限公司副总经理张汉龙等出席了庆典，数千名建设者参加了庆典仪式。

4月20日，股份公司副总经理黄保东拜会老挝国家副主席本扬·沃拉吉，并与其进行了亲切会谈。

4月21日，福建省代省长苏树林到港航公司平潭金井湾吹沙造地工程项目部检查指导工作。

4月23日，中国水电建设集团甘肃能源投资有限公司在兰州挂牌成立。甘肃省省长刘伟平、股份公司董事长范集湘共同为能源投资有限公司揭牌。甘肃省副省长石军、股份公司副总经理王彤宙出席揭牌仪式。甘肃能源公司总经理张维荣主持揭牌仪式。

4月25日，云南省省长秦光荣和副省长孔垂柱等深入昆明市寻甸回族彝族自治县牛栏江—滇池补水工程控制性工程干河泵站施工现场调研。秦光荣对水电十四局有限公司担负施工的工程进展取得的成绩，给予充分肯定，对广大建设者付出的辛勤劳动表示感谢。

同日，经国家发展改革委核准，股份公司成功向社会公开发行2011年中国水利水电建设股份有限公司债券（简称“11中水电债”），本期债券共募集资金10亿元，期限10年，采取固定利率形式，票面年利率为5.25%，在存续期内固定不变。

同日，随着国务院南水北调办副主任张野的宣布，南水北调中线干线黄河南段连线建设全面开工，标志着整个南水北调中线干线主体工程全部开工。股份公司副总经理李跃平、各参建子公司主要领导应邀出席会议。

同日，水电二局有限公司审计部、水电五局有限公司基础处理分局党政办公室、水电七局有限公司三分局市场开发部、水电十四局有限公司曲靖分公司工程管理部被全国总工会授予“全国五一巾帼标兵岗”荣誉称号；水电三局有限公司国际工程部总经济师谢光明、水电四局有限公司水工机械总厂焊接班班长樊婷婷、水电十局有限公司三分局南水北调副总工程师周礼艳、水电十六工程局有限公司二分局高级工程师林玉宋被授予“全国五一巾帼标兵”荣誉称号。

4月26日，全国政协副主席李金华到水电十一局有限公司承建的南水北调中线陶岔渠首枢纽工程慰问考察，全国政协委员张基尧陪同考察。

同日，水电十三局有限公司承建的萨苏木大坝修复工程举行竣工典礼，肯尼亚水利与灌溉部长夏丽蒂·恩吉鲁女士、法国驻肯尼亚大使代表等出席仪式。

同日，集团公司玉树重建现场指挥部、水电五局有限公司被全国总工会授予“全国五一劳动奖状”；水电四局有限公司张宏、曹奇、李建峡，水电七局有限公司何福江，水电八局有限公司张志平荣获“全国五一劳动奖章”；水电十五局有限公司南水北调新卫三标项目部荣获“工人先锋号”荣誉称号。

同日，水电五局有限公司五兴物业公司荣获“四川省五一劳动奖状”；员工吴文良荣获“四川省五一劳动奖章”；一分局清蓄项目部、五分局南水北调焦作项目部获“四川省工人先锋号”称号。

同日，水电七局有限公司王强荣被四川省总工会授予“四川省五一劳动奖章”；五分局荣获“四川省五一劳动奖状”；三分局斜卡项目部荣获“四川省工人先锋号”称号。

4月27日，水电十六局有限公司第三分局荣获“2011年度福建省五一劳动奖状”。

4月28日，三峡工程三七八联营总公司在长沙召开最后一次董事会、监事会，总结“三七八”成立18年来取得的成绩和经验，宣布联营体完成了历史使命，正式解散。

同日，水电十三局有限公司总经理何占颂、基础局有限公司石峰、港航公司李久春被授予“2010年度天津市劳动模范”荣誉称号。

4月29日，向家坝灌区引水隧洞工程开工仪式在向家坝水电站举行。四川省省委书记刘奇葆、省长蒋巨峰、副省长钟勉等；中国长江三峡集团公司董事长曹广晶，总经理陈飞，副总经理毕亚雄、樊启祥；水电十四局有限公司副总经理刘光；业主、设计、监理、施工单位共300多人出席开工仪式。

同日，水电十四局有限公司蒋济、李朝杰荣获“云南省劳动模范”称号。

同日，水电八局有限公司三分局夏国文荣获“贵州省五一劳动奖章”；总经理助理杨一心荣获“湖南省五一先锋”称号。

同日，水电九局有限公司成简项目部辅企队被贵州省总工会授予“工人先锋号”称号。

4月30日，中国长江三峡集团公司董事长曹广晶考察溪洛渡水电站，亲切慰问“五一”期间仍坚守在工作岗位的广大建设者。

4月，水电十四局有限公司完成的“特高拱坝坝肩复杂地质抗力体加固处理施工技术”获中国电力建设科技成果二等奖；完成的“Nam Ngun5水电站带缝碾压混凝土重力拱坝静动力学分析及坝体安全评价”、“复合土工模心墙堆石坝设计与应用”和“大跨度采空区上部地下厂房二次开挖施工技术”获中国电力建设科技成果三等奖。

五月

5月1日，青海省玉树灾后重建现场指挥部指挥长徐福顺及玉树州委、州政府相关领导，赶赴集团公司玉树重建项目工地和现场指挥部营地，看望慰问节日期间奋战在施工一线的水电干部职工。

5月3日，集团公司玉树灾后重建现场指挥部团委被共青团青海省委等授予“全省五四红旗团委”称号，现场指挥部第三工区被授予“省级青年文明号”称号，现场指挥部医疗保障中心被授予“玉树灾后重建志愿服务先进集体”称号，现场指挥部团委副书记耿新奇被授予“全省优秀共青团干部”称号，第二工区技术员刘勇被授予“全省优秀共青团员”称号。

同日，水电十二局有限公司、水电九局有限公司参建的贵州北盘江光照水电站工程，四川公司控股开发建设的四川大渡河沙湾水电站工程荣获中国电力建设企业协会颁发的“中国电力优质工程奖”。

5月4～7日，股份公司副总经理黄保东到文莱都东供水项目现场检查指导工作。在文莱期间，黄保东与文莱发展部都东项目业主代表、项目咨询哈扎公司高层进行三方会谈，并拜会文莱发展部部长。

5月4日，水电十四局有限公司海外事业部团委、黄登电站项目经理部团总支分别被评为2010年度“云南省五四红旗团委”、“云南省五四红旗团支部”，杨宏美、李学海荣获2010年度“云南省优秀共青团干部”称号。

5月5日，经中国银行间交易商协会核准，股份公司面向机构投资者公开成功发行2011年度第一期中期票据，发行金额为人民币10亿元，发行期限为5年，采取固定利率形式，票面年利率为5.23%。

5月6日，正在福建省考察工作的国务院副总理李克强在福建省省委书记孙春兰、代省长苏树林的陪同下，专程前往建设中的海峡西岸经济区重点开发区域平潭综合实验区考察，视察股份公司在实验区承建的平潭竹屿水闸改造工程、金井湾组团吹沙造地工程、环岛路工程等在建基础设施项目。

同日，加蓬水利能源部部长黑杰斯·依蒙高和中国驻加蓬大使李福顺在股份公司驻加蓬代表和项目经理尹俊宏的陪同下赴布巴哈水电站项目现场考察。

5月7日，国务院总理温家宝到四川地震灾区考察灾后恢复重建工作时，莅临水电五局广元基地生活区了解情况。水电五局基地职工、家属前往欢迎。

同日，股份公司承建、水电十四局有限公司负责具体施工和安装的刚果（布）英布鲁水电站竣工典礼隆重举行。刚果（布）总统萨苏夫妇、总统府办公厅主任、大型工程委员会总代表、能源水利部部长等出席典礼，中国驻刚果（布）大使李树立、水电十四局有限公司副总经理俞祥荣等一同参加。

同日，刚果（布）总统萨苏授予水电十四局有限公司英布鲁项目部常务副经理丁万龙骑士勋章。

5月9日，西藏自治区政府主席白玛赤林一行到基础局有限公司承建的旁多水利枢纽工程检查指导工作。

同日，股份公司投资的贵阳市南明区龙洞堡“四路四沟”合作建设签约仪式隆重举行。股份公司副总经理王彤宙、副总经济师夏进，路桥公司总经理汤明，南明区区委书记柯德来、区长张曦等，贵阳铁路建设投资有限公司总经理汤辉等出席签约仪式。

5月13日，在股份公司承建的赤道几内亚吉布洛水电站进行首台机组有水调试之际，赤道几内亚总统奥比昂视察了进入冲刺阶段的电站建设工地。

5月13～17日，股份公司总经济师王宗敏陪同水利部副部长胡四一先后访问肯尼亚、赞比亚。

5月14日，云南省省委书记白恩培、省委秘书长杨应楠等到水电十四局有限公司参建的糯扎渡电站工地调研，勉励该公司再接再厉加快进程，确保实现发电目标。

5月16日，青海省省长骆惠宁到集团公司承建的下西同、德宁格城镇住宅项目调研。集团公司玉树重建现场指挥部领导席浩、张宏陪同调研。

同日，水电八局有限公司溪洛渡大坝施工局大坝二工区、水电十六局有限公司新疆喀坝项目部被共青团中央、国家安全生产监督管理总局授予“全国青年安全生产示范岗”荣誉称号。

5月19日，江西省省委书记苏荣考察水电十二局有限公司承建的峡江水利枢纽建设工程进展情况，并亲切看望慰问一线施工人员。

同日，路桥公司以26.92亿元中标新疆维吾尔自治区交通建设管理局G3012阿克苏—喀什高速公路项目第AK-3标段。

5月20日，股份公司副总经理袁柏松到中国水电地产贵阳公司检查指导工作。

同日，股份公司副总经理王彤宙在铁路事业部总经理范富国的陪同下，在太原市拜会山西太原市委书记陈川平，就太原市轨道交通建设等问题进行深入交流。

5月23～24日，由水利部举办的全国水利建设与管理工作会议在吉林省长春市召开，水利部部长陈雷出席会议并作重要讲话。股份公司特别受邀首次参加会议，副总经理李跃平出席。

5月23日，股份公司总经济师王宗敏到水电十一局有限公司承建的天津武清BT项目东蒲洼还迁小区房建工程检查指导工作，慰问一线干部职工。

5月24～29日，股份公司副总经理黄保东访问刚果（金）、赞比亚，拜会刚果（金）总统卡比拉，就构建全面长期战略合作伙伴关系达成重要共识；拜会赞比亚总统鲁皮亚·班达、中国驻赞比亚新任大使周欲晓，会见赞比亚能源与水利部部长肯尼思·孔加、国家电力公司董事长穆普瓦亚。

5月24日，股份公司承建、水电六局有限公司负责具体实施的赤道几内亚吉布洛水电站首台机组发电。

5月25日，股份公司董事长范集湘在股份公司总部会见来访的神华集团总经理张玉卓一行。双方就发挥各自优势开展合作进行会谈，股份公司副总经理王彤宙参加会谈。

5月25～29日，股份公司副总经理袁柏松率队到四川公司检查指导工作，并到公司投资控股的水电项目安谷水电站工程实地考察。

5月30日，坦桑尼亚总统基奎特出席水电十三局有限公司承建的坦桑尼亚118公路通车剪彩仪式。该项目全长90千米。

同日，股份公司副总经理王彤宙在铁路事业部总经理范富国等的陪同下，在深圳市民中心拜会深圳市常务副市长吕锐锋。

5月30日～6月3日，股份公司副总经理黄保东到印度尼西亚检查指导工作。期间，黄保东会见了印度尼西亚国家电力公司总裁余世甘、国家计委副部长戴迪、中国驻印度尼西亚大使章启月等。

5月30日，股份公司总工程师宗敦峰当选中国科协第八届全国委员会委员。

5月31日，斐济国家总理拜尼巴拉马（Bainimarama）、工程部长提摩西·勒西·那图瓦（Timoci Lesi Natuva）、国家西区行政长官拉科瓦达（Rakovada）、国家电力局执行总裁哈斯木克·帕特勒（Hasmukh Patel）、中国驻斐济大使韩志强一行到股份公司承建的南德瑞瓦图可再生能源项目检查指导工作。

六月

6月2日，国务院国资委副主任金阳率队进行中央企业海外党建工作考察调研，水电十局有限公司总经理杜学泽陪同考察该公司承建的印度尼西亚佳蒂格德项目，并听取项目党建工作汇报。

同日，股份公司副总经理袁柏松在审计部主任邓孟元、路桥公司总经理汤明等的陪同下，参加武邵高速公路项目工程造价、财务竣工决算审计及项目后评价审计工作会议，同时检查指导相关工作。

同日，股份公司总会计师孙璀代表股份公司出席由商务部主办、北京注册会计师协会承办的中国服务贸易大会会计评估分会，并发表《在企业“走出去”中对会计服务的思考》的主旨演讲。

6月7日，国务院国资委在赞比亚首都卢萨卡召开驻赞比亚中央企业海外党建工作座谈会，国务院国资委副主任金阳出席会议。集团公司党委副书记陈永录等4家中央企业负责人参会。

6月8日，股份公司承建、水电八局有限公司具体实施的刚果加纳布维水电站下闸蓄水。总统高级顾问、政府秘书长、能源部部长、索亚里省长、北部省省长、BPA董事会主席等出席庆典仪式。水电八局有限公司副总经理曹跃生、总工程师涂怀建等应邀参加庆典。

同日，四川省副省长王宁在阿坝州委书记侍俊、副州长李川等的陪同下，视察水电七局有限公司承建的毛尔盖水电站施工现场。

6月9日，青海省省委书记强卫前往青洽会代表驻地看望股份公司董事长范集湘一行，双方就玉树重建等相关问题进行会谈。

6月9～10日，股份公司董事长范集湘在副总经理王彤宙的陪同下到水电四局有限公司检查指导工作。

6月9日，股份公司党委副书记陈永录，中国驻肯尼亚大使刘光源及大使馆全体党委成员到股份公司东非经理部检查工作，并到内罗毕锡卡公路项目指导党建工作。

6月10日，股份公司水电十四局溪洛渡项目经理部安全部等6个集体获共青团中央、中国长江三峡集团公司授予的“青年文明号”称号；水电十四局总调室厂房组8个集体荣获“青年安全生产示范岗”称号；水电十四局溪洛渡项目经理部李荣等9人荣获“青年岗位能手”称号。

6月12日，水电三局有限公司参建的甘肃乌金峡水电站工程获评2011年度中国电力优质工程奖。

6月14日，铁道部部长盛光祖实地检查集团公司承建的京沪高速铁路西渴马1号隧道，听取施工情况汇报并看望和慰问奋战在建设一线的集团公司干部员工。

6月15日，安哥拉城建部部长、国防部部长及宽多库邦戈省省长等率政府代表团考察股份公司承建的宽多省奎托瓜那沃纪念碑项目。

6月16日，股份公司副总经理王彤宙在股公司总部会见北京市朝阳区投资促进局局长马英晖一行，双方就有关合作事宜交换了意见。

6月18日，苏丹电力大坝部长奥萨马、司法部长穆罕默德及青尼罗河州长马利克等出席七五联营体承建的罗赛雷斯大坝加高工程现场里程碑节点庆典活动。

6月18～26日，股份公司副总经理袁柏松到中国水电（马来西亚）有限公司、股份公司承建的缅甸耶瓦水电站等进行调研和考察。

6月19日，股份公司副总经理李跃平应邀在北京出席中国长江三峡集团公司2010年社会责任报告发布会。

6月20～22日，股份公司总经济师王宗敏一行分别考察了黑龙江省佳木斯市、尚志市风电情况，并在两地分别会见了佳木斯市市委书记林秀山、尚志市市长迟宝旭，就本市新能源等方面进行了深入交流。

6月23日，股份公司副总经理孙洪水、人力资源部副主任李捷赴水电五局有限公司，宣布新一届领导班子任命。股份公司决定：聘任郑久存为执行董事、总经理，高宗文为监事，申茂夏（兼）、贺鹏程、吴高见、卢学文、赵玉、宁俊云、张邯涛、杜相如为副总经理，古昌祥为总会计师，吴高见为总工程师（兼），刘庆东为总经济师；任命申茂夏为党委书记，郑久存为党委副书记（兼），高宗文为党委委员、党委副书记、纪委委员、纪委书记，王民安为工会主席。

同日，股份公司副总经理孙洪水、人力资源部副主任李捷赴水电七局有限公司，宣布新一届领导班子任命。股份公司决定：聘任张建文为执行董事、总经理，郝国英为监事，文加海（兼）、尹强、马邦凯、郗举科、向超群、但东、张桥、江瑞俊、郑平为副总经理，张元刚为总会计师，向建为总工程师，马邦凯为总经济师（兼）；任命文加海为党委书记，张建文为党委副书记（兼），郝国英为党委副书记、纪委书记，王富建为工会主席。

同日，股份公司总会计师孙璀在股份公司总部会见德勤国际税务中心（亚太区）合伙人一行。

6月24日，河南省副省长刘满仓到水电十一局有限公司承建的南水北调中线陶岔渠首枢纽工程检查指导工作，强调要明确目标，科学管理，做好防汛、度汛工作，确保工程汛期安全。

6月27日，水电七局有限公司李建文被四川省省委授予“优秀共产党员”称号。

6月28日，中国能源化学工会、四川省总工会、云南省总工会和中国长江三峡集团公司在向家坝施工区召开表彰大会，隆重表彰2010年度金沙江流域水电工程劳动竞赛先进集体和个人。股份公司共有13名先进个人、34个先进集体受到大会表彰。

6月29日，云南省副省长刘平在昆明新机场指挥部指挥长吴凡、姜良闽等的陪同下，对昆明新机场建设工程施工进度及现场状况进行考察，慰问水电十六局有限公司昆明新机场项目部员工。

同日，国务院国资委党委召开庆祝中国共产党成立90周年中央企业“一先两优”表彰大会。股份公司4个先进基层党组织、8名优秀党员、1名优秀党务工作者受到表彰。

6月，水电八局有限公司承建或参建的湖南黑麋峰抽水蓄能4×300兆瓦电站工程、广西龙滩水电工程、贵州北盘江光照4×260兆瓦水电站工程、江苏如东二期风电特许权项目一期100.5兆瓦扩建工程、江苏启东风电一期91.5兆瓦风电场工程荣获2011年度中国电力优质工程奖。

同月，水电十四局有限公司承建的广西龙滩水电工程（地下厂房建筑安装）荣获中国电力优质工程奖。

七月

7月1日，贵州省省长赵克志在遵义市市委书记喻红秋、市长王晓光等的陪同下，到水电十一局有限公司五分局承建的贵州牛都水电站工程考察。

7月4日，青海省委纪检委书记仁青加在玉树州州长王玉虎等的陪同下，到集团玉树现场指挥部检查指导工作。集团玉树现场指挥部指挥长王维斌、常务副指挥长席浩及机关各部门主任参加座谈。

同日，水电十四局有限公司完成的“大型地下洞室高边墙稳定施工技术研究”和“小湾电站700兆瓦高水头大型水轮机埋件制造安装技术总结与创新”荣获2010年度云南省科技奖励大会科技进步二等奖。

7月6日，股份公司副总经理李跃平在总部会见到访的福建省宁德市市委副书记、市长廖小军一行。双方就开发宁德市政建设、港口疏浚等项目进行了会谈。

7月7日，股份公司与国家开发银行股份有限公司在北京签署开发性金融合作协议。股份公司董事长范集湘、国家开发银行董事长陈元出席签字仪式，股份公司总会计师孙璀和国家开发银行首席风险官徐企颖代表双方单位签约。

7月8～9日，由加蓬共和国能源水利部能源局局长埃蒂安·恩古布先生和水资源局局长奥利维耶·穆可可先生组成的考察团到水电四局有限公司参观考察。

7月8日，股份公司副总经理袁柏松在水电十四局有限公司副总经理王曙平的陪同下到者磨山风电场调研。

7月9～12日，国有企业监事会主席李志群一行到水电六局有限公司、辽工局有限公司检查指导工作。

7月12日，股份公司承建的柬埔寨西哈努克科普奥斯跨海大桥建成通车典礼举行。柬埔寨首相洪森出席仪式并发表讲话，洪森为通车剪彩，正式宣布大桥命名为“洪森大桥”。水电十五局有限公司总经理梁向峰等出席仪式。

同日，吉林省副省长王守臣一行到哈达山枢纽现场考察工作。

7月14日，安哥拉副总统费尔南多·皮尔大德·迪亚斯·多斯桑多斯到水电十三局有限公司鲁娜和平广场项目参观考察。

7月17日，由刚果（金）卫生部部长维克多·马昆格·卡普特率领的刚果（金）政府代表团到水电十一局有限公司参观考察。

7月19日，福建省代省长苏树林会见正在水电十六局有限公司和海峡西岸经济区调研的股份公司副总经理王彤宙。双方就进一步加强福建省与股份公司在海西建设中的合作进行交谈。

7月21日，股份公司董事长范集湘在钓鱼台国宾馆拜会来华访问的喀麦隆总统保罗·比亚，双方进行了友好交谈。喀麦隆财政部长、能源水利部长，副总经理黄保东参加会谈。

7月22日，应赞比亚能源水利部邀请，津巴布韦议会矿业与能源委员会主席钦多里·奇宁加一行访问股份公司赞比亚卡里巴北岸电站扩建项目。

同日，集团公司总经理范集湘与中国兵器集团公司总经理张国清在北京钓鱼台国宾馆进行友好会谈，对近期一些具体项目的合作达成共识。

同日，水电七局有限公司和水电五局有限公司中标大渡河安谷水电站厂坝枢纽土建及金属结构安装工程，合同额达17亿元。其中，水电七局有限公司合同额约13.7亿元，水电五局有限公司合同额约3.3亿元。

7月29日，坦桑尼亚总统贾卡亚·基奎特到水电十三局有限公司承建的马萨西和纳钦圭阿供水项目考察。

同日，股份公司首次公开发行股票申请顺利通过中国证监会发审委2011年第166次会议审核。此次首发，股份公司拟发行不超过35亿股，发行后总股本不超过101亿股，募集资金总额为173亿元，拟于上海证券交易所上市。

7月31日，国务院玉树地震灾后恢复重建协调小组组长、国家发展改革委主任张平，在青海省省长骆惠宁、国家发展改革委副主任穆虹等的陪同下，前往玉树灾后重建现场调研。

7月，基础局有限公司河南郑州龙湖项目部创造了日进尺突破4000平方米、月成槽面积10.02万平方米的新纪录，将国内防渗墙月施工强度提高到10万平方米级数。

八月

8月3日，股份公司承建的印度尼西亚佳迪格德大坝截流仪式隆重举行。印尼公共工程部长卓科·克尔曼托、印尼西爪哇省长阿玛德·赫尔亚万、水电十局有限公司党委书记何其刚等出席截流仪式。

同日，河南省省委书记卢展工考察南水北调中线一期穿黄工程，河南省省委秘书长刘春良，郑州市委书记连维良、副省长张大卫及水电十一局有限公司副总经理钟彦祥等陪同。

8月4日，吉林省省长王儒林到水电一局有限公司、水电六局有限公司承建的哈达山水利枢纽调研水利水电建设工作，吉林省副省长王守臣等陪同。

8月6日，水电七局有限公司中标雅砻江桐子林水电站厂房和泄洪闸工程，合同金额13.9亿元。

8月10日，水电一局有限公司职工王伟被吉林省政府授予“吉林省见义勇为模范”称号。

8月11日，国务院国有企业监事会主席李志群一行在股份公司总会计师孙璀等的陪同下到水电二局有限公司检查指导工作。

同日，辽宁省省长陈政高带领30余名省直领导干部，到水电十三局有限公司总承包施工的抚顺市石化新城BT项目检查指导工作。

同日，集团公司总经理范集湘在集团公司总部会见安哥拉议会副议长易吉努·卡内罗将军，双方进行了友好会谈。

同日，股份公司副总经理李跃平、总经济师王宗敏、总工程师宗敦峰等到水电十二局有限公司检查指导工作。

8月12日，集团公司总经理范集湘应邀出席深圳大运会开幕式，期间与深圳市领导交谈合作事宜。

同日，国务院国资委在哈萨克斯坦阿拉木图市召开驻哈部分中资企业座谈会，国务院国资委副主任孟建民出席会议。股份公司副总经理黄保东代表股份公司参会并讲话。

8月16日，水电四局有限公司、水电八局有限公司被全国总工会、人力资源和社会保障部、全国工商联、中国企业联合会、中央宣传部授予“全国模范劳动关系和谐企业”称号。

8月18日，毛里塔尼亚工业和矿业部部长 M. Mohamed Abdallahiould Oudaaa一行视察港航公司努瓦迪布矿石新港项目工地现场。

8月21日，国务院国资委主任王勇、青海省省委书记强卫、国务院国资委副主任黄丹华等，在股份公司董事长范集湘、副总经理王彤宙的陪同下，到水电四局有限公司调研考察，与干部职工亲切交谈，了解企业历史和当前发展状况，并对水电四局有限公司未来发展提出期望和要求。

同日，青海省省长骆惠宁在副省长王令浚等的陪同下，到集团公司承建的歇武镇仁达村考察农牧民住房建设工作，向入住新房的藏族村民表示祝贺，对集团公司农牧民住房建设工作给予高度赞扬。

8月22日，国务院国资委主任王勇一行带领相关厅局负责人，在青海省省长骆惠宁、副省长王令浚和集团公司总经理范集湘等4家中央企业负责人的陪同下，看望并慰问央企干部职工，检查指导灾后重建工作。

同日，股份公司党委副书记陈永录在党委工作部主任段尚毅的陪同下，到水电十三局有限公司南水北调西黑山项目检查工作。

8月23日，中共中央政治局常委、中央政法委书记周永康在访问塔吉克斯坦期间，会见水电十六局有限公司海外事业部副总经理、中亚区域经理部总经理郑尚正等中国在塔企业代表。

8月24日，福建省省委书记孙春兰、省长苏树林到港航公司龙凤头沙滩生态修复试验工程项目现场视察工作。

8月25日，博茨瓦纳国家副总统凯迪凯雷(Dr. P. H. K. Kedikilwe)到股份公司承建的骆察尼大坝视察。

8月26日，美国《新闻工程实录》(ENR)全球及国际225家工程承包商排行榜公布。集团公司再创佳绩，排名稳步提升，以2010年度总营业收入荣膺ENR全球225强工程承包商第15位，较去年排名前进11位，首次入围前20强，并在全部上榜39家中国企业中排名第6位；同时，以2010年度海外营业收入荣膺ENR国际225强工程承包商第24位，较去年提高17位，进入前30强，并在全部上榜51家中国企业中排名第3位。此外，在此次ENR公布的全球最大200家国际设计商排行榜中，集团公司由2010年度第154位上升到第102位，提升了52位。

8月27日，2011中国建筑百强企业峰会在北京举行。在此次峰会上，集团公司荣膺“中国建筑百强之星——海外工程承包商50强”称号，总经理范集湘被评为“中国建筑百强之星——杰出贡献企业家”。

8月29日，首届中非民间论坛开幕式在肯尼亚首都内罗毕皇冠假日酒店举行。全国政协副主席王志珍、肯尼亚副总统卡隆佐·穆西约卡及肯尼亚NGO协调委员会执行主任库赖亚、中国民间组织国际交流促进会常务副会长李进军等200多名非政府组织代表出席开幕式。水电十三局有限公司副总经理兼东非经理部总经理秦超代表集团公司出席开幕式并上台领奖。集团公司荣获“中非友谊贡献奖”。

同日，水电八局有限公司承建的四川武都水库工程成功下闸蓄水，标志着工程开始全面发挥综合效益。四川省政府主办的武都水库大坝工程下闸蓄水仪式在工地现场隆重举行。四川省省委副书记李崇禧宣布工程下闸蓄水，副省长钟勉出席并讲话。

8月30日，刚果（金）总统约瑟夫·卡比拉亲临由股份公司承建的宗戈Ⅱ（ZongoⅡ）水电站项目工地，刚果（金）总统府办公厅主任等陪同视察。

同日，水电十局有限公司中标并同中国水利电力对外公司在北京签订老挝南椰2水电站施工合同，所中3个标段合同总价1.51亿美元。水电十局有限公司党委书记何其刚、中国水利电力对外公司总经理王禹分别在工程合同协议书上签字。

8月，水电十四局有限公司刘宁荣获“广东省五一劳动奖章”暨“广东省十项工程劳动竞赛模范工人”称号。

九月

9月2日，股份公司董事长范集湘在股份公司总部会见马来西亚沙捞越州能源公司首席执行官托斯坦，双方进行了友好会谈。股份公司副总经理黄保东等陪同参加会谈。

9月3日，第二届天津市与中央企业恳谈交流会在天津举行，天津市市委书记张高丽出席会议并讲话。国务院国资委主任王勇、天津市市长黄兴国讲话。共119家中央企业负责人与天津方面恳谈交流，集团公司总经理范集湘应邀出席会议。

9月5日，股份公司承建的赞比亚伊泰兹水电站项目举行开工典礼，赞比亚总统鲁皮亚·班达，能源水利部、赞比亚国电公司官员以及股份公司代表出席仪式。

9月9日，股份公司副总经理王彤宙在股份公司总部会见到访的株式会社东芝电力社会系统社副社长田崎茂等。

9月15日，刚果（金）总统卡比拉在总统顾问等陪同下，到股份公司承建的金沙萨中心医院项目视察。对施工表示非常满意，高度赞扬水电员工为中刚建设作出的巨大贡献。

同日，股份公司副总经理王彤宙应邀出席第二届中国·曹妃甸临港产业国际投资贸易洽谈会。期间，王彤宙与河北省常务副省长赵勇进行会晤，出席了河北沿海发展战略说明暨临港产业项目对接会及河北沿海地区重点合作项目签约仪式。

9月16日，集团公司参与承建的引黄入晋工程北干线通水仪式在水电十二局有限公司第四分局墙框堡水库工地举行。山西省省委书记袁纯清发通水令，常务副省长李小鹏主持通水仪式。山西省省长王君、水利部副部长李国英在通水仪式上讲话。水电十二局有限公司、水电三局有限公司、水电八局有限公司、水电十一局有限公司承建了相关工程。

9月17日，苏丹第一副总统阿里·奥斯曼·默罕默德·塔哈在苏丹电力大坝部部长奥萨马等的陪同下，抵达股份公司承建的罗赛雷斯大坝工程视察。

同日，股份公司副总经理黄保东在北京拜会来华参加夏季达沃斯论坛的贝宁总统博尼·亚伊，双方进行了友好会谈。

9月18日，马里总统阿马杜·图马尼·杜尔出席水电十五局有限公司承建的马里卡伊DAGE-DAGE机场竣工通航仪式。

9月19日，国家主席胡锦涛在人民大会堂与来华进行正式访问的老挝国家主席朱马利·赛雅颂举行会谈。会谈后，胡锦涛和朱马利共同出席有关双边合作文件的签字仪式。在签字仪式上，股份公司总经理助理曾兴亮、老挝计划投资部部长颂迪·隆迪分别代表双方在老挝沙湾纳吉新国际机场项目EPC总承包协议上签字。

老挝沙湾纳吉新国际机场项目位于老挝沙湾纳吉省色诺县，距省会沙湾纳吉市约30千米。项目工期为3年，合同金额约1亿美元。

同日，来华访问的老挝国家主席朱马利·赛雅颂率领由副总理通伦·西苏里和宋沙瓦·凌沙瓦组成的老挝高层代表团到股份公司访问，董事长范集湘会见了朱马利主席一行。中共中央联络部副部长刘结一、中国驻老挝大使布建国和股份公司总经理助理曾兴亮等陪同会见。

同日，中国电力企业联合会发布《关于表彰全国电力行业企业管理创新成果的决定》，股份公司推荐申报的6项课题全部获奖：公司财务产权部和水电五局有限公司合作完成的“构建有效的财务风险预警系统”、四川公司完成的“电力生产及营销管理模式创新设计”获一等奖，京沪高铁项目部完成的“水电企业在高铁项目资源配置方式上的研究与跟进”获二等奖，水电七局有限公司完成的“项目经营风险评估及应对措施”、水电十四局有限公司完成的“外国政府优惠贷款在新能源项目上的运用”、水电十五局有限公司完成的“公司中层干部KPI绩效管理体系”获三等奖。

9月20日，水电三局有限公司以11.56亿元中标大渡河枕头坝一级水电站大坝及发电厂房工程。

9月21～24日，股份公司副总经理黄保东在水电十一局总经理孙玉民等的陪同下，重点考察莫桑比克市场，拜会莫桑比克国家总理，莫桑比克财政部部长、公共工程部部长、国家电力公司总裁等政府要员。

9月22～23日，北京市市委书记刘淇先后到股份公司承建的南水北调中线穿黄工程、陶岔渠首枢纽工程考察，北京市市长郭金龙、河南省省委书记卢展工、国务院南水北调办副主任张野、水电十一局副总经理金万福等陪同考察。

9月23日，水电八局有限公司五分局大岗山大坝项目部获四川省总工会授予的“工人先锋号”称号。

9月24日，重庆市总工会、市交委在草街航电枢纽水电工地隆重举行重点工程劳动竞赛总结表彰会。水电八局草街施工局荣获“重庆市五一劳动奖状”，水电十二局草街项目部荣获“重庆市工人先锋号”；水电八局草街施工局副局长沈正龙、水电十二局草街项目部经理曾彬分别荣获“重庆市五一劳动奖章”。

9月25日，国际公司授权代表吕六山与伊朗锡斯坦和俾路支斯坦省水资源公司总经理卡里米·内贾德，分别代表双方签署伊朗查巴哈尔输水项目，合同金额约24亿元。

9月27日，哈萨克斯坦共和国副总理伊谢克舍夫抵达水电十局有限公司玛依纳水电站项目视察，受到水电十局有限公司等施工单位员工的欢迎。

同日，股份公司副总经理袁柏松到股份公司天津武清BT项目检查指导工作。

9月29日，中国电力建设集团有限公司在北京正式挂牌成立。揭牌仪式暨电网分离单位划转移交大会在国务院国资委举行。国务院国资委主任王勇、国家发展改革委副主任彭森出席会议并讲话，国务院国资委副主任邵宁宣读国务院有关批复，副主任金阳宣布有关人事任命。中国电力建设集团有限公司董事长范集湘代表集团发言。

同日，中国电建集团首次干部大会在北京召开，国务院国资委企干二局局长姜志刚出席会议宣读中国电建集团领导班子任职文件并讲话；国务院国资委改革局局长白英姿出席会议并讲话；中国电建集团董事长、党委副书记范集湘作重要讲话；中国电建集团党委书记、副董事长晏志勇主持会议；中国电建集团董事马宗林宣读中国电建集团1号文件。中国电建集团领导王彤宙、王民浩、黄保东、陈永录、孙洪水、王斌、袁柏松、姚强、李跃平、王首丽、孙璀出席会议。

9月，水电十四局有限公司王曙平、牟佩霞等完成的“外国政府优惠贷款在新能源项目上的运用”荣获全国电力行业企业管理创新成果三等奖。

十月

10月6日，国际公司与赤道几内亚能源矿产部、财政预算部、国家项目办共同签署吉布洛上游调节水库项目合同，签字仪式在巴塔市能矿部办公大楼举行。吉布洛上游调节水库项目为设计施工总承包（EPC）项目，合同金额2.36亿美元，由水电六局有限公司负责具体实施。

10月8日，国务院副总理李克强在河南省南阳市主持召开南水北调工程建设工作座谈会期间，专程到水电十一局有限公司承建的南水北调中线陶岔渠首枢纽工程视察，看望施工建设人员。国务院南水北调办主任鄂竟平、副主任张野，环境保护部部长周生贤，水利部部长陈雷，河南省省委书记卢展工、省长郭庚茂等陪同。

10月9日，中国电建集团董事长范集湘、党委书记晏志勇、总经理马宗林及领导班子其他成员拜访了水利部领导。水利部高度重视，水利部部长陈雷，水利部党组成员、中纪委驻部纪检组组长董力，水利部副部长周英、胡四一、刘宁、李国英，水利部总规划师周学文等亲切接见了范集湘一行。

10月11日，股份公司副总经理孙洪水在股份公司总部会见到访的摩尔多瓦共和国副总理兼外交和欧洲一体化部部长尤里·良格一行，双方进行了友好会谈，股份公司总经理助理曾兴亮等陪同参加会见。

同日，水电十五局有限公司承建的新疆乌雪特水库成功下闸蓄水。新疆自治区副主席钱智等出席下闸蓄水仪式。水电十五局有限公司副总经理田习学、工程参建各方及当地牧民代表共400人参加了仪式。

10月12日，马里总统阿马杜·图马尼·杜尔在MCC首席执行官丹尼尔·詹姆斯和AECOM副总裁齐瑞坦·莫扩帕蒂陪同下到股份公司承建、水电二局有限公司负责具体实施的马里赛努机场航站楼项目视察指导工作。

同日，中国电建集团副总经理李跃平在总部会见到访的东方电气股份有限公司副总裁韩志桥等，双方进行了亲切友好会谈。股份公司总经理助理曾兴亮等陪同参加会见。

10月13～14日，云南省副省长孔垂柱率云南省政府办公厅、水利厅、发展改革委及云南水投公司负责人，来到水电十四局有限公司承建的广东惠州和清远两抽水蓄能电站，开展了为期两天的考察调研工作。水电十四局有限公司总经理周宇等陪同调研。

10月15日，厄瓜多尔德尔西水电站（DELSI－TANISAGUA）项目签约仪式在厄瓜多尔萨莫拉（ZAMORA）项目现场隆重举行。中国电建集团所属的中国水电工程顾问集团公司授权厄瓜多尔分公司法人代表集团公司与厄瓜多尔电力部国家电力公司（CELEC）总经理签署合同，合同金额折合1.94亿美元。厄瓜多尔电力部部长等厄方官员，国际公司总经理黄河等出席签约仪式。

10月17日，中国电建集团董事长范集湘在北京会见来访的长春市市长崔杰一行，双方就在长春的电力设计、施工、修造企业移交和今后的合作等问题交换了意见。中国电建集团总经理马宗林，副总经理王彤宙、王民浩，长春市常务副市长肖万民、副市长滕佳材等参加会见。

10月18日，中国水电（股票代码601669）首次公开发行A股上市仪式在上海证券交易所举行。中国电建集团董事长、股份公司董事长范集湘，中信建投证券股份有限公司董事长兼总裁王常青，中银国际证券有限责任公司副执行总裁任劲，国务院国资委副秘书长闫晓峰先后致辞；范集湘与上海证券交易所副总经理徐明签订上市协议书；国务院国有企业监事会主席李志群与范集湘共同为中国水电上市鸣锣。

中国电建集团党委书记长晏志勇，股份公司领导袁柏松、李跃平、孙璀及各有关部门负责人，各投行等共80多人参加了当天的上市仪式。中国水电股票开盘价4.78元，最高冲至6.23元，当天最高涨幅达38.44%，当日成交70.5亿元。

同日，辽宁抚顺市东洲区石化新城核心区基础设施工程竣开工仪式隆重举行。集团公司副总经理王彤宙，抚顺市市委书记刘强、市长王桂芬等出席仪式。

10月21日，股份公司承建的金沙萨恩吉利国际机场和卢本巴希卢阿诺国际机场两个控制塔项目开工典礼，在刚果（金）金沙萨恩吉利国际机场隆重举行。刚果（金）副总理等及国际公司驻刚果（金）代表出席典礼。刚果（金）副总理亲自主持奠基仪式。

同日，非洲厄立特里亚国家总统伊萨亚斯·阿费沃基一行，在苏丹电力大坝部副部长哈德里的陪同下，到水电七局有限公司在苏丹承建的上阿特巴拉水利枢纽主体工程视察。

10月23～26日，云南省政协主席王学仁带队前往昆明、曲靖调研旱情，察看水利工程建设。24日，王学仁和云南省副省长孔垂柱等来到水电十四局有限公司承担施工的牛栏江—滇池补水工程干河泵站考察，听取工程建设情况汇报，察看施工中的地下厂房工程，对水电员工表示慰问，对工程形象面貌表示满意。

10月24日，中国电建集团董事长范集湘应邀出席由比利时驻华使馆与国务院国资委共同举办的“中比企业CEO高级别午餐会”。

同日，中国电建集团副总经理黄保东在北京钓鱼台国宾馆拜会安哥拉共和国国务部长卡洛斯·费若，双方就公司在安哥拉市场的发展进行深入交谈。

10月26日，旁多水利枢纽工程截流仪式顺利举行。西藏自治区人民政府主席白玛赤林、副主席格桑次仁出席截流仪式。基础局有限公司总经理赵存厚、副总经理韩伟等应邀出席。

同日，股份公司副总经理孙洪水到四川公司检查指导工作。

同日，水电十五局有限公司承建的贵州黔中水利枢纽工程顺利实现截流目标。

同日，水电十五局有限公司承建的延安市南沟门水利枢纽工程顺利实现截流。延安市市委书记姚引良、陕西省副省长祝列克出席截流仪式。董事长王增发及工程建设、设计、监理、施工单位共400余人参加截流仪式。

10月27日，委内瑞拉电力能源部副部长雷德福·纳瓦罗一行到股份公司承建的新中心电厂项目检查指导工作，对建设情况表示满意。

10月28日，中国工商银行总行副行长易会满一行到股份公司访问并赠送“旺市金牛”，祝贺中国水电成功上市。股份公司总会计师孙璀代表股份公司欢迎来宾并举行会谈。

10月，水电十四局有限公司完成的“特高拱坝坝肩复杂地质抗力体加固处理施工技术”被中国施工企业协会评为2010年度科学技术奖创新成果一等奖；完成的“Nam Ngun5水电站带缝碾压混凝土重力拱坝静动力学分析及坝体安全评价”、“大跨度采空区上部地下厂房二次开挖施工技术”、“活性粉末混凝土及高速铁路电缆槽盖板生产技术”获二等奖。

同月，股份公司组织推选的3项标准化管理成果参与2011年中国电力标准化管理奖申报，其中有一项成果被评为一等奖、一项成果被评为三等奖。

十一月

11月1日，股份公司承建，水电五局有限公司、水电七局有限公司组成的五七联营体负责项目具体实施的南苏丹马拉卡尔市政道路工程举行开工庆典仪式。南苏丹共和国国会代表等应邀出席庆典。

11月5日，水电四局有限公司、水电十一局有限公司参建的四川雅砻江官地水电站成功下闸蓄水。二滩公司副总经理冉懋鸽、中国电建集团所属中国水电顾问集团成都勘测设计研究院副院长宋胜武、华东咨询官地监理中心总监余峰、水电十一局有限公司总经理孙玉民等出席仪式。

11月6日，为祝贺中国工程院院士、水电八局有限公司高级技术顾问谭靖夷90寿辰，水电八局有限公司在长沙通程大酒店举行谭靖夷院士90寿宴，感谢谭院士几十年来对中国水电事业、对八局发展所作的巨大贡献。中国电建集团副总经理李跃平、中国工程院二局副局长徐进，湖南省科技厅等单位，八局班子成员等与谭靖夷院士及家人欢聚一堂，共同庆祝谭院士90寿辰。

11月7日，水电十二局有限公司、水电八局有限公司承建的黑麋峰抽水蓄能电站工程，水电七局有限公司、水电五局有限公司参建的苏丹麦洛维项目，水电二局有限公司承建的安哥拉卢班戈体育场工程，国际公司承建的埃塞俄比亚泰克泽水电站工程荣获鲁班奖。

11月9日，水电十四局有限公司和水电四局有限公司承建的云南澜沧江功果桥水电站首台机组正式投产发电，庆典仪式在电站地下厂房隆重举行。云南省常务副省长罗正富、中国华能集团公司党组书记黄永达出席仪式并讲话。中国华能集团副总经理那希志主持庆典仪式。罗正富、黄永达、那希志等为电站投产发电剪彩。

同日，中国电建集团副总经理黄保东在总部会见来访的格鲁吉亚铁路有限责任公司首席执行官埃祖拜亚，双方进行了友好会谈。

同日，中国电建集团副总经理李跃平在公司总部会见中铁股份公司副总裁段秀斌一行。

同日，水电十三局有限公司完成的“京沪高速铁路无砟轨道板综合施工技术研究”获中国施工企业管理协会科学技术奖技术创新成果一等奖。

11月11日，老挝国家副总理劳立在老挝甘蒙省矿业厅厅长布迪等的陪同下，到股份公司投资、基础局有限公司负责运营管理的甘蒙塔克水泥厂考察。

同日，水电三局有限公司中标几内亚凯乐塔水电站工程，合同金额1.58亿美元。工程项目包括进场道路、RCC挡水大坝、坝后式发电厂房、开关站等建筑物及金属结构与机电设备安装。

11月12日，坦桑尼亚总理彼得·平达出席股份公司承建、水电十三局有限公司具体实施的多多马—巴巴提公路项目开工典礼并剪彩。

11月13日，水电七局有限公司中标大渡河流域猴子岩水电站引水发电系统工程、黄金坪水电站引水发电系统工程（Ⅱ标），合同金额近20亿元。

11月14日，中国电建集团董事长范集湘在总部会见来访的美国洛克菲勒财团全资子公司罗斯洛克集团董事长史蒂文·洛克菲勒二世一行。副总经理黄保东参加会见。

同日，水电十四局有限公司参建的大唐胜利东二号露天煤矿一期工程获2010～2011年度国家优质工程金质奖。

11月15日，中国电建集团董事长范集湘在集团总部会见株式会社东芝电力系统社五十岚安冶社长一行，双方进行了深入会谈。副总经理李跃平参加会见。

11月16日，国务院国有企业监事会主席季晓南和监事会14办工作人员到中国电建集团检查指导工作并听取工作汇报。董事长范集湘代表中国电建集团新的领导班子作工作汇报，集团领导班子在京成员、总部各部门主任出席汇报会。

同日，四川省人大常委会副主任甘道明一行到水电七局有限公司参建的雅砻江官地水电站考察。

11月18日，水电九局有限公司完成的“1.3兆帕水压力下地下洞室大流量透水灌浆封堵技术”被贵州省人民政府授予贵州省科学技术进步三等奖。

11月20日，股份公司承建，水电十六局有限公司施工的格鲁吉亚瑞克提隧洞正式通车，比合同工期提前183天。21日下午3时，格鲁吉亚总统萨卡什维利抵达瑞克提隧洞项目现场，参加通车仪式，格基础设施部部长和公路局主席等陪同出席。

11月22日，水电十三局有限公司承建的哈达山水利枢纽工程（一期）溢流坝闸门及液压启闭机安装、重庆大唐银盘水电站金属结构四标段闸门安装及崇信电厂2号机组安装工程荣获中国工程建设焊接协会全国优秀焊接工程优秀奖。

11月23日，新疆维吾尔自治区副主席史大刚视察水电十局有限公司承建的新疆别迭里二级水电站项目。

11月24～25日，中国电建集团、股份公司在水电五局有限公司、水电七局有限公司先后召开干部大会，宣布领导班子调整。股份公司副总经理孙洪水、中国电建集团总经理助理李燕明等出席大会并讲话。股份公司决定：申茂夏不再担任水电五局有限公司党委委员、书记及副总经理，郑久存代理党委书记；任命申茂夏为水电七局有限公司执行董事、总经理、党委副书记；免去张建文水电七局有限公司执行董事、总经理、党委副书记职务，聘任张建文为中国电建集团总经理助理兼市场经营部主任。

11月24日，中国电建集团副总经理王彤宙会见到访的江西省南昌市高新区管委会主任雷霆一行，双方进行了友好会谈。

11月25日，中国电建集团董事长范集湘在合肥稻香楼宾馆拜会了安徽省省长王三运，双方就中国电建集团与安徽省深化合作、共谋发展，参与安徽省经济社会建设进行交谈。安徽省省委秘书长陈树隆、副省长黄海嵩，中国电建集团副总经理王彤宙参加会见。

11月26日，北京市市委书记刘淇、市长郭金龙在市水务局等领导的陪同下，来到水电二局有限公司承建的永定河园博湖和永定河园博园水源净化工程施工现场指导工作。

同日，中国电建集团董事长范集湘、党委书记晏志勇在云南昆明拜会云南省省委书记秦光荣、代省长李纪恒，表达中国电建集团与云南省建立战略合作关系、谋求共同发展的愿望。副总经理李跃平参加了会谈。

11月27日，中国电建集团董事长范集湘、党委书记晏志勇先后到水电十四局有限公司、昆明勘测设计研究院考察。副总经理李跃平陪同调研。

11月28日，水电七局有限公司参见的四川桐子林水电站成功实现大江截流。攀枝花市市长张剡，二滩水电开发有限责任公司总经理陈云华，水电七局有限公司总经理申茂夏、党委书记文加海等共同见证这一历史性时刻。

同日，水电十五局有限公司参建的陕西省亭口水库工程正式开工建设。陕西省省长赵正永出席开工仪式并下达开工令，水电十五局有限公司董事长王增发、总经理梁向峰应邀参加开工典礼。

11月29日，中国电建集团副总经理黄保东在钓鱼台国宾馆拜会来华访问的赞比亚前总统肯尼思·戴维·卡翁达，双方进行了友好交流。

十二月

12月3日，水电四局有限公司承建的广西长州水利枢纽工程及贵州光照水电站工程荣获中国电力建设企业协会授予的2011年度中国电力优质工程奖。

12月5日，中国电建集团董事长范集湘应邀在深圳出席中国进出口银行与国有重点企业座谈会。副总经理黄保东一同出席会议。

同日，中国电建集团董事长范集湘在深圳拜会深圳市市长许勤，双方就进一步落实战略合作框架协议、深圳市城市轨道交通建设等进行了深入交流。

同日，水电十四局有限公司承建的云南铅厂水电站、牛栏江天花板水电站、马鞍山风电场工程分获云南省2011年度优质工程一、二、三等奖。

12月7日，股份公司首个海外投资建设的BOT水电站项目——柬埔寨甘再水电站正式发电。电站竣工庆典暨PH1发电仪式在项目现场隆重举行。柬埔寨政府总理洪森，中国驻柬埔寨大使潘广学，股份公司副总经理孙洪水、总经理助理曾兴亮，水电八局有限公司总经理林修建等一同参加庆典。

12月9日，中国电建集团董事长范集湘在沈阳拜会沈阳军区司令员张又侠上将，双方进行了深入交流。

同日，中国电建集团与国家电网公司所属14家网省公司在北京正式签署国有产权无偿划转协议。中国电建集团总经理马宗林、副总经理王彤宙等出席签字仪式。

同日，国家工程建设质量奖审定委员会宣布，对中国承建海外工程进行表彰。水电七局有限公司、水电八局有限公司等建设的马来西亚巴贡水电站，水电十一局有限公司、水电十四局有限公司参建的胜利东二号露天煤矿一期工程分别荣获2010～2011年度海外工程与国内工程国家优质工程金质奖；水电八局有限公司参建的江苏如东二期风电特许权项目一期扩建工程获国家优质工程银质奖；水电十二局有限公司承建的桐柏抽水蓄能电站被评为国家优质工程奖30年精品工程。

12月12～15日，中国电建集团总经理马宗林带队专程前往广州拜访中国南方电网有限责任公司，并先后出席贵州和海南两省电网分离企业国有产权无偿划转协议签署仪式，完成了中国电建集团与中国南方电网公司所属两家网省公司分离企业划转协议签署工作。

12月13日，水电八局有限公司承建的重庆乌江银盘水电站4号机组投产发电暨“一年四投”庆典仪式在银盘水电站举行。1、2、3、4号机组分别于当年5月25日、7月26日、9月28日、12月12日投产发电。

12月14日，中国电建集团副总经理黄保东在北京拜会来华访问的赞比亚副总统盖伊·斯科特率领的党政访问团，双方进行了友好交流。

12月15日，湖南省副省长徐明华一行到水电八局有限公司承建的托口水电站工地检查指导工作。

12月16日，厄瓜多尔副总统莫雷诺在科卡科多辛克雷水电站（CCS）进行视察，并在业主营地作了关于《生活与工作和谐共处》的演讲，CCS项目部相关负责人作为股份公司代表参加此次活动。

12月18日，水电十四局有限公司参建的云南普西桥水电站截流。

12月20日，水电四局有限公司第三次被中央精神文明建设指导委员会命名为“全国文明单位”。

同日，中国能源化学工会全国委员会作出决定，对涌现出的成绩显著的先进工会和先进工会工作者进行表彰，股份公司系统2个单位、4名个人受到表彰。

同日，水电十三局有限公司第十二次被山东省精神文明建设委员会授予“山东省文明单位”称号。

12月23日，水电十四局有限公司完成的“重大水利水电工程施工实时控制关键技术及工程应用”被国务院评为国家科学技术进步二等奖。

12月25日，重庆市发展改革委在银盘水电工地举行股份公司承建的重庆银盘、草街水电站投产暨“百万千瓦”可再生能源项目开工仪式。重庆市副市长童小平、副秘书长王银峰等出席庆典仪式。水电八局有限公司党委书记朱素华、副总经理曹跃生，水电十四局有限公司总经理周宇、副总经理杨毅平应邀出席。

12月26日，柬埔寨王国首相洪森在中国驻柬埔寨大使潘广学和柬埔寨工矿能源部部长瑞赛等的陪同下，到股份公司承建的沃代水电站工地视察。

同日，股份公司承建的老挝南坎2水电站举行开工典礼，老挝常务副总理宋沙瓦·凌沙瓦、中国驻老挝大使布建国女士出席仪式。国际公司副总经理沈德才、水电十局有限公司总经理杜学泽等参加典礼。

同日，水电十四局有限公司承建的云南功果桥电站第二台机组投产发电。

12 月 27 日，中国电建集团党委书记晏志勇在总部会见中国华电集团副总经理程念高一行，双方就今后合作事宜进行了友好会谈。

12 月 29 日，四川省省长蒋巨峰在二滩公司总经理陈云华、水电七局桐子林项目部经理陈旭东等的陪同下，到桐子林水电站工程现场考察，给广大建设者送去新年问候。

同日，中国电建集团副总经理黄保东等拜访中国对外承包工程商会，商会会长刁春和，副会长迟长海、王玉成、王禾等参加会见。

12 月 30 日，水电十四局有限公司完成的“糯扎渡水电站尾水系统五岔口快速开挖施工技术研究及实践”经云南省科技厅鉴定，认为该成果达到国际先进水平。

12 月 31 日，中国电建集团副总经理黄保东及总经理助理丁拯国等拜访外交部副部长李金章。

12 月，水电十一局有限公司被河南省省委、省政府授予“省级文明单位”称号。

同月，水电十一局有限公司参建的云南李仙江戈兰滩水电站工程荣获 2010 年度国家优质工程银质奖。

第六篇　集团化建设

Chapter Ⅵ Development of Sinohydro Corporation

集团（股份）公司工作会议

【2011年工作会议暨一届二次职代会】 2011年1月21～22日，集团（股份）公司2011年工作会议暨一届二次职工代表大会在总部7楼大会议室召开。股份公司副总经理袁柏松主持会议，集团公司总经理，股份公司董事长、党委书记范集湘作了题为《加快转变发展方式，确保平稳较快发展，建设具有较强国际竞争力的质量效益型世界一流公司》的工作报告，国有企业监事会主席李志群出席会议并讲话。

国务院国有企业监事会第10办事处主任王永庆、处长查丽华，股份公司独立董事苗耕书、石成梁、刘新兰，股份公司副总经理孙洪水、王彤宙、李跃平、黄保东，总会计师孙璀，党委副书记、纪委书记、监事会主席陈永录，职工董事、总经济师、工会主席王宗敏，顾问刘经迪，总工程师宗敦峰，总法律顾问王书宝，股份公司董事会秘书王志平，总经理助理曾兴亮、丁拯国、李燕明、杨忠，股份公司监事会监事孙宝田、段尚毅、许贺龙，总部部门副主任以上人员，各子公司、控股公司、参股公司党政主要负责人，职工代表共计250多人在主会场参加会议；各子公司、控股公司、参股公司约1050人分别在29个分会场参加视频会议。

【2011年年中工作会议】 8月3日，股份公司2011年年中工作会议在总部7楼大会议室召开。股份公司独立董事苗耕书、石成梁、刘新兰、韩方明出席会议。会议由袁柏松副总经理主持，股份公司董事长范集湘出席会议并作题为《锐意改革创新，强化能力建设，确保公司平稳较快发展》的讲话。党委副书记陈永录传达了国资委中央企业负责人会议精神，副总经理孙洪水、王彤宙、李跃平、黄保东，总会计师孙璀，总经济师王宗敏出席会议。

总部各部门副主任以上人员，各子公司、控股公司党政主要负责人，各事业部领导班子成员约130人参加会议；各子公司、控股公司、京沪高铁项目部约970人分别在29个分会场参加视频会议。

【2011年公司总部工作会议】 3月30日，2011年股份公司总部工作会议在总部召开。会议由股份公司副总经理袁柏松主持，股份公司董事长范集湘作重要讲话。副总经理孙洪水宣读表彰决定，副总经理王彤宙、李跃平，总会计师孙璀，党委副书记陈永录出席会议。

总部管理部门全体员工，各事业部部门副总经理以上人员，在京各控股公司副总经理、总师以上人员共计140多人参加会议。会上，公司对总部7个先进集体、68名先进工作者进行了表彰。

（文秘处）

企　业　管　理

董事会办公室

【董事会办公室2011年工作】 2011年，董事会办公室按照股份公司章程、董事会议事规则等规章制度和上市监管机构的监管要求规范运作，以保证董事会及时规范决策，主要做了以下工作。

（1）做好公司首发上市相关工作。7月29日，公司首次公开发行股票申请通过中国证监会发行审核委员会审核。董事会办公室除加强与中国证监会密切联系，落实具体发行上市工作节点外，还积极与各上市中介机构合作，协调做好发行方案设计，确定合理发行定价，撰写公司宣传文稿以加强公司形象宣传，与媒体沟通平稳舆论环境，做好路演服务等各项工作。在市场极度疲软的情况之下，公司股票于2011年10月18日在上海证券交易所成功上市，公司最终募集资金135亿元。

（2）严格按照公司《章程》、股东大会《议事规则》、董事会《议事规则》中关于会议议题、会议文件、会议程序和时限规定，认真做好议案材料组织，议案草拟、审核、修改等一系列工作。全年共完成4次股东大会、12次董事会会议的筹备和会务工作，保证了股东大会、董事会会议规范召开和董事会及时、高效、规范决策和行权。

（3）股份公司上市后，按照《公司法》、《证券法》等法律法规和中国证监会、上海证券交易所有关规范性文件要求，牵头完成了11项相关制度的制定和修订工作，使公司基本制度更加完善，形成了有效的运作、监督、管理机制，实现了从传统国有企业向现代企业的逐步转变。

（4）与中国证监会、北京证监局等监管机构，上海证券交易所和中央证券登记结算有限公司等上市服务机构及上市公司协会等行业自律组织建立和保持了良好关系，筹备了北京证监局关于公司首次公开发行股票的约见谈话，并在2011年底加入了北京上市公司协会；与《中国证券报》、《上海证券报》等法定信息披露媒体、证券事务律师机构，专业财经公关公司建立了良好合作关系，分别签订了常年服务协议，每月向公司提供股东变动情况分析报告，向董事会提供月度工作报告，为公司经营决策提供参考；组织了公司三季度定期报告的编制工作并如期披露。

（5）组织举办了“中国水电建设股份有限公司信息披露专题培训会”，对股份公司各部门、各子公司分管领导和专职工作人员进行培训，取得良好效果。在信息披露执行过程中，董事会办公室还不断总结和提炼，编制了《中国水电建设股份有限公司临时公告披露执行手册》。

（综合处）

【股份公司首次公开发行股票及上市】 股份公司首发上市申请于2011年7月29日通过证监会发行审核委员会审核，2011年9月27日成功发行人民币普通股（A股）30亿股，每股发行价格4.5元，募集资金总额为135亿元，扣除每股发行费用0.09元后，最终募集资金净额为132.39亿元。10月18日，“中国水电”（股票代码：601669）正式登陆上海证券交易所，公司股票实现上市交易。中国水电上市首日以17.11%的涨幅、93.96%的换手率亮相，首日收盘5.27元，最高达6.23元。

【股份公司基本制度建设】 2011年，为树立良好资本市场形象，充分维护投资者权益，促进公司规范化运作，股份公司不断加强公司治理基本制度建设，逐步建立了公司治理基本制度体系。截至2011年末，董事会办公室组织拟订或修订了《公司章程》、《募集资金管理制度》、《关联交易管理制度》、《董事会秘书工作细则》、《独立董事年报工作制度》、《董事会审计与风险管理委员会议事规则》、《董事会审计与风险管理委员会年报工作规程》等共11项公司治理基本制度，颁布各类公司治理制度及规章共23项。

【投资者关系管理】 股份公司重视投资者关系管理工作。董事会办公室下设投资者关系管理处，专门进行投资者关系事务管理，并配备专人接听投资者热线，设立投资者专用信箱，累计接待投资者、分析师电话来访、邮件咨询、实地调研等数百次。董事会办公室举办了2011年度机构投资者见面会、年度业绩说明会，累计参会人数上百人，得到投资者充分肯定。此外，董事会办公室还通过电话会议、一对一、一对多等多种灵活方式随时与投资者保持沟通。

【信息披露】 2011年，股份公司制定了《信息披露管理制度》、《重大事项内部报告制度》等规范性文件，严格按照《上海证券交易所股票上市规则》等监管要求发布信息。截至2011年末，公司累计发布临时公告18篇、定期报告1篇，内容涵盖招股说明书、重大新签合同、募集资金管理等方面，力争通过充分披露，不仅满足基本要求，同时尽可能多地让各位股东公平、充分地了解公司经营情况。董事会办公室对信息披露流程进行全面梳理，拟订了《信息披露执行手册》。

【重大事项内部报告】 为确保公司内部信息传递畅通，为信息披露工作提供必要支持，公司制定了《重大事项内部报告制度》，对各部门、子公司、控股公司及其他报告义务人的重大事项报告工作进行明确规定。2011年12月，董事会办公室发布《关于重大事项内部报告的通知》，对上市日至2011年末公司发生的重大事项进行全面梳理。截至2011年末，董事会办公室累计收到来自各部门、子公司、控股公司及其他报告义务人的重大事项报告124次，报告内容涵盖重大工程中标、关联交易、高管变动等方面。

【媒体监测与管理】 董事会办公室对股份公司新闻、行业动态、宏观经济报道进行实时监测，并形成日常监测周报、敏感时期日报报告制度，及时掌握市场反应。在发生苏丹人质事件时，公司立即成立了苏丹事件应急工作小组，通过每日快报和值班热线的方式，紧跟事件进展，并及时公告。通过及时监测、及时反应、及时沟通、及时疏导的工作机制，基本做到了快速了解市场、引导市场、稳定市场的作用，维护了公司公众形象。

（何江黎）

综合管理

总经理工作部

【部门 2011 年工作】 2011 年，总经理工作部作为综合办事机构，在集团公司领导指导下，全体人员克服人员少、公司重大活动多、工作任务繁重等困难，较好地完成了全年各项工作任务。

1. 紧密围绕中心任务，认真履行好部门重要的基本职能

（1）自觉地把部门工作纳入集团发展战略的轨道。在提高重要文稿撰写质量上狠下工夫。总经理工作部被国资委办公厅评为 2011 年“公文报送公文无差错单位”。全年完成了 130 余个文稿起草工作，较好地发挥了“以文辅政”、为领导工作服务的作用。

（2）认真做好对集团重大工作部署、领导重要批示、重要决定事项、重要文件的督促落实工作。通过印发督办通知、网上信息催办等方式，完成了 120 余项督办事项。

（3）在公文办理和会议筹备方面：全年共完成上报公文 700 多件，下发公文共 4 万余份；收到外来文件近 3000 余份，登记办理各类公文 1100 多件，送公司领导及部门传阅文件 4000 余份；完成各类用印 3.5 万人次。

2. 认真做好维稳信访、保密、档案管理等工作

（1）按照《信访条例》认真做好来信处理和来访接待工作，全年共接待职工群众来访 133 批、220 人次，受理来信 56 件、701 人次。

（2）认真做好档案管理工作，收集散存文件材料，充实室存档案资源。印发了《关于做好总部文件整理归档与移交工作的通知》（股总〔2011〕10 号），明确了总部档案工作实行统一标准、集中保管与分散保管相结合的管理模式，总共收集历史遗留和散存文件材料 1200 余件。

（3）切实做好保密工作。6 月 7 日，公司召开 2011 年保密委员会第一次会议。印发了《关于加强赴台保密工作的通知》、《股份公司总部涉密文件资料管理规定》、《股份公司总部涉密网管理暂行规定》，转发了国资委《中央企业领导人员保密工作责任追究暂行规定》。加强涉密计算机和信息安全管理，为董事会办公室重要涉密部门和岗位配置了 8 台涉密计算机，用以处理涉及企业的重要商业秘密信息。

3. 以优质服务和科学管理，充分发挥后勤保障和行政事务管理职能

（1）紧紧围绕创建“全国优秀示范管理大厦”和“国家食品卫生 A 级企业”目标，在运行机制、服务质量和品牌建设上下工夫，2011 年公司物业餐饮在员工满意度考评中继续保持高位，稳中有升。

（2）继续严格执行总部节能降耗各项管理制度，总部办公楼杜绝了“长明灯”和“水长流”现象。2011 年，总部大楼电力、热水等各项能源资源使用量较上年均有不同幅度的下降。

（3）继续坚持强化内部安全保卫工作，努力提高总部安全防范能力。

（4）继续坚持“周到、细致、耐心、快捷、规范”的服务理念。2011 年，完成公务接待 200 余次，接待人数约 8000 人，其中接待副总统级以上外宾 3 次，参与和组织百余次会议会务接待工作。

【公文管理】 认真加强公文管理工作，完成了 2011 年度所有以集团公司、股份公司名义上报和下发公文的核稿工作及重要文件起草工作；全年共完成上报公文 700 多件，下发公文共 4 万余份；收到外来文件近 3000 余份，登记办理各类公文 1100 多件，送公司领导及部门传阅文件 4000 余份。总经理工作部被国资委办公厅评为 2011 年“公文报送公文无差错单位”。

（文秘处）

【投资评审】 2011年，股份公司共召开投资评审会9次，组织评审贵阳东部新城“四路四沟”BT项目等投资项目17个，编写评审报告17份。

（韩 磊）

综合事务管理

【中国水电新春联谊会】 2011年1月12日，由中国水利水电建设集团公司和中国水力发电工程学会联合主办的2011年中国水电新春联谊会在北京举行。联谊会由股份公司副总经理孙洪水主持，股份公司董事长范集湘、中国水力发电工程学会理事长周大兵致辞。国家发展改革委员会副主任张国宝、全国人大财经委副主任汪恕诚、水利部部长陈雷，中国工程院院士陆佑楣、国家开发银行原行长姚振炎、国务院南水北调办公室原主任张基尧、中国长江三峡集团公司董事长曹广晶等出席会议并讲话。股份公司在京领导、总部各部门负责人、各子公司负责人和来自国家有关部委及全国水利水电行业的约400位水电同仁参加了“2011年中国水电新春联谊会”。

中国水力发电工程学会常务副理事长李菊根在会上宣读了2010年水力发电科学技术奖和首届潘家铮奖获奖名单，颁奖嘉宾现场为获奖代表进行了颁奖。

联谊会还邀请了李谷一、刘秉义、唐杰忠等著名艺术家表演了文艺节目。

【总部公务接待费管理】 为规范公司总部公务接待费管理工作，根据国务院国资委《关于规范中央企业负责人职务消费的指导意见》(国资发分配〔2006〕69号)，4月13日，股份公司印发了《中国水利水电建设股份有限公司总部公务接待费管理暂行办法》（中水电股总〔2011〕17号)，对纳入公务接待费管理的范围、公务接待费预算编制、公务接待费使用及报销等作了具体的规定。

【总部公务车使用管理】 2011年3月4日，股份公司总部印发了《中国水利水电建设股份有限公司总部公务车使用管理暂行办法》（股总〔2011〕8号)，对总部公务用车调度管理、使用原则、日常管理、安全管理、维修管理等事项作了详细规定。

【企业领导人职务消费管理】 为规范企业领导人员职务消费，2011年11月21日，股份公司印发了《关于转发中国电建集团关于转发国务院国资委〈中央企业负责人职务消费管理暂行规定〉的通知》（中水电股总〔2011〕53号)，该文件对纳入中央企业负责人职务消费的人员范围、项目及标准等作了具体规定。

【总部办公楼人员出入管理】 2011年4月21日，股份公司总部印发了《中国水电建设股份有限公司总部办公楼人员出入管理暂行办法》（中水电股总〔2011〕19号)，对总部办公楼人员证件管理、人员出入管理等事项作了详细规定。

【总部租用停车场管理】 为解决公司办公区域停车位不足的问题，确保公司总部良好办公秩序，公司总部承租了永辉地下车库部分停车位，2011年2月16日，股份公司总部印发了《关于启用公司总部租用停车场的通知》（股总〔2011〕5号)，对车场名称、地址及启用时间、泊车范围、泊车费用和缴费办法等事项作了详细规定。

【2011年专项会议计划】 根据公司领导要求和总部各部门提出的2011年专项会议计划，3月10日，股份公司印发了《关于印发股份公司2011年专项会议计划的通知》（中水电股总〔2011〕11号)，股份公司总部2011年专项会议共计31个，专项会议会务工作由主办部门负责，相关部门协办，要求本着以会养会、俭省节约的原则，务实高效筹办会议。

（张 扬）

【维稳信访工作】 为做好建党90周年庆祝活动期间及2011年度维稳信访工作，6月27日，股份公司召开维稳信访工作会议，股份公司董事长范集湘在会上作重要讲话，并对2011年度维稳信访工作提出七项要求。

2011年，公司总部接待职工群众来访133批、220人次，同比分别上升38.54%和4.27%，受理来信56件、701人次，同比分别下降9.68%和5.4%，来信处理率和来访接谈率均达100%。信访部门注重对重要信访事项的交办和督办，全年共转送、交办信访事项43件。

（李铁路）

【档案管理工作】 2011年，股份公司档案管理工作取得新进展，收集、整理重要专项文件材料约150件。整理档案材料50卷、2004件。通过公开招标，购买了清华紫光档案管理系统软件。较圆满地完成了公司特级资质迎检工作，2008～2010年纸质档案的扫描、录入软件系统、整理归档，共计约6000件。按时完成了全国档案事业统计年报工作，得到国家档案局书面表扬。

【保密工作】 2011年，主要开展了如下工作：

（1）全面梳理了8类文件材料、制发保密工作制度，印发了《关于加强赴台保密工作的通知》等5项保密工作制度文件。

（2）6月7日，召开了2011年股份公司保密委员会第一次会议，组织总部和子企业有关人员观看了《责任重于泰山》、《解读“力拓”窃密事件》保密教育警示片，针对各子企业开展保密工作自查、重点抽查和优秀评选活动，表彰了先进集体和个人。

（3）2月24日，召开涉密计算机管理工作专题会议，为重要涉密部门和岗位配置了8台涉密计算机。

（张 扬）

【2011年维稳信访工作会议】 6月27日，股份公司2011年维稳信访工作视频会议在总部7楼大会议室召开，会议由股份公司党委副书记陈永录主持，股份公司董事长范集湘在会上作《切实做好维稳信访工作，确保公司平稳较快发展》的讲话。股份公司董事会秘书王志平传达了国务院国资委中央企业维稳信访工作会议及部分中央企业建党90周年信访维稳工作会议精神。

总经理工作部、党委工作部、人力资源部、法律事务部负责人及相关人员在总部主会场参加会议；各子公司党委书记、分管维稳信访工作的领导及相关部门负责人分别在分会场参加会议。

（李铁路）

人力资源管理

人力资源部

【部门2011年工作】 2011年，人力资源部（党委企业领导人员管理部）在股份公司党委领导下，遵循建设“六型”总部机关标准，围绕部门职责，积极履行基本职能，紧扣公司战略、体制改革、结构调整和外部变化，顺势而为，根据部门担负的职能、内涵的变化大力推进业务转型。

（李燕明 李 捷 何 明）

领导班子建设

【公司总部高级管理人员调整补充工作】 2011年，因中国电建集团成立，先后调整、补充总部高级管理人员22人，其中提拔1人，交流21人。共涉及董事会办公室、总经理工作部、党委企业领导人员管理部、党委组织部、财务产权部、纪委办公室、市场经营部、工程科技部、企业发展部、投资部、审计部、法律事务部、信息中心、海外事业部、房地产事业部、海西发展区域总部等。

【全资子公司领导班子换届及调整补充工作】 2011年，二级子公司领导人员岗位调整、职务变动共涉及16个单位、39人。通过组织选拔、竞争上岗、公开招聘等方式提拔14人，内部交流6人，调离4人，引进人才2人，兼任4人，改任2人，退休7人。包括对水电五局有限公司、水电七局有限公司进行换届考核，对水电九局有限公司进行领导班子副职内部竞争上岗，对水电六局有限公司与辽工局有限公司的重组整合进行班子配备等工作。

【控（参）股公司董事会、监事会、经营层推荐工作】 2011年对四川公司、国际公司2家单位的董事会、监事会、经营班子成员进行推荐、调整，共计4人。

【控股型投资企业下属公司主要负责人备案制管理工作】 2011年对海西发展区域总部、房地产公司二级单位、中老铁路、甘肃灵台南煤田的备案制管理干部共批复19人。

【企业领导人员公开招聘工作】 2011年，面向股份公司系统进行了纪委书记候选人公开竞聘，共有64人应聘，经资格审查，有49人参加笔试，15人参加面试。国际公司、水电二局有限公司、水电五局有限公司、水电十二局有限公司、水电十三局有限公司纪委书记岗位人选均在后备人选库中产生。

（李燕明 李 捷 王 勃 吴 磊）

【企业领导人员教育培训工作】 2011年，人力资源部先后组织12批35人参加了由中央党校、国家行政学院等组织的各级、各类企业领导人员培训。

（李燕明 李 捷 王 勃 顾建新 吴 磊）

人才开发管理

【项目经理班】 2011年，人力资源部先后与清华大学和北京基业长青咨询有限公司合作进行了四期项目经理培训班，每期50人，共计200人。通过培训，提高了项目经理和人力资源业务骨干的能力和素质，其中项目经理培训中针对实际工作中项目上的安全管理情况，增设了预防突发事件专项课程，并在每期培训班设立优秀学员和优秀团队奖，专门奖励优秀学员，激发学员学习热情，提高了培训质量。

【其他培训】 2011年11月，为适应股份公司改制上市面临的新形势，人力资源部在水电五局有限公司培训中心组织了一期90多人的人力资源系统业务培训和50人的班组长培训。

专业技术职称评审

【2011年度职称评审】 2011年度股份公司共有713人参加职称评审初审工作，682人上会参加评审（含认定39人），初审通过率95.66%。经过工程、经济、财会、政工和法律系列评委专家评议和讨论，558人通过了评审（认定），评审通过率86.78%，总通过率78.26%。

（李燕明 何 明 张顺兴 顾建新）

【高级技师评审】 中电联高级技师评审，股份公司共116人参评，有50人通过了评审。12月7～9日，股份公司高级技师评审会议在福州水电十六局有限公司召开，共有164人参加评审。经过严格审查材料、小组讨论、投票表决等环节，有148人通过了股份公司评审。

【职业技能鉴定工作】 在2011年职业技能鉴定工作中，人力资源部做了一些扎扎实实的工作，不断推动企业技能人才评价工作步伐，保障了职业技能鉴定工作健康有序发展，取得了较优异成绩。

劳动工资管理

【加强工资总额控制】 在2011年工资总额管理中，人力资源部主要解决了工资总额指标不足的问题，通过与国务院国资委分配局反复协商沟通，核增了股份公司工资总额3.26亿元，并纳入2011年工资总额基数中，有效解决了单位工资总额指标长期不足的问题。

【工资增长率控制】 按股份公司业绩考核指标规定，对所属各单位2010年业绩考核在岗职工人均工资增长率控制指标进行了设定。按照控制工资增长幅度和适度提高工资增长幅度两方面考虑，引导子公司合理调整薪酬发放，更科学合理地设置薪酬目标。

【企业负责人年薪制情况】 根据《关于做好中央企业负责人2010年度薪酬兑现和2011年度基薪标准调整等有关工作的通知》（分配函〔2011〕31号），对股份公司负责人2010年度薪酬进行了兑现。公司领导班子成员按照各自分工，在公司改革重组中承担了艰巨任务并圆满完成，经与国务院国资委分配局多次协商，领导班子副职2010年绩效年薪统一按公司主要负责人的90%确定。

（李燕明 何 明 顾建新）

总部人事管理

【集团（股份）公司总部职能部门及员工年度考核】 2011年，人力资源部完成了对19个总部管理部门、3个事业部和171名总部员工的2010年度考核，评选出7个先进集体和68名先进工作者。此外，按照该考核结果和有关规定，编制了2010年度总部年度奖金发放方案，该方案在提高整体激励的基础上，再适当增加优秀员工的奖励等级，形成差异化的激励机制，提高了总部员工积极性。

（李燕明 赵 莉）

【集团总部人力资源招聘工作】 2011年，人力资源部采取面向系统内外公开竞聘的形式，为总部各部门选聘工作人员17人，涉及董事会办公室、资金管理部、市场经营部、审计部、工程科技部、法律事务部、财务产权部等7个部门。

（李燕明 何 明 赵 莉）

【劳动合同管理】 2011年内，人力资源部完成了总部员工劳动合同的签订、变更、续签等工作，累计解除劳动关系27人。

【总部社会保险管理工作】 2011年，人力资源部根据总部员工名册、员工职级调整等因素进行动态调整；对每位员工社保数据进行逐项测算、反复验证，确保总部191名员工8项保险和在京子公司677人的补充养老保险数据无一差错转入；根据《中国水利水电建设股份有限公司总部及相关直属公司补充医疗保险管理办法》，为总部及在京公司员工报销医疗费用，最终报销比例达95%，还为总部员工办理了团体人身意外伤害保险。

（赵　莉）

【离退休人员管理服务工作】　2011年，人力资源部重点解决了职教幼教退休教师待遇问题。为此，6月转发了国务院国资委等部委《关于妥善解决国有企业职教幼教退休教师待遇问题的通知》（国资发分配〔2011〕63号）；8月下发了国务院国资委副主任邵宁在“解决国有企业职教幼教退休教师待遇问题工作视频会议”上讲话的通知；12月2日，组织召开了股份公司职教幼教退休教师待遇问题视频会议，总结了前期工作情况，传达了国务院国资委座谈会议情况，并对下一步工作提出了要求，要求各子企业要加强组织领导，明确责任部门，落实责任人员，主动与地方政府沟通，积极做好退休教师认定、统计和补贴发放工作，同时针对可能出现的攀比上访情况，制定工作预案，切实维护企业和谐稳定局面。

11月转发了中组部《关于组织开展好“与党同呼吸、共命运、心连心”征文活动》的通知，丰富老同志的文化活动。

（赵　莉　张顺兴）

专业会议

【2011年度人事劳动统计年报会议】　2011年底，人力资源部组织集团所属企业负责人事、劳动、教育统计工作的人员召开视频专项会议，集中部署2011年教育统计年报工作、2011年人才统计年报工作、2011年劳动工作统计年报工作和2011年离退休人员统计年报工作，进行了相关指标的详细解释和讲解，对有关软件的使用进行了演示，会议取得了良好效果，各项报表工作顺利完成。

（吴　磊）

其　他

【股份公司“十二五”人才战略规划】　为贯彻落实全国人才工作会议精神和《国家中长期人才发展规划纲要（2010～2020年）》、《中央企业中长期人才发展规划纲要（2010～2020年）》，支撑股份公司“十二五”战略的有效实施，2011年，人力资源部完成了公司“十二五”人才战略规划的撰写并下发。规划总结了“十一五”期间人才工作的主要成就和问题，提出了未来五年人力资源工作的目标和方向。除完成规划主体报告外，还完成了《人才现状分析报告》、《人力资源管理机制报告》、《人员供给与需求预测报告》、《人力资源对标分析报告》、《公司战略解读和人才发展分析报告》五个研究报告。

（李燕明　何　明　段苏桓）

财务与产权管理

财务产权部

【部门2011年工作】　2011年，财务产权部积极贯彻落实股份公司年度工作部署，解放思想，勇于创新，抓住机遇，应对挑战。积极建立财务报告管理体系，保质保量地完成首发上市相关财务信息披露工作；健全和完善股份公司财务风险防范体系和内部控制体系，有效防范系统性财务风险，建设符合资本市场要求的上市公司内控体系；加快建设符合现代国有企业要求的财务管理体系和制度体系，尽快实现财务管理工作转型，以确保公司更好更快发展；进一步加强经营业绩考核、建造合同准则执行情况管理、财务预算管理，推进财务管理工作转型升级；着力把握能够影响和带动全局的工作，为加快推进建设具有较强国际竞争力的质量效益型跨国企业集团的进程作出新的贡献。

（刘亚男）

财 务 管 理

【2010年度财务决算编报及批复】　2011年，财务产权部编制上报财政部、国务院国资委《中国水利水电建设集团公司2010年度财务决算报告》、《2010年利润分配预案》、《财务决算专项说明》、《资产减值准备财务核销情况报告》、《账销案存资产管理情

况报告》、《国有资产保值增值说明材料》等专项报告及会计师事务所审定出具的审计报告与各项专项审核报告。

【财务风险防范体系建设】 2011年，财务产权部健全财务风险防范体系，加强债权资产分类管理，督促设专人对历史留存债权进行台账管理；加强已完工未结算的考核，督促子公司将“已完工未结算”指标纳入业绩考核体系；加强对重大事项的监督管理，上报完成了《资产减值准备审核报告》、《账销案存专项审核报告》、《专项说明审计报告》、《主要税种纳税审核报告》、《非经常性损益报告》、《内部控制报告》、《金融衍生品专项报告》等报告书；加强境外项目财务管理，积极开展境外项目审计，防范境外项目经营和财务风险。

（李　莹）

【财务信息化系统建设】 财务产权部积极推进公司财务信息化集中化管理，2011年底最后三家子企业实现用友NC系统全面实施，至此，股份公司所有成员企业全面启用NC系统。同时，公司不断加强财务报表体系及报表平台的研究与改进，以满足不断发展变化的需求。

（杨展业）

【工会财务管理】 财务产权部负责在京单位工会财务管理工作，收取在京单位工会经费，并上缴给中华全国总工会。集团工会不断加强企业文化建设，开展了丰富多彩的文体活动，机关财务处积极配合做好相关账务处理工作，为集团职工文化活动的顺利开展提供了保证。

（何　洁）

会计核算

【《建造合同准则》执行检查与验收】 2011年，财务产权部借助《建造合同准则执行管理与提高》的课题研究，对《建造合同准则》执行管理工作进行系统回顾和总结，对存在的问题进行全面分析。同时，在快报、季报、半年报和决算报告中，通过对未完施工的同比、环比的分析，进一步加强“已完工未结算”考核，引导子公司密切关注和加大对未完施工的审核力度，清除不合理挂账，避免经营风险。督促各子公司将“已完工未结算”指标纳入业绩考核体系中进行考核，加大结算和索赔力度，降低经营风险。

（李　莹）

【利比亚项目暂停期间会计核算和决算处理】 2011年，迫于利比亚的内乱形势，股份公司所属6个项目均已暂停。为此，财务产权部组织专题讨论研究，并由海外事业部下发《关于明确利比亚项目暂停期间会计核算的通知》，对利比亚撤回工作涉及的具体问题和相应措施、资产损失认定、后续管理、重要档案的清查保管等问题进行布置。根据同行业上市公司对类似情况的会计处理方式，结合公司实际情况，经报国务院国资委，财务产权部于12月对利比亚项目年末账务处理方法进行了确认。

（王　东）

税务管理

【年度税务管理】 2011年，财务产权部按时完成集团公司、股份公司在西城与海淀两区的国地税涉及企业所得税、个人所得税、增值税、营业税、城建税、地方教育费附加、印花税、房产税、土地使用税、车船税等10余个税种的日常纳税申报，顺利通过集团公司本部及股份公司本部年度企业所得税汇算清缴预审、企业减免税调查等各项税务工作。在股份公司上市过程中，按时取得海淀区国地税主管机关出具的无问题纳税情况证明，树立公司良好纳税形象。

【税务发票大检查】 2011年3月，国家税务总局发布关于开展发票大检查并对集团公司进行重点专项检查的通知。财务产权部迅速成立工作小组，并根据发票属地化检查的原则，下发《集团（股份）公司及在京子公司发票专项检查工作方案》的通知，对发票检查进行专题部署。在两个月发票自查期，财务产权部按时完成本部134 786张发票、在京单位618 880张发票的登记辨识工作，最终处理结果控制在可控范围内，且未出现罚款，维护了公司利益和形象。

【税务指导与服务】 2011年，财务产权部始终坚持税务工作服务于公司、服务于员工的原则，及时提供各项税务数据用于与地方政府的各项交流接洽活动，开具有关纳税证明用于相关投标工作，协助总部员工因购房、户口迁移等各项事宜的涉税证明开具工作。

（杨展业）

业绩考核

【经营业绩考核体系调整】 按照国资委业绩考核工作的要求和集团公司领导的指示，财务产权部组织多次讨论并广泛征求子公司意见，修订了《股份公司子公司负责人年度经营业绩考核办法》，并将其与市场经营部起草的《股份公司子公司管理评价暂行办法》一并形成了《股份公司子公司负责人年度业绩考核办法》，更加全面地评价子公司负责人经营业绩和管理水平。

【2010年度经营业绩预考核】　财务产权部依据子公司预算执行报表，测算归口管理的考核指标完成情况、得分情况，并汇总其他职能部门考核结果，测算子公司负责人绩效年薪，形成年度经营业绩预考核奖励结果报告，兑现预考核绩效年薪。

【测算下达2011年度经营业绩考核指标】　按照“不低于前三年（2008～2010年）实际完成值的平均数和不低于上年考核目标值和实际完成值的平均值”的原则，结合股份公司发展战略和各子公司生产经营目标，在参考各子公司前几年考核指标完成情况和其上报的2011年考核指标目标值的基础上，测算了本部门归口管理的考核指标目标值，并汇总下达各子公司2011年考核指标目标值。

（张　黛）

预算管理

【2011年度财务预算编报及批复】　为确保集团（股份）公司预算指标落到实处，结合各子公司上报年度财务预算，于2011年4月以文件形式将年度财务预算指标批复下达至各子公司，要求层层分解落实到各施工生产及管理环节，明确其具体执行及控制目标，落实责任，并将预算执行情况与职工收入挂钩，建立预算执行的奖惩制度。

【2011年度财务调整预算编报及批复】　集团（股份）公司各子公司根据1～8月生产经营情况，对年度财务预算提出调整意见。财务产权部结合集团（股份）公司年中工作会议总体要求，通过综合平衡、调整，编制完成了《关于中国水电集团调整2011年财务预算主要指标的报告》（中水电〔2011〕116号）并上报国资委。同时，于2011年9月下发了《关于2011年度财务预算调整的批复》（中水电股财〔2011〕75号）将年度财务预算调整指标批复下达到各子公司。

【总部资金及费用收支预算管理】　2011年，财务产权部按月汇总总部各职能部门资金及费用收支情况，并完成了总部各月资金收支预算及费用收支预算分析报告，有效控制集团总部费用支出。同时，严格按照年初公司财务预算及月度资金预算安排对各部门发生的各项经营业务进行审核，对超出预算范围的部分，要求各部门必须按照公司规定程序，经公司领导审核同意后方可受理。

【2011年度国有资本经营预算申报】　积极向国务院国资委及财政部申请国有资本预算资金。向国务院国资委及财政部上报了《关于中国水利水电建设集团公司2012年度国有资本经营预算项目预申报的报告》（中水电〔2011〕115号），向其申请2012年度国有资本经营预算46.99亿元。并针对玉树灾后重建项目补充报送了《关于报送2011年国有资本经营预算支出计划的报告》（中水电〔2011〕149号）等相关材料。

【2010年度国有资本经营决算编报】　根据国务院国资委下发的《关于做好中央企业国有资本经营预算支出执行情况报告工作有关事项的通知》（国资收益〔2011〕1186号）和《关于做好2010年中央企业国有资本经营决算报告工作的通知》（国资收益〔2011〕1484号）的要求，结合集团公司国有资本经营预算资金使用情况，编报了2010年中央企业国有资本经营决算报告，认真总结并分析了公司国有资本经营预算执行情况及决算情况。

（刘　佳）

资产产权管理

【资产购置处置审批】　根据集团公司和股份公司有关资产处置、购置规定，本着严格控制非生产性支出、资产处置价值最大化、资产购置适度经济的原则，财务产权部在2011年度累计完成资产购置批复26项，涉及金额约7500万元；完成资产处置批复5项，涉及金额约1200万元，使相关资产处置购置行为有效可控。

【产权出受让备案、审批、登记及管理】　2011年，财务产权部在股份公司安排下，操作指导完成了水电十三局收购中国华瑞持有的路桥公司10%股权具体事宜；完善了四川九龙溪古水电开发有限公司股权转让、谷城联虹电业有限责任公司股权和债权转让、文山陆河发电有限责任公司投资退出等股权处置工作；完成了甘肃能源公司两期出资的相关工作。同时，按照有关文件规定，向国务院国资委报送了协议转让、资产评估等日常性产权管理报告文件；完成办理产权登记证35项。

（傅国钢）

落实国家改革政策

【向财政部申请政策性补贴】 根据财政部有关基建贴息、矿产资源专项补贴等相关政策，财务产权部认真组织有关单位进行上报，在经过审核汇总后上报财政部，2011年共获得财政部基本建设贷款贴息2576万元、国外矿产资源风险勘察专项补贴1570万元、施工新技术研究与开发资金240万元、施工企业科技研发奖励资金40万元、离退休职工医药费补助9万元，合计4395万元。

【厂办大集体相关工作】 财务产权部配合企业发展部对股份公司所属厂办大集体资产、人员及运营等基本情况，推进改革存在的主要困难与问题及参与改革的建议进行摸底工作，并在2011年度决算布置工作中对大集体单位编报工作进行了布置。

专业会议

【2011年财务资金工作会议】 2011年5月5～6日，股份公司召开2011年财务资金工作会议，会议贯彻落实2011年工作会议精神，总结回顾2010年和“十一五”期间集团及股份公司财务资金管理工作，深刻剖析当前财务资金工作面临的新形势和新问题，安排部署2011年及“十二五”期间财务资金管理工作。

【2011年财务决算和2012年财务预算工作布置会】 2011年12月1～3日，股份公司召开2011年决算和2012年预算工作布置会，会议明确了公司财务管理工作的总体思路和重点，树立了以适应资本市场要求为导向的预决算管理理念，对下年预决算工作的重点内容加以提示，对2011年度财务决算、2012年度财务预算报表的编制方法进行培训，确保2011年股份公司上市后首期年度报告信息“真实、准确、完整、及时、公平”。

（刘　静）

首发上市系列工作

【2011年半年财务决算报告编制】 根据股份公司“跨越工程”需要，财务产权部制定下发了有关文件，对财务审计工作进行统筹安排，规定报表格式、编报内容、报送要求等，并对需重点关注的内容进行专题讨论，明确处理原则。财务产权部按时完成2010年12月31日、2011年6月30日和9月30日基准日的三期财务报表编制，并配合事务所出具相应审计报告。

【2011年三季度暨首发上市第一期季度报告编制】为做好2011年三季度财务报告编报工作，财务产权部出台了《关于做好上市后第一期季度报告编报工作的通知》，对重点关注事项予以提示和强调，确保三季度报告编报工作保质保量完成。

【首发上市招股说明书审核】 为确保披露财务信息的真实、准确、完整，反映股份公司的内在价值，财务产权部组织相关人员对投行出具的招股说明书中涉及财务数据的部分进行审核，并及时就审核中出现的问题与投行人员商讨，确保财务数据真实、准确、完整。

（王　东）

【参与首发上市路演及材料准备】 财务产权部根据“跨越工程”制订的媒体宣传公关计划，积极组织人员翻阅历年财务资料，搜集相关财务数据，对上市路演投资者可能提出质疑及提出的问题进行针对性研究和解答。在9月份多场一对多、一对一的预路演和广州、深圳、上海和北京四地的正式路演中，财务产权部人员在充分组织准备和路演团队的多方配合下，较好地回答了路演中遇到的财务问题，消除了投资者对公司财务信息真实、准确、完整性的顾虑。

（王　东）

【内部控制制度和管理流程完善工作】 财务产权部根据股份公司整体制度安排，积极参与制定了多项基本管理制度，已由公司股东大会、董事会审议通过并印发施行。财务产权部要求有关财务人员认真系统地学习与财务工作有关的各项上市法律法规制度。2011年，财务产权部研究修订了《财务报告管理办法》，对财务月度、季度、半年和年度财务报告的编制要求、审核流程、财务分析制度的建立进行明确规定。同时，在财务报告编报过程中，严格执行内幕知情人登记制度，保证提供符合上市公司要求的“真实、准确、完整、及时、公平”的财务信息，确保财务信息的安全保密。

另外，财务产权部建立和完善了对外提供财务数据的审批流程以及财务档案的保密原则和责任追究制度，高度重视会计信息资料的保管工作，对财务资料的安全性更加重视。明确要求：对于会计纸质资料（月报、季报等）的发出要有登记，对于会计电子资料，特别是储存会计账和报表的计算机，严禁与互联网连接，确保财务信息的安全。

（刘　静）

【财务报表体系完善】 为满足上市公司对外披露要求和中国电建集团整体要求，财务产权部组织专题讨论，以国家法律法规和国家监管机构、上海证券交易所有关规则规范要求为主线，在公司现有财务报表体系的基础上，不断完善报表项目内容、格式和软件公式的设置工作，提高各类定期报表的填报、审核效率，保证提供符合上市公司和监管部门要求的财务信息。

（李毅华）

【首发上市房地产板块存货价值评估】 根据股份公司"跨越工程"需要，财务产权部按时组织完成了2010年12月31日和2011年6月30日基准日两期房地产存货业务资产评估工作。

（傅国钢）

合并重组

【中国电建集团重组财务服务】 2011年4月，中国电建集团筹备组成立后，筹备组日常报销由财务产权部机关财务处垫支管理。在完成股份公司大量日常报销业务的同时，机关财务处认真处理筹备组报销业务。为便于日后账务交接工作，对中国电建集团筹备组发生的费用分项目设置子明细，特别是为了清晰反映6个在建的信息系统建设费用，分别按合同名称进行单独列示，便于日后准确计量资产价值。截至2011年底，累计为筹备组处理日常报销业务122笔，在一定程度上保障了电建集团筹备工作顺利进行。

（何 洁）

团队建设

【财务团队能力建设】 2011年5～7月，财务产权部按照国资委及公司领导安排，组织所属二级子公司财务负责人参加国家会计学院三期总会计师岗位培训班，每期培训时间为一个月。各公司选派财务人员参加美国注册管理会计师CMA认证考试学习，已有多人取得合格证书。由海外事业部统一组织的澳洲注册会计师（CPAA）学习考试，已有32名财务管理人员成为澳洲会计师公会会员。

（施惠霞）

【部门员工招聘】 2011年，财务产权部面向2011年应届毕业生公开招聘。通过层层筛选，最终招聘3人为财务产权部新员工。

（施惠霞）

工程科技管理

工程科技部

【部门2011年工作】

1. 科技进步与管理工作

（1）继续完善股份公司科技创新体系，不断加强科技管理工作。各子公司技术中心创新体系进一步健全，运作逐渐规范，各项规章制度逐渐到位。

（2）持续开展科技创新工作，科技成果硕果累累。

（3）系统打造股份公司"中国水电建设"科技品牌。

（4）加大标准化与专利、工法工作力度，组织了中国水电施工标准英文版推广应用工作。

2. 工程项目管理与质量管理工作

（1）认真组织青海玉树灾后重建工作。质量、进度等方面工作多次受到国务院国资委、国家发展改革委、青海省等表彰和肯定。

（2）加强总部质量监管工作，积极开展股份公司质量检查工作，妥善处理重大工程事项。

（3）开展创优评先活动，不断增添企业质量品牌新内涵。2011年股份公司有一大批工程获奖。

（4）搭建平台，举办高层次工程质量管理人员培训班。

3. 节能减排和企业资质管理工作

（1）2011年，集团公司圆满完成国资委下达的"十一五"节能减排目标，超额完成国资委第二任期节能减排考核目标，荣获"十一五"中央企业节能减排优秀企业荣誉称号。

（2）按照住建部特级企业重新就位工作部署，工程科技部全面梳理了股份公司所属9家特级资质企业各项条件，联合信息中心组成特级资质初审小组，股份公司及所属企业特级资质均实现顺利就位。

工程项目管理

【青海玉树灾后重建工作】　青海玉树灾后恢复重建工作组织得力，质量、进度等方面工作在参加援建的四家央企中名列第一，多次受到国务院国资委、国家发展改革委、青海省等表彰。工程科技部作为玉树重建领导小组办公室在向公司领导、国务院国资委、国家发展改革委等有关部门反映玉树现场情况、提出有关建议方面，以及在传达公司部署、国务院国资委、国家发展改革委指示等方面做了大量工作。在国务院国资委主任王勇考察玉树期间，通过协调组织，邀请考察团现场考察了集团公司玉树工程现场和水电四局有限公司总部，给国务院国资委考察团留下了良好印象。

【在建工程重大事项项目】　截至2011年底，股份公司完成主要工程量如下：

（1）土石方：土方38 304万立方米，石方14 027万立方米。

（2）混凝土浇筑：5963万立方米。

（3）机组安装：75台，438万千瓦。

（4）金属结构制作安装：39.76万吨。

2011年在建工程质量统计共有单元工程224 882个，其中优良单元工程205 138个，优良品率91.22%；一次验收合格率99.5%；未发生重大质量事故。

【2011年质量检查】　针对南水北调工程存在的质量问题，工程科技部组织开展了南水北调工程质量专项检查；参加了南水北调工程河南段开展“为民服务建新功、五比五赛展风采”劳动竞赛活动月质量检查工作；参与组织了铁路专项质量检查工作。

【2011年质量培训工作】　工程科技部积极联系国家有关部委，分别于5月和10月举办了两期水利工程质量管理人员培训班，并取得水利部颁发的有关证书。全年共计培训质量管理、质量检查人员297人。

【2011年度股份公司各级优秀项目经理】

1. 全国电力建设优秀项目经理

在全国电力建设优秀项目经理评审中，共有43人荣获2011年度“全国电力建设优秀项目经理”称号。名单如下：邢志国、王庆伟、梁艺华、何明峡、席浩、徐银林、王贤、李津沛、廖成林、谢伟、吴前锋、周铁军、翟万全、陈旭东、赵云德、陈庆杰、刘显军、张胜利、曹积民、强嵘、唐先锋、蹇尚有、武绍元、李庭坚、侯彦君、陈勇、段政华、王洪现、陈黎明、刘清忠、霍仁军、张书起、余咏、刘涛、吕斌、马成成、李锋利、赵军、田学良、王海云、孙炯、李介立、左剑超。

2. 股份公司优秀项目经理

2011年股份公司共有87人被授予优秀项目经理荣誉称号。名单如下：孙文轩、朱建文、邢志国、蔡建伟、于立凯、林胜强、柯勇、王庆伟、李红伟、梁艺华、何明峡、陈龙、席浩、徐银林、王贤、李津沛、廖成林、谢伟、蒲文明、吴前锋、张曙光、周铁军、翟万全、陈旭东、赵云德、刘显军、陈庆杰、张胜利、肖军、强嵘、蹇尚有、曹积民、唐先锋、武绍元、刘敬、李庭坚、蔡静、黄东明、段政华、侯彦君、高国祥、陈勇、张晓廷、王洪现、陈黎明、刘清忠、曲岩、张书起、宋慈勇、黄维民、高学春、余咏、尹俊宏、王建华、刘涛、吕斌、马成成、李锋利、秦庆伟、董刚、郑秀同、钟国萍、冯旭栋、赖建生、赵军、田学良、王海云、王建生、王显峰、王春玉、毕树河、薛天野、孙炯、陶希平、陈一平、李介立、付少鹏、王宏宇、马福民、吴建伟、左剑超、杨显庆、吕锋、张小军、代宝龙、翟德勤、葛鹏。

3. 全国电力建设优秀职业经理人

在全国电力优秀职业经理人评审中，股份公司共有18人获得“2011年度全国电力建设优秀（高级）职业经理人”称号。名单如下：刘国栋、路玉武、李斌、张宏、刘宝、文加海、尹强、陈茂、张玉峰、陈双权、何占颂、于晓、俞祥荣、杨毅平、李康民、吕孟静、吴广忠、张跃涛。

【2011年度股份公司各级优质工程获奖项目】

1. 鲁班奖

2011年度股份公司组织承建的3项工程荣获鲁班奖，分别是：水电二局有限公司承建的安哥拉卢班戈体育场工程，国际公司承建的埃塞俄比亚泰克泽水电站工程［获得中国建筑（境外工程）鲁班奖］，水电十二局、水电八局有限公司承建的黑麋峰抽水蓄能电站工程。

2. 国家优质工程奖

2011年度股份公司共获国家优质工程金奖2项，银奖1项。分别如下：

（1）国家优质工程（海外工程）金奖：水电七局、水电八局有限公司承建的马来西亚巴贡水电站。

（2）国家优质工程金奖：水电十四局、水电十一局有限公司承建的大唐国际发电股份公司胜利东二号露天煤矿一期工程。

(3) 国家优质工程银奖：水电八局有限公司承建的江苏如东二期风电特许权项目一期（100.5MW）扩建工程。

3. 中国电力优质工程奖

2011 年度股份公司（中国电力建设协会水电施工分会）共获中国电力优质工程奖 8 项。

科技开发与管理

【股份公司科技考核工作】 2011 年，股份公司继续开展科技考核工作，根据考核结果，并经股份公司批准，获得“2011 年度科技进步先进企业”的有水电七局有限公司、水电三局有限公司、水电八局有限公司、水电五局有限公司、水电四局有限公司、水电十四局有限公司、路桥公司、铁路公司。

【股份公司科技成果鉴定工作】 2011 年度股份公司科研成果结题并鉴定验收 32 项，其中被专家鉴定为达到国际领先水平 5 项、国际先进水平 17 项、国内领先水平 7 项、国内先进水平 3 项。

【股份公司科学技术进步奖】 2011 年度经工程科技部初审，股份公司科学技术专家委员会评审、投票表决并报股份公司批准，共 42 个科研项目分别获得特等奖和一、二、三等奖。

【股份公司中国电力科学技术奖获奖项目】 2011 年度中国电机工程学会开展的中国电力科技奖评审中，由股份公司立项、组织申报的科技成果获得二等奖 2 项、三等奖 2 项。

【股份公司水力发电科学技术奖获奖项目】 2011 年度中国水力发电工程学会开展的水力发电科学技术奖评审中，由股份公司立项、组织申报的科技成果获得一等奖 2 项、二等奖 3 项、三等奖 5 项。

贯标工作

【股份总部质量、环境、职业健康安全体系运行工作】 2011 年股份公司总部质量、管理体系、环境管理体系和职业健康与安全管理体系运行正常，顺利通过认证机构年审。

节能减排工作

【股份公司节能减排管理】 2011 年 5 月 31 日～6 月 1 日，国务院国资委在上海召开中央企业节能减排工作会议，会议表彰了 32 家“十一五”节能减排优秀中央企业，国务院国资委副主任黄淑和等领导出席会议并为获奖企业颁奖。集团公司以积极有效推进节能减排工作、圆满完成国务院国资委下达的“十一五”节能减排目标、超额完成国务院国资委第二任期节能减排考核目标等一系列佳绩荣获此荣誉称号。

2011 年度，水电三局有限公司、水电十二局有限公司、水电七局有限公司、华亭发电有限公司获得股份公司节能减排先进企业称号。

专利工作

【股份公司专利】 2011 年股份公司专利工作再上台阶，全年新获得专利授权 103 项，其中发明专利 17 项。截至 2011 年底，公司一共拥有有效专利 325 项。当年还取得国家版权局授予的计算机软件著作权 7 项。

资质管理

【股份资质管理】

(1) 按照住建部特级企业重新就位工作部署，股份公司高度重视，成立了工作机构，并要求各特级企业明确责任部门和人员，加强领导，使得股份公司特级资质就位工作总体受控。

(2) 全面梳理所属 9 家特级资质企业各项条件，工程科技部联合信息中心组成特级资质初审小组，到 8 家子公司进行逐项核查，有针对性地指导子公司特级资质就位工作，使子公司以较小代价满足了特级资质标准中要求的各项条件。

学（协）会及标准化工作

【行业标准化工作】 2011 年度，挂靠在股份公司的电力行业水电施工标准化技术委员会共发布行业技术标准 22 项，完成送审稿审查 20 部（其中英文版 6 项），报批 20 部（其中英文版 3 部），完成征求意见的有 16 部。

专业会议

【股份公司科学技术委员会年会】 2011 年 5 月，股份公司在江苏溧阳召开了 2011 年度科技工作会暨科学技术委员会第三次年会。副总经理孙洪水作了题为《依靠科技创新，做强做优，建设一流国际竞争力企业》的重要讲话；总工程师宗敦峰作了题为《实施科技兴企战略，创建科技领先型企业集团》的工作报告。

【股份公司质量管理专题会议】 2011年11月，股份公司2011年质量管理工作专题会议在郑州召开。副总经理孙洪水在会上作重要讲话，总工程师宗敦峰作了题为《持续改进、扎实工作，为股份公司平稳较快科学发展提供保障》的质量管理工作专题报告。

（郭　超）

市场经营

市场经营部

【部门2011年工作】 2011年，市场经营部积极贯彻公司战略部署与要求，积极履职，在公司科学、安全、高效运行，管理水平再上台阶，实现跨越式发展方面取得了显著成绩。

（1）国内水利水电建筑市场营销平稳发展，营销质量显著提高，营销基础工作扎实有效。

1）坚持前沿营销与高端营销联动，重视高端营销，在国家货币紧缩导致实际招标项目减少的背景下，国内水利水电建筑业务市场营销依然取得了较好成绩。

2）注重加强营销基础建设。一是主动开展“劳动力与主要材料价格增长情况与发展趋势”调查，并与国家发展改革委、造价管理部门、主要顾客单位充分进行沟通，效果良好。二是有计划开展竞争情报收集工作。

（2）落实科学发展观，创新管理评价体系，促进企业可持续发展。

为加强企业基础管理，提升管理水平，创造性提出了管理评价体系，将子企业基础管理工作纳入考评范围，真实反映子公司管理工作成效与水平，综合反映子公司管理水平和持续发展能力。

（3）顺势而变，在“常规动作”基础上渗透创造性思维，促进公司治理上水平。

1）继续开展经营活动分析工作，更加注重深度和针对性、规范性。

2）科学开展经营计划与营销计划编制工作。

3）加强信息化建设和制度建设等两个方面的基础管理工作。

4）有序开展分包商诚信体系建设、分包工作检查、顾客满意度调查等专项管理工作。

（4）招标管控和造价管理工作规范有序，成效显著。

1）投资建设项目招标管控工作全面、有效，招标程序规范化管理效果初现。

2）履行招标办公室职责，对大额重要招标项目进行监督管理，投资建设项目造价管理工作效果明显。

（5）综合统计工作更加注重数据和分析质量，更加注重提升从业人员水平。

（6）推进学习型总部建设，全力配合总部其他部门工作。

（滕怀凯）

市场营销

【劳动力与主要材料价格增长情况与发展趋势调查】 2011年5月18日～8月28日，为全面真实掌握物价波动对在建项目生产成本的影响情况，市场经营部对17家子公司就在建项目人材机成本现状及劳动力、主要材料价格波动情况进行调研，完成了调研报告。该报告对在建项目成本状况进行分析，研究了劳动力与主要材料价格增长情况与发展趋势，对在建工程项目亏损问题进行了探讨，提出了相应对策。

（李诗舫）

【国家“十二五”期间水利、水电市场调研】 2011年，市场经营部对国家“十二五”期间水利水电市场开展专项调研，重点关注国家水利基础设施建设4万亿投资的政策辐射领域和水电开发相对集中的西南地区等，对股份公司2011年及“十二五”期间的市场开发工作奠定了基础。

（滕怀凯）

经营管理

【2011年生产经营计划】 市场经营部根据2010年实际完成及前三年平均完成、合同存量等情况，结合各子公司综合施工能力、人力资源及资产利用状况，拟订了生产经营计划，经股份公司审批，并通过市场经营管理系统下达各子公司年度生产经营计划。

【2011年经营业绩考核】

（1）2011年股份公司建立了新的业绩考核评价体系。市场经营部作为管理评价工作的牵头部门，负责制订了股份公司管理评价办法，测算、汇总、下达了各子公司管理评价考核目标，对管理评价指标的执行情况实施动态监控，分单位撰写了管理评价报告印发至各子公司。

（2）市场经营部参与了2010年度各子公司经营业绩考核专项检查。

（3）依据股份公司确定的年度生产经营计划核定各子公司营业收入考核目标值，投资控制率目标值。

（4）初步实施业绩考核目标值动态管理。

【经营活动分析指导意见】　为加强企业经营管理工作，不断提高经营管理水平和经济效益，2011年11月7日，股份公司印发了《经营活动分析工作指导意见》（中水电股经〔2011〕21号），将经营活动分析工作延伸到子公司层面。《指导意见》明确了经营活动分析的组织机构，经营活动分析的目的与原则、范围与内容，提出了经营活动分析的基本要求与组织形式，明确了经营活动分析的工作要求。

【经营活动分析工作】

（1）编制经营活动分析报告。根据工作实际情况，编制了2011年第一季度、1～4月、1～5月、第三季度、第四季度经营活动分析报告。

（2）经营活动分析活动延伸至子公司层面。各子公司依据《指导意见》制定了本单位经营活动分析管理办法、实施细则等，并在第四季度开展了经营活动分析工作。

（3）着力解决经营活动分析反映的突出问题。11月11日，股份公司印发了《关于进一步加强企业经营管理工作的通知》（中水电股经〔2011〕22号）文件，要求各子公司抓住机遇，加大市场营销力度；加强财务资金管理，防范资金风险。

【子企业综合分析机制工作办法（试行）】　为适应日益复杂、不断变化的外部市场环境，贯彻“顺势而变”、“管理图强”的经营理念，加强对子公司资产管控的针对性和有效性，根据国务院国资委《中央企业综合分析机制工作办法（试行）》，2011年10月12日，股份公司印发了《子企业综合分析机制工作办法（试行）》（中水电股经〔2011〕18号），对确定分析企业、起草分析材料、召开分析会议、落实分析意见等进行了规范与明确。

【经营计划管理办法】　为加强企业经营计划管理，实现企业发展战略规划，保证股份公司经营管理有序、效益稳步提高，2011年11月7日，股份公司印发了《经营计划管理办法》（中水电股经〔2011〕20号）。该办法明确了经营计划管理的组织及职责，理清了编制经营计划的依据、原则与范围，规范了经营计划编制、审核、批准、发布的程序，进一步完善了经营计划的执行与调整流程，明确了经营计划分析与考核方式。

【市场经营管理系统运行管理暂行办法】　根据市场经营管理系统运行管理要求，为明确职责、规范操作，按照股份公司市场经营管理制度及信息系统管理制度有关规定，2012年12月7日，股份公司印发了《市场经营管理系统运行管理暂行办法》（中水电股经〔2011〕25号文），明确了系统数据的“真实性、完整性、效率性、安全性”原则，建立了“分级授权管理原则、实名登记管理原则、业务办理与审批权限分离原则”账户管理制度，规范了各子系统的填报要求，明确了系统安全与数据保密责任。

【分包商诚信体系建设】

（1）贯彻住建部要求。根据住建部对建筑市场监管新要求，2011年7月26日，股份公司印发了《关于贯彻住建部〈进一步加强建筑市场监管工作意见〉的通知》（中水电股经〔2011〕16号），对公司建筑市场行为提出了四项管理要求，对分包商诚信体系建设提出了指导意见。

（2）组织完成了2010年度分包商评审。根据股份公司《分包商资源库管理办法》（中水电股经〔2010〕36号），2011年5月5～20日，股份公司组织了2010年度分包商评审工作，经主管领导审批后，6月9日在市场经营管理系统发布。

（3）落实国务院国资委《关于中央企业工程建设领域突出问题专项治理整改工作的指导意见》要求，进一步完善了分包商“诚信体系建设”，在市场经营管理系统公布了第一批进入“黑名单”的分包商及联系人。

【分包专项检查】　2011年，针对一些问题较为突出、业主投诉多、经营效益差的项目，股份公司组织开展了以“分包价格的确定、合格分包商使用、分包合同范本执行”为重点，按照“项目自查、子公司检查、股份公司抽查”的方式进行了分包专项检查。根据分包专项检查情况，股份公司印发了《关于2011年工程分包与项目用工专项检查情况的通报》（中水电股经〔2011〕23号），总结了工程分包与项目用工取得的成绩，指出了存在的普遍性问题，并对进一步规范工程分包与项目用工提出了具体要求。

（仵义平）

【顾客满意度调查】 2011年8～10月，针对股份公司在建项目和已完工项目顾客单位开展顾客满意度调查，涉及17家子公司和27家主要顾客单位的30个项目。顾客满意度结果较好。

（滕怀凯）

【南水北调专项管理工作】

（1）南水北调项目总体情况。自2003年以来，除夹江公司外的全资子公司及港航公司、路桥公司等19家子公司均参与了南水北调工程建设。截至2011年12月底，累计签约合同152个，合同总金额314.87亿元，已完成156.40亿元，合同存量158.47亿元。

（2）专项管理制度执行良好。股份公司建立南水北调专项管理制度以来，各子公司均能够按照要求及时报送南水北调专项报表，股份公司将此作为经营活动分析的内容之一，查找问题，制定措施，落实改进。

（3）建立了业务联系人制度。根据南水北调中线干线工程建设管理局与股份公司座谈会议纪要精神，股份公司建立了南水北调专人联系制度，各子公司均成立了南水北调项目协调领导小组，并明确了业务联系人。

（仵义平）

【工程效能监察】 2011年9月，市场经营部参加了由股份公司组织的2011年国际工程EPC项目效能监察，分析、查找、总结了国际工程EPC项目中设计、采购、施工三者的管理关系及存在的问题，并提出了工作建议及整改要求，受到公司领导高度重视。

造价管理

【大额重要招标项目结果审批】 2011年，根据股份公司公开、公平、规范、有序的招标工作要求，市场经营部审批了四川公司等六家子公司28项大额重要招标项目结果。

【审查投资建设项目分标规划】 2011年，股份公司审批四川公司、国际公司等四个投资建设项目的整体分标规划，市场经营部对分标规划提出意见和建议，提高了招标的科学性、合理性。

【内蒙古灰腾梁二期风电49.5MW项目的执行概算审查】 2011年9月1日，市场经营部组织召开新能源公司内蒙古灰腾梁二期风电49.5MW项目的执行概算评审会，确认的执行概算总投资较设计概算降低11.53%。

【甘肃灵台南煤田勘探（精查）合同谈判】 2011年，市场经营部参加甘肃灵台南煤田勘探（精查）合同谈判工作。经对施工单位编制的勘探工程设计预算进一步审核，发现测井项目、岩芯保管项目费用计算错误，并按规范进行了调整，降低合同总价8%。

【崇信电厂脱硝改造工程设计概算控制】 2011年，市场经营部针对崇信电厂脱硝改造工程EPC总承包招标请示报告中招标预估金额高出2011年招标计划预估额较大的问题，协调有关业务管理部门进行测算，并请第三方完成了造价评估，有效控制了工程投资。

【重大投资建设项目招标评标工作监督】 2011年，市场经营部参与了新能源公司内蒙古锡盟灰腾梁洪格尔风电场二期工程风力发电机组采购标，安谷水电站厂坝枢纽土建及金属结构安装工程施工标，安谷水电站左岸副坝工程、尾水渠和泄洪渠工程施工标，安谷水电站业主供应主材水泥、钢筋采购标，股份公司总部“一卡通”系统标等6个重大项目的招标评标工作。

【在建工程专项审核】 2011年3月，市场经营部参加了股份公司2010年度财务决算会审工作，负责完成了建造合同中的在建工程专项审核工作。

管理创新

【科学管理课题立项管理办法（暂行）】 2011年12月5日，股份公司制订印发了《中国水利水电建设股份有限公司科学管理课题立项管理办法（暂行）》（中水电股经〔2011〕24号），进一步规范了公司科学管理课题的立项流程。

【六项成果获电力行业管理创新成果奖】 2011年9月，股份公司组织推选六项管理创新成果参与中国电力企业联合会组织的2011年电力行业企业管理创新成果奖申报，其中有二项成果被评为一等奖，四项成果被评为二等奖。

【二项成果获2011年中国电力标准化管理奖】 2011

年 10 月，股份公司组织推选的三项标准化管理成果参与 2011 年中国电力标准化管理奖申报，其中有一项成果被评为一等奖，一项成果被评为三等奖。

【2011 年科学管理课题立项申请评审会】　2011 年 7 月 2 日，股份公司科学管理委员会组织召开了 2011 年科学管理课题立项申请评审会。通过专家评审，21 项课题予以立项研究，课题涵盖国际工程 EPC 项目管理、企业发展战略与资源配置、市场营销与合同成本管理、企业财务控制与投融资管理等。

（陶　明）

综合统计

【组织统计业务专项培训】　2011 年，股份公司与中国建筑业协会联合组织了三期统计业务培训。主要培训内容包括新统计法的认识、建筑市场监管与建筑业发展分析、工程概预算、统计分析及统计分析报告的撰写等内容。各子公司积极组织，大量基层统计人员参加，大大提高了培训覆盖面，保证了统计人员持证上岗和综合素质的全面提高。

【完善统计人员专项档案】　2011 年，市场经营部根据现专职统计人员建立了统计人员信息档案，及时了解和掌握统计人员基本情况、学历职称情况、参加继续教育培训等变化情况，保证统计信息报送人员联系顺畅。

【综合统计工作显著提升】

（1）为积极响应股份公司的管理要求，依据《中国水利水电建设股份有限公司统计管理办法》，及时完善和强化统计报表制度、统计指标体系，采取切实可行措施，努力提高源头数据质量管理水平，有效加强和规范了综合统计工作。

（2）为进一步提高统计工作质量和数据信息的及时传送，2011 年在市场经营管理系统从年初正式启用，各级统计人员对统计历史数据进行了大量数据补录工作，完善了统计数据资源库。

（3）股份公司统计分析工作连续第 7 年获得建筑业统计工作评比特等奖。

（郝维华）

专业会议

【股份公司 2011 年经营管理工作会议】　2011 年 4 月 1～2 日，股份公司 2011 年度经营管理工作会议在北京召开，股份公司董事长范集湘出席会议并讲话。副总经理袁柏松、孙洪水、王彤宙、李跃平，总会计师孙璀，党委副书记陈永录，公司其他高管，总部各部门主任、副主任，各子公司经营班子主要成员等 149 人在北京参加主会场会议，各子公司其他经营管理人员 452 人在分会场参加会议。会议全面贯彻落实股份公司 2011 年工作会议精神，在总结 2010 年和“十一五”规划期间经营管理工作的基础上，明确 2011 年乃至今后一段时间经营管理工作思路、经营目标和重点工作。

（仵义平）

【股份公司 2011 年综合统计工作会议】　为落实国家统计局建筑领域统计工作会议精神，做好统计工作，股份公司于 2011 年 12 月 14 日在北京召开年度综合统计年报专题会议，传达贯彻国家统计局统计年报会议精神；总结了 2011 年度股份公司综合统计工作；布置了 2011 年年报和 2012 年定期报表工作；对综合统计工作先进个人进行了表彰。

（郝维华）

【2011 年投资建设项目招标计划评审会】　2011 年 3 月 10 日，股份公司组织召开了投资建设项目招标计划评审会议。经评审，批复了四川公司等 10 家子公司 2011 年度投资建设项目招标计划，涉及水电、火电、风电、公路、房地产、煤炭等行业。

（陶　明）

安全生产监督管理

安全生产监督管理部

【部门 2011 年工作】　2011 年，股份公司以落实《国务院关于进一步加强企业安全生产工作的通知》精神和国务院国资委《中央企业安全生产禁令》为重点，以继续深化“安全生产年”活动为载体，全面提高安全生产基础工作管理水平。

2011 年的重点工作是：

(1) 继续深化“安全生产年”活动，安全生产基础管理工作进一步加强；

(2) 推动“四个责任体系”建设，促进安全生产责任全面落实；

(3) 开展“安全生产心中有数”活动，有效遏制安全事故发生；

(4) 应急管理工作进一步加强；

(5) 安全管理标准化工作有效推进；

(6) 初步建成以信息管理系统为载体的安全生产管理交流平台。

(高　翔)

【组织体系及制度建设】　为提高安全生产管理制度的针对性和可操作性，确保有章可循，股份公司依据国家有关法律法规，结合公司生产经营特点，对原 2006 年开始执行的安全生产管理制度进行修订，于 4 月下发执行。新的制度覆盖了安全管理的各个方面，对机构设置、人员配备、责任制度、隐患治理、事故管理、资料管理等制定了工作制度，进一步理顺了公司各层级、各岗位安全生产管理关系。

(贺芳明)

安全管理

【安全检查】　2011 年 4～7 月，股份公司结合安全生产年各项任务，制定以消除自然灾害隐患为主的安全事故隐患排查计划，组成 10 个督查组对地质条件恶劣的雅砻江、澜沧江、大渡河、金沙江、白龙江等流域 80 余个项目部进行督察，督察组重点对防洪度汛、泥石流灾害防范等方面进行排查，并督促项目部落实相关防范措施。同时对施工办公生活营地、地下洞室施工、深基坑作业、高排架高边坡施工、起重吊装作业、施工用电、大型施工机械和起重设备运行、员工上下班交通等方面存在的安全隐患进行监督检查。股份公司隐患排查覆盖施工现场 100 多个，推动各子公司开展检查 1200 多次，现场综合检查 5000 多次。全年股份公司及各子公司共排查隐患 2970 条，隐患、重大隐患 142 项，落实责任 142 项，落实隐患治理资金 1.23 亿元，实施旁站检测 2300 人次，制定 142 项专业应急预案。

(刘凤权)

【国际体系内审】　2011 年，股份公司开展了海外业务安全督察，通过对非洲 3 个项目的安全督察和内部审核，及时掌握海外业务“三标一体化”子体系运行情况，针对普遍问题采取措施整改，有效控制了相关风险。

(陈魏龙)

【安全培训】　2011 年，股份公司共举办两期安全管理培训班，共培训项目经理、安全总监、专职安全员共 280 人，实现了持证上岗；同时，股份公司加强了注册安全工程师的工作指导和服务，为其各类注册提供方便，2011 年共办理 35 人初始注册和 68 人延续注册、10 人变更注册。

(唐晓勇)

【职业健康体系运行】　2011 年 10 月，北京大陆航星质量认证中心到股份公司进行第三方认证审核，并对水电二局有限公司、水电十三局有限公司进行现场审核。通过审核认为公司安全管理体系运行正常，符合标准要求，决定推荐颁发职业健康安全管理体系认证证书。同时，发现了职业健康安全管理体系中存在的问题，通过举一反三整改，持续改进了股份公司一体化管理体系。

(陈魏龙)

【应急救援】　2011 年，股份公司全面加强应急管理工作，先后下发了《进一步完善股份公司安全生产应急预案工作方案的通知》、《关于完善现场应急处置方案的通知》、《关于上报安全生产应急预案的通知》，通过督促和指导，建立了从公司总部到子公司、子公司二级经营单位、项目部四级安全生产应急管理体系和预案体系，并在安全生产月活动应急演练周中组织综合演练 634 次，发现了预案中的不足并加以改进，进一步提高了应急救援预案的适宜性和可操作性，完善了各项应急准备。

(王建伟)

【信息系统管理】　2011 年，股份公司利用信息管理系统进一步规范各类业务管理，梳理了各个层次应遵守的法律法规和规章制度，并提供各级安全管理技术和管理经验；实现了数据互联互通及重要信息自动归类上报，并及时记录汇总各级机构和各级人员履职情况；对安全检查、隐患排查整改、重大危险因素、安全投入等进行实时监控，通过预先设定的预警模块进行预警，及时发现管理不善的单位并提出指导意见，信息系统得到有效利用。

(陈魏龙)

【安全活动月】　6 月 12 日，股份公司在水电二局有限公司南水北调中线工程鲁山南2段项目部开展“安全生产月”咨询日活动。咨询日现场以展台、挂图、音响设备等为载体，以发放安全宣传品、安全猜谜、观看安全教育光盘、安全签名等多种形式营造安全生产氛围。安全生产监督管理部主任高翔代表股份公司向项目部赠送了安全生产管理书籍和“安全责任，重在落实”系列光盘。高翔向员工现场讲解建筑施工安全知识，解答员工安全生产方面各项咨询，把股份公司的安全管理理念、安全管理知识、应急管理的咨询服务送到施工现场，以点带面推动股份公司各单位强化安全宣传教育行动，落实安全生产责任制。

（王建伟）

【安全考核】 2011年11月初至12月中旬，股份公司派出10个检查考核组，对所属56个项目部进行安全考核。通过考核，有9个子企业被评为公司安全生产优秀企业，126个项目部（项目经理）被评为优秀项目部（项目经理），167人被评为安全生产先进个人。

（刘凤权）

专业会议

【工作会议】 股份公司2011年安全生产工作会议于2月22日在京召开，会议明确了公司安全生产工作思路，即以落实国务院《关于进一步加强企业安全生产工作的通知》和国务院国资委《中央企业安全生产禁令》精神为主线，在进一步完善管理制度、加强队伍建设、强化考核机制的基础上，狠抓安全技术措施，狠抓班组安全建设，打造以“中国水电”为标志、标准化安全生产的企业、工厂、车间和项目部，全面推进本质安全建设。

董事长范集湘出席会议并讲话，副总经理孙洪水作题为《以安全技术为基础，以班组建设为抓手，全面推进本质安全建设》的安全生产工作报告，副总经理王彤宙宣读了《关于表彰2010年度安全生产优秀企业、先进项目部、优秀项目经理和先进个人的决定》。

会上，范集湘代表公司与各子公司、控股公司签订了安全生产责任书。会议表彰了安全生产优秀企业、先进项目部、优秀项目经理和先进个人。

（陈魏龙）

【专题会议】 2011年8月16～17日，股份公司2011年安全生产专题工作会议在总部召开。会议总结了上半年安全工作，深入研究和探讨了安全生产工作中存在的问题，提出要按照《国务院关于进一步加强企业安全生产工作的通知》和国务院国资委《中央企业安全生产禁令》要求，总结工作经验，正视当前问题，用积极主动的方法开创安全生产新局面。副总经理孙洪水出席会议并讲话，各子公司、控股公司安全生产分管领导、安全部门负责人共计70多人参加会议。

（陈魏龙）

先进单位及先进个人

【股份公司2011年度安全生产先进企业（A类）】

中国水利水电第十一工程局有限公司
中国水利水电第十四工程局有限公司
中国水利水电第十工程局有限公司
中国水利水电第十六工程局有限公司
中国水电基础工程局有限公司
中国水利水电第十三工程局有限公司

【股份公司2011年度安全生产先进企业（B类）】

中国水利水电建设集团房地产有限公司
中国水利水电建设集团国际工程有限公司
中国水利水电建设集团四川电力开发有限公司

【股份公司2011年度安全生产优秀项目部（集体）】

水电一局有限公司：鲁地拉水电站土建及金结安装项目部、梨园水电站项目部、南水北调叶县4标项目部、河口村水库三期工程项目部、江边机电安装项目部。

水电二局有限公司：绵阳海赋外滩工程项目部、马里航站楼项目部、长甸电站改造项目部、津城总承包部第一项目部。

水电三局有限公司：溧阳抽水蓄能电站项目部、潘口项目部、毛家河项目部、辽西四标项目部。

水电四局有限公司：橙子沟项目部、新疆别迭里项目部、功果桥项目部、玉树二工区、玉树三工区、南水北调双洎河渡槽项目部、向家坝机电安装项目部、安哥拉马兰热项目部、酒泉新能源装备有限公司、南水北调沙河项目部。

水电五局有限公司：长河坝施工局、两河口电站人工砂石项目部、卡杨专用公路11标项目部、安谷电站项目部、公格尔项目部、苏丹上阿特巴拉项目部。

水电六局有限公司：南水北调淅川一标项目部、溧阳抽水蓄能电站项目部、蒲石河抽水蓄能电站机电项目部、辽宁青山项目部。

水电七局有限公司：苏丹罗赛雷斯大坝加高项

目部、溪洛渡施工局、向家坝施工局、南广铁路5标项目部、梨园项目部、斜卡水电站首部枢纽项目部、官地水电站机电项目部、多诺水电站项目部、引黄灌溉龙湖调蓄工程、糯扎渡水电站火烧寨沟混凝土系统项目部。

水电八局有限公司：三分局、溪洛渡大坝施工局、湘江航电左汉项目部、马来西亚基础分局沐若项目部、梨园砂石项目部、印尼亚齐火电项目部、银盘机电安装项目部、马来西亚国际部沐若项目部、科研设计院。

水电九局有限公司：南水北调宝郏项目部、第二分局、基础分局沙沱项目部、砂石黄金坪砂石项目部。

水电十局有限公司：南水北调南阳二标项目部、老挝南坎二水电站项目部、印尼佳蒂格德水电站项目部、桃巴高速LJ8合同段项目部、甲岩水电站厂区项目部。

水电十一局有限公司：南水北调廊坊段2标项目部、官地水电站大坝项目部、大梁大坝及地下厂房项目部、新疆吉勒布拉克项目部、博茨瓦纳迪克戈洪大坝项目部、博茨瓦纳骆察尼大坝项目部、委内瑞拉新卡雷夫项目部。

水电十二局有限公司：卡拉、杨房沟水电站公路项目部，仙游施工局，南水北调TJ2-2标项目部。

水电十三局有限公司：南水北调东线一期大屯水库项目部、南水北调西黑山进口闸至有压箱涵段项目部、抚顺石化新城核心区项目部、南水北调南阳段一标项目部、橡塑制品厂、坦桑尼亚马尼奥尼—恰亚公路项目部、安哥拉罗安达供水系统改造二期项目部、巴基斯坦杜伯华水电站项目部。

水电十四局有限公司：南水北调廊坊项目部、牛栏江泵站项目部、普西桥项目部、广东分公司、功果桥土建项目部、功果桥机电安装项目部、齐热哈塔尔水电站项目部、贵广铁路十标指挥部、刚果(布)2-2标公路项目部、加蓬布巴哈电站项目部。

水电十五局有限公司：南水北调新卫三标项目部、陕西省工商管理学院综合楼项目部、南水北调镇平二标项目部、新疆库什塔依水电站项目部、南水北调漳古段SG11标项目部、第一工程公司。

水电十六局有限公司：乌江沙沱水电站发电厂房项目部、于都跃洲水电站土建及金结项目部、格鲁吉亚RIKOTI公路隧道项目部、宁武高速公路(南平段)A13合同段项目部、第五分局、昆明新机场规划用地预处理三标项目部、哈萨克欧—中运输通道五标项目部。

辽宁工程局有限公司：辽阳水工机械厂、宫山咀水库除险加固项目部、辽西北桓仁—清河勘探二标项目部。

基础局有限公司：郑州龙湖项目部、湖北禹州项目部、西藏多布项目部。

港航公司：港航一分公司、幸福洋一期工程项目部。

房地产公司：中国水电建设集团（唐山）房地产开发有限公司、中国水电建设集团房地产绵阳长兴有限公司、中国水电建设集团房地产（成都）有限公司。

路桥公司：中水电津城投资发展有限公司、路桥公司成简快速路总承包部、四川成名高速公路发展有限公司、福建武邵高速公路发展有限公司。

新能源公司：锡林郭勒风电有限公司。

租赁公司：深圳百业达机械设备租赁有限公司、深圳能科达机械工程有限公司。

华亭公司：发电运行部。

崇信公司：发电运行部。

四川电力公司：四川松林河流域开发有限公司、四川小金川水电开发有限公司。

京沪高铁三标项目部：水电五局京沪高铁项目、水电八局京沪高铁项目。

【股份公司2011年度安全生产优秀项目经理（负责人)】

水电一局有限公司：张志强、闫　斌、孙文轩、刘长杰、李长海。

水电二局有限公司：王永祥、郑夕玉、邢　军、付金波。

水电三局有限公司：常　民、杨　波、汪义桥、曾朝斌。

水电四局有限公司：乜海峰、任　斌、石国宏、杨宗哲、张永宏、胡　阳、李津沛、陈　锋、董贵林、金　俊。

水电五局有限公司：李法海、王文学、孟　磊、刘　平、王海然、陈　松。

水电六局有限公司：曲川波、付瑞川、焦宝林、周铁军。

水电七局有限公司：莫永彪、杨　勇、唐孝林、潘广宇、杜宜斌、付乾坤、苏　大、王志强、张伯夷、邹利兵。

水电八局有限公司：王　杰、戴科夫、吴三线、蒋和平、宁梅珍、曹积民、韦　强、王　晖、李桃凡。

水电九局有限公司：朱　川、奉　海、张志远、夏　军。

水电十局有限公司：夏爱清、李　锐、陈　勇、段政华、高　建。

水电十一局有限公司：汪云芳、赵喜云、丁新强、马月俊、张晓廷、周庆国、陈　健。

水电十二局有限公司：徐庆伟、毛益飞、于凌云。

水电十三局有限公司：李　靖、宋慈勇、李　予、张书起、王春明、彭　锟、安郁军、高学春。

水电十四局有限公司：余　咏、浦友繁、李　强、钱永平、张永岗、王建利、杜文礼、杨大志、蒋轻光、尹俊宏。

水电十五局有限公司：李占勤、郑新让、马成成、刘逸军、张宁强、范亦农。

水电十六局有限公司：梁永宁、邓　进、项金胜、窦玉印、陈祖荣、杨智常、王　怀。

辽宁工程局有限公司：杜志友、冷显好、曲长海。

基础局有限公司：邓百印、先泽祥、韩　伟。

港航公司：郑济伟、葛　鹏。

房地产公司：周　全、任斌军、范小川。

路桥公司：付少鹏、马福民、王　维、李介立。

新能源公司：柴　明。

租赁公司：李英明、楼祥忠。

华亭公司：马鸣镝。

崇信公司：伊生峰。

四川电力公司：熊绍华、陶希平。

京沪高铁三标项目部：赵云飞、王晓伟。

【股份公司2011年度安全生产先进个人】

水电一局有限公司：张　强、黄宝华、刘春旭、赵为民、王桂林、陈　勇、王　军、高　宇、于文娟。

水电二局有限公司：王树春、张　兵、陈国祥、杜长发、焦　鸿、高宇峰、张　强、马　斌、刘家玖、佟志民。

水电三局有限公司：韩贵才、张引中、赵晓勇、贾桂强、蒋良权、韩小亮、李龙胜、马金猛。

水电四局有限公司：李和平、刘玉刚、单益泽、梁　勇、刘桂峰、张　立、鲁鸿达、王艳利。

水电五局有限公司：郝旭亮、胡开明、李醒春、陈治东、曹　刚、侯成林、王瑞雪、张叶祥。

水电六局有限公司：尹顺平、管祖金、夏清伟、田贵明、商长贵、郭　华、程兴全、吕有元。

水电七局有限公司：邵珠玉、牟兴华、唐生怀、严　兵、倪坤林、管大刚、曾洪富、黄德平、徐代平、赵伟亮。

水电八局有限公司：龙月林、杨　平、李　刚、付建平、马玉敏、陈东坪、任朗明、李义君、何庚生、孙智明、夏曙东。

水电九局有限公司：王吉辉、陈玉平、武绍元、李龙贵、田　敏、陈德平。

水电十局有限公司：周林波、周民山，张华友、闫凤枝、杜静侠、王　抗、曹志立、彭志刚、李　波。

水电十一局有限公司：王立法、范建平、高自厂、吴艳书、王占超、李灵国、郑伟佳、李红刚、丁卫江、陈建亭。

水电十二局有限公司：梁　雨、章志根、孙文义、董谊标。

水电十三局有限公司：徐世东、曲　岩、沈　涛、宋业恒、于　明、刘传文、尹新红、董　平、闫美云。

水电十四局有限公司：翟　宸、胡香伟、浦　军、黄湘波、李有福、彭春林、何国峰、李孟辉、晏联飞、张发斌、文永钢。

水电十五局有限公司：吴　飞、邱承奎、石红兵、李建平、张　磊、马正伟、李菊茹、罗　昕、辛广强、蔡李荣。

水电十六局有限公司：金建国、许鹏安、蒋亨强、黄国超、许曹津、张东元、彭江龙、黄书维、张芝芳。

辽宁工程局有限公司：石　峰、王春玉、栗宜状、闫　杰、刘　阳。

基础局有限公司：罗　斌、张　卫、梁　荣、贺永利。

港航公司：谷素芹。

国际公司：吴云飞、蒋千璐。

房地产公司：刘政军、王江华。

路桥公司：张海泉、张立坤、冯仲宁、车建国。

新能源公司：刘银辉。

租赁公司：林胤坦、徐利锋。

华亭公司：吴寿山。

崇信公司：贠旭明、崔　强。

四川电力公司：赖真明、余小平。

京沪高铁三标项目部：王　成、唐　超。

资　金　管　理

资金管理部

【部门 2011 年工作】　2011 年，资金管理部积极顺应股份公司形势变化，紧紧围绕公司战略部署，持续优化资金管理体系建设，提升资金管理水平，加强资金风险防范，确保融资落实，为公司平稳健康发展提供坚实保障。

2011 年资金管理部围绕公司战略发展目标和年度工作计划，重点做好以下工作：

（1）按照全面风险管理和内部控制要求，进一步完善资金管理制度，强化资金管理规范化运作，建立科学高效的符合上市公司要求的资金管理体系。

（2）积极应对不利信贷形势，深化银企合作关系，抓紧做好融资落实工作，严防资金保障风险。

（3）稳步推进资金信息化建设，持续完善资金集约化管理模式，充分发挥内部资金池规模优势和集中效益，促进资金管理水平不断提升。

（4）提高总部管控力度，加强资金风险业务监管，确保资金业务平稳运行。

资　金　管　理

【制度建设】　2011 年，资金管理部在 2010 年对资金管理制度全面梳理的基础上，按照上市公司的要求进行查漏补缺，制定了《中国水利水电建设股份有限公司资金预算管理实施办法》，并针对金融衍生业务监管、资金管理工作考评等方面出台了相应的指导意见，基本建立了相对完善的资金管理制度体系，为规范化资金管理运作打下良好基础。

【资金集约化管理】　2011 年，资金管理部继续推进资金集约化管理，按照国务院国资委和股份公司战略管控要求，进一步完善资金集约化管理体系，以制度建设为保障，以银行账户管理为基础，以资金信息化建设为手段初步建立了完整、高效、安全的资金集约化管理体系。

（1）实行银行账户受控管理，严格执行开户审批程序，收缩开户银行范围和数目，尽可能统一到股份公司主要合作银行范围。

（2）加强内部资金调剂，发挥资金最大效益。通过对资金集约化管理，提高了资金循环利用效率，降低了外部融资规模，为公司增收节支作出积极贡献。

【资金预算管理】　2011 年，资金管理部进一步推进资金报表分析制度，动态掌握资金流动信息和各单位资金余缺状况，通过资金指标设置引导各单位对资金风险管理的重视。对一些资金链紧张的单位下发风险预警提示，对在当前紧缩信贷形势下可能存在的上游业主推迟结算、转移风险的情况进行分析和应对部署，指导各单位建立资金风险防范预警机制，推动股份公司生产经营健康运行。

【国际业务资金管理】　2011 年，资金管理部国际分部按照“创新体制机制，着力提高竞争力，将国际业务优先发展战略引向深入”的要求，开展对国际项目银行账户的清理和监管，逐步理顺总部与国际分部、工程局国际部与国际分部的业务对接，国际资金管理流程和权责归属逐步清晰。加强对外币尤其是当地币的报表监管，高度关注外币汇率变化，同时继续提高国际资金计划的准确性和及时性，降低国际资金运行风险，确保外汇资金安全保值。

【资金风险管理】　2011 年，资金管理部下发了《关于在当前信贷形势下严防系统性财务风险的通知》、《关于转发国资委〈关于进一步做好中央企业资金保障防范经营风险有关事项的紧急通知〉》，并向各单位通报了严峻的信贷形势，传达了国务院国资委对资金风险防范工作的精神和要求，并把防范资金风险、确保融资落实作为当年资金管理工作的重中之重，要求各单位高度重视资金风险，确保现金流充足，提前做好风险应对预案。严格按照融资计划合理调控融资规模，重大融资方案必须上报股份公司审批、备案，逐步提高对融资规模的整体协调和掌控能力。严格履行担保审批程序，严格控制担保总量。按月进行资金报表分析，动态掌握资金流动信息和各单位资金余缺状况。

【资金管理信息系统建设】 2011年，资金管理部按照国务院国资委要求合理部署资金信息系统建设，建立现代化的资金管理手段。资金管理信息系统努力做到提高信息质量，实现信息透明，加强系统安全。资金管理部集中力量在有条件上线的各子公司派出的资金管理分部、办事处进行上线推广，达到资金管理与监控目标，缓解了上下级信息不对称的局面，为提高财会信息质量、实现精细化管理奠定了基础。在银企直联方面，与中国建设银行、中国农业银行、中国银行的银企直连已经开通，初步搭建起一个业务覆盖全面、操作便捷、流程规范的网络化资金管理平台，提高了资金集中速度和比例。

【资金管理培训】 2011年5月，资金管理部组织了一次由各子公司资金管理负责人参加的国有企业总会计师岗位培训班，股份公司所属各子公司共计30余人参加了此次培训。通过培训，学习了先进的财务资金管理理念，许多单位也针对上市组织资金人员进行了学习和培训，对提高资金从业人员素质、更好地应对上市后的资金管理工作起到积极作用。

融资管理

【银企高端合作】 2011年7月，股份公司与国家开发银行签署了融资额度为500亿元的开发性金融合作协议，银企合作范围进一步扩大。同时努力维系同重点合作银行的良好关系，加强银企双方高层的沟通和互动，按月与银行总行主管部门进行业务对接，依靠总行统一协调，尽力争取充足的融资额度，确保重要和紧急的融资需求得到满足。2011年6月，股份公司同中国农业银行召开了首次银企合作交流会，加深了双方的互信了解，提高了该行对股份公司的认可度。凭借优良的银企关系，虽然2011年各银行放贷额度紧张，公司融资需求仍得到了各银行的优先支持，其中74%的新增贷款仍维持基准及以下利率。

【融资统筹管控】 2011年，资金管理部严格执行融资计划，确保融资规模合理增长。根据“有保有压”和“融资规模增长与融资能力相匹配”的原则，股份公司核定融资规模，重点倾向基础设施建设、房地产建设领域、国际工程领域及已经批准的项目建设。融资规模整体受控，绝大多数单位融资规模控制在计划内，重大融资事项也基本上按照规定履行上报审批或备案程序。重点关注股份公司存贷款规模平衡，在合理存贷比内进行资金总量调控，在保障资金用款的同时改善存贷结构。

【企业融资工作】 2011年，资金管理部合法合规创新融资模式，争取多渠道融资，努力降低融资成本。凭借股份公司良好信誉和高端银企资源，全力做好投资项目的融资落实工作。为应对间接融资市场额度紧张的不利因素，2011年经过紧密筹备和对利率变化的准确判断，股份公司成功发行10亿元十年期企业债，票面利率5.25%；10亿元五年期中期票据，票面利率5.23%；两期短期融资券共22亿元，两期平均票面利率5%，远低于一年期贷款基准利率(6.56%)，为股份公司经营发展提供了强有力的现金流支撑。同时保持对资金市场的关注，开辟新型融资渠道，节约融资成本，融资结构趋向多元化。

担保管理

【企业担保管理】 2011年，资金管理部加强对担保、衍生金融工具等风险业务的总部管控。实行担保预算管理，严格履行担保审批程序，加强对存量担保的清理，控制担保规模。至年末，股份公司担保总额为236.79亿元，较年初减少4.57亿元。其中主要为对房地产、BT建设等受信贷政策限制较大的项目融资担保，大部分存量流贷担保都已解除，新增流贷、保函都无需担保。股份公司对外部单位融资类担保亦得到较好控制，较年初无新增。谨慎开展衍生金融业务，加强对衍生金融业务情况调研和时机判断，要求所有单位开展衍生金融业务都要上报股份公司审批、报国务院国资委备案，在实现保值的同时确保资金安全。

专业会议

【2011年资金管理工作会议】 2011年5月6日，股份公司召开财务资金管理工作会议，各子公司分管财务的领导，财务、资金管理部门负责人共计100余人参加会议。针对实际形势，对资金管理工作提出要继续服务于公司战略和目标，严格按照上市公司的标准和要求进行规范运作，着力提升资金管理科学化和效益化，强化资金风险监管，完善资金管理制度，建立标准化、科学化的资金管理体系；继续加强资金集约化管理，提高内部资金使用效益；重点规范外汇管理、银行账户管理、融资管理、资金预算管理、担保管理、金融衍生品管理等，逐步打造集中程度高、管理规范、风险可控、效益显著的符合上市公司要求的现代化资金管理体系。

（陈　美）

企业改革

企业发展部

【部门2011年工作】 2011年，企业发展部按照年初公司工作会议精神，围绕公司转型升级、科学发展思路和建设“六型”总部要求，在努力发挥总部战略引领、科学管控与指导服务等作用方面作出了积极努力。

（一）努力发挥战略引领作用，战略管理工作得到进一步加强

企业发展部在认真总结“十一五”规划工作及完成情况的基础上，修订完善了“十二五”规划及三年（2010～2012）滚动规划。同时，加强对子企业编制报送“十二五”规划、三年滚动规划工作的督促、指导。

进一步加强对战略管理工作的规范。制订印发了《股份公司战略管理办法》，对公司总体战略、经营单元战略、职能战略的制定、评价、实施与控制评估，以及对子企业战略规划工作的指导、评价与监督等工作均进行了明确规范。

（二）顺利完成了参与电力一体化重组的各项工作任务

顺利完成了参与电力一体化重组的相关各项工作，策划拟订了筹备工作方案，拟订完善了中国电建集团《组建方案》、《公司章程》和《整体划转移交框架协议》，认真做好电网分离企业移交接收有关工作，研究拟订了中国电建集团发展战略和管控模式，为中国电建集团建设世界一流企业以及股份公司作为中国电建集团的未来发展平台进行了科学筹划。

（三）积极履行科学管控职能，对子企业的管控、指导、服务工作进一步加强

企业发展部进一步建立健全集团化管控的有关规章制度。2011年，企业发展部组织制订了《国内区域总部管理暂行办法》、《关于对子公司设立的经营性子企业的重大事项实行备案管理的若干规定》、《企业改革等重大事项社会稳定风险评估实施办法》等多项强化集团管控的规章制度，规范了国内区域总部的设立、管理工作。

（四）全面风险管理与内部控制体系建设工作取得重要成果

按期完成了股份公司总部及试点单位全面风险管理体系建设工作。年内，股份公司总部、水电四局有限公司、水电十四局有限公司、国际公司、路桥公司全面风险管理体系建设均已完成。股份公司层面，完成了对重大风险的评估，编制了《股份公司2011年度全面风险管理报告》并按期上报给国资委，获得国资委改革局高度评价；完成了对股份公司现有管理制度、主要业务管理流程的全面梳理，编制并报送了《全面风险管理与内部控制体系建设管理建议书》、《制度梳理与改进建议报告》；制定印发了《股份公司全面风险管理与内部控制手册》；组织开展了有关管理建议的整改工作。

（胡建敏）

战略管理

【完善集团（股份）公司“十二五”发展规划和2010～2012年三年滚动规划】 2011年，企业发展部在认真总结“十一五”规划工作及完成情况的基础上，根据宏观经济形势变化和外部环境分析，对原拟订的股份公司“十二五”规划及三年（2010～2012）滚动规划进行了修订完善。修订后的《股份公司“十二五”发展规划》和《股份公司2010～2012年发展规划》更加符合实际情况，制订的战略目标更具有挑战性，实施规划的具体计划和措施更加切实可行。

【股份公司制定《战略管理办法》】 为适应集团战略管控需要，进一步加强股份公司战略管理工作，规范战略管理工作流程，股份公司制定印发了《股份公司战略管理办法》，对总体战略、经营单元战略、职能战略的制定、评价、实施与控制评估，以及对子企业战略规划工作的指导、评价与监督等工作均进行了明确规范。

（王晓轶）

管理体制

【股份公司制定《国内区域总部管理暂行办法》】 2011年，为建立健全股份公司两级市场营销体系，加强对国内重点区域市场营销工作管理，企业发展部制定了《国内区域总部管理暂行办法》，该办法对

国内区域总部设立、管理等作了原则性规定，有利于提升“中国水电”品牌影响力与市场竞争力，发挥股份公司整体优势与资源配置能力，推动子企业在区域内做强做大。

【股份公司制定《关于对子公司设立的重要经营性子企业的重大事项实行行前备案管理的若干规定》】股份公司根据国家有关法律法规及公司有关管理规定，制订了《关于对子公司设立的重要经营性子企业的重大事项实行行前备案管理的若干规定》，该规定对子公司设立的重要经营性子企业实行行前备案管理的内容、流程和职责作出了规定。2011年7月7日以《关于公布第一批纳入备案管理的子公司设立的重要经营性子企业名单的通知》，公布了第一批纳入备案管理的子公司设立的重要经营性子企业名单，为重要经营性子企业管控工作提供了制度保证。

改革重组

【股份公司参与电力一体化重组工作】　重组工作启动前，股份公司多次主动向国务院国资委反映对重组工作的意见与建议，许多合理意见与诉求得到国务院国资委改革部门的采纳，为重组工作正式启动及有利于股份公司未来长远发展的重组方案的最终形成，做出了富有成效的努力。重组工作启动实施后，股份公司在筹备组中积极发挥组织牵头与骨干主导作用，为中国电建集团筹备工作方案的拟订、集团注册及运营准备、电网辅业企业交接、集团发展战略策划、政策落实等工作的顺利完成做了大量成效显著的工作。

【辽宁工程局有限公司与水电六局有限公司重组整合】　根据国务院国资委关于加大中央企业内部资源整合的指示精神，经过对辽宁工程局有限公司与水电六局有限公司重组整合的研究论证，股份公司启动实施了将辽宁工程局有限公司整体划转至水电六局有限公司管理的重组整合工作，并确定2011年9月30日为两个单位重组整合基准日。本次重组整合是股份公司多年来研究解决子企业同质化问题的一次有益尝试，有利于促进内部管理体制改革进一步深化。

【股份公司推进厂办大集体改革】　2011年下半年，股份公司组织启动了厂办大集体改革工作。根据国务院《关于在全国范围内开展厂办大集体改革工作的指导意见》及国务院国资委《关于做好中央企业厂办大集体改革工作的通知》要求，股份公司成立了厂办大集体改革领导机构和工作机构，制订印发了《关于开展厂办大集体改革工作的通知》、《股份公司厂办大集体改革指导意见》，汇总编印了厂办大集体改革政策文件汇编，组织召开了有关信访突出问题暨厂办大集体改革专题会议，开展了厂办大集体清查摸底工作，并为相关子企业厂办大集体改革工作提供了业务指导。

（胡建敏）

全面风险管理与内部控制

【股份公司编制《2011年度全面风险管理报告》】为提高股份公司风险防范能力，加强防范重大风险的针对性，在对公司2011年度风险进行调查评估的基础上，编制并向国务院国资委报送了《股份公司2011年度全面风险管理报告》。报告对2011年面临的主要风险进行梳理，并根据实际情况制订了管理策略和解决方案，为公司2011年度内部控制与全面风险管理工作提供了指南。

【股份公司开展内部控制与风险管理工作】　2011年，股份公司在2010年初步搭建内部控制与全面风险管理体系的基础上，按照《中央企业全面风险管理指引》和《企业内部控制基本规范》及其配套指引精神，除完成《股份公司2011年度全面风险管理报告》编制外，还完成了《内部控制与全面风险管理体系建设管理建议书》、《制度梳理与改进建议报告》和《股份公司内部控制与全面风险管理手册》等文件编制工作，完成了内部控制与全面风险管理体系建设工作。

其中，《内部控制与全面风险管理体系建设管理建议书》对股份公司重要业务流程执行过程中存在的问题提出了建议，《制度梳理与改进建议报告》对股份公司制度设计环节中不完善的地方进行了提示，《内部控制与全面风险管理手册》则对股份公司建立、健全以及如何运行和维护内部控制与全面风险管理体系进行了规范和界定。

此外，股份公司还积极指导各子企业开展内部控制与全面风险管理工作，帮助水电四局有限公司、水电十四局有限公司、国际公司和路桥公司四家试点子企业完成了体系建设工作，指导其他非试点子企业顺利开展了有关工作。

（刘　毅）

企业法制建设

法律事务部

【部门 2011 年工作】 2011 年，法律事务部积极贯彻股份公司年度工作部署，严格落实“三加强一严控”的管控要求，圆满完成年初确定的各项工作任务。

1. 坚持战略引领，法制工作三年目标全面落实

2011 年 8 月，在中央企业法制工作三年目标检查验收中，国务院国资委政策法规局对公司三年来法制工作取得的进展和成就给予高度评价，认为公司法制工作整体进步明显，作用发挥良好。

9 月，在中央企业法制工作会议上，受集团公司总经理范集湘委托，公司总法律顾问王书宝作了题为《全面实施总法律顾问制度，提升企业法制工作整体水平》的先进经验交流发言。

2. 依靠科学管控，持续健全法制工作制度体系

2011 年，公司制定出台了《股份公司法制工作考核办法》。公司设定了具体考评指标，考核内容涉及法制工作体系建设、法律审核业务开展、风险管理处置情况和普法培训成效等。

3. 强化业务指导，增强法律管控能力水平

2011 年，公司进一步推动历史遗留纠纷案件处理工作。针对系统内法律纠纷案件争议事由主要集中在工程款结算、劳动用工、租赁等领域的实际情况，研究制定了《关于进一步加强 2010 年底以前遗留法律纠纷案件处理的通知》，对各子公司应收应付账款案件的处置、国际业务中法律纠纷的化解、处理劳动用工纠纷等重点工作提出了指导意见和要求。

4. 遵循价值理念，追求风险防控实际效果

2011 年，公司完成首发上市，公司对 IPO 期间热点法律业务进行了重点关注，确保整体法律风险受控。一是重点关注京沪、宁杭等高铁项目债务风险。二是协调应对辽宁朝阳锦赤铁路群体性事件后期司法审判程序，提供专业支持，达到预期效果。

5. 打造合规文化，法制宣传教育深入开展

2011 年，集团公司荣获“中央企业法制宣传教育先进单位”，公司“五五”普法任务圆满完成。

法制化管理

【建立健全制度体系】 2011 年，股份公司将法制工作纳入管理评价体系，法制工作考评结果进入整体业绩考核。公司出台了《法制工作考核办法》，从法制工作体系建设、法律审核业务开展、风险管理处置情况、普法培训活动成效四个方面对子公司法制工作进行年度考核。

【法律审核有效开展】 2011 年，法律事务部通过参与投资评审和招标评审现场发表法律意见、落实股份公司领导批示、出具书面法律意见书等方式，重点为公司改制上市、中国电建集团重组、项目投资评审、灵台南煤炭开发等重大事项，提供了优质高效的法律服务。部门负责人共列席 31 次公司决策会议，出席 8 次专题会议；部门工作人员参加 15 次专题业务会议；出具 55 份书面法律意见书；审签 18 份经营性管理文件。公司总部法律审核把关率实现 100%。

通过规范法律审核流程，发布相对统一的规范标准，公司总部及各子公司的法律审核为企业健康发展提供了有效支持和服务，从源头上防范了法律风险。

【法制宣传教育】

1.“五五”普法任务圆满完成

股份公司在“五五”普法期间，结合企业经营实际，找准行业特色，紧扣管理需求，采取多种形式开展活动，累计投入普法经费 3000 余万元，普法对象覆盖公司总部、子公司和基层单位各层级人员，普法规划各项任务圆满完成。公司对在普法工作中作出突出贡献的 9 家先进单位和 36 名先进个人进行了表彰。

2.“六五”普法准备工作积极推进

为响应上级深入开展第六个五年法制宣传教育活动的总体要求，公司筹划制定“六五”普法规划，成立“六五”普法领导小组。

3. 法制宣传日活动持续开展

公司连续四年安排部署了“12·4”全国普法宣传日宣传活动，2011 年确定了“大力弘扬法治精神，提高依法治企水平”的主题，安排了多项普法宣传活动。各子公司积极响应，取得了良好社会效果。

【法律纠纷案件管理】 公司通过对各子公司报送备案的法律纠纷案件情况的汇总分析，形成了《2010 年度法律纠纷案件情况分析报告》和《2011 年上半

年法律纠纷案件情况分析报告》，全面分析了法律纠纷案件态势，透过案件分布情况把握企业整体法律风险状况，并有针对性地提出管控指导意见。

2011年，股份公司重点针对水电一局有限公司甘南藏族自治州录巴寺水电站项目纠纷、水电三局有限公司“协议解除劳动合同”人员诉讼案、水电十三局有限公司与孙学山的联合施工合同纠纷案件，给予综合协调和专项指导，取得积极成效。

【参与电建集团重组】 在中国电建集团公司筹备组成立之初，法制工作人员即参与到筹备组政策法规组工作，提供专业支持和服务。期间主要从事了五项主要工作：

（1）起草了电网分离企业划转移交实施方案及整体框架协议和各省电网分离企业产权无偿划转协议；

（2）组织实施对分离企业的尽职调查和有关基础资料的交接工作；

（3）参加与国家电网公司和南方电网公司的协商谈判工作；

（4）起草发布了电网分离企业接收工作实施方案并参加了分离企业接收和协议签署工作；

（5）配合各业务组开展筹建工作中的相关业务。

【开展法律系列资格评审工作】 2011年，股份公司依据《中国水利水电建设股份有限公司企业法律顾问职业岗位等级资格评审管理办法（暂行）》（中水电股人〔2010〕61号）的有关规定，第一次开展了企业法律顾问职业岗位等级资格评审。其中，4人被评为二级法律顾问；5人被评为三级法律顾问；3人被评为助理法律顾问。

【专项课题研究】 为进一步理顺建设施工合同管理全过程法律指导，完善相关流程，从源头上改变施工合同领域诉讼频发的状况，法律事务部开展了“法律管控与合同管理有效结合”专项课题研究。2011年4月，法律事务部组织召开了专项课题研究成果评审会。会议组织14个部门和单位的专家对《建设工程施工合同法律指引（评审稿）》进行评审。9月，在股份公司法制工作会议上，《建设工程施工合同法律指引》作为股份公司建设工程施工合同管理指导规范正式发布。

专业会议

【股份公司法制工作会议】 2011年9月27日，股份公司法制工作会议在天津武清召开。会议贯彻落实国务院国资委中央企业法制工作会议精神，全面总结公司法制工作第二个三年目标的完成情况，部署下一阶段法制工作，对落实中央企业法制工作第三个三年目标提出了具体工作要求。会议表彰了股份公司“五五普法”先进单位和个人，发布了《建设工程施工合同法律指引（试行）》，安排了法律业务专业培训。股份公司副总经理袁柏松出席会议并讲话，股份公司总部相关部门负责人及各子公司总法律顾问、法律事务机构负责人共计80余人参加会议。会议由股份公司总法律顾问王书宝主持。

（时建厅）

信息化管理

信息中心

【部门2011年工作】 2011年，信息中心认真贯彻落实国务院国资委第三次中央企业信息化工作会议和股份公司2011年工作会议精神，按照国务院国资委《关于进一步推进中央企业信息化工作的意见》的总体要求，从战略层面更加重视信息化工作，推动企业信息化从全面建设逐步向深化应用和共享服务转变，信息化建设和应用整体水平迈上了一个新台阶。在2011年国务院国资委组织的中央企业信息化水平测评中晋升为A级，位列中央企业中第23位。

（洪宝恩）

信息系统建设

【办公自动化系统推广工作】 2011年，在充分调研子企业办公自动化系统应用情况的前提下，经各单位申请上报审核后，分别在水电六局、水电九局、水电十一局有限公司和辽宁工程局有限公司共4家子公司进行了办公自动化系统第二批推广工作。8月，参加第二批推广的4家单位全部完成系统部署、培训和数据初始化工作，达到上线试运行水平。11月，4家单位部署的系统完成上线评审，进入正式运行阶段。

（赵晓琬）

【国际工程综合项目管理系统建设工作】 为提高国际工程项目管控能力并确保股份公司总部特级资质就位，2011年，信息中心和国际公司完成了对国际公司及各子企业业务需求调研，组织进行了国际工程综合项目管理系统主要功能开发、系统培训、基础数据录入、数据核查、数据完善、特级资质模拟核查等工作。

截至2011年底，通过内部3次反复自评，系统数据在满足国际公司对国外项目管理要求的基础上，也满足了住建部特级资质信息化考评的要求，圆满完成了特级资质现场核查各项工作。

【子企业工程项目管理系统建设与推广工作】 2011年，信息中心加大对子企业工程项目管理系统的支持和服务力度，指导和督促子企业加大工程项目管理系统推广和深化应用，提高系统覆盖面和应用水平。经过信息中心和各子企业共同努力，在以施工为主营业务的22家子企业中，已有19家子企业部署了工程项目管理系统。其中，8家特级资质子企业按照特级资质考核要求，大力推进系统建设和应用工作，整体应用水平较好。

（杨军红）

【总部内网门户与决策支持管理系统建设工作】 股份公司内网门户和领导决策支持系统是重点信息化项目。2011年3月，在完成项目合同约定的建设任务后，通过上线评审，系统进入试运行阶段。12月，在稳定试运行基础上，完成了两个系统的初步验收。

通过内网门户系统的建设，进一步提升了信息系统集成能力，建立了信息系统集成标准规范，实现了由人资系统为用户源到统一目录服务用户库的统一用户管理架构体系及实际的运作流程；完善了基于WCM内容管理的发布流程、发布管理和栏目架构体系，实现了办公自动化、人力资源、报表、核算等业务系统的单点登录及应用集成。通过领导决策支持系统，建立了稳定运行的数据仓库环境和数据转换平台，细化了决策支持系统需求，完成了公司领导仪表盘、市场经营、财务、资金、设备物资、人力资源等6大主题分析，为公司领导提供决策信息。

（洪宝恩）

【档案管理系统建设工作】 随着股份公司对档案管理的要求不断提升，并结合住建部2011年特级资质信息化核查工作，信息中心汇同总经理工作部组织完成了档案管理系统项目的方案设计、招评标及实施工作，并于2011年11月4日与紫光软件系统有限公司签订了项目建设合同。通过该系统实现企业文件管理、收集整编、档案管理、查询检索、网上借阅等功能，完成了与办公自动化系统的无缝集成，实现了办公公文按年度、按部门自动归档。

（赵晓琬）

【IT项目管理系统建设工作】 为进一步促进企业信息化管理与信息系统建设管理的标准化、流程化，信息中心于2011年3月召开了IT管理系统项目建设启动会。经过需求调研，通过梳理部门业务职能，结合IT运维管理及项目管理实际，组织软件厂商在已搭建好的MOSS平台上进行了IT管理信息系统开发建设工作。

IT项目管理系统建立了总部信息中心业务管理、IT运维管理、技术支持服务台、IT资产管理、IT文档中心、IT项目管理、子企业IT信息、驻场实施信息等8个功能模块，将现有信息中心业务按不同形式建立到系统中。同时，IT技术及管理人员通过此平台可以随时开发需要的功能模块，实现了协同工作和信息资源共享，逐步实现了信息中心业务管理的信息化、规范化、标准化。系统于12月通过上线评审进入试运行阶段。

（洪宝恩）

【经营管理信息系统深化应用】 2011年信息中心会同相关业务部门，加强股份公司经营管理信息系统的推广及深化应用工作：

1. 财务集中核算系统

进一步提高了财务核算系统的覆盖面和纵深应用水平，继水电一局有限公司和水电十局有限公司部署完成财务核算系统后，完成了总部财务核算系统在所有子企业的推广应用，并配合财务产权部组织进行了基于财务核算系统的集中维保服务工作。

2. 资金管理信息系统

加强资金管理信息系统的推广应用力度，配合资金管理部完成了资金集中管理系统在股份公司43家三级结算中心的推广应用及与5家银行的银企直联部署，2011年7月组织了系统初步验收评审工作。

3. 设备物资管理系统

在大集中部署模式下，在全部子企业进行推广应用，加强数据录入培训与检查，重点加强在设备管理和报表管理等方面的应用。

4. 市场经营管理系统

组织进行了系统优化、全面培训和深化应用工作，提高了市场分析和决策效率，加强信息资源网与市场经营管理系统的数据集成和信息共享，实现分包商网上申报、评审全流程信息化。

5. 投资管理系统

2011年，信息中心会同投资部、市场经营部、审计部等部门组织了投资管理系统开发建设工作。3月召开项目建设启动会，经过需求调研，梳理投资管理各个相关部门职能、业务流程，收集所有业务表单，整理形成需求说明书，6月召开需求评审会，审议通过。根据需求说明书，项目进入系统开发建设阶段，2011年底前完成系统初步开发。

6. 工程科技管理系统

工程科技管理系统完成在总部和5家子企业的试运行，新增开发了节能减排管理功能模块，并在所有子企业进行推广、培训，于9月完成工程科技系统初验评审。

（杨军红）

网络与安全

【专线广域网项目建设工作】　为保障财务报表、资金管理等对网络传输延迟要求较高的准实时应用业务系统推广要求，以及将来高清视频会议对网络传输带宽和质量的要求，股份公司在原有基于VPN的广域网的基础上，启动了专线广域网建设。2011年10月，信息中心组织完成了专线广域网项目招评标及合同签订工作，于11月下发《关于专线广域网建设的通知》（中水电股信〔2011〕7号），在股份公司总部和全部子企业同时展开项目实施，并在12月20日前实现全部子企业与总部专线互通。

（刘　卿）

【机房监控室改造项目建设工作】　为满足随着公司信息化建设不断推进、硬件设备不断增加的需要，按照年度信息化计划安排，信息中心启动总部信息机房及监控室改造项目，扩大机房空间并配备相应电力供应和制冷系统。项目建设内容主要是将监控室迁移到公司总部办公区1801室，原监控室改造为公司数据中心，并增加空调、不间断电源及监控大屏等相关设施。该项目于2011年5月签订合同，9月完成项目实施工作。

新改造机房及监控室于11月初正式启用，股份公司数据库服务器、磁盘阵列、虚拟化系统服务器等核心设备搬迁至新改造机房正式投入运行；1801室的监控大屏对机房内部监控视频、网络设备及信息系统运行状态进行实时显示。

【总部涉密网建设工作】　按照股份公司保密办公室有关要求，信息中心从节约成本、最大限度利用已有资源和确保信息安全角度出发，于2011年6月底前为总经理工作部、市场经营部等8个部门搭建了一套经济实用、独立的涉密专网，并配备涉密计算机，充分利用已有软件和管理系统实现了涉密网络的统一管理与防护，很好地保障了公司内部保密信息的安全流转与共享。

（骞　巍）

信息化管理工作

【“十二五”信息化战略规划制定发布】　为贯彻落实股份公司“十二五”发展规划，加强信息化战略引领，股份公司信息中心从2011年初启动“十二五”信息化规划项目，开始组织编写股份公司信息化“十二五”战略规划。在对公司“十一五”期间的信息化现状进行认真总结和实地调研的基础上，于2011年5月形成征求意见稿，广泛征求总部各部门和子企业意见，并反复修改、完善，于8月正式下发《中国水利水电建设股份有限公司信息化“十二五”战略规划》。

（刘　卿）

【特级资质企业信息化考核达标工作】　2011年，信息中心将股份公司总部和8家特级子企业新特级就位的信息化实地考核达标作为部门重点工作。

（1）针对新特级资质信息化考核的难点和薄弱环节，即工程项目管理系统建设情况，加大对各特级子企业指导和服务力度，督促特级企业按照考核要求，结合自身实际，加快系统建设、推广和应用速度，不断提高系统覆盖面和应用水平，确保考核的重点内容达标。

（2）加强与住建部的联系，积极参与住建部组织的信息化考核标准修订工作，参加评审专家培训和企业信息化实地考评，及时总结经验并共享给子企业。

（3）按照住建部和水利部实地核查流程，3～8月，多次到8家特级子企业进行考核标准的宣贯和模拟考评，对各特级子企业申报的信息化资料卷进行审查完善，查找问题和不足，指导和帮助整改落实。

（4）全程参与水利部对相关子企业的实地核查，协助子企业解决实地核查过程中发现的问题，及时向专家做好说明和解释工作，保证核查工作顺利进行。

（5）对股份总部特级资质信息化考核工作提前筹划、倒排工期，明确责任。会同海外事业部、人力资源部、财务部、资金管理部、总经理工作部等相关部门，做好核查系统的功能和数据完善工作，按照考核要求组织对相关系统进行多次核查和整改完善，认真做好信息化卷的材料准备工作。通过主动沟通协调，精心服务指导和反复核查整改，股份公司总部和8家特级子企业特级资质信息化考核全部达标。

（杨军红）

【2011年子企业信息化绩效考核工作】 按照《中国水利水电建设股份有限公司信息化水平评价办法》（中水电股信〔2011〕8号）的要求，遵循“公开、公平、公正、实事求是”的原则，信息中心和公司总部9个相关业务部门信息化管理人员组成考核小组，对各子公司2011年度信息化建设工作进行了考核。

根据考核评价结果，对照《评价办法》有关准则，本次考核没有进入A级的单位；进入B级（80～89分）的单位有3家，信息化水平在股份公司范围内相对较高；处于C级（70～79分）的单位有10家，信息化水平相对较好；处于D级（50～69分）的单位有13家，处于国内同行业一般水平；处于E级（49分以下）的单位有3家，处于国内同行业较低水平。

（刘　卿）

【软件正版化工作】 根据股份公司信息化工作计划要求，通过对公司下属子企业正版化工作情况调研分析后，信息中心组织了由信息中心、设备物资采购中心、法律事务部等相关人员组成的10人谈判小组，决定通过企业EA方式采购微软Office办公软件及服务器操作系统软件。2011年4月12日，谈判小组在股份公司总部与微软公司进行商务谈判。5月23日，股份公司与浙江浙大网新图灵信息科技有限公司签订了软件采购合同，并下发了《关于集中采购微软办公软件及服务器操作系统的通知》（股信〔2011〕8号），在2个月内完成了总部及所有子企业的集中采购工作。

（赵晓琬）

信息化综合事务

【企业信息管理师国家职业资格认证工作】 为贯彻国务院国资委、劳动和社会保障部对国有企业信息化从业人员进行职业资格认证的要求，信息中心会同人力资源部组织股份公司总部及子企业信息化从业人员分期分批参加企业信息化管理师认证培训工作。2011年共有33人报名参加国家企业信息管理师培训及资格认证，其中报名参加高级企业信息管理师2人，报名参加中级企业信息管理师认证21人，参加初级认证的10人。所有参加培训人员均按时按质完成培训及考核任务。

（赵晓琬）

【制定信息化水平评价办法】 为加强股份公司信息化建设工作，确保层层落实信息化建设、应用、维护、升级和优化责任，推动股份公司整体信息化水平的提高，2011年12月2日，股份公司制定并下发了《中国水利水电建设股份有限公司信息化水平评价办法》（中水电股信〔2011〕8号）。办法明确了信息化水平评价的基本内容、指标和程序，划分出信息化领导力、信息化基础建设、信息化应用与效果、IT服务与运维、年度工作开展情况五大类评价指标，采用量化计分方式，对各子公司信息化建设工作的实际效果进行综合评价。

（刘　卿）

中国水电
SINOHYDRO

第七篇　科学可持续发展

Chapter Ⅶ Scientific Sustainable Development

国际化经营

概　　述

2011年，面对物价上涨、人民币升值、西亚北非政局动荡以及欧债危机等诸多不利因素的影响，海外事业部/国际公司在中国电建集团、股份公司战略指导下，以科学发展观为统领，继续深入推进国际业务优先发展战略，全力做好"抓市场，保订单"工作，不断开拓新市场，进军新领域，加强内部建设，理性应对国内外复杂多变的经济形势，国际经营持续深入推进，国际业务的价值贡献进一步凸显。

2011年，股份公司国际业务实现营业收入291亿元，同比增长10.58%；实现利润34.55亿元，同比增长79.64%，占股份公司利润总额的69.80%，利润率为11.87%，同比增长4.56%。其中国际公司实现利润10.78亿元，完成预算数9.75亿元的110.56%。2011年，股份公司新签约国际项目合同161个，合同金额90.66亿美元，占股份公司总额的45.70%，同比增长12.41%，国际业务合同存量达到188.65亿美元，同比增长31.73%，占股份公司总合同存量的50.14%。2011年底，国际公司资产达284.86亿元，比2010年增长61.45亿元；负债233.49亿元；所有者权益51.37亿元，比2010年增长23.67亿元。

目前，公司在海外62个国家拥有合同金额为291.57亿美元的311个在建项目，2011年新开辟了乍得、莱索托、土耳其、巴西、哥斯达黎加和洪都拉斯等6个国别市场。营销网络更加宽广，目前在58个国家和地区设有79个驻外机构，形成了以亚洲、非洲为主，东欧、大洋洲、美洲、欧洲广泛布局的国际大市场格局。国际业务继续多元化发展，已拓展到火电、机场、路桥、市政基础设施、高铁、矿山、矿业、房建、疏浚吹填与港航、咨询服务、建材领域，以水电建设为核心的"大土木、大建筑"格局得到稳固并良性发展。其中，水电项目合同存量占合同存量总额的43.03%，非水电项目占56.97%。海外投资业务持续稳步推进，产业结构不断优化。柬埔寨甘再水电站正式投产发电，老挝水泥厂2011年销售收入同比增加15%，利润同比增加21%。老挝南俄5水电站项目稳步推进，计划2012年发电；南乌江项目签订了特许经营框架协议，可行性研究报告已获得老挝政府批复；莫桑比克水泥厂项目完成了中国境内投资审批以及当地征地审批手续，通过了环境影响评估，获取了施工许可证；刚果（金）铜钴矿项目进入了实质性开发阶段，获得国家发展改革委、商务部核准批复，取得了《企业境外投资证书》。

2011年，公司注重对市场营销和项目履约阶段的风险管控。严格执行项目投标过程中的评审管理制度，从源头上规避风险。初步构建了全面风险管理及内部控制框架体系，梳理了141项业务流程，完善了82项规章制度，评估了10项重大风险，组织了风险管理与控制知识竞赛，开展了流程绘制软件培训等，促进了市场营销与项目管理的日趋规范。重点关注缅甸耶瓦、越南松邦4水电站、厄瓜多尔CCS水电站等项目实施，指导项目化解风险。密切关注利比亚局势发展，积极采取有效措施，最大程度减少损失。强化财务资金管控，严格实施境外资金集中管控、境外在建项目集中实时监管、外汇风险管理集中管控以及融资保函担保集中管控，确保财务资金安全运行。2011年，公司海外项目绝大部分项目履约情况良好，运行稳健，风险总体受控，个别重点关注项目在加强管控、实施整改措施后风险逐步得到化解。

2011年，公司在国际同行业界中的影响力与行业地位继续提升，公司知名度、美誉度进一步提升。位列全球最大225家国际工程承包商第24位，比2010年提升17位；在中国对外承包工程业务前50家企业排行榜，股份公司以新签合同金额排名第二、以营业额排名第三。承建的印尼亚齐火电站项目荣获印尼国家电力公司"优秀工程履约奖"，马来西亚巴贡水电站荣获中国首个海外工程"国家优质工程金质奖"，苏丹麦洛维水电站、安哥拉卢班戈体育场、埃塞俄比亚泰克泽水电站三项工程荣获"中国建设工程鲁班奖"。

集团公司海外事业部/国际工程有限公司

【2011年工作会议】　2011年1月27日，国际公司

在公司总部召开2011年工作会议。股份公司副总经理、国际公司董事长黄保东出席会议并作重要讲话。国际公司在京领导、各部门负责人及在京员工约200余人参加了会议。

会上，黄保东祝贺国际公司2010年的国际经营业绩再次取得飞跃式发展。会上，黄保东还对国际公司未来工作提出四点要求：一是坚持国际化战略，从长期发展的角度看问题，努力将中国水电打造成为具有较强竞争力的世界一流企业；二是认真学习、贯彻落实股份公司2011年工作会议精神，深刻理解股份公司未来发展的总体规划；三是加强与国际先进同业企业发展模式、商业模式的对标研究，加强区域市场分析调研，打造国际一流团队，在坚持“四个统一”原则和国际优先发展战略的基础上，坚定不移的创新、转变国际业务发展方式，融入全球市场，逐步实现产业高端化；四是加强企业文化建设，在国际公司内部形成国际化、职业化、人本化的共有价值观，提升全体员工的向心力、凝聚力和荣誉感，为公司取得更大的成功提供强有力的支撑。

本次工作会上，国际公司党政主要领导还分别与国际公司业务部门负责人代表签订2011年经营、安全生产、党风廉政责任书。

【股份公司当选赞比亚中华商会分会长单位】 2011年1月15日，赞比亚中华商会卢萨卡分会会员大会隆重召开，股份公司当选卢萨卡分会会长单位。此外，大会还推选出了中国银行、上海建工、中兴、中工国际等15家在赞有实力，有影响力的企业作为分会荣誉会长单位。中资机构、国企、民企代表及华人华侨逾百人参加了会议。

中国驻赞比亚大使馆代办刘征杰、商务参赞王友出席了会议并发表讲话。

【集团公司在中国对外承包工程企业50强排行榜中名列前茅】 商务部公布2011年中国对外承包工程业务前50家企业排行榜，股份公司以新签国外项目合同金额77.275 4亿美元的业绩位列新签合同金额前50家企业排行榜第二位，以完成国外项目营业额43.986 3亿美元的业绩位列完成营业额前50家企业排行榜的第三位，新签合同金额与完成营业额均保持了2010年同样位置。股份公司国外项目新签合同金额增幅远高于全国同期平均水平，完成营业额略低于全国同期平均水平。据商务部统计，2011年中国对外承包工程业务新签合同金额同比增长5.9%，完成营业额同比增长12.2%，而股份公司分别同比增长12.41%及10%。由于国际政治经济环境动荡，中国对外承包业务2011年增幅下滑，新签合同金额与完成营业额增幅水平均低于2010年。

【举行中国—非洲经济技术合作小组年会暨非洲驻华使节与中国企业家联谊会】 中国—非洲经济技术合作小组年会暨非洲驻华使节与中国企业家联谊会于2011年1月24日在全国政协礼堂隆重举行。

全国政协副主席阿不来提·阿不都热西提，中国经济社会理事会副主席杨崇汇、王胜洪，集团公司总经理、股份公司董事长、党委书记范集湘和来自28个使馆的40名非洲国家的驻华使节，外交部、商务部、中国经济社会理事会、中国非洲人民友好协会、国内研究非洲著名学者、金融机构代表、企业家代表等共200余人参加了年会和联谊会。

此次年会由中国经济社会理事会中国—非洲经济技术合作委员会主办，中国水利水电建设股份有限公司承办。

【国有企业监事会主席李志群到股份公司调研国际经营工作】 2011年2月16日，国有企业监事会主席李志群在监事会第十办事处主任王永庆、副主任方炳兴等陪同下来到股份公司调研国际经营工作开展情况，股份公司领导、高管与海外事业部领导参加了调研会议。

集团公司总经理、股份公司董事长、党委书记范集湘首先欢迎李主席一行的到来，他表示，近年来，集团公司在国务院国资委和国有企业监事会的正确领导下，认真贯彻落实中央“走出去”发展战略，加快推进国际化进程，国际经营业务实现了跨越式发展。他希望在国务院国资委和国有企业监事会的指导与支持下，集团国际业务能够进一步优化结构，转型升级，开创集团公司海外业务新的局面。

【中国驻苏丹大使馆致信表扬集团公司】 2011年3月8日，集团公司收到了中国驻苏丹大使馆发来的表扬信，表扬集团公司驻苏丹代表处在从利比亚撤侨过程中讲政治、顾大局，发挥了大型国有企业骨干作用，作出了突出贡献，现将全文转发。

中华人民共和国驻苏丹共和国大使馆表扬信

中国水利水电建设集团公司：

在党中央、国务院的坚强领导下，各有关方连日奋战、通力合作，利比亚撤侨行动圆满成功，这是新中国历史上最大规模的、有组织的撤离海外中国公民行动，获得了全世界的赞誉。我驻苏丹大使馆全力以赴，组织协调在苏有关单位参与撤侨工作，共撤离、转运中方人员1908人、外籍劳务783人，为我空军首次海外撤侨行动提供后勤保障工作，成为通过空中撤离人员最多、撤离外籍劳务人员最多的中转使馆之一。

撤侨行动的成功，是各方共同努力、顽强奋战的结果。在使馆党委统一领导的撤侨行动中，你公司驻苏丹代表处讲政治、顾大局，发挥了大型国有企业骨干作用，其中叶浩亮、张梦阳、延肃、张小川、宁波等同志充分发扬“特别能吃苦、特别能战斗、特别能奉献”的精神，作出了突出贡献。

一、反应迅速、应急能力强。在接到撤侨任务的第一时间内，紧急成立应急指挥小组，合理分工，协调顺畅。在一天时间内，与航空公司商定合同，办妥相关手续，并向利比亚南部派出第一架商业包机，打开了利比亚南部撤侨通道的突破口。

二、组织得力、保障工作到位。在撤侨工作中，近3000人的机场迎送、通关入境、交通食宿、后勤保障等工作任务重、难度大、时间紧，你公司驻苏丹代表处周密安排、精心部署，圆满完成任务。同时，克服语言、文化等方面困难，善待尼泊尔、孟加拉劳工，树立了良好的企业形象。

三、顽强奋战，贡献突出。撤侨行动中，涌现出叶浩亮、张梦阳等一批应变能力和组织协调能力突出，勇于任事，具有很强执行力的年轻党员同志。他们克服人员少、时间紧、任务重等困难，连续奋战8昼夜，确保撤侨过程衔接顺畅，共完成2691名中外人员的撤离中转工作，成绩显著。

在此，我馆对你公司驻苏丹代表处在撤侨行动中的突出表现给予高度评价和表扬，并建议集团公司对他们予以表彰。希望驻苏丹代表处今后再接再厉，不断创造新的佳绩。

【中国驻利比亚大使馆致信感谢集团公司】　2011年3月8日，中国驻利比亚大使馆给集团公司发来感谢信，感谢集团公司在此次撤离工作中毫不计较个人得失，投入了大量的人力、物力和财力，为打赢中国人员撤离这场硬仗作出的巨大贡献。

【孙洪水出席伊朗巴哈提亚瑞大坝项目签约仪式】　2011年3月15日，伊朗巴哈提亚瑞大坝项目签约仪式在伊朗首都德黑兰举行。国际公司副总经理季晓勇与伊朗水电开发公司总经理雷扎扎德先生分别代表双方在合同文件上签字。伊朗能源部部长纳木祝，副部长阿塔尔扎德，中国驻伊朗大使郁宏阳，商务参赞王立平，股份公司副总经理孙洪水，水电十局有限公司副总经理张长万，水电四局有限公司副总经理梁军及国际公司相关部门负责人出席并见证签约仪式全程。由于正值伊朗新年来临前夕，伊朗能源部部长表示该项目的成功签约是献给伊朗人民最好的新年礼物。

伊朗巴哈提亚瑞大坝项目是伊朗能源部的重点项目，项目工期118个月，合同金额折合约140.08亿元人民币。该项目大坝设计为315米混凝土双曲拱坝。工程除大坝修筑外的其他主要内容还包括右岸两条溢洪洞、左岸引水发电系统、水垫塘、二道坝等建筑物，该电站总装机容量6×25万千瓦。

【孙洪水到卡塔尔项目考察】　2011年3月17日，股份公司副总经理孙洪水到卡塔尔对集团公司区域业务总部及在建项目群进行了考察。集团公司卡塔尔区域业务总部总经理吴文豪，水电三局有限公司总经理章运礼、卡塔尔路赛CP1项目经理李炳汉、卡塔尔GTC三地供水项目经理孙金辉分别汇报工作并陪同考察。

在听取了卡塔尔区域业务总部及各在建项目经理的情况汇报后，孙洪水指出，卡塔尔市场是集团公司海外的主要项目群和重点开发的市场之一，要贯彻好集团公司“走出去”的发展战略，履行好集团公司赋予的职责，总结在卡塔尔高端市场已取得的成功经验和成绩，发扬优势，围绕生产经营，注重与国际化的接轨，树立以人为本的理念，做国际一流的企业团队，把“中国水电”的品牌发扬光大，进一步扩大集团公司在本地区的市场。

会后，孙洪水在卡塔尔区域业务总部总经理吴文豪，水电三局有限公司总经理章运礼及各项目负责人的陪同下，分别到CP1项目和GTC182项目进行了考察。

【黄保东出席“非洲水电可持续发展高层论坛”】2011年3月31日，由中国水电建设股份有限公司、埃塞俄比亚水利能源部、埃塞俄比亚电力公司和国际水电协会联合举办的“非洲水电可持续发展高层论坛”在埃塞俄比亚首都亚的斯亚贝巴隆重召开。埃塞俄比亚总理梅莱斯、联合国副秘书长兼联合国非洲经济委员会执行秘书詹纳、苏丹水利部部长、卢旺达水资源部和能源部部长以及世界银行、非洲开发银行代表在内的240多位嘉宾出席了为期两天的高层论坛。股份公司副总经理、国际公司董事长黄保东作为特邀嘉宾应邀参加并发表讲话。

股份公司作为埃塞俄比亚国家水电开发的战略合作伙伴，积极参与了本次活动的筹备组织工作，并以受邀嘉宾代表的身份发表讲话。黄保东用流利的英语、丰富的专业知识和对中国政府“以人为本，和谐发展”执政理念的深刻理解，对中国政府互利共赢的“走出去”战略进行了具体阐述，向大会宣传了中国先进的建设技术、创新的融资模式和互利共赢的合作方式，并回答了大会代表的提问，会后发表了部长级共同建议声明。论坛期间，黄保东还拜会了埃塞俄比亚总理梅莱斯。

【王宗敏到哥斯达黎加楚卡斯水电站项目考察】 2011年4月4日，股份公司总经济师、工会主席王宗敏到股份公司承建、水电十一局有限公司具体实施的哥斯达黎加楚卡斯水电站工程考察，详细了解工程前期准备工作情况，向全体项目职工表示慰问。

来到工地，王宗敏认真察看当地的地形地貌，询问各项资源的准备情况，向广大职工转达股份公司的亲切问候，对工程的良好开局给予肯定。王宗敏鼓励大家面对新的市场，要坚定信心，努力克服语言、法律、文化、合同等方面的困难，在工作中学习，在学习中进步；要利用一切可利用的地方资源，强化合同、法律等方面的风险防范，培养高素质的国际项目管理人才；要严格合同履约，为开拓哥斯达黎加和中美洲市场作出贡献。

【黄保东参加中央企业海外单位党组织建设座谈会】 2011年5月10日，国务院国资委在京召开了中央企业海外单位党组织建设座谈会，国务院国资委党建局局长刘汉彬主持会议，中国水利水电建设集团公司、国家电网公司、中国海洋石油公司、中国兵器工业集团公司等九家中央企业代表参加了会议，集团公司党委常委、股份公司副总经理黄保东代表集团公司在会上作了题为《强化海外党建体系建设，充分发挥党组织优势，为建设世界一流公司提供强有力的政治保障》的发言，全面介绍了集团公司海外党建工作的基本情况、经验和做法及有关建议，发言引起了与会领导的极大关注。

【王宗敏陪同中国水利部副部长胡四一访问肯尼亚、赞比亚】 2011年5月13日、17日，股份公司总经济师、工会主席王宗敏陪同中国水利部副部长胡四一先后访问肯尼亚、赞比亚。

2011年5月13日，王宗敏陪同中国水利部副部长胡四一分别会见了肯尼亚水利灌溉部部长恩吉鲁女士和肯尼亚地区发展部部长古莫先生。

会见中，胡四一简要向恩吉鲁和古莫两位部长介绍了“中国水电”在中国水利水电基础建设方面的成就以及国际业务的开展情况，并感谢部长对“中国水电”在肯尼亚业务的大力支持。王宗敏表达了“中国水电”将继续用丰富的经验和先进的技术与肯尼亚在水利水电等各领域开展更深入合作的意愿，并希望两位部长对“中国水电”在肯尼亚近期跟踪的主要项目给予大力支持，以适当的合作模式早日推动项目实施。

2011年5月17日，中国水利部副部长胡四一率团访问赞比亚，并会见赞比亚能源水利部部长孔加。中国驻赞比亚使馆临时代办刘征杰、股份公司总经济师兼工会主席王宗敏，国际公司总经理助理范云龙等陪同会见。

会上，中赞两国部长在谈及水电资源开发领域合作时，特别对“中国水电”的技术实力、管理水平及取得业绩表示赞赏。孔加表示愿意为“中国水电”在赞比亚发展提供更大支持，推动中赞在水力资源开发、技术交流方面的合作再上新台阶。对此，王宗敏代表股份公司表示衷心感谢，并表示“中国水电”将尽全力做好在赞比亚的工程项目，为当地创造更多就业机会，和谐共处，共同发展。

【李若谷考察刚果（金）金沙萨中心医院项目】 2011年5月23日，中国进出口银行行长李若谷考察了股份公司承建的金沙萨中心医院项目。中国驻刚果（金）大使王英武、经济商务参赞魏胜梓，股份公司副总经理、国际公司董事长黄保东，股份公司总经理助理、国际公司党委书记丁拯国及中刚协调办公室执行秘书莫伊斯等陪同参观。

【金阳出席国务院国资委驻赞比亚中央企业海外党建工作座谈会】 2011年6月7日下午，国务院国资委在赞比亚首都卢萨卡召开了驻赞比亚中央企业海外党建工作座谈会并作重要讲话，国务院国资委副主任金阳出席会议，驻赞使馆商务参赞王友作会议主持。集团公司党委副书记、纪委书记陈永录代表股份公司与中国有色矿业集团有限公司等其他4家中央企业参会。

金阳在讲话中希望中央企业进一步坚定“走出去”的信心，做强做优企业，与世界一流企业对标；进一步探索“走出去”企业党建工作的规律；认真贯彻中央组织部、外交部和集团公司党委的双重领导；海外央企要带好头，要互相支持帮助，形成整体，为国争光。

会上，陈永录汇报了股份公司在赞比亚业务开展情况、党建工作的基本情况、经验和做法。集团公司海外事业部副总经理、国际公司党委副书记孙越，水电十一局有限公司党委书记张玉峰等参加会议。

【袁柏松到中国水电（马来西亚）有限公司、缅甸耶瓦项目考察工作】 2011年6月18～26日，股份公司副总经理袁柏松到中国水电（马来西亚）有限公司、股份公司承建的缅甸目前投产的最大水电项目——耶瓦水电站进行调研和考察。

2011年6月18日，袁柏松一行抵达马来西亚沙捞越州首府古晋市，在马来西亚对中国水电（马来西亚）有限公司进行了为期5天的考察调研及检查指导工作，并专程赴即将完工投产的巴贡水电站（总装机容量240万千瓦）项目进行考察参观，代表股份公司看望和慰问了股份公司在马来西亚参建各项目部的员工。

2011年6月24日，袁柏松一行到达缅甸耶瓦水电站项目考察工作。对辛勤工作的水电六局有限公司、水电八局有限公司、水电十局有限公司员工表示感谢和慰问。

【范集湘到海外事业部/国际公司调研】 2011年7月14日，集团公司总经理、股份公司董事长、党委书记范集湘一行到海外事业部/国际公司召开座谈会，以“珍惜成绩、提振信心、解放思想、实事求是、与时俱进、改革创新、顺势而为，以新的机制、模式推进股份公司国际业务在‘十二五’期间更好更快发展”为主题进行调研。股份公司副总经理李跃平、黄保东，总会计师孙璀，总经济师王宗敏、总经理助理曾兴亮、丁拯国、李燕明等参加座谈会。

范集湘认真听取了每位同志的发言并作调研笔记，在座谈过程中不时与大家互动交流。最后范集湘根据座谈会情况作了讲话。

【陈永录参加国际公司干部大会并讲话】 2011年8月2日下午，国际公司召开中层以上干部大会，欢迎熊立新同志到国际公司就任公司党委副书记兼纪委书记。股份公司党委副书记、纪委书记陈永录参加会议并作讲话，股份公司总经理助理、国际公司总经理曾兴亮，股份公司总经理助理、国际公司党委书记丁拯国，股份公司人力资源部副主任李捷，以及国际公司全体在京领导班子成员、中层干部参加了会议。

陈永录在讲话中表示，股份公司党委任命熊立新同志作为国际公司党委副书记、纪委书记的决定是根据国际公司工作实际，经过认真研究而作出的，熊立新同志熟悉国际工程，具备国际公司工作的基础和能力，政治立场坚定，具有较强的事业心和责任感，相信他的到来将为国际公司整体工作进一步良好发展带来新的动力。陈永录祝愿国际公司开创新的更好的局面，迎来更加美好的未来。

【中央企业海外党建调研组到股份公司肯尼亚锡卡公路项目调研】 2011年8月5日，国务院国资委党建工作局局长、组织部部长刘汉滨率领中央企业海外党建第三调研组到股份公司肯尼亚锡卡公路项目进行党建工作调研。调研组成员包括中组部干部五局杭泰斌、刘源，国务院国资委党建工作局姚焕、司利等。股份公司党委工作部主任、党委组织部长、工会副主席段尚毅，水电十三局有限公司党委书记于晓，水电十三局有限公司副总经理兼东非经理部总经理秦超等陪同调研组察看锡卡公路项目生产现场，并在锡卡公路项目部召开党建工作座谈会。

【黄保东到哈萨克斯坦西南欧中通道项目部考察工作】 2011年8月10日，股份公司副总经理、国际公司董事长黄保东到哈萨克斯坦西南欧中通道项目部检查指导工作。水电十六局有限公司总经理林文进、国际公司副总经理季晓勇陪同考察。

黄保东首先到施工现场查看了施工进展情况，随后在项目领导班子的陪同下察看了营地的建设，了解了混凝土拌和楼、水泥稳定土拌和楼等安装使用情况，并对辛苦工作在一线的水电十六局有限公司员工表示感谢和慰问。

【集团公司在全球最大225家国际承包商中国际排名实现跨越式提升】 2011年8月26日，美国《新闻工程实录》（ENR）发布了2011年全球及国际225家工程承包商排行榜。集团公司凭借出色的经营表现，再创佳绩，排名实现稳步提升。集团公司以2010年度总营业收入荣膺ENR全球225强工程承包商第15位，较2010年排名前进11位，首次入围前20强，并在全部上榜39家中国企业中排名第6位；同时，集团公司以2010年度海外营业收入荣膺ENR国际225强工程承包商第24位，较2010年提高17位，进入前30强，并在全部上榜51家中国企业中排名第3位。

此外，在此次ENR公布的全球最大200家国际设计商排行榜中，集团公司由2010年度的第154位上升到第102位，提升了52位，同样取得了跨越式增长。

【海外事业部/国际公司召开加强海外在建项目管理专题会议】 2011年8月30日，股份公司海外事业部/国际公司召开加强海外在建项目管理专题会议，股份公司副总经理黄保东到会并讲话，股份公司总经理助理、国际公司总经理曾兴亮主持会议，国际公司领导班子成员和各业务部门负责人参加了会议。

会议首先由国际公司经营管理部对股份公司海外在建项目的总体履约情况进行了汇报，分析了重点项目在实施过程中出现的问题。

黄保东指出，商务部、国务院国资委召开的“加强‘走出去’、援外工作管理座谈会”上通报的其他中资企业在对外承包工程和援外项目上出现的典型案例应当引起我们的高度关注。这些事件的集中出现为我们敲响了警钟，海外事业部应认真收集、分析、整理和剖析这些典型案例，形成案例汇编下发各子公司认真组织专题研究，引以为戒。

针对如何加强股份公司海外在建项目的履约，黄保东要求海外事业部/国际公司进一步明确和理顺领导责任体系，强化总部对海外项目的履约支持，重点关注“走出去”能力较弱的子公司，海外项目风险预防和治理相结合，切实落实股份公司在海外项目实行的三级三层制风险管控体系，强化项目评审制度，海外项目前期启动和重点风险专项解决机制。

【国务院国资委检查组一行到集团公司委内瑞拉项目检查指导工作】 委内瑞拉当地时间2011年8月16～23日，国务院国有资产监督管理委员会检查组一行在国务院国有企业监事会10办主任王永庆及国务院国有企业监事会工作局副局长方炳兴的带领下到集团公司委内瑞拉公司检查指导工作。集团公司海外事业部财务总监沈国华、水电八局有限公司副总经理黄敏、水电十一局有限公司副总经理夏水芳等陪同。

此次国务院国资委检查组一行主要是针对“中国水电”在委内瑞拉项目进行的境外资产检查，具体检查项目运营情况、内部控制制度建设及执行情况、资金运作等。

检查组一行对集团公司在委内瑞拉市场开发以及在建工程项目整体管理运营情况表示满意，对集团公司和项目部所取得的成绩予以充分肯定，希望再接再厉，继续做好国有资产的管理及在建项目履约各项工作，把目前在建的四个工程做好，树立中资企业在委内瑞拉的良好形象。

【胡锦涛、朱马利出席中老双边合作文件签字仪式】 中共中央总书记、国家主席胡锦涛2011年9月19日下午在人民大会堂与来华进行正式友好访问的老挝人民革命党中央总书记、国家主席朱马利举行会谈。会谈后，胡锦涛和朱马利共同出席了有关双边合作文件的签字仪式。在签字仪式上，股份公司总经理助理、国际公司总经理曾兴亮，老挝计划投资部部长颂迪·隆迪分别代表双方在老挝沙湾纳吉新国际机场项目EPC总承包协议上签字。

老挝沙湾纳吉新国际机场项目位于老挝沙湾纳吉省色诺县，距省会沙湾纳吉市约30千米，是为满足当地经济发展及经济特区需要建设的重点项目。项目工期为三年，合同金额约1亿美元，包括新建跑道、滑行道、停机坪和航站楼等设施。该项目建成后，将完善当地的基础设施布局，为老挝中部的经济发展及色诺经济特区起到强有力的推动和引擎作用。

【洪森、孙洪水出席股份公司甘再BOT项目竣工庆典仪式】 2011年12月7日，股份公司首个海外投资建设的BOT水电站项目——柬埔寨甘再水电站竣工庆典暨PH1发电仪式在项目现场隆重举行。柬埔寨政府总理洪森亲王，中国驻柬埔寨大使潘广学，中国电建集团党委常委、股份公司副总经理孙洪水，股份公司总经理助理、国际公司总经理曾兴亮，水电八局有限公司总经理林修建，柬埔寨政府多位高层官员，股份公司驻柬埔寨负责人及员工，中国水电顾问集团西北勘测设计院项目相关负责人等出席仪式，当地近2000名政府工作人员、居民、学生也一同参加了庆典。

洪森总理在讲话中对股份公司甘再BOT项目顺利竣工表示热烈祝贺，同时对勤于耕耘、勇于创新、甘于奉献的建设者们致以崇高的敬意和诚挚的感谢。孙洪水在致辞中对中柬两国政府和各界企业同行对甘再项目给予的高度重视和大力支持表示衷心感谢，对参建各方四年多来的不懈努力和辛勤付出致以诚挚的谢意，同时他表示希望柬埔寨政府、中国驻柬大使馆、相关行业企业领导和各界友人能一如既往地关心和支持新组建的中国电建集团在柬埔寨多元化市场的巩固和事业开拓。

仪式上，洪森总理为在甘再水电站建设过程中作出突出贡献的股份公司相关负责人颁发了柬埔寨国家建设友谊勋章，获此殊荣者包括孙洪水、曾兴亮、沈德才、舒江。随后，洪森总理满怀喜悦地参观了PH1电站，并在与会嘉宾和民众的共同见证下郑重按下PH1电站首台机组运行启动按钮。至此，机组成功并网发电，庆典仪式圆满结束。

【孙洪水考察柬埔寨科普奥斯大桥项目】 2011年12月7日下午，中国电建集团党委常委、股份公司副总经理孙洪水，股份公司总经理助理、国际公司总经理曾兴亮，国际公司副总经理沈德才，在水电十五局有限公司副总经理阚建平等人陪同下，到股份公司承建、水电十五局有限公司负责具体实施的柬埔寨科普奥斯大桥项目视察工作。

孙洪水一行详细了解了工程实施情况，对大桥施工质量给予充分肯定，同时要求项目部做好三方面工作：一是抓好项目争创优质工程评审工作；二是抓好国际工程管理经验、技术专辑总结和编写工作；三是希望大家继续努力，做好后续环岛公路工程，进一步扩大股份公司在柬埔寨的影响力。

【黄保东一行拜访中国对外承包工程商会】 2011年12月29日上午，中国电建集团副总经理黄保东、总经理助理兼海外事业部总经理丁拯国、副总经理周家义及股份公司总经理助理兼国际公司总经理曾兴亮、副总经理宋东升、中国水电工程顾问集团公司副总经理黄河一同拜访了中国对外承包工程商会。商会会长刁春和、副会长迟长海、王玉成、王禾与商会各部门领导一起参加了会见。

双方还就2012年商会的具体工作交换了意见。

【黄保东一行拜访外交部领导】 2011年12月31日上午，中国电建集团副总经理黄保东及总经理助理、海外事业部总经理丁拯国、中国水电工程顾问集团公司副总经理黄河、股份公司安哥拉区域总部总经理孙彦华一行拜访了外交部副部长李金章和外交部相关司局领导。

双方重点就拉美国家市场经营深入交换了意见。黄保东介绍了中国电建集团下属中国水利水电建设股份有限公司和中国水电工程顾问集团公司目前在拉美市场开展工程承包和咨询业务的情况，并就重点项目的推动进行了汇报。

外事管理

【国际公司撤销原审计监察部及成立审计部、监察部】 根据工作需要，2011年2月24日国际公司研究决定，撤销原审计监察部；成立中国水电建设集团国际工程有限公司审计部、中国水电建设集团国际工程有限公司监察部。

【国际公司调整巴基斯坦高摩赞项目大坝安全工作领导小组】 经研究，决定于2011年11月25日将巴基斯坦高摩赞项目大坝安全工作领导小组组成作如下调整：

组　长：曾兴亮

副组长：盛玉明　刘风秋　熊立新

成　员：辛宗懿　彭申映　唐玉华　吴云飞
　　　　徐庆元　向　建（水电七局有限公司）
　　　　程勇清（水电七局有限公司）

【国际公司制定《2011年党委工作要点》】 2011年是股份公司“十二五”规划开局之年，为充分发挥党组织的政治核心和党员的先锋模范作用，激发广大干部职工的积极性和创造性，增强凝聚力和战斗力，促进国际业务的持续健康快速发展，国际公司党委制定《2011年党委工作要点》，其工作要点包括以下内容：①深入开展创先争优与各项专题活动；②加强理论学习，提高政治水平；③加强组织建设，落实党建工作责任制；④强化海外机构党建工作监督与管理；⑤加强班子和队伍建设，坚持党管干部、党管人才；⑥加强党风廉政建设，构筑惩防体系；⑦加强宣传思想工作，提升企业品牌影响力；⑧加强人文关怀，关爱公司广大员工；⑨创新思路，加强防恐工作，确保驻外机构人员财产安全。

【国际公司成立投资项目招标管理中心】 为进一步规范公司投资建设项目招标活动，加强招标过程管理，有效控制工程造价，合理缩短建设工期，确保工程质量和安全，保障投资者合法权益，公司以《股份公司投资建设项目招标管理办法》为基础，结合海外投资建设项目的特点及实际情况，成立国际公司投资项目招标管理中心，由国际公司领导及相关业务部门负责人组成，人员如下：

主　任：曾兴亮

副主任：丁拯国　杜　楠　沈德才

委　员：宋东升　季晓勇　孙　越　盛玉明
　　　　吴文豪　沈国华　刘风秋　孙彦华
　　　　负　亮　范云龙　周家义　侯晓暾
　　　　张国来　辛宗懿　田海华　孙玉林
　　　　王国民　杨天福　刘绍泉　刘光荣
　　　　于来新　唐玉华

国际公司投资项目招标管理中心下设办公室，办公室设在经营管理部。

【国际公司成立打击发票违法犯罪活动工作领导小组】 按照北京市税务局发票专项检查方案和股份公司打击发票违法犯罪活动工作领导小组的统一部署，为切实加强国际公司发票专项检查工作的组织领导，明确责任，周密部署，做好自查和迎检工作，经研究，决定成立国际公司打击发票违法犯罪活动工作领导小组和工作机构。

国际公司打击发票违法犯罪活动工作领导小组

成员如下：

组　长：曾兴亮

副组长：沈国华

成　员：杨天福　苗　军　刘光荣　原海新　封雁国　于来新　李胜会　吴云飞　刘正云

领导小组下设办公室，办公室设在财务部。

【国际公司调整组织机构和市场范围】　为贯彻落实股份公司国际业务优先发展战略，推动国际业务持续快速发展，将国际业务管理重心向海外市场前移，经股份公司批准，国际公司对组织架构和市场范围作出了调整，现将机构、市场调整及管理人员调整情况通知如下：

一、区域业务总部调整情况

1. 现有区域业务总部名称统一变更为区域总部。

2. 各区域总部区域市场调整范围。

3. 区域总部领导。

二、业务部门调整情况

撤销现有工程一部、工程二部、工程三部，将现有国别市场重新调整为拉丁美洲市场、中西部非洲市场、中亚中东欧洲市场、东南部非洲和东南亚大洋洲市场，分别成立业务一部、业务二部、业务三部、业务四部，对应负责相应国别市场。

【国际公司制定《关于加强和改进国际公司纪检监察组织建设的实施细则》】　根据中央纪委、中央组织部、监察部、国务院国资委党委有关规定和股份公司党委、股份公司《关于加强和改进股份公司纪检监察组织建设的实施意见》（中水电股党〔2010〕85号）文件精神，结合国际公司实际，国际公司党委、国际公司于2011年9月6日制定了《关于加强和改进国际公司纪检监察组织建设的实施细则》，该细则共6章20条，明确要求：①充分认识加强和改进国际公司纪检监察组织建设的重要性和紧迫性；②建立健全国际公司纪检监察组织并充分发挥其作用；③进一步完善国际公司纪检监察机构有效履行职责的体制机制；④切实加强国际公司纪检监察组织领导班子建设；⑤建设一支高素质的纪检监察工作人员队伍；⑥切实加强对国际公司纪检监察组织建设的领导。

【国际公司制定《员工驻外管理办法（暂行）》】　根据工作需要，国际公司于2011年9月15日制定下发《中国水电建设集团国际工程有限公司员工驻外管理办法（暂行）》，该办法共5章19条，分别为：1. 总则；2. 员工驻外工作原则；3. 员工驻外工作程序；4. 其他；5. 附录。

【国际公司制定《驻外人员配偶随任管理办法（暂行）》】　为进一步调动驻外人员工作积极性，规范驻外人员配偶随任管理，国际公司于2011年9月15日制定下发了《中国水电建设集团国际工程有限公司驻外人员配偶随任管理办法（暂行）》，该办法共6章18条，分别为：1. 总则；2. 随任条件；3. 随任申报程序；4. 随任待遇；5. 随任管理；6. 附则。

【国际公司制定《“三重一大”决策制度的实施办法》】　根据中共中央办公厅、国务院办公厅、国务院国资委党委的有关规定以及《中国水利水电建设股份有限公司关于“三重一大”决策制度的实施办法（暂行）》和《中国水电建设集团国际工程有限公司章程》，结合国际公司实际，2011年10月17日制定下发了《中国水电建设集团国际工程有限公司关于“三重一大”决策制度的实施办法》，该办法共分6章28条，分别为：1. 总则；2. “三重一大”的内容和范围；3. “三重一大”事项的决策程序；4. 组织实施和监督检查；5. 责任追究；6. 附则。

【国际公司成立档案工作领导小组】　为适应国际公司业务发展对档案管理工作的需求，达到股份公司对各子公司档案管理工作考评的具体要求，切实加强档案工作的领导，做好国际公司各门类档案的管理工作。根据工作安排，拟成立国际公司档案工作领导小组，成员如下：

组　长：刘风秋

副组长：熊立新　孙越

成　员：总经理工作部、党委工作部、业务一部、业务二部、业务三部、业务四部、海外投资一部、海外投资二部、矿产资源部、机电部、财务部、资金部、保障部、经营管理部、人力资源部、国际合作部、技术安全部、审计部、监察部、区域管理部部门负责人。

档案工作领导小组办公室设在总经理工作部。

【国际公司修订《员工绩效管理办法》部分条款】根据工作需要，国际公司将《中国水电建设集团国际工程有限公司员工绩效管理办法》中部分条款修订情况通知如下：

第四章第九条第二款、第三款、第四款调整为：绩效考核结果作为员工岗级调整的重要参考依据之一。按照总经理办公会根据当年经营状态、劳动力市场情况及员工绩效考核结果确定的员工岗级调整方案进行岗级调整。

【国际公司设立纪委办公室】 根据工作需要，经国际公司党委会议研究决定，设立国际公司纪委办公室，与监察部合署办公。

纪委办公室的主要职责为：

1. 作为国际公司纪委的办事机构，全面履行国际公司纪委的各项职能。

2. 制定国际公司纪检监察工作规章制度，编制国际公司监督工作规划和年度工作计划并组织实施。

3. 结合实际制定并监督实施国际公司领导人员廉洁自律规定，建立领导干部廉政档案。

4. 受理涉及国际公司管理的领导人员违反党纪、政纪行为的检举、控告，并组织调查，提出处理意见，并受理对处分不服的申诉。

5. 参与重大案件的查处并管理有关案件。

6. 监督检查国际公司管理的领导人员执行国家法律、法规、政策、决定、命令和国际公司制度、决策的情况及依法治企、履行职责的情况。

7. 参与调查处理与国际公司有关的重大安全责任事故。

8. 承办国际公司党委、纪委交办的其他事宜。

【国际公司设立出国人员服务处】 根据工作需要，经国际公司党政联席会议研究决定，成立出国人员服务处，机构设在党委工作部。

出国人员服务处主要职责包括：负责做好公司员工家庭情况调查，协助做好员工走访、慰问工作；协助做好遭遇突发事件的员工和家属的安抚以及善后处理工作；负责做好驻外员工与家属的信息沟通工作；负责接听、接待员工家属的来电、来访等；协助做好首次出国人员或赴新国别市场员工，以及员工反探亲家属的出国前的教育、培训和服务工作。

国际商务

【曾兴亮拜会刚果（金）总理、能源部部长等高层领导】 2011年1月10～12日，股份公司总经理助理、国际公司总经理曾兴亮考察刚果（金）期间，先后拜会了刚果（金）总理、能源部部长、总统中刚合作执行秘书、大工委主任等高层领导。水电二局有限公司、水电十四局有限公司、水电一局有限公司等相关负责人陪同参加。

在与刚果（金）总理穆兹托会谈时，总理感谢股份公司对刚果（金）重建工作所作的巨大贡献，并与刚果（金）人民建立起深厚的友谊。曾兴亮介绍了股份公司发展现况以及国际业务，并表示股份公司是中刚合作的积极倡导者之一，对中刚合作前景非常乐观。股份公司将全力支持刚果（金）重建事业、推动社会经济发展，努力把刚果（金）建设成美好家园，为增进两国友谊作出贡献。双方就有关水电站项目、首都中心医院项目进行了深入探讨。

【曾兴亮出访西非四国】 2011年2月26日～3月7日，股份公司总经理助理、国际公司总经理曾兴亮出访位于西非沿海的毛里塔尼亚、塞内加尔、几内亚和塞拉利昂四国。期间，曾兴亮与四国政府相关部门举行会谈，介绍了股份公司的国际业务发展形势和在西非地区发展的愿景，并讨论了当地优先发展项目的合作开发模式。

2011年3月3日、7日，曾兴亮分别拜访了几内亚总统和塞拉利昂总统，曾兴亮向两位总统介绍了股份公司为非洲国家推动利用中方融资的成功经验，表达了与两国政府深入开展项目合作的兴趣和构想，并就具体项目合作达成广泛共识。

访问中，曾兴亮还专程拜访了中国驻四国大使和经商处参赞，介绍股份公司整体发展形势和此次出访行程，并就如何高效有序地开发当地市场交流看法。

【伊朗能源部副部长阿塔尔扎德一行访问股份公司】 2011年2月24日下午，股份公司总经理助理、国际公司总经理曾兴亮在公司总部会见了来访的伊朗能源部副部长阿塔尔扎德一行，并举行友好会谈。伊朗驻华副大使，国际公司总经理助理范云龙、国际工程三部相关负责人等参加会见。

会上，曾兴亮首先代表股份公司对伊朗能源部副部长阿塔尔扎德率团访问公司表示热烈欢迎，随后他向客人介绍了股份公司总体情况和取得的成就。希望今后继续参与伊朗水利水电方面的建设。

阿塔尔扎德副部长说，伊朗是一个水资源短缺的国家，因此非常重视水利设施的建设。股份公司在水利建设方面实力雄厚，非常希望加强双方在水利电力领域的合作，学习和借鉴股份公司在大坝建设、水电开发等方面的技术和经验。

【曾兴亮一行拜会肯尼亚副总统卡隆佐·穆西约卡】 2011年3月18日上午，股份公司总经理助理、国际公司总经理曾兴亮在水电十三局有限公司副总经理、东非经理部总经理秦超等陪同下拜会了肯尼亚副总统卡隆佐·穆西约卡。

【范集湘会见吉尔吉斯斯坦第一副总理巴巴诺夫】 2011年4月7日下午，集团公司总经理、股份公司董事长、党委书记范集湘在集团公司总部会见了吉尔吉斯斯坦第一副总理巴巴诺夫及其率领的政府代表团，并与对方进行了务实高效的工作会谈。

【范集湘会见阿尔斯通董事长兼全球首席执行官柏珂龙】 2011年4月15日上午，集团公司总经理、股份公司董事长、党委书记范集湘在集团公司总部会见了阿尔斯通董事长兼全球首席执行官柏珂龙（Patrick Kron）及其率领的代表团。双方进行了务实高效的会谈。

国际公司副总经理盛玉明、杜楠，国际公司总工程师刘风秋等陪同参加。

【范集湘出席乌克兰总理与中国企业家见面会】 2011年4月18日下午，集团公司总经理、股份公司董事长、党委书记范集湘应邀出席了在钓鱼台国宾馆举行的乌克兰总理与中国企业家见面会。

【范集湘拜会喀麦隆能源水利部部长】 2011年3月22～23日，全国政协主席贾庆林正式访问喀麦隆。作为随同出访的企业家代表之一，集团公司总经理、股份公司董事长范集湘参加了贾庆林主席议会大厦演讲、喀麦隆瓦耶议长举办的欢迎宴会和喀麦隆总统比亚举办的招待宴会等活动。

3月22日下午，值全国政协主席贾庆林正式访问喀麦隆之际，集团公司总经理、股份公司董事长范集湘，在股份公司副总经理黄保东，国际公司副总经理宋东升，水电十四局有限公司党委书记洪坤等陪同下来到雅温得，拜访了喀麦隆能源水利部部长米歇尔·纳伽克·托姆迪奥。

在喀麦隆访问期间，范集湘一行还考察了水电十四局有限公司正在建设的雅温得城市排污项目工地。

【黄保东拜访牙买加总理布鲁斯·戈尔丁】 2011年4月13～15日，股份公司副总经理、国际公司董事长黄保东到牙买加考察。期间，黄保东与牙买加总理、水利和住房部部长、交通部和工程部部长分别举行了重要会谈。

在牙买加访问期间，黄保东还拜访了中国驻牙买加大使馆。此次是股份公司第一次对牙买加进行访问和考察，将为股份公司进入该市场起到积极的促进作用。随同出访的有国际公司副总经理宋东升。

【黄保东访问刚果（金）并与卡比拉总统单独会见】 2011年5月24～25日，股份公司副总经理、国际公司董事长黄保东访问刚果（金）。黄保东拜会了刚果（金）总统卡比拉，就构建全面长期的战略合作伙伴关系达成重要共识。访问期间，黄保东还与中国驻刚果（金）大使王英武举行会谈，详细汇报了股份公司海外业务的发展情况。

5月24日上午，刚果（金）总统卡比拉单独会见了黄保东。卡比拉总统对黄保东的到访表示欢迎，他充分肯定并感谢股份公司10年来对刚果（金）战后重建作出的巨大贡献，表示希望股份公司成为刚果（金）国家发展的长期战略性合作伙伴，刚果（金）政府将全力支持股份公司参与刚果（金）战略性项目建设。

黄保东感谢卡比拉总统对于股份公司的厚爱与支持，并表示股份公司2001年进入刚果（金），是第一个进入刚果（金）战后重建的中国公司，同时也是第一个参与刚果（金）战后重建的国际建筑公司。

【丁拯国拜会刚果（布）大型工程委员会主席布亚】 2011年5月24日，股份公司总经理助理、国际公司党委书记丁拯国在陪同中国进出口银行行长李若谷访问刚果（金）期间，在金沙萨大酒店拜会了刚果（布）大型工程委员会主席布亚，双方进行了务实高效的会谈。

【黄保东拜会赞比亚总统鲁皮亚·班达】 2011年5月27～29日，股份公司副总经理、国际公司董事长黄保东到赞比亚检查指导工作。期间，黄保东拜会了赞比亚总统鲁皮亚·班达，中国驻赞比亚新任大使周欲晓，会见了赞比亚能源与水利部部长肯尼思·孔加、赞比亚国家电力公司（ZESCO）董事长穆普瓦亚等。

国际公司副总经理沈德才、水电十一局有限公司党委书记张玉峰参加了上述活动。

【曾兴亮拜会吉尔吉斯斯坦第一副总理并签署水电站项目合作备忘录】 应吉尔吉斯斯坦政府第一副总理巴巴诺夫热情邀请、受集团公司总经理范集湘委托，股份公司总经理助理、国际公司总经理曾兴亮率工作组于2011年6月1～3日访问了吉尔吉斯斯坦，先后拜访了第一副总理巴巴诺夫、能源部部长沙吉耶夫、国家铁路公司总经理马拉巴耶夫等政府和企业要员，并签署苏萨梅尔—科克梅林梯级水电站建设勘查合作备忘录，吉尔吉斯斯坦能源部部长、副部长、吉尔吉斯斯坦国家电力公司副总经理，国际公司工程三部总经理孙玉林以及当地新闻媒体等出席上述会谈并参加了签字仪式。

【黄保东会见加蓬共和国能源水利部部长雷吉斯·伊蒙戈尔特一行】 2011年7月5日下午，股份公司副总经理、国际公司董事长黄保东在公司总部会见了来访的加蓬共和国能源水利部部长雷吉斯·伊蒙戈尔特一行，双方就股份公司加蓬在建项目及未来后续项目合作进行了深入、友好的交流，并共同签署了相关合作协议。股份公司总经理助理、国际公司党委书记、副总经理丁拯国以及相关部门负责人一同参加会见。

【喀麦隆能源与水资源部部长访问股份公司】 2011年7月18日，喀麦隆能源与水资源部部长恩加科·通吉欧·迈克尔先生到访股份公司总部，国际公司副总经理宋东升代表股份公司与其进行了亲切友好的会谈。

【黄保东会见刚果（金）卫生部部长一行】 2011年7月19日，股份公司副总经理、国际公司董事长黄保东会见了来访的刚果（金）卫生部部长维克托卡普特一行，并与对方进行了友好而务实的交谈。国际公司副总经理杜楠、水电二局有限公司总经理刘国栋、水电十一局有限公司工会主席王大刚等陪同会见。

【黄保东出席国际公司与西门子股份公司高层论坛】 2011年7月27日上午，国际公司与西门子股份公司高层论坛在股份公司总部召开。西门子股份公司火力发电集团首席执行官罗兰·费舍，西门子（中国）有限公司执行副总裁姚振国等7名高层参加论坛。股份公司副总经理黄保东出席论坛，股份公司总经理助理、国际公司总经理曾兴亮主持。

【范集湘拜会喀麦隆总统保罗·比亚】 2011年7月21日，集团公司总经理、股份公司董事长范集湘在钓鱼台国宾馆拜会来华访问的喀麦隆总统保罗·比亚，双方进行了热情、友好的交谈。喀麦隆财政部部长、能源水利部部长，股份公司副总经理黄保东参加了会谈。

【范集湘会见安哥拉议会副议长易吉努·卡内罗将军】 2011年8月11日上午，集团公司总经理、股份公司董事长、党委书记范集湘在公司总部会见了安哥拉议会副议长、前安哥拉公共工程部部长易吉努·卡内罗将军。双方进行了亲切友好的会谈。国际公司副总经理杜楠、安哥拉区域总部总经理孙彦华等陪同参加了会见。

【范集湘会见马来西亚砂捞越州能源公司首席执行官托斯坦】 2011年9月2日上午，集团公司总经理、股份公司董事长、党委书记范集湘在公司总部会见了马来西亚砂捞越州能源公司首席执行官托斯坦，双方进行了亲切友好的会谈。股份公司副总经理、国际公司董事长黄保东，国际公司副总经理盛玉明等陪同参加会谈。

【王彤宙会见日本东芝公司副社长田崎茂一行】 2011年9月9日，股份公司副总经理王彤宙在公司总部会见到访的株式会社东芝电力系统社（以下简称东芝公司）副社长田崎茂、东芝（中国）有限公司副总裁西川孝志、东芝水电设备（杭州）有限公司［以下简称东芝（杭州）公司］董事长广田达也一行。

【曾兴亮拜会吉尔吉斯斯坦总理阿坦巴耶夫】 应吉尔吉斯斯坦驻华使馆的邀请，股份公司总经理助理、国际公司总经理曾兴亮于2011年9月14日在大连拜会了在此参加2011年夏季达沃斯世界经济论坛的吉尔吉斯斯坦总理阿坦巴耶夫一行。

【黄保东拜会贝宁总统博尼·亚伊】 2011年9月17日上午，股份公司副总经理黄保东在北京拜会了来华参加2011年夏季达沃斯世界经济论坛的贝宁总统博尼·亚伊，双方进行了亲切、友好、务实的会谈。

会谈之后，黄保东接受了贝宁国家电视台的采访，表达了中国水电愿意与贝宁开展长期合作，成为贝宁政府在建设领域战略的合作伙伴。

【范集湘会见老挝国家主席朱马利·赛雅颂】 2011年9月19日上午，来华访问的老挝国家主席朱马利·赛雅颂率领由副总理通伦·西苏里和宋沙瓦·凌沙瓦组成的老挝高层代表团到集团公司访问，集团公司总经理、股份公司董事长、党委书记范集湘会见了朱马利主席一行。中共中央联络部副部长刘结一、中国驻老挝大使布建国和股份公司总经理助理、国际公司总经理曾兴亮，副总经理杜楠、沈德才等陪同会见。

【黄保东一行拜会莫桑比克总理】 2011年9月21～

24日，股份公司副总经理黄保东在水电十一局有限公司总经理孙玉民、股份公司安哥拉区域总部总经理孙彦华的陪同下，重点考察了莫桑比克市场，拜会了莫桑比克国家总理，会见了莫桑比克财政部部长、公共工程部部长、国家电力公司总裁等相关政府要员，取得了丰硕的访问成果。

【孙洪水会见摩尔多瓦共和国副总理尤里·良格】 2011年10月11日下午，中国电建集团党委常委、股份公司副总经理孙洪水在公司总部会见了到访的摩尔多瓦共和国副总理兼外交和欧洲一体化部部长尤里·良格一行，双方进行了亲切友好的会谈，股份公司总经理助理、国际公司总经理曾兴亮，副总经理季晓勇等陪同参加会见。

【范集湘应邀出席中比企业CEO高级别午餐会】 2011年10月24日上午，中国电建集团董事长、集团公司总经理范集湘应邀出席了由比利时驻华使馆与国务院国资委共同举办的“中比企业CEO高级别午餐会”。

此次高级别午餐会于中比建交40周年之际举行，旨在推动中央企业赴比利时投资，并加强两国企业在第三国，尤其是非洲的合作。比利时王储菲利普，副首相兼外交大臣范纳克尔，国务院国资委主任王勇，国务院国资委副主任黄淑和、黄丹华，12家著名比利时企业和12家知名央企的主要负责人参加了午餐会。

【黄保东拜会安哥拉共和国国务部部长卡洛斯·费若】 2011年10月24日，中国电建集团党委常委、副总经理兼国际公司董事长黄保东在钓鱼台国宾馆拜会了安哥拉共和国国务部部长卡洛斯·费若。黄保东与费若就股份公司在安哥拉市场的发展进行了深入交谈。

参加会见的还有安哥拉财政部部长、国际合作国务秘书、驻华商务参赞等。股份公司安哥拉区域总部总经理孙彦华等陪同会见。

【尼日尔计划、国土整治和社区发展部部长访问股份公司】 2011年10月19日，尼日尔计划、国土整治和社区发展部部长阿马杜·布巴卡尔·西塞率团访问股份公司。国际公司副总经理宋东升热情接待了部长一行并进行了友好会谈。尼日尔总统办公厅副主任阿拉卡西·阿拉达、尼日尔共和国驻华大使阿达姆·不巴卡尔出席会谈。

【黄保东会见格鲁吉亚铁路建设股份有限公司首席执行官埃祖拜亚】 2011年11月9日上午，中国电建集团党委常委、副总经理兼国际公司董事长黄保东在公司总部会见了来访的格鲁吉亚铁路有限责任公司首席执行官埃祖拜亚，双方进行了友好的、建设性的会谈。一同出席会谈的还有格鲁吉亚铁路建设股份有限公司首席执行官吉奥达泽及国际公司相关负责人等。

会上黄保东对埃祖拜亚的来访表示欢迎，向其介绍了中国电建集团的情况，并对双方目前正在商谈的相关水电站项目表示浓厚兴趣。黄保东表示，股份公司与格鲁吉亚铁路有限责任公司在能源和基础设施领域有巨大的合作潜力，股份公司愿意并期待参与今后格鲁吉亚境内的铁路项目。

【范集湘会见日本东芝公司代表团一行】 2011年11月15日，中国电建集团董事长、集团公司总经理范集湘在集团公司总部会见了到访的株式会社东芝电力系统社五十岚安冶社长一行，双方进行了坦诚深入的会谈。中国电建集团副总经理李跃平参加了会见。

双方还对目前合作项目进行了通报并就今后长期合作交换了意见。公司顾问付元初、总经理助理丁拯国以及有关部门和子企业的领导参加了会见。

【黄保东拜会赞比亚副总统盖伊·斯科特】 2011年12月14日上午，中国电建集团党委常委、副总经理、股份公司副总经理黄保东在北京拜会了来华访问的赞比亚副总统盖伊·斯科特率领的党政访问团。赞比亚执政党爱国阵线总书记怀恩特·卡宾巴和赞比亚驻华大使穆森盖女士、国际公司副总经理盛玉明参加会见。

国际合作

【股份公司签订老挝色怒—沙拉湾230千伏输变电线路项目合作谅解备忘录】 2011年1月5日，国际公司与老挝国家电力公司在老挝首都万象签订了老挝色怒—沙拉湾230千伏输变电线路项目合作谅解备忘录。参加签字仪式的包括老挝能源矿产部副部长颂本·拉萨颂巴，老中友好协会会长卡·耶·瓦纳查，中国驻老挝大使馆经商处参赞张玉成等领导和来宾共40人。老挝国家电力公司副总经理萨瓦·乌拉旺和股份公司老挝代表处代表李彬分别代表各方在谅解备忘录上签字。

【集团公司新签卡塔尔CP1项目7.24亿美元补充合

同】 2011年1月11日，集团公司在卡塔尔多哈与卡塔尔迪亚尔房地产公司签订了新增7.24亿美元的补充协议合同，路赛CP1项目合同总金额由原来的6.42亿美元增加到了13.66亿美元。CP1项目是集团公司继海滨土方工程和土地平整项目、多哈新机场项目后承建的又一个大型房地产基础设施项目，包括交通道路、给排水、排污、通信、供电、照明、灌溉、绿化等。这是集团公司承建的最大规模的海外市政工程，也是在中东海湾市场上中标的最大单标合同。

【刚果（金）宗戈2水电站贷款协议顺利签署】 2011年1月29日，宗戈2（ZongoⅡ）水电站贷款协议签订仪式在刚果（金）财政部隆重举行。中国驻刚果（金）大使王英武与刚方财政部部长马塔塔分别代表中刚双方在协议书上签字。中国驻刚果（金）经济商务参赞魏胜梓，股份公司代表，刚方能源部部长、国家电力公司等政府机构官员出席签字仪式。

宗戈2水电站总装机容量15万千瓦，合同金额近4亿美元。作为中国政府和刚果（金）第一个能源合作项目，宗戈2水电站具有重要意义。项目的具体实施将由水电一局有限公司负责。

【股份公司签约承建泰国大众捷运蓝色延长线轨道交通项目】 2011年2月17日，恰逢中国传统的元宵佳节，国际公司和泰国四大承包商之一，上市公司尤尼克工程与建设公共有限公司组成的联营体中标泰国大众捷运蓝色延长线轨道交通项目第三标段项目合同。当天，国际公司副总经理沈德才代表股份公司与业主泰国大众捷运机构正式签署了合同文件，合同金额约3.75亿美元，工期1640天。泰国各界约300人出席签字仪式。

【股份公司签署刚果（金）布桑加水电站EPC总承包框架协议】 2011年2月18日，刚果（金）布桑加水电站EPC总承包框架协议签字仪式在北京华刚矿业股份有限公司举行。股份公司总经理助理、国际公司总经理曾兴亮与北京华刚矿业股份有限公司执行董事闵国暐代表双方在协议书上签字。

布桑加水电站位于刚果（金）南部加丹加省卢阿拉巴河上，距科鲁韦齐直线距离约65千米，总装机容量24万千瓦，年均发电量13.05亿千瓦·时，合同金额约6.6亿美元。该电站是中刚一揽子矿业项目的配套电源项目，对中刚合作及矿业项目的生产具有重要意义。

【股份公司签订泰国热回收焦炉项目承包框架协议】 2011年4月14日，国际公司与天津俊安煤焦化工有限公司在天津签署泰国热回收焦炉项目一期工程土建施工承包框架协议书。天津俊安煤焦化工有限公司总经理蔡穗榕女士和国际公司投资二部张国来分别代表双方在协议上签字。

泰国热回收焦炉项目由天津俊安煤焦化工有限公司投资建设，总投资额预计22.58亿元人民币，投产后将年产铸造焦80万吨，冶金焦200万吨，余热发电装机容量6万千瓦，预计年发电量为3.6亿千瓦·时。该项目一期土建合同金额约为1亿人民币，工程范围包括焦化系统土建工程、余热系统土建工程等，分为备煤车间、炼焦车间、筛焦车间、余热锅炉、热电车间、发电厂房、变电站、冷却水系统及附属工程的土建相关工作。

【股份公司签署南苏丹市政道路项目合同】 2011年3月28日，在南苏丹上尼罗河州首府马拉卡尔，股份公司授权代表叶浩亮与上尼罗河州基础设施和乡村发展部部长昆·玛仰·丁先生在上尼罗河州州长及州府要员、社会各界名流的见证下签署了马拉卡尔市政道路项目合同。

马拉卡尔市政道路项目一期全长37.98千米，为沥青混凝土路面，路宽7.3米，道路两侧路肩宽度各为1.5米，主要结构物为混凝土明渠排水沟和管涵，合同总价为5179万美元，采用菲迪克DB合同条款（FIDIC 1999年版），合同工期28个月。

【股份公司中标刚果（布）凯塔连接喀麦隆边境公路项目】 2011年3月30日，股份公司收到刚果（布）重大工程委员会寄发的项目中标通知书，中标刚果（布）凯塔连接喀麦隆边境段整治工程，中标金额折合1.5亿美元。

凯塔连接喀麦隆边境段整治工程位于刚果共和国北部，业主为刚果（布）重大工程委员会，工程内容主要包括：修建1条全长121千米从凯塔至别斯沥青公路，其中包括3座钢筋混凝土梁桥和1段190余千米别斯—喀麦隆边界的土路。非洲开发银行将提供70%的项目资金，刚果共和国预算部承担余下的30%的资金项目。

【股份公司签署老挝南乌江水电项目开发融资合作协议】 2011年4月20日，国际公司与老挝国家电力公司、中国国家开发银行在老挝首都万象签订了南乌江水电项目开发的融资合作协议，这是继2011年4月11日，股份公司与老挝政府签署特许经营框架协议之后南乌江项目取得的又一重大进展。

老挝能源矿产部部长苏利翁·那拉翁，中国国家开发银行行长蒋超良，中国驻老挝大使布建国，中国驻老挝大使馆经参处参赞张玉成，股份公司副总经理、国际公司董事长黄保东等60多位领导和来宾出席并见证了签字仪式。中国国家开发银行云南分行副行长钟书俊、国际公司副总经理沈德才、老挝电力公司副总经理萨瓦分别代表三方在协议上签字。

【股份公司签署乌克兰水电项目开发合作协议】2011年4月20日，股份公司总经理助理、国际公司总经理曾兴亮在乌克兰考察期间，和同时到访的中国进出口银行行长助理孙平，一同与乌克兰西部输变电公司总经理科夫沙尔·迪米特里进行会谈，会谈后共同签署了乌克兰伊万诺—弗科克夫斯克州小水电项目三方合作框架协议。

该项目第一期包括6个小型水电站的设计、施工以及机电设备的采购安装等工程内容。该项目是股份公司在乌克兰市场的首个尝试项目，对于未来深入乌克兰市场具有重要意义。

【喀麦隆曼维莱水电站贷款协议顺利签署】 2011年5月3日上午，股份公司承建的曼维莱（Memve′ele）水电站贷款协议签订仪式在喀麦隆经济、计划与领土整治部隆重举行。中国驻喀麦隆大使薛金维与喀麦隆经济部部长路易·保罗·莫塔泽（Louis Paul MOTAZE）分别代表中喀双方在协议书上签字。喀麦隆财政部部长、能源与水资源部长、喀麦隆驻华大使、喀麦隆方项目总经理和股份公司代表等出席签字仪式。

曼维莱水电站位于喀麦隆南部省的恩特姆河（NTEM）上，地处热带丛林地区，距首都雅温得（Yaounde）约340千米。业主为喀麦隆能源与水资源部，总装机容量200兆瓦，合同金额约6.37亿美元，总工期54个月。

【柬埔寨斯伦水利开发项目优惠贷款协议签署】2011年5月9日，股份公司即将实施的柬埔寨斯伦水利开发项目（一期）的优惠贷款协议在柬埔寨首都金边签署，中国进出口银行副行长朱鸿杰与柬埔寨副总理兼财经部部长吉春分别代表双方在协议上签字。国际公司副总会李铮出席本次签字仪式。

【股份公司中标莫桑比克两个供水项目并签订合同】股份公司莫桑比克代表处收到莫桑比克国家供水投资基金（FIPAG）中标通知，成功中标赞比西亚省省城克利马内市新配水中心建设工程和楠普拉省省城楠普拉市配水中心扩建工程。2011年5月9日上午，股份公司授权代表钱德敏代表公司与业主签订承包合同。

该次中标的两个工程，合同金额分别折合约260多万美元和180多万美元，工期分别是12个月和9个月，均由世界银行投资。克利马内新配水中心工程主要包括新建1个2500立方米混凝土水池、1个350立方米混凝土水塔、配套泵站及机电设备供应、安装和试运行等；楠普拉配水中心扩建工程主要包括现有水塔修复、新建1个2500混凝土水池、配套泵站、水试验室及机电设备供应安装和调试等。

【股份公司签约刚果（金）两个机场项目】 2011年5月24日，股份公司签约承建金沙萨恩吉利国际机场控制塔新建项目和卢本巴希卢阿诺国际机场控制塔修复项目。正在刚果（金）访问的股份公司副总经理、国际公司董事长黄保东出席签字仪式并作讲话。刚果（金）航运管理公司总经理与股份公司驻刚果（金）首席代表分别在上述两机场项目合同上签字。刚果（金）副总理、交通部部长、航运管理公司董事长，以及总统府、财政部、计划部和重建部等政府官员见证仪式全程。

金沙萨恩吉利（N′DJILI）国际机场控制塔新建项目主要施工内容为新控制塔及设备楼的建造与设备安装、新配电中心建造与设备安装、新消防楼的建造，合同金额4100多万美元，工期24个月。卢阿诺国（LUANO）际机场位于刚果（金）最重要的工矿城市卢本巴希，控制塔修复项目主要施工内容为新控制塔及设备楼的建造与设备安装、新配电中心建造与设备安装、新消防楼的建造，合同金额约2400万美元，工期24个月。两个机场项目资金来源均为非洲开发银行，业主为刚果（金）航运管理公司，将由水电二局有限公司负责项目实施。

【股份公司签约加蓬KO公路工程】 2011年5月26日，股份公司与加蓬基础设施、装备部在加蓬首都利伯维尔共同签署库玛玛麦永—欧旺（KOUMAMAMEYONG—OVAN）公路（简称KO公路）工程合同，合同金额约6424万欧元。该项目签署得到中国驻加蓬大使馆和经参处的大力支持。

KO公路位于加蓬东北部奥古维·依文多省，公路全长51千米，由伊斯兰发展银行和加蓬政府共同出资建设。此次签署该公路是股份公司在加蓬深度开发取得的又一成果。目前，股份公司在加蓬公路项目达到3条，总里程超过200千米。

【股份公司签约乌兹别克斯坦费尔干纳流域水利修复项目】 2011年6月4日，乌兹别克斯坦费尔干纳流域水利修复项目签约仪式在乌兹别克斯坦农业水利部举行，乌兹别克斯坦农业水利部副部长哈姆拉耶夫等政府官员，股份公司总经理助理、国际公司总经理曾兴亮、中国驻乌兹别克斯坦使馆大使张宵、使馆经济商务参赞于立新以及水电十三局有限公司副总经理闫修春等出席项目签字仪式。股份公司授权代表、国际工程三部总经理孙玉林与乌兹别克斯坦农业水利部项目执行机构总经理共同签署项目合同文件。

费尔干纳流域水利修复项目合同金额4866万美元，合同工期40个月。项目主要是对费尔干纳流域的农业集水渠和排水渠进行修复，以提高该地区水资源使用效率，增加农业产量。该项目将由水电十三局有限公司负责具体实施。

【股份公司签约毛里求斯B6公路升级项目】 2011年6月6日，股份公司与毛里求斯公路局签约B6公路升级项目，合同金额折合约3000万美元。

毛里求斯B6公路升级项目是股份公司在毛里求斯市场第一个以股份公司名义签约的项目，对股份公司在该市场的地位及后续开发具有重大意义。

毛里求斯B6公路升级项目位于毛里求斯中部，工程主要内容为升级7.5千米的沥青主道路，以及新建4.6千米的道路支路、5个转盘和1座钢筋混凝土桥等。工期18个月，项目资金为世界银行贷款。项目将由水电九局有限公司负责具体实施。

【股份公司签约安哥拉比耶省昆巴市医院新建项目和扎伊尔省索约市200套别墅建设项目】 2011年6月24日，安哥拉区域业务总部与安哥拉卫生部共同签署了比耶省昆巴市医院新建项目。同日，安哥拉区域业务总部还签署了扎伊尔省索约市200套别墅建设项目。两个项目合同金额分别约为4000万美元。

比耶省昆巴市医院新建项目为政府资金公开竞标项目，工程内容为在比耶省昆巴市建设一所市级医院，包括门诊、急诊、住院部、药房、厨房餐厅及室外附属设施等。此前股份公司在安哥拉完工有20所医院的新建和修复工程，几乎囊括了安哥拉公共卫生系统的大部分修复升级和改造工程，目前各医院总体运转情况良好。

扎伊尔省索约市200套别墅建设项目为安哥拉天然气公司开发的住宅小区，主要供公司员工内部使用。项目内容包括200套住宅建设和附属市政给排水和道路等工程，目前已经开工建设。安哥拉天然气公司索约天然气项目将于2012年投产，将是继石油开采后的第二大国家支柱性能源产业，该项目的签署将为股份公司与安哥拉天然气公司的进一步合作奠定牢固的基础。

【股份公司中标缅甸蒙育瓦莱比塘铜矿项目】 2011年7月8日，股份公司中标缅甸蒙育瓦莱比塘铜矿项目。该次中标将签署有效期10年的长期合作协议，并每两年更新一次承包合同，合同模式为单价合同。项目双方将于近期就具体合同条件进行讨论。工程计划于2011年11月1日正式开工。

缅甸蒙育瓦莱比塘铜矿项目位于缅甸联邦西北部实皆省南部蒙育瓦镇，距离缅甸第二大城市曼德拉120千米。项目分为基建期和生产期两个阶段，其中：基建期17个月，主要工程内容包括约2000万立方米剥离量和6.6千米的道路建设，合同金额约6000万美元；生产期总服务年限约32年，年采剥总量约2760万立方米，合同金额约8000万美元/年(不含设备采购)。该项目业主为中国兵器工业集团下属万宝矿产有限公司，设计单位为中国瑞林工程技术有限公司（原南昌冶金有色设计院）。

【伊朗巴哈提亚瑞大坝项目设计与技术服务合同签署】 2011年7月11日，伊朗巴哈提亚瑞大坝项目设计与技术服务合同签约仪式在公司总部室举行。股份公司总经理助理、国际公司总经理曾兴亮出席仪式并与成都勘测设计研究院院长郑声安一行进行了友好会谈。会上，国际公司副总经理季晓勇与成都勘测设计研究院副院长赵雄飞分别代表双方签署项目合同文件。

【股份公司中标卡塔尔GTC333萨瓦水池泵站升级改造项目】 2011年8月17日，股份公司卡塔尔区域业务总部收到GTC333萨瓦水池泵站升级改造项目授标函。该项目是继GTC-182项目之后，股份公司在卡塔尔水电总公司所中标的第二个项目。

GTC333萨瓦水池泵站升级改造项目类型为EPC合同，项目业主为卡塔尔水电总公司（KAHRAMAA)，中标金额约3460万美元，工期30个月，保修期24个月。位于多哈市区，工程主要内容包括拆除现存蓄水池及附属建筑物，新建一座容积为3千万加仑（约14万立方米）的蓄水池及相关办公设施，升级和改造现存泵站供水控制系统。

该项目中标充分体现了业主对股份公司履约能力和施工质量的肯定，对股份公司巩固卡塔尔市场和后续的市场开发具有重大意义。

【股份公司签约坦桑尼亚两个机场项目】 2011年9月15日，水电十三局有限公司副总经理、东非经理部总经理秦超代表股份公司与坦桑尼亚机场管理局签订坦桑尼亚塔波拉和基戈玛两个机场项目施工承包合同。

塔波拉机场修复和升级项目位于塔波拉镇8千米远，距离达累斯1080千米，合同工期460天，签约合同金额为786万美元，资金来源于世界银行。基戈玛机场修复和升级项目位于坦桑尼亚西部基戈玛镇约7千米远，距离达累斯1500千米，合同工期550天，签约合同金额为1383万美元，资金来源于世界银行。

两项工程内容主要是将现有机场跑道等进行修复和升级改造，主要包括对机场跑道、停机坪、滑行道修复并升级至沥青路面标准，以及相关的雨水排水系统。

【股份公司签约老挝沙湾纳吉新国际机场项目】 2011年9月19日，来华访问的老挝国家主席朱马利·赛雅颂在与中国国家主席胡锦涛举行完正式会谈之后，共同出席并见证了老挝沙湾纳吉新国际机场项目EPC总承包协议签字仪式。股份公司总经理助理、国际公司总经理曾兴亮，老挝计划投资部部长颂迪·隆迪分别代表双方在合同文件上签字。

老挝沙湾纳吉新国际机场项目位于老挝沙湾纳吉省色诺县，距省会沙湾纳吉市约30千米，是为满足当地经济发展及经济特区需要建设的重点项目。项目工期为3年，合同金额约1亿美元，包括新建跑道、滑行道、停机坪和航站楼等设施。该项目建成后，将完善当地的基础设施布局，为老挝中部的经济发展及色诺经济特区起到强有力的推动和引擎作用。

【股份公司24亿元签约伊朗查巴哈尔输水项目】 伊朗当地时间2011年9月25日，国际公司授权代表吕六山与伊朗锡斯坦和俾路支斯坦省水资源公司总经理卡里米·内贾德，分别代表双方签署了伊朗查巴哈尔输水项目合同。

查巴哈尔输水项目位于伊朗东南部，紧靠查巴哈尔自由贸易区，毗邻阿曼湾。该项目合同金额约人民币24亿元，工期36个月，工程主要内容为从大坝水库取水，铺设约220千米的输水线路，包含2个泵站、1个污水处理场和15 000立方米蓄水池的建设等以及所有管材、机电设备的采购与安装。

【股份公司签约赤道几内亚吉布洛上游调节水库项目】 当地时间2011年10月6日，国际公司与赤道几内亚能源矿产部、财政预算部、国家项目办共同签署了吉布洛上游调节水库项目合同，签字仪式在巴塔市能源矿产部办公大楼举行。

吉布洛上游调节水库项目为设计施工总承包（EPC）项目，合同金额2.36亿美元（约合人民币15亿元），工期48个月，将由水电六局有限公司负责具体实施。

吉布洛上游调节水库坝址位于吉布洛水电站上游约3.5千米处，项目主要施工内容有水库大坝、引水系统进水塔、金属结构制作及安装等。水库大坝坝高46米，长574米，总库容为12.72亿立方米，调节库容为9.18亿立方米。

【股份公司签约安哥拉卡班达农工业区基础设施建设项目】 2011年10月7日，股份公司与安哥拉农业部下属公司SODEPAC签订了马兰热省卡班达农工业区基础设施建设项目合同，合同金额约1亿美元，工期为30个月，为国家开发银行贷款项目。

卡班达农工业区项目位于马兰热省，宽扎河中游北岸，北接罗安达至马兰热的规划铁路，项目总占地41万公顷，项目建成后将是安哥拉重要的农业生产基地，该工程范围包括农工业区交通系统、供电设施、供水设施、移民社区安置房、SODEPAC公司办公楼、培训中心以及员工宿舍等基础设施建设。

【中国电建集团又在厄瓜多尔签订水电EPC项目合同】 2011年10月15日凌晨（当地时间10月14日中午），厄瓜多尔德尔西水电站（DELSI-TANI-SAGUA）项目签约仪式在厄瓜多尔萨莫拉（ZAMO-RA）项目现场隆重举行。中国电建集团所属的中国水电工程顾问集团公司授权厄瓜多尔分公司法人代表集团公司与厄瓜多尔电力部国家电力公司（CELEC）总经理签署了合同。厄瓜多尔电力部部长、部长助理、洛哈（LOJA）省省长、萨莫拉省总督等厄瓜多尔方官员，国际公司总经理黄河、西北勘测设计研究院副院长严优丽等出席了签约仪式，中国驻厄瓜多尔大使馆经济商务处商务参赞也到场见证致辞并表达对集团公司能够顺利完成该项目的信任。

德尔西水电站位于厄瓜多尔南部的洛哈省、萨莫拉省交界区域，电站总装机容量11.533 2万千瓦

（两台冲击式水轮发电机组）。混凝土重力坝最大坝高约 24 米，坝轴线长度约 95 米，引水隧洞长约 7500 米。合同内容包括补勘、基本设计与施工设计、机电供货与安装、土建施工，是一个完整规范的 EPC 总承包合同。总工期 48 个月，预计开工时间为 2011 年 11 月底，合同金额折合 1.94 亿美元。

【股份公司中标毛里塔尼亚努瓦迪布炼油厂石油码头修复项目】 2011 年 11 月 10 日，股份公司与毛里塔尼亚石油设施管理公司（GIP）签订了毛里塔尼亚努瓦迪布炼油厂石油码头修复项目 EPC 合同，合同金额 1420 万欧元，工期 14 个月。

毛里塔尼亚努瓦迪布炼油厂石油码头修复项目位于毛里塔尼亚努瓦迪布市南约 15 千米，在股份公司在建矿石码头项目往北 1.5 千米左右。该码头可接收容量达 6 万立方米的油轮，主要用于确保国家原油及以下衍生油品的供给。由于目前码头结构已损毁严重，为避免发生毛里塔尼亚石油产品供给中断的风险，毛里塔尼亚石油设施管理公司决定对码头上部结构及油品输送管线进行重新翻修。

股份公司此次中标的毛里塔尼亚努瓦迪布炼油厂石油码头修复项目主要内容包括更换石油码头的主引桥、消防泵站平台、靠岸平台、侧引桥以及大约 5000 米输油管道等。该项目是继股份公司 2010 年中标毛里塔尼亚工业矿业公司（SNIM）矿石新港建设项目后在毛里塔尼亚通过国际竞标获得的第二个项目，标志着股份公司在毛里塔尼亚市场业务的进一步扩大。

【股份公司签署苏丹共和国恩图曼—巴拉公路项目】 2011 年 11 月 27 日，股份公司北非区域总部与苏丹道桥部国家高速公路局签署了苏丹共和国恩图曼—巴拉公路项目合同，合同金额约 1.6 亿美元，工期 42 个月。股份公司北非区域总部总经理负亮、副总经理叶浩亮，苏丹道桥部国家高速公路局局长爱资哈尔、苏丹驻华经济参赞奥玛尔等到场出席签字仪式。

苏丹共和国恩图曼—巴拉公路项目起点是喀土穆州恩图曼市，终点到北科尔多凡州巴拉市，是一条完全新建的沥青混凝土路面公路。公路线路基本沿沙漠边缘布置，穿越沙漠戈壁平原地带，全长约 341 千米。该公路是苏丹东西主干线的一部分，建成后从首都喀土穆州到北科尔多凡州首府欧贝伊德的距离将缩短 300 千米。

【股份公司成功签约安哥拉 5 个紧急燃油电厂项目】 2011 年 12 月 15 日，股份公司安哥拉区域总部成功签约安哥拉 4 个地区共 5 个紧急燃油电厂项目合同。燃油电厂项目合同的签订，标志着股份公司成功进入安哥拉电力生产和电力输送工程市场，为公司与安哥拉电力部门的合作开创了新局面，进一步巩固了公司在安哥拉市场的领先地位。

针对持续低迷的安哥拉经济形势，安哥拉区域总部一方面加紧应收账款的催缴力度；另一方面，从各业务领域入手，在安哥拉国家急需发展的农业、能源、教育、交通、城建等领域全方位深度开发市场。2011 年，安哥拉市场陆续签约农业基础设施、城市供水、学校、燃油机组等项目。此外，安哥拉区域总部同时抽调精干力量加强在赤道几内亚和莫桑比克市场的开发，创造了市场业务稳健发展的良好开端。

国际经营可持续发展

【中国驻卡塔尔大使张志良出席股份公司 CP1 项目长跑赛仪式】 2011 年 1 月 8 日，由业主卡塔尔迪亚尔房地产公司和股份公司卡塔尔路赛 CP1 项目部共同主办的“路赛 1A 杯”长跑赛，在集团公司承建的卡塔尔 CP1 项目新完工的海滨 1A 区域高标准沥青市政道路上举行。中国驻卡塔尔大使张志良、业主 CEO 伊萨、股份公司卡塔尔区域业务总部总经理吴文豪参加比赛仪式并分别致辞，卡塔尔区域业务总部、CP1 项目部、业主、咨询、监理、多国分包商等 350 余人参加了比赛。

【海外事业部/国际公司对常驻国外的股份公司职工进行春节慰问】 2011 年 1 月 22 日～2 月 9 日期间，受股份公司领导委托、海外事业部/国际公司组成春节慰问组，由海外事业部副总经理、国际公司党委副书记、工会主席孙越带队，对马里、尼日尔、厄瓜多尔 3 个国别市场的驻外机构、项目部常驻水电职工进行了春节慰问。

【集团公司驻利比亚南部项目人员有序撤离】 2011 年 2 月 27 日，在集团公司的统一安排和指挥下，驻利比亚南部项目人员开始有序撤离，至 2011 年 3 月 3 日，股份公司作为利比亚南部撤离牵头单位，不仅撤离集团公司员工 3757 人，同时撤离其他中国公司人员 2100 人、第三国劳务 851 人。为国尽了力，为国分了忧，践行了央企责任，彰显了央企风范。

【苏丹麦洛维项目部为当地学校献爱心】 2011 年 2

月27日，中国水电七局五局联营体苏丹麦洛维项目部为当地阿布萨利姆学校献爱心，捐赠了笔记本、文件盒、签字笔、复印纸等文具用品及拆除的临建方钢、隔热板和旧电视机等。

当天，阿布萨利姆学校的师生列队欢迎，并高唱苏丹国歌，以最隆重的方式表达他们对股份公司麦洛维项目部的感谢。欢迎仪式结束后，项目部副总经理彭东升发表了简短讲话，感谢当地人民8年来对中国水电七局五局联营体的支持。

【张德江高度评价集团公司援救外籍员工】 2011年3月5日，在国务院第9次应急指挥部会议上，中共中央政治局委员、国务院副总理张德江称赞集团公司积极发扬国际主义精神，援救、帮助被困利比亚的851名外籍员工回国。

2月24日，由于利比亚国内形势不断恶化，在利比亚南部地区的中资公司准备撤离。受国务院应急指挥部和国务院国资委的授权和委托，股份公司作为中央企业，义不容辞地承担了利比亚南部地区撤离人员前线指挥部工作。该地区除股份公司人员外，还包括中国土木工程集团有限公司、中国建筑材料集团公司、中国石油天然气集团公司东方地球物理勘探有限责任公司、中国大连国际公司、长江岩土工程总公司等公司共5000余名中方人员，以及随时前来求助的零散中国同胞。

集团公司此举受到外籍员工和所在国政府的高度评价。

【中央国家机关青联"利比亚撤离回顾与中东局势分析报告会"在股份公司总部举办】 2011年3月26日，中央国家机关青联主办、股份公司协办的"利比亚撤离回顾与中东局势分析报告会"在股份公司总部举办。来自国家各部委的中央国家机关青联委员、国务院国资委机关、国家质检总局及国际公司近90人参加了会议。会议由中央国家机关青联副主席、国务院国资委财务监督与考核评价局局长沈莹主持。

【2010感动电力人物、团队推荐名单揭晓——股份公司人物团队双双获奖】 报道催人奋进的人物，讲述感人肺腑的故事。日前，由中国电力报社、中国电力报刊协会全国电力行业"2010感动电力"年度人物、团队评选推荐名单揭晓，并于2011年3月28日在中国电力报一版公示：中国水电集团国际工程有限公司邓国平获"2010感动电力人物奖"，中国水利水电第七工程局有限公司映汶路抢险突击队荣获"2010感动电力团队奖"。

【股份公司参加安哥拉罗安达环保展会】 2011年5月19～22日，由安哥拉环境部举办的国际环保展会在罗安达国际会展中心举行。安哥拉区域业务总部代表股份公司应邀参加此次展会。安哥拉承建部、计划部、农业部等多部委领导参观展会并亲临股份公司展台。

此次展会股份公司参展主题为：和谐发展，共建绿色家园。股份公司展厅通过展板结合模型的宣传方式，主要展出内容分为绿色能源、水利建设和高端工程技术。包括水电、风电和太阳能利用，农业灌溉、城市供水和污水处理，高速铁路和大型市政基础工程等。充分展现了股份公司在绿色能源应用和高端工程技术领域取得的突出成就，加深了安哥拉社会各界对股份公司绿色环保领域的了解，提升了股份公司在安哥拉工程承包领域的影响力。

【印尼媒体称赞佳蒂格德大坝工程是印中经贸友好合作的典范】 2011年5月21日，印尼重要华文媒体《国际日报》社刊登了"股份公司兴建印尼最大水利工程佳蒂格德大坝"的新闻报道，赞扬中印两国人民的友谊，同时肯定了"中国水电"兴建佳蒂格德大坝对印尼基础建设作出的巨大贡献。

【股份公司与中国进出口银行联合开展党员红色主题教育活动】 为纪念中国共产党成立90周年，进一步激发、增强基层党组织及广大党员创造力、凝聚力和战斗力，同时加强银企的相互沟通和了解，促进股份公司国际业务的又好又快发展，2011年6月17～21日，国际公司党委组织部分党员在国际公司副总会计师李铮的带领下与中国进出口银行第三分部党员、工团代表共计30余人联谊赴革命圣地——井冈山，开展党员红色主题教育活动。

该次井冈山党员联谊活动，既加强了党员的主题教育，又加深了银企的相互沟通与了解，增进了感情，加深了友谊，有利于集团国际业务的持续健康快速发展。活动结束后，中国进出口银行第三分部高度评价该次银企联谊活动，专门致信对国际公司的出色组织和协调给予充分肯定和感谢，并期待银企双方进行更加紧密的业务合作，携手共赢国际。

【股份公司积极参与格鲁吉亚抢险救灾格鲁吉亚相关政府部门致信表示感谢】 2011年6月18日晚，格鲁吉亚第比利斯—谢纳基—勒谢丽泽公路段因连续暴雨引发山洪泥石流，多处路段被冲毁，造成当地人员伤亡和财产损失。

在此次抢险救灾中，股份公司表现出来的快速反应能力和专业素质受到格鲁吉亚政府及民众的好评。格鲁吉亚地区发展及基础设施部与公路局并于6月30日、7月1日分别发来感谢信。

【集团公司入选“2011最值得向非洲推荐的100个中国企业”】 由中非工业合作发展论坛主办的“2011最值得向非洲推荐的100个中国企业评选”7月20日在京揭晓，中国水利水电建设集团公司等成功入选。

中非工业合作发展论坛由国务院国有资产监督管理委员会指导，中国工业合作协会主办。非洲地大物博，人口众多，既是重要的原材料市场，也是可开发的产品市场。目前中国已成为非洲最大的贸易伙伴国，中国与非洲的双边贸易额已超过1000亿美元。中国企业到非洲投资经商，既有利于非洲的经济发展，也有利于中国企业自身的发展。

该次评选活动在历经3个多月的使馆推荐、专家广泛提名、专家评审和大众网上投票等环节后，最终从入围的150家候选企业中评选出最后的100名获奖企业。

【股份公司委内瑞拉项目为当地员工发放儿童节礼物】 2011年7月18日是委内瑞拉当地的儿童节日，股份公司委内瑞拉新中心电厂812联营体积极准备，在7月17日这天为有孩子的当地雇佣员工发放了儿童节礼物，祝福他们的孩子健康成长，此举得到了当地员工的交口称赞。

【股份公司员工获邀参观中国海军护航编队护卫舰】 2011年7月30日~8月3日，中国海军第八批护航编队圆满完成亚丁湾国际护航任务后，抵达卡塔尔首都多哈，开始进行为期5天的友好访问。期间，股份公司卡塔尔区域业务总部热烈欢迎中国海军到访，对海军官兵进行了亲切慰问，并获邀登舰参观。

【集团公司荣获“中非友谊贡献奖”】 2011年8月29日上午，首届中非民间论坛开幕式在肯尼亚首都内罗毕皇冠假日酒店隆重举行。全国政协副主席王志珍、肯尼亚副总统卡隆佐·穆西约卡以及肯尼亚NGO协调委员会执行主任库赖亚、中国民间组织国际交流促进会常务副会长李进军等200多名非政府组织代表出席开幕式。水电十三局有限公司副总经理兼东非经理部总经理秦超代表集团公司出席开幕式并上台领奖。集团公司荣获“中非友谊贡献奖”。

【全国政协副主席王志珍出席股份公司举行的“中非友谊井”出水仪式】 2011年8月29日下午15时30分，集团公司和中国民间组织国际交流促进会在肯尼亚内罗毕卡哈瓦学校举行中非民间论坛“中非友谊井”出水仪式。全国政协副主席王志珍、肯尼亚民族遗产与文化部部长威廉·恩蒂马马、中共中央对外联络部副部长李进军、中国驻肯尼亚大使刘光源、中促会秘书长尤建华等出席仪式，水电十三局有限公司副总经理兼东非经理部总经理秦超代表集团公司出席仪式。

【集团公司出席“中非民间论坛”系列主题会议】 2011年8月30日上午8时30分，中非民间论坛在肯尼亚首都内罗毕皇冠假日酒店召开“中非非政府组织与政府、企业及社区关系”专题会议。中国水利水电建设集团作为企业特邀代表参加会议，水电十三局有限公司副总经理兼东非经理部总经理秦超代表集团公司出席会议。

【委内瑞拉电力部副部长称赞股份公司建设速度快】 当地时间2011年10月27日中午，委内瑞拉电力能源部副部长雷德福·纳瓦罗一行到股份公司承建的新中心电厂项目检查指导工作，对股份公司的建设情况表示非常满意，称赞新中心电厂项目建设速度快。

【股份公司4项国内工程中3项境外工程再捧小金人】 2011年11月7日，2010~2011年度中国建设工程鲁班奖（国家优质工程）颁奖大会在人民大会堂隆重举行。股份公司4项国内工程3项境外工程再捧小金人。至此，股份公司鲁班奖增至28个。

在2010~2011年度中国建设工程鲁班奖（境外工程）入选工程名单中，水电七局有限公司、水电五局有限公司参建的苏丹麦洛维项目，水电二局有限公司承建的安哥拉卢班戈体育场工程，国际公司承建的埃塞俄比亚泰克泽水电站工程入选。这是继2009年股份公司承建的伊朗塔里干水利枢纽工程荣获鲁班奖（境外工程）后，再次获此殊荣。

【龚建忠大使与股份公司加纳员工欢度元旦】 2011年12月31日晚，中国驻加纳大使馆、经商参处、中国进出口银行加纳工作组、中国国家开发银行非洲大区组和新华社阿克拉分社的全体人员齐聚股份公司加纳代表处与股份公司员工欢度元旦佳节。

国际工程投融资项目

投产项目

【柬埔寨甘再BOT项目】 2011年7月31日上午11时，股份公司柬埔寨甘再项目公司收到柬埔寨国家电力公司正式批文：批准甘再水电站BOT项目自2012年8月1日起进入商业运行期。这是甘再投资项目的重要里程碑，标志着股份公司在海外投资的首个水电站项目圆满完成建设任务，正式转入商业运行历史时刻，也为新成立刚满一个月的中水电海外投资公司献上了一份厚礼。

甘再水电站总装机容量19.41万千瓦，运营发电期40年，年发电4.98亿千瓦·时。项目进入商业运行后将为股份公司稳定贡献约4000万美元的年营业收入，同时将成为调整和改善柬埔寨国家电力能源结构的优质骨干电源电站，为改善投资环境、促进基础建设，拉动人口就业、交通旅游、财政税收等领域发展作出积极贡献。

在建项目

【老挝万象平原钾盐矿项目】 老挝万象平原钾盐矿一期年产钾盐12万吨项目位于老挝万象市赛塔尼县塔贡村矿区，预计项目总投资额折合约9469万美元。该项目计划建设期2年，将采用世界上成熟的溶采工艺进行开发，预计2012年正式投产。开采期30年。

2006年2月25日，国际公司在老挝首都万象与老挝政府签订万象平原钾盐矿普查和勘探协议；2007年3月，中国水电矿业（老挝）钾盐有限公司注册成立，其中国际公司为控股方，占项目公司股份的70%，浙江新湖集团股份有限公司占30%。2009年7月6日，中国进出口银行为该项目出具贷款意向书。2009年11月7日，国家发展改革委核准中国水电建设集团国际工程有限公司投资开发老挝万象平原钾盐矿年产12万吨钾盐项目，标志着该项目正式进入实施阶段。2009年12月28日，国际公司与老挝政府签订了老挝万象塔贡矿区钾盐矿开采及生产协议。项目设计由化工部长沙设计研究院和德国K-UTEC公司承担。

【刚果（金）铜钴矿项目】 刚果（金）铜钴矿项目位于刚果（金）南部加丹加省矿区，由6个矿段组成，矿区面积约16平方千米。该项目的开发是中刚“资源换项目”一揽子合作的重要内容。预计投资额32.4亿美元，建设期4年，开采期19年。

2008年4月22日，股份公司与中国中铁一起同刚果民主共和国签署了《关于刚果民主共和国矿业开发和基础设施建设的合作协议》。5月13日，刚果（金）议会批准中刚合作协议，6月18日，中国国家发展改革委核准了项目前期费用的支付申请。6月28日下午，中刚“资源换项目”一揽子合作首批基建项目的合同签字仪式在刚果民主共和国首都金沙萨格兰德大酒店举行，华刚矿业股份有限公司（以下简称华刚公司）创立大会同时召开，标志着中刚“资源换项目”一揽子合作正式启动。华刚矿业股份有限公司是由中国中铁股份有限公司（以下简称中国中铁）、中国水利水电建设股份有限公司、浙江华友钴业股份有限公司和中国冶金科工股份有限公司组成的中方企业集团与刚果（金）指定的刚果国家矿业总公司等共同发起设立的国际矿业公司。其中，中方持股68%（股份公司占股份20%，中国中铁33%），刚方持股32%。华刚公司2008年9月26日于刚果（金）完成注册手续，并拥有刚果国家矿业总公司原先拥有的矿区采矿权。2009年6月1日，项目现场补充地质勘探启动。

2011年7月18日，刚果（金）一揽子合作项目获得了国家发展改革委《关于中国中铁股份有限公司等在刚果（金）投资“项目换资源”项目核准的批复》，这是项目进程中的一个重要里程碑，标志着项目已进入实质性开发阶段。10月28日和11月3日，项目顺利获得了商务部的核准批复和《企业境外投资证书》。12月31日，中方股东完成了外汇登记核准手续。至此，项目在国内的全部报批手续均已完成。

国际工程承包工作

东南亚地区

【马来西亚巴贡水电站项目】 马来西亚巴贡水电站项目位于马来西亚沙捞越州拉让江上游的巴贡地区。巴贡水电站项目分为土建和设备两部分，资金全部由马来西亚政府提供。巴贡水电站设计建造一座高205米、坝顶长度740米的混凝土面板堆石坝，设计总装机容量为240万千瓦，合同工期5年。中国水利水电建设股份公司与马来西亚亚森那美公司等6家马来西亚本地承包商组成的马—中联营体，以4.7亿美元的最低标价和经济技术指标综合第一名的优势中标。2002年9月30日，马来西亚首相马哈蒂尔正式授予马—中联营体承担巴贡水电站的施工建设。项目为EPC合同形式，设计及关键施工技术均由中国公司承担。股份公司分获1B标，2&3

标和11B标，分包总金额达到13.3亿马币，约合3.5亿美元。其中1B标（包括土石方工程、发电引水隧洞开挖浇筑和厂房混凝土工程等）由水电七局有限公司承担；2&3标（包括水电站进水口和溢洪道混凝土工程）由水电八局有限公司承担；11B标（包括人工砂石料和混凝土的生产与供应）由国际公司承担。2002年10月8日，巴贡水电站开工。2011年7月起首台发电机组开始商业运行，向沙捞越州电网输送电力。

【马来西亚275千伏输电线路工程】　马来西亚275千伏输电线路项目位于沙捞越州，主要工程内容为设计、采购、施工和试运行。线路总长281.5千米，途径巴贡水电站—斯米拉胶变电站—电解铝厂的275千伏输电线路，由A、B两个标组成。2008年9月12日，集团公司马来西亚分公司正式收到项目业主沙捞越能源公司的中标函，中标金额约1.28亿美元（其中A标6690万美元，B标6110万美元）；总工期39个月。截至2011年底，两个工程均已竣工。

【马来西亚班谷供水工程项目】　马来西亚班谷（Bengoh）供水工程是由马来西亚联邦政府投资的市政公用设施，位于马来西亚沙捞越州下辖的古晋行政区，距古晋市区42千米，外部交通道路状况良好。该项目为蓄水取水工程，主要为下游30千米处的巴图水处理厂提供清洁水源，以解决沙捞越州首府古晋市供水。工程主要内容包括一座碾压混凝土大坝、取水塔结构、上游船泊斜道、运行控制办公室等构筑物。项目开挖工程总工程量约30.5万立方米，碾压混凝土15万立方米，常态混凝土2万立方米。2008年2月3日，股份公司接到中标函成为项目的施工总承包。中标总价约4000万美元，总工期30个月。2008年3月1日，项目正式开工。

2011年底，项目部除了由于业主在合同工期内不能够及时解决大坝上游移民迁移事项，而导致导流箱涵无法封堵所牵涉的未能完工的项目外，其他项目都已验收通过。

【马来西亚胡鲁登嘉水电站项目】　马来西亚胡鲁登嘉水电站位于马来西亚登嘉楼（Terengganu）州西部的肯叶尔（Kenyir）湖上游的普额（Puah）河上，总装机容量250MW（2×125MW），项目业主为马来西亚国家能源有限公司。2010年3月18日，国际公司（占41.3%）与当地伙伴Loh & Loh建筑工程公司组成的联营体以诸多优势击败众多竞争对手，中标该电站土建主体工程，中标金额约合2.5亿美元，工期1674天。主要工程包括一座70米高的心墙土石坝、一个溢洪道、导流洞、装机容量25万千瓦的地下厂房、进水口及引水发电隧洞、尾水洞、输水洞、28米高的输水混凝土坝、开关站等。

2011年5月主体工程开始施工，8月导流洞开始施工，11月底尾水洞开始施工。取水口由于设计图纸较招标图纸发生重大变化，延误工期221天。项目部以就工期延误向业主致函要求索赔。

【尼泊尔库里卡尼Ⅲ水电站土建工程】　尼泊尔库里卡尼（Kulekhani）水电站是一个3级计划的梯级电站项目，位于尼泊尔中部发展区，居于齐托旺和黑多拉之间的尼泊尔东西公路边，是整个库里卡尼水电建设计划的一部分，梯级电站Ⅰ和Ⅱ分别装机容量6万千瓦和3.2万千瓦，并分别在1982年和1986年完工，并投入使用。2008年4月4日，股份公司与尼泊尔国家电力公司（NEA）正式签署尼泊尔库里卡尼Ⅲ水电站土建工程合同，设计装机容量14兆瓦，主要施工内容包括沉砂池、直径1.2米的重型混凝土管子、引水隧道前池、输水隧道（包括施工支洞、水平段压力管道和斜坡段压力管道）、半地下式发电厂房、箱涵式尾水管、敞口式尾水渠、出口河道护坦、场内道路排水、高边坡防护和排水、门卫房、仓库、河道防护、开关站及开关站沿河侧浆砌石防护等附属构筑物。项目合同金额约1785万美元，合同工期4年，预计2012年完工。工程师于2008年4月27日正式下达开工令。

2011年底，项目停止施工。

【柬埔寨科奥普斯跨海大桥项目】　柬埔寨科奥普斯（Koh Puos）跨海大桥项目，位于柬埔寨西哈努克省夏威夷海滩旅游开发区，是国际投资商为开发科普奥斯岛屿而修建的配套交通设施。2007年10月22日，国际公司与项目业主——科奥普斯（柬埔寨）投资开发有限公司签署《科奥普斯跨海大桥EPC建造合同》，合同总金额为1700万美元，合同规定的完工日期为2010年3月31日。科奥普斯跨海大桥项目是股份公司在柬埔寨承揽的第一个EPC合同项目，大桥设计全长900米，为满足通航要求，该桥设计由中间主桥和两端引桥组成。两端引桥均为8×30米简支预应力T梁，主桥为预应力混凝土连续刚构，跨径为110米+200米+110米。主跨净高32.5米，主墩最大高度28.8米。桥基为深水混凝土灌注桩，桩径为1.8～2.0米。主要工程量包括混凝土约22 018立方米，桥梁结构钢筋约3074吨，预应力钢筋约778.4吨。设计、施工、制造、安装、运营和维修采用中国标准。

2008年6月7日，柬埔寨政府首相洪森主持了科奥普斯跨海大桥的正式开工仪式。在项目建设过程中，由于受金融危机的影响，投资人的资金财务状况影响到了项目的正常施工进程。因此，投资人、业主代表和承包商经协商，同意把完工日期延期到2011年6月1日，就补偿问题也已经达成一致意见。

截至2011年7月底，大桥按期竣工。

【越南福和闸堰项目】 越南福和闸堰工程位于越南南部的平福省与平阳省交界处的Song Be河上，坝址处距胡志明市大约80千米，沿途基本为沥青路面。项目现场地平整，地形开阔，施工和营地布置方便。枢纽工程主要由土坝、引水渠取水口、溢洪道、紧急溢洪道、渔道、场内施工道路组成。工程范围包括土建、金属结构制作与安装、电气工程施工等。主要工程量为：土方开挖306万立方米；石方开挖16万立方米；土方填筑142万立方米；混凝土20万立方米；钢筋制作安装8790吨；干砌块石1.2万立方米；抛石3.9万立方米；反滤料5万立方米；帷幕灌浆9886米；土工布9万平方米；土工格栅24万平方米。2007年11月19日，股份公司收到业主——越南农业部水利项目投资建设管理九局发布的中标函，2007年12月27日双方正式签约。股份公司委托水电十二局有限公司进行工程实施。该项目资金由亚洲发展银行贷款提供，合同总价折合4245.64万美元（其中25%为欧元支付，75%为越南盾，单价合同），合同工期3年，质保期1年。2008年3月9日工程开工。

2011年12月10日，福和闸堰1期竣工并举行了竣工典礼。

【越南太安水电站项目】 越南太安水电站坐落在越南河江省，该电站装机容量82兆瓦，项目总投资1.2亿美元，资金的70%由法国援建，剩余30%由越南太安水电股份公司自筹。该电站建成后将成为目前越南最大的水利电力发电站，可供应越南国土1/6面积的工业用电和居民用电。2007年12月28日，人民电器集团与股份公司作为联合体与越南太安水电股份公司签订越南太安水电站机电设备供货、技术服务总承包机电设备安装及金属结构件制造安装合同，合同金额202.61万美元，工期22个月。2008年12月9日，项目正式开工。

2011年1月10日，一次性完成连续72小时试运行，于1月11日正式开始进入商业运行阶段。

【越南松邦4水电站土建项目】 越南松邦4（SONG BUNG 4）水电站位于越南与老挝的边界处，建造于邦河（Bung river）上，工程距离岘港约90千米。项目由亚洲发展银行投资，业主是越南电力部松邦4水电站项目管理委员会。2010年5月19日，股份公司中标越南松邦4水电站土建工程XL-1号标和XL-2号标，2010年6月15日，股份公司与项目业主正式签订承包合同，两合同总价累计约合人民币6.8亿元，总工期43个月。主要施工内容包括主体工程中的碾压混凝土大坝、溢洪道、导流渠、引水隧洞、电站厂房、尾水渠、开关站和各类配套的附属工程等。

2011年底各项工作稳步推进，为2012年初截流奠定了坚实的基础。

【泰国纳瑞水电站项目】 泰国纳瑞水电站项目位于曼谷东北部彭士洛府（Phitsanulok）境内，距曼谷400千米。该项目为EPC模式，工程内容包括设计、制造、供货、安装一套0.8万千瓦的灯泡贯流式机组及设计、建造电站厂房和其他相关土建，合同金额约1800万美元，工期24个月。

2009年5月29日，股份公司和泰国当地合作伙伴Italian-Thai公司组成的ITD-中水电联营体（ITD-SINO Consortium）与泰国产电机构（EGAT）签订泰国纳瑞水电站EPC承包合同，根据联营体协议，股份公司负责机电设备（业主要求当地采购的设备除外）设计、供货和安装指导，而泰国ITD公司负责业主要求在当地采购的设备供货，土建部分设计和施工，以及所有机电设备安装。工程于2009年3月12日正式开始建设。2011年12月7日安装完毕，调试队伍进驻，已完成工程总量80%。

【泰国乔比雅水电站项目】 泰国乔比雅水电站项目位于泰国主要河流湄南河（Chao Phraya River）主河道上，曼谷以北180千米的差纳（Chainat）府，属EPC项目类型，工程内容包括新建进场道路、桥梁、进出水渠道以及厂房的设计施工，两台6兆瓦的灯泡贯流式机组的设计、供货和安装，合同金额约2000万美元，工期24个月。工程于2007年12月13日开工，2010年12月22日1号机组并网发电。2011年6月23日工程移交业主。

【泰国MRT轨道交通蓝色延长线项目第3标段及附属输变电线路改迁项目】 该项目业主为泰国大众捷运机构MRTA，资金由业主自筹，是现有的曼谷地铁蓝色线延长线项目。共5个标段，总长27千米，合同总金额约15.6亿美元。其中1、2号标段为地铁设计及土建施工标，3、4号标段为预应力混凝土节段箱梁高架桥的土建施工标，5号标段为轨道铺设、操作控制系统等。股份公司与泰国第四大承包商尤尼克公司组成联营体中标第3标段陶普—塔帕段（Tao Pun-Tha Phra Section）。合同总金额11 284 776 250.41泰铢，约合3.93亿美元，股份公司占股50%。

2011年4月4日正式开工，年度完工合计713万美元，占总合同金额的3.70%。

南亚地区

【印尼贾蒂格德大坝工程】 印尼贾蒂格德（Jatigede）大坝工程，位于印尼西爪哇省万隆市附近，大坝为高110米的黏土心墙堆石坝，总装机容量11万千瓦。该工程完工后将为西爪哇省万隆地区的灌溉、供水和发电等方面提供便利。该项目资金为通过中国优惠买方信贷筹集。2007年9月25日，由股份公司和印尼承包商联合（CONSORTIUM OF INDONESIA CONTRACTORS）组成联合体（股份公司占70%股份），与项目业主印尼公共工程部签订合同，合同总金额2.4亿美元，工程总工期65个月。2007年11月15日，印尼贾蒂格德大坝工程正式开工。

2011年8月3日成功实施截流，10月12日，印尼公共工程部在股份公司印尼贾蒂格德项目部举行了大坝基础奠基，坝体填筑施工正式拉开帷幕，为保障2013年完工奠定了基础。

【印尼亚齐燃煤电站项目】 印尼亚齐（Aceh）燃煤电站项目位于印尼苏门答腊岛北部亚齐自治区，属于印尼10000MW一揽子35个燃煤电站工程总承包项目之一，合同工期33个月，合同总价约2.45亿美元，为EPC项目。工程内容包括设计、采购、供货、安装两台110MW汽轮发电机组、两台循环流化床锅炉和其他辅助生产设施，修建厂房、卸煤码头、开关站等建筑工程。2008年3月4日，股份公司收到印尼国家电力公司签发的亚齐燃煤电站中标意向书。4月25日，国际公司总经理助理范云龙代表股份公司和印尼国家电力公司总经理法米·莫切塔签订合同协议书。7月7日，工程正式开工，项目第一批人员于2008年6月14日进驻工地。由于工程所在地印尼亚齐社会环境的影响，经与业主工期索赔谈判，该项目开工日期已调整到2009年3月3日。2009年3月9日，项目破土动工，但是由于2009年3月14日工地发生暴力阻工事件，直至2009年9月2日项目处于停工状态，经与业主协商，项目再次获得延期248天的索赔，合同工期调整为40个月（第一台机组37个月）。

2011年7月27日，进行了1号锅炉房的吊装，9月28日下午，印尼亚齐火电项目2号机组定子顺利吊装就位。至此项目主厂房大件吊装全部完成，同时也标志着该项目全面进入机电安装高峰阶段。10月3日下午，印尼亚齐项目烟囱工程的钢内筒安装顺利到顶，烟囱工程的施工安装任务基本完成。

【孟加拉达卡—吉大港公路改建工程】 孟加拉达卡—吉大港公路被誉为孟加拉经济命脉线，是目前孟加拉唯一连接首都与第一大港口城市吉大港的交通枢纽。该公路总长约192千米，改建工程项目总投资折合约3.5亿美元，是孟加拉最大的公路建设项目，共分10个标段竞标。2009年12月13日，股份公司收到孟加拉交通部公路局发来的中标通知书，中标孟加拉达卡—吉大港公路改建工程10个标段中2、3、4、5、6、8、9等7个标段的工程建设。股份公司中标的达卡—吉大港公路标段总长约140千米，合同金额1.7亿美元，工期3年，主要任务是将现有两车道公路扩建为四车道公路，施工范围包括路基施工、沥青混凝土路面、桥梁、涵洞、道路标记、交通标志、绿化带等。水电八局有限公司将具体负责该项目施工。

2011年3月8日，达吉项目砂石加工系统运行投产，10月8日，孟加拉达吉公路项目的第一座沥青拌和楼安装顺利完成，进入调试阶段。

【印度洪水主渠灌溉项目】 印度洪水主渠灌溉项目（安德拉邦灌溉项目No.17合同段）位于安德拉邦卡瑞姆纳格尔区，项目为EPC总承包项目，由当地政府出资。工程内容主要包括安德拉邦卡瑞姆纳格尔区自103千米至122千米洪水主渠（Flood Flow Canal）的无内衬砌主渠道开挖项目以及相关的桥梁及导流结构建筑物等工程内容。

2005年3月19日，由集团公司与当地的马达胡坎（MADHUCON）公司组成的联营体与业主安德拉邦灌溉部签订的合同。合同工期30个月，合同金额约合4420万美元（19.9亿卢比）。该项目2011年竣工。

【巴基斯坦汗华水电站工程】 巴基斯坦汗华水电站位于巴基斯坦西北边境省（N.W.F.P.）Swat行政区的汗华河与印度河交汇处。该电站装有2台34.25兆瓦的混流式机组，1台3.65兆瓦的冲击式机组。

项目总投资1.04亿美元。资金来源为阿拉伯阿布扎比发展基金会贷款及业主巴基斯坦水电开发署（WAPDA）自筹资金。该项目由土建及金属结构标、机电安装标及输变电三个标组成。

2003年5月30日，股份公司中标该电站的土建及金属结构标，总工期48个月，标价约3065万美元。2004年12月签订了1号补充协议，增加4条进场道路施工，工期延长4个月。2005年1月12日下达施工开工令。因巴基斯坦安全局势恶化，2007年11月7日，项目在接到业主紧急通知后，暂时停工。2008年4月1日，项目正式复工。同时，经业主、工程师和承包商多轮谈判，最终就承包商自行安排柴油发电机发电、业主延迟签发开工令、2007年安全原因撤退、总工期索赔、调价公式等索赔项目达成一揽子解决方案，业主及工程师最终批复索赔总金额折合约1856.54万美元。

受巴基斯坦洪灾影响工程已停工，正在进行后续工作。

【巴基斯坦杜伯华水电站工程】　巴基斯坦杜伯华（Duber Khwar）水电站工程位于巴基斯坦西北边疆省印度河支流上，该电站为高水头引水式电站。项目资金由业主巴基斯坦水电开发署（WAPDA）融资，最初签约日期2003年6月2日，原合同金额4632万美元。工程主要由混凝土重力坝、塔式发电取水口、引水隧洞、双室式调压系统、压力钢管、发电厂房和尾水渠等建筑组成，装机容量13万千瓦。其中引水隧洞长5243米，衬砌后内径3.30～3.50米，最大埋深1540米。2003年6月30日，业主下达设计开工令，2005年10月5日，下达施工开工令。2005年10月，通过设计变更，新增合同金额2504.5万美元，施工期从53个月延长至57个月。

2007年，因巴基斯坦安全局势恶化，暂时停工。2008年3月28日，项目复工。

2010年7月28～29日，项目遭受特大洪水及泥石流自然灾害，在设备、物质材料及永久和临时工程方面损失巨大，但是经过全体员工的不懈努力，项目进度逐步恢复。2010年10月9日杜伯华项目压力钢管148.41米上竖井开挖顺利贯通。截至2011年12月底，项目累计完成产值7381.86万美元，为合同总金额的82.63%。

【巴基斯坦高摩赞项目】　巴基斯坦高摩赞大坝枢纽工程位于巴基斯坦西北边境内的印度河支流高摩赞河上，为多功能项目，以灌溉为主，兼顾防洪发电。工程主要有大坝、电站厂房、55千米的132千伏输变电线路、大坝下游35千米的分水堰及分水堰下游6.6万公顷的灌区组成。其中高摩赞大坝主要建筑物包括碾压混凝土大坝、电站、进水口、左右岸非溢流坝、溢洪道及下游防护工程。碾压混凝土大坝为曲线重力坝，坝顶高程763米，坝高133米，坝顶全长231米。该电站装机2台，共1.7万千瓦，电站进水口型式为坝式进水口，位于右岸非溢流坝段，引水隧洞穿越坝体，采用二机一管的引水方式，引水钢管全长360.88米，钢管直径3米。2002年6月17日，股份公司与巴基斯坦水电开发署（WAPDA）签约承建工程，合同工期40个月，项目由业主融资，合同金额8722万美元。

2004年10月9日，巴基斯坦高摩赞项目发生“10·9”绑架人质事件，工程于2004年10月停工。后经股份公司和巴基斯坦水电开发署友好协商，双方于2006年12月联合签署谅解备忘录：中止承包合同，巴基斯坦水电开发署将该项目以议标形式授予巴基斯坦边防工程团，股份公司作为巴基斯坦边防工程团的分包商，仅承担高摩赞大坝、厂房、鞍坝、永久道路的设计、采购和施工，原承包合同项下的大坝永久住房、输变电线路、渠道等项目交由其他承包商承担。2007年4月9日，FWO和股份公司双方正式签订高摩赞厂坝分包合同，合同金额8722.5万美元，开工日期为2007年6月19日，合同工期36个月零120天。2007年6月19日，股份公司正式入场开始履行高摩赞厂坝分包合同。

2011年3月12日，该电站碾压混凝土大坝全线封顶，3月29日成功实现下闸蓄水。11月21日，二道坝工程顺利完工。

【巴基斯坦达瓦特大坝项目】　巴基斯坦达瓦特大坝项目位于巴基斯坦信德省，距首都卡拉奇约120千米。项目业主是巴基斯坦水电开发署（WAPDA）。工程内容主要包括混凝土重力坝、溢洪道、主渠及支渠的设计、采购、土建施工与金属结构安装等。2010年2月15日，股份公司收到巴基斯坦达瓦特大坝EPC/交钥匙项目中标函。6月9日，股份公司与项目业主——巴基斯坦水电开发署正式签订巴基斯坦达拉瓦特大坝项目EPC合同，合同金额约9100万美元，合同工期36个月。2010年6月30日，项目正式开工。截至2011年12月底，项目各项前期准备工作正在有序开展。

（国际公司）

中亚五国

【哈萨克斯坦欧洲西部—中国西部公路项目五标段】

哈萨克斯坦欧洲西部—中国西部国际交通走廊（以下简称“双西公路”）项目位于哈萨克斯坦南哈萨克斯坦州境内，沥青混凝土路面，双向四车道，该项目由世界银行提供贷款。2010 年 10 月 30 日，股份公司接到哈萨克斯坦交通通信部（项目业主）的书面通知，中标双西公路第五标段公路修复项目。第五标段全长 34 千米，工期 30 个月，合同金额 5878 万美元。这是股份公司在哈萨克斯坦承建的第一个项目，也是迄今为止中国企业在哈萨克斯坦境内承揽的首个公路项目。该项目将由水电十六局有限公司负责具体实施。

2011 年 10 月 20 日，第五标段公路修复项目开始混凝土路面摊铺。

东欧地区

【格鲁吉亚 E-60 公路瑞克提隧道修复项目】 格鲁吉亚 E－60 公路瑞克提（Rikoti）隧道修复项目由国际复兴开发银行出资，项目位于格鲁吉亚东西交通的必经之路，全长约 1.75 千米，建成后，将对改善格鲁吉亚东、西部间的交通发挥重要作用。2010 年 3 月 1 日，股份公司中标该项目，成为第一个在格鲁吉亚通过国际竞争性投标中标工程项目的中国企业。2010 年 4 月 14 日，股份公司与项目业主格鲁吉亚基础设施部公路局签订施工总承包合同，合同金额折合约 2901 万美元，工期 720 天。工程内容主要包括：拆除原有衬砌与围岩间隙的回填灌浆以及原有洞顶混凝土吊顶和路面，修缮两端洞脸，洞身钢筋混凝土二次衬砌（厚 25 厘米），重新修建吊顶混凝土和通风道，浇筑新混凝土路面，重新设计施工隧道配套的变电、通风、照明、消防、信号、警报等系统。

2011 年 11 月 20 日，经过 537 天紧张施工后，瑞克提隧洞正式通车，比合同工期提前 183 天。

非洲地区

【摩洛哥塔扎—乌基达高速公路项目】 摩洛哥东西向高速公路全长 300 千米，共分 10 个标段，该工程位于摩洛哥北部，建成后将成为横贯东西部的交通运输大动脉。其中，该公路菲斯—塔扎 6 个标段于 2007 年 6 月开工建设，剩余塔扎—乌基达 4 个标段于 2008 年 4 月底开工建设。2008 年 4 月 28 日，股份公司与中国海外工程公司签订分包合同，承建塔扎—乌基达高速公路 3.3 标和 4.1 标，两标段全长 65.88 千米（4.1 标段 34.88 千米，3.3 标段 31 千米），全路段为沥青混凝土路面，双向四车道，合同金额 16.167 亿迪拉姆（折合约 2 亿美元），工期 30 个月。工程内容包括涵洞、通道、桥梁等。

2011 年项目已完工。

【摩洛哥拉巴特环城高速公路项目】 摩洛哥拉巴特环城高速公路项目位于摩洛哥首都拉巴特附近，全长 39.968 千米，业主是摩洛哥国家高速公路公司。该公路建成后将连接摩洛哥第一大城市卡萨布兰卡和首都拉巴特之间现有高速公路和出城高速公路，对进出首都拉巴特的车辆进行分流，改善摩洛哥北部经济核心地区的交通状况。2010 年 10 月 15 日，股份公司中标该项目，并与项目业主签订《拉巴特环城高速公路项目施工合同》，合同金额约 2.4 亿美元，工期 32 个月，主要过程内容包括 39.968 千米双向四车道的高速公路的施工。拉巴特环城高速公路项目是股份公司在摩洛哥承包工程市场零的突破。

2011 年 2 月 18 日举行了开工典礼仪式；3 月 1 日，业主下发该工程主体工程开工令；5 月 10 日，PK18 高架桥开始施工；9 月 7 日，PK1 高架桥开始施工。截至 2011 年底，累计完成合同总金额的 8.2%。

【阿尔及利亚苏夫管道二期项目】 阿尔及利亚苏夫管道二期项目位于阿尔及利亚南部沙漠地区瓦德省苏夫河谷地区。工程主要包括 436 千米长 PVC 管道和 5.4 千米长玻璃钢管铺设及相关土建工程。2005 年 11 月 16 日，阿尔及利亚水利部水净化司将苏夫二期管道项目授予股份公司，合同金额 7772 万美元，工期 37 个月。2005 年 5 月 29 日开工，后因增加合同内容延长 4 个月。水电三局有限公司负责项目具体实施。

2011 年 3 月，项目已完工移交业主。

【阿尔及利亚布萨达防洪工程】 阿尔及利亚布萨达防洪工程位于阿尔及利亚北部城市布萨达，该工程由阿尔及利亚政府投资，项目业主为阿尔及利亚米西拉省水利局。2007 年 9 月 16 日，股份公司和阿尔及利亚排灌司工程（ONID）公司联合中标该项目，股份公司占 60% 股份，合同金额 604.8 万欧元（约 837.71 万美元）。工程内容包括河道清理、河床清理、钢筋混凝土排水涵、毛石砌体修筑、铅丝笼护坡和排污管道等，由水电十三局有限公司负责项目具体实施。2008 年 4 月 23 日，业主正式下达开工令，合同工期 18 个月（548 天）。由于征地问题，业主置换了部分施工区段，造成工期延长至 2010 年 8 月。

2011 年 8 月按业主要求重新组织施工。

【阿尔及利亚瓦德经济适用房项目】 阿尔及利亚瓦德经济适用房项目位于阿尔及利亚瓦德省瓦德市东郊，该项目共分三个标段，主要工程内容分别为250套、420套、500套F3型住宅小区的设计与修建，项目业主为阿尔及利亚瓦德省住房建设局。2009年1月27日，股份公司中标阿尔及利亚瓦德经济适用房项目，合同总金额3960万美元。其中第一标段250套（62栋），工期12个月；第二标段420套（106栋），工期16个月；第三标段500套（125栋），工期16个月。水电三局有限公司负责项目具体实施。项目于2009年8月26日正式开工，但由于征地未完成随即停工。2009年11月23日，250套标段完成交地复工。2009年10月18日，420套标段颁发开工令，后因业主征地问题，推迟一年开工。2009年10月18日，500套标段正式开工。

2011年5月，完成全部房屋的砌筑装修等工程，11月初完成室外工程并具备临时验收条件。

【苏丹罗赛雷斯大坝加高项目】 苏丹罗赛雷斯（Roseires）大坝始建于20世纪60年代，位于南距苏丹首都喀土穆550千米的达玛晋（Damazin）市，蓄上游青尼罗河之水灌溉罗赛雷斯和喀土穆之间的广袤土地。罗赛雷斯大坝加高项目主要施工内容为在原坝基础上将大坝整体加高10米，并移位、检修和更新大坝现有的水力控制系统、翻修深水底孔等。加高后的大坝全长25.1千米，包括24.1千米的土石坝和1千米混凝土坝，库容增加40亿立方米。2008年4月27日，股份公司和中国水利电力对外公司组成的CCMD联营体与业主苏丹大坝运行管理局（DIU）签订罗赛雷斯大坝加高项目施工合同，合同金额3.96亿美元，工期1308天。罗赛雷斯大坝加高项目为股份公司和中国水利电力对外公司以CCMD联营体名义在苏丹承揽的第二个大型水电项目，将由水电七局有限公司和水电五局有限公司负责具体实施。2008年8月13日，项目正式开工。

根据第四号合同修改协议（竣工时间），该项目完工工期调整至2012年10月31日（蓄水日期为2012年8月15日），合计54个月。（备注：该MOU为2009年9月与业主签订的备忘录——之前称之为“9·14备忘录”，其节点工期为2012年5月底具备蓄水条件，8月底实质性完工）。

【苏丹爱尔兰科—马拉卡勒（爱马）公路工程】 苏丹爱尔兰科—马拉卡勒（爱马）公路工程位于苏丹首都喀土穆的南部，直接通往苏丹南部。由于其对维护苏丹南北方统一具有重要的政治意义，因此被苏丹政府誉为“和平之路”。爱马公路工程使用“中苏一揽子贷款”资金建设，合同总价2.215亿美金，工期42个月，道路全长345千米。2009年1月9日，股份公司签约承建苏丹爱尔兰科—马拉卡勒（爱马）公路项目工程。由水电五局七局联营体负责具体实施。

【苏丹乌姆路瓦巴—阿布金背哈公路项目】 苏丹乌姆路瓦巴—阿布金背哈（Umm Ruwaba-Abu Gubeiha）公路属中苏“石油、信贷、工程一揽子协议”下的六路一桥项目之一，该项目位于苏丹南库尔多凡州，工程内容包括141千米沥青混凝土路面高等级公路及沿途数十个小型结构物施工。2009年3月1日，苏丹高速公路管理局（NHA）正式与股份公司签订苏丹141千米乌姆路瓦巴—阿布金背哈公路（以下简称141乌阿公路）工程，合同金额6320万美元，工期36个月。水电七局有限公司负责项目具体实施。

截至停工前，项目已完成合同金额的36.61%

（国际公司）

【埃塞俄比亚阿萨拉—朵朵拉（AD116）公路升级项目】 埃塞俄比亚阿萨拉—朵朵拉（Assela-Dodola）公路升级项目位于埃塞俄比亚南部，内容为升级从阿萨拉到朵朵拉长为116.5千米的路段路面，将现有路面扩宽至7米宽的双向行车道，双表处路面，路肩为1.5米。包括土建工程、底基及基础工程、表层处理、混凝土工程及浆砌石工程。2007年7月27日，股份公司与业主埃塞俄比亚公路局签订总承包合同，合同金额折合约4493万美元（现由于设计变更等原因增至约5362.5万美元），工期3年。2007年8月16日，正式开工。由水电十一局有限公司负责具体实施。

2010年6月21日，该项目沥青混凝土170米试验段通过监理工程师的验收。2010年11月27日，业主批复项目287天延期，修正后的项目完工日期为2011年05月29日。截至2011年底已竣工。

【埃塞俄比亚阿索萨—库尔穆克（AK97）公路升级项目】 埃塞俄比亚阿索萨—库尔穆克（Assosa-Kurmuk）公路项目为公路升级改造工程。该项目位于埃塞俄比亚西部，全长96.7千米，原路面为碎石路面，将被升级改造为沥青双表处路面，行车道宽7米，两侧各1.5米路肩。由阿拉伯银行和沙特阿拉伯基金及埃塞俄比亚政府共同筹资。2008年12月5日，股份公司中标成为该项目总承包商，合同金额折合5341万美元，工期3年。2009年2月3日，股份公司正式与项目业主签约承建该项目。2009年4月9日，正式开工。由水电十一局有限公司负责项目具体实施。

2011年底，项目已完工移交业主。

【马里费鲁水电站】　马里费鲁（Felou）水电站位于马里境内塞内加尔河上，距卡伊市15千米。该电站总装机容量6.3万千瓦，即3台2.1万千瓦机组，年均发电量3.4亿千瓦·时。项目合同金额约合1.7亿美元，施工期38个月。项目业主为塞内加尔河组织（OMVS）下属的马南塔利能源公司（SOGEM）。项目资金来源于世界银行和欧洲投资银行。2009年5月18日，股份公司与马南塔利能源公司签订《费鲁水电站EPC总承包工程项目的实施合同》。该项目是中国公司迄今在马里境内承建的最大的工程承包项目。电站建成后生产的电力将通过现有的区域电网输往塞内加尔河开发利用组织四个成员国的用电中心。项目于2009年10月30日举行奠基仪式，2009年11月24日正式开工。由水电十五局有限公司负责项目具体实施。

2011年，项目完成合同金额的32.9%。

【马里阿拉塔纳干渠道改造项目】　马里阿拉塔纳干渠项目为尼日尔下游渠道改造工程，该项目通过对马里阿拉塔纳（Alatona）渠道进行疏浚，来发展尼日尔河办公室辖区大约14000公顷新增灌溉田地，渠道系统起始于尼日尔河马卡拉（Markala）大坝的上游入口处，并由许多人工渠和为提高水运能力而修建的堤岸及旧河床组成，总长约140千米。2010年1月6日，股份公司与项目业主马里千年挑战账户（以下简称MCA MALI）正式签约承建该项目，合同金额约4632.8万美元，工期24个月，主要工程内容包括灌渠拓宽加深、渠堤修筑、灌渠边防防护和少量建筑物施工，以及实施这些工程而需要设置与施工的临时工程。

2011年，项目完成合同的77.9%。

【马里赛努国际机场新航站楼建设项目】　马里赛努（Senou）国际机场位于马里首都巴马科，1975年建成，可供大型客机起降，承担着马里与其他国家航空运输的主要任务。赛努国际机场新航站楼建设项目由美国千年挑战账户（MCC）出资，业主为马里千年挑战账户（以下简称MCA-MALI）。项目主要内容是在现有机场大楼右侧建设一座15600平方米的现代化航站楼，并安装IT和通信、旅客栈桥、行李输送、安保、水电、环保等配套设施。2010年6月29日，股份公司与马里千年挑战账户（MCA-MALI）在马里总统府签订赛努国际机场新航站楼建设项目的施工合同。项目合同金额7161.9万美元，合同工期23个月。由水电二局有限公司负责项目具体实施。

截至2011年底，项目各项前期准备工作正在有序开展，累计完成产值609.7万美元，占总量的45.2%。

【毛里塔尼亚努瓦迪布矿石新港项目】　毛里塔尼亚努瓦迪布矿石新港项目位于毛里塔尼亚第二大城市努瓦迪布市东南方向。该项目是毛里塔尼亚国家工业与矿业公司（SNIM）的重点建设项目，目的是扩建矿石外运码头，提高矿石出口产量，项目建成后，港口可停靠5万～25万吨级货轮，以保证未来码头的矿石输出能力。2010年2月4日，股份公司与毛里塔尼亚国家工业与矿业公司签订了努瓦迪布矿石新港建设工程的设计—建造合同，合同总价7257万欧元，工期30个月。由中国水电建设集团港航建设有限公司负责项目具体实施。

2010年4月18日，毛里塔尼亚努瓦迪布矿石新新港码头项目举行隆重的奠基仪式。截至2011年12月底，项目累计完成产值1474美元，累计完成总量的15.13%，已完成码头平台修整、临时施工导堤和临时码头建设以及骨料试验等工作。

【毛里塔尼亚努瓦迪布炼油厂石油码头修复工程项目】　毛里塔尼亚努瓦迪布炼油厂石油码头修复工程项目位于毛里塔尼亚努瓦迪布市，距公司现有矿石码头项目不到2千米，合同金额为1420万欧元，总工期14个日历月。现有石油码头主要由靠船平台、主引桥、侧引桥以及消防泵平台组成，新项目主要工程内容是对整个码头除桩基以外的所有部分进行拆除，并按照原有码头的结构形式及业主要求进行重新修建。

【尼日尔阿泽里克铀矿冶总承包项目】　尼日尔阿泽里克铀矿位于尼日尔北部荒无人烟的戈壁上，2007年6月中国国核海外铀资源开发公司（SINOU）、中兴金源科贸有限公司（ZXJOY INVEST）、千辉控股有限公司（TRENDFIEND HOLNDING）和尼日尔政府共同组建阿泽里克矿业股份公司，启动尼日尔铀矿开采项目。2008年3月31日，股份公司与中国国核海外铀资源开发公司签署了尼日尔阿泽里克铀矿冶总承包项目合同并委托中水电十局有限公司具体实施。工程内容主要包括承担年产铀矿石60万吨的矿山土建施工、采购安装一座2×0.6万千瓦的燃煤电厂和一座金属水冶厂、94千米进场道路，合同金额约1.63亿美元，工期900天。阿泽里克铀矿项目是股份公司在海外承担的首座矿山项目。2008年7月1日，项目正式开工。由于2008年5月12日四川地震，给项目的前期组织工作带来极大困难，经过努力，项目进展逐步顺利。

2011年底，项目完工。

【加纳布维水电站工程】 加纳布维（BUI）水电站位于加纳沃尔特湖（VOLTA LAKE）上游150千米，在北部地区布朗—阿哈福省（Brong-Ahafo Region）与北部省（Northern Region）交界的青沃尔特（BLACK VOLTA）河段上。距加纳首都阿克拉市约600千米。工程建设内容包括电站工程设计，土建工程施工，机电设备供货、安装与调试，输电线路的供货与安装，还包括设备采购、设计、制造、运输、组装、试验、试运行等。布维水电站由中国进出口银行贷款兴建，总投资约6亿美元，设计装机容量40万千瓦，为114米高碾压混凝土坝，年发电量10亿千瓦·时。

2007年4月19日，随同全国政协主席贾庆林出访非洲四国的集团公司总经理范集湘与加纳共和国能源部部长Joseph Adda在加纳首都阿克拉正式签署了布维水电站EPC（设计—采购—施工）合同。该合同范围包括水电站工程、输变电线路工程、环境移民及灌溉工程等，总合同金额为5.97亿美元，合同工期1720天。2007年8月24日，布维水电站举行开工仪式。2008年12月2日，布维水电站工程比合同工期提前一年实现截流。

2011年6月8日，实现了下闸蓄水目标，进水口11、13号坝段均上升到156米高程以上，12号坝段上升到153米高程，溢流面临时挑流鼻坎均已达到度汛高程，坝体150米高程以下帷幕、固结灌浆基本完成。

【加蓬布巴哈水电站项目】 加蓬布巴哈（Poubara）水电站项目位于加蓬东南部重要城市弗朗西丝维尔（Franceville）附近，是加蓬前总统邦戈的故乡。该地区具有丰富的矿产林业资源，但电力供应短缺制约了资源的开发和当地经济的发展。布巴哈水电站属引水式电站，装机容量16万千瓦，施工内容包括大坝、引水隧洞、调压井、厂房、开关站、输变电线路及配套工程等，电站属于利用中国政府优惠贷款项目。2007年7月20日，股份公司与加蓬能源矿产部能源水利局草签了布巴哈水电站合同，合同金额约3.98亿美元，工期54个月。2008年5月24日，中国驻加蓬大使薛金维、加蓬能矿部部长卡西米尔、财长保罗·通吉在加蓬首都利伯维尔的加蓬总统府分别代表两国政府在布巴哈水电站项目优贷和优买协议上签字。2008年11月15日，布巴哈水电站项目举行盛大奠基仪式，加蓬总统邦戈亲自为工程奠基。2008年12月25日，项目合同正式生效，由水电十四局有限公司负责项目具体实施。

2011年9月16日反导洞贯通，2011年10月10日，加蓬布巴哈水电站竖井开挖全断面贯通，竖井段深度26米，直径7.9米。

【加蓬阿基尼—奥孔加道路整治工程】 加蓬阿基尼—奥孔加道路整治工程位于加蓬东南部地区上奥古维省，是加蓬国道整治计划的一部分。道路全长74千米，由伊斯兰发展银行和加蓬政府共同投资建设。2010年10月8日，股份公司与加蓬基础设施和装备部签约承建该项目，合同金额约6872.35万欧元，工期30个月。水电十四局有限公司负责项目具体实施。

2011年底，项目完成合同金额的26%。

【赤道几内亚吉布洛水电站项目】 赤道几内亚吉布洛水电站位于赤道几内亚中南省，崴勒（Wele）河中游，坝址距赤道几内亚巴塔市约180千米，为低坝有压引水式电站，装机容量4×3万千瓦，年均发电7568亿千瓦·时，年均利用小时数6306小时。2007年3月13日，股份公司与赤道几内亚能源矿产部签订施工总承包合同，合同总金额2.57亿美元，工期42个月。根据合同，股份公司承担的主要施工内容包括河床溢流坝、泄洪排沙闸、电站进水口、左岸引水隧洞、调压井、压力管道及电站厂房等的施工。水电六局有限公司负责项目具体实施。2008年4月15日，总体工程开工。

2011年底，项目已完工。

【赤道几内亚巴塔城市电网改扩建项目】 巴塔市是赤道几内亚的经济首都，目前城市无高压电网，城网最高电压为中压15千伏，城市电力供应匮乏。巴塔城市电网改扩建项目主要内容包括高压、中压、低压以及城市公共照明系统四部分。2009年6月20日，股份公司与赤道几内亚政府签订工程合同，合同金额3.23亿美元，工期913天（30个月）。水电六局有限公司负责项目具体实施。

2011年5月底，吉布落项目部承建的赤道几内亚巴塔城市电网扩建和改造项目的筹建工作基本结束，具备开工条件。

【刚果（金）非洲开发银行 RN1-lot1/lot2 公路项目】刚果（金）非洲开发银行 RN1-lot1/lot2 公路分为两个标段：Lot1 标恩塞克—卢非米段位于刚果（金）首都金沙萨（Kinshasa）以东方向，全长 94.58 千米，属老路修复工程。合同金额 3409 万美元；Lot2 标克旺果—肯凯段位于刚果（金）首都金沙萨以东方向，包括全长 72.8 千米重建路段以及 139 千米乡村道路修复，合同金额 4661 万美元。两项目均由刚果（金）政府和非洲开发银行共同出资。2008 年 7 月 21 日，股份公司与业主刚果民主共和国公共工程及重建部签约，合同工期 22 个月。2008 年 12 月 18 日开工。水电十四局有限公司负责项目具体实施。

2011 年，项目已完工交付业主。

【刚果（金）金沙萨中心医院项目】　刚果（金）金沙萨中心医院项目位于刚果（金）首都金沙萨（Kinshasa），医院总建筑面积约 4 万平方米，占地面积 9.7 万平方米，医院总床位 420 张，重建后将成为中非地区最大、医疗设备最先进、医疗科室最多的综合性医院。2008 年 6 月 28 日，中刚双方签署《刚果民主共和国基础设施建设协议》及中刚一揽子合作项下首批 3.5 亿美元优先基建项目，其中包括由股份公司承建的金沙萨中心医院项目，合同金额为 9987 万美元，工期 20 个月。水电二局有限公司负责项目具体实施。2008 年 12 月 5～6 日，刚果（金）金沙萨中心医院项目首批设备物资顺利送抵项目现场，标志着项目开工准备基本完成，项目实施进入实质性阶段。2009 年 5 月 2 日，刚果（金）金沙萨中心医院项目举行盛大开工典礼。

2011 年底，项目完工交付业主。

【刚果（金）宗戈Ⅱ水电站项目】　宗戈Ⅱ水电站位于刚果民主共和国下刚果省，为低坝引水式水电站。宗戈Ⅱ水电站装机 3 台，单机容量 5 万千瓦，总装机容量 15 万千瓦，总工期 36 个月。2011 年 1 月 29 日，中国进出口银行与刚果（金）财政部签署宗戈Ⅱ水电站贷款协议；5 月，刚果（金）财政部与刚果（金）国家电力公司签署宗戈Ⅱ水电站项目债务转让协议；8 月，刚果（金）国家电力公司、财政部与中国进出口银行签署项目还款机制协议；9 月，刚果（金）国家电力公司与中国进出口银行签署账户抵押协议；10 月，刚果（金）国家电力公司与中国进出口银行签署购电协议质押协议。

2011 年底，项目已完成进场前准备。

【刚果（金）非洲开发银行恩吉利机场控制塔项目】2011 年 5 月 24 日，股份公司与刚果（金）民航局签署了金沙萨恩吉利机场控制塔项目合同，合同金额约 4118 万美元，工期 24 个月。该项目由水电二局有限公司负责实施。2011 年 10 月 21 日举行开工典礼。2011 年底，营地建设已经完成，人员到位，市政水、电、网络接入完成。

【刚果（金）金沙萨恩吉利机场跑道及航站楼修复项目】　刚果（金）金沙萨恩吉利机场跑道及航站楼修复项目属于刚果（金）国家紧急启动项目，刚方表示依照宗戈Ⅱ水电站项目的成功融资模式，将向中国政府递交该项目的贷款申请函，同时要求公司能够尽快启动项目施工。但由于各种原因，刚方政府希望先启动机场跑道项目，项目金额 6434 万美元左右。

2011 年 7 月，刚果（金）财政部部长向中国进出口银行提交跑到修复项目贷款申请；10 月 26 日，刚果（金）航运管理公司与股份公司签署恩吉利机场跑道修复 EPC 商务合同；11 月，刚果（金）财政部部长正式向中国进出口银行提交跑道修复项目可行性研究设计、商务合同、环评报告、初步还款机制计划；12 月，中国进出口银行批准跑道修复项目贷款申请。

【刚果（布）英布鲁水电枢纽工程项目】　刚果共和国英布鲁水电枢纽工程位于刚果河支流莱菲尼河下游巴泰凯高原地区，坝址距刚果河汇合口 14 千米，距首都布拉柴维尔 215 千米。英布鲁水电枢纽工程以发电为主，承担刚果（布）电力系统调峰、调频和骨干电站作用。厂房安装轴流转浆式水轮发电机组 4 台，单机容量 3 万千瓦，总装机容量 12 万千瓦，年发电量 6.85 亿千瓦，工程级别为Ⅰ等。永久性主要建筑物包括大坝、泄水闸、电站厂房。次要建筑物包括电站及泄水闸进口引水渠、泄水闸下游消能建筑物、电站尾水渠等。工程主要建筑物由土坝、泄水闸、电站厂房、引渠及尾水渠、开关站、进场公路及生活区建筑工程等组成。2004 年 10 月 29 日，股份公司与中国机械设备进出口总公司（CMEC）签署承包合同，承担英布鲁全部临时和永久工程的土建和机电设备的安装工作，合同金额约 7221 万美元，合同工期 54 个月。2004 年 11 月 1 日开工。

2011 年底，项目已完工交付业主。

【肯尼亚伊马利公路项目】 肯尼亚伊马利（Emali）公路项目位于肯尼亚奥洛托克托镇，项目施工主要内容为将奥洛托克托镇总长100.5千米的道路沥青路面升级并建设1.5米宽路肩，修建4座公路大桥和30条管函。该项目业主是肯尼亚公路和公共工程部，项目资金由阿拉伯非洲经济开发银行和石油输出国组织提供。2007年10月5日，股份公司与业主签订中标合同，合同金额6100万美元，合同工期30个月。2007年11月5日工程正式开工，水电十三局有限公司负责具体实施。

2011年底，项目已完工交付业主。

【肯尼亚恩组亚供水项目Ⅰ期项目】 肯尼亚恩组亚（Nzoia）供水项目Ⅰ期位于肯尼亚西部省。主要工程内容包括修建取水设施、提供和安装各种供水管线以及城市管网、修建水处理厂以及配套工程、提供和安装各种水表以及排污工程等。工程施工范围涉及基塔勒（Kitale）、韦布耶（Webuye）、邦戈马（Bungoma）三个镇。项目业主：肯尼亚维多利亚湖北部水管理处。项目资金由德国KFW银行以及肯尼亚政府提供。2007年3月21日，股份公司与当地合作方组成的联营体与业主签约，合同金额2300万美元，工期30个月。2007年5月21日工程正式开工。该项目由水电十三局有限公司负责实施。

2011年，项目已竣工交付业主。

【肯尼亚北部走廊交通运输升级改造工程项目】 肯尼亚北部走廊交通运输升级改造工程于2011年8月3日签约，工期30个月，合同金额折合约85 423 500美元。项目属于北方走廊公路网的一部分，合同范围为亚马萨瑞（Nyamasaria）—基西安（Kisian）之间的道路（18千米，双向两车道，11米宽）和基苏木镇（Kisumutown）内的道路（7千米，双向两车道，16米宽）的修复与升级，总长25千米。主要工作内容包括现有沥青道路的加宽和修复（包括人行道、自行车道、车行道、排水系统、道路照明系统、交通信号和道路标线等、沿线穿路建筑物和桥梁等），由水电十三局有限公司承建，项目进展顺利。

【肯尼亚内罗毕—锡卡公路升级改造工程第2标段项目】 肯尼亚内罗毕—锡卡公路是连接肯尼亚首都内罗毕以及距内罗毕东北方向50千米的锡卡（Thika）市的高等级道路。锡卡公路升级改造工程共分3个标段。工程主要内容包括14.1千米的道路升级改造为A级道路（部分路段加宽为八车道，部分加宽为六车道）、箱型高架桥梁、立交桥、人行天桥、地下过道、管涵、自行车道以及人行道等。项目业主为肯尼亚公路部。项目资金由非洲开发银行以及肯尼亚政府提供。2008年9月15日，股份公司以1.4亿美元中标该工程第2标段；11月14日，股份公司与业主签约，合同工期30个月，维护期24个月。该项目建设由水电十三局有限公司负责实施。

2011年底，项目主体工作完成，做好竣工交付准备。

【斐济瓦尼萨乌莱乌大坝加高项目】 该项目对现有大坝的堰混凝土结构加高8米，以及对现有橡胶坝顶的重新安装；南坝肩土石坝填筑，坝顶长260米（土石坝）；新修一条到加高坝顶的交通道路，路宽6米，长193米，混凝土路面。

2011年12月20日，签订施工承包合同。

【坦桑尼亚姆潘加水电站项目】 坦桑尼亚姆潘加水电站装机容量160兆瓦。该工程主要包括修建大坝、溢洪道、引水及尾水隧洞、地下式厂房、输电线路等建筑物。土石方挖填380万立方米，混凝土29万立方米，钢筋制造安装2万吨，灌浆3.5千米，输变电线路60千米。

2011年4月28日，签订设计加建造商务合同。合同尚未生效，等待坦桑尼亚财政部向中国经赞处和银行发出贷款申请。

【坦桑尼亚坦嘎公路项目】 坦桑尼亚坦嘎（Tanga）公路项目位于坦桑尼亚坦嘎省汉德尼市，合同金额9308万美元，项目业主为坦桑尼亚基础事业部公路局。工程包括两个标段，合同工期分别为23个月和27个月。主要工程内容为：第一标段马卡塔（Mkata）—汉丹尼（Hadeni）段将现有长约千米的砾石路面公路升级改造为标准沥青路面公路，并建设桥梁、箱涵和其他排水工程；第二标段科洛戈维（Korogwe）—汉丹尼（Handeni）段将现有长约65千米的砾石路面公路升级改造为标准沥青混凝土路面公路，并建设箱涵和混凝土包管其他排水工程，以及相关的道路附属工程。2009年6月15日，股份公司与项目业主签约承建该项目，水电十三局有限公司负责项目具体实施。第一标段于2009年12月28日正式开工。按照工程师信函指令，第二标段于2010年7月19日正式开工。2011年项目进展顺利。

【坦桑尼亚坦嘎—浩乐浩乐公路项目】 坦桑尼亚坦嘎（Tanga）—浩乐浩乐（Horohoro）公路项目位于坦桑尼亚坦嘎省境内，起始于坦嘎省城的东北方向，沿印度洋海岸向北通往肯尼亚边境。工程主要内容包括65千米的道路升级改造、桥梁、箱涵、管涵和附属排水结构物等。该项目资金来源美国千年挑战基金驻坦桑尼亚办事处（MCA-T），是美国援助坦桑尼亚千年挑战资金项目，也是美国在坦桑尼亚投资的第一条公路项目。业主代表为坦桑尼亚公路局（TANROAD）。2009年12月22日，股份公司签约承建该项目，合同金额约合5393万美元，总工期27个月。

2011年5月7日，坦桑尼亚坦噶—浩乐浩乐公路路面底基层摊铺工作全面展开，工程进展顺利。

【赞比亚卡里巴水电站北岸扩机项目】　赞比亚卡里巴水电站北岸水电站扩建项目位于赞比亚和津巴布韦交界的赞比西河上的卡里巴峡谷段，在赞比西河和卡富埃河交汇处上游40千米处。该电站是赞比亚第二大水电站，1976年投入运行，原装机容量60万千瓦（4×15万千瓦），2002年经扩容达到72万千瓦（4×18万千瓦）。为满足赞比亚国内负荷发展和南部非洲地区的电力需求，2004年12月21日，赞比亚政府国家电力公司（ZESCO）与股份公司在赞比亚首都卢萨卡签署卡里巴北岸扩机工程可行研究设计咨询协议。根据协议，由股份公司对卡里巴北岸水电站进行增扩装机台数、增扩容量及工程设计等进行可行性研究。2005年12月28日，股份公司向赞比亚国家电力公司递交最终可行性研究报告，并向赞比亚国家电力公司做了设计汇报，同时提出融资商务报告。经过技术磋商及和中国进出口银行的融资/贷款方案（买方信贷）谈判，2007年11月19日，股份公司与赞比亚国家电力公司确定该项目的扩机方案（2×18万千瓦=36万千瓦），并正式签订EPC合同。合同签约金额约2.43亿美元，工期48个月。2008年9月24日、11月28日，股份公司与业主双方分别就项目开工、风险转移及设计审批等具体事宜签署合同补充协议一和补充协议二，经双方商定，项目生效日为2008年10月1日。2008年11月5日，工程正式开工。水电十一局有限公司负责项目具体实施。

2010年4月1日，赞比亚卡里巴北岸水电站扩机项目进水口围堰灌浆圆满完成；11月4日，卡里巴北岸水电站扩机项目所有反井施工圆满结束。截至2011年12月底，项目累计完成合同总量的54.52%。

【安哥拉卢埃纳—卢库塞公路修复项目】　安哥拉卢埃纳—卢库塞公路修复项目承包方式为EPC总承包。该工程是对卢埃纳—卢库塞全长134千米的道路修复和加宽，主要项目内容包括现有道路路面破除、路面和路肩修补，新建路基、路面和排水系统，加宽和修复现有排水构筑物，新建桥梁和侵蚀防护工程的施工，附属工程包括标志牌等的安装和道路划线、道路修整和绿化等。2007年8月14日签订项目合同，项目业主为安哥拉公路局，项目工期15个月，合同金额9086万美元。项目资金来源为安哥拉政府资金。2007年8月开工建设，由水电十三局有限公司负责项目具体实施。2007年8月14日，项目正式开工。

截至2011年12月底，项目完成情况，累计完成产值5239万美元，占合同总量的58%。

【安哥拉罗安达城市管网改造项目】　安哥拉罗安达城市管网改造项目位于首都罗安达，主要建设内容包括分水中心和供水管网。2008年10月7日，股份公司与罗安达公共供水公司签约，合同金额4890万美元，工期24个月，由水电十三局有限公司负责项目具体实施。2010年6月15日，项目正式开工。

截至2011年12月底，项目累计完成产值1467.18万美元，占合同总量的30%。

【安哥拉安杜鲁—尼亚雷阿公路修复项目】　安哥拉安杜鲁—尼亚雷阿公路修复项目位于比耶省境内平原区，修复原因是公路老化现象比较突出，运输效率低下。2008年12月4日，股份公司签约安哥拉安杜鲁—尼亚雷阿公路修复项目合同，合同金额3075万美元，工期18个月，业主为安哥拉公路局。该项目路段全长44.2千米，双表处路面，路面宽9米。股份公司将根据安哥拉公路局的要求，负责对其进行维修，以满足其日益增长的交通运输需求。由水电十三局有限公司负责项目具体实施。2008年12月26日，项目正式开工。

截至2011年12月底，项目累计完成产值1609.45万美元，占合同总量的53%。

【安哥拉恩赞托—索尤高速公路项目】　安哥拉恩赞托（N'zeto）—索尤（Soyo）高速公路建设项目位于安哥拉北部省份扎伊尔省，全长96千米，路面宽22米，为双向四车道的沥青混凝土路面，设计时速100千米/时，是安哥拉公路网中100号公路的重要一段。根据安哥拉公路网的规划，恩赞托—索尤公路项目所属的100号公路北起扎伊尔省的边境城市索尤市，南达纳米贝省的边境城市佛尔都，途经安哥拉沿海的所有重要城市，全长约1700千米，建成后将成为安哥拉公路网中最西侧沿大西洋海岸的南北交通大动脉。同时，该公路的建设将对连接安哥拉的石油重镇北方飞地卡宾达省，保障安哥拉的石油通道畅通和石油安全具有战略意义。2008年12月1日，股份公司与安哥拉工程部在安哥拉公路局会议室正式签约，合同金额6.05亿美元，工期36个月。水电四局有限公司负责项目具体实施。2009年1月1日，项目正式开工。

截至2011年12月底，项目各项作业正在有序开展，累计完成产值1.03亿美元，占合同总量的17%。

【安哥拉卢埃纳—卢库塞134千米公路追加项目】安哥拉卢埃纳—卢库塞134千米公路追加项目为安哥拉政府资金项目，全长134千米，在之前卢埃纳—卢库赛公路项目的基础上继续施工，将双层沥青表处路面改为沥青混凝土。2008年9月12日，股份公司正式与安哥拉公路局签约，合同金额4076万美元，工期15个月，水电十三局有限公司负责项目具体实施。2009年1月15日，项目正式开工。

截至2011年12月底，项目已完成合同总量的68%。

【博茨瓦纳卡昂—户昆茨公路修复工程项目】 博茨瓦纳卡昂—户昆茨（Kang-Hukuntsi）公路修复工程位于卡格拉格帝（Kgalagadi）地区北部，该合同工程道路长108千米，6.7米宽，1.5米宽路肩；长7.8千米环路，5米宽，1米宽路肩；路面设计方案为双封层面层，路肩设计为单封层；道路设施包括排水管涵、土方工程、沥青路面工程、安全护栏、交通信号、交通标识；当地分包商承担的项目包括围栏、道路标识、施工便道实施及维护。2008年10月6日，股份公司中标该项目，合同金额8120万美元，工期30个月，业主为博茨瓦纳共和国工程交通运输部下属公路局，资金来源为博茨瓦纳政府。水电四局有限公司负责项目具体实施。2009年3月2日，股份公司与业主正式签约，并工建设。

2010年11月25日，K0+000至K20+000段主路施工完成。截至2011年12月底，项目施工进展顺利，累计完成产值2216.74万美元，为合同总量的48.10%。

【博茨瓦纳迪克戈洪大坝工程项目】 博茨瓦纳迪克戈洪大坝位于博茨瓦纳东北部，博茨瓦纳和津巴布韦的界河—沙交汇处谢（shashe）河与塔蒂（tati）河汇流处上游3千米处，距首都哈博罗内450千米，距第二大城市弗朗西斯敦65千米，距离津巴布韦3千米。项目业主为博茨瓦纳矿产、能源水利部水利司，工程主要由40米高、4.6千米长的黏土心墙坝、200米宽的溢洪道、1000米宽的非正常溢洪道、引水建筑物和43千米的进场道路等组成。迪克戈洪水库建成后库容达到4亿立方米，成为博茨瓦纳第一大水利工程，是博茨瓦纳国北水南调工程的源头工程，工程建成后，可以满足该国日益增长的采矿业和生活用水需求。2007年12月17日，股份公司中标，合同金额折合约2亿美元，总工期47个月。水电十一局有限公司负责具体实施。2008年3月9日，工程开工。

2011年底，项目已竣工，移交业主。

【博茨瓦纳FR78公路升级项目】 博茨瓦纳FR78公路位于博茨瓦纳东北部A1公路，A1公路是连接博茨瓦纳、南非、津巴布韦和赞比亚的主要国道。该项目主要是升级弗朗西斯警察局前转盘，向北至博茨瓦纳与津巴布韦的边境小镇拉姆奎巴纳之间路段至2A级别，并使新的总路面宽度达到11.4米，主要施工内容包括4.5千米双向四车道沥青混凝土道路（城市道路）、73.5千米双向两车道沥青双表处道路及2条总长0.71千米的单表处交通支路。项目业主是博茨瓦纳交通工程部公路局。2008年8月14日，股份公司中标该项目，合同金额折合约5945万美元，总工期24个月。2008年9月29日，项目开工。水电十一局有限公司负责具体实施。

2011年10月底，项目竣工。

【博茨瓦纳骆察尼大坝项目】 博茨瓦纳骆察尼（LOTSANE）大坝位于博茨瓦纳东南部，距离最近城镇帕拉皮约90千米。项目施工内容包括1.7千米长30米高的黏土心墙堆石坝、混凝土引水及泄水建筑物、饮用和灌溉用泵站及灌溉管道、水处理厂、办公及运行办公楼等，工期912天，合同金额约8977.62万美元，由博茨瓦纳政府出资。2009年3月6日，股份公司与博茨瓦纳矿物、能源与水资源部就实施博茨瓦纳骆察尼大坝及附属工程建设正式签约。2009年4月6日，项目正式开工。水电十一局有限公司负责具体实施。

2011年10月，大坝基础灌浆工程全部结束。

中东地区

【阿曼马斯喀特污水收集系统项目】 阿曼马斯喀特污水收集系统项目位于阿曼首都马斯喀特市，由阿曼政府投资，是阿曼国的重点建设项目之一。项目涵盖大约5000公顷的城市面积，横跨首都马斯喀特市5个区，入户连接21000户用户。主要工程包括250千米长、管径1000～2200毫米的玻璃钢（GRP）排水主干线管道铺设。其中有10千米跨越公路、建筑物的管道，采用顶管技术施工；250千米长、管径200～800毫米的PVC支线管道铺设；约300千米的PVC入户连接和灌溉管道铺设；建设流量为2000立方米/秒，水头为59米的中央污水泵站1座和和流量为200立方米/秒，水头为20米的局部性泵站2座等。2004年11月8日，股份公司与阿曼污水服务公司签订承包合同，合同金额约合1.5亿美元，工期36个月，维修期12个月。2004年12月8日，项目正式开工。水电十一局有限公司负责具体实施。2007年9月17日，业主阿曼污水服务公司和股份公司签订项目《补充协议》，补偿股份公司过去两年多的索赔2860万美元，延长正在执行两个区块的工期2年。2011年底该项目已完工。

（国际公司）

【卡塔尔多哈新机场项目】　卡塔尔多哈新机场项目，位于卡塔尔首都多哈市区。工程内容包括2条长度分别为4.85千米和4.25千米的跑道、3条平行的滑行道、5座碾压混凝土停机坪、排水系统、灯光系统、4个集水池以及一条长约1000米的双向六车道的交通隧道的施工。2005年7月18日，股份公司与Gamuda Berhad公司和WCT Engineering Berhad公司组成中马联营体，股份公司为牵头方（占60%份额），中标卡塔尔多哈新国际机场的道面、隧道和集水池项目。2005年9月20日，中马联营体与多哈新国际机场筹备委员会签约，合同金额17.98亿卡塔尔里亚尔（约合4.94亿美元），工期33个月。2005年7月28日，卡塔尔多哈新国际机场项目开工。2008年3月18日，股份公司签订设计变更合同，工期延长至55个月（含试用行3个月）；6月25日，由于设计变更再次签订变更合同，合同金额增至7.16亿美元。

2011年底，项目完成合同金额的95%。

（国际公司）

【卡塔尔路赛项目CP1标段项目】　卡塔尔路赛项目CP1标段（卡塔尔路赛尔基础设施建设Ⅰ标段）是路赛场地平整后继续进行的房地产基础设施项目，主要合同内容包括交通道路、给排水、排污、通信、供电、照明、灌溉、绿化等。2008年3月26日，股份公司收到业主卡塔尔迪阿房地产公司的中标函，中标金额6.42亿美元，工期700天。2008年6月2日，项目正式开工。由水电三局有限公司、水电十三局有限公司、水电十局有限公司共同负责具体实施。

2010年7月18日，股份公司与业主签订新增项目合同，增加间接费金额1.95亿美元；11月29日，股份公司再次与业主签订新增三大管线项目合同，增项合同金额1.04亿美元，至此，CP1总合同金额增至9.41亿美元。新增三大管线工程分为机电安装和土建配套两部分，主要包括CP1工程海滨（MARINA）区域的中央空气冷却水管道、天然气管道和固体垃圾真空管道等，工期14个月。

2011年4月5日，完成箱涵及土建；8月9日所有变压器完成。2011年底，完成合同总量的75%。

【卡塔尔GTC182三地供水项目】　为改进卡塔尔城市供水和满足卡塔尔未来几年发展需要，卡塔尔政府将一系列供水系统的各种更新和升级工程，包括供水管线延伸、多位置新水池施工、泵站及供水管线合并构成GTC182/2007项目。卡塔尔城市供水工程GTC182/2007项目位于卡塔尔北方区域，主要为西岸区（West bay area）、尤穆萨拉水库及泵站区（Umm Salal Rps area），以及阿尔霍区（Al Khor Area）三个区域，项目业主为卡塔尔水电总局（QATER GENERAL ELECTRICITY & WATER CORPORATION，以下简称KAHRAMAA）。2008年10月14日，股份公司中标该项目，工期30个月，合同金额1.56亿美元，合同为EPC合同。2008年10月30日，项目开工，水电十三局有限公司负责项目具体实施。

2011年底，项目累计完成合同总金额的96%。

【科威特萨巴艾哈迈德新城C区基础设施工程项目】科威特萨巴艾哈迈德新城项目由科威特政府出资在距科威特市区东南部50千米的阿拉马迪（Alahmadi）区建设，新城总占地面积3500万平方米，含约9000套房屋及商店、医院、银行、学校等配套设施，建成后将分配给向政府申请住房的科威特国民居住。整个新城项目分A、B、C、D、E五区块。2009年5月20日，股份公司与科威特住房总局签约承建科威特萨巴艾哈迈德新城C区基础设施工程项目。C区工程内容包括C区永久及临时道路、供水及污水系统、灌溉系统、变电站等。签约合同金额约4150万美元，工期690天。2009年8月3日，项目正式开始施工，水电八局有限公司负责项目具体实施。

2011年，项目完工并交付业主。

大洋洲地区

【斐济群岛南德瑞瓦图可再生能源项目】　斐济群岛

南德瑞瓦图（Nadarivatu）可再生能源项目位于斐济群岛的维提岛西北部，为装机 2 台 2.2 万千瓦冲击式水轮发电机组的水电站项目。工程包括最大坝高 40 米、坝顶宽度 8.5 米、坝顶长度 71.7 米的混凝土重力坝 1 座；每孔宽 6 米、隔墩宽 2.5 米的溢洪道 3 孔，安装 3 个弧形闸门，闸门尺寸 6 米×14.1 米；闸门全部开启，可通过 1000 年一遇的洪水；一条 1.9 千米的输水隧洞和 1.4 千米长的压力管道，以及 132 千伏变电站和直线距离 5 千米长的输变电线安装工程。该项目为采用单价结算并可调差的 EPC 合同，总合同金额约 1.248 亿美元，工期 1072 天。2008 年 9 月 8 日，股份公司与斐济群岛电力局签订斐济群岛南德瑞瓦图可再生能源项目合同，中国国家开发银行就该项目的融资方案签约仪式同时完成。德瑞瓦图可再生能源项目由天津勘测设计研究院承担具体项目设计，水电十局有限公司为主、水电六局有限公司参与对项目进行具体实施。工程于 2008 年 9 月 15 日开工。

截至 2011 年 12 月 8 日，该项目 132 千伏高压输电线路顺利完工，并通过业主验收。完成合同金额约 80%。

南美洲地区

【厄瓜多尔科卡科多—辛克雷水电站 EPC 合同项目】 厄瓜多尔科卡科多—辛克雷水电站项目位于厄瓜多尔拿坡（Napo）省和苏库比奥（Sucumbios）省之间查克（Chaco）和鲁巴基（Lumbaqui）地区的科卡（Coca）河流域，距首都基多约 130 千米。项目设计总装机容量 150 万千瓦（8 台机组），年发电量 88 亿千瓦·时，建成后将满足厄瓜多尔全国人口三分之一的电力需求。整个项目将由中国进出口银行提供 85%的买方信贷。2009 年 10 月 5 日，股份公司与科卡科多—辛克雷公司正式签署科卡科多—辛克雷水电站 EPC 总承包合同，合同金额 23 亿美元，工期 66 个月。工程内容主要包括由溢洪道、取水口工程、沉沙池工程和取水管道工程组成的萨拉多取水枢纽工程；24.8 千米长的混凝土衬砌输水隧洞；混凝土面板堆石坝；由引水建筑物和发电建筑物组成的发电厂房；由进水口、发电洞等组成的引水建筑物；由地下厂房、母线洞、主变压器洞、尾水洞、高压电缆洞、出线场、控制楼、机修间及进厂交通洞等组成的发电建筑物。项目还包括布置在厂房东北部高压电缆洞出口处的出线场、控制楼、机修间。该项目是厄瓜多尔历史上外资投入金额最大、规模最大的水电站项目，同时也是目前中国对外投资承建的最大水电站工程。2010 年 7 月 28 日，股份公司代表与项目业主共同签署开工令，工程正式开工。水电十四局有限公司、水电十局有限公司负责项目具体实施，黄河勘测规划设计有限公司与意大利 GEO-DATA 设计公司联合负责项目设计。

截至 2011 年 12 月底，项目完成合同金额的 12%。

【委内瑞拉紧急电站项目】 委内瑞拉紧急电站项目是中委能源电力领域合作框架项下的重要项目。2010 年 2 月，股份公司与委内瑞拉能源部签订了两年内完成总装机容量 270 万千瓦火电厂的一揽子紧急电站建设备忘录。2010 年 3 月 25 日，股份公司与项目业主委内瑞拉能源石油部所属的委内瑞拉石油公司（PDVSA）就紧急电站项目一期工程签订 EPC 总承包合同，合同总造价为 13.5 亿美元，工期为 9 个月。一期工程共建两个电厂：一个电厂是位于马拉凯市瓦伦西亚湖边的“新卡夫雷拉燃气电厂项目”，装机容量 20 万千瓦，总造价为 3.15 亿美元，由水电十一局有限公司实施；另一个电厂位于卡贝略港附近的“新中心电厂”，装机容量 77.2 万千瓦，总造价为 10.38 亿美元，由水电八局有限公司和水电十二局有限公司共同实施。

2010 年 11 月 22 日，股份公司再次与业主签署紧急电站项目新卡夫雷拉燃气电厂 1 号补充商务合同，增加装机容量 18.2 万千瓦，并相应增加新卡夫雷拉电厂建设工期 3 个月，增加合同金额 2.17 亿美元。至此，委内瑞拉紧急电站项目一期总装机容量增至 115.4 万千瓦（装机 6 台，机型为大型燃油燃气式发电机组），总造价增至 15.72 亿美元。其中，新卡夫雷拉电厂装机容量 38.2 万千瓦（2×19.1 万千瓦），总造价约 5.34 亿美元，工期 12 个月；新中心电厂装机容量 77.2 万千瓦（4×19.3 万千瓦），总造价约 10.38 亿美元。

截至 2011 年 12 月底，新中心电厂项目已基本完成主机土建工程施工，4 台主机、发电机和 4 台主变压器及 4 套烟囱均已吊装到位，大量辅机模块正在安装之中。

投资开发

投资部

【部门2011年工作】 2011年是股份公司圆满完成“十一五”任务，跨入“十二五”之际的重要开局之年。投资部认真学习贯彻党的十七届五中全会和国务院国资委中央企业负责人会议精神，坚持以科学发展为主题，以转变发展方式为主线，以加快建设具有较强国际竞争力的质量效益型世界一流公司为目标，各项工作均取得了新的进展。投资部根据股份公司2011年工作会议提出的“切实提高投资项目的建设运营水平和投资收益，有力推进产业结构的调整优化”的指示精神，有效落实“聚焦主业、严控风险，严格执行年度投资计划，严把投资项目的评审关”的总体要求，继续实施稳健、审慎的投资策略。2011年，投资部在股份公司的领导下以“三加强一严控”为切入点，进一步加强项目管理，严控资产负债率上升；重点搞好投资在建、运营项目的精细化管理，严控投资项目成本费用，确保投资收益；积极有序发展房地产主业；逐步健全投资管理体系，全面推进股份公司投资管理工作进入新阶段。

（一）股份公司投资管控突出重点，确保股份公司投资活动科学、稳步、健康发展

2011年，投资工作在继续巩固既有的投资成果外，采取有效措施，突出工作重点，重点解决主要工作节点目标和投资工作中存在的关键问题，取得了阶段性工作成果。

1. 年度重要工作节点目标如期实现

2011年，股份公司投资工作在强化总体控制的基础上，制定年度工作重点工作目标，有针对性地向重点环节倾斜。投资部与项目公司团结协作，推进年度工作重点目标如期实现。

（1）甘肃崇信火电项目按计划投产运营。崇信发电有限责任公司成立于2006年8月1日，一期工程建设2×60万千瓦机组，该项目于2010年3月5日顺利取得了国家发展改革委的核准批复。两台机组分别于2010年底和2011年初投产发电。

（2）四川公司安谷水电站建设工作取得了实质性进展。2010年4月7日，国家发展改革委批复安谷水电站开展前期工作。2011年3月，水利水电规划设计总院下发了安谷水电站可行性研究报告审查意见。2011年4月，正式向国家发展改革委提请安谷水电站项目核准。

（3）四川大渡河沙湾水电站通过枢纽工程专项验收。受国家发展改革委委托，水电水利规划设计总院会同四川省发展改革委、集团公司等有关部门及单位组成四川大渡河沙湾水电站通过枢纽工程专项验收委员会，并于2011年12月14日，通过对四川大渡河沙湾水电站枢纽工程专项验收工作，为项目竣工验收奠定了坚实基础。

2. 重点业务领域良性发展

（1）电力项目投资开发进展顺利。2011年12月15日，四川省发展改革委同意四川公司阿坝州抚边河杨家湾水电站（6万千瓦）核准开工建设。正在建设的毛尔盖水电站（42万千瓦），已于2011年3月20日成功实现下闸蓄水，并于10月24日实现首台机组运行发电。

（2）房地产开发土地储备力度进一步加大。房地产作为股份公司发展主业，作为十几家地产开发为主业的中央企业之一，发展推进力度逐年加强，阶段性成果显著。2011年，股份公司房地产新增北京、长沙、武汉等项目总面积约1100亩（1亩=6.67×10^2平方米）。

（3）国外水电开发稳步推进。2011年12月7日，股份公司首个海外投资建设的BOT水电站项目（19.4万千瓦）——柬埔寨甘再水电站竣工发电，整个项目将在2012年3月底前全部完工并进入商业运行期。海外项目投资为股份公司调整产业结构、走国际化发展战略进一步发挥重大作用，也为“中国水电”赢得了良好的国际声誉。

（二）投资管理各阶段工作重点明确、全面推进

2011年是股份公司“十二五”投资管理工作开局之年，也是以上市公司管理为目标，重点提升管理水平的一年。投资部在股份公司领导的支持指导下，重点明确、全面推进投资管理工作的有效深入开展。

（1）强化投资项目过程管控，加强实地调研及监督检查。2011年上半年，投资部用时近2个月的时间，在各投资公司的积极配合下，对股份公司既有投资项目进行了彻底摸底。通过各投资参与单位的自查，以及投资部对7个典型项目进行调研和抽检，掌握了股份公司各投资项目的进一步翔实情况，整理完成了股份公司投资项目检查报告，总结不足，明确改进措施，为今后进一步提高投资管控水平、增强项目投资质量，积累了宝贵的经验。

（2）项目建设与运营管理重点强化规范化。坚持按"三控三强一确保"以及"三加强一严控"的管控要求，重点强化项目建设及运营规范化管理以及指标控制。投资部作为部分控股公司董事会管理的日常办公机构，行使管理职能。2011年协调办理并审核相关部分公司会议全部议案资料；督促落实相关股东会、董事会决议的执行情况，有效提高公司管理水平，更好地适应现代企业制度的管控要求。

（3）进一步提高投资业务管理信息化水平。为进一步加强公司投资管理信息化管理水平，投资部协同信息中心，着手进行投资项目管理系统开发，目标是对投资项目管理实施规范化、网络化、专业化管理，支持多级管理模式，实现对投资项目全过程的管理，实现投资项目的科学决策、实施过程的控制和监督、运营效果的跟踪评价，实现数据的快捷收集、统计分析、信息共享，进而强化投资管理能力，提高整体项目管理水平。目前软件进入试用阶段。

（4）规避风险重点优化投资结构。在控制开发节奏的条件下，重点推进水电项目建设进程；加大风电、房产地开发力度；稳步推进火电项目开发进度；有序开展基础设施投资项目开发建设，引导、支持有能力的企业加大BT项目投资，减少BOT项目投资。2011年BT项目投资效果明显，更多的有实力的工程局单位参与到基础设施BT项目中来，有效带动了其结构调整。总体上看，在进一步加强投资总体控制的基础上，有效地缩短了投资回收期，在降低投资资金压力层面取得了一定成效。

（5）加大央企与地方政府的战略互补。2011年，在认真分析"十二五"国家发展规划的同时，结合股份公司自身实际，在集团公司"十二五"发展规划的指引下，以市场为导向，坚持科学发展，推进可持续能源开发利用为依据，投资部在各投资公司配合下，先后参与完成了集团公司与深圳、青海等地方政府的战略合作框架协议的编撰及签订工作，为深化央企与地方区域的合作双赢创造条件。

投资管理

【编制股份公司2011年度投资计划】 为贯彻落实国务院国资委以及集团公司风险管控要求，股份公司继续压缩和控制固定资产投资规模，经多次调整后，经股份公司董事会通过，股东会批准，审慎推出《2011年度投资计划》，确保重点，控制节奏，较好地贯彻了国务院国资委"有保有压"的指导方针。

【印发《股份公司国内基础设施BT项目可行性研究报告编制导则(试行)》】 2011年4月，投资部编制了股份公司《国内基础设施BT项目可行性研究报告编制导则（试行）》（中水电股〔2011〕14号），该试行导则作为股份公司所属全资和控股子公司参与BT项目的指引性文件，用于指引子公司向股份公司提交基础设施BT项目建议书的工作流程、可行性研究报告编制的范围内容及论证深度。

【印发《关于投资项目检查情况及整改措施的通报》】 2011年8月1日，股份公司印发《关于投资项目检查情况及整改措施的通报》（中水电股投〔2011〕37号），针对股份公司投资项目的检查结果进行了汇总、分析，对当前股份公司投资项目存在的问题进行了通报，提出了下一步投资业务管理的整改措施。

【编制印发《中国水利水电建设股份有限公司清洁发展机制项目运行管理办法》】 2011年11月，股份公司印发《中国水利水电建设股份有限公司清洁发展机制项目运行管理办法》（中水电股〔2011〕19号），进一步规范股份公司子公司清洁发展机制（CDM）项目注册和碳减排额交易行为。

【印发《关于加强投资管控确保年度投资计划目标的紧急通知》】 2011年11月11日，股份公司下发《关于加强投资管控确保年度投资计划目标的紧急通知》（中水电股投〔2011〕52号），结合当前国家宏观调控政策投融资环境趋紧的客观形势以及股份公司投资项目建设实际情况，为进一步加强投资管控，确保年度投资计划任务指标按期完成，在相关措施上提出了具体要求，力保重大投资项目工程建设进度。

【股份公司2011年度投资工作研讨会】 2011年8月，股份公司年度投资工作研讨会在云南大理召开，在水电十四局有限公司者磨山风电项目取得良好发展的背景下，以新能源投资为基础，大力推进清洁能源领域发展为目标，在肯定成绩的基础上，统一思想，增强风险意识，加强针对政策环境、经济形势的认识，查找问题、提出措施。明确投资工作依然坚持科学发展观为指导方针，严格做到目标明确、风险可控、突出主业、定位清晰、计划合理、有序推进的根本要求。坚持做到不符合国家政策法规的不投；不符合企业发展战略的不投；行业面临淘汰和衰退期以及国家政策不予支持的不投；达不到股份公司投资管控指标要求的不投。坚持项目选择上"有所为有所不为"的原则。

股份公司主要股权投资情况表

公司全称	业务性质	注册资本（万元）	持股比例（%）
中国水电建设集团港航建设有限公司	建筑施工	30 000.00	100
中国水电建设集团国际工程有限公司	建筑施工	200 000.00	100
中国水电建设集团房地产有限公司	房地产开发	200 000.00	100
中国水电建设集团四川电力开发有限公司	电力投资	203 906.80	88
中国水电建设集团租赁控股有限公司	机械设备租赁	37 274.97	100
中国水电建设集团路桥工程有限公司	建筑施工	60 000.00	100
中国水电建设集团新能源开发有限公司	电力投资	51 680.00	100
中国水电建设集团甘肃能源投资有限公司	电力投资经营	384 500.21	100
中国水电建设集团铁路建设有限公司	建筑施工	5 000.00	99

股份公司主要投资在建项目情况表

项目名称	项目金额(万元)	项 目 进 度
久隆公司斜卡电站	171 765.24	导截流工程已全部完成；大坝边坡及基坑开挖已全部完成；大坝坝壳料填筑29.9%；大坝趾板及防渗板混凝土完成79%；主体防渗墙施工完成；防渗板及趾板固结、帷幕灌浆完成8.5%。隧洞开挖完成92.3%；压力管道全断面开挖75.4%。主厂房排架柱及轻钢屋架全部完成；GIS楼及副厂房框架施工完成；1～3号机组配水环管、机盖、机坑里衬安装完成，1号机组定子下线全部完成
九龙溪古公司溪古电站	291 098.88	导截流工程已全部完成；大坝边坡及基坑开挖完成91.9%；排沙（放空）洞开挖完成77.6%，进水塔混凝土完成27.6%；溢洪洞开挖基本完成，混凝土浇筑完成44.1%；引水隧洞进水塔混凝土完成20.8%。扎日中桥及过坝段溪古隧道完成；九龙河大桥桩基正在施工；华丘隧洞开挖完成25.4%；三个移民安置点场平施工完成50%。隧洞开挖全部完成，锚喷系统支护全部，底板混凝土浇筑完成98.7%，边顶拱混凝土衬砌完成77.98%；调压室上室及竖井完成83.3%；压力管道全断面开挖完成；压力钢管主管安装完成3.1%；2号叉管及支管安装全部完成。主厂房排架柱及轻钢屋架全部完成，副厂房及GIS楼框架已施工至GIS层；主机间1号机组混凝土浇筑至水轮机层，1号机组定子下线工作开始
都江堰青云阶项目	420 719.00	一级开发结束，土地已经上市交易；二级开发：2011年12月取得都江堰青云阶项目云湾一期规划许可证和开工证
贵阳观府壹号项目	545 897.00	2011年12月取得一组团一期和二组团工程规划许可证，一期12月获得开工证，土方工程开工，政府部分交地，金北社区民房拆除完
首郡项目	310 433.00	已经取得一期一组团工程规划许可证
成都西岸观邸项目（二期）	182 903.00	项目按计划竣工，提前交房
成都云立方项目	317 510.00	主体结构施工至8层
长沙欧颂项目	166 538.00	已经取得土地规划许可证，正在申领国土证，规划方案已报审
抚顺海赋外滩项目	266 053.00	取得土地规划许可证和国土证，取得规划方案申报意见
武汉万锦江城项目	263 584.00	已经取得土地证和规划方案批复意见，正在做开工准备
绵阳市南塔村项目	234 000.00	2011年12月30日通过摘牌的方式获取土地
天津市武清区新城开发BT项目	800 000.00	市政一期工程已完成验收移交工作，现正进行竣工决算等相关工作；两个回迁小区正处在内外装修施工阶段

设备物资管理与采购

设备物资部/设备物资采购中心

【部门2011年工作】 2011年，设备物资部以“加强能力建设、提升管理水平、建好两个平台、优化资源配置、坚持科学创新、助力转型升级”为总体工作思路，并按照股份公司有关会议精神的要求，以加强能力建设、提升管理水平为基础，以建设两个平台，优化资源配置为重点，着力抓管理制度的创新与完善，引领资源配置理念与方式的转变，优化管控与服务的措施和手段，提高工作效率和效益，有序有力地开展了全年工作。

（一）设备物资管理方面

（1）加强设备物资管理队伍建设。设备物资部针对当前设备物资管理队伍人才相对缺乏、能力相对偏弱的现状，积极主动地与各子公司主管或分管领导进行沟通，共同探索加强设备物资管理队伍建设的途径与方法。通过沟通与交流，子公司对设备物资管理重要性的认识进一步提高，部分子公司为其总部和项目一线充实了设备物资管理人才，加强了管理和技能培训，提高了管理队伍的整体素质。同时，各级管理团队认真探索研究设备物资管理的内在规律，提高了各层级设备物资管理的科学性，通过加强设备物资精细化、标准化管理，提高了综合管理能力，为企业实现利润最大化提供了有力支持。

（2）积极开展大型专用设备调剂与租赁工作。设备物资部按照《股份公司大型专用设备资源管理办法》的要求，以“合理控制增量，有效盘活存量”为原则，狠抓双平台运行机制建设，积极开展大型设备的调剂与租赁工作，不断积累经验，寻找并解决设备资源配置中存在的深层次问题，首先，在股份公司层面统筹配置设备资源，严控设备增量；其次，动态掌握大型专用设备存量资源信息，并定期向子公司发布，促进闲置资源的有序流动；再次，在股份公司出台的调剂与租赁经营价格指导意见的基础上，逐步探索价格形成机制，加强了设备资源配置能力。与此同时，注重加强社会资源的信息储备并建立了较为广泛和有效的沟通渠道，丰富了双平台的内涵，扩展了双平台的外延。

（3）精心组织，科学评比，开展了设备物资管理评优活动。为加强设备物资管理队伍的能力建设，充分调动广大设备物资管理人员的积极性和创造性，于2011年5～6月在股份公司范围内组织开展了设备物资管理评优活动。通过层层选拔、民主推荐、认真审查、上报批准后，共评出2009～2010年度股份公司“设备物资管理先进工作者”95名，并在2011年设备物资管理工作会议上进行了表彰和奖励。

（4）创办专业期刊。为给广大设备物资从业人员提供经验交流的平台，提高设备技术与管理水平，经股份公司批准，设备物资部及时召集业内专家和子公司代表进行充分论证后，联合水电八局有限公司创办了《机电设备技术与管理》期刊。该期刊在股份公司内部发行，主要进行机电设备技术与管理的理论、实践经验以及行业信息等方面的探讨与交流。

（二）采购招标管理方面

（1）2011年，设备物资采购中心为公司总部、各公司等18个单位的国内外32个项目组织开展了集中采购招标项目76个，累计预算金额约人民币36.17亿元，累计中标金额约28.12亿元，节约采购资金约人民币8.05亿元，节资率为22%，累计发出招标文件392份，共有392家次供应商参与了采购中心组织的招标，累计从评标专家库中抽取了418人次系统内外专家参加评标。

（2）规范源头，加强供应商的管理。设备物资采购中心认真开展了供应商的资格审查和年度评价工作，组织并完成了股份公司和子企业两级集中采购平台的供应商年度评价工作，对58家供应商进行了年度评价并完成了汇总、评分；逐一审查了供应商递交的资格申报材料，强化了供应商管理工作，累计审查了117家供应商递交的资格申报材料。通过以上工作，严格了投标单位的资格管理，为招标工作中选择合格的供应商提供了基础保障。

（3）加强专业培训，优化管理制度，提升防腐能力。设备物资采购中心把提高专业技能，完善采购管理制度作为增强防腐能力，贯彻执行惩防体系建设的重要途径。同时严格执行财政部、国务院国资委等五部委联合下发的《企业内部控制基本规范》、《企业内部控制应用指导》的基础上，将惩防体系建设工作与设备物资集中采购工作相结合，按照股份公司风险管理和上市公司内部控制的要求，加强了采购过程的控制，提高了采购工作的透明度，建立起了既有机结合，又相互制衡的防范体系。与此同时，按照这一要求，加强对二级采购平台的监督指导，督促其建立起行之有效的防范体系，并通过对各公司设备物资采购、设备管理等环节的检查，确保了惩防体系的贯彻执行。

（4）强化过程监督，公开、透明地开展集中采购工作。设备物资采购中心在集中采购工作中，一如既往地坚持公开、公平、公正原则，在评标专家的选择上，既注重专业性，还注重拓宽来源；在监督环节上，积极主动地与监察部门配合，将招投标活动的各个环节置于公开透明的环境，将廉政建设和企业、社会的监督机制相结合，从源头上预防和治理腐败，规范招投标行为，保证工程建设质量，部门的惩防体系建设工作收到了良好的效果。

设备物资管理

【大型专用设备资源优化配置管理工作】 2011年，设备物资部狠抓双平台的运行机制建设，进一步加强了对大型专用设备资源的管控力度，实现对资源配置管理的新突破。设备物资部积极引导子企业转变大型专用设备的配置观念，有效控制了大型专用设备的快速无序增长，探索了在不同情况下的设备资源配置方式，取得了良好的经济效益，设备资源配置能力得以大幅提高。2011年大型专用设备新增19台套，购置费用预算12 649万元；调剂闲置大型专用设备再利用2台套，直接节约采购费用800万元左右；通过承载平台内部租赁10台套，发挥了大型专用设备承载单位的专业化租赁优势，促进了公司内部一对多租赁业务的开展。

【创办机电设备技术与管理专业期刊】 2011年8月，在股份公司设备物资管理工作会议上，举行了《机电设备技术与管理》首刊发行仪式。目前该期刊已出版了两期，共收录论文42篇。期刊的创办极大地激发了设备物资管理者学习、交流的热情，使多年沉淀下来的技术和经验得以交流、融合、提高，对建立学习型团队、打造设备物资管理软实力、提高整体管理水平起到了积极的促进作用，对公司设备物资管理工作的发展有重大的意义和深远的影响。

【加强设备物资基础管理和安全管理工作】 2011年，设备物资通过采用信息技术创新管理手段来增强设备物资基础管理能力。上半年，设备物资管理信息系统在股份公司范围内正式上线。各子公司陆续将10万余条历史信息录入系统，初步形成了较为完善的信息库，实现了设备物资信息的动态更新，实现了报表数据的网络汇总与上报，数据的及时性、准确性进一步提高，促进了信息在公司内部的共享，为基础管理工作的规范化、标准化奠定了基础，为股份公司科学制定决策提供了有力支持。为保障设备物资的安全使用，下发了《关于继续深入加强特种设备安全管理工作的通知》、《关于开展股份公司设备物资安全管理自查自纠整治活动的通知》、《关于开展民爆、危险物品管理自查自纠整治活动的通知》等文件，要求子企业在体制机制、狠抓落实、国外设备、外协队伍等六个方面继续加强管理，并集中深入开展对特种设备和民爆、危险物品的自查自纠整治活动，对83处安全隐患及时进行了治理，对42台脱漏检特种设备进行了补检，对31台未检特种设备进行了停用，消除了安全隐患，规避了潜在风险，进一步强化了设备物资安全管理，建立起了设备物资安全管理长效机制。

【内外交流协作】 2011年，设备物资部充分发挥职能部门的作用，积极主动融入全局，加强了内外交流协作，增强了总部服务与管控能力。设备物资部先后参与了股份公司组织的对厄瓜多尔项目、赤道几内亚项目等国际项目的效能检查工作；根据股份公司上市的需要，定期开展上市尽职调查相关数据的统计分析工作，并及时准确提供相关资料，配合“跨越办”开展各项工作，保障公司顺利上市；股份公司上市后，又对2010～2011年设备采购明细进行了及时认真统计，为股份公司从专用账户中置换上市募集资金做好了准备。按照股份公司领导的要求，设备物资部积极参加电力行业协会组织的有关活动，增强与其他大型企业的交流，扩大企业的影响力。组织了相关子企业参加中国电力设备管理协会举办的全国电力企业设备管理创新优秀成果评选活动；参加了中国电力建设协会大型专用设备协作网的两次交流活动，与国内其他电建企业进行了经验交流和信息共享。

设备物资采购工作

【完善两级集中采购招标平台的运营机制】 2011年，设备物资采购在总结前几年集中采购招标工作经验的基础上，进一步完善工作机制，提高了两级集中采购招标平台的工作效率和效益；两级平台有机互动，动态分流，进一步提高了子公司集中采购平台的集中采购度；认真组织并开展好大型、关键设备和大宗物资的集中采购招标工作，为公司经营活动的健康运营提供了有力支撑。

【股份公司采购计划管理工作】 2011年，设备物资采购中心进一步加强采购计划的管理工作，强化季度采购计划的编制和上报工作，通过分析和对比采购计划的执行情况，查找解决计划编制困难的主要问题，提高了采购计划编制的及时性和准确性，从而有力地促进大型设备和大宗物资的集中采购招标工作升级上水平。

【厄瓜多尔共和国科卡科多辛克雷水电站水轮发电机组及附属设备采购招标】 2011年1月5日，设备物资采购中心就厄瓜多尔共和国科卡科多辛克雷(CCS)水电站项目所需水轮发电机组及附属系统设备进行了集中采购招标。CCS水电站是厄瓜多尔规模最大的水电站项目，同时也是目前中国对外投资承建的最大水电站工程项目。机组总装机容量为150万千瓦，是迄今为止单项合同价值最高的采购项目。经评议，由哈电—安德里茨组合体中标，中标金额为人民币7.67亿元。

【四川省大渡河安谷水电站4×19万千瓦水轮发电机组及附属设备采购招标】 2011年6月28日，设备物资采购中心就四川省大渡河安谷水电站所需水轮发电机组及其附属设备进行了集中采购招标。该招标范围包括4台套19万千瓦轴流转桨式水轮发电机组及其附属设备，分为A包（水轮机标段）和B包（发电机标段）。经评议，A包由东方电气集团东方电机有限公司中标，中标金额为人民币2.099亿元；B包由东芝水电设备杭州有限公司中标，中标金额为人民币1.78亿元。

【内蒙古锡盟灰腾梁洪格尔风电场二期工程风力发电机组及附属设备采购招标】 2011年4月22日，设备物资采购中心就内蒙古锡盟灰腾梁洪格尔风电场所需30台单机容量1500千瓦的风力发电机组进行了集中采购招标。经评议，由新疆金风科技股份有限公司中标，中标金额为人民币1.89亿元。

专业会议

【2011年股份公司设备物资管理工作会议】 2011年股份公司设备物资管理工作会议于8月11～12日在杭州召开。会议主要任务是全面落实股份公司2011年工作会议和2011年年中工作会议精神，总结两年来设备物资管理工作经验，按照股份公司董事长范集湘提出的进一步加强资源配置能力建设的指导思想，对照目标，查找差距，分析原因，并结合股份公司的发展战略，提出下一步设备物资管理工作思路，明确今后一段时期的工作方向和工作重点，紧紧围绕股份公司建设具有较强国际竞争力的质量效益型世界一流公司的发展目标，进一步深化管理，改革创新，努力开创设备物资管理工作新局面。

股份公司副总经理李跃平出席会议并作题为《转变设备配置观念　提升资源利用能力　努力开创设备物资管理工作新局面》工作报告，股份公司总经济师王宗敏主持会议，股份公司总工程师宗敦峰，股份公司总经理助理、海外事业部副总经理丁拯国，以及股份公司总部相关职能部门、股份公司全资子公司、京沪高铁项目部、股份公司控股公司分管设备物资工作负责人80余人参加会议。国务院国资委国有企业监事会第10办公室处长习为国参加了会议。

会议提出2011年和2012年设备物资管理10项重点工作是进一步完善大型专用设备调剂与租赁经营双平台的运营管理机制，加大设备资源调剂力度；打破传统思维，增强利用社会资源的能力；创新体制机制，进一步发挥子企业总部在资源配置中的中心作用；强化企业业绩考核指标的考核刚性，提高设备资源的利用效率和效益；抓好采购计划，促进集中采购招标工作升级上水平；警钟长鸣，特种设备安全管理工作常抓不懈；真抓实干，建立起国际设备物资管理的制度基础；学习消化吸收，建立多元产业结构下的电力成套设备管理办法；及时总结提高，建立设备利用信息反馈与评价机制；采取措施，加强设备物资从业人员能力建设。

宗敦峰宣读表彰95名设备物资管理先进工作者决定，股份公司领导向获奖代表颁奖。

会议期间，举行股份公司主管的《机电设备技术与管理》杂志首发仪式。股份公司副总经济师、设备物资部主任苟达平介绍杂志创办情况。

第八篇 党群工作和企业文化建设

Chapter Ⅷ Corporation Culture & Organization Development

党委工作部

【部门2011年工作】 2011年，党委工作部围绕全年生产经营任务和改革发展工作，坚持科学、创新、规范、务实、专业的党建工作思路，以把党的政治优势转化为核心竞争力、发展能力为重点，强化党建工作理论创新；以推行党建工作责任制、建立党建工作完整的制度体系两项基础性工作为重点，强化党建工作制度创新；以发挥党委在加强领导班子建设上的作用为重点，强化党建工作的组织创新。主要做了以下工作：

（1）起草并实施股份公司党建工作责任制，进一步完善了党建工作的长效机制。2011年，党委工作部按照股份公司党委的要求，制订下发了《中国水利水电建设股份有限公司党建工作责任制实施办法（试行）》及其配套的党建工作责任制考核评价办法、考核评分标准，进一步完善企业党建工作长效机制，加大制度建设创新力度。2011年底，党建工作责任制已在全系统予以实施，取得了初步成效。

（2）围绕企业生产经营开展党建工作，加大国内外项目党建工作创新力度。2011年，党委工作部按照股份公司党委要求，努力抓好党建工作三个转变的工作，即从活动式党建向制度化党建转变；从比较注重务虚向比较注重务虚和务实相结合的转变；从比较重视总部党建向比较注重基层党建的转变。

党委工作部重新修订了公司海外机构党建工作指导意见，总结了海外党建“三同时、三基本”的经验，围绕生产经营和项目施工与管理，增加了关于加强党组织参与海外项目“三重一大”民主决策、控制风险等新内容。海外工作机构结合所在国和项目实际，因地制宜地开展党建工作，党组织的政治核心作用、党支部的战斗堡垒作用、党员的先锋模范作用得到充分发挥。党委工作部还修订了国内项目党建指导意见，使项目党建制度更趋完善，党组织机构健全，制度完善，工作规范，各种主题实践活动富有特色，促进了项目生产经营任务的顺利完成。

（3）开展学习型党组织创建活动取得显著成效。2011年，党委工作部大力推进学习型党组织建设。

1）明确目标内容，增强学习型领导班子建设的时效性，科学制定发展战略；研讨问题，指导经营管理实践；完善制度，推进学习成果转化；持续改进，不断促进理念创新。

2）通过加强教育培训，着重提高领导人员素质和能力，推进学习型领导班子建设的针对性。建立三级学习培训体系，增强领导人员“六种意识”，提高“六种能力”。

3）健全制度机制，强化学习型领导班子建设的保障性。健全“六项”制度，坚持党委中心组学习“三结合”，党政主要领导讲党课等。

4）加强组织领导、落实责任、强化考核，促进学习型领导班子建设的实效性。

（4）进一步加强集团文化的宣贯工作，打造集团企业文化“12347创新工程”。2011年，党委工作部进一步贯彻股份公司党委工作要求，认真落实《关于加强企业文化建设实施意见》，深入做好集团文化宣贯工作，推进集团文化落地，实现企业文化与企业战略和谐统一。同时，党委工作部又进一步加强集团文化课题研究，打造集团企业文化“12347创新工程”，以此推动企业文化建设，促进企业健康可持续发展。集团企业文化“12347创新工程”2011年再次荣获全国电力行业与企业文化优秀成果一等奖。

（5）积极开展“三创建”活动，不断提升总部精神文明创建水平，促进企业发展。2011年，党委工作部积极探索精神文明建设的新方法、新途径，进一步开展“三创建”活动，即创建文明工程、文明机关（总部）和文明小区活动。经过广泛调研，重新起草了《中国水利水电建设股份有限公司文明工程项目创建活动实施意见（试行）》，并按照《实施意见》要求，重点做好文明工程项目创建活动，对于加强项目党建，促进项目的队伍建设、施工环境、项目文化、履约效益，更好地树立企业形象，起到了积极促进作用。

2011年，党委工作部按照总部直属党委要求，组织党员、员工学习落实《首都文明单位标兵标准》，落实直属党委制定的《创建全国文明单位目标任务分解》中各部门（事业部）、各在京公司职责任务。2011 年 12 月，中国水电建设集团公司总部被全国文明委命名为全国文明单位。

（6）深入开展创先争优活动，提升企业水平和职工素质。2011 年，党委工作部以“组织创先进，党员争优秀，企业上水平，职工提素质”为核心内容，进一步开展创先争优活动，在公司上下掀起了一个学先进、赶先进、当先进的热潮。各子公司党委在“七一”前按“四好党委”、“五好党支部”和“党员五个模范”的要求，评选表彰了一批先进基层党组织、优秀共产党员和优秀党务工作者。股份公司党委下发了关于开展基层党组织和党员公开承诺活动的实施方案，各单位党委认真完成好“公开承诺、领导点评、群众评议、评选表彰”等四个规定性动作，激发党员立足岗位，发挥模范带头作用，收到了较好成效。青海玉树恢复重建项目党组织积极开展创先争优活动，创造了四天完成一层楼、九天完成一栋居民房的玉树速度，评选了一大批优秀党员、劳动模范、青年岗位能手。

（7）加大新闻宣传工作力度，提高股份公司知名度。2011 年，党委工作部随时掌握《央企要情》报道要点和动态，努力寻找突破口，有针对性地加强了综合类信息报道力度，发稿质量、数量、得分情况有了较大提高，用稿量为 104 篇，得分达到 198 分，继续位列 7 家建筑类央企第一位，信息采用数继续位列 121 家中央企业第六位。其中有 3 篇《央企要情》稿件得到中央领导同志批示，提高了股份公司知名度。在股份公司整体上市宣传工作中，党委工作部策划了 9 个系列的宣传稿件，在各大媒体进行大力宣传，取得了良好宣传效果。

（8）工团工作取得显著成绩。2011 年，股份公司工会工作取得显著成绩。2011 年 2 月，股份公司工会的党群共建、创先争优工作受到了中国能源化学工会表彰。2011 年 9～12 月，股份公司工会在南水北调工程河南段开展“为民服务建新功，五比五赛展风采”的劳动竞赛，促进了项目安全、质量、进度、科技创新、文明施工的全面进步，有力促进了生产任务目标的实现，9 月工程任务完成率为 70.17%；10 月完成率为 90.06%，11 月完成率为 101.23%，12 月份完成率突破 200%，得到业主和各单位党政领导高度赞扬。

2011 年，股份公司团委认真贯彻党委工作部署，为股份公司平稳较快发展作出新的贡献。组织承办了香港大学生暑期社会实践活动、中央企业青联走进小浪底活动，受到团中央、中央企业团工委肯定，均专门发来感谢信；在玉树灾后重建项目开展了“青年建功竞赛”活动，受到国务院国资委、青海省和集团公司、股份公司有关领导充分肯定，一批先进集体和青年荣获中央企业团工委和青海团省委专项表彰；积极探索推进海外项目团建工作，开展海外项目共青团工作达标创优活动取得新突破，公司博茨瓦纳首都机场项目团支部被北京团市委推荐为团中央海外团建试点单位。

（刘家玉）

创先争优活动

【创先争优活动重点工作】 2011 年 1 月 27 日，股份公司党委下发了《关于做好创先争优活动重点工作的通知》（中水电股党〔2011〕8 号），对创先争优活动五个方面重点工作作出部署：一是进一步做好第一阶段总结工作，抓紧落实实施方案规定项目和内容；二是统筹安排好第二阶段工作内容，以加强党支部建设为重点深入开展创先争优活动；三是不断创新活动方式和载体，增强创先争优活动的效果；四是抓好对典型人物事迹的宣传，推动创先争优活动向纵深发展；五是加强检查督导，保证活动取得扎实成效，不断开创创先争优工作新局面。

【开展领导干部点评创先争优工作】 2011 年 1 月 27 日，股份公司党委下发了《关于转发〈关于在中央企业普遍开展领导干部点评创先争优工作的通知〉的通知》（中水电股党〔2011〕9 号），要求各级基层党组织春节前开展领导干部点评创先争优工作，要努力做到每名书记都作点评，每个基层党组织和每名党员都被点评，确保全面覆盖。

【领导人员创先争优活动联系点】 2011 年 3 月 24 日，股份公司党委下发了《关于建立股份公司领导人员创先争优活动联系点的通知》（中水电股党

〔2011〕22号），建立领导人员创先争优活动联系点制度并明确职责。公司领导人员结合分管工作，每位领导明确两到三个单位作为联系点，帮助指导联系单位开展创先争优活动。

【向孙家栋同志学习活动】 2011年4月11日，股份公司党委下发了《关于转发〈关于开展向孙家栋同志学习活动的通知〉的通知》（中水电股党〔2011〕25号），要求提高认识，精心组织，融入中心工作，不断推动学习深入，激励广大职工把学习成果转化为做好本职工作、岗位建功的实际行动，在本职岗位上争创一流业绩，以实际行动庆祝建党90周年。

【基层党组织和党员公开承诺】 2011年4月29日，股份公司党委下发了《关于做好基层党组织和党员公开承诺的通知》（中水电股党〔2011〕27号），对基层党组织和党员开展公开承诺作出具体安排。公开承诺对象为股份公司基层党组织和所有党员；承诺时间上，确定2011年5月为党组织和党员"公开承诺月"；承诺形式上，以书面形式为主。党组织公开承诺程序为收集建议、提出初稿、征求意见、公布承诺。党员公开承诺程序为党支部提出要求、党员写出承诺书、公布承诺。各基层党组织和广大党员按照要求集中开展了公开承诺活动。

（魏立军）

【纪念建党90周年中共党史知识竞赛活动】 2011年5月18日，股份公司党委下发了《关于认真做好纪念建党90周年中共党史知识竞赛活动组织工作的通知》（中水电股党〔2011〕32号），要求各子公司党委高度重视，认真做好本次知识竞赛活动组织工作，动员和组织广大干部职工积极参加到活动中来，进一步学习和了解党的历史知识，加深对党的理论、路线、方针的理解。

【庆祝建党90周年系列活动】 2011年5月31日，股份公司党委下发了《关于开展庆祝建党90周年系列活动的通知》（中水电股党〔2011〕33号），对开展以"永远跟党走"为主题的庆祝建党90周年系列活动作出部署。

（秦媛媛）

【"七一"期间创先争优评选表彰工作】 2011年5月31日，股份公司党委下发了《关于做好"七一"期间创先争优评选表彰工作的通知》（中水电股党〔2011〕34号），要求各单位在"七一"期间开展评选表彰"先进党组织"、"优秀党务工作者"、"优秀共产党员"活动，做好宣传，掀起学先进、赶先进、争当先进的热潮。

（魏立军）

【组织观看电影】 2011年6月，股份公司直属党委开展庆祝建党90周年学习活动，组织总部党员和广大员工观看电影《建党伟业》；8月23日，党委工作部下发了《关于转发认真组织观看电影〈郭明义〉、〈杨善洲〉和〈飞天〉的通知》（股党〔2011〕7号），对集中组织观看教育影片作出了部署。

（秦媛媛）

【表彰利比亚撤离行动优秀党员和先进个人】 3月17日，股份公司党委、公司、公司工会联合下发《关于表彰利比亚撤离行动优秀党员和先进个人的决定》（中水电股党〔2011〕21号），授予孙越、贠亮、苗军、叶浩亮、岐温华、卢吉波、王延军、龚学武、刘玉飞、刘俊磊、刘庆福、周林、顾宁、袁海忠等14名同志"优秀共产党员"称号；授予李世杰同志"先进个人"称号。

【表彰玉树灾后重建2010年度先进集体和先进个人】 2011年1月7日，集团公司党委、集团公司联合下发《关于表彰玉树灾后重建2010年度先进集体和先进个人的决定》（中水电党〔2011〕1号），授予现场指挥部第一工区等3个工区"先进单位"称号，授予第二工区小苏莽施工部等5个集体"先进集体"称号，授予第三工区党总支等4个党总支"先进基层党组织"称号，授予第四工区歇武镇青年突击队等3个青年突击队"标兵青年突击队"称号，授予陈志超等5人"劳动模范"称号，授予张青海等14人"先进生产（工作）者"称号，授予毛海龙等9人"优秀共产党员"称号，授予师飞艳等7人"标兵青年岗位能手"称号，并于1月14日在水电四局有限公司召开中国水电集团玉树重建2010年度工作总结大会，对获奖集体和个人予以表彰奖励。

【中央企业先进基层党组织、优秀党务工作者、优秀共产党员名单】 2011年6月29日，国务院国资委党委召开了庆祝中国共产党成立90周年中央企业"一先两优"表彰大会。集团房地产有限公司党委、水电七局有限公司第一分局党委、利比亚区域总部临时党委、水电十一局有限公司官地水电站项目党支部荣获"中央企业先进基层党组织"称号；股份公司总经理助理杨忠、水电四局有限公司副总经理席浩、集团国际公司党委副书记孙越、集团利比亚区域业务总部总经理贠亮、水电九局有限公司副总经理刘庆福、水电二局有限公司利比亚迈尔季项目经理刘玉飞、水电四局有限公司利比亚国际工程经理部副总经理刘俊磊，水电十三局有限公司的黎波里办事处主任顾宁荣获“中央企业优秀共产党员”称号；水电基础局有限公司党委副书记袁国俊荣获“中央企业优秀党务工作者”称号。

【集团公司工会荣获“争先创优”先进单位】 2011年2月21日，中国能源化学工会全国委员会下发了《关于授予中国水利水电建设集团公司工会“争先创优”先进单位称号的决定》，授予集团公司工会“争先创优”先进单位荣誉称号。

（魏立军）

党 建 工 作

【“四好”领导班子创建工作】 2011年1月26日，股份公司党委下发了《关于表彰2009～2010年度股份公司“四好”领导班子的决定》（中水电股党〔2011〕10号），授予水电四局有限公司、水电七局有限公司、水电八局有限公司、水电十一局有限公司、水电基础局有限公司、国际工程有限公司、京沪高铁三标项目部为2009～2010年度“四好”领导班子。

【股份公司党建工作责任制】 2011年5月16日，股份公司党委下发了《关于印发〈中国水利水电建设股份有限公司党建工作责任制实施办法（试行）〉的通知》（中水电股党〔2011〕30号），正式建立了股份公司党建工作责任制及其配套的考核评价办法、考核评分标准，并对贯彻落实党建工作责任制作出部署。《实施办法》共有5章26条。《中国水利水电建设股份有限公司党建工作责任制考核评价办法》是依据《实施办法》和党建工作的配套制度文件制订的具体考核评价办法，共有6章14条。

【党委中心组学习】 2011年5月10日，股份公司党委印发了《关于进一步改进党委中心组学习方式的通知》（中水电股党〔2011〕29号），进一步改进中心组学习方式。采取设置领导人员创新论坛的方式，以领导人员专题发言、集体讨论方法为主，对影响公司改革发展的重大问题进行研究讨论，进一步推进学习型班子的建设。在党委中心组学习中，由党委常委作中心发言，相关部门领导作补充发言，中心组其他成员围绕专题进行讨论，达到统一思想、提高认识、促进工作的目的，把学习成果转化为工作动力，推进企业完成科学发展新阶段的任务。

【学习型党组织建设】 2011年8月24日，国务院国资委召开了“中央企业学习型党组织建设工作经验交流视频会议”，进一步推动中央企业学习型党组织建设工作。集团公司总经理、公司学习型党组织工作协调小组组长范集湘及领导小组成员等参加视频会议。国务院国资委副主任黄丹华在讲话中对集团公司等单位将学习型党组织建设纳入领导班子建设和经营责任制考核工作给予充分肯定。会上，集团公司作了题为《努力建设学习型领导班子，推进企业实现科学可持续发展》的书面经验交流。

【学习贯彻胡锦涛在庆祝建党90周年大会上的讲话】 2011年7月5日，股份公司党委下发了《关于认真学习贯彻〈胡锦涛总书记在庆祝中国共产党成立九十周年大会上的讲话〉的通知》（中水电股党〔2011〕42号），对学习贯彻胡锦涛总书记讲话作出部署。一是认真学习领会，把思想和行动统一到胡锦涛总书记重要讲话精神上来。二是紧密结合实际，把学习胡锦涛总书记重要讲话精神贯彻落实到企业的各项工作中。三是精心安排部署，认真组织好对胡锦涛总书记重要讲话精神的学习和宣传，积极营造学习宣传讲话精神的浓厚氛围。

【学习贯彻党的十七届六中全会精神】 2011年11月9日，股份公司党委下发了《关于认真学习贯彻党的十七届六中全会精神的通知》（中水电股党〔2011〕74号），决定在系统内开展深入学习贯彻六中全会精神的活动。股份公司党委要求，要充分认识六中全会关于推进文化改革发展的重要意义；要准确把握六中全会《决定》的基本内容、精神实质，联系实际抓好贯彻落实；结合实际，进一步加强企业文化建设；加强组织领导，把贯彻落实六中全会精神作为当前一项重要政治任务切实抓紧抓好，各单位工会、共青团组织要在党委领导下开展丰富多彩的文化活动。

【中央企业党建带团建工作先进单位】 8月24日，国务院国资委党委下发《国资委党委关于表彰中央企业党建带团建工作先进单位的决定》（国资党委群工〔2011〕162号），股份公司子公司——水电四局有限公司党委、水电七局有限公司党委被授予“中央企业党建带团建工作先进单位”称号。

【基层党组织换届选举工作】 2011年，水电五局有限公司党委、水电十一局有限公司党委、水电十五局有限公司党委、房地产公司党委先后召开党员代表大会，选举产生本单位新一届党委委员。股份公司党委对四个单位新一届党委委员选举工作进行了督导，对选举产生的新一届党委及时进行了批复。

【子企业领导班子民主生活会】 2011年9月19日，股份公司党委下发了《关于召开领导班子民主生活会的通知》（中水电股党〔2011〕63号），对子企业2011年度领导班子民主生活会作出部署。子企业民主生活会的主题为：以科学发展为主题，以转变发展方式为主线，查找影响本单位科学发展的突出问题，提出改进措施，推动本单位2011年各项生产经营任务和经济指标的完成。各子公司按照要求，于11～12月相继召开了领导班子民主生活会。

【党的基层组织党务公开工作】 2011年10月14日，股份公司党委下发了《关于深入推进股份公司党的基层组织党务公开工作的通知》（中水电股党〔2011〕69号），对基层党组织开展党务公开工作作出部署。《通知》要求，各级党委要依纪依法全面实行党务公开，规范运作程序，增强公开的实效性。股份公司成立了党务公开领导小组和工作机构，范集湘任组长，陈永录任副组长，李燕明、孙宝田、段尚毅为成员。领导小组下设办公室，设在监察部，负责日常工作。办公室主任由孙宝田兼任，副主任为梁伟、李捷、周德荣。同时，明确了领导小组和办公室职责。

【海外工作机构党建工作】 2011年股份公司党委结合国际化经营实际开展创先争优活动，全面加强海外党建工作，为完成国际化经营和海外生产经营任务提供了坚强的政治保证和组织保证。8月5日，国务院国资委党建工作局局长刘汉滨率领中央企业海外党建第三调研组到中国水电集团肯尼亚锡卡公路项目进行党建工作调研。调研组充分肯定了锡卡公路员工吃苦耐劳、认真负责的精神。9月8日，中央企业创先争优活动简报以《中国水电集团努力把党的政治优势转化为推进国际化经营的核心竞争力》为题，专题介绍了中国水电集团开展海外党建工作经验，人民网、中国共产党新闻网等作了报道。

【基层党组织书记加强社会管理集中轮训工作】 2011年7月7日，股份公司党委下发了《转发中组部关于开展全国基层党组织书记加强社会管理集中轮训工作的通知》（中水电股党〔2011〕41号）。股份公司党委要求，要把握主题、结合实际、注重实效，通过集中轮训，切实提高企业党组织书记社会管理能力，推动企业党组织和广大党员在基层社会管理中充分发挥作用。截至2011年底，各公司均选派了2～3名基层党组织书记参加集中轮训。

【做好农民工(协议工)工作】 2011年5月3日，股份公司党委下发了《关于切实做好农民工（协议工）工作的通知》（中水电股党〔2011〕28号），明确了股份公司切实做好农民工工作的指导思想和切实维护农民工的政治权益、切实保障农民工的经济权益、加强农民工队伍的组织建设工作和技能培训工作、维护农民工文化权益、切实保障农民工身心健康、做好农民工志愿服务工作等六方面工作内容，并要求充分认识做好农民工工作的重要意义，加强做好农民工工作的组织领导，将关爱农民工与维护农民工合法权益相结合，与维护企业员工合法权益相结合，有针对性地做好农民工维权与关爱工作，将做好农民工工作落到实处、取得实效。

【总部机关党建工作】 2011年，直属党委坚持以邓小平理论和“三个代表”重要思想为指导，以科学发展观统领各项工作，紧紧围绕股份公司改革发展目标，结合总部工作实际，认真抓了总部机关党建工作。一是认真组织总部机关政治理论学习。二是在创先争优活动中开展争当“五个模范”的主题实践活动。三是开展全国文明单位创建活动。四是加强组织发展工作，共发展党员3名，转正5名。五是加强总部工会、共青团工作，组织了多项文体活动，丰富了员工生活。

【总部表彰先进党支部、优秀共产党员】 2011年6月30日，股份公司直属党委下发了《关于表彰先进党支部、优秀共产党员的决定》（中水电股直党〔2011〕7号），对总部在“创先争优”活动中表现突出的先进党支部和优秀共产党员进行表彰。第三党支部荣获先进党支部称号，郭志、陈应年、吴磊、郝维华、屈自伟、刘静、王海涛、熊海华、崔萍、任乐云等10名党员荣获优秀共产党员称号。

【调整总部精神文明建设领导小组】 2011年5月17日，直属党委下发了《关于调整总部精神文明建设领导小组组成人员的通知》（中水电股直党〔2011〕4号），对总部精神文明建设领导小组及办公室组成人员进行了调整。调整后的股份公司总部精神文明建设领导小组组长为袁柏松，副组长为段尚毅，成员为王志平、李燕明、郭志、曾兴亮、孙越、夏进、吕瑞翔、陈庆和、王禹、吴洵。领导小组办公室设在党委工作部，主任由段尚毅兼任，副主任为何明、吴旭良、魏立军。

（魏立军）

宣传工作

【新闻宣传暨信息工作视频会议】 2011年5月27日，股份公司新闻宣传暨信息工作会议在京召开，股份公司党委副书记陈永录出席会议并讲话。会议由党委工作部主任段尚毅主持。

会议的主要任务是：总结2010年的新闻宣传工作，表彰先进，交流经验，研究和部署今后一个时期的新闻宣传工作，进一步加强和改进公司的新闻宣传工作，为公司科学持续发展提供坚强的舆论支持。

会议以视频形式召开，总部各部门负责人、各在京公司分管宣传信息工作的领导、党委工作部负责人等在主会场参加会议；各子公司党委分管宣传信息工作的领导等在分会场参加会议。

【《水利水电工程报》】 2011年，《水利水电工程报》坚持正确的舆论导向，围绕集团公司增强大局意识、机遇意识、责任意识，紧紧抓住“三个牢牢把握”、“五大战略”中心工作，加大宣传力度，提高宣传水平，外树形象，内聚人心，发挥了团结、稳定、鼓劲的作用。2011年11月，《水利水电工程报》获“鸿翔杯”全国建筑行业精品报纸奖。截至2011年底，《水利水电工程报》累计发行905期。

【公司对外宣传报道工作】

（1）电建集团成立报道立体全方位。2011年9月29日，中国电力建设集团有限公司挂牌成立，《水利水电工程报》推出一期特刊对此进行了全面展示与介绍。

（2）股份公司上市宣传准备充分、成效显著。10月20日，中国水电首次公开发行A股成功上市，新闻中心通过发表正面宣传股份公司的一系列文章，积极引导舆论，为公司成功上市营造了良好舆论环境。围绕“中国水电”首发上市工作，通过制作企业形象宣传片、宣传画册，撰写新闻稿件和主动与媒体沟通等，展开立体宣传，大力推介公司的投资价值和品牌形象，为公司成功上市提供了良好舆论环境，发挥了重要作用。

【专题报道】

（1）利比亚撤离报道及时全面。2011年初北非事变，导致利比亚境内中国公民大撤离。中国水电集团第一时间启动紧急预案，通过多方努力，不仅安全撤回公司3757名员工，同时还帮助转移2100多名其他中资人员与851名第三国劳务，得到了中央领导和我国驻外使馆及外国政府的高度评价。针对这一重大新闻事件，新闻中心与国际公司党委工作部一同跟踪报道，采写了长篇纪实通讯《利比亚大撤离，彰显中国水电力量》，将公司在国家危难之际，为国分忧、为民解难，敢于担当和善于担当的央企形象作了完整诠释。

（2）京沪高铁通车报道深入细致。2011年6月30日，京沪高铁全线通车，作为四家参建央企之一的中国水电的光辉业绩也一同载入史册。为利用这一契机宣传“中国水电”品牌，《水利水电工程报》派记者随车采访报道通车盛况，同时组织稿件在当期报纸上刊发消息、评论、长篇纪实通讯、图片专版等，全方位、立体报道了公司参建京沪高铁的历程、业绩、科技成果及精彩瞬间等，在业界引起较大反响，既鼓舞了员工士气，又彰显了企业品牌。

（任乐云）

工 会 工 作

【职代会制度建设】 2011年，股份公司继续贯彻落实《关于印发中国水利水电建设股份有限公司职工代表大会有关制度的通知》（中水电股工会〔2010〕14号），全面规范职工代表大会各项工作，各子公司按照股份公司要求，建立健全了职代会制度，重点加强了职工代表巡视制度和民主评议领导人员制度建设，充分发挥了职代会在民主管理工作中的重要作用。

【深化厂务公开工作指导意见】 2011年6月20日，股份公司党委下发了《关于印发〈中国水利水电建设股份有限公司深化厂务公开工作的指导意见〉的通知》（中水电股党〔2011〕35号）。《通知》确定了厂务公开的指导思想和四个基本原则：坚持党委统一领导，党政共同负责，有关方面齐抓共管，动员职工广泛参与的原则；坚持实事求是、依法公开的原则；坚持谁办理、谁公开的原则；坚持与时俱进的原则。同时，明确了股份公司所属公司、各子公司所属分公司（分局）、项目部厂务公开的主要内容、形式、程序、组织机构与工作责任、检查考核与责任追究，要求各子公司结合实际修订完善本单位厂务公开工作制度措施。

【工会一届二次全委会暨工会工作会】 2011年12月29日，股份公司工会一届二次全委会暨工会工作会议在成都召开。股份公司所属29个单位的96名代表、35名列席代表参会。四川省总工会常务副主席罗茂乡，股份公司党委副书记陈永录到会并讲话。股份公司工会主席王宗敏作了题为《解放思想，开拓进取，推进公司工会工作创新发展》的工作报告，工会副主席段尚毅主持会议并作总结讲话。

会议传达了全国构建和谐劳动先进表彰暨经验交流会议精神，审议了工作报告，增补了股份公司工会委员会委员。水电二局、三局、五局、七局、八局、十一局有限公司等作了交流。代表们围绕工会2012年中心工作，就如何突出工会特色、集中组织优势、提升工作效能进行深入研讨。

【项目职工之家建设】 2011年6月9日，股份公司工会下发了《关于项目职工之家建设的指导意见》（中水电股工会〔2011〕16号），进一步加强工会基层组织建设，推进职工之家建设活动向制度化、规范化发展。《意见》分析了建立项目职工之家的意义；确定了深入开展项目职工之家建设活动的指导思想和应遵循的服务大局、突出维护、依靠群众、创新发展、齐抓共建等五项基本原则；提出了围绕中心工作、把握建家重点，突出维护职能、体现建家宗旨，服务职工群众、优化建家环境，培育企业文化、搞好文体活动，悬挂牌匾、统一标识等五个方面的基本内容。

【劳动竞赛活动指导意见】 2011年6月17日，股份公司工会下发了《关于印发〈股份公司关于动员组织职工广泛深入开展劳动竞赛活动的指导意见〉的通知》（中水电股工会〔2011〕17号）。《指导意见》确定了开展劳动竞赛的指导思想、总体目标、主要内容、竞赛流程和总体要求。

【全国五一劳动奖章授牌仪式暨技能人才队伍建设推进会议】 2011年5月27日，全国能源化学工会和股份公司“全国五一劳动奖章授牌仪式暨技能人才队伍建设推进会议”在长沙举行。中国能源化学工会主席张成富、股份公司工会主席王宗敏向水电八局有限公司获得五一劳动奖章的张志平同志颁发奖章和证书，中国能源化学工会电力工作部部长李晓强宣读了中华全国总工会表彰决定。股份公司各成员企业工会主席等140余人参加了会议。

张志平在会上发表了获奖感言。水电五局、七局、八局等有限公司工会负责人介绍了本单位技能人才队伍建设经验。

【公司2家单位获全国模范劳动关系和谐企业】 2011

年8月15～16日，全国构建和谐劳动关系先进表彰暨经验交流会在北京人民大会堂举行。股份公司子公司——水电四局有限公司、水电八局有限公司被授予“全国模范劳动关系和谐企业”称号。

【公司3家单位获全国交通系统“工人先锋号”】 2011年12月15日，中国海员建设工会表彰2011年度全国交通建设系统“工人先锋号”，水电十三局有限公司天津武清市政项目路桥施工队、水电二局有限公司津城第三项目经理部、港航公司平潭金井湾工程项目部获此称号。

【公司2家单位4名个人受能源化学工会表彰】 2011年11月21日，中国能源化学工会全国委员会下发《关于表彰全国能源化学系统先进工会、优秀工会工作者的决定》（能源工发〔2011〕44号），对成绩显著的先进工会和先进工会工作者进行表彰。股份公司系统水电八局有限公司工会、水电十一局有限公司工会荣获“全国能源化学系统先进工会”称号，水电二局有限公司工会主席景立山、水电五局有限公司工会主席王民安、水电七局有限公司工会主席王富建、水电十四局有限公司工会主席张廉荣荣获“全国能源化学系统先进工会工作者”称号。

【南水北调工程河南段劳动竞赛】 2011年1月20日，股份公司下发了《关于表彰股份公司南水北调河南段劳动竞赛先进集体和先进个人的决定》（中水电股工会〔2011〕3号），对股份公司2010年9月1日～12月31日在南水北调工程河南段开展劳动竞赛活动的4个一等奖、8个二等奖、9个三等奖等获奖集体和78名先进个人进行了表彰。

2011年9月1日～12月31日，股份公司工会组织开展了以“为民服务建新功、五比五赛展风采”为主题的南水北调工程河南段劳动竞赛活动。在开展劳动竞赛的四个月中，计划完成产值18.85亿元，实际完成21.56亿元，完成率为114.36%。

【股份公司工会信息工作】 2011年3月25日，股份公司工会下发了《关于加强股份公司工会信息工作的通知》（中水电股工会〔2011〕8号），要求提高对信息工作重要性的认识，并明确了10个方面信息报送的重点内容。

【参加中电建协第二届吊装技能竞赛】 2011年9月19日，中国电力建设协会第二届吊装技能竞赛在江苏昆山落下帷幕，集团公司代表——水电七局有限公司卢杰、水电六局有限公司吴海洋分获汽车起重机组第二名和第七名。

（魏立军）

【劳动模范疗养】 2011年8月，为落实股份公司先进人物有关待遇，经股份公司党委批准，依据《股份公司先进人物奖励性疗养办法》，股份公司工会组织50余名先进人物赴大连疗养。

【领导干部羽毛球邀请赛】 2011年11月，为促进领导人员健身运动开展，增进股份公司总部及各子公司领导人员的交流和沟通，股份公司工会在福州组织了“股份公司系统领导干部羽毛球邀请赛”，活动由水电十六局有限公司工会承办。

【开展“生命之歌”大家唱活动】 2011年7月19日，股份公司工会下发了《关于开展“生命之歌”大家唱活动的通知》（中水电股工会〔2011〕21号），动员全公司职工自7月起至8月底学唱、传唱“生命之歌”，以群众喜闻乐见的文艺形式，讴歌先进典型，弘扬感人事迹，传播安全文化，强化安全意识。

【总部及在京公司迎“七一”棋牌比赛】 2011年6月底，为庆祝建党90周年，丰富职工业余文化生活，营造“健康生活、快乐工作”的和谐文明工作氛围，调动广大职工工作积极性，股份公司工会举办了2011年迎“七一”棋牌比赛。

（秦媛媛）

【参加“中国三峡杯”全国首届水电摄影大赛】 2011年11月14日，“中国三峡杯”全国首届水电摄影大赛颁奖典礼在北京召开，组委会主任、国家能源局副局长刘琦出席会议并讲话。共有222幅摄影作品获奖。集团公司荣获组织奖，选送的作品有24幅获奖。

【参加“中电联兴业杯”全国电力单位乒乓球友谊赛】 2011年10月23日，中国电力企业联合会组织的2011年“中电联兴业杯”全国电力单位乒乓球友谊赛在国家体育总局训练局乒乓球馆举行。国家电网公司、中国南方电网有限责任公司、中国国电集团公司、中国华电集团公司、中国华能集团公司、中国大唐集团公司、中国电力投资集团公司、中国电力企业联合会、中国电力建设集团有限公司、中国能源建设集团有限公司等参加了友谊赛。代表中国电建集团参加比赛的有，水电四局有限公司王争鸣、华科软公司王亘、水电十一局有限公司常思成、张永行。王亘、常思成、张永行进入复赛，常思成获得B组亚军。

【对劳务派遣工入会工作情况摸底】 2011年5月18日，股份公司工会下发了《关于进行劳务派遣工入会情况调查的通知》（中水电股工会〔2011〕13号），组织开展了针对劳务派遣工入会情况的调查。本次调查重点了解使用劳务派遣工的情况、劳务派遣工入会的情况、推动劳务派遣工入会的基本做法和经验、推动劳务派遣工入会存在的困难和问题、对推动劳务派遣工入会的建议等内容，并形成调查报告，上报中国能源化学工会。

（魏立军）

【中央企业班组长岗位管理能力资格认证远程培训】 2011年3月，国务院国资委联合清华大学开展的中央企业班组长岗位管理能力资格认证远程培训结束。首期培训股份公司参训班组长440人，实际进行有效学习的学员397人，有效学习率达到90.2%。参训学员总计学时为34217学时，人均86.2学时。按照项目规定的学习任务为60.8学时，股份公司学习任务完成率达141%，学员整体学习情况良好。股份公司申请考试人数为339人，办理缓考人数43人，实际参加考试人数287人。总成绩通过率达92%，其中成绩优秀24人，占8.36%；成绩良好171人，占59.58%。

（魏立军）

共青团工作

【公司1个集体获国资委和团中央表彰】 2011年6月14日，国务院国资委、共青团中央联合下发《关于命名中央企业2009～2010年度全国青年文明号的决定》（国资发群工〔2011〕77号）文件，命名中央企业2009～2010年度全国青年文明号，股份公司所属水电五局有限公司机电制造安装分局荣获此称号。

【公司14个集体、9名个人获共青团中央、中国长江三峡集团公司联合表彰】 2011年6月10日，共青团中央、中国长江三峡集团公司金沙江流域水电工程青年创新立功竞赛活动表彰大会在溪洛渡工地举行，对溪洛渡、向家坝水电站青年创新立功竞赛活动中涌现出来的40个青年集体、30名青年进行表彰。水电十四局有限公司溪洛渡项目经理部安全部等6个集体获“青年文明号”荣誉称号；水电十四局总调室厂房组等8个集体获“青年安全生产示范岗”荣誉称号；水电十四局溪洛渡项目经理部李荣等9名个人获“青年岗位能手”称号。

【公司12个集体、8名个人获中央企业团工委表彰】 2011年4月8日，中央企业团工委下发了《关于表彰2010年度中央企业五四红旗团委、五四红旗团支部、优秀共青团员、优秀共青团干部和确定第十一批（2011～2013年度）中央企业五四红旗团委创建单位的决定》（中企团发〔2011〕5号）和《关于命名2010年度中央企业青年文明号、表彰2010年度中央企业杰出青年岗位能手和中央企业青年岗位能手的决定》（中企团发〔2011〕6号），股份公司12个青年集体和8名个人受到表彰。

【中央企业党建带团建先进单位、中央企业青年五四奖章】 2011年8月25日，国务院国资委党委表彰了135家“中央企业党建带团建工作先进单位”、100名第一届“中央企业青年五四奖章”获得者和56名第一届“中央企业青年五四奖章”提名奖。水电四局有限公司党委、水电七局有限公司党委荣获“中央企业党建带团建工作先进单位”，水电十三局有限公司四分公司项目经理杨旭东、房地产公司副总经理薛志勇荣获第一届“中央企业青年五四奖章”，水电十一局有限公司博茨瓦纳迪克戈洪大坝项目部总工程师刘沐荣获第一届“中央企业青年五四奖章”提名奖。

【公司5人当选中央企业青联委员】 2011年8月26日，中央企业青联三届一次全委会在北京召开。会议总结了中央企业青联二届一次全委会召开以来的工作，部署中央企业青联今后五年工作任务，修改中央企业青联工作细则，选举产生了中央企业青联新一届领导班子，王彤宙、薛志勇、赵新华、孙彦华、席国超5人当选为三届中央企业青联委员，王彤宙当选为中央企业青联副主席，薛志勇当选为常委。

【公司1个集体、6名个人获中央企业利比亚撤离工作先进集体和个人】 2011年12月23日，中央企业团工委下发《关于表彰在中央企业利比亚撤离工作中作出突出贡献的先进青年集体和个人的决定》（中企团发〔2011〕16号），股份公司北非区域总部荣获“利比亚撤离工作先进青年集体”称号；北非区域总部总经理助理卢吉波等6人荣获“利比亚撤离工作先进青年”称号。

【公司成功承办中央企业青联委员“走进中原经济区”暨“行动学习”活动】 2011年9月2～4日，中央企业青联、中国水利水电建设集团公司、河南青年联合会主办的中央企业青联委员“走进中原经济区”暨“行动学习”——“艰苦奋斗·求真务实”大型活动在河南举办。河南省副省长史济春，中央企业团工委书记、中央企业青联主席许高峰，股份公司副总经理王彤宙，共青团河南省委书记、省青联主席侯红等领导出席活动，来自中央企业青联委员及特邀嘉宾等共70余人参加活动。水电十一局有限公司总经理孙玉民代表股份公司致欢迎词并重点介绍了水电十一局有限公司。

【党建带团建】 2011年8月5日，股份公司党委下发了《关于认真贯彻落实〈关于加强新形势下基层党建带团建工作的意见〉的通知》（中水电股党〔2011〕53号），贯彻落实中共中央组织部、共青团中央有关文件精神，要求各子公司党委充分认识加强党建带团建工作的重要意义，建立健全党建带团建长效机制，准确把握党建带团建的三项重点任务：一是突出带团干部队伍建设，切实配齐配强基层团组织班子；二是突出带基层组织建设，不断扩大团组织覆盖面；三是突出带创先争优活动，形成党团共建创先争优的良好局面。

【评选表彰先进团组织、优秀团员和团干部】 2011年4月28日，股份公司团委下发了《关于表彰2010～2011年度股份公司五四红旗团委、五四红旗团支部、优秀共青团员、优秀共青团干部的决定》（股团〔2011〕11号），授予水电一局有限公司基础工程分局团委等23个团委“五四红旗团委”荣誉称号，授予水电一局有限公司第二分局机关团支部等32个团（总）支部“五四红旗团支部”荣誉称号，授予水电一局有限公司机电安装分局团委副书记肖雪等34人“优秀共青团员”荣誉称号，授予水电一局有限公司路桥工程分局团委副书记褚莹等39人“优秀共青团干部”荣誉称号。

【评选表彰青年文明号和青年岗位能手】 2011年4月28日，股份公司团委下发了《关于命名2010～2011年度股份公司青年文明号、表彰2010～2011年度股份公司杰出青年岗位能手和青年岗位能手的决定》（股团〔2011〕10号），命名水电一局有限公司第三分局公明项目部青年突击队等31个青年集体为“2010～2011年度股份公司青年文明号”荣誉称号，授予水电五局有限公司五分局南水北调石家庄元氏Ⅱ段项目经理康建荣等10人“2010～2011年度股份公司杰出青年岗位能手”荣誉称号，授予水电一局有限公司云南分局大华桥项目部总经济师徐建波等40人“2010～2011年度股份公司青年岗位能手”荣誉称号。

【形势政策教育活动】 2011年4月8日，股份公司团委下发了《关于组织开展“我与祖国共奋进”形势政策教育活动的通知》（股团〔2011〕7号），要求各基层团委在“五四”前结合形势任务教育、评选表彰、主题团日等活动，采取邀请专家学者作专题讲座、邀请本单位党政领导作形势任务报告或邀请青年典型开展座谈交流等形式，组织一场“我与祖国共奋进”形势政策教育活动。股份公司团委、国际公司团委联合组织在京公司团员青年开展一次参观爱国主义教育基地（三军仪仗队）活动。

【在基层团组织和团员中深入开展创先争优活动的实施意见】 2011年2月25日，股份公司团委下发了《印发〈关于在股份公司基层团组织和团员中深入开展创先争优活动的实施意见〉的通知》（股团〔2011〕3号），对创先争优活动作出部署。《意见》分析了共青团组织开展创先争优活动的重要意义；提出了以“扩大组织覆盖、增强组织活力，增强团员意识、发挥带头作用”为主题和以“积极创建五四红旗团组织，争当优秀共青团员”为主要内容开展创先争优活动的总体要求；确定了加强组织建设、发挥模范带头作用，找准组织定位、服务企业改革发展，着眼人才开发、服务青年成长成才，立足企业实践、促进青年创新创效等4项重点任务。

【关爱农民工子女活动】 按照团中央和中央企业团工委要求，股份公司团委进一步落实《关于开展“共青团关爱农民工子女志愿服务行动”的通知》（股团〔2010〕5号），重点加强了有较大影响的玉树灾后重建指挥部、南水北调、京沪高铁等国家重点工程项目关爱活动，组织基层青年志愿者服务队与农民工子女建立结对关系，进行了爱心捐赠。

【开展青年安全生产活动】 按照共青团中央等六部委提出的“安全生产月”活动要求，各基层团组织开展了“安全生产、青年争先”活动，积极参与企业安全教育和管理工作，紧密结合实际，宣传安全常识，联合安全部门组织开展了知识竞赛、青年安全岗等多种形式和内容的活动，培养青年职工安全观念、提高青年安全意识。股份公司推荐的水电八局溪洛渡大坝施工局荣获“全国青年安全生产示范岗”称号。

【10名香港大学生到公司实习】 受共青团中央、全国青联委托，10名香港大学生于2011年6月29日～7月30日到公司实习。实习期间，股份公司团委、人力资源部为香港大学生落实了详细实习计划和活动安排，配备了业务指导老师和日常工作联系人，安排了参观长城、故宫、军事博物馆、历史博物馆等活动，组织考察了中国空间技术研究院、中国水电天津市武清区新城开发BT项目。水电二局有限公司、国际公司、路桥公司、房地产公司、租赁公司协助落实了实习计划。12月8日，中华全国青年联合会发来感谢信，对公司承担香港大学生暑期社会实践活动任务表示感谢。

（魏立军）

精神文明和企业文化建设

【文明工程项目创建活动实施意见】 2011年10月8日，股份公司党委下发了《关于印发〈中国水利水电建设股份有限公司文明工程项目创建活动实施意见（试行）〉的通知》（中水电股党〔2011〕64号），在总结近年来文明工程项目创建活动经验的基础上，进一步规范了文明工程创建活动。《意见》确定了突出“四个好”、广泛创建和全方位覆盖、坚持代表性、确保质量和好中选优、坚持五个一票否决等五项创建原则，明确了队伍建设好、施工环境好、项目文化好、履约效益好等四个创建条件，对考核程序、名称定位、组织领导、创建要求、考核实施细则作了进一步细化。

【2010年“公司文明工程项目”】 2011年3月30日，股份公司党委下发了《关于表彰2010年度文明工程项目的决定》（中水电股党〔2011〕24号），授予集团国际公司卡塔尔路赛场地准备项目等18个工程项目为股份公司2010年度文明工程项目荣誉称号。

【调整集团（股份）公司精神文明建设指导委员会】 2011年5月17日，集团公司党委下发了《关于调整集团（股份）公司精神文明建设指导委员会组成人员的通知》（中水电党〔2011〕6号），调整后的人员如下：

集团（股份）公司精神文明建设指导委员会

主任：范集湘。

副主任：陈永录、袁柏松。

成员：孙洪水、王彤宙、李跃平、黄保东、孙璀、王宗敏、宗敦峰、王志平、李燕明、段尚毅。

集团（股份）公司精神文明建设指导委员会办公室设在集团（股份）公司党委工作部

办公室主任：段尚毅（兼）。

副主任：梁伟、何明、吴旭良。

【绿色出行文明交通从我做起主题宣传实践活动】 2011年3月3日，股份公司直属党委下发了《关于转发首都文明委〈做文明有礼的北京人——绿色出行文明交通从我做起主题宣传实践活动工作方案〉的通知》（中水电股直党〔2011〕1号），动员全体党员、员工广泛参加“文明出行推动日”、“公交出行月”、“绿色骑行月”、“路口畅行月”、“文明行车月”等活动，营造更加良好的文明出行氛围，为建设“人文北京、科技北京、绿色北京”和中国特色世界城市营造良好交通环境和文明秩序。

【总部申报全国文明单位】 按照《关于印发〈中国水利水电建设股份有限公司总部创建全国文明单位任务分解方案〉的通知》（中水电股直党〔2010〕9号）精神，结合总部工作实际，以落实工作责任为基础，按照直属党委统一领导、各部门（事业部）和在京公司齐抓共管、全员创建的原则，直属党委将全国文明单位考评条件的要求量化细化，层层分解任务、全员落实责任，把创建工作落实到每一部门、每一员工。经过精心准备，于5月份上报了全国文明单位申报材料并接受了国务院国资委考核组检查考核。

（魏立军）

史志建设

【部门2011年工作】 2011年，史志办公室认真贯彻股份公司2011年工作会议精神，以科学发展观为指导，全面落实股份公司2011年史志鉴工作会议所确定的各项工作任务，继续开拓创新、求真务实、精益求精、打造精品，认真勤恳做好公司年鉴和史志编著工作；为进一步加强公司企业文化建设，扩大“中国水电”品牌影响力，确保公司平稳较快发展，作出了新的贡献。

【召开2011年史志鉴工作会议】 2011年5月11日下午，股份公司召开史志鉴工作视频会议，副总经理袁柏松出席会议并作了题为《开拓创新、打造精品，进一步做好股份公司年鉴和史志编著工作》的讲话。中国出版工作者协会年鉴工作委员会、北京市地方志办公室、中国国有资产监督管理年鉴社、英大传媒投资集团有限公司等领导和专家应邀出席会议并分别讲话。会议还邀请北京市史志专家罗保平进行史志鉴编著业务辅导授课。史志办公室主任郭志在会上就关于2011年史志鉴工作计划作了具体说明，部署了史志鉴编纂工作任务；公司总部各部门、各子公司分管史志鉴工作的领导和组稿撰稿人员近300人参加会议。

【集团公司《年鉴(2011年卷)》编纂、发行工作】 2011年，史志办公室认真做好《中国水电建设集团公司年鉴(2011年卷)》框架设计、组稿撰稿、编辑加工和出版发行工作。年鉴（2011年卷）全书设置12个篇目386个栏目，载录条目2431条，收录大事215条。全卷共约230万字，彩版36页，印刷3000册，光盘1000张，于2011年12月6日出版发行。史志办公室具体组织了向各子公司、总部各部门的发送工作和向国家有关部委、企业单位的赠送与交换工作。

【集团公司志书编修工作】

1. 集团公司《组织机构志》、《大事记》

在股份公司领导高度重视，各部门、各子公司大力支持配合下，经过四年时间汇总、编辑，史志办公室完成了《组织机构志》、《大事记》初稿工作。截至2011年底，《组织机构志》、《大事记》第三次送审稿已报送公司副总经理袁柏松审核并请董事长范集湘进行终审。张基尧应邀为《组织机构志》、《大事记》题写了书名。

2.《人物志》编修工作

2011年在公司总部各部门、各子公司报送的《人物志（1950～2010)》统计表及相关资料的基础上，史志办公室与人力资源部密切配合，内查外调搜集并核实资料，进行了大量汇总、整理、编辑工作，具备了形成《人物志》初稿的条件。

集团（股份）公司《人物志》入志人物为6941人，其中：撰写人物释文（领导干部、高级专业技术人员、革命烈士）2218人；人物列表（先进模范人物）1146人（次）；人物名录（代表、老红军、离休干部）3072人（次）；总录入人数7575人（次）。

3.《集团公司志·局（厂）卷》

2011年，水电十二局、水电八局、水电七局、水电十一局有限公司“分志卷”已出版发行，至此，已出版发行8部“分志卷”；水电十四局、水电三局、夹江公司、水电十三局、水电十局有限公司等5个单位“分志卷”先后进入印刷、出版流程；水电九局、水电一局有限公司已上报送审稿；水电五局有限公司“分志卷”送审稿在2011年底前报送股份公司审核；水电十六局、水电十五局有限公司“分志卷”内审工作抓紧进行。

【报送有关年鉴、专志资料工作】

（1）2011年，史志办公室完成了向国务院国资委、电力志编纂办公室报送《汶川特大地震抗震救灾志·灾后重建志》相关资料的补充确认工作。提供的资料充分反映集团（股份）公司在抗震救灾、恢复重建工作中的突出事迹，史志办的工作得到国务院国资委、电力志编纂办公室的认可和好评。

（2）组织完成了向《中国国有资产监督管理年鉴》、《中国建设年鉴》、《中国电力年鉴》、《中国水力发电年鉴》提供年度稿件的工作。上述这些对外提供的稿件，组稿质量较好，突出水电特色，均得到有关单位肯定和好评。

【史志鉴业务培训工作】 2011 年，史志办公室继续通过多种形式对从事史志鉴编辑工作人员进行培训，不断提高史志鉴编辑人员业务水平。史志办公室采取以会代培形式，在 2011 年 5 月 11 日下午召开的股份公司 2011 年史志鉴工作视频会议上，特别邀请北京地方志学会副会长罗保平，就修志工作作了题为《做好深加工，全面提高志书质量》的专题辅导讲座；公司总部各部门、各公司分管史志鉴工作的领导和组稿撰稿人员近 300 人参加了培训。

【内部研讨和交流活动】 2011 年史志办公室先后 7 次对 16 家子公司修志工作进行指导、调研、服务工作，积极推动股份公司史志鉴工作进一步深入开展，并取得了较好效果。

史志办还特邀北京地方志学会副会长罗保平到水电一局、三局、五局、七局、八局、九局、十局、十三局、十四局、十五局、十六局有限公司，四川公司，华亭公司，崇信公司，夹江公司等单位对修志工作进行培训指导，并对工程局、厂“分志卷”送审稿进行现场审校点评，受到各子公司好评。

【集团公司年鉴(2010 年卷)获全国编纂出版质量评比特等奖】 2011 年，《中国水电建设集团公司年鉴(2010 年卷)》在由中国出版工作者协会年鉴工作委员会主办的第五届全国年鉴编校质量检查评比活动中荣获特等奖。

此次评奖活动是由 2011 年 5～9 月由中国出版工作者协会年鉴工作委员会成立的第五届全国年鉴编校质量检查评审委员会，在坚持公开、公平、公正原则的基础上，经过参评单位自查、评委初查、顾问专家复审组复审、评审委员会审核批准等严格的评比工作程序开展的。

【扩大业界交流发挥对外宣传作用】 2011 年史志办公室继续开展业界交流活动，广泛与《中国国有资产监督管理年鉴》、中央部委级年鉴、中央企业年鉴及地方史志界的交往，通过交换年鉴、史志资料，互相学习交流经验，提高了集团志鉴在业界的知名度，在全国企业范围内有力宣传了“中国水电”品牌和形象。公司作为中国版协年鉴研究会、北京地方志学会的常务理事单位，派员参加了常务理事会等活动，派员参加《中国国有资产监督管理年鉴》、《中国电力年鉴》年度编撰工作会议。

（李霞林）

第九篇　检 查 监 督

Chapter Ⅸ Inspection and Supervision

纪 检 监 察

纪委·监察部

【部门2011年工作】

（1）强化“一岗双责”，党风廉政建设责任制各项工作进一步落实；

（2）惩防体系建设扎实推进；

（3）建立教育长效机制，努力构建思想道德防线；

（4）进一步完善制度，努力构建权力运行防线；

（5）大力推进“三重一大”制度落实，努力构建决策风险防线；

（6）严肃查处违纪违规行为，努力构建惩戒防线；

（7）强化监督检查，努力做好风险防范；

（8）加强纪检监察组织建设，为反腐倡廉建设提供有效组织保障。

【股份公司2011年反腐倡廉工作会议】 2011年3月2日，股份公司反腐倡廉工作会议在公司总部召开。各子公司、控股公司党委书记、总经理、纪委书记和总部部门负责人140人参加会议，股份公司领导出席会议。会议由股份公司党委副书记、纪委书记陈永录主持。股份公司董事长、党委书记范集湘在会上发表重要讲话，陈永录代表纪委作工作报告。会上，董事长范集湘与29家子公司、控股公司党委书记、总经理分别签订了2011年度党风廉政建设责任书。2011年，股份公司与各子公司共签订党风廉政建设责任书29份，子公司与所属单位签订责任书4529份，责任书签订率达100%。

【党风廉政建设责任制考核】 2011年终对29个子公司党风廉政责任制进行考核，最高98.92分，最低91.55分，平均得分96.77分。其中国际公司、水电七局有限公司、水电十一局有限公司、房地产公司均达到98分以上。与上年相比，党风廉政建设点对点考核由平均96.61分上升到97.11分，上升0.5个百分点；本单位民主测评由28.17分上升到28.75分，上升0.58个百分点；股份公司班子成员对各子公司测评打分由18.37分上升到18.49分，上升0.12个百分点。

【惩防体系建设扎实推进】 2011年5月，为全面落实《惩防体系建设2008～2012五年规划》的目标任务，股份公司组织召开了总部惩防体系建设交流促进会，7～10月，股份公司所属29个单位分三个片区召开了由纪委书记、监察部主任参加的惩防体系建设经验交流会，研讨反腐倡廉工作的新情况、新问题，有效促进了惩防体系建设各项工作的开展。作为国资委惩防体系建设交流促进活动分组交流牵头单位，组织本组6个中央企业和辽宁省国资委等单位，到水电十三局有限公司和中国化学工程集团西安华陆公司开展惩防体系工作调查研究和交流研讨活动。股份公司纪委完成的理论研讨文章《突出抓好国际业务效能监察工作，努力做好国际业务风险防范》被评为优秀经验材料。

【建立长效机制，构建思想道德防线】 2011年，股份公司制定印发了《反腐倡廉教育长效机制实施办法》，对反腐倡廉教育的指导思想、目标要求、工作原则、教育内容、方式方法、教育机制、保障措施等提出明确要求。文件下发后，股份公司各单位均按要求制定具体的实施细则，结合自身实际开展丰富生动的教育活动。截至2011年底，股份公司各单位组织学习《廉政准则》和《若干规定》等规章制度1215场，受教育人数26 336人次，开展警示教育219场，参加人数9161人次。

【修订公司党风廉政建设责任制考核评价办法和考核评分标准】 2011年5月，根据中央修订颁布的《党风廉政建设责任制规定》，股份公司修订下发了《党风廉政建设责任制实施办法》、《党风廉政建设责任制评价办法》和《党风廉政建设责任制评分标准》，进一步调整考核办法，充实考核内容，强化责任落实，突出责任追究。

（1）坚持动态调整充实考核内容，突出经营管理重点。公司进一步将“三重一大”集体决策制度的执行、纪检监察组织建设落实情况等重点工作纳入考核内容。

（2）不断改进考核评价办法，使评价体系更加科学合理。2011年，党风责任制评价体系首次增加了总部职能部门对各子公司责任制执行情况的工作评价，使责任制由点对点考核、公司党委常委评分、总部职能部门评价、被检单位民主测评等四部分组成。

（3）高度重视考核结果应用，将考核结果纳入公司管理评价，与领导人员任用、奖惩和责任追究挂钩。

【进一步完善制度，大力推进“三重一大”制度落实】2011年，股份公司纪委在2010年出台15项制度的基础上，围绕党风廉政建设、“三重一大”、招投标、分包管理、领导人员出国管理、廉洁从业谈话、党务公开、规范庆典、研讨会、论坛等方面出台了9项制度。各单位在对领导人员权力制约方面，都做了一些有益的创新和尝试，取得了较好效果。

2011年，股份公司重新修订了“三重一大”决策制度，对重大决策、重要人事任免、重大项目安排和大额资金使用的决策机构、决策程序、决策监督都作了明确规定。公司整体改制后，按照现代企业制度的要求，在《公司章程》的基础上，先后制订了股东会、董事会、监事会议事规则等，构建了党委核心领导、董事会战略决策、经理层全权经营、监事会依法监督的法人治理结构，确立了股东会—董事会—经理层—子公司分级授权经营管理与决策机制。同时，股份公司加强对子公司建立和执行“三重一大”决策制度的检查指导。截至2011年底，已有24家子公司制定了“三重一大”决策制度实施细则并向股份公司报批备案。

【效能监察工作】 2011年，股份公司重点围绕工程领域专项治理、“三重一大”决策制度、国际业务、企业财务资金管理、重大工程项目特别是投资项目管理五个方面开展效能监察。股份公司本部选了两个具有代表性的国际EPC项目开展效能监察。截至年底，公司各单位效能监察共立项总数582项，提出监察建议1888条，整章建制295个，避免经济损失439.85万元，挽回经济损失1049.85万元，节约资金4493.55万元，直接增加经济效益3817.33万元。

【专项监督检查和专项治理工作】 2011年，股份公司按照国资委纪委的工作部署，开展以下专项工作：

（1）开展转变经济发展方式监督检查。公司各单位开展加快转变经济发展方式监督检查81项，发现问题56个，得到纠正50个，健全制度48项。

（2）组织对五项制度落实情况的监督检查。按照国资委要求，股份公司认真开展对党风廉政建设责任制、贯彻落实《廉政准则》和《若干规定》、“三重一大”、纪检监察组织建设等五项制度的监督检查，于2011年7月安排部署各单位开展自查自纠工作，年终对部分单位进行了抽查工作。

（3）继续抓好工程建设领域突出问题治理。2011年，公司重点组织围绕项目财务资金管理、合同及分包管理、设备物资管理、工期、质量及安全管理、信访举报及反腐倡廉建设等方面进行监督检查。年内，公司各单位开展工程项目检查218项，涉及金额11.8亿元，发现问题322个，避免和挽回经济损失150.06万元。

【信访、案件工作】 2011年股份公司纪委共收到信访举报23件，比上年同期下降20.7%。其中，署名信访件6件次，匿名信访件17件次。反映的主要问题有违反廉洁自律规定，违规从事经营活动，收受贿赂等。其中，涉及二级企业领导人员的举报5件次，涉及二级企业中层管理人员的举报7件次，涉及三级企业中层管理人员的举报1件次，涉及其他管理人员的举报10件次。股份公司纪委高度重视信访举报，慎重甄别，稳妥处理了各类信访举报案件。

2011年，股份公司共发生违法案件3起，涉案人员7人。其中，2起2人被司法机关追究刑事责任，1起5人有1人已移交司法机关处理。股份公司直接查处违纪违规问题4起，经股份公司党委研究，分别对9名相关责任人给予党纪政纪处分，并在股份公司范围内进行了通报。

【加强纪检监察队伍建设】 2011年，股份公司系统设立纪委由192个增加到229个，监察机构由119个增加到177个，专兼职纪检监察工作人员由797人增加到993人。按照公司《关于进一步加强和改进纪检监察组织建设的实施意见》要求，基本做到了所在单位设立党委的，同时设立纪委；建立党总支、党支部的，委员中明确纪检委员。股份公司各二级单位全部设立了纪委，全资子公司、国际公司、四川电力公司等单位单独设立了监察部门，并与纪委合署办公，其他控股公司也根据需要明确规定监察部门与审计等监督部门合署办公。机构设置和人员的增加，为开展反腐倡廉建设提供了组织保障。

2011年，股份公司对五家单位纪委书记岗位进行公开招聘，在60多名竞聘者中，通过笔试、面试、组织考察等相关程序，选拔了5名优秀的中青年业务骨干担任纪委书记。2011年，股份公司在华北电力大学举办了2期纪检监察人员培训班，系统内从事纪检监察工作的203人参加培训。培训班邀请中央纪委、国资委纪委等部门领导和专家，就惩防体系、案件审理、效能监察等各项业务工作集中授课。此外，股份公司通过纪委书记述职、报告工作、座谈交流等形式，不断完善纪检监察机构履行职责的工作机制。

（陈应年）

审　计　工　作

审　计　部

【部门2011年工作】 2011年，审计部认真贯彻落实股份公司工作会议精神，继续强化内部审计，主动提高服务意识，积极推进审计工作向管理审计、风险审计转型，探索审计工作新思路和新方式，认真履行审计职责，工作质量不断提升，审计领域不断深入，圆满完成各项审计工作任务。

（1）2011年，审计部共开展审计项目8项，其中：任期经济责任审计6项，工程造价、竣工财务决算审计和投资项目后评价2项。

（2）重点开展领导干部任期经济责任审计。审计部按照年初确定的工作任务，自主完成了对水电二局有限公司、水电三局有限公司、水电十局有限公司总经理2008～2010年任期经济责任审计；委托中介机构完成了对水电九局有限公司、四川电力公司、国际公司总经理2006～2010年任期经济责任审计，借用审计署对相关所属企业财务收支审计成果，完成了对水电一局有限公司、水电十一局有限公司、华亭发电有限责任公司任期业绩确认工作。

（3）继续加大投资项目审计力度。2011年，审计部有选择性地对已完工重要投资项目组织开展工程造价审计、竣工财务决算审计和投资项目后评价工作，对路桥公司投资建设的武邵、成名高速公路项目实施了工程造价、竣工财务决算审计和投资项目后评价工作。从投资项目立项、决策、建设、运营全过程进行监督，对投资效果进行分析评价。

（4）完善内部管理制度。2011年，股份公司出台了《中国水利水电建设股份有限公司领导干部经济责任审计实施办法》及《股份公司水电投资建设项目后评价工作细则》，规范和完善了内部审计具体业务操作流程，制定了审计工作标准。

（5）全力配合国资委经济责任审计组开展对集团公司总经理范集湘同志2008～2010年任期经济责任审计工作。审计部与财务产权部、资金部、总经理工作部等业务部门密切配合，做好审计的各项服务工作。审计工作开始后，分别陪同审计组分四大片区进驻8个子公司、8个控股公司进行财务基础审计。

（6）完成了审计署对股份公司4家子公司和1个发电厂财务收支审计和京沪高铁三标段、南广铁路、贵广铁路跟踪审计的迎审督导和审计意见整改落实工作。

（7）2011年2月召开了审计风险委员会第二次专题会议，向委员会汇报了上年度审计工作情况，听取了委员会领导对审计工作的指导性意见，并对本年度审计计划进行了补充完善。

（8）2011年7月，召开股份公司审计工作会。会议总结回顾了“十一五”期间公司审计工作经验，明确“十二五”审计总体思路和工作目标，并传达审计署、国资委、股份公司有关会议精神，部署了年度审计工作。

（9）努力营造学习型团队，加大审计人员培训力度。

【经济责任审计】 2011年，审计部对水电二局有限公司、水电三局有限公司、水电九局有限公司、水电十局有限公司、国际公司、四川电力开发公司总经理实施任期经济责任审计。

（1）股份公司审计组自2011年9月5日起对水电二局有限公司总经理刘国栋同志2008～2010年任职期间履行经济责任情况进行就地审计。2008～2010年该公司累计完成营业收入72亿元，2010年比2007年增长1.28倍，三年平均增长31.68%；全员劳动生产率增长129.35%，年均增长31.88%；在职职工人均收入三年增长60%，年均增长率16.96%；

任期内共签订合同项目216个，合同金额126亿元，上任时接手合同存量48.54亿元，2010年底合同存量65.03亿元；三年累计实现业绩利润1.61亿元。实现了国有资产保值增值。

（2）股份公司审计组于2011年9月13～28日对章运礼同志2008～2010年任水电三局有限公司总经理期间的经济责任进行就地审计。2008～2010年该公司累计完成营业收入116.19亿元，年均增长率22.3%；全员劳动生产率增长21.14万元，年均增长25.17%；在职职工人均年收入三年增长1.55万元，年均增长17.57%。任期内共签订合同项目115个，合同金额210亿元，上任时接手合同存量35亿元，2010年底合同存量126亿元。其任期共实现利润总额2.68亿元，年均增长19.05%。实现了国有资产保值增值。

（3）股份公司审计组于2011年5月20日～6月22日对水电九局有限公司总经理陈学云同志2006～2009年任期经济责任进行就地审计。陈学云任职期间，水电九局有限公司累计完成企业总产值66.80亿元，累计实现利润总额1963.62万元。总体上，任职期间总产值逐年增加，2009年度比2006年度增加11.58亿元，增长91.72%，经审计的资产总额由2006年初的12.19亿元增加到2009年底的20.36亿元，增加8.17亿元，增长率66.97%；负债总额由2006年初的11.63亿元增加到2009年底的18.93亿元，增加7.30亿元，增长率62.84%；净资产由2006年初的5682.24万元增加到2009年底的1.43亿元，增加9130.14万元。实现了国有资产保值增值。

（4）股份公司审计组于2011年7月28日～8月12日对杜学泽同志2008～2010年任水电十局有限公司总经理期间的经济责任进行了就地审计。2008～2010年该公司累计完成营业收入74亿元，2010年比2007年增长2.44倍，年平均增长28.04%；全员劳动生产率增长96.8%，年均增长25.22%；在职职工人均收入三年增长32.2%，年均增长率9.75%；任期内共签订合同项目120个，合同金额113.97亿元，上任时接手合同存量32.92亿元，2010年底合同存量78.57亿元；会计报表反映2008～2010年任期共实现利润总额2.84亿元，经本次审计确认：调增利润4163.12万元，三年累计实现经营业绩利润3.23亿元，实现了国有资产保值增值。

（5）股份公司审计组自2011年5月16日起对国际公司总经理曾兴亮同志2006～2009年任职期间经济责任情况进行就地审计。截至2009年12月31日，国际公司在48个国家有在建项目211个，合同额150.29亿美元，合同余额约102.46亿美元。2008～2010年该公司累计完成营业收入437.85亿元，任期共实现利润总额18.55亿元，国际公司资产总额为146.27亿元，负债总额为124.22亿元，净资产22.05亿元，资产总额较2006年初增加105.15亿元；主营业务收入较2005年增加127.17亿元；利润总额较2005年增加7.03亿元。实现了国有资产保值增值。

（6）股份公司审计组于2011年5月25日～7月7日对刘明江同志、荣其富同志2006～2009年分别任四川电力开发有限公司董事长和总经理期间的经济责任情况进行了就地审计。截至2010年末，四川公司已取得水电资源开发权550万千瓦，其中：建成投产9个电站，装机容量110.71万千瓦。截至2010年末，该公司合并资产总额165.49亿元，负债总额131.70亿元；2007～2010年共实现主营业务收入17.57亿元，主营业务成本5.93亿元，实现利润总额3.33亿元。资产总额年均增长170.62%；负债总额年均增长526.62%；所有者权益由2007年初的3亿元增长至2010年末的33.79亿元，年均增长83.20%；营业收入增长1546%；期末资产负债率79.58%；员工人均收入由2007年的5.96万元增长至2010年的10.05万元，增长68.77%。实现了国有资产保值增值。

【投资项目审计】 2011年6月2日起，股份公司审计组对路桥公司投资建设的武部、成名高速公路项目实施工程造价、竣工财务决算审计和投资项目后评价工作。审计范围涉及项目立项、建设、竣工、交付使用全过程，审计重点为工程立项、设计、施工、监理、招投标、设备采购、合同管理、工程结算等环节的合法合规性，对工程投资及概算执行结果进行审计核实。

【配合国资委经济责任审计组开展对集团公司总经理范集湘同志2008～2010年任期经济责任审计工作】 2011年10月，国资委审计组进驻集团总部，开展对集团公司总经理范集湘同志2008～2010年任期经济责任审计工作。审计部与财务产权部、资金部、总经理工作部等部门密切配合，首先召集在京直属公司、控股公司布置迎审具体工作。审计工作开始后，陪同审计组分四大片区进驻8个子公司、8个控股公司进行财务基础审计，对现场审计发现部分单位个别比较重大的问题，与审计组多次交流、沟通，反复磋商，形成初步审计意见。审计部牵头组织核实相关审计问题并提出初步整改意见，取得了审计组理解和支持，有些问题通过整改得到及时处理和解决，较好发挥了桥梁纽带作用。

【经营业绩考核审计确认】 根据股份公司与所属企业签订的2010年度资产经营责任书及财务决算资料，参加了2011年初对所属企业2010年度经营指标完成情况预考核的检查工作，并配合财务产权部，对各单位指标完成情况进行专项审计确认。

【股份公司制定投资建设项目后评价工作细则】 2011年1月，审计部印发了《中国水利水电建设股份有限公司投资建设项目后评价工作细则》（中水电股审〔2011〕1号），该细则由“总则”、“工作流程和内容”、“参与者工作要求”、“结果的反馈与应用”、“附则”共5章24条构成，对投资建设项目审计管理工作作了规范。

【股份公司制定经济责任审计实施办法】 2011年6月，审计部印发了《中国水利水电建设股份有限公司经济责任审计实施办法》（中水电股审〔2011〕14号），该办法由“总则”、“工作组织”、“工作程序”、“审计主要内容”、“经济责任评价”、“审计报告”、“质量控制”、“附则”共8章42条构成，对经济责任审计起到了具体指导作用。

【2011年股份公司审计工作会议】 2011年7月，股份公司2011年审计工作会议在云南昆明召开，副总经理袁柏松出席会议，公司财务产权部、监察部、资金管理部负责人和全资子公司、控股公司主管审计工作的领导、审计部门负责人参加会议。袁柏松作了题为《紧紧围绕中心大局，认真履行审计职责，为股份公司科学发展作出积极贡献》的重要讲话，听取了审计部主任邓孟元所作的2010年审计工作报告，会议传达审计署、国资委、股份公司有关会议精神，部署了2011年度审计工作。

【董事会审计与风险管理委员会第二次专题会议】 2011年2月，审计部召开了审计与风险管理委员会第二次专题会议，向委员会汇报了上年度审计工作情况，听取了委员会领导对2011年审计工作的指导性意见，并对本年度审计计划进行了补充完善，使审计工作更加符合董事会和经营层的双重管理需要。

（付宜彤）

监　事　会

【监事会对集团公司进行实地监督检查】 2011年，财务产权部积极配合国有企业监事会对非主业情况进行调查，收集、整理、提供相关资料，并派人参加对瓜州风电有限公司、崇信发电有限责任公司和华亭发电有限责任公司、租赁公司深圳百业达机械设备租赁有限责任公司等进行现场调研，顺利完成了对股份公司及子公司的监督检查工作。

（李毅华）

中国水电
SINOHYDRO

第十篇　成员企业要览

Chapter Ⅹ Group Members

中国水利水电建设集团四川电力开发有限公司

概　况

【综述】 中国水利水电建设集团四川电力开发有限公司（以下简称“四川公司”）成立于2006年10月20日，以水电资源投资开发和电力运营为主营业务。该公司注册资本金20.39亿元人民币，由三家股东单位投资组建。其中，中国水利水电建设股份有限公司（以下简称“股份公司”）持股82%，中国水电顾问集团成都勘测设计研究院持股12%，中国水利水电第七工程局有限公司持股6%。

四川公司投资业务主要分布在岷江、大渡河、雅砻江三大流域四川境内河段以及新疆克孜河流域。2011年，已建成投产电站9个，发电装机容量124.7万千瓦，包括沙湾、大金坪、洪一、柳坪、色尔古、五一桥、阿坝明达、大坪、毛尔盖水电站；在建项目6个，发电装机容量100万千瓦，包括安谷、木坡、春堂坝、杨家湾以及甲米河一、二级水电站。

2011年，完成投资29.48亿元；总资产达202.84亿元，负债152.76亿元，资产负债率75.31%；完成融资35.65亿元，其中权益性资金14.28亿元，债务性资金21.37亿元；完成发电量47.15亿千瓦·时，实现营业收入11.30亿元（其中：CDM收入0.73亿元）；实现总利润2.98亿元，净利润2.86亿元。

在建工程进度、质量、安全均处于良好的受控状态。毛尔盖水电站提前8个月实现汛前下闸蓄水目标，首台机组于2011年10月26日顺利投产发电；甲米河一级水电站扩机获得核准，装机容量由2.4万千瓦扩容到3.6万千瓦；杨家湾水电站2011年底获得核准；安谷水电站环评报告获得国家环境保护部批文，可行性研究报告获得了水电水利规划设计总院批文，项目核准申请报告通过中国国际工程咨询公司（以下简称“中咨公司”）评估，并上报国家发展改革委，进入核准批复流程；小金川流域、脚木足流域各水电站前期工作按计划推进，三叉水电站工程通过预可行性研究和可行性研究审查，巴拉、达维、下尔呷等水电站工程获得“路条”。资源储备与开发的前期工作进度满足四川公司持续发展的需求。

【领导班子】 2011年，四川公司领导班子成员为：董事长、党委书记、法人代表刘明江；总经理兼党委副书记荣其富；副总经理、工会主席张跃涛；副总经理兼总会计师罗朝国；副总经理杨建明、牟官华、刘万海；总工程师杨清；党委副书记、纪委书记王坤任。

【组织机构】 四川公司总部设在四川省成都市高新区，设有19个部门，拥有全资子公司1家、控股子公司10家，参股4家水电开发公司，2个筹建处。现有员工790人，其中：教授级高级工程师17人，高级职称69人（其中，高级技师2人），中级职称142人（其中，技师12人），初级专业技术职称资格188人。

【2011年度股东会暨二届一次董事会、监事会】 四川公司2011年度股东会暨二届一次董事会、监事会于2011年3月18日在成都召开。股份公司副总经理王彤宙、水电七局有限公司总经理张建文、成都勘测设计研究院副院长职小前出席股东会。股东单位及四川公司相关领导、专业技术人员39人参加了会议，会议由四川公司董事长刘明江主持。

会上，刘明江代表董事会作了题为《乘势勇进 执著创新 敢于突破 实现公司新跨越》的报告；总经理荣其富代表经营班子作了题为《抢抓机遇 科学经营 高效管控 不断增强公司的可持续发展能力》的工作报告。

股东会审议并一致同意刘明江、职小前、张长源、唐定乾、许贺龙、张建文、荣其富为第二届董事会董事，刘明江为董事长，根据四川公司工会代表大会选举，张跃涛为职工董事，黄其媛、邓孟元、张元刚为监事，金维为职工监事，黄其媛为监事会主席。

股东会审议并批准《董事会工作报告》、《监事会工作报告》、《2010年财务决算和2011年财务预算报告》，审议并同意《2011年度投资计划》，审议并同意《2011年度筹融资计划》、《2011年增加资本金的议案》和《岷江航电工程综合开发情况及开展金沙江上游水电资源开发的议案》，审议并原则同意《四川公司“十二五”发展规划》等议案。

四川公司组织机构图

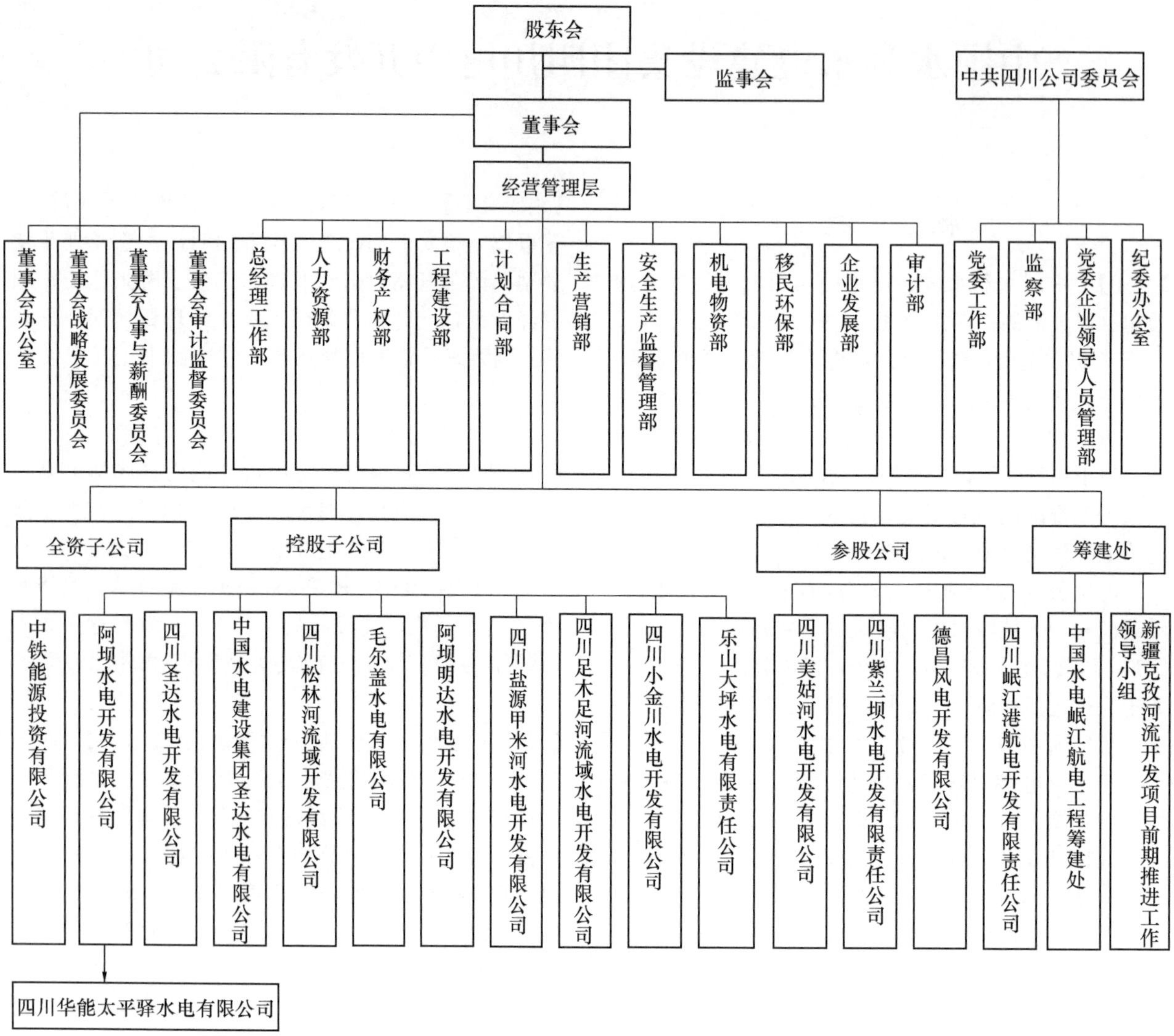

二届一次董事会审议了第二届经营班子组成人员。经董事长提名，第二届董事会聘任荣其富为总经理；经总经理提名，第二届董事会聘任张跃涛、罗朝国、杨建明、牟官华、刘万海为副总经理，罗朝国为总会计师（兼），杨清为总工程师；经董事长提名，第二届董事会聘任王方俊为董事会秘书。

【2011 年工作会暨一届二次职代会】 四川公司 2011 年工作会暨一届二次职代会于 2011 年 3 月 25～26 日在成都召开。四川公司领导班子成员，总部部门副处长以上人员，各子公司、筹建处党政主要负责人，职工代表共计 110 多人参加了会议。

会上，总经理荣其富作了题为《抢抓机遇　科学经营　高效管控　不断增强公司的可持续发展能力》的工作报告；副总经理、工会主席张跃涛作了题为《开拓创新　真抓实干凝聚团队力量切实推进公司战略目标落地》的工作报告；副总经理兼总会计师罗朝国作了 2011 年业务招待费和职工福利费使用情况报告。

会议审议通过了《中国水电建设集团四川电力开发有限公司补充医疗保险实施办法》、《中国水电建设集团四川电力开发有限公司 2011～2015 年发展规划》、《中国水电建设集团四川电力开发有限公司企业年金方案》。

【第一届团代会】 共青团中国水电建设集团四川电力开发有限公司第一次代表大会于 2011 年 11 月 8 日在成都召开，共青团四川省委副书记周键；四川省国资委团工委副书记卢风；四川公司董事长、党委书记刘明江，总经理、党委副书记荣其富，副总经理杨建明，党委副书记、纪委书记王坤任等出席会议，会议由王坤任同志主持。来自各子公司、控股公司的48名团员代表和16名列席代表参加了大会。

大会审议并通过了四川公司临时团委工作报告，并以无记名投票、差额选举办法，选举产生了四川公司团的第一届委员会，车波、王晓东、陈涛、葛华飞、叶林、高杰、郑勇7名同志当选为四川公司团委委员。在四川公司团委一届一次全会上，陈涛当选为书记。股份公司团委、四川省国资委团工委和四川公司党委同意选举结果并给予了批复。大会对四川公司成立以来涌现出的先进基层团组织和优秀个人进行了集中表彰。

【毛尔盖水电站并网发电】 2011年10月26日，由四川公司投资建设的四川省阿坝州黑水河毛尔盖水电站首台机组经过72小时试运行后，正式并网发电。该水电站由3台水轮发电机组组成，总装机容量42万千瓦，年发电量17.17亿千瓦·时，可实现年产值约5亿元。毛尔盖水电站于2008年2月13日通过国家发展改革委项目核准，同期主体工程正式开工。工程建设期间经历了“5·12”汶川特大地震等自然灾害的影响，被列为四川省灾后重建重点项目。2008年11月28日，毛尔盖电站于汶川大地震当年成功实现大江截流；2011年3月22日，提前8个月下闸蓄水，比计划提前发电并实现首台机组“建管结合、无缝交接”。

【四川公司获全国电力行业管理创新成果一等奖】 2011年9月23日，四川公司“电力生产及营销管理模式创新与实践”成果在2011年中国电力企业联合会组织的“全国电力行业企业管理创新成果”评审中，荣获全国电力行业企业管理创新成果一等奖。成果主要创新：符合战略需求的母子公司管控架构和模式的提出；符合集约化管理要求的委托运行管理体系的建立；两级公司组织结构的优化设计；管理制度与流程的规范运作等方面。该成果应用于四川公司及其下属企业后，取得了显著的经济效益、社会效益和生态效益，对两级公司的高效、安全运作起到了关键性支撑作用。

【松林河公司通过电力企业标准化良好行为“AAA”级确认】 2011年4月29日，国家电力企业标准化良好行为试点确认办公室组织专家组，依据《电力企业标准化良好行为试点及确认工作实施细则》对四川松林河流域开发有限公司（以下简称“松林河公司”）进行了考核，松林河公司通过电力企业标准化良好行为“AAA”级确认，是全国水电开发企业和四川省发电企业中首家获得行业“AAA”级确认的单位。

【四川大渡河沙湾水电站荣获2011年度中国电力优质工程奖】 2011年5月3日，四川大渡河沙湾水电站荣获2011年度中国电力优质工程奖。沙湾水电站工程较好地完成了设计的全部内容，单位工程质量100%合格，主要单位工程均为优良，施工中没有发生过质量事故，同时还经受了“5·12”汶川大地震的考验。枢纽工程完成了试运行，并通过了竣工验收前的安全鉴定，在设计工况下全面投入生产，全面推行标准化运营管理。

全资子公司

【中铁能源投资有限公司】 该公司前身为中国铁建十四局集团有限公司的全资公司，2007年11月，四川公司与中国铁建十四局集团有限公司签订《中铁能源投资有限公司股权转让协议》，收购其全部股权，从而成为四川公司的全资子公司。该公司投资开发的五一桥水电站装机容量13.2万千瓦、龙溪沟水电站装机容量0.5万千瓦，均已发电。截至2011年底，中铁能源投资公司注册资本金1.8亿元，总资产8.85亿元，年售电收入1.14亿元。

控股子公司

【四川圣达水电开发有限公司】 该公司原系四川圣达集团有限公司的子公司，2005年7月14日，中国水利水电建设集团公司（以下简称“集团公司”）集团公司与四川圣达集团有限公司实施战略合作，对该公司进行重组。重组后，该公司注册资本金8亿元，集团公司持股51%，四川圣达集团有限公司持股49%，系国有资本绝对控股公司。2007年，集团公司将所持51%股份划转给四川公司，由此，该公司成为四川公司控股子公司，负责大渡河沙湾水电站的建设和运营管理。

截至2011年底，该公司总资产为46.75亿元，售电收入4.73亿元。

【毛尔盖水电有限公司】 该公司前身为四川省阿坝州九寨水电开发公司的子公司，2005年6月18日，阿坝水电开发有限公司对其收购重组。2006年10月，并入四川公司，成为四川公司控股子公司。当年注册资本金1亿元，四川公司持股68%，四川远通水电开发有限公司持股12%，成都勘测设计研究院持股10%，四川鼎能电力发展（集团）

有限公司持股10%。2008年，该公司注册资本紧追加至2亿元，主要负责毛尔盖水电站项目的建设和营运管理。

2011年，毛尔盖水电站项目完成投资13.30亿元。该公司首台机组于2011年10月26日投产发电，比计划提前，当年实现售电收入4378.53万元。

【阿坝水电开发有限公司】 该公司前身为四川省阿坝水电开发总公司，2004年被集团公司并购后，重组为阿坝水电开发有限公司。四川公司成立后，该公司又并入四川公司，成为四川公司控股子公司。该公司注册资本金为4.55亿元，四川公司和四川远通水电开发有限公司分别持股67%和33%。该公司在四川省阿坝州黑水河开发的柳坪水电站装机容量12万千瓦，色尔古水电站装机容量15万千瓦，已于2008～2009年先后全部投产发电。该公司还持有四川华能太平驿水电有限责任公司40%的股份权，太平驿水电站装机容量26万千瓦，都已经投产发电。

2011年，投资开发的柳坪、色尔古两个水电项目完成基建投资1678.09万元，总资产从2010年的32.32亿增长至2011年的32.60亿元。实现售电收入2.08亿元。

【中国水电建设集团圣达水电有限公司】 该公司成立于2005年9月，是集团公司与四川圣达集团有限公司实施战略合作，为进一步开发乐山区域水电项目而成立的。该公司注册资本金1亿元，集团公司持股51%，四川圣达集团有限公司持股49%，系国有资本金绝对控股公司。2007年，集团公司将所持51%股份转划给四川公司，由此，该公司成为四川公司的控股子公司，主要负责大渡河安谷水电站项目的建设和运营管理。

2011年，该公司总资产从2010年的8.02亿元增加至2011年的14.23亿元，由其开发的安谷水电站项目完成投资82 136万元。

2011年该电站项目建设取得下述进展：1月27日，环评报告获得国家环境保护部的正式批文；3月4日，《安谷水电站可行性研究报告》获得水电水利规划设计总院的正式批文；7月9日，国家发展改革委委托中咨机构在峨眉山市召开项目核准评估会议，中咨机构8月上旬已将评估意见上报国家发展改革委，由国家发展改革委执行行政审批程序。

【四川松林河流域开发有限公司】 该公司前身为中旭投资有限公司的子公司，属民营企业。2004年8月10日，阿坝水电开发有限公司收购并重组该公司。重组后，该公司注册资本金为1.6亿元，2006年10月，四川公司成立后成为控股股东。四川公司持股50%，四川启明星科技发展有限公司持股16%，水电十局有限公司持股14%，水电五局有限公司持股10%，中国水利水电第七工程局成都水电建设工程有限公司持股7%，中国水利水电第七工程局成都工程有限责任公司持股3%。

该公司投资开发的大金坪水电站（12.9万千瓦）于2007年7月投产发电；洪一水电站（8万千瓦）于2009年5月投产发电。2011年，该公司完成基建投资4407.10万元，由于资产折旧的影响，总资产从2010年的13.13亿元下降至2011年的12.36亿元。2011年，实现售电收入2.01亿元。

该公司于2011年4月29日，以总分445分的成绩被国家电力监管委员会、四川省电力监管委员会办公室和中国电力企业联合会等电力行业权威机构认定为电力企业标准化良好行为“AAA”级企业，成为全国水电开发企业中首家获得“AAA”级确认的单位。2011年，该公司先后荣获四川省国资委“先进基层党组织”、四川省工商行政管理局“守合同重信用”先进单位、四川省电力监管委员会“2011年度电力监管统计先进单位”、四川省雅安市“安全文化建设示范企业”等荣誉。

【阿坝明达水电开发有限公司】 该公司是阿坝水电开发有限公司联合阿坝州壤塘县国有资产经营公司于2006年4月组建的，注册资本金1000万元，阿坝水电开发有限公司持股60%，阿坝州壤塘县国有资产经营公司持股40%。2007年，该公司并入四川公司，成为四川公司的控股子公司，由其负责建设与运营管理的明达水电站也于2007年投产。2011年，实现售电收入297.4万元。

【四川盐源甲米河水电开发有限公司】 该公司于2007年12月成立，注册资本金3000万元，四川公司持股55%，盐源县电力公司持股25%，水利水电第七工程局成都工程有限公司持股15%，盐源县国有资产控股公司持股5%。该公司主要负责筹建、建设和营运甲米河一级、二级水电站。

2011年，该公司总资产从2010年的3.3亿元增至2011年的5.6亿元，由其开发的甲米河一级水电站完成投资19 273.22万元；甲米河二级水电站完成投资4681.21万元，送出工程完成投资148.38万元。

【四川小金川水电开发有限公司】 该公司于2009年12月16日注册成立，注册资本金5000万元，四川公司持股49.5%，水电十四局有限公司持股22.5%，四川岷江电力公司持股18%，阿坝州国资委持股10%。该公司主要负责小金川流域的木坡、春堂坝、杨家湾、三叉、美卧、小金6个水电站的建设和运营管理。这6个水电站的总装机容量共计31.1万千瓦。

该公司总资产从2010年的1.7亿元增至2011年的3.896亿元，2011年完成投资2.13亿元。

【四川足木足河流域水电开发有限公司】 该公司成立于2009年11月4日，注册资本金1亿元，四川公司持股90%、阿坝州国资委持股10%。该公司负责四川省阿坝州脚木足河流域下尔呷、巴拉、达维水电站的建设和运营管理，3个水电站的总装机容量共计163.86万千瓦。

该公司总资产从2010年的5.01亿元增至2011年的5.03亿元。2011年，由其开发的下尔呷、巴拉、达维水电站完成年投资9905万元。累计投资2.88亿元。

【乐山大坪水电有限责任公司】 该公司成立于2009年11月，注册资金800万元。四川公司持股70%，乐山大沫水电有限责任公司持股30%。该公司主要负责乐山大坪水电站工程的建设、经营和管理。该水电站已于2011年1月26日投产发电。

截至2011年底，该公司总资产为6300万元。2011年，实现售电收入742.27万元。

项目筹建处

【中国水电岷江航电工程筹建处】 中国水电岷江航电工程筹建处成立于2009年9月，主要负责对岷江干流流域水电资源开发的前期筹建工作。2011年4月底，按四川省政府要求，岷江航电筹建工作全面移交给四川岷江港航电开发有限责任公司，岷江航电项目委托建设。

【新疆克孜河流域开发项目前期推进工作领导小组】 为了加快推进新疆克孜河流域开发项目开发工作，根据四川公司与辽工局有限公司、水电六局有限公司于2011年12月14日签订的《克州新隆能源开发有限公司合作开发框架协议》，成立新疆克孜河流域开发项目前期推进工作领导小组。领导小组严格按照《克州新隆能源开发有限公司合作开发框架协议》约定内容履行职责、开展工作。

开发项目

【沙湾水电站】 该水电站位于四川省乐山市，系大渡河干流下游河段梯级开发的第一级水电站，工程以发电为主，兼顾灌溉，安装4台单机容量12万千瓦的水轮发电机组，设计年发电量24.07亿千瓦·时。该水电站于2005年12月正式开工，2010年3月机组全部投入商业运行。工程目前完成累计总投资47.5亿元，2011年完成发电量20.53亿千瓦·时。该项目荣获2011年度中国电力优质工程奖，通过国家档案局专项验收。

【毛尔盖水电站】 该水电站位于四川省阿坝藏族羌族自治州黑水县境内，是黑水河流域水电规划“二库五级”开发的第三梯级电站，总装机容量42万千瓦，设计年发电量17.17亿千瓦·时，工程总投资68.3亿元。

该水电站于2008年2月13日开工，工程建设期间经历了“5·12”汶川特大地震等自然灾害，11月28日于地震当年实现大江截流；2011年3月20日，提前8个月下闸蓄水；首台机组于2011年10月26日投产发电，并完成了无缝交接。2011年实现发电量16 070万千瓦·时。

【柳坪水电站】 该水电站位于四川省阿坝藏族羌族自治州茂县境内，是黑水河水电梯级开发的最末一级引水式电站。由四川公司控股的阿坝水电开发有限公司投资建设。总投资12.82亿元，装机3台，总装机容量12万千瓦，设计年发电量5.28亿千瓦·时。

该水电站于2005年9月开工，2009年机组全部投产发电。2011年实现发电量4.63亿千瓦·时。

【色尔古水电站】 该水电站位于四川省阿坝藏族羌族自治州黑水县境内，是黑水河水电梯级开发的第四级电站。该电站总投资18.29亿元，装机3台，总装机容量15万千瓦，设计年发电量5.94亿千瓦·时。

该水电站2005年开工，2009年3台机组全部投入商业运行。2011年实现发电量5.18亿千瓦·时。

【大金坪水电站】 该水电站位于四川省雅安地区石棉县境内松林河干流上，总投资8.381 7亿元，安装3台单机容量为4.3万千瓦的混流式水轮机发电机组，设计年发电量6.36亿千瓦·时。

2007年机组全部投入商业运行，2008年获得股份公司颁发的“中国水电优质工程奖”，2010年12月23日通过了工程竣工验收。2011年实现发电量5.72亿千瓦·时，无重大安全事故发生。

【洪一水电站】 该水电站位于四川省雅安地区石棉县与甘孜州九龙县交界的松林河次源——洪坝河上，是松林河下游一级水电站。总投资5.616 4亿元，安装2台单机容量为4万千瓦的混流式机组，设计年发电量4.09亿千瓦·时。

该水电站机组于2009年投入商业运行，2011年3月8日通过了竣工环境保护验收，同年5月11日通过竣工档案验收，同年7月18日通过了水土保持设施竣工验收，同年8月5日CDM项目注册成功，同年10月27日顺利通过了CDM第一个监测期碳减排量现场核查。2011年实现发电量3.51亿千瓦·时，无重大安全事故发生。

【五一桥水电站】 该水电站位于四川省甘孜州九龙县境内的九龙河上，是九龙河梯级开发中的第二级水电站。该水电站为径流引水式电站，设计装机3台，总装机容量为13.2万千瓦，设计多年平均发电量6.576亿千瓦·时。

该水电站于2006年开工，2008年3台机组全部投入商业运行，2011年实现发电量5.50亿千瓦·时。

【明达水电站】 该水电站位于壤塘县，是阿坝州壤塘县主要电源供应点，总投资8130万元，装机3台，总装机容量为0.48万千瓦，设计年发电量3615万千瓦·时。该水电站于2003年8月开工建设，2007年机组全部投产发电。2011年实现发电量1558万千瓦·时。

【乐山大坪水电站】 该水电站位于四川省乐山市，装设一台灯泡贯流式水轮发电机组。总装机容量为0.62万千瓦，设计年发电量为4762万千瓦·时。该水电站于2009年12月开工建设，2011年1月正式投产发电。2011年完成年发电量3114.52万千瓦·时。

【安谷水电站】 该水电站位于四川省乐山市境内，是大渡河下游最后一个梯级电站，以发电、防洪、航运、灌溉、供水等综合利用的大（2）型水电工程。为混合式开发，枢纽布置从左至右为左岸副坝、左岸非溢流坝、13孔泄洪冲沙闸、河床式电站、船闸、右岸接头坝。该水电站正常蓄水位为398米，总库容6330万立方米，总装机容量77.2万千瓦，设计多年平均发电量31.44亿千瓦·时。

2011年，工程前期准备工程的进场道路桥梁已全部完工并验收，横跨大渡河的罗安大桥顺利通车并验收，导流工程实现安全过流，完成部分分部工程验收；太平排涝洞及右岸副坝顺利开工，1号洞上段及3号洞贯通，关键线路工期受控；厂坝枢纽标施工辅助工程建设目标总体受控，未出现质量及安全事故。

【甲米河一级水电站】 该水电站位于四川省凉山州盐源县境内的甲米河上，为径流引水式电站。设计装机3台，总装机容量3.6万千瓦，设计年发电量15509万千瓦·时，投资概算4.6亿元。

该水电站于2008年5月31日开工建设，2009年11月28日一期截流成功，2010年11月15日二期截流成功。2011年2月8日提前20天实现引水隧洞开挖全线贯通目标；同年5月29日首台机组提前完成转子吊装；同年11月10日大坝进行安全鉴定工作。2011年，该水电站建设质量、安全总体受控，未发生质量安全事故。

该水电站原设计装机容量2.4万千瓦，但其水量利用率较低。为充分利用水资源，经多次现场勘查和技术咨询，将引水系统由无压改为有压，最大库容7万立方米，因此单机容量由0.8万千瓦调整为1.2万千瓦，即由原定3台机组共装机容量2.4万千瓦扩容到3.6万千瓦。该水电站于2011年8月12日获得四川省发展改革委批复，同意建设的凉山州甲米河一级水电站工程装机扩容到3.6万千瓦。

【甲米河二级水电站】 该水电站位于四川省凉山州盐源县境内的甲米河上，为径流引水式电站，设计装机3台，总装机容量2.4万千瓦，设计年发电量10 167万千瓦·时，投资概算2.45亿元。

该水电站于2011年4月1日正式开工，已完成4座临时交通桥、4条施工支洞，目前已进入主洞施工；首部枢纽完成了一期左岸3孔泄洪闸及非溢流坝的既定目标；基本完成厂房防洪堤混凝土浇筑和厂房边坡及基坑开挖支护；完成调压井2079米高程以上明挖支护，开始进行井挖准备工作。2011年，该水电站建设质量、安全总体受控，未发生质量安全事故。

【巴拉水电站】 该水电站位于马尔康县日部乡巴拉上游的峡谷内，大坝壅高190米，水库正常蓄水位2920米，与上游的下尔呷梯级衔接，初拟发电引用流域量358立方米/秒，初拟装机容量为73.86万千瓦（含生态机组装机容量1.86万千瓦），设计年发电量24.27亿千瓦·时，总投资84亿元，须搬迁安置人员232人。2011年2月25日，该水电站获得四川省政府颁发的“封库令”。

【达维水电站】 该水电站位于马尔康县达维乡，控制流域面积16 607平方千米，大坝壅水高110米，总库容1.85亿立方米，水库正常蓄水位2686米，规划装机容量为30万千瓦，设计年发电量11.61/13.04亿千瓦·时（单独/联合），总投资约44亿元，须搬迁安置人员953人。2011年8月3日，该水电站“封库令”获得四川省政府批文。

【下尔呷水电站】 该水电站为大渡河干流上游“龙头”水库，坝址位于阿坝县境内，总库容约30.19亿立方米，具有多年调节性能，规划装机容量为60万千瓦，总投资218亿元。2011年10月18日，该水电站《预可行性研究报告》原则上通过水利部水利水电规划设计总院审查。

【木坡水电站】 该水电站位于四川省阿坝州小金县木坡乡境内，系抚边河干流规划的自上而下“一库五级”方案的第三级，为日调节电站，发电和兼顾下游生态用水，装机3台，总装机容量4.5万千瓦，设计年发电量1.91亿千瓦·时。

该水电站于2010年6月1日正式开工。2011年主要工程形象：完成主洞开挖及支护6185米（开工至2011年12月31日累计完成8185米，其中2010年完成2000米、2011年完成6185米），0号下至1号上全线1510米于2011年10月4日安全贯通、引水隧洞2号下至3号上全线2180米于2012年1月10日安全贯通；完成底板混凝土浇筑204米、边顶拱混凝土浇筑108米；完成调压井扩挖及压力管道斜段开挖。提前42天实现闸首二期截流目标，左右岸闸坝混凝土提前浇筑至坝顶2710.5米高程，进入金属结构安装阶段。提前65天完成厂房主体混凝土浇筑，2011年底按期实现厂房封顶目标。2011年，该水电站完成投资1.463 9亿元，工程建设按计划有序进行。

【春堂坝水电站】 该水电站为沃日河梯级开发中的第四级电站，采用引水式开发，主要建筑物包括首部取水枢纽、左岸引水系统和厂区枢纽。拦河坝采用混凝土闸坝形式，最大坝高21.5米，装机3台，总装机容量5.4万千瓦。

2010年12月30日，该水电站获得四川省发展改革委核准。2011年4月1日，前期场内交通工程开工；2011年10月31日，提前一个半月完成前期场内交通工程施工，具备主体工程开工条件。2011年，该水电站完成投资4190万元。

【杨家湾水电站】 该水电站为小金川支流抚边河水电梯级规划中的第四级电站。水库正常蓄水位2574米，具有日调节性能，装机2台，总装机容量6万千瓦，设计年发电量2.60亿千瓦·时。

2011年12月15日，四川省发展改革委核准该水电站开工建设。2011年，该水电站完成投资720万元。

【三叉水电站】 该水电站系小金川干流（小金段）梯级规划四级开发方案中自上而下的最下游一级电站，采用低闸引水式开发。项目由首部取水枢纽、引水系统和厂区枢纽组成。拦河坝采用混凝土闸坝形式，最大坝高14.5米，坝顶高程2254.5米，正常蓄水位2253米。电站沿左岸隧洞引水到三叉沟建地面式厂房发电，引水隧洞长14.2千米，项目装机3台，总装机容量8.4万千瓦。

该电站于2011年7月14日获得四川省政府的“封库令”，年度已先后完成地震安全性评价、预可行性研究报告、正常蓄水位、施工总布置专题报告、实物指标调查细则及工作方案、移民安置大纲、水工程规划同意书、水资源论证报告、水土保持方案报告、压覆矿、维稳报告、文物古迹调查勘探报告、接入系统、地质灾害评价共14个专题的审查和批复，进入移民安置规划报告审查阶段。2011年，该水电站完成投资715万元。

参股公司

【四川美姑河水电开发有限公司】 该公司成立于2003年6月，主要任务是对四川省凉山彝族自治州境内美姑河干流水力资源进行流域、梯级、滚动和综合开发。其中：中国水电工程顾问集团公司持股36%、四川公司持股25.5%、中国电力工程顾问集团科技开发有限公司持股23.5%、中国水电顾问集团成都勘测设计研究院持股15%。截至2011年底，该公司注册资本金1.6亿元，总资产24.71亿元。

美姑河是金沙江左岸的一级支流，已规划河段长度70千米，落差1155米，按“一库五级”方案开发，总装机容量约53.6万千瓦，设计年发电量约24亿千瓦·时。开发5个梯级水电站：牛牛坝水电站（装机容量8万千瓦）、瓦洛水电站（装机容量5.2万千瓦）、瓦吉吉水电站（装机容量4.4万千瓦）、柳洪水电站（装机容量18万千瓦）和坪头水电站（装机容量18万千瓦）。柳洪水电站，装机容量18万千瓦，于2004年2月正式开工，2007年8月投产发电。坪头水电站，装机容量18万千瓦，2006年2月开工，2011年7月机组投产发电。

2011年，美姑河梯级水电站及送出工程共完成投资24.91亿元。完成发电量7.53亿千瓦·时，发电收入1.6亿元，盈利6076亿元。后续项目牛牛坝、瓦吉吉水电站完成了预可行性研究的设计和审查，进行可行性研究阶段的设计；瓦洛水电站安排开展前期勘测设计工作。

【四川紫兰坝水电开发有限责任公司】 该公司成立于1998年9月，主要任务是开发经营四川紫兰坝水电站。2011年底，注册资本金11 025万元，总资产为7.1亿元。华电四川发电有限公司持股60.14%、四川公司持股18.37%、水电五局有限公司持股12.24%、广元市玉龙水电开发有限责任公司持股9.25%。紫兰坝水电站工程自2003年10月28日正式开工，2007年机组全部投产发电。

紫兰坝水电站坝址位于四川省广元市境内，是嘉陵江支流——白龙江干流梯级开发规划中的最后一级。电站装有贯流式水轮发电机组3台，单机容量3.4万千瓦，设计年发电量4.41亿千瓦·时。2011年发电3.32亿千瓦·时，全年发电收入0.92亿元，盈利500万元。

【德昌风电开发有限公司】 该公司于2010年3月成立，主要负责四川德昌安宁河峡谷（一期）风电站建设和运行管理。2011年底，注册资本金4800万元，总资产由2010年的0.11亿元增长为2011年的1.52亿元。中国水电顾问集团投资有限公司持股51%，四川公司持股25%，中国水电顾问集团成都勘测设计研究院持股24%。

四川德昌安宁河峡谷（一期）风电站位于四川省凉山彝族自治州德昌县麻栗乡境内，是四川省第一个风电项目，一期工程建设规模为1.6万千瓦，拟安装单机容量2兆瓦的风力发电机组8台，总投资1.835亿元。一期项目于2011年5月投产发电。2011年完成投资1.228亿元。

【四川岷江港航电开发有限责任公司】 该公司于1996年6月成立，属国有独资企业，负责岷江港航电综合开发工程的前期工作和项目建设、养护和运营管理。注册资本10亿元，四川省港航开发有限责任公司持股51%、四川公司持股20%、华电四川发电有限公司持股20%、乐山市交通投资开发有限公司持股9%，负责投资开发的老木孔、东风岩、犍为、龙溪口4个航电枢纽规划总装机容量156.4万千瓦，其中东风岩枢纽规划装机容量为26万千瓦，犍为枢纽规划装机容量为48万千瓦，龙溪口枢纽规划装机容量为45万千瓦。

可持续发展

【安谷水电站项目建设获得国家环境保护部同意】 2011年1月27日，国家环境保护部以2011年第45号文《关于四川大渡河安谷水电站环境影响报告书的批复》，原则同意安谷水电站项目建设。该水电站工程采取混合式开发，总装机容量为77.2万千瓦，为集团公司2011年最大的电源投资项目。

【杨家湾水电站获四川省发展改革委正式核准】 2011年12月15日，四川省发展改革委以《四川省发展和改革委员会关于核准阿坝州抚边河杨家湾水电站项目的批复》，同意杨家湾水电站核准开工建设。该水电站是小金川流域项目开发继木坡、春堂坝水电站核准后实现的又一刚性管控目标。

【下尔呷水电站预可行性研究报告通过审查】 2011年10月16～18日，水电水利规划设计总院会同四川省发展改革委在成都市主持召开了四川省足木足河流域下尔呷水电站预可行性研究报告审查会议，对设计单位提出了下一阶段工作开展应注意的问题和建议，设计单位所提交的《预可行性研究报告》通过审查。

【四川公司获得新疆克孜河流域项目控股开发权】 2011年12月14日，由股份公司组织的“新疆克孜河水电项目合作开发框架协定签字仪式”在四川水电大厦举行。四川公司和水电六局有限公司将合作开发新疆喀什地区克孜河流域5个重要水电项目，四川公司获得70%控股开发权。双方合作开发的项目为新疆喀什地区克孜河流域的5个梯级电站，总装机容量61万千瓦。2011年底，夏特和八村水电站已完成预可行性研究报告，塔日勒嘎水电站正在完善可行性研究报告。

【电力生产管理创新】 四川公司成立以来，建立了相对科学的两级法人治理结构，实施集中战略管理和主要经营要素统一管控。然而，随着投产发电的水电站越来越多，电力生产管理的问题开始逐渐显现和突出，成为影响四川公司又好又快发展的重要因素。这些问题归结起来主要表现为：一是人才短缺与不稳定；二是电站管理不规范且水平较低；三是在人才的培养与使用上缺乏针对性的政策；四是电站管理“小而全”的现象比较普遍。针对四川公司所属电站资源多、分布广、规模小、发展快的特点，对电力生产管理提出了更高要求。

经过调研并探索，只有把集约化管理和标准化管理手段运用到电力生产管理中，开展电力生产管理创新才是解决以上问题的主要途径。首先，将四川公司所辖水电站按片区实行集约化管理，即在片区内选择一家比较有优势的子公司，对其电力生产及营销管理能力进行重点培育，打造其生产与经营能力，然后赋予其承担片区内水电站的生产管理业务。其次，对已投产发电的项目公司的治理结构、生产经营组织形式进行改进和优化，调整职能部门及职责，落实人员整合与定编。最后，在四川公司上下推进旨在提升电力生产及经营水平的标准化建设活动，建立健全企业标准化体系并持续改进，通过2～3年实践，形成了集约化、规范化的电力生产管理格局。该创新于2011年荣获全国电力行业企业管理创新成果一等奖。

党群工作和企业文化建设

【党建工作】 2011年，四川公司党委紧紧围绕年度目标任务，强化党建工作的制度创新、管理创新和组织创新，以全面推行党建责任制为指引，以改革创新精神全面加强党的建设、领导班子建设、人才队伍建设、反腐倡廉建设和企业文化建设，积极探索现代股份公司党建工作新思路、新途径、新方式，切实将党的政治优势转化为公司发展的竞争优势，较好地发挥了各级党组织在企业中的政治核心作用。

一年来，四川公司党委进一步加强领导班子建设，与行政密切配合，严格按程序完成了各子公司领导班子任期考核及换届工作；着力推行党建责任制，不断加强党建工作的组织领导和制度保障、机构人员保障，修订完善了党建工作配套制度31个，各子公司按要求做到了党群、纪检机构设置到位、人员到位、待遇到位；大力开展“创先争优”、“四强四优”、创建“学习型组织”、创建“三个红旗”等专项活动，党组织活力和影响力持续提升；大力开展庆祝建党90周年系列纪念活动，对公司各领域涌现出来的先进集体和个人集中进行了集中表彰，其中四川松林河流域开发有限公司被四川省国资委党委评为“先进基层党组织”；坚持对党风廉政建设和反腐倡廉工作的领导，切实贯彻党风廉政建设责任制，严格执行“三重一大”民主决策制度，突出抓好惩防体系建设，通过多种形式不断强化各级干部的廉洁从业意识；高度重视新时期群众工作，进一步建立健全两级工会、共青团组织，群团工作的组织建设、制度建设和作用发挥得到增强，构建了企业可持续发展的内在动力。

【纪检监察】 2011年，纪检监察工作加强了组织建设，配齐了纪检监察人员，完善制度保障体系，开展廉洁从业教育和监督监察活动，制度体系完备，为四川公司生产经营持续发展提供了政治、组织和思想保证。

2011年，四川公司进一步强化了“一岗双责”，落实了工作责任，层层签订责任书，领导干部作出了廉洁承诺，加强了对二级单位党风廉政建设责任制落实的检查考核；进一步加强了纪检监察组织建设，调整了两级纪委，设置了两级纪委办公室和监察部，增强配置了专兼职纪检监察工作人员，为党风廉政建设责任制的落实提供了保障；进一步强化了制度建设。新建、修订了《纪检监察工作规则》等15个党风廉政建设和反腐倡廉建设工作制度，为工作的开展提供了制度保障；进一步强化了廉洁从业教育，建立了检企联动的廉洁从业教育长效机制、预防职务犯罪和岗位犯罪监督机制、沟通协调创新机制，开展了由检察院主讲，四川公司主导，设计、监理、承包商参与的预防职务犯罪和岗位腐败的预防职务专题讲座，丰富了检企共建形式和内容，有效发挥了检察院打击职务犯罪的特殊预防、法制宣传和警示教育作用。结合专项教育深入开展“三查、三找、一加强”排查工作，加强了四川公司治理和管控，增强了领导干部廉洁从业意识；进一步强化了基础工作，领导班子加强了对党风廉政建设工作的研究和全面部署，强调工作要求，各级纪检干部认真落实各项工作，纪检监察工作全面展开、重点突出，注重基础资料收集整理、归档，汇编成册。

【工会工作】 2011年，四川公司各级工会组织围绕企业工作，以服务生产经营、服务职工群众、促进企业和谐发展为基点，把厂务公开工作纳入经营发展目标同部署、同考核，以职代会为厂务公开基本形式，结合四川公司简报、专栏、会议、会议纪要等形式通报四川公司“三重一大”事项，通过设立监督电话、监督意见箱以及召开座谈会等形式，畅通民主监督渠道。各子公司推出厂务公开栏共43期。职工积极参与民主评议，全公司被评议领导干部50余名。以比安全、比效益、比文明风貌“三比”为主要内容在所属发电子公司内开展了“创建红旗班组、争当红旗班组长、打造红旗机组”（三个红旗）劳动竞赛和岗位技能比武、贯标增效等系列活动，完成主设备C级及以上检修项目、重大技改项目。在建工程项目开展了“大干120天”劳动竞赛及群众性技术创新、科技创新活动，有效节约投资约700余万元。成立了四川公司特困职工帮扶救助基金，建立健全困难职工档案。通过开展“捐献一天工资，奉献一片爱心”员工捐款活动和行政拨款的方式筹集特困职工帮扶基金56.1万元。重大节假日走访慰问因病住院及困难职工100余人次，发放慰问金5万余元。

【共青团工作】 2011年，落实集团公司第一次团代会和四川公司第一次党代会精神。结合“五四”、“七一”、“十一”、纪念建党90周年等重大节庆、重要历史事件，举办了知识竞赛、重走长征路、参观革命纪念馆等一系列理想信念和形势任务教育活动。各级团组织围绕生产经营中心，继续组织开展了“青年素质工程”、“青年创先争优”、“号手队”等创建活动。3名同志分别获得股份公司“优秀团干部”、“青年岗位能手”、“优秀共青团员”称号，1名同志被共青团四川省委授予“优秀共青团员”称号。组织召开了四川公司第一次团员代表大会，正式成立了四川公司团委。各子公司先后按程序组建成立了6个团委，1个团总支，16个团支部，进一步健全了各级团组织机构，扩大了团组织覆盖面，团的自身建设逐步加强和完善，团的工作蓬勃开展。

【企业文化建设】 一是成立了四川公司企业文化领导机构，制定下发了《四川公司企业文化建设实施方案》，对四川公司企业文化建设作出了规划和安排。二是结合四川公司五年的成长历程，提炼了“勇于担责、敢于突破、敏于应变、执著创新”团队精神，进行了广泛的宣讲和传播。三是扎实开展企业文化基础载体建设。目前，四川公司宣传画册、电视宣传片、宣传网站、企业文化宣传手册、活动室等企业文化建设基础载体建设已基本完成。

【新闻宣传工作】 2011年，加大了对重点工作的宣传报导力度，安谷水电站移民工作、四川松林河流域开发有限公司电力生产标准化建设、毛尔盖水电站提前下闸蓄水和提前投产发电都进行了深入挖掘，并在集团公司报纸和网站进行大篇幅的深入报导。通过强有力的宣传报导，四川公司董事长刘明江顺利当选第十届四川省十大财经风云人物；毛尔盖水电站首台机组投产发电在四川电视台、四川日报、四川新闻网、华西都市报等媒体进行了广泛报导，取得了较好的宣传效果。2011年，四川公司共在《水利水电工程报》用稿75篇，股份公司网站用稿113篇，公司网站用稿202篇。

人力资源管理

2011年，四川公司在人才队伍建设、组织结构、劳动用工、教育培训4个方面创新了人力资源管理工作。

【人才队伍建设】 2011年，四川公司印发《中国水电建设集团四川电力开发有限公司“十二五”人才战略规划》（川开发党〔2011〕94号），强调了工程建设管理人才的“精”、电力生产人才的“强”与“能”和电力营销人才的“敏”与“效”。

【组织结构】 调整了黑水河、乐山、雅甘凉3个片区生产组织运行结构，规范了电力生产岗位设置，优化了薪酬福利等各项配套政策。

【劳动用工】 健全了刚性与柔性相结合的人才引进和培养机制，采用聘用、借用及劳务派遣等多种用工方式，合理解决了工程建设高峰期人才紧张与避免员工队伍庞大之间的矛盾。

【教育培训】 根据发展战略和岗位需求，通过“内外结合”的培训方法，逐步建立起了分层次、分类别的培训管理体系。2011年，四川公司及子公司开展了形式多样、富有成效的培训工作，共培训各类人员1233余人次。

电力生产运营管理

2011年，四川公司各水电站来水量普遍减少，丰水期流量为前一年同期的60%。各发电公司合理调度、提高水能利用率，全年共发电47.15亿千瓦·时，为股份公司下达计划的115%，设备累计平均利用小时数高于四川省平均水平。

【标准化建设】 四川公司电力生产标准化建设第一阶段目标完成，转入第二阶段，工作重心由以标准化建设为主转变为以持续改进为主，计划在3年内获得国家“AAAA”级确认。四川松林河流域开发有限公司在国内发电企业中率先通过国家电力企业标准化良好行为“AAA”级确认。四川圣达水电开发有限公司、阿坝水电开发有限公司分别通过了电力企业标准化良好行为“AAA”级四川公司内部确认。

【片区集约化管理模式】 四川公司上下推进旨在提升电力生产及经营水平的标准化建设活动，建立健全企业标准化体系并持续改进，通过2～3年实践，形成了集约化、规范化的电力生产管理格局，健全和完善片区委托经营管理机制，并重点统筹各片区新投入电源点的归入。阿坝水电开发有限公司提前介入毛尔盖水电站的运行筹备，并实现首台机组无缝交接，启动了小金川流域投产电站运行接管准备工作。四川圣达水电开发有限公司正式接管大坪水电站的运行管理。四川松林河流域水电开发有限公司也开始甲米河水电站的运行筹备工作。黑水河流域集控中心建设投运，四川小金川水电开发有限公司集控中心开始建设。“电力生产及营销管理模式创新与实践”成果获得中国电力企业联合会组织评审的全国电力行业企业管理创新成果一等奖。

【CDM管理】 柳坪、雅都、沙湾、毛尔盖、洪一水电站分别在联合国清洁发展机制（CDM）执行理事会正式注册，其他项目也已在办理CDM注册。柳坪、色尔古水电站获得两期收益共约831万美元，沙湾水电站获得第一笔收益92.65万欧元，为四川公司创造了新的收入来源。

安全管理

2011年，通过安全生产管理工作的持续开展，安全组织体系、制度体系和责任体系持续完善，安全基础管理工作不断规范，初步建立了安全管理长效机制，有效控制了安全事故发生。2011年，四川公司实现零安全事故目标，安全生产形势总体平稳受控。

【健全组织体系】 对各子公司安全生产管理机构设置和安全总监聘任情况实施实时监控，督促子公司及时对机构和人员进行调整和完善，对不符合要求的子公司督促进行整改。四川公司所属9个子公司均已聘任了安全总监，设置了安监部（或安监室），配备了专（兼）职安全管理人员，安全生产组织管理体系基本健全，为安全管理工作提供了组织保证。2011年，还分别成立了防汛工作领导小组和防灾工作领导小组，由于组织得力，措施到位，较好控制了防汛安全和防地质灾害风险。

【完善制度】 2011年，对四川公司现有安全生产管理制度进行了全面修订，包括《安全生产监督管理办法》、《安全生产责任制度》、《安全生产考核管理办法》、《四川公司处罚通则（安全部分）》。新制定了《工程建设安全技术措施管理办法》。

【落实安全责任制】 四川公司与各全资、控股公司签订了《2011年度安全生产责任书》，明确了安全生产第一责任人的职责、安全管理目标、事故控制和考核奖惩，各子公司分层级签订了安全生产责任书，将安全管理责任层层分解至部门、班组、员工和承包商。

【隐患治理】 2011年，四川公司组织了春季（防汛）和秋冬季两项综合安全督查行动，共查出48项要求整改项目，并提出了94项合理化建议。

【安全教育培训】 2011年，两级公司共送出安全生产培训340人次，其中国家电力监管委员会组织的电力安全监督管理培训20人次，消防资格证书培训86人次，特种作业人员资格取证培训213人次，特种设备作业人员资格取证培训21人次。

中国水电建设集团租赁控股有限公司

概　况

【综述】 中国水电建设集团租赁控股有限公司（以下简称“租赁公司”）成立于2004年11月1日，由中国水利水电建设股份有限公司（以下简称“股份公司”）、中国水利水电第四工程局有限公司（以下简称"水电四局有限公司"）和中国水电建设集团新能源开发有限责任公司（以下简称"新能源公司"）共同出资组建，注册资本金3.7亿元。租赁公司是国家商务部批准的全国第五批融资租赁试点企业，是国内外多家施工机械设备知名品牌在中国水电工程领域的独家总代理。租赁公司下辖浙江中水发电设备有限公司、中水电融通租赁有限公司、中水电北固建设机械有限公司3家全资子公司，深圳能科达机械工程有限公司、深圳百业达机械设备租赁有限公司两家控股公司，及中国水电建设集团国际工程有限公司、天津中基大地工程有限公司、深圳赛能达事业发展有限公司3家参股公司。

租赁公司主营业务是经营租赁、融资租赁及相关业务。经营范围为：各种施工机械、车辆及其他机械和电气设备的租赁、销售、维修；融资租赁业务；各种零配件的生产、销售；提供相关的技术服务；电子产品、新材料、建筑装饰材料的销售和相关服务；科技信息和相关的技术服务；机械化施工；机械及电气设备的安装；进出口业务；危险化学品经营；焦炭批发；技术、管理咨询、培训、展览等。

租赁公司是多家国际施工机械设备著名品牌在中国水电工程领域的总代理，与世界各大施工机械生产厂商建立了长期友好合作关系。租赁公司利用集团（股份）公司的整体优势，积极推进大型施工机械的租赁业务，努力实现资源合理配置及共享。租赁公司以水电产业为依托，积极向公路、铁路等基础建设项目渗透；以工程机械租赁为基础，不断拓展其他机电产品租赁市场；以经营性租赁为起点，逐步向金融性租赁发展。

租赁公司的战略定位：优化资源配置，优先发展经营租赁业务，规模发展融资租赁业务，创新发展营销贸易业务、稳健发展机械制造业务，提高管理水平，打造核心竞争力，实现科学可持续发展，到2012年，将租赁公司建设成为管理一流，品牌影响力明显，具有持续成长性和较强自主创新能力、可持续发展能力的质量效益型公司，成为一流的工程设备管理解决方案提供商。

【领导班子】 2011年，租赁公司领导班子成员为：总经理兼党委副书记吕瑞翔；党委书记兼副总经理林玉杰；副总经理张斌、杨宁生、钱庆云；党委副书记兼纪委书记、工会主席闫靖德；总工程师蔡启光；总会计师姚国良；总经济师卜五洲。

【2011年工作】 2011年，租赁公司坚持以"三年战略"为指引，努力建设"质量效益型企业"。强调转变企业发展观念、创新企业发展模式、调整业务运营结构、建设营销服务渠道、增强国际化经营能力。立足租赁行业，有机整合融资租赁、经营租赁、营销贸易、机械制造四大主营业务，打造高效多元、长短结合、协调互补的业务组合。在实际运行过程中，注重建立衔接更为合理、流程更加规范、体系更为完整的产业价值链条，在最终目标上把握旨在为客户提供最全面、最适用、最有价值的专业性业务解决方案，全力打造"中国水电租赁"品牌，确保股东价值最大化，力争将租赁公司建设成为"专业化、现代化、市场化的行业一流效益型公司"。

（一）经营业绩

在股份公司和租赁公司董事会正确领导下，经营班子带领全体干部员工，沉着应对持续低靡的国内外经济形势和动荡起伏的市场环境，牢固把握公司发展方向，紧抓保增长、求稳定、创效益的根本任务，努力开拓经营思路、积极实践创新业务，求真务实、扎实推进，取得了良好的经营业绩。与2010年相比，营业收入同比增长61.69%，利润总额同比增长155.11%，实现了规模和效益同步快速增长的良好局面。

（二）内部管理

(1) 加强公司战略管控。2011年，租赁公司认真贯彻落实股份公司总体发展战略，完善投资管理体系建设，制定了《"十二五"长期投资发展规划》、《转变经济发展方式实施方案》，作为新一轮发展战略的重要补充，使整个发展规划更加完整，经营管理工作在战略的指导下，更科学、规范、有序和受控。

(2) 完善内部管理制度。随着租赁公司经营业务的战略延伸和调整，各项管理制度不断跟进，制度体系日趋完善。2011年，租赁公司修订和增补完善相关规章制度40余项，为切实进行制度化管理巩固了基础。

(3) 构建更加严密的风控体系。根据风险管控的需要，成立了风险管理专职部门，加强对风险业务全过程监管，对各项业务和管理流程进行了全面梳理和再造，构建了全面风险管理与内部控制的"六大体系"，编制了《租赁公司全面风险管理与内部控制工作手册》，初步从制度层面建立了租赁公司风险识别和内部控制的体系框架。

(4) 加大人才规划和培养力度。2011年，租赁公司先后制定了《"十二五"人才规划纲要》、《三年人力资源实施计划》，从战略层面建立了以打造支撑公司品牌效应、创新能力、可持续发展能力为核心的“五支”人才队伍，推动租赁公司人才结构由专业型向复合型转变。

（5）强化财务资金管理工作。以资金计划管理为核心，以增强资金的流动性为目标，进一步提高资金的使用效率；深化财务监督，建立健全财务风险预控机制和长效机制，定期实行财务稽核复审，对债务、投资、存货、应收款项、担保等重大事项预算控制和重点监控，及时掌握预算执行效果，分析差异，采取应对措施，充分发挥预算的事前引导和事中控制作用；进一步深化高端银企合作，积极开发满足租赁公司生产经营规模的融资新渠道。

（6）巩固和加强内部监督工作。目前已基本形成了经营履约责任制、职能监管责任制、内部审计监督、效能监察和项目后评价多位一体的内部监督方式，各司其职，各负其责，形成全过程、全封闭的监督合力，在防范风险的同时，促进了各项业务良性发展。

（7）完善法制建设工作。设立了租赁公司总法律顾问办公室，负责对租赁公司重大经营决策提出法律意见；参与起草、审核租赁公司重要规章制度，根据授权对租赁公司规章制度的执行情况进行监督检查；参与租赁公司的投融资、担保、租赁、招投标等重大经济活动的有关法律事务，提高了依法经营和依法维护公司正当权益的工作力度。

（8）安全生产工作形势良好。2011年，进一步形成了由17项制度组成的安全管理制度体系，建立了租赁公司应急救援组织机构和应急救援体系，在健全安全管理制度的同时，强调制度刚性和执行力。2011年未发生人身伤亡安全事故，较好地实现了2011年初制定的安全生产管理目标，安全生产形势持续稳定。

（三）党建和精神文明建设

2011年，租赁公司党委围绕建设学习型党组织这一主线，以庆祝建党90周年和创先争优为平台，扎实开展党建工作，各级党组织紧密围绕生产经营中心，在促进发展、强化管理和防范风险中，发挥了政治核心作用。

租赁公司党委按照股份公司党委的统一部署，完成了以下几方面的党建工作：一是完善党建工作制度化、规范化建设，制定和完善了《党建工作要点》、《党建工作责任制实施细则》、《企业领导人员管理办法》、《“三重一大”决策制度实施细则》、《预防职务犯罪工作制度》、《深化厂务公开工作实施细则》等制度；二是积极开展“四好”领导班子创建活动，不断提升各级领导班子引领企业科学发展的能力和水平；三是全面落实党风廉政建设责任制，推动和完善了惩防体系建设，建立完善廉洁从业制度，积极发挥纪检监察部门的监督职能，增强各级干部员工廉洁自律意识；四是按照租赁公司党委统一部署，扎实开展廉洁从业专项教育、创先争优、创建学习型党组织和庆祝建党90周年等系列大型活动；五是积极打造租赁公司特色的企业文化，发布了租赁公司企业文化手册并进行宣贯，使员工对企业使命、企业精神、经营理念等8个方面有了进一步认识，加强了员工对企业的忠诚度和责任感。

【年度工作会暨一届二次职代会】 2011年2月20日，租赁公司在北京本部召开了2011年工作会议暨一届二次职工代表大会。租赁公司领导、各下属单位负责人和财务负责人、公司本部全体员工近百人参加了本次大会。

吕瑞翔总经理作了题为《深化结构调整，促进科学发展，努力建设行业一流的质量效益型公司》的工作报告，对租赁公司2010年各项经营管理工作进行了全面回顾，客观评价了租赁公司2010年通过改革创新取得的成绩、积累的经验，特别是租赁公司四大业务板块在2010年发展中的突破，指出了在当前新的发展格局和模式下反映出的新问题，并就这些问题和当前发展面临的形势，提出了必须加快发展上台阶的2011年经营发展要求。同时，针对租赁公司发展的现状，提出了公司未来发展的战略思想，以及在2011年这个未来发展的关键年份所需要进行的前瞻性部署和准备，并号召和鼓励全体领导干部和职工同心同德，为租赁公司发展上规模、上层次、提效益积极努力。

姚国良总会计师作了《2010年财务决算及2011年财务预算报告》，对租赁公司2010年财务预算执行情况及2011年预算进行了详细分析和说明，并通报了租赁公司2010年经营业绩考核情况。钱庆云副总经理作了2010年度安全生产工作报告，党委书记、副总经理林玉杰传达了股份公司2011年工作会议暨一届二次职代会及相关专题会议精神，并就会议精神逐项进行了分解和说明。

在大会的分组讨论中，与会代表审议和讨论了吕瑞翔总经理的工作报告和姚国良总会计师的财务预决算报告。代表们围绕自己所在单位和部门当前和今后一段时期面临的任务、机遇与挑战，针对如何推进公司快速健康发展、实现公司转型升级上水平，特别是2011年租赁公司如何在集团公司的领导和支持下打造“水电租赁”品牌，开展了深入研讨。

会议由党委副书记、纪委书记、工会主席闫靖德宣读了租赁公司一届二次职工代表大会决议；副总经理杨宁生宣读了对先进集体和个人予以表彰的文件，党委书记、副总经理林玉杰同志作了总结讲话。

会议对租赁公司2010年度文明单位（部室）、先进集体、劳动模范、先进工作者进行了表彰颁奖。总经理吕瑞翔、党委书记林玉杰，分别与各经营单位的党政主要领导签订了经营责任书、党风廉政建设责任书和安全生产责任书。

【年中工作会】 2011年7月9日，租赁公司在北京召开了2011年年中工作会议。租赁公司领导、各下属单位负责人以及所有在京员工参加了此次会议。股份公司总经济师、工会主席、租赁公司董事长王宗敏莅临会议。

会上，王宗敏充分肯定了租赁公司上半年取得的成绩，并介绍了股份公司上半年经营情况，要求租赁公司充分关注投融资板块政策变化，认真分析宏观与微观市场变化，抓住机遇，在确保风险的前提下，把企业做强做大。租赁公司总经理吕瑞翔作了题为《振奋精神再接再厉，严控风险巩固成果，为超额完成年度各项工作目标而努力奋斗》的工作报告；租赁公司总会计师姚国良作了租赁公司2011年上半年财务情况报告，对上半年财务预算执行情况行了详细分析；租赁公司党委书记、副总经理林玉杰作了总结讲话，全面总结了本次会议情况，并就贯彻落实此次会议精神，全面完成2011年的生产经营目标，提出了明确的要求。

【2011年第一次股东会暨董事会】 2011年3月3日上午，租赁公司在北京本部召开了2011年第一次股东会暨董事会，股份公司总会计师孙璀，股份公司总经济师、工会主席、租赁公司董事长王宗敏，以及租赁公司董事、监事参加了此次会议。

会议听取并审议了租赁公司2010年工作报告和2011年经营计划；听取了租赁公司2010年机构调整情况汇报；听取了浙江中水发电设备有限公司一期厂房基建、中水电融通租赁有限公司股权投资、中水电北固建设机械有限公司股权投资的完成情况汇报；听取并审议了租赁公司2010年财务决算及2011年财务预算方案、2010年利润分配方案、增资扩股议案、股份公司转让深圳百业达机械设备租赁有限公司5%股权议案和深圳能科达机械工程有限公司转增资本议案。

【增加注册资本】 2011年6月，根据2011年股东会决议通过的增加资本金方案，租赁公司完成了新一轮增资，资本实力再上新台阶。增资后，租赁公司注册资本由原来的2.8亿元增加到约3.7亿元。增加的注册资本，全部以转增资本形式出资。此次增资后，股份公司总投资额达到约1.997亿元，占注册资本总额的53.57%；水电四局有限公司总投资额达到约1.06亿元，占注册资本总额的28.57%；新能源公司总投资额达到6656.244 7万元，占注册资本总额的17.86%。

【再次被评为“纳税信用A级企业”】 2011年5月，租赁公司再次获得北京市国家税务局和北京市地方税务局联合颁发的“纳税信用A级企业”荣誉称号。2011年是北京市国家税务局和北京市地方税务局第三次开展联合评定纳税信用A级企业。租赁公司在2009年被评为“纳税信用A级企业”的基础上，再接再厉，再次被评为为期两年的“纳税A级信用企业”，并获得了荣誉证书和匾牌。

此次租赁公司被评定为“纳税信用A级企业”，将在2011～2012年度享受税务机关提供的税收鼓励政策，包括：除专项、专案检查以及金税协查等检查外，两年内可以免除税务检查；对税务登记证验证、各项税收年检等给予即时办理的便利；放宽发票领购限量；在符合出口货物退（免）税规定的前提下，简化出口退（免）税申报手续；税务部门对A级纳税信用企业除了专项、查案等需求外，将采取“免打扰”式的监管方式等。

【连续两年获得“融资租赁贡献奖”】 2011年12月，租赁公司再度荣获北京市租赁行业协会颁发的“融资租赁特别贡献奖”，租赁公司已连续两年获此殊荣。

【举办庆祝建党90周年系列活动】 为继承和发扬党的优良传统，提高党组织凝聚力和战斗力，激发广大党员投身公司改革发展的热情，租赁公司党委集中开展了一系列庆祝建党90周年活动，包括庆祝建党90周年纪念大会、参观《复兴之路》展览、红歌比赛、井冈山红色之旅等，弘扬和讴歌中国共产党取得的伟大成绩。

租赁公司组织机构图

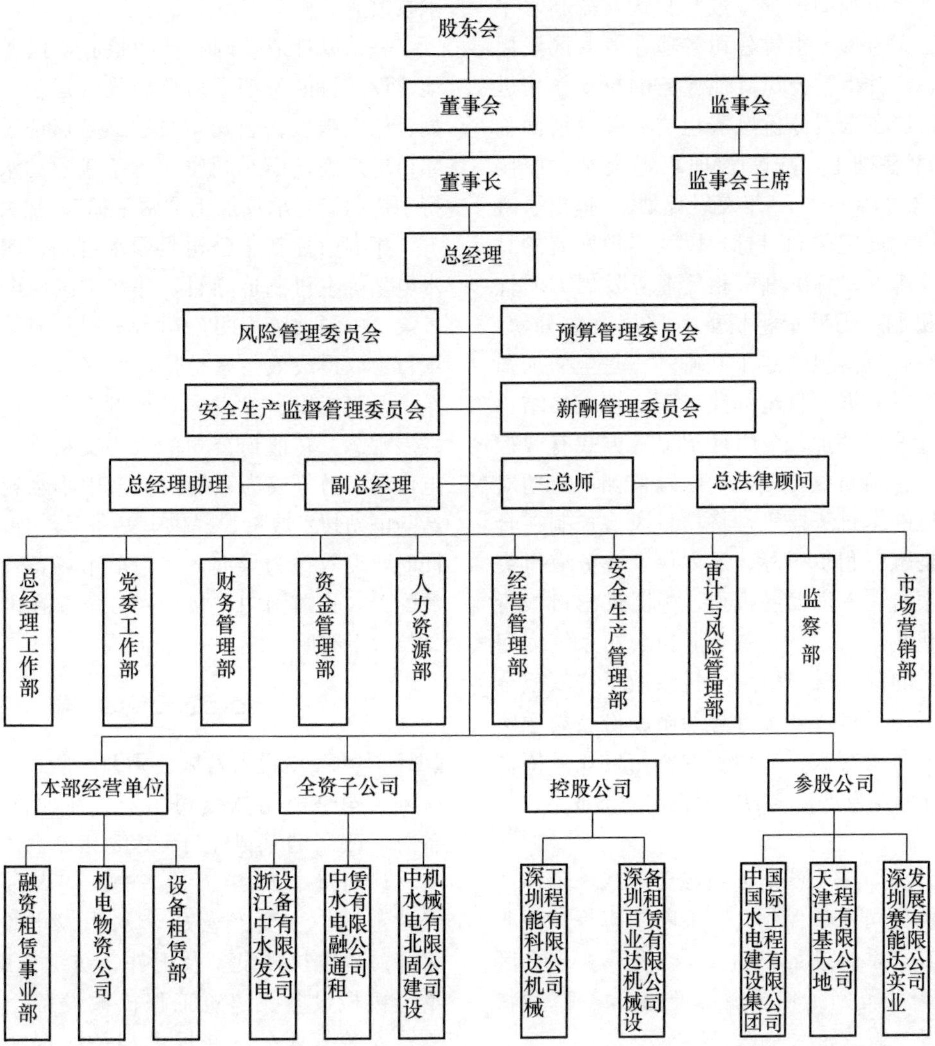

设备租赁、采购、制造业务

【构建集团租赁平台及开展设备租赁业务】 租赁公司坚持以服务股份公司为中心，积极实践股份公司大型专用设备双平台建设，在降低股份公司设备存量，盘活设备资源，控制设备增量方面做了大量积极工作。

一是按照“南北两基地十四个服务站”的整体规划，以华北、西南为区域中心，积极开展设备基地或服务站的建设工作。北方固安基地的建设已经全面展开，一期基建工程已于2011年底完工，将于2012年投入运行；西南基地已超前谋划，目前相关建设工作也在抓紧落实之中；昆明、华南、华东、新疆4个服务站也相继建成。二是稳步开展股份公司各成员企业大型专用设备租赁、调剂工作。作为股份公司资源配置的主要承载单位，凭借专业化、性能优越的设备和方式灵活的技术支持，租赁公司已初步建立起了设备的租赁、调剂运行体系，2011年有近30台套大型专用设备在系统内多个项目点的施工建设中发挥了积极作用。三是以授权成为股份公司大型专用设备承载单位为契机，对系统各成员企业相关大型设备的闲置情况、原值、净值、技术性能以及资产账务等情况进行摸底，积极为闲置设备提供市场信息，并对有条件部分设备进行了回购，为系统内多家单位完成闲置设备的对外租赁业务，在盘活系统内闲置设备资源方面进行积极实践。

【融资租赁业务】 2011年，租赁公司融资租赁业务取得显著成效，融资方式和渠道均取得新突破，融资租赁业务的核心引领力进一步显现。

一是不断进行业务创新、结构调整、品牌营销，构建了“反应灵敏、决策快速、攻关有力、服务到位”的市场营销机制，初步建立了全方位对接营销、全过程支持的“分层次、全方位”立体营销模式，经营规模在风险可控的前提下放量扩大，盈利水平显著提升，已成为带动租赁公司各项业务共同发展的龙头与核心，对租赁公司其他业务的拉动作用进一步显现。二是在全面分析融资租赁业务发展面临的内外环境的基础上，战略管理取得突破，按照《融资租赁业务2010～2012年发展规划》，提出了融资租赁业务的发展定位和目标，以及实现发展的具体措施。初步建立了解决融资租赁业务发展方向性问题的战略机制，为融资租赁业务层层有效分解，实现核心战略有效落地奠定了基础。三是全面加强风险管控，深度开展项目精细化管理。在交易结构设计中，通过信用叠加、全闭环担保等方式有效控制项目风险；在项目执行期间，跟踪监测，定期对账，加强项目的全过程监管，将项目风险控制在合理范围。四是融资租赁国际、国内保理业务取得突破，与中国银行、深圳发展银行、中国进出口银行等多家金融机构，就国际租赁、股份公司系统内租赁和社会租赁的部分融资租赁项目叙做了应收租金保理业务，实现了租赁公司自身乃至股份公司融资方式和渠道的重要突破，推动了融资租赁业务依靠自身造血机能满足发展需求的发展机制的形成。

【营销贸易业务】 传统营销创新经营模式，延伸产业链条。租赁公司通过保兑仓、买断销售等新型业务模式，与多家系统外客户达成了合作，在多个区域市场中将产品范围延伸至能源产品、化工原料、基础建材等多个领域。

一是创新业务开展模式。以准金融业务发展为引领，大力开拓具有融资性质的新型营销业务——保兑仓、买断式营销、分期销售等业务，在稳步开展传统贸易营销业务的前提下，对贸易营销业务进行了积极创新。二是积极拓宽产品类型。应对传统营销市场逐渐呈现回落的趋势，超前谋划，顺势调整，及早入手，成功开拓了电石、石灰石、兰炭等化工能源原料的保兑仓业务，并探索和总结了一套针对新型业务规范操作的风险控制方法，在实践检验中取得了较好的效果。三是全力拓展非水电市场。积极响应国家开发西部市场的战略要求，对西南市场、海南市场、西北市场进行了大力开拓，特别是在新疆市场打开了局面。

【机械制造业务】 为夯实机械制造业务基础，完善股份公司水电产业链条，2011年租赁公司为机械制造业务制定了更贴近实际的发展策略，给予培育期，夯实传统的水轮机组和其他产品的制造、加工业务，为承揽中小型水轮机组的生产制造、安装调试、技术技改业务积累市场商誉。

一是以打造基础产能为核心，积极推进制造基地建设。目前一期厂房已经投入运营，二期建设计划也已上报股份公司审批。二是保证质量，稳步积累市场声誉，面对同质化竞争激烈的水电市场，坚持主机制造与承揽加工“两手抓”，加大市场开拓力度，相继中标新华公司崇阳水电站、四川公司安谷水电站等主机制造项目，并在中国国电集团公司渔子溪、中国大唐集团公司衡阳白鱼潭等技改或加工项目上取得成效。三是长远发展战略与短期策略相结合，坚持以科学发展观统领全局，适时调整企业发展观念。在股份公司的大力支持下，继续拓展水电市场，力争成为系统内从事中小水轮发电机组制造与电站技术改造、提供电站备品配件的专业厂家。同时，以效益为导向，在当前市场条件下，优化资源配置，收缩国内主机市场，争取在国际项目和电站技改上有所突破。

全资子公司

【浙江中水发电设备有限公司】 浙江中水发电设备有限公司是由租赁公司出资、在原富春江水电设备总厂改制的基础上于2005年9月23日演变成立，注册资本2000万元，法人代表吕瑞翔。公司经营范围：主要经营成套水力发电设备及配件、水电站水电机械设备及配件、纺织专用机械设备、冶金机械设备、建筑工程机械设备、金属结构件制造安装等业务，并提供相关的技术服务；同时开展建筑工程机械设备和电梯设备的租赁、销售、维修等业务。

【中水电融通租赁有限公司】 中水电融通租赁有限公司是租赁公司的全资子公司，于2010年12月17日成立，注册资本5000万元，法定代表人张斌。公司的经营范围：施工机械（港口设备除外）、电气设备的租赁、销售、维修；融资租赁；机械零配件的生产、销售；焦炭的销售；电子产品、新材料、建筑装饰材料的销售；货物和技术的进出口业务（限从事国家法律、法规允许经营的进出口业务）；相关技术咨询和管理服务。

【中水电北固建设机械有限公司】 中水电北固建设机械有限公司于2010年5月成立，是由租赁公司投资的法人独自企业，注册资本5000万元。公司经营范围：大型设备零部件及钢构件制作生成；各种施工机械、车辆及其他机械和电气设备的租赁、销售、维修；电子产品、建设装饰材料的销售和相关服务；货物进出口，技术进出口；技术管理、咨询、培训、展览等业务；提供履带吊、汽车吊、高架门机、塔机等大型起重安装机械，液压抓斗、旋挖钻机等大型软基处理机械，以及大型土石方机械的租赁服务。

控股公司

【深圳能科达机械工程有限公司】 深圳能科达机械工程有限公司（以下简称“能科达公司”）成立于1993年，是集团公司与阿特拉斯·科普柯（香港）有限公司和香港敏达机械服务有限公司共同投资经营的合资企业，注册资本50万美元，法人代表吕瑞翔。2002年11月，阿特拉斯·科普柯（香港）有限公司授权深圳能科达机械工程有限公司负责其建筑与矿山产品在中国水利水电行业的总经销。公司经营范围：机电设备及零配件的采购与批发、机电设备的技术服务、机械设备及零配件和机电成套设备的进出口、机电设备相关的技术及出口、工程机械翻新和设备维修、技术咨询。

【深圳百业达机械设备租赁有限公司】 深圳百业达机械设备租赁有限公司（以下简称“百业达公司”）是由原中国水利水电工程总公司与水电五局有限公司、水电七局有限公司、水电八局有限公司等单位共同投资组建的有限公司，成立于1993年7月12日，注册资本2500万元，法人代表吕瑞翔。公司经营范围：各种施工机械、车辆及其他机械、电气设备的租赁、销售；兴办实业；国内商业、物资供销业；进出口业务。

中国水电建设集团新能源开发有限责任公司

概　况

【综述】 中国水电建设集团新能源开发有限责任公司（以下简称“新能源公司”）于2007年7月由中国水电建设集团投资有限责任公司（2004年7月成立）变更，并在国家工商总局登记设立。新能源公司由中国水利水电建设集团公司、中国水利水电第十四工程局有限公司、中国水利水电第四工程局有限公司、中国水利水电十六局有限公司、中国水利水电第八工程局有限公司、中国水利水电第九工程局有限公司出资组建，由中国水利水电建设集团公司控股，注册资本金5.168亿元。

新能源公司主要经营：水力发电、风力发电、太阳能发电、生物质能发电等再生能源开发；实业、电力、热力、煤炭、交通、水务等基础设施项目的投资；投资咨询等。

中国水利水电建设集团公司（以下简称“集团公司”）根据国内风电行业投资逐步走向专业化的特点成立新能源公司作为风电项目的投资和运营主体，实行专业化开发、管理和运营。新能源公司确定“依托中国水电品牌、利用内外资源、开拓国内国际市场、全面打造集团公司风电产业”总体战略，在集团公司的统一部署下，负责集团公司风电资源的规划布局、资源获取、项目前期工作、项目开发和发电运行。

新能源公司在风电、水电投资开发中积累了较为丰富的经验，培养了一批专业技术人才，有较强的专业优势和竞争力，为推动集团公司新能源事业的发展，坚持按照集团公司战略部署和新能源公司战略目标，在发展进程中坚持“自强不息、勇于超越”的企业精神，秉承“顺势勇为、诚信守诺、科技领先、管理图强”的经营宗旨，广大员工恪守“热爱祖国、忠诚公司、爱岗敬业、团结协作”的行为规范，追求“为股东创效益、为社会担责任、为员工谋幸福”的核心价值观，共同努力将新能源公司建设成为质量效益明显的专业化公司，实现共同愿景。

【领导班子】 2011年，新能源公司领导班子由6人组成：董事长兼临时党委书记王宗敏；总经理兼临时党委副书记吴洵；副总经理兼临时纪委书记、工会主席、总法律顾问刘瑞杰；副总经理魏达；总会计师沈沉；总工程师刘平。

【项目开发】 2011年，新能源公司江苏如东、内蒙古三期、吉林长岭三期、辽宁朝阳、河北张家口、山东海阳、湖南株洲、黑龙江等风电项目和桐梓河兰子口水电站前期工作顺利推进，在甘肃的太阳能开发前期工作取得实质性进展。

【各部门工作情况】 2011年4月11日，新能源公司江苏风电分公司完成注册；5月成立了资源开发二部；12月23日成立了湖南筹备处。2011年底，中国水电建设集团朝阳风电开发有限公司完成了新公司注册。同年，新能源公司还成立了哈尔滨办事处。

2011年新能源公司各部门以新能源公司中心工作为主线，按照职责和分工，从管理、服务和实施等方面较好地完成了各方面工作，为新能源公司平稳、较快发展作出了贡献。总经理工作部头绪多，涉及面广，把服务意识放在第一位，起到了上传下达、协调和中枢的作用。党委工作部按照新能源公司党建工作要点和工作计划，使新能源公司各级党组织的党建工作能紧紧抓住“以改革创新精神做好企业党建工作”这条主线，为新能源公司可持续发展提供坚强的思想、政治和组织保证。发展策划部在完成新能源公司“十二五”规划的基础上，承担了新能源公司CDM和风险管控体系的建立，工作量巨大。同时，发展策划部还积极为新能源公司寻找新的可开发资源，探索新能源公司新的发展方向。项目管理部在梳理工作模块的基础上，固化工作，重点加强报表制度，完善合同管理制度建设，加强招投标管理，规范合同台账，较好地完成了新能源公司在建项目的管理任务。财务产权部以“转变管理理念、创新管理模式、提高风险意识、强化管控能力”为指导，认真理顺财务关系，强化和提升总分两部财务能力建设，着力搭建“全员参与、全面覆盖、全过程控制”的全面预算管理平台，强化成本管控，积极拓展融资渠道，多渠道解决项目开发资金。资源开发部全力寻找新资源，加大项目前期工作，协助各分（子）公司开展资源开发。资源开发二部自2011年5月成立以来，坚决贯彻落实新能源公司的战略部署，在外部竞争压力大的情况下，积极努力获取新资源，签订了山西文水风电和岳阳市风电框架协议，株洲项目的各项工作稳步推进。审计监察部与临时纪委合署办公，部门自建立以来，建立健全制度，夯实责任基础，开展效能监察，服务生产经营，开展反腐倡廉教育，加强廉洁文化建设，积极推进惩防体系建设各项工作，并配合国务院国资委较好地完成了经济责任审计工作。电厂运营管理部也是新能源公司一直寄予厚望的部门，组建完成后，立即开始调研工作，把尽快提升新能源公司电厂管理水平当作首要的任务，各项工作逐步完善。

【党群工作】 新能源公司临时党委坚持科学、创新、规范、务实、专业的党建工作思路，紧紧围绕新能源公司中心工作，不断扎实推进党建工作的开展，各方面工作取得了良好成绩，为新能源公司可持续发展提供了坚强的组织和政治保障。

新能源公司党委对2011年工作进行了部署安排，使新能源公司各级党组织的党建工作能紧紧抓住工作主线和重点，充分发挥党组织的政治核心作用，积极开展创建“四好”领导班子活动，进一步提高两级领导班子的整体素质和领导能力。

【效能监察】 2011年，新能源公司的效能监察工作主要是：

（1）围绕工程专项治理整改工作的落实情况，重点对内蒙古、长岭等分公司进行了效能监察。通过效能监察，规范了各公司资金使用，降低了生产成本。

（2）围绕“三重一大”相关精神和要求，重点对工程建设中“三重一大”决策制度的执行情况进行了检查。

（3）巩固“小金库”专项治理工作成果，针对财务资金管理开展效能监察，促进了企业规范财务管理，严肃了财经纪律。

【企业文化建设】 搭建平台，增强交流，创办内刊。为加强公司企业文化建设，建立公司与员工沟通交流的平台，提升新能源公司整体形象，新能源公司于创办了内刊“新能源之路”，目的是打造一个集总结、交流、展示与创新的平台，提炼、凝结新能源全体员工智慧，有效推进公司企业文化建设。

完善文体活动体系，促进企业全面发展。为更好的提高员工素质，增强企业凝聚力，激发员工个性特长发挥，创造学习型的企业文化，促进企业全面发展，新能源公司举办了2011年新能源公司读书征文、演讲、摄影比赛。比赛紧扣“开拓进取、创新发展”这一主题，诠释了“激情　责任　执行”、“安全在我心中”、“新能源　新企业　新员工　新发展”等文化理念。此次活动激发了广大员工的积极性和创造性，使企业发展的硬实力与文化发展的软实力得到了结合。

注重能力建设，紧抓职工素质工程，为提升职工素质搭建平台、创造条件。2011年，新能源公司组织了多项业务培训，其中“在建项目管理高级研修班”培训面广，重点讲授项目投资管理、计划与控制、合同管理、投融资管理等相关技能和管理能力等方面知识，提升了学员的能力，营造了与企业共同进步的文化理念。

2011年，新能源公司工会在股份公司党委和工会的领导下坚持变革、创新、专业、务实的工作思路，重点强化职工素质工程、开展群众性的文体活动。通过建立职工之家、开展劳动竞赛，将员工和公司紧密联系在一起。通过困难职工帮扶中心实施岗位救助活动，伸出援助之手主动为员工排忧解难。

新能源公司组织机构图

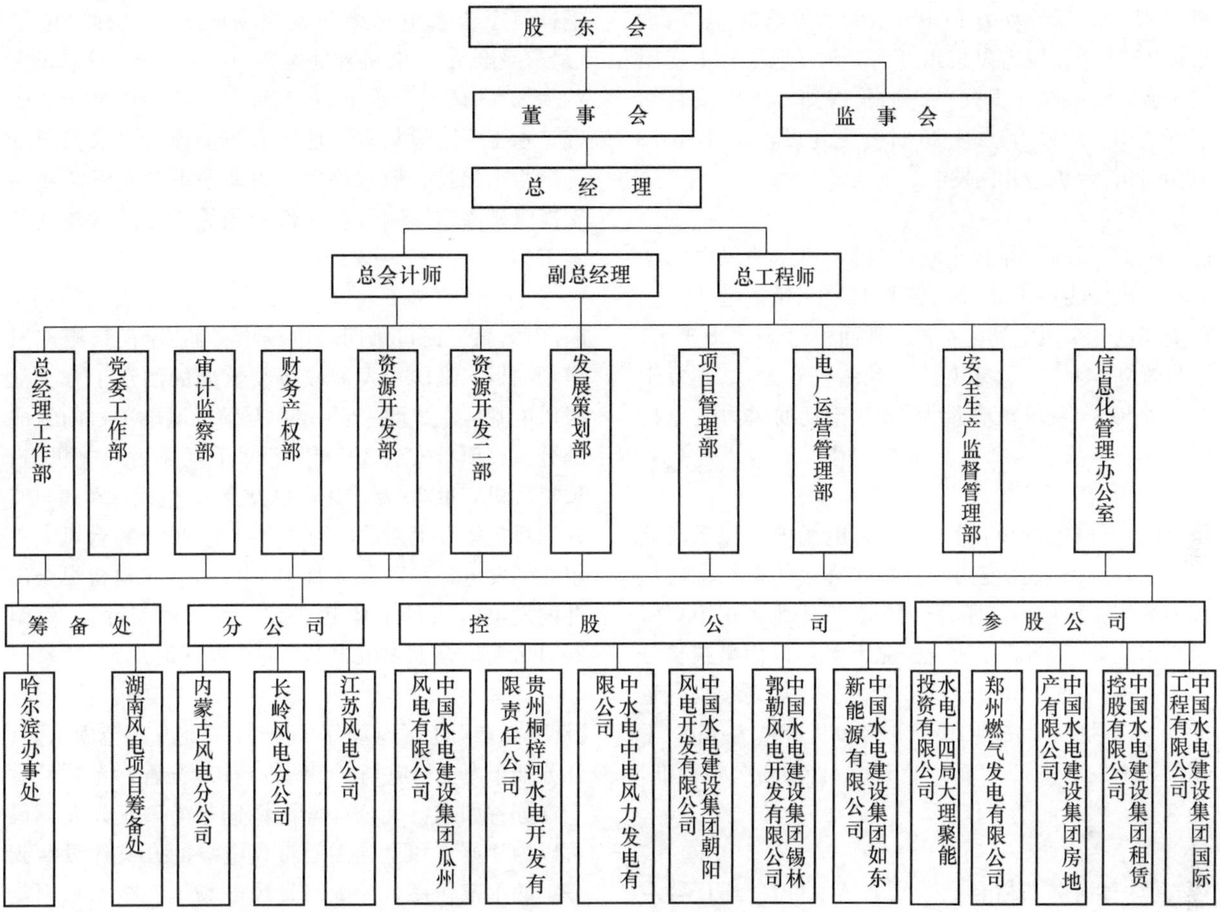

投 资 开 发

【长岭风电项目一期、二期、三期】 长岭风电项目一期（49.5兆瓦）、二期（49.5兆瓦）全部在运营阶段，全部风机在厂家质保内进行正常运行维护，2011年度由于电网及负荷情况限电比较严重，一期全年发电量6003万千瓦·时，二期全年发电量6768万千瓦·时。陆续办理了长岭风电项目三期的核准支持性文件：2011年7月20日，获取了《关于长岭王子风电场三期工程项目立项的批复》（吉能新能〔2011〕222号）；2011年9月9日，获取了《关于吉林长岭王子风电场三期49.5兆瓦扩建工程建设用地预审意见的复函》(吉国土资预审字〔2011〕315号)；2011年10月19日，获取了《关于吉林王子三期49.5兆瓦风电场工程水土保持方案的批复》（吉水保〔2011〕1331号）；2011年11月14日，获取了《关于吉林长岭王子风电场三期（49.5兆瓦）扩建工程环境影响报告表的批复》［吉环审（表）字〔2011〕872号］；2011年12月12日，获得吉林省住房和城乡建设厅颁发的建设项目选址意见书（吉规选字第〔2011〕118号）；2011年12月13日，获取了《〈中水电吉林长岭三期（49.5兆瓦）风电场工程建设项目压覆矿产资源调查报告〉审查意见》（吉国土资压字〔2011〕99号）。

【锡盟灰腾梁洪格尔风电项目一期、二期】 锡盟灰腾梁洪格尔风电场（电网名称为贝力克风电场）位于内蒙古锡林浩特市与阿巴嘎旗交界的辉腾梁草原上，65米高处年平均风速为8米/秒，年平均有效功率密度为450瓦/平方米。总占地面积65.34平方千米，规划装机容量30万千瓦，分6期开发。

一期工程占地约10.3平方千米，装机容量4.95

万千瓦，安装金风750千瓦风力发电机组66台。2008年11月27日，首台机组并网发电。2011年，在电网严重限电的情况下，全年完成发电量7797万千瓦·时。

二期工程位于一期南面，占地约13平方千米，装机容量4.95万千瓦，安装金风1500千瓦风力发电机组21台、联合动力1500千瓦风力发电机组10台、天浩1500千瓦风力发机组2台，5万千伏安主变压器一台，集控楼、升压站、通信线路、送出线路与一期共用。2011年6月25日开工建设，2011年12月18日首台机组并网发电。

【内蒙古武川淖尔梁风电场项目】 淖尔梁风电场项目位于内蒙古呼和浩特市武川县哈乐镇，是武川县已规划的6个风电场之一，占地面积约80平方千米，项目规划容量30万千瓦。一期装机容量4.95万千瓦，安装33台单机容量为1500千瓦的风力发电机组，年发电量约12 117万千瓦·时。

【河北万全风电场项目】 万全风电场项目位于河北省张家口市万全县境内，与张北县毗邻古长城遗址以南的坝头区域，南距万全县城25千米，东距离张家口市约30千米，沿万全—张北县界以南呈狭长分布，海拔高程在1390～1540米之间，规划装机容量30～49.5兆瓦，安装20～33台单机容量为1500千瓦的风力发电机组。2010年5月，经股份公司批准，同意开展项目前期工作。

【通辽珠日河乌那格台二号风电场项目】 通辽科左中旗乌那格台二号风电场项目位于内蒙古通辽市科尔沁左翼中旗珠日河地区。珠日河风电场是国家规划的百万千瓦级风电场，风能资源三类，规划装机容量200万千瓦，首次采用国家授权业主开发方式进行建设，共有14家公司获得授权，其中新能源公司获得乌那格台二号风电场20万千瓦开发权。2011年5月，经股份公司批准，同意开展项目前期工作。

【贵州桐梓河水电开发项目】 贵州桐梓河水电开发项目位于贵州省遵义市境内的桐梓河上，新能源公司控股开发圆满贯、杨家园和兰子口3座水电站，设计总装机容量为11万千瓦，开发预计总投资约12.68亿元。

圆满贯水电站工程位于贵州省仁怀市火石岗乡，总装机容量4万千瓦，2006年7月开工，2009年5月并网发电。贵州省发展改革委批准的总投资约为5.02亿元。

杨家园水电站位于贵州省习水县二郎乡，总装机容量4万千瓦，2008年9月开工，2010年5月并网发电。由于国家和地方政府现行征地和移民安置补偿标准的大幅增加，贵州省发展改革委批准的总投资约为4.31亿元。

兰子口水电站位于贵州习水县回龙乡境内，属桐梓河干流水电梯级开发规划的第八级梯级电站（最末级电站），装机容量为2×15兆瓦，预计总投资约为3.35亿元。截至2011年底，已完成可行性研究、水工程建设规划、地灾、防洪评价、水资源论证、水土保持、取水许可、用地预审及对下游新兴宏能煤矿渗透影响分析评价专题等报告的批复及备案工作。

【甘肃酒泉干河口第四风电场项目】 干河口第四风电场项目，是国家发展改革委核准的酒泉千万千瓦级风电基地、“十一五”380万千瓦风电项目的组成部分。该项目安装133台1500千瓦风力发电机组，项目装机容量20万千瓦，总投资17亿元。2010年5月项目主体开工建设，2011年1月26日首台风电机组并网发电，2011年4月16日133台风电机组全部并网发电。项目主体建设仅用8个月时间。截至2011年底，项目共发电2.8亿千瓦·时。

【江苏如东海上风电场(潮间带)100兆瓦示范项目】 江苏如东海上风电场（潮间带）100兆瓦示范项目位于江苏省如东县北凌外滩的潮间带上，其开发不仅可以为江苏省和全国潮间带风电场的开发建设起到一定的示范作用，为潮间带风电场施工技术积累宝贵经验，同时也是江苏省能源供应的有效补充，而且作为绿色电能，有利于缓解江苏省电力工业的环境保护压力，促进地区经济的持续快速发展。

2011年5月1日，国家电网公司出具了《关于如东潮间带风电场示范项目接入电网的许可批复意见》。

2011年6月22日，项目可行性研究报告获得了由水电水利规划设计总院出具的审查意见。

2011年3月11日，国家海洋局在北京主持召开了环境影响及海域使用报告书专家评审会，会议同意两报告书经修改完善后作为上报主管部门核准的依据。

2011年6月2日，农业部渔业局召开了《中水电江苏如东海上风电场（潮间带）100兆瓦示范项目环境影响报告书》渔业生态专项咨询会，农业部渔业局同意项目渔业生态补偿方案并出具了批件。

项目海域使用和环境影响报告书分别于2011年

8月3日（同期上报核准文件）和2011年9月30日获得国家海洋局的批复。

2011年12月1日，新能源公司和江苏东电新能源科技工程有限公司共同出资成立的中国水电建设集团如东新能源有限公司，在江苏省如东县工商局注册成功。该公司的注册成立，为科学合理投资开发新能源公司如东海上风电场（潮间带）100兆瓦示范项目提供了前提条件，为项目下一步各项工程招标及早日建设完成奠定了基础。

2011年8月29日，可应用于如东项目的潮间带两栖专用设备施工整体方案，通过股份公司组织的专家评审。

【辽宁北票王子山风电场项目】 辽宁北票王子山风电场新建工程位于辽宁省朝阳地区北票市东北约60千米处。2011年完成王子山风电项目16项前期工作，并在2011年12月23日拿到辽宁省发展改革委的核准文件。王子山风电项目是辽宁省规划开发的重点风电项目之一，风能资源比较丰富，经70米塔实地测风资料显示，年平均风速为6.94米/秒，项目建设地点在朝阳地区北票市台吉营子乡，地址中心坐标为东经121°00′，北纬42°12.36′。项目建设规模为4.95万千瓦，安装33台单机容量1500千瓦的风力发电机组，设计年上网量10 105.7万千瓦·时，年发电利用小时数为2042小时。

【湖南渌鸿风电场项目】 湖南渌鸿风电场位于湖南省株洲市株洲县龙潭乡境内，风电场面积约6平方千米，规划装机容量为49.9兆瓦，预计年上网发电量为9380万千瓦·时，估算项目总投资为44 310万元。

2011年8月17日，湖南省发展改革委以湘发改能源〔2011〕1255号文件同意湖南渌鸿风电场项目开展前期工作。2011年，新能源公司陆续开展了项目核准所需的专题报告的编制和评审工作。

【郑州燃气电站项目】 郑州燃气发电有限公司由新能源公司参股组建，该公司开发的郑州燃气电站项目是“西气东输”的配套工程，2005年3月4日通过国家发展改革委核准，建设经营两台390兆瓦燃气—蒸汽联合循环发电机组（德国西门子IS. V94.3A型机组），工程项目总投资23.83亿元，资本金为20%。

郑州燃气电站位于郑州高新技术产业开发区西部，占地面积15.96万平方米；电站燃料来源为“西气东输”工程的天然气，冷却水源为郑州市污水处理厂处理过的城市中水，电力送出由500千伏线路并入河南电网；机组设计年利用小时数为3500小时，年发电量为26亿千瓦·时。

郑州燃气电站项目两台机组分别于2007年1月4日和2007年4月21日通过168小时试运行。2008年5月，取得由河南立亚会计师事务所有限公司出具的《郑州燃气电站（2×390兆瓦）燃气蒸汽联合循环机组工程竣工决算审核报告》，标志着郑州燃气电站2×390兆瓦燃气蒸汽联合循环机组工程建设各项工作基本结束。

【大理者磨山风电场二期项目】 由水电十四局大理聚能投资有限公司（新能源公司参股）投资建设的大理者磨山风电场二期工程位于大理市西南面的者磨山上，与者磨山风电场一期工程紧紧相邻，距大理市区20千米，海拔高程在2400～2600米之间。项目装机容量为15兆瓦，安装单机容量750千瓦的风力发电机组20台，预计年上网电量3258万千瓦·时。

者磨山风电场二期工程自2010年5月6日开始施工；同年8月15日，风机基础混凝土浇筑全部完成；同年9月17日，首批3台机组成功并网发电运行；同年11月8日19时30分，实现全部20台机组并网投产发电。至此，大理者磨山风电场二期工程全部顺利建设完成。

2011年7月1日，大理者磨山风电场二期项目CDM在联合国注册成功。

控股子公司及分公司

【长岭风电分公司】 长岭风电分公司成立于2005年3月17日，是新能源公司的全资非法人公司。投资建设的长岭风电项目一期（49.5兆瓦）全部在运营阶段，全部风机在厂家质保内进行正常运行维护，2011年度由于电网及负荷情况限电比较严重，全年发电量6003万千瓦·时。

【内蒙古风电分公司】 内蒙古风电分公司于2006年3月9日，在内蒙古锡林郭勒盟阿巴嘎旗工商局注册成立，由新能源公司直接管理，负责在内蒙古自治区、河北省开发建设、运营管理风电项目。

由内蒙古风电分公司负责开发建设的内蒙古锡盟灰腾梁洪格尔风电场一期工程于2007年7月开工，2008年11月完工。2011年度，在电网严重限电的情况下，全年完成发电量7797万千瓦·时。

【江苏风电分公司】 江苏风电分公司于2011年4月

注册成立，注册地点位于江苏省南通市。其经营业务包括：水电发电、风力发电、太阳能发电、生物发电等再生能源开发以及投资咨询等。

为顺应国内风电规划逐步走向基地化的特点，新能源公司成立江苏风电分公司。江苏风电分公司在新能源公司的统一部署下，负责新能源公司在江苏地区风电资源的资源获取及项目前期工作。

江苏风电分公司注重人才梯队的培养，有较强的专业优势和竞争力，特别是在海上潮间带风电开发方面积累了一定的经验。

为推动新能源公司在江苏风电事业的可持续发展，江苏风电分公司在发展进程中，坚持按照新能源公司战略部署和目标，发扬新能源公司“自强不息、勇于超越”的企业精神，秉承“顺势勇为、诚信守诺、科技领先、管理图强”的经营宗旨，全员上下敬业爱岗、团结协作，为不断发展壮大江苏风电分公司业务规模，完成新能源公司制定的各项目标而奋斗！

【贵州桐梓河水电开发有限责任公司】 贵州桐梓河水电开发有限责任公司成立于2006年9月25日，注册资本1.8亿元。新能源公司出资84.45%，中国水利水电第十一程局有限公司11.11%，遵义神禹科技实业有限责任公司4.44%。

2011年，该公司经营的圆满贯、杨家园水电站总上网电量为16 265万千瓦·时。

【中水电中电风力发电有限公司】 中水电中电风力发电有限公司成立于2008年5月20日，由新能源公司出资55%，中电风力发电有限公司出资45%，注册资本金为15 631.84万元。

该公司投资建设的长岭风电项目二期（49.5兆瓦）全部在运营阶段，全部风机在厂家质保内进行正常运行维护，2011年度由于电网及负荷情况限电比较严重，全年发电量6768万千瓦·时。

【中国水电建设集团锡林郭勒风电开发有限公司】 中国水电建设集团锡林郭勒风电开发有限公司于2011年5月24日在内蒙古锡盟阿巴嘎旗工商局注册成立，由新能源公司出资60%，中国水利水电第五工程局有限公司出资40%，注册资本金为8200万元，主要负责锡盟灰腾梁洪格尔风电场二期及后续工程开发建设。

该公司荣获股份公司2011年度“安全生产优秀项目部（集体）”，新能源公司2011年“先进单位”、“安全生产先进单位”荣誉。二期工程被评为新能源公司2011年“文明工程项目”。

【中国水电建设集团如东新能源有限公司】 中国水电建设集团如东新能源开发有限公司（以下简称“如东公司”），由新能源公司和江苏东电新能源科技工程有限公司共同出资成立，新能源公司占股比95%。

如东公司经营业务包括：水电发电、风力发电、太阳能发电、生物发电等再生能源开发；实业、电力、热力、煤炭、交通、水务等基础设施项目的投资；投资咨询等。

如东公司注重人才梯队的培养，有较强的专业优势和竞争力，特别是在海上潮间带风电开发方面积累了一定的经验。

如东公司在发展进程中，发扬新能源公司“自强不息、勇于超越”的企业精神，秉承“顺势勇为、诚信守诺、科技领先、管理图强”的经营宗旨，为管理好100兆瓦潮间带风电场建设，不断发展壮大如东公司业务规模，完成新能源公司制定的目标而奋斗！

【中国水电建设集团朝阳风电开发有限公司】 中国水电建设集团朝阳风电开发有限公司于2011年11月29日在朝阳市工商局注册成立，由新能源公司、中国水利水电第十一工程局有限公司、中国水利水电第十三工程局有限公司出资组建，由新能源公司控股，注册资本金人民币9000万元。

【中国水电建设集团瓜州风电有限公司】 中国水电建设集团瓜州风电有限公司是新能源公司的全资子公司，成立于2009年10月，注册资金4.2亿元。该公司首期投资建设项目为甘肃瓜州干河口第四风电场项目，项目主体工程于2010年5月开工建设，2011年4月全部机组并网发电。项目总投资17亿元左右。二期投资瓜州安北第五风电场400兆瓦风电项目，项目静态总投资为32.8亿元（按单位千瓦静态投资8200元估算），动态总投资为35亿元，项目总工期预计34个月。

参股公司

【郑州燃气发电有限公司】 郑州燃气发电有限公司由中国电力投资集团公司、中国水利水电建设集团公司、郑州高新国有资产经营有限公司共同发起组建，共同投资开发燃气电站工程。2004年6月17日，郑州燃气发电有限公司在河南省郑州市正式注册，2010年6月10日，公司原股东中国电力投资集团公司将其持有的股权全部无偿转让给中电投河南电力有限公司。2010年7月9日，公司完成股权变更工作，股东为中电投河南电力有限公司、中国水电建设集团新能源开发有限责任公司、郑州高新国有资产经营有限公司。

郑州燃气发电有限公司自成立以来，获得诸多荣誉称号：被中国电力投资集团公司授予“2011年度安全生产先进单位”、“2010年度综合统计工作先进单位”荣誉称号；被中电投河南电力有限公司授予“2011年度安全生产先进单位”、“2011年度节能降耗先进单位”、“2011年度电力市场营销先进单位”荣誉称号，获中电投河南电力有限公司2011年度“五比五赛”减亏增盈突出贡献奖；被中电投河南电力有限公司授予“2010～2011年度先进集体”荣誉称号；被中国电力设备管理协会授予“第三届全国电力行业设备管理工作先进单位”荣誉称号；被河南省电力监管委员会办公室授予“2010年度全省电力安全生产先进单位”、“2011年度河南省电力监管统计工作先进单位”荣誉称号；公司党委被中电投河南电力有限公司评为先进党委，获中电投河南电力有限公司“减亏增效、党员先行”主题实践活动先进党组织荣誉称号。

截至2011年12月31日，郑州燃气发电有限公司实现连续安全生产1706天。

【水电十四局大理聚能投资有限公司】 水电十四局大理聚能投资有限公司由中国水利水电第十四工程局有限公司和新能源公司共同出资，于2007年11月13日在云南省大理市注册成立，注册资本为1.355 6亿元。其中，中国水利水电第十四工程局有限公司出资70%，新能源公司出资30%。公司的经营范围：风力发电和中小型水电站投资；清洁能源开发；水务、市政投资等项目。

【中国水电建设集团国际工程有限公司】 详见本书相关内容。

【中国水电建设集团租赁控股有限公司】 详见本书相关内容。

【中国水电建设集团房地产有限公司】 详见本书相关内容。

中国水电建设集团房地产有限公司

概　况

【综述】 中国水电建设集团房地产有限公司（以下简称“房地产公司”）是中国电力建设集团有限公司（以下简称“中国电建集团”）的成员企业，中国水利水电建设股份有限公司（以下简称“股份公司”）的直属企业，具有房地产开发企业壹级资质，资信等级AAA级，是中国建设银行总行级的重点客户。2005年9月，国务院国资委将房地产开发与经营核准为中国水利水电建设集团公司（以下简称“集团公司”）的主营业务之一，房地产公司成为具有房地产主业资质的十六家央企之一。房地产公司依托中国电建强大的资源优势、技术力量、资本支持和信用平台，以房地产开发与经营为核心业务，大力实施跨地域发展战略。截至2011年，注册资本金增至20亿元。下设4家分公司、17家子公司，员工人数587人，成为面向全国市场，集土地一级开发、房地产开发与经营、建设投资为一体，产品覆盖住宅、写字楼、零售物业、酒店等多种物业的房地产品牌综合运营商。目前已先后在北京、唐山、抚顺、成都、绵阳、都江堰、昆明、长沙、贵阳、武汉等城市进行房地产开发，除已全面竣工项目外，在建开发项目达20多个，包括3个土地一级开发项目、16个二级开发项目和1个BT项目。房地产公司肩负为人们创造高品质产品的责任，满足人们对美好生活空间的向往，引领客户共享卓越空间，并致力于消费者、投资者、企业员工以及社会利益的最大实现为企业使命；以成为中国领先的，具备较强品牌竞争力和投融资能力的，跨地域可持续发展的城市发展运营商为企业愿景；以品质、诚信、责任为企业价值观；以品质的保障为品牌定位；以恪守专业、诚信的原则，致力于提供一流品质的房地产物业产品和完善的服务为品牌承诺。房地产业是构建和谐社会的重要组成部分，是城市发展和人居环境建设的支柱产业。展望未来，房地产公司将时刻铭记央企社会责任，积极发挥中国最大水电施工企业的资源优势，恪守

“专业、诚信”的原则，不断做强做大“中国水电地产”品牌，致力于为社会提供更多的、一流品质的产品和服务，为满足人们对美好生活空间的向往、构建和谐社会作出贡献。

2011年，房地产公司积极响应国家房地产调控政策，应对房地产销售疲软的市场形势，准确把握中国电建集团建立和股份公司上市的战略机遇，坚持不懈地加强企业核心竞争能力建设和打造高效能专业团队，全体干部员工团结奋进、扎实工作，在房地产行业全面“入冬”的形势下，生产经营和企业管理取得了骄人的成绩。在“十二五”开局和企业发展战略实施的第一年，实现了全年创造4.38亿元利润总额；新获6宗项目地块，地上规划建筑面积183万平方米土地储备的经营发展业绩。在股份公司2011年考核中，房地产公司业绩位列控股公司第二位，其中管理评价位列第一位，也实现了自2005年重组6年来总资产达到122亿元，7个已竣工项目，19个在开发项目，429万平方米（总建筑面积）土地储备的快速持续发展的良好局面，初步建立了以“成渝经济区”、“西南城市圈”、“长株潭城市群”、“武汉城市圈”、“环渤海经济圈”等城市群为核心的多项目、跨区域的战略格局。

【领导班子】 2011年12月1日，中国电建集团党委常委、股份公司总经理孙洪水代表中国电建集团、股份公司在房地产公司干部大会上宣布：夏进董事长代行房地产公司总经理职责；常务副总经理杨宝林协助做好房地产公司经营管理日常工作。房地产公司其他班子成员：副总经理母连生、杨振明、王国良、薛志勇、周济，党委副书记、纪委书记李贵；总会计师秦普高。原总经理万小伦、副总经理李永前调任房地产事业部。

【2011年工作会议】 2011年2月26日，房地产公司2011年工作会议在北京隆重召开。会议的主要任务是：贯彻落实中央经济会议、国资委中央企业负责人会议、股份公司2011年工作会议精神，全面总结过去5年和2010年工作，分析当前面临的形势任务，研究部署“十二五”及2011年工作，动员房地产公司全体员工为实现股份公司“十二五”发展目标、房地产公司发展战略规划而努力奋斗。

这次会议是在股份公司圆满完成“十一五”目标任务，步入“十二五”开局之年，房地产公司从战略发展培育期步入快速成长期的关键时期召开的，对于推进房地产公司进一步科学稳健发展，顺利实现近、中、远期战略发展目标具有重要意义。

会议首先传达了2011年股份公司工作会议暨一届二次职工代表大会、股份公司2011年安全生产工作会会议精神。范集湘董事长在2011年股份公司工作会议暨一届二次职工代表大会上强调，要积极有序做强、做大房地产主业。要贯彻执行国家房地产调控的有关政策和国务院国资委的要求，积极规范地做强、做优、做大房地产主业。要顺势而为、创新房地产开发经营模式，更多地参与保障性住房建设，服务民生。要积极谋求与地方政府、非地产主业央企及其他战略投资人优势互补、资源整合性的战略合作。要注重发挥子公司的地缘优势，带动有条件的子公司开展地产开发业务，加快扩大房地产板块的经营规模，提高利润贡献。要加强对重点区域的土地资源的系统性研究，挖掘资源，增加优质土地的储备。要理性审慎地处理好规模增长与能力可及、风险可控的关系。

夏进董事长在会上作了题为《明确战略任务，培育核心能力，推进中国水电地产公司实现持续快速发展》的重要讲话。万小伦总经理在会上作了题为《把握战略机遇，科学稳健发展，提高利润贡献，推进公司年度目标和战略目标全面实现》的工作报告。房地产公司经营班子、总部职能部门及子（分）公司负责人及职工代表共140余人参加了会议。

会议认为，2006～2010年是“十一五”实施之年，也是房地产公司重组后快速发展的第一个五年。自2005年股份公司全力以赴向国务院国资委申请将房地产作为主业起，5年间，房地产公司从“北京中环”发展为“中国水电地产”，走过了不平凡的发展之路，由粗放式管理到逐步走上规范化快速发展的轨道，取得了显著成绩，发展是可持续的，稳健的。主要表现为：由项目管理向公司治理转变，由从事一个项目开发建设向多项目、多地域开发建设转变，由单一的住宅项目开发建设向住宅、土地一级开发、保障性住房以及商业、游旅地产多元化开发并举转变，由单纯的生产经营向生产经营和资本运作相结合转变。5年来，房地产公司业绩持续稳定快速增长，在股份公司业务板块中战略地位和使命日益凸显。整体实力大为增强，“中国水电地产”品牌在已经营区域城市具有了一定影响力。

会议认为，5年来，房地产公司认真贯彻落实股份公司和董事会决策部署，在企业经营发展方面做了大量工作，主要有以下体会：坚持以科学发展观为指导，走产品和资本经营相结合之路，加快业务结构调整是股份公司赋予的责任使命；坚持以市场为导向，加快职业化、市场化、社会化步伐，是做强、做大房地产板块的方向；坚持以发展战略为指引，不断增强企业的核心竞争力是竞争生存之本；坚持实施“良品加民生”战略，积极维护房地产行业的有序发展，努力成为中国房地产市场的健康力量，是央企地产的责任担当。

会议指出，2010 年，房地产公司积极应对复杂多变的国家宏观经济形势和严峻的房地产市场形势，各项生产经营目标全面完成，在股份公司考核中，各项考核指标均名列前茅。特别是加大了土地储备力度并取得历史性突破。积极创新融资模式，保障资金配置。公司治理和管理水平进一步提升，总部组织架构更加科学，职能进一步完善。管控环节和管控流程更加清晰有效。经营班子和一些重要管理岗位人员得到充实，团队建设取得新成就，公司经营管理呈现崭新局面，为实现持续快速发展奠定了坚实的基础。

会议指出，2011 年，房地产公司将面临更加严峻、更加复杂的市场形势。要进一步解放思想、顺势勇为，把握机遇、应对挑战，争取全面完成 2011 年度经营计划，切实承担起股份公司赋予的战略使命。围绕 2011 年生产经营基本思路和主要经营目标，要重点抓好 8 方面工作：深入贯彻落实股份公司工作会议精神，为股份公司创造更大的利润贡献；严格考核监控确保项目建设质量进度，持续提高工程管理水平经营效益；狠抓咨询项目成果转化和战略管控体系实施落地，规范企业内部管理，不断增强企业管控能力和防御风险能力；创新土地拓展项目开发经营模式，加强资源整合性战略合作，加快扩大经营规模；进一步拓宽融资渠道，在建立长期发展融资平台方面实现突破，不断促进财务管理转型升级上水平；坚持以发展战略为指引，大力提高产品研发、商业运营和品牌建设能力，不断增强公司发展的核心竞争力；持续加强人力资源规划和人才队伍建设，建立健全在国内房地产行业具有竞争力的人才机制；大力加强党建工作，有效发挥审计职能，加强反腐倡廉建设，为公司健康有序发展提供有力保障。

会议最后强调，面向未来，时代和社会赋予了房地产公司更加富于挑战的发展环境和难得机遇，股份公司赋予了房地产公司更加重大的责任使命。房地产公司一定要始终坚持科学发展，牢牢把握战略方位，全面提升公司整体素质实力，进一步坚定信心，开拓创新，扎实工作，推进公司战略规划全面实现，同心打造“中国水电地产”更加美好的未来明天，努力为股份公司和社会发展作出更大的贡献。

会议还开展了房地产公司领导班子述职及测评，宣读了关于颁发 2010 年度特别贡献奖的决定，签订了 2011 年经营业绩、安全生产和党风廉政建设考核责任书。

【2011 年度董事会、股东会】 2011 年 3 月 22 日，房地产公司第七次股东会暨第一届九次董事会、监事会在北京召开。股东代表股份公司副总经理、房地产事业部总经理孙洪水，水电二局有限公司总经理刘国栋，新能源公司总经理吴洵及房地产公司董事、监事出席了会议，房地产公司经营班子成员列席会议。会议由房地产公司董事长夏进主持。

董事会审议并通过了《中国水电建设集团房地产有限公司 2010 年度董事会工作报告》、《中国水电建设集团房地产有限公司 2010 年度财务决算和 2011 年财务预算方案》、《中国水电建设集团房地产有限公司 2010 年度利润分配方案》等 9 项议案，并一致同意提交股东会审议；监事会审议并通过了《中国水电建设集团房地产有限公司 2010 年度监事会工作报告》，并一致同意提交股东会审议；股东会审议通过了董事会提请审议的《中国水电建设集团房地产有限公司 2010 年董事会工作报告》、《中国水电建设集团房地产有限公司 2010 年度监事会工作报告》等 7 项议案。

孙洪水副总经理在会上作重要讲话，对房地产公司 2010 年工作给予充分肯定，并对做好房地产公司下阶段工作提出了要求。他指出，房地产公司克服资源制约因素，积极努力推进投入资源发挥最大效益，进入了良性、规范发展阶段，他代表股东对董事会及经营班子的辛苦工作表示感谢。并强调，房地产公司发展战略的实施实现取决于融资平台的打造，尤其在未来 1～2 年，房地产公司经营发展面临内部资源不足、行业宏观政策形势严峻、集团大重组的背景，公司企业发展将面临较大挑战。

关于 2011 年工作，孙洪水副总经理强调要重点在以下 4 方面进一步做好工作：一是在按计划推进融资工作的同时，要积极主动，进一步在加强股东融资及与其他资本合作方面努力开拓新思路；二是根据行业特点和公司现状，制定很好的绩效和薪酬体系，但在绩效薪酬体系实施过程中要结合房地产公司实际进一步细化方案，总结经验，为房地产公司可持续发展提供保障；三是在努力扩大经营规模、创造效益的同时，要更加注重从质量管理、安全管理、企业文化建设、品牌建设等方面进一步提高“中国水电地产”品牌价值，丰富品牌内涵，提高企业综合竞争能力；四是进一步加强党建工作，充分发挥党组织思想政治优势，为企业发展保驾护航。

房地产公司董事会及经营班子表示，房地产公司将进一步深入贯彻落实科学发展观，积极落实股份公司工作会会议精神，认真按照房地产公司 2011 年度工作会各项部署做好 2011 年企业经营发展各项工作，推进房地产公司快速持续发展，推进股份公司赋予的战略任务全面实现。

【2011年房地产公司所获荣誉】 2011年，房地产公司党委获国务院国资委颁发的“中央企业先进基层党组织”荣誉称号。房地产公司获北京市2011年“住房保障工作先进单位”称号；获北京市国家税务局和北京市地方税务局联合颁发的“纳税信用A级企业”奖牌和证书；获中国电建集团及股份公司“2010年度财务报表编制工作先进单位”荣誉称号，这是房地产公司连续第二年获此殊荣，在股份公司所属29家编报单位中综合排名位列第六位；获百锐高阶培训教学管理委员会授予的“优秀学习型房地产企业”称号。北京“中国水电·北郡嘉源”项目获北京市规划委员会举办的首都第十八届城市规划建筑设计方案汇报展设计“优秀方案”奖；获2011年度“北京市文明安全工地”称号，是北京市昌平区在建两限房项目中唯一受到表彰的项目。唐山“中国水电·首郡”项目双获2011年全国人居经典建筑规划设计方案竞赛规划、环境金奖；获唐山第二届秋季房展会“最佳合作伙伴”奖；被评为“图腾唐山幸福+U”幸福公益计划幸福未来大明星最具发展潜力楼盘。房地产唐山公司获2011年集团公司“青年文明号”；房地产成都公司获成都金牛区人民政府2010年度“纳税先进企业”、“高新区纳税大户”、成都房地产第九届“金芙蓉杯”（2011）成都地产年度企业金奖表彰。成都“中国水电·云立方”项目获“2011引领成都未来人居标杆·城市榜样楼盘”、“经典户型楼盘”奖项、成都地产“年度区域推动力楼盘”荣誉称号。中国水电大厦（四川）项目获深圳市第十四届优秀工程勘察设计公共建筑二等奖，获股份公司“2011年度中国水电优质工程奖”，被评为成都市物业服务“十佳写字楼”。成都“西岸观邸”项目被成都物业管理协会评定为成都市“五星级住宅小区”。房地产长沙公司获“长沙市房地产开发企业信用等级评定金牌单位”、长沙市2010年度“守合同　重信用”单位称号，被评定为湖南省AAA级信用企业。房地产绵阳公司获绵阳科创园区颁发的“绵阳科创园区纳税先进单位”称号，获绵阳市“2011年度纳税先进企业一等奖”称号。绵阳“中国水电·海赋外滩”项目获绵阳市工商联颁发的“绵阳楼市明星商业地产”、“绵阳楼市冠军楼盘”称号，获绵阳市住房和城乡建设局颁发的“绵阳市建筑安全施工标化工地”称号。房地产贵阳公司获股份公司“十一五”时期质量管理先进单位称号。

房地产公司组织机构图

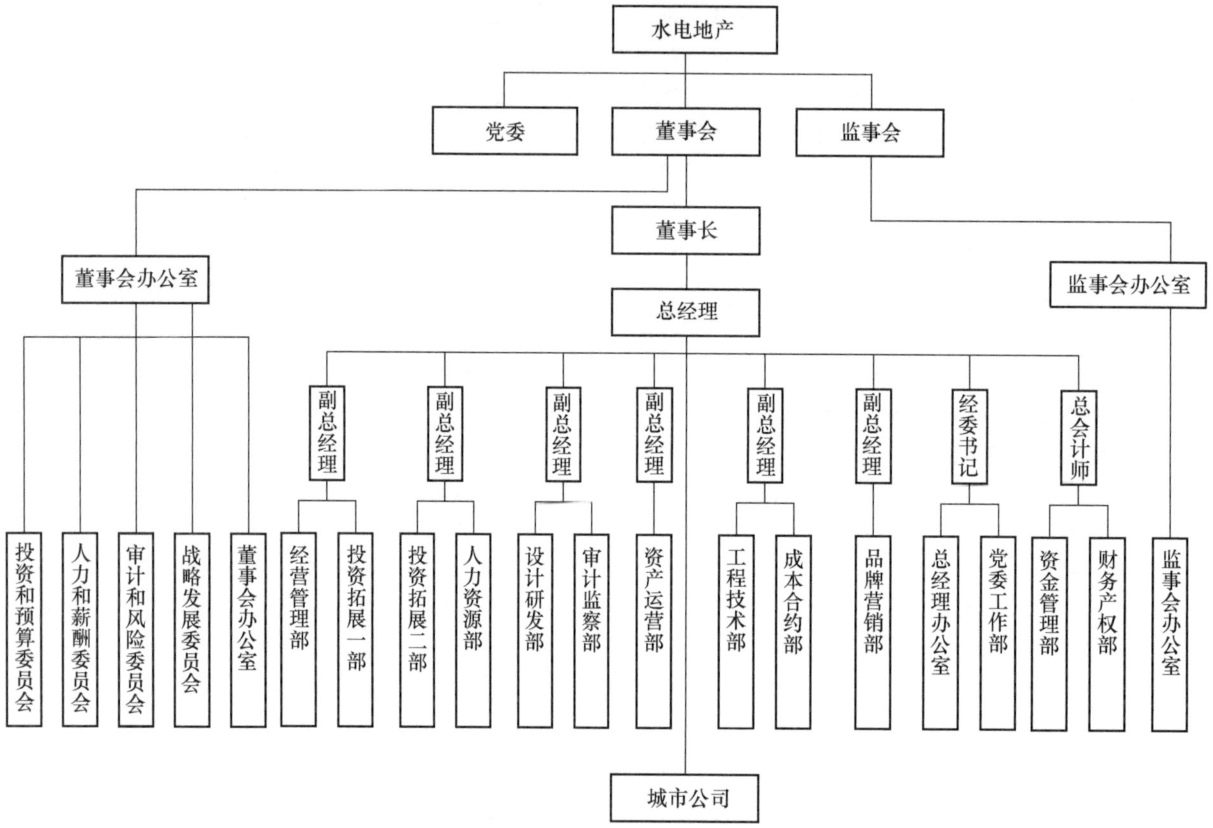

控股公司

【中国水电建设集团房地产(成都)有限公司】 该公司由房地产公司与水电五局有限公司共同出资组建，成立于2006年1月10日，注册资本金1.5亿元，拥有房地产开发企业贰级资质。开发的成都高新区“中国水电大厦（四川)”项目已于2009年竣工，成都“西岸观邸”项目已于2011年全部竣工。正在开发的项目为成都“中国水电·云立方”项目。

【中国水电建设集团房地产(贵阳)有限公司】 该公司由房地产公司与水电九局有限公司在贵阳共同出资组建，成立于2006年6月13日，注册资本金5000万元。开发的项目为贵阳“观山湖1号”和贵阳“中国水电·观府壹号”项目。

【中国水电建设集团房地产绵阳长兴有限公司】 该公司由房地产公司和四川长兴实业（集团）有限公司共同出资组建，成立于2007年9月10日，注册资本金2000万元。正在开发的项目为四川绵阳“长兴太阳城”、绵阳“中国水电·海赋外滩”项目。

【中国水电建设集团房地产(都江堰)有限公司】 该公司由房地产公司、水电七局有限公司、水电十局有限公司共同出资组建，成立于2011年5月10日，注册资本金1亿元，正在开发的项目为都江堰“中国水电·青云阶”项目。

【中国水电建设集团房地产(昆明)有限公司】 该公司由中国水电建设集团公司出资（由房地产公司和水电十四局有限公司共同出资组建)，成立于2008年1月8日，注册资本金5000万元。正在开发的项目为昆明“中国水电·金檀”项目。

【中国水电建设集团房地产(长沙)有限公司】 该公司由原水电八局全资子公司——湖南朝阳房地产开发有限责任公司增资扩股而成，由房地产公司与水电八局有限公司在长沙共同出资组建，成立于2008年1月15日，注册资本金5000万元。该公司核心业务是房地产开发与经营，拥有房地产开发企业贰级资质，资信等级AAA级。开发的长沙“星城映象”项目于2011年4月竣工交房，目前正在开发的项目为水电八局朝阳“丰和苑”项目。

【湖南金光华海赋公司】 该公司由房地产公司、长沙金光华置业有限公司和水电八局有限公司共同出资组建，成立于2011年5月19日，注册资本金5000万元。该公司核心业务为房地产开发与经营，拥有房地产开发企业暂定资质。目前开发的项目为长沙“卢浮原著”项目。

【湖北朝阳房地产开发有限公司】 该公司为房地产公司控股子公司，成立于2005年11月25日，注册资本金1000万元。

【中国水电建设集团(唐山)房地产开发有限公司】 该公司成立于2010年8月26日，由房地产公司与北京九州泰富文化传播有限公司共同出资成立，注册资金2亿元，正在开发的项目是唐山“中国水电·首郡”项目。该项目是唐山政务商务新区中高品质生态大盘，占地面积278亩，总建筑面积62万平方米，总投资约31亿元。房地产公司拟从唐山走出环渤海发展的第一步。

【中国水电建设集团(抚顺)投资建设有限公司】 该公司由房地产公司与水电十三局有限公司在抚顺共同出资组建，成立于2011年6月15日，注册资本金5000万元。正在开发的项目为“抚顺市东洲区石化新城核心区建设BT投资建设项目”。

【中国水电建设集团房地产(抚顺)有限公司】 该公司由房地产公司与水电十三局有限公司在抚顺共同出资组建，成立于2011年6月15日，注册资本金5000万元，拥有房地产开发企业暂定资质。正在开发的项目为抚顺“中国水电·海赋外滩”项目一期。

【中国水电建设集团房地产(武汉)有限公司】 该公司由房地产公司、水电十三局有限公司、水电第六工程局有限公司共同出资组建，成立于2011年6月20日，注册资本金1亿元，正在开发的项目是武汉“中国水电·海赋江城”项目和与中海地产合作开发的武汉“万锦江城”项目。

【武汉荣业房地产开发有限公司】 该公司由中国水电建设集团房地产（武汉）有限公司与中海地产共同出资组建，成立于2011年7月21日，注册资本金5000万元，双方各占50%股份。正在开发的项目是武汉“万锦江城”项目。

【中国水电建设集团房地产有限公司第一分公司】 该公司为房地产公司直属分公司，位于北京市朝阳区西大望路，正在开发的项目为“北京香江西住宅土地一级开发”项目。

【中国水电建设集团房地产有限公司第二分公司】 该公司为房地产公司直属分公司，于2009年在北京市朝阳区注册成立，现已成功开发完成北京“美立方家园”项目，打造了“国奥版·优活国际社区”精品居住环境。

【中国水电建设集团房地产有限公司门头沟分公司】 该公司为房地产公司于2008年8月15日在北京市门头沟区注册的分支机构，正在实施两个项目的土地一级开发，分别为北京高家园一级开发项目和北京琉璃渠一级开发项目。

【中国水电建设集团房地产有限公司北京昌平分公司】 该公司为房地产公司于2010年8月11日在北京市昌平区注册的分支机构，正在开发位于北京市昌平区的“中国水电·北郡嘉源”保障房项目，该项目是房地产公司开发的首个保障房项目。

【北京海赋兴业房地产开发有限公司】 该公司为房地产公司全资子公司，成立于2011年9月21日，注册资本金2000万元。目前正在开发的项目为北京“中国水电·云立方”项目。

开发项目

【成都“西岸观邸”项目】 该项目位于四川省成都市金牛区，占地100余亩，绿化率50%，建筑面积32.9万平方米。2008年4月30日，一期主体工程正式开工，2008年10月正式销售，2010年4月26日交付业主。一期工程于2010年4月完成竣工验收，二期工程于2011年12月完成竣工验收，现处于尾盘销售阶段。

【成都“中国水电·云立方”项目】 该项目位于成都市龙泉驿区成龙路北侧、大面西路西侧，规划净用地面积85 605.73平方米，容积率4.2～5.0。该项目分3期开发建设，一期一标段施工许可证已于2011年9月19日获取，一期二标段施工许可证于2012年3月30日获取，目前该项目各楼栋处于正常施工阶段。

【长沙“星城映象”家园项目】 该项目是房地产长沙公司开篇力作，位于武广核心生活区。2009年，项目所在区域武广高铁通车运营、地铁2号线正式动工，黄花机场扩建使长沙与广州、香港的距离缩短至“一日经济圈”内，辐射全国的立体交通网络已然成型。

该项目于2007年底通过政府招拍挂方式取得土地，总规划用地面积7万平方米，总建筑面积18.8万平方米，总居住户数为1775户，共13栋高层住宅。2008年7月完成地块拆迁任务并开工建设，2009年9月开盘销售，2010年10月交房入住，同年11月项目实现完美清盘，2011年3月项目全部竣工交房，圆满收官。

该项目始终秉承“用建三峡大坝的精神建好房子”的营销理念，通过举办“好房子标准调查”等活动有力地推介了“中国水电地产”品牌。房地产长沙公司2009年荣获了集团公司“安全生产先进单位”称号，2010年公司工程管理部荣获国务院国资委授予的“中央企业红旗班组（科室）”荣誉称号，该项目荣获2009年度十大人气楼盘等多项荣誉。

【长沙“卢浮原著”项目】 该项目地处长株潭城市群中心——长沙县暮云镇范围内，位于长沙市两大主干道万家丽路、芙蓉南路的交叉口东侧。正在建设的地铁1号线万家丽路站位于项目北侧800米左右，建设中的长株潭轻轨在项目东侧。四周别墅环绕，属于中央别墅区。项目经济技术指标：总用地面积302.67亩，容积率按1.31计算，建筑密度＜29.87%，绿地率≥39.20%，总建筑面积为33万平方米。项目产品定位为高档低密度复合型生态社区，主要产品类型为联排、双拼、高层和商业，项目2012年7月开工建设，2012年11月开盘销售，2015年6月全部竣工交房。

【贵阳“观山湖1号”项目】 该项目占地面积208亩，总建筑面积37.39万平方米，2006年开工，2010小区全面入住。作为房地产公司在贵阳的开山之作，房地产贵阳公司倾力将该项目打造成为林城贵阳首屈一指的高尚人文居住区。凭借该项目的成功开发运营，房地产公司在贵阳市场树立起良好的企业知名度及美誉度。通过该项目的实践，房地产贵阳公司进一步积累了开发经验，对贵阳房地产市场有了更深入的认识。

【贵阳“中国水电·观府壹号”项目】 2010年，房地产贵阳公司成功竞拍“金阳2009－10”号地块（命名为“中国水电·观府壹号”）。该地块是贵阳金阳新区2010年度出让面积最大的地块，位于金阳北部区域，地块位置佳、环境优越。所处位置为金阳新区未来的CBD，邻近金阳轻轨，具有极大的升值潜力。

【昆明“中国水电·金檀”项目】 该项目位于昆明市盘龙区东二环路大树营绿化带附近，总占地面积52.12亩，总建筑面积133 599.34平方米，项目容积率2.795，绿化率50.16%，建筑密度为11.1%。项目建筑以住宅为主，于2011年11月2日开工，预计2012年8月20日开盘销售，2012年12月31日主体结构完工，2013年11月15日项目整体竣工验收、备案完成。

【都江堰“中国水电·青云阶”项目】 该项目集会议培训、研发交流、商务展示、旅游度假于一体，是具有人文艺术底蕴的中国高端商务度假区，位于四川省都江堰市中兴镇，5A级国际度假旅游风景区——青城山前门外侧，距青城山前山约2千米。总占地面积约951亩，净用地面积802.18亩，综合容积率约0.68，总建筑面积约为31万平方米，用地比例为商业50.4%、住宅49.6%，分为“云汇”、“云台”、“云湾”和“云域”4个地块分期分批建设。目前，云湾组团一期共计48栋正在建设（8栋商业、40栋住宅）。

【绵阳“长兴太阳城”项目】 该项目位于四川绵阳市科技创业园区内，由绵阳市政规划道路自然分成相邻的两个地块，因此该项目分为两期开发。一期工程现已竣工并交付使用，二期项目工程物业形态分为花园洋房、电梯洋房及配套商业，共计19幢，建筑面积约23.5万平方米（含地下室），其一组团于2011年6月10日竣工，二组团于2011年11月25日竣工，现已交付业主使用。

【绵阳“中国水电·海赋外滩”项目】 房地产公司于2010年3月30日通过国有建设用地挂牌出让竞得绵阳铁牛广场南侧地块，地块位于绵阳市铁牛广场旁铁牛街13号，项目定名为“中国水电·海赋外滩”，规划建筑面积106 981平方米（地上面积86 369平方米，地下面积约20 612平方米），容积率6.47，建筑密度18.33%，绿地率15%，物业形态均为高层建筑，共4栋，层数为25/35，其中商业3层，局部4层，设地下室两层。框架结构，筏板基础。截至2010年12月底，项目拆迁工作、“三通一平”完成，2010年12月26日正式开工建设，2012年1月10日完成主体结构封顶。

【唐山“中国水电·首郡”项目】 该项目位于唐山市路北区友谊路东辅路以东，规划总用地面积185 459.88平方米，总建筑面积约62万平方米，其中地上建筑面积约46.7万平方米，地下建筑面积约15.4万平方米，容积率≤2.50，绿地率≥35%，建筑密度≤20%，建筑限高为140米，土地用途为商业与住宅，总户数约为3514户，于2011年6月正式开工。

【抚顺市东洲区石化新城核心区建设BT投资建设项目】 2011年，中国水电建设集团（抚顺）投资建设有限公司与抚顺市东洲区人民政府成功签订《抚顺市东洲区石化新城核心区建设BT项目投资建设合同》，项目主要包括东洲桥、东洲河口桥及引道、绥化路道路、章党大桥、甲邦大桥、兴东大道（章洋线）、城乡路、河滩公园、东洲河口橡胶坝、定向安置房及附属设施等，预计总投资额为10亿元，其中BT形式合作的投资额约为7.7亿元，以项目总承包形式的投资总额约为2.3亿元。BT投资建设合同约定本项目计划建设工期为2年，回购款周期3年，回购款截至2014年5月31日。

【抚顺“中国水电·海赋外滩”项目】 2011年6月27日，房地产抚顺公司成功竞得“小甲邦”6、7号地块（命名为中国水电·海赋外滩）。该地块位于抚顺市东洲区小甲邦，东洲大街与浑河南路东沿线交汇处的西南三角洲地带。该项目共分为4期开发，总建筑面积71.3万平方米，为简洁典雅的新古典ART-DECO建筑风格，由高层住宅、会所、大型商业综合体、沿街底商、幼儿园等物业组合而成，社区配备了集休闲、运动、购物、娱乐、教育于一体的各类现代化生活服务设施。

【武汉“中国水电·海赋江城”项目】 该项目位于湖北省武汉市江岸区，是房地产公司进驻武汉后独立开发的第一个项目。该项目总用地面积24 187平方米，总建筑面积82 945.80平方米，其中地上部分建筑面积67 724.60平方米，地下部分建筑面积15 221.20平方米，商业建筑面积4603.91平方米，总户数648户，机动车位491个，小区容积率2.8，建筑密度16.78%，绿化率41.65%。该项目共由4栋28层高层建筑构成，临街栋号首二层为商业，项目规划方案已获武汉市规划局原则通过，施工图设计已完成，目前正在进行桩基础工程施工。

【武汉“中国水电·万锦江城”项目】 该项目位于湖

北省武汉市江岸区，是房地产武汉公司联手中海地产开发的武汉中高端精品代表项目。该项目主要由中海地产负责操盘运营。总用地面积 110 844 平方米，总建筑面积 332 843.38 平方米，其中地上部分建筑面积 277 041.02 平方米，地下部分建筑面积 54 921.70平方米，绿化率 35.07%。总户数 2610 户，项目主要包括：1 栋 2 层独立商业楼、11 栋 32/33 层高层住宅、底层商业、幼儿园等。目前，该项目正在进行主体工程施工，计划 2012 年 7 月对外开盘销售，项目售楼部已于 2012 年 5 月 3 日正式对外开放。

【北京“美立方家园”项目】 该项目位于北京市朝阳区双营路 11 号院，占地 42 676.15 平方米，总建筑面积 163 553.90 平方米，容积率为 3.3，绿地率 35%以上，总投资超过 11 亿元。邻国家奥林匹克公园、奥运媒体村和地铁 5 号线立水桥南站，交通便捷、周边商业成熟、生活设施完善。房地产公司第二分公司在项目设计中针对目标客户，进行了多种户型创新，并根据公司“绿色地产”的开发理念，在北京市场首次全项目采用集中太阳能热水节能技术，此技术既降低了业主的使用成本又增强了居住舒适度，极大地方便了业主的日常生活，提升了项目的居住品质。该项目于 2009 年 9 月 18 日开工，2011 年 9 月全部交付入住。

【北京“中国水电·北郡嘉源”保障房项目】 该项目位于北京昌平卫星城东部新区的南邵镇，距轻轨昌平线南邵站约 1.5 千米，距昌平繁华商业区约 3 千米，总建筑面积约 120 396 平方米，其中可售建筑面积约 99 562 平方米。土地于 2010 年 12 月 18 日通过公开招标方式竞得。2011 年 7 月 18 日取得《建筑工程施工许可证》，2011 年 8 月 30 日取得《限价商品住房配售意见函》，2011 年 10 月 30 日取得《北京市商品房预售许可证》。2011 年 11 月 22 日，该项目顺利参加了北京市昌平区限价商品住房的摇号配售活动。截至 2011 年 12 月 31 日，北京“中国水电·北郡嘉源”项目累计实现销售 1073 套，销售面积 80 863.83 平方米。该项目是房地产公司实施“良品加民生”的重要项目，对践行央企责任具有重要的意义。该项目荣获 2011 年度“北京市文明安全工地”荣誉称号，是昌平区在建两限房中唯一受到表彰的项目；在 2011 年举办的首都第十八届城市规划建筑设计方案汇报展中，该项目的设计方案荣获设计“优秀方案”奖。同时，通过北京“中国水电·北郡嘉源”项目的开发建设，房地产公司荣获“北京市 2011 年住房保障工作先进单位”的荣誉称号。

【北京“中国水电·云立方”项目】 该项目位于北京市大兴区北臧村镇，规划容积率 2.5，绿化率 30%，控高 60 米，地上 21/19 层，地下 3/1 层，总户数 983 户，规划总建筑面积 118 485 平方米。该项目位于大兴新城核心居住区“念坛商务商业服务区”核心，紧邻地铁四号线生物医药基地站。7 栋住宅、近 8 万平方米的精致体量建筑，与繁华商圈仅 500 米的距离，各类文娱商业配套一应俱全，周边环境的高绿化率形成大型绿色天然氧吧，令居者悦享自然之美。目前，该项目已完成立项核准，取得了建设用地规划许可证、建设工程规划许可证，正在进行项目施工及开盘前的准备工作。

【北京香江西项目】 该项目为土地一级开发项目，位于北京市朝阳区崔各庄乡马泉营村以南。项目规划用地总面积 340 亩，截至 2010 年底已经完成一级开发的主要任务，开始进行成本审计，做土地入库和上市交易的准备工作。

【北京高家园一级开发项目】 该项目位于北京市门头沟区龙泉镇大峪村，地处门头沟新城 10 号街区，是门头沟新城规划中设定的城市建设重点区域。项目总占地面积 46.87 公顷（约合 703 亩），总规划建筑规模约 46 万平方米，其中一级开发可入市交易地块规划建筑规模约 34.61 万平方米，居住用地容积率 1.1～1.3。

截至 2011 年底，项目相继取得规划条件、土地预审意见、一级开发授权、立项批复、环评意见、林地转用意见等手续文件，完成了地质灾害评估、压覆矿产核查、勘测定界、市政单项规划方案，并根据项目规划建设需要完成了土地利用总体规划调整和街区边界调整、征地补偿安置协议签署等工作。在房屋征收方面完成了房屋征收方案等房屋征收准备工作。

【北京琉璃渠一级开发项目】 该项目位于北京市门头沟区龙泉镇琉璃渠村和龙泉务村，由一级开发可入市地块、定向安置房地块和琉璃渠历史文化名村保护修缮地块 3 个地块组成，总占地面积 84.2 公顷（1263.75 亩）。项目规划用地性质为居住用地、商业用地及综合用地，规划建筑规模约 42 万平方米。其中一级开发可入市交易地块规划建筑规模约 39.66 万平方米，居住用地容积率 1.1～1.2。

截至2011年底，项目前期手续办理、规划、征地拆迁等方面全力推进，取得了阶段性进展。相继取得土地预审、环评意见等审批文件。完成了地质灾害评估、压覆矿产核查、市政单项规划方案，并根据项目规划建设需要完成了土地利用总体规划调整和街区边界调整、征地补偿安置协议签署等工作。在房屋征收方面完成了房屋征收方案等房屋征收准备工作。

中国水电建设集团路桥工程有限公司

概　况

【综述】 中国水电建设集团路桥工程有限公司（以下简称“路桥公司”）是中国水利水电建设集团公司（以下简称“集团公司”）为了实施战略转型，整合全集团公司非水利水电业务优势资源，按照现代企业制度组建运营的新型公司制企业。股份公司基础设施事业部（以下简称“基础设施事业部”）是归口管理全集团公司基础设施建筑业务的职能部门（与路桥公司合署办公），负责管理全集团公司基础设施建筑业务的战略规划、市场营销，规范、协调、监督和管控子企业基础设施建筑业务的市场运营。

路桥公司成立于2006年4月，注册资本6亿元人民币，具有公路工程施工总承包特级资质，隧道、桥梁、路基、路面工程施工专业承包壹级资质和综合试验检测乙级资质，环保工程专业承包叁级资质，获得“质量、环境、职业健康安全”管理体系认证、“AAA”级信用企业。

路桥公司主要从事公路、铁路、市政、港口与航道、矿业、房建、环保等工程的施工与基础设施项目的投资建设。在国内外承建了一大批高等级主干线公路、大型特大型桥梁、隧道，以及地铁、市政和铁路等工程项目。路桥公司荣获“中国建筑业百强企业”、“2011年度中国建筑业最具成长力100强企业”称号。

路桥公司广泛涉足基础设施项目投资领域，积极发展BT、BOT、BOO、BOOT项目，其中：以BOT投资模式承建的福建省武夷山至邵武高速公路项目、四川邛崃至雅安高速公路项目，投资规模达60亿元；以BT投资模式承建的成都至简阳快速路、天津武清新城开发项目，投资规模97.39亿元。

路桥公司/基础设施事业部依托“大集团、大土木、大市场”的资源优势，秉承“强总部、精专业、细项目”的管理思想，奉行“激情理性，精品立足市场；科学和谐，创新铸就企业”的经营理念，对外以全方位满足业主需求为己任，对内追求员工幸福感和成就感极大化，着力培育施工总承包管理能力、资本运作能力和通过自主创新拓展的核心竞争力，打造优质工程，提供一流服务。

【领导班子】 2011年，路桥公司领导班子由8人组成：总经理兼党委副书记汤明；党委书记兼副总经理陈庆和；副总经理周孝武兼工会主席、李介立、张宜松、付少鹏；党委副书记兼纪委书记刘延超；总会计师党卫。

【2011年工作】 2011年，股份公司非水电项目新签合同总额268.7亿元，其中路桥公司中标金额81.31亿元。路桥公司实现考核营业收入94.37亿元，为2011年度计划69亿元的136.77%；实现考核利润总额为3.52亿元，营业收入利润率为3.73%，连续5年超额完成上级下达的考核任务。

截至2011年底，路桥公司资产总额达到142.55亿元，较2010年增长28.89%；负债总额为119.30亿元；所有者权益为23.25亿元，较2010年增长29.35%，其中归属于母公司8.50亿元，归属于少数股东14.75亿元。

2011年，路桥公司中标项目14个，中标金额81.31亿元，其中公路项目11个，总额63.41亿元。铁路项目中标新建铁路麟游矿区至宝鸡二电厂铁路专用线土建工程TJ-F标段，以投资方式中标了西安沣渭新区河道综合治理BT项目。

【首届党史、司史知识竞赛】 2011年7月15日，为庆祝建党90周年，路桥公司党史、司史知识竞赛在北京举办。路桥公司总经理汤明，党委书记陈庆和，副总经理周孝武、李介立、张宜松，党委副书记、纪委书记刘延超，总经理助理梁磊作为本次活动评委出席活动。参加本次比赛的共7支代表队，分别来自路桥公司本部一、二、三、四支部和四川分公司党委、武邵项目临时党委和津城项目党工委。比赛共分5个环节，分别是特色自我介绍、必答题、抽题、抢答题、风险题，经过两个半小时角逐，路桥公司本部一支部、津城项目党工委、路桥公司本部二支部分获一、二、三等奖。

【首期党支部书记、支部委员培训班】 2011年5月5～6日，路桥公司首期党支部书记、支部委员培训班在北京举行，路桥公司党委书记、副总经理陈庆和，总经理、党委副书记汤明，党委副书记、纪委书记刘延超，副总经理李介立出席会议，路桥公司各基层党支部的支部书记、委员，路桥公司党务工作者共计40余人参加了培训。汤明作了开班动员讲话，陈庆和讲授了《党务工作原理》课程，刘延超讲授了《如何做好党支部书记、委员》课程。其他公司领导分别就党员管理工作、如何在基层贯彻落实反腐倡廉工作、党支部“三会一课”以及发展党员的工作程序与规定等为大家做了详细的宣讲。

【入党积极分子培训班】 2011年10月25～27日和2011年12月1日，路桥公司党委分别在北京和成都举办了两期入党积极分子培训班，来自路桥公司本部4个党支部、四川分公司党委、武邵项目临时党委、津城项目党工委、西安项目党支部的近50名入党积极分子参加了培训。

开班仪式上，路桥公司总经理、党委副书记汤明作了题为《人为什么要有信仰》的开班讲话，党委书记、副总经理陈庆和讲授《中国共产党党史》，党委副书记、纪委书记刘延超讲授《党的基本理论知识》，其他公司领导分别讲授了党在组织、制度、纪律等方面的基本理论知识。

最后，培训班学员以优异的成绩全部通过了理论知识考试，并获得结业证书。通过此次培训，路桥公司入党积极分子进一步增强了对中国共产党的认识，端正了入党动机，增强了责任感、使命感。

【年度工作会议】 2011年1月15～16日，路桥公司2011年度工作会、党建工作会、安全生产会暨一届三次职代会在北京召开，股份公司副总经理王彤宙出席会议并讲话，路桥公司经营班子、党建会代表、职代会代表、各在建项目经理部项目经理、各股东单位代表以及本部全体员工参加会议，四川分公司、武邵项目公司、武邵总承包部、津城项目公司等单位管理人员通过视频会议形式列席了大会。

路桥公司总经理汤明作了题为《转变发展方式，争创世界一流，智慧激情地谱写路桥公司新篇章》的工作报告；党委书记陈庆和作了题为《强化落实责任，加强组织保证，为不断开创公司快速健康发展新局面提供坚实保障》的党建工作报告；副总经理张宜松作了2011年度安全生产工作报告；总会计师党卫作了2010年度财务决算及2011年度财务预算报告。经营班子成员进行了述职述廉。大会通过了《2011年度工作报告》和《2010年财务预算执行情况和2011年财务预算的报告》，通过了职代会决议。会上还签订了党风廉政责任书和安全生产责任书，对路桥公司2010年优秀员工进行了表彰。

【股东会、董事会、监事会】 2011年3月22日，路桥公司2011年股东会、董事会、监事会在北京召开。股份公司副总经理、路桥公司董事长王彤宙，股份公司总会计师孙璀，企业发展部主任许贺龙，资金管理部主任丁永泉和路桥公司总经理汤明、党委书记陈庆和等股东单位代表、董事会、监事会成员参加会议，路桥公司经营班子成员及相关部门负责人列席会议，会议由股份公司副总经理、路桥公司董事长王彤宙主持。

会议听取并审议了路桥公司总经理汤明所作的《公司2010年工作完成情况和2011年工作安排》，同时审议了路桥公司2010年投资完成情况和2011年投资计划、路桥公司2010年融资完成情况和2011年融资计划、路桥公司投资项目2010年考核结果、2010年度财务决算和2011年度预算（草案）、2010年度管理费用执行情况和2011年度管理费用及专项支出预算、关于2010年度利润分配的提案，还审议了有关人事提案和其他提案。与会股东代表、董事会、监事会成员对审议事项进行了深入讨论并提出了建设性意见和建议，原则通过各项议题，形成了股东会决议、董事会决议和监事会决议。会议讨论并通过董事会报告、监事会报告。

【路桥公司党委开展“六个一”学习活动】 2011年3月初，路桥公司党委全面开展“六个一”学习活动，该活动主要内容为：坚持每天学习一小时、每周集中学习一次、每季度读一本书、每人每季度写一篇文章或读后感、每季度一小结、每年一考核。该活动采取集中学习与自主学习相结合，以自主学习为主的方式，以提高员工自身素质和工作专业化水平为目的，在路桥公司员工中树立良好的学习观念和终身学习的理念，通过努力，使每个人都能成为

"学习型、知识型、思考型、创新型"的员工，促进股份公司基础设施业务得到又好又快发展。

【成简快速路BT项目交工验收】 2011年9月22日，成简快速路BT项目提前7个月交工验收。四川省交通厅、成都市国资委、成都市交通运输委员会、成都市质检站、龙泉区、简阳市等政府相关部门领导及设计、监理和施工单位领导及专家参加了验收会。成都市交投集团副总经理、总工程师、交投路桥总经理肖军主持会议，四川分公司总经理兼成简项目总经理王维、四川分公司党委书记李炳东、四川分公司副总经理兼成简项目常务副总经理马福民等分别介绍成简快速路施工建设、安全质量控制、整体经营管理情况。水电一局有限公司、水电七局有限公司、水电九局有限公司、水电十六局有限公司等承担主要施工任务的成员企业项目经理参加验收会。

成简快速公路系成都市重大交通基础设施"三轨九路"项目之一，全长15.7千米，总投资19亿元。建设通车后，成都到简阳半小时便能够到达，5分钟就可穿越龙泉山。该项目2009年3月30日开工，2011年8月30日完工。这是四川分公司继邛名高速公路后在四川投资的第二条公路，同时也是成都全国统筹城乡综合配套改革试验区一项重大交通项目。

【陈永录到天津武清BT项目检查指导工作】 2011年8月14日，股份公司党委副书记、纪委书记陈永录一行赴武清BT项目施工现场检查指导工作。津城项目公司副总经理刘永祥、陈京波，水电基础局有限公司董事长兼党委书记张源智、总经理赵存厚等陪同考察。

【南广铁路项目部再捧"火车头奖杯"和"品牌工程"奖】 2011年1月16日，路桥公司南广铁路项目部荣获中华全国总工会颁发的"火车头奖杯"，荣获南广铁路公司颁发的"品牌工程"奖，3位同志荣获"火车头奖章"。这是距上次水电七局有限公司平南制梁场荣获"火车头奖杯"之后，集团公司再次捧得"火车头奖杯"。

【津宁高速公路工程正式通车】 2011年12月10日9时，路桥公司承建的津宁高速公路举行通车仪式。

该项目起点位于外环线志成道立交修筑终点，终点位于宁河县规划汉宁路以西，与津芦南线相交，主线全长约48千米。设计车速120千米/时，双向六车道。路桥公司承建该项目第13标段，里程桩号为（K5+227.1）～（K29+300），线路全长约24.07千米，路面面积约89万平方米。该项目于2010年12月28日开工，2011年9月18日交工验收。

【洛克菲勒财团访问基础设施事业部】 2011年8月5日，洛克菲勒财团中国代表（洛克菲勒第六代）Mr. Collin Eckles、罗斯洛克基础建设公司CEO（执行总裁）Mr. James Crabtrees、罗斯洛克基础建设公司Managing Partner Mr. John Milit等一行9人访问基础设施事业部，对集团公司在地下工程方面的能力进行考察，股份公司总经济师王宗敏，基础设施事业部常务副总经理汤明、副总经理周孝武、副总经济师李峰及水电基础局有限公司董事长张源智、副总经理韩伟等领导参加了会见。

王宗敏和汤明向来宾表示欢迎，并介绍了集团公司和水电基础局有限公司的基本情况，说明了水电基础局有限公司有着52年的地基基础施工经验，各种技术、工艺相当成熟，对下一步在天津滨海新区洛克菲勒中心项目的合作表示期待。洛克菲勒财团期望与集团公司这样有实力的中央企业合作，并希望集团公司能在洛克菲勒财团的其他项目，如电站、能源、基础设施等项目中提供技术等相关方面的支持。会谈最后，洛克菲勒财团聘请汤明作为洛克菲勒财团中国投资的高级顾问，并颁发了聘任证书。

【获贵州省2010年度公路(水运)施工企业信用评价A级】 2011年6月，路桥公司荣获贵州省2010年度公路（水运）施工企业信用评价A级证书。

此次企业信用评价，是贵州省交通运输厅根据路桥公司在思剑、思遵两个在建项目的履约能力进行综合评定的结果，是对这两个项目有序管控及良好履约情况的充分肯定。

【陕西省副省长江泽林对沣河综合治理项目进行实地考察】 2011年7月17日，陕西省省委常委、副省长、咸阳新区管委会主任江泽林，管委会常务副主任王军，在西安市市长助理、沣东新城管委会主任乔高社，沣渭集团副总经理刘兵及陕西省相关部门负责人的陪同下，对沣河综合治理项目进行实地考察。在沣河综合治理工程现场，江泽林对沣河河道现状、水质等情况进行了现场调研。中水电西安投资发展有限公司总经理石晓辉陪同检查，并汇报了项目进展情况。

路桥公司本部/基础设施事业部组织机构图

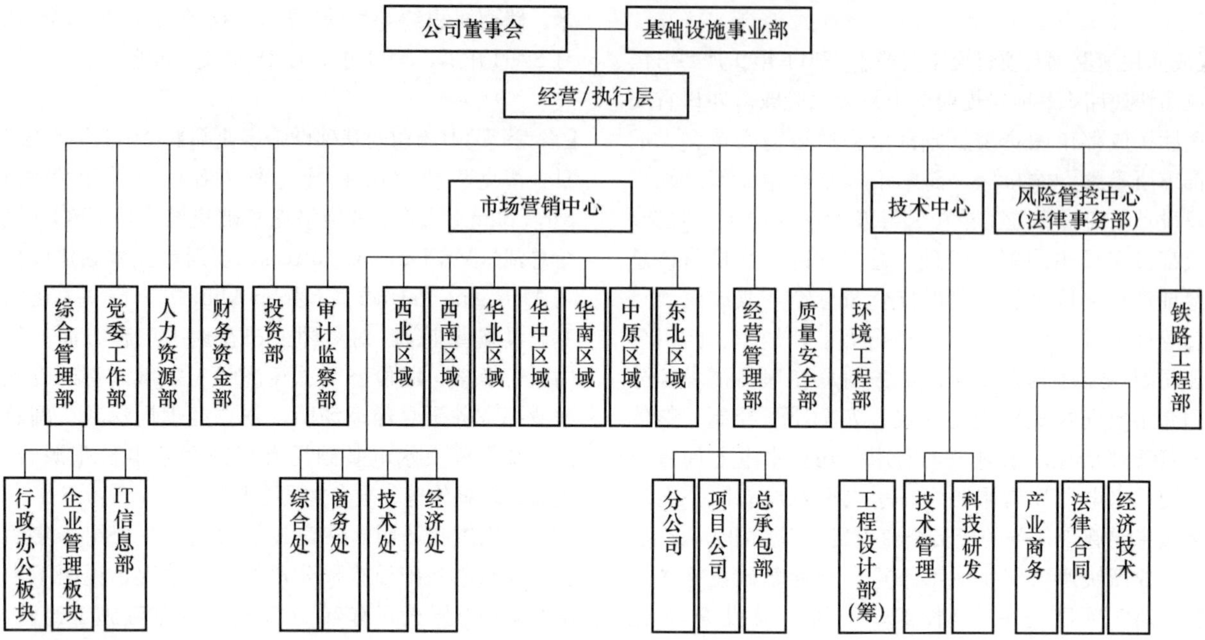

备注：公司设立业绩考核委员会、质量安全管理委员会，办事机构分别设在财务资金部、质量安全部。

企业管理

【市场营销】 按照股份公司“市场经营区域化，工程建设专业化”的要求，路桥公司调整了原市场区域范围，着手设立福建分公司，调整华中、华南、东北三区域市场范围，取消华东区域，进一步加强了市场营销区域的管控工作，努力开发潜在市场。

【项目管理】 路桥公司坚持“精益化管理”的要求，建立规范的项目管控体系和运作机制，注重项目前期组织和策划，逐步增加由公司负责经营管理的项目部数量，对重点安全项目进行重点监控和指导，加大项目隐患排查力度，加强对桥梁高墩柱、挂篮及跨海大桥施工的管控，成立了路桥公司招标管理中心，制定了《路桥公司投资建设项目招标管理办法》，45个在建项目生产经营情况均处于受控状态。

投资项目方面，成简项目完成投资4.21亿元，提前7个月完成了项目交工验收并顺利通车，签订了《变更回购方式协议书》，2011年11月4日收到第一笔回购款5.005亿元；津城项目完成投资17.02亿元，开展“大干一百天”活动，圆满完成了工期、质量、安全等各项工作计划，已收到2010年度首笔回购款5亿元，其余回购款承诺于2012年7月底前全部付清；武邵、邛名项目扫尾工程顺利进行，武邵项目调整概算顺利开展，邛名项目调整概算已批复。2011年，武邵高速公路运营收入8015万元；邛名高速公路运营收入6444万元，运营管理工作逐步迈入正轨。

2011年，武邵、邛名项目双双荣获2011年度中国水电优质工程奖，邛名项目获得“股份公司‘十一五’时期质量管理先进单位”称号。

承包项目方面，40个承包项目均处于受控状态，丽攀高速C10合同段获得了“大干100天劳动竞赛”第一名；济祁高速4标在业主组织的信用评价中排名第一；津宁高速13标严格按照规定履约，得到业主认可；思遵高速7标在业主2011年第三季度综合考评中荣获第一名；内遂高速6标由于标准化施工，多次获得业主表扬。

【组织机构调整】 2011年，路桥公司新成立了铁路工程部、质量安全部、经营管理部和环境工程部，成立了福建分公司和西安项目公司。同时，完成了路桥公司现行制度梳理汇编工作，启动了质量、环境、职业健康三体系换版再造工作。进一步明晰了路桥公司领导班子和党委委员分工，各部门职责也得到了明确和完善。

【财务资金管理】 印发了《基础设施业务合作项目财务管理规程》，规范了与工程局合作项目的财务管理；积极筹集资金，确保项目资本金及时到位。制定专门的核算办法，为集团公司规范BT项目核算发挥了积极作用。2011年，共筹集项目资本金6.9亿元，银行贷款32.9亿元，取得银行保函额度108亿元，使用授信额度33.6亿元，确保了生产经营活动与项目建设的正常开展。

【人力资源管理】 完成了员工补充养老保险建立及补缴工作，推进了路桥公司本部住房补贴工作，补充和更新了路桥公司劳动关系台账，组织各类培训32次，培训1000多人次，推动了员工队伍整体素质的提升，全年共引进各类人才35人。

【风险管控】 为落实股份公司全面风险管理与内部控制体系建设的要求，在考察调研大部分在建总承包项目的基础上，形成了《路桥公司层面风险数据库》和《管理建议书》。公司制度、合同、重大经营活动的法律审核工作进一步制度化、流程化，各项目所发生的诉讼、非诉讼案件均得到有效管理。

【科技创新】 路桥公司大力开展专家库建设工作，制定了《科技管理与专家支持综合信息系统总体方案》，多次组织知名专家对多个项目的关键技术提供咨询，解决技术难题。筹划加入北京交通大学董事会，通过校企联合带动公司科研实力提升。启动检测中心CMA资质认证和技术营销工作，建设技术创新的基础平台，努力开拓市场，目前已顺利通过国家专业机构认证，并签订了1个大型检测项目。

2011年，路桥公司与有关单位合作，共获得全国科学技术奖技术创新成果一等奖、二等奖各3项，股份公司科技进步一等奖、二等奖各1项，三等奖2项；获得2011年度全国公路工法4项，股份公司工法15项；申报了3项专利；3项课题获股份公司2011年度科研课题立项，1项课题被确定为股份公司科学管理课题，4项课题获股份公司2012年度科研课题立项。路桥公司技术中心通过北京市企业技术中心的年度评审，路桥公司被评为股份公司“科技进步先进企业”。

【资质管理】 路桥公司以特级资质就位为契机，加大信息化投入，进一步健全信息化管理制度，完善信息系统建设，公司项目管理系统等7个系统先后建成并投入使用，有效保障了路桥公司生产经营工作的开展。路桥公司组成6个专业小组，对特级资质就位考核进行了精心准备。经过艰苦努力，路桥公司各项业务均达到特级资质的要求，公司特级资质顺利就位。路桥公司还与水电五局有限公司签署合作协议，将水电五局有限公司市政壹级资质平移至路桥公司名下。

党建工作和企业文化建设

【党建工作责任制】 路桥公司党委制定了《党建工作责任制实施办法（试行）》以及配套的考核评价办法和评分标准，这是路桥公司党组织成立以来首次实施党建工作责任制，并于2011年7月和12月，对所属各单位实施情况进行了年中和年底检查。

2011年，路桥公司党委共下发党建基本制度18项，路桥公司党建制度体系基本建立起来，各项工作进入正常运行阶段。

【组织建设】 路桥公司党委指导四川分公司召开了第一次党代会，成立了四川分公司党委，指导西安项目公司成立了临时党支部，明确了党组织责任人，落实了“三同时、三基本”的要求，实现了党组织对全体党员的覆盖。

路桥公司党委加强培训工作，举办了首期党支部书记、支部委员培训班，各基层党支部的书记、委员，以及基层党务工作者共计40余人参加了培训。还分别在路桥公司本部、四川分公司举办了公司第一期、第二期入党积极分子培训班，近50名入党积极分子参加了培训。通过这些培训，路桥公司基层党务工作者的理论水平得到了提升，基层党组织的活力得到了激发，为进一步提高路桥公司党建工作水平打下了基础。

【队伍建设】 2011年，路桥公司进一步完善了人力资源管理制度，继续加强人才队伍建设，做好关键紧缺人才的引进，探索修订了路桥公司现有的薪酬制度，建立了项目公司（项目经理部）人力资源重大、专项工作报告以及跟进和检查制度。此外，2011年度路桥公司按照规范程序引进各类人才35人，组织开展各类培训共计32次，培训1000余人次，进一步推动了员工整体素质的提升。

【企业文化建设】 对路桥公司成立4年来的文明工程、优秀共产党员、优秀党务工作者和优秀基层党组织进行了评选，在路桥公司范围内树立了学习的榜样。

着手制定VI手册，对企业标识等7个载体进行统一和规范。

深化学习型组织建设，在路桥公司范围内组织开展了“六个一”学习活动，员工参与率达到

100%，每人每季度读一本书，写一篇文章或读后感，效果显著。

开展纪念建党90周年系列活动，先后组织了红色之旅，重温入党誓词，党史、司史知识竞赛，观看《建党伟业》，收看胡锦涛总书记纪念建党90周年重要讲话等活动。

【群团工作】 2011年，路桥公司党委着重加强了对工会、共青团等群众工作的支持和领导。路桥公司工会按程序筹办了一届三次职代会，制定了《推行企务公开工作实施办法（试行）》，参与了黔江交通事故的调查处理工作，制定了《路桥公司员工之家考核细则（试行）》，开展了棋牌比赛、广播体操比赛等活动，丰富了员工的文化娱乐生活。

路桥公司团委制定了《路桥公司共青团工作条例》，修订了《路桥公司"导师带徒"活动实施方案（2011版）》，召开了"五四"表彰大会，开展了"读史思今，助力成长"读书活动，组织路桥公司本部青年员工参观了航天五院，指导四川分公司召开了第一次团代会，成立了四川分公司团委，完成了路桥公司本部团支部的拆分工作，使路桥公司团的组织建设再上新台阶。由于成绩突出，路桥公司多个个人和集体获得股份公司表彰，路桥公司团委也被评为股份公司"五四红旗团委"，并被确定为2011～2012年度中央企业"五四红旗团委创建单位"。

项目开发

【新建宝麟二电厂铁路专用线土建工程TJ-F标段】 2011年12月12日，路桥公司以2.67亿元中标新建宝麟二电厂铁路专用线土建工程TJ-F标段。该标段正线长12.150千米，工期30个月。

【新疆维吾尔自治区G3012阿克苏至喀什高速公路项目AK-3标段】 2011年5月19日，路桥公司以26.92亿元中标新疆维吾尔自治区G3012阿克苏至喀什高速公路项目AK-3标段。该标段全长151.482千米，工期583天。

【新疆维吾尔自治区G3015克拉玛依至塔城高速公路项目KT-1标段】 2011年3月18日，路桥公司以21.94亿元中标新疆维吾尔自治区G3015克拉玛依至塔城高速公路项目KT-1标段。该标段全长79.876千米，工期945天。

【龙口至青岛公路莱西(沈海高速)至城阳段土建六标段】 2011年4月27日，路桥公司以2.32亿元中标龙口至青岛公路莱西（沈海高速）至城阳段土建六标段。该项目全长9.52千米，工期30个月。

【延安安塞经志丹至吴起高速公路路面工程LM-1标段】 2011年4月18日，路桥公司以2.73亿元中标延安安塞经志丹至吴起高速公路路面工程LM-1标段。该标段全长29.93千米，工期17个月。

【省道205线黄土梁隧道引道及古城绕城段灾后重建工程3A标段】 2011年2月9日，路桥公司以7233万元中标省道205线黄土梁隧道引道及古城绕城段灾后重建工程3A标段。该标段全长4.84千米，计划于2012年4月30日前完工。

【南水北调一期工程总干渠陶岔至沙河南项目南阳段七标段】 2011年1月4日，路桥公司以2.26亿元中标南水北调一期工程总干渠陶岔至沙河南项目南阳段七标段。该标段内共有公路桥3座，计划工期18个月。

【泉州至南宁国家高速公路江西境内吉安至莲花(赣湘界)土建工程B2合同段】 2011年1月19日，路桥公司以1.31亿元中标泉州至南宁国家高速公路江西境内吉安至莲花（赣湘界）土建工程B2合同段。该合同段全长9.11千米，工期16个月。

中国水电建设集团港航建设有限公司

概　况

【综述】 2011年，中国水电建设集团港航建设有限公司（以下简称"港航公司"）实现营业收入13.83亿元，同比增长110.23%，为年计划（考核目标值10.5亿元）的131.71%。实现利润总额

1872万元，净利润1283万元。2011年，港航公司面对复杂的国内外市场环境，仍保持了良好的增长态势，迎合国家的发展战略，以科学发展观为指导，抢抓机遇，攻坚克难，进一步提升了港航公司发展能力，实现了港航公司“十二五”时期的良好开局。

【领导班子】 2011年，港航公司领导班子成员为：董事长兼党委副书记童劲松；总经理兼党委副书记赵景涛；党委书记兼副总经理随守信；副总经理李振旺、张平，纪委书记、工会主席代继义；总会计师林锋；总工程师王德军。

（解　贞）

【组织机构建设】 2011年，港航公司共有3个分公司，国内外直属项目部7个。总部设有总经理工作部、人力资源部、财务管理部、资金管理部、审计部、经营管理部、设备物资部、安全生产监督管理部、工程管理部、国际工程部、国际工程保障部、市场开发部等12个职能部门，党委工作部、监察部2个党群部门，另有信息中心、董事会办公室与总经理工作部合署办公，人力资源服务中心、党委企业干部管理部与人力资源部合署办公，党委组织部与党委工作部合署办公，纪委办公室、监事会办公室与监察部合署办公。

（郭　婧）

【2011年监事会】 2011年3月25日，港航公司一届五次监事会会议在天津总部召开。港航公司监事会主席席国超、股份公司监事黄华波、国际公司监事沈国华委托人王红霞出席了会议。会上，港航公司总会计师林锋就港航公司2010年财务决算和2011年财务预算情况进行了汇报，监事会主席席国超就2011年监事会工作报告进行了说明，各位监事及监事委托人围绕着工作报告以及对港航公司财务管控、风险防范、资金管理等方面的问题进行了热烈的讨论，并提出了修改意见。

【2011年董事会】 2011年4月8日，港航公司第一届董事会第四次会议在股份公司总部召开。董事长童劲松，董事曾兴亮、许贺龙、何占颂、赵景涛、随守信，职工董事代继义出席会议，监事会主席席国超、监事沈国华、职工监事朱治明及港航公司总会计师林锋、水电十三局有限公司总经济师殷国宝、董事会秘书徐炳胜、股份公司外派董事会办公室处长陈立峰列席会议。董事长童劲松主持会议。会议听取了港航公司总经理赵景涛作的《港航公司工作情况汇报》；听取并审议通过了董事长童劲松所作的《董事会2011年工作报告》；审定了港航公司2011年经营计划和2011年融资计划；审议并通过了港航公司《2011年投资方案》、《2010年度财务决算和2011年度财务预算方案》、《2010年度利润分配方案》、《追加注册资本金》以及《港航公司章程修正案》，并一致同意提交股东会审议，圆满完成会议各项议程。

【2011年股东会】 2011年4月8日，港航公司2011年股东会会议在股份公司总部召开。股份公司股东委托代表、国际公司法定代表人黄保东、水电十三局有限公司法定代表人何占颂，港航公司董事长童劲松、监事会主席席国超，董事会成员、监事会成员及董事会秘书出席会议，港航公司领导班子及十三局有限公司有关领导列席会议。董事长童劲松主持会议。会议听取并审议通过了港航公司董事长童劲松代表董事会所作的《董事会2011年工作报告》、监事会主席席国超代表监事会所作的《监事会2011年工作报告》；审议并批准了港航公司《2011年投资计划》、《2010年度财务决算和2011年度财务预算方案》、《2010年度利润分配方案》。《港航公司章程修正案》，《追加注册资本金》具体方案报股份公司按决策程序审核批准。

【2011年工作会议】 2011年3月27～28日，港航公司2011年工作会议暨一届四次职工代表大会在天津总部召开。会议传达了股份公司2011年工作会议精神，听取审议了港航公司行政工作报告、工会工作报告和财务工作报告，审议了审计工作报告，审议通过了2011年港航公司集体合同、工资集体协商决议，港航公司领导班子成员向大会作了述职述廉报告，职工代表对港航公司领导班子和成员、公司总部中层领导干部进行了民主评议，民主选举了职工代表监事，签订了2011年港航公司集体合同、工资集体协商决议书，表彰了2010年度港航公司先进集体、先进生产工作者。

总经理赵景涛作了题为《继往开来　再接再厉　全面提升港航公司发展能力》的工作报告。报告总结了港航公司2010年和前三年工作，全面、深入地分析了港航公司发展面临的新形势新任务，提出今、明两年以及今后一段时期的发展思路，安排部署2011年的主要工作，为港航公司持续发展指明了方向、树立了目标。2011年，港航公司将坚持提升项目履约能力和经营管理水平，坚持开发人力资源，确保资金运行安全，大力开发国内外市场，充分发挥设备资源效能，加强基础管理工作，大力创建“六型总部”，进一步强化党建工作，有效提高“四个认识”，重点实施“四个着力”，从8个方面全面提升港航公司发展能力，使港航公司成为具有较强竞争力的疏浚、港工企业。

港航公司组织机构图

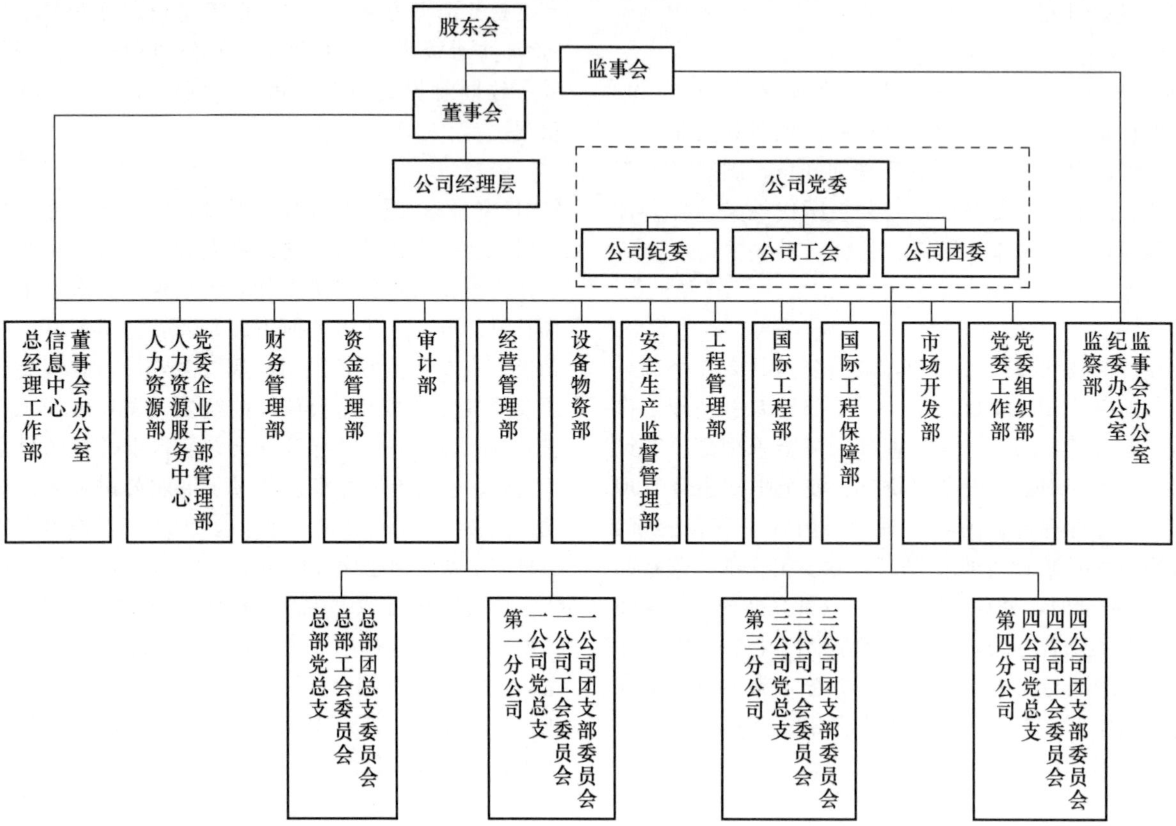

（张东辉）

市场开发

【国内市场开发】 2011年，港航公司抓住国家加快建设京津冀城市圈、大力推进海西经济区发展的历史机遇，充分利用两大区域的人缘地缘优势，统筹部署，初步在福建平潭形成了国内区域性项目群。2011年，国内市场新签合同总额10.27亿元，港工、疏浚类项目合同金额9.77亿元，占总合同金额的95.13%，完成签约总额为2011年计划的158%，超额完成了2011年度任务目标。2011年，港航公司在福建平潭区域市场取得重大突破，分别承接了平潭金井湾（海峡如意城功能片区）填海造地工程、平潭幸福洋一期吹填造地工程、平潭金井湾填海造地工程（沙滩生态修复工程试验段）等，这些项目的承接和运作，初步实现了港航公司在福建形成国内区域性项目群的战略部署；还承接了天津市南水北调中线滨海新区供水一期工程输水线路工程第3标段，合同额4990万元，属国家南水北调天津段重点工程项目。

【天津市南水北调中线滨海新区供水一期工程输水线路工程施工(第3标段)】 2011年4月14日，港航公司签订天津市南水北调中线滨海新区供水一期工程输水线路工程第3标段。建设单位为天津市水利工程建设管理中心，合同金额4990.299 9万元，施工总工期333日历天，计划开工日期为2011年4月1日，计划完工日期为2012年2月28日。该工程的实施，主要为向天津滨海新区永定新河以南地区输送引江原水。输水管线工程起点位于天津干线末端的曹庄泵站围墙外预留接管点处，终点为东丽区津滨水厂东侧预留进水口处，管线全长约36.195千米。该项目是港航公司在圆满完成天津市南水北调市内配套工程尔王庄水库至津滨水厂供水管线工程施工（第5标段）后再一次承接本项目招标单位的施工项目，也是港航公司第一次承接天津市南水北调中线供水工程，此合同的签订对港航公司继续拓展天津市水利建筑市场奠定了基础。

【平潭幸福洋一期吹填造地工程项目】 2011年6月，港航公司承揽了平潭幸福洋一期吹填造地工程项目，建设单位为平潭综合实验区土地储备中心，中标金额为15 652.106 9万元，施工总工期为150日历天，质量目标合格。该工程位于竹屿组团和幸福洋组团，主要规划为商务文教区和低碳科技区。该工程填海面积562.8万平方米，其中临时排水沟面积约12.9万平方米，其他区域面积约549.9万平方米，吹填标高为+3.5米。主要工作内容包括陆域形成、施工子围堰和临时排水沟等。其中整个场区的陆域回填工程量为1470万立方米，临时排水沟总长3811米，子围堰总长3318米。该工程是港航公司继2011年初承揽平潭金井湾（海峡如意城功能片区）填海造地工程后在同一区域中标的又一个吹填造地项目，港航公司在福建平潭吹填造地区域市场的占有已初见成效，同时也基本落实了公司国内现有船舶的生产任务。

（刘照堃）

【国际市场开发】 2011年，港航公司在开拓国际市场方面，继续重点开发非洲、中东及东南亚市场，并借助在建项目，努力开拓当地及周边市场，针对性地开展营销工作，取得良好效果。全年共签订国际工程合同2个，即巴基斯坦纳拉渠道修复工程及毛里塔尼亚努瓦迪布炼油厂石油码头修复工程。2011年内国际工程在建项目3个。

【巴基斯坦纳拉渠道修复工程】 2011年6月3日，巴基斯坦纳拉渠道修复工程正式授标。该项目是港航公司与水电十三局有限公司以中国水利电力对外公司为窗口单位联营投标并中标的工程，中标金额约7496万美元，工期24个月，缺陷责任期12个月，项目业主为巴基斯坦信德省灌溉部，其资金来源为世界银行，该项目由港航公司及水电十三局有限公司联营实施。项目主要施工内容为：渠道内清淤开挖、新建两处渠首节制阀、新建三处跌水结构物等。该工程是港航公司成立以来在巴基斯坦承接的第二个项目，对港航公司进一步巩固巴基斯坦市场有重要意义。

【毛里塔尼亚努瓦迪布炼油厂石油码头修复工程】 毛里塔尼亚努瓦迪布炼油厂石油码头修复工程位于毛里塔尼亚努瓦迪布市，距港航公司现有矿石码头项目不到2千米。该项目于2011年11月10日签订合同，合同金额为1419.999 8万欧元，总工期14个日历月。现有石油码头主要由靠船平台、主引桥、侧引桥以及消防泵平台组成，下部为钢管桩桩基（不在施工范围内），上部为钢木框架结构。项目主要工程内容是对整个码头除桩基以外的所有部分进行拆除，并按照原有码头的结构形式及业主要求进行重新修建。该项目已于2012年2月正式开工。

（崔　攀）

工程建设

【综述】 2011年，港航公司承建国内外项目共20个，其中国际项目4个，国内项目16个，在建项目共18个，完工项目5个。2011年，港航公司认真贯彻落实2011年初总经理工作报告的精神，进一步加大在建项目的管控力度，提高项目管理精细化程度，加强制度的落实，规范项目管理程序，使工程项目管理进一步实现了程序化、规范化、科学化、精细化。2011年度项目管理整体处于受控状态，港航公司紧密结合各在建项目实际情况，科学制定发展规划，积极推进项目实施，创新机制，强化管理，使各项目工作稳步推进，取得了显著成效，并没有出现较大的质量、安全、健康与环保事故。

【深圳市石岩水库截污工程土建一标】 该工程位于深圳市宝安区石岩镇，2009年5月中标，合同金额约为4727万元。合同工期为2009年10月25日～2011年8月25日。本工程主要建设项目有各支流口截污工程、截污隧洞工程、生态前置库工程和人工湿地处理工程。

【天津港南疆港区配套服务区地基处理工程】 该工程位于天津港南疆港区，2010年7月中标，合同金额约为1739万元，合同工期为2010年7月22日～2011年1月20日，历时183天。该工程位于南疆管架桥中航油用地北侧，南疆取土厂西侧，加固面积9.9万平方米，采用铺砂垫层、打设塑料排水板，真空预压与换填法相结合的地基处理方式。该项目按合同工期顺利完工。

（黄亚飞）

投融资管理

【融资管理】 2011年，港航公司进一步深化银企合作，积极办理银行授信，新增银行授信28.08亿元，其中：中国建设银行3.99亿元、中国银行9.5亿元、中国农业银行5亿元、交通银行2亿元、中信银行2.8亿元、中国民生银行1亿元、上海银行0.89亿元、深圳发展银行0.8亿元、兴业银行0.8亿元、招商银行0.8亿元、华夏银行0.5亿元。累计提款23

笔，82 242.27万元，均为流动资金贷款提款。累计还款42笔，72 037.59万元，其中：流动资金贷款还款15笔，59 242.27万元；固定资产贷款还款3笔，7069.36万元；融资租赁还款24笔，5725.96万元。2011年，港航公司付息133笔，9133.40万元，其中：流动资金贷款付息91笔，3507.57万元；固定资产贷款付息18笔，3875.10万元；融资租赁付息24笔，1750.73万元。

【办理第一艘9029型挖泥船免税工作】 2011年7月，港航公司经多方面积极协调促进，通过了海关总署“进口船舶（含特殊船舶）、飞机一般不予免税”政策限制，于2011年11月取得国家发展改革委同意，将2008年12月由国家发展改革委以发改外资确字〔2008〕156号文件出具的《国家鼓励发展的内外资项目确认书》项目统一编号变更为A00320110100078、项目执行年限变更为2008～2011年，落实了该挖泥船进口免税的时限。鉴于海关审批免税程序复杂，费时较长，以股份公司名义为该项目开具9137万元的海关税费保函，替代进口税保证金，节约了高额的滞港费。

企业管理

【科技立项】 2011年，港航公司积极开展科技创新工作，港航公司内部科技立项6项，同时结合股份公司科技立项要求和港航公司的行业特点，向股份公司申报了3个科技立项项目，分别为《平台船打桩施工技术研究》、《采用沙漠砂配置高强度混凝土配合比的设计及研究》和《超高分子量聚乙烯钢塑耐磨耐压复合管替代钢质疏浚管道的应用研究》。面向广大公司员工征集技术论文，组织安排港航公司技术骨干参加业务学习，员工的3篇论文被录入《中国第四届国际疏浚技术发展会议论文集（C-R）》。

（邢雪梅）

【质量、环境、职业健康安全体系运行工作】 2011年，港航公司质量、环境和职业健康安全一体化管理运行工作，主要完成了内部审核和管理评审，管理体系符合标准的要求，运行正常并持续改进。顺利通过认证机构年审，于2011年9月30日通过了《工程建设施工企业质量管理规范》（GB/T 50430—2007）认证注册。

（李向红）

【船舶专项管理】 2011年，港航公司完成了“中国水电J05”、“中国水电J06”挖泥船的大修，其中对“中国水电J05”挖泥船进行了舱室改造，包括会议室、厨房、船员生活区、配件舱等改造，改装后的舱室实现了船用配件的分类存放，有效地改善了船用配件因潮湿而损坏的状况，节能减排的同时，最大限度地提高了挖泥船的生产能力和船员生活环境。2011年5月，为满足毛塔矿石码头项目施工需要，通过竞争性谈判的采购招标方式，新购一艘500吨和一艘600吨拼装式甲板驳，合同金额共计1073.27万元，派专人驻厂进行监造工作，两条船于2011年10月出厂，2011年12月正式启用。甲板驳配置履带吊组成方驳吊机用于码头工程大型钢管桩的运输和中型混凝土木梁的吊装，达到运输便捷的目的。

（戚晓航）

【船员队伍建设】 2011年，港航公司人力资源部组织开展全体船员思想状况调查活动，采用调查问卷及座谈方式，进一步了解船员对港航公司在船队建设和管理工作上的看法，以不断提高港航公司的船队管理水平。另外，通过对船员信息资料的收集、汇总、分析，起草修订与港航公司发展相适应的船员薪酬、休假制度。促进技能人员队伍专业水平提高，下半年组织港航公司100多名青年船员参加港航公司“第一届青年船员技能比武”活动，有效促进了青年船员学技术的积极性，营造了“比、学、赶、帮、超”的良好氛围。

（郭　婧）

【船舶安全管理体系运行】 2011年，港航公司根据船舶安全管理体系的要求，设立了船舶安全管理岸基部门，配备了岸基船长和岸基轮机长。2011年3月，船舶安全管理体系文件《安全管理手册》、《安全管理职责手册》、《船舶与岸基操作须知》经海事局审核后，正式实施运行，整体上改善和提升了大型施工设备的安全管理水平，确保船舶安全营运与安全作业。

（李志玲）

【财务管理】 2011年，港航公司全面开展打击发票违法犯罪活动，成立了中国水电港航公司打击发票违法犯罪活动工作领导小组，召开了打击发票违法犯罪活动自查动员会，并制定了严格的自查方案，明确严明的工作纪律，港航公司所有财务人员全力投入发票检查工作，顺利完成了发票自查工作。2011年10月，天津市地税稽查局要求对港航公司发票进行抽查，结果得到了天津市地税稽查局的初步认可。依据与天津市保税区管委会签订的协议，港航公司争取到了40余万元由天津市保税区财政局返还的“企业发展金”。

（李 君）

【法律事务】 2011年，港航公司按照“统一管理、分级负责、纵向指导、横向协作”的管理模式，不断更新理念，拓宽思路，为实现稳步发展发挥了积极作用。一是法制工作体系建设逐步健全，在总部层面设置独立的公司法律事务机构，法律事务部与经营管理部合署办公，对经营过程中的法律风险防范起到了积极作用；二是法律审核业务得以规范和深化，2011年对规章制度、重大经济合同份和重要决策法律审核把关率达到100%，有效规避和防范企业法律风险的发生；三是法律风险管控效果显著，2011年法律风险发生及处置情况总体水平较为稳定，未发生重大或影响较大案件；四是普法宣传教育和培训持续开展，在“五五”普法总结的基础上，把“六五”普法和依法治企工作纳入了企业管理工作的重要议事日程。

（李莹雪）

【企业规划】 2011年，港航公司认真、全面分析了国内外宏观发展环境和国内外行业发展环境、国家“十二五”发展规划、行业（交通部）“十二五”发展规划和股份公司“十二五”发展规划中涉及本行业的有关部分，同时结合港航公司发展现状，在全面、客观、认真分析的基础上，对发展指导思想、总体思路、发展目标、重大举措等情况进行了分析、描述说明，制定了港航公司“十二五”的发展规划。

（郝燕明）

党建工作和企业文化建设

【综述】 2011年，港航公司党委紧紧围绕港航公司发展战略，全面建立党建工作责任制，以开展创先争优活动为主线，以庆祝建党90周年为主题，以完善党建工作责任体系、健全党建工作制度、强化党的基层组织、加强领导班子建设、提高党员干部队伍素质为目标，大力开展内容丰富、形式多样的创建工作，调动了广大干部职工的积极性与创造性，为推动港航公司快速发展提供了有力的思想保证、精神动力和舆论支持。2011年，港航公司多个集体和个人荣获全国交通建设系统“工人先锋号”、全国安全督导师培训先进集体、全国“安康杯”竞赛优胜单位、天津工委系统先进基层党组织、天津市第二届班组安全建设和管理成果展示活动二等奖以及天津市劳动模范、优秀共产党员、优秀党务工作者、五四红旗团支部、青年岗位能手、优秀共青团员等18个奖项及荣誉称号。截至2011年底，港航公司党委共有直属党总支7个，党支部17个，党员225人。

【学习型党组织建设】 港航公司党委结合2011年生产经营实际，制定学习计划，落实学习方案，强化党委中心组理论学习，督促党员干部坚持做到“五个带头”，带领职工群众主动参加学习培训，共组织领导班子学习活动12场，基层组织学习活动42场，推荐学习材料16篇，购置学习书籍300余本。党的十七届六中全会召开后，港航公司党委结合工作实际，统筹安排集中研讨和学习，把学习宣传党的十七届六中全会精神作为两级理论中心组学习重点，同时通过落实中心组学习情况督查制度，组织召开中心组学习心得讨论会，引导港航公司广大干部职工自觉把理论知识转化为实践技能，充分利用所学所悟创造性地开展工作。

【“四好”班子建设】 2011年，港航公司党委在继续完善公司领导班子建设基础上，特别注意加强基层“四好”班子建设，注重形成党政主要领导亲自督办、相关部门具体承办、广大干部职工实施监督的领导体制和工作机制，明确规定各单位党政一把手为本单位创建活动的第一责任人，确保港航公司“四好”班子创建活动管理到位、落实到位，真正形成“四好班子，三级联创”的工作格局。在制度建设上，进一步健全相应制度文件，编制了《党群制度汇编（2007年7月～2011年11月）》，其中收录制度文件47个、工作流程27个，确保了基层党建工作有章可循、有据可依；在人才培养上，通过多种培训方式，不断提高一线党员的党性素质，加强一线职工的业务培训，推选10余名思想素质过硬、业务能力突出的年轻同志走上基层管理岗位；在党员发展上，按照上级党委要求及港航公司发展计划，坚持公示、谈话、考核制度，认真履行发展程序，严格考察发展对象，2011年共吸收预备党员11名，预备党员转正14名。

【党内创建活动】 2011年，港航公司党委进一步明确创先争优活动重点工作，有计划、分层次、按步骤制定主要工作内容和具体工作要求。一是开展点评创先争优工作，建立起“一级点一级，层层点落实”的分级点评机制，做到了点评工作全覆盖、全参与，确保了点评工作的质量效果；二是开展公开承诺活动，在前期开展的领导点评、民主评议的基础上，要求各基层党组织围绕年度工作任务、服务职工群众、加强自身建设三事项作出承诺，要求广大党员结合本职工作、中心任务、践行“五模范”、党员义务、作风形象五事项作出承诺，主动接受监督；三是开展创先争优评选活动，充分运用领导点评、公开承诺结果，自下而上层层评选。

（郑　颖）

【新闻宣传工作】 2011年，港航公司党委结合新闻宣传报道重点，对新形势的宣传工作进行研究规划，有计划、有步骤地推进港航公司宣传报道工作。2011年，通信员组织会议次数、项目实地采访次数均达到新高，在港航公司内部营造“宣传人人有责、报道篇篇有效”的积极氛围，带动港航公司广大干部职工纷纷加入到港航公司宣传队伍中，投稿人员不再局限，稿件质量明显提高。同时注意观察、培养、选拔有新闻创作才能和新闻报道热情的职工同事（特别是项目一线职工），吸纳其加入到通信员队伍中来。截至2011年底，共向各类宣传媒体共发布宣传稿件183篇，按照港航公司宣传奖励标准发放万余元稿酬奖励；同时制定、更新宣传方案、制度5项，订阅宣传书籍300余册。

【企业文化建设】 2011年，港航公司党委坚持正确舆论导向，服务党建工作大局，积极组织开展以纪念建党90周年系列主题活动为主线的企业文化活动，相继组织举办了红歌演唱会、书画摄影展、党史知识答题、纪念主题征文等系列庆祝活动。2011年6月28日，港航公司隆重召开了庆祝中国共产党成立90周年大会暨文艺演出，回顾了中国共产党成立90年来的光辉历程和伟大成就，展望了党的十七大描绘的前进方向和宏伟蓝图，肯定了港航公司成立以来各级党组织和全体党员在推动公司发展中作出的突出贡献和显著成绩，并对港航公司先进基层党组织、优秀共产党员代表进行表彰。

【工会工作】 2011年，港航公司工会进一步推进工会工作标准化建设，完善工会工作目标责任体系。2011年初，港航公司工会与4个直属分会签订了《2011年度工会工作目标责任书》，明确了工会工作考核细则，明确“职工之家”建设形式，逐渐把“职工之家”推向项目，在港航公司内实现建家与建会工作的全面覆盖。工会对困难职工家庭做了全面摸底排查，建立了困难职工家庭档案，逐步建立困难职工帮扶救助的长效机制。2011年，通过开展“五一”劳模慰问、“六一”单亲儿童慰问、“春节走访”、“金秋助学”等救助活动，对困难职工家庭发放近9万元慰问金，切实让困难职工感受到组织大家庭的温暖。

【共青团工作】 2011年，港航公司积极开展团组织思想建设工作。临时团委成立后，利用团支部书记例会、团员交流会、青年座谈会等形式学习贯彻港航公司党委、集团公司团委、属地团委的会议文件精神，沟通交流社会、企业及青年群体关注的热点、焦点问题，并推选具备网络技术特长的青年员工创建港航公司年轻人专享的学习园地、青年论坛，充分利用网络空间为团员青年提供开阔的学习、互动、交流平台。加强团组织建设工作。结合生产经营工作及团组织工作实际，加大力度进行团员青年基本情况摸底及各直属单位的团组织建设工作。港航公司临时团委面向全体青年团员，分期、分批开展思想状况调查活动，以问卷调查为主、现场实地调研为辅的调研方式，涉及社会思想、青年生活以及团的工作等各方面的问题，切实了解广大青年职工对社会、单位、自身的期望和要求，为今后更好地开展青年工作提供了依据，指明了方向。

（郑　颖）

中国水电建设集团甘肃能源投资有限公司

概　况

【综述】 中国水电建设集团甘肃能源投资有限公司（以下简称“甘肃能源公司”）2011年4月23日在兰州正式挂牌成立，是中国水利水电建设股份有限公司（以下简称“股份公司”）在甘肃的能源投资区域公司，注册资本金38.45亿元。甘肃能源公司统筹负责股份公司在甘肃境内的煤电资源投资与开发，统筹管理中国水电建设集团崇信发电有限责任公司（90％股权）、中国水电建设集团华亭发电有限责任公司（75%股权）、甘肃灵南煤业公司（以下简称“灵南煤业公司”）（100%股权），形成一个区域公司和下属两个控股公司、一个全资子公司的股权管理关系以及统一管理、统一协调、统一资源配置的管控机制。甘肃能源公司的定位是区域政策研究中心、市场营销中心、管理中心和对外联络中心。

甘肃能源公司建设的“华亭—崇信—灵台”煤电基地位于甘肃省平凉地区，占据陇东国家级能源化工基地的核心区域。“华亭—崇信—灵台”煤电基地规划火电装机容量961万千瓦，已投产运行华亭公司2×14.5万千瓦循环流化床机组和崇信公司2×66万千瓦超临界空冷机组，运行总装机容量161万千瓦，占甘肃省统调火电机组容量的13%，储备电源装机容量800万千瓦；已配置灵台南煤田资源12.98亿吨，规划建设唐家河矿井500万吨/年、南川河矿井400万吨/年项目；2012年5月开工建设平凉煤炭储备中心暨崇信电厂铁路集煤站，年运力200万～500万吨，将形成煤炭运输的旱码头，为引进外省煤创造有利条件；控股华亭县王峡口水库和崇信县铜城水库，具有后续电源项目扩建必不可少的水资源战略优势。崇信电厂直接接入兰州东—平凉—乾县750千伏输电通道，跨区域外送便利。国家电网规划的陕西彬长、甘肃陇东煤电基地输电系统规划已将华亭电厂二期扩建2×100万千瓦项目和崇信电厂二期扩建2×100万千瓦项目纳入规划。陇东地区规划的±800千伏直流外送通道由陇东送江西新余，外送能力760万千瓦，公司后期火电扩建项目在电能送出方面具有优势。从2003年华亭公司起步，经过8年的艰苦创业，甘肃能源公司已经完成“华亭—崇信—灵台”煤电基地的战略构想和战略布局，成为建设陇东国家级能源化工基地的重要力量。

2011年，甘肃能源公司经历了市场环境较为复杂的一年，电煤价格持续上扬、电煤供应持续紧张，电价调整依然滞后。甘肃能源公司积极完成迎峰度夏、迎峰度冬保电任务，着力加强市场营销与电煤协调，着力加强节能降耗与成本控制，努力克服复杂行业形势带来的困难和挑战，圆满完成了全年生产经营任务，发电企业安全生产局面稳定，未发生各类人身伤害事故和重大以上设备事故，全年完成发电量66.89亿千瓦·时，实现销售收入18.77亿元，实现了“十二五”发展的良好开局。

2011年，甘肃能源公司与甘肃省国土资源厅正式签订《灵台煤田邵寨西矿区（灵台南煤田）采矿权出让及价款缴纳协议》，缴纳了28.56亿元的资源价款，取得灵台南煤炭资源开发权。协调甘肃省发展改革委向国家发展改革委上报了《灵台矿区总体规划》，取得了甘肃省发展改革委关于同意开展唐家河矿井前期工作的“路条”。基本完成唐家河、南川河井田地质（精查）勘探工作。

2011年，崇信电厂铁路集煤站项目获得铁道部批复，取得甘肃省政府批复的平凉煤炭储备中心建设主体权，取得甘肃省发展改革委同意开展崇信集煤站项目前期工作的“路条”，为项目建设和公司引进外省电煤资源创造了有利条件。

【领导班子】 2011年，甘肃能源公司经营班子有1名成员，张维荣任公司执行董事（法定代表人）、总经理。

【甘肃能源公司“十二五”发展规划】 甘肃能源公司“十二五”的发展战略是：煤电一体，适度发展水电产业；集约化经营，精细化管理；培育企业核心竞争力，创造效益，回馈股东。

一是煤电一体，适度发展水电产业。加快推进“华亭—崇信—灵台”煤电一体化基地建设，积极引进有实力的战略合作伙伴，加快灵台南煤田开发，延伸产业链、提高煤炭自供能力，支持崇信电厂与华亭电厂的火电业务发展，促进上下游业务协调发展。适时收购和开发优质水电资源，扩大利润增长点。二是集约化经营，精细化管理。“十一五”期间，股份公司在甘肃投资属于起步、创业、跨入新行业，初步形成产业基础。“十二五”突出经营，努力改善外部经营环境，精细化管理，理顺健全管理体制、组织体系，由崇信公司、华亭公司项目建设公司管理模式过渡到甘肃能源公司区域性集约化经营管理模式，提升崇信公司、华亭公司、灵南煤业公司的集约化、经营化、市场化的管控能力。三是培育企业核心竞争力，创造效益，回馈股东。“十二五”期间是甘肃能源公司改善经营环境、优化经营指标、创造价值阶段，目的在于盘活企业生产能力，增强企业核心竞争力，扭亏为盈，创造效益，回馈股东投资收益，实现股东投资的价值取向。

【甘肃能源公司挂牌成立】 2011年4月23日，中国水电建设集团甘肃能源投资有限公司在兰州挂牌成立。甘肃省省委副书记、省长刘伟平，集团公司总经理、股份公司董事长、党委书记范集湘共同为中国水电建设集团甘肃能源投资有限公司揭牌。甘肃省副省长石军、股份公司副总经理王彤宙、甘肃省政府秘书长李沛文出席揭牌仪式。甘肃能源公司总经理张维荣主持揭牌仪式。

平凉市市委副书记、市长陈伟，甘肃省国土资源厅厅长张力学，甘肃省环境保护厅厅长冯杰，甘肃省国资委主任马艾武，甘肃省商务厅厅长王锐，甘肃电监办专员康安东以及兰州市政府、平凉市政府、甘肃省发展改革委、甘肃省工信委、甘肃省住建厅、甘肃省水利厅、甘肃省安全生产监督管理局、西北电网公司、甘肃省电力公司、华亭煤业集团、中国银行甘肃省分行等48家单位的80余名代表参加了仪式。

【2011年年中工作会议】 2011年8月12日，甘肃能源公司2011年年中工作会议在崇信召开，会议的主要任务是传达贯彻股份公司2011年年中工作会议范集湘董事长重要讲话精神，总结上半年工作，安排部署下半年的重点工作，提出能力建设的要求。

甘肃能源公司总经理张维荣在会上作了《加强能力建设突出绩效考核　提升企业核心竞争力》的工作报告，对上半年的工作进行了简要的回顾和总结，针对甘肃能源公司当前面临的形势、环境变化以及应对的挑战，提出了加强能力建设的具体要求，安排部署了下半年的工作任务。

崇信公司副总经理刘玉柱主持会议并传达了股份公司2011年年中工作会议范集湘董事长的重要讲话精神，华亭公司副总经理杨晓强作了大会总结发言。崇信公司、华亭公司、灵台南煤田筹备组班子成员张奋来、苏广平、赵明星、樊荣钊、梁小成、周澎参加会议。

【甘肃能源公司4个投资项目纳入集团公司与甘肃省签订的项目合作协议】 2011年3月2日，甘肃省在北京钓鱼台国宾馆隆重举行甘肃省与中央企业战略合作框架协议和项目合作协议签约仪式，39家央企与甘肃省签署战略合作框架协议及项目合作协议。时任甘肃省省委书记、省人大常委会主任陆浩致辞，省委副书记、省长刘伟平与有关中央企业分别签订战略合作协议和项目合作协议，国务院国资委副主任黄丹华讲话。集团公司总经理、股份公司董事长、党委书记范集湘出席仪式并与甘肃省政府签订项目合作协议。股份公司副总经理王彤宙一同出席。

刘伟平与范集湘分别代表双方在项目合作协议上签字。集团公司华亭电厂2×60万千瓦项目、崇信电厂二期2×100万千瓦项目、灵台唐家河年产500万吨煤矿项目、灵台南川河年产400万吨煤矿项目等5个项目顺利签约，签约总额达260亿元。

【甘肃能源公司与甘肃省国土资源厅签订《灵台煤田邵寨西矿区(灵台南煤田)采矿权出让及价款缴纳协议》】 2011年4月26日，甘肃能源公司与甘肃省国土资源厅正式签订《灵台煤田邵寨西矿区（灵台南煤田）采矿权出让及价款缴纳协议》。协议约定，甘肃省国土资源厅将按照国家有关规定将探矿权转让到甘肃能源公司，并和甘肃能源公司共同在国土资源部依法申办采矿权许可证。甘肃能源公司将按照约定缴纳矿产资源价款，按《矿产资源开采登记管理办法》的规定，依法办理采矿登记手续，领取采矿许可证。

【甘肃能源公司与神华神东电力公司签署《甘肃煤电一体化项目合作框架协议》】 2011年10月28日，甘肃能源公司与神华神东电力公司在北京会议中心签署甘肃煤电一体化项目合作框架协议。中国电建集团董事长范集湘、总经理马宗林、副总经理王彤宙、总会计师孙璀，神华集团党组书记、董事长张喜武，神华集团党组成员、副总经理韩建国，副总经理王品刚以及神华神东电力公司相关领导出席协议签署仪式。王彤宙和王品刚分别代表中国电力建设集团和神华集团致辞，甘肃能源公司执行董事、总经理张维荣和神华神东电力公司董事长刘小奇分别代表双方签署了项目合作框架协议。

【股份公司将持有的崇信公司、华亭公司股权以出资形式转入甘肃能源公司】 根据股份公司《关于将股份公司持有的崇信公司和华亭公司股权出资到甘肃能源公司的通知》（中水电股财〔2011〕84号）要求，2011年11月底，甘肃能源公司完成将股份公司持有的崇信公司90%股权、华亭公司75%的股权出资到甘肃能源公司的资产评估、工商登记和产权变更登记手续的办理工作。2011年12月，甘肃省工商行政管理局下发了甘肃能源公司内资公司变更通知书，崇信公司、华亭公司正式成为甘肃能源公司的控股子公司，并根据有关规定对甘肃能源公司章程进行了重新修订。甘肃能源公司与崇信公司、华亭公司、灵南煤业公司的资产关系完全理顺，一个母公司3个子公司的二级管理体系正式建立。

【甘肃灵南煤业有限公司成立】 为加快灵台南煤田前期开发工作步伐，根据股份公司第二十七次总经理办公会议决议、第一届董事会第二十二次会议决议，2011年11月，甘肃能源公司出资1000万元在平凉市设立了甘肃灵南煤业有限公司，甘肃灵南煤业有限公司将作为甘肃能源公司的全资子公司开展甘肃灵台南煤田的前期开发工作。

【甘肃能源公司收购甘肃明珠电力集团持有的华亭公司5%股权】 根据《关于甘肃能源公司收购甘肃电力明珠集团公司持有的华亭公司5%股权的批复》意见，经甘肃能源公司与华亭公司各股东协商沟通，甘肃能源公司与甘肃电力明珠集团签署了《华亭发电有限责任公司股权转让协议》，就甘肃电力明珠集团将其在华亭公司中持有的5%股权转让给甘肃能源公司的有关事宜达成协议。按照该协议约定，甘肃电力明珠集团将其在华亭公司中持有的5%股权以557万元的评估价格转让给甘肃能源公司。华亭公司的合营他方自愿放弃在该公司所享有的优先权，同意根据本协议的条款进行转让。

【甘肃能源公司召开庆祝“十一五”发电项目建设功臣表彰大会】 2011年6月28日，甘肃能源公司在华亭隆重召开庆祝建党90周年暨“十一五”发电项目建设功臣表彰大会。会议全面总结了股份公司甘肃能源板块“十一五”期间取得的成绩，表彰了“十一五”发电项目建设功臣、先进工作者、2010～2011年度优秀共产党员，安排部署了“十二五”发展战略任务。甘肃能源公司总经理，华亭公司党委书记、总经理，崇信公司总经理，灵台南煤田筹备组组长张维荣在会上作了重要讲话。华亭公司党委委员、副总经理杨晓强主持会议。华亭公司、崇信公司、灵台南煤田筹备领导刘玉柱、张奋来、苏广平、赵明星、樊荣钊、梁小成、周澎出席会议。甘肃能源公司、华亭公司、崇信公司、灵台南煤田筹备组全体中层干部、全体党员及部分职工200余人参加了会议。

张维荣在讲话中全面回顾了甘肃能源公司“十一五”期间取得的成就，从蒙、陕、甘、宁能源金三角基地建设、电力市场形势、电煤生产及供应形势等方面分析了甘肃能源公司发展面临的新机遇和新的外部环境，提出了“十二五”时期甘肃能源公司的发展思路及重点工作。张维荣指出，甘肃能源公司党委自2004年成立以来，认真贯彻党中央、甘肃省委省政府和股份公司党委一系列决策部署，以领导班子和人才队伍建设为中心，切实把党的组织优势转化为推动公司各项事业的领导力；把党委的政治核心作用转化为引领公司战略推进的保障力；以党的基层组织建设为抓手，切实把党支部的战斗堡垒作用和广大党员的示范带动作用，转化为公司的凝聚力和人力资源活力；以加强党风建设和反腐倡廉工作为保障，切实把党的组织纪律优势转化为企业的执行力；以加强党建工作责任制为主线，切实把党的体制机制优势转化为提升公司党建工作的推动力。甘肃能源公司党委成立7年来，党建工作为甘肃能源公司战略推进提供了强大的组织保障。

会议对获得甘肃能源公司、华亭公司、崇信公司“十一五”发电项目建设功臣的3名个人、“十一五”发电项目建设先进工作者的13名个人及2010～2011年度先进党支部、优秀共产党员给予表彰。

甘肃能源公司组织机构图

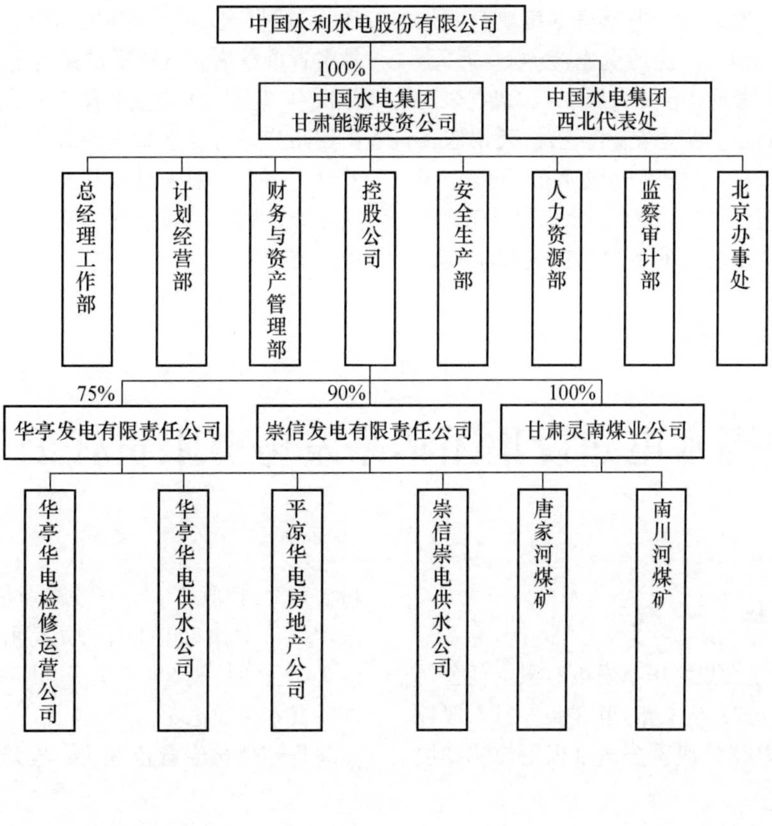

全资子公司

【甘肃灵南煤业公司】 灵台南煤田于2010年4月16日由甘肃省政府第55次常务会议确定配置，位于甘肃省平凉市灵台县东南，距崇信公司100千米，距华亭公司150千米。灵台南煤田资源储量为12.98亿吨，面积约289.9平方千米，规划建设年产500万吨的唐家河矿井、年产400万吨的南川河矿井。

灵南煤业公司成立于2011年11月，是甘肃能源公司根据煤炭资源开发的有关规定设立的开展灵台南煤田煤炭资源开发的全资子公司。公司注册资本金1000万元，注册地为甘肃省平凉市，公司性质为有限责任公司，经营范围为煤炭开采、销售、加工和综合利用；煤化工产品、化学肥料和精细化工产品的研发、生产及销售等。

控股公司

【中国水电建设集团崇信发电有限责任公司】 中国水电建设集团崇信发电有限责任公司（简称“崇信公司”）成立于2006年，注册资本金8亿元，股权比例为甘肃能源公司控股90%、华亭煤业集团持股10%。崇信公司一期2×66万千瓦机组采用超临界燃煤空冷机组，两台机组分别于2010、2011年投产发电。崇信电厂直接接入兰州东—平凉—乾县750千伏输电通道，跨区域外送便利。

崇信公司下设平凉华电房地产开发公司、崇信崇电供水公司两个控股公司。平凉华电房地产开发公司成立于2007年12月，注册资本金5000万元，崇信公司控股95%，房地产公司持股5%。成立该房地产公司的主要目的是为华亭公司、崇信公司职工市场化开发生活基地。崇信崇电供水公司成立于2010年10月，崇信公司控股80%。水库总库容380万立方米。成立该供水公司的主要目的是保证崇信电厂的供水安全，并为崇信电厂二期扩建创造条件。

崇信公司二期扩建2×100万千瓦项目于2010年7月通过初步可行性研究审查，同月在第十六届兰洽会上签约，2011年3月，作为甘肃省“十二五”重点开发项目，由集团公司与甘肃省人民政府在北京钓鱼台国宾馆签约。项目已纳入甘肃省发展改革委编制的鄂尔多斯能源规划、国家电网公司编制的陇东煤电基地输电系统规划。

【中国水电建设集团华亭发电有限责任公司】 中国水电建设集团华亭发电有限责任公司（简称“华亭公司”）成立于2003年，注册资本金3亿元，股权比例为甘肃能源公司控股75%、华亭煤电股份公司持股15%、甘肃火电工程公司持股10%。华亭电厂一期2×14.5万千瓦循环流化床空冷机组分别于2006、2007年投产发电，是甘肃第一家空冷环保电厂。

华亭公司下设1个全资子公司——华电检修运营公司，1个控股子公司——华亭华电供水公司。华亭华电检修运营公司成立于2011年5月，注册资本金500万元，成立该检修运营公司的主要目的是降低崇信公司、华亭公司检修费用，维护电厂安全、稳定运行。华亭华电供水公司成立于2005年3月，注册资本金4081.6万元，华亭公司控股51%，水库总库容786万立方米。成立该供水公司的主要目的是占据水资源，保证华亭电厂供水可靠、安全，并为二期扩建创造条件。

华亭公司二期扩建2×100万千瓦项目于2008年12月通过初步可行性研究审查，2009年6月，作为甘肃省重点招商引资项目在第十五届兰洽会上签约，2011年3月，作为甘肃省“十二五”重点开发项目，由集团公司与甘肃省人民政府在北京钓鱼台国宾馆签约。项目已纳入甘肃省发展改革委编制的鄂尔多斯能源规划、国家电网公司编制的陇东煤电基地输电系统规划。

中国水电建设集团华亭发电有限责任公司

概　况

【概述】 中国水电建设集团华亭发电有限责任公司（以下简称“华亭公司”）成立于2003年9月，股权比例为中国水利水电建设股份公司（以下简称“股份公司”）控股70%，华亭煤业集团有限责任公司持股15%，甘肃火电工程公司持股10%，甘肃电力明珠集团公司持股5%。华亭电厂项目投资13.6亿元，注册资本金3亿元。

华亭公司经营范围为：电能的生产和销售；煤

电项目的开发、建设、投资、经营；电力技术咨询、服务、综合利用；房地产开发及工商贸易等。华亭公司主要负责华亭电厂2×14.5万千瓦机组运行和二期2×100万千瓦机组扩建项目的前期工作。

2011年，华亭公司在股份公司和董事会的正确领导下，在各股东单位的大力支持和帮助下，坚持科学发展观，以转变经济增长方式、强化安全生产、积极扭亏减亏为主线，着力加强电力市场营销和电煤供应保障，着力加强节能降耗与成本控制，努力克服复杂行业形势带来的困难和挑战，较好地完成了董事会下达的目标任务，实现了“十二五”发展的良好开局。

截至2011年底，华亭公司累计安全生产天数达1844天，全年完成发电量13.36亿千瓦·时，实现销售收入3.79亿元。华亭公司积极推进华亭电厂二期扩建项目，2011年3月，在北京钓鱼台国宾馆召开的甘肃省与中央企业合作项目签约仪式上，股份公司主要领导与甘肃省政府主要领导签署了华亭电厂二期2×100万千瓦项目。机组供热改造工作取得进展，完成了可行性研究报告的评审。

【领导班子】 华亭公司领导班子由6人组成：总经理、党委书记张维荣；副总经理杨晓强、张奋来、苏广平；总会计师樊荣钊；纪委书记、工会主席梁小成。

【2011年工作会】 2011年2月21日，华亭公司召开2011年工作会议，总经理张维荣作了题为《努力改善经营环境，强化安全生产管理，扭转企业经营困难局面》的工作报告。

会议全面回顾总结了华亭公司“十一五”及2010年工作，认真分析了面临的经营形势和任务，明确了“十二五”发展思路，安排部署了2011年8项重点工作：一是进一步加强和改进安全生产管理，确保安全生产稳定局面；二是加强市场营销工作，努力提高经济效益；三是以强化燃料管理为重点，严格控制各项成本，千方百计降低亏损；四是以履行社会责任为己任，坚定不移地加大节能减排力度；五是以人为本，强化人力资源核心地位，形成与公司发展战略相匹配的人才引进、培养、激励长效机制；六是全面执行“三标一体化”管理体系，提高管理水平；七是推进华亭电厂一期供热机组改造和二期扩建前期工作，提高企业抗风险能力；八是进一步加强党的建设和纪检监察工作，为新阶段的发展提供坚强保障。

【第十次股东会暨二届六次董事会】 2011年4月23日，华亭公司第十次股东会暨二届六次董事会在甘肃兰州召开。股份公司副总经理、党委常委，华亭公司董事长王彤宙主持会议。会议审议听取了华亭公司总经理张维荣作的题为《努力改善经营环境，强化安全生产管理，扭转企业经营困难局面》的报告，审议通过了华亭公司2010年度财务决算和2011年财务预算报告等议案。

【股权结构变更】 2011年10月28日，原由股份公司持有的华亭公司70%的股权投入中国水电建设集团甘肃能源投资有限公司，同年12月，中国水电建设集团甘肃能源投资有限公司（以下简称“甘肃能源公司”）收购甘肃电力明珠集团公司持有的华亭公司5%的股权。目前，华亭公司的股权比例结构为：中国水电建设集团甘肃能源投资有限公司75%，华亭煤业集团持股15%，甘肃火电工程公司持股10%。

华亭公司组织机构图

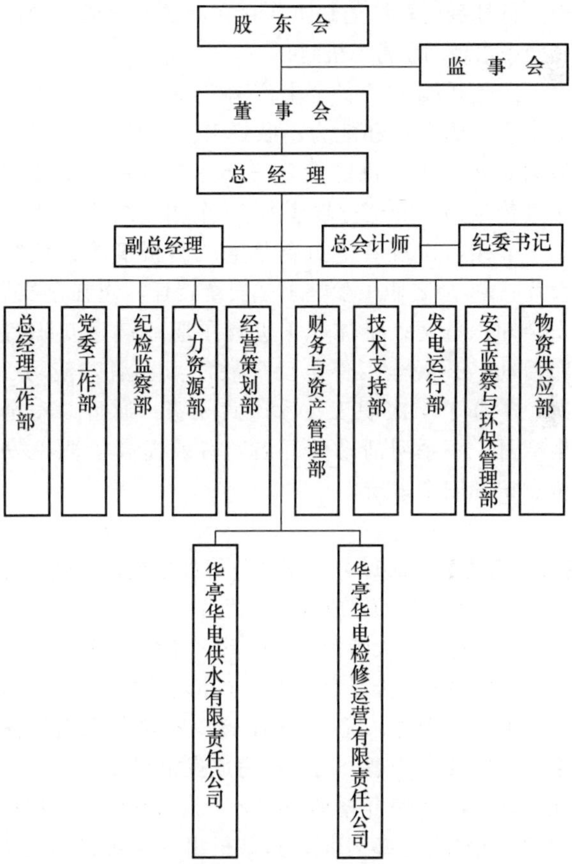

生产经营

【安全生产】 2011年，华亭公司安全生产局面保持稳定，未发生各类人身伤害事故和重大以上设备事故。截至2011年12月31日，华亭公司累计安全生产1844天，保持了长周期的安全生产天数记录。

华亭公司在安全管理方面形成了流程化、标准化、规范化管理，在电厂安全管理方面走到了甘肃省前列。

一是全面逐级落实安全生产责任制，加强安全管理制度建设，全年安全生产保持平稳局面。按照安全目标四级控制原则，公司、部门、班组和个人逐级签订了安全目标责任书，将安全生产责任与职工绩效挂钩，强化了干部职工抓安全、保安全的意识和责任。开展标准化班组创建活动，编制了《班组安全管理标准化手册》，针对每台设备制作了标准巡检卡。全年编发《生产现场安全标识规范》等安全管理制度 4 项，制定并评审了 16 项应急预案。

二是加强设备隐患排查治理，推行“日通报、周刷新、月分析”消缺机制，设备健康运行水平得到提升。全年共组织开展季节性安全隐患检查 4 次，专项检查 4 次，综合性检查 4 次，消除一般缺陷、隐患 361 项，每天通报缺陷情况，每周动态刷新安全隐患，每月系统总结消缺工作存在问题，形成了消缺和隐患治理动态常态机制。

三是开展了“安全生产月”系列活动，职工安全生产的素质和能力不断提升。“安全生产月”活动期间，在汽机房设立安全宣教看板，悬挂张贴宣传条幅、安全宣教挂图 40 余幅；组织一线职工 150 余人次观看电力企业生产典型事故案例宣教片；80 余名职工参加了“安全责任，重在落实”安全知识竞赛；全体职工进行了职业健康知识答题活动；开展全厂停电反事故演习、消防演习 2 次；举办了 1 次职工技术比武大赛。通过“安全生产月”一系列活动的开展，有效提高了职工安全意识和安全素质。

【经营管理】 2011 年，华亭公司加强经营管理，努力降本增效，超额完成各项经营指标。

一是建立了大营销工作体系，发电量好于往年。以甘肃能源公司为平台，成立了市场营销领导小组，建立了统一指挥、统一协调、统一行动的大营销体系。2011 年，华亭公司全年完成发电量 13.36 亿千瓦·时，较 2010 年增加 19.4%，机组利用小时数较 2010 年增加了 749 小时。打破机组容量限制壁垒外送，获得外送电量 3.88 亿千瓦·时，增加发电利用小时数 1463 小时。

二是强化电煤保障能力，拓宽电煤供应渠道。加强与华亭煤业集团的协调，全年共采购电煤 64 万吨，获得了地方小煤矿电煤 1.4 万吨，保证了生产用煤需求。

三是积极推进煤矸石掺烧，提高燃煤热值，燃料成本得到有效控制。2011 年，煤矸石掺烧比例最高时达到了 30%，共掺烧煤矸石 4.8 万吨，较 2010 年增加 52.5%，平均降低标准煤单价 132 元/吨，节约燃料费用 204.8 万元。燃煤加权平均发热量得到保证，达到了 5010 大卡/公斤，超过 2010 年初控制目标值 210 大卡/公斤，燃煤发热量达到了历年最好水平。

四是持续开展对标管理工作，机组经济指标达到同类型机组一流水平。与神华阳光发电厂在发电量、供电煤耗、厂用电率、发电油耗率等 47 项指标间开展对标管理，最大限度降低机组能耗指标，2011 年综合厂用电率下降至 8.6%，供电煤耗下降至 393 克/（千瓦·时），达到了国内同行业一流水平。2 号机组、1 号机组分别荣获全国超高压空冷 CFB 锅炉机组竞赛一等奖、二等奖。

五是强化预算管理，成本费用得到有效控制。华亭公司 2011 年全年融资 6200 万元。在国家调控融资规模、收缩银根的环境下，通过与银行多层次沟通，确保了生产经营资金链的安全，同时享受到了优惠利率，享受到了基准利率下浮 10% 的优惠利率，财务费用得到一定控制。通过充分发挥预算管理的控制约束作用，全年资金做到了有计划支出，资金预算得到较好执行，2011 年华亭公司管理费用为 919 万元，较预算减少 27.11 万元，修理费为 829.36 万元，较预算减少 45.73 万元。

六是供水公司、检修运营公司经营工作取得较好成绩。华电检修运营公司在低收费、低成本运行的原则下，实现销售收入 1882.72 万元，利润 28.89 万元，为华亭公司控成本发挥了积极作用。华电供水公司为华亭公司全年安全供水 50 万立方米。

【人力资源管理】 2011 年，华亭公司继续加强职工队伍建设，职工专业技能水平和综合素质得到提高。经过电厂项目前期立项、项目建设、生产运行、经营管理等各个阶段的实践锻炼，基本形成了一支具备电源工程项目建设管理、安全生产运行、项目前期开发能力的市场化、专业化、职业化、和谐化队伍。

一是坚持每周四职工培训日的专项培训活动，由专业技术带头人、值长、专工轮流授课，2011 年共举办了 48 期。邀请西安交通大学等国内知名高等院校的专家到华亭公司开展培训 4 次，组织专业技术人员到神华神东电力公司进行了学习考察。与崇信公司在仿真机培训方面实现了共享。出版了第二期职工《科技论文集》。

二是竞聘上岗机制延伸到值长等生产高端岗位，全年共开展公开竞聘4次，补充了值长、主值、生产专工等36名生产主要岗位空缺。新成立的检修运营公司的管理人员队伍、生产主管全部通过公开竞聘的方式完成组建，启动了“百名核心人才培养计划”。在集控运行岗位推行全能值班员制度，在涉及物资采购、合同管理等岗位推行轮岗机制，努力打造“一专多能”的复合型人才。

【科技创新】 2011年，华亭公司创新思维推进设备节能改造升级，受到国家发展改革委财政奖励。华亭公司2011年寻求乙方垫资924.86万元，完成锅炉二次风机、凝结水泵变频改造，项目一次性通过了国家发展改革委现场审核，风机节电率达60%，综合厂用电率降低0.5%，每年节约电费160万元，确认节能量为5万吨标准煤/年，2012年将获得剩余400万元的奖励资金。截至2011年底，变频器改造后节约的厂用电量已达到1878万千瓦·时，共增加电费收入664.94万元。对冷渣器冷却水系统进行改造，彻底消除了冷渣器的安全隐患。除此之外，华亭公司2011年还先后开展了冷渣器管路改造、雨水回收系统改造、化学取样水回收利用等小型节能技术改造30余项，在节约用电、用煤、用水等方面发挥了显著作用。2011年工业用水为43.57万吨，在发电量较2010年上升的情况下，减少用水量3万吨。

【节能减排】 2011年，华亭公司全面完成了政府部门下达的节能减排目标任务，全年除尘效率达到99.74%，减排烟尘5.6万吨，脱硫效率为91.38%，减排二氧化硫5228.7吨，氮氧化物排放量645.4吨。《中国电力报》、《甘肃日报》等媒体先后5次对华亭公司节能减排取得的成效进行了报道。

【“三标一体化”贯标认证】 2011年4月，华亭公司完成了“三标一体化”贯标认证，目前已进入全面实施阶段，取得了中国质量认证中心“三标一体化”管理体系认证证书。期间共编制了1个管理手册和22个程序文件，健全和完善了184项管理标准和技术标准，各项业务流程全部执行“三标一体”标准管理体系。目前，华亭公司建成生产运营MIS系统，涉及安全生产、物资采购、人力资源管理、行政办公等业务的23项流程在MIS上流转，提升了管理效能。

【热电联产项目】 2011年，华亭公司编制完成了《机组供热改造项目可行性研究报告》并通过专家评审。2011年4月，华亭公司与华亭县政府签订合作开发热电联产项目协议书，就双方合作开发华亭县热电联产项目有关事宜达成框架协议。

【检修运营公司成立】 2011年5月6日，根据华亭公司第十次股东会决议，华亭华电检修运营有限责任公司在华亭县工商局注册成立，注册资本金为500万元，其成立及运营后在控制成本上给华亭公司带来了极大的效益。

党群工作和企业文化建设

【党建工作】 2011年，华亭公司党委探索实施了党建“12345”工程（围绕一个目标、突出二条主线、把握三个层面、构建四个体系、实现五个转化），党建工作围绕电源项目布局、工程建设、生产经营及健全完善产业链条等重大事项开展工作，为华亭公司战略推进提供了强大的组织保障和思想保障。

2011年，华亭公司党委荣获甘肃省国资委系统“创先争优活动先进基层党组织”荣誉称号，在甘肃省国资委党建检查评价和创先争优督导考核中被评为A级，平凉市预防职务犯罪领导小组将华亭公司企检共建成功做法在全市范围内通报推广，华亭公司被评为“华亭县预防职务犯罪工作先进单位”。华亭公司在国内发电企业中率先编制完成了《腐败风险防控手册》，公司惩防体系建设“围绕五个要素、抓好五个突出”的做法受到《企业党建论坛》的关注并作深度报道。

（1）高质量完成庆祝建党90周年系列活动。甘肃能源公司、华亭公司、崇信公司联合召开庆祝建党90周年暨“十一五”发电项目建设功臣表彰大会，举办了庆祝建党90周年“永远跟党走”红歌演唱会。组织崇信公司、华亭公司全体党员赴延安参观学习。开展庆祝建党90周年党史知识竞赛和反腐倡廉知识竞赛。邀请人民日报社甘肃分社社长到华亭公司作了《读书·做人·爱国》专题讲座，组织党员、职工观看了《人类需要三大营养》、《传统文化的当代价值》、《走进音乐世界》、《感恩·责任·忠诚》等优秀专题片15次。

（2）深入开展创先争优活动。紧密结合生产经营中心工作，将战略推进、同业对标、党员立足岗位、能力建设作为创先争优活动的4个立足点，开展了“一诺三评三公开”活动，130名党员对照“五个模范”的标准进行了书面公开承诺和民主评议，历时5个月开展了“安全向我看齐”、“节约我先行”、“崇尚廉洁、拒绝腐败”党员三项主题实践活动，累计开展知识竞赛、节能普查、技术比武大赛、廉洁从业专题讲座、干部职工座谈等32项活动。

（3）按照“围绕‘五个要素’、抓好‘五个突出’”的思路，着力加强惩防体系建设。与平凉市人民检察院召开了第二次企检共建联席会议。召开了2011年惩防体系建设推进会。将“三标一体化”管理体系植入惩防体系，将惩治和预防腐败制度体系并入“三标一体化”标准体系，建立了由92项制度组成的反腐倡廉标准化制度管理体系。目前，华亭公司已经初步建立了符合公司发展需要的、行之有效的、具有发电企业鲜明特色的惩治和预防腐败体系。

（4）在国内发电企业中率先编制完成《腐败风险防控手册》。围绕华亭公司资产相对集中、管理层级少、管理链条短、客户群相对稳定、权力链条单一、腐败风险集中的特点，组织纪检、财务、经营等专业人员编制完成了《腐败风险防控手册》，在国内发电企业中尚属首例。《腐败风险防控手册》针对人、财、物、事四方面关键、敏感工作的19个岗位，查找出了在履行职责、开展业务、社会交往、处理个人重要事项等方面存在或潜在的腐败风险点106个，依照腐败行为发生几率以及可能造成后果的严重程度、紧急程度对查找出的腐败风险点进行了等级评定，按风险等级和岗位性质制定了防控措施。

（5）立足企业经济效益开展效能监察工作。将“三重一大”决策，物资和燃料采购，控股公司安全管理、资金管理，同类型机组对标管理作为效能监察的重点，全年累计提出效能监察建议32个，下发建议书5份，协助修订完成《燃料管理办法》、《招投标管理办法》等制度43项。通过效能监察工作的开展，累计创造效益465.19万元，避免经济损失921.03万元，节约费用达248.21万元。

（6）党建纪检基础管理、组织建设进一步夯实。在新成立的华亭华电检修运营有限责任公司设立了第九党支部，在各党支部设立了纪检委员。2011年初，分别制定了党建、纪检、工会工作要点。召开党建工作座谈会、反腐倡廉建设工作会议，专题研究加强和改进华亭公司党建工作。每月根据华亭公司党委中心工作，印发《党群纪检工作推进表》，每季度编制《党群纪检工作简报》。党支部“三会一课”制度执行良好，党员坚持集体学习，坚持写学习笔记，党支部集中学习形成了原始记录。

【新闻宣传工作】 2011年，企业宣传工作取得新成效，《中国电力报》、《甘肃日报》、新华网、人民网等国家、行业、地方重要媒体报道华亭公司发展情况达50余次，全年共出版《中国水电甘肃能源》13期。

控股公司

【华亭华电供水有限责任公司】 华亭华电供水有限责任公司前身为华亭县王峡口水库管理处，隶属华亭县水务局。为了加快王峡口水库扩建工程建设步伐，推动水资源的合理开发、利用和管理，促进地方经济发展。根据《水法》、《公司法》及相关法律、法规的规定，经华亭公司、华亭县国有资产投资经营公司、甘肃华明电力股份有限公司协商一致，本着利益共享、风险共担的原则，共同出资发起设立华亭华电供水有限责任公司并成立董事会和监事会。该公司于2005年2月8日在华亭县工商行政管理局注册登记，注册资金为4081.6万元，2005年3月6日公司正式挂牌成立。

华亭华电供水有限责任公司职责范围：主要负责王峡口水库扩建工程（总库容786万立方米、总投资4886万元）的实施；负责水库营运（主要为华亭电厂2×145兆瓦发电机组供给生产用水，年供水50万立方米；华明电厂2×25兆瓦发电机组供给生产用水，年供水200万立方米；进行水库下游的黎明川农业灌溉，年供水量50万立方米）、维护和管理；根据《水法》、《防洪法》等法律、法规，在水行政主管部门的监督下，搞好经营过程中水库主体工程的防洪、抗汛工作；按照有关规定收取水资源费和供水费用；水库的建设周期要满足华亭发电有限责任公司华亭电厂一期工程用水的需要。2011年，由于电力市场持续低迷，供水需求大大减少，经营陷入困难，在华亭公司领导和职工的努力下，仍取得了一定成绩。截至2011年12月底，累计完成供水量126.49万立方米，实现营业收入152.98万元，基本完成了经营指标。

【华亭华电检修运营有限责任公司】 华亭华电检修运营有限责任公司（以下简称“华电检修公司”）隶属于华亭公司，位于甘肃省平凉市华亭县西华镇。2011年5月6日，根据华亭公司第十次股东会决议，华电检修公司在华亭县工商局注册成立，注册资本金为500万元。华电检修公司的成立，是华亭公司着眼于“华亭—崇信—灵台”煤电一体化发展需要作出的战略决策，为华亭公司实现资源优化配置、降低检修运营成本、改善经营环境、打造专业化检修运营队伍提供了重要平台。

华电检修公司设有综合管理部、财务与资产管理部、生产管理部、经营管理部等4个职能管理部门。生产管理部目前下设华亭项目部、崇信项目部，从事华亭公司、崇信公司的检修运营工作。

华电检修公司拥有一支管理规范、技术精湛、作风过硬、服务优良的员工队伍，现有员工301人，具有中、高级职称的专业技术人员50人。

华电检修公司具有电力设备承修（装、试）企业四级资质，可以承担60万千瓦及以下发电机组的维修工程。经营范围为：黑色金属、有色金属、机电设备、五金交电销售；水暖器材、建筑材料（含粉煤灰）、劳保用品、化工材料销售；燃煤调运；电力设备检修（含防腐与保温）；土建工程及其水暖维修；工业储灰（渣）场管理；工业厂区及城市社区环境卫生与绿化管护；煤炭运销；广告文印；火力发电厂运营；矿山机械检修、运营等。2011年，华电检修公司累计完成合同金额2354.28万元，其中检修合同金额754.78万元、运营合同金额267.806万元，累计实际财务到账收入1609.16万元，圆满完成了各项经营指标。

中国水电建设集团崇信发电有限责任公司

概　　况

【综述】　中国水电建设集团崇信发电有限责任公司（以下简称“崇信公司”）是由中国水利水电建设集团公司（以下简称“集团公司”）和华亭煤业集团有限责任公司（以下简称“华亭煤业集团”）于2006年6月发起成立的，崇信公司注册资本金为8亿元，集团公司持股90%，华亭煤业集团持股10%。2010年1月，集团公司将所持有的崇信公司90%的股权转让给其控股公司中国水利水电建设股份有限公司（以下简称“股份公司”）。2011年11月，股份公司将所持有的崇信公司90%的股权转让给其全资子公司中国水电建设集团甘肃能源投资有限公司（以下简称“甘肃能源公司”）。

崇信公司的经营范围为：电能的生产和销售；煤电项目的开发、建设、投资、经营；电力设备器材销售；电力技术咨询、电力生产服务；房地产开发以及工商贸易等。

崇信公司立足于建设绿色环保坑口电站和煤电联营，制定了建设总装机容量为961万千瓦、煤炭业务产能超过900万吨的“华亭—崇信—灵台”煤电基地发展战略。

崇信公司建设的崇信电厂是继集团公司在陇东投资建成第一个环保电厂——华亭电厂之后投资兴建的第二个大型火电项目。项目地处甘肃省平凉市崇信县，位于中国第十三大煤炭基地——黄陇煤炭基地核心区，煤炭资源、水资源、电网配套送出资源优势明显，是目前甘肃省最大的坑口电厂。项目采用超临界空冷技术，机组大容量、高参数，采用高效静电除尘、干除灰方式，配套装置为脱硫、脱硝。

崇信电厂项目被甘肃省政府列为“十一五”规划重点电源建设项目。项目一期规划容量为2台66万千瓦超临界空冷燃煤机组，项目二期、三期分别为2台100万千瓦扩建机组。一期工程项目总投资46.5亿元。崇信电厂于2010年3月获得国家发展改革委核准，1、2号机组分别于2011年1月8日和2010年12月23日顺利通过168小时试运行，正式进入商业运营。项目二期扩建2×100万千瓦机组工程，2010年7月通过由西北电网公司组织的初步可行性研究报告审查，2010年7月在第十六届兰洽会上签约。

2010年4月，甘肃省政府同意将甘肃灵台南煤田12.98亿吨煤炭资源配置给集团公司。煤炭资源的配置，使崇信公司健全了产业链条，为崇信公司实施煤电一体化发展奠定了坚实基础。

2011年是崇信公司转入生产期的第一年，崇信公司认真贯彻落实股份公司工作会议精神和崇信公司一届六次董事会精神，努力克服新投产机组系统处于磨合期、设备处于考验期、机组运行不稳定以及煤价持续上升、煤质下降、煤量限制供应的多重不利局面，内部以保安全、降能耗、改善经营指标为重点，外部以开拓电力市场、保障电煤供应、改善经营环境为重点，抢抓社会用电持续增长的机遇，以增加发电量、控亏减亏为主线，两台机组保持了稳定运行，较好地完成了全年的生产经营任务。2011年，崇信公司完成发电量52.03亿千瓦·时，实现销售收入14.89亿元，截至2011年底，崇信公司资产总额达到46.48亿元。

队伍建设方面，根据董事会批准的定员编制方案，积极配置专业技术人才。通过从华亭公司抽调业务骨干、大力吸引具有60万千瓦机组运行经验的火电厂技术人才以及从全国主要电力院校招聘优秀应届毕业生等措施，基本完成了生产运行岗位人员的配置。为加强技术人才队伍建设，崇信公司成立了专业技术领导小组，建立了专业技术带头人管理制度。加强干部职工对外交流学习，积极组织关键岗位技术、管理人员到国内同类型先进发电企业进行考察学习和技术交流。

企业文化建设方面，针对地处偏僻、职工业余文化生活匮乏的现状，积极创造条件开展文体活动。先后组织了职工篮球赛、第三届职工冬季长跑运动会，增进了职工之间的交流。成功举办了新年联欢晚会，取得良好效果。

【领导班子】 2011年，崇信公司领导班子由5人组成：总经理张维荣；副总经理兼总工程师刘玉柱；副总经理张奋来、赵明星；总会计师樊荣钊。

【煤电一体化发展部署完成】 2010年4月，为了支持集团公司甘肃火电板块的发展，甘肃省政府将甘肃灵台南煤田作为集团公司甘肃火电板块的配套资源配置给集团公司，甘肃火电板块煤电一体化工作取得重大进展。灵台南矿区煤炭资源量12.98亿吨，煤层开采条件好，适合建设现代化大型矿井，建设周期为3.6年，年设计生产能力达900万～1000万吨。

煤炭资源的取得，为完善产业链条，提高企业抗风险能力提供了保障，“华亭—崇信—灵台”煤电一体化发展格局正式形成。

【集团公司与甘肃省政府签订崇信电厂二期2×100万千瓦项目】 2011年3月2日，甘肃省在北京钓鱼台国宾馆隆重举行甘肃省与中央企业战略合作框架协议和项目合作协议签约仪式，39家央企与甘肃省签署战略合作框架协议及项目合作协议。时任甘肃省省委书记、省人大常委会主任陆浩致辞，省委副书记、省长刘伟平与有关中央企业分别签订战略合作协议和项目合作协议，国务院国资委副主任黄丹华讲话。集团公司总经理、股份公司董事长、党委书记范集湘出席仪式并与甘肃省政府签订项目合作协议。股份公司副总经理王彤宙一同出席。崇信电厂二期2×100万千瓦项目作为“十二五”甘肃省重点开发项目签约。

【崇信公司一届六次董事会暨第六次股东会】 2011年4月23日，崇信公司一届六次董事会暨第六次股东会在兰州召开。集团公司总经理、股份公司董事长、党委书记范集湘主持会议并作重要讲话，股份公司副总经理王彤宙出席。

会议审议通过了总经理工作报告。审议通过了崇信公司2010年度财务决算和2011年财务预算报告等7项议案。崇信公司股东代表及董事参加了会议，崇信公司监事及经营班子成员列席了会议。

【崇信公司2011年工作会议暨安全生产工作会议】 2011年2月22日，崇信公司召开2011年工作会议暨安全生产工作会议。崇信公司总经理张维荣作了题为《强化经营管理，保持生产运行稳定，培育企业核心竞争力，打造国内一流发电企业》的工作报告，并就安全生产工作作了重要讲话。崇信公司副总经理刘玉柱作了题为《强化生产安全管理，推进本质安全建设，为机组安全运行提高保障》的安全工作报告并作了大会总结发言。会议由崇信公司副总经理刘玉柱、张奋来分别主持，崇信公司副总经理赵明星、总会计师樊荣钊，总经理助理、副总工程师以及各部门、控股公司负责人及公司员工140余人参加了会议。

会议总结了2010年工作，分析了2011年发展形势，提出了崇信公司“十二五”的发展思路和发展目标，安排部署了全年6项重点工作：一是强化安全生产，提高机组安全运行水平；二是加强市场开拓，改善经营环境，努力提高经营收益；三是进一步强化预算管理，严格控制管理费用、财务费用；四是开展管理创效年活动，启动“三标一体化”贯标工作；五是加强人才培养和队伍建设，培育优秀企业文化；六是积极稳妥推进崇信电厂二期2×100万千瓦项目前期工作。

【中国水电建设集团公司甘肃能源投资公司挂牌成立】 2011年4月23日，中国水电建设集团甘肃能源投资有限公司在兰州挂牌成立，甘肃省省委副书记、省长刘伟平，副省长石军，集团公司总经理、股份公司董事长、党委书记范集湘，股份公司副总经理王彤宙，甘肃省政府秘书长李沛文出席揭牌仪式。甘肃能源公司总经理张维荣主持揭牌仪式。

刘伟平、范集湘为甘肃能源公司揭牌。受甘肃省省委副书记、省长刘伟平委托，副省长石军在揭牌仪式上讲话。股份公司副总经理王彤宙在讲话中简要介绍了集团公司近年来发展情况及在甘肃投资建设火电、煤炭项目情况。甘肃能源公司总经理张维荣汇报了公司筹备情况。

平凉市市委副书记、市长陈伟，甘肃省国土资源厅厅长张力学，甘肃省环境保护厅厅长冯杰，甘肃省国资委主任马艾武，甘肃省商务厅厅长王锐，甘肃电监办专员康安东以及兰州市政府、平凉市政府、甘肃省发展改革委、甘肃省工信委、甘肃省住建厅、甘肃省水利厅、甘肃省安全生产监督管理局、西北电网公司、甘肃省电力公司、华亭煤业集团、中国银行甘肃省分行等48家单位的80余名代表参加了仪式。

【甘肃能源公司庆祝建党90周年“永远跟党走”红歌演唱会】 2011年6月28日，甘肃能源公司庆祝建党90周年“永远跟党走”红歌演唱会在华亭影剧院隆重上演。来自甘肃能源公司、华亭公司、崇信公司的600多名职工演员以饱满的热情、嘹亮的歌声、昂扬的风貌展现了“中国水电”甘肃能源板块歌颂党、歌颂祖国、歌颂人民的真挚情怀。甘肃能源公司、华亭公司、崇信公司、灵台南煤田筹备组领导张维荣、杨晓强、刘玉柱、张奋来、苏广平、赵明星、樊荣钊、梁小成、周澎出席了大会。

【甘肃能源公司、崇信公司、华亭公司、灵台南煤田筹备组2011年年中工作会议】 2011年8月12日，甘肃能源公司、崇信公司、华亭公司、灵台南煤田筹备组2011年年中工作会议在崇信召开。会议学习了胡锦涛总书记“七一”重要讲话精神，传达了股份公司2011年年中工作会议范集湘董事长重要讲话精神，总结了上半年工作，安排部署下半年的重点工作，提出了能力建设的要求。

甘肃能源公司、崇信公司、华亭公司总经理，灵台南煤田筹备组组长张维荣在会上作了《加强能力建设，突出绩效考核，提升企业核心竞争力》的工作报告，崇信公司副总经理刘玉柱主持会议并传达了股份公司2011年年中工作会议范集湘董事长的重要讲话精神，华亭公司副总经理杨晓强作了大会总结发言。崇信公司、华亭公司、灵台南煤田筹备组班子成员张奋来、苏广平、赵明星、樊荣钊、梁小成、周澎参加会议。甘肃能源公司、崇信公司、华亭公司、灵台南筹备组各部门负责人、职工代表130余人参加了会议。

会议安排部署了下半年8项重点工作：一是强化市场营销功能，着力改善经营环境，努力优化经营指标，千方百计降低亏损；二是夯实安全基础，提高机组安全稳定运行水平；三是强化燃料管理，保证燃料供应，降低燃料成本；四是成立灵台南煤业公司，引进战略合作伙伴；五是理顺甘肃能源公司股权关系，实现管理效率和效能的提升；六是积极推进华亭电厂二期项目前期工作；七是强化教育培训，打造“四化”职工队伍；八是加强党的建设和反腐倡廉建设，培育优秀企业文化，为公司发展提供坚强保证。

【甘肃能源公司与神华神东电力有限责任公司签署合作框架协议】 2011年10月28日，中国水电建设集团甘肃能源投资公司与神华神东电力有限责任公司（以下简称“神东电力公司”）在北京签署甘肃煤电一体化项目合作框架协议，中国电建集团董事长范集湘、总经理马宗林、副总经理王彤宙、总会计师孙璀，神华集团党组书记、董事长张喜武，党组成员、副总经理韩建国，副总经理王品刚，甘肃能源公司及神东电力公司相关领导出席协议签署仪式。王彤宙和王品刚分别代表中国电建集团和神华集团致辞，甘肃能源公司执行董事、总经理张维荣和神东电力公司董事长刘小奇分别代表双方签署了项目合作框架协议。

【崇信电厂2×60万千瓦工程2号机组安装焊接工程被评为“全国优秀焊接工程”】 2011年9月15日，中国工程建设焊接协会在西安举行全国优秀焊接工程经验交流会，对2011年度全国优秀焊接工程项目颁发了获奖证书和奖牌，崇信电厂2×60万千瓦工程2号机组安装焊接工程被评为“全国优秀焊接工程”。

【崇信电厂2×60万千瓦工程竣工环境保护通过验收】 2011年12月6日，国家环境保护部下发《关于甘肃崇信电厂（2×60万千瓦）工程竣工环境保护验收意见的函》（环验〔2011〕347号），认为崇信电厂一期工程环境保护手续齐全，基本落实了环评及其他批复文件提出的各项环保措施和要求，主要污染物达标排放，工程环境竣工保护验收合格，标志着崇信电厂一期工程正式通过环保验收。

崇信公司组织机构图

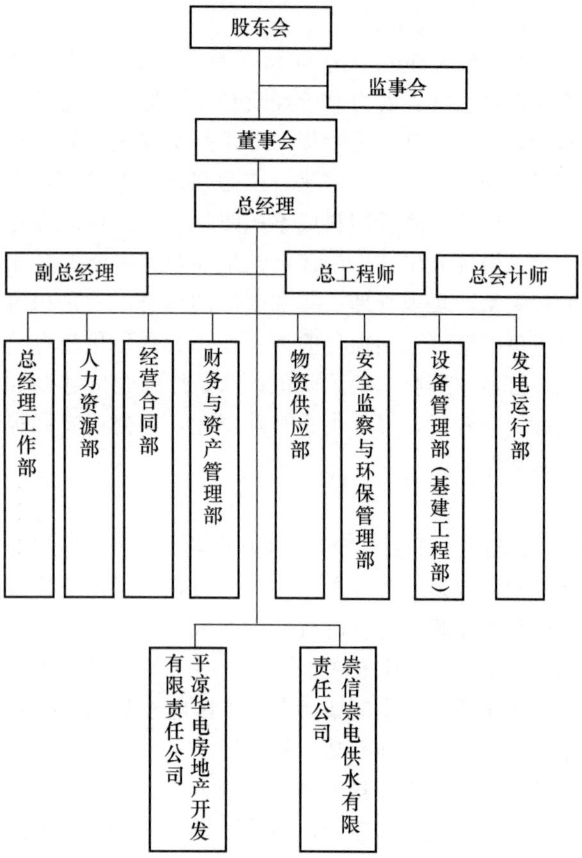

企业管理

【安全管理】 2011年，崇信公司安全生产工作紧紧围绕机组安全稳定运行、降能耗降成本、扭亏减亏的中心工作，严格落实安全生产责任制，强化监督检查和隐患排查，重点加强设备缺陷治理，安全生产工作开局较好，累计安全生产372天。

（1）全面逐级落实安全生产责任制，健全安全管理体系，完善安全管理制度。2011年初，崇信公司对安委会进行了调整，并成立消防安全管理委员会和交通安全管理委员会。按照安全目标四级控制原则，公司、部门（外委单位）、班组和个人逐级签订了安全生产目标责任书，将公司的总体责任目标细化到每一位员工。2011年，崇信公司先后制定了《安全生产监督管理制度》、《设备缺陷管理制度》等16个管理标准和技术规范，编制了16个事故应急预案和30个现场事故应急处置方案并在地方安监部门备案，对全厂的危险源做到了提前防范、提前预控。

（2）加强安全隐患排查治理，推行“日通报、周刷新、月分析”消缺机制，设备健康运行水平得到提升。一是将隐患排查治理作为安全生产的常态机制，2011年先后组织开展了春季安全大检查、防洪防汛安全大检查、特种设备大检查、消防安全大检查以及电缆沟、油罐区、氢站、输煤系统等专项安全检查活动，全年累计消除一般安全隐患492项。二是创新安全管理手段，针对新投产机组安全隐患多、缺陷多的特点，推行“日通报、周刷新、月分析”消缺机制，形成了消除缺陷和隐患的常态化管理，在驾驭全年安全局面方面发挥了积极作用。与同类型电厂对比，崇信公司安全管理水平走到了全省的前列。三是加强对影响机组稳定运行的重点设备缺陷的整治力度，2011年研究解决了2号汽轮机1瓦振动大、锅炉制粉系统漏粉严重以及电气、热工设备频繁跳闸等设备缺陷，设备可靠性进一步加强。

（3）机组运行水平进一步提升，掌握了百万千瓦机组的运行能力。一是加强“两票三制”的管理，严格落实交接班、设备巡回检查以及定期切换制度，通过实行巡检工作标准和增加设备巡检次数，增强了及时发现设备运行故障的能力。二是针对煤质变化，加强对入厂煤的掺配管理，保证了入炉煤煤质稳定，实现了锅炉稳定燃烧。三是注重摸索总结超临界直流锅炉、双缸双排气机组的运行特性，不断调整完善各项操作规程，杜绝人为误操作。四是加强并网机组管理，严格执行调度下达的调度命令，在夏季高温影响空冷机组运行、冬季高峰负荷时期，两台机组具备满负荷长期运行条件。

【市场营销】

（1）发挥“大营销”体系作用，抢发增发电量，外送电量位居全省60万千瓦级机组第二。2011年，崇信公司市场经营工作在甘肃能源公司统一的市场营销平台的支撑下，成立了统一的市场营销领导小组，形成了统一指挥的“大市场、大营销”的营销体系，在争取外送电量方面取得较好成绩。一是把握市场营销的重点，突出电力市场开拓，大营销体系初步发挥作用。利用崇信电厂作为750千伏输电通道主力电源点的优势，积极参与跨省、跨区电力交易，崇信公司全年共获得外送电量14.54亿千瓦·时，位居全省60万千瓦级机组第二，外送电量占上网电量的30.27%，增加发电利用小时数1354小时。二是作为新投产的发电企业，积极协调甘肃省发展改革委和工信委，及时落实电价政策，2011年2月17日，甘肃省发展改革委批复崇信公司从2011年2月15日起执行标杆电价，较早地完成机组转商业化运营的工作。三是积极寻求政策支持，改善企业经营环境，推动电价上调。

（2）加大协调力度，全年电煤供应得到保障，取得铁道部铜城铁路专用线的批复，电煤供应渠道单一的局面得到初步改善。2011年，甘肃能源公司成立了电煤供应协调领导小组，集中力量协调电煤供应。一是重点做好华亭煤业集团的联系沟通工作，保障主要供煤渠道畅通，另一方面积极向省、市主要领导、省政府职能部门反映电煤持续涨价对企业生产经营造成的困难，请求政府出面协调电煤供应。崇信公司全年从华亭煤业集团购入电煤265万吨，基本保证了生产用煤。二是积极探索拓宽电煤供应渠道，打破煤炭供应的相对区域垄断，先后赴新疆、宁夏等地寻找煤源，全年购进外省煤2.93万吨，地方省内小矿煤14.4万吨，电煤供应渠道单一的局面得到初步改善。三是积极推动崇信电厂铁路集煤站建设，以拓宽电煤供应渠道。2011年7月29日，崇信电厂铁路集煤站项目获得铁道部正式批复许可。2011年12月16日，甘肃省发展改革委批复同意铜城货运站开展前期工作。

【职工培训】 2011年，根据公司年轻员工居多、生产技术经验相对缺乏的实际情况，崇信公司着力加强职工队伍的专业技能培训，重点加强对部门和班组落实培训计划的监督，人力资源部门跟踪检查各部门的培训情况。邀请西安交通大学、西安热工研究院等单位的教授、专家到崇信公司作专题讲座6次，对提高职工的专业技能水平起到了积极作用。崇信公司注重发挥仿真培训功能，定期开展轮训、模拟操作演练和反事故演习，全年仿真机培训120余次，对运行人员技能的迅速提升发挥了重要作用。

【企业管理】

（1）加强工程结算管理，工程投资得到有效控制。崇信电厂一期工程建筑安装工程待结算合同48个，合同金额8.84亿元。自2011年初开展结算工作以来，崇信公司严格执行概预算定额，发挥造价咨询单位的专业技术力量，经营部门同步复核造价咨询单位与施工单位工程量的核对及甲供材料的核销情况，确保工程量核对准确无误，维护崇信公司利益不受损害。2011年已结算完毕合同26个，结算合同金额1.58亿元。国家发展改革委批准崇信电厂一期工程总投资46.55亿元，截至2011年底，崇信电厂项目已完成投资40.05亿元，预计项目总投资约43.33亿元，较国家发展改革委批复的项目投资降低3.22亿元，降低率6.91%，单位千瓦造价为3283元，低于同类型60万千瓦级机组的单位造价。

（2）加强财务和预算管理，严格控制各项管理费用。一是全力做好融资工作，2011年使用内部资金9000万元，在信贷紧张的情况下，新增银行贷款3.85亿元，保证了设备款、工程款、电煤款的及时支付。二是抓好电费的回收工作，全年电费回收率达到100%。三是强化预算管理，全年资金做到了有计划支出，各项管理费用得到了有效控制。

（3）启动“三标一体化”贯标认证，强化风险管理，公司制度化、规范化管理水平不断提升。崇信公司将投产发电的第一年作为“管理年”，于2011年5月启动了以质量、环境和职业健康为核心的“三标一体化”管理体系认证工作，现已编制完成管理手册和全部23个程序文件，修订各项管理制度40余项，确定管理标准及技术标准207项，即将进入试运行阶段。同时，结合“三标一体化”认证，崇信公司根据基建向生产转型的实际，围绕生产经营中心工作，对崇信公司各部门的职责以及各个岗位的职责进行了修改、完善，明确各部门、各岗位的职责、流程以及创新的目标，确立了生产经营期的管理基础。

2011年，崇信公司同时启动风险管控工作，与第三方专业机构对崇信公司的各项管理流程进行了风险识别以及风险等级的划分，先后编制完成了《内部控制自我评估报告》、《管理建议报告书》、《内部控制手册》和《全面风险管理报告》，在防范战略风险、财务风险、市场风险、运营风险和法律风险具有较强的针对性和指导性。建立了经营期绩效考核体系，注重动态管理，加强过程控制，将主要生产经营指标、安全指标、节能指标绩效考核与绩效工资兑现、干部提拔任用相挂钩，初步发挥了绩效考核的激励、约束作用。

【节能减排】 崇信公司全面完成了2011年节能减排任务，两台机组平均除尘效率为99.80%，减排烟尘79.42万吨，平均脱硫效率95.7%，共减少二氧化硫排放量15074吨，氮氧化物减排5060吨。灰渣综合利用率90%以上，废水实现了零排放。2011年12月，崇信电厂工程通过了国家环境保护部环保验收。

2011年下半年，根据国家环境保护部要求，崇信公司启动了加装脱硝设施的准备工作，先后完成了加装脱硝设备的技术考察、可行性研究报告的编制及审查工作，计划2012年、2013年完成2号、1

号机加装脱硝设施的建设工作。

项目开发

【崇信电厂铁路集煤站获铁道部批复许可】 为拓宽电煤供应渠道，有效平抑平凉地区煤炭价格，提高崇信公司经营效益，崇信公司积极推动崇信电厂铁路集煤站建设，2011 年 7 月 29 日，崇信电厂铁路集煤站项目获得铁道部正式批复许可。2011 年 12 月 16 日，甘肃省发展改革委以《关于同意开展崇信电厂铁路集煤站工程前期工作的复函》（甘发改交运函〔2011〕43 号）批复同意铜城集煤站开展前期工作。

崇信电厂铁路集煤站拟建设地点距崇信电厂约 5 千米，集煤站设计占地面积 281 亩，按 5 条轨设计，集煤站年运能按先期 200 万吨建设，远期按 500 万吨规划，项目运行后定员 20 人，工程总投资 30 732 万元。

中国水电建设集团铁路建设有限公司

概　况

【综述】 中国水电建设集团铁路建设有限公司（以下简称“铁路公司”），是中国水利水电建设集团公司（以下简称“集团公司”）为开拓铁路市场和城市轨道交通市场而专门出资控股组建的专业化公司。铁路公司成立于 2011 年 1 月 21 日，注册资本 5000 万元人民币，是集团公司铁路和城市轨道交通业务的资源集合平台，与中国水电建设集团铁路事业部（以下简称“铁路事业部”）一套人马两块牌子，共享集团公司资质、业绩和形象标识，主要承担集团公司铁路和城市轨道交通市场的战略引领、高端市场营销、投融资建设和海外铁路工程建设的任务。

【领导班子】 铁路事业部/铁路公司领导班子由 11 人组成：总经理兼临时党委副书记范富国；临时党委书记兼副总经理王禹；副总经理蒋宗全；副总经理兼总经济师午向阳；副总经理韩志强、赵同生、王成；副总经理兼总工程师曹玉新；副总经理赵春生；临时党委副书记兼纪委书记、工会负责人鄢军良；总会计师李平。

（于天放）

【铁路经营工作会议】 2011 年 1 月 21 日晚，股份公司铁路经营工作研讨会在集团公司总部召开。集团公司总经理、股份公司董事长、党委书记范集湘出席会议并作重要讲话。股份公司副总经理王彤宙主持会议，股份公司党委副书记、纪委书记陈永录，总经济师王宗敏，总工程师宗敦峰等及总部各相关部门、事业部的主要负责人约 50 人参加了研讨会。铁路公司、路桥公司、13 个参建铁路项目的工程局、夹江有限公司的法人代表出席了会议，并就各自项目部在建情况和目前铁路营销工作发表了意见。会议简要总结了 2010 年和“十一五”期间股份公司各在建铁路项目经营工作情况，分析了当前面临的形势，就 2011 年及以后股份公司铁路建设的目标和任务进行了认真研讨，对参建工程局 2011 年铁路建设重点工作提出了要求。

（王钦俞）

【在建铁路项目视频会】 2011 年 7 月 12 日，股份公司 2011 年在建铁路项目视频会议召开，股份公司党委常委、副总经理王彤宙，总经济师、工会主席王宗敏，总工程师宗敦峰，总经理助理杨忠出席会议并讲话。铁路事业部/铁路公司总经理范富国主持会议并通报了在建项目的施工生产情况，临时党委书记王禹作会议小结。股份公司安全生产监督管理部副主任贺芳明，基础设施事业部副总经理周孝武，铁路公司副总经理兼总工程师曹玉新，副总经理赵春生，临时党委副书记兼纪委书记鄢军良，总会计师李平，铁路公司各部门负责人参加了主会场会议。各在建铁路项目参建的工程局主要领导、分管领导和相关业务部门负责人，各在建铁路项目班子成员和部门负责人，共 400 余人在分会场参加了会议。会议提出，要认真贯彻股份公司 2011 年工作会议精神，统一思想，坚定信心，进一步加强在建铁路项目管理，促进股份公司铁路板块业务又好又快发展。

（于天放）

铁路事业部/铁路公司组织机构图

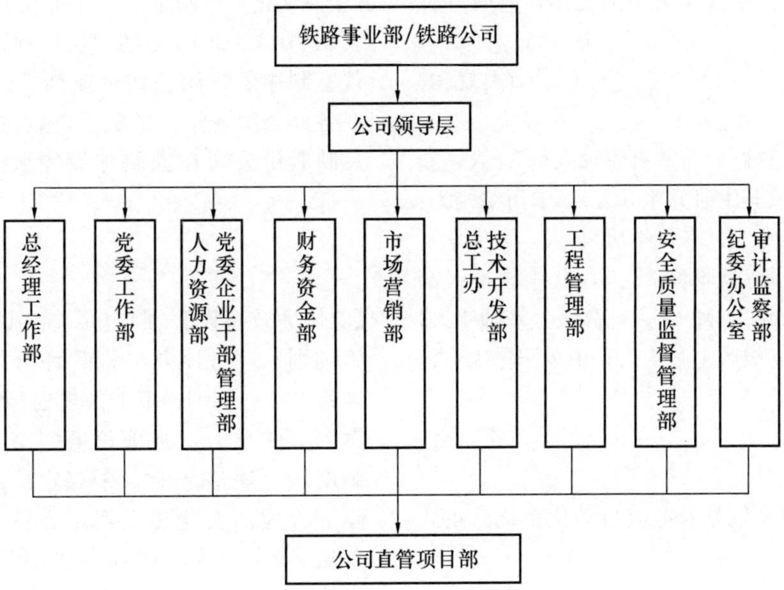

（李　丽）

企　业　管　理

【发展战略】　经过党政联席会议的认真讨论，提出了3年“三步走”的战略发展思路。第一步，健全制度，融合团队，走向市场，取得突破，打好公司健康发展的基础；第二步，取得资质，拓展范围，滚动发展，完善公司发展的体制机制，提升公司的发展能力；第三步，制度化管理、规模化经营、可持续发展。

【制度建设】　全年共发布单行生产经营类规章制度20余项，党建工作类规章制度13项构建起主要制度框架。在此基础上，积极推动铁路公司《管理手册》编制工作，共设计编制了11个分册，合计70余项制度。

（于天放）

【市场营销】　按照区域化经营和分工负责的原则，将全国铁路市场划分为4个区域，4位分管领导各自负责一个区域的营销工作。针对铁路市场的形势变化，积极调整工作思路和工作重点，在做好铁道部重点工程项目跟踪工作的同时，重点加强包括地方铁路、城市轨道交通、铁路专用线、国外铁路及城市轨道交通工程等五大类。城市轨道交通项目重点跟踪了深圳市轨道交通三期工程以及北京、南京、太原、郑州、成都等城市项目；地方铁路、铁路专用线重点跟踪了神华铁路大准至朔黄铁路联络线和四川大唐电厂铁路专用线项目；国际市场重点跟踪了几内亚西芒杜铁路、尼日利亚阿贾奥库塔至奥图库普铁路和中老铁路项目。

（朱铁霞）

【科技创新】　以京沪高速铁路为依托，组织评审8项科研项目，其中1项为国际领先水平、6项为国际先进水平。6个项目获得中国施工企业协会科学技术奖，其中一等奖3项、二等奖3项，是股份公司首次获得省部级铁路行业科技进步奖。8个项目获股份公司科技进步奖，其中特等奖1项、一等奖4项、二等奖1项、三等奖2项。编制完成铁路施工工法共11项，其中4项获国家级工法。申报专利9项，其中发明专利1项、实用新型8项，已收国家知识产权局授权通知书。

（周　建）

【在建工程监管】　建立了在建项目施工生产月报制度。组织了两次铁路在建项目质量安全大检查，共检查9个工程项目、501处工点，发现和整改问题296个；参与铁路建设拖欠工程款的清欠工作，对在建项目的拖欠工程款进行了摸底统计；协助京沪高铁项目开展调差索赔工作；协调解决贵广十二标履约主体单位和参建单位的分歧问题；督办锦赤铁路项目解决地方纠纷、推动项目施工生产的问题；协助大西客专、贵广十二标等项目完成了相关鉴定和评审工作。

（杜建峰）

【财务资金管理】 制定印发了《铁路公司总部费用开支管理暂行办法》，在机关部门全面推行预算管理，严格控制非生产经营性费用的支出，有效降低了运营成本。

（赵晓阳）

【人力资源管理】 铁路公司共有管理人员59人，新进大学毕业生7人（其中研究生3人）。学历结构为：博士1人，研究生18人，本科学历37人，大专学历3人。职称结构为：高级职称32人，其中教授级高级工程师6人，高级工程师19人，高级经济师4人，高级会计师2人，高级政工师1人；中级职称12人；初级职称5人。

（李 丽）

【信息化建设】 门户网站及办公自动化系统已正式上线运行。

（鲁明怡）

党群工作和企业文化建设工作

【组织建设】 铁路公司党委成立后，在铁路公司机关设置了3个党支部，截至2011年底共有29名党员。

【创先争优】 铁路公司临时党委在全公司及时组织开展了以“铁路事业部/铁路公司的形势与任务”为主题的学习讨论活动。围绕建党90周年，临时党委组织开展了“五个一”活动，即开展一次党史竞赛、重温一次“入党誓词”、召开一场“七一”座谈会、临时党委书记讲一次专题党课、观看一次红色电影。

【企业文化】 制定了《企业文化建设规划》，明确了从2011～2013年的“三年规划”。在铁路公司会议室制作了集团公司企业精神、员工理念背景墙，在各办公室制作、张贴了企业文化宣传画。编制了反映股份公司在铁路建设领域的英文介绍专题片一部。

（于天放）

【党风廉政建设】 制定了《党风廉政建设责任制实施细则》、《考评办法》和《评分标准》、《建立惩防体系2011～2012年工作规划》和《任务分解实施方案》、《领导人员述廉议廉实施意见》、《廉洁谈话制度》、《廉洁从业若干规定》、《廉洁自律若干规定》、《廉洁文化建设实施方案》、《廉洁档案管理办法》等十余项制度和办法，编制了《纪检监察工作管理手册》。成立了党风廉政建设责任制考核领导小组，组织党政主要领导与班子副职、班子分管领导与机关各部门主要负责人层层签订责任书，建立了公司对各部门负责人党风廉政建设责任履职的检查、监督、追责机制，初步构建起齐抓共管工作格局。

（王钦俞）

【工会组织建设】 在铁路公司机关成立了3个工会小组，逐步健全工会基层组织。制定了《厂务公开工作实施细则》。

（于天放）

中国水利水电第一工程局有限公司

概 况

【综述】 中国水利水电第一工程局有限公司（以下简称“水电一局有限公司”）是中国水利水电建设股份有限公司（以下简称“股份公司”）下属的全资子公司，拥有相应的生产经营自主权。

水电一局有限公司成立于1958年，2008年完成公司制改建，为国有独资的，以水利水电施工为主，兼营市政基础设施、公路路基工程的大型综合性骨干企业。现拥有大中型施工设备4868台（套）；注册资本金5亿元，资产规模26.27亿元。具有建设部核发的水利水电工程施工总承包壹级、市政公用工程施工总承包壹级、机电安装工程施工总承包壹级、土石方工程专业承包壹级、公路路基工程专业承包壹级、地基与基础工程专业承包壹级和钢结构工程专业承包贰级资质以及吉林省商务厅颁发的中华人民共和国对外承包工程资格；具有国家级试验室计量认证资质、乙级水利水电设计资质和省级颁发的乙级测绘资质；具有省级工程爆破设计施工资质和工程监理资质；具有国家和省级各类生产、安装、维护许可证12项。通过了ISO9001：2000质量管理体系标准认证、ISO14001：2004环境管理体系标准认证和OHSAS18001：2001职业健康安全管理体系标准认证。

2011年，水电一局有限公司从业人员为9011人，其中女职工1791人，包括各类专业技术人员2201人、高级专业技术人员221人、中级专业技术人员532人、高级技师172人。2011年共接收大学生283人，本科生116人，专科生167人。

【领导班子】　水电一局有限公司领导班子成员为：执行董事兼总经理、党委副书记茹彩江；党委书记兼副总经理王国强；工会主席、党委委员刘士信；副总经理、党委委员毕成福；副总经理、党委委员刘恩（2011年6月30调出）；监事、党委副书记兼纪委书记艾民；副总经理兼总经济师、党委委员霍福山；副总经理、党委委员黄中鑫；总会计师、党委委员戴德宏（12月31日调出）；咨询王征、赵冠群（2011年3月退休）。

（杨立平　戴　恒）

【组织机构】　水电一局有限公司机关总部有职能部门18个，包括总经理工作部、经营发展部、市场开发部、基础设施业务部、海外事业部、人力资源部、财务产权部、资金管理部、法律事务部、工程技术部、安全监察部、设备物资管理部、审计部、新闻信息中心、社会保险部、党委工作部、纪委监察部、工会办公室。

水电一局有限公司有基层二级单位19个。现有8个分局，其中包括综合土建分局5个，基础、机电、路桥等专业分局3个；另有长春工程公司和7个直属施工局项目部；辅业单位有基地管理处（含口前基地、桦甸基地、旅顺基地）和职工培训中心、职工总医院、勘测设计院；除所属各基层二级单位外，还有原有集体企业衍生形成的建筑安装工程处、羊毛衫厂、口前建安公司等具有独立法人资格的集体企业。

水电一局有限公司有3个职工生活基地，即口前基地、桦甸基地、旅顺基地，共有内部职工8585户，其中口前基地有4810户、桦甸基地有3122户、旅顺基地有653户。

【法人治理结构】　水电一局有限公司按照《公司法》，注册于吉林省长春市。

（1）水电一局有限公司实行执行董事负责制。执行董事由股东委派，每届任期3年，执行董事任期届满，由股东继续委派可以连任。执行董事兼任总经理。执行董事为公司的法定代表人。执行董事按《公司章程》的规定行使职权，履行义务。公司党政联席会议是公司的最高决策权力机关。决策方式为：按照《公司章程》、《公司工作规则》规定，公司的重大问题由公司集体决策。

（2）水电一局有限公司设经营管理层（高级管理人员），负责公司的日常经营管理，其职位、职数和人选由股东决定。高级管理人员每届任期3年，任期届满经过聘任可以连任。高级管理人员在任期内不胜任或有严重失职、违法行为，由股东免除其职务。

（3）水电一局有限公司机关职能部门代表公司行使本专业管理和控制职权，履行监督管理责任和义务。部门负责人实行聘任制，根据履职情况决定聘任或解聘。

（4）水电一局有限公司对执行层（各生产单位）负责人实行聘任制和委派制。通过年度《经营业绩责任书》对各二级生产和服务单位下达年度经济技术指标和管理（服务）工作任务。根据履职情况决定聘任或解聘。

（5）依据《公司章程》和股东要求，水电一局有限公司设监事一人，由股东委派。监事每届任期3年并可以连任。监事依照法律、法规和《公司章程》规定行使职权，履行义务。

【主营业务】　水电一局有限公司主营业务为4个板块，即国内水利水电建筑、国内非水利水电建筑、海外国际业务、勘测设计咨询。

（1）国内水利水电建筑。国内水利水电建筑施工是水电一局有限公司的传统核心主业，是水电一局有限公司营业收入和利润的主要来源，在技术、管理和规模上具有一定的优势。

（2）国内非水利水电建筑。国内非水利水电建筑市场，是水电一局有限公司近几年来大力开拓的施工领域，是水电一局有限公司调整产业结构的努力方向。依托股份公司的优势，在高速公路、铁路、风电、工业厂房、城市供水、给水、城市水务、港口、污水处理等领域不断拓展施工规模。

（3）海外国际业务。海外国际业务是水电一局有限公司优先发展的重点业务，是水电一局有限公司近3年来的主攻方向。充分依靠股份公司的影响力和品牌优势，在股份公司的领导和扶持下，大力开拓国际市场，逐步形成规模，形成企业新的经济增长点。

（4）勘测设计咨询。勘测设计咨询目前还没有形成大的规模，服务领域较为狭窄，处于起步阶段。

（杨立平　宝金玉）

【2011年主要业绩】　2011年，水电一局有限公司共完成经营收入27.21亿元，经营收入为集团公司下达指标21.50亿元的126.58%，经营成果中，国内水利水电施工收入179 309.68万元，国内非水电收入64 465.13万元，国外施工建筑收入25 085.74万元，服务营业收入3289.57万元。

在岗职工人均工资增长率为18.05%，全员劳动生产率35.2万元/（人·年），同比增长9.66%；单元工程一次验收合格率达100%，优良率达95%以上。安全生产平稳受控，未发生生产性死亡事故，事故率控制在股份公司规定的指标范围内；未发生重大火灾、交通、机械设备安全生产事故，被吉林省、股份公司授予"安全生产优秀企业"荣誉称号。

2011年，水电一局有限公司全年水利水电项目新签合同金额达到303 657.808 2元，完成计划指标35亿元的86.76%；全年非水电项目新签合同金额达到7.27亿元，完成计划指标7亿元的103.9%；国际业务板块共参加了8个国别市场的项目跟踪，参与投标或跟踪国际工程项目27个。中标国际工程项目2个，合同金额为1.8亿美元。中标项目分别为：越南上昆嵩水电站输水发电系统工程施工合同，合同金额2897万美元；刚果（布）北方公路项目，合同金额1.52亿美元。截至2011年底，水电一局有限公司国际合同储备达到5亿美元，国际合同存量在集团公司排名已经上升到第12位。

（杨立平　赵成程）

国内工程

【四川嘉陵江凤仪航电枢纽左岸泄洪冲沙闸及厂房土建工程】　该工程位于四川省南充市龙门镇，主要建设项目为3孔冲沙闸、5.5孔泄洪闸，总长120米，单孔净宽12米，最大闸高39米，坝顶高程292米；导墙坝段总长28米；厂房及安装间坝段总长98.8米；左岸挡水坝长52.7米；主厂房安装3台贯流式机组，单机容量为28兆瓦。水电一局有限公司于2007年8月中标，中标金额为1.85亿元，总工期40个月，工程于2007年9月开工，已于2011年底完工。

【四川嘉陵江凤仪航电枢纽库区防护工程】　该工程位于凤仪电站大坝坝址上游0.5千米，至距坝址上游10.92千米的河段内。凤仪水电站正常蓄水后，其淹没区域影响主要为：高坪区江陵镇的江陵坝、吊马坝、杜家坝、江陵镇场镇；顺庆区渔溪乡的黄伞坝。该工程距南充市区中心约25千米，各工程区均通公路，对外交通便利，包括江陵坝、吊马坝的防护工程，主要由防护堤、排涝建筑物（排涝闸、排涝泵站、隧洞）、观测设施等建筑物组成。防护堤堤线全长8331.29米，排涝节制（涵）闸2座、排涝泵站1座（总装机容量165千瓦）、隧洞1座。水电一局有限公司于2011年6月中标，中标金额为10 758万元，总工期5个月，到2011年12月末已完工。

【安徽响水涧抽水蓄能电站工程骨料加工系统和混凝土生产系统】　响水涧抽水蓄能电站位于安徽省三山区峨桥镇响水涧村，该生产系统包括响水涧抽水蓄能电站骨料加工系统、混凝土生产系统的设计、建安施工、生产运行、成品料供应以及毛料回采及运输、回采渣场管理等，主要承担上水库工程（C1标）、输水系统及地下厂房工程（C2标）、下水库工程（C3标）及机电设备安装标（EMI）的混凝土供应，以及C1标、C3标垫层料。水电一局有限公司于2007年5月中标，中标金额为7282万元，总工期为61个月，工程于2007年5月17日开工。后期合同量变更增加到8641万元，到2011年12月末，共完成合同量7979万元，占总投资的72%。

【西藏藏木水电站右岸4号公路（GK0+563.8）～（GK0+883.392）段路线调整及隧洞施工】　该工程位于西藏自治区山南地区加查县藏木村上游约5千米，距山南—林芝的省道约7千米，距下游加查县城约17千米，外围主要交通运输线路有贡嘎航空港、林芝空港、青藏铁路、国道G318线、省道S101线、省道S306线。工程为三级矿山公路，是大坝右岸供料线平台重要通道，开挖孔径宽度11.44～13.2米，净高7.78～10.30米，设计里程（GK0+618.50）～（GK0+994.00），全长375.50米，路线呈U形延伸，最大纵坡4.94%，最小弯曲半径121米，弃碴总量31 263立方米。2011年8月13日，水电一局有限公司与华能西藏发电有限公司正式签订了合同协议书，合同总金额为人民币2905万元，合同工期10个月。2011年8月15日开工，到2011年12月末累计完成工程量1959万元。

【四川毛滩电站库区右岸防洪堤上、下段工程】　该工程主要包括原堤身浆砌石拆除、砂卵石开挖、砂卵石填筑、趾板混凝土、面板混凝土、防浪墙混凝土等施工项目，主要工程量：砂卵石开挖 22 万立方米；砂卵石填筑 5.4 万立方米；混凝土施工 3.5 万立方米；砂浆垫层 0.4 万立方米；钢筋制作安装 1388 吨；大卵石回填 5.2 万立方米。右岸防洪堤上段工程，合同开工时间为 2010 年 10 月 15 日。右岸防洪堤下段工程，合同开工时间为 2010 年 10 月 15 日。合同总金额为 3275.7 万元。到 2011 年 12 月末已完工。

【木里河俄公堡水电站厂房土建及安装工程施工】 俄公堡水电站位于四川省木里河县境内的木里河上，为低闸引水式电站，其上一级为正在建设中的沙湾水电站，下一级为规划中的固增水电站，开发任务主要为发电，并兼顾下游生态环境用水要求。该水电站厂房土建及安装工程主要承担压力管道、厂房、进厂交通桥及小沟河改道工程。水电一局有限公司 2009 年 5 月中标，中标金额为 7248 万元，2009 年 6 月 30 日开工，总工期 38 个月，到 2011 年 12 月末完成金额 4373 万元。

【四川甘孜巴白公路 C1 标】 甘孜巴白公路 C1 标位于巴塘县境内拉纳山隧道入口附近，与既有 G318 公路平面交叉，终点在莫西林场附近，全长 19.839 34 千米。工程沿既有巴白公路布线，途经郎多村、松多乡后，在 K11＋100 离开老路布设新线，利用山坡地形自然展线和回头展线。该合同为公路土建工程，施工范围在巴塘县区域内，包括公路路基和路面工程、桥梁工程、涵洞工程、防护及排水、安全设施、绿化及施工期环境保护工程措施等。水电一局有限公司 2010 年 9 月中标，中标金额 1.22 亿元，总工期 18 个月。工程于 2011 年 5 月 25 日开工，到 2011 年 12 月末，完成金额 1734 万元。

【大渡河安谷水电站太平副坝及排涝洞工程】 安谷水电站工程是大渡河干流梯级开发中的最后一级，坝址位于乐山市市中区与沙湾区接壤的安谷河段生姜坡，电站采用混合式开发，水库正常蓄水位 398 米，库容 6330 万立方米，设计引用流量 2640.9 立方米/秒，电站装机容量 772 兆瓦，多年平均发电量 33.03 亿千瓦·时。水电一局有限公司主要承建安谷水电站太平镇排涝洞及右岸太平副坝工程，排涝洞隧洞及暗渠长 3700 米，右岸太平副坝全程 4700 米。截至 2011 年 12 月末，排涝洞开挖支护已完成约 2000 米，进口段 582 延米具备混凝土作业条件。水电一局有限公司于 2011 年 3 月 2 日中标，合同金额为 2.3 亿元，2011 年 4 月 9 日开工，总工期为 38 个月，到 2011 年 12 月末，完成工程量 1814 万元。

【绵阳市三台县城镇基础设施灾后恢复重建项目（第一批）工程】 四川省绵阳市三台县城镇基础设施灾后恢复重建第一批项目工程，合作方是四川长兴（集团）建设工程有限公司，水电一局有限公司收取 2%管理费。工程资金到位，工程计量隔月拨款，不存在拖欠问题。根据工程特性分为道路工程、排水给水和垃圾中转站三大块。水电一局有限公司于 2010 年 12 月 18 日中标，工期 14 个月，中标金额为 5938 万元，于 2010 年 12 月 18 日开工，到 2012 年 12 月末，已完成工程量 5128 万元，占总额的 76%。

（杨立平　范晶晶）

【金湾水电站工程】 金湾水电站工程距黑河市 46 千米，由拦河坝、副坝、鞍部溢洪道、引水隧洞及电站厂房等几部分组成。拦河坝为沥青心墙堆石坝，坝顶长度 490.32 米，最大坝高 52.83 米。溢洪道位于右坝肩上游约 270 米处的鞍部，由进口段、控制段、陡坡段、挑流鼻坎、尾水渠等组成。堰顶高程 220.00 米，堰型采用 WES 堰，设弧形工作门与平板检修门。输水洞由岸塔式进水口、隧洞、调压井、压力管道组成。洞长 683.75 米，洞径 5.0 米，圆形断面，采用混凝土衬砌，部分采用钢板衬砌。电站厂房位于坝下 3.25 千米，总装机容量 22 兆瓦，水电一局有限公司于 2010 年 8 月 16 日中标，中标金额为 8746.071 8 万元，合同工期为 2010 年 7 月 15 日～2013 年 1 月 15 日，2011 年溢洪道石方明挖完成 124 999.5立方米，混凝土浇筑完成 760 立方米，主坝灌浆钻孔 4446.8 米，灌浆 3979.6 米，右副坝石方明挖 450 立方米，发电厂房混凝土浇筑 694 立方米，钢筋制作安装 25 吨，进塔路（2011 年新增合同外项目）石方明挖 198 000 立方米。累计完成投资 1511 万元，占总投资的 17.3%。

【哈达山水利枢纽 06 标段工程】 哈达山水利枢纽工程挡水土坝为黏土均质坝，布置在取水及门库坝段右侧至岸边，土坝长 1926.4 米，桩号(0＋506.00)～(2＋432.40)，其中在坝轴线桩号（1＋940.00）～(2＋013.00)段的主河道为船闸预留坝段。土坝坝顶高程 146.00 米，最大坝高 13.00 米，上游防浪墙顶高程 147.10 米，坝顶宽 10.00 米，土坝上、下游坝坡均为单级坡，坡度均为 1∶3。水电一局有限公司于 2008 年 12 月 29 日中标，中标金额为 21 920 万元，合同工期为 2009 年 1 月 5 日～2010 年 12 月 31 日，2011 年主要进行辅助工程及收尾工程施工，土坝防渗墙完成19万平方米，防浪墙、电缆沟混凝土浇筑6068.78立方米，钢筋制作安装459.08吨，浆砌石排水沟3967.8立方米，坝顶铺筑水稳层3296.58立方米，路面沥青混凝土1746.68立方米，渠首闸混凝土浇筑230立方米，PCCP管安装202根，DN2000压力钢管4根，相变基础施工1项，渠首闸护栏制作及安装109.5米。哈南管线土方开挖完成6.9万立方米、石方开挖0.7万立方米、土方回填2.96万立方米。累计完成投资24 919万元，占总投资的176%。

【白山电站水毁修复工程】　白山电站水毁修复工程包括电站坝后路面水毁改造工程、右岸303.5道路水毁改造工程、白山电站右岸生产区楼后山体防护及电缆防护廊道建设工程、白山一期电站尾水门机库建设工程、白山一期电站尾水导流墩改造工程。水电一局有限公司于2010年9月27日中标，中标金额为2498万元，合同工期为2010年10月1日～2011年6月30日，白山水毁工程2011年全部施工完毕，主要完成混凝土浇筑18 117.33立方米，钢筋制作安装274.24吨。累计完成投资2498万元，占总投资的100%。

【蒲石河抽水蓄能电站工程】　蒲石河抽水蓄能电站位于辽宁省宽甸满族自治县境内，距丹东市约60千米，是我国东北拟建中的第一座大型纯抽水蓄能电站，总装机容量为1200兆瓦，单机容量为300兆瓦，共4台机组。电站建成后，将在东北电网中担任调峰、填谷、调频和事故备用。

2011年，水电一局有限公司承担的主要施工项目为：上水库进/出水口收尾工程、黄草沟侧公路水毁修复工程、泉眼沟侧公路水毁修复工程及厂房通风洞口公路水毁恢复工程。中标金额为6222.488万元，合同工期为2007年2月20日～2011年7月20日。累计完成投资6355万元，占总投资的102%。

【河南沁河河口水库6号标段工程】　河口村水库位于河南省济源市克井镇境内黄河一级支流沁河最后一段峡谷出口处，是控制沁河供水、径流的关键工程，也是黄河下游防洪工程体系的重要组成部分。有混凝土面板堆石坝、泄洪洞、溢洪道及引水发电系统组成。6号标段主要施工项目为导流洞工程，洞身长740米，纵坡1%，钢筋混凝土衬砌，衬砌厚度为0.8～2.0米，衬砌后断面尺寸为9.0米×13.5米。水电一局有限公司于2009年4月28日中标，中标金额为10 199万元，合同工期为2009年5月15日～2010年10月30日。受前期征地村民阻工影响，工期滞后，2011年进口引水渠段石方明挖完成174立方米，混凝土浇筑963立方米，钢筋制作安装69.04吨；进水塔石方洞挖1711.9立方米，混凝土浇筑6931.97立方米，钢筋制作安装240.55吨，导流洞洞身段石方洞挖56 613.52立方米，混凝土衬砌39 943.38立方米，钢筋制作安装3303.21吨，出口明渠段混凝土浇筑2630.82立方米，钢筋制作安装180吨。累计完成投资7778万元，占总投资的86.55%。

【南水北调方城段第四施工标段】　南水北调中线一期总干渠陶岔渠首至沙河南段工程方城段第四施工标段，起点设计桩号为145＋651，终点桩号152＋311，标段长度6.66千米，标段内共有各种建筑物14座，其中河渠交叉倒虹吸2座，渠渠交叉倒虹吸2座，左岸排水倒虹吸2座，退水闸1座，分水口门1座，公路桥3座，生产桥3座。水电一局有限公司于2011年2月14日中标，中标金额为31 965万元，合同工期为2011年3月15日～2013年8月31日。该标段主体工程主要工程量：土石方开挖约280万立方米，土石方填筑约157万立方米，混凝土约16万立方米，钢筋约1.07万吨，金属结构安装约1273吨，复合土工膜约44万平方米。

2011年，渠道土方开挖完成91.9万立方米，河渠交叉物土方开挖完成68.1万立方米，混凝土完成12 918.4立方米，左岸排水建筑物土方开挖17.2万立方米，混凝土701立方米，渠渠交叉建筑物土方开挖0.87万立方米，桥梁工程混凝土浇筑2052.6立方米。

2011年，共计完成土石方开挖178.1万立方米，土方填筑1.9万立方米，混凝土浇筑1.55万立方米。累计完成投资11 338万元。

【四川多诺水电站工程】　拦河大坝为混凝土面板堆石坝，长220米，坝顶高程2374.50米，坝顶宽10米，河床段趾板建基面高程2262.00米，最大坝高112.5米。大坝上、下游坡度均为1∶1.4，大坝上游至下游依次为任意铺盖区、黏土铺盖区、垫层区、过渡区、主堆石区、次堆石区、下游堆石区及大块石护坡，在下游设有3条马道。

大坝坝基采用防渗墙接帷幕灌浆防渗，两岸采用帷幕灌浆防渗。左岸灌浆平洞长150米，右岸灌浆平洞长240米。水电一局有限公司于2009年9月29日中标，中标金额为23 362万元，合同工期为2009年10月15日～2012年9月30日。

2011年，大坝左右岸支护，锚杆4427根，网喷混凝土完成2040.26立方米，钢筋挂网完成65.02吨。大坝防渗墙完成混凝土浇筑1430.20立方米，完成钢筋制作安装54.663吨，填筑工程量为67.79万立方米，下坝址料场完成工程量88万立方米，锚杆1642根，网喷混凝土完成1417.26立方米，钢筋挂网完成40.84吨。大坝下游干砌石施工工程量为2200立方米，泄洪洞工程开挖工程量为18 250立方米，锚杆完成3063根，锚筋束完成116根，混凝土完成6316.93立方米，钢筋制作安装273.481吨。累计完成投资18 632万元，占总投资的80%。

【泸定移民安置工程】　伞岗坪生产安置区地处泸桥镇咱里村1、3组，伞岗坪和塔子坪台地上，咱里后山，大渡河右岩，海拔位于1500～1670米之间，地形呈月牙形，南北长约2150米，东西宽约850米，距泸定县城约7千米。该标段主要划分为土地平整、农田水利、田间道路三部分。水电一局有限公司于2010年6月24日中标，中标金额为3113.6万元，合同工期为2011年1月15日～2011年7月15日。

工程施工受移民安置制约，工期滞后半年，2011年新建农渠累计完成砌筑900.6米，新建斗渠累计完成砌筑269.9米，新建农沟累计完成砌筑1337.7米，新建斗沟累计完成砌筑652.2米，新建支渠累计完成砌筑890.3米，新建生产路累计完成砌筑890.3米。累计完成投资2495万元，占总投资的80%。

【甘孜州巴白公路工程】　甘孜州巴白路工程起讫里程段号为(K0＋000)～(K29＋000)。全长19.702 26千米。工程沿既有巴白公路布线，途经郎多村、松多乡后，在K11＋100离开老路布设新线，利用山坡地形自然展线和回头展线。在K12＋200处绕避古滑坡体，利用地形布设1对回头线后，在K13＋761.92相接结束新线段，继续沿既有巴白公路布线，在K26＋900处翻越垭口后沿山坡自然展线。路线采用Ⅲ级公路技术标准，路基宽度7.5米，双车道，混凝土路面，桥涵设计荷载公路Ⅰ级。水电一局有限公司于2011年3月16日中标，中标金额为12 271.774 9万元。甘孜州巴白路改（扩）建工程（C1标段）在2011年10月之前由第一分局施工管理，2011年10月之后归四川分局管理。累计完成投资779万元，占总投资的6%；2011年10月前只完成进场路的修筑及临时设施施工。

（杨立平　金　光）

【云南澜沧江大华桥水电站导流隧洞土建及金属结构安装工程、通风洞及交通洞土建工程、引水发电系统土建及金属结构安装工程】　大华桥水电站位于云南省澜沧江上游怒江州兰坪县兔峨乡境内，是澜沧江干流上游河段规划梯级开发中的第六级水电站，上接黄登水电站，下接苗尾水电站。2011年，水电一局有限公司在大华桥水电站承建的工程项目主要有三项：

（1）水电一局有限公司于2010年8月中标云南澜沧江大华桥水电站导流隧洞土建及金属结构安装工程（DHQ/C1），合同金额11 581万元，2010年9月开始进场施工，计划于2012年3月31日全部工程完工，总工期为19个月。合同范围包括：导流隧洞工程、旁通洞工程、右坝肩工程（1480.0～1412.0米高程）、6号公路工程、11号公路工程、干笔河石料场工程。由于华能澜沧江公司受投资资金缺口的影响，按照黄登·大华桥水电工程筹建处要求，从2011年9月1日开始暂停导流隧洞工程项目施工。截至2011年8月末，导流隧洞洞身段开挖全部完成；出口明渠开挖至1405米高程；洞身段安全监测全部安装完成。2011年度完成实物工程量：土石方开挖97 324立方米、石方洞挖895 44立方米、喷混凝土3067立方米、锚杆6171根。年内累计完成产值3037.617 5万元，占合同总金额的24.95%。

（2）水电一局有限公司于2010年8月中标云南澜沧江大华桥水电站通风洞及交通洞土建工程（DHQ2010/T3），合同金额2121万元，2010年9月开始进场施工，计划于2011年5月31日全部工程完工，总工期为9个月。截至2011年8月末，通风兼安全洞、主变压器通风洞、尾调交通洞洞身段全部开挖及支护完成；交通洞洞脸1454米高程以上边坡开挖及支护全部完成。2011年度完成实物工程量：土石方开挖15 305立方米、石方洞挖37 973立方米、喷混凝土1544立方米、锚杆6183根。年内累计完成产值864.138万元，占合同总金额的37.21%。

（3）水电一局有限公司于2011年3月中标云南澜沧江大华桥水电站引水发电系统土建及金属结构安装工程（DHQ/C2），合同金额6.86亿元，合同要求于2011年3月进场施工，计划于2015年3月31日前完工，总工期为49个月。

【云南澜沧江黄登水电站左岸场内公路工程、拉关河渣场防护及排水洞工程】　黄登水电站位于云南省兰坪县境内，采用堤坝式开发，是云南澜沧江上游古水至苗尾河段水电梯级开发方案的第五级水电站，以发电为主。上游与托巴水电站、下游与大华桥水电站相衔接，坝址位于营盘镇上游。2011年，水电一局有限公司在黄登水电站承建的工程项目主要有两项：

（1）云南澜沧江黄登水电站左岸场内公路工程（R1标）于2009年8月中标，合同金额为15 869.559 8万元，2009年9月开始进场施工，计划于2011年6月30日全部工程完工，总工期为22个月。合同范围包括：进厂公路，左岸坝顶公路A、B段，上坝交通洞，上坝皮带机运输洞，左岸上游低线公路，左岸下游低线公路，左岸缆机支线公路，左岸上游中线公路，左岸上游联络线公路及左岸上游联络线公路隧道。该工程由于业主资金问题于2011年8月14日停工，截至2011年末，进厂公路工程全部完成，具备通车条件；坝顶公路A段路基开挖全部完成，路面混凝土浇筑完成1120米；左岸缆机支线路基开挖及支护施工全部完成；坝顶公路B段路面混凝土浇筑完成130米；左岸上游联络线明线段公路路面混凝土浇筑完成951米，边坡支护已基本完成；上游联络线公路隧道312米洞身开挖支护全部完成，洞身混凝土衬砌完成211米；过坝交通洞开挖支护1647.852米已全部完成，过坝交通洞贯通；绕坝交通已完成。2011年度完成实物工程量：土石方明挖28.78万立方米、石方洞挖1.68万立方米、浆砌石2.22万立方米、混凝土2.11万立方米、喷混凝土1.09万立方米、钢筋制作安装553.86吨、锚杆33 402米、钢结构制作安装92.93吨、级配碎石垫层32 238平方米、水泥稳定层32 238平方米、路面混凝土3582平方米，年内累计完成产值7227.475 4万元，占合同总金额的45.54%。

（2）云南澜沧江黄登水电站拉关河渣场防护及排水洞工程（HD2010/T1标）于2010年5月中标，中标金额为3295万元。该工程主要包括拉关河渣场防护工程、拉关河排水洞工程等工程项目。根据工程进度计划，该项目于2010年5月开工，合同范围内工程于2011年4月30日全部完成。由于业主移民征地问题没有解决及业主资金问题，拉关河渣场防护及排水洞工程处于停工状态。2011年度完成实物工程量：土石方明挖1687.36立方米、石方洞挖1230.57立方米、喷混凝土212.22立方米、钢筋制作安装553.86吨、锚杆5794.5米、钢结构制作安装38.67吨，年内累计完成产值275.07万元，占合同金额3295万元的8.35%。

【云南金沙江中游河段梨园水电站泄洪冲沙洞土建及金属结构安装工程，念生垦沟堆积体三期及近坝库岸一期治理工程，上咱日沟渣场永久排水系统工程，进水口、引水道土建及金属结构安装工程】　梨园水电站位于迪庆州香格里拉县（左岸）与丽江地区玉龙县（右岸）交界河段，是金沙江中游河段规划的第三个梯级，上游与两家人水电站相衔接，下游为阿海水电站，电站装机容量2400兆瓦（4×600兆瓦）。2011年，水电一局有限公司在梨园水电站承建的工程项目主要有四项：

（1）云南金沙江中游河段梨园水电站泄洪冲沙洞土建及金属结构安装工程（LY2010/C01-A）于2010年7月中标，合同金额为17 680万元，合同总工期为32个月，2010年11月1日进场，计划于2013年8月30日完工（后因业主资金调整，计划于2014年3月31日完工）。合同范围包括泄洪冲沙洞土建工程、工作闸门及启闭机安装、出口护岸工程、施工支洞工程等。截至2011年末，泄洪冲沙洞1号施工支洞、2号施工支洞、交通洞开挖支护全部完成；泄冲有压段上游侧上半洞开挖支护至0+880，下游侧上半洞开挖支护至1+015（即有压段上半洞剩余135米），有压段下半洞（0+030）～（0+480）段开挖支护完成；无压段上半洞开挖支护完成（总长181.919米）；工作闸门室导井开挖完成，顶拱扩挖完成15米（总长23.943米）；左护岸（除挑坎范围外）1500.00米高程以上土石方开挖及边坡支护完成，齿槽混凝土完成30米，贴坡混凝土完成4仓，齿槽固结灌浆完成165米。2011年度完成主要实物工程量：土石方明挖143 237立方米、石方洞挖129 154立方米、混凝土3895立方米、喷混凝土8272立方米、钢筋及钢筋网298吨、锚杆15 145根、排水孔436米、锚筋桩299根、钢支撑357吨，年内累计完成产值2991.8万元，占合同总金额的17%。

（2）梨园水电站念生垦沟堆积体三期及近坝库岸一期治理工程（LY2010/T09-A）于2011年1月中标，合同金额为5767.67万元，合同总工期5个月，2011年1月13日进场，计划于2011年6月20日完工（后因各种因素影响，实际于2012年1月8日完工）。合同范围包括：左右耳1690.00米高程平台人工挖孔桩及桩身锚索；3号排水洞工程开裂段修复及排水支洞洞身开挖、支护；右耳回头弯锚索及开裂段锚拉板、路面修复等工作。截至2011年末，右耳1690.00米高程平台抗滑桩竖井开挖、钢筋混凝土和喷混凝土护壁、钢筋制作安装、预埋件埋设、混凝土浇筑、桩顶连系梁等施工项目已全部完成（桩顶锚索剩4颗尚未完成）；3号排水洞工程开裂段修复及排水支洞洞身开挖、支护全部完成；右耳回头弯锚索及开裂段锚拉板、路面修复全部完成。2011年度完成主要实物工程量：土石方明挖28 933

立方米、土方井挖9262立方米、石方井挖4602立方米、系统锚杆（$\phi25$，$L=3$米）726根、C20混凝土5128立方米、C25混凝土1803立方米、C30混凝土8797立方米、钢筋制作安装2316吨、声测管（外径68毫米）3.5吨、3000千牛压力分散型锚索480×10^4千牛·米、钢筋格构架制作安装59吨、路面修复（C35混凝土）1955立方米。年内累计完成产值2284.42万元，占合同总金额的39.61%（由于施工期间，部分施工项目优化，实际完成工程量未达到合同项目）。

(3) 梨园水电站上咱日沟渣场永久排水系统工程（LY2010/T07）于2010年12月中标，合同金额为880万元，工程计划开工日期为2011年1月1日，完工日期为2011年5月31日，合同工期5个月；施工期间因受各种因素影响，实际开工日期为2011年2月18日，完工日期为2011年7月20日，施工工期约5个月。合同范围包括排水渠（A、B、C）及急流槽基坑土石方开挖、墙背回填、混凝土浇筑、公路涵洞、排水渠A起始端石渣回填碾压等。截至2011年6月底，上咱日沟渣场永久排水系统工程所有施工项目均已全部施工完成并通过验收。完成实物工程量：土石方及石渣明挖46 638立方米、石渣回填209 352立方米、混凝土9028立方米，钢筋制作安装369吨，累计完成产值680万元，占合同总金额的77%（由于施工期间部分施工项目优化，实际完成量未达到合同工程量）。

(4) 梨园水电站电站进水口、引水道土建及金属结构安装工程（LY2009/C03-03）于2010年2月中标，合同金额为15 039万元，合同总工期28.7个月，于2010年2月24日进场，计划2013年7月16日完工（根据调整后总进度计划安排工期）。合同范围包括：1、2号引水道从桩号0+000至1号支洞交叉口下游侧边墙、3、4号引水道从桩号0+000至钢衬起点，1号施工支洞工程范围以内的土建工程（不含灌浆工程）中的土石方明挖、石方洞挖、挂钢筋网、喷混凝土支护、锚杆制作安装、钢筋格构架制作与安装、钢支撑、混凝土浇筑、钢筋制作安装等洞内施工项目。截至2011年末，引水道工程1号施工支洞下半洞开挖、支护完成；1号引水道工程上半洞开挖、支护完成，下半洞二层开挖、支护完成80米；2号引水道工程上半洞开挖、支护完成，下半洞二层开挖、支护完成30米；3号引水道工程上半洞开挖、支护完成，上游侧下半洞二层开挖、支护完成150米；4号引水道工程上半洞开挖、支护完成，上游侧下半洞二层开挖、支护完成300米。2011年度完成主要实物工程量：石方洞挖178 175立方米、系统锚杆16 596根、喷C20混凝土8395立方米、挂钢筋网（$\phi6.5$，@20厘米×20厘米）64.64吨、钢支撑211吨、钢支撑连接筋82.76吨、钢筋制作安装104吨、C20混凝土1602立方米、PVC排水孔940米、无黏结预应力锚索594×10^3千牛·米、锚索超灌浆54.75吨。年内累计完成产值2610.40万元，占合同总金额的17.36%。

【云南金沙江鲁地拉水电站进水口及引水隧洞土建及金属结构安装工程】 鲁地拉水电站位于云南省大理州宾川县和丽江市永胜县交界的金沙江中游干流河段上，是金沙江中游河段梯级开发的第七级电站，上接龙开口水电站，下接观音岩水电站。电站以发电为主，同时兼有水土保持、库区航运和旅游等综合效益的水利水电枢纽工程，电站总装机容量2160兆瓦。

2011年，水电一局有限公司在鲁地拉水电站承建的工程项目主要是进水口及引水隧洞土建及金属结构安装工程（LDL/C2-1），该工程于2007年11月30日中标，合同金额为22 906.288 5万元，2008年1月9日开始进场施工，计划于2013年6月30日全部工程完工，总工期为66个月。该工程由进水口，1～6号引水隧洞，1、6号施工支洞及拦污栅、闸门等土建和金属结构安装工程组成。截至2011年末，坝后挡墙施工至1228米高程（混凝土完成）、21号坝段施工至1191米高程、1号进水口施工至1228米高程（一期混凝土完成）、2号进水口施工1224米高程、3号进水口施工至1218米高程、4号进水口施工至1228米高程（一期混凝土完成）、5号进水口施工至1218米高程、6号进水口施工至1226米高程、右坝头施工至1228米高程（混凝土完成）、2号及4号灌浆洞混凝土浇筑完成。1～4号引水隧洞上平段混凝土衬砌完成、6号上平段下游混凝土衬砌完成、4～6号上弯段混凝土衬砌完成、1～6号斜井混凝土衬砌完成。2011年度完成实物工程量：进水口混凝土150 858立方米、进水口钢筋制作安装4506吨，引水洞混凝土22 177立方米、钢筋制作安装2119吨。年内累计完成产值10 475万元，占合同总金额的45.73%。

【云南澜沧江苗尾水电站丹坞堑沟沟水处理工程】 苗尾水电站位于云南省大理州云龙县旧州镇境内的澜沧江河段上，是澜沧江上游河段一库七级开发方案中的最下游一级电站，上接大华桥水电站，下邻澜沧江中下游河段最上游一级电站——功果桥水电站。电站坝址距大理、昆明公路里程分别为207千米、544千米。

水电一局有限公司承建的苗尾水电站丹坞堑沟沟水处理工程于2010年4月21日中标，中标金额为2095万元，合同工期为2010年5月1日～2011年9月30日，实际开工日期为2010年6月9日，此工程主要建筑物为丹坞堑沟挡水坝工程和跨山梁排水洞工程，经过设计优化，将混凝土挡水坝调整为排水洞进口导水墙。2011年完成实物工程量：土石方明挖2047立方米；石方洞挖7836立方米；浆砌石955立方米；混凝土3415立方米；喷混凝土2049立方米；钢筋网13.31吨；锚杆72.97吨；钢筋钩77.65吨。年内累计完成产值905万元，占合同总金额的43%。

（杨立平　李爱霞）

【福建仙游抽水蓄能电站引水系统土建工程】　仙游抽水蓄能电站位于福建省莆田市仙游县西苑乡，距县城约37千米，为周调节抽水蓄能电站。电站装机容量为1200兆瓦（4×300兆瓦），安装4台单机容量为300兆瓦的混流可逆式水泵水轮发动机组。该工程属一等大（1）型工程，主要永久性建筑物按1级建筑物设计，次要永久性建筑物按3级建筑物设计。福建仙游抽水蓄能电站引水系统土建工程合同编号为SGXY-2008-111053（XYP/C2），合同金额为145 152 177元，合同工期为2009年6月1日～2013年7月31日。截至2011年末，该工程完成斜井、平洞剩余石方开挖支护工作，同年展开混凝土衬砌、钢管安装及灌浆施工。2011年完成：石方开挖完成29 467立方米，锚杆安装1540根，喷混凝土518立方米，混凝土浇筑16 124立方米，钢筋制作安装635吨，钢管制作安装2894吨，灌浆钻孔9696米，水泥灌浆867吨等工程量。

【深圳市公明供水调蓄工程第Ⅶ标】　深圳市公明供水调蓄工程位于公明、光明、石岩三个街道办辖区，主要建设内容包括四个部分：公明水库扩建工程、鹅颈水库—公明水库连通工程、公明水库—石岩水库供水工程及雨洪利用—白花引水改造工程。总库容为1.48亿立方米，属二等大（2）型工程。第Ⅶ标段主要建筑物包含4号坝、放水隧洞及其进出口建筑物，1号道路、5号道路等，中标金额为26 438 615 835.00元，工期为2008年11月～2011年11月。

【南水北调中线一期工程总干渠漳河北至古运河南土建施工SG12标（临城县段）】　SG12标段起点自临城县李家韩，终点至临城县东渎村，总长7.07千米，其中渠道均为土质渠段，总长6.736千米，建筑物长0.334千米，包括大型交叉建筑物1座，左岸排水建筑物4座，渠道交叉建筑物1座，节制闸、退水闸、排冰闸各1座。渠道设计横断面为梯形断面，按挖填类型分为全挖方、全填方、半挖半填三种断面型式，其中全挖方渠段长2.35千米，占35%，一般挖深8～10米，最大挖深12米；全填方渠段长1.887千米，占28%，填方高为8米以上，最高达16.41米；半挖半填渠段长度2.498千米，占37%。合同编号为NSBD-ZG/SG2010-12，合同金额为219 290 489元，合同工期为2010年6月1日～2012年12月31日。2011年度完成土石方开挖106.7万立方米，土石方回填完成230.3万立方米，混凝土浇筑3.58万立方米，钢筋制作安装1919吨。

【南水北调中线一期总干渠陶岔渠首至沙河南段工程叶县段工程施工4标】　南水北调中线一期总干渠陶岔渠首至沙河南段工程叶县段工程施工4标段位于河南省叶县，渠段起点桩号210+130，终点桩号215+811，总长5.681千米。渠道设计流量为320立方米/秒，加大流量为380立方米/秒，设计水深7.0米，渠道底宽17.0～24.5米，过水断面边坡为1∶2、1∶3.0、1∶3.5三种形式，总坡比为1/25 000。该标段主要建筑物包括明渠和建筑物两类，合同金额为442 079 525.0元，合同工期为28个月，2011年1月26日中标。2011年3月1日开工，2013年6月30日完工。

2011年度完成工程量：土石方开挖240万立方米，土石方填筑17万立方米，桥梁灌注桩施工完成1940米，混凝土浇筑完成9446.1立方米，钢筋制作安装915.0吨，工程累计完成投资9461.5万元。

【江苏溧阳抽水蓄能电站施工供水系统工程】　溧阳抽水蓄能电站地处江苏省溧阳市，上水库位于龙潭林场伍元山工区，与安徽省接壤。供水系统由取水泵房（设于沙河水库左岸岸边，位于下水库以北约300米处）、100米高程水池和一级加压泵房、220米高程调节水池和二级加压泵房、300米高程水池以及输水主干管等组成。供水水源为沙河水库。该工程合同编号为LX1C-2009-41，合同金额为22 504 382元，合同工期为2009年7月1日～2011年6月30日。

2011年度完成工程量：土方开挖1524立方米，石方开挖2976立方米，混凝土317立方米，钢筋制作安装21.5吨，1∶2防水水泥砂抹面1305平方米，1∶2水泥砂浆抹面857平方米，220米高程加压泵房建筑面积 202.1 平方米，上库 10 千伏变电所 1 座等。

2011 年，施工供水系统工程共验收 1 个单位工程、11 个分部工程，合格率为 100%，优良率 100%。

（杨立平　教　波）

【东升水电站 33 兆瓦新建工程厂房及引水隧洞工程后半段施工工程】　该工程主要由水电站工程、引水工程、交通工程组成，水电一局有限公司主要施工水电站工程、引水工程中的引水隧洞工程后半段施工以及交通工程中部分工程。合同编号为 CDT-HLJDS-C-［2011］002，2011 年 4 月中标，中标金额为 7499.715 3 万元，合同工期为 2011 年 4 月 1 日～2014 年 6 月 1 日。实际 2011 年 4 月 12 日组织进场，2011 年 6 月 9 日开工典礼，2011 年 8 月 20 日为工程开工日期。

2011 年度实物量完成情况：厂房开挖至 118 米高程，完成土石方共计 7 万立方米；2 号施工支洞完成洞挖 102 米；调压井明挖完成 18 000 立方米。年度完成产值 3 913 358 元。

【四川省甘孜州九龙县九龙河江边水电站厂区枢纽土建及金属结构安装工程】　江边水电站地处四川省甘孜州九龙县境内的雅砻江左岸一级支流九龙河干流上，是九龙河干流中下游河段梯级开发的第五个梯级电站，也是该河段最后一级梯级电站。厂房位于九龙河与雅砻江汇河口下游约 5 千米处雅砻江左岸，紧靠 215 省道，是以发电为主、兼有防洪综合效益的大型水利水电工程。江边水电站工程主要包括引水系统工程、地下发电厂房系统工程、出线系统工程、尾水系统工程、附属洞室以及厂区公路等。水电一局有限公司中标厂区枢纽土建及金属结构安装工程，合同编号为 JB-2008-C-003，2007 年 12 月 24 日中标，中标金额为 13 456.77 万元，施工总工期为 36 个月。工程于 2008 年 3 月 24 日开工，到 2010 年末，已经完成各项系统工程，主体工程完成总合同金额的 100%。2011 年，主体工程已全部完成，年度完成产值 50 742 762 元。现江边水电站顺利实现 3 台机组全部投产发电，并投入商业运行，比计划工期提前 38 天。

（杨立平　丑振宇）

【重庆市黔江区太极水库大坝枢纽工程】　太极水库大坝枢纽工程位于重庆市黔江区东部的阿蓬江一级支流太极河上，是一座以灌溉为主、兼有防洪、饮水等功能的中型水利工程，属三等（中型）工程。水库枢纽工程包括拦河大坝、溢洪道、放空泄洪（导流）隧洞、取水隧洞等建筑物。水电一局有限公司于 2009 年 8 月 30 日中标，合同标价为 1.29 亿元，总工期 22 个月。工程于 2009 年 10 月中旬开工，到 2011 年 12 月末，此标段共计完成土方填筑 10.93 万立方米、石方开挖 34.49 万立方米、混凝土浇筑 1.48 万立方米，累计完成投资 7880.56 万元，占总投资的 60.72%。

【锦凌水库工程左岸土石坝工程】　锦凌水库工程位于锦州市小凌河干流上，工程属大（2）型工程，主要承担锦州市的防洪和供水工程，兼顾发送地下水环境，水库总库容 8.08×108 立方米。锦凌水库枢纽是以土坝为基本坝型的混合坝，土坝分左右岸布置，主河槽混凝土坝段布置有右连接段、引水坝段、底孔坝段、溢流坝段、挡水坝段，大坝坝体总长 1148.0 米，最大坝高 48.3 米。水电一局有限公司中标锦凌水库左岸土坝坝段和混凝土坝段的土建施工（不含基坑开挖）及相应的金属结构安装工作，主要工程内容包括：左岸土石坝段、混凝土挡水坝段、溢流坝段等土建施工；电站主副厂房及左右岸坝段基础处理；金属结构及机电设备安装。水电一局有限公司于 2010 年 4 月中标，合同标价为 7029 万元，总工期 38 个月。工程于 2010 年 5 月开工，截至 2011 年 12 月末，共完成土方填筑 18.75 万立方米、石方开挖 7.46 万立方米，累计完成投资 3252.94 万元。

【重庆毛滩河三层岩水电站项目第Ⅱ标段】　三层岩水电站位于重庆市石柱县新乐乡九莽村附近，是石柱县毛滩河流域（石柱段）规划调整报告的第三个梯级电站，总库容为 386 万立方米，为旬调节水库，电站总装机容量为 16 兆瓦，该工程等别属四等小（1）型工程，以发电为主，引水式开发。水电一局有限公司于 2011 年 4 月中标，合同标价为 6238.89 万元，总工期 660 天。工程于 2011 年 5 月开工，到 2011 年 12 月末，共计完成土石方开挖 2.34 万立方米、混凝土浇筑 483 立方米，累计完成投资 408 万元，占总投资的 7%。

【重庆市开县天白水库枢纽土建工程】　天白水库枢纽工程位于重庆市开县西部的九龙山镇、三合镇境内的青竹溪上游河段境内，是一座以农业灌溉为主，并有灌区人畜饮水、发电等综合利用效益的中型水利工程。水库坝址位于九龙山镇四合村的观音岩处，有开县至天白乡四级水泥路通至天白乡，坝址距开县城约 48 千米，距重庆市约 403.5 千米。水库总库容 1047 万立方米，工程为三等中型工程，主要由挡水建筑物、泄水建筑物和导流放空建筑物等组成。水电一局有限公司于 2011 年 1 月中标，合同标价为 14 599.43 万元，总工期 38 个月。工程于 2011 年 5 月开工，到 2011 年 12 月末，共计完成土石方开挖 0.74 万立方米，累计完成投资 409 万元。

【四川一汽丰田汽车有限公司长春丰越公司扩建项目厂房内安装工程】 四川一汽丰田汽车有限公司长春丰越公司扩建项目厂房内安装工程施工地点在长春汽车产业开发区，发包方为四川一汽丰田汽车有限公司长春丰越公司，施工内容为涂装和树脂车间主配线、主配管及空调安装。水电一局有限公司于 2010 年 9 月 2 日中标，合同标价为 1799.257 4 万元，总工期 197 天。工程于 2010 年 10 月末开工，截至 2011 年 12 月末，已完成合同额 2144.21 万元。

【吉林省西部土地开发整理重大项目松原项目区前郭区片（一期）蒙古艾里功能区工程】 吉林省西部土地开发整理重大项目松原项目区前郭区片（一期）蒙古艾里功能区工程位于松嫩平原西部嫩江下游右岸，吉林省松原市市前郭县中部。项目总面积 5.04 万亩，总建设规模 4.67 万亩，总新增耕地 3.6 万亩。工程内容主要包括土地平整、灌溉与排水、田间道路、农田防护与生态环境保持（含植树、土地翻耕和田埂填筑等工程）等。水电一局有限公司于 2009 年 10 月 23 日中标，合同标价为 612 万元，总工期 12 个月。工程于 2009 年 10 月末开工，到 2011 年 12 月末，第七标段共完成 3.57 万立方米、石方开挖 3.35 万立方米、混凝土浇筑 0.48 万立方米，累计完成投资 311.28 万元，占总投资的 50.85%。

【广深支干线求雨岭—大铲岛陆上段线路工程企山排隧道穿越项目】 广深支干线求雨岭—大铲岛陆上段线路工程企山排隧道穿越项目位于广东省深圳市北部宝安区观澜镇和光明新区。隧道进洞口位于深圳市观澜镇樟阁村，大铲岛隧道穿越位于广东省深圳市南山区，隧道进出洞口侧行政区划隶属于南山区大铲岛村。隧址区位于深圳前湾然机电厂及深圳南山大铲岛海关码头附近。水电第一工程局有限公司于 2011 年 5 月 2 日中标，合同标价 1425 万元，总工期 270 日历天，于 2011 年 5 月开工，单位上报的工程量完成情况业主和监理单位还在审定中，截至 2011 年 12 月末暂未结算。

【亚行贷款广西南宁市城市环境改善项目南宁市可利江环境综合改善子项目——管道第三合同段工程】 亚行贷款广西南宁市城市环境改善项目南宁市可利江环境综合改善子项目——管道第三合同段工程为南宁市利用亚洲开发银行贷款项目——南宁市可利江环境综合改善子项目管道工程，主要施工任务内容为包括相思湖北路、梧桐路、紫荆路、大学西路延长线污水管道工程。工程设计污水管道总长 8.984 千米，采用明挖和顶管两种施工方式，开槽管径为 400～800 毫米，顶管管径为 1000 毫米。工程于 2011 年 5 月 30 日中标，总工期 306 日历天，于 2011 年 6 月进场。由于业主征地等原因，使工期拖后，到 2011 年 12 月末此项目未结算。

【福州（平潭）综合实验区近期调水工程】 福州（平潭）综合实验区近期调水工程输水管线包括福清段、跨海段和平潭段，总长 30.282 千米。该工程枢纽由北林取水泵站、福清陆地输水管道、小山东加压泵站、跨海输水管道和平潭陆地输水管道 5 部分组成。水电一局有限公司于 2011 年 2 月 23 日中标，合同标价为 19 791 万元。总工期 120 日历天，于 2011 年 4 月开工，到 2011 年 12 月末，共计完成土石方开挖 44.3 万立方米、混凝土浇筑 6087.7 立方米，累计完成投资 6918.8 万元。

（杨立平　韩馨乐）

【京沪高速铁路土建工程三标段】 该标段位于山东济南、泰安、曲阜、枣庄境内及江苏徐州境内，起讫里程(DIK412＋062.227)～(DK667＋026.73)，总长 270.216 千米。水电一局有限公司施工段落为三标段的四工区，土建工程施工里程(DK466＋530)～(475＋117.45)，全长 8.587 千米，其中隧道长 0.71 千米，路基长 5.112 千米，桥梁长 2.765 千米，桥梁包括特大桥 2 座，中桥 1 座，另还有 1 座上跨铁路立交桥。无砟轨道铺设段落为（DK462＋750）～（481＋771.60），全长 18.977 千米，其中路基长度 6.48 千米，桥梁长度为 10.34 千米，隧道长 2.09 千米。水电一局有限公司施工段合同标价为 3.634 亿元，计划总工期 60 个月，后调整为 43 个月。工程于 2008 年 1 月开工，到 2011 年 12 月末，京沪高铁三标段四工区（水电一局有限公司）共计完成土石方工程 62.32 万立方米、土石方填筑 11.26 万立方米、混凝土浇筑 15.18 立方米、钢筋制作安装 7395 吨，累计完成投资 2464.78 万元，占总投资的 67.8%。

【新建贵广铁路GGTJ-10标】 新建贵广铁路GGTJ-10标第四项目，施工起点自广东省怀集县坳仔镇，终点至广宁县古水镇，总长7.7千米，其中隧道工程长6.0千米，桥梁工程长1.30千米，路基工程长0.4千米。施工范围内包括隧道10座、大中桥梁11座、涵洞2个。水电一局有限公司于2008年12月18日中标，合同标价为4.51亿元，总工期44个月，施工过程中，贵广铁路工程措施进行调整，由客货共线改为客运专线，工期调整为66个月。工程于2008年12月末开工，到2011年12月末，GGTJ-10标第四项目共计完成土石方开挖8万立方米、型钢支护8800吨、混凝土衬砌18万立方米、钢筋制作安装8400吨，累计完成投资3.42亿元，占总投资的76%。

（杨立平　蔡利娜）

【江西上饶广丰县广场北路地下人防工程】 该工程位于广丰县广场北路和博山路城市道路下，其中月兔广场部分主体长度217米，宽48.4米；博山路部分主体长度270米，宽13.9～33.3米；共设15个出入口，主体工程采用逆作法施工，主要包括路面破除、土方开挖、工程桩浇筑、路面恢复工程、室内装饰工程等，总建筑面积为15 463.70平方米。水电一局有限公司于2011年3月26日中标，合同标价为8787.138 9万元，合同总工期为391天。工程于2011年4月1日开工，完工日期为2012年5月1日。

2011年，该工程共计完成土石方开挖回填10.1万立方米、混凝土浇筑16 852.1立方米、帷幕灌浆10 307.5米，累计完成投资5040.23万元，占总投资的57%.

（杨立平　孙　羽）

【四川省成（都）简（阳）快速路（成都段）路面工程】 该工程起于东山国际大道900米，经宝狮村，止于龙泉湖环湖公路。全线采用双向四车道一级公路标准建设，设计速度80千米/小时，路基宽度24.5米，汽车荷载等级为公路1级，桥涵与路基同宽，隧道建筑界限10.25×5.0米，全线采用沥青混凝土路面。全线设置大桥4382米/13座，中桥87.5米/1座，隧道8318单洞米/2座，互通式立体交叉1处。全长16.582千米。水电一局有限公司于2010年10月1日中标，合同标价为8346.83万元，总工期7个月。工程于2011年2月开工，到2012年8月末，已完成全部工程量，并已交付通车运行。

【阜新至盘锦高速公路项目路基工程第四合同段】 阜新至盘锦高速公路第四合同段，对应主线里程桩号范围为（K41＋500.00）～（K58＋000.00），设计全长16.5千米。路基按照双向四车道设计。路基宽度为26米。该合同段挖方总量为1367 954立方米，路基填方数量1710 634立方米，台背透水性材料填筑61 628立方米，借土填筑418 326立方米，路基填筑透水性材料18 171立方米，改沟、改路挖方58 698立方米，填方10 740立方米。该合同段共有桥涵构造物42座，主要构造物有中桥1座；主线上跨公路分离式立交桥5座（其中北镇互通立交区1座），天桥1座，小桥及通道桥20座（其中北镇互通立交区1座），涵洞15道。水电一局有限公司于2009年9月中标，合同标价为1.17亿元，总工期20个月。工程于2009年10月开工，到2011年5月末，已完成全部合同工程量。

【四川省绵阳市省道205线黄土梁隧道及引道工程（3A标段）施工】 路线起点位于阿坝藏族羌族自治州九寨沟县勿角乡勿角林场，终点位于绵阳市平武县白马藏族自治乡罗通坝。省道205线是九寨沟旅游环线公路东环线的重要组成部分。该合同段通过新建黄土梁隧道，路线经过地区最高海拔2670米。该路段起于黄土梁隧道出口经万伊代延，路线全长28.585千米，全线共有桥梁3731米/43座，隧道1408米/2座，全线涵洞37道；全线沥青混凝土面层142.2千平方米；防护与排水工程共10.01万立方米；土石方214.88万立方米。水电一局有限公司于2011年2月10日中标，合同标价为7233.22万元，总工期15个月。工程于2011年4月开工，到2011年12月末，共计完成土石方开挖及填筑111.8万立方米、防护与排水5.6万立方米、混凝土浇筑2342立方米、钢筋制作安装355吨，累计完成投资3245.8万元，占总投资的44.9%。

（杨立平　李天军）

【双沟水电站导流洞生态放流设施混凝土工程】 双沟水电站导流洞生态放流设施混凝土工程主要包括导流洞洞口保温门制作安装、混凝土冬季施工保温、混凝土浇筑、现场道路修筑及高压灌浆等工程。水电一局有限公司于2011年1月20日中标，合同标价为188.00万元，总工期1个月。工程于2011年2月开工，到2011年2月末，实际完成混凝土浇筑1232立方米，高压灌浆480平方米，累计完成188万元。

【双沟溢洪道挑坎基础防护及下游河道治理工程】

双沟水电站溢洪道下部因地质原因，在洪水冲刷下，存在安全隐患，业主对该部位的加固及河道治理工程进行招标，水电一局有限公司于2011年4月15日中标，合同标价为441.7393万元，总工期5个月。工程于2011年5月开工，到2011年9月末结束。共计完成土石方开挖68 180立方米，混凝土2296立方米，累计完成投资600.644 8万元。

（杨立平　刘广全）

国际工程

【刚果（金）ZongoⅡ水电站项目】　ZongoⅡ水电站位于刚果民主共和国［即刚果（金）］下刚果省，为低坝引水式水电站，装机3台，单机容量为50兆瓦，总装机容量为150兆瓦。合同范围主要包括：闸坝、引水系统、发电厂房、尾水渠及开关站等工程；机电设备及金属结构工程；70千伏、10.5千伏电压双回路架空线路工程；220千伏电压等级电压双回架空线路工程；金沙萨电力用户端收费系统改造工程；进场道路及运行人员村。合同总工期3年。2009年5月，集团公司与刚果（金）能源部签订了ZongoⅡ水电站工程项目合同，总金额3.729亿美元。截至2011年12月31日，已经完成结算产值3878.18万美元。

【埃塞俄比亚TIH-1输变电供货项目】　该项目包括1个新建（HUMERA）、2个扩建（TEKEZE、INDA SILASSIE）共3个230千伏变电站，包括设计、设备生产、海运、埃塞内陆运输、现场调试等内容。该项目合同金额为1.5亿比尔，其中外币部分为85%，合14 063 391.24美元，当地币部分为15%，合22 500 019.65比尔，项目资金85%由中国进出口银行贷款，15%由埃塞俄比亚国家电力公司筹资，合同工期11个月。2011年内，完成了全部设备的缺陷维修工作、电路修改工作以及通信调试工作，并于2011年11月拿到了最后一笔70万美元的质保金。

【越南上昆嵩输水发电系统工程压力管道、发电厂房、尾水系统工程】　上昆嵩（Thuong KonKum）水电站位于越南崑嵩省（Kon Tum）公伯陇县（Kon Plong）的Dak Nghe江上，处于西山（Sesan）河流域梯级开发电站的上游，距KON TUM市约70千米。电站总装机容量220兆瓦（2×110兆瓦），主要包括大坝、溢洪道、进水口、引水隧洞、调压室、压力隧洞、厂房、主变压器洞、尾水隧洞、尾水出口、开关站、排风兼出线竖井、进厂交通洞等。

2011年9月，水电一局有限公司中标越南上昆嵩输水发电系统工程压力管道、发电厂房、尾水系统工程，合同金额为1.912 3亿元，计划于2014年6月30日完工，总工期为33个月。该合同段建筑物包括引水隧洞（部分）、气垫式调压室、压力管道上平段、压力管道竖井段、压力管道下平段、地下厂房、主变压器洞、尾水隧洞、尾水出口、地面开关站、排风兼出线竖井、母线洞、主变压器运输洞、主变压器进风洞、电缆交通洞、通风兼安全洞等。主要工程量为：土石方明挖21.6万立方米，石方洞（井）挖18.9万立方米，石渣回填3万立方米，混凝土4.2万立方米，喷混凝土0.5万立方米，钢筋制作安装2530吨。未开工。

（杨立平　李爱霞　赵成程）

管理创新

【经营管控体系】　2011年，水电一局有限公司实行公司对分局、分局对项目两级管理。水电一局有限公司主要领导亲自抓在建工程管理，尤其是经营管理。水电一局有限公司经营部门在审定项目合同预算总成本时，对毛利、分包模式、成本控制办法、考核目标、索赔思路等方面作出具体安排。加强了水电一局有限公司对分局的管控力度，通过一年4次的检查来督促分局的经营管理工作，通过日常的分包审批、建造合同的审查、索赔资料的分析、进度报表的统计等，及时帮助解决分局及项目上出现的经营问题。通过各种有效的措施，体现水电一局有限公司总部检查、指导、服务、考核的作用；强化了分局对项目的管理力度，分局对项目每年至少检查两次，50万元以上的分包项目由分局组织招标，100万元以上的索赔分局全程跟踪。每月召开项目经济分析会，从成本指标的控制情况、业绩指标的完成情况、分包管理、已完未结情况等，对项目的经营进行综合分析，制定解决问题的方案。

（杨立平　宝金玉）

【调整三年发展规划】　2011年，水电一局有限公司根据前两年实际完成生产经营情况和市场开发情况，对2009～2011年发展规划中的相关指标进行了调整，更新和加强了国际业务和基础设施业务方面的内容。调整后的主要经济指标：2009～2011年3年力争累计完成营业收入78亿元，其中，国内水电、国际业务和非水电业务收入比例为5：2：3；2009～2011年3年利润逐年增长，累计实现利润超1.3亿元；2009～2011年3年承揽工程100亿元，其中，国际业务占30%，非水电业务占20%。

【水电一局有限公司“十二五”规划编制】　水电一局有限公司根据自身3年来的快速发展，随着企业经营规模、经济效益的不断扩大和进一步提升对国内、国际市场环境的影响，提出了“十二五”发展战略规划。新的规划通过对水电一局有限公司内、外部发展环境的充分分析，进一步明晰了水电一局有限公司的战略定位、发展目标及产业结构。根据水电一局有限公司业务板块及产业结构的变化，可以将水电一局有限公司的战略定位概括为“一个核心，一个发展，一个优先”。

水利水电工程建设仍然是水电一局有限公司目前的核心主业。将水利水电工程建设作为水电一局有限公司的核心主业，以此为依托打造水电一局有限公司的核心竞争力和竞争优势。

大力开发非水电市场，即基础设施领域。依托股份公司的优势，在高速公路、铁路、风电、工业厂房、城市供水、给水、城市水务、港口、污水处理等领域拓展施工规模，调整产业结构过于单一的不利局面。

坚定不移地实施国际业务优先发展战略。充分依靠股份公司的影响力和品牌优势，在股份公司的领导和扶持下，大力开拓国际市场，逐步形成规模，形成企业新的经济增长点。

力争到“十二五”规划末，实现水电一局有限公司产业结构4∶3∶3的战略调整目标（国内水利水电占40%、国内非水电占30%、国际工程占30%）；2015年市场开发突破100亿元，营业收入突破55亿元，利润总额突破1亿元。

【三项制度建设】

（1）劳动制度建设。2011年，水电一局有限公司下大力气清理了事实劳动关系和用工人员，清理和签订了相当数量的用工手续，进一步规范了水电一局有限公司劳动合同管理和用工行为，做到底数清、情况明。水电一局有限公司荣获2011年度“吉林省劳动用工备案先进单位”荣誉称号。

（2）人事制度建设。水电一局有限公司为加强管理工作，规范管理流程，推进人事制度改革，制定了8项人事管理制度，保证了人员录用、聘任、调离、辞职、保险管理，干部晋级、交流、降职、免职、奖惩等程序的规范化和流程化，为人事管理提供了制度保障。

（3）分配制度建设。为适应现代企业制度的需要，更好地发挥薪酬的激励保障作用，充分调动管理人员的工作积极性和创造性，水电一局有限公司在《薪酬分配办法》的基础上，又制定了4项考核制度，实行月度、季度、高管层、职代会、股份公司年度考核等考核机制，确定绩效的基数和等级，从而激励管理人员日常工作的主动性、积极性、超前性、创造性、忠诚性和敬业性。

【内部管理体制改革】　2011年，水电一局有限公司进一步贯彻落实股份公司内部管理体制改革要求，结合水电一局有限公司发展实际，积极推进内部管理体制改革，以适应水电一局有限公司管控需求。8月初撤销了水电一局有限公司基地管理处下设的口前工作处、桦甸工作处、旅顺工作处，成立了供暖公司、维修公司和物业公司；10月，面对现存实情，理性分析，按照区域化、专业化和市场化的发展战略要求，对部分二级单位、项目部进行了调整重组，成立了四川分局和江西区域项目部。此次整合，不但释放了资源活力，而且改变了以往区域市场竞争没有主力的被动局面，增强了市场营销风险管控综合能力；随着国际工程规模的扩大，为加强国际经营风险控制与防范，改革了水电一局有限公司海外项目财务管理财务管理体制，将原由海外事业部管理的财务管控工作改革为水电一局有限公司直接管理。

【重要规章制度及企业发展的重大举措】　2011年，为适应公司管理、发展需要，水电一局有限公司对部分经营管理规章制度进行了修订，使其更具合理性、合法性和有效性。规章制度共有15大类140余项，内容涵盖了企业内部的各项经营业务、各个部门和各个岗位，形成了科学的决策机制、执行机制和监督机制，保证了企业经营管理目标的有序实现。

2011年，水电一局有限公司根据《集团公司分包商资源库管理办法》和《水电一局合格分包商资源管理规定》等要求，对各单位的专业施工分包商、劳务协作分包商进行了全面清理，对其基本资格要求、施工履约能力、工程业绩、企业信誉等方面进行了严格评审，完善了合格分包商资源库；进一步强化分包过程控制，规范分包管理程序和分包招标行为，结合水电一局有限公司实际情况，对《工程分包合同示范文本》的备份条款进行了适当修改。工作中采取二级单位自查和公司审查、抽查相结合的方式，对分包工程和分包队伍进行专项检查，全年对17个二级单位及其所属的项目进行了工作检查。2011年，经评审共有60家施工分包队伍和7家劳务协作单位列入了合格分包商资源库；完成50万元以上分包立项、资质、合同审核101份，50万元以上分包结算审核98份。

2011年，根据股份公司下达的年度经营计划，水电一局有限公司确定了公司总体经营目标，分别核定了公司各二级单位2011年度产值、市场营销、管理费、利润率、资金集中度、应收账款周转率、职工工资增长率等硬性指标，核定了8项管理指标并签订了经营业绩责任书，明确了水电一局有限公司与各单位的经济关系和经济责任。在执行过程中，通过季度沟通、统计报表、经济分析、经营管理工作会和日常检查指导等方式，促进各单位努力完成各项经营指标。

2011年，水电一局有限公司为加强经营过程控制，坚持季度经营活动分析和月沟通例会制度，通过对项目信息、工作运转、经营结算、管控执行等方面资料的分析，总结生产经营过程中存在的不足，查找管理工作中的薄弱环节，制定下一步工作重点和目标，实现“事先有目标，过程有控制，事后有总结”的经营管理机制，强化管理过程控制。

【企业风险管理与内部控制】　2011年初，水电一局有限公司全面启动了“风险管理与内部控制”体系建设工作，收集公司各项业务信息及业务管理，本着“横向到边，纵向延伸”的原则，认真梳理、分析水电一局有限公司各业务流程面临的风险点，先后组织召开5次业务培训。年末共筛选出水电一局有限公司业务一级流程13个，二级流程50个，三级流程130个，并完成了业务流程图的绘制、文字说明及风险管控手册的编制工作。2011年，通过坚持“三控三强一确保”的综合风险防控、调整组织结构、整合施工资源、降本增效、履约管控等措施和手段，对各种经营风险进行了有效防控。研究制定了水电一局有限公司2012年度全面风险管理工作要求与计划，对2012年度经营活动领域可能出现的8大风险进行了信息收集与风险评估，分别提出了管理策略和解决方案。

（杨立平　宝金玉）

【财务管理】　2011年，国家税务总局授权吉林省地方税务局和国税局对水电一局有限公司2007～2009年度发票及财务核算进行检查。财务部门十分重视此次检查工作，及时召开财务专题会议，并作了全面布置，特别是对那些边远山区工作量小、持续时间长、税务检查不重视的项目发票进行了重点排查和梳理，水电一局有限公司本部财务部门设立了专人对达到一定额度的发票进行再次抽检，对发现有异议的不合法发票及时进行了替换和弥补。在税务部门执行检查的近6个月的时间里，财务部门积极配合其工作，自查单位覆盖面达80%以上，力争顺利完成本次检查工作。从税务部门检查的结果看，水电一局有限公司在发票和财务核算检查方面不存在重大违规现象，基本情况良好，达到了公司既定目标，同时在完善内部控制、防范经营风险、规范经营行为等方面起到了积极推进作用，加大了内部检查力度，收效明显。

（孙玉利　杨立平）

【财务信息化】　为适应股份公司发展的需要，提高公司财务资料分析的全面性和准确性，合理优化财务核算程序。水电一局有限公司于2011年9月初聘请用友公司对公司200多名财务人员进行了为期两个月的NC系统培训。通过培训使大家认识到了用友升级版核算的优越性能，掌握了软件的应用技能，提高了财务人员对今后财务工作分析资料的综合能力，为更好地提高水电一局有限公司财务工作业务水平搭设了一个好的平台。

【债权清收】　2011年，水电一局有限公司领导高度重视债权清收工作。要求各二级单位把清收工作放在重中之重，相继召开了多次债权清收专题会议，分析了各单位清收额度空间，把该指标作为考核各单位负责人的一个重要方面，由于公司清收力度的加强，本年度债权工作有了好的收效，资金的收回一方面确保了各项目的顺利履约，同时也为水电一局有限公司今后更好地承揽工程争取到了信誉。

（孙玉利　杨立平）

【资金管理】　2011年，资金管理中心加强网银账户的监督力度，加强资金统筹管理，合理调度和支配资金，保证了水电一局有限公司生产经营有序推进，当年为二级单位内部融通资金余额2.6亿元，当年归集的货币资金23.5亿元，比2010年同期归集资金22亿元增长幅度是1.1%，上存集团公司的资金集中度为97.6%，资金日存量集中度达到25%，当年保函授信总额度25.9亿元，已使用额度18.7亿元，且水电一局有限公司的保函授信全部是信用授信，当年办理各类保函总计85 465万元，银行授权书、银行存款证明、资信证明及银行对账单等610份。制定印发了《中水一局有限公司资金预算管理实施办法》，根据股份公司下发的《中国水利水电建设集团股份有限公司融资管理办法》，确保融资规模控制在股份公司规定的融资额度以内，且所有贷款全部为信用贷款，减少了股份公司担保压力。在对外贷款上，全部由水电一局有限公司层面管理，防范了财务风险和经营风险，与中国建设银行、中国银行、中国工商银行、民生银行、光大银行以及交通银行等6家银行保持密切的合作关系，银企合作一直保持良好的密切合作关系，2011年在中国建设银行获得了“AAA”信用等级证书，严格执行股份公司银行账户管理办法。确保新项目开户单位按股份公司指定的五大银行开立账户，严格清理在规定的银行以外另开立账户行为，规范了账户使用，防范了财务风险。

（林　琳　杨立平）

【设备物资制度建设】　2011年，在继续延用水电一局有限公司设备物资相关管理制度的同时，根据股份公司的要求，重点开展设备物资安全管理整治活动，规定了检查重点、工作要求、时间安排等。水电一局有限公司各单位高度重视此项工作，迅速行动，全面开展了设备物资安全检查整治活动，坚持实事求是，做到“查制度、查管理、查落实、查隐患”的“四查”工作，发现问题及时整改。做到警钟长鸣，逐步建立健全设备物资安全管理长效机制。

【设备物资采购管理】　水电一局有限公司中标的刚果（金）水电站项目，设备物资采购量相当大，在水电一局有限公司的大力支持下，设备物资部会同海外事业部、刚果（金）项目部，克服时间紧、任务重、采购流程繁等诸多困难，严格履行水电一局有限公司规定程序：即将所购设备物资根据情况分类打包，在股份公司《合格供应商名册》内推荐合格供应商，报水电一局有限公司领导审批后采取招标的方式，所有供应商的投标文件密封邮寄，组织评标专家进行评标。在开标前，由纪检监察人员确认投标文件完好无损后现场开封，且整个评标过程由纪检监察人员现场监督，最终出具评标报告，经评委和监督人员签字后报水电一局有限公司领导审批，据此完成了整个评标工作。在合同谈判过程中，由部门和专业人员共同谈判，其结果经水电一局有限公司法律事务部、财务产权部、水电一局有限公司领导审核报股份公司国际保障部终审后，由股份公司国际保障部签订。在整个采购过程中，做到“公开、公平、公正”，“阳光透明”，避免“暗箱操作”。由于采取招标采购，既堵塞了管理漏洞，又提高了采购效益。2011年为刚果（金）项目招标采购：设备27包（98台/批）、金额5480万元［签订合同14包（73台/批）、金额3605万元］；物资19包、金额3495万元（签订合同5包、金额1249万元），满足了刚果（金）水电站工程需要。

【材料管理】　自水电一局有限公司下发《物资采购权限审批规定》以来，各单位能按水电一局有限公司要求上报审批，同时，设备物资管理部作为中国物资采购网的VIP会员，可随时掌握全国各地区主要材料价格信息，并通过公司网站定期发布，作为各单位材料采购的指导价格。针对二级单位提报的物资采购审批单，对照当期当地的市场价格逐项审核，减少了以往项目自己采购价格偏高而带来的经济损失，有效地控制了采购成本。

【设备租赁管理】　各二级单位按照水电一局有限公司《设备租赁管理办法》的要求，对各项目设备租赁进行了系统规范的管理，并上报水电一局有限公司审批。设备物资管理部从租赁价格和所租赁设备的性能、状况上进行把关，基本杜绝了以往由项目部直接单一、单项租赁所造成的价格偏高，设备性能及状况无法保证以及出现各种纠纷等问题，使水电一局有限公司租赁在设备价格上得到了有效控制，质量上得到了明显提高，设备租赁工作有序受控。

【红旗设备竞赛评比】　为增强操作人员和设备物资管理人员的责任感和敬业精神，提高大型设备完好率和利用率，认真开展红旗设备竞赛评比活动，按照红旗设备竞赛标准，对各二级单位推荐上报的红旗设备经水电一局有限公司研究决定，评选出拌和站等17台“红旗设备”、杨喜民等34名“爱机先进个人”、张庆汉等12名“设备物资管理先进个人”，并予以表彰和奖励，使其从“让我管好设备”变成“我要管好设备”。

（宿桂琴　杨立平）

【工程项目管理】　2011年，水电一局有限公司有在建工程项目165个，其中国际项目8项；国内1亿元以上的工程项目有29个，1000万～1亿元的工程项目有73个；主要工程项目有哈达山水利枢纽工程（一期）土坝、渠首闸工程土建施工［A-06标段］、四川省阿坝州白水流域多诺水电站首部枢纽工程、甘孜州巴白路拉纳山隧道至盖玉段改（扩）建工程项目C1标段工程、南水北调中线一期工程总干渠陶岔—沙河南（委托建管项目）方城段第四施工标段、四川省大渡河安谷水电站右岸太平副坝及排涝洞工程、四川嘉陵江凤仪航电枢纽左岸泄洪冲砂闸及厂房土建工程、南水北调中线一期工程总干渠沙河南—黄河南叶县段工程第四施工标段、南水北调中线漳古段SG12标、深圳公明供水调蓄工程第Ⅶ标段、福建仙游抽水蓄能电站引水系统土建工程、林白铁路和力黑坝隧道建筑工程、阜新至盘锦高速公路项目路基工程第四合同段、四川省成（都）简（阳）快速路土建工程、新建贵广铁路GGTJ-10标段、黄登水电站左岸场内公路工程、黄登左岸场内公路工程HD/R1、鲁地拉水电站进水口及引水隧洞土建及金属结构安装工程、大华桥水电站导流洞土建工程、梨园电站泄洪冲沙洞土建及金属结构安装工程、江西省九江市日元贷款城市防洪土建工程、重庆市黔江区太极水库大坝枢纽工程、重庆市开县天白水库枢纽土建工程和福建省平潭综合实验区近期调水工程等，工程进展顺利，工程质量优良。2011年，工程质量总体较好，一次验收合格率：水电为100%，非水电为100%；水电优良率为97.4%。

【科技进步】 2011年科技获奖、立项、专利情况：《丰满水电站大坝混凝土防渗灌浆技术研究与应用》和《船坞沉箱围堰基床升浆技术研究》获2010年度股份公司科技进步三等奖；《京沪高速铁路无砟轨道板综合施工技术研究》荣获2011年度股份公司科学技术进步一等奖；琅琊山抽水蓄能电站机电设备安装工程荣获2010年度中国水电优质工程奖；小湾项目部和琅琊山项目部获评股份公司"'十一五'时期质量管理先进单位"；朱建文、孙文轩和邢志国被评为股份公司优秀项目经理；于合春、徐继军、杨永杰、李凤华和杨勇获评股份公司"'十一五'时期质量管理先进个人"。

【节能减排】 根据股份公司相关文件及制度，水电一局有限公司制定了《中国水利水电第一工程局有限公司节能减排统计监测暂行规定》、《中国水利水电第一工程局有限公司节能减排工作考核暂行办法》、《关于印发〈中国水利水电第一工程局有限公司节能减排管理暂行办法〉的通知》、《关于印发〈中国水利水电第一工程局有限公司办公与生活区节能降耗管理办法〉的通知》、《关于成立公司节能减排工作领导小组的通知》和《关于印发〈中国水利水电第一工程局有限公司主要耗能设备能耗定额管理制度〉的通知》。2011年初，水电一局有限公司制定了《"十二五"时期节能减排工作规划》、《2011年节能减排工作计划》，制定了节能减排目标，并分解到各二级单位。2011年12月，水电一局有限公司工程技术部对各二级单位的节能减排工作进行考核，均完成了相应目标。

2011年度，水电一局有限公司万元营业收入综合能耗（现价）为1.079吨标准煤/万元，与2010年同期比较减少5.2%；万元营业收入综合能耗（可比价）为1.178吨标准煤/万元，与2010年同期比较增加3.5%；万元增加值综合能耗（现价）为1.379吨标准煤/万元，与2010年同期比较减少9%；万元增加值综合能耗（可比价）为1.505吨标准煤/万元，与2010年同期比较减少0.7%；节能量（非工业企业按营业收入能耗计算）为0.919万吨标准煤，与2010年同期比较减少172.9%；二氧化硫排放量为595吨，与2010年同期比较减少6.1%；完成了股份公司规定的目标，万元营业收入综合能耗（现价）比2010年降低4%，并超额完成了30%。

【贯标工作】 2011年，水电一局有限公司顺利通过质量、环境、职业健康安全一体化外审工作。

（杨立平 王瑞英）

【职称评定】 2011年，根据股份公司职称评审文件要求，水电一局有限公司成立了工程、政工中级职称评审委员会。通过资料评审和答辩等工作，评出中级职称61人，其中工程师51人、经济师2人、会计师5人、政工师3人，初级职称302人。在参加上级的职称评审中，水电一局有限公司共有17人被评为高级职称，其中教授级高级工程师2人、高级工程师11人、高级会计师2人、高级政工师2人。

（杨立平 戴 恒）

【新闻宣传】 2011年，中国水电一局有限公司信息化建设及信息新闻工作围绕大局，积极作为，成功申报2011年度"全国企业文化先进单位荣誉"称号。中国国际出版社出版的《开放的长春》收入水电一局有限公司简介、业绩文字与图片。《吉林日报》、《长春晚报》、《新文化报》、《中国电力报》、《中国水利报》、《水利水电工程报》等行业媒体和社会媒体先后发表各类体裁、题材的文章26篇。股份公司网站采集水电一局有限公司报送的新闻信息230条，在股份公司主要版块有30条，共260条。《东北水电报》共出版48期，其中8版10期，每一期报纸都在网站上发布电子版。百度、搜狐、新浪、新华等网站转发和转载《东北水电报》文章、图片30篇（幅）以上。

2011年初，水电一局有限公司电视台响应国家三网融合政策。将技术部移交至吉视传媒。对《水电新闻》、《水电周末班》进行了整体包装，极大提升视觉和听觉效果。新增白天电视剧时段，丰富了节目播放内容，受到基地广大观众好评。全年共制作水电新闻49期、水电周末版50期、制作专题片5

个，全年人均防法值班 183 次/人、机房值班 190 次/人。做到全时段有人值守。

【信息化建设】 加强网站管理与维护，建立管理制度与审批流程，对上网信息进行严格审查，上网不涉密，涉密不上网。网站版面不断优化，内容不断充实，更符合用户的使用习惯。网站内容不断更新，信息量不断增加，全年网站点击数量超过 10 万次，全年上网新闻信息 1200 余条，发布新闻图片 600 余张，报纸 48 期。办公自动化系统 OA 和财务管理系统 NC 正式上线。加强了网络运行的安全维护，保证视频会议顺利召开，确保水电一局有限公司 VPN 网络系统运行顺利及与集团公司广域网系统接入畅通，并将在长春办公的路桥工程分局、长春工程公司、海外事业部接入股份公司 VPN 网络，口前地区 VPN 网络将在 2011 年底前改造完成，腾讯通（RTX）系统安全运行。在股份公司总部的统一组织下，采购一批价值 10 万元的正版软件，为水电一局有限公司正版化建设开了一个好头。

（刘　利　杨立平　李亚胜）

【法律工作】 2011 年，水电一局有限公司正处于追杆复兴的发展时期，公司法律部门加强各项基础建设，法律工作组织队伍建设得到加强。截至 2011 年底，水电一局有限公司专、兼职法律顾问 51 人，二级单位基本配备了法律工作人员，从事相关领域内的法制建设、法律审核和法律风险防控工作；建立了法律事务工作群，搭建起现代信息化交流平台，方便了水电一局有限公司与各单位以及各单位之间法律工作人员的交流与沟通，提高了工作效率；加强了法律事务工作的分类管理，将法律事务管理分为风险管理和综合管理两大类，其中风险管理主要负责法律审核、纠纷案件处理、防范法律风险；综合管理主要负责案件的归档、法制宣传工作；设立了总法律顾问制度，全面负责系统工作，从制度上为法制工作的开展提供了保障。

【法律制度建设】 2011 年，出台了《重要法律问题解决方案制度》，明确规定对重要的诉讼及艰深的法律问题进行协商，较好地解决了法律与事实对接问题，实现了对重要法律问题的民主讨论、民主决策，为从总体上控制法律风险、论证法律行为、协调解决案件或事件的法律关系提供了制度保障。建立了《法律尽职调查制度》。对发生的案件或需要论证的法律问题，根据案件的不同情况，法律事务部拟订下发尽职调查提纲；对需要二级单位提供、说明的问题，以书面的方式提供给法律事务部。通过这一方式，能够及时发现存在的疑点问题，发现更多有价值的信息，有利于对事实的了解，利于与相关法律问题进行对接。

【法律业务审核】 2011 年，法律事务部把加强法律审核、防范法律风险继续作为重点工作内容。全年共审核建设施工分包合同 34 份，投标授权 158 个，对有效控制分包过程中存在的合同风险起到了积极作用。法律事务部还加强了对各二级单位、项目部的业务指导，陆续下发了《当前诉讼中发现的有关问题及解决问题的建议》、《关于切实加强经营管理、防范法律风险的建议》等，为二级单位、项目部处理案件提供了指导和借鉴。另外，法律事务部还加强了对二级单位法律工作开展情况的检查考核，促进了水电一局有限公司法律事务工作规范化、制度化建设。

（杨立平　王宝进）

【职工培训】 2011 年，水电一局有限公司进一步强化对各级管理人员和员工的培训力度，全年共培训管理人员 409 人・次、培训员工 686 人・次；组织 2009 级、2010 级、2011 级函授学历培训 70 人；组织水电一局有限公司安全管理“三类”人员 139 人进行取证及继续教育培训，组织工程建设监理员培训；完成 2009 年和 2010 年行业工种鉴定 451 人・次及制证工作；完成 2011 年职业技能鉴定 126 人・次；完成 2011 年度行业的技师 51 人・次、高级技师 37 人・次的评审；完成“九大员”办证 67 次；完成特种作业办证 260 人・次，复审 99 人・次；完成远程班组长培训管理工作。

（杨立平　吴　晶）

【勘测设计】 水电一局有限公司重视勘测设计业务的开展，公司所属勘测设计院所从事的主要业务：水力发电工程设计、水利水电工程监理、公司中心试验室、测绘及研发中心、机电永久设备和物资项目管理等，项目公司中心试验室于 2011 年 6 月开始筹建，并已完成，正在迎接国家认监委资质认证工作。积极开展测绘资质年度注册工作。办理测绘作业证，组织参加吉林省测绘局举办的“测绘成果质量检测员”培训取证。

【灾后恢复重建】

（1）“7・28”特大洪水损失。2010 年 7 月 28 日

凌晨，吉林省永吉县口前镇发生了当地有水文记载以来的最大洪灾，口前镇全城被淹，最深积水处达6米，道路、桥梁、供电、供水、通信等公共基础设施损毁严重，使水电一局有限公司基地遭受严重损失，7183户职工、10家二级单位受损（含桦甸地区、西金沟电站项目部）。

“7·28”特大洪水造成直接经济损失1966万元（经集团公司相关部门和吉林圣祥茗莲会计师事务所鉴定确认），其中抗洪费用支出620万元，材料损失831万元，设备损失515万元。因水电一局有限公司迅速启动了应急预案，及时采取安全防范措施，组织转移职工群众，未造成人员伤亡。

（2）复建规划与实施。“7·28”特大洪水发生后，水电一局有限公司根据吉林省人民政府《关于水毁灾后恢复重建工作的指导意见》，按照股份公司的指示和部署，结合水电一局有限公司基地遭受洪水损毁情况，制定了灾后复建总体规划。确定需要复建的项目共计29个，主要分九大类（项）：职工住宅楼修复加固项目4个，小区规划项目3个，办公楼重建项目1个，供暖系统复建项目9个，供电系统复建项目5个，支线道路重建项目3个，永吉大街（基地段）重建项目4个，四涧河堤重建项目3个。恢复重建资金预算共计14 420万元。2010年9月10日，水电一局有限公司向股份公司上报了《关于特大洪水灾害损失及灾后基地恢复重建规划方案》的请示。后在股份公司相关部门实地考察和论证的基础上，本着有所为、有所不为和满足基地职工生活基本需求的原则，决定将供暖系统、供电系统进行适当修复，将永吉大街（基地段）重建项目、四涧河堤（基地段）重建项目移交给地方政府。

（3）复建总体进度。2011年8月2日，口前河西、河东小区全部恢复供电；8月6日，口前地区电视信号全部恢复；10月20日，供暖系统实现冲水试压；8月末前，完成了职工住宅楼的修复加固工程；8月末前，完成了河东、河西小区的复建项目及支线道路的重建项目；2011年成功将永吉大街（基地段）重建项目、四涧河堤（基地段）重建项目移交给地方政府。

（杨立平　宝金玉　柴寿轩）

【医疗管理】　2011年，水电总医院进一步强化全员医疗安全意识，促进医疗质量全面提高，规范医疗行为，保障医疗安全。召开2011年医疗安全工作会议和手术科室医疗安全工作会议，组织编写单病种诊疗标准。进行临床科主任查房观摩，修订临床用药管理规定。调整医疗布局，满足患者需求。成立了社区服务中心，对辖区内的居民建立健康档案，定期对60岁以上的老年人进行回访，定期对辖区内的居民进行健康体检。逐步完善医保管理工作。突出“规范临床用药、加强管理考核、扶持新技术、降低采购成本”等重点，使医保管理不断趋于完善。

（杨立平　胡胜海）

【维护稳定】　2011年，水电一局有限公司各级信访部贯彻公司提出的“发展为重、稳定为先、稳中求好、又好又快”的工作思路，紧紧围绕年度信访工作重点，积极开展矛盾纠纷排查化解，努力畅通信访渠道，继续贯彻执行信访“专责制”，妥善处置了集体性上访事项，及时消除了影响，确保了水电一局有限公司全年持续稳定，为水电一局有限公司实现科学发展作出了贡献。全年共接访处理63次、82人，其中集体访2次、13人，个体访61次、69人。

（赵卫东　杨立平）

安全生产

【安全生产责任制】　2011年，水电一局有限公司召开安全生产工作会议，与各二级单位签订《安全生产责任书》14份；召开安全生产委员会会议2次；考核18个二级单位。加强“四个”体系建设。水电一局有限公司及所属各单位建立了以第一责任人为组长的安全生产责任领导小组，明确了主要负责人对安全生产工作负总体责任，成立了以分管工程技术负责人为组长的安全技术领导小组，成立以分管安全工作负责人为组长的安全监督管理小组，建立了以分管在建项目负责人为组长的安全生产实施领导小组。

【安全教育及培训】　2011年3月30日，吉林省住房和城乡建设厅在水电一局有限公司口前培训中心举办了企业负责人、项目负责人和专职安全生产管理人员培训班，有65人参加新取证培训，有50人参加了继续教育。2011年11月11～13日，吉林省住房和城乡建设厅主办、水电一局有限公司承办的2011年“三类”人员培训班在昆明举行，来自水电一局有限公司8个单位的项目部经理、专职安全管理人员50余人参加了培训。2011年6月13日下午，水电一局有限公司邀请长春市政安消防安全知识宣传中心于教官在水电一局有限公司本部一楼会议室成功举办了消防安全知识讲座，水电一局有限公司本部机关全体人员及路桥工程分局、长春工程公司等60余人员参加了培训。

【安全生产活动及整治】 2011年4～6月，水电一局有限公司督查组对黄登项目部等8个项目部进行督查；7～9月，开展为期一个月的安全隐患排查治理。水电一局有限公司督查组分别对东北地区项目、南水北调项目进行了隐患排查，对于排查出的安全隐患要按照“定措施、定预案、定资金、定时限、定责任人”的“五定”原则开展治理，重大安全隐患按照水电一局有限公司《重大隐患治理和安全事故查处督办制度》要求实行挂牌督办。水电一局有限公司各单位自查自改项目累计571个，隐患868项，其中列入治理重大隐患13项，落实基金17.4万元，制定预案19项，采取监控措施10项，一般隐患整改率100%。

开展了“安全生产月”活动。水电一局有限公司本部、二级单位机关、工程项目部以及施工现场在确定的时间召开动员会议，张贴宣传画帖、标语，悬挂横幅，并组织进行安全演讲和安全知识竞赛等活动。2011年5月27日上午，在长春本部3楼会议室举行“安全生产月”启动仪式会议。在“安全生产月”期间，水电一局有限公司本部购买了《安全责任　重在落实》、《黑色瞬间》、《重大事故案例剖析—— 血的代价》、《责任重如山》、《讲述我们身边真实的安全故事——泪的呼唤》等安全教育警示片，组织了机关人员进行观看，同时将警示片刻录下发到各单位、项目部组织观看学习。

【应急管理】 2011年，水电一局有限公司以作为股份公司应急管理工作试点单位为契机，重新梳理水电一局有限公司应急管理的流程和思路。建立健全了安全生产应急预案体系建设工作领导小组和评审小组，按要求开展了大量的基础性工作，健全了应急组织体系，完善了各种应急救援预案，建立健全了覆盖公司—分局—项目部三级安全生产应急预案体系，分级、分层次建立了有针对性、可操作性的安全生产综合预案、专项预案和现场处置方案，对重大危险源、重要岗位、特种设备、职业危害场所制定了专项应急预案或现场处置方案。制定下发了《完善公司安全生产应急预案工作方案》，确定了多诺项目部等8个项目部为公司的完善应急救援预案管理试点单位，公司对于试点单位完善安全生产应急预案工作进行了检查指导，确保落实到位，按计划实施。

【安全培训】 2011年，水电一局有限公司从专职安全管理人员队伍实际情况出发，从提高安全人员综合素质入手，在水电一局有限公司安全监察部开展了5期的岗位培训，每期1～3个月，经选拔共有16名安全管理人员参加了培训。岗位培训的内容由“一技一标”组成，即现场检查技能、内业标准化两方面专题业务培训构成。安全监察部负责安排岗位培训人员的工作，并检查、指导其安全业务学习情况，培训人员在培训期间参加水电一局有限公司组织的安全督查活动，通过现场检查指导，以提高培训人员的安全管理技能。通过岗位培训，使他们进一步了解关于国家安全生产的法律法规和政策；掌握安全生产管理和安全技术知识，熟悉有关安全生产业务知识，不断提高责任意识、安全意识，提升了业务素质和技能，确保在工作中能够通过现场安全检查及时发现事故隐患和整改消除事故隐患。

【安全标准化建设】 2011年，水电一局有限公司根据推行标准化建设的实施情况和取得的成绩进行了总结和梳理，编制并下发了《安全内业资料标准化手册》，通过建立31个类别、186个资料目录和59个标准化表格，把水电一局有限公司的制度和规定通过程序化、规范化的表格统一形式、量化标准，使各单位、项目部都能按水电一局有限公司的刚性要求建立统一、标准的内业，规范安全管理。通过标准化促使各单位、项目都能在统一的轨道上，以彰显水电一局有限公司的品牌文化和安全文化。

（杨立平　于文娟）

党群工作和企业文化建设

【创先争优活动】 2011年，水电一局有限公司党委以“创先争优”活动为主线，以建党90周年为契机，深入开展党内主题教育活动，基层党组织战斗力进一步增强。水电一局有限公司党委制定下发了《2011年创先争优活动推进方案》，对党内专题活动进行了系统安排，深入开展了基层党组织党务公开和全体党员、党务工作者公开承诺活动。在全局范围内开展了向杨善洲同志、冷春生同志学习活动。各基层党组织积极开展“创先争优”活动，分别制定了活动实施方案，结合生产实际，广泛开展了“党员先锋工程”、“党员示范岗”、“党员服务点”等专题活动，有力推动了生产经营任务的完成。水电一局有限公司党委等5个基层党组织被吉林省国资委授予“先进基层党组织”荣誉称号；李凤华被授予吉林省国资委“优秀共产党员标兵”荣誉称号，并被推荐出席吉林省委“优秀共产党员”；李一等3人被授予“优秀党务工作者”荣誉称号；唐晶等5人被授予“优秀共产党员”荣誉称号。

【纪念建党90周年】 为纪念建党90周年，大力弘扬党的优良作风，水电一局有限公司党委根据股份公司的工作部署，结合实际开展了一系列隆重简朴、丰富多彩的活动，精心筹备了“学党史”知识竞赛、座谈会、党课教育、重温入党誓词等活动。2011年4～7月，连续展出“七一颂歌”、“争创佳绩”、“永远的旗帜”等为主题的图片展，为党的90岁生日献礼。召开了建党90周年座谈会暨党建工作会议，开展了建党90周年党史知识竞赛，这是水电一局有限公司庆祝建党90周年系列活动的重要组成部分，活动覆盖面广，参与度高，在水电一局有限公司范围内掀起了学习党史、坚定信念的热潮。

【企业文化建设】 2011年初，水电一局有限公司党委加大了对全体职工的形势任务教育。在水电一局有限公司“两会”召开后，公司党委要求基层各单位结合本单位的实际，以解放思想、转变观念为重点，广泛深入开展了形势任务教育活动。

在“七一”期间，组织水电一局有限公司全体员工认真学习胡锦涛同志“七一”重要讲话。中共中央十七届六中全会召开后，及时在水电一局有限公司范围内开展了全会精神的学习活动。水电一局有限公司党委有关领导亲自宣讲辅导，并下发有关书籍，及时、有效地宣传了党的方针政策。

水电一局有限公司党委围绕生产经营管理工作，开展了创建“文明工程”活动。“文明工程”活动，是提升项目精细化管理、获取经营效益的有效方式之一。各在建项目按照“文明工程”标准，从质量、安全、环境等方面进行规范管理，使“文明工程”创建工作取得了良好效果。

2011年，水电一局有限公司被吉林省国资委授予“企业文化建设‘三提升’先进单位”荣誉称号。2011年7月26日，吉林省首次企业精神文明建设现场经验交流会在吉林油田召开，《水电一局有限公司精神文明建设经验》在现场进行了经验交流，并被编入吉林省精神文明建设经验汇编《劳动者之光》一书。水电一局有限公司荣获2011年度“全国企业文化建设优秀单位”称号。

【共青团工作】 水电一局有限公司团委在青年团员中开展了创先争优活动、青年文明号手活动等，在推动水电一局有限公司发展、促进青年岗位成才和企业文化建设领域充分展示了团组织的激情与活力。在春节、国庆等节日期间，各级团组织积极组织开展了联欢会、座谈会、体育比赛、主题团日等形式多样的文体活动。在“五四”和迎接建党90周年期间，开展了“我与祖国共奋进”专题教育活动，组织观看红色电影、参观烈士纪念馆和“爱我中华”主题团日等活动，积极推进了青年岗位能手、青年突击队、青年安全生产示范岗、导师带徒等各项团内活动，进一步丰富了青年员工的业余文化生活，激发了他们的工作热情。

水电一局有限公司团委被评为2010～2011年度吉林省国资委“五四”红旗团委；第二分局机关团支部和第三分局机关团支部被评为“五四”红旗团支部；第二分局团委书记丛珊同志和第三分局团委书记张志超同志被评为优秀团干部，云南分局的肖洪金和刘礼超、第二分局的于博、第三分局的张锐和铁路施工局的张海俊被评为优秀团员。

（杨立平　曾奇志）

检查监督

【反腐倡廉教育】 2011年，水电一局有限公司加大了反腐倡廉教育工作力度，坚持教育的针对性和教育形式的多样性，及时构建宣传教育网络，运用《东北水电报》、水电一局有限公司电视台、水电一局有限公司网站等多种媒体，对水电一局有限公司反腐倡廉等活动进行了广泛的宣传教育。通过理论中心组、党课、形势任务报告、观看电教片、培训、知识竞赛等方式开展了丰富多彩的宣传教育活动。同时，在举办的各类培训班上，水电一局有限公司强化了对反腐倡廉有关内容的培训讲解，促进了各级领导人员对上级有关方针政策以及企业规章制度的掌握和理解，廉洁履职意识不断增强。

【制度建设】 2011年，水电一局有限公司继续加大了对反腐倡廉制度、经营管理制度的清理、修订和新建工作。先后修订完善了100多项内控制度，全年修订、新出台了相关纪检监察及反腐倡廉制度共计6项，如《公司“三重一大”事项集体决策若干规定》、《公司党风廉政建设责任制实施细则》、《关于加强和改进公司纪检监察组织建设的实施办法》、《公司反腐倡廉教育长效机制实施细则》等，并切实抓好各项制度的落实工作。2011年，水电一局有限公司加强了对各级领导班子成员履职监督，组织联合巡视检查，重点围绕项目经营、财务管理、资金使用、设备物资采购、“三重一大”执行情况等方面进行了系统检查，并提出具体的整改意见。

【党风廉政建设责任制度】 为落实任务，强化责任主体，2011年，水电一局有限公司一级签订党风廉政建设责任书43份，各二级单位签订党风廉政建设责任书200份，全局有124名副处级以上领导人员向水电一局有限公司党委进行了廉洁自律承诺，有512名科级领导人员向各二级单位党委进行了廉洁自律承诺。水电一局有限公司纪委还对二级单位落实责任制情况进行了年中抽查和年末检查考核；在水电一局有限公司召开的第十五次职代会上，水电一局有限公司9名班子成员进行了述职述廉；认真落实分包工程签订保廉合同制度，凡签订分包合同的同时及时签订了保廉合同。2011年6月15日，水电一局有限公司监察部对路桥分局成简快速路保廉合同执行情况进行了验收。

【惩防体系建设】 2011年，水电一局有限公司惩防体系建设已建立起了较完善的工作体制和领导机制，做到了责任到位，分工明确，为体系建设各项任务的有效落实提供了组织制度保障。3月11日，水电一局有限公司惩防体系建设领导小组召开会议，总结了上年度惩防体系建设情况，并对全年如何开展好构建工作进行了分析研究，对机关各部门如何抓好工作落实提出了要求。9月25日，参加了股份公司召开的惩防体系片区交流会，会上积极发言介绍了水电一局有限公司在惩防体系构建中的主要做法，对存在的问题也作了进一步探讨交流。10月26日，在水电一局有限公司召开的党政联席会上，水电一局有限公司党委副书记、纪委书记艾民通报了参加股份公司惩防体系片区交流会的情况，并对年底之前努力完成体系建设任务提出了具体意见。

【培训教育】 2011年，水电一局有限公司在继续坚持对处级领导人员和重要岗位人员进行反腐倡廉教育的同时，结合实际，加强对项目经理的教育培训。从5月上旬开始，水电一局有限公司分长春、郑州、昆明3个片区，举办了3期培训班，对水电一局有限公司120名在职项目经理和新提职副处级以上人员进行了集中培训。通过教育培训工作的开展，提升了项目经理人员的政治素质和综合能力，对强化项目管理、提高项目经营水平、促进个人廉洁履职起到了积极作用。

【来信来访处理】 2011年，在办理职工群众来信来访工作中，按照信访举报工作暂行办法，履行工作程序，认真进行调查核实工作。2011年，水电一局有限公司纪委加强了对二级单位查办信访案件工作的指导，并吸纳二级单位纪检人员参与初核调查等工作，为基层人员提供了参与实践锻炼的机会。2011年，水电一局有限公司纪委共收到群众来信举报件1件，经调查核实，已做了结处理。

【效能监察】 2011年，水电一局有限公司积极开展效能监察工作，结合实际，围绕生产经营重点领域和环节，在设备材料采购、工程分包、安全生产等方面进行了立项，共立项22项，其中水电一局有限公司本部立项2项。6月15日，水电一局有限公司监察部对路桥分局成简高速路项目部效能监察立项（成简快速路分包合同管理）完成情况进行了检查验收。检查人员现场查看了有关合同、保廉合同及相关资信材料，并采用与分包单位人员开现场座谈会、发放调查问卷的形式，对保廉合同执行情况进行验收。验收小组在认真剖析项目部经营管理问题的基础上，形成了专项报告，提出了改进项目管理的监察建议。6月末至7月上旬，由水电一局有限公司纪委监察部牵头，水电一局有限公司财务部、经营发展部等组成联合巡视组，对古城项目部、仙游项目部的经营管理情况、财务管理、资金使用情况、设备物资采购情况、三重一大执行情况等方面等进行了巡视检查，并形成了内容翔实的检查报告，分析了项目施工中存在的问题，提出了整改意见和建议。水电一局有限公司监察部还积极参与了设备物资招标采购及废旧物资处理的监督工作，参与了水电一局有限公司开展的安全生产检查活动。

（伦冠梅　杨立平）

【审计工作】 2011年，水电一局有限公司审计工作取得了较好的成绩，审计范围不断扩大，审计质量进一步提高。按照股份公司的总体要求并结合水电一局有限公司的实际情况，紧紧围绕水电一局有限公司战略，切实履行内部审计职责，并充分发挥了内部审计“免疫系统”功能。制定了《公司内部审计质量控制规范》，修订完善了《公司经济责任审计实施办法》、《公司在建项目审计管理办法》、《公司在建项目审计实施细则》，促进了水电一局有限公司内部审计的制度化、规范化、标准化。2011年共开展经济责任审计4项，项目并撤审计3项（涉及项目23个）、财务基础情况审计2项、经营管理检查1项、迎审财务自纠检查1项。针对经营效益不好、存在较大经营亏损情况的黑水项目审计、基地财务检查、贵广自纠检查等，积极开展经济效益审计，揭示和发现影响项目在经济管理中存在的问题，提出了综合性的管理建议。同时，不断拓宽审计领域，对水电一局有限公司非生产性单位的基地管理处开展了经济责任审计。审计过程中，累计提出完善和改进管理的意见和建议60余条，为水电一局有限公司直接挽回损失113.53万元。

【经济责任审计工作】 2011年，经济责任审计工作受到水电一局有限公司各级组织的高度重视。水电一局有限公司审计部对所有涉及离任、机构合并的单位和项目全部进行了离任经济责任审计和经营情况的审计。通过审计，对被审单位负责人任职期间经营业绩及履职情况进行了客观、公正的评价，为水电一局有限公司领导和人事部门考核、任用干部提供了依据。另外，对机构变动项目的经营情况也进行了全面审计，划清了经济责任和经营结果。

（朱洪光　杨立平）

中国水利水电第二工程局有限公司

概　况

【综述】 2011年，中国水利水电第二工程局有限公司（以下简称“水电二局有限公司”）制定了第二个企业“三年发展规划”：以工程总承包带动投资、贸易、物流一体化的资本运营管理模式，通过体系建设和制度建设，把水电二局有限公司建设成具有房建施工总承包特级资质、可持续发展的质量效益型国际化工程管理公司。

为实现水电二局有限公司的经营发展战略，重点关注以下6个方面的工作：

一个核心：转变发展方式

两个驱动：国内、国际

三个产业：房建、水利水电、公路市政

四个支撑：承包、投资、贸易、物流

五种措施：1. 管理架构扁平高效

2. 业务流程简洁清晰

3. 公司治理规范有序

4. 信息管理快捷对称

5. 企业文化和谐向上

六型总部：学习型、创新型、发展型、服务型、效率型、效益型

2011年是水电二局有限公司第二个“三年发展规划”的开局之年，水电二局有限公司重点开展了以下工作：解放思想，进一步推进水电二局有限公司改革，调整营销组织结构，提高市场营销专业化水平；进一步调整水电二局有限公司的管理体制，重新梳理管理制度，发挥区域管理，夯实管理基础；进一步推动科技创新工作，力争特级资质申报成功；转变发展方式，以工程总承包带动投资运营，做好前期规划；狠抓安全生产、质量管理不放松，维护水电二局有限公司良好形象；加快落实人力资源子战略，有序推进水电二局有限公司由人力资源向人才资本转化；加强财务、审计、监察的服务、指导力度，实现全过程风险管控；进一步加强企业党建工作和反腐倡廉建设。

【领导班子】 水电二局有限公司党政领导班子成员：执行董事、总经理兼党委副书记刘国栋；党委书记兼副总经理李启友；监事、党委副书记兼纪委书记李文凯；副总经理兼总经济师路玉武；副总经理李志斌；副总经理兼总工程师常满祥；副总经理彭刚；总会计师许宁；工会主席景立山。

2011年12月2日，李文凯退休，沈德升被股份公司任命为水电二局有限公司监事、党委副书记兼纪委书记。李文凯被聘为水电二局有限公司企业专业技术顾问。

【人员及组织机构】 2011年，水电二局有限公司在册员工1689人；中、高级职业经理人各10人；拥有各类专业技术人员787人，其中高级（含高级以上）职称132人，中级职称204人；具有一级建造师资格77人，二级建造师资格8人；拥有大专以上学历的1027人，其中本科以上学历612人，研究生以上学历36人；国内员工1488人，驻国外施工管理人员201人；离退休员工2074人。

2011年，水电二局有限公司依照适应生产经营工作需要，提高管理效率，精简办事机构，缩短管理链条的原则，组织机构依然为决策层、管理层和经营（执行）层。

决策层由水电二局有限公司党政领导构成。

管理层由水电二局有限公司总部各部门及各项目管理部组成。总部设有总经理工作部、战略管控部、第一市场营销部、第二市场营销部、第三市场

营销部、人力资源部、财务产权部、资金管理部、资产管理部、商务管理部、工程管理部、安全监管部、技术部、审计部、纪检监察部、离退休管理部16个职能部门和党委工作部（团委、史志办）、工会办公室2个党群办事机构；项目管理部有国内的津城总承包管理部、南水北调区域管理部、四川区域管理部、东北区域管理部、西北区域管理部、贵州项目管理部，国外的埃塞区域管理部、安哥拉区域管理部、利比亚区域管理部、刚果（金）区域管理部、机场项目管理部。

经营（执行）层设有实业部、物资设备租赁中心、物流中心、北京贸易分公司以及国内外各项目经理部。

【企业资质、资信】 2011年，水电二局有限公司注册资本金由13 000万元增至30 000万元。水电二局有限公司具有房屋建筑工程施工总承包壹级、水利水电施工总承包壹级、建筑装饰装修工程专业承包壹级、钢结构工程专业承包壹级、机电设备安装工程专业承包贰级等建筑业资质；有大Ⅱ型平面滑动闸门、大Ⅱ型平面定轮闸门、大Ⅲ型弧形闸门、大Ⅲ型拦污栅、大型水利水电工程压力钢管、大型水利水电工程压力钢岔管等工业产品生产许可证；另有特种设备制造许可证（压力容器）、特种设备安装改造维修许可证（起重机械）和建筑施工安全生产许可证。

取得银行“AAA”资信等级，并通过ISO 9001国际质量体系认证、ISO 14001环境管理体系认证和GB/T 28001职业健康安全管理体系认证。

【年度业绩】 2011年，水电二局有限公司实现营业收入35.35亿元，为股份公司下达的27亿元年计划目标的130.92%；新签合同50.03亿元；实现报表利润约8260万元，实现业绩利润10 641.68万元；资产保值增值率127.86%；在岗职工平均工资同比增长率18%。

2011年，水电二局有限公司各项工作取得进步：北京市技术中心申报成功；调整企业组织架构，形成了涵盖水电二局有限公司业务领域的市场营销机制；推行区域管理模式，加强区域总部建设，形成了对区域所在项目的有效管控；承建的安哥拉卢班戈体育场工程荣获2010～2011年度“鲁班奖（境外工程）”，这是水电二局有限公司首次独立获得此项殊荣，同时也填补了股份公司房建领域“鲁班奖”的空白；综合管控能力不断提升，被中国建筑业企业联合会授予“2011年度全国先进施工企业”和“2011年度境外工程承包优秀企业”荣誉称号；成功完成了利比亚大撤离工作，得到集团公司的高度评价，受到埃及使馆、苏丹使馆、国务院国资委、集团公司的表扬，刘玉飞被国务院国资委评为“优秀共产党员”；积极投身社会公益事业，响应中央文明办和国务院国资委文明委号召，在天津武清举办了“关爱农民工志愿服务活动”，取得了较好的社会效果；将在埃塞俄比亚的员工营地及有关设备等实物捐赠给当地政府，受到了当地政府和人民的充分肯定和好评。

（陶海霞）

国际工程

【综述】 2011年，水电二局有限公司国际业务完成营业收入6亿元，占公司营业收入的16.93%；国际业务实现利润2198万元，占公司利润的21.12%。

2011年，受利比亚战乱影响撤出利比亚，水电二局有限公司国际工程营业收入和合同储备造成重大影响。水电二局有限公司积极应对，进一步加大了国际市场开发的力度，2011年国际工程新签合同23.32亿元，占水电二局有限公司新签合同的46.8%，主要是工民建项目。

2011年，水电二局有限公司承建的安哥拉卢班戈体育场工程喜获2010～2011年度“鲁班奖（境外工程）”，填补了股份公司房建领域“鲁班奖”的空白。

2011年，水电二局有限公司共计中标9个项目，中标金额365 500 231.79美元。其中，住房及公建项目中标2个，中标金额为576 745.2美元；机场项目中标3个，中标金额为165 220 787美元；市政项目中标4个，中标金额199 702 699.6美元。另外，已签机场项目刚果（金）金沙萨恩吉利国际机场改扩建工程，合同总额479 989 947.00美元。

【中标工程】

（1）刚果（金）金沙萨恩吉利机场塔台工程，开工日期2012年3月22日，工期两年。合同总额41 409 078美元。

（2）刚果（金）卢本巴西卢阿诺机场A标工程，开工日期2012年3月22日，工期两年。合同总额23 813 479美元。

（3）安哥拉CAPANDA农工业区的道路和公共设施工程，合同总额66 314 000美元。

（4）安哥拉CAPANDA农工业区供电线路和供水工程，合同总额34 627 000美元。

安哥拉CAPANDA农工业区的道路和公共设施

合同和安哥拉 CAPANDA 农工业区供电线路和供水合同项目工程包括农工业区道路、30 千伏供电线路、业主办公楼、供水设施及移民安置房等项目，工期约为 30 个月。

（5）老挝沙湾拿吉机场，包括勘察、设计、施工。4C（机场等级）标准，达到运行 B737 和 A320 安全需要，其中跑道长 2800 米，机场内道路 9000 米长，航站楼约 6000 平方米，办公区 450 平方米。主合同金额99 998 230美元。

（6）安哥拉鲁班戈和罗安达两个农贸市场建设项目，合同总额分别为 309 291.89 美元和 267 453.31美元。工作内容主要是鲁班戈和罗安达农贸市场建设项目环路的变更。

【在建工程】 2011 年，水电二局有限公司在建国际工程项目 8 个，本年度共完成产值 58 257.9 万元人民币。

（1）安哥拉鲁班戈农贸市场。项目位于安哥拉维拉省鲁班戈市，开工日期为 2008 年 11 月 27 日，竣工日期为 2011 年 2 月 16 日。2011 年完成产值 237.87 万元人民币。

（2）安哥拉宽多库班哥省梅农盖政府办公楼。项目位于宽多库班戈省梅农盖市。项目主要是宽多库班戈省工程厅办公区的建设，总建筑面积约 1816 平方米，开工日期为 2009 年 3 月 25 日，竣工日期为 2011 年 2 月 22 日。2011 年完成产值 253.22 万元人民币。

（3）安哥拉卡玛玛四栋楼项目。项目原为桑巴住宅楼项目，因更换场地，2009 年 7 月 10 日重新签订合同。工程由 4 栋 5 层公寓楼组成，总建筑面积 5480 平方米，共有 40 套公寓，合同金额为6 613 099.129 6 美元。正式开工日期为 2009 年 8 月 12 日。2011 年完成产值 2409.5 万元人民币。

（4）安哥拉万博体育场改造工程。项目位于安哥拉万博省嘎啦市，包括一座体育场主场的修复和另外新建一座训练场等，项目工期 18 个月，开工日期 2011 年 10 月 14 日。2011 年完成产值 1001.1 万元人民币。

（5）刚果（金）金沙萨中心医院项目。项目总建筑面积 40 000 平方米，5 层框架结构，该项目重建后将成为中非地区最大、医疗设备最先进、医疗科室最完善的综合性医院，为设计、施工总承包工程。2008 年 6 月 28 日签订项目合同。合同总价为 99 873 757.77美元，业主为刚果（金）重建部，合同工期 20 个月。2011 年完成产值 22 644.3 万元人民币。

（6）博茨瓦纳卡玛国际机场航站楼项目。工程分 3 层：地面层，13 600 平方米；第二层，6200 平方米；第三层，3700 平方米。2008 年 6 月 10 日正式开工，工期为 23 个月。2011 年完成产值12 818.6万元人民币。

（7）马里机场航站楼项目。新航站楼工程施工包括土建工程、机械工程、电气工程、给排水及特殊系统工程，总建筑面积 15 600 平方米，是马里巴马科国际机场一座现代化装备的航站楼。合同工期 2010 年 8 月 1 日～2012 年 8 月 31 日。2011 年完成产值 11 747.4 万元人民币。

（8）利比亚 Um Al-Aranib 2000 套独立住房和基础设施施工项目中的 601 套住房子项目，利比亚贝达 608 套房屋项目的基础设施工程，迈尔季 2000 套住房项目，斯蒂哈姆瑞 2000 套住房项目。2011 年完成产值 7145.8 万元人民币。

【竣工工程】 2011 年，水电二局有限公司竣工工程项目 1 个。埃塞俄比亚 A-T71 公路工程，位于首都 ADISS 东北部，属于亚的斯亚贝巴—沃立地亚道路升级改造项目的第一期工程的第二标段。公路长 71 千米，路面宽 7 米。主要施工内容为道路铺设、3 个隧道改造和附属排水设施，合同金额为 6842 万美元。2007 年 6 月 21 日开工，工期 3 年。2011 年完成产值 8333.9 万元人民币。

（王文林　龚华山）

国内工程

【综述】 2011 年，水电二局有限公司国内新签合同 124 个，其中水利水电项目 18 个，工民建项目 20 个，其他项目 86 个，合同金额 249 030.447 0 万元。

【工民建工程】

（1）北京美立方工程项目，位于北京市朝阳区大羊坊 6 号院，总建筑面积 90 934 平方米，合同金额 16 936.388 4 万元。2011 年完成产值 9870 万元，已竣工。

（2）西岸观邸二期工程项目，位于四川省成都市金牛区跃进村和郎家村，总建筑面积 10.25 万平方米，框架剪力墙结构。2011 年完成产值 5450 万元，已竣工。

（3）泰莱白金湾工程，位于辽宁省沈阳市。1～3 号楼地下 1 层、地上 11 层，4～7 号楼地下 2 层、地上 17 层，建筑面积 104 800 平方米。2010 年 4 月签订合同，合同金额 25 884.5 万元。工期为 2010 年 4 月～2011 年 10 月，2010 年完成产值 8064.87 万元。2011 年完成产值 12 580.2 万元，已竣工。

（4）津城总承包项目，位于天津市武清区，分4个标段。其中，东蒲洼还迁小区1～25号楼工程，框剪结构，地下1层，地上17层，建筑面积159 023平方米，合同金额42 261.07万元，工期为2010年8月11日～2011年10月31日。东蒲洼还迁小区26～50号楼工程，框剪结构，地下1层，地上17层，建筑面积166 967平方米，合同金额44 766.72万元，工期为2010年8月11日～2011年10月31日。东蒲洼还迁小区51～81号楼工程，框剪结构，地下1层，地上17层，建筑面积195 837平方米，合同金额52 198.14万元，工期为2010年8月11日～2011年10月31日。徐官屯还迁小区1～32号楼工程，框剪结构，地下1层，地上15层，建筑面积176 373平方米，合同金额46 088.56万元，工期为2010年8月11日～2011年10月31日。2011年完成产值131 826万元。其中，自行完成产值67 416.8万元。

（5）张家口京都花园住宅小区2、4、6、8、9、10、11、12、13号工程，位于河北省张家口市。建筑面积63 172平方米，总造价7943.91万元，工期为2010年5月18日～2012年5月31日。工程为框架剪力墙结构。2011年完成产值2500万元。

（6）中国水电海赋外滩工程项目，位于四川省绵阳市涪城区水观音街。合同金额172 249 629万元。合同工期550天，开工日期2011年5月31日，竣工日期2012年11月30日。

（7）北京昌平8号住宅楼等7项及幼儿园工程项目，位于北京市昌平区南邵镇，建筑面积44 638平方米。合同金额8738万元，合同工期443天，开工日期2011年7月15日，竣工日期2012年9月30日。

（8）四川云立方一期一标段，位于龙泉驿区大面街办大面西路以西、成龙路以北，总建筑面积14.62万平方米，合同金额22 073.943 7万元，总工期570天，开工日期暂定2011年9月20日，竣工日期2013年4月23日。

（9）北京海吉星医疗科技有限公司医药园项目——科研办公楼，位于北京市亦庄开发区路东区B3F2、B3M4地块，框架剪力墙结构，建筑面积38 874平方米，合同总价9579.009 47万元，合同工期453天，开工日期2011年11月8日，竣工日期2013年2月3日。

（10）海淀区辛店B09地块公共租赁住房项目第一标段，位于北京市海淀区辛店北清路北侧辛店居住组团内，总建筑面积约68 697平方米，剪力墙结构，合同总价15 873.373 9万元，合同工期453天，开工日期2011年11月8日，竣工日期2013年2月3日。

（11）青云阶云湾一期工程，位于四川省成都市都江堰市沿江村、新意村，总建筑面积69 523万平方米，框架剪力墙结构，合同金额19 700.161 0万元，合同工期210天，具体开竣工日期以发包人书面通知为准。

（曹雅滨　王学军）

【水利水电工程】

（1）蒲石河抽水蓄能电站下库土建工程等，位于辽宁省宽甸满族自治县境内，距丹东市约60千米。该电站是我国东北新建的第一座大型纯抽水蓄能电站，总装机容量为1200兆瓦，单机容量为300兆瓦，共4台机组。下水库挡水建筑物为重力式混凝土坝，最大坝高34.1米，坝顶长336米，上、下水库最短平面距离约2.5千米；发电引水系统采用“二洞四机”布置，发电尾水系统采用“一洞四机”布置，发电引水主洞长约770米，内径为8.1米，压力管道、发电尾水支洞内径为5米，发电尾水隧洞主洞约1169米，内径11.5米。合同金额14 870.908 6万元。工期2011年完成产值313万元。已竣工。

（2）永定河莲石湖（麻峪—京原铁路河段）工程施工第一标段，位于北京市石景山区，全长2.8千米。合同金额15 978.192 2万元，工期13个月，开竣工日期为2010年8月1日～2011年8月31日。2011年完成产值9620万元。

（3）南水北调中线漳古段SG2标项目（邯郸县段）工程，位于河北省邯郸县，桩号范围（50＋182）～（61＋168），总长10.986千米，有大型交叉建筑物1座，左岸排水建筑物6座，分水口门2座。合同金额33 589.25万元，工期1003天。开竣工日期为2010年6月15日～2013年3月15日。2011年完成产值9938.6万元。

（4）南水北调中线干线鹤壁Ⅰ标项目，桩号（144＋600）～（155＋600）。渠道自卫辉淇县交界至赵家渠南阓1千米。全长约11千米，包括8个左岸排水倒虹、8座公路桥梁及3座生产桥等，合同金额32 506.982 9万元，计划工期2009年5月15日～2012年1月15日，2011年完成产值6200.3万元。

（5）毛滩电站尾水渠工程，位于四川省成都市青衣江干流夹江县顺河乡境内，合同金额9849.67万元，开竣工日期2010年12月15日～2012年5月20日。

（6）南水北调中线工程鲁山南2段项目，工程为南水北调中线工程总干渠陶岔至沙河南段工程的一部分，渠段设计桩号为（229＋262）～（239＋

042)，总长9.780千米，合同金额为42 600.167 9万元，开竣工日期为2011年2月～2013年6月。2011年完成产值7306.8万元。

（7）南水北调中线一期工程总干渠工程沙河南—黄河南（委托建管项目）新郑南端第三施工标段，位于河南省郑州市，合同金额29 757.976 2万元，工期30个月，开竣工日期为2011年2月10日～2013年7月31日。

（8）太平湾发电厂长甸水电站改造工程，位于水丰水库中方侧，主要由引水系统、厂房及尾水系统、开关站等建筑物组成，合同金额12 998.668 8万元，开竣工日期为2011年1月～2013年5月。2011年完成产值898.4万元。

（9）永定河园博湖项目施工第三标段，位于北京市丰台区，合同金额7622.558 8万元，开竣工日期2011年10月～2012年10月。2011年完成产值2895.9万元。

（10）永定河园博园水源净化施工第四标段，位于北京市丰台区，合同金额6015.567 8万元，合同工期2011年10月～2012年10月。2011年完成产值18.5万元。

（11）新疆轮台迪那河五一水库工程大坝工程，位于新疆巴音郭楞蒙古自治州轮台县群巴克乡境内，由大坝、溢洪洞、导流兼泄洪冲砂洞、发电引水系统和供水管线等主要建筑物组成，工程规模属中型，工程等别为三等，建筑物级别：大坝为2级建筑物；溢洪洞、泄洪洞、发电洞及电站厂房为3级建筑物；临时建筑物为4级。合同金额为9383.268万元，合同工期为2011年10月～2014年11月。

（孙晓奇　朱京京）

管理创新

【企业改革】　2011年，水电二局有限公司为解决公司经营领域不断扩展、经营规模不断增长给企业带来的资源集约与充分发挥资源效用的矛盾，对组织架构进行了深化设计，成立了五大区域管理部，实行区域板块管理、区域资源集中调配，将总部的管理前移，强化公司对项目的管控。同时，为扩大市场规模，提高市场营销能力，打造了3个专业的市场营销团队，分别专注于不同的业务板块，从源头上保证水电二局有限公司订单的总量和质量。此次结构调整，是水电二局有限公司在2011年组织架构稳固和市场扩大后的一个必然选择。

【经营管理】　2011年7月，水电二局有限公司印发《项目管理指导手册2011版》。该手册是水电二局有限公司项目管理的基本法规和纲领性文件，用于规范水电二局有限公司各级组织项目管理活动，适用于水电二局有限公司国内外各类型项目及项目管理的各级组织。《项目管理指导手册》从项目管理流程、项目管理要素等诸多角度出发，为了更好地实现高效管理和获得最大收益，有针对性地编制一套完善、科学的企业项目管理标准手册。《项目管理指导手册》的编写发布，贯彻了股份公司关于项目精益化管理的理念，进一步规范了水电二局有限公司项目管理的标准工作程序、工作成果、工作方法与要求、权限与职责，形成“表单化、流程化、标准化、信息化”的项目管理规范体系，进而有效推动落实水电二局有限公司发展战略，逐步将项目管理能力打造成为企业的核心竞争能力之一。

借助股份公司全面风险管理与内部控制体系建设工作的开展，总部各业务部门对水电二局有限公司各业务流程进行了重新梳理、仔细分析。2011年11月，组织了全面风险管理与内部控制体系建设研讨会，在研究提高企业价值、保证公司效率和效益的前提下，对水电二局有限公司161项业务流程逐一进行重新梳理，分析研究水电二局有限公司各业务流程中存在风险点，形成水电二局有限公司重大风险库、重大风险分布图，并有针对性地提出风险管理策略和风险防范方案。同时，编制了水电二局有限公司《内部控制缺陷及改进建议报告》、《内部控制手册》、《内部控制自我评估报告》、《年度全面风险管理报告》。构建全面、有效、系统的风险管理体系，在领导层、管理层及员工等不同层面都树立起风险意识，形成风险文化，并将其融入水电二局有限公司文化中来。

（高诗星）

【投资开发】　2011年，水电二局有限公司根据集团房地产公司两次股东会议关于增加注册资本金的决议，经水电二局有限公司领导班子研究决定，分别于4月、11月追加了投资额4000万元和10 000万元。截至2011年末，水电二局有限公司对集团房地产公司投资额共计20 000万元，投资比例仍为10％。

【财务管理】　2011年，水电二局有限公司财务工作紧紧围绕“以工程总承包带动投资、贸易、物流一体化的资本运营管理模式，通过体系建设和制度建设，把水电二局有限公司建设成具有房建施工总承包特级资质、可持续发展的质量效益型国际化工程管理公司”的总体战略目标开展财务管理工作，更新观念、狠抓管理，切实提升财务管理工作水平。

(1) 注重健全财务管理制度体系。制定了《非生产性费用预算执行考核暂行办法》、《预算管理考核办法》、《区域管理部总会计师岗位职责》，为水电二局有限公司不断提升管理水平、经济效益和经营质量提供了制度保障。

(2) 加强项目财务工作检查，夯实财务基础工作。组织开展了财务工作检查，实行区域总会计师负责制，由区域总会计师直接负责对所辖区域项目的全面财务工作检查，大大提高了项目部的财务基础工作。

(3) 大力推动水电二局有限公司全面预算管理工作。结合实际情况制定了全面预算管理工作实施方案、编制指南，对全面预算有关进展情况以正式文件形式在水电二局有限公司范围内下发，宣传、普及全面预算管理有关知识，为全面预算在水电二局有限公司范围内全面推行奠定基础。

(4) 积极研究水电二局有限公司涉税问题，有效降低纳税风险。针对分公司需按比例分配企业所得税的问题，财务部通过不断地与税务沟通，筹划出最佳方案，最终解决了国内分公司纳税的难题，取得了自产农产品销售业务税务备案审批和相关免税优惠。

（于丽萍）

【资金管理】 2011年是国际国内形势最为复杂多变的一年，随着外部金融环境的进一步趋紧。水电二局有限公司把如何保证资金安全、保证资金链的稳定作为公司资金管控的首要任务。从2011年初开始，紧紧围绕2011年初工作会议精神，不断提高执行力和科学管理水平，进一步完善了相关资金管理制度，相继出台了新的《银行账户管理办法实施细则》、《公司资金预算管理办法》、《货币资金安全管理办法》等资金管理制度，加大了资金集中管控水平和计划管理水平，通过强化资金的预算管理，规范银行账户的开立、使用等，严把资金的流出关，实行大额资金集中统一支付，保证了有限资金使用效益的最大化，顺利完成了2011年初制定的资金管理工作目标，保证了水电二局有限公司资金链的稳定，维护了职工的切身利益，为生产经营提供了必要的保证。

（幸国青）

【工程质量管理】 2011年，水电二局有限公司质量管理工作始终围绕公司整体质量目标，争创质量效益型企业，将制定的相关质量制度和措施纳入到质量体系文件和岗位规范中，促进质量管理的有效性。为满足《工程建设施工企业质量管理规范》(GB/T 50430) 的认证要求，重新修订了质量管理体系文件，并进一步加强了对质量管理体系培训辅导力度，保证了水电二局有限公司的生产和经营管理稳步运行。

2011年，水电二局有限公司国内在施项目主要分布在北京、辽宁、吉林、四川、贵州、甘肃、河北、河南等省市，以工民建和水工项目为主。共有8项工程进行了工程报竣验收，星城映象、北京大兴东南郊水网、美立方、西岸观邸、泰莱白金湾、长兴太阳城、晓月湖、水科院外线工程等，总竣工面积为426 364.62平方米。一次验收合格率、工程合格率、水工项目合格率均为100%，单元工程优良率92.7%。

安哥拉鲁班戈体育场于2011年10月通过了国家“鲁班奖”的评审，获得了集团历史上的第一个工民建的“鲁班奖”，实现了历史上的突破。

北京昌平8号住宅楼等7项及幼儿园工程荣获了2011年度“北京市文明安全工地”称号。

自2011年5月初开始，水电二局有限公司对四川、丹东、鹤壁、邯郸、天津、吉林等项目进行了滚动式内审。2011年10月中旬，水电二局有限公司顺利通过了中国质量协会的质量体系复评和环境、安全体系的监督审核。在2011年质量复评时，同时取得了GB/T 50430的认证。

2011年，股份公司对水电二局有限公司进行了两次内审和两次外审，审核了水电二局有限公司总部和马里机场航站楼项目。为了保证集团公司的外审顺利通过，水电二局有限公司特地安排人员到马里项目进行现场辅导和贯标内审，取得了满意的成果。

（倪卫东）

【商务管理】 2011年，水电二局有限公司商务管理工作进一步加强。

(1) 发布了《成本管理办法》，对水电二局有限公司项目的成本管理的任务和环节，包括成本预测、计划、控制、核算、分析和考核等，进行了详细的规定和流程设计，并努力探索在信息自动化工作手段上的突破，设计出项目成本科目模板，参与完成I6P项目管理运营系统成本管理模块的开发工作，现在I6P成本管理模块已启用，对项目成本管理工作起到了很好的作用。

(2) 发布了《天津地区住宅工程内部施工预算消耗指标》。该指标是水电二局有限公司适用项目编制生产经营计划、编制预算、编制项目预计总成本的参考依据、项目成本控制的基础。

（3）组织指导、参与了四川粟子坪工程、永定河莲石湖工程、蒲石河下库项目部的结算与索赔谈判工作。

（4）完成了统计报表系统的设计工作，该系统已开始在水电二局有限公司各项目启动使用。

（5）债权债务清理取得进展。原遗留项目中伊通河二期项目、八一中学科技楼工程、北大科技园工程、北京军区马连道干休所工程、定福庄A座住宅楼工程的工程款已全部收回，薛城水电站工程、回龙观工程、马草河项目、华美达药厂等项目已收回部分欠款。

（高慧琳）

【资产管理】 2011年，水电二局有限公司加强了物资设备采购中风险管控，制定和优化了22个物资设备采购管理工作流程，提高了工作的标准化程度。通过优化实现了流程间的衔接和业务间的制衡，使流程更切合水电二局有限公司实际，使管理向高质量和高效方向又迈进了一步。

在物资设备招标采购过程中，积极推行阳光采购，通过招标文件标准化，采购合同范本化和评标人员专业化，规范了采购行为，规避了企业风险。2011年资产部共组织招标83项，招标总金额为34 313.4万元。招标中心共邀请52个新供应商参加投标，有17个新供应商中标，有效地降低了采购成本。在招标过程中，邀请纪检监察和审计部门进行了全过程的跟踪和参与，保证了招标过程的公正性。通过项目管理策划确定采购权限，规范采购管理及机构调整和流程优化，实现了采购权、审查权和批准权的分离。加强了对采购计划和采购合同审批，规范了采购管理，规避了企业风险，合同范本使用率在90%以上。2011年通过网上流程审核国内物资与设备采购计划2703份；审核项目采购采购合同469份，价值3.731亿元；审核租赁合同112份。

为了满足水电二局有限公司特级资质申报信息化考评的要求，建立了水电二局有限公司物资编码库，截至2011年底，已录入物资36 735条；建立了水电二局有限公司设备库，截至2011年底，录入设备166条。积极推动信息化管理，派专人到杭州新中大公司进行学习，深入一线对信息化操作人员进行手把手培训；国内在施的40多个项目部应用I6P软件进行物资管理，从材料计划录入、审批、采购合同审批，一直到材料入库、出库，形成购销存报表，使物资设备管理进一步科学化。

（赵志刚）

【人力资源开发】 2011年，水电二局有限公司更加重视全员素质提升和培训工作。先后举办了项目核心成员综合素质提升培训班、中干综合素质提升培训班、中干企业管理研究生课程班、国际工程项目管理培训班、建委岗位证取证培训、新员工入职培训等，得到了参培人员的广泛好评，达到了培训的预期效果。2011年度，水电二局有限公司共1460余人·次参加了各项培训班，其中参加内部培训1282余人·次，参加外部培训178余人·次。组织的内外培各类培训班达70多个。

2011年，水电二局有限公司52人申报职称。经人力部初审，44人符合集团公司职称评审实施细则。经过股份公司及水电二局有限公司职称评审会评审，41人取得相应职称任职资格，其中高级工程师15人、高级经济师1人、工程师24人、政工师1人。职业技能鉴定工作方面，水电二局有限公司共7人参加鉴定，涉及4个工种，其中高级技师1人、高级工2人、中级工4人。

经过认真、细致的调研和准备工作，在第一阶段工作的基础上，水电二局有限公司后备人才队伍建设第二阶段的工作于2011年正式实施。这一阶段工作以测评为主要手段，聘请专业测评公司在水电二局有限公司内部进行笔试和面谈。经过周密准备，2011年8月，水电二局有限公司部室正副主任、区域管理部班子成员以及项目经理部班子成员共计193人参加了面试及笔试。此次测评工作从专业的角度盘点水电二局有限公司骨干人员的整体素质，为选拔和任用后备干部提供参考。

（贾慧剑）

【离退休职工管理】 截至2011年12月底，水电二局有限公司共有离退休人员2228人，全年增加65人，去世42人。

（1）根据京人社养发〔2010〕306号文件，从2011年1月起，水电二局有限公司有2036名退休人员增加养老金，月增支出43.88万元，人均增加215.5元，2011年离休干部遗属和工伤遗属也不同程度增加了生活补助费。

（2）两节期间走访慰问195人，支出困难补助费7.83万元。离退休人员春节慰问费支出24万多元，离休干部国庆过节费也有较大提高。

（3）离退部现有党员377人。“七一”前，走访了3名老党员，把中组部的慰问信发到每位老党员和老干部手中，给每位党员发放150元购买学习资料，在职员工坚持部室每月学习制度。

（4）给离休干部增加生活补贴。享受生活补贴的离休干部由9人增到38人，生活补贴由原来的每年3.25万元，增加到每年15.45万元，人均增加3200元。

（5）2011年，下放人员的生活补贴由120元调整到250元。给精简下放人员和工伤遗属发生存调查信79封。组织离退休人员体检，共有1028人参加。年底给独生子女报销药费，发放独生子女父母年老一次性奖励费46人，共计46 000元。

（6）按时发放离退休费，及时给离休干部报销医药费、退休人员的企业补充药费。及时发放离退休人员烤火费，报销暖气费，没有发生任何拖欠的现象。年度1～12月各项统筹外支出达489万多元。

（胡晓珊）

科技进步

【技术进步】 2011年，水电二局有限公司的技创新体系建设以紧紧围绕股份公司“科技兴企”战略和水电二局有限公司战略目标开展工作。在申报北京市企业技术中心、专利申报、工法申报、行业规程制定等方面都取得了突破，实现了预期目标。成功召开了水电二局有限公司第二届科技大会。水电二局有限公司技术中心成功被认定为北京市企业技术中心资格，完成了特级资质中科技进步水平的最后一道屏障，为水电二局有限公司启动申报房建特级资质打下了基础。

水电二局有限公司技术中心申报工作，经过了3年的运转和2年筹备，2011年11月通过了专家初审、复审和实地考查等环节，获得北京市企业技术中心第十四批认定。

2011年10月，水电二局有限公司召开了第二届科技大会，大会讨论通过了水电二局有限公司2011～2013年科技发展规划；修订了科技管理制度，发布了实施性施工组织设计编制模板；表彰奖励了先进科技个人、先进科技集体和科技成果；通过差额选举，产生了新一届科技专家委员会；召开了新一届全体委员第一次会议，专家委员会讨论审查了当年立项课题。

2011年，水电二局有限公司科技投入达到1212万元，考虑“10项”新技术应用投入，总计达到1.522亿元，占营业收入的4.3%，达到并超过了房建特级资质和北京市企业技术中心对科技投入比例的要求。

经过近3年的努力，《大吨位预应力短锚索张拉锁定低回缩量控制技术》和《大跨径连续钢桁梁桥整体顶推架设施工技术》两项课题成果于2011年4月通过成果鉴定验收，经鉴定分别为达到国内领先和国内先进水平，同时两项成果分别获得股份公司2011年度科技进步二等奖、三等奖。

2011年，水电二局有限公司申报并受理了4项专利，其中发明专利1项。获得10项专利证书，其中2项发明专利，分别是《无轨式自保护全位置自动焊接装置及焊接工艺》和《弧形钢闸门门叶面板倒置式加工方法》；8项实用新型专利，分别是《锚具》、《平面铣床》、《用于建筑桥梁护栏模板安装的托架》、《可调式弧门胎装置》、《可用小型吊装机吊装的体育场钢结构》、《高水头水下悬浮漂移封堵器》、《射吸式除锈装置》、《可移动式轻型台模底盘系统》。

2011年，水电二局有限公司完成了6项公司级工法编写，其中《锚具式悬臂定型大钢模板施工工法》和《高水头水下悬浮漂移封堵施工工法》两项被评为股份公司2010年度工法。截至目前，水电二局有限公司拥有国家级工法3项，省部级（含集团级）工法8项。

2011年，水电二局有限公司作为第一完成单位编写完成了《塔式起重机安全操作规程》、《混凝土泵车安全操作规程》和《平地机安全操作规程》等3项电力行业标准。送审稿于2011年10月在辽宁丹东通过了验收，水电二局有限公司于2011年11月将整理完成的报批稿递交到中国电力企业联合会标准化中心。

（汪　涛）

【信息化建设】 2011年，信息中心按照水电二局有限公司的年度发展规划，升级了硬件设备，保障应用系统的运行。应用系统方面，将远程介入系统、企业运营系统、办公系统、考勤系统和决策支持系统等进行了启动、整合和优化升级。2011年8月，水电二局有限公司全面启动了对公司所属各项目经理部的考核机制。业务培训方面，组织财务部、资产部、商务部等去杭州新中大公司进行业务培训，并按照集团公司要求组织人员进行企业信息管理师培训。对外宣传方面，参加了建设部相关的信息化会议，多次组织了兄弟单位前来学习并交流信息化建设经验。

（孙　强）

安全生产

【安全生产责任制】 2011年，水电二局有限公司切实加强各级各岗位的安全生产责任的落实。公司安全第一责任人与各在施项目部安全第一责任人签订了安全生产责任书，全年共签订安全生产责任书47份。

【安全生产管理】　水电二局有限公司认真推动项目安全总监的管理工作，推进项目安全总监制在项目部上的落实，安全总监聘任率达100%。继续开展“安全生产年”和“安全生产心中有数”活动，树立“发现不安全是能力，消除隐患是业绩”的观念，加强对在施项目的专项治理和综合性安全检查工作，重点加强安全生产责任落实，隐患治理、安全教育、特种机械设备、外协队管理、应急管理等各项安全生产工作，全年共进行了81项目次季度安全检查活动，共计查出各种安全生产事故隐患430条，对查处的隐患监督整改，均已落实整改完毕，整改率达到100%，全年安全生产投入共计6800万元，满足安全生产需要，为现场施工人员提供了物质上的保障。

【安全教育培训】　水电二局有限公司不断加强三级教育培训，做到新入场人员、转岗、重新上岗人员100%受教育。2011年，共有21人参加了水利水电工程施工管理人员安全考核培训，12人取得水建安B类安全资格证书，9人取得水建安C类安全资格证书。2011年，水电二局有限公司共有5人通过了国家注册安全工程师考试，使水电二局有限公司持有注册安全工程师资格的人数增加到25人。

积极组织开展“安全月”活动，做到早组织、早策划，通过悬挂安全条幅、标语、彩旗、宣传画、壁报、板报等营造安全宣传氛围；通过开展安全咨询日活动、举行安全知识竞赛答卷等活动进行全员安全教育培训。活动取得很好的效果，推动了各项安全生产工作的落实。

（张立云）

党群工作和精神文明建设

【党建工作】　2011年，水电二局有限公司党委围绕中心工作，积极开展领导班子建设、学习型党组织建设、创先争优活动和纪念建党90周年系列活动。水电二局有限公司党委属下共2个党委、10个党总支、1个直属党支部。

水电二局有限公司党委建立了党建工作考核评价机制，制定下发了水电二局有限公司《党建工作责任制和考核办法》，建立了规范的责任制考核体系和具体考核细则。2011年6月，举办了“党建工作会暨党支部书记培训班”，对党建责任制、党支部的日常工作和组织发展工作等业务知识进行了培训。

水电二局有限公司党委深入开展“创先争优”和“四强四优”活动，并将“创先争优”和“四强四优”活动相结合，各级党组织和全体党员均作出公开承诺。水电二局有限公司党委坚持了中心组学习制度，领导班子成员和公司总部部室负责人开展理论学习12次。

水电二局有限公司党委组织了庆祝建党90周年系列活动。召开纪念建党90周年创先争优表彰大会，对51名优秀共产党、4名优秀党务工作者、12个先进基层党组织进行表彰。在“共产党员献爱心”捐款活动中，水电二局有限公司451名党员和290名入党积极分子参加了捐款，共计捐款人民币37 348元、美元1345元。水电二局有限公司党政工团还组织开展了“永远跟党走　颂歌献给党”红歌演唱会、党的知识答题、“党在我心中”征文活动。总部党委组织143名党员观看了电影《建党伟业》、组织党员来到革命圣地西柏坡开展“永远跟党走”主题教育活动。

水电二局有限公司党委为新中国成立前入党的19名老党员每人发放500元慰问金，共计9500元。

2011年，水电二局有限公司党委被评为“北京市国资委系统先进基层党组织”；秦庆义、龚学武被评为“北京市国资委系统优秀共产党员”；水电二局有限公司党委书记李启友同志被评为“北京市国资委系统优秀党务工作者”。利比亚迈尔季项目经理刘玉飞荣获国务院国资委“中央企业优秀共产党员”荣誉称号。

（何兴明）

【企业文化建设】　2011年，水电二局有限公司按照股份公司和水电二局有限公司企业文化建设的要求，不断丰富水电二局有限公司职工的文化生活，广大职工积极参与其中，通过多种载体营造良好的氛围，凝聚人心，形成合力，促进发展。在这一年里，水电二局有限公司的企业文化活动开展得生机蓬勃。

2011年5月23日，在中央文明办和国务院国资委文明委共同开展的“中央企业关爱农民工志愿服务活动”的大背景下，水电二局有限公司在津城总承包项目举办了一场以“关爱农民工志愿服务活动”为主题的大型文艺演出。中华全国总工会文工团的演职人员为广大职工带来了一场充满激情的视听盛宴。国务院国资委、股份公司、天津市武清区等领导应邀参加了活动。水电二局有限公司抓住契机，同时对中国水电武清BT项目进行大力宣传，扩大了水电二局有限公司的影响力。

2011年7月1日，为庆祝建党90周年，水电二局有限公司举办“永远跟党走，颂歌献给党”红歌会，水电二局有限公司各单位组成15个代表队，以强大的阵容、饱满的激情，高唱红歌，歌颂党的丰功伟绩，营造了活泼、积极的文化氛围。

2011年底，水电二局有限公司总部和六铺炕宾馆被为"首都文明单位"。

【工会工作】 2011年，水电二局有限公司工会组织全体职工广泛开展各项经济技术创新和劳动竞赛活动，南水北调区域管理部鹤壁项目经理部被北京市总工会授予"青年先锋号"荣誉称号。

积极组织开展创先争优活动，景立山被评选为"全国能源化学系统优秀工会干部"；景立山被北京市总工会评为"优秀工会工作者"，刘元顺被北京市总工会评为"优秀工会积极分子"。

积极组织职工开展安康杯竞赛活动，南水北调区域管理部漳古项目经理部被北京市安康杯竞赛活动组委会评为"优胜班组"。

积极开展职工文体文化活动，2011年5月23日下午在津城总承包项目管理部成功地举办了"关爱农民工志愿服务活动项目慰问演出"，演出单位全国总工会文工团，组办单位公司工会，承办单位津城总承包项目管理部，国务院国资委、股份公司的相关领导和水电二局有限公司总经理刘国栋出席会议并讲话，现场3000余名项目职工、民工观看了演出；7月1日，水电二局有限公司党政工团共同组办纪念建党90周年"永远跟党走 颂歌献给党"红歌会，15支代表队近300名演员走上舞台放声高歌，演唱会获得圆满成功；津城项目管理部摄制的DV《身边》获得北京市建筑工会《讲我们的故事给党听》视频大赛优秀奖，博茨瓦纳项目部摄制的视频作品《于海安和他的海外青年突击队》获得《讲我们的故事给党听》视频大赛三等奖。津城项目管理部摄制的DV《身边》，同时获得第八届首都职工文化艺术节优秀奖。

（王凤华）

【共青团工作】 2011年，水电二局有限公司团委围绕企业中心工作，继续推进青年突击队等具有二局特色的共青团品牌工作。3月，水电二局有限公司共有4支青年突击队被评为"北京市优秀青年突击队"；4月，北京市青年突击队换届大会举行，水电二局有限公司被选为副会长单位，于海安当选为副会长；5月，水电二局有限公司青年于海安以北京市第一支海外青年突击队长的身份获评北京市第二十五届"五四奖章"。达标创优竞赛取得一定成绩，2011年底，东北区域管理部陈晓娇获评"北京市优秀共青团员"。进一步推进青年文明号工作，通过"创青年团队品质、增强文明号凝聚力"主题团日活动，增强了青年文明号的向心力和凝聚力，在股份公司团委的大力支持下，水电二局有限公司团委成功申报央企团工委"五四红旗团委"创建单位。

水电二局有限公司团委结合重大纪念日开展了"永远跟党走"主题团日活动，采取拓展、登山、知识答题等活动，培养团员的团队意识、学习意识；水电二局有限公司团委两次开展团员意识教育活动和团干部培训；五四青年节，水电二局有限公司团委在天津总承包管理部举行"青年突击队授旗仪式"，为4支青年突击队授旗；9月，水电二局有限公司团委组织水电二局有限公司团干部代表到东北区域泰来白金湾项目交流学习，并召开青年座谈会，在活动中建立友谊、在交流中沟通思想。水电二局有限公司团委还加强横向联系，积极参加团区委和街道社区组织的各项文体活动，展示了水电青年的风采。

（于 鲲）

【新闻宣传】 2011年，水电二局有限公司新闻宣传工作主要围绕利比亚撤侨、建党90周年、关爱农民工志愿服务活动、安哥拉卢班戈体育场获得鲁班奖等公司重要活动和重大事件开展，取得显著成效。

2011年2月，利比亚局势发生动乱，水电二局有限公司1200余名职工和劳务人员开始组织有序撤离。为了使广大职工及时了解撤离动态，水电二局有限公司利用外网、OA新闻不断更新相关信息，安抚水电二局有限公司职工和家属，保证了水电二局有限公司的稳定；撤离过程中，水电二局有限公司组织联系外界媒体采访相关人员，中央2台、中央4台、中央9台和《首都建设报》相继播出和报道了水电二局有限公司员工大撤离中的感人事迹，宣传了"中国水电"各级党组织及全体党员在危急时刻彰显出来的高尚情操，凸显了"中国水电"在撤侨过程中的力量和社会责任感。

2011年6月，《北京青年报》对水电二局有限公司获得五四青年奖章的于海安进行了专访和报道。

2011年11月，水电二局有限公司承建的安哥拉卢班戈体育场工程获得鲁班奖，水电二局有限公司积极与《首都建设报》、《中华建筑报》等媒体联系，先后宣传报道了水电二局有限公司在承建过程中的管理经验和创新做法。

强化对外宣传，提高了"中国水电"品牌的知名度和良好信誉。

2011年11月，对水电二局有限公司通讯员进行培训，培训人数达80余人，邀请青年政治学院新闻系主任戚鸣为通讯员就新闻写作进行辅导，提高了通讯员的写作热情和写作水平。

（张雪华）

检查监督

【落实党风廉政建设责任制】 2011年初，水电二局有限公司认真贯彻落实党中央和股份公司党风廉政建设和反腐倡廉工作的部署和要求，召开了年度反腐倡廉建设工作会议，对2011年的纪检监察工作进行了详细的部署。传达了股份公司党风廉政建设工作会议的精神，下发了水电二局有限公司党委《2011年纪检监察工作安排》，进一步明确了水电二局有限公司各级领导班子党风廉政建设责任制的责任与具体工作任务。

为全面贯彻落实中央新修订的《关于实行党风廉政建设责任制的规定》，2011年，水电二局有限公司与各单位签订党风廉政建设责任书24份，各工程项目管理部与所属部门项目经理部签订党风廉政建设目标责任书43份。

认真落实中央《关于领导干部报告个人有关事项的规定》和《关于对配偶子女已移居国(境)外国家工作人员加强管理的暂行规定》两项法规，按照干部管理权限及时上报有关事项。继续深入开展工程建设领域突出问题和"小金库"、"假发票"、"庆典、研讨会、论坛过多过滥"专项治理工作。完成了国务院国资委关于《开展党风廉政建设责任制等五项制度落实情况的检查工作》和股份公司关于《开展党风廉政建设责任制等四项工作的检查工作》以及《开展加快转变经济发展方式检查监督工作》等监督检查工作，并向上级部门报送了整改报告。

2011年底，水电二局有限公司党委、纪委下发了《关于2011年度党风廉政建设责任制考核的通知》，由党政领导带队相关部门负责人组成的党风廉政责任制考核组，分别对各国内区域项目管理部、国外工程区域管理部、总部各部室党风廉政建设责任进行了全面的年度考核。

（周长山　张　延）

【效能监察工作】 2011年初，水电二局有限公司发布了效能监察工作安排及效能监察立项书。效能监察立项为：公司领导班子"三重一大"决策制度落实情况；南水北调新郑段南段三标项目综合效能监察；国际工程项目管理综合效能监察。收到各项目管理部、实业部及津城管理部等单位报送效能监察立项书共11份，效能监察工作在全公司范围内展开。

参与资产部组织的马里等项目部物资设备采购开标等工作19项。参与南水北调新郑等项目劳务分包开标等工作14项。参与及监督租赁中心出售置换废旧物资1项。

纪检监察部配合审计部对水电二局有限公司部分项目经理部、实业部、资金部、财务产权部的经济责任审计及相关领导人员进行了离任审计，针对2011年国内新开工程，编制了5份项目管理部效能监察策划书。

全年进行了12项审计追踪监察，带队对水电二局有限公司6个项目经理部的安全生产进行了检查。

组织并完成对水电二局有限公司总部15个职能部室的年度绩效考核，参与人力资源部组织的员工上岗竞聘监察工作32人·次。参与各级领导干部选拔程序的监督监察工作8项。

按照股份公司及北京市国资委的要求，进一步跟踪和完善水电二局有限公司"建设领域突出问题专项治理"工作。督促落实完成了"小金库"专项治理复查阶段的文件上报工作。

（周长山　张　延）

【职工代表大会】 2012年2月27日，水电二局有限公司召开第十一届二次职工代表大会，大会听取审议了刘国栋同志题为《加强全面质量管理转变发展方式　努力建设质量效益型国际化工程管理公司》的工作报告，审议了许宁总会计师题为《以推进全面质量管理为龙头　为实现质量效益型公司　做好财务管理工作》的财务工作报告、路玉武副总经题为《深化公司改革　发扬创新精神　着力提升公司软实力　打造一流工程管理公司》的经营工作报告、李志斌副总经理题为《全面落实安全质量管理责任　确保公司安全生产　公司质量稳步向好》的安全生产工作报告、常满祥副总经理题为《夯实基础　提升能力　为取得更大科研成果而努力》的科技工作报告、彭刚副总经理题为《努力进取　积极开拓　为建设质量效益型国际化工程公司奋斗》的国际工程报告以及许宁总会计师题为《业务招待费使用情况报告》。

大会对公司级领导干部述职并进行民主测评；职工代表对刘国栋总经理的工作报告进行了讨论，并在大会上通过；大会圆满完成了会议各项议程。

此次大会出席职工代表82人，工作会代表14人。

（王凤华）

【审计工作】 2011年，水电二局有限公司共完成内部审计11项，其中领导干部离任经济责任审计1项，年度经济效益审计3项，在施和已完工程项目审计6项，总部职能部门管理绩效审计1项，下达审计意见书10份，提出改善内部经营管理意见和建议66条，被审计单位已采纳或落实66条，落实率100%。

按照中央治理“小金库”工作领导小组《2011年“小金库”专项治理工作实施方案》及股份公司对“小金库”专项治理工作的部署和要求，审计部牵头完成了水电二局有限公司2011年度“小金库”专项治理半年报表、年度报表和工作总结的填报、撰写及文件上传工作，认真履行了牵头部门的职责。根据中水电股财〔2011〕35号文《关于做好打击发票违法犯罪活动自查和迎检工作的紧急通知精神》和水电二局有限公司发票清理工作需要，审计部积极协助水电二局有限公司开展发票自查工作，圆满完成了对原五分局2009年所有凭证中发票的登记、真伪识别以及问题发票分类统计等工作。通过“小金库”专项治理和发票清理工作，促进了水电二局有限公司各级各单位进一步规范经营管理，防控风险，保障了企业健康、稳定、可持续发展。

根据股份公司和水电二局有限公司全面风险管理与内部控制体系建设工作的部署和要求，审计部对现有内部审计工作流程进行了梳理，对关键风险点的控制措施进行了完善，自主完成了年度审计计划、审前准备、现场审计、审计报告、审计成果应用、后续审计共6个流程的编写工作，进一步完善了水电二局有限公司内部监督制度体系，强化了风险管控措施，为实现水电二局有限公司全面风险管理和内部审计工作的制度化、规范化、科学化奠定了基础。

2011年，审计部继续参与水电二局有限公司大宗物资采购评标监督工作，及时发表意见或建议。经统计，全年共13人·次参与了33项采购招标工作监督，涉及金额2.38亿元，认真履行了应尽的监督职责，对促进企业加强资产管理、防范经营风险发挥了积极作用。

（马佩珩）

【法治工作】 2011年，水电二局有限公司按照国务院国资委和集团公司的工作要求，结合企业法制工作制定的“三年目标”，从企业规章制度、经济合同以及水电二局有限公司重要决策的法律审核这3方面进行重点审核，实现全面法律审核率达100%；以生产经营为中心，以法律风险防范为重点，以建设法制企业为基本目标，切实采取有效措施，持续完善有关制度，保障法律审核工作扎实到位，进一步提高法律审核的质量、水平，从源头上防范风险；全面推进法制宣传教育培训工作的开展，企业改革和企业发展的各项工作纳入法制化轨道，有力地促进了企业规范经营和健康、协调、快速发展。

2011年也是“六五”普法的第一年，水电二局有限公司采用多种方式开展普法宣传教育以及培训活动。发布了共12期的《法律ABC》期刊，在公司总法律顾问的带领下开展“送法上门活动”，为项目部的工作提供了切实有效的法律支持。法律顾问室还邀请惠诚律师事务所的两位律师给公司管理人员进行系统的工程建设法律风险防范培训，进一步防范了水电二局有限公司的法律风险。与北京市惠诚律师事务所续签了2012年法律顾问合同书，形成长期战略合作伙伴。

2011年，水电二局有限公司累计发生诉讼、仲裁案件共22起，多为合同纠纷和劳动争议，共涉及金额约1858万元。其中债权共两起，约580万元，一起通过仲裁的方式为水电二局有限公司挽回了所有损失，另一起处在立案阶段。涉案金额中债务金额约1278万元，共20起。截至2011年底，已处理完的案件16起，涉及金额约929万元。

（徐　晶）

中国水利水电第三工程局有限公司

概　　况

【综述】 中国水利水电第三工程局有限公司（以下简称“水电三局有限公司”）为中国水利水电建设股份有限公司（以下简称“股分公司”）的全资子公司，是建筑业中集科研、设计、开发、施工、制造安装、监理和咨询为一体的国家大型骨干企业。

水电三局有限公司拥有总资产35亿元，各类施工设备13 849台（套），先进试验设备近1265台（套）。年施工能力：土石方开挖3000万立方米，混凝土浇筑500万立方米，基础处理及钻孔灌浆35万米，金属结构制作安装8万吨，机电设备安装300万千瓦，工业与民用建筑10万平方米。铁路工程50千米，公路工程80千米。现有职工11 995名，有各类专业技术和管理人员3706名，其中硕士研究生70人，本科1566人，专科2132人；教授级高工21人，高级职称562人，中级职称1289人；一级建造师80人，二级建造师33人；高级技师68人，技师480人，高级工3169人。

企业信用等级为“AAA”级，为国家和陕西省“守合同重信用”企业，是陕西省国税、地税局联合授予的“A级纳税人”企业。

水电三局有限公司自成立以来，先后在国内外承（参）建了百余座大中型水利水电工程及其他建筑工程。参加了举世瞩目的长江三峡水利枢纽、黄河小浪底水利枢纽和南水北调工程、祖国第一条具有世界先进水平的京沪高速铁路建设，以及大同至西安铁路客运专线工程；参加了目前国内最大的示范性光伏发电敦煌项目和首批第三代核电AP1000自主化项目山东海阳核电厂建设，创出了一大批代表性工程和“水电三局”品牌，获得了包括“全国五一劳动奖”、“中国建筑工程鲁班奖”、“国家优质工程金奖”、“国家优质工程银奖”、“新中国成立60周年百项经典暨精品工程”、“中国电力优质工程”、“中国水利工程优质（大禹）奖”、“一级优质工程”、“水电优质工程”、“公路交通优质工程奖”以及其他省（部）级奖项在内的50余项优良工程奖。创出世界和中国企业新纪录30项，获得国家级专利19项，国家级工法6项，铸就了骄人的业绩，具有较强的综合实力和市场竞争力。

近年来，水电三局有限公司积极推进品牌建设，打造企业核心竞争力，在高边坡及厂房坝基础开挖、混凝土重力坝及碾压混凝土大坝、地下厂房及大坡度超长斜井施工、抽水蓄能电站、高强度压力钢管制作安装、PCCP管安装、高速铁路、高等级公路、风电施工等工程领域创出了品牌。

【企业资质】 水电三局有限公司具有水利水电工程施工总承包特级，公路工程、房屋建筑工程和市政工程施工总承包贰级，土石方工程、钢结构工程专业承包壹级、试验室壹级，测绘甲级，工程勘测设计和监理咨询乙级等资质。并持有对外承包工程资格证书、铁道部市场交易许可证书、计量认证证书和全国工业产品生产许可证书。

【领导班子】 执行董事、总经理兼党委副书记章运礼，党委书记兼副总经理刘美华，副总经理焦继轩、张雅兴、张育林、胡海涛、张波、单勇锋，监事、党委副书记兼纪委书记付胜利，总会计师刘玉建，总工程师王鹏禹，总经济师任世玉，工会主席吴家明，咨询司勤。

【组织机构】 水电三局有限公司下辖7个区域分局（四川分局、云南分局、西北分局、陕西分局、中南分局、华东分局、新疆分局）；4个专业分局（制造安装分局、路桥分局、基础工程分局、铁路分局）及勘测设计院、实业发展总公司、机电公司、房地产开发公司。公司机关设置的部门有：总经理工作部、党委工作部（含机关党委、史志办公室、新闻宣传处、局团委）、局纪委（监察处）、局工会、市场开发部、国际工程部、人力资源部、企业发展部、设备物资部、财务管理部、资金管理部、生产经营部、工程科技部、社会保险管理部、审计部、安全生产监督管理部（安全督察组）、法律事务部。费用单位有：职工医院、职工培训和劳务管理中心。

【经营业绩】 2011年，水电三局有限公司全年营业收入66.06亿元，实现利润总额1.71亿元，年末总资产突破35亿元。在岗职工平均工资为4.75万元/（人·年）。2011年新签合同40个，合同金额为92.64亿元，为年度计划的116%，其中：水电业务33.83亿元，非水电业务3.38亿元，国际业务55.43亿元。合同存量达到163亿元，同比增长29%，其中：水电业务63亿元，非水电业务23亿元，国际业务77亿元，权重分别为39%、14%和47%。

（王登康）

国内工程

【综述】 2011年，水电三局有限公司国内在建项目共86个，其中本年度新开工施工项目22个，15台机组投产发电，总装机容量48.30万千瓦。

【南水北调中线一期镇平段工程施工1标段】 南水北调中线一期总干渠陶岔渠首—沙河南镇平段工程位于河南省南阳市镇平县境内（中线局直管项目），起点在邓州尚寨以北约1千米的邓州与镇平县界（马庄村以南），桩号52+100，终点在官鲁岗镇附近潦河右岸的镇平县与南阳县界，桩号87+925，镇平段长度为35.825千米。全渠段设计流量340立方米/秒，加大流量410立方米/秒。2011年1月7日，水电三局有限公司中标镇平段第一施工标段，中标金额46 311.57万元。该标段包括长12.000千米的渠道及沿线布置的各类建筑物24座，3座河渠交叉建筑物，6座左岸排水建筑物，1座节制闸和1座退水闸，9座公路桥，4座生产桥。

主要工程量包括：土石方开挖约560万立方米，

土石方填筑约278万立方米，混凝土约19万立方米，钢筋约0.93万吨，复合土工膜约89万平方米。工程开工日期为2011年3月1日，计划完工日期为2013年6月30日，总工期27个月。

【南水北调中线一期方城段第三施工标段】 南水北调中线一期工程总干渠陶岔—沙河南段（委托建管项目）是中线输水工程的首段，位于河南省南阳市、平顶山市境内。起点位于陶岔渠首闸下，终点位于沙河南岸鲁山县薛寨北。总干渠方城段线路位于河南省方城县境内，方城段总干渠渠线长度60.794千米。全渠段设计流量330立方米/秒，加大流量400立方米/秒。2011年2月21日，水电三局有限公司中标方城段第三施工标段，中标金额21 853.16万元。该标沿线共布置各类建筑物11座，包括3座左岸排水建筑物，2座渠渠交叉建筑物，3座公路桥，3座生产桥。该标段工程为输水工程的一部分，主要建筑物为1级，次要建筑物为3级。工程开工日期为2011年3月1日，完工日期为2013年8月31日，总工期30个月。

【玛尔挡水电站】 玛尔挡水电站位于青海省玛沁县境内的黄河干流上，是黄河干流龙羊峡上游湖口至尔多河段开发的第12个梯级，位于果洛藏族自治州玛沁县拉加乡上游约50千米的黄河干流上，左岸为玛沁县，右岸为玛沁县及海南藏族自治州同德县，距上游规划的宁木特水电站约80千米，距下游规划的尔多水电站约33千米，距西宁公路里程369千米，西宁—果洛S101省道从坝址右坝肩通过。

工程开发任务以发电为主，正常蓄水位3270米，总库容13亿立方米，电站装机容量1500兆瓦，枢纽工程主要由挡水、泄水和引水发电等建筑物组成，坝高205米。

2011年4月1日，水电三局有限公司承建电站导流洞施工道路及出口段开挖支护工程，中标金额11 772.51万元，工程开工时间为2011年3月20日，施工总工期8个月。

【浑南新城大伙房输水改线工程安装工程】 大伙房水库输水（二期）工程是将浑江流域调来的水由大伙房水库调节后，向辽宁省抚顺、沈阳、辽阳、鞍山、营口、盘锦等六城市输水的一项大型输水工程。该工程由取水头部、输水隧洞、输水管线、配水站（6座）、加压泵站（1座）、加氯站（3座）等建筑物组成。穿越沈阳市浑南新城工程穿越沈阳市浑南开发区的核心区，是大伙房水库输水（二期）工程一部分。该合同工程位于沈阳市境内，中标日期为2011年4月18日，中标金额为12 974.33万元，总工期为72天。

【大盈江水电站】 大盈江水电站（四级）位于云南省德宏州盈江县境内的大盈江干流上，电站以发电为主，水库正常蓄水位585米，死水位584米，为径流式电站。电站采用引水开发，首部枢纽位于大盈江三级电站厂房下游约740米处（河道长），厂区枢纽位于大盈江右岸洪蚌河口上游约1000米缓坡台地上，属盈江县太平镇地界。2011年6月25日，水电三局有限公司中标电站沉沙池土建及金属结构制造安装工程，中标金额12 089.33万元，总工期9个月。

【枕头坝水电站】 枕头坝一级水电站为大渡河干流水电梯级规划的第19个梯级，位于四川省乐山市金口河区。坝址位于大沙坝—月儿坝河段，距成都市约260千米，金口河—乌斯河S306省道公路从库、坝区左岸通过，成昆铁路沿水库区左岸通过，对外交通方便。坝址处控制流域面积73 057平方千米，多年平均流量1360立方米/秒。电站采用堤坝式开发，为河床式厂房，正常蓄水位624米，最大坝高86.5米，电站装机容量720兆瓦，多年平均发电量32.90亿千瓦·时，正常蓄水位以下库容0.435亿立方米，水库总库容0.469亿立方米。开发任务为发电，兼顾下游用水。

枕头坝一级水电站为二等大（2）型工程，枢纽主要建筑物为2级建筑物，次要建筑物为3级建筑物。工程枢纽建筑物由左岸非溢流坝段、河床厂房坝段、排污闸及泄洪闸坝段以及右岸非溢流坝段组成。坝顶高程626.50米，坝顶总长317.55米，顶宽8米，最大坝高86.50米。厂房坝段布置于主河床，右岸台地处布置5孔泄洪闸及排污闸坝段，泄洪闸坝段及厂房坝段与两岸岸边均采用混凝土重力坝连接。

2011年9月20日，水电三局有限公司中标电站主体工程，中标金额115 615.82万元，合同总工期45个月。

【仙居抽水蓄能电站】 仙居抽水蓄能电站位于浙江省仙居县湫山乡境内，为日调节纯抽水蓄能电站，安装4台375兆瓦立轴单级混流可逆式水轮发电机组，总装机容量为1500兆瓦，年平均发电量为25.125亿千瓦·时，年平均抽水电量32.63亿千瓦·时。电站对外交通便利，距台州、金华公路里程分别为136千米、138千米。枢纽工程主要由上水库、输水系统、地下厂房、地面开关站及下水库等建筑物组成。上水库由1座主坝、1座副坝及库周山岭围成，总库容1294万立方米。主坝和副坝均为混凝土面板堆石坝，坝顶高程679.20米，主坝坝顶长263.66米，最大坝高86.7米；副坝坝顶长度222米，最大坝高59.7米。输水系统采用一洞两机的布置方式，上、下库进/出水口高差456米，上、下库进/出水口之间输水管道总长度为2216.9米（3号机输水系统，下同），其中引水系统长1216.2米，尾水系统长1000.7米。地下厂房洞群包括主副厂房洞、主变压器变洞、母线洞、尾闸洞、500千伏出线洞等。

2011年9月22日，水电三局有限公司中标电站引水系统工程土建工程，中标金额34 354.17万元。该工程要求投标人于2011年10月1日进点，2015年4月30日1号引水系统具备充水条件，2016年3月31日引水系统工程竣工。

（洪　夏）

国际工程

【综述】　2011年，水电三局有限公司在建国际项目7个，新增合同金额33.9亿元，逐步培育出中东、非洲及东南亚三大相对稳定、有持续成长性的区域市场和规模化项目群，为水电三局有限公司“水电、非水电、国际”三分天下的产业结构转型升级奠定了基础。

【缅甸蒙育瓦莱比塘铜矿项目】　该项目包括露天采场基建剥离和采剥生产外包工程，主要工程内容为：采矿场、采矿工业场地、粗碎筛分车间、堆浸场、萃取电积车间、排土场、厂区内外供配电、厂区给排水、机汽修、库房、办公和生活设施和露天采场基建剥离和采剥生产外包标，基建剥离量5000万吨（包括副产矿石276万吨）。项目建成后，将形成露天开采—堆浸—萃取—电积的生产工艺系统。2011年7月8日中标，基建工期17个月。合同金额28 000万美元，折合人民币179 172万元。该项目为集团国际公司组织，以水电三局有限公司和水电十局有限公司组成紧密联营体方式实施项目运作。业主为万宝矿产（缅甸）铜业有限公司。

【斯里兰卡一期公路项目】　该项目为总体分包。项目包含C1A、C2A、C3、C6、C8、Flyover等6个合同段，共计6个路段1座立交桥，总里程为127.42千米。2011年4月2日中标，合同金额8161.48万美元，折合人民币54 215.23万元。合同工期2年，业主为中国航空技术国际工程有限公司。

【斯里兰卡二期公路项目】　该项目为总体分包。项目包含C4A、C21、C4B、C24、C4C、C1A、C2A、C5A、C2B等9个合同段，共计7个路段2座桥，总里程为168.5千米。2011年8月2日中标，合同金额10 347.38万美元，折合人民币68 114.73万元。合同工期2年，业主为中国航空技术国际工程有限公司。

【阿联酋阿布扎比巴尼亚斯别墅群项目】　该工程为总体分包，共包括129栋别墅，共分12种户型，土建主要工程量约为：土方开挖47 000立方米，基础垫层混凝土23 349平方米，地面层板垫层混凝土30 315平方米，结构钢筋混凝土37 539平方米，砌砖75 852平方米，防水约22 188平方米。2011年4月中标，合同金额3835.62万美元，折合人民币24 381.89万元。合同工期15个月，业主为中国航空技术国际工程有限公司。

【卡塔尔QPMC水泥码头项目】　该工程为集团国际公司内部委托项目，主要工程为场地平整和水泥罐桩基。场地平整36 000平方米，桩基588根。2011年9月8日中标，合同金额409.35万美元，折合人民币2619.43万元。合同工期6个月，业主为中国建材集团国际工程有限责任公司。

【卡塔尔CP1基础设施临建项目】　该工程为集团国际公司内部委托项目，主要工程包含饮用水系统、雨水系统、灌溉水系统、污水系统、低压电力系统、交通道路划线、弱电系统、饮用水电力设备控制室及泵房等，土方开挖2733立方米，混凝土浇筑1477立方米，管线铺设126 312米。2011年5月30日中标，合同金额1382万美元，折合人民币8983万元。合同工期8个月，业主为卡塔尔迪尔不动资产投资公司招标拍卖委员会。

【卡塔尔CP4主场地和料场区临建项目】　该项目为总体分包，主要包括施工场区与料场两个区域310万平方米平整，合同工作范围包括场地清理、平整、围栏、大门、门卫室和公路施工。2011年8月11日中标，合同金额409.35万美元，折合人民币2619.43万元。合同工期84天，业主为德国HOCHTIEF公司。

【卡塔尔锡德拉房建项目】　该工程为集团国际公司

内部委托项目，主要包括107栋（套）别墅建筑群及其配套设施和室外工程，总建筑面积12万余平方米。2011年12月19日中标，合同金额12 994.51万美元，折合人民币82 251.35万元。合同工期609天，业主为卡塔尔房地产开发有限公司。

【几内亚凯乐塔水电站项目】 该项目为从EPC总包单位中国水利电力对外公司总体分包。几内亚凯乐塔水电站位于几内亚西部的孔库雷河流域，装机容量24.5万千瓦，保证出力2.7万千瓦，年均发电量946吉瓦·时。合同主体工程项目包括进场道路、碾压混凝土挡水大坝、坝后式发电厂房、开关站等建筑物及金属结构与机电设备安装，主要工程量为土石方开挖106.8万立方米、碾压混凝土12.7万立方米、常态混凝土15.5万立方米、金属结构制作安装1549吨（压力钢管960吨）。2011年11月11日中标，合同金额15 800万美元，折合人民币100 407.42万元。合同工期48个月，2012年1月1日～2015年12月31日，业主为中国水利电力对外公司。

【卡塔尔Kahramaa主题公园项目】 该项目为集团国际公司内部委托项目。该建筑物体型特殊，弧形结构面较多，地下1层，地上6层，夹层5层，建筑物高度42.8米，主要工作内容包含所有建筑、安装工程，包括土方工程、降水工程、防水工程、地下结构、地上结构、楼地面工程、天棚工程、屋面工程、砌体工程、装修工程、幕墙工程、门窗工程、金属结构工程、卫生洁具、固定及活动家具、所有软硬件设施设备、景观绿化工程、消防灌溉饮用给水系统、排水系统、通风空调系统、电气强弱电系统、火灾报警系统、楼宇智能管理系统、安防系统。主要工程量：土方开挖31 053立方米，钢筋1692吨，混凝土12 279立方米，模板27 412平方米，砌体4914平方米，幕墙13 655平方米。2011年11月28日中标，合同金额5368.19万美元，折合人民币33 824.43万元。合同工期20个月，业主为卡塔尔水电局。

（潭淑芳）

投资开发

【综述】 截至2011年底，水电三局有限公司所属全资、控股及参股公司共10家，其中全资公司5家，控股公司1家，参股公司4家。

【陕西江河水利水电土木勘测设计研究有限公司】 该公司为水电三局有限公司独资设立的有限责任公司，注册资本金100万元。主要经营范围为水利水电工程、工业与民用建筑工程及市政工程的勘察设计和装饰设计。2011年实现营业收入465.2万元。

【安康市岭南液化气有限公司】 该公司为水电三局有限公司独资设立的有限责任公司，注册资本金46万元。主要经营范围为液化气及系列产品的储存分装、灶具、五金交电以及日用品的销售。2011年实现营业收入1793.53万元。

【中国水利水电第三工程局工程监理有限公司】 该公司为水电三局有限公司独资设立的有限责任公司，注册资金117.77万元。主要经营范围为工程监理、技术咨询服务、工程概预决算编制、报价、评估、审计咨询、招投标咨询服务、工程调价调整、索赔技术服务、技术方案制作、工程管理、合同咨询服务、信息服务和中介服务。目前正在进行清理关闭，已明确启动注销程序。

【陕西联重工贸有限公司】 该公司原名陕西秦云工贸有限公司，为水电三局有限公司独资设立，注册资本金800万元。公司创立于2003年9月，主要经营范围为水电站、公路、房屋等建设项目的开发、施工及管理等。2011年实现营业收入236.28万元。

【陕西瀛湖置业有限公司】 该公司经股份公司批复同意，经陕西省工商行政管理局批准，由水电三局有限公司出资，于2010年10月注册成立，注册资本金800万元，主要用于房地产市场开发。目前正在进行的商品房开发项目均处于前期土地变性阶段，2011年暂无收益。

【苏州三新商品混凝土有限公司】 该公司是由水电三局有限公司与苏州联发房地产公司于1995年共同出资组建，现股东为水电三局有限公司与自然人股东沙朝晖先生。其中水电三局有限公司出资1540万元，占70%控股权，沙朝晖先生出资660万元，占30%的参股权。该公司主要从事商品混凝土生产和营销，现注册资本金2200万元。目前受让方已摘牌，正在进行后期的转让协议签订程序。

【湖北谷城联虹电业有限公司】 该公司创立于1999年1月，是由水电三局有限公司与谷城县水电开发公司、襄樊电力集团、襄樊电力集团谷城银盛公司、谷城县华鑫公司5家单位共同出资组建，注册资本金

3340万元，其中水电三局有限公司出资1575万元，占47%的参股权。该公司主要负责庙子头水电站的建设与经营，目前受让方已摘牌，正在进行后期的转让协议签订程序。

【石泉发电有限责任公司】 该公司于1998年2月注册成立，注册资本金7500万元，由水电三局有限公司与大唐陕西发电有限公司、安康国有资本经营公司、中国水电顾问集团西北勘测设计研究院4家单位共同出资组建，水电三局有限公司出资1275万元，占17%参股权。该公司主要负责石泉水电站机组的扩建管理和发电运营。2011年实现营业收入7306.27万元。

【陕西汉江投资开发有限公司】 该公司于2002年1月注册成立，首期注册资本金1000万元。由于股东变更，2009年9月，经国家发展改革委和商务部审核同意，公司性质变更为中外合资企业，陕西省工商行政管理局向该公司颁发了外商投资企业营业执照，现股东为大唐陕西发电有限公司、陕西省水电开发有限责任公司、陕西省交通厅航运管理局、水电三局有限公司、日本电源开发株式会社。现注册资本金11.37亿元，水电三局有限公司出资5685万元，占5%的股权。2011年实现营业收入38 979.42万元。

【中水电西安投资发展有限公司】 该公司于2011年5月注册成立，由水电三局有限公司与路桥公司、水电十五局有限公司共同出资组建。水电三局有限公司出资2275万元，占32.5%参股权。该公司目前主要开发建设西安沣渭新区河道综合治理工程BT项目。

（高海涛）

管理创新

【创新总部管理模式，提高管理水平】 为进一步提升总部机关管理水平和各岗位的履职能力，水电三局有限公司聘请专业的咨询公司在水电三局有限公司总部范围内开展“以高效员工管理模式，推动战略目标实现”管理咨询项目，以岗位分析、绩效管理、薪酬管理和人员选拔任用为核心，构建适应水电三局有限公司发展战略的人力资源管理体系。

此项工作历时5个月，经过访谈调研、组织结构优化设计及工作分析、岗位评价及薪酬方案设计、绩效管理体系设计、总部中层干部及空缺岗位公开选聘5个阶段，创新了总部人力资源管理模式，进一步激活人力资源，提升员工能力，促进员工管理和水电三局有限公司战略目标实现。

通过该项目的开展，对总部人力资源管理体系进行了较大的改进和调整，使水电三局有限公司总部各部门的工作职责更加明晰、岗位设置更加科学、人员配备和薪酬结构更加合理、考核评价更加实际、管理工作更加高效的目标，提升了水电三局有限公司生产经营和管理水平，增强了企业可持续发展的动力。

【开展项目经济评估工作】 项目经济评估是推进项目管理、加强项目管理能力、提升获利水平、完善风险防范机制、规范项目经理责任制体系的一项重要工作。水电三局有限公司主管生产经营部门对新中标合同额度达到评估标准的项目，安排具有丰富经验的经济管理人员赴工地进行经济评估，评估小组通过对新中标项目的施工组织设计与实际施工方案进行对照比较，通过对临建和主体施工机械的布置、主体施工方案的审核，提出较为合理的评估意见。2011年，先后对中南分局桃源项目、制安分局呼蓄项目、西北分局海勃湾项目、橙子沟项目，华东分局溧阳项目、洪屏项目、铁路分局辽西北一标项目、铁路分局辽西北三标项目、大西客运专线二标项目、陕西分局镇平项目、路桥分局禹州项目、方城项目等12个项目进行了经济评估，在项目进行经济评估的同时，对项目的履约情况、分包商管控进行了相应检查指导，提出合理化建议和意见。

【加强分包立项审批，强化分包管理工作】 2011年，依据股份公司和水电三局有限公司分包管理有关规定，水电三局有限公司生产经营部下发了《水电三局有限公司2010年度合格分包商名录》，并转发了股份公司不合格分包商及个人清单，对项目正确选择分包商提供了依据，防范了项目分包经营风险。为加强项目分包立项审批和分包合同审核，2011年，水电三局有限公司生产经营部会同相关部门累计审批了18个新开工项目分包立项，累计审批了22个项目上报的55份分包合同，同时对98家分包商进行了资质复核。截至2011年底，水电三局有限公司已有238家分包商在《中国水利水电信息资源网》上注册和信息入库。

【制定“十二五”规划】 水电三局有限公司完成了“十一五”发展规划目标的各项工作，制定了“十二五”发展战略规划，主要从管理体制、发展战略、产业结构、经营模式、管理创新、制度建设、管控手段、资源配置、科技创新、安全质量、监督和风险防范、社会责任履行和保障、和谐基地和党群工作上进行系统规划。重点提出了“一个核心、两大战略、三项建设、四个转变、五支团队”的发展目标。

（梁周莉　王登康）

【设备物资管理】　随着股份公司集团化发展的需要，强化了对各子公司设备物资的集中采购管理，股份公司设备物资采购中心以季度采购计划为抓手，着重加强了采购计划管理。为了实现股份公司和水电三局有限公司两级集中采购招标平台的有机互动，按照《水电三局区域设备物资管理实施细则（试行）》和股份公司《设备物资集中采购管理办法》规定采购权限的要求，水电三局有限公司继续加大了对区域分局设备物资采购的管控力度，规范分局、项目部设备物资计划、采购、合同备案的过程控制，严格按照设备物资集中采购管理办法和采购程序，实行签报审批制度，并根据股份公司的批复精神，积极组织不同类型的采购工作，落实主要施工设备，为完成生产任务提供保障。

2011年，水电三局有限公司设备管理部门积极为在建项目服务。为了确保中南分局桃源项目“保三增五”目标的实现，紧急协调3台塔机并派专人到现场指导3台塔机的安装，满足了工程施工对垂直起吊设备的需要；为满足呼蓄抽水蓄能工程项目爬罐、西北分局玛尔挡以及华东分局溧阳项目湿喷台车的需要，设备物资部派专人到西龙池与西龙池抽水蓄能电站业主多次磋商，进行相关设备的回购谈判，经过多方努力，以较低的回购价格购置了相关设备并运至工地现场，满足了项目施工需要；不断加强设备物资管理制度建设。根据公司化管理及快速发展的需要，为使区域分局进一步做大做强，早日实现实体化管理，设备物资管理部经过多次研讨，采取自上而下、自下而上的方式，多方面、全角度地征求意见，通过对其他公司的工作调研，充分发挥大家智慧，集思广益，制定了水电三局有限公司《设备物资管理方案》。力求充分发挥区域管理优势，发挥项目管理人员的积极性，充分贯彻“抓大放小”的思想，贯彻责、权、利挂钩的思想。充分发挥各管理层级在设备物资实物管理方面的积极性，从而达到管资产和管人相结合，管物和管钱相结合，最大限度地发挥施工设备在项目施工中的作用，进一步促进企业发展。

2011年，根据股份公司设备物资管理办法以及其他管理办法的要求，水电三局有限公司新制定了中国水利水电第三工程局有限公司《物资管理办法（试行）》、《供应商管理办法（试行）》以及《设备物资集中采购管理办法》。为了规范各个项目特种设备的使用、检验及管理，水电三局有限公司设备管理部在各项目上报特种设备的检验手续中增强了对分局的监管力度。让项目上报特种设备的安拆申请表，报送分局盖章、签字，以加强分局对项目上特种设备的监管。对项目上报的安装施工方案和安全保障方案进行严格的审核，合格后，水电三局有限公司才能发给特种设备管理资质。监督项目特种作业人员持证上岗，保证特种设备的安装质量。为了规范水电三局有限公司物资管理工作，按照项目管理的要求，制定和规范了分包单位物资领用及结算管理程序，实行周转材料合理摊销或租赁管理制度，充分利用物资信息系统管理职能，加强水电三局有限公司对分局和项目业务管控和指导工作，实现物资的动态管理，加强了物资管理工作水平。通过水电三局有限公司内部整合，建立区域化采购管理平台，强化区域管理职能，要求各分局及项目部按照专业管理工作的需要，制定和完善了物资管理制度及管理办法，使其达到采购管理规范、库房管理安全、现场管理有序、管理过程可控等管理要求。在水电三局有限公司范围内进一步规范物资管理程序，加大物资采购、领料、消耗、结算、核销等全过程管理力度，促进项目施工经济效益。

（沈　钧）

【财务管理】　2011年，水电三局有限公司财务管理工作始终围绕股份公司财务工作重点和水电三局有限公司总体经营目标，坚持按照“三控、三强、一确保”的管控要求，以强化预算管理、确保信息质量、夯实基础工作、严控财务风险、提升财务管控力为主导，有序开展各项财务工作，不断促进企业创利能力和管理水平的提高。

2011年，水电三局有限公司通过定期对相关财务指标进行分析，对合同签订、预付账款管理、资金支付审批等建立由相关部门审核会签制度，层层把关，在第一时间发现风险源，并进行风险提示和风险控制，对重大风险事项及时进行通报预警。初步建立了财务风险预警机制，强化财务风险管控；强化预算管理，重抓科学编制和过程控制，以“科学制定—及时跟踪—适时纠偏”为主导原则，不断强化预算管理工作。在2011年初编报环节，通过“自下而上、层层汇总”，并经过各业务部门审核把关等程序，确定科学、合理的预算目标。经综合审定后，将预算指标层层批复至各项目，把预算指标落到实处。在每季度末进行预算执行情况分析，并将现金预算与月度用款计划有机结合，强化预算导向和控制作用，保证财务预算执行力和控制力；严格按照股份公司下达的《建造合同准则实施细则》，强化组织体系，健全工作机制，规范审批流程，加强业务部门间沟通和协调，确保建造合同准则实施体系的有效运行。

2011年，水电三局有限公司以文件形式按季通报分析“已完工未结算”挂账情况。明确年度考核控制目标，要求各单位加强合同管理，加大结算及变更索赔工作力度，将“已完工未结算”挂账额度控制在较低水平，降低项目经营风险。

2011年，水电三局有限公司不断强化债权管理，加快资金回笼，盘活内部资产，降低财务费用。一是强化各单位债权对账机制，要求所有债权必须对账并签认对账单，防范坏账风险；二是以文件形式下达完工债权清收计划，明确清收奖励比率，指定清收责任人，要求按季度定期通报清收完成情况，年终将清收结果纳入考核内容；三是对各单位备用金大额长期挂账情况进行通报和督促清理，有效降低备用金管理风险；四是针对内部单位之间三角债规模不断增大的趋势，及时分析研究，制定清理措施，既理顺了内部关系，也盘活了资源；以“税务发票检查及税务稽查工作”为契机，不断规范税务管理基础工作，2011年水电三局有限公司分别接受西安市国税稽查一局、西安市地税稽查局对公司的发票检查及税务稽查工作，此次专项检查工作顺利完成，通过检查使公司财务人员对防范假发票及税务风险意识有了进一步提高，水电三局有限公司以此为契机，加强税务政策研究，不断规范税务基础工作，降低税务风险；财务信息化工作稳步提升，实现财务资源的实时查询和监管，财务管理信息化系统建设是全面提升财务管理水平，实现信息共享的关键环节，是体现企业管理水平的重要标志之一。

2011年，水电三局有限公司财务信息化工作，出台了《财务信息化管理办法》，使财务信息化工作有规可依；在保证国内项目上线率95%以上和业务实时在线处理的基础上，逐步探索发挥其管理功能；加强国际项目风险管控，确保国外项目财务风险受控，随着国际业务收入占水电三局有限公司比重越来越高，面对国际项目管理风险高、不确定因素较多的情况，加强国际项目管控力度，由水电三局有限公司总部直接面对国际项目进行管理；通过各种手段增加与境外项目沟通，不断强化国外项目财务管控、预算管理和财务信息监管力度，确保国际项目财务、资金、税收、外汇风险管理受控和项目效益的实现。

（张立选）

【资金管理】　2011年，水电三局有限公司不断深化资金集约化管理，资金使用效率进一步提高。在外部资金集约化基础上构建了内部“两级集中，分级管理”的资金管理模式，在强化水电三局有限公司总部资金管控能力的同时，进一步提升二级单位的资金管控能力，对于加快二级单位内部资金流转、提高内部资金使用效率发挥了重要作用，进一步深化了资金集中管理，提高了资金使用效率；加强预付账款日常管控，确保预付账款规模可控。通过严把预付账款支付、强化预付账款及时清理以及每季度对预付账款进行分析通报等手段，预付账款管理已趋于日常化、制度化，各单位对预付账款的管控意识、风险意识有了极大的提高，预付账款规模得到有效控制，强化资金管控，努力降低资金管理风险。为有效应对严峻的金融形势，严格执行“以收定支”原则，强化资金审批，严控计划外资金支出，规范内部资金管控。同时，建立了外部银行账户日常核查及各单位资金收支定期核查制度，密切关注各单位现金流，严查违规使用资金等违规行为。通过一系列具体措施的实施，进一步增强资金管控能力，积极防范资金管理风险；强化银行账户管理，增强国际项目资金管控力度。

为加强国际项目资金管理，全面清查国际项目境外银行账户，规范银行账户管理，要求各单位按时上报资金周报和月报，按季发送银行对账单及余额调节表，及时掌握国际项目资金收支、汇率变化等情况，统筹安排资金，应对项目生产经营风险。目前，国际项目能定期反映资金状况，及时上报项目重大资金事项报告，使资金管控力度进一步加强；推动银企直连上线工作，进一步推进全面资金信息化建设。在股份公司的统一部署下，水电三局有限公司已完成中国建设银行、中国农业银行的网银管理平台与资金NC系统数据初期对接，实现了账户授权、查询功能，为后续划拨功能等奠定了基础。银企直连工作的全面开展，进一步增强企业内部管控力度，提高了工作效率，节约了管理成本，推进了资金信息化建设。

（叶　平）

【加强和完善信息化建设】　2011年，水电三局有限公司进一步完善机房基础设施建设，达到了专业机房建设标准。全面加强以综合项目管理系统为核心的协同平台的建设，部分实现信息系统的集成和统一；通过软件功能改进，逐步完善水电三局有限公司总部、分局对在建项目的管控；大力推广二级单位办公自动化应用，实现二级单位的公文流转和管理；继续普及信息化知识，并向专业领域的信息技术倾斜，开展更深层面的信息化技术培训；加强广域网建设，利用专线和远程接入新技术，探索以VOIP、单点登录、数据仓库等为代表的新技术的开发和应用，提升了信息化管理水平。

【全面推动风险管理和内部控制体系建设】 根据股份公司有关文件要求，结合水电三局有限公司实际，全面推动风险管理和内部控制体系建设工作。通过统筹安排各部门对业务流程及制度体系进行梳理，系统挖掘各类风险，制定整体解决方案，优化管理，最终形成水电三局有限公司内控自评报告与内部控制手册，为水电三局有限公司管理水平的提升打好基础。

【保持特级资质申报工作】 建筑业企业资质管理是我国计划经济体制改革后实施的一项重要的市场准入制度，也是国家实施政策调控和引导行业发展的重要手段。企业资质结构和等级高低直接影响企业的发展层次和空间大小，事关企业的生存和发展。为使水电三局有限公司建筑业务范围全行业覆盖，根据国家新资质标准要求及水电三局有限公司总体安排部署，启动企业增项总承包壹级资质的申报工作。于2011年9月完成就位申报材料上报工作，并于2011年10月完成专家组的审核和现场核查，效果良好。

（王登康）

企业改革

【剥离企业办社会职能，移交生活基地市政环卫职能】 水电三局有限公司安康张岭生活基地形成于20世纪70年代安康电站建设初期，属于相对独立和封闭的工矿家属生活区，占地1456亩，常住人口约3万人，市政环卫等基础设施多修建于20世纪80年代，近40年来的使用，市政环卫等设施都已破损严重，每年都需耗费大笔资金和人力进行维护、维修，企业也越来越无力承担沉重的改造费用。随着安康市经济迅速发展，城市化建设进一步加快，市政府已将张岭区域纳入中心区规划，为张岭基地与安康城市建设进一步融合提供了难得的机遇和平台，水电三局有限公司及时与市政府进行多次沟通协调，于2010年10月8日促使形成了第46次《安康市人民政府专项问题办公会议纪要》，对张岭基地市政环卫移交事宜达成初步协议。政府同意接收市政环卫设施，但环卫现状和政府所定标准尚有一定差距，要求水电三局有限公司给予一次性投入和补偿共计220万元（含固定资产投入）。移交后，由安康市汉滨区环卫局负责张岭区域的道路、公厕、市场、居民住宅区的日常清扫、保洁、垃圾清运、环卫设施维护和管理。

（王登康）

科技进步

【科技成果】 2011年，水电三局有限公司继续保证科研经费的投入，加强对科研项目过程的管控力度，在科研、专利、工法、标准、论文、技术革新和“四新”推广等方面取得了丰硕的成果，全年立项科研项目12项，申报股份公司立项6项。2011年，验收科研项目13项，其中股份公司立项项目7项，水电三局有限公司立项项目6项（包括提请股份公司验收的2项）。2011年验收的项目中，有10项项目获得股份公司科技进步奖，其中特等奖1项、一等奖3项、二等奖3项、三等奖3项。在中国施工企业管理协会主办的2010年度科学技术奖的评选上，水电三局有限公司有5项科技成果获奖，其中一等奖2项、二等奖3项；《爆破开挖监测技术》、《GPS一机多天线监测技术》两项技术，入选住房和城乡建设部发布的“建筑业10项新技术2010”；水电三局有限公司为中国水力发电工程学会理事会员单位，鉴于其为推动学会和水电科学技术的发展作出的贡献，中国水力发电工程学会授予其六届理事会学会工作“先进集体”荣誉称号，授予水电三局有限公司王鹏禹总工程师“优秀学会工作者”荣誉称号。

水电三局有限公司近几年承担了18部国家或行业标准的编写工作，主编2部标准、参编7部标准，其中参编的《砂石料试验筛检验方法》（SL126—2011）4部标准出版发行，另外3部参编的规范已完成征求意见稿，主编的《水电水利工程施工项目度汛风险评估规程》和《水利水电工程施工期安全监测规程》2部新标准已经完成初稿的编写工作。这些标准的编写和出版，充分展现了水电三局有限公司的专业技术水平，提高了水电三局有限公司在行业中的知名度，对增强水电三局有限公司的市场竞争力具有重要的意义。

截至2011年底，水电三局有限公司申报专利共计26项，其中实用新型专利18项，发明专利8项。2011年受理4项，其中实用新型3项，发明专利1项；授权2项，其中实用新型1项，发明专利1项。这些专利的取得，不仅展示了水电三局有限公司的核心技术竞争力，而且说明了水电三局有限公司在部分专业领域已走到了行业的前面，增强了企业的竞争力。2011 年，在陕西省首届职工科技节上，水电三局有限公司参展成果荣获职工发明创新成果奖 16 项，其中金奖 4 项、银奖 5 项、铜奖 9 项。2011 年，水电三局有限公司拥有国家级工法 6 项，股份公司级工法 12 项。2011 年，水电三局有限公司新立项工法 5 项。这些工法的取得，提高了水电三局有限公司整体施工技术管理水平和工程施工中的科技含量，加速了科技成果向现实生产力的转化；水电三局有限公司科技人员在各种杂志上发表论文 170 余篇，其中 15 篇被中国水力发电年鉴收录，11 篇获得陕西水电学会第二届青年优秀科技论文奖。

2011 年，水电三局有限公司完成了全国水利水电施工技术信息网组织的《水利水电施工技术全书》其中 2 个分册的初稿编写工作，公司的科技进步工作总结已连续 3 年被《中国水力发电年鉴》收录。

【科技工作体系】 近年来，水电三局有限公司积极构建集项目管理、科研开发、推广应用为一体的科技创新平台，形成了 2 个系统、3 个层次的科技管理体系。经过近年来的持续运行，满足地方政府和行业协会、学会团体的要求，满足科技工作的需要，促进了水电三局有限公司科技工作的发展，取得了较好的成效。

【科技管理制度】 截至 2011 年底，水电三局有限公司制定各种科技管理规章制度共计 42 个，基本覆盖了科技管理工作的各个方面，加强了科技工作的管控力度，保证了科技工作的顺利进行，促进了科技工作的持续发展，支撑着水电三局有限公司科学技术 3 年发展规划目标的基本实现。

【科技投入】 2011 年，水电三局有限公司计划投入科技经费 3331.52 万元，占计划产值 66.45 亿元的 5.01‰，预计实际科技投入 3200 万元，不仅达到了股份公司的要求，而且满足了陕西省省级企业技术中心的要求。

【技术中心建设】 2011 年，水电三局有限公司技术中心管理重点是技术中心试验基地建设，在水电三局有限公司科技部门的积极促进下，水电三局有限公司勘测设计院在西安市高标准地建设了“中水三局技术中心试验基地”，占地面积约 1200 平方米，具备了国家计量认证资质认定的 8 个领域、45 类产品、538 个检测项（参数）的全部检测能力。该试验基地的投入运行，将大大提高技术中心的研发能力。

【工程档案建设】 为提高水电三局有限公司工程项目软件中档案管理内规程规范、工程档案、科技档案、管理水平，方便水电三局有限公司员工学习、浏览、查阅和下载相关档案资料，提高员工业务水平和发挥档案的利用效率，2011 年新制定、印发了《中国水利水电第三工程局有限公司工程项目管理软件档案管理办法（暂行）》，进一步加强和规范了工程档案管理工作。

【塑造品牌】 2011 年，水电三局有限公司全面展开品牌塑造工作，各责任单位健全组织机构，完善工作机制，以工程项目为依托，广泛开展宣传册、广告、拜会等多种途径的宣传，参加专业技术交流、专家会议，主编或参编标准规范等，扩大了水电三局有限公司品牌的行业认知度和影响力。2011 年 9 月 8 日，国家商标局下发通知，审定“中水三局中心实验室”商标可以在“材料测试、质量控制、化学分析”上使用。“水电三局 PCCP 管安装”等其他品牌塑造工作也在按计划实施中。

【科研成果的转化】 2011 年，水电三局有限公司继续对获得股份公司科技进步二等奖的葡甘聚糖（KGM）絮凝剂进行产品的进一步开发、生产、销售的策划，扩大水电三局有限公司社会知名度，将产品推广应用到水利水电、石油钻井等工程中。KGM 絮凝剂系列产品已研发有Ⅰ型（用于水泥高喷灌浆工程）、Ⅱ型（用于高压注浆堵水工程）、Ⅲ型（用于油井漏失堵水）及Ⅳ型（用于油田钻井护壁）4 种类型，为步入市场奠定了基础，2011 年在锦屏水电站灌浆工程中成功应用。同时，水电三局有限公司也加大其他科技成果或专利产品的成果转化工作，例如毛面剂产品在南水北调中线干线镇平段获得成功应用。

【质量管理】 2011 年，水电三局有限公司新开工项目较多，产值增长较快，高风险项目增加，质量管理难度加大，风险因素提高。为了进一步强化水电三局有限公司质量管理，提高在建项目的工程质量，避免或减少顾客因质量问题的投诉事件发生，2011 年，水电三局有限公司在所辖范围内开展“强化内部管理、确保在建工程质量”为主题的“质量管理年”活动。

为了使“质量管理年”活动组织有力，活动有序，内容充实，成效显著，水电三局有限公司成立了由公司总工程师担任组长的质量年活动领导小组，并制定了4个阶段的活动方案和活动方法。在“质量管理年”活动中，水电三局有限公司在建工程项目积极开展了形式多样的质量宣传、教育活动，在基层厂队开展与质量管理有关培训学习，向员工普及工程施工质量知识，张贴标语、悬挂横幅，并开展了“我为水电三局有限公司质量作贡献”的签名活动；对在建工程项目根据项目自身的实际情况对质量控制风险源进行识别，并针对重大质量风险源开展了QC小组活动，有针对性地制定预防措施，解决了出现的质量问题。对现行的工序、工艺控制情况进行摸排，从科学性、实用性和可操作性等方面进行验证，并对工程实物质量进行检查，针对发现的质量问题均及时制定了纠正措施。

2011年“质量管理年”活动，使得水电三局有限公司各级人员质量意识得到了较大的提高，在建工程项目质量管控更加有效。截至2011年11月30日，水电三局有限公司在建工程项目累计完成91 774个单元工程，其中水电工程9530个，优良单元工程8842个，合格率100.00%，优良率92.78%；非水电检验批82 244个，合格率100.00%；年度内未发生工程质量事故；未收到顾客因质量问题而进行的投诉，统计顾客满意率为98.96%，满意度达到91.52分，达到并超过了水电三局有限公司确定的顾客满意率，实现了水电三局有限公司的质量目标。

【荣获质量奖】　2011年，水电三局有限公司共申报11个优质工程项目，最终云南泗南江电站、南水北调北拒马河工程获得“中国水电优质工程奖”。同时，水电三局有限公司参建的甘肃黄河炳灵水电站工程获得2009年度“甘肃省建设工程飞天奖”，乌金峡水电站获得2011年度“中国电力优质工程奖”。2011年6月，中国电力建设企业协会在南京组织召开了2011年度中国电力建设优秀QC小组成果发表会，《南水北调北拒马河工程暗渠箱涵混凝土泌水率》、《提高墩台身混凝土外观质量》、《提高景洪水电站工程双掺料碾压混凝土强度保证率》3个QC小组成果获得“优秀QC成果三等奖”；同年11月，股份公司在郑州召开了“2011年质量管理工作专题会”，水电三局有限公司有2个工程项目被评为“中国水电优质工程”，3个单位被评为“‘十一五’期间质量管理先进单位”，7人被评为“质量管理先进个人”。

【节能减排】　水电三局有限公司节能减排工作连续两年被评为股份公司第一名。

2011年，水电三局有限公司下发《关于下发2011年节能减排工作计划的通知》，计划2011年万元营业额综合能耗同比降低4.3%，要求各二级单位的目标为同比降低4.5%以上，主要围绕节能减排管理体系、规章制度、落实责任、淘汰落后设备、政策激励、资金扶持、技术培训、技术改造项目、经验交流、宣传报道、年终考核等方面开展工作。为深入贯彻节能减排政策，全面落实国务院国资委关于加强中央企业节能减排工作和股份公司节能减排的各项要求，水电三局有限公司工程科技部组织生产经营部、设备物资部举办了节能减排培训班，各二级单位的节能减排统计人员参加了培训。通过培训，学员重新认识了节能减排工作的重要性，加深了对节能减排统计报表及报送工作的理解，提高了节能减排监测、统计和管理水平；组织开展节能减排宣传周活动，水电三局有限公司工程科技部组织各二级单位及所属项目举办2011年节能减排宣传周活动。14个二级单位及24个项目部按照要求，以“推进机构节能，降低运行成本”、“绿色办公，低碳生活”、“节能我行动，低碳新生活”等为主题，以学习相关文件、节能减排知识、编制宣传板报、悬挂宣传横幅、知识竞赛等多种形式开展了宣传周活动；组织节能减排经验交流会，2011年10月18日，水电三局有限公司在南水北调工程焦作段召开了2011年度节能减排经验交流会，公司相关单位40余人参加了会议，为各单位提供相互学习、相互借鉴的交流平台，进一步提高了广大职工对节能减排工作的思想认识，为进一步推动水电三局有限公司节能减排工作的普及、深入和不断提高奠定了坚实的基础。

（李东锋　王登康）

【员工培训】　2011年，水电三局有限公司围绕“人才强企”战略，根据企业发展的实际需要，加大了培训工作的力度，进一步转变工作思路和方法，制定了详细、合理、可行性强的年度培训计划，确定培训工作重点，把服务结构调整转型升级、服务生产一线、服务施工项目放到了首要位置。工作中采用确定主要责任部门、多部门协作的方法，分类、分层次、有效地开展各项培训工作，尤其是委托培训机构开发设计架子队管理模式培训、委托西安外国语大学开展年轻技术干部英语培训、在职人员武汉大学水电学院专升本培训、TBM施工技术培训、起重机械操作培训等，取得了良好的效果。2011年共计完成各方面的培训项目44项，累计参加培训人员共计4063人·次。预计全年完成培训费800万元，占员工工资总额的1.86%。经过培训，使员工素质得到了进一步提高，基本满足了水电三局有限公司现阶段的发展需要。

（俞海波）

安全生产

【制度建设】　水电三局有限公司安全生产监督管理部在2011年6～10月，对以责任制为核心的安全生产规章制度进行了梳理和完善，结合《国务院关于进一步加强企业安全生产工作的通知》和国务院国资委《中央企业安全生产禁令》，依照国家新颁布法规和股份公司《安全生产管理制度（修订版）》，对原《安全生产责任制度》、《施工生产过程安全工作状态检查考核管理办法》等30个制度进行了全面修订，新增了《安全生产紧急避险管理制度》和《安全生产领导带班作业管理制度》。

【队伍建设】　2011年，水电三局有限公司采用“企校联合”的方式，与陕西杨凌职业技术学院签订《订单式培训协议》，并已于2011年5月开始正式履约。目前，从杨凌职业技术学院毕业的34名大学生已在各单位和项目部从事安全管理工作，为了更快、更好地培养安全管理新成员，水电三局有限公司采取“师带徒”政策，下发了《关于对安全岗位新员工实施“师傅带徒弟”活动的通知》，为每一位新分的安全管理大学生指定一名有经验、会管理的师傅，在工作上和生活上给予指导和帮助，同时要求签订“师徒协议”，实行考评奖励制度。通过各类检查考核管理，使该批大学生成为水电三局有限公司安全管理的新生力量；各二级单位根据人员变动情况，及时明确了新的安全生产主管领导，云南分局等个别单位还在分局设置了安全总监，四川分局、云南分局、实业发展总公司等单位增加了机关本部专职安全管理人员，有效地增强了分局安全管理力量；经水电三局有限公司人力资源主管部门以及安全主管部门考核、评审、聘任，10余名有经验和有能力的管理人员被充实到国内及国外项目安全总监岗位，增强了一线的安全监管力量，从责、权、利和管理机制上理顺了关系，取得了明显的成效。据统计，截至2011年底，水电三局有限公司各单位和项目部共有在岗主管安全生产领导30名，安全总监49名，专兼职安全员355名，有注册安全工程师10余人，增强了全生产监管力量。

【安全教育培训】　水电三局有限公司高度重视安全生产教育培训工作，于2011年2月初下达了《二〇一一年度安全教育培训计划》（局人〔2011〕5号），将公司各级领导人员、管理人员和岗位工人的安全教育培训工作进行了具体部署，明确了人力资源、设备物资、安全、技术、社保等部门，根据职责分工分别做好本系统人员的安全培训教育工作。利用腾讯通、安全管理系统和综合项目管理软件等平台，传达、宣传国家有关安全生产的法律法规和股份公司的安全工作要求，通报水电三局有限公司有关安全生产的新举措；3月，水电三局有限公司安全主管部门在安康职工培训和劳务管理中心组织已取得水利部、住房和城乡建设部等安全资质的公司领导、二单位领导、项目部负责人、专职安全管理人员进行了继续教育，共236余人参加了教育培训；6月，结合“安全生产月”活动，由水电三局有限公司工会牵头、安全生产监督管理部协办，举办了“安康杯”知识竞赛，全公司40个单位、项目部共3000余人参加，此外，水电三局有限公司各单位、项目部也组织了安全知识抢答和多种形式的竞赛活动；7月，水电三局有限公司2011年安全生产专题会议在向家坝施工局召开，会议期间，安全主管部门组织对各单位和项目部安全总监进行了培训，共计30余人参加了培训；8月，水电三局有限公司安全主管部门在西安组织各单位、项目部安全内业管理人员进行安全内业资料管理培训，共计90余人参加了培训；11月，水电三局有限公司安全主管部门在西安举办了水利部“三类人员”新取证和延期教育培训，共计160余人参加了教育培训；7～12月，水电三局有限公司安全主管部门组织人员参加了陕西省公安厅举办的爆破工程技术人员初、中、高级培训班，共计27人参加培训并分别取得了爆破工程技术人员初、中、高级安全作业证；此外，水电三局有限公司各单位、项目部按规定，组织对所有入场人员进行了“三级”安全教育培训，通过培训使安全管理人员及时学习了新的安全管理知识，提高了持证率，提升了业务能力，提高了全员安全意识。

【隐患排查】　2011年以来，水电三局有限公司进一步加强了安全隐患排查治理工作。年初制定印发了《2011年安全生产隐患排查治理工作方案》，确定了工作重点、验收方式，并将隐患排查治理与继续深入开展“安全生产年”和深化“安全生产心中有数”活动紧密结合起来，确保了“隐患治理”活动的有序开展。各二级单位和项目部按照水电三局有限公司总体部署，结合本单位的实际情况制定了隐患排查治理专项工作方案，根据所辖项目的风险等级，对高危、边远和新开工项目进行了重点排查；各项目部在日常安全生产检查的基础上，全面开展了隐患自查自纠活动；4～5月，水电三局有限公司组成安全检查组，分别对桃源、方城等12个新开工项目和公司重点监控项目进行了全面隐患排查，以施工现场安全隐患、安全技术措施编制落实、防洪度汛、道路交通安全等为重点；5～6月，水电三局有限公司安全检查考核组，采用集中检查的方式，对26个在建项目、4个区域分局本部、4个专业分局本部以及勘测设计研究院施工生产过程安全工作状态进行了检查考核；7～11月，水电三局有限公司专项安全检查、督察组，分别对呼蓄、禹州、辽西北、镇平等15个重点监控项目进行了全面隐患排查，排查以施工现场安全隐患、应急管理措施和安全技术措施编制落实、防洪度汛、民用爆炸物品及危险化学品、道路交通安全等为重点；12月，水电三局有限公司下发了《2011年起重机械及化学危险品安全管理专项整治工作方案》，成立了起重机械及化学危险品安全管理专项整治工作领导小组，水电三局有限公司组成4个检查考核小组，开展了以特种设备（重点是起重机械）安全管理专项整治、化学危险品（重点是爆炸物品）安全管理专项整治、施工现场安全管理专项整治、安全生产基础管理专项整治为主要内容的专项整治活动。

【安全活动】　为贯彻落实“安全生产年”活动要求，水电三局有限公司下发了《关于续深入开展“安全生产年”、深化“安全生产心中有数”活动的通知》，明确了活动的指导思想、活动主题、主要目标，按照“阶段推进”的方式在全公司范围内推进活动的深入开展。

为深入贯彻落实“安全责任、重在落实”的安全生产月活动主题，2011年6月，组织各单位和项目部在全公司范围内积极开展了“安全生产月”宣传教育活动。为把活动落到实处，水电三局有限公司把“安全生产月”活动纳入安全生产过程考核范围，同“安康杯”竞赛、“岗位练兵”、“安全生产示范岗”等活动结合起来。活动主要内容有：举办“安全生产月”启动仪式，组织大规模的安全签名、咨询活动；组织第三届安全生产摄影作品评选活动，利用生动的安全图片宣传安全知识，教育广大员工；举办水电三局有限公司第十一届“安康杯”活动，组织职工参加全国职工安全健康知识竞赛。与此同时，水电三局有限公司各项目部在施工现场也开展了形式多样的安全月活动。2011年初，水电三局有限公司下发《关于续深入开展“安全生产年”、深化“安全生产心中有数”活动的通知》，明确活动目标、分工和职责，强化主体责任，加强安全监管，深化专项整治，狠抓隐患治理，积极推进安全生产标准化。实行“阶段推进”验收制度，明确活动阶段性任务和重点。各单位接到活动通知后，对“安全生产，心中有数”活动做了进一步细化深化，重点在防洪度汛、民用爆炸物品、道路交通、高空作业、特种设备等方面提出了具体的安全管控措施，并通过活动的开展不断总结先进经验和做法，取得了一定的效果。

【应急救援管理】　2011年，作为股份公司的应急救援管理工作试点单位，水电三局有限公司进一步加强了应急救援管理工作。先后印发了《关于进一步加强安全生产应急管理工作的通知》、《进一步完善公司安全生产应急预案工作方案的通知》、《关于进一步完善专项应急预案和现场处置方案的通知》，分阶段对全公司应急救援管理工作进行全面部署：按照股份公司要求，根据《生产经营单位安全生产事故应急预案编制导则》（AQ/T 9002—2006），结合本单位实际，于11月上旬完成了公司级、分局级、项目级安全生产事故综合和专项应急预案的修订，新修订的预案适用性更强，更易于操作；针对重大危险源、重点工作岗位、特种设备、职业危害场所、自然灾害应急管理要求，完成了公司级、项目部级安全事故现场处置方案的编制工作；各单位和项目部结合本单位应急管理工作实际，开展大量应急救援演练活动，加强了应急预案及现场处置方案的评审，全员应急救援意识和水平得到了进一步提高；建立现场紧急撤人避险制度。各单位和项目部完善了应急预案，明确了工作责任和指挥程序，赋予生产现场带班人员、班组长和调度人员在遇到险情时第一时间下达停产撤离命令的直接决策权和指挥权。2011年，水电三局有限公司内共计修订生产安全事故综合应急预案83个、专项应急救援预案546个，开展应急演练106次，参演人数3289人，直接投入约为60万元，其中现场演练72次，桌面演练34次，接受应急管理培训人数3524人，以上数据和往年相比较均有大幅度提升。

【管理体系】　2011年，国家认证认可监督管理委员会、住房和城乡建设部在建筑企业强力推行GB/T 50430—2007《工程建设施工企业质量管理规范》，对建筑企业管理体系实施运行工作提出了新的要求。结合这些要求，本着“持续改进”的原则，水电三局有限公司开展了一系列体系改进工作：对《管理手册》（E—1版）进行了修订，编制印发《管理手册》（F版）；完成原29个程序文件的修订工作，并新增了《分包管理程序》；邀请国家注册审核员（专家）授课，在张岭基地举办了ISO 19001、ISO 14001、OHSAS 18001以及GB/T 50430—2007内审员培训班，124人参加了培训，并取得内审员资格证书；水电三局有限公司内审组，采取集中审核和滚动式审核相结合的方式，对8个分局机关、19个在建项目2011年度管理体系运行实施情况进行了内部审核，审核共发现不符合660项，开具书面不合格报告单70份；组织召开“四标一体”管理体系2011年管理评审会，针对管理体系中存在的不足和需要更新完善的内容，及时对管理体系相关文件进行了修订；接受管理体系外部审核组复评换证审核，顺利通过并于11月中旬取得管理体系最新有效证书。

（罗卫东　王登康）

党群工作及精神文明建设

【党建工作】　2011年，水电三局有限公司党委在股份公司党委的领导下，以“融入中心、服务大局；把握方向、参与大事；抓好班子、带好队伍；建立制度、形成体系；保证监督、促进发展”为工作目标，不断强化党建工作的组织创新、制度创新，为建设具有较强国际竞争力，国内水电、非水电、国际业务均衡发展的先进企业提供了思想保证、政治保证和组织保证。

水电三局有限公司党委高度重视建立党建工作长效机制，在学习实践活动后，结合水电三局有限公司党的制度建设工作需要，对党建工作制度进行了认真梳理，进一步完善了水电三局有限公司党的制度建设。2011年，又相继制定了《中国水利水电第三工程局有限公司中层领导人员管理暂行办法》、《中国水利水电第三工程局有限公司党委中心组学习制度》、《中国水利水电第三工程局有限公司党委议事规则》、《中国水利水电第三工程局有限公司党建工作责任制实施办法》、《中国水利水电第三工程局有限公司学习型党组织建设的实施意见》、《中国水利水电第三工程局有限公司关于“三重一大”决策制度的实施办法（暂行）》、《中国水电三局有限公司加强和改进纪检监察组织建设的实施意见》党务公开实施方案等制度。同时，为提高党建工作程序化管理工作水平，针对每项具体工作制定了工作流程图，规范工作程序。这些制度的出台和工作的程序化管理，提升了水电三局有限公司党建工作的制度化、标准化和规范化。

为全面落实党建工作责任制，建立健全党建工作长效机制，确保党的建设各项部署落到实处，成立了水电三局有限公司党建工作责任制考核领导小组。依据《中国水利水电第三工程局有限公司党建工作责任制实施办法》，制定了配套的《党建工作责任制考核评价办法》和《党建工作责任制考核评分标准》。把考核结果与领导班子和领导干部的总体评价、绩效年薪挂钩，作为领导人员业绩评定、选拔任用和奖励惩戒的重要依据。同时明确规定，对考核结果为后3名以及考核内容有严重缺失的单位党组织，水电三局有限公司党委将对党建工作责任人进行专项谈话。逐步建立内容完备、结构合理、功能健全、科学管用的党建工作制度体系和配套的考核评价体系，使党建工作责任制得到了全面落实，促进形成了党委抓党建、书记带头抓党建、党务工作部门齐抓共管，一级抓一级、一级带一级的党建工作格局。

【班子建设】　2011年，水电三局有限公司党委以中心组学习和领导班子民主生活会为抓手，加强了班子思想政治建设。按照党委中心组“三个结合”和“三个三分之一”的原则，成立了以党委书记为组长的中心组学习领导小组，指导和检查中心组成员的学习。结合水电三局有限公司实际，制定下发了《中国水利水电第三工程局有限公司党委中心组学习制度》，规范了学习流程。根据实际情况，采取灵活多样的学习方式，紧跟新形势丰富和充实学习内容，提高了党委中心组理论学习的效果；扎实开好2011年水电三局有限公司两级领导班子民主生活会，通过查找水电三局有限公司在改革发展中存在的不符合科学发展观的突出问题，查找班子成员自身存在的问题。落实整改措施，开展批评与自我批评，使班子达到统一思想，增进团结的目的。水电三局有限公司和所属16个单位按照安排，如期召开了领导班子民主生活会。

水电三局有限公司党委把“四好”领导班子创建活动作为党建工作的龙头工程，以提高领导班子整体素质和能力建设为重点，努力把各级领导班子建设成为大局意识强、领导能力强、团结和谐、业绩突出的坚强领导集体。在创建组织体系上，构成公司、分局和项目部3个层面的三级联创的格局。在创建工作中，始终坚持股份公司提出的“一条主线、三个结合、三个见成效、五大建设”的创建工作体系。认真做好“四好”班子创建验收和表彰工作，使“四好”班子创建向纵深发展。

坚持党管干部原则。按照干部选用分离的原则，水电三局有限公司党委始终发挥了在选人用人中的主导作用。2011年，会同行政大力实施“人才强企”战略，建立健全人才管理、选用、考评、激励的开发与管理机制，推行“以高效员工管理模式推动战略目标实现”咨询项目，通过公开选拔，使更多的年轻干部走上了领导岗位。为规范水电三局有限公司中层领导人员选拔使用和管理工作，制定了《中国水利水电第三工程局有限公司中层领导人员管理暂行办法》，明确了党管干部主要内容，加大了对年轻干部的培养和使用力度，进一步推进了水电三局有限公司中层领导人员选拔使用和管理工作的科学化、民主化、制度化和规范化。

【创先争优】　围绕企业科学发展的中心任务，以纪念建党90周年活动为主线，深入开展创先争优活动。一是加强创先争优工作组织领导，建立公司领导创先争优活动联系点机制，公司领导班子成员每人确定1～2个基层党组织，作为督促指导开展创先争优活动的联系单位，每位领导通过深入联系点调查研究，了解基层情况，发现并培养树立创先争优活动先进典型，帮助联系单位解决经营管理中存在的问题，指导二级单位开好民主生活会，查找班子存在的问题，促进联系单位开展好创先争优活动；二是结合党建主题实践活动深入开展创先争优，以“创先争优”活动为主线，把党建主题活动与施工生产中急、难、险、重任务紧密结合，开展“党员先锋岗”、“党员责任区”、“党员身边无事故”、“党员突击队”等主题活动，结合创先争优民主评议党员活动，注重典型引领，通过党员群众层层评选“创先争优”先进，5个先进党委、15个先进党支部、20个先进基层党组织、80名优秀共产党员、优秀党务工作者受到水电三局有限公司党委的表彰；三是全面开展“公开承诺”活动，为增强党员投身创先争优活动的自觉性和创造性，激发党员的内在动力，拓宽党内监督与群众监督渠道，确保创先争优活动取得实效，水电三局有限公司党委印发了《水电三局有限公司党组织和党员公开承诺活动实施方案》，为保持活动的持续性，水电三局有限公司党委明确每年5月为党组织和党员“公开承诺月”，之后形成长效机制，年初开展承诺活动，年底总结检查；四是围绕纪念建党90周年主题，开展纪念中国共产党建党90周年系列活动，举办“我为公司‘十二五’作贡献，我为党旗添光彩”——隆重纪念中国共产党成立90周年主题征文、知识竞赛、“七一”表彰会、红歌会等活动。通过主题鲜明、丰富多彩的纪念活动，鼓舞和引导水电三局有限公司广大党员干部群众进一步坚定信念和信心，激发了员工投身水电三局有限公司“十二五”建设，把水电三局有限公司建设成为水电、非水电和国际业务均衡发展的具有较强竞争力的先进企业的动力和豪迈热情。

【学习型党组织建设】　为全面推进学习型党组织建设，水电三局有限公司党委印发了《中国水利水电第三工程局有限公司学习型党组织建设的实施意见》，按照其要求，各级党组织认真落实，以抓党委中心组学习，抓基层党员学习与培训，组织全体党员，特别是党员领导人员进行学习，提高思想政治和业务素质。水电三局有限公司党委书记刘美华带头上党课讲形势任务；邀请陕西省委理论讲师团领导解析“七一”讲话和党的十七届六中全会等中央会议精神；举办了党务、纪检监察干部培训班；各级党组织下发了《党的基本知识简明读本》和《党的历史知识简明读本》等书籍，组织观看电影《郭明义》、《杨善洲》和《飞天》等。形式多样的学习和交流，推进了学习型党组织建设，进一步增强了党员理想信念、党性观念和践行党的宗旨的自觉性。

【企业文化建设】　为打造富有公司鲜明特色的文化品牌，充分发挥先进企业文化对提升企业发展能力、增强企业核心竞争力、推进企业可持续发展的积极作用，按照集团公司“三统一、三放开”的原则，2011年，水电三局有限公司党委印发了《中国水电三局有限公司企业文化建设实施方案》，并据其开展安全、质量、廉洁、总部、项目、小区、岗位7个子板块文化建设工作，制作企业形象宣传片；进行企业文化手册编辑和企业文化故事征集活动等；成立职工业余文工团，并深入项目部演出，同时为加强对企业文化的宣贯力度，对各级党务干部进行企业文化建设实施方案培训。以“三创建”活动为内容的精神文明建设深入开展，品牌形象建设效果明显，彰显了“中国水电”的品牌影响力，确保集团公司文化落地生根，推动企业和谐、稳定发展。形成了以《水利水电新闻报》为主要平台，以集团公司报纸和行业及全国性媒体为突破，以各基层单位简报为基础，以宣传栏、墙报等为重要补充的对内、对外文化宣传体系。

【团建工作】　水电三局有限公司各级组织加强对共青团工作的领导，支持共青团组织依照法律和章程积极开展工作，充分发挥了党联系青年的桥梁和纽带作用，充分发挥了共青团在企业民主管理和生产经营工作中的促进作用，充分调动团员青年的积极性和创造性，为公司平稳较快发展作出积极贡献。

2011年公司团委坚持以服务公司、服务青年为总体目标，持续扩大“号、手、队”活动的参与面，不断增强团组织活力，团组织在公司改革发展中发挥了生力军和突击队作用。

（陈晓全）

【党风廉政建设责任制】 水电三局有限公司党政十分重视党风廉政建设责任制工作，把党风廉政建设责任制放在与生产经营责任制和安全生产责任制同等重要的位置，做到了与生产经营工作一起部署、一起落实、一起检查、一起考核，促进了党风廉政建设责任制的全面落实。全年共签订党风廉政责任书258份，其中水电三局有限公司与各二级单位、机关部门签订责任书33份，各分局与各施工项目部、各管理部门签订责任书225份。2011年，根据股份公司党风廉政建设责任制评分标准的要求，水电三局有限公司结合自身实际，制定下发了党风廉政建设责任制评分标准。领导干部述职述廉制度、领导干部谈话制度、各级领导干部向职工进行廉政承诺制度、领导干部收入申报制度、签订保廉合同制度、个人重大事项报告、廉洁档案等在日常工作中得到较好执行。

【反腐倡廉宣传教育】 2011年，水电三局有限公司部署了《2010年股份公司职务犯罪案例分析》（简称“《案例》”）学习活动。《案例》列举了2010年股份公司系统发生的15人·次严重违纪违法行为，并对案件形成的原因进行了客观实际的分析，具有很强的警示教育作用。水电三局有限公司部署了为期两个月的《案例》学习活动。活动中，各单位认真组织实施，特别是对重要岗位人员和领导干部组织开展了学习和讨论。据统计，本次教育活动的教育对象覆盖面达到了95%以上。

积极参与各类反腐倡廉特色活动，大力推动廉洁从业宣传工作。参与了陕西省纪委组织的“廉政书法竞赛活动”和中纪委廉政公益广告制作推荐工作。策划了股份公司“为股东创效益，为社会担责任，为员工谋幸福”核心价值观表述的广告。

为贯彻、落实股份公司廉政文化建设工作部署，加强水电三局有限公司党风廉政建设和反腐倡廉建设，提高各级党员干部学廉、议廉、述廉、践廉的自觉性，水电三局有限公司党委决定设立水电三局有限公司“廉洁活动日”，以“廉洁活动日”为载体，开展专项学廉、述廉、议廉、践廉工作，解决各级领导因项目点多、面广，忙于奔波，不便于集中组织开展述廉、议廉活动这一实际。水电三局有限公司纪委以“廉洁活动日”为契机，开展了一系列述廉、践廉活动。水电三局有限公司机关电子屏，全天候滚动展示“认认真真学习，干干净净做事，清清白白做人”等廉洁从业标语，传达股份公司廉洁文化理念；制作了两个报栏，作为机关廉洁文化阵地，发挥宣传阵地的教育功能；在机关醒目的地方制作了廉洁警句展板，发挥警示提醒作用；利用腾讯通，给机关中层以上领导发送廉洁短信等。

坚持廉洁从业配套制度的贯彻落实。一是坚持领导干部在职代会和工作会上进行述职、述廉制度；二是坚持领导干部申报制度，水电三局有限公司中层以上干部的收入申报上报率达到100%；三是坚持领导干部个人重大事项报告制度；四是坚持领导干部谈话制度；五是坚持各级领导干部向职工进行廉政承诺制度，水电三局有限公司各级领导班子通过职代会、工作会等形式向职工代表公开廉政承诺，接受全体职工的监督；六是坚持领导干部廉洁档案制度。鉴于近年来，水电三局有限公司机构调整频繁，领导干部的情况变化较大，水电三局有限公司纪委下发文件，要求水电三局有限公司各单位、机关各部门对水电三局有限公司中层以上领导干部的廉洁档案进行了梳理、补充、完善归档工作。

（胡海涛）

【工会工作】 2011年，水电三局有限公司工会在陕西省总工会、股份公司工会及水电三局有限公司党委的正确领导下，认真贯彻、落实党的十七届六中全会和陕西省总十二届六次全委（扩大）会议精神，以邓小平理论和“三个代表”重要思想为指导，忠实践行科学发展观，扎实推进“两个普遍”建设，以“党工共建”创先争优活动为载体，围绕水电三局有限公司生产经营的中心工作，团结带领各级工会组织和广大职工解放思想、扎实工作，在企业民主管理、厂务公开、维权建设、劳动竞赛、安全生产、工会自身建设等方面做了大量卓有成效的工作，取得了一定的成绩，为全面实现水电三局有限公司“三年规划”目标发挥了工会组织应有的作用。

【劳动竞赛活动】 2011年，水电三局有限公司工会坚持在重点工程、重点项目上开展形式多样的劳动竞赛活动，各级组织按照《中国水电三局有限公司劳动竞赛管理办法》的要求，积极组织广大职工开展各类专项劳动竞赛活动。5月初，水电三局有限公司阿海施工局为确保防洪度汛目标的按期实现，开展了“大干90天、确保5月底大坝安全度汛”劳动竞赛活动，为首台机组年底按期发电奠定了基础。6

月底，水电三局有限公司向家坝施工局被四川省总工会授予“工人先锋号”称号，同时被中国长江三峡集团公司授予“2010年度向家坝水电工程建设先进集体”称号。水电三局有限公司南水北调的禹州、方城、焦作、镇平等项目部积极响应股份公司工会和南水北调中线建管局组织开展的“为民服务建新功、五比五赛展风采”劳动竞赛活动，采取制定细则、加大宣传、践行承诺、改进工艺等多种有效措施，把劳动竞赛活动引向深入。水电三局有限公司西北分局宝瓶河项目部，在自然条件差、施工队伍组织困难、各部位工期紧张的情况下，积极组织开展“大干100天，确保首台机组按期发电”劳动竞赛活动，实现了首台机组按期发电，受到甘肃省电投河西水电开发公司的通电表扬，并获得148万元奖励。

为推动重点、难点项目的顺利开展，水电三局有限公司工会还在新疆尼勒克、青海玛尔挡、四川乐雅高速、湖南湘祁等重点项目开展了形式不拘的劳动竞赛活动，掀起了一次又一次的大干高潮，在施工一线亮起了一道道亮丽的风景。全年共组织劳动竞赛12次，投入竞赛费用80多万元。

【技能和职业培训】　针对水电三局有限公司各类技能人才短缺的实际，各级组织立足项目，按照“缺什么补什么”、“学什么精什么”的原则，组织职工进行技能培训。勘测设计研究院大西客专二标中心试验室组织全体职工开展了“每周一课”业务培训，培训包括骨料试验、水泥试验、混凝土力学性能试验、土工试验等相关理论知识及实际操作；举办“QC小组”活动研讨学习班，有70余名员工参加了学习；路桥分局斯里兰卡项目部结合国际工程的实际，多次举办各类培训班，包括英语口语、当地风土人情、宗教习惯等；11月23日，在全公司范围内选拔了50余名近年毕业的技术干部，在西安外国语大学进行为期约4个月的英语强化培训；职工培训与劳务管理中心和水电三局有限公司人力资源部联合举办了为期3个月的起重机械操作人员培训班，51名职工参加了培训，对考试合格人员颁发了陕西省质量技术监督局特种作业人员操作证书；西北分局为了提高项目管理人员的综合管理能力，储备管理后备人才，举办了项目管理者培训，67位来自机关及各项目人员参加了培训；制造安装分局举办电工、起重工等培训，83名农民工参加了培训。

水电三局有限公司还先后举办了工程项目竣工资料管理培训班、“架子队”管理模式培训班、TBM施工技术与管理培训班、职业技能鉴定考评员资格培训班等，共有300余人参加培训；选派了12名员工参加由中国电力企业联合会和股份公司主办的电力行业职业技能鉴定考评员培训，并全部通过考核。

【技术创新工作】　2011年，水电三局有限公司不断加大科技攻关力度，科技硕果累累。经过全体科研人员的努力，由水电三局有限公司组织参与的《高速铁路过渡段新型填筑料及施工技术研究应用》等11项科技成果获股份公司2011年度科学技术进步奖。水电三局有限公司参建的乌金峡水电站工程被评为“2011年度中国电力优质工程奖”，此奖项是中国电力建设企业协会组织评选的电力建设行业工程质量最高奖。水电三局有限公司已连续3年荣获股份公司“科技进步先进单位”称号。水电三局有限公司科协十分重视对技协工作的指导，协调各单位在广大职工中积极开展技术创新与“四新”推广工作。

【职工互助保险工作】　为进一步加强职工互助保险的宣传工作，动员广大职工积极参加省总工会的各类保险，使广大职工在患病、意外伤害方面都能得到一份经济保障，水电三局有限公司工会在2011年6月举办了互助保险业务培训班，20余名职工互助保险工作人员参加了培训。培训涵盖了职工互助保险的起源与发展、职工互助保险的地位与作用、工会组织开展职工互助保险的优势等6个方面内容，使广大工作人员进一步树立了全心全意为职工群众服务的工作理念。截至2011年底，水电三局有限公司工会共办理陕西省总工会保险人数10 976人·次，保险金额35万元，办理保险赔付107人·次，赔付金额18万元。水电三局有限公司工会被评为2010年度陕西省“互助保险先进单位”。

水电三局有限公司工会坚持在全公司开展工会职工住院互助保险工作。2011年6月初，为水电三局有限公司10 837名职工办理了工会职工住院互助保险，收到保金40万余元。截至2011年11月初，共为325名员工办理了保险赔付，赔付金额为32.92万元。公司职工互助保险工作开展以来，为广大职工筑起了一道化解风险、减少忧患的防线，深受广大员工欢迎，并得到了集团公司和陕西省总工会的好评。

【帮扶救助工作】　按照《水电三局工伤及重大疾病职工困难补贴办法》，全年共为36名工伤及重大疾病困难家庭发放补贴1.72万元。重阳节期间对70岁以上退休孤寡、大病等困难老人，每人（户）发放补助金1000元，合计16 000元。全年对24名患重大疾病的职工进行了大病困难补助，发放补助金额6.1万元。全年共接待上访人员9名，对于确属困难的5名上访人员解决了返程路费和必要的生活费，合计2000元。为临时出现意外困难的14名职工发放困难补助28 000元。除此之外，职工培训和劳务管理中心工会还在“五一”、“十一”节日期间，为下岗特困职工发放补助金50 000余元、粮油800多份。

2011年7月20日，水电三局有限公司西北分局苗家坝项目部工地遭受了严重的泥石流冲击，导致100多职工和农民工住房和财产受到严重损失，水电三局有限公司工会及时赶到进行安抚慰问，发放慰问品和救助资金14万元。此次灾害得到了股份公司工会的大力帮助，给予帮扶款10万元。

【“一元钱金秋助学”活动】 “一元钱金秋助学”活动是为困难职工子女解决就学问题的阳光工程，是培育企业感恩文化的温暖工程，是工会组织帮扶困难职工的具体行动。2011年初，水电三局有限公司工会抽调专人制作了“一元钱金秋助学”活动公益宣传片，在水电三局有限公司闭路电视网站上滚动播出，动员广大职工为困难职工子女献爱心。制定了《水电三局“一元钱金秋助学”基金管理办法》，完善了特困子女和零就业家庭子女档案。经过水电三局有限公司职工的无私奉献，共募集职工善款近12万元，加上工会等额划拨的12万元，共募集金秋助学款24万余元。2011年6月底，又安排部署了2011年困难职工子女入学情况的摸底工作，在9月开学之际，对符合条件的199名困难职工子女发放了助学金（大学一本17人、二本40人、三本23人，大专35人，高职1人；往年大中专学生15人，中小学生68人）共13.57万元。

【“职工之家”创建工作】 水电三局有限公司工会按照《中国水电三局职工之家管理实施细则》中的各项规定，分别到南水北调、大西高铁、四川乐雅等重点工程项目上对“职工之家”建设工作进行了检查，每到一个单位就对其“职工之家”的牌匾标识、活动场所、工作内容进行全方位检查，并为南水北调方城、禹州项目的“职工之家”配备了图书和卡拉OK设备，丰富了项目职工的业余文化生活。

【关爱劳模生活】 为营造尊重劳模、尊重创造的氛围，水电三局有限公司工会利用劳模先进事迹和工人阶级伟大品格来感动职工、启迪职工、鼓舞职工，引导广大职工崇尚劳模、学习劳模、争当劳模，使通过诚实劳动创造美好生活成为亿万职工的共同追求。在2011年初职代会上，水电三局有限公司领导为2010年度评选出的何军等13名局级劳动模范进行颁奖，并通过网络、电视媒体进行了大力宣传。在中秋、国庆期间，为全体劳模安排体检，并有顺序地为劳模安排外出考察参观，为困难劳模发放帮扶补助。工会用近一个月的时间完成了水电三局有限公司及省部级以上劳模的信息化管理工作。2011年11月11日，水电三局有限公司省级劳模蒲清海同志因病医治无效去世，在其住院、治疗、病故的过程中，水电三局有限公司工会时刻把组织的关心带到他的身边，得到其亲属的充分肯定和感谢。

【送温暖活动】 2011年“双节”期间，水电三局有限公司和工会筹集320余万元困难补助金，对全公司5600多名困难职工和7500余名离退休人员进行慰问。其中：为各分局1850名困难职工发放慰问金79万元；为7600名退休职工发放慰问金100万元；慰问省部级以上劳模31人、离退休老干部43人，发放慰问金11.2万元；为3800多名下岗职工发放慰问金及粮油120万元；对患有大病和特殊困难的职工家庭重点进行了帮扶，发放专向慰问金5万元。除此之外，还组织向困难户发送粮油1500份。

【女职工法律培训】 深入开展《妇女权益保障法》、《女职工劳动保护规定》等法律法规的宣传教育，对《水电三局有限公司女职工特殊权益保护专项集体合同》履约情况进行监督检查。通过问卷调查、召开经验交流会等形式不断深化女职工特殊权益保护专项集体合同工作，使女职工维权工作规范化、制度化，使女职工的法律意识和自我保护意识不断增强。大力实施“关爱女职工行动”，分别在西安和安康开展了两场女职工健康知识讲座，邀请了女性健康专家授课并现场义诊、咨询，共有200多名女工前来听课，深受广大女职工的好评。

【开展职工“鹊桥”活动】 为了帮助解决青年员工的婚姻问题，水电三局有限公司女工委在全公司男女未婚青年中开展了婚姻状况调查，为638人建立了未婚个人档案，并组织开展了青年职工交友、联谊活动，建立了水电三局有限公司大龄未婚（无恋爱对象）青年交友QQ群，为未婚青年交友恋爱牵线搭桥，为他们提供了一个学习、交友的平台。目前，有150多名未婚青年自愿加入这个群，各单位女工委主任都积极参与其中，甘当红娘。

（朱　辉　高冬菊）

监督检查

【审计监督】 2011年，审计部按照股份公司年度审计工作重点及水电三局有限公司审计工作计划，以国家相关法律法规为准绳，依据股份公司及水电三局有限公司相关的内部审计制度规定，不断拓展审计工作领域，完善内部监督体系，以经济责任审计、经济效益和竣工决算审计为重点，将事前审计、事中审计和事后审计有机结合起来，充分发挥内部审计的监督和服务职能。2011年，开展常规性的审计工作，一是继续强化领导干部经济责任审计工作；二是积极开展完工项目竣工决算审计工作；三是配合国务院国资委与股份公司进行的经济责任审计；四是开展经营情况审计；五是关注国家重点工程审计；六是对水电三局有限公司重要资源支配部门收支情况审计。2011年，共安排审计计划22项，实际进行审计项目26项，在已完成的审计项目中，事前审计3项、管理情况审计4项、经营情况审计4项、经济责任审计7项、竣工决算审计8项。已下发审计报告的审计项目中，下达审计意见51条，提出审计建议54条。各被审单位（项目）在规定时间内需要完成整改的审计意见51条，实际整改48条，意见执行率94%，需要采纳的审计建议54条，实际采纳审计建议50条，采纳率93%。审计结果执行情况较好，但仍需采取措施进一步加强。

（邱建康）

【效能监察工作】 2011年，水电三局有限公司在调查研究的基础上，选定“工程质量管理”作为效能监察立项，把在建的南水北调工程河南镇平、方城项目和越南小中河项目作为效能监察的实施对象。

水电三局有限公司重视“三重一大”制度的贯彻、落实，各级干部特别是各分局党政一把手到项目一把手，从思想上对“三重一大”制度认识程度和执行意识有较大的提高，实际管理中能坚持重大问题集体研究、科学决策，发挥集体智慧、发挥班子成员集体智慧，在资源管控中，如项目的分包审批、大宗物资采购、资金使用能坚持逐级审批制度，建立了有效的管控秩序。

针对越南小中河项目，水电三局有限公司于2011年10月组成效能监察工作组实施了现场监察。工作组通过核查现场施工情况，听取项目负责人工作汇报，开展与项目各个层面工作人员谈话等形式，对项目工程进度、经营情况、工程质量管理状况以及目前重点任务和存在的问题，进行全面了解检查，针对存在的问题，提出了监察建议。

【工程建设领域专项治理工作】 为贯彻、落实国务院国资委纪委《关于继续做好扩大内容促进经济增长政策落实监督检查工作的通知》，水电三局有限公司在2011年初开展的“三项工作”检查中，将此项工作作为“三项工作”检查的一项主要内容，同时将此项工作作为效能内容进行立项，旨在通过监察手段，使检查工作全面深入，切实查找出施工经营管理中存在的问题以及问题背后的原因。

此次被检查的单位是路桥分局南水北调工程河南方城项目部、陕西分局南水北调工程河南镇平项目部以及云南分局阿海施工局。从检查情况看，两个中央投资项目，在执行工程建设领域专项治理工作中，总体情况执行得比较好。需要说明的是：在检查之前，南水北调中线建管局已多次对项目管理的有关事项进行了检查，检查内容包括项目招投标、工程分包管理、物资采购、资金使用、质量控制、安全管理等环节，从业主方做到了严格管控，规范管理。但在本次检查中发现，仍然存在着一些问题：一是部分会议记录中对决策的依据和相应程序的记录较为简单，记录要素不完整；二是个别项目对选择的工程分包商和设备物资供应商的资质，未能做到动态管理，分包商和供应商在中标后，没有按照规定及时进行资质的年检工作等。

针对以上问题，要求涉及上述问题的相关单位及有关项目，按照水电三局有限公司印发的《中国水利水电第三工程局有限公司议事规则》和有关会议制度通知的文件要求，完善议事规则和程序，抓紧时间进行整改；要求被检单位严格执行《中国水利水电第三工程局有限公司工程施工分包管理办法（试行）》和《水电三局项目管理办法》，在分包商和供应商中标后，一定要加强对其资质的动态管理，对没有按要求进行资质年检的分包商和供应商，要采取必要的强制措施，要求其按规定完成资质年检工作。用各种方式确认分包队伍的合法性、合规性，加强风险管控，提高管理效率。

按照国务院国资委纪委《关于中央企业继续深入开展工程建设领域突出问题专项治理工作的通知》，对专项治理工作提出了新要求。为巩固专项治理工作成果，建立专项治理工作长效机制，水电三局有限公司部署开展了为期3个月的专项治理“回头看”工作。为使工作深入到位，将检查任务分解到部门，并且提出目标要求、主要举措，明确了牵头部门和配合部门，力求专业化、深入化，旨在通过排查，切实达到“管理规范、制度健全、遏制腐败、安全经营”的工作目标。

【惩治和预防腐败体系工作】 水电三局有限公司高度重视惩防体系建设工作，将惩防体系建设工作纳入本单位党风廉政建设责任制考核内容。通过近3年的推进，水电三局有限公司基本形成了集教育、制度、监督、纠风、惩治于一体的基本框架，确立了具有水电三局有限公司特色的惩防体系工作机制。一是把此项工作列入党委、纪委重要议事日程，做到与生产经营、党建工作一起部署、一起检查、一起落实。二是积极搭建部门参与惩防体系建设的平台，成立党政主要领导负总责、分管领导分别负责，相关部门参与的构建惩防体系工作领导小组和办公室。三是以牵头单位和协办单位责任分工的形式，把各方力量和资源有机整合起来，形成齐抓共管、共同推进的工作格局。同时，发挥各级纪检组织、监察部门在构建惩防体系中的组织协调作用，一方面协助水电三局有限公司党委进行惩防体系建设的组织协调工作；另一方面，发挥了纪委在组织谋划、任务分解、聚集合力、督促检查落实等方面的作用。四是水电三局有限公司各部门形成了惩防体系联络员制度，由联络员负责督促落实本部门惩防体系中的分解任务，上报相应工作的资料，定期参加惩防体系工作交流会，促进工作的落实。五是建立健全相关制度，形成用制度规范业务行为、按制度办事、靠制度管人、管物、管财的良性机制。六是建立监督联席会议制度，加强监督部门之间的协调配合，形成监督合力，增强了监督工作的实效性。七是成立了“预防职务犯罪工作站”，不断深化“企检共建”工作。为使企检共建工作内容更加丰富，效果更加突出，8月下旬，水电三局有限公司与未央区检察院联合建立了企检共建工作站，举行了有西安市、未央区检察院领导参加的工作站启动仪式。通过更深层次、更广泛领域的合作，切实利用好检察院在预防职务犯罪方面的专业经验和手段，强化监督检查的力度，推动水电三局有限公司在惩防体系建设方面取得实效。

尽管水电三局有限公司惩防体系建设方面取得了诸多的成绩，建立了适应公司发展的惩防体系基本框架和制度体系，但在自查过程中，也发现存在一些不足：公司个别部门涉及惩防体系方面工作落实较为滞后，一些分解细化后的工作任务落实不到位；对腐败风险源查找和防控意识不强，缺乏有效的防范措施。为解决上述问题，2011年，水电三局有限公司制定下发《关于进一步落实〈惩治和预防腐败体系（2008～2012）工作规划〉的通知》，并于8月1日专题召开惩防体系工作会议，专题部署惩防体系建设工作。对照体系分解表，对没有完成的任务按照职能职责进行了进一步的任务分解和落实，明确了工作重点是要认真、详细地查找工作流程中的腐败风险源，强化风险预警，并切实制定好相应的防范措施。

（胡海涛）

中国水利水电第四工程局有限公司

概　况

【综述】 中国水利水电第四工程局有限公司（以下简称“水电四局有限公司”）隶属中国水利水电建设股份有限公司（以下简称“股份公司”）

2010年底，水电四局有限公司共有在册员工9739人，年平均人数10 038人，其中全年平均在岗人员8760人，不在岗人员1278人；年底全员平均年龄38.04岁，其中男7651人（38.7岁），女2088人（35.6岁）。学历结构：硕士以上27人、大学本科以上2026人、专科2588人、中专2195人、高中1236人、初中以下1667人。职称结构：高级308人、中级1178人、初级1755人；技能人员4476人，其中高级技师105人，技师519人，高级工3852人。

【领导班子】 2011年，水电四局有限公司领导班子组成：党委书记王争鸣，党委副书记（兼）王维斌，党委副书记兼纪委书记王科选；工会主席李聚良，执行董事（公司法定代表人）王维斌，监事王科选，总经理（兼）王维斌；副总经理王争鸣（兼）、席浩、徐银林、李斌、高建民、万连宝、梁军、许春江、戎建国；总会计师张国庆；总工程师（兼）席浩；总经济师张宏。

【企业资质】 水电四局有限公司具有国家水利水电工程施工总承包特级资质；土石方专业承包、钢结构工程专业承包壹级资质和进出口企业资格证书；公路工程施工总承包、房屋建筑工程总承包、市政公用工程施工总承包、预应力工程专业总承包、隧道工程专业总承包、公路路基工程专业承包贰级资质；特种设备安装、维修保养、改造资质，获得中国实验室国家认可证书。

【年度业绩】 2011年，水电四局有限公司全年实现营业收入112.05亿元，同比增长6.61%。其中，主营业务收入107.02亿元，同比增长3.91%；其他业务收入5.03亿元，同比增长138.39%。在主营业务收入中，国内水电营业收入53.27亿元，占主营业务收入总额的49.77%；国内非水电营业收入40.74亿元，占主营业务收入总额的38.07%；国际业务营业收入11.69亿元，占主营业务收入总额的10.92%；发电业务营业收入1.32亿元，占主营业务收入的1.23%。全员劳动生产率111.62万元/（人·年），全年业绩利润总额5.84亿元（消化玉树项目亏损和利比亚固定资产减值损失后，决算报表反映利润总额1.1亿元）。在岗职工年均收入同比增长17.11%。全年新签约总额135.1亿元，同比增长20%。

2011年，集团公司玉树重建现场指挥部、第五分局向家坝项目部荣获全国五一劳动奖状；水电四局有限公司荣获“全国文明单位”称号、全国和青海省“模范劳动关系和谐企业”称号、青海省“五五”普法先进单位荣誉、集团公司“四好”领导班子称号、“中央企业党建带团建先进单位”荣誉；一批基层组织和个人获得“全国工人先锋号”、“全国五一劳动奖章”等荣誉。

国内工程

【综述】 2011年，水电四局有限公司国内工程施工项目共有87个，分布于全国18个省、直辖市。其中，新开工项目24个，已完工和尾工项目12个。各在建项目管理更加科学，工程进度、形象基本按合同约定完成，水电四局有限公司的施工技术水平、管理水平、施工能力得到了各建设单位和监理单位的普遍认可，项目履约情况良好，施工质量稳定，主要实物工程量均超额完成2011年计划。全公司无较大质量和安全事故发生。

2011年完成主要工程量为：土石方开挖1709.57万立方米，土石方回填772.18万立方米，混凝土浇筑404.41万立方米，砌筑砖石23.91万立方米，金属结构制作安装8.036万吨，岩锚98.6万吨，锚杆锚筋桩11.45万根，钢筋制作安装11.38万吨，固结帷幕灌浆18.36万米，回填接缝灌浆4.146万平方米，排水孔8.73万米，机组安装3台（150万千瓦）。

（李 乐）

【国内中标工程】 2011年，水电四局有限公司国内中标签约合同金额34.74亿元，其中：水利水电项目18.07亿元，非水电项目16.67亿元。国内中标工程有：甘肃白银马昌山风电项目塔筒制造，黄河羊曲水电站下游临时桥施工，云南澜沧江黄登水电站两岸坝基及水垫塘1475米高程以上边坡开挖及支护工程，南水北调中线一期工程总干渠沙河南至黄河南（代）双洎河渡槽工程施工，新疆塔什库尔干河齐热哈塔尔水电站工程Ⅳ标机电设备安装工程，金安桥水电站拦污漂制造安装工程，云南省泸西县东山东华风电厂工程塔架制造（标段二：东华风电厂），贵州北盘江善泥坡水电站大坝土建工程，黄登水电站2011年度散装水泥，散装粉煤灰公路运输，新疆阿尔塔什水利枢纽工程前期准备工程进场道路施工，大通河纳子峡水电站大坝排水料加工系统工程，甘肃省电力公司刘家峡水电站溢洪道浮体检修门设备制造拼装工程，黄河积石峡水电站右岸消能区防护工程，三峡新能源新疆达坂城风电场一期（49.5兆瓦）工程塔架设备采购项目，大唐云南大理洱海源县丰乐风电场风机塔筒制作采购项目，大唐云南文山丘北县羊雄山一期风机塔筒制作采购，黄河大河家水电站厂房土建及金属结构安装工程，杨凌供水工程输水管线Ⅲ标南线工程施工，刘家峡水电厂上、下止漏环采购合同，李家峡水电站主坝2087层右岸扬压力异常处理工程，青海格尔木250兆瓦并网光伏电站土建工程，青海乌兰50兆瓦并网光伏电站（30兆瓦）土建工程，青海共和、河南、甘肃景泰并网光伏电站电池组件支架及附件采购设备采购，青海茶卡风电场工程塔筒设备采购，金沙江白鹤滩水电站3号公路上游段工程施工，青海格尔木250兆瓦并网光伏电站电池组件支架及附件采购，青海格尔木250兆瓦并网光伏电站机电安装工程，青铜峡水电站5号机组进水口工作闸门，拦污栅更换项目，青海通海路斜拉桥制造加工，龙羊水电站枢纽工程大坝左岸缆机边坡开挖及土建工程，青海省湟水河北干渠扶贫灌溉一期工程27标段，三峡新能源锡铁山矿区（49.5兆瓦）风电场工程塔架设备采购，刘电厂溢洪道增设浮体检修门封堵工程钢结构制作安装，金沙江溪洛渡水电站机电仓库二期建安及市政工程，青海柴达木能源乌兰20兆瓦光伏电站工程土建及设备安装，三峡新能源锡铁山矿区（49.5兆瓦）风电场风机基础工程，四川毛滩电站右岸闸坝工程土建及金属结构设备安装，拉西瓦水电站工程果卜1号梁顶部加固工程，金沙江白鹤滩水电站左岸施工排风洞工程施工，青海东部黄河谷地百万亩土地开发整理重大项目，溪洛渡左岸坝肩堆积体增设3号排水平洞工程，唐津高速公路（津塘公路至荣乌高速）扩建工程，金沙江下游四川省宁南县延吉沟边坡治理工程，临潭县莲峰水电站工程平板闸门及其埋件设备采购，金塔40兆瓦光伏工程支架采购项目，五郎河流域大坪水电站工程引水系统C2标，五郎河流域大坪水电站工程首部枢纽引水系统C1标，中电投新疆哈密烟墩第一风电厂风机基础环采购，国投敦煌光伏电站二期9兆瓦工程固定式安装光伏组件支架制作，西宁南绕城公路土建第三批施工招标10标段，新疆木扎提河三级水电站进场交通2号公路，黄河大河家水电站工程机电安装工程，临潭县莲峰水电站压力钢管制作安装，白鹤滩水电站导流洞场外制造闸门设备采购，刘家峡水电厂溢洪道4号闸门拆除及混凝土配重块拆除工程，金沙江白鹤滩水电站钢结构厂房，新疆开都河小山口二级水电站建筑及安装工程Ⅱ标等工程。

（李　乐　牛宏力）

【拉西瓦水电站工程】　2011年，拉西瓦水电站工程形象进度及主要工程量完成情况：

（1）混凝土双曲拱坝工程：坝顶路面全部浇筑完成，主坝1～22号坝段防浪墙全部浇筑完成，坝顶孔口盖板及电缆沟盖板已经全部制作安装完成，坝顶表孔大梁及液压泵房浇筑完成，临时底孔混凝土封堵已经全部完成。9、14号坝段电梯塔楼梯踏步浇筑至2460高程，主坝廊道底板二期施工完成。左右深、底孔启闭机室、表孔液压泵房建筑装修完成。中表孔工作闸门、左表孔工作闸门及液压启闭机安装完成，表孔检修闸门安装完成，左深孔工作闸门检修桥吊、右深孔工作闸门检修桥吊、底孔工作闸门检修桥吊安装完成并运行，坝顶门机液压抓梁及整体完善完成，坝Ⅳ标金属结构及启闭设备全部安装完成。底孔、深孔闸门平压充水管安装完成。右贴角供水系统管路敷设保温完成。坝顶不锈钢防护栏杆及坝后栈桥不锈钢防护栏杆制作安装全部完成。右贴角水池检修爬梯制作安装完成。2250米高程集水井泵房机电设备安装完成。右贴角供水系统2411米高程增压泵站机电设备安装完成。底孔、左深孔工作闸门损坏水封更换各2套、右深孔工作闸门损坏水封更换1套。底孔、左右深孔、表孔液压泵房安全防盗门安装完成。

（2）3号结构体处理工程：完成喷混凝土697立方米，排水孔345米，挂网钢筋11.44吨，脚手架搭设5300平方米。3号结构体处理工程全部施工完毕。

（3）码头工程：完成石方开挖2548立方米，锚杆施工157根，喷混凝土82.432立方米，钢筋制作安装22.35吨，混凝土浇筑672立方米，栏杆制作安装3.05吨，防冲装置安装35平方米，水位钢尺安装24米，自动升降滑轨安装36米。码头工程施工已全部完成。

（4）南干渠引水枢纽工程：土石方明挖已全部完成，洞挖完成1200米，锚杆完成2052根，挂网钢筋6.64吨，喷混凝土400立方米，钢支撑制作安装3.26吨。

（5）果卜1号梁加固工程：2720米高程以下主动防护网全部施工完成，2880米高程一道被动防护网施工完成，2465米高程混凝土挡墙基础开挖完毕。

全年完成土石方开挖50 426.5立方米；土石方洞挖18 000立方米；混凝土浇筑4754.26立方米；钢筋制作安装118.35吨；回填灌浆81平方米；金属结构安装484.4吨；锚杆2209根；排水孔421.5米；喷混凝土1179.4立方米；主动防护网21 000平方米；被动防护网1138平方米；挂网钢筋18.08吨；钢支撑3.26吨；脚手架搭设5300平方米。

【积石峡水电站工程】　2011年，积石峡水电站工程形象进度及主要工程量完成情况：

（1）中孔进水塔工程：中孔进水塔工作门及事故门启闭机楼整体验收及移交，1861米高程防浪墙混凝土浇筑17.5立方米，钢筋制作安装2.4吨。中孔进水塔事故门启闭机楼电缆铺设、电缆沟混凝土盖板安装、顶部永久防护栏杆安装及验收，共计5.97吨。

（2）泄洪排沙底孔工程：泄洪排沙出口闸室启闭机楼电缆铺设及照明灯具安装；泄洪排沙出口闸室启闭机楼整体验收及移交；中孔出口消力池电缆沟盖板预制及安装、防护栏杆制作、安装及验收，共计12.95吨。

（3）中孔进水塔交通洞：回填灌浆225平方米；固结灌浆378米；出口段剩余3段顶拱混凝土浇筑50立方米，钢筋制作安装5吨。

（4）溢洪道及电站进水口工程：混凝土浇筑104.6立方米；溢洪道堰闸段上、下游人行道及防浪墙浇筑77.4立方米，钢筋制作安装1.53吨；溢洪道堰闸段左岸灌浆洞洞脸及左岸永久上坝洞出口洞脸混凝土浇筑407立方米，钢筋制作安装26.64吨；溢洪道堰闸段左侧边坡贴坡混凝土浇筑102立方米，钢筋制作安装2.43吨；左岸上坝明线路路面混凝土浇筑909立方米；溢洪道堰闸段新增帷幕灌浆施工及左岸灌浆洞新增帷幕灌浆施工2340.6米；溢洪道堰闸段三角区及弧门角支座永久防护栏杆安装及验收，共计1.3吨；溢洪道堰闸段及泄槽段亚光不锈钢栏杆安装及验收200.4米；左岸上坝路挡墙锚杆安装122根；溢洪道泄槽段引水发电系统贴坡剩余部位混凝土浇筑2038立方米，钢筋制作安装17.916吨；溢洪道泄槽段及挑流鼻坎段永久防护栏杆安装及验收21.5吨；左防52～54号仓锚筋桩安装57根，左防52～54号仓1788米高程以上混凝土浇筑705立方米，钢筋制作安装16.311吨；左岸低线路边坡锚杆打安73根，钢筋笼加固钢筋制作安装5.683吨；左岸低线路路面石渣回填1500立方米；电站进水口上、下游人行道及防浪墙浇筑混凝土31.8立方米，钢筋制作安装3.72吨；3号机吊物孔回填混凝土浇筑135立方米；压力钢管上平段永久防护栏杆安装及验收1.2吨。

（5）厂区绿化及消防通道工程：厂区部分消防通道及排水沟混凝土浇筑967立方米，钢筋制作安装1吨；厂坝间消防通道路面钢篦子加工11吨。

（6）导流洞永久封堵段工程：导流洞永久封堵段混凝土浇筑7457.65立方米，钢筋制作安装45.298吨；导流洞永久封堵段底板锚杆制作安装125根；导流洞永久封堵段回填灌浆834.2平方米，接缝灌浆1940.5平方米，固结灌浆4721.95米；水泥灌浆238.36吨，磨细水泥灌浆14.43吨；导流洞永久封堵段止水安装，共计BW型号止水条170米、651号橡胶止水62米、铜止水138米。

（7）中孔改建段工程：中孔改建段混凝土浇筑4970立方米，钢筋制作安装71.41吨，锚杆安装634根；回填灌浆432.5平方米，接缝灌浆948.3平方米；止水安装中，共计铜止水218.74米。

（8）中孔出口分流墩工程：混凝土浇筑混凝土浇筑403立方米，钢筋制作安装10.118吨；底板及边墙锚杆安装236根。

（9）中孔改建通道4号堵头：左右边墙修复及封堵混凝土浇筑114.1立方米，钢筋制作安装7.37吨；顶拱回填灌浆69.6平方米。

（10）右岸消能区：右岸消能区44～36号段混凝土挡墙内侧边坡土石方开挖及石渣填筑已完成；44～36号段挡墙混凝土及35号段挡墙基础混凝土浇筑已完成，34号段以上游正在进行土石方开挖及水下砂砾石开挖施工；挡墙44～41号段外侧预制块已按相应设计通知完成码放；完成45号段浆砌石施工；右岸雨雾区边坡已完成(K0＋489.00)～539.00边坡第1～3层(1832～1878.6米高程)锚杆、排水孔、挂网以及喷锚施工；完成(K0＋539.00)～569.00第1～3层边坡锚杆、排水孔、挂网及喷锚施工；完成(K0＋775)～(K0＋959)第一层(12米)边坡锚杆、排水孔、挂网及喷锚施工；完成(K0＋900)～(K0＋959)第二层(12米)边坡锚杆、排水孔、挂网施工；完成K0＋959以下游部分边坡危石处理。

（11）导流洞、中孔泄洪洞及泄洪排沙底孔工程：导流洞、中孔泄洪洞及泄洪排沙底孔工程共完成混凝土浇筑67.5立方米，完成钢筋制作安装7.4吨，回填灌浆225平方米，固结灌浆378米，钢结构制作安装18.92吨。

（12）溢洪道及电站进水口工程：溢洪道及电站进水口工程共完成混凝土浇筑18 656.3立方米，钢筋制作安装210.726吨，接缝灌浆2888.8平方米，帷幕灌浆2340.6平方米，回填灌浆1266.7平方米，固结灌浆4721.95米，钢结构制作安装35吨，锚筋桩57根，锚杆1190根，铜止水356.74米，BW型号止水条170米，651号橡胶止水62米，石渣回填1500立方米。

（13）右岸消能区防护工程：水下混凝土浇筑3991.5立方米，挡墙混凝土浇筑4496立方米，预制混凝土预制块2370立方米，钢筋制作安装64吨，石方开挖662立方米，土方开挖37 925立方米（包括二次开挖），水下砂砾石开挖7445立方米，锚杆1496根，混凝土喷护816.32立方米，排水孔施工1988米，钢筋挂网22.8吨；ϕ50 PVC管安装382米，浆砌石施工200立方米。

【引洮供水工程】　2011年，引洮供水一期工程总干渠9号隧洞形象进度及主要工程量完成情况：预制C45钢筋混凝土管片9292片（混凝土浇筑17 639.2立方米）、止水条粘贴4375环、硬质塑料定位销18 584个，并于2011年7月24日圆满完成年度和总干渠9号隧洞全部管片生产计划任务；总干渠9号隧洞TBM（全断面隧道掘进机）设备掘进8402.01米（土石方拉运218 200.2立方米）；管片安装8414.61米（合计5260环）；豆砾石回填灌浆8414.61米（合计15 039.6立方米），并于2011年10月26日总干渠9号隧洞TBM掘进顺利实现全线贯通。

【贵广快速铁路十二标段工程】　2011年，贵广快速铁路十二标段工程形象进度及主要工程量完成情况：

（1）桥涵工程：桥梁桩基4533根；承台387座；墩身438座；涵洞562横延米。

（2）路基工程：完成区间路基土石方49.1万立方米。肇庆东站场、货场土石方180.4万立方米；高压旋喷桩 150.6 万米；水泥砂浆桩 20.12 万米；塑料排水板 80.4 万米；岩溶注浆 7.68 万立方米。

（3）制梁场：完成箱梁预制 48 孔。

【白龙江橙子沟水电站引水隧洞工程】 2011 年，白龙江橙子沟水电站引水隧洞工程形象进度及主要工程量完成情况：引水隧洞 1 号洞完成上层石方洞挖 2195 米，下层石方洞挖上、下游侧 1163 米；引水隧洞 2 号支洞段完成上层石方洞挖 2680 米，上、下游侧下层石方洞挖 880 米；崔家沟完成右半幅基坑开挖及引水隧洞开挖支护 52 米，16～21 号灌注桩施工，7～11 号段混凝土衬砌施工，完成右半幅回填施工、改水改道及崔家沟左半幅基坑部分开挖；完成 1 号支洞段 1、2 号钢模台车安装，完成 1 号控制段上、下游侧共 6 仓混凝土浇筑施工。沙砾石开挖 60 000 立方米，石方明挖 3000 立方米，土方回填34 961立方米；石方洞挖 45.65 万立方米，喷射混凝土22 270.2 平方米，各类锚杆 127 457 根，挂网钢筋 475.8 吨，钢支撑 3310.6 吨。收敛检测点安装 235 个，灌注桩混凝土浇筑 88.15 立方米，混凝土浇筑 4771.2 立方米；钢筋制作安装 284.9 吨。

【宁杭快速铁路工程】 2011 年，宁杭快速铁路工程形象进度及主要工程量完成情况：丁蜀特大桥防护墙施工完成 4586.2 双延长米/1791.7 立方米，梁面打磨完成 5970.2 延长米，桥面防水层施工完成 10 604.95延长米/97 565.5 平方米，两布一膜施工完成 10 604.95 双延长米/64 690 平方米，底座板混凝土浇筑成 10 604.95 双延长米/19 587 立方米，轨道板粗铺及精调完成 10 604.95 双延长米/3293 块，泥乳化沥青砂浆灌注完成 10 604.95 双延长米/1877.1 立方米，丁蜀特大桥应急救援通道完成 2 座，河道疏通土方挖运完成 10 000 立方米。

【纳子峡水电站工程】 2011 年，纳子峡水电站工程形象进度及主要工程量完成情况：泄洪洞闸室竖井平台明挖及支护；左岸 3095 米高程以上趾板边坡支护、右岸 3127 米高程以上趾板边坡支护、右岸溢洪道 3191.4 米高程以上边坡支护、右岸溢洪道引渠段石方开挖；上、下游围堰填筑，主坝填筑Ⅱ、Ⅲ区填筑至 3117 米高程，左岸趾板混凝土浇筑至 3117 米高程，右岸趾板混凝土浇筑至 3104 米高程等施工项目。

（1）导流、泄洪洞工程：泄洪洞工程本年累计完成石方开挖 0.71 万立方米，洞室支护锚杆制作安装 845 根，挂网钢筋 5.09 吨；3095 米高程以上两岸坝肩及溢洪道开挖工程；完成坝体碎石土开挖 5.8 万立方米，冻土层开挖 12.73 万立方米，砂砾石开挖 1.47 万立方米，土方共计 20 万立方米，石方开挖 4.25 万立方米，边坡支护锚杆制作安装 2093 根，锚筋束 4 束，挂网钢筋 18.09 吨，喷混凝土 1056.27 立方米，排水孔造孔 1235 米。

（2）溢洪道工程：完成土方开挖 2.83 万立方米，石方开挖 11.30 万立方米，引渠段边坡支护锚杆制作安装 1293 根，挂网钢筋 13.91 吨，喷混凝土 499.7 立方米。

（3）左岸永久上坝道路工程：完成砂砾石开挖 5751.16 立方米，砂砾石路面铺筑 3.42 万立方米，边坡支护锚杆制作安装 565 根，挂网钢筋 3 吨，喷混凝土 200 立方米，排水孔造孔 540 米。

（4）混凝土面板堆石坝工程：完成围堰基础开挖 1.03 万立方米，围堰石渣填筑 13.36 万立方米，围堰砂砾石填筑 10.74 万立方米，围堰闭气料填筑 4.99 万立方米，围堰干砌石护面 0.34 万立方米，围堰钢筋块石笼填筑 0.98 万立方米，围堰高压旋喷灌浆 3803 平方米，基坑砂砾石开挖 11.74 万立方米，填筑 104.44 万立方米，趾板混凝土浇筑 1194 米。

【羊曲水电站工程】 2011 年，羊曲水电站工程形象进度及主要工程量完成情况：

（1）临建工程：施工交通工程、施工供风工程、施工供电工程、施工供水工程、施工照明工程、施工通信工程、施工机械修配和加工厂、仓库和堆料场、临时房屋建筑和共用设施、污水及排污处理工程及为实现本工程必需的其他临时工程，全部已基本完工。

（2）永久工程：对外交通专用公路工程完成土方开挖 31 380.4 立方米，石方开挖 67 870 立方米，土石方回填 51 764.4 立方米；桩基成孔 2026.9 米，桩基浇筑 2833 立方米；金属波纹管安装 48 米。

（3）左岸高线公路及进厂公路工程：土方开挖 256 253.3 立方米，石方开挖 17 938.9 立方米，土石方回填 115 423.9 立方米；混凝土护面墙 2058 立方米，金属波纹管安装 17 米；涵洞 8 道涵长 166.1 米，涵洞混凝土浇筑 397 立方米。

【玉树灾后重建工程】 2011 年，玉树灾后重建工程形象进度及主要工程量完成情况：

（1）第三完全小学：完成教学实验楼 1～7 号楼建筑装修，水电暖安装；完成办公楼、图书艺术楼基础开挖、主体框架混凝土浇筑，建筑装修，水电暖安装；完成教学区室外工程。完成工程量：场地平整 8066 平方米，土方开挖 2961 立方米，基础土方回填102 65立方米，钢筋制作安装195.4吨，模板安装5035平方米，混凝土浇筑1627立方米，砌体砌筑481立方米，防滑波化地板砖楼面6424.15平方米，花岗石楼面350.64平方米，白色乳胶漆内墙面14 047.796平方米，室外地面4400平方米，室外路灯安装44盏。

（2）第二民族中学：完成1、2号楼墙体砌筑与装饰装修，水电暖安装；完成艺术楼、风雨操场主体结构与建筑装修，水电暖安装；完成室外工程土方回填，主体框架结构。完成工程量：土石方基础开挖9389立方米，基础回填10 659.36立方米，地砖、墙砖20 110.9平方米，室内抹灰21 051.7平方米，混凝土浇筑3431.88立方米，钢筋制作安装330.86吨，室外土方回填39 700立方米，室外运动场塑胶环形跑道1193平方米，足球场人工草坪4127平方米，室内塑胶合成地板1043平方米。

（3）小苏莽乡民房工程：完成原241户小苏莽乡民房建筑装修及水电施工，完成新增53户民房建筑装修及水电施工。完成工程量：农牧民房基础开挖294户，混凝土垫层浇筑291户，砌体砌筑263户，外墙保温261户，门安装200户，窗安装218户，屋面防水234户，装饰装修200户。全年共完成土方开挖15 001.08立方米，墙体砌筑11 892.6平方米，混凝土浇筑6402立方米，钢筋制作安装523.7吨。公建部分寄宿制小学男女宿舍楼和综合楼基础开挖，垫层、基础、三层梁板柱浇筑完成；寄宿制小学教室周转房基础开挖、基础、垫层、梁板柱浇筑完成并且墙体砌筑完成一部分；寄宿制小学食堂放线完成；派出所、干部周转房、本江村敬老院基础开挖、基础、垫层、梁板柱浇筑完成并且墙体砌筑完成一部分；乡敬老院基础开挖完成；卫生院、行政中心、司法所、基础开挖、垫层、基础、梁板柱浇筑完成，墙体砌筑一部分；文化站、村公所基础开挖、垫层浇筑完成；灯光篮球场基础开挖完成；全年共完成土方开挖18 491.4立方米，墙体砌筑5491.76平方米，混凝土浇筑4871.6平方米，钢筋制作安装375.6吨。

（4）下西同住宅试点项目工程：本年度开工422户，封顶383户，达到入住条件233户，入住85户。全年共完成土方开挖29 058立方米，墙体砌筑14 611立方米，混凝土浇筑9552立方米，钢筋制作安装888.56吨。

（5）两河治理工程：扎曲河完成导流围堰400米，左岸基槽开挖100米，浆砌石砌筑85米，宾格网箱码放40米；完成土方开挖3141.1立方米，宾格网1336.5平方米，网箱填料247.5立方米，浆砌石96立方米，土工布534.6平方米，围堰填筑15 360立方米。巴塘河完成导流围堰900米，基槽开挖300米，宾格网箱码放300米；完成土方开挖25 382立方米，宾格网4050平方米，网箱填料2255立方米，浆砌石288立方米，土工布1620平方米，围堰填筑34 560立方米。

（6）赛青陇达沟工程：防洪工程施工已完成。主要完成工程量：箱涵混凝土浇筑824.2米，土方开挖16 902立方米，土方回填12 568立方米。

【格尔木250兆瓦并网光伏电站土建工程】 2011年，格尔木250兆瓦并网光伏电站土建工程主要承建青海格尔木25兆瓦并网光伏电站2标段A包多晶硅独立基础、道路工程、电缆沟、接地系统等。目前工程已全部完工，竣工验收及资料移交工作正在进行中。主要完成工程量：支架基础灌注桩浇筑44 928个，主电缆沟浇筑及混凝土盖板预制591.36米，进场主干道及子阵环碎石道路2695.96米，逆变器室及35千伏变压器基础施工24间，主接地10 443.22米。

【乌兰50兆瓦并网光伏电站（30兆瓦）土建工程】 2011年，乌兰50兆瓦并网光伏电站（30兆瓦）土建工程主要承建乌兰光伏电站组件支架土建工程、逆变器室土建、接地系统及场内土建工程等。目前工程已全部完工，竣工验收及资料移交工作正在进行中。主要完成工程量：场区冲沟回填321 809.88米、泥结碎石道路50 335平方米，支架基础混凝土灌注桩55 960个，超过标准部位圆柱8606米，逆变器室（土建、消防器材、电气照明等）924项，水平接地31 500米，垂直接地150根，热镀锌圆钢2250米，降阻剂8250千克。

【柴达木能源乌兰20兆瓦光伏电站工程】 2011年，柴达木能源乌兰20兆瓦光伏电站工程主要承建乌兰电池组件支架土建工程、电气设备安装、35千伏开关站工程及场内土建工程等。目前工程已全部完工，资料整理及工程验收工作正在进行中。主要完成工程量：支架基础35 088个，逆变器室施工683平方米，综合楼土建施工990平方米。

【锡铁山矿区（49.5兆瓦）风电场风机基础土建工程】 2011年，锡铁山矿区（49.5兆瓦）风电场风机基础土建工程工程形象进度及主要工程量完成情况：土方开挖22 110立方米，垫层浇筑640立方米，苯板安装49.52立方米，钢筋安装610吨，PE管安装1615米，风机基础混凝土浇筑13 365立方米，接地扁铁1800米，模板已全部安装完毕。

【海东高铁新区】 2011年海东高铁新区工程中湟水河治理工程完成情况：土方开挖30 753.82立方米；混凝土浇筑387.77立方米；砖石砌筑2293.1立方米；铅丝笼码放1642.5立方米；围堰填筑45 770立方米；旧堤拆除3664立方米；清表1 333 316.68立方米。

【京沪高铁工程】 2011年，京沪高铁项目工程主要承建大汶河特大桥桥墩混凝土浇筑、桥面系防护墙施工、遮板预制和竖墙施工等任务。本工程已全部完工，主要完成工程量：遮板预制21 366块，A、B竖墙累计完成94跨，150拌和站生产混凝土39.9万立方米。

【玛尔挡水电站工程】 2011年，玛尔挡水电站工程主要承建玛尔挡水电站场平标，主要工作内容为场地平整及靠河边混凝土挡墙浇筑施工。本工程已全部完工，目前正在进行竣工验收工作。主要完成工程量：土石方开挖6.68万立方米，回填碾压17.1万立方米，三角区压实30遍区域0.61万平方米，压实10遍区域1.12万平方米，混凝土浇筑0.16万立方米，钢筋制作安装136.5吨。

【金属结构机电项目】 2011年，金属结构机电项目主要完成：成品混凝土生产40 838.2立方米，加工制作窗框8474.471 2平方米，窗扇2523.096平方米，铝塑窗安装5842.9平方米，生产砂石料32 773.3立方米，金属结构制作安装1366.5吨，钢栏杆制作240米，供水管路安装760米，钢结构运输204吨，混凝土吊运3787立方米，电缆敷设269.7千米，安装永久照明27套，光伏电站扁铁安装57.6千米，钢管安装580米，各种设备安装202台/套。

（李　乐　一分局）

【南水北调穿黄项目】 南水北调中线一期穿黄工程Ⅲ标段总长9.968千米，主要施工项目包括导流工程、基础处理工程、埋涵、倒虹吸、跨渠桥、道路等项目，主要建筑物有北岸河滩明渠、新蟒河渠道倒虹吸、老蟒河河道倒虹吸、北岸跨渠交叉建筑物、排涝建筑物、施工道路等。主要工程量：清基50.9万立方米，明挖土方135.1万立方米，土方填筑331.2万立方米，混凝土浇筑约10万立方米。2006年3月开工，合同金额2.954 1亿元。主要完成工程量：土方开挖7.2万立方米，土方填筑10.7万立方米，混凝土浇筑2.06万立方米，钢筋480.78吨。2011年计划完成生产投资3500万元，实际完成2041.614万元，完成计划的58%。

【南水北调新卫二标项目】 南水北调新卫二标长12.43千米，主要建筑物有18座，其中：河渠交叉建筑1座、左排倒虹3座、渠渠交叉倒虹1座、公路桥7座、生产桥6座、控制性建筑物1座。合同金额3.06亿元。2011年主要进行渠道衬砌、建筑物进出口以及桥梁施工。完成主要工程量：土石方开挖15.32万立方米，土方填筑16.11万立方米，混凝土浇筑2.876 8万立方米，钢筋945.38吨。2011年计划完成生产投资8500万元，实际完成3273.28万元，完成计划的39%。

【南水北调廊坊TJ4-4标项目】 南水北调廊坊TJ4-4标段全长10.61千米，以现浇混凝土箱涵为主，箱涵为有压输水箱涵，C30现浇混凝土结构，为3孔4.4米×4.4米有压输水箱涵。主要建筑物包括通气孔6座、分水口2座、小型倒虹吸2座、小型公路涵6座、保水堰1座、廊大公路涵。合同金额4.28亿元，2009年7月23日中标。主要完成工程量：土方开挖151.86万立方米，土方回填184.2万立方米，混凝土浇筑18.21万立方米，钢筋制作安装15 809.44吨。2011年计划完成生产投资1.6亿元，实际完成1.97亿元，完成计划的123%。

【南水北调沙河渡槽项目】 南水北调沙河渡槽Ⅰ标工程渠道2.8千米，沙河渡槽1.67千米，大郎河渡槽500米，合同约定于2013年4月竣工。由于征地移民影响，开工滞后3～6个月，合同金额7.4亿元。2011年度主要进行了沙河渡槽预制场的槽体预制及架设施工、沙河梁式渡槽35～45号墩下部结构施工、大郎河梁式渡槽下部结构施工、沙河及大郎河的出口段箱基施工、跨渠交通桥的下部结构施工等。主要完成工程量：土方开挖29.60万立方米，土方填筑26万立方米，混凝土浇筑19.78万立方米，钢筋制作安装14 400吨，声测管安装155.52吨。2011年计划完成生产投资3亿元，实际完成2.26亿元，完成计划的75%。

【南水北调禹州和长葛第五施工标段项目】 南水北调禹州和长葛段第五施工标段长9.0千米，标段内共有各种建筑物9座，其中：河渠交叉1座，左排倒虹3座，左排渡槽1座，渠渠交叉1座，节制闸1座，退水闸1座，分水口门1座。主要完成工程量：土方开挖269.19万立方米，土方回填53.15万立方米，石方开挖8.22万立方米，混凝土浇筑2.09万立方米，钢筋制作安装 2510.82 吨。2011 年计划完成生产投资 9000 万元，实际完成 8754.14 万元，完成计划的 97%。

【新疆托什干河别迭里】 新疆托什干河别迭里一级厂房工程，由于汛期超标准洪水淹没基坑，主体厂房 1、2 号机组蜗壳层淤积正在清理，3、4 号机组蜗壳层清淤完成已交面，完成副厂房的清淤工作，基本完成尾水池、尾水渠土方清理，尾水管和压力钢管内淤积正在清理，厂房左侧边坡决口处、左侧边坡、泄水槽、防洪堤、连接渠、尾水渠等填筑工作已完成，压力前池挡墙、进水口混凝土浇筑基本完成。主要完成工程量：土方开挖 7.8 万立方米，土方填筑 13.2 万立方米；混凝土浇筑 5.74 万立方米，钢筋制作安装 1907 吨。2011 年计划完成生产投资 9500 万元，实际完成 6333.6 万元，完成计划的 43%。

【新疆台兰河一、二级水电站工程】 台兰河一、二级水电站装机容量均为 4.8 万千瓦（装机台数为 4 台，2×1.92 万千瓦+2×4.8 万千瓦），电站工程等别为四等小（1）型。设计引水流量 56 立方米/秒，年发电量 1.50 亿、1.53 亿千瓦·时，年利用小时数 3125、3188 小时，合同金额 7743 万元。主要工程量：土方开挖 73.2 万立方米，石方开挖 16.77 万立方米，土方填筑 13.16 万立方米，混凝土 6.17 万立方米，钢管安装 1410 吨，机组安装 4 台。主要完成工程量：土方开挖 65.61 万立方米，土方回填 3.64 万立方米，混凝土浇筑 3.73 万立方米，钢筋制作安装 3746 吨。2011 年计划完成生产投资 4500 万元，实际完成 4030.45 万元，完成计划的 90%。

【新疆塔什库尔干河齐热哈塔尔水电站工程】 新疆塔什库尔干河齐热哈塔尔水电站总装机容量 21 万千瓦，多年平均年发电量为 7.546 亿千瓦·时，年利用小时数 3593 小时。发电引水建筑物位于河道左岸，有压引水隧洞总长 15 660.86 米，纵坡为 3.0‰ 和 6.095‰，断面主要为圆形，部分Ⅱ类和Ⅲ类围岩洞段拟采用马蹄形断面，隧洞经济直径为 4.7 米。调压室为双室式，竖井内径 10 米，井高 127.6 米。压力管道主管长为 807.94 米，管径为 4.5 米。厂区建筑物由主厂房、安装场、副厂房、变压器场、开关站、电站尾水渠等组成。主厂房尺寸为 69 米×27.3 米×42.2 米，立式混流发电机组，额定水头为 311.49 米。主要完成工程量：土方开挖 6.76 万立方米，石方明挖 1.66 万立方米，混凝土浇筑 0.17 万立方米，完成锚杆 4004 根。2011 年计划完成生产投资5000 万元，实际完成 1244.41 万元，完成计划的 25%。

【四川观音岩水电站工程】 四川观音岩水电站左岸坝基 1020 米高程以上开挖及支护工程完工。左岸大坝土建及金属结构安装工程：21 号坝段坝横 0+062.000 以上区域于 2011 年 10 月 22 日开始第一仓混凝土浇筑，现已浇筑至 1000～1005 米高程；22 号坝段坝横 0+057.000 以上区域于 2011 年 9 月 29 日开始第一仓混凝土浇筑，现已浇筑至 1010 米高程。主要完成工程量：混凝土浇筑 1.279 5 万立方米，钢筋制作安装 113.626 吨。2011 年计划完成生产投资 5500 万元，实际完成 4088.52 万元，完成计划的 74%。

【江西峡山水电站工程】 峡山水电站距于都县城约 30 千米，水库正常蓄水位 109.80 米，相应库容 9600 $\times 10^4$ 立方米，电站装机总容量 3.6 万千瓦，工程等别为三等，水库为中型水库，为小（1）型电站。永久性主要建筑物如非溢流坝、泄水闸、厂房坝段等为 3 级建筑物，次要建筑物为 4 级建筑物，临时建筑物为 5 级建筑物。主要完成工程量：土方开挖 11.3 万立方米，石方开挖 37.63 万立方米，混凝土浇筑 13.5 万立方米，钢筋制作安装 2800 吨，帷幕灌浆 2081.58 米。2011 年计划完成生产投资 5000 万元，实际完成 6880 万元，完成计划的 138%。

【云南丹达河水电站工程】 丹达河水电站多年平均发电量 4.512 亿千瓦·时，电站设计水头 350 米，设计发电引用流量 33.5 立方米/秒。水库总库容 4754 万立方米。拦河大坝采用双曲混凝土拱坝坝型，坝顶全长 122.21 米，最大坝高 137 米，坝顶宽 6.00 米，设置有泄洪、冲沙等建筑物，引水隧洞全长 10 089.376米。厂区距拦河大坝直线距离约 10 千米，包括主厂房、副厂房及升压站，为地面式厂房，电站采用一管双机的供水方式。压力管道上接调压井，下连电站厂房主阀，为埋管布置，埋管段包括 3 段平洞、2 段斜井。主要工程量：土石方开挖 32.6 万立方米，地下洞室开挖 1.2 万立方米，大坝工程混凝土 22 万立方米，钢筋 3350 吨，帷幕灌浆 3.4 万米，固结灌浆 5800 米。2011 年计划完成生产投资 7000 万元，实际完成 5449.95 万元，完成计划的 78%。

【安哥拉索尤公路项目】 安哥拉索尤公路项目主要进行了箱涵混凝土浇筑、预制混凝土管、箱管涵的台背回填、管涵进出口松动乱石回填、部分路基清表和路基回填，管涵 ϕ0.5 米、ϕ0.6 米、ϕ0.7 米、ϕ1.0 米、ϕ1.5 米预制，砂石骨料开采加工、场地和设备的看护，以及除尘器基础及其他准备工作。主要完成工程量：土方开挖 31.29 万立方米，土方回填 65.22 万立方米，钢筋制作安装 855.78 吨。2011 年计划完成生产投资 2 亿元，实际完成 9336.68 万元，完成计划的 47%。

（李　乐　二分局）

【金安桥水电站工程】　2011 年，金安桥水电站工程形象进度及主要工程量完成情况：混凝土浇筑 5.98 万立方米，钢筋安装 1983 吨，金属结构安装 2253 吨，固结灌浆 6725 米，接触灌浆 9257 平方米，回填灌浆 3087 平方米，排水孔 5836 米，锚杆锚筋桩 1243 根，围堰拆除 3.0 万立方米；大坝 0～20 号坝段全部到达坝顶 1424 米高程，坝顶建筑结构全部完成，右泄系统全部完成，大坝金属结构及机电设备安装全部完成，钻灌工程除导流洞接缝灌浆未具备施工条件，其他全部完工，围堰拆除全部完成。

【功果桥水电站工程】　2011 年，功果桥水电站工程形象进度及主要工程量完成情况：左岸砂石加工系统生产砂石料 47.2 万吨，石料回采 50.8 万吨。

（1）安装工程：完成土石方开挖 19.01 万立方米，土石方回填 4.49 万立方米，混凝土浇筑 23.03 万立方米，金属结构安装 2446 吨，锚杆制作安装 1201 根，锚索完成 171 束，固结和帷幕灌浆 3.26 万米，接触及回填灌浆完成 0.17 万平方米，排水孔 1.14 万米，宾格笼完成 17 660 立方米。坝体碾压混凝土及固结灌浆全部完成，1～7、14～17 号挡水坝段全部到坝顶 1309.85 米高程，8～12 号溢流坝段闸墩（1309.85 米高程）、溢流面（1288.0 米高程）、反弧段（1233.18 米高程）常态混凝土浇筑完成，底孔坝段常态混凝到达 1309.85 米高程，坝顶铺装层浇筑完成，1～7、16～17 号坝段坝顶上游防浪墙浇筑完成，挡水坝段、消力戽坝基、6～8 号坝段坝基加强帷幕灌浆全部完成，1、3、4 号灌浆平洞（除与导流洞交叉处外）帷幕灌浆全部完成，坝体与坝基排水孔全部完成，消力戽池左挡墙（1262.0 米高程）、右挡墙（1272 米高程）、戽池底板抗冲耐磨混凝土以及挑坎常态混凝土浇筑完成，护坦坝下 0＋117 至坝下 0＋147 开挖、常态混凝土浇筑全部完成，护坦坝下 0＋117 至坝下 0＋161（1244～1255 米高程）贴坡浇筑全部完成，护坦锚杆、排水孔全部完成。下游消能区Ⅰ区（左岸），左岸导流洞对冲段土石方回填、水下混凝土浇筑全部完成，左岸护坡锚索施工张拉全部完成 53 根，锚墩头制作完成 33 根。下游消能区Ⅱ区（右岸），右岸土石方开挖全部完成，坝下 0＋161 段以下游（1240.0～1244.0 米以上高程）、坝下 0＋117 至坝下 0＋161 段（1238～1262 米高程）、坝下 0＋117 段以上游（1238～1262 米高程）贴坡混凝土浇筑全部完成，海曼常态混凝土浇筑全部完成。格宾石笼码放全部完成。底孔事故闸门、工作弧门、液压启闭机安装完成，溢流表孔检修闸门、工作弧门安装完成，液压启闭机全部安装完成，13 号坝段桥机安装调试完成。

（2）下游河道整治工程：土石方开挖全部完成、导流洞对冲段锚筋桩全部完成，导流洞对冲段正对段（消 0＋246～消 0＋479）1244.00～1255.0 米高程水上混凝土浇筑全部完成，消 0＋479.324 以下游锚索（除 1253.0 米高程锚索 15 根外）全部施工完成，1247.0 米高程以上网格梁浇筑完成，1247.0 米高程以下护坡混凝土浇筑全部完成 60%，坝前拦污排开挖、浇筑、护坡锚索全部完成，导流洞临时封堵全部完成，永久段封堵及一期固结灌浆完成 80%。

【铁索桥水电站工程】　铁索桥水电站本年度完成金属结构安装 296 吨，金属结构及设备安装全部完成。

【五郎河大坪水电站首部枢纽及引水系统工程】2011 年，五郎河水电站工程形象进度及主要工程量完成情况：土方明挖 7464.8 立方米，石方洞挖 958 立方米，边坡支护混凝土 433.2 平方米，1 号施工支洞洞口明挖完成，2 号施工支洞洞口明挖完成约 50%，4 号施工支洞洞口明挖完成，支洞洞挖完成 51 米。

【黄登水电站右岸场内公路工程】　2011 年，黄登水电站右岸场内公路工程形象进度及主要工程量完成情况：土石方开挖 46.54 万立方米，石方洞挖 0.94 万立方米，土石方回填 18.94 万立方米，砌体 2.8 万立方米，混凝土浇筑 1.68 万立方米，喷混凝土 0.89 万立方米，级配碎石填筑 0.2 万米，锚杆安装 128 吨。右岸上游联络线公路隧道开挖完成 94 米，（K0＋000）～（K0＋998.8）明线段路基开挖、边坡支护和路面工程施工完成；右岸上游低线公路路基开挖全部完成；右岸坝顶公路（K0＋000）～（K2＋200）路基开挖已全部到位，（K0＋000）～（K1＋600）段边坡支护和路基防护工程完成，混凝土路面形成 1000 米；右岸缆机支线公路路基开挖完成；布纠河弃渣场公路（K0＋840）～（K5＋780）段路基开挖基本到位，路基防护工程完成 50%，边坡支护完成 46%；罗松场河弃渣公路2011年4月15日施工完成，已验收移交。

【黄登水电站缆机工程】　2011年，黄登水电站左右岸缆机平台一期开挖支护工程完成：土石方开挖47.2万立方米，砌体1033.7立方米，混凝土浇筑（锚拉板）4161立方米，喷混凝土3403立方米，锚杆4015根，锚筋桩401根，锚索完成460束，钢筋制作安装546.53吨（挂网35.53吨），排水孔完成3925米。左岸缆机平台开挖工程完成1795米高程以上5层马道的土石方开挖，支护工程完成1780米以上锁口锚索施工、1795米高程以上喷锚支护施工、1810米高程以上锚索施工、1825米高程以上锚拉板施工。右岸缆机平台开挖工程完成1785米高程以上4层马道的土石方开挖，支护工程完成1830米高程以上锁口锚索施工、1785米高程以上喷锚支护施工、1815米高程以上锚索施工、1815米高程以上的锚拉板施工。

（李　乐　三分局）

【大华桥干笔河综合治理工程】　2011年，大华桥干笔河综合治理工程形象进度及主要工程量完成情况：土方开挖11万立方米，石方洞挖0.9万立方米，喷混凝土0.17万立方米，浆砌石完成700立方米，钢筋挂网20.9吨，锚杆锚筋桩安装9800根；排水孔完成1290米；排水洞开挖支护完成(0＋620.0)～(0＋200.0)段，排水洞进口进场道路路基开挖完成，10号公路路基开挖完成(K0＋200)～(K1＋100)、(k2＋160)～(k2＋500)段，12号公路正线便道开挖完成80米，挡渣坝砌筑完成。

【宁杭客运专线二分部】　宁杭二分部防护墙完成32孔/1301双延长米，桥面打磨完成53孔，底座板范围内防水完成202孔/45283.8平方米，底座板施工完成6966.7双延长米，轨道板粗铺完成2183块，水泥乳化沥青砂浆灌注完成2185块，轨道板窄接缝灌注完成2185块，轨道板剪切连接完成203孔梁（224号墩—摩擦板）。

【宁杭客运专线三分部】　宁杭客运专线三分部现浇梁完成2孔/694圬工方，桥梁防护墙完成477.88双延米，桥梁底座板完成1220.68双延长米，桥梁防水层完成66孔/2862.62双延米，轨道板铺设完成2225块。路基工程路基基床表层级配碎石完成25 227立方米，路基支撑层完成4465.5双延米，路基附属工程完成3687.87圬工方，桥路过渡段端刺完成1290圬工方，路基护肩完成5052米，路基电缆槽完成3284.12双延米，贯通底线铺设完成5150米。项目部所承担的施工区段内无砟轨道工程已经基本完成，线下工程相关的附属设施（防护栅栏除外）也即将完工。线下路基工程、桥梁工程主体结构已于2011年6月全部施工完成，线上无砟轨道工程于2011年9月30日完成轨道板的灌注工作，正在进行铺轨作业。

【海东工业园区工程】　拌和系统完成土方开挖16 278.04立方米，土方回填559.63立方米，完成混凝土浇筑3195.3立方米，钢筋安装34.6吨，砖砌体468.7立方米。古城南路、广场路完成清表29 194平方米，土方开挖17 443立方米，土方回填11 365立方米。安置小区及其道路工程拆迁完成拆迁面积1.78万平方米。海东工业园区1号混凝土拌和系统土建全部施工完成，古城南路完成(K0＋000.0)～(K0＋740.0)、(K1＋300.0)～(K1＋720.0)段路基清表，(K0＋000.0)～(K0＋740.0)、(K1＋300.0)～(K1＋800.0)段路基开挖，(K0＋000.0)～(K0＋740.0)土路基回填完成1层、(K1＋280.0)～(K1＋800.0)段土路基回填完成5层。广场路完成(K0＋040)～(K0＋420)段路基清表，(K0＋000)～(K0＋040)路基土方开挖，施工便道施工460米。

（李　乐　三分局）

【善泥坡水电站工程】　善泥坡水电站位于北盘江干流中游河段贵州省六盘水市水城县顺场乡境内，距水城118千米，距贵阳362千米。毗邻水城、盘县主要工业区，地理位置佳，地处六盘水腹地。工程区附近有217省道和230县道（水盘东线公路）跨江通过，对外交通十分便利。工程以发电为主，电站水库正常蓄水位885米，总库容0.850亿立方米，调节库容0.246亿立方米米，是日调节水库。电站装机容量185.5兆瓦，保证出力20.78兆瓦，多年平均发电量6.788亿千瓦·时。拦河大坝为抛物线双曲拱坝，拱坝坝顶高程888.00米，坝底高程768.60米，最大坝高119.40米；坝顶宽6.00米，坝底厚24.0米，厚高比0.201；坝顶中心弧长212.20米；最大中心角90.85°，最小中心角45.17°，坝体中心线方位角N65.00°E。坝内廊道布置有基础灌浆排水廊道和交通观测廊道，基础灌浆排水廊道布置在坝基靠上游侧，底板高程785.00米，断面为3.0米×3.5米（宽×高），左岸与灌浆隧洞相接。在坝内右侧820米高程和左侧830.00米高程各布置一条交通观测廊道，断面为2.0米×2.5米(宽×高)，分别和两岸的帷幕灌浆隧洞相接，并分别通至大坝下游坝后交通。大坝右侧下游设有从坝顶高程通至中层820米高程廊道的电梯、楼梯井，并通过坝后交通桥通至中孔启闭机室。820米高程廊道通过中孔下部竖井内楼梯通至785.00米廊道。另在左岸布置有两条施工支洞分别通至830.00米廊道和785.00米廊道，洞口以贝雷桥通至右岸。泄水建筑物由溢流表孔、中孔及下游消能防冲建筑物等组成。溢流表孔及中孔均布置在拱坝坝身。3个溢流表孔沿拱坝中心线对称布置，孔口尺寸为14米×10米(宽×高)。2个中孔布置在825米高程，相间布置在3个溢流表孔中间，出口孔口尺寸为6米×7.5米(宽×高)。

【大河家水电站工程】　黄河大河家水电站位于青海省民和县官亭镇与甘肃省积石山县大河家镇交界的黄河干流河段上，是黄河龙羊峡—青铜峡河段水电开发规划中的第12个梯级电站，上游约5.8千米是在建的积石峡水电站，下游约11千米是已建的炳灵水电站库尾。大河家水电站工程属三等中型工程，主要开发任务是发电。枢纽主要由河床式电站厂房、泄洪闸、右岸砂砾石坝、左岸混凝土防渗墙及中控楼、GIS室等建筑物组成。水库正常蓄水位1783.00米，总库容390万立方米，主要建筑物级别为3级。总装机容量142兆瓦，4台GZ(928)-WP-700型灯泡贯流式机组，单机容量35.5兆瓦，额定水头9.3米；多年平均发电量5.591亿千瓦·时。本合同工程主要包括坝0+000.00以左河床电站厂房、副厂房、安装间、刺墙、进水口引渠及护岸、尾水渠及护岸、GIS室及出线站、中控楼钢筋混凝土工程及其初装修、左岸进厂公路、圬工工程及金属结构安装工程施工，以及为完成上述工程项目的所有临建工程。合同总投资金额为16 003.82万元。主厂房平面尺寸87.5米×70.5米(长×宽)，安装间长46.0米。主机间与安装间之间设永久沉陷缝，缝宽0.02米。主厂房采用单机单缝，1号机组段长为20.5米，2、3号机组段长各为22米，4号机组段长为23米，主厂房总长为87.5米。机组段顺水流长度均为70.5米，由基础最低处至坝顶的高度为47.5米，至厂顶为62.5米。尾水副厂房布置在主厂房及安装间下游侧尾水平台下，长109.5米，共3层。中控楼布置在安装间下游侧，面积为22×17.2平方米，地下1层，地上3层，GIS开关站布置在2、3号机组主厂房下游侧尾水平台上，GIS室面积为（44×14.6）平方米，GIS出线站布置在GIS室顶部。进水渠通过1∶2的反坡与前缘设置的拦沙坎相连，拦沙坎顶高程1774.50米，左侧与天然河床山坡相接，右侧与泄洪闸导墙相接。采用直线形布置，用于拦截推移质以及粗颗粒泥沙，以防止河床推移质进入流道磨损转轮，形成电站进水口前拦沙的第一道防线。越过第一道防线，进入进水口前的推移质泥沙，在2、3、4号机组左侧布置了3个排沙孔，通过排沙孔将其导向下游，以保证电站进水口“门前清”。尾水渠宽87.5米，通过1∶4的反坡升至1767.15米高程与尾水河道开挖后的河床相接，尾水渠左岸开挖边坡采用混凝土衡重式挡墙护坡，右侧为泄洪闸左导墙。进厂公路布置在安装间左岸下游，通过进厂公路可直达厂区并进入安装间。

【南水北调白条河渠道等工程】　本标段设计桩号为(TS116+527)～(TS120+423)，标段长度为3.896千米，标段内共有各种建筑物8座，分别为：河渠交叉建筑物1座，左岸排水建筑物1座，渠渠交叉建筑物1座，公路桥3座，生产桥2座。合同工程起止桩号为(TS116+527)～(TS120+423)，主要工程内容包括此区间渠道工程、白条河渠道倒虹吸工程、贾庄南沟倒虹吸工程、白桐干渠倒虹吸工程、新庄西北公路桥、新庄东北公路桥、贾庄西南公路桥、白桐生产桥和熊庄北生产桥等任务标段内主体工程，主要工程量为：土石方开挖约132万立方米，土石方填筑约195万立方米，混凝土约8万立方米，钢筋约0.5万吨，复合土工膜约24万平方米。签约合同价为人民币2.06亿元，合同工期为30个月，完成时间为2013年6月30日。

【毛滩水电站工程】　夹江县毛滩水电站工程位于青衣江干流夹江县顺河乡境内，是千佛岩下游青衣江汇口河段水电规划推荐的三级规划方案中的第一级电站，干流夹江县境内河段梯级开发的第二个梯级。工程区上游为千佛岩水电站，下游尾水渠出口为牛头堰取水口。该工程开发的主要任务为发电、防洪、灌溉，兼顾城市景观用水，远期长征渠修建后，服从长征渠灌溉用水，余水发电。该水电站为混合式开发，水库正常蓄水位406.00米，总装机容量（102+3）兆瓦，水库总库容3000万立方米，多年平均发电量（48 853+1924）万千瓦·时。该合同工程主要建筑物包括河床右侧12孔泄洪闸、右岸连接坝段、上游右岸近坝段防洪堤（右防新建0+000.00～右防新建0+708.42)、混凝土防渗墙（允许专业分包)、环保水保等项目的土建工程施工和金属结构设备安装工程施工，以及防雷保护及接地系统预埋、原型观测工程。

（李　乐　四分局）

【向家坝水电站工程】　2011年是向家坝水电站大坝

Ⅱ期主体工程施工的第二个高峰年，也是大坝挡水、电站发电前冲刺阶段，全年完成混凝土浇筑 933 771 立方米，完成固结灌浆 10 030 米，完成帷幕灌浆 26 526米，实现了主坝乙、丙块坝内部分帷幕灌浆全部完成；完成压力钢管制作 6137 吨、安装 6965 吨；完成拦污栅埋件制作 503 吨，安装 147 吨；完成冲沙孔事故、检修门槽埋件安装 20.441 吨；完成钢筋制作安装 9432 吨。主体混凝土工程形象：甲块坝段浇筑至 269 米高程，乙块坝段浇筑至 282 米高程，丙块坝段全部浇筑至 280.5 米高程，坝体最大上升高度为 88 米（厂 7 坝段甲块），各坝段平均上升高度为 32.52 米。压力钢管制作，5～8 号机组完成了 246 节，安装完成 260 节，其中 6～8 号机组已全部安装完毕，5 号机组预计在 2011 年 12 月底完成全部安装。设备安拆方面完成坝前 MQ2000 港机拆除、TB1 号塔带机及供料线设备拆移、安装调试，坝前系船墩 C7050 塔机安装运行、厂坝段坝后 2 台 C7022 塔带机安装、运行，3 台缆机及 303 米、380 米高程拌和系统运行，顺利完成各节点工期目标。

【溪洛渡水电站工程】　2010 年，溪洛渡水电站主要工程量及工程形象进度完成情况：水垫塘和二道坝工程（XLD/0889）完成混凝土浇筑 27.15 万立方米，钢筋制作安装 9200 吨，锚筋 5596 根，帷幕灌浆 13 387 米，排水孔 5500 米。完成供排水管路敷设和改线 4246 米，供电线路敷设 3000 多米，变压器移设 10 台·套·次，门机轨道安装 851 对米。左岸天然边坡处理工程（XLD/1001）完成混凝土 2.3 万立方米，钢筋 185 吨，锚杆制作安装 2707 根，排水孔 1838 米，挂网 31.5 吨，喷混凝土 1026 立方米。二道坝全线封顶、通过验收。截至 2011 年底，水垫塘底板混凝土完成 98%、边坡混凝土完成 99%，排水孔全部完成；二道坝帷幕灌浆全部完成，排水孔完成 75%；左岸天然边坡处理工程、尾水洞出口支护工程全部完成。

【小湾水电站工程】　2010 年是小湾水电站尾工之年，全年项目部计划混凝土 3709 立方米，实际完成 10 593.5立方米，完成年度计划的 285.6 %；钢筋制作安装 326 吨，实际完成 539.48 吨，完成年度计划的 165.5%；接触灌浆 4474 平方米，实际完成 4474 平方米，完成年度计划的 100%。

【南水北调双洎河渡槽工程】　2011 年，完成土石方开挖 69.1 万立方米，土石方回填 29.1 万立方米，混凝土浇筑 10.36 万立方米，钢筋制作安装 7034 吨。渡槽进口段基础处理全部完成，开始渐变段挡墙底板施工；渡槽槽身段下部结构完成 400 根灌注桩、9 座承台、7 座墩身、5 座墩帽施工，上部结构完成右联首跨渡槽浇筑，累计完成混凝土浇筑占建筑物混凝土总量的 39.6%；渡槽出口段基础处理全部完成，开始渐变段翼墙箱基混凝土施工；冯庄沟排水涵洞完成 2～18 号管节混凝土浇筑；吴庄西公路桥完成灌注桩及桥梁下部结构施工；渠道段基础处理（除新密铁路倒虹吸）全部完成。

【白鹤滩 3 号公路项目】　2011 年，完成石方洞挖 10.8 万立方米，挂网钢筋 2.65 吨，挂网钢筋混凝土 254 立方米，钢拱架 63 榀，锚杆 691；左岸排风洞完成 0.36 立方米，各项工程均超额完成年度计划任务量。

【玉树重建项目】　2011 年，完成工程情况如下：歇武镇 296 户农牧民住房已全部竣工并顺利移交；新开工的 76 户城镇居民住房全部封顶；三江源防火器材库建设工程全部完工；东尼格社区防洪工程完成部分分项工程；德宁格、歇武镇、珍秦镇、仲达乡、拉布乡、尕多乡、称文镇、隆宝镇、结古镇、下西同共 10 个乡镇的 10 千伏线路架设工程全部完工。

【武清开发区市政工程】　天津市武清开发区西区工业区、北区一期基础设施工程，西区承建开源道、工业三路两条道路，总长约为 3 千米，其中包括给、排水工程，综合管线工程及其他附属构筑物工程；北区承建保税一路、保税北路两条道路，总长约为 2 千米，以及 1 座雨水泵站、1 条河道和两座箱涵工程，其中包括给、排水工程，综合管线工程及其他附属构筑物工程。2011 年，工程形象进度及主要工程量完成情况：雨水管线 1000 米，污水管线 700 米，给水管线 1000 米，土方开挖 13 068 立方米，碎石回填 6008 立方米，8%石灰土回填 7420 立方米，路面工程 28 314 平方米，人行道花砖 3032 平方米。

（李　乐　路桥分局）

【内遂高速公路工程第六标段】　内遂高速公路工程第六标段位于四川省安岳境内，全长 6.39 千米，主要工程量：土石方开挖 156.6 万立方米，填方 145.4 万立方米，大桥 2 座，跨线桥 2 座，涵洞（通道）32 道。2011 年，工程形象进度及主要工程量完成情况：

（1）路基工程：土石方开挖 323 250 万立方米，结构物台背及锥坡填筑 25 829 万立方米。

（2）桥梁工程：桩基 114 根，扩大基础 5 个，承台、（下）系梁 29 个，桥墩 7 个；台墩冒、盖梁 10 个；现浇箱梁 3 块；梁预制 150 片；梁安装 250 片；桥面铺装 12 128 平方米。

（3）排水工程：排水沟 6529 米，边沟 2565 米。

【新疆克塔高速公路 KT-1 标段项目】 新疆克塔高速公路 KT-1 标段起点桩号为 K0+150，终点桩号为 K80+920.275，线路总长 80.77 千米。路线起点位于克拉玛依市白碱滩的三坪水库附近，终点在位于托里县铁厂沟镇，与第二合同段设计起点对接。工区承担克塔高速第一合同段第二工区施工任务，起点桩号为 K31+571，终点桩号为 K49+240，路线长度为 19.4 千米。施工范围主要包括桥梁工程、涵洞工程、路基开挖与填筑、路面工程、防护工程、安全设施等工程的施工。2011 年，工程形象进度及主要工程量完成情况：

（1）路基工程：土石方开挖 42.4 万立方米，土石方填筑 44.6 万立方米，涵洞通道工程 578.48 米。

（2）桥梁工程：达尔布特特大桥基础工程 110 根，下部结构工程 0.05 项，梁板预制 12 片；大中小桥下部结构工程 0.05 项。

（李　乐　路桥分局）

【官地水电站工程】 官地水电站工程形象进度及主要工程量完成情况：2011 年 10 月 16 日，左岸导流洞顺利下闸；2011 年 11 月 6 日，右岸导流洞顺利下闸及中孔过流；2011 年 11 月 23 日，左岸导流洞临时封堵段混凝土浇筑完成；大坝左岸混凝土于 2011 年 11 月 30 日全线到顶。全年完成主要工程量：土石方明挖 3205.8 万立方米，预应力锚索 499 束，固结灌浆 1158.4 吨，混凝土浇筑 496 545.8 万立方米，钢筋制作安装 7878.5 吨，钢结构制作安装 135.07 吨，喷混凝土 2302.83 立方米。

玉树援建房屋共 305 套，共分德宁格路南、路北、德秀阁 3 个片区，建筑面积共 24 400 平方米。2011 年完成封顶 270 户，河道治理工程完成右岸底层网箱装石 360 米。

【黄登水电站左岸揽机平台开挖】 2011 年主要完成的工程形象有：左岸缆机平台前沿开挖至 1750 米高程，边坡开挖至 1780 米高程。1795 米高程以上边坡锚喷支护施工已全部完成，1810 米高程以上边坡锚索施工基本完成。1825 米高程以上边坡锚拉板浇筑完成 48 个单元。锁口锚索及锁口区域锚喷支护施工完成，缆机平台下游裂缝区域锚索施工完成 14 根。完成主要工程量：石方开挖 13.6 万立方米，边坡喷混凝土 1252.72 立方米，系统锚杆 746 根，锚筋桩 42 根，排水孔 415 米，锚索施工完成 186 根，锚拉板混凝土浇筑 1302 立方米，钢筋制作安装 205.517 吨，浆砌石 524.33 立方米，钢筋笼码放 6799 立方米，被动防护网完成 2600 平方米。

（李　乐　七分局）

【京沪高速铁路三标段四工区工程】 2011 年，京沪高速铁路三标段四工区工程形象进度及主要工程量完成情况：大汶河特大桥主体工程及辅属工程项目于 2011 年 12 月 15 日全面完工。2011 年全面完成桥面系验收，全长 21.148 千米，确保了 2011 年 6 月 30 日京沪全线正式运营；同年 2 月 10 日，完成全桥人行道盖板铺设；同年 4 月 18 日，完成沟渠、乡村道路改移共计 5 条；同年 7 月 24 日，完成用地界桩埋设共计 724 个；同年 7 月 26 日，完成桥下维修通道复垦验收；同年 7 月 28 日，完成桥下绿化种植；同年 8 月 27 日，完成 7 个岗亭施工；同年 9 月 10 日，大汶河南北大堤护砌改及道路移验收，确保了 2011 年度汛；同年 11 月 30 日，泰安制梁场复垦及变更验收等工作。

（李　乐　李仲杰）

【机组安装工程】 2011 年，水电四局有限公司机电安装分局承担了金沙江向家坝、新疆波波娜、别迭里、小山口、库什塔依、台兰河水电站，四川毛滩、青海格尔木光伏电站等工程的机组安装任务。全年有 3 台 50 兆瓦混流式机组和格尔木光伏 48 个子阵的 50 兆瓦投产发电，总装机容量 200 兆瓦。其中，新疆波波娜水电站 3 台 50 兆瓦机组分别于 2011 年 4 月 8 日、21 日、27 日全部投产；格尔木光伏电站 V 区（50 兆瓦）于 2011 年 12 月 24 日顺利并网发电。

（李　乐　靳　敏）

【尼那电厂项目】 2011 年，尼那电厂发电量 6.7 亿千瓦・时，向青海电网售电 6.6 亿千瓦・时；完成电费结算收入（税前）1.52 亿元。完成 4 号机组扩大性检修 1 台・次、2 号机组水轮机项目抢修 1 台・次，完成 1 号机组调速器操作油管大故障抢修 1 台・次，完成 1～3 号机组 C 级检修 3 台・次。组织了调速系统用油改造等重大项目 。

（李　乐　尼那电厂）

国际工程

【综述】 2011 年，水电四局有限公司中标国际工程项目 5 个，合同总额约为 13.99 亿美元（约合人民币

89.5亿元)。全年水电四局有限公司国际经营业务完成产值11.49亿元人民币。其中,安哥拉区域经理部完成6.16亿元人民币,利比亚国际工程经理部完成1.88亿元人民币,博茨瓦纳项目部完成1.61亿元人民币,加蓬电网改造项目部完成1.03亿元人民币,乍得经理部完成6075万元人民币,埃塞俄比亚经理部完成2074.11万元人民币,累计实现利润7401.7万元人民币。截至2011年12月底,水电四局有限公司国际业务市场发展到非洲的安哥拉、博茨瓦纳、乍得、加蓬、埃塞俄比亚、利比亚及亚洲的伊朗和缅甸等8个国家,专业领域从房建、市政发展到水电站、体育场、公路、机场、输变电、桥梁等多个领域,公司国际业务已从一个传统的、以单纯工程施工为主体的承包商,逐步发展到EPC(交钥匙工程)、DB(设计施工)和FDB(融资+设计施工)等较高端合同开发模式,并积极向BT(建设—移交)、BOT(建设—运营—移交)等具有高附加值的上游市场发展。

【国际中标工程】 2011年,水电四局有限公司中标国际工程项目5个,合同总额约为13.99亿美元(约合人民币89.5亿元)。其中,伊朗巴哈提亚瑞水电站项目合同总额21.5亿美元(约合135.45亿元人民币,水电四局有限公司所占份额约为13.6亿美元,约合85.68亿元人民币);安哥拉索尤200套房建项目3097.54万美元(1.95亿元人民币);安哥拉本格拉、鲁班戈数字图书馆项目,维拉省3个警察局项目共计798.74万美元(5032.06万元人民币)。截至2011年12月底,水电四局有限公司正在跟踪的项目包括安哥拉琼贝达拉水电站项目、拉乌卡水电站项目,加蓬古门津水电站项目、皇后瀑布水电站输电线路等工程,总金额约为46.4亿美元(折合人民币约为296亿元)。水电四局有限公司国际工程合同储备为28.23亿美元(约合人民币180.67亿元)。

【安哥拉工程项目】 截至2011年12月底,水电四局有限公司在安哥拉共有在建项目3个,分别为索约公路项目、索约200套住宅项目、马兰热市政1A期项目。安哥拉索约公路项目累计完成生产各级配的骨料共计27万立方米。2011年,截至11月,完成道路清表72公顷、路基开挖31.3万立方米、路基回填65.2万立方米。索约200套住宅项目完成了75套住宅基础及地坪混凝土浇筑、给排水及强弱电基础部分预埋。马兰热市政工程1A期项目,临建基础设施(混凝土拌和站、预制场、砂石骨料场、监理办公室等)于2011年7月底全部完工;市政道路工程R2道路于2011年9月13日正式开工,截至2011年12月底,累计完成路基填筑815米。2011年5月18日,马兰热国家医院一期追加项目全部医疗设备移交给马兰热省卫生局及医院方,2011年12月15日整体通过竣工验收。本格拉数字图书馆项目主体结构和砌体工程已全部完成。卢班戈数字图书馆项目主体结构已完成80%,室内回填全部完成。索约数字图书馆项目已完成基础条基及基础梁混凝土浇筑节点性计划,正在进行基础砌体砌筑及土方回填。维拉省警察局项目于2011年3月25日开工建设,2011年11月中旬整体全部完成,并于2011年11月15日顺利移交业主。

【博茨瓦纳工程项目】 截至2011年12月底,水电四局有限公司博茨瓦纳K-H公路修复项目,重点进行了施工区域便道路床、基层、底涂沥青、单砂封层及主路路床、选定层、底基层、基层、底涂沥青层、OTTA第一层封层等关键线路上的施工;2011年5月17日,公路主路(K0+000)~(K60+000)段路床施工完成;2011年5月22日,公路106.2千米便道施工全部完成;2011年12月9日,公路主路(K0+000)~(K60+000)段基层施工完成。

【利比亚工程项目】 2011年2月中旬,利比亚国内政局突变,多家中资公司遭到冲击,水电四局有限公司承建的甘特住宅项目全部停工。水电四局有限公司撤出在利比亚的1444工作人员(863名中方人员和581名尼泊尔籍劳务)。2011年3月2日,尼泊尔驻华大使和参赞一行专程来到水电四局有限公司海外事业部致谢并给股份公司发了感谢函。截至2011年1月25日,利比亚甘特3000套别墅房建项目累计完成土石方开挖与回填2.7万立方米,混凝土浇筑7642立方米,钢筋工程460吨,砌体砌筑6400立方米,抹灰工程1.3万平方米。

【乍得邦戈尔公路项目】 水电四局有限公司乍得邦戈尔公路项目于2011年6月10日开工,截至2011年11月25日,131千米公路工程(邦戈尔—埃雷,埃雷—凯洛路段)已完成全部测量控制网;线路示意图初测完成90千米。233千米公路工程(凯洛—库图,蒙杜交叉口,蒙杜环线,蒙杜—喀麦隆边境):已完成了整个233千米道路的坑洞修补及边坡回填工作。称重站(凯洛和盖楞登称重站)分别于2011年9月13日、9月16日完成征地工作,已完成了称重站设计与上报工作,并获得了监理工程师的批复。

业主营地已完成了业主、咨询工程师临时办公生活住房的租赁（共3套别墅，首都恩贾梅纳1套和邦戈尔市区2套），并按照业主、监理要求配备了相关临时生活及办公设施。截至2011年10月底，承包商营地（驻马那主营地、蒙杜市副营地）项目完成了主营地生活、办公区的修建，并配置了配套设施，包括供电、供水及卫星网络，生产场地网围栏的安装及场地平整。蒙杜市副营地完成了房屋的租赁及生活、办公设施的完善。项目部主营地已完成试验室的建设，部分试验设备已进场并投入使用。砂石厂生活区完成了供水、供电设施的改造，基本满足人员入住的条件。生产区完成了砂石系统基础土石方开挖，并完成了振动筛、冲击破及中间料仓基础混凝土浇筑，同时完成了汽车卸料平台部分土石方填筑。

【加蓬利伯维尔地区电网安全项目】　水电四局有限公司加蓬利伯维尔地区电网安全项目于2011年上半年进入正式实施阶段。2011年4月，项目贷款协议在国内正式签署，项目组人员陆续进场，2011年5月，业主228万欧元项目启动资金到位，设计院、地勘单位进场。截至2010年11月25日，一期工程设计方面完成了初步设计报告的编制，并得到业主的批复，一期工程施工图设计已基本完成。二期工程初步设计报告正在编制过程中，初稿已完成，并于2011年12月进行了评审，正在进行评审后的修订及翻译工作。一期工程地勘工作，完成了变电站之间15千米架空线路的平断面测量和地勘工作、变电站的地形图测量及地勘孔的钻探工作。二期工程地缆线路地形图测量全部完成，架空线路平断面测量基本完成，变电站测量及勘探工作全部完成。施工设备及工器具的采购运输完成，已全部到场，投入使用，一期工程施工全面展开，变电站土建工程，设备及构支架基础浇筑完成70%，变电站场平全部完成，主控室主体已封顶，电容器室地下部分已全部完成，户外设备及构支架基础完成80%，设备支架及构架安装全面展开，已完成30%，输电线路工程铁塔基础完成18基。

（张天娇　李元吉）

管理创新

【综述】　2011年，水电四局有限公司以《项目管理目标责任书》为依据，以质量、安全、工期、文明施工为基础，以控制施工成本为核心，以实现合同约定、提高盈利水平、提升社会形象为目标，全面开展项目管理工作，水电四局有限公司先后获得股份公司经营管理先进单位等称号。

（张天娇）

【内部经营合同管理】　2011年，水电四局有限公司根据各单位2010年度实际经营状况，按照《水电四局内部经营指标核定办法》等有关管理办法，会同公司机关业务部门对公司各单位2010年上缴费用指标进行了合理调整，并下达了书面调整通知。根据股份公司下达给水电四局有限公司的2011年度经营计划，确定了水电四局有限公司总体经济目标，并分别核定了各生产经营单位2011年度计划必保产值和产值管理费，依据有关部门核定的劳务管理费、设备租赁费、房地产租赁费、营业收入利润率、应收账款周转率、资金集中度、职工工资增长率等指标，起草内部经营责任书，并与各生产经营单位核定内部经营责任指标，在工作会上与8家单位签订了内部经营责任书，会后陆续与其他单位分别签订了责任书，明确了水电四局有限公司与各二级单位的经济关系和经济责任。

（张天娇　马艳梅）

【工程分包管理】　2011年，水电四局有限公司按照《水电四局工程施工分包管理实施办法》，对公司内部合同金额大于200万元的工程分包立项、分包商评价选择、分包合同签订等事项进行审批。全年共评价选择分包队伍142家，其中按照规定由项目部根据工程施工需要评价选择后，经二级单位最终审批的107家，经水电四局有限公司最终审批完成的35家 。依据《水电四局有限公司分包商资源库管理办法》中分包商评审标准及原则，对各单位推荐的分包商逐项评分、综合评审，筛选出了资质健全、履约能力强、合作诚信度较高的分包商，补充和完善了水电四局有限公司分包商资源库。分别于2011年10月、12月公布了水电四局有限公司分包商资源库（2011年第一册、第二册），包含分包商144家，其中按分包类别分，专业工程分包108家、劳务分包36家；按评审等级分，一级（标“AAA”符号）分包商53家、二级（标“AA”符号）分包商56家、三级（标“A”符号）分包商35家。截至2011年12月，基本达到股份公司签约分包商入库率（指与之签约的外协队伍已进入资源库的比例，资源库包括股份公司、公司两级分包商资源库）100%的要求。

（张天娇　经营管理部）

【质量管理】　2011年，水电四局有限公司被评为

"2011年度青海省质量管理小组活动优秀企业"，15个QC小组被评为"2011年度青海省优秀质量管理小组"，7个班组被评为"2011年度青海省质量信得过班组"，2人分别被授予"2011年度青海省质量管理小组活动卓越领导者"、"2011年度青海省质量管理小组活动优秀推进者"荣誉称号。

（张天娇　工程管理部）

【人力资源管理】　2011年，水电四局有限公司全面实施人才战略，优化人才发展环境，抓住培养、引进、使用等重要环节，优化配置人力资源。全年新增人员548人，其中招录学生538人、调入5人、安置复转退伍军人5人。全年减员598人，其中解除劳动合同543人、自动离职48人、死亡23人、退休433人、调出94人。截至2011年12月底，水电四局有限公司在册员工9739人，公司中层干部204人。通过自学考试取得了大学、大专学历证书的218人，特殊、特种作业人员持证上岗培训3986人·次；全年组织各类专业培训4810人·次（包含特殊特种作业）。

（张天娇　展恩旺）

【劳动合同管理】　2011年，水电四局有限公司继续贯彻执行《劳动合同法》，完善《水电四局有限公司集体合同》和《水电四局有限公司劳动合同实施细则》等规定，全年累计续签和新签劳动合同1159人（续签611人，新签548人）；解除以及终止合同543人。截至2011年12月底，无固定期5328人，5年期及以上3391人，3年期及以下1020人。

（张天娇　人力资源部）

【设备资源】　2011年，水电四局有限公司拥有设备8642台/套，原值16.41亿元。全年采购设备933台/套，金额1.03亿元；水电四局有限公司范围内调剂设备29台/套，原值2442.01万元；设备使用（租赁）费全年预算上缴7143.59万元，实际5144.06万元；报废设备740台/套，原值7937.96万元，净值638.23万元；闲置废旧设备79台/套，让售金额1265.68万元；大修、改造、检修设备41台/套，投入费用1339万元，其中大修21台/套，费用1266万元，检修1台/套，费用42 568元。

（张天娇　卫　薇）

企业改革

【企业改革及改制情况】　2011年，水电四局有限公司按照股份公司企业改革发展、改制工作要点以及企业全面风险管理内部控制工作整体思路，全面落实2011年股份公司开展的企业全面风险管理及内部控制试点工作的相关政策、文件及工作流程。落实股份公司关于贯彻落实《企业内部控制配套指引》的通知精神及相关视频会议要求，参与、配合深圳迪博公司在水电四局有限公司开展的全面风险管理及内部控制试点工作。2011年，水电四局有限公司对下属单位实业分局河南外加剂环保设备厂的有关情况进行了调查摸底，并上报股份公司，为向国家有关部门争取落实解决企业相关历史遗留问题提供了测算依据。根据股份公司的要求，水电四局有限公司成立了"水电四局厂办大集体改革领导小组"。全年完成了水电四局有限公司机关、第一分局、第五分局向家坝项目部3家公司内部控制和风险管理试点工作，编制了3家试点单位的工作业务流程、基本框架、手册、体系流程文件，并进行了印刷、刻录光盘。

（张天娇　孙鹏程）

科技进步

【综述】　水电四局有限公司根据股份公司"十二五"科技发展规划精神，在2011年12月制定并下发了"十二五"科技发展规划。"十二五"开局之年，水电四局有限公司运用现有的管理和技术优势，不断提高公司整体科技水平和创新能力，全面促进公司各项工作健康稳步地发展。2011年，水电四局有限公司多项科技成果获奖，科技活动投入大幅增加，技术交流活动频繁，专利申请积极，科技工作快速平稳发展。2011年，水电四局有限公司取得国家发明专利1项，申报国家实用新型专利6项，并获授权书。

（张天娇　雷永红）

【科技经费投入】　2011年，水电四局有限公司科技投入费用1.81亿元。审定科技开发项目9项，投入资金1.77亿元。申请股份公司科研立项项目3项，2项由水电四局有限公司独立完成研究，股份公司资助50万元，由水电四局有限公司二级单位自筹资金100万元；1项与水电八局有限公司合作完成，股份公司共资助60万元，水电四局有限公司与水电八局有限公司共同自筹120万元。用于表彰优秀科研成果、优秀工程技术人员等61.35万元。国家标准、规程审查4.5万元。用于科技成果鉴定费30万元。用于信息化建设费用126.31万元。用于科技人才培养、培训费用483.8万元。

【获奖工程及科研项目】 2011年，水电四局有限公司获先进企业表彰3项，优质工程奖8项，科技进步一等奖6项、二等奖4项、三等奖2项。水电四局有限公司承担的《宁杭客专水下软土地基大跨度预应力混凝土连续梁关键施工技术》等3项股份公司立项的科研项目已经完成，并通过了股份公司组织的鉴定验收。其中，《宁杭客专水下软土地基大跨度预应力混凝土连续梁关键施工技术》、《火山灰在高双曲拱坝混凝土中的应用研究》、《双向架设、不解体过隧道新型900t级铁路箱梁架桥机研制》、《岩溶复杂地层桥梁钻孔桩预钻法成孔技术》、《900t预应力箱梁制运架技术》经股份公司鉴定验收，均达到国际先进水平。

【工法编写】 2011年5月1日起，水电四局有限公司独立编写的《水电水利施工机械（装载机）安全操作规程》、《水电水利施工机械（单斗挖掘机）安全操作规程》、《水电水利施工机械（推土机）安全操作规程》以及以水电四局有限公司和水电七局有限公司为主编、武警水电指挥部参编的《水电水利工程边坡施工技术规范》由国家能源局发布正式实施。完成了由水电四局有限公司主编的《水电水利工程施工机械安全操作规程 专用汽车》、《水电水利工程施工机械运输类车辆安全操作规程》、《水电水利工程施工机械安全操作规程 平地机》等3项新标准的编写工作；完成了《水利水电基本建设工程单元工程质量等级评定标准（三）水轮发电机组安装工程》1项标准的修订。水电四局有限公司编写的《高速铁路桥梁钻孔桩“预钻法”成孔施工工法》获国家二级工法。2011年11月，根据水电四局有限公司《企业工法管理细则》规定，水电四局有限公司工程管理部组织专家对水电四局有限公司各二级单位申报的46项工法进行了评审，27项列为企业工法。2011年，水电四局有限公司获股份公司工法8项、国家级工法1项。

【信息化建设】 2011年，水电四局有限公司继续推进以工程项目管理为核心的管理与运营一体化平台建设。实现工程项目管理系统与人力资源、财务资金、档案管理、OA协同办公等系统的集成，在水电四局有限公司实现信息一体化建设目标。

（张天娇 工程管理部）

安全生产

【综述】 2011年，水电四局有限公司深入贯彻落实国务院国资委《中央企业安全生产禁令》、国务院165次常务会议精神和股份公司专题安全生产会议要求，继续深入开展“安全生产年”活动，深入推进隐患排查治理工作，保持公司环境与职业健康安全管理体系的有效运行，确保了水电四局有限公司安全生产形势大局稳定。

（张天娇 单益东 赵瑞霞）

【安全生产管控措施】 2011年1月28日，水电四局有限公司在西宁召开了2011年安全生产工作会议，公司总经理与各单位、机关各部门签订了2011年度安全生产目标责任书，逐级落实安全责任。2011年，水电四局有限公司各在建项目安全总监配备率达到了100%，专兼职安全管理人员达到了680人，形成了“横向到边、纵向到底”的安全管理格局。全年实施的安全措施主要有：多措并举，巩固安全生产基础；扎实开展安全活动，降低项目安全风险；积极推进职业健康安全管理体系的有效运行，努力建设本质安全型企业；加强海外工程、非水电和玉树重建项目安全监管，树立“中国水电”良好形象；加强员工职业健康安全管理，切实维护员工职业健康安全权益；开展安全隐患排查治理，建立安全生产长效机制；创建安全信息平台，加快信息传递速度。

【安全教育培训】 2011年，水电四局有限公司积极联系水利及建设部门安全培训机构，分别于2月底和10月中旬在西宁、成都举办了“三类人员”延期和首次取证培训班；同10月底，水电四局有限公司选派1人参加GB/T 28001新标准研讨培训班；同年12月初，组织人员参加了水利部在北京举办的“三类人员”延期培训班。2011年内，仅水电四局公司有限层面组织完成延期培训36人，首次考核取证110人，获得中国安全生产科学研究院认证中心内审员资格证61人，同时，54名项目经理参加了在成都举办的项目经理安全培训班。水电四局有限公司各单位、项目部也都结合工程建设情况，采取请进来、送出去和自行培训等方式，组织开展了广泛的安全培训工作。

（张天娇 安全监察部）

党群工作和企业文化建设

【综述】 2011年12月底，水电四局有限公司党委下属24个党委、45个党总支、332个党支部。党员总数5667人，其中在职职工党员3515人、离退休职工党员2126人、其他挂靠党员25人。党员中女党员1053人。2011年，水电四局有限公司党委围绕党建工作责任制的建立，补充、修订了一批党建工作制度；调整完善了23个下属单位的领导班子，优化了二级单位领导班子的组织结构；继续组织开展了“四好”领导班子、学习型党组织创建、“创先争优”、“党员公开承诺”等专项活动；组织开展了建党90周年系列庆祝活动和学习胡锦涛“七一”重要讲话学习活动；按照青海省省委号召，水电四局有限公司各级党组织主动参与“百企联百村”、“关爱农民工”等公益活动，特别是青海玉树重建工作，充分展现了党组织的政治核心作用和战斗堡垒作用，树立了国企品牌形象；加强党风和反腐倡廉建设，深入推进效能监察、执法监察力度；积极组织开展党内建设活动，加强对党员的教育和管理；在水电四局有限公司各级党组织的带领下，深入持续开展“三创建”活动。广泛发挥工会、共青团和女工组织的作用，推动了水电四局有限公司精神文明建设和企业文化建设，水电四局有限公司党委获得“中央企业党建带团建先进单位”称号，水电四局有限公司被授予“全国模范劳动关系和谐企业”称号，水电四局有限公司第三次蝉联“全国文明单位”荣誉。

【党建工作】 2011年，水电四局有限公司党委根据形势发展要求和企业发展方向，以构建党建工作大格局为目标，制定印发了《党建工作责任制实施办法（试行）》及考核评价办法和评分标准，补充和修订了一批党建工作制度；调整和完善了23个领导班子，优化了二级单位领导班子的组织结构；深入落实“三重一大”民主决策制度，水电四局有限公司及二级单位领导班子分别召开了民主生活会；组织开展“四好”班子、学习型党组织创建、“党员公开承诺”等专项活动，水电四局有限公司连续荣获股份公司授予的“四好”领导班子称号，截至2011年6月底，水电四局有限公司28个二级单位党组织、367个党支部、3500多名党员制定了《2011年度公开承诺书》；组织开展“创先争优”，创建“四强”党组织、“四好”党委、“五好”党支部等活动，“七一”建党90周年前夕，水电四局有限公司两级党组织共表彰先进党组织330个，优秀党员、优秀党务工作者230名。加强落实党风廉政建设和反腐倡廉工作，2011年3月16～17日，水电四局有限公司党委召开了党建暨反腐倡廉工作会议，水电四局有限公司各级单位层层签订了党风廉政建设责任书。坚持不懈地抓好发展党员工作，全年共发展新党员132人。

【领导班子民主生活会】 根据青海省省委、股份公司党委关于开好2011年领导班子民主生活会的有关要求，水电四局有限公司2011年领导班子民主生活会于2012年1月15日在西宁召开。本次民主生活会的主题是：认真学习胡锦涛总书记“七一”建党90周年大会上的重要讲话，围绕水电四局有限公司发展战略和“十二五”规划，以科学发展为主题，以转变发展方式为主线，坚持以人为本，着力解决职工群众关注的突出问题，团结一心，振奋精神，制定切实措施，推动各项工作顺利开展，继续保持水电四局有限公司平稳较快发展。水电四局有限公司领导班子成员10人参加了会议，4人因公请假。水电四局有限公司监察部负责人列席了会议。会议由水电四局有限公司党委书记、副总经理王争鸣主持，会期半天。会议议程6项，一是学习胡锦涛总书记“七一”重要讲话等材料文件；二是水电四局有限公司监事、党委副书记兼纪委书记王科选汇报本次领导班子民主生活会的准备情况；三是水电四局有限公司执行董事、总经理、党委副书记王维斌通报2011年水电四局有限公司领导班子工作情况；四是水电四局有限公司党委书记、副总经理王争鸣通报2010年水电四局有限公司领导班子专题民主生活会征集意见的整改落实情况；五是王科选通报本次领导班子民主生活会征集的意见；六是水电四局有限公司领导班子成员自查自纠，班子成员之间开展批评与自我批评。最后，王争鸣作了总结讲话。水电四局有限公司各二级单位党组织按照规范要求，全部召开了民主生活会。

（张宗元　武亚琴）

【工会工作】 2011年，水电四局有限公司各级工会组织围绕企业改革发展目标，坚持融入中心，服务大局，全方位做好职工群众工作，构建和谐劳动关系。重点开展和推进了以下几个方面的工作：

（1）紧扣工程重点，立足岗位，组织开展职工建功立业活动。水电四局有限公司工会及各单位工会组织围绕重点工程项目，分别组织开展了青海玉树“百日攻坚劳动竞赛”、南水北调劳动竞赛、向家坝水电站大坝混凝土浇筑劳动竞赛等活动，推动了各工程项目节点目标的完成。全年组织职工水电四局有限公司内外培训4810人·次，征集“五小”活动小建议39项。深入开展“安康杯”竞赛活动，购买安全知识方面书籍材料，组织安全竞赛答题，共计5739名职工参加。

（2）以人为本，为职工办实事，构建和谐企业。根据《劳动法》、《劳动合同法》等法律法规，2011年1月16日，在签订的《工资专项集体合同》中，职工住房公积金在原有的14%的基础上提高到22%；企业年金从原来的1∶1提高到1∶3，合同中对职工的带薪休假、取暖费、基础工资、待岗休假工资等方面做了新的调整和规定。对于企业困难职工及困难家庭，水电四局有限公司各级工会组按照《困难职工帮扶基金管理办法》、《困难职工救助办法》、《“金秋助学”活动实施意见》等管理制度，全年走访慰问困难离退休职工和在职职工家庭、重特大病职工、省部级以上劳动模范等5260人（户）次，筹集发放慰问金495.40万元；减免特困户取暖费731户，共计27.25万元。协助水电四局有限公司为近2000名家属工办理了基本养老金问题；拨付基地修缮资金近180万元，改善职工及家属的生活条件和居住环境。

(3) 落实“两个普遍”工作要求，推动大工会格局形成。水电四局有限公司工会按照《中华全国总工会关于组织劳务派遣工加入工会的规定》，明确要求水电四局有限公司劳务派遣单位与用工单位签订委托管理协议，保证劳务派遣工行使工会会员权利，维护其合法权益。强化务工人员工资支付机制，保证农民工工资及时到位。依照法律法规，坚持和完善对企业的民主监督机制，维护职工群众的合法权益，企业内没有发生集体上访或群体事件，个别上访和劳动争议事件均得到妥善解决。水电四局有限公司获得全国、青海省“模范劳动关系和谐企业”和“全国劳动争议调解示范企业”称号。

（张宗元　水电四局有限公司工会）

【共青团工作】　2011年，水电四局有限公司各级团组织围绕水电四局有限公司中心工作，以“扩大组织覆盖，增强组织活动，增强团员意识，发挥带头作用”为主题，建立健全团的基层组织网络，组织团员青年开展“积极创建五四红旗团组织，争当优秀共青团员”为内容的主题实践活动，为工程建设发挥青年突击队作用，在建功立业中锻炼成长，全年共有40多名团员加入党组织，1名团干部获得“中央企业青年岗位能手”称号，1名团员获得青海省“优秀团员”称号，10人获得股份公司玉树灾后重建“标兵青年岗位能手”称号，指挥部临时团委获得“青海省五四红旗团委”称号。水电四局有限公司团委协助水电四局有限公司有关部门继续做好“拴心留人”工作，在招收的大中专学生中做好服务工作。与水电四局有限公司工会、女职工组织合作，组织开展企业文化创建活动，为增强企业的凝聚力和向心力发挥了作用。截至2011年12月底，水电四局有限公司团委下属17个二级团委、19个团总支、104个团支部。

（张宗元　樊逢春）

【女工工作】　2011年，水电四局有限公司两级工会女职工组织，围绕企业中心工作，动员引导广大女职工深入推动女职工“建功立业工程”和“素质提升工程”的实施，组织女职工开展岗位练兵、技术比武、劳动技能竞赛等活动。水电四局有限公司工会女职工委员会按照青海省总工会女职工委员会的工作部署，组织开展了读一本书、提一条合理化建议、参与一项“五小”活动的“三个一”活动。自开展建功立业活动以来，水电四局有限公司有5个女职工集体获得“全国女职工建工立业示范岗标兵”称号，10名女职工获得省级以上“女职工建功立业标兵”称号，1名女职工获得“全国五一巾帼标兵”称号，1名女工获得“青海省女职工建功立业标兵”称号，1名女职工干部获得“青海省先进女职工工作者”称号。继续实施“女职工爱心帮扶工程”，维护女职工的合法权益。与水电四局有限公司签订了《女职工权益保护专项集体合同》，全年未发生有关女职工权益方面的劳动争议。对70户困难女职工家庭和单亲女职工发放慰问金5.8万余元；对15个单亲女职工家庭子女进行助学，发放助学金1.63万元；组织1016名女职工进行了体检；组织5名女职工干部参加了青海省内外专业培训。截至2011年12月底，水电四局有限公司共有女职工2160人，水电四局有限公司下属20个单位建立了女职工委员会和女工小组。

（张宗元　付红凤）

【宣传工作】　2011年，水电四局有限公司两级宣传部门围绕工程建设、市场开发、管理改革、科技创新、队伍建设、党建和精神文明建设等企业发展主线，有效利用网络、报纸、刊物等媒体，为宣传企业、鼓舞职工、推动企业发展稳定提供了精神动力和舆论保证。全年累计内部发稿2800余篇（幅）；对外发稿960余篇（发送股份公司稿件600余篇，发往国家、省部媒体稿件300余篇），进一步拓展了“中国水电”的品牌形象。

（张宗元　郭明星）

【职业技术教育】　2011年，水电四局有限公司培训中心技工学校全年完成招生1000余人，毕业生就业率98%以上。完成各种培训3000人，技能鉴定2000余人。教师外送培训36人·次，岗位培训达到80%以上。2010年，学校的焊接技术应用、电气运行与控制、水利水电工程施工、汽车运用与维修4个专业被青海省列为省级重点专业。在青海省中等职业学校技能大赛上，学生获得一等奖3名、二等奖4名、三等奖10名；在全国职业院校技能大赛上，学生获得中职组电工电子技术专业单片机项目二等奖、钳工专业三等奖。学校自筹资金100多万元，维修改造了学校基础设施，购置教学仪器100多台（套），完善了教学条件。学校电气工程专业被国家教育部确定为示范性专业建设，获得360万元的教学设备投资。

（张宗元　禹红英）

【普法工作】　2011年，水电四局有限公司围绕股份公司法制工作第三个“三年规划”的工作目标和任务，按照水电四局有限公司作为股份公司全面风险管理试点单位的工作要求，通过多方面咨询、调研、评估等工作，于2011年6月形成水电四局有限公司全面风险管理与内部控制体系建设管理建议书，并将建议书发放到水电四局有限公司高管、管理层、项目管理人员手中。围绕法律审核工作，重点对企业重大经营决策、工程分包合同、劳动用工等事项进行法律审核。全年水电四局有限公司法律顾问室共审查重大经营合同11份，合同金额5000万元以上；审查解除劳动合同54人·次；水电四局有限公司法律顾问参与水电四局有限公司全部重大经营决策。水电四局有限公司法律事务工作人员妥善及时处理法律纠纷案件，挽回经济损失4000多万元。水电四局有限公司和地方有关律师事务所还建立了合作关系，选聘知名律师作为水电四局有限公司常年的法律顾问。深入开展普法宣传教育活动，组织开展法律咨询活动，购买法律方面有关书籍资料，发放给职工和水电四局有限公司施工工地的当地农牧民，印刷了《建设工程施工合同法律指引（试行）》500本，发放至水电四局有限公司高管、管理人员、项目经理、项目合同管理、财务管理等人员中。

（张宗元　企业发展部）

【治安保卫消防等工作】　2011年，水电四局有限公司公安处及水电四局有限公司所属二级单位按照签订的综合治理目标管理责任书要求，层层落实目标、责任和措施。全年共发生刑事案件15起，同2010年相比发案率降低16%；受理治安案件和民事调解案件76起，结理72起，结案率96%；全年为企业挽回经济损失230余万元；参与制止矛盾纠纷上访事件35起303人·次（群体性上访较为突出）；帮助协调解决水电四局有限公司部分职工群众的户口由龙羊峡、李家峡迁入西宁市；按照消防管理工作要求，与水电四局有限公司所属单位签订《水电四局有限公司消防安全管理责任书》，做到职责清楚，水电四局有限公司范围内组建义务消防组织38个，下发火灾隐患通知69份，进行消防技能演练和培训34次，水电四局有限公司全年未发生大的火灾事故。水电四局有限公司人民武装工作机构人员、设施、制度健全，完成上级部门交付的各项工作任务，2011年7月，水电四局有限公司被青海省省委、省政府、省军区授予“拥军优属模范单位”称号。

（张宗元　公安处）

检查监督

【党风廉政建设责任制落实情况】　2011年，水电四局有限公司与水电四局有限公司各单位、水电四局有限公司各单位与所属单位共签订党风廉政建设责任书396份，签订率达到100%。水电四局有限公司党委进一步修订了党风廉政建设责任制考核评价办法和考核评分标准，充实了考核内容，强化了责任落实与责任追究。一是将“三重一大”、纪检监察组织建设落实情况等项内容纳入考核指标；二是将考核结果与领导人员任用、奖惩和责任追究挂钩。按照年中抽查、单位自查与水电四局有限公司纪委考核相结合的办法，经考核，位列水电四局有限公司前五名的是：第二分局、机电安装分局、海外事业部、水工机械总厂、第四分局和第五分局（并列第五名）。

（张宗元　吕成军）

【纪检监察工作】　2011年，水电四局有限公司按照股份公司纪检监察工作部署和水电四局有限公司《惩治和预防腐败体系2008～2012年工作规划》安排，主要做了以下工作：

（1）强化“一岗双责”，全面加强党风廉政建设。专题召开了党建暨反腐倡廉建设工作会议，对水电四局有限公司党风廉政建设责任制的执行落实及纪检监察工作做了具体安排。

（2）注重教育防范，促进领导人员廉洁从业。一是加强领导人员的政治理论及反腐倡廉有关内容的学习，提高理论水平，增强廉洁从业的意识。2011年10～11月，在组织开展以“责任意识”为主题的作风建设月活动中，水电四局有限公司及各单位共组织学习《廉政准则》、《若干规定》237场·次，3903人·次参加。二是拓宽完善反腐倡廉“大宣教”工作格局。水电四局有限公司及各单位先后组织开展了领导人员权力观教育、书画展、参观廉洁文化展览、述廉议廉等活动，推进了廉洁班子、廉洁机关、廉洁项目、廉洁岗位、廉洁家庭的“五廉”活动。三是深入落实重大事项报告、述廉议廉、诫勉谈话等制度，完善领导人员廉洁自律长效机制，进一步规范领导人员从业行为。全年水电四局有限公司及各单位廉洁承诺336人·次，述廉议廉202人·次，重大事项报告715人·次，任前廉洁谈话164人·次，诫勉谈话16人·次。

（3）继续夯实基础，推进惩防体系建设。一是完善反腐倡廉制度，规范权力运行防线。围绕党风廉政建设、“三重一大”、工程分包管理、财务资金管理、廉洁从业谈话、党务公开等方面，修订完善了20余项核心管理制度，突出监督重点，坚持关口前移，防控违规违纪现象及行为的发生。二是深化“三重一大”决策制度的落实，构建决策风险防线。重新修订了“三重一大”决策制度实施办法，经股份公司审查批复后，已正式下发执行。三是继续加强惩防体系建设。印发了《2011年惩防体系建设工作任务分解方案》，将54项主要工作任务分解到各部门，明确了责任人。水电四局有限公司作为股份公司惩防体系建设第一片区交流促进活动的牵头单位，制定交流活动工作方案，组织片区9家单位在西宁地区开展了交流研讨活动。四是参与检企共建工作。组织水电四局有限公司机关和西宁地区各单位50余名领导人员，参观了“法制与责任——全国检察机关惩治和预防渎职侵权犯罪展览”青海巡展；邀请青海省检察院的同志到水电四局有限公司开展预防职务犯罪等方面的宣传教育活动，并进行预防职务犯罪工作的业务指导。

（4）强化监督检查，促进企业规范管理。围绕企业转变经济发展方式，成立领导机构，制定工作方案，开展监督检查。全年组织开展加快企业转变经济发展方式监督检查24项，发现问题7个，得到纠正7个，健全制度6项。组织开展了对党风廉政建设责任制、贯彻落实《廉政准则》和《若干规定》、“三重一大”、纪检监察组织建设等5项制度的自查自纠和监督检查活动。继续抓好效能监察工作。全年水电四局有限公司及各单位效能监察项目总计40个，提出监察建议485条，作出监察决定34个，整章建制45个，避免经济损失9.85万元，挽回经济损失469.85万元，节约资金73.35万元，直接增加经济效益931.29万元。

（5）注重案件查办落实，提高办案质量。全年水电四局有限公司纪委共受理群众信访举报9件，其中检举控告类6件、批评建议类3件。除1封信访件在调查取证核实外，其余信件均已办结。

（6）全面落实中央纪委12号文件，加强纪检监察队伍建设。水电四局有限公司22家二级单位成立了监察室，配备了监察室主任；8家二级单位配备了专职纪委副书记。选拔了3名优秀经营管理人员担任二级单位纪委书记，增补了24名二级单位纪委委员2011年11月10日，水电四局有限公司纪委召集14家二级单位纪委书记进行集中述职；2011年11月11日，召开了水电四局有限公司纪委2011年民主生活会，青海省纪委三室派人参加了生活会。加强人员交流和培训。40余人通过工作交流，充实到纪检监察岗位；选派11名二级单位纪委书记、从事纪检监察工作业务骨干，参加了青海省、股份公司组织的纪检监察工作业务培训班。2011年，水电四局有限公司在股份公司党风廉政建设考核中以第二名的成绩再次获得“优秀单位”称号。

（张宗元　吕成军）

【厂务公开】　2011年，水电四局有限公司按照厂务公开规定标准要求，委托工会组织负责人在水电四局有限公司第九届六次职代会上对水电四局有限公司10个重大事项作了厂务公开报告，分别为：主要经济指标完成情况；工程投标情况；干部调整、任免及任职公示情况；年薪制考核执行情况；设备采购及闲置报废设备处理情况；安全生产情况；业务招待费使用情况；缴纳各项社会保险、住房公积金及职工培训、职称评定情况；企业改革情况；“评先”、获奖情况。2011年，水电四局有限公司及所属各单位定期或不定期进行厂务公开，保证了厂务公开工作的正常实施，得到了青海省厂务公开协调领导小组的工作肯定。

（张宗元　水电四局有限公司工会）

【职工代表大会监督】　2011年，水电四局有限公司职工代表大会代表在水电四局有限公司九届五次职工代表大会上，审议了水电四局有限公司各项工作报告，讨论通过并与水电四局有限公司签订了《工资专项集体合同》，除对职工住房公积金、企业年金作了调整提高外，还对职工基础工资、带薪休假、待岗休假工资、女职工产假工资、取暖费、工资增长幅度等内容作了新的补充规定。2012年1月，在水电四局有限公司九届六次职代会上，又与水电四局有限公司续签了新一轮集体合同。水电四局有限公司职代会为落实集体合同各项条款、维护职工合法权益、推进劳动关系和谐稳定起到了积极作用。

（张宗元　水电四局有限公司工会）

中国水利水电第五工程局有限公司

概　　况

【综述】　中国水利水电第五工程局有限公司（以下简称“水电五局有限公司），是中国电力建设集团有限公司（以下简称“中国电建集团”）、中国水电建设集团（股份）公司［以下简称“集团（股份）公司”］的成员企业；是集投资、施工、安装、制造、设计、科研为一体，以建筑业为主业，具有水利水电工程施工总承包特级、市政公用工程施工总承包壹级、房屋建筑工程施工总承包贰级、地基与基础工程专业承包壹级、公路路基工程专业承包壹级、隧道工程专业承包贰级、物业服务国家一级等资质和具有对外承包工程经营权的大型建筑施工企业；是ISO 9001:2000标准质量管理体系、ISO/14001:2004标准环境管理体系、GB/T 28001—2001标准职业健康安全管理体系认证和达标企业。2011年底，水电五局有限公司拥有先进设备6000余台（套），年完成土石方挖填4000万立方米，混凝土浇筑300万立方米，大型隧洞开挖、衬砌1.5万延米，金属结构制作安装4万吨，大型水轮机组安装4台，年施工产值70亿元以上。2011年，水电五局有限公司实现营业收入72.05亿元，同比增长9.76%；实现利润总额2.2亿元，同比增长3.29%；市场营销签约金额97.29亿元；在岗员工平均收入增长16.7%；国有资产增值保值率112.27%；全员劳动生产率83.71万元/(人·年)。截至2011年底，水电五局有限公司总资产51.41亿元，同比增长12.17%。水电五局有限公司有股权投资项目9个，其中全资公司3个、控股公司1个、参股公司5个。股权投资总额25 005.44万元，其中全资及控股子公司2226万元、参股公司22 779.44万元。

截至2011年，水电五局有限公司连续11年被中国建设银行等授予“AAA级信用企业”；连续17年保持省级“重合同守信用企业”称号；连续9年被授予国家级“重合同守信誉企业”；连续8年获得四川省政府“四川省100强企业”称号。2011年内，水电五局有限公司荣获“全国五一劳动奖状”、“全国建筑业先进企业”、“全国管理先进企业”、“全国电力建设优秀企业”、“全国电力行业优秀企业”、“全国电力行业AAA级信用企业”、“全国‘安康杯’竞赛优胜企业”、“全国厂务公开民主管理先进单位”；四川省“百强企业（第34名）”、四川省“建筑企业综合实力、最大市场份额、最佳效益额前10名”、四川省“安全生产工作先进单位”、江苏省“重质量守信誉诚信施工单位”、四川省国资委“先进基层党组织”以及集团（股份）公司“科技进步先进企业”、“安全生产优秀企业”、“保密工作先进单位”等荣誉；水电五局有限公司工会荣获四川省“灾后重建、再立新功”劳动竞赛优秀组织奖、四川省工会系统“五五普法先进单位”等荣誉。

【领导班子】　2011年6月23日，集团（股份）公司、集团（股份）公司党委对水电五局有限公司领导班子进行换届。据中水电股干〔2011〕7号文件，任命郑久存为水电五局有限公司执行董事、总经理，高宗文为水电五局有限公司监事，申茂夏（兼）、贺鹏程、吴高见、卢学文、赵玉、宋俊云、张邯涛、杜相如为水电五局有限公司副总经理，古昌祥为水电五局有限公司总会计师，吴高见为水电五局有限公司总工程师（兼），刘庆东为水电五局有限公司总经济师。免去郝国英水电五局有限公司监事职务。据中水电股党〔2011〕36号文件，任命申茂夏为水电五局有限公司党委书记，郑久存为水电五局有限公司党委副书记（兼），高宗文为水电五局有限公司党委委员、党委副书记、纪委委员、纪委书记，王民安为水电五局有限公司工会主席。免去郝国英水电五局有限公司党委委员、党委副书记、纪委委员、纪委副书记职务。

2011年11月24日，集团（股份）公司党委对水电五局有限公司领导班子进行调整。申茂夏不再担任水电五局有限公司党委委员、党委书记及水电五局有限公司副总经理，另有他用；郑久存代理水电五局有限公司党委书记。

截至2011年末，水电五局有限公司现任领导班子成员为：执行董事、总经理、代理党委书记郑久存，副总经理贺鹏程、吴高见、卢学文、赵玉、宁俊云、张邯涛、杜相如，总会计师古昌祥，总工程师吴高见（兼），工会主席王民安，总经济师刘庆东，党委副书记兼纪委书记、监事高宗文。

【组织机构和职工队伍状况】 水电五局有限公司总部设有总经理工作部（下辖北京办事处）、市场开发部、工程管理部、基础事业部、经营管理部、安全监察部、财务管理部、人力资源部、资金管理部、企业发展与投资管理部、设备物资部、审计部、社会保险事业管理部、监察部（与水电五局有限公司纪委合署办公）、党委工作部（下设组织处）等职能部门，以及水电五局有限公司工会、团委机关。水电五局有限公司所属二级单位有：海外事业部、第一分局、第二分局、第三分局、第五分局、机电制造安装分局、基础处理分局、机电物资公司、实业总公司、职教中心（与广播电视大学等合署）、科研所（中心试验室）、咨询公司、基地分局。水电五局有限公司直属项目部（施工局）有：长河坝施工局、锦屏施工局。水电五局有限公司下属子公司有四川建筑装饰设计工程有限公司、四川能达水利水电咨询有限公司、陕西盛泰混凝土工程有限公司、成都五兴物业管理有限公司。

2011年底，水电五局有限公司有员工7047人，各类专业技术人员2019人。专业技术人员中，教授级高级工程师11人，高级专业技术人员113人，中级专业技术人员377人。水利部监理工程师142人，建造师176人（其中一级建造师70人，二级建造师106人），享受政府津贴专家1人，集团公司专业技术带头人2人。

（高锦峰　何永定　杨增文　李献增　冯立恒　王　燕　闫　丽）

国内工程

【在建项目】 2011年，水电五局有限公司有在建工程项目143个标段。其中，第一分局34个、第二分局13个、第三分局20个、第五分局21个、机电制造安装分局33个、长河坝施工局7个、锦屏施工局3个，海外事业部12个。2011年内，所有在建项目关键节点工期如期实现。四川锦屏二级闸坝工程二期导流、四川木里俄公堡水电站、甘肃肃南三道湾水电站、四川涪江古城水电站、新疆和静大山口水电站、四川平武县南坝水电站等实现截流，云南石门坎水电站、云南腾冲松山河口水电站、四川沙坪水电站、新疆波波娜水电站投产发电，毛尔盖水电站大坝项目提前240天下闸蓄水。

（李　翔）

【南水北调中线一期总干渠黄河北—羑河北辉县段第五施工标】 辉县段是南水北调中线一期工程总干渠Ⅳ渠段（黄河北—羑河北）的组成部分，位于Ⅳ渠段的中部，地域上属于河南省的辉县市。

该工程于2009年3月16日中标，合同金额32 218.995 6万元，2009年4月1日工程开工。2011年，完成主要工程量：土方开挖12.95万立方米，混凝土浇筑8.39万立方米。2011年，完成工程产值10 612.9万元。自开工以来，累计完成产值24 979.7万元。

【南水北调中线一期总干渠黄河北—羑河北焦作1段第一施工标】 焦作1段是南水北调中线一期工程总干渠Ⅳ渠段（黄河北—羑河北）的组成部分，位于Ⅳ渠段的北部。黄羑段总共分有9个设计单元，焦作1段是继温博段和沁河倒虹吸工程段后的第三个设计单元，地域上属于河南省焦作市区的西半部。

该工程于2009年4月16日中标，合同金19 109.2423万元，2009年4月25日开工。2011年，完成主要工程量：土方挖填265.74万立方米，混凝土浇筑763.21万立方米。2011年，完成施工产值2865.9万元。自开工以来，累计完成产值9948.50万元。

【亭子口水电站厂房工程】 亭子口水利枢纽位于四川省广元市苍溪县境内，是嘉陵江干流开发中唯一的控制性工程。该标段为电站厂房及尾水渠工程。

该工程于2009年9月25日中标，合同金额34 105.568 9万元，2009年10月1日开工。2011年，完成主要工程量：土方开挖1.15万立方米，石方开挖11.75万立方米，混凝土浇筑13.10万立方米，金属结构安装4406.53吨。2011年，完成施工产值9508.00万元。自开工以来，累计完成产值15 414.50万元。

【南水北调中线一期工程天津干线工程廊坊市段TJ4-3标】 南水北调中线一期工程天津干线全长155.344千米，分为6个设计单元，廊坊市段工程是天津干线中的第4设计单元。廊坊市段全长55.433千米。

该标段为天津干线廊坊市段TJ4－3标，标段长11.70千米。该工程于2009年7月23日中标，合同金额43 996.99万元，2009年7月15日开工。2011年，完成主要工程量：土方开挖128.08万立方米，混凝土浇筑17.24万立方米。2011年，完成施工产值19 468.00万元。自开工以来，累计完成产值32 700.50万元。

【昭化水电站右岸闸坝工程】 昭化水电站位于广元市昭化镇境内，是白龙江规划的最后一级水电站，位于嘉陵江亭子口水利枢纽工程（在建）库区内。

该工程为昭化水电站右岸闸坝土建工程，包括右岸11孔泄洪闸土建工程、右岸非溢流坝土建工程、白龙江大桥防护工程、罗家桥河道疏浚工程。

该工程于2009年11月18日中标，合同金额11 450.067万元，2009年11月1日开工。2011年，完成主要工程量：土方开挖36.24万立方米，石方开挖0.01万立方米，混凝土浇筑13.53万立方米。2011年，完成施工产值9373.10万元。自开工以来，累计完成产值13 533.30万元。

【牛栏江—滇池补水工程控制性试验场地输水线施工11标】 牛栏江—滇池补水工程分布于云南省曲靖市的沾益县、会泽县，昆明市的寻甸县、嵩明县以及昆明市盘龙区境内。

该标段工程包括输水线路大五山隧洞其中3条施工支洞土建工程。大五山隧洞段长10 071米，开挖断面约4.8米×5.4米（宽×高）；施工支洞均为斜井支洞，断面尺寸5.0米×5.0米（宽×高）。

该工程于2009年9月6日中标，合同金额23 867.997 8万元，2009年8月1日工程开工。2011年，完成的主要工程量：石方开挖8.29万立方米，混凝土浇筑0.85万立方米。2011年，完成施工产值8163.20万元。自开工以来，累计完成产值15 590.50万元。

【清远抽水蓄能电站水道及厂房系统土建工程Ⅰ标】 清远抽水蓄能电站位于广东省清远市清新县太平镇境内，处于珠江三角洲西北部。

该标段工程主要由水道系统的上库进出水口，上库闸门井，引水隧洞系统工程上平洞、竖井段、中平洞、1号和2号施工支洞施工及堵头组成。

该工程于2009年10月21日中标，合同金额10 722.021 6万元，2009年9月1日工程开工。2011年，完成主要工程量：土石方开挖3.35万立方米，混凝土浇筑1.55万立方米。2011年，完成施工产值2643.50万元。自开工以来，累计完成产值7692.00万元。

【立洲水电站砂石加工系统工程】 立洲水电站位于四川省凉山彝族自治州木里县木里河干流河道上，系木里河干流（上通坝—阿布地河段）水电规划“一库六级”的第六个梯级，采用引水式开发，上游接固增水电站，其下游为锦屏一级水电站库区。

砂石加工系统负责生产供应整个主体工程建设所需的混凝土骨料，混凝土总量约82.6万立方米，需砂石净料总量约182万吨，其中碎石115万吨、砂67万吨。

该工程于2009年2月4日中标，合同金额12 600.0万元，2009年1月15日工程开工。2011年，完成主要工程量：土方开挖6.65万立方米，石方开挖14.37万立方米。2011年，完成施工产值2004.00万元。自开工以来，累计完成产值7267.60万元。

【南水北调东线第一期工程穿黄河北区穿黄隧洞工程】 该工程位于山东省东平和东阿两县境内，黄河下游中段，地处鲁中南山区与华北平原接壤带中部的剥蚀堆积孤山和残丘区，是南水北调东线工程从东平湖至黄河以北输水干渠的一段输水工程，是南水北调东线的关键控制性项目。

该工程于2008年1月4日中标，合同金额2609.918 8万元，2008年3月1日工程开工。2011年，完成主要工程量：土方开挖1.79万立方米，石方开挖1.09万立方米，混凝土浇筑0.77万立方米。2011年，完成施工产值742.50万元。自开工以来，累计完成产值4063.70万元。

【南水北调东线第一期工程穿黄河北区出口闸及隧洞出口连接段工程】 该工程位于山东省东平和东阿两县境内，黄河下游中段，地处鲁中南山区与华北平原接壤带中部的剥蚀堆积孤山和残丘区，是南水北调东线的关键控制性项目。

该工程于2008年6月17日中标，合同金额1072.33万元。2011年，完成施工产值231.20万元，自开工以来，累计完成产值1184.90万元。

【毛尔盖水电站大坝工程】 毛尔盖水电站位于四川省阿坝藏族羌族自治州黑水县境内，黑水河中游红岩乡至俄石坝河段，是黑水河流域水电规划二库五级方案开发的第三梯级电站，该电站为大（2）型混合式，单一发电工程。

该工程于2008年4月16日中标，合同金额81 895万元，2008年4月1日开工。2011年，完成主要工程量：土方开挖137.13万立方米，石方挖填107.56万立方米，混凝土浇筑2.18万立方米。2011年，完成施工产值14 746.60万元。自开工以来，累计完成产值93 709.90万元。

【沙溪航电枢纽左岸闸坝及船闸土建工程】 沙溪航

电枢纽工程位于阆中市沙溪乡嘉陵江干流上，枢纽上接苍溪梯级，下与金银台梯级相连，电站枢纽距阆中市约12千米，212国道从坝区左岸通过，交通较为方便。

该工程于2008年9月17日中标，合同金额27 981万元，2008年10月11日开工。2011年，完成主要工程量：混凝土浇筑0.03万立方米。2011年，完成施工产值：653.60万元。自开工以来，累计完成产值21 580.30元。

【溧阳抽水蓄能电站施工支洞、厂区灌排廊道及部分灌浆工程】 溧阳抽水蓄能电站地处江苏省溧阳市，上水库位于龙潭林场伍员山工区，与安徽省接壤，下水库位于天目湖镇吴村，与沙河水库为邻。

该工程于2008年11月17日中标，合同金额133 85.65万元，2008年12月16日开工。2011年，完成主要工程量：石方开挖2.43万立方米，混凝土浇筑2.38万立方米。2011年，完成施工产值6542.70万元。自开工以来，累计完成产值15 671.60万元。

【亭子口水利枢纽工程左岸前期工程】 亭子口水利枢纽位于四川省广元市苍溪县境内，是嘉陵江干流开发中唯一的控制性工程，是以防洪、灌溉及城乡供水、发电为主，兼顾航运，并具有拦沙、减淤等效益的综合利用工程。

该工程于2008年11月24日中标，合同金额12 678.15万元。2011年，完成主要工程量：土方开挖0.50万立方米，混凝土浇筑0.25万立方米，金属结构安装95吨。2011年，完成施工产值1154.00万元。自开工以来，累计完成产值15 186.30万元。

【苗家坝水电站右岸排沙洞、发电引水洞、厂房土建及金属结构安装工程】 苗家坝水电站位于白龙江下游，甘肃省文县境内，距下游已建成的碧口水电站公路里程31.5千米，电站尾水与碧口水电站水库回水衔接。

该工程于2008年12月22日中标，合同金额21 656.909 9万元。2011年，完成主要工程量：土方开挖11.26万立方米，石方开挖2.07万立方米，混凝土浇筑7.32万立方米，金属结构制作安装797.90吨。2011年，完成施工产值8901.80万元。自开工以来，累计完成产值26 753.40万元。

【响水涧抽水蓄能电站上库工程】 响水涧抽水蓄能电站位于安徽省芜湖市三山区峨桥镇境内，装机容量4×25万千瓦。

该工程于2007年9月30日中标，合同金额3.35亿元，2007年12月28日开工。2011年，完成主要工程量：土方开挖30.98万立方米，石方开挖21.31万立方米，混凝土浇筑1.22万立方米。2011年，完成产值3165.60万元。自开工以来，累计完成产值28 783.80万元。

【锦屏二级水电站闸坝工程】 锦屏二级水电站位于四川省凉山彝族自治州木里、盐源、冕宁三县交界处的雅砻江干流锦屏大河弯上，是雅砻江干流上的重要梯级电站，总装机容量8×60万千瓦。

该工程于2007年10月16日中标，合同金额3.856亿元，2008年1月15日工程开工。2011年，完成主要工程量：土方开挖10.30万立方米，石方开挖10.76万立方米，混凝土浇筑12.42万立方米，金属结构安装1474.62吨。2011年，完成产值6607.10万元。自开工以来，累计完成产值33 792.10万元。

【锦屏二级水电站西端引水洞C2标】 锦屏二级水电站引水系统采用4洞8机布置型式，引水隧洞洞群沿线上覆岩体一般埋深1500～2000米，最大埋深约为2525米，具有埋深大、洞线长、洞径大的特点，电站总装机容量8×60万千瓦。

该工程于2007年7月16日中标，合同金额8亿元，由水电五局有限公司与中铁二局集团公司联营承建，水电五局有限公司占有份额3.36亿元。2011年，完成主要工程量：石方开挖55.61万立方米，混凝土浇筑67.36万立方米，金属结构安装8253.35吨。2011年，完成产值4029.70万元。自开工以来，累计完成产值11 931.50万元。

【锦屏二级水电站厂区枢纽调压井工程】 锦屏二级水电站调压室竖井内径为26.00米，钢筋混凝土衬砌厚度为1.00米，顶高程为1711.00米，竖井底板高程为1574.20米，总高度约为136.80米。该标工程属水电五局有限公司于2007年6月从葛洲坝集团公司分包承建工程，分包合同金额2.531亿元。2011年，完成主要工程量：石方开挖11.66万立方米，混凝土浇筑7.54万立方米，金属结构安装9533.00吨。2011年，完成产值12 698.40万元。自开工以来，累计完成产值33 792.10万元。

【长河坝水电站左岸高边坡开挖及支护工程】 长河坝水电站位于四川省甘孜藏族自治州康定县大渡河

上游金汤河口以下4～7千米河段上，是大渡河梯级开发中的第十级电站。总装机容量4×65万千瓦。

该工程于2007年6月11日中标，合同金额18 070.591万元，2007年6月12日工程开工。2011年，完成主要工程量：石方开挖54.66万立方米，混凝土浇筑0.38万立方米。2011年，完成产值11 961.40万元。自开工以来，累计完成产值26 256.30万元。

【沙溪航电枢纽右岸泄洪冲沙闸及厂房土建工程】沙溪航电枢纽工程位于四川省阆中市沙溪乡嘉陵江干流上，总装机容量为8.7万千瓦，共安装3台单机容量2.9万千瓦的灯泡贯流式机组。

该工程于2007年7月18日中标，合同金额1.68亿元，2007年9月20日开工。2011年，完成主要工程量：土方开挖1.00万立方米，混凝土浇筑0.19万立方米。2011年，完成产值701.50万元。自开工以来，累计完成产值17 099.20万元。

（高锦峰　李　婷　李　翔）

【溧阳抽水蓄能电站上水库库盆工程C2标】　溧阳抽水蓄能电站地处江苏省溧阳市，上水库位于龙潭林场伍员山工区，与安徽省接壤，下水库位于天目湖镇吴村，与沙河水库为邻，电站位于苏南地区负荷中心。

枢纽建筑物主要由上水库、输水系统、发电厂房（含地面开关站及副厂房）及下水库等4部分组成。电站总装机容量6×25万千瓦。

该标段项目主要包括上水库库盆，上水库进/出水口，①、②副坝，上水库环库公路，上水库施工期水流控制及初期蓄水，施工电源引接以及相应土建工程一期混凝土中的部分埋管埋件施工等。

该工程于2010年10月8日中标，合同金额54 870.159 6万元。2011年，完成主要工程量：土方开挖11.34万立方米，石方开挖168.02万立方米，混凝土浇筑0.27万立方米。2011年，完成产值6951.20万元。

【长河坝水电站大坝工程】　长河坝水电站位于四川省甘孜藏族自治州康定县境内，坝址地处大渡河上游金汤河口以下4～7千米河段上，电站控制集水面积为56 648平方千米。水库正常蓄水位1690.00米，总库容11.4亿立方米，调节库容4.15亿立方米，具有季调节能力。工程为一等大（1）型工程，枢纽挡水建筑物为砾石土心墙坝，坝顶高程为1697.00米，最大坝高为240.0米。电站总装机容量4×65万千瓦。

水电站枢纽建筑物主要由砾石土心墙坝、泄洪系统、引水发电系统组成。砾石土心墙坝坝顶高程为1697.00米，心墙最低建基面高程为1457.00米，最大坝高为240.0米。坝顶宽度为16.0米，坝顶长度为497.94米。

该工程除大坝填筑外，还包括河道截流、上下游土石围堰填筑、围堰基础及堰体防渗施工等。

该工程于2010年12月2日中标，合同金额242 890.159 8万元。2011年，完成产值6607.10万元。

【长河坝水电站磨子沟人工骨料加工系统工程】　该工程为长河坝水电站施工附属设施工程，其工作内容为长河坝水电站磨子沟人工骨料加工系统的设备采购安装、系统土建工程施工、渣场管理、系统运行。系统设计成品料生产能力约800吨/时，其中人工砂生产能力约300吨/时；生产细骨料总量约为378万吨，粗骨料总量约为490万吨。共需毛料386万立方米（自然方）。毛料料源为枢纽工程开挖洞渣料和江咀块石料场开挖料。

该工程于2011年1月28日中标，合同金额29 299.038 9万元，2011年5月14日工程开工，2011年11月20日系统调试，2011年11月30日系统试运行投产。2011年，完成主要工程量：石方开挖73.80万立方米，混凝土浇筑0.24万立方米，钢筋制作安装850吨。2011年，完成施工产值4024.10万元。

（任俊友　李　翔）

【峡江水利枢纽同江防护工程】　峡江水利枢纽工程位于江西省赣江中游峡江县巴丘镇上游约6.0千米处，枢纽总库容16.7亿立方米，总装机容量36万千瓦。峡江库区防护工程为库区抬田，分为防护区外抬田和防护区内抬田进行填土垫高，重建田间工程。抬田区布置灌溉与配水系统，并与现有水系相连接，田间道路采用沟—路—渠相结合的形式。

该工程主要内容为：同南河桩号(1＋000)～(13＋000)段，其中桩号(11＋250)～(11＋350)段为同江防护区2标段内；同江抬田（约1 0370亩）及其田间工程（道路、沟渠、农门、涵管、桥梁等）；以及相关的临建工程等。

该工程于2011年1月13日中标，合同金额38 820.942 8万元，2011年7月20日工程开工。2011年，完成的主要工程量：土方开挖165.90万立方米，石方开挖1.00万立方米。2011年，完成施工产值9783.10万元。

（李　翔　丁晓勇）

【安谷水电站厂区枢纽土建及金属结构安装Ⅱ标工程】　安谷水电站是大渡河干流梯级开发中的最后一级，位于四川省乐山市沙湾区嘉农镇（左岸）和市中区安谷镇（右岸）接壤的大渡河干流上，工程为发电、防洪、航运、灌溉和供水等。采用混合式开发方式，水库正常蓄水位398米，总库容约6330万立方米，电站总装机容量88万千瓦（4×19万千瓦+1×12万千瓦）。

该工程推荐布置为电航同岸方案，从左至右依次为：上游左右岸副坝、左岸接头坝、13孔泄洪闸、闸坝储门槽坝段、河床式电站厂房、安装间及厂房储门槽坝段、船闸、右岸接头坝、下游尾水渠、泄洪渠等。

2011年7月21日，水电五局有限公司从水电七局有限公司分包3200米尾水渠渠段的施工，桩号(0+800)～(0+4000)，合同金额32 195.927 6万元，2011年内未正式开工。

（李　翔　丁晓勇）

【仙居抽水蓄能电站地下厂房及尾水系统土建工程】仙居抽水蓄能电站位于浙江省仙居县湫山乡境内，枢纽工程主要由上水库、输水系统、地下厂房、地面开关站及下水库等建筑物组成。电站为日调节纯抽水蓄能电站，总装机容量4×37.5万千瓦，年平均发电量为25.125亿千瓦·时，年平均抽水电量为32.63亿千瓦·时。

该工程主要建筑物包括主副厂房洞、主变压器洞、母线洞、尾闸洞、500千伏出线洞、主变压器进风洞、尾闸运输洞、主变压器运输洞、交通电缆洞、地下厂房外排水系统、尾水系统、尾水调压室等。

该工程于2011年9月22日中标，合同金额37 010.755 2万元，2011年内未开工。

【白鹤滩水电站左岸导流隧洞工程】　白鹤滩水电站位于金沙江下游四川省宁南县和云南省巧家县境内。电站上接乌东德梯级，下邻溪洛渡梯级，是西电东送骨干电源点之一。枢纽工程由拦河坝、泄洪消能建筑物和引水发电系统等主要建筑物组成，电站总装机容量1600万千瓦。导流隧洞工程共分2个标段，左、右岸各为1个标，本工程属左岸导流隧洞工程标。2011年11月10日，由水电五局有限公司从水电七局有限公司分包进口明挖、进口水流控制、进口闸门室土建及金属结构安装、3号导流洞桩号(0+000)～(1+224.52)段开挖及衬砌工程，合同金额42 355.360 0万元，2011年内未开工。

（任俊友　李　翔　李　婷　高锦峰）

国际工程

【国际市场开发】　2011年，水电五局有限公司共参与国际工程项目投标35个，涉及苏丹、摩洛哥、埃塞俄比亚、赞比亚、乌克兰、几内亚、马其顿、塞尔维亚等14个国家。中标6个项目，中标合同金额约24亿元人民币。首次进入赞比亚市场，并相继签约芒古塔博和穆巴拉纳孔德两个项目，取得了市场开发的重要突破。同时，凭借公司良好的信誉和履约，承揽到了南苏丹独立后与水电五局有限公司签约的第一个工程项目——马拉卡尔市政公路项目。2011年内，相继中标苏丹森纳尔闸门工程、恩图曼—巴拉公路（341千米）、南苏丹马拉卡尔市政项目、埃塞俄比亚阿利亚产卡项目，使得水电五局有限公司在南北苏丹、摩洛哥和埃塞俄比亚的市场得到进一步巩固和延伸，并实现了市场区域化管理，加强了对前期策划、资源配置、分包管理、变更索赔、现金流管理等关键环节的管控与支持，国际项目管理能力明显增强。水电五局有限公司在北非市场的资源聚集效应放大明显，市场布局进一步优化，技术优势进一步显现，知名度和美誉度持续提升。

【摩洛哥拜本高速公路工程】　该工程全称为摩洛哥拜莱希德—本艾哈迈德高速公路工程一标段，为双向四车道全封闭高速公路，全长38.60千米。中标合同金额137 861.75万人民币（含税价），工程总工期为32个月，于2010年4月16日开工，主体工程于2010年8月16日开工。2011年，完成主要工程量：土石方开挖238.23立方米，土方填筑201.65立方米，混凝土浇筑23 560立方米，钢筋制作安装2157吨。2011年，完成施工产值29 470.62万元。自开工以来，累计完成施工产值50 717.24万元。

【摩洛哥塔贝高速公路工程】　该工程位于摩洛哥阿特拉斯山脉以北，工程全称为摩洛哥拜莱希德—贝尼梅拉高速公路第五标段，为双向四车道高速公路，全长21.878千米。该工程于2010年2月18日中标，合同金额77 375.88万迪拉姆（税前）。

该工程前半段为起伏不大的小丘陵，后半段为平原。工程主要工作范围分成4个部分，即临建设施、补充设计、测量、内外部质量控制；剥离清障、土方、区域排水及植被；路面工程；各类构造物，包括箱涵、高架桥、立交桥、上通道、车行通道等，不包括标志标线、安全防护、围栏（墙）、种植等工程内容。

该工程于 2010 年 4 月 16 日开工。2011 年，完成主要工程量：土方开挖 103.55 立方米，土方回填 159.84 万立方米，钢筋制作安装 2601 吨，混凝土浇筑 26 501 立方米。2011 年，完成施工产值 29 578.43 万元。自开工以来，累计完成施工产值 44 725.91 万元。

【摩洛哥拉巴特绕城高速公路工程】 该工程位于摩洛哥首都拉巴特附近，标段主要位于平原兼小丘陵区。公路沿线海拔在 30～150 米之间，沿线基本是城市郊区，几乎全部为果园、农田，通道等构造物、管网线等较多。

在该标工程起始端与 A3 公路相连，终点端与 6 号国家公路相接，涉及的范围是（PK00＋000）～（PK29＋137.5）和（PK30＋90）～（PK40＋920）两段，全长 39.9675 千米。合同金额为 163 786.49 万人民币。

该工程于 2010 年 11 月 1 日开工。2011 年，完成主要工程量：土石方开挖 49.68 立方米，土方回填 35.885 立方米，钢筋制作安装 50.58 吨，混凝土浇筑 10 300 立方米。2011 年，完成施工产值 11 698.85 万元。自开工以来，累计完成施工产值 11 698.85 万元。

【苏丹上阿特巴拉水利枢纽工程】 该工程全称为苏丹上阿特巴拉水利枢纽工程 C1-B 标段，位于苏丹东南部的苏丹、埃塞俄比亚和厄立特里亚三国交界地，公路与首都喀土穆的距离为 460 千米，与苏丹港的距离为 659 千米。

该工程于 2010 年 4 月中标，合同金额为 418 321 565.63美元。由水电五局有限公司和中水对外公司组成联营体实施，水电五局有限公司占 49％ 的股份。工程总工期为 58 个月。

该工程于 2010 年 9 月 1 日开工。2011 年，完成主要工程量：土石方开挖 250.00 立方米，土方回填 24.00 立方米，钢筋制作安装 1036.00 吨，混凝土浇筑 45.00 立方米。2011 年，完成施工产值43 387.24 万元。自开工以来，累计完成施工产值47 631.15 万元。

【苏丹麦洛维大坝工程】 麦洛维大坝工程位于尼罗河上，地处非洲苏丹共和国的北部，距离苏丹首都喀土穆约 480 千米。

该工程由水电五局有限公司和水电七局有限公司共同承建，合同总额约 6.1 亿欧元。合同标段比例为：水电七局有限公司 57.5％，水电五局有限公司 42.5％。2003 年 6 月 15 日开工。2011 年为尾工阶段，完成产值 3860 万元，自开工至 2011 年底完成施工产值 310 331.13 万元。

【苏丹罗赛雷斯大坝加高工程】 罗赛雷斯大坝加高工程位于南距苏丹首都喀土穆 550 千米的 Damazin 市。

该工程为水电五局有限公司和水电七局有限公司联营项目，合同金额 3.96 亿美元，水电五局有限公司占 32％的股份。2008 年 5 月 1 日开工。2011 年，完成主要工程量：土石方开挖 90.23 立方米，土石方填筑 839.00 立方米，混凝土浇筑 5.85 万立方米，钢筋制作安装 801.00 吨。2011 年，完成工程产值 29 588.77 万元。自开工以来，累计完成工程产值 70 008.37 万元。

【苏丹爱尔兰克—马拉卡尔（345 千米）公路工程】 该工程位于南苏丹上尼罗河州境内，北起 RENK 县，南至 MALAKAL 市。

该工程主承包商为集团公司，水电五局有限公司和水电七局有限公司组成“五七联营体”负责施工，水电五局有限公司为责任方，占 55％的股份。中标合同金额 221 573 730 美元，工程于 2009 年 12 月 15 日开工。2011 年，完成主要工程量：土石方填筑 117.53 立方米，混凝土浇筑 736.00 立方米，钢筋制作安装 367.81 吨。2011 年，完成产值 2753.99 万元。自开工以来，累计完成工程产值 19 257.16 万元。

【摩洛哥塔乌高速公路 3.3 标段】 摩洛哥塔乌高速公路 3.3 标段，位于摩洛哥北部塔扎省境内。

该工程为水电五局有限公司与中国海外工程总公司的合作项目。中标税前金额 7556.661 5 万欧元，约合人民币 8.214 09 亿元（税后金额 9067.993 8 万欧元，约合人民币 9.856 91 亿元）。该工程于 2008 年 4 月 28 开工，2011 年 7 月 2 日完成临时验收工作。2011 年，完成主要工程量：土石方开挖 15.74 立方米，土石方填筑 22.75 立方米，混凝土浇筑 989.00 立方米，钢筋制作安装 200.00 吨。2011 年，完成产值 30 049.76 万元。自开工以来，累计完成产值133 286.76万元。

【摩洛哥东西高速公路塔乌 4.1 标】 该工程为水电五局有限公司与中国海外工程总公司的合作项目。中标税前金额 6701.605 6 万欧元，约合人民币 7.284 7 亿元（税后金额 8041.926 7 万欧元，约合人民币 8.741 57 亿元）。该工程于 2008 年 4 月 28 开工，2011 年 12 月 20 日进行最终验收并结束质保期。

【埃塞俄比亚瓦佳—马吉道路改造工程】 埃塞俄比亚瓦佳—马吉道路改造工程地处埃塞俄比亚南部热带雨林地区。

该工程是水电五局有限公司与中国水利电力对外公司合作的项目，合同金额约 8773 万美元。该工程于 2007 年 9 月 25 日开工，2011 年 12 月 31 日通过最终联合验收并移交。

【埃塞阿里亚—产卡公路改造工程】 麦科纳交—登比多洛道路改造工程阿里亚—产卡路段工程项目位于埃塞俄比亚西南部的奥罗莫州，全长 64.74 千米，由中国水利电力对外公司签约，水电五局有限公司承担工程施工建设。

该工程于 2011 年 4 月 26 日中标，合同金额 40 444 613.31美元，施工工期为 910 天。该公路工程将现有 6 米宽的碎石路面改造为 7 米宽双车道的沥青混凝土路面，主要工程包括土石方开挖、土石方回填、天然砂砾石底基层施工、碎石基层施工、天然砂砾石磨耗层施工、沥青混凝土路面铺设、排水设施及构造物建设等。该工程于 2011 年 10 月 7 日开工。2011 年，完成主要工程量：土石方开挖 1520 立方米，土石方回填 37.92 万立方米。

【苏丹森纳尔坝闸门更换项目】 森纳尔水坝位于苏丹首都喀土穆东南方约 300 千米的青尼罗河上。水坝西端有 25 个节制泄洪闸，这些闸门用于两个大型灌溉运河。本项目主要是为 25 个运河节制闸更换闸门及附属埋件。该项目于 2011 年 6 月 17 日中标，合同金额 4783.78 万元人民币，合同工期 686 天，于 2011 年 6 月 29 日开工。2011 年，完成部分闸门的设计与制作工作，完成产值 26.97 万元。

【南苏丹马拉卡尔市政公路项目】 该项目位于南苏丹共和国上尼罗河州府马拉卡尔白尼罗河右岸，为州政府规划市区的基础设施建设工程，包含了不同区域的 10 段市政公路，总长度为 37.98 千米。该项目 2011 年 3 月 28 日中标，合同金额 3.36 亿元人民币，工期 28 个月。该项目于 2011 年 11 月 1 日开工，由水电五局有限公司和水电七局有限公司组成联营体施工，水电五局有限公司为责任方，占 55%份额，约合人民币 1.85 亿元人民币。2011 年，完成主要工程量：土石方开挖 2.29 万立方米。

【赞比亚穆巴拉—纳孔德公路项目】 赞比亚穆巴拉—纳孔德公路项目位于赞比亚北方省，业主为赞比亚公路局。该项目全长 86.9 千米，采用施工总承包模式，总承包方为中工国际工程股份有限公司。2011 年 8 月 15 日，水电五局有限公司获得该项目施工分包合同，中标金额 4.41 亿元人民币，工期 720 天，2011 年内开工。

【苏丹恩图曼—巴拉公路项目】 苏丹共和国恩图曼—巴拉公路项目，全长 341 千米，起点是喀土穆州恩图曼市，终点到北科尔多凡州巴拉市，是一条完全新建的沥青混凝土路面公路。合同金额 1.6 亿美元，工期 42 个月。因贷款审批等原因，工程未开工建设。

（王曦伟　高锦峰）

基础事业与非水电工程

【乌兰浩特市站场运煤专用线工程】 该工程位于内蒙古东部地区兴安盟境内，为白阿铁路的组成部分，线路绕行于乌兰浩特市东北部。铁路等级为国铁Ⅰ级。

该标段线路经过地区大部为丘陵地区，有洮儿河、归流河环抱，与葛根庙保护区毗邻。线路经过山岭、草原、湿地及开发区。该标段线路总长 39.21 千米，其中路基 34 千米，为该标段线路的 86.71%；区间路基土石方 332.63 万立方米，站场土石方 25.75 万立方米；桥涵全长 2.51 千米，洮儿河特大桥 1 座计 1387.40 米，杨家沟大桥计 504.50 米，兴隆大桥计 504.50 米，梁式中桥 1 座计 113.90 米，框架式桥 4 座，小桥 8 座，涵洞 127 座计 1985.30 横延米，张咀山隧道 1 座，（CK54＋920）～（CK58＋130），长 3210.00 米。

该工程于 2011 年 8 月 30 日中标，合同金额 73 017.510 8万元，2011 年内未正式开工。

【多元产业】 2011 年内，水电五局有限公司涉及的多元产业主要有商品混凝土生产、建筑装饰、物业管理、输变电工程、商贸、物流、物资采购供应、工程咨询服务、工程设计、工程监理、工程试验、职业教育等领域。水电五局有限公司多元产业积极应对市场变化，完善营销机制，加强经营管理，防范经营风险，提高服务质量，在市场营销、经营产值、品牌影响力提升等方面实现了新突破。多元公司中标签约金额 43 858 万元，占 2011 年度市场营销中标签约总金额数的5.7%。工程设计：内签订工程设计合同75份，签约合同总额1658.972 4万元，工程设计市场正在逐步扩大，设计业务稳固发展。工程安全监测：科研所中标工程安全监测项目8个，签约合同总额4259.934 7万元。职教中心签约合同协议83个，签约合同总额4009.830 0万元。商品混凝土生产：2011年实现营业收入4500万元，完成产量15.10万立方米，实现市场营销10.41万立方米，产值3125万元。2011年末，合同储备量为4.5万立方米。

【工程监理】 2011年，参与投标项目37个，中标签约19个，中标合同总额2550.365 2万元。其中：合同金额100万元以上中标签约合同5个，特别是新疆华电达克曲克电站施工监理合同、杨家湾电站施工监理合同，合同金额分别达到825.93万元和727万元；吉米河工棚、阿呷、瓦古脚水电站工程土建及机电、金属结构项目监理合同，合同金额438.36万元，实现了水电五局有限公司几年来监理工程单个合同金额的重大突破。同时，在房建、新能源（光伏发电）、风电建设监理领域实现突破，进入水电施工以外监理领域，中标大唐颐和3兆瓦屋顶用户侧光伏发电项目和中水电江苏如东海上风电场100兆瓦升压站项目工程监理；利用社会资源优势与四川交大监理公司合作，中标成都都江堰“青云阶·云湾一期”房地产项目的施工监理，在监理市场新领域取得重大突破。2011年内，有在建工程监理项目19个，完成营业收入1500万元。

采购与材料（物流）：2011年，采购与材料供应履行合同的在供项目有8个，新中标项目4个。在供项目履约完工2个，新中标项目履约完工1个。全年材料销售累计完成产值11 857.82万元，中标金额共计17 707.63万元。中标项目分别为：云南昆明牛栏江—滇池补水工程钢材采购项目、四川盐源甲米河二级水电站钢材采购项目、水电二局有限公司承建的“中国水电·云立方”（四川成都）钢材与水泥采购项目、水电九局有限公司机电制造安装分局承建的四川省小金木坡水电站压力管道钢板采购项目。

【实业开发】 主要包括建筑装饰、物业管理、输变电工程等经营业务。2011年，实业开发项目新签、续签合同59个（其中，装饰工程13个，输变电工程12个，物业管理项目34个），中标金额13 610.95万元（装饰工程3855.37万元，输变电工程4206.51万元，物业项目5549.07万元）。新中标工程与项目中，装饰工程主要项目有：成都西岸观邸住宅小区二期、成都置信逸都花园住宅、成都摩尔国际大厦、成都交大万嘉兰枫园蓉杏园住宅等；输变电工程有：大唐长河坝水电站营地供水、四川巴郎山隧道工程送变电工程、大唐国际云南丹达河水电站送变电工程、连州风电场线路架设工程等项目；物业管理项目有：民和益地电站营地物业、德阳汇通大厦售楼部物业、德阳汇通大厦前期物业、中国水电（四川）云立方住宅物业、中国水电（四川）海赋外滩综合体物业、中国水电（四川）北郡嘉源保障房物业、成都“绿地·格兰德”售楼部物业、成都“绿地·格兰德”住宅前期物业、成都亚宝蒂梵尼售楼部物业、成都亚宝蒂梵尼前期物业、成都地铁1号线车辆段物业等。2011年内，装饰产品开发坚持走高端技术产品路线，在行业竞争中根据企业自身优势，主动适应市场，及时调整产业结构，研发高端产品，以新型材料产品向大房地产公司、大楼盘进军，做优质楼盘、品牌项目。产品由单一的塑钢门窗逐步向中高档铝合金门窗、断桥铝、木包铝门窗、玻璃幕墙过渡，并积极拓展了商品房精装修业务。输变电业务在原有的以水电站建设领域项目为主的基础上，涉足道路维护、水厂施工等领域，并开始进入公路建设、风电场等新的市场领域。物业管理坚持向高端市场进军战略，调整产业布局。由原单一的电站营地物业、公司办公楼物业、住宅小区物业项目为主，向高档住宅小区、写字楼、工业园区、地铁与高速路物业服务等产业发展。物业服务项目已占据四川德阳、邛崃、绵阳、广元等多个二级城市，实现了以高档物业为主、电站营地物业与城市物业“两条腿”走路的战略发展格局。同时，从事物业管理服务的成都五兴物业管理有限公司与集团房地产公司昌平分公司、绵阳分公司、成都分公司的合作有了实质性进展。

【职业教育培训】 2011年，全年完成职业培训3626人·次，其中水电五局有限公司职工培训2060人·次，水电五局有限公司外（含农民工）1566人·次；开展职业技能鉴定798人·次，其中高级工465人，中级工218人，公司外技师及高级技师23人，公司内技师及高级技师92人；培训驾驶员7500人·次，巩固了甘肃姚渡培训点（覆盖甘肃文县、碧口镇周边），开设了四川省青川县驾驶员培训学校，取得了二级驾校资质；与四川核工业学校、四川信息职业技术学院合作，开展了驾驶员委培业务。2011年内，“国家中等职业改革发展示范学校”建设项目进入全面实施阶段，稳步推进，教育教学逐渐从知识本位向能力本位转移，加强了学生职业素质和实际操作能力的培养；教学理念从原来的“供给驱动”开始向“需求驱动”转变，学科体系向能力体系转变。承担的四川省省委、省政府“9＋3”免费惠民教育工作扎实推进，进入顶岗实习阶段，其中有10名学生被成都军区应征入伍，在四川省“9＋3”学生教育中名列前茅。阶段应届技校（中专）毕业生顶岗实习（就业）率达98%，学生稳定率达95%。学校取得入学新生国家助学金和免学费同时申报资格。

（高锦峰　杨志明　张新建　刘　玲）

投资开发

【投资业务】　截至2011年底，水电五局有限公司股权投资项目共9个，其中全资公司3个，控股公司1个，参股公司5个。股权投资总额25 005.44万元，其中全资及控股子公司2226万元，参股公司22 779.44万元。2011年，成都五兴物业管理有限公司、建筑装饰设计工程有限公司的营业收入和利润增长较快，实现较快发展；四川能达水利水电咨询有限公司的营业收入与2010年基本持平，利润有较大增长；陕西盛泰混凝土工程有限公司受行业上游调控政策等影响，营业收入目标没有完成，形成亏损。参股公司中，四川松林河流域开发有限公司总体经营状况良好，将延续较好的投资收益；四川紫兰坝水电开发有限责任公司经营状况有所好转，但仍需补亏；中国水电建设集团中环（成都）房地产有限公司受国家房地产调控政策和融资成本影响，利润目标与预期差距较大，在营业收入确定后略有盈余；中国水电建设集团四川成名高速公路发展有限公司运营初期车流量与预测流量差距较大，同时受高额融资成本的影响，经营亏损；锡林郭勒风电开发有限公司正在建设期，尚无投资收益。

2011年内，按照积极稳健、量力而行的原则，水电五局有限公司不断寻求优质投资项目，对内蒙古风电项目、双流“198”投资项目、珠海情侣路改造BT项目、云南污水处理项目、崇州“羊马农副产品物流中心”等多个建设项目，进行调研、追踪、分析、论证。于2011年5月初，签订了内蒙古锡林郭勒风电项目《合资协议》，该项目由新能源公司主导，水电五局有限公司参股40%，承揽塔筒制造安装、土建施工等建设任务。

2011年内，虽受国家经济增速放缓、建筑行业调控力度加大和银根紧缩等不利因素的影响，水电五局有限公司投资业务规模和投资收益仍然稳中有增，基本实现了投资业务稳健发展的目标。

【四川松林河流域开发有限公司】　四川松林河流域开发有限公司成立于2002年12月，注册资本16 000万元，专业从事电能的生产和销售，水电项目的开发、建设、投资、经营、水电技术咨询、服务及综合利用。水电五局有限公司为该公司的参股方，出资比例为10%，累计已出资金额为3410万元。控股方是水电建设集团四川电力开发有限公司，出资比例为50%，其余参股方及出资比例分别是四川启明星科技发展有限责任公司16%、水电十局有限公司14%、水电七局成都水电建设工程有限公司7%、水电七局成都工程有限责任公司3%。根据该公司2011年财务报表，2011年末资产总额123 629.24万元，负债总额95 321.26万元，资产负债率77.10%，所有者权益28 307.97万元。2011年，完成营业收入20 352.58万元，实现净利润6600.11万元，净利润率为32.43%。

【四川紫兰坝水电开发有限责任公司】　四川紫兰坝水电开发有限责任公司成立于1998年9月，注册资本11 025万元，经营范围包括电力开发、建设、销售等。水电五局有限公司为该公司的参股方，出资比例为12.24%，已出资金额为1350万元。控股方是华电四川发电有限公司，出资比例为60.14%，其余参股方及出资比例分别是中国水电建设集团四川水电开发有限公司18.37%、广元玉龙水电开发公司9.25%。该公司开发的紫兰坝水电站位于四川省广元市境内，是白龙江干流梯级开发规划中最后一级梯级电站，厂内安装3台贯流式水轮发电机组。电站装机容量10.2万千瓦，保证出力2.9万千瓦，年发电量4.41亿千瓦·时，总投资11 030万元。目前紫兰坝水电站已完工，机组已投入运转。该公司2011年经营状况有所好转，但经营能力、管理能力和创利能力有待加强，利润实现情况较差，投资收益不太理想。2011年末，资产总额70 996万元，负债总额61 585万元，资产负债率86.74%，所有者权益9412万元。2011年，实现营业收入9258万元，实现净利润500万元，全部用于弥补以前年度亏损，补亏后2011年末的累计未分配利润为－1613万元。

【四川建筑装饰设计工程有限公司】　四川建筑装饰设计工程有限公司成立于2007年10月，注册资本500万元，为水电五局有限公司的全资子公司。营业范围为：塑钢门窗、木门窗、铝合金门窗、金属结构、幕墙的设计、制造、销售、安装；销售建筑材料、机电设备、五金交电、金属材料；金属制品加工等。2011年末，资产总额2155.50万元，负债总额1632.27万元，资产负债率75.73%，所有者权益

523.22 万元。2011 年，实现营业收入 3617 万元，实现利润 154 万元，利润率为 4.26%。根据财务报表反映和通过 2011 年对该公司经营情况的了解和掌握，该公司总体经营状况良好，公司持续发展较好。

【四川能达水利水电咨询有限公司】 四川能达水利水电咨询有限公司成立于 1993 年 11 月，因业务拓展、增强市场竞争力和提升资质，该公司于 2008 年 8 月经集团公司审批同意后，注册资本增加为 200 万元，经营范围为：水利水电咨询、工程监理、建设工程项目管理、机电及金属结构设备制造、水利水电建设工程环境保护监理等。该公司为中国水利工程协会的会员单位，取得水利工程施工监理甲级、水利工程建设环境保护监理资质。该公司为水电五局有限公司的全资子公司。2011 年末，资产总额 1020.02 万元，负债总额 607.24 万元，资产负债率 59.53%，所有者权益 412.79 万元。2011 年累计营业收入 1665 万元，实现利润 179 万元，利润率为 10.75%。根据财务报表反映和 2011 年对该公司经营情况的了解和掌握，该公司总体经营状况较好，投资效益较为理想。

【陕西盛泰混凝土工程有限公司】 陕西盛泰混凝土工程有限公司成立于 2001 年 7 月，注册资本 1080 万元，主营业务为混凝土生产与销售，于 2004 年 12 月股权结构重新调整后，作为水电五局有限公司的控股子公司核算。截至 2009 年末，水电五局有限公司的出资比例为 95%，另外 5%的股份为盛泰集团有限公司 6 名管理人员共同持有。因公司迁址重建、受房地产市场下滑等因素制约，对生产经营产生较大影响，经营面临较大困难。2011 年末，资产总额 4307.99 万元，负债总额 3239.41 万元，资产负债率 75.19%，所有者权益 1068.58 万元。2011 年，该公司受行业上游调控政策和新厂建设等因素影响，实现营业收入 4509.26 万元，实现净利润－106.98 万元，未实现年度经营目标，亏损严重。

【成都五兴物业管理有限公司】 成都五兴物业管理有限公司成立于 2003 年 12 月，因市场竞争和业务拓展需要，该公司于 2008 年 5 月经集团公司审批同意后，注册资本增加至 500 万元，主营业务为物业管理、市政设施维修、房屋经纪等。该公司为水电五局有限公司的全资子公司。2008 年 12 月取得中华人民共和国住房和城乡建设部一级物业管理企业资质。2011 年末，资产总额 1417.70 万元，负债总额 860.64 万元，资产负债率 60.71%，所有者权益 557.06 万元。2011 年累计营业收入 3448 万元，实现利润 257 万元，利润率为 7.45%。根据财务报表反映和 2011 年对该公司经营情况的了解和掌握，该公司总体经营状况良好，对城市物业服务市场得到较大发展和开拓。

【中国水电建设集团中环（成都）房地产有限公司】 中国水电建设集团中环（成都）房地产有限公司成立于 2006 年 1 月，注册资本 15 000 万元，经营范围包括房地产开发经营、商品房销售、房地产开发技术咨询、物业管理等。水电五局有限公司与房地产公司于 2008 年 1 月 18 日达成协议联合受让四川圣达集团持有中国水电建设集团中环（成都）房地产公司 45%的股份，重组该公司。经重组后，水电五局有限公司为该公司的参股方，出资比例为 33.33%，认缴出资金额 5514.44 万元，控股方是房地产公司，出资比例为 66.67%。该公司本部在成都高新区桂溪工业园 A 栋 1 楼，目前处于建设期。该公司现有中国水电大厦（四川）写字楼及中环西岸观邸两项房地产开发项目。2011 年实际完成投资 75 041.97 万元，销售面积 35 078.25 平方米。其中：西岸观邸住宅项目实际完成投资 34 872.16 万元，签约 303 套，签约面积 29 722.53 平方米，签约金额 23 653.56 万元，均价 7958 元/平方米；“中国水电 · 云立方”项目实际完成投资 40 169.81 万元，工程进展顺利，签约 53 套，签约面积 4755.42 平方米，签约金额 2465.36 万元，均价 5184 元/平方米。2011 年末，资产总额 179 896.22 万元，负债总额 164 727.01 万元，资产负债率 91.57%，所有者权益 15 169.21 万元。2011 年累计营业收入 59 354.32 万元，实现净利润 1828.82 万元，净利润率为 3.08%。

【中国水电建设集团四川成名高速公路发展有限公司】 中国水电建设集团四川成名高速公路发展有限公司成立于 2007 年 11 月，注册资金 10000 万元，经营范围包括公路工程建设、经营、管理，项目投资及咨询服务等。2008 年 10 月，水电五局有限公司与集团公司、路桥公司、水电七局有限公司、水电十四局有限公司等五方签订增资扩股协议，并确定股权结构为：水电五局有限公司为该公司的参股方，股权比例为 10%；集团公司为控股方，股权比例为 50%，其余参股方及股权比例分别是路桥公司 20%，水电七局有限公司 10%，水电十四局有限公司 10%。该公司本部在成都高新区天府大道中段 1 号。目前，该公司主营成都邛崃至名山高速公路 BOT 项目开发，工程于 2008 年 10 月 28 日开工。2010 年 3 月，水电五局有限公司受让于集团公司持有的中国水电建设集团四川成名高速公路发展有限公司10%的股权，正式为该公司的股东，完善了相关的转让手续，签订了的股权转让协议。项目已按计划完工，造价基本控制在概算内，2011年11月初全线通车。2011年末，资产总额为257 480.29万元，负债总额为176 129.60万元，资产负债率为68.41%。2011年，实现营业收入6724.46万元，营业成本2006.67万元，年度亏损6302.65万元，自通车累计亏损7039.87万元。

【中国水电建设集团锡林郭勒风电开发有限公司】中国水电建设集团锡林郭勒风电开发有限公司成立于2011年5月，注册资本8200万元，经营范围包括：风力发电项目的投资、建设、经营管理，电力生产和销售，提供电力项目咨询和法律许可的其他电力相关服务。新能源公司出资4920.00万元，股权比例为60%，水电五局有限公司出资3280.00万元，股权比例为40%。该公司主要承担内蒙古锡林郭勒盟灰腾梁洪格尔风电场二期项目的开发与运营，该项目装机容量49.5兆瓦，属内蒙古锡盟灰腾梁洪格尔风电场（规划装机容量300兆瓦）6期开发规划中的第二期。2011年5月，该公司召开了第一次股东会暨第一届董事会监事会，并签订了合资协议和公司章程，成立了股东会、董事会和监事会。2011年12月18日8时18分，内蒙古锡林郭勒盟灰腾梁洪格尔风电场二期首台机组并网发电。2011年，该公司处于投资建设期，无营业收入。

灾后恢复重建

【职教中心灾后恢复重建】　职教中心（四川水电高级技工学校）灾后重建在2010年底经过招标后，于2011年3月18日正式开始建设。截至2011年底，已完成维修中心汽车实训车间及场地、食堂、二级平台篮球场硬化，2、5、6号学生公寓楼的改造和2号教学楼部分维修，新建设1、2号学生公寓楼已进入装修阶段，部分设备已开始采购。灾后恢复重建国债项目——四川水电高级技工学校图书馆，已投入使用，由广元市审计局对该项目进行竣工审计。

【广元基地灾后恢复重建项目】　2011年3月31日，广元基地职工活动中心、广元基地综合楼、机电物资公司办公楼、机电物资部库房4个灾后恢复重建项目监理合同签订；2011年4月6日，取得该4个项目的建筑工程施工许可证；2011年4月8日，签订该4个项目的施工合同；2011年4月15日，广元基地职工活动中心、广元基地综合楼项目开工；2011年4月28日，机电物资公司办公楼、机电物资部库房项目开工；2011年12月6日，广元基地职工活动中心、广元基地综合楼灾、机电物资公司办公楼项目竣工验收。

（1）广元基地职工活动中心工程。该工程地处广元市宝轮镇，新建651.58平方米，按防地震Ⅷ级设计，二层框架结构。2011年4月8签订施工合同，合同金额为90.5011万元。2011年4月15日开工，设计单位为广元工程设计院，施工单位为四川龙申建设有限公司，监理单位为四川亿博工程项目管理有限公司，水电五局有限公司广元片区灾后恢复重建项目部负责现场管理，2011年12月6日竣工验收。

（2）广元基地综合楼工程。该工程地处广元市宝轮镇，新建1107.12平方米，按防地震Ⅷ级设计，二层砖混结构。2011年4月8日签订施工合同，合同金额为106.524 5万元。2011年4月15日开工，设计单位为广元工程设计院，施工单位为四川龙申建设有限公司，监理单位为四川亿博工程项目管理有限公司，水电五局有限公司广元片区灾后恢复重建项目部负责现场管理，2011年12月6日竣工验收。

（3）机电物资公司办公楼。该工程地处广元市宝轮镇，新建353.13平方米，按防地震Ⅷ级设计，二层框架结构。2011年4月8日签订施工合同，合同金额为54.445 3万元。2011年4月28日开工，设计单位为广元工程设计院，施工单位为四川龙申建设有限公司，监理单位为四川亿博工程项目管理有限公司，水电五局有限公司广元片区灾后恢复重建项目部负责现场管理，2011年12月6竣工验收。

（4）机电物资部库房。该工程地处广元市宝轮镇，新建2201.58平方米，按防地震Ⅷ级设计，地上一层，钢结构。2011年4月8日签订施工合同，合同金额为225.564万元。2011年4月2日开工，设计单位为广元工程设计院，施工单位为南充金徽建筑工程有限公司，监理单位为四川亿博工程项目管理有限公司，水电五局有限公司广元片区灾后恢复重建项目部负责现场管理，2012年3月31日竣工验收。

【广元基地其他灾后恢复重建项目】

（1）广元基地南北院生活区围墙灾后维修加固工程。2011年7月21日签订施工合同，施工单位为四川龙申建设有限公司，水电五局有限公司广元片区灾后恢复重建项目部负责现场管理，2011年8月18日竣工验收，工程款已支付完成。

（2）广元基地办公楼灾后维修工程。2011年11月30日签订工程施工合同，施工单位为四川龙申建设有限公司，水电五局有限公司广元片区灾后恢复重建项目部负责现场管理，2011年12月20日竣工验收。

（3）广元灾后恢复重建工程职工活动中心室外电源安装工程。2011年10月17日签订合同，合同金额为9038元，施工单位为成都五兴物业管理有限公司广元分公司，水电五局有限公司广元片区灾后恢复重建项目部负责现场管理，2011年10月25日竣工验收，到2011年底尚未办理工程款结算。

（4）广元片区灾后恢复重建工程供水管理和排污管改造工程。2011年4月23日签订合同，合同金额为15 129元，施工单位为成都五兴物业管理有限公司广元分公司，水电五局有限公司广元片区灾后恢复重建项目部负责现场管理，2011年4月28日竣工验收，到2011年底尚未办理工程款结算。

（5）广元灾后恢复重建工程机电物资部库房室外电源安装工程。2011年10月17日签订合同，合同金额为16 171元，施工单位为成都五兴物业管理有限公司广元分公司，水电五局有限公司广元片区灾后恢复重建项目部负责现场管理，2011年10月25日竣工验收，到2011年底尚未办理工程款结算。

（6）广元灾后恢复重建工程综合楼工程室外水电安装工程。2011年10月17日签订合同，合同金额为25 869元，施工单位为成都五兴物业管理有限公司广元分公司，水电五局有限公司广元片区灾后恢复重建项目部负责现场管理，2011年10月28日竣工验收，到2011年底尚未办理工程款结算。

2011年内，为支持宝轮镇环城北路灾后重建工程建设，水电五局有限公司将规划建设红线内房屋及附属设施进行拆除，由地方政府予以合理补偿。通过协商，将水电五局有限公司广元基地居民用电户表改造列入四川省灾后重建项目，按照“整体移交，分布实施，段落前靠，居民减负”的原则开展改造工作。

【中标承建灾后恢复重建工程】

（1）四川卧龙耿达电站地震灾后恢复生产厂区枢纽工程。水电五局有限公司于2009年4月中标承建的四川省电力公司四川卧龙耿达电站地震灾后恢复生产厂区枢纽工程，中标合同金额57 200.69万元，主要工程项目为：厂区道路疏通、厂房后边坡垮塌物清理、边坡防护、厂房和尾水洞清淤和灌浆、副厂房、GIS楼新建、开关站拆建、厂房至开关站跨河桥梁、防洪堤拆建修复等工程。合同主要工程量为：土石方明挖185 600立方米；石方开挖85 750立方米；土石方填筑3150立方米；钢筋制作安装1466吨；混凝土13 650立方米；预应力锚索（25～40米）360根；锚杆（3～9米）3670根；主被动防护网23 000平方米。截至2011年底，累计完成产值8826.76万元（包括新增的渔子溪施工便道、耿达电站厂区河道清理），已进入收尾施工阶段。该项目经恢复重建与地震前相对比，面积扩大，效益、功能有所提高，抗震级别达到Ⅷ级，抗震级别、抗震能力、抵御其他自然灾害的能力都有很大提升。项目建设单位为四川省电力公司映秀湾水力发电总厂，监理单位为四川省水电建设监理有限公司，施工单位为中国水利水电第五工程局有限公司。

（2）四川平武县南坝水电站灾后恢复重建工程。南坝水电站工程位于涪江干流绵阳市平武县南坝镇河段，为涪江上游平武河段梯级开发九级电站中的第八级电站。中标工程为在原南坝水电站厂址所在地区域新建南坝水电站。原电站为引水式径流电站，由取水枢纽、输水渠道、厂区枢纽3部分组成。电站设计水头12.6米，引用流量53立方米/秒，装机容量3×1600千瓦，年发电量3950万千瓦·时。新建南坝水电站采用河床式开发，正常蓄水位为685.85米，正常尾水位为673.20米，设计水头12.0米，设计发电流量216立方米/秒，装机容量2×1.2万千瓦，多年平均发电量11 019万千瓦·时，年利用小时数4591小时。水电五局有限公司于2010年9月中标厂房、闸坝工程，中标合同金额6809.139 2万元。工程原计划2010年10月1日开工，后延至2010年11月11日正式开工，延后41天。该工程主体工程量为：土石方明挖286 193立方米，土石方填筑859 419立方米，混凝土126 935立方米，钢筋3384吨，砌石工程6939立方米。施工总工期30个月。建设单位为四川省平武电力（集团）有限公司，设计单位为四川清和水利水电工程设计有限公司，监理单位为葛洲坝集团项目管理公司，厂房、闸坝施工单位为水电五局有限公司，河堤施工单位为中原水利水电建设集团公司。水电五局有限公司承建项目于2011年10月27日提前13天实现大江截流，开始二枯混凝土浇筑。截至2011年12月31日，承建标段土建累计完成产值5208.52万元，机电安装工程完成产值100.92万元，合计5309.44万元，占合同金额的78%。

（高锦峰　唐　晖　李　婷　李晓玲）

管理创新

【市场开发】　2011年，水电五局有限公司继续坚持

"巩固和加强国内水电市场开发、加大国内非水电市场开发力度、全力做好国际市场开发"工作指导思想，加强市场营销统筹协调和市场开发职能部门（市场开发部、海外事业部、基础事业部）的营销能力建设、信息共享、情报沟通，明确水电五局有限公司领导的营销分工和责任目标，加强市场营销信息跟踪和招标工作。全年度中标签约国内水利水电工程项目35项，国内非水电工程项目20项，海外工程项目6项，多元化经营共计中标及签约110多项，工程设计项目75项，合计中标签约合同总额为人民币1 016 481.238 1万元。

2011年，水电五局有限公司根据市场的变化情况，及时调整工作思路，全方位、多层次开拓市场，较好地完成全年度国内水电市场营销的工作任务。年度内市场营销信息跟踪115项，分布在四川片区30项、新疆片区15项、云南片区19项、其他片区51项。从片区分布来看，项目跟踪数及流域项目开发方面较2010年有所增加。全年共参与国际工程项目投标35个，涉及苏丹、摩洛哥、埃塞俄比亚、赞比亚、乌克兰、几内亚、马其顿、塞尔维亚等14个国家。中标6个项目，中标合同金额约24亿元人民币。中标非水电工程项目9项，签约总金额17.021 8亿元，占全年度中标总数的12.88%。首次独立中标承建内蒙古乌兰浩特站场运煤专线铁路工程；中标签约国道318线东俄洛至海子山公路工程、福建平潭供水管道工程及内蒙古洪尔格尔、湖南岗桥、云南牦牛坪、云南东华、云南东山、广东陆丰大浦等风电工程，新增了风电塔筒制作业务。在非水电建筑领域，顺利通过了水利行业（河道整治）乙级、电力行业（水力发电）乙级、建筑行业（建筑工程）丙级、勘察专项（岩土工程）乙级资质证书的换证工作。水利水电工程总承包特级资质（水利行业）甲级人员业绩配置及人员资质工作也顺利通过水利部、住房和城乡建设部专家审核。

（高锦峰　林卫强　刘晓玲）

【战略管理】　2011年，水电五局有限公司认真贯彻落实《中国水利水电建设股份有限公司战略管理办法》，按照股份公司《关于开展"十二五"规划审核工作的通知》的精神，在认真调研、分析和征求意见的基础上，制定了有限公司"十二五"时期发展的纲要性文件《"十二五"规划》及《长期投资发展规划》、《2011～2013年发展规划》和《加快转变经济发展方式实施方案》。按照国家加快转变经济发展方式"五个坚持"和股份公司"四个调整优化"的要求，以"十二五"规划为统领，围绕水电五局有限公司战略目标，从外延和内涵两个方面，对水电五局有限公司在结构调整、管理提升、队伍建设、科技创新、品牌建设等方面进行了深入分析，指引水电五局有限公司在转型升级、科技创新、国际化经营、人才强企、和谐发展战略等各领域全面做好各项工作。

【干部选拔考核】　2011年，水电五局有限公司通过中层领导干部换届考核、业绩考核、民主测评、员工访谈等多种形式，加强中层领导干部管理的选拔、考核力度，促进和提升中层干部的政治素质、履职能力、工作业绩、廉洁自律。2011年内，对11个中层领导岗位在水电五局有限公司范围内进行了公开竞聘，42名员工通过竞聘资格审查，15名员工通过公开竞聘担任水电五局有限公司中层领导。经过单位推荐，组织考核，竞争录用，选拔出专业技术能力强、工作业绩突出的53人到公司各单位主任工程师、主任经济师等岗位承担专业技术工作。首次采取内部推荐、员工竞争、社会招聘等方式，经筛选后组织30名水电五局有限公司内部员工和10名社会人才同台竞选，共选拔14名（其中内部10名、外部4名）专业人才充实到水电五局有限公司人力资源管理队伍。考核选拔优秀技术人员73人补充到国外工程项目，满足国外工程人力资源需要。通过职工代表大会，对水电五局有限公司领导班子成员和水电五局有限公司总部中层负责人进行了民主评议与测评。水电五局有限公司、子公司（二级单位）领导班子成员分别向两级职工代表大会进行了述职报告。

【经营业绩考核】　2011年内，水电五局有限公司制定、修订了《联营体项目负责人经营业绩考核办法》、《项目经理经营业绩考核指导意见》。建立和完善了水电五局有限公司各单位总经济师、总会计师履行管理职责的考核评价制度，将专业人才培养和专业队伍建设作为年终考核的一项重要指标纳入考核评价体系，对各单位总经济师、总会计师进行了单独或综合考核。制定了各子公司（二级单位）《2011年度目标经营责任书》。年度内，水电五局有限公司将经营管控、风险管控、财务风险防范等一同纳入领导班子经营目标责任书执行情况考核范围，组织开展了2010年度子公司（二级单位）经营负责人的经营业绩与薪酬考核、子公司（二级单位）经营领导班子副职考核结果审核、年薪核定。按照考核结果及管理权限，对班子成员进行了奖惩兑现。各二级单位（子公司），对所属项目部、经营项目领导班子经营业绩进行了考核与奖惩兑现。

【人才开发与员工培训】 2011年，水电五局有限公司制定了《"十二五"人才战略规划》。新招录大中专毕业生652人。招聘各类社会人才35人（其中以猎头形式引进7人，离职人员回流6人）。采取订单培养的方式，校企联合办学选拔录用156名优秀技能毕业生；举办第三期高技能人才专项班，涉及两个工种共计87人。对劳务派遣工作满两年的员工，通过严格考试和考核，择优录取了111名优秀技能人才。同时，各二级单位人力资源部根据实际用工需要，在协作队伍、劳务市场、劳动中介等机构招收技能工人对辅助性、替代性、临时性岗位进行用工补充。

2011年内，水电五局有限公司坚持"送出去、引进来；自培为主，外培为辅"的原则，采取公司组织重点培训、委托培训中心日常培训、各单位自培等方式，加强培训管理，保证培训质量。2011年，共组织培训班79个，参训学员2064人·次。其中，与武汉大学联合开办国际工程专项班，培养高素质国际施工技术与管理人才32名；选送11人参加股份公司举办的项目经理培训班；与北京基业长青公司合办项目经理高级研修班培训47人；与四川大学合办总工程师培训班培训30人；与全国人才委培训中心等机构合办一级建造师考前培训班培训200人；与四川大学合办的全国造价工程师考前培训班培训21人；组织30名班组长参加"中央企业班组长岗位管理能力提升培训班"的考试工作，28名基层班组长取得了清华大学颁发的资格证书等。2011年，水电五局有限公司共547名同志取得专业技术职称，其中30名同志取得高级专业技术职称，120名同志取得中级专业技术职称，397名同志取得初级专业技术职称。18人（其中，非水电专业7人）取得一级建造师资格；18人完成一级建造师注册，7人完成二级建造师注册。引进公路工程一级建造师9人、注册土木工程师3人、注册电气工程师1人、全国注册造价工程师1人。

【薪酬体系改革】 2011年，水电五局有限公司与绎达管理咨询公司合作，通过组织管理体系设计（组织架构、岗位职责说明）、薪酬管理体系设计、绩效管理体系设计、员工荣誉体系设计、能力评价体系设计、员工晋升通道建设等环节和调研、测算、讨论、修改、定稿，于2011年底完成了与企业发展战略相匹配，与多重通道职业发展相配套，基于岗位贡献价值，体现薪酬公平性与激励性的薪酬管理体系的建立，完善了总部绩效管理体系。本着"加强总部能力建设，调动员工的工作积极性，提高工作效率和履责能力，促进公司整体战略实施"的目的，对总部季度绩效管理办法进行了修订与完善，形成了以工作业绩为导向，定量和定性相结合的员工绩效管理体系，提高绩效管理工作的科学性、针对性、导向性和可操作性。

【现金流管理】 2011年内，水电五局有限公司制定了《中国水电五局现金流管理办法》、《水电五局现金流管理专项考核办法》，建立了财务风险预警系统，其创新成果《构建有效的财务风险预警系统》荣获中国电力企业联合会课题评选一等奖。确定了各单位2011年现金流管理责任目标；举办了现金流管理专项培训班；与水电五局有限公司下属单位、有关部门逐级签订了《现金流管理目标责任书》；下达了年度现金流管理指标；执行了《现金流量预算执行报表》体系管理制度；成立了检查小组，组织了对各单位现金流管理情况的专项检查，严格目标考核、过程控制和兑现奖惩。2011年内，水电五局有限公司响应国家税务总局发票大检查工作，维护水电五局有限公司利益，形成发票管理长效机制。成立了专门工作机构，组织各级单位学习发票知识和相关税法知识，积极开展自查自纠，并对各单位的自查自纠结果进行实地核查，对自查出来的各类不合规发票进行补开和换开，对发票取得、管理等方面存在的问题进行认真总结；同时，与稽查局就自查结果进行充分沟通，切实维护水电五局有限公司利益。

【职工医院移交】 按照国家有关企业办社会职能分离的政策精神，经过两年多时间的多番谈判及沟通，水电五局有限公司与广元市利州区卫生局和宝轮镇医院达成协议，决定将水电五局有限公司职工医院（中心医院）整体移交给地方政府统一管理。2011年3月9日，水电五局有限公司中心医院正式移交至广元市利州区政府管理，标志着水电五局有限公司教育医疗机构移交地方工作圆满完成。在移交过程中，水电五局有限公司对医院的资产进行了严格清查，并对医院区临街商业房开发等专项问题，签订了开发移交的三方协议，规避了风险及后遗症遗留，保证了国有资产在移交过程中不流失。截至2011年底，人员关系、设备资产、房地产、过渡费等已移交。

【设备物资管理】 2011年内，相继印发加强设备物资采购计划管理，调整公司设备管理范围的通知，外协队伍设备物资使用管理办法，特种设备安装维修管理办法，国际工程设备物资管理办法，项目管理系统设备物资模块与OA系统并轨运行等规章制度，健全完善了水电五局有限公司设备物资管理制度。继续坚持设备、物资材料集中采购制度。共签订设备物资采购合同60份（国内设备集中采购合同29份，国际项目集中采购合同31份）。完成国内项目采购设备62台（套），合同总价2814.98万元人民币；国际项目集中采购设备125台（套），合同总价7888.35万元人民币；二级单位自购设备金额2508万元（其中，水电五局有限公司委托二级单位采购1855.64万元）。全年共计设备采购金额13 211.33万元，设备集中采购率95%。其中，按照采购权限，授权委托集团公司采购中心统一招标采购2批（次），招标采购设备合同总金额约660万元，经报告请示，采购中心批示授权由水电五局有限公司自行组织集中采购设备金额8373.6万元，占水电五局有限公司集中采购总额的68%。集中招标、采购物资材料工作43余批（次），集中招标采购物资材料合同金额达30 818.8万余元［其中，股份公司委托水电五局有限公司组织集中招标采购6批（次），招标采购预估金额13 580万元］，2011年物资集中采购度达37%以上。2011年内，安排设备大修38台，处理废旧设备（固定资产）49台，回收资金92.87万元。

开展了设备物资管理复查、专项检查和年度设备物资管理大检查暨设备物资清仓查库工作。其中，2011年4月，对摩洛哥片区项目的综合检查及塔乌项目设备进行了评估工作。对近50个工程项目和二级单位的设备物资管理，物资采购计划执行、采购过程、量差分析，物资使用管理，外协队伍物资材料采购、使用、仓储和现场管理以及设备租赁过程等方面进行了检查，对存在的问题督促进行了限期整改。加强对供应商的管理。对水电五局有限公司2011年度设备、物资供应商进行考核评价和资质评审；对2010年度的273家供应商进行考核评价；对2011年新增上报的171家供应商的申报材料进行审核和合格供应商资格进行认定，发布公司2011年度设备物资合格供应商444家。

【资金管理】　2011年，水电五局有限公司流入股份公司资金管理部资金流量和股份公司资金流量集中度、二级单位流入水电五局有限公司资金管理部资金流量和资金流量集中度均达到要求，实现水电五局有限公司年度预算目标。2011年内，完成外部银行账户年检工作，清理到期账户12个，新建项目开户19个，杜绝久悬账户出现，规避了资金风险。实现了NC资金管理系统的良好运行和股份公司资金信息系统建设的整体规划稳步推进，资金管理系统推广工作和银企直联工作正常开展，顺利完成中国银行、中国建设银行、中国农业银行和中国工商银行的银企直联推广、备案工作。继续加强结算业务的稽核监督，规范现金管理。按照大额资金支付审批制度，对水电五局有限公司内部单位日常结算和现金使用稽核监督，严格预算执行，有效防范资金风险，控制资金支付的范围和数量。加强银行承兑汇票逾期管理，控制使用风险。针对部分单位逾期还款等问题，加强银行承兑汇票办理审批和使用监控，执行银行承兑汇票预算管理。2011年内，成立了国际结算处，针对水电五局有限公司海外项目的分布情况，对项目集中的区域进行资金集中调配、调剂余缺和短期融资（即当地币票据贴现）工作。组织业务人员参加了四川省外汇管理局等单位举办的外汇业务培训，通过学习最新外汇政策和外汇管理、汇率趋势分析、控制汇率变动风险等知识，提高了资金管理人员的外汇业务处理能力，保证了水电五局有限公司外汇业务的正常办理和海外项目资金管理。组织财务职业培训，鼓励员工自学、自考、参加中高级职称考试等方式提高执业素质；结合对资金管理人员的业务素质要求有针对性地安排学习任务；严格工作作风，强化制度执行力，严格按业务流程和管理制度，控制各个工作环节，保证资金管理工作有效运行。加强对公司属各单位的业务指导和资金使用监管，对各单位及项目部的大额现金支出制定管理规定，明确有大额现金支出情况出现时必须提前汇报，并提供款项用途依据，报公司审核审批。

【银行信用及综合授信】　2011年内，水电五局有限公司继续保持与股份公司有高端合作的各家银行的合作，取得中国建设银行、中国农业银行的“AAA”信用等级、中国银行和中国进出口银行的“AA”信用等级，在各银行的综合授信额度提高。2011年内，在银行授信范围内，积极办理公司市场开发与经营管理所需的各种银行中间业务。累计办理各种保函共159笔，金额计5.67亿元；办理各类证明共计217笔，金额计58.9亿元；清理到期保函170份，释放授信额度1.96亿元；办理银行承兑汇票163笔，金额计1.73亿元。

【总会计师委派】　2011年，水电五局有限公司继续推行总会计师委派制度，给委派的总会计师赋予了更多的责任，使其更加全面、深入地参与到单位的日常经营管理工作中。将财务人才培养和队伍建设作为总会计师年终考核的一项重要指标，促使总会计师在生产经营管理过程中发挥更好的作用。在年度考核中，有多位委派总会计师在单位领导班子成员考核中排名靠前。通过举办培训班的形式，为参考人员提供集中学习的机会和复习时间，大力支持会计人员的职称提升。2011年4～5月，为参加中级会计师考试的31位会计人员举办了专门培训班，有5人取得全科合格，另有多人通过了两个科目考试；2011年8月16日～9月1日，为参加高级会计师考试的17位会计人员举办了考前培训班，有7人通过考试。

【工程质量管理】 2011年，根据GB/T 50430—2007《工程建设施工企业质量管理规范》的认证要求，在《中国水利水电第五工程局有限公司管理体系手册》E版的基础上修订并发布了F版质量管理体系手册；完成了水电五局有限公司海外工程项目"管理体系文件"的编写工作；组织新版管理体系文件和有关质量标准、法规为主要内容的学习培训班。2011年，水电五局有限公司组织104人·次参加管理体系文件培训、86人·次参加内审员培训；组织实施了年度管理体系内部审核工作，共审核了6个分局机关、65个工程项目部、9个职能部门、1个设计院及8个重点工程项目；开展了海外工程项目的内审工作，选择了摩洛哥境内的在建项目作重点进行审查。对查出的问题进行了整改及验证。

继续实施了在建工程项目现场质量巡检制度。2011年内，对南水北调的全部项目、锦屏二级水电站、摩洛哥的在建项目等10多个项目进行了专门质量巡检，重点检查了项目试验室和质量部运行情况、项目"三检制"的执行情况。对存在质量问题的项目部进行了通报和处罚；存在问题严重的项目，对其项目经理采取了"召回说清楚"措施；对发现的工程质量问题，按照"三不放过"原则进行整改；对全部在建项目进行了全面自查，杜绝质量问题发生。继续坚持了全员质量意识强化工作。

2011年内，水电五局有限公司根据在建项目的工程规模及特点确定了11个创优质工程项目，结合内审，到施工现场对工程项目部进行创优工作策划指导并督促实施。水电五局有限公司承建的苏丹麦洛维水电站及参建的宜兴抽水蓄能电站2个工程荣获"鲁班奖"；承建的昌马水利枢纽工程获"大禹奖"；承建的水牛家大坝工程、金银台船闸工程2个工程荣获四川省"天府杯"金奖和"中国水电优质工程奖"；水电五局有限公司的3个单位和项目荣获股份公司"'十一五'时期质量管理先进单位"称号；吴高见等7人荣获建设股份公司"'十一五'时期质量管理先进个人"称号；《溧阳抽水蓄能电站隧洞衬砌混凝土外观质量控制》等4个QC成果荣获"全国工程建设优秀质量管理小组"及"四川省工程建设系统优秀质量管理小组"称号。

【技术管理与服务】 2011年，水电五局有限公司加大对新中标项目前期策划的指导工作，根据新中标项目的技术特点、中标金额大小及公司发展战略等不同情况，采用会议审查、专家审查和工地现场审查3种方式进行前期策划审查。对卡拉、杨房进场公路Ⅺ标工程、大渡河长河坝大坝工程、赞比亚MONGU-KALABO公路MONGU-TAPO段工程等16个新中标项目前期策划审查。其中：会议方式审查11个项目，专家方式审查4个项目，工地现场审查1个项目，前期策划审查率100%。加强在建工程技术服务工作。通过下列3种方式，实现对在建工程的全程技术指导与服务工作：运行"水电五局在建工程管理QQ群"，为在建项目提供相互交流、相互学习的平台，解决施工过程中一般性的技术问题；通过组织专题、专项会议方式审查重点项目施工组织设计、在建项目重大技术方案、专项方案等，加强技术指导与服务；对在建项目施工过程遇到的具体施工难题，安排专家等人员现场解决困难与问题，进行技术指导与服务工作。

【经营管理】 2011年初，印发了《中国水电五局经营计划管理实施细则》；下达了水电五局有限公司2011年度生产经营计划，制定并与各二级单位签订了《经营业绩责任书》。修订了《水电五局有限公司经济活动分析报告制度》，增加了与建造合同收入有关的内容，从完成产值、结算产值、建造合同收入多角度分析水电五局有限公司的经营状况；修订完善了《水电五局有限公司内部合作管理办法》、《建造合同预计总成本预测体系关联管理办法》，发布了《建造合同预计总成本测算办法》第二版，调整了建造合同预计总成本的初始测算和调整审批程序；截至2011年11月底，完成了建造合同初始成本测算及调整审批共两批31个项目。制定了《水电五局经营策划指导办法》，修订了《工程分包管理办法》，开展了2011年分包管理、项目用工专项检查及分包指导价格修订工作；进行了分包商履约情况分析，实施了分包商动态管理和评价机制；完成了集团公司合格分包商注册及水电五局有限公司分包商资源库定期调整。截至2011年12月15日，启动评审推荐到股份公司待评的分包商共78家。通过评审的合格分包商共60家，其中"AAA"级合格分包商14家、

"AA"级合格分包商46家。修编了《中国水电五局专业工程分包合同示范文本（2011版）》，修订了管理体系受控文件《工程、测试分包控制程序》（F版），起草了水电五局有限公司（综合评估法）评标办法，推行限额招标，规范了分包招标文件和拦标价格测定审批程序。

完善分包招标结果公示制度，在综合项目管理系统建立协作队伍履约公示监督机制和平台。建立项目经理、协作队伍双向评价机制。应用综合项目管理系统进行分包立项、分包合同审批，2011年，水电五局有限公司审批分包立项138份，签订分包合同126份，签订分包合同总金额108 099万元。

（孙林智　林卫强　杨志明　李远杰　高锦峰）

科技进步

【科技创新】　2011年，水电五局有限公司评审确定16个项目作为年度科技立项项目，并围绕其开展了科技创新工作。水电五局有限公司《普通全断面针梁台车在南水北调东线穿黄隧洞工程20°斜井混凝土施工中的设计与应用》和《高水力学指标过水围堰关键技术控制与运行》两个科研课题通过股份公司科研重大专项课题立项评审和同意立项。2011年底，水电五局有限公司共有《大型深埋调压室竖井群岩爆及有害气体施工安全控制技术研究与应用》、《软弱地质竖井中沉井施工技术》、《"智能化机械施工"技术应用与研究》、《普通全断面针梁台车在南水北调东线穿黄隧洞工程20°斜井混凝土施工中的设计与应用》、《高水力学指标过水围堰关键技术控制与运行》、《300米级高堆石坝关键施工技术研究》6个集团公司科研项目正在进行科技开发研究。开展了第二届科技先进单位、优秀科技人员评审工作，并于2011年8月筹备召开了水电五局有限公司第二届科技大会。开展了水电五局有限公司2011年科研成果及"施工组织设计优化"成果鉴定、评审工作，19项科研成果获水电五局有限公司科技进步奖（其中，一等奖6项、二等奖9项、三等奖4项），7项"施工组织设计优化"成果通过认定。水电五局有限公司《南水北调东线穿黄河隧洞工程开挖施工技术研究与应用》获得集团公司科技进步一等奖；《压力钢管加劲环角焊缝埋弧自动焊接工法》、《混凝土液压长臂反铲入仓施工工法》和《高土石坝防渗土料掺配施工工法》等3项工法评为四川省省级工法；《中导洞—核心土（先拱后墙）工艺施工工法（一）》被评为中国电力企业协会工法；《高土石坝防渗土料掺配施工工法》被评为国家级工法；《高土石坝防渗土料掺配施工工法（三）》被评为国际级一级工法；《水电站闸门长转铰门楣转铰空加工装置》等2项科研成果取得发明型专利；《隧洞开挖快速支护装置》等30项科研成果取得实用新型专利；并有29项发明型专利和10项实用新型专利正在申报、审核过程中。截至2011年底，水电五局有限公司共有4项发明型专利和64项实用新型专利通过国家知识产权局审核并已授权。水电五局有限公司承担编写的《水利水电施工环境保护规程》于2011年5月1日颁布实施；参编的《水电水利工程施工机械混凝土泵车安全操作规程》和《水电水利工程砾石土心墙堆石坝施工规范》2个规程送审稿通过审查。2011年内，国家能源局批准水电五局有限公司负责编写与修订《碾压式土石坝施工规范》、《水电水利工程清水混凝土施工规范》、《水电水利工程水下混凝土施工规范》、《水电水利工程沥青混凝土面板堆石坝施工规范》4项电力行业标准编写（修订）工作，正组织人员编写、修订。2011年度，水电五局有限公司用于科技奖励金额54.08万元；科技总投入5871.44万元。

【科技信息交流】　2011年，水电五局有限公司征集企业内部各级科技人员、工程技术人员、管理人员撰写的各类论文135篇；编辑出刊企业科技刊物《科技与管理》2期，登载论文与文章43篇。征集、推荐优秀论文50篇，编辑出版《四川水力发电》水电五局专辑2期（《四川水力发电》2011年第3期、《四川水力发电》2010年增刊二）。向全国水利水电施工技术信息网、水利水电土石坝工程信息网、四川省水力发电工程学会、《四川水力发电》杂志社等单位与刊物推荐发表优秀论文40余篇。参加中国大坝学会、全国水利水电施工技术信息网、四川省水力发电工程学会、四川省工程爆破协会等学术团体组织的学术交流活动20余次，参会人数30余人·次。水电五局有限公司被评为四川省水力发电工程学会第六届理事会学会工作先进集体；任俊友、田中涛、顾艳红、张晓霞等4人被四川省水力发电工程学会授予"优秀学会工作者"荣誉称号，受到四川省水力发电工程学会的表彰。2011年内，完成了四川省连续性内部资料出版物重新核发《准印证》申报，通过四川省新闻出版局四川省连续性内部资料出版物《准印证》的核发审核。更新、完善了水电五局有限公司的技术资料库，从相关网站下载或扫描了现行规程、规范PDF文档100余项，做好现行有效的规程、规范、技术标准在施工现场的使用及技术信息服务工作。

【科技队伍建设】　2011年，水电五局有限公司共有

547人取得各类专业技术职务任职资格。其中，30人取得高级专业技术职务任职资格、120人取得中级专业技术职务任职资格、397人取得初级专业技术职务任职资格。有18人取得一级建造师资格（其中，7人为非水电专业）；新注册一级建造师18人，新注册二级建造师7人；引进公路工程一级建造师9人，注册土木工程师3人，注册电气工程师1人；引进全国注册造价工程师1人。有75人参加技能鉴定，经理论考试、实际操作考核和水电五局有限公司技师、高级技师鉴定评审委员会鉴定与评审，39人取得技师资格，26人取得高级技师资格。为加强对高技能人才的开发培养，根据对各单位急需高技能工种人才的调研，举办了第三期高技能人才专项培养班，专项班共开设两个工种，87人参加了培训学习。

（梁　涛　高锦峰　顾艳红）

安全生产

【安全管理】　2011年，水电五局有限公司依据现行国家法律法规和股份公司的安全生产规定，结合生产经营任务和企业发展，修订形成2011年版《安全生产管理制度》，使水电五局有限公司安全管理工作实现了由单一的水电工程管理向国际工程、水电工程、非水电工程等多种行业、多种规范、多种工程管理的转变。经过对在建工程安全管理的全面摸底，对在建项目安全管理实行科学管控、分级管理和差异化管理，将在建项目分为公司重点监管、分局重点监管、项目自查三大类，实现在建项目全覆盖式管理。完善了以项目经理为主的安全责任体系、以生产副经理为主的安全实施体系、以项目总工为主的安全技术保障体系、以安全总监为主的安全监督体系。在每个季度适时召开安委会扩大会议，分析安全生产形势和安全管理中存在的问题，有针对性地制定落实安全措施。安全督察员配备到位率100%，危险性较大的分部分项工程专项安全技术措施编制、审批、交底率100%。建立完善安全管理工作新机制，将水电五局有限公司督察检查与分局督察检查联动，提高安全督察检查管理的覆盖面，使水电五局有限公司的安全管理全面受控；改进了安全管理工作流程，对水电五局有限公司所有在建项目实行了分级管理；强化在建项目隐患整改验收执行力；重点督察检查安全管理各级岗位人员履责情况。水电五局有限公司安全生产和安全管理出现新局面。2011年内，未发生负主要责任的死亡事故，未发生火灾事故，未发生较大以上设备、财产损失事故，无新发职业病，未发生群体性食物中毒事件、环境污染事故、在建项目环境投诉事件。

【安全活动】　2011年，水电五局有限公司在继续坚持全员参加开展全国“安康杯”竞赛活动的同时，结合水电五局有限公司生产经营实际，先后开展了“百日安全活动”、“安全生产月”、“交通安全月”、“安全生产年”、“安全生产心中有数活动”、“汛期隐患排查”、“交通安全治理”、“易爆物品及化学品隐患治理”等多项活动。水电五局有限公司工会、安全监察部持续开展了职业病防治宣传、工程项目安全生产监督检查工作。实业总公司、一分局摩洛哥塔贝项目部、牛栏江项目部、溧阳项目部等还结合实际，开展了“关注消防，珍爱生命”为主题的消防宣传和消防演练、“防范项目地质灾害应急演练”以及“防洪度汛应急演练”等多项活动。对每项活动的开展实行闭合式管理，通过不断的隐患排查治理活动，加强安全管理过程控制，推动安全隐患排查治理常态化、制度化、规范化。2011年内，在各项安全隐患治理活动中，累计排查安全隐患2385项，完成整改治理安全隐患2370项，整改率99.4%。在各项活动期间，始终围绕“安全发展，预防为主”等活动主题，认真抓好各项工作，确保安全生产顺利进行。组织参与“全国职工安全卫生知识普及教育及竞赛活动”，订购竞赛试题2000份、学习书籍240册。2011年内，水电五局有限公司“安康杯”竞赛活动参与职工达会员总数的90%以上；水电五局有限公司荣获全国“‘安康杯’竞赛优胜企业”称号，第三分局荣获四川省“‘安康杯’竞赛优胜企业”称号，第一分局溧阳项目部、基础处理分局苗家坝项目部荣获四川省“‘安康杯’竞赛优胜班组”称号，机电制造安装分局荣获四川省“安康杯竞赛组织工作优秀单位”称号。长河坝施工局文明样板工地创建、亭子口、石济客专等项目部的安全生产工作及五分局安全“亮点工程”得到业主、监理的表彰。

【安全培训】　2011年，水电五局有限公司组织参加了四川省建设厅举办的安全生产能力考核培训班两期，新办证人员152人，复审证件人员94人，共取证246本；举办水电五局有限公司爆破人员年审培训班一期，培训人员28人，取证28本；参加注册安全工程师培训及取证4人。年度内共完成培训、取证278人·次。2011年5月，水电五局有限公司举办安全生产能力考核培训班，水电五局有限公司所属单位安全生产管理者120人参加培训。年内，水电五局有限公司工会协同安全监察部组织开展了劳动保护监督检查员培训等工作。

（高锦峰　徐　念　王　燕　杨增文）

党群工作和精神文明建设

【党建工作】　2011年，水电五局有限公司党委认真贯彻落实集团（股份）公司工作会议及党建座谈会精神，紧紧围绕企业改革发展稳定大局，发挥政治核心作用，持续不懈地抓领导班子建设、基层党组织建设、党员队伍建设和干部人才队伍建设。按照四川省国资委、股份公司党委的要求，水电五局有限公司党委持续开展了“四好”领导班子建设活动。重点抓了水电五局有限公司领导班子、二级单位（子公司）、项目部三级班子建设和水电五局有限公司总部、二级单位（子公司）两级机关建设。开展了学习型党组织建设活动。先后举办了项目经理素质提升培训班、项目总工专项培训班、基层党组织书记培训班，加强了思想理论、科学技术、市场经济、法律法规、企业管理、商务知识等知识的学习和业务培训。规范党组织参与重大问题决策的内容和程序，将党组织参与重大问题决策贯穿于决策的全过程，更好地发挥了政治核心作用。进行了领导班子换届和对各单位（子公司）领导班子、总部部门负责人的考核、换届工作。

加强基层党组织建设。2011年内，水电五局有限公司各级党组织加强基层党组织的思想、组织、作风建设，发挥党员的先锋模范作用。在贯彻民主集中制原则、民主管理、科学决策、依法治企等方面加强指导，不断规范。加强对基层党建工作的领导。制定了基层党建工作实施方案，实施了党建工作责任制和党建工作目标化管理，在创新完善28项党建工作制度的基础上，进一步完善了党建工作责任考核办法和实施细则，出台了水电五局有限公司党委《宣传工作管理办法》、《党员考评制度》等规章制度，创新了基层党建工作机制，丰富了基层党建工作内容，党支部工作逐步向标准化、规范化、程序化迈进。

抓好五支人才队伍建设。先后制定了《企业领导人员管理暂行办法的实施细则》、《水电五局有限公司后备干部管理办法》等重要规章制度，加强和改善后备干部的选拔、推荐、教育、管理工作机制，强化竞争性选拔经营管理者的力度，使优秀人才脱颖而出。2011年，对二级单位的人力资源部主任进行了集中选拔、竞争、聘用；竞聘任用了一批中层党政干部和专项人才，从后备人才、新进大学生、技能人才3个层面进一步加强了“导师带徒”工作，创新了人才开发、培养机制。

【创先争优活动】　2011年，根据集团（股份）公司党委和四川省国资委党委的要求，以推动科学发展主题和加快转变发展方式主线，以“组织创先进、党员争优秀”为内涵，开展了“创先争优”活动。实施了“支部堡垒工程”和“党员先锋工程”，提升党支部的凝聚力、战斗力。按照党组织领导人员、党员领导干部和普通党员3个类别，抓实、抓好了履责承诺、党风廉政作承诺、党性承诺、岗位承诺等公开承诺。2011年，水电五局有限公司党委对两级领导班子成员定点联系和深入基层党组织进行调研、检查、指导“创先争优”工作作为制度性规定，作为常设性工作，扎实推进“创先争优”活动。水电五局有限公司党委领导、党工部门坚持深入基层调研和指导工作，数次到各分局及公格尔、古城、南水北调等项目部，对基层党建和“创先争优”工作进行调研，到有代表性的党委和项目部进行工作指导，树立了公格尔、古城等项目部“创先争优”先进典型，推动了“创先争优”活动的开展。运用载体开展“创先争优”工作。水电五局有限公司党委以加强党支部建设为重点，结合学习贯彻五中全会精神、纪念建党90周年等深入开展“创先争优”活动。宣传部门抓好对典型人物事迹的宣传，以“创先争优”涌现出来的先进人物的宣传，推动“创先争优”活动向纵深发展。

【劳动竞赛】　2011年初，水电五局有限公司工会印发了《中国水电五局2011年度劳动竞赛安排意见》，各单位和项目部按照安排意见结合单位、项目实际，制定了年度竞赛活动方案，在水电五局有限公司有效、深入地开展了形式多样的劳动竞赛活动，职工参与面达90%以上。在水电五局有限公司内部，重点组织开展了长河坝、锦屏等重点工程项目和海外摩纳哥区域项目劳动竞赛活动，各项目部结合生产实际，加大资源投入，出台激励措施，不断技术创新，精心组织，科学施工，定目标、定指标，层层落实责任制，加强与参建各方的沟通联系，努力创造良好的施工环境，调动员工生产积极性，促进施工生产的顺利进行。组织参加“第十届全国工程建设系统职业技能竞赛”活动，水电五局有限公司代表队获得“团体第五名”，选手都亮获得焊工竞赛铜奖及“全国工程建设系统优秀选手”称号，范新言、王世昆获得焊工竞赛“全国工程建设系统优秀选手”称号。南水北调工程各项目部积极参加南水北调中线干线工程建设管理局组织开展的以“奋战一百天，全面完成目标任务”为主题的劳动竞赛，严格按照竞赛方案和要求，精心组织，合理施工，优质、安全、高效地完成了各项目标任务，多个集体和个人获得业主奖励。在股份公司南水北调中线建设中组织开展的“为民服务建新功，五比五赛展风采”为主题的劳动竞赛活动里，水电五局有限公司荣获劳动竞赛优胜奖。在水电五局有限公司成功举办了第五届职工职业技能大赛，创造了水电五局有限公司学技术、比技能、作贡献的良好氛围。

【群众性经济技术创新活动】　水电五局有限公司工会组织采取多种形式积极开展合理化建议、技术比武、技能大赛、岗位练兵等活动，促进了职工技能水平、企业经济效益的不断提升。2011 年 9 月 7 日，水电五局有限公司举办了第五届职工职业技能大赛，15 个二级单位的 100 余名选手通过现场实操、理论考试竞赛，展示了精湛的技术能力和扎实的理论知识。2011 年，结合在建工程项目实际，加强“工人先锋号”的创建力度，各单位、项目采取多种措施开展“工人先锋号”创建活动。第五分局焦作项目部、第一分局清远蓄能项目部和机电制造安装分局公格尔项目部分别荣获四川省“工人先锋号”称号。

【温暖工程】　2011 年，水电五局有限公司以“维护职工权益，促进企业发展，推动社会稳定”为目标，不断深化“温暖工程”的开展，尤其在关注困难职工、农民工、困难大学生就业等方面做了大量的工作，较好地履行了中央企业的社会责任。2011 年内，先后开展了农民工法律援助、“冬日送温暖”、“夏日送清凉”等活动。“冬日送温暖”活动覆盖 6 个生活基地、10 个二级单位、17 个边远艰苦项目、7 类需要慰问人员，共投入慰问资金 293 万元。“夏日送清凉”活动慰问项目 180 余个，慰问职工 6800 余人，慰问农民工 1 万余人；各级工会组织共筹集和投入慰问资金约 75 万余元。先后组织开展了劳模关爱周、走访慰问劳模、召开劳模座谈会、组织劳模疗养等活动。各级工会组织一如既往地对困难职工子女上学难问题给予高度的关注和关心。2011 年 7 月，水电五局有限公司工会对 2011 年“金秋助学”工作进行了安排部署；2011 年 9 月，投入资金 96 300 余元对 64 名困难职工家庭子女进行了救助，实现了水电五局有限公司建档困难职工子女就学全覆盖。水电五局有限公司职工医疗、工伤、意外伤害、女职工大病等各类保险、补充商业住院医疗保险和互助保险参保率达 100%。组织开展了职工身体健康检查工作；在各基地组织开展了“关爱空巢老人志愿服务行动”活动；配合集团公司工会和全国能源化学系统工会，组织开展了“劳务派遣工入会情况调查”工作。成立了由水电五局有限公司党政主要领导任组长，工会主席任副组长，党委、工会、经营、人力资源、职工教育等部门负责人为成员的“做好农民工工作领导小组”，印发了《关于进一步做好农民工（协议工）工作的通知》，重点在切实维护农民工的政治权益、保障农民工的经济权益、加强农民工技能培训、维护农民工文化权益、保障农民工身心健康、做好农民工志愿服务工作等方面加大工作力度。

【企业文化建设】　2011 年，水电五局有限公司党委组织编纂了水电五局有限公司宣传画册、《学习与创新》论文专集选编及企业文化手册等企业文化产品。

2011 年，水电五局有限公司党委以“提升企业核心竞争力，为企业发展建功立业”为主题，认真组织了开展建党 90 周年系列宣传教育活动。系列宣传教育活动把纪念建党 90 周年与“创先争优”活动、加强基层党组织建设、“三创建”活动等相结合，以坚定党员干部理想信念为重要内容，激励水电五局有限公司全体员工锐意进取、开拓创新，推动企业更快更好发展。系列纪念活动包括：①把纪念建党 90 周年与“创先争优”活动相结合，组织开展“发挥组织作用，树立党员形象，为建党 90 周年献礼”主题实践活动。②各单位党组织在 2011 年 6 月底前以党支部为单位，组织全体党员干部进行一次重温入党誓词学习教育活动。③组织进行“书记讲党课”活动，以“推动科学发展、奋力创先争优、实现公司目标”、“以优异的成绩迎接中国共产党成立 90 周年”为主题。④开展“学党章党史、促跨越发展”知识答题活动，通过集中学习、引导个人自学，对广大党员进行党史、党章和党的基本理论知识的学习教育。通过《水电五局报》印发试卷、答题卡组织进行答题，检验各单位党组织学习的效果。⑤在水电五局有限公司范围内开展纪念建党 90 周年主题征文活动，共收到征文 60 余篇，从历史和现实、理论和实践的各个角度，回顾历史，感受现实，面向未来，畅谈对党的建设和科学发展的理解认识。⑥开展党史图片展览宣传活动。水电五局有限公司总部及各单位都开展了党史图片宣传展览活动，三分局等单位举办了书法、摄影、美术等作品展览及集邮、红色收藏物品等展览。⑦组织进行“党在我心中”演讲比赛活动。通过层层竞赛，18 名选手参加决赛，6 名选手获奖。⑧召开纪念建党 90 周年座谈会。水电五局有限公司党委在 2011 年 6 月底，分别组织青年党员、先进劳模、管理、技术骨干党员代表、离退休老党员代表，召开纪念建党 90 周年座谈会，建言献策，推动党建，共谋发展。⑨举行庆祝建党90周年文艺巡演活动。水电五局有限公司党委、工会在年前文艺汇演获奖节目的基础上，组织精干力量，分别到主要项目、基地进行以“颂歌献给党”为主题的庆祝暨慰问演出。⑩举行表彰和庆祝纪念大会活动。2011年7月1日，水电五局有限公司党委召开庆祝中国共产党成立90周年暨“创先争优”表彰大会，对在工作中表现突出的先进基层党组织和优秀共产党员、优秀党务工作者进行了表彰。

2011年，在开展学习型组织建设活动中，利用水电五局有限公司党委创办的《学习与创新》期刊，将水电五局有限公司领导和各单位、总部部门负责人在活动中形成的论文、心得体会、经验总结等55篇文章汇编出版，供水电五局有限公司内部学习、交流、研究，促进了水电五局有限公司学习型组织建设工作更深层次地拓展和进行。各级工会动员和组织广大职工积极开展技能大赛活动和群众性文体活动，提升了职工的素质，丰富了职工的业余文化生活。

【共青团工作】　2011年，水电五局有限公司党委加强对共青团工作的领导，共青团组织紧紧围绕企业转型发展目标，紧紧融入企业中心工作，以支持生产经营和服务大局为宗旨，结合水电五局有限公司共青团工作实际，努力加强团组织的自身建设，以深入开展“创先争优活动”和“争创学习型团组织”等活动为契机，坚持创先争优、服务好青年为重点，充分发挥团组织团结、教育、引导青年的职能，为水电五局有限公司生产经营目标的顺利完成作出了积极贡献。各级团组织按照共青团章程独立自主开展工作，使“号、队、手”活动扎实、有效开展，“党建带团建活动”有声有色推进，“双推”工作继续加强，“师带徒”活动稳步提升，“创先争优”和“争创学习型团组织”活动效果显著。

2011年，水电五局有限公司团委继续加强团组织建设。召开2011年度工作布置会，水电五局有限公司原党委书记申茂夏、原党委副书记郝国英及水电五局有限公司总经理助理、工会副主席等领导出席会议并作重要讲话，与青年进行了沟通分享交流。二级单位团组织负责人20余人参加会议。会议总结了2010年度的共青团工作，安排部署了2011年度工作任务，同时对2010年度水电五局有限公司共青团工作先进集体和个人进行了表彰。及时完成了五分局、实业公司、职教中心、咨询公司等单位团组织的改选工作，确定了新的团组织负责人，更新、充实了基层团组织领导力量，夯实了团组织的根基。认真统计了水电五局有限公司在岗团员青年人数。截至2011年底，水电五局有限公司团委下辖18个二级单位团组织，共有28岁以下在岗团员青年数3946人，占水电五局有限公司在岗员工的39.46%，青年员工逐步成为水电五局有限公司的主要人才资源。抓好团组织负责人的培训学习工作，提高了团干部的工作能力和青年团员的综合素质。

2011年，水电五局有限公司团委紧紧围绕企业生产经营和青工建功成才，开展了“创先争优”、“争创学习型团组织”等丰富多彩的主题实践活动。在“创先争优”主题实践活动中，长河坝施工局团工委结合生产经营实际，开展“大干80天，青年我当先”活动；五分局团委贯彻落实上级团组织工作要求，共组织各级团员青年参加项目部专业培训共计22次，安全生产教育培训12次，新员工入职培训8次；水电五局有限公司职教中心全年培训团员1010人，新发展团员403名，其中，新发展“9+3”藏族团员61名。

2011年内，水电五局有限公司团委着力“号、队、手”建设工作，青年突击队活动广泛开展，长河坝、锦屏、亭子口、洪屏、天津TJ4-3标、元氏、淅川、兴隆等项目部团支部成立了“工程建设”、“急难攻关”、“安全施工”、“青年抢险”等各类突击队，在生产经营及各种急、难、险、重工作中发挥先锋模范作用。2011年5～9月，辉县五标、吉牛、亭子口、天津TJ4-3标、丽攀、元氏、焦作、洪屏等多个项目团支部结合施工生产需要，积极组织防洪应急预案演练以及交通抢险、高空坠物、氨液泄漏等相关应急演练，提高灾害防范应急能力，成为“队、号、手”创建活动中的亮点。

2011年，水电五局有限公司团委荣获中央企业（国务院国资委）“五四红旗团委”荣誉称号；机电制造安装分局团委被中央企业团工委授予“青年文明号”荣誉称号；一分局、三分局团委荣获股份公司“青年文明号”荣誉称号；五分局、机电制造安装分局分别荣获股份公司“五四红旗团委”荣誉称号；实业公司机关团支部、伊阿高速团支部荣获股份公司“五四红旗团支部”荣誉称号；伊勇、谢娟芳获评股份公司优秀共青团员；关纬朝、唐铭鸿获评股份公司优秀团干部；陈张华、吴塞超荣获股份公司“青年岗位能手”荣誉称号；康建荣荣获股份公司“杰出青年岗位能手”荣誉称号。

【维稳与信访】　2011年，水电五局有限公司领导班子调整之后，及时健全了以水电五局有限公司党委书记为第一责任人的维稳领导小组，水电五局有限公司所属16个二级单位也在领导班子调整之后，陆续健全了维稳领导小组。在维稳工作中，两级领导小组较好地发挥了领导协调作用，两级党政领导班子对维稳工作的意识不断得到强化，单位涉及重大维稳问题的主要领导能够亲力亲为，及时指导解决处理，对重大矛盾纠纷问题的化解起到了重要作用。2011年，水电五局有限公司直接接访和受理群众来信来访16件，其中涉及计划经济时期有关农民工、伤残民工问题4件，离退休职工有关待遇、冬季取暖问题2件，劳务分包经济纠纷群体性上访问题5件，其他信访问题5件。通过水电五局有限公司信访协调机制、信访处理督查制度等，及时对16件信访问题进行了处理，了结率达90%以上。对水电五局有限公司存在的突出矛盾纠纷问题采取了行之有效的化解措施。2011年6月，根据股份公司加强信息和舆情监控工作的要求，水电五局有限公司印发了通知，要求各单位加强对不稳定信息的搜集分析、综合研判，发现倾向性、苗头性问题，要及时引导和处置，防止传播和扩散。同时，加强水电五局有限公司信息报送和值班工作，及时印发了有关通知，要求各项目、分局一旦出现群体事件和不稳定事项，要在第一时间向当地党委、政府报告并妥善处置的同时，向水电五局有限公司报告。在国家有重大活动和节假日期间，都专门发出了通知，要求各项目、分局领导轮流值班，保持24小时通信畅通，坚持进行了值班检查，加强对领导干部值班制度的落实。从2011年三季度开始，水电五局有限公司将矛盾纠纷化解排查工作形成了制度，实行了季报制度，使不同类型的不稳定因素，大部分在萌芽状态就引起了重视，在发展的过程中，就得到了化解，没有形成更为严重的不稳定事件。个别的，虽然形成了不稳定事件，但也由于事先制定有预防措施和方案，并及时给予了处置和解决，未形成严重的后果。

检查监督

【党风廉政建设】 2011年2月16日，水电五局有限公司党委召开反腐倡廉建设工作会，全面部署年度党风廉政建设和反腐败工作。会议印发了水电五局有限公司《2011年反腐倡廉建设工作要点》。2011年年初，制定印发了公司《领导班子成员党风廉政建设责任制职责分工》；适时调整了党风廉政建设领导小组，水电五局有限公司党政主要负责人与二级单位党政领导、水电五局有限公司分管领导与总部部门负责人签订了党风廉政建设责任书，共签订责任书33份，其中二级单位17份、总部部门16份，签订率达到100%。进一步健全了党风廉政建设领导体制，班子成员分工明确，“一岗双责”落实到位。2011年，水电五局有限公司召开两次党政联席会议，专题分析研究党风建设和反腐倡廉工作。修订完善了水电五局有限公司《党风廉政建设责任制实施细则》、《党风廉政建设责任制考核评价办法》、《党风廉政建设责任制考核评分标准》。制定专门文件，对上半年党风廉政建设责任制落实情况自查工作进行部署。在各单位、部门自查总结的基础上，组织检查组对一分局、三分局、五分局、安装分局上半年党风廉政建设责任制落实情况进行抽查。对各单位、各部门对全年度党风廉政建设责任制落实情况进行自查和检查，制定并实施了《中国水电五局纪委书记、监察部门主要负责人述职（报告工作）规定》，每季度按期召开纪检监察工作例会，听取下级纪检监察工作汇报，布置水电五局有限公司阶段性反腐倡廉工作任务。执行纪委书记、监察部门主要负责人述职规定，于2011年底召开述职报告会议，听取水电五局有限公司下属单位纪检监察负责人年度工作情况报告和述职报告。

【惩防体系建设】 2011年，进一步建立和完善了水电五局有限公司惩防体系工作机制。按照惩防体系建设工作部署和要求，及时调整完善工作体制和机制，健全相关制度，定期分析、研究惩防体系建设工作，使惩防体系建设与水电五局有限公司生产经营工作同步规划、同步部署、同步实施。按照水电五局有限公司党委《水电五局有限公司建立健全惩治和预防腐败体系2008～2012年工作规划任务分解方案》，“党委统一领导、党政齐抓共管、纪委组织协调、部门各负其责、职工积极支持与参与”的惩防体系领导体制和工作机制不断加强与完善。根据人员变动情况，及时调整了水电五局有限公司惩防体系建设领导小组和办公机构，明确了任务分工和职责范围；为推进体系任务分解方案的有效实施，制定了《水电五局有限公司总部2011年惩防体系建设任务分解计划》，对水电五局有限公司总部相关部门2011年惩防体系建设任务进行了分解，明确了责任部门、工作内容、和责任人。按照职责范围和任务分工，水电五局有限公司党政主要领导对公司惩防体系建设工作负总责，班子其他成员对分管工作职责范围内的惩防体系建设工作负主要领导责任，水电五局有限公司将惩防体系建设工作推进情况纳入到了本单位党风廉政建设责任制考核范围，并作为年度党风廉政建设责任制检查和考核的一项重要内容。制定并落实了《中国水利水电第五工程局有限公司监督工作联席会议制度（试行）》，建立了由纪委牵头的惩防体系和监督工作联络协调机制，加强了监督工作沟通与信息交流情况。坚持了上半年和全年两次对惩防体系建设工作进行总结，并按期向股份公司惩防体系建设领导小组办公室报告工作开展情况；在水电五局有限公司实行了定期交流惩防体系建设工作推进情况的举措。2011 年 9 月中下旬，股份公司系统第一片区单位在西宁召开的惩防体系建设交流促进会，水电五局有限公司纪委在会上交流了惩防体系建设的主要做法和体会。

【廉洁从业教育】 2011 年，水电五局有限公司党委印发了《关于重申廉洁从业有关规定、加强廉洁自律工作的通知》和《工程分包、设备物资采购、设备租赁、市场营销和项目管理等领域廉洁从业若干规定》、《领导人员述廉议廉制度的实施意见》、《领导人员廉洁从业谈话制度》等廉洁从业制度。在实际工作中，严格执行领导人员廉洁谈话、任职谈话、诫勉谈话制度。2011 年 11 月 14 日，水电五局有限公司党委组织对 15 名新任中层领导人员进行了集体任职廉政谈话。按照规定，各二级单位对年度内新提手或任职的领导干部，均进行了任职廉政谈话。2011 年内，水电五局有限公司认真执行领导人员廉洁自律和廉洁从业规定，建立了中层以上领导人员廉洁电子档案，实施了领导人员个人申报、个人重大事项报告、个人有关事项、廉洁承诺等制度规定。严格执行工程分包签订《保廉合同》及验收的规定。全年共签订工程分包合同 87 份，同时签订保廉合同 87 份，签约率达到了 100%。按照水电五局有限公司《“三重一大”决策制度实施办法（暂行）》，不断完善和规范了“三重一大”决策程序。

【党内生活制度】 按照水电五局有限公司党委《水电五局有限公司领导人员述廉议廉制度的实施意见》，在 2011 年初职工代表会议上，水电五局有限公司领导班子成员认真开展了述廉议廉活动，接受了职工代表的评议与监督；年内，水电五局有限公司党委中心组召开了 4 次反腐倡廉学习教育会议；三季度，水电五局有限公司所属 16 个二级单位的领导班子根据水电五局有限公司党委的部署，分别在规定的时间里召开了民主生活会，水电五局有限公司领导班子成员均受派参加了相关二级单位的民主生活会；年底，水电五局有限公司领导班子在成都召开了民主生活会。2011 年内，水电五局有限公司对中层领导班子及领导人员进行换届，水电五局有限公司两级党委严格执行重要人事任免事先征求同级纪检组织、监察部门意见的规定，通过考核和选拔，按程序重新聘用中层领导人员 323 人（其中主任师 16 人名）。

【反腐倡廉教育】 2011 年，水电五局有限公司党委制定印发了《加强廉洁文化建设的实施方案》和《反腐倡廉教育长效机制实施办法》，把反腐倡廉教育纳入到企业宣传教育、领导干部培训计划及廉洁文化建设中。规定了党政主要领导人员每年在本企业至少讲一次党课或作一次反腐倡廉形势报告。2011 年 2 月 16 日，水电五局有限公司总经理郑久存在水电五局有限公司 2011 年反腐倡廉建设工作会议上作了反腐倡廉形势报告；2011 年 2 月 25 日，水电五局有限公司纪委组织水电五局有限公司各级领导干部 60 余人参观了“法治与责任——全国检察机关惩治和预防渎职侵权犯罪巡展”，接受警示教育。2011 年内，水电五局有限公司中心组召开 4 次扩大会议，学习反腐倡廉教育内容；年中工作会议上，组织学习了《中国水利水电建设股份有限公司关于“三重一大”决策制度的实施办法》、《中国水利水电建设股份有限公司党风廉政责任制实施办法》、《中国水利水电建设股份有限公司纪检监察组织建设实施意见》等重要文件；2011 年 6 月 22 日，水电五局有限公司隆重举行庆祝建党 90 周年“重温入党誓言”暨专题党课活动，水电五局有限公司党委书记申茂夏专题讲授了党课。2011 年度，水电五局有限公司反腐倡廉教育面达到了保证党员领导人员受教育面达到 100%、中层领导人员受教育面达到 95%以上、在岗党员和关键岗位管理人员受教育面达到 90%以上的要求。拓展了源头防治腐败工作领域，建立了预防职务犯罪工作机制。继续执行了 2009 年 6 月与成都市人民检察院签订了《共同预防职务犯罪的工作实施意见》，建立起了“企检共建”预防职务犯罪工作机制，机制运转和合作效果良好。

【效能监察】 2011 年，水电五局有限公司确定效能监察立项项目共 38 项，其中水电五局有限公司总部立项 5 项二级单位立项 33 项。38 个立项项目中，涉及在建项目管理方面的 16 项，占水电五局有限公司在建项目总数 70 个的 23%。对水电五局有限公司确定的 5 个立项项目，有计划地实施了重点监察；2011 年 4 月，水电五局有限公司效能监察工作组对职教中心领导班子“三重一大”制度和领导人员廉洁从业执行情况进行了监察，对监察发现的问题下达了监察建议书，于 2011 年 6 月份整改完毕。2011 年，水电五局有限公司总部组织设备采购招标共 26 批（次），165 台（套），采购总额 10 195 万元，集中采购率95%；物资材料集中招标采购28批（次），采购总额2.38亿元，集中采购率28%；组织800万元以上单项工程分包招标共23项，分包合同金额56 649.7万元；水电五局有限公司监察部门全程参加了招标监察工作。2011年，水电五局有限公司和各二级单位效能监察工作共避免经济损失约64.7万元，节约资金约684万元，提出监察建议126条，完善规章制度6个。水电五局有限公司总部通过对设备物资招标采购及合同谈判，节约资金684万元。

【纪检监察队伍建设】 2011年，水电五局有限公司党委、纪委认真贯彻落实中纪委〔2010〕12号文件及股份公司〔2010〕85号文件精神，结合水电五局有限公司实际制定印发了《关于加强和改进公司纪检监察组织建设的实施细则》（公司党发〔2011〕67号），进一步加强和改进了水电五局有限公司纪检监察队伍建设，建立完善了水电五局有限公司纪检监察工作体系。2011年，在10个设立党委的二级单位中全部设立了纪委；在4个主力施工分局（第一、三、五、安装分局）设立了纪检监察部（或审计监察部）；在6个设立党工委、党总支、党支部的二级单位党组织中设立了纪检委员。在水电五局有限公司总部和二级单位（子公司）纪检监察部门负责人参加或列席相应会议的规定得到较好执行。纪检监察人员考核、激励、保障机制不断健全完善，纪检监察部门人员待遇得到落实。纪检监察人员工作交流制度顺利实施。2011年，水电五局有限公司总部交流专职纪检监察人员1人；二级单位通过纪委组建和岗位竞聘，新聘纪委书记6名（海外事业部、实业公司、一分局、二分局、三分局、安装分局）；二级单位新聘监察部门负责人和专职纪检监察工作人员7名。

（高锦峰　郭川龙　张　灵　陈开贵
李献增　李志明　郭万里）

中国水利水电第六工程局有限公司

概　　况

【综述】 中国水利水电第六工程局有限公司（以下简称“水电六局有限公司”），系隶属于中国电力建设集团有限公司（以下简称“中国电建集团”）的中国水利水电建设股份有限公司（以下简称“股份公司”）的全资子公司。

水电六局有限公司自1958年成立以来，坚持“自强不息、勇于超越”的企业精神和“国际化、多元化”的发展理念，在水利水电建设事业上取得了辉煌的业绩，出色地完成了诸多国家重点工程的建设。先后在鸭绿江、岷江、黄河、牡丹江、闽江、嫩江、乌江、淮河、澜沧江、松花江、金沙江等干流上独立修建或参与修建了水电站近百座，参与建设了宁波液化气储油储气库、松花江大顶子山航电枢纽、京沪和南广高速铁路等诸多国内非水电工程，并分别在尼泊尔、伊拉克、缅甸、赤道几内亚、斐济、肯尼亚、厄瓜多尔和越南等国参与工程建设。水电六局有限公司的水利水电地下工程、水轮机组安装、金属结构制作安装以及非水电行业的地下储油储气库工程、高速铁路工程、风电工程、大坝补强工程等领域的专业核心技术在国内处于领先水平。2011年，水电六局有限公司秉持“中国水电”品牌，进一步优化资源配置，全面提升管理水平，项目履约情况总体良好，实现了工程项目领域长足可持续健康发展。在赤道几内亚水电站、南水北调工程、官地水电站、杨东河水利枢纽、江苏溧阳抽水蓄能电站等多项国内外大型工程项目中彰显了水电六局有限公司的核心竞争力。水电六局有限公司1992～1994年连续3年名列中国500家最大经营规模和500家最佳经济效益建筑企业行列；在堤坝、电站、码头建筑行业100家最大经营规模企业中居第23位。1994～2011年连续8年被辽宁省企业信誉评级委员会评为“AAA”级信誉企业单位。1999年7月通过ISO9002质量认证，并于2004年12月通过环境管理体系认证和职业健康安全管理体系认证。2005年进入“全国机电安装50强企业”之一。2009年荣获中国首批电力建设行业“AAA”信用企业。2010年首次获得中国建设银行“AAA”级信用等级，跨入中国水利水电施工企业20强行列。2011年被评为全国电力行业优秀企业。截至2011年底，水电六局有限公司已拥有机械设备7630台（套），原值10.04亿元，大部分是新购置的技术先进、性能优良、国内外知名品牌的大型施工设备；设备总功率23.95万千瓦，技术装备率3.76万元/人，动力装备率27.33千瓦/人。

【领导班子】 2011年，水电六局有限公司领导班子成员有11人：执行董事兼总经理、党委副书记厉建平；党委书记兼副总经理崔永跃（原党委书记兼副总经理耿金富于2011年11月工作调动，崔永跃接任）；监事、党委副书记兼纪委书记马英怀；副总经理姜明廷、刘宝、李国、杨成文（兼总工程师）、李璞盛、祝郴阳；总会计师于庆波；工会主席徐达。

【企业资质】 水电六局有限公司具有水利水电工程施工总承包壹级、市政公用工程施工总承包壹级、公路工程施工总承包贰级、房屋建筑工程施工总承包贰级、堤防工程专业承包壹级资质，以及金属结构、水工启闭机机械制造安装、桥式起重机、门式起重机安装、供暖、房屋、场地出租、建设工程质量检测和国外工程承包等项资质。水电六局有限公司以大中型水利水电工程施工、市政公用工程（地下储油储气库、城市轨道交通工程）、高速铁路工程施工、机电设备安装、风电工程施工及制作安装、房地产投资、国际工程为主业，兼营工业与民用、道路、桥梁、机场、码头、引水供电等土木建筑和金属结构制作安装以及桥式起重机、门式起重机安装，输变电线路安装与维护等。

【生产经营与业绩】 2011年是水电六局有限公司具有里程碑意义的一年。在保持快速发展的同时，经营质量得到进一步提升，市场结构、业务结构、产业结构调整迈出新的步伐，职工在企业改革发展中得到了实惠，企业的社会影响力日益扩大，综合实力显著增强，价值创造能力显著增强。在2011年股份公司考核20家全资子企业中，水电六局有限公司综合成绩首次进入前五名，产业结构由基本建设产业链的末端不断向上游延伸。现有合同存量较2010年末增长20.86%。在岗职工平均工资增长率20.2%，尤其是一线职工人均年收入较上一年度有较大幅度增长。

【队伍状况与机构设置】 2011年，水电六局有限公司员工总数为8764人，其中管理人员1013人，各类专业技术人员2265人，高级职称265人，中级职称629人，初级职称1285人；另有高级技师119人，技师364人。水电六局有限公司总部机关设14个部室：总经理工作部、人力资源部、财务部、资产管理部、工程管理部、总工办、工程开发部、海外事业部（管理职能）、安全部、审计部、中心试验室、党委工作部、纪检监察部、工会；设4个归口管理部门：史志办公室、新闻中心、培训中心、信息中心。下设1个全资子公司：辽宁工程局有限公司；下设6个直属生产经营单位：一分局、二分局、三分局、机电安装分局、工程公司、西南分局。下设四个直属二级单位：离退休职工管理处、太平湾基地管理处、宽甸基地管理处、职工中心医院。

【年度荣誉】 2011年，水电六局有限公司荣获多种荣誉称号，获得多项奖励。其中：获得中国工程建设"鲁班奖"2项、第十届中国土木工程"詹天佑"奖、河北省建设工程"安济杯"奖（省优质工程）、2010年度中国施工企业管理协会"科学技术奖技术创新成果一等奖"及"二等奖"、2011年度中国电力建设"科学技术成果二等奖"、股份公司2011年度"科学技术进步三等奖"等。有2项工法被评为国家级工法，有9项工法被评为省部级及股份公司工法。荣获"全国计划生育协会企事业先进单位"、辽宁省"模范职工代表大会"、辽宁省"五一奖状"等荣誉，蝉联辽宁省"文明企业标兵"。

（卜曼修）

【水电六局有限公司进入全国电力行业优秀企业之列】 2011年，在全国电力行业文化与企业管理创新论坛暨表彰大会上，水电六局有限公司荣获"2010年全国电力行业优秀企业"荣誉称号。

【水电六局有限公司获评"A级纳税信用等级"纳税人】 2011年，水电六局有限公司被辽宁省丹东地税局、国税局联合评为2008～2009年度"A级纳税信用等级"纳税人，这是水电六局有限公司首次获得此项殊荣。按照国家税务总局《纳税信用等级评定管理试行办法》规定，A级纳税人将享受除专项、专案检查以及金税协查等检查外，两年内可以免除税务检查等5项鼓励。

【厉建平获评"全国电力行业优秀企业家"】 2011年11月，在中国电力企业联合会组织的"全国电力行业优秀企业、优秀企业家"评选活动中，水电六局有限公司执行董事兼总经理厉建平被授予"全国电力行业优秀企业家"荣誉称号。此次活动在全国电力行业中共评选出56名优秀企业家，股份公司系统有两家子公司的领导获此殊荣。

（史志办公室）

国内工程

【综述】 2011年，水电六局有限公司国内在建工程项目77项（107项施工合同），施工项目分布在吉林、辽宁、黑龙江、内蒙古、山西、山东、河北、河南、湖北、江苏、江西、云南、贵州、四川、重庆、广西、新疆和甘肃18个省（自治区、直辖市），营业收入占企业总营业收入的80.52%。全年完成主要实物工程量：土方2742万立方米（挖方和填方），石方459万立方米（挖方和填方），混凝土浇筑146万立方米，金属结构制作14 152吨，金属结构安装12 950吨。国内中标工程72项，新签合同金额23.99亿元，国内竣工工程28项，竣工产值7.56亿元。

（于　颖）

【中标工程】 2011年，水电六局有限公司国内中标工程73项，新签合同金额26.80亿元。其中，水利水电工程50项，合同额20.01亿元；非水电工程23项，合同额6.79亿元。国内项目合同存量44亿元。中标合同金额在1亿元以上的有5项，分别是南水北调中线一期工程总干渠陶岔渠首—沙河南（中线建管局直管项目）淅川段工程施工（合同金额6.0亿元）、江西洪屏抽水蓄能电站主体工程土建工程C2标引水系统（合同金额2.72亿元）、沈阳蒲河新城市政基础设施工程第三标段（合同金额1.5亿元）、金沙江乌东德水电站右岸导流隧洞工程施工分包（合同金额3.03亿元）、四川省大渡河安谷水电站左岸副坝工程二标（合同金额2.81亿元）。

（于国娟）

【竣工工程】 2011年，水电六局有限公司国内竣工工程28项，竣工产值7.56亿元。主要项目有：山西省引黄工程北干线1号隧洞Ⅱ标段，吉林省白山发电厂红石电站护坡水毁恢复（按现状恢复）右岸工程、磨盘山水电站土建工程、石龙上坝路边坡防护工程、双沟调压井及电站副厂房土建工程、浑河闸调蓄水坝工程，重庆市马岩洞机电安装工程、重庆武陵光伏材料有限公司酉阳6万吨/年高纯硅二期机电设备安装工程、三角滩水电扩容闸门制造及金属结构安装工程，四川省都江堰拉法基水泥有限公司三期扩建工程矿山基建工程，贵州省沙沱岩滩尾水管制造合同工程，辽宁省大伙房水库泄洪洞出水渠水毁应急修复工程、后楼水库除险加固工程、关门山水库除险加固工程、沈阳新民污水处理工程、鞍山市运粮湖及南沙河、杨柳河翻版坝工程等。

【南水北调中线一期总干渠陶岔渠首—沙河南段淅川段工程】 该工程位于河南省淅川县、邓州市境内，是总干渠陶岔渠首至沙河南段的一个设计单元，渠段起点桩号0+300，终点桩号8+400，总长8.1千米。该标段主要包括1座河渠交叉建筑物，为北排河排洪渡槽；3座左岸排水建筑物，为南排河改道工程、张河排水倒虹吸、张楼南沟排水渡槽；1座分水口门，为肖楼分水闸；3座公路桥；5座生产桥。合同金额为60 038.2万元，合同工期2011年3月1日～2013年6月30日，总工期28个月。

截至2011年底，共完成主要工程量为：土方开挖617.9万立方米，混凝土浇筑1.05万立方米。

【南水北调中线一期总干渠禹州长葛段交通桥】 该工程位于禹州市境内，桩号SH(3)80+646.2～SH(3)94+142.8标段内共有公路桥11座，生产桥5座。合同金额9115.34万元，合同工期2011年5月～2012年10月，实际开工日期2011年5月15日。由于征地等原因致使工期滞后，进行了临时工程施工及桩基试验工作。

截至2011年底，完成主要工程量：混凝土工程0.09万立方米、钢筋制作安装96.33吨。

【西藏旁多水利枢纽工程灌溉输水洞第Ⅲ标段】 旁多水利枢纽工程地处西藏自治区拉萨河流域中游，坝址位于林周县旁多乡下游1.5千米，距下游拉萨市直线距离63千米，主要以灌溉、发电为主，兼顾防洪和供水。枢纽主要由碾压式沥青混凝土心墙砂砾石坝、泄洪洞、泄洪兼导流洞、发电引水系统、发电厂房和灌溉输水洞等组成。水电六局有限公司承建灌溉输水洞第Ⅲ标段，主要施工项目为输水洞出口工程及采用钻爆法施工的输水洞出口洞段，桩号(13+830)～(16+827)段。合同金额4809万元，合同工期2011年6月1日～2015年7月31日。截至2011年底，累计开挖完成481米，支护完成481米，共完成开挖1.31万立方米。金属结构制作安装完成33.5吨。

【江西洪屏抽水蓄能电站主体土建工程C2标引水系统施工】 该工程位于江西省靖安县境内，下库坝址距县城约40千米，为调节抽水蓄能电站，电站装机容量为1200兆瓦，安装4台单机容量为300兆瓦的混流可逆式水泵水轮发动机组。该工程属一等大(1)型工程，枢纽主要包括上水库、输水系统、地下厂房系统、地面开关站及下水库等工程项目。水电六局有限公司承建该电站主体工程（C2 标）引水系统土建工程。工程合同金额 27 224.73 万元，合同工期为 2011 年 10 月 1 日～2015 年 8 月 31 日。

截至 2011 年底，施工供电工程、施工供水工程、施工机械修配及加工厂各完成总项目的 65%；施工供（通）风系统、施工期排水工程各完成总项目的 45%；施工照明系统、施工期环境保护及水土保持设施工程完成总项目的 50%；施工通信系统完成总项目的 85%；仓库及堆料场完成总项目的 70%；办公及生活管理用房完成总项目的 80%；施工道路的管理及维护完成总项目的 30%；1 号施工支洞完成总项目的 25%。

【四川华电木里河上通坝水电站引水隧洞工程】 该工程位于四川省甘孜州理塘县麦洼乡和凉山州木里县唐央乡境内的木里河干流上，为低闸引水式电站，是木里河干流水电规划的第一级电站。水电六局有限公司承建 7 号施工支洞工程、8 号施工支洞工程、引水隧洞工程、现场施工临时设施工程。合同金额 11 880.43万元，合同工期 2011 年 1 月 15 日～2014 年 9 月 15 日。

截至 2011 年底，引水隧洞工程 C4-5 标段 7 号施工支洞所有洞挖及支护作业全部完成，8 号施工支洞开挖及支护完成 67 米，引水隧洞洞挖及支护 200 米。

【江苏射阳明湖地面水厂一期土建及安装工程】 该工程位于江苏省射阳县，工程规模 9 万立方米/天，一期 4.5 万立方米/天。合同金额 6853.65 万元，合同工期 2011 年 3 月 15 日～2011 年 12 月 31 日，实际开工日期 2011 年 3 月 15 日。

截至 2011 年底，加药间、臭氧制备间、机修车间、污泥脱水车间、综合管理楼主体框架浇筑完，砖墙砌筑一半。取水泵房、排泥池、反冲洗泵房、污泥浓缩池土体框架已完成。预臭氧接触池、网格絮凝池、平流沉淀池、叠合清水池、气水反冲洗砂滤池、清水池、送水泵房主体完成 80%。

【四川盐源甲米河二级水电站引水系统后段及枢纽工程】 该工程位于四川省凉山州盐源县境内，为甲米河干流河段梯级开发中的第二级，厂址位于卧罗桥水电站水库库尾右岸河漫滩（距河口 1.5 千米），距县城约 76 千米。水电六局有限公司承建引水隧洞后段及厂区枢纽工程。合同金额 6563.45 万元，合同工期 2011 年 1 月 1 日～2013 年 9 月 30 日。

截至 2011 年底，施工临建设施、3～5 号施工支洞开挖支护、厂房基坑开挖、左岸渣场挡墙施工全部完成，进厂公路防洪堤完成 80%，右岸渣场挡墙完成 80%，压力管道支管开挖支护完成 50%，引水隧洞主洞开挖支护完成 310 米。

【河北张北油篓沟元山子风电场塔架制造项目】 张北油篓沟元山子风电场位于河北省张家口市张北县城东南约 10 千米处的草原低丘，其 10 万千瓦项目塔架工程，为河北张家口坝上百万千瓦级（二期）风电基地开发项目之一。水电六局有限公司承建 34 套金风 GW82/1500 型（轮毂高 70 米）风力发电机组塔架制作。合同金额 4141.13 万元，合同工期 2011 年 3 月 26 日～2011 年 7 月 10 日。截至 2011 年底，已完成 34 套塔筒的制作工作。

【大唐丘北羊雄山风电场施工及安装两个标段】 大唐丘北羊雄风电场位于云南省文山州丘北县舍得乡的羊雄山上。水电六局有限公司承建大唐丘北羊雄山风电场支线道路、吊装平台、风机基础施工以及风电机组安装工程，合同金额为 4371.11 万元，合同工期 2011 年 4 月 15 日～2011 年 12 月 31 日。

截至 2011 年底，完成风机的支线公路、基础开挖和混凝土浇筑、吊装平台的基础开挖和混凝土浇筑、箱式变电站的基础开挖和混凝土浇筑、33 台箱式变压器安装、风力发电机组及其成套设备安装工程与调试等，合同内项目全部完成。

（于　颖）

国际工程

【综述】 2011 年，水电六局有限公司国际经营规模和效益继续得到稳步发展，实现了“十二五”时期国际业务发展的良好开局，经营指标全面完成。全年新签合同金额占水电六局有限公司当年新签合同总额的 40.21%，新签合同增长率为 259%。经营业绩继续保持良好势头，国际业务已成为支撑水电六局有限公司规模和利润增长的重要业务板块。国际业务市场营销实现了与股份公司之外的窗口单位合作的突破性进展，市场区域成功拓展挺进南美市场，形成了东南亚、中西非、东非、大洋洲、南美洲市场格局，10 个施工项目分布在尼泊尔、缅甸、赤道几内亚、肯尼亚、斐济、越南和厄瓜多尔 7 个国家。2011 年营业收入占水电六局有限公司当年营业总收入的 18%，营业收入增长率为 28%。2011 年完成营业收入 6.28 亿元，占水电六局有限公司当年营业总收入的 18%。

【赤道几内亚吉布洛上游调节水库】 2011 年 10 月 6

日（赤道几内亚时间），集团国际公司与赤道几内亚能源矿产部、财政预算部、国家项目办共同签署了吉布洛上游调节水库项目合同。该项目为设计施工总承包（EPC）项目，合同金额为2.36亿美元，约合15亿元人民币，合同工期为48个月。水库坝址位于吉布洛水电站上游约3.5千米处，主要内容有水库大坝、引水系统进水塔、金属结构制作及安装等。水库大坝坝高46米，长574米，总库容为12.72亿立方米，调节库容为9.18亿立方米。

【厄瓜多尔Toachi大坝工程项目】　该工程施工合同于2011年11月8日在北京正式签订，合同金额共计4699万美元，主要施工项目为Toachi大坝，包括围堰填筑、土石方开挖与支护、混凝土浇筑及灌浆等主要施工内容，总工期30个月。

（骆相龙）

【赤道几内亚吉布洛水电站实现“一年四投”目标】2011年10月14日，水电六局有限公司承建的赤道几内亚吉布洛水电站4台机组全部按期发电，实现了该工程全部竣工的目标。2007年6月，项目部进驻施工现场，在赤道几内亚政府没有提供“三通一平”的条件下，积极创造条件，顺利完成40万平方米场地平整和临建工程建设，保证了2008年4月15日水电站正式开工。项目部精心组织施工，整合人力物力资源，加强项目管理，抢回了前期延误的半年工期，按期实现了左岸大坝截流、右岸导截流、引水系统贯通、厂房混凝土浇筑及土建工程竣工等关键性节点目标。2010年5月18日，开始机电安装，按照“均衡生产，流水作业”原则，合理部署，科学组织施工，实现了5月24日4号机组、6月26日3号机组、10月9日1号机组的发电目标，并确保了最后一台机组10月14日正式发电，按期实现“一年四投”目标，树立起“中国水电”国际品牌。

【缅甸耶瓦水电站全部完成移交】　2011年11月25日，水电六局有限公司承建的缅甸耶瓦水电站4台机组中最后一台机组及其相关辅机设备正式移交业主，并签署《竣工移交/接收证书》。至此，耶瓦水电站提前一个多月实现全部4台机组及其相关辅机设备向业主正式移交，工程顺利进入合同规定的一年质保期。

（史志办公室）

基础设施建设

【四川城市环境治理项目宜宾市滨江环线道路工程】该工程位于四川省宜宾市郊。水电六局有限公司承建本标段两个部分：第一部分为人行步道休闲景观区，起点为宜珙铁路金沙江铁路桥，至南岸文化广场约800米长；第二部分道路起点连接大地坡组团7号道路起点，工程范围为河堤挡土墙、路基、路面、绿化亮化、雨污水管网及框架人行道工程（人行道下位商业铺面）、绿化亮化等。合同金额9329.76万元，合同工期2011年3月22日～2012年3月21日。

截至2011年底，(K1＋820)～(K1＋866)因为拆迁问题框架人行道未施工，其余框架人行道全部完成。全路段衡重式挡墙、扶壁式挡墙、悬臂式挡墙、栏杆、栏杆下方花池内绿化全部完成。800米人行步道暂未施工。

【沈阳蒲河新城市政基础设施工程第三标段（BT）】该工程为2011年沈阳蒲河新城市政基础设施工程第三标段工程，包括手机产业园规划1号路、手机产业园规划2号路、手机产业园规划3号路、怒江东三街北段及道义污水处理厂规划路工程。合同金额14 995.92万元，合同工期为2011年6月24日～9月25日。截至2011年底，已完成全部合同内项目。

（于　颖）

【家属基地维修与改造】　2011年，水电六局有限公司针对近几年3个家属基地存在的房屋状况较差、电线老化、无取暖、无上下水管路、屋顶渗漏严重等突出问题，以“服务为先、民生为本”的原则，投入基建费用共计690.5万元，进行改造和维修。同时，还根据集中供暖的需求，完成了住宅楼进行分批次的供暖系统一户一阀的改造工作。

（王　彦）

【京沪高铁西渴马隧道顺利通车】　2011年6月30日16时57分，北京至上海的G1次列车通过水电六局有限公司承建的西渴马一号隧道，京沪高速铁路正式开通运营。北京电视台、上海东方卫视在此做现场直播。西渴马一号隧道全长2812米，是京沪高速铁路全线最长、最具代表性的隧道工点。施工中坚持“高标准、高质量、高效率”的原则，学习中追赶，创新中超越，运用机械化、信息化、数字化的创新成果，推广大型混凝土湿喷机械手作业，研制移动式仰拱作业栈桥，通过远程指挥系统、围岩沉降观测系统和超前地质预报系统以及自动登录报警系统等管理手段，保证了隧道施工的安全、质量要求，提前两个月全面贯通，多次得到京沪高铁济南指挥部绿牌奖励，并获得样板工程荣誉称号。

（史志办公室）

投资开发

【投资开发】 2011年，水电六局有限公司在投资领域迈出坚实的步伐，投资参股股份公司房地产武汉有限公司和瓜州风电有限公司，并积极参与新疆克孜勒苏河中游河段水电开发项目的重组工作。

（苗　雷）

管理创新

【市场营销工作会议】 2011年1月3日，水电六局有限公司召开2011年度市场营销工作会议。会议提出2011年市场营销工作重点：非水电和国际工程，更要采取行之有效的措施，争取早日上台阶、上规模；营销的关键在于在建项目的履约，一个项目运行的好坏直接影响到一方市场，抽调精干人员，采取有效措施，提升履约水平；继续加强营销队伍的建设，同时要完善二级单位的营销部门，要有坚韧不拔的斗志，坚决杜绝“等、靠、要”；充分利用各种社会资源，利用好人缘、地缘优势，力争在新的领域有新的突破；积极探索BT、BOT等项目的承包形式，争取早日实现实质性的进展；国际工程是公司经济的增长点，也是公司目前生存的生命线，在抓好目前在建国际工程的同时，还要继续努力多拿订单。

（史志办公室）

【工程质量管理】 2011年，水电六局有限公司承建的水电工程项目共验收鉴定单元工程14 062个，其中优良13 175个，优良率93.7%；非水电工程项目验收鉴定的分项工程9887个，合格9887个，合格率100%。全年未出现一般和重大的质量事故。临淮岗姜南段工程项目部、宜兴抽水蓄能电站金属结构项目部、宜兴抽水蓄能电站土建项目部、大盈江水电站（四级）金属结构项目部荣获股份公司“‘十一五’时期质量管理先进单位”称号。

（刘玲荣）

【财务管理】 2011年，水电六局有限公司围绕“转变发展方式、提高质量效益”目标，深入开展财务管理工作，取得一定成效。

（1）财务管控。加强了NC财务系统的实施控制、安全生产费管理、分包款项支付管控、项目财务决算管理以及财务报表分析等工作。在《建造合同准则》的执行过程中，加强了监督检查，强化新中标项目的成本测算管理，重视未完施工构成情况的日常分析，准则执行过程的管控得到不断加强，经营风险受控。

（2）资金管理。继续加强项目银行账户管理，提高网上银行系统上线率，以流量资金集中促存量资金集中，全年流量资金集中度97.68%，存量资金集中度76%，因资金积聚而使财务费用节约940万元。

（3）纳税管理。认真开展涉税涉票问题自查及配合税务机关检查工作，针对反映出的问题，及时进行总结，并提出积极应对措施，规范涉税涉票管理工作，控制纳税风险，维护了企业权益。

（苗　雷）

【人力资源管理】 2011年，水电六局有限公司采取多项措施加强人力资源管理工作。制定《关于调整岗位工资标准的通知》，增强分配的约束和激励作用，体现向一线及关键岗位倾斜的原则；制定《关于确定股份公司考核指标相关责任部门的通知》，发挥业绩考核评价的导向作用；制定《关于做好职业资格人员统计工作的通知》，强化各类职业资格人才队伍建设工作，使具有职业资格的员工能更好地为公司发展服务；制定《关于公司员工教育培训经费管理办法》，加强经费的管理和监督，提高使用效果。全年新增280人，减少442人，续定劳动合同664人。接收的大中专毕业生中，研究生1人，本科生102人。

【员工教育与业务培训】 2011年，水电六局有限公司加大了员工教育和培训工作，组织211人·次的工程、会计、经济等系列专业技术高、中、初级的推荐、评审及认定工作。加大对各类人员的教育培训工作，累计组织146人·次分期分批参加了国际、国内项目经理培训班、企业领导人培训班、中央企业高级外事翻译培训班、安全管理人员培训班等外部培训；公司总部、二级单位及项目根据需要适时开展了针对各业务方面的培训，共1760人·次；累计组织生产人员开展了职业技能鉴定考评工作，共有22个工种186人参加，其中技师鉴定考评58人，高级技师推荐考评16人；组织职工参加成人高考，新增继续教育学员13人；开展普惠就业培训工作，52人经过规定学时的培训，获得职业资格证书；对新分退伍军人根据岗位需要，进行了电工、电焊工较系统的理论及实际操作培训。

（韩　蓉）

【设备物资管理】 2011年，水电六局有限公司进一步完善设备物资管理制度，重新修订《设备物资管理办法》、《设备物资对外处理规定》，理顺管理层次，规范工作流程。制定了《设备物资集中招标采购实施细则》，规范招标采购行为，提高可操作性。针对项目民用爆炸物品管理，制定了《民用爆炸物品管理制度》。建立信息平台，设备物资管理信息系统于2011年3月上线运行，提高工作效率和报表的准确性，推动信息化管理进程，提升管理水平。

（赵鸣镝）

【创新创效活动】 2011年，水电六局有限公司工会以"创新创效"活动为载体，推动常项工作的改进和创新。16个"创新创效"立项项目，涉及职工技能培训、合理化建议、安全生产监督、劳动竞赛、职工文化建设等多方面内容。水丰金属结构项目部在50天安全管理创新活动中，认真落实各项制度，取得了较好的经营业绩；三分局维护一线员工的安全健康权益，组织职工包括农民工健康体检，体现健康第一的宗旨；官地项目部安全班组建设、安全文化建设和安全标准化建设活动成效显著。

（何宏伟）

【质量文化建设】 2011年，水电六局有限公司制定质量文化建设方案，核心理念为"信守合同、质量第一、信誉至上"，致力于打造一支符合规范化管理需要的、责任心和执行力一流的工作团队，强化管理，优质服务，充分保证工程质量和进度，以科学的管理、先进的技术、文明的施工、良好的信誉赢得市场。全面加强企业质量文化建设，抓宣传，营造浓厚氛围；抓培训，普及质量知识；抓制度，明确工作要求；抓过程，促进规范执行；抓全员，开展QC活动。

【中心医院多措并举求发展】 2011年，水电六局有限公司中心医院，积极开拓思路，转变经营机制，加大管理力度，呈现出新气象、新面貌。从药品源头抓起，进行市场调查和多方价格比较，寻找正规的源头厂家，减少流通环节，建立公开透明的进药渠道。规范药剂管理，建账入账，日清月结，堵塞管理漏洞。建立健全规章制度。有效降低运营成本，减轻患者负担。多方筹集资金，购置心电图监护仪、乳腺红外扫描仪、多功能微波治疗仪等医疗设备，更换病房设施，医护人员着装及装备也焕然一新。通过请进名师指导、岗位练兵、技术比武、学术讨论等方式，提高医护人员的技术水平。在保证职工家属就医基础上，开展下乡义诊、免费体检等活动，扩大周边医疗市场，树立良好形象，就医患者明显增加，医院收益也有了良好改观。

【修志编鉴】 2011年，水电六局有限公司修志编鉴工作进展迅速、成果显著。完成了股份公司《组织机构志》、《大事记》和《人物志》的最后添加及修改任务，还完成了股份公司《2011年大事记》和《年鉴2011卷》的编纂任务；完成了丹东市《地方志》(1985～2005)、《2011年大事记》、《年鉴2011卷》的编纂任务；年内召开3次史志鉴工作及相关专题工作会议；举办股份公司修志调研研讨会1次和《年鉴》编纂工作培训1次。2011年，水电六局有限公司再次被丹东市政府授予"丹东年鉴编纂工作先进单位"荣誉称号。

【民兵整训结束】 2011年，水电六局有限公司民兵整组工作经过筹划准备、组织实施、总结验收3个阶段，于5月5日圆满结束。本着"平战结合、优化重组"及与时俱进的原则，按照"平时服务、急时应急、战时应战"的整组思路，水电六局有限公司武装部编足、编实39人组成的雷达阵地勤务保障分队，为执行多样化军事任务提供保障。同时，采取了"大分散、小集中"的办法进行编组，抽调出10人编为应急排，确保能拉得出、用得上，遇有情况能够迅速平战转换。

（史志办公室）

【职工住院医疗互助合作保险新规定】 2011年3月，水电六局有限公司工会出台《在职职工住院医疗互助合作保险》补充规定，惠及参保职工3570人。新规定拓宽了保费基金来源，除参保职工个人缴纳的保险费外，投入了公司福利经费、工会经费和其他来源经费。其中，福利经费和工会经费均以当年基金会收缴保险费为准按1∶1投入，保证职工医疗互助保险可持续发展。参保职工在一个保险年度内多次住院所发生的治疗费，第二次以上住院，逐次递减5%赔付医疗保险金，直至最低按照个人自付部分的50%赔付医疗保险金，参保职工的整体利益得以提高。新规定还设立了附加医疗互助定额补贴，历年在职劳模、标兵、优秀项目经理在互助保险费的基础上，可另行缴纳60元保险费，保险年度内出险时，在应得赔付医疗保险金的基础上，享受一次性1000～2000元定额补贴。

（李凤仙）

企业改革

【辽工局有限公司整体划转至水电六局有限公司重组

整合】　2011年11月，股份公司将辽宁工程局有限公司（以下简称“辽工局有限公司”）整体成建制划转至水电六局有限公司管理。股份公司所持有的辽工局有限公司100%股权，全部划归水电六局有限公司持有。产权关系划转后，辽工局有限公司的法人资格继续保留，成为水电六局有限公司的全资子公司。水电六局有限公司作为辽工局有限公司的出资人对其进行管理，实行市场统筹、战略统筹、资源统筹，进行指导、服务、监督、风险管控，依法尊重法人单位的资产权、发展权。在法人资产、法人财务，法人收益上，要规范经济利益关系。辽工局有限公司整体划转至水电六局有限公司进行重组整合，是股份公司加快推进同质化子企业间的重组与资源整合的重要举措，可进一步提升企业市场竞争力，促进区域市场地位的巩固和提高，对于股份公司优化资源配置、优化结构布局，建设具有较强国际竞争力的质量效益型的世界一流企业，具有重要的意义。水电六局有限公司总经理厉建平兼任辽工局有限公司执行董事、总经理，法人代表。

（史志办公室）

科技进步

【综述】　2011年，水电六局有限公司科技进步工作以重点施工项目为依托，结合在建项目施工需求，大力开展科技攻关，获得了中国土木工程“詹天佑”奖1项、中国施工企业管理协会科学技术奖2项、中国电力建设科学技术成果奖2项、省部级以上工法6项、股份公司科学技术进步奖1项；申报的1项科研课题在股份公司成功立项；参与了小浪底建管局牵头的《黄河小浪底工程关键技术研究与实践》课题研究工作；主编的《水电水利工程施工机械安全操作规程凿岩台车》及参编的《水电水利工程岩壁梁施工规程》已完成报批稿并报批。

【荣获1项中国土木工程“詹天佑”奖】　2011年2月，由水电六局有限公司参建的贵州乌江索风营水电站荣获第十届中国土木工程“詹天佑”奖。水电六局有限公司承建的引水发电系统土建及机电设备安装工程是由地下厂房、主变压器洞、母线洞、窑洞式出线平台和交通洞（井）等洞室组成的大型地下洞室群。地下洞室群岩溶复杂，洞室布置紧凑。在施工中创造多个亮点，其中厂房开挖施工期14个月，开挖结束后16个月发电，创造了同等规模速度最快、施工质量较好的优异成绩；承担及参与了4项科技创新技术，即聚丙乙烯纤维在大跨度地下洞室永久支护中的应用、大型地下洞室群采用“立体多层次、平面多工序”的新型施工方法和施工程序、大型洞室加固处理新技术、地下厂房采用岩锚梁板新结构。

【荣获2项中国施工企业管理协会科学技术奖】　2011年10月，由水电六局有限公司完成的《高水头、浅埋破碎洞段预应力混凝土衬砌施工技术》荣获2010年度中国施工企业管理协会科学技术奖技术创新成果一等奖；《高地应力区大跨度地下厂房安全施工技术》荣获2010年度中国施工企业管理协会科学技术奖技术创新成果二等奖。

【荣获2项中国电力建设科学技术成果奖】　2011年5月，由水电六局有限公司完成的《深厚覆盖层大直径竖井施工技术研究》、《高地应力区大跨度地下厂房安全施工技术》获得2011年度中国电力建设科学技术成果二等奖。

【荣获2项国家级工法】　2011年9月，水电六局有限公司《大型导流洞进出口围堰水下拆除爆破施工工法》被国家住房和城乡建设部评为国家一级工法，《复杂地质条件下深厚覆盖层竖井施工工法》被评为国家二级工法。

【荣获4项水利水电工程建设工法】　2011年，水电六局有限公司《大型导流洞进出口围堰水下拆除爆破施工工法》、《复杂地质条件下深厚覆盖层竖井施工工法》、《水工混凝土悬臂模板施工工法》、《特大断面导流洞开挖施工工法》等4项工法被中国水利工程协会评为中国水利水电工程建设工法。

【荣获3项股份公司工法】　2011年，水电六局有限公司《复杂地质条件下深厚覆盖层竖井施工工法》、《强夯施工工法》、《特大断面长距离导流洞分层开挖施工工法》等3项工法被股份公司评为股份公司工法。

【荣获1项股份公司科学技术进步奖】　2011年，由水电六局有限公司申报的《压力隧洞双圈无粘结预应力混凝土衬砌施工技术》荣获股份公司2011年度科学技术进步三等奖。

【荣获1项省优质工程奖】　2011年，由水电六局有限公司承建的南水北调中线京石段应急供水工程唐河倒虹吸工程荣获河北省建设工程“安济杯”奖。

（刘宇楠）

【荣获 3 项中国电力建设优秀 QC 小组成果奖】 2011 年，水电六局有限公司官地水电站项目部《1 号机组尾水出口启闭机排架柱混凝土浇筑施工质量控制》质量管理小组被评为 2011 年度中国电力建设优秀质量管理小组一等奖；《GIS 控制楼板梁柱混凝土浇筑施工质量控制》质量管理小组和溪洛渡水电站项目部《1 号出线竖井上段二期滑模混凝土施工质量控制》质量管理小组被评为 2011 年度中国电力建设优秀质量管理小组三等奖。

（刘玲荣）

【参与多项科研课题研究】 2011 年 4 月，水电六局有限公司申报的科研课题《水丰水电站主坝工作桥控制爆破拆除施工技术研究》在股份公司立项，并获得股份公司科研经费资助 30 万元。参与了小浪底建管局牵头的《黄河小浪底工程关键技术研究与实践》课题研究工作。

【主编或参编 4 项水利水电规程规范】 2011 年，水电六局有限公司主编或参编 4 项水利水电规程规范。其中，主编的《水电水利工程施工机械安全操作规程凿岩台车》、参编的《水电水利工程岩壁梁施工规程》已完成报批稿并报批，参编的《水利水电地下工程施工组织设计规范》、《水电水利工程模板施工技术规范》正在按计划进行当中。

（刘宇楠）

【信息化建设】 2011 年，水电六局有限公司大力推进信息化建设，取得新进展。在信息化基础设施建设方面，完成机房改造工作，安装了机房专用配套系统，更换了陈旧老化的网络设备，提高了光纤带宽，保证了各业务子系统数据录入的畅通，桃源会议室增设视频会议系统。网络与信息安全系统建设方面，下发《水电六局有限公司计算机设备和信息网络使用管理办法》、《水电六局有限公司计算机信息安全保密管理规定》等相关规定，并购置了安全保密正版软件，参加了电力行业安全等级保密培训。工程项目管理信息化建设方面，水电六局有限公司综合项目管理系统已正式上线运行。OA 办公自动化系统顺利完成了软件换代工作。2 人取得了高级信息管理师资格证书。

（汪云峰）

【试验室获水利工程质量检测甲级资质】 2011 年 12 月，水电六局有限公司试验室取得水利工程质量检测单位（混凝土工程类）甲级资质。此项资质的取得，为水电六局有限公司水利工程招投标提供了资质保证，也为试验室进行水利工程质量检测提供了保障。

（史志办公室）

【合理化建议评审】 2011 年，水电六局有限公司员工申报 89 项职工合理化建议，经评审委员会评审，有 26 项合理化建议获奖，其中一等奖 2 项、二等奖 5 项、三等奖 19 项。

（何宏伟）

【个人实用新型发明专利】 2011 年 8 月，继 2010 年 6 月《桁架组装套件及其桁架和桁架支撑系统》获得国家个人发明专利后，水电六局有限公司工程师边海波研创的《低黏滞型混凝土卧罐》又一次获得国家知识产权局授予的实用新型发明专利。在水利水电工程施工中，边海波发现小型卧罐设计和应用上明显不足。他通过反复研究分析，将罐体结构与使用功能统一考虑，通过在罐体内部的棱角处巧妙地设置斜向的倒角板，使倒角板与罐体形成角梁，既增加结构强度又减轻罐体的重量，且消除了混凝土或水泥浆易于粘到的死角。在罐体两侧，设置了传震锥管装置，通过振捣棒震动锥管传震，清除掉黏滞在罐体上的水泥浆。由于出料口呈扩张状，手动罐门在关闭时减轻混凝土下落的涌动，易于罐门开关。此项设计方案具有强度高、重量轻、吊移能量消耗低等特点，于 2011 年 1 月提出专利申请。

（史志办公室）

【股份公司吊装技能选拔大赛夺魁】 2011 年 8 月 26 日，水电六局有限公司员工吴海洋在股份公司举办的长沙吊装技能竞赛选拔大赛上，凭借良好的心理素质、超高的技能水平、娴熟的操作技艺，在吊车定位和吊重物穿越障碍两个环节比赛中，力淘其他选手，勇闯难关，一举夺魁，并成为代表股份公司参加中国电力建设企业协会第二届吊装技能竞赛的选手。在 2011 年 9 月 19 日举办的“中电建协第二届吊装技能竞赛”上，吴海洋又取得位居前列的好成绩。

（史志办公室）

安全生产

【综述】 2011 年，水电六局有限公司坚持“安全第一，预防为主，综合治理”的安全生产方针，加强制度建设，强化安全管理，以加强安全生产的制度化管理为目的，完善安全生产法律秩序，完善安全生产各项规章制度，使安全生产责任制得到充分落实。根据股份公司的安全会议精神要求，结合水电六局有限公司的生产情况，对在建的南水北调等项目进行了安全检查、督查和预防地质灾害以及雨季施工、防汛等专项检查，全年共查出一般隐患 1603 项，整改率 100%，重大隐患 5 项，4 项整理完毕，治理重大隐患资金 206.5 万元。全年没有发生重大安全生产事故，全年安全生产性伤亡事故共计轻伤 9 起，保持了平稳的安全生产形势。

【安全教育培训】 2011 年，水电六局有限公司组织特种作业人员 47 人参加丹东市安全监督管理局培训中心开展的资格培训，所有参加培训人员均通过考试、考核取得特种作业人员操作资格证书；组织项目经理、副经理、专职安全生产管理人员 36 人参加了股份公司安全生产管理人员培训班；组织 124 人参加了由丹东市安全生产协会组织的建筑企业负责人、项目经理、安全管理人员的培训再教育等。在各二级单位、施工项目部以多种形式开展了有针对性的安全生产培训教育活动，尤其是加强了对包括农民工、分包队伍员工在内的一线作业人员的安全培训教育工作，针对安全操作规程、施工现场安全注意事项以及国家的一些安全生产的法律法规进行了重点培训，提升了全员安全素质，确保了施工生产的顺利进行。

（张　鹏）

党群工作和企业文化建设

【党建工作综述】 2011 年，水电六局有限公司党建工作坚持融入中心、服务大局、推动发展的原则，遵循统筹兼顾、突出重点，用以点带面、点面结合的工作方法，以制度建设为着眼点，抓基层、强基础，使党建工作步入了制度化管理、机制化运作的轨道。

（1）“四好”领导班子创建。制定切实可行的创建方案，在水电六局有限公司、所属单位和大中型施工项目中开展“四好”领导班子创建活动，以发挥领导班子的整体功能为目标，抓创建运行机制、抓创建活动载体、抓管理监督机制、抓检查考核体系，重点解决班子在作风建设和能力建设方面存在的问题，增强了各级领导班子的凝聚力和执政能力，使各级领导班子保持了良好的工作状态。

（2）党建工作责任制。按照股份公司党委的统一部署，制定并下发了《党建工作责任制实施方案》、《评价办法》和《考核评价标准》，并与之相配套制定了《党委会议事规则》、《党委参与公司重大问题决策的规定》、《重大决策失误责任追究制度（试行）》、《党支部“三会一课”制度》、《党群工作例会制度》、《关于加强和改进党员管理工作的实施意见》、《关于加强和改进基层党组织建设的实施意见》等制度性文件 20 余项，形成了完整的党委工作制度体系。2011 年底，对所属单位党组织进行了党建责任制考核，并将考核结果纳入了所属单位年度经营业绩综合评价之中。

（3）创先争优活动。制定下发了《关于做好 2011 年创先争优活动重点工作的通知》，重点抓承诺，开展了亮承诺、亮职责、亮身份，创优质服务品牌、创岗位奉献先锋，做好领导点评工作的“三亮”、“二创”、“一评”活动。各级党组织和党员以“围绕中心工作创先，立足本职岗位争优”为主题，开展了“员工一颗星、党员一面旗、支部建堡垒、项目创和谐”的特色主题活动，开展了“共产党员工程”、“共产党员先锋岗”、“党员责任区”、“叫响共产党员”、“共产党员岗位创效”、“党员身边无事故、无违章”、“我为创效献良策”、“支部旗帜在飘扬”等主题实践活动。年中党委组成调研组，分别深入 5 个施工项目检查活动开展情况，年末作为党建责任制的重点内容进行检查。广大党员结合施工生产勇挑重担、集体攻关，为项目部及职工群众做好事、办实事，以实际行动争做生产经营、创新进取、节能降耗等方面的标兵，发挥了先锋模范作用，为完成年度生产经营任务作出了积极的贡献。

【庆祝建党 90 周年】 2011 年，水电六局有限公司以“学党史、知党情、跟党走”为主题，开展党史、党性和宗旨意识的集中教育活动。组织党员尤其是党员领导干部认真学习《中国共产党历史》（第二卷）；请丹东市市委党校教授为广大党员干部做“党史学习”专题讲座；开展了“党史知识竞赛”；开展了“向党说句心里话”红色短信征集活动。水电六局有限公司党员积极踊跃参与各项活动，其中编撰红色短信 130 余条，受到丹东市市委的表彰。广泛开展了群众性庆祝活动，举办了“向党说句心里话”有奖征文活动、“红诗”书法展览；开展了红歌演唱、座谈研讨会、重温入党誓词等活动。走访慰问党员，“七一”前夕对在中国革命和建设时期作出突出贡献的老党员、长期从事基层党务工作的党务工作者以及生活困难的党员进行了走访慰问。召开了专题组织生活会，以党支部为单位召开专题组织生活会，通过党员间互相交流、谈心，开展批评与自我批评，查找在理想信念、党性修养等方面存在的突出问题，提出整改目标和落实措施。两个基层党组织被丹东市市委评为“先进党组织”，两名共产党员被评为“优秀共产党员”，一名党务干部被评为“优秀党务工作者”。

【企业文化建设】 2011年，水电六局有限公司把企业文化建设的内容具体化，在全公司开展了团队文化、安全文化、质量文化、廉洁文化建设。文化建设传播的载体不断创新，QQ党校、网络教育、培训平台被推广应用，教育培训效率得到提高。开展“细胞工程”把建设，把文化建设的具体内容通过文明单位、文明工程、文明机关、文明小区的创建活动渗透到职工、班组、科室等企业的每一个基本细胞之中，落实到生产经营的各个环节、每个岗位，使公司精神文明建设水平得到整体提升。水电六局有限公司被辽宁省省委、省政府评为文明单位，公司所属3个单位被丹东市市委、市政府评为文明单位，赤道几内亚吉布洛项目被推荐为股份公司文明工程。

【法制宣传教育】 2011年，水电六局有限公司党委在“五五”期间把法制宣传教育纳入重要日程，使法制建设进班子、进机关、进项目、进班组。法制宣传教育成效显著，在被丹东市市委、市政府命名为“五五”普法及依法治理先进单位后，水电六局有限公司党委又及时启动“六五”普法工作。提出了“使职工信仰法律、崇尚法律的理念、心理和习惯进一步成熟，公司依法治企能力不断提升，法制化管理水平不断提升”的“六五”普法目标。重点抓好突出“宪法”等国家基本法律和涉及企业改革发展稳定的法律法规宣传、学习、教育、培训，把法制文化建设纳入企业文化建设之中并形成依法治企的文化氛围，继续深入开展法律“四进”及“12·4”全国法制宣传日活动等方面工作。

【中共水电六局有限公司十届五次全委（扩大）会议】 2011年2月14日，中共水电六局有限公司十届五次全委（扩大）会议召开。会议提出要以改革创新精神开展2011年的党建工作，努力实现“五个转化”——加强领导班子和人才队伍建设，把党的组织优势转化为企业的领导力；确保党委参与企业重大问题决策，把党委的政治核心作用转化为企业发展的保障力；加强党的基层组织建设，把党支部的战斗堡垒作用和广大党员的示范带动作用，转化为企业的凝聚力和人力资源活力；加强党风建设和反腐倡廉工作，把党的组织纪律优势转化为企业执行力；落实党建工作责任制，把党的体制机制优势转化为提升企业党建工作的推动力。

（尤俊梅）

【共青团水电六局有限公司第十二次代表大会】 2011年3月8日，共青团水电六局有限公司召开第十二次代表大会，确定今后3年水电六局有限公司共青团工作的目标、任务和主要措施，选举产生新一届委员会。会议确定把团组织打造成为推进水电六局有限公司国际化多元化发展的生力军和突击队，争创全国“五四”红旗团委，争创股份公司和辽宁省级青年文明号；加强组织建设，建立健全基层团组织网络，实现水电六局有限公司团委组织全员覆盖；加强干部队伍建设和青年人才队伍建设，培养一支规模百人，业务辐射国际工程、施工技术、经营管理、党务群团等方面的高级青年人才团队的工作目标。重点抓好四项工程，即凝聚青年工程、品牌工程、创新工程和队伍建设工程。

（李浩宁）

【工会工作】 2011年，水电六局有限公司工会继续推进企业民主管理工作，抓好十六届职代会换届改选，组织民主评议领导干部760人。征集职工代表提案48件，确定建议案4件，立案6件，提案答复率90%。围绕科技兴企，开展合理化建议活动，征集合理化建议102项，23项获奖。继续完善职工帮扶体系，在职职工住院医疗互助合作保险转入第三个年度保险期，参保职工3595人，收缴保险费143 800元，参保率为62.1%。继续完善“三级救助”机制，走访慰问特困职工、困难职工家庭及看望因病住院职工1263人·次，发放慰问金470 292.2元、日常扶助金2150元、重大疾病救助金6500元、助学款15 600元。

（郑美玲）

【共青团工作】 2011年，水电六局有限公司共青团共有团员947名，35周岁以下青年员工2832名，组织机构健全。深入开展创先争优主题创建活动，开展了“创先争优——青年文明号在行动”、争创“郭明义”青年“号手队岗”、“与祖国共奋进、与企业同发展”、“关爱农民工子女”青年志愿者服务等活动。加强青年人才队伍建设，建立了35周岁以下青年人才库，对库内人才实行动态管理，定期更新人员的自然情况、工作业绩等，为水电六局有限公司培养及使用年轻干部提供依据。以“五四”、“七一”、国庆等重大节日为契机，组织开展形式多样的文体活动，丰富团员青年的业余文化生活，也将青年员工的素质拓展训练落到了实处。

（李浩宁）

【新闻工作】 2011 年，水电六局有限公司紧紧围绕中国电建集团重组、股份公司上市及水电六局有限公司战略落地目标，利用报纸、网站和电视 3 个有效载体充分发挥媒体多元化和信息共享特点，新闻宣传工作取得较好成绩，为水电六局有限公司稳定、发展营造了和谐、奋进的新闻舆论氛围。《鸭绿江水电报》全年出报 47 期，专版 14 个，市级以上报刊发稿 352 篇。制作电视新闻 34 期，投标多媒体制作 21 个。制作完成电视宣传片《水电劲旅》。水电六局有限公司网站进一步完善，网站整体改版，全年设立网络专题 6 个，发布新闻 1081 条。

（刘　岩）

【宣传片《水电劲旅》制作完成】 2011 年 11 月 4 日，水电六局有限公司在中国电力传媒网络电视中心的大力支持下，经过 11 个月的前期策划、影像资料收集整理、现场拍摄和后期制作，电视宣传片《水电劲旅》制作完成。12 分钟的宣传片，由水电建设、国际经营、多元发展、未来蓝图四大版块组成，收录了党和国家领导人到索风营工地、十三陵水电站视察，赤道几内亚总统为吉布洛电站奠基，溪洛渡水电站创国内水电站地下洞挖大跨度新纪录，埃塞俄比亚风电塔筒制作等珍贵的影像资料，彰显了独特的水电六局有限公司企业文化和六局人的宽广胸怀，展望了科学发展的宏伟蓝图。

（马显萍）

检查监督

【十五届三次职工代表大会】 2011 年 2 月，水电六局有限公司召开十五届三次职工代表大会，会议听取和审议通过了《行政工作报告》、《财务工作报告》和《安全工作报告》。会议确定水电六局有限公司“十二五”时期改革发展总体思路：初步建成国际业务、非水电业务、国内水利水电业务三大业务板块竞争力明显的“专业领先、管理科学、综合影响力明显，具有持续成长能力的质量效益型多元化建筑企业”，进入股份公司骨干企业行列。会议提出 2011 年的主要工作是：积极推进，确保国际业务上台阶；奋力拼抢，确保国内水利水电业务上台阶；迎难而上，确保非水电业务上台阶；诚信守约，确保在建项目履约能力上台阶；科学高效，确保财务资金管理上台阶；持续改进，确保精益化管理上台阶；抓好防控，确保安全质量管理上台阶；勇于创新，确保科技和人才工作上台阶；深化改革，确保公司治理上台阶；加强管控，确保两级总部管理上台阶；围绕中心，确保党建、民生工程上台阶。会议上，水电六局有限公司同二级生产经营单位签订了 2011 年度生产经营考核责任状和安全生产责任状、社会治安综合治理目标管理责任状、人口与计划生育责任状。会议上，还表彰了先进集体和先进个人。

（郑美玲）

【党风廉政建设】 2011 年，水电六局有限公司修订《党风廉政建设责任制实施办法》、《党风廉政建设责任制考核评价办法和考核评分标准》，进一步调整考核办法，充实考核内容，强化责任落实，突出责任追究。全年共签订责任书 189 份，签状率 100%。

【惩防体系建设】 2011 年，水电六局有限公司惩防体系建设工作取得重要进展，制定实施了《2011 年惩防体系建设工作计划分解细则》，明确各部门年度惩防体系建设的目标任务、责任人以及完成时限，保证工作落实到位。进一步强化联络员制度、责任人制度、半年总结和定期交流等制度的落实，实施惩防体系建设工作计划任务完成情况“反馈单”和惩防体系建设工作“联系单”制度，保证工作顺利开展，坚持每季度召开一次监督工作联席会议。

【综合效能监察】 2011 年，水电六局有限公司认真开展综合效能监察，将“三重一大”决策制度执行情况作为统一立项内容，确定了尼泊尔项目和蒲石河机电安装项目为水电六局有限公司立项监察项目。水电六局有限公司和二级单位全年共对 21 个项目立项效能监察，占全部项目总数的 25.9%。

【反腐倡廉工作五个亮点】 2011 年，水电六局有限公司反腐倡廉建设工作呈现出如下亮点：一是编印《反腐倡廉建设文件汇编》，收录了 56 份反腐倡廉制度，成为各级领导干部和管理人员增强廉洁从业意识、提升制度执行力的必备工具；二是开展廉洁风险教育，编写廉洁风险管理知识讲座材料，深入二级单位和施工项目部宣讲，促使各级经营管理人员增强防腐拒变意识；三是建立实施项目部“三重一大”决策制度，填补项目决策制度的空白，完善水电六局有限公司三级决策制度体系，在生产一线筑起防腐墙；四是建立并推行惩防体系建设工作计划任务完成情况“反馈单”和惩防体系建设工作“联系单”，增强组织协调力度，促进工作任务的顺利完成；五是“三重一大”决策备案簿在股份公司系统内全面推广应用。

（肖纯取）

【审计监督】 2011年，水电六局有限公司审计工作紧密结合股份公司治理结构调整和管理模式的转变，加强了审前项目的调查和分析，加大了审计披露问题的整改力度，完成2项离任审计、3项届中经济责任审计、6项经济效益审计、2项内部控制审计、1项后续审计、1项资产负债审计、3项专项审计、1项竣工决算审计。全年审计项目19项，提出审计问题48项，审计建议63条。在完成正常审计任务的同时，还按照水电六局有限公司领导要求，完成6项专项检查。

（陈贵莲）

【法律事务】 2011年，水电六局有限公司处理法律纠纷案4件，涉案金额321.9万元，其中两起已经结案，另两起正在审理中，挽回经济损失195.6万元。全年共审核合同176件（其中，涉及工程投标的27件，租赁房屋场地合同149件），涉及金额3100万元，从源头规避法律风险。实施纠纷案件简报制度，定期予以风险提示。同时，依法清理长期拖欠的工程款，维护水电六局有限公司的合法权益。

（刘　敏）

中国水利水电第七工程局有限公司

概　况

【企业资质】 中国水利水电第七工程局有限公司（以下简称“水电七局有限公司”）是集水电工程及其他建筑工程施工、设计、科研、投资、电力生产与销售于一体的国有大型建筑施工企业。具有国家水利水电工程施工总承包特级，水利行业甲级设计，公路工程施工、公路路基工程、地基与基础工程、隧道工程、送变电工程专业承包，土石方工程专业承包壹级，市政公用工程施工、房屋建筑工程、铁路工程总承包资质。通过了ISO 9001:2000标准质量管理体系、ISO/14001:2004标准环境管理体系和GB/T 28001—2001标准职业健康安全管理体系的认证，四川省省级企业技术中心认定，国家商务部批准对外承包工程经营资格。

【领导班子】 2011年6月21日，中国水利水电建设股份有限公司（以下简称“股份公司”）以中水电股干〔2011〕8号文件决定：张建文为水电七局有限公司执行董事、总经理；郝国英为水电七局有限公司监事；文加海（兼）、尹强、马邦凯、郗举科、向超群、但东、张桥、江瑞俊、郑平为水电七局有限公司副总经理；张元刚为水电七局有限公司总会计师；向建为水电七局有限公司总工程师；马邦凯为水电七局有限公司总经济师（兼）；免去逯建华水电七局有限公司监事职务。同日，中共中国水利水电建设股份公司委员会以中水电股党〔2011〕37号文件决定：文加海任水电七局有限公司党委书记；张建文任水电七局有限公司党委副书记；郝国英任水电七局有限公司党委委员、党委副书记，纪委委员、纪委书记；王富建任水电七局有限公司工会主席；免去逯建华水电七局有限公司党委副书记、党委委员，纪委书记、纪委委员职务，退休。2011年11月25日，中国电力建设集团有限公司、中国水利水电建设股份有限公司以中水电股干〔2011〕29号文件决定聘任申茂夏为水电七局有限公司执行董事、总经理；解聘张建文水电七局有限公司执行董事、总经理职务。

截至2011年12月，水电七局有限公司领导班子成员：公司执行董事、法定代表人、总经理兼党委副书记申茂夏，党委书记兼副总经理文加海，党委副书记、纪委书记、公司监事郝国英，副总经理尹强，副总经理兼总经济师马邦凯，副总经理郗举科、向超群、但东、张桥、江瑞俊、郑平，总会计师张元刚，总工程师向建，工会主席王富建。

【队伍状况与组织机构】 2011年，水电七局有限公司年末职工12 752人，其中高、中级管理和专业技术人员5700余人，教授级高级工程师44人，高级职称379人，高级技师、技师970余人，高、中级技术工人3300余人。水电七局有限公司设21个职能部门和机构，分别是：总经理工作部、党委工作部（团委）、人力资源部、财务部、资金管理部、生产经营部、安全监督管理部、质量管理部、技术中心（勘测设计院）、设备物资管理部、资产经营部、市场开发部、基础设施事业部、铁路工程管理中心、海外事业部、法律事务部、审计部、纪委（监察部）、保卫部、工会、社会职能管理中心。

水电七局有限公司19个所属二级单位及直管施工局：第一分局、第二分局、第三分局、第四分局、第五分局、第六公局（2011年3月由成都工程有限公司重组）、机电安装分局、科研设计院、高级技工学校、向家坝施工局、溪洛渡施工局、锦屏施工局、糯扎渡施工局、亭子口施工局、彭水项目部、观音岩项目部、南广铁路NGXQ－5项目部、京沪高铁三工区、沪昆客专贵州段工程指挥部。

水电七局有限公司全资及控股公司：成都水电建设工程有限公司、成都星宇物业有限公司、成都明珠国际酒店有限公司、四川久隆水电开发有限公司、乐山市沙湾新华电力有限公司、四川省昭觉县昭源电力开发有限责任公司、四川九龙溪古水电开发有限公司。

水电七局有限公司国内联营体：龙滩七八葛联营体、龙滩一四七八联营体、瀑布沟七一四联营体、大岗山七一四联营体、锦屏一级水电站七一四联营体。

水电七局有限公司国外联营体及项目部：马来西亚胡鲁水电站项目部、巴基斯坦汗华项目部、巴基斯坦高摩赞项目部、苏丹罗赛雷斯七五联营体、苏丹罗赛雷斯七五联营体、苏丹乌—艾公路项目部、苏丹麦瑞迪水厂项目部、苏丹上阿特巴拉项目部、大马尼拉供水项目部。

（陈　荣）

国内工程

【综述】　2011年，水电七局有限公司国内在建工程履约项目75个，合同总金额403.41亿元，完成产值94.56亿元。完成主要实物工程量：土石方挖填3620.74万立方米（其中，完成石方洞挖工程2353立方米），混凝土浇筑575.16万立方米，钢筋制作安装17.61万吨，金属结构制作安装5.76万吨，机组安装94台（套）（水轮机7台，风机87台，总装机容量98.41万千瓦），固结灌浆46.00万米，帷幕灌浆41.06万米。

【向家坝右岸地下引水发电系统土建及金属结构安装】　向家坝水电站位于四川省与云南省交界处的金沙江下游河段，最大坝高162米，坝顶长度909.26米。发电厂房分设于右岸地下和左岸坝后，总装机容量640万千瓦，属一等大（1）型工程。2006年4月12日，水电七局有限公司中标承建右岸引水发电系统等工程，中标金额13.22亿元。

2006年8月31日，工程开工。2011年，项目全面进入大型地下厂房混凝土施工阶段，主厂房各个机组土建部分施工完成，分别于2011年1月、5月、8月、11月二次交面机电安装标。进水塔、引水洞和尾水系统施工进度满足年度计划要求。2011年12月25日，进水口1、2号机组快速事故闸门液压启闭机油缸吊装到位。2011年，完成产值3.28亿元，混凝土浇筑38万立方米，钢筋制作安装33 030吨，金属结构制作安装9654吨。

【溪洛渡左岸泄洪洞和地下厂房进水口工程】　溪洛渡水电站位于四川省雷波县和云南省永善县交界处，其地下工程为国内规模最大的特大型地下工程，左岸地下厂房共安装9台70万千瓦机组，属一等大（1）型工程。2007年1月20日，水电七局、十四局联营体中标，中标金额12.03亿元。

2011年，进水口关键线路拦污栅及竖井混凝土施工、金属结构制作安装满足履约要求，左岸泄洪洞工程施工进度和质量控制良好。2011年10月8日，溪洛渡水电站左岸电站进水口及泄洪洞工程首批4、5、6号闸门竖井正式向金属结构交面，项目施工重点和难点部位龙落尾施工进入边顶混凝土衬砌施工。2011年，完成产值4.9亿元，混凝土浇筑39.6万立方米，钢筋制作安装24 609吨，金属结构制作安装3705吨。

【大岗山水电站引水系统及厂房工程】　大岗山水电站位于四川省雅安市石棉县挖角乡境内，为大渡河干流规划的22个梯级的第14个梯级电站，属一等大（1）型工程。大岗山水电站最大坝高210米，电站总装机容量260万千瓦。

2008年8月，水电七局有限公司（责任方）与水电十四局有限公司组成联营体中标引水发电系统土建工程，中标金额10.81亿元。

2011年，工程由大面积开挖阶段转入混凝土浇筑。2011年6月19日，60吨/10吨门式起重机第一根主梁吊装到位。同年8月30日，2号尾水隧洞首仓边顶混凝浇筑完成。同年9月8日，主厂房2台450吨＋450吨/16吨－27米双小车桥式起重机110％动负荷试验成功。同年12月24日，3号机肘管定位节通过验收。2011年，完成产值1.22亿元，石方洞挖26万立方米，混凝土浇筑7.3万立方米，钢筋制作安装7828吨。

【锦屏一级水电站大坝左岸工程】 锦屏一级水电站位于四川省凉山彝族自治州木里县和盐源县交界处的雅砻江干流上，是雅砻江下游从卡拉至河口段的龙头水库，工程以发电为主，兼汛期蓄水防洪，属一等大（1）型工程，电站装机6台，单机容量60万千瓦。电站双曲拱坝坝高305米，是世界最高混凝土双曲拱坝，同时也是世界水电项目施工技术难度最大的高拱坝工程。2007年6月，水电七局有限公司中大坝左岸工程，中标金额20亿元。

2011年，工程进入大坝混凝土施工关键年，为保证大坝浇筑质量，水电七局有限公司锦屏施工局成功安装大坝混凝土内部温控信息自动监测系统。2011年，完成产值10.87亿元，混凝土浇筑140万立方米，钢筋制作安装8600吨，金属结构制作安装3654吨。

【锦屏二级水电站引水隧洞C4标】 锦屏二级水电站利用雅砻江下游河段150千米长大河湾的天然落差，截弯取直，通过16.67千米的引水隧洞获得水头约310米，属一等大（1）型工程。电站总装机容量480万千瓦，单机容量60万千瓦。

2007年5月，水电七局有限公司中标东端砂石系统，合同金额3.2亿元。同年8月2日，水电七局有限公司与中铁十八局联合中标隧洞开挖等工程，中标金额9.56亿元。水电七局有限公司主要承担引水隧洞地下水封堵、回填灌浆和高压固结灌浆等工程。2011年，完成产值2.01亿元，系统固结灌浆17.6万米，裸岩灌浆1.5万米，回填灌浆6.6万米。

【亭子口水利枢纽大坝土建与金属结构安装工程Ⅰ标】 亭子口水利枢纽位于四川省广元市苍溪县，是以防洪、发电、灌溉及城乡供水为主，兼顾航运，并具有拦沙减淤的综合工程。属一等大（1）型工程，电站装机容量110万千瓦，通航建筑物为2×500吨级。

2009年9月29日，水电七局有限公司中标大坝土建与金属结构安装工程Ⅰ标，中标金额10.86亿元。

2011年，工程进入大坝混凝土施工关键年，总体履约受控，左非坝段已施工至419.00米高程，厂房坝段最高施工至416.00米高程，底孔坝段施工至407.00米高程，土建工程达到截流要求。2011年，完成产值5.09亿元，混凝土浇筑120万立方米，钢筋制作安装11 469.5吨，金属结构制作安装9649.39吨。2011年12月4日，亭子口水电站首套底孔弧门下支臂顺利吊装就位。同年12月16日，水电站4条引水压力钢管和4台套水轮机蜗壳全部制造完毕。

【糯扎渡水电站溢洪道及进水口金属结构安装】 糯扎渡电站位于云南省思茅市的澜沧江下游干流上，属一等大（1）型工程，工程以发电为主，兼有防洪、灌溉、养殖和旅游等综合效益。电站装机容量585万千瓦（9×65万千瓦），是亚洲第一、世界第三的心墙堆石坝电站，超大型高流速溢洪道快速施工关键技术研究被列为集团公司重点科研项目。

2006年8月2日，水电七局有限公司中标承建溢洪道、电站进水口土建及金属结构安装部分工程，中标金额16.14亿元。

2011年，溢洪道闸室段、泄槽段、电站进水口塔体、拦污栅墩混凝土浇筑以及金属结构安装等工程总体施工进展良好，主要实物工程量年度指标均超额完成。2011年，完成产值2.82亿元，混凝土浇筑29.27万立方米，钢筋制作安装13 706.92吨，金属结构制作安装9669.9吨。

【金沙江中游河段阿海水电站厂房土建及金属结构安装工程】 云南阿海水电站工程属大（1）型一等工程，主要永久性水工建筑物为一级建筑物。工程以发电为主，兼顾防洪、灌溉等综合利用的水利水电枢纽工程。水库库容为8.79×10^{8}立方米，电站装机容量200万千瓦（5×40万千瓦）。2009年5月20日，水电七局有限公司中标厂房土建及金属结构安装工程，中标金额5.72亿元。

2011年，水电站实现下闸蓄水目标。2011年3月17日、8月17日、12月14日，分别实现1、2、3号水轮发电机组向机电安装交面，厂房施工总体履约较好，关键线路均处于受控状态。2011年，完成产值1.81亿元，混凝土浇筑22.52万立方米，钢筋制作安装16 140.92吨，金属结构制作安装2946.25吨。

【长河坝水电站泄洪放空系统及中期导流洞工程】 长河坝水电站位于四川省甘孜藏族自治州康定县境内，为大渡河干流水电梯级开发的第十级电站，是以发电为主的大型水库电站，由拦河大坝、泄水系统、引水发电系统组成，总装机容量260万千瓦，属一等大（1）型工程。

2010年10月29日，水电七局有限公司中标长河坝水电站泄洪系统。

2011年3月20日，工程开工。2011年，泄洪放空系统环境边坡实现节点目标。2011年6月13日，中期导流洞开工，至2011年12月，洞身上半洞开挖完成897.7米，放空洞累计完成隧道上半洞开挖471米。同年12月13日，导流洞1号洞两套闸门通过调试验收，工程总体履约可控。

【梨园水电站进水口及引水道土建工程】 梨园水电站位于云南迪庆州香格里拉县与玉龙县交界河段，是金沙江中游河段规划的第三个梯级电站，属一等大（1）型工程。电站以发电为主，兼顾防洪、旅游等综合利用，电站装机容量240万千瓦。

2009年11月2日，水电七局有限公司中标电站进水口、引水道土建及金属结构安装工程，中标金额6.15亿元。2009年11月4日，工程开工。2011年，主要进行进水塔开挖和引水道开挖。2011年12月8日，3号洞引水压力钢管开始安装。2011年，完成产值1.24亿元，土石方明挖填183万立方米，石方洞挖31万立方米，混凝土浇筑2.28万立方米，钢筋制作安装1229吨，项目总体履约正常。

【观音岩水电站导流明渠土建及金属结构安装】 观音岩水电站位于云南华坪县与四川攀枝花市交界的金沙江上，坝高168米，属一等大（1）型工程，以发电为主，兼有防洪、灌溉、旅游等综合利用功能。水库库容20.72亿立方米，电站装机容量300万千瓦。

2008年8月，水电七局有限公司中标观音岩水电站导流明渠土建及金属结构安装工程，中标金额9.39亿元。2008年10月15日，工程开工。2011年，主要进行导流明渠施工，受C4标影响，项目停工3个月，导致进度滞后年度计划约2个月。2011年11月18日，23号坝段浇筑至1069米高程。2011年完成产值1.84亿元，土石方明挖填76万立方米，混凝土浇筑12.36万立方米，钢筋制作安装3728.28吨。

【官地水电站金属结构及机电设备安装工程】 官地水电站位于四川省凉山彝族自治州西昌市、盐源县的交界处，是继锦屏二级水电站之后，锦屏一级水电站的又一补偿电站，是雅砻江水电基地下游卡拉至江口河段规划的5个梯级电站之一，电站总装机容量240万千瓦，多年平均发电量约118.7亿千瓦·时。

水电七局有限公司承建官地水电站机电设备安装。2010年12月开工，2011年2月19日，发电机定子成功吊装就位。2011年9月7日，定子绕组一次性通过整体耐压试验。2011年10月8日，发电机转子顺利吊入机坑，机组进入总装阶段。2011年12月31日，机组具备投产发电条件。

（汪　钰）

国际工程

【综述】 截至2011年12月，水电七局有限公司在苏丹、南苏丹、巴基斯坦、马来西亚、菲律宾国家共承建15个工程项目，分别为：苏丹麦洛维大坝2标、麦洛维大坝3D标、麦洛维大坝工程渠道标、上阿特巴拉工程C1-A标、罗塞雷斯大坝加高、乌姆—艾布141千米公路工程项目；南苏丹爱—马345千米公路工程、马拉卡尔市政道路工程、迈瑞迪水厂项目；巴基斯坦汗华水电站工程、高摩赞大坝工程项目；马来西亚巴贡水电站工程、胡鲁水电站工程CW2标、马口水泥厂项目和菲律宾大马尼拉供水工程。其中，迈瑞迪水厂和麦洛维大坝工程渠道标两个项目已竣工移交。

2011年，水电七局有限公司在建国际项目完成施工产值2.25亿美元，主要实物工程量为：土石方挖填1020.24万立方米、混凝土浇筑5.72立方米、钢筋制作安装0.19万吨、金属结构安装0.20万吨。

【苏丹罗赛雷斯大坝加高工程】 该工程位于尼罗河干流的青尼罗河上，是在原大坝基础上加高10米，坝轴线长度从15千米增加到30千米，坝高66米，装机容量28万千瓦，主要功能是灌溉兼发电。2008年4月27日，以水电七局有限公司为责任方、水电五局有限公司为联营方组成的联营体签订施工合同，中标金额3.96亿美元，工期43个月。2011年9月22日签订了《罗塞雷斯大坝加高项目4号合同修改协议》，该协议将工程竣工时间调整至2012年10月31日。

2008年5月1日工程开工，至2011年12月完成施工产值2.33亿美元（水电七局有限公司份额），其中2011年完成施工产值为1.08亿美元，完成主要工程量（水电七局有限公司份额）为：土石方挖填655万立方米，混凝土3.07万立方米，钢筋制作安装0.14万吨。

【苏丹上阿特巴拉工程C1-A标项目】 该项目位于苏丹东南部，距离上阿特巴拉河与赛缇河交汇处上游约20千米。项目主要为灌溉兼发电，总装机容量13.2万千瓦，最大坝高55米。主要工程量：土石方开挖376万立方米，土石方填筑467万立方米，混凝土41万立方米，钢筋制作安装3.9万吨。合同工期

64个月，合同金额41 974万美元。中国水利电力对外公司与水电七局有限公司组建联营体施工，中国水利电力对外公司占51%股份，水电七局有限公司占49%股份。

2010年5月15日，工程开工。截至2011年12月，完成施工产值（水电七局有限公司份额）3657万美元，其中2011年完成施工产值3501万美元，主要工程量（水电七局有限公司份额）：土石方挖填183万立方米，混凝土0.09万立方米。

【苏丹乌姆—艾布141千米公路】 该工程位于苏丹国首府喀土穆南约600千米，起自乌姆拉瓦白市，终点为艾布·贾比哈市，公路总长141千米。2009年3月，水电七局有限公司中标，合同金额6320万美元，工期39个月。

工程于2009年12月3日开工，截至2011年12月完成施工产值2286万美元。2011年，完成施工产值1828万美元，主要工程量：土石方挖填91.63万立方米，混凝土0.85万立方米。

【巴基斯坦汗华水电站工程】 该工程位于巴基斯坦西北边境省印度河一级支流的汗华河上，装机容量为7.2万千瓦。工程由混凝土重力坝、引水隧洞、调压井、压力竖井、压力平洞、发电厂房、尾水隧洞组成。水电七局有限公司中标金额为3065万美元，合同工期为50个月。2005年1月16日工程开工，但因安全问题停工，复工后经多次谈判，2010年8月24日，承包商与业主达成一揽子合同解决方案，竣工日期定为2011年2月28日。

工程于2005年1月开工，截至2011年12月累计完成施工产值7752万美元，其中2011年完成产值513万美元，完成主要工程量：土石方挖填1.4万立方米，混凝土浇筑0.62万立方米，钢筋制作安装100吨。项目于2011年3月实现发电。

【马来西亚胡鲁水电站工程CW2标项目】 该项目位于马来西亚胡鲁登嘉楼州西北部肯尼尔湖上游的普额河上。工程为地下厂房引水式发电站，地下厂房装机容量为25万千瓦。水电七局有限公司中标金额为3.42亿马币，工期56个月。

2011年5月20日，工程开工，截至2011年12月，完成施工产值3943万马币，完成主要工程量：土石方挖填16.2万立方米，混凝土0.15万立方米。

（白中利）

基础设施建设

【综述】 2011年，水电七局有限公司在基础设施建设工作中，全年新签合同项目44项，累计中标金额15.34亿元，其中风电项目新签合同金额4.2亿元。全年完成施工产值24.68亿元。

【新建沪昆铁路客运专线长沙至昆明段（贵州）CK-GZTJ-1标段】 该工程起讫里程（DK419＋530）～（DK454＋588），正线长度35.06千米。2010年9月，水电七局有限公司中标，中标金额24.94亿元。2010年10月1日，工程开工。

2011年，完成产值6.53亿元，土石方明挖填368万立方米，石方洞挖38万立方米，混凝土浇筑24.69万立方米，钢筋制作安装11 774.1吨。工程总体履约情况受控。

【新建南宁至广州铁路工程施工总价承包（NGZQ-5标段）】 2009年，水电七局有限公司总价承建南宁至广州铁路站前工程NGZQ-5标，中标金额29.50亿元。2009年2月19日，工程开工。

2011年8月8日，水电七局有限公司南广铁路箱梁架设分体机顺利通过合岭隧道，截至2011年12月，已完成桥梁全部桩基、承台、墩身施工及部分桥梁附属施工，完成标段内219座涵洞的施工，18座隧道已全面贯通，制梁场共完成箱梁预制603榀，运架分部完成箱梁架设570榀。2011年，完成产值5.23亿元，混凝土浇筑12.36万立方米。

【映秀至汶川高速公路土建工程】 四川汶川映秀镇至汶川县城高速公路工程项目A12标段，路线长5.086千米。设计行车速度80千米，为Ⅰ级高速公路。

2009年10月，水电七局有限公司中标，合同金额2.76亿元。2011年，完成产值1.35亿元，土石方挖填39.1万立方米，混凝土浇筑5.57万立方米。工程履约受控。

【南水北调焦作1段三标】 该工程合同范围为桩号（Ⅳ38＋000）～（Ⅳ41＋400）内的建筑工程、机电设备及安装、金属结构设备安装、通信管道采购及敷设、临时工程、水土保持工程及施工期环境保护工程等。2009年3月，水电七局有限公司中标，中标金额2.47亿元。

2011年，南水北调焦作1段三标完成产值1.50亿元，土石方挖填234.28万立方米，混凝土浇筑6.43万立方米，钢筋制作安装5364.84吨。工程履约受控。

【南水北调中线一期工程总干渠沙河南—黄河南（委托建管项目）潮河段第二施工标段】 南水北调中线一期工程总干渠沙河南—黄河南（委托建管项目）潮河段第二施工标段，设计桩号为SH(3)141＋800～SH(3)146＋200，标段长度4.40千米。2010年6月，水电七局有限公司中标，中标金额2.62亿元。2011年12月3日，南水北调中线工程潮河二标梅河倒虹吸CFG桩顺利浇筑完成。截至2011年12月，完成产值1.81亿元，土石方273万立方米，混凝土浇筑3万立方米，钢筋制作安装3084吨。项目履约受控。

【南水北调中线一期工程总干渠陶岔渠首—沙河南段鲁山南1段工程】 南水北调中线一期工程总干渠鲁山南1段工程，起点桩号215＋811，终点桩号229＋262。该段穿越大型河流1条、小河6条。渠道沿线共布置29座交叉建筑物，其中河渠交叉建筑物1座、左岸排水建筑物6座、渠渠交叉建筑物10座、跨渠公路桥7座及生产桥5座，其与总干渠全部采用立交布置型式。

2011年2月，水电七局有限公司中标，中标金额5.50亿元。2011年11月13日，首座倒虹吸主要结构顺利浇筑完毕。2011年12月12日，南水北调鲁山南1段改性土进入填筑试验阶段。截至2011年12月，完成产值1.96亿元，土石方挖填241万立方米，混凝土浇筑2.4万立方米，钢筋制作安装1765吨。

【南水北调中线一期工程总干渠沙河南—黄河南段北汝河渠道倒虹吸工程】 北汝河渠道倒虹吸工程位于河南省宝丰县东北大边庄与郏县渣园乡朱庄村之间北汝河上。标段总长1482米，起讫桩号SH(3)39＋869.3～SH(3)41＋351.3，其中含：建筑物1座，即跨北汝河的渠道倒虹吸；明渠段总长200米，进、出口各100米。工程由检修闸、渠道倒虹吸、节制闸和退水闸几部分组成。

2009年12月，水电七局有限公司中标承建该项目，中标金额2.71亿元。2011年10月19日，南水北调北汝河倒虹吸工程出口段重夯施工及一、二期土石方开挖（除局部预留保护层外）全部完成，管身段土石方回填展开大面积施工。2011年12月15日，南水北调北汝河项目三期基坑提前形成大面积开挖。截至2011年12月，完成产值1.51亿元，土石方挖填156万立方米，混凝土浇筑10.50万立方米，钢筋制作安装12 422吨。

【南水北调中线一期引江济汉工程渠道4标土建及金属结构设备安装工程】 引江济汉是从长江上荆江河段附近引水至汉江兴隆河段、补济汉江下游流量的一项大型输水工程。引水干渠的引水口位于荆州市龙洲垸、出水口为潜江市高石碑，线路地跨荆州、荆门两地，干渠全长67.23千米。干渠设计引水流量350立方米/秒。工程包含桩号（18＋947）～（27＋050）段长8.103千米的干渠，澎湖电排渠倒虹吸（桩号19＋113）、海子湖倒虹吸（桩号22＋280）、鲁垱河倒虹吸（桩号25＋620）等。

2011年4月，水电七局有限公司中标承建该项目，中标金额1.62亿元。2011年8月21日，开始渠道土方开挖及填筑施工。同年9月12日，开始海子湖围堰填筑施工。同年10月20日，开始鲁垱河倒虹吸工程土方开挖。同年12月20日，开始澎湖电排渠倒虹吸工程土方开挖。工程履约受控。

【华润新能源海阳一期风电场工程】 华润海阳东方风电场位于山东烟台海阳市境内，该项目为一期工程，共规划25台2千瓦风力发电机组。风电场配套建设一座220千伏升压站，作为风电场控制中心和运行管理人员办公生活基地。升压站内设有综合楼、220千伏户外GIS、35千伏配电装置、主变压器等。

2011年6月，水电七局有限公司中标承建该项目，中标金额5176万元。2011年10月28日，工程开工，工程进度可控。

（汪　钰）

投资开发

【综述】 截至2011年底，水电七局有限公司投资的电力开发、房地产项目共有17个，其中：全资子公司2个（含改制公司1个），控股或相对控股公司5个（含改制公司2个），参股子公司10个，对外投资10.56亿元。

【中国水电建设集团房地产（都江堰）有限公司】 2011年，水电七局有限公司参股投资中国水电建设集团房地产（都江堰）有限公司。该公司注册资本10 000万元，股东及股权结构为：中国水电建设集团房地产有限公司65%，水电七局有限公司20%，水电十局有限公司15%。经营范围：房地产开发、销售、咨询；文化产业经营、教育投资；物业管理和房屋装饰、装修。

【四川久隆水电开发有限公司】 四川久隆水电开发有限公司2003年1月成立，注册于四川甘孜州九龙县。该公司现注册资本金8.3亿元，股东及股权结构为：水电七局有限公司40%、四川万能通实业有限公司30%、四川省德昌县鸿星电力有限责任公司16%、四川雅安泰能实业有限责任公司14%，该公司获得100万千瓦水电装机项目开发、生产、经营权。

截至2011年12月，该公司已投入商业运行电站六座，装机容量74.6万千瓦，累计发电量超过126亿千瓦·时。

【四川昭觉县昭源电力开发有限责任公司】 四川昭觉县昭源电力开发有限责任公司2005年成立，注册于四川省昭觉县。该公司注册资本金8000万元，股东及股权结构为：水电七局有限公司51%，四川万能通实业有限公司持股49%。该公司经营范围：水电开发。

截至2011年12月31日，该公司已开发的苏巴姑水电站，总装机容量5.2万千瓦，投资总额为3.19亿元。2010年12月30日17时，该电站顺利进入72小时试运行，首台机组于2011年1月2日17时08分进入商业运行，2号机组于2011年1月8日并网发电，累计发电量7992万千瓦·时。

【成都水电建设工程有限公司】 成都水电建设工程有限公司成立于2004年12月，系主辅分离时的改制公司，注册于四川成都市郫县，注册资本金为10 000万元。该公司经营范围：水利水电工程施工、水工建筑物基础处理工程施工、地基与基础工程施工、堤防工程施工、公路工程施工、桥梁工程施工、预应力工程施工、水工隧洞工程施工。该公司股东及股权结构：水电七局有限公司52%，四川飞亚建设咨询有限公司31.333 3%，北京国泰永胜投资有限公司16.666 7%。

【水电七局成都工程有限责任公司】 水电七局成都工程有限责任公司2004年12月成立，系主辅分离时的改制公司，位于成都市西南航空港经济开发区长江路三段23号，注册资本金1600万元。该公司经营范围：水利水电工程施工，防护堤工程施工，机电安装，土石方工程施工，预拌混凝土（以上经营凭建筑资质证）；销售建筑材料，实业投资，电站经营管理；设备维修，租赁，房屋租赁、仓储、代运。该公司为水电七局有限公司全资子公司。2011年2月，该公司整体并入水电七局有限公司第六分局。

【成都明珠国际酒店有限公司】 成都明珠国际酒店有限公司1994年6月成立，为水电七局有限公司全资控股的子公司，位于成都市解放北路二段329号。酒店经营范围：宾馆、餐饮、会议接待、劳保产品及工作服、酒类批发与零售、商品批发与零售。酒店为三星级酒店，设施设备齐全，服务质量一流，先后获“中国诚信示范单位”、“全国最值得入住的500家酒店”、“优秀诚信星级饭店”、“四川省旅游标准化示范单位”等荣誉。

（杜秀彬）

管理创新

【综述】 2011年，水电七局有限公司坚持以科学发展观为指导，把管理工作放到突出位置，不断完善管理制度体系。包括经营业绩考核、人力资源及岗位薪酬管理、资金财务管理、设备采购、工程分包、质量安全及科技管理等方面的制度。完善领导班子工作分工和协调机制。抓好项目前期策划，坚持季度经济活动分析。在二级单位配齐了总经济师。适应股份公司上市要求，加强财务会计工作。推行资金集中管理，降低水电七局有限公司的负债率和财务费用。在各在建项目普遍推行全面预算管理。引进各类人才，加强人才储备。开展管理层、作业层各类人员培训。配置一大批铁路、风电工程的大型专用设备，并对技术与管理成果进行总结，强化监察、审计和法律工作。

【领导班子副职定期向党政联席会议报告工作制度】 2011年10月，水电七局有限公司按照中央及中组部、国务院国资委关于加强国有企业领导班子建设和创建“四好”班子的要求，为加强和改进领导班子建设，增强班子成员工作协调和沟通，提高工作效率，实施水电七局有限公司领导班子副职定期向党政联席会议报告工作的制度。制度要求每个季度结束后的第五个工作日，将工作书面材料交总经理工作部，在下一季度第一次党政联系会议上作工作汇报。

【组建第六分局】 2011年2月，水电七局有限公司根据企业发展的需要，成立第六分局。原水电七局成都工程有限责任公司的所有资产和人员整体并入第六分局。

（季　雪）

【“七星杯”质量奖评选活动】 2011年，水电七局有限公司加强卓越绩效管理模式建设工作，印发了《水电七局“七星杯”质量奖评选办法》，并及时开展评奖活动。开展评奖活动，提升了各二级单位的质量创优内动力，企业内部管理水平。2011年，水电七局有限公司获“全国实施卓越绩效先进企业”称号。

【前移质量监督检查及下移管理重心】 2011年，水电七局有限公司在加强对各级质量管理部门常规监督检查同时，进一步强化质量管理内控体系有效性，重点强调质量检查考核的独立性、关键部位质量控制关口前移。对重点项目质量驻守检查组，跟班督导检查，关键部位安装红外线监控录像设施，24小时连续监控，确保工程施工质量。2011年，国内主要在建水电项目单元工程合格率100%，一次验收合格率99.0%，平均优良率93.1%，非水电项目，单元工程合格率100%；国际工程项目施工质量水平满足合同约定的质量标准。

（朱玉梅）

【人力资源管理】 2011年，水电七局有限公司人力资源管理工作，一是完善人力资源管理制度，制定了《提高在岗职工岗位工资标准和待岗职工生活费标准的通知》、《调整工伤人员和非因工死亡职工供养直系亲属相关待遇的通知》、《水电七局有限公司中层领导人员后备人才管理办法（暂行）》等26个人力资源管理制度。二是多渠道招聘人才，为做强、做优企业提供人力资源保障。2011年，新招大中专毕业生642人，其中：研究生4人、本科生408人、大专生230人。三是逐步完善人才成长机制，2011年，在考核的基础上选拔了8名局管中层正职、12名局管中层副职。根据《水电七局有限公司中层领导人员后备人才管理办法（暂行）》的规定，完成了水电七局有限公司中层后备人才（300人才工程）的考核工作。四是规范分配制度，将在岗员工的岗位工资标准提高了200元，将待岗职工生活费标准提高了50元。五是开展多形式的员工培训，2011年全年用于教育培训经费417.95万元，举办了安全培训、项目经理培训、商务合同培训、纪检监察培训、卓越绩效管理模式宣贯培训、风险管理培训、人力资源信息系统操作培训等共89期，培训3967人·次。

（罗　洁）

【财务管理】 2011年，水电七局有限公司的财务管理，一是加大推动项目全面预算管理实施的力度，提升财务预算管理水平和加强对财务风险的管控力度。二是做好《建造合同准则》执行各项工作。三是健全制度体系，制定了《中国水利水电第七工程局有限公司发票管理办法》、《关于终止旧版发票报销的通知》、《关于银行承兑汇票有关事项的通知》、《水电七局有限公司关于办理外出经营活动税收管理的相关要求》等制度。四是开展会计工作先进单位评选、财务人员业务技能竞赛活动，全年280余人参加会计业务培训。

（汪　涛）

【设备物资管理】 2011年，水电七局有限公司在设备物资管理工作中，一是为加强设备物资安全管理，修订下发了《水电七局特种设备管理办法》、《报废设备管理办法（修订）》、《火工材料、危险物品管理办法（修订）》管理制度。二是启用了《中国水电股份公司设备物资管理信息系统软件》。为强化管理功能，提高效率，2011年4月，对80名设备物资管理人员进行4天的集中培训。同时，按照股份公司制定的设备分类规则对国内局管、自管设备重新进行了统一编号，结束了已使用长达30余年设备划分19类的历史，促进物资设备的管理工作。《混凝土骨料风冷节能技术研究与应用》被全国电力行业设备管理创新奖评审委员会授予第三届全国电力行业设备管理创新奖二等奖。

2011年，水电七局有限公司设备总台数14 000余台，原值26亿元，净值12亿元。

（刘安峡）

科技进步

【综述】 2011年，水电七局有限公司持续改进科技创新组织体系和运行机制，强化科技研发能力，充分利用社会人力和财力资源，不断提高科研水平，被中国施工企业管理协会评为“技术创新先进企业”，被股份公司授予“2011年科技进步先进企业”称号。

【科研成果】 2011年，水电七局有限公司科研工作中，一是科研项目立项47个，并参与股份公司4个重大科技专项研究，其中《特高边坡关键施工技术研究与应用》项目由水电七局有限公司牵头组织。二是推广应用节能减排新技术、新工艺、新材料、新设备。三是科研项目获奖，《复杂地质高陡边坡施工技术与安全控制》获中国电力建设科学技术成果一等奖；《混凝土骨料风冷节能技术研究与应用》、《复杂地质超大型水电站地下厂房施工技术》获中国水力发电科学技术二等、三等奖；《砂卵（漂）石地层深孔高压旋喷防渗墙施工关键技术研究与应用》等5项成果获中国施工企业管理协会技术创新成果一等奖；《高铁（客专）铺板工程施工专用塔机研制》、《崇信电厂 750 千伏电气设备安装工艺技术研究》2 项成果获中国施工企业管理协会技术创新成果二等奖；《柳坪超大矩形调压室施工期及运行期安全生产技术研究》获国家安全监督总局颁发的科技成果三等奖；《京沪高速铁路无砟轨道板综合施工技术研究》、《隧洞混凝土升送钢模台车研究与应用》、《潮间带风电场主要施工技术研究与应用》等成果分获股份公司科技进步一等、二等、三等奖。

【规程规范】 2011 年，水电七局有限公司编写完成《水电水利工程压力钢管制造安装及验收规范》国家标准 1 项，《砾石土心墙堆石坝施工技术规程》和《水电水利基本建设工程单元工程质量等级评定标准第 8 部分：水工碾压混凝土工程》行业标准 2 项。《水电水利工程施工机械塔式起重机安全操作规程》完成送审稿，《风力发电工程施工与验收规范》、《水电水利工程安全防护设施技术规范》完成征求意见稿。《锚杆喷射混凝土支护技术规范》、《固定卷扬式启闭机规范修编》、《移动式启闭机规范修编》、《水电水利工程预应力锚杆水泥锚固剂施工及质量标准》完成初稿。

【专利】 2011 年，水电七局有限公司共申请专利 12 项，专利授权 24 项，其中发明专利 5 项：皮带机防跑偏自动监控装置 ZL200810046517.9、洞室安全防护作业台车 ZL200910059168.9、水电站地下厂房岩壁梁开挖钢管钻孔样架及施工方法 ZL200910059497.3、多功能装配式液压驱动移动栈桥 ZL200910059683.7、超声测试换能器定位装置 ZL201010154324.2。获得实用新型专利 19 项：一种洞室顶拱模喷混凝土施工结构 ZL201020515554.2、液压自行式斜洞常态混凝土浇筑台车 ZL201020551051.0、一种液压移动装置 ZL201020551042.1、架桥机防护栏 ZL201020542244.X、自行式液压悬臂门式防浪墙混凝土浇筑装置 ZL201020648386.4、高速铁路轨道控制网测量标志 ZL201120022496.4、缆机索道安装临时承马 ZL201120018520.7、起重机钢缆蝶形夹 ZL201120018297.6、料斗式布料桁车 ZL201120010172.9、带扰流装置的预冷粗集料仓 ZL201120009971.4、一种隧洞掘进用挖斗装载机的挖掘斗 ZL201120082628.2、种混凝土抗拉试件固定夹具 ZL201120105938.1、连通多元渗压计扣紧装置 ZL201120111795.5、一种自进式锚杆 ZL201120020979.0、一种竖井施工升降平台 ZL201120041901.7、一种重锤式测斜仪 ZL201120089243.9（有 3 项专利号未列入）。

（欧阳新群）

【综合项目管理系统建设】 2011 年，水电七局有限公司结合住房和城乡建设部特级资质信息化考核要求，将国内在建工程项目纳入综合项目管理系统管理。一是组织专人对所属各单位、重点项目系统运行和数据录入现场检查、指导、提供技术支持。二是编写综合项目管理系统操作手册、管理员操作手册、数据录入规范、物资设备供应商和分包商编码规则等 3000 册，并下发。三是组织各单位、部门、项目部系统操作人员、系统管理员、重申特级资质信息化管理人员，进行现场考核环节系统演示培训 20 余次，共 300 人·次。

2011 年 3 月，住房和城乡建设部专家组验收水电七局有限公司综合管理信息系统，评其为示范工程。2011 年 6 月，通过住房和城乡建设部特级资质验收小组实地验收合格，并报住房和城乡建设部批准。

（汪　辉）

安 全 生 产

【综述】 2011 年，水电七局有限公司加强安全生产责任体系建设，层层签订安全生产责任书，强化安全生产目标管理。在建的 72 施工项目按照施工风险级别分为公司监管 12 个、分局监管 52 个、项目监管 8 个进行监管。水电七局有限公司有专职安全管理员 261 人，兼职安全管理员 557 人，均持证上岗，其中注册安全工程师 54 人。安全总监到位 68 人（1 人兼职、2 人为助理安全总监），到位率 94.4%，其中局管项目 7 个，到位 7 人，总监到位率 100%；联营体项目 2 个，到位率 100%；分局项目 63 个，实际到位 59 人，到位率 93.7%。同时，建立“科技兴安”的激励机制，推进项目本质安全管理。2011 年，水电七局有限公司《柳坪水电站超大矩形调压室施工期及运行期安全生产技术研究》获国家第五届安全生产科技成果三等奖。

【建立隐患排查分类管理制度】 2011 年，水电七局有限公司根据国家事故类别和项目实际施工，将隐患划分为物体打击、车辆伤害等 15 类安全事故隐患，安全监控管理、洪水防汛等 14 类安全管理及自然灾害隐患，建立了“15 类事故隐患”和“14 类安全管理及自然灾害隐患”的安全隐患排查治理信息专报制度。根据水电七局有限公司历年发生的安全事故统计分析，主要有高处坠落、触电、物体打击三大类事故，分别占总事故的 19.78%、19.1%、12%。针对这种现象，重点对脚手架、高处临边防护、深基坑等危险性较大的地下工程、施工临时用电、特种设备进行隐患排查治理，按照“四定”原则（定责任人、定措施、定资金、定期限）及时、全面、彻底地整改，有效防止重大安全事故。

【安全生产标准化建设】 2011年，水电七局有限公司从安全组织、安全制度、安全检查、安全文明施工标准化、安全生产岗位标准化入手，推进安全生产标准化建设。一是按照股份公司关于安全生产“四个体系”建设的指导精神，全面落实安全生产主体责任。二是加强制度建设，制定、修订、补充完善了《水电七局质量、职业健康安全、环境管理制度汇编（2011版）》。三是总结、创新、修订安全检查标准，建立了《日常安全巡视检查及隐患排查记录》、8类《危险作业日常安全检查表》、12类《专项安全检查表》、12类《专业安全检查表》、6类《季节性安全检查表》。四是修订了《水电七局安全管理补充规定》，严格执行“提前统一规划、一次摆放成型、合理有序使用、工完料尽场地清”的原则。五是按照国家安全生产标准化达标的要求，制定了《水电七局安全生产标准化岗位达标工作实施方案》。

【安全培训工作】 2011年，水电七局有限公司开展企业全员安全教育和培训工作，强化班组安全建设，认真开展危险预知活动。全年组织分局、项目部主要负责人、安全管理人员、生产技术管理骨干开展安全培训，参加培训人员400人·次。

（朱玉梅）

党群工作和企业文化建设

【综述】 2011年，水电七局有限公司党委坚持以邓小平理论和“三个代表”重要思想为指导，深入贯彻落实科学发展观，坚持“科学、创新、规范、务实、专业”工作思路，按照“融入中心、服务大局，把握方向、参与大事，抓好班子、带好队伍，建立制度、形成体系，保证监督、促进发展”的要求，深入开展创先争优和庆祝建党90周年活动，重点抓好党建工作责任制及配套制度体系建设、四好领导班子建设、党的组织建设及党员队伍建设等工作，为水电七局有限公司发展提供坚强的政治保证和智力支持。

截至2011年12月30日，水电七局有限公司党委有基层党委14个，党工委18个，党总支11个，党支部167个，党员4690人，其中在岗党员3166人，离退休党员1424人。2011年发展党员178人。

【健全党建制度体系】 2011年，水电七局有限公司党委以“规范党建工作内容，优化党建工作流程，提高党建工作效能”为原则，制定了《中国水利水电第七工程局有限公司党建工作责任制实施办法（试行）》及考核评价办法、考核评分标准，修订了“三重一大”决策、国内外项目党建、党员教育管理、党建带团建、党务公开、企业文化建设等22个制度，形成公司—分局—项目三级责任体系，制度化建设取得长足进步。

2011年，建立了党建每季度工作例会制度、总部党群部门每月工作例会制度，形成党委、纪委、工会、团委系统联动的“大党建”工作格局。

【创先争优促发展，转型升级争一流活动】 2011年，水电七局有限公司党委继续开展“创先争优”活动，以“四好班子”、“四好党委”、“五好党支部、五个模范”为内容，形成常态化、个性化、多样化的特点。确立“做强国内水电业务，做大国内非水电业务，做好国际工程业务，做优资本经营业务”的发展目标，从领导力量、组织模式、资源整合、人员配置等方面采取一系列举措，打造竞争新优势，实现科学发展，并根据重点工程多、技术复杂、质量要求高等特点，引导党组织和党员进行科技自主创新，创新创效一线主题实践活动。通过党员责任区、党员样板工程、党员攻关项目、党员示范岗、党员安全监督岗、党员志愿者、党员“金点子”活动，深化了“创先争优”活动。

【举办党建工作培训班】 2011年11月，水电七局有限公司党委举办了为期7天的党建工作培训班。各二级单位党委书记、党委副书记、纪委书记、工会主席、党委工作部主任、监察部主任，各施工局、局管项目部党工委书记、副书记、党务工作骨干（综合部主任），局管中层领导后备人才共50余人参加培训。培训内容为党建理论，如何做好基层党建工作、思想政治工作、群团和维稳信访工作。

【企业文化建设】 2011年，水电七局有限公司党委在企业文化建设工作中，一是按照股份公司企业文化建设的要求，加强“三中心三突破”宣贯工作，突出企业精神、企业核心价值、企业品牌的宣传，并结合实际，加强企业哲学、企业道德建设的工作。二是精心设计企业文化活动方案，通过安全文化、质量文化、廉洁文化等推进企业文化落地生根。三是创新宣传报道实践，发挥企业媒体的主阵地、主渠道、主平台、主窗口作用。四是把加强企业品牌建设与推进文明工程创建结合，涌现了南广铁路、亭子口水利枢纽大坝工程等文明工程。五是以建党90周年为平台，以知识竞赛、文艺表演、体育比赛、技能竞赛等系列文化活动方式，把企业文化建设与建立学习型企业、学习型班组结合起来，深化企业文化建设。2011年3月，水电七局有限公司获“四川省安全文化建设示范企业”称号。

（牟善柱）

【新闻工作】 2011年，水电七局有限公司坚持正确的舆论导向，不断创新宣传工作观念、形式，努力服务企业发展与改革大局，发挥企业媒体的主阵地、主渠道、主窗口作用，加强与社会主流媒体的深度合作，在省部级媒体发稿150余篇，为水电七局有限公司科学发展提供了强大的精神动力。

2011年，水电七局有限公司坚持“三贴近”原则，将笔触、镜头更多聚焦一线普通员工；建立起覆盖面广、上下互动的宣传网络体系；整合《大渡河水电报》、《水电建设》、水电七局有限公司网站“三位一体”的媒体资源。对《大渡河水电报》栏目重新设置，开设了“创先争优”、“身边人身边事”等栏目，《水电建设》全新改版，突出深度报道，水电七局有限公司网站做到及时更新，三大载体发挥协同效应，提升了“中国水电”品牌影响力。水电七局有限公司连续3年获得股份公司“标兵记者站”称号，《大渡河水电报》连续5年获评成都市优秀企业报，《水电建设》杂志获评中国建筑业协会优秀期刊，水电七局有限公司网站获“全国建筑行业精品网站”称号。

2011年，水电七局有限公司加强企业品牌形象塑造工作，对重大工程继续开展“重点工程记者行”、“非水电项目记者行”等活动，深入溪洛渡、糯扎渡、向家坝、锦屏、亭子口、沪昆铁路等工程，采写水电七局有限公司在精品工程、科技创新、新兴市场拓展等方面取得的新成就，突出了在特大型地下工程、混凝土大坝工程、堆石面板坝工程、基础处理、大型机电安装、铁路工程、风电工程等的施工业绩，强化了品牌形象建设，促进了企业发展。

（陈　果）

【工会工作】 2011年，水电七局有限公司工会立足本职，围绕中心，以工会创先争优活动为推手，积极发挥工会组织作用，通过制定实施《中国水电七局〈四川省职工代表大会条例〉实施细则》，推进了企业职工民主管理；通过开展职工技术比武、“安康杯”竞赛及劳动竞赛，树立和培育先进典型，促进了水电七局有限公司持续发展；通过冬送温暖、夏送清凉及健全二级单位困难职工帮扶中心，努力构建和谐企业；通过成立水电七局有限公司职工文体协会，广泛深入开展活动，促进了企业文化建设；在建设“品牌工会、维权工会、帮扶工会、效能工会”方面不断探索，在“服务大局、服务基层、服务职工”上取得了可喜的进展，为实现水电七局有限公司综合百亿企业发展目标作出了重要贡献。水电七局有限公司分获四川省总工会四川省2011年度工会工作目标考核一等奖、四川省2011年度工会领导班子考核一等奖。

【职工民主管理】 2011年，水电七局有限公司工会结合“六五”普法工作，进一步加强劳动法规的学习宣传，举办了职工代表和工会干部培训班，教育引导干部职工学法、知法、用法。完成了职工代表换届选举，坚持职代会制度，审议通过了建立企业年金的有关事项。制定实施了职工代表巡视制度等6项专项工作制度，加强了《2010～2012年集体合同》、《女职工权益保护专项集体合同》和《2011年工资集体协商专项协议》的贯彻执行和督促检查力度，维护了职工合法权益。

【开展送温暖活动，加大困难职工帮扶力度】 2011年，水电七局有限公司在开展“送温暖”活动中，落实资金485万元，补助困难职工家庭3320户，慰问离退休、待岗、内退职工和伤残人员及职工遗属等13 479人。“五一”、“七一”、“八一”期间，拨付专款慰问劳动模范、先进人物和军队转业的生活困难职工。同时，加大了困难职工帮扶力度。行政和工会拨款100万元，职工“捐献一天工资、奉献一片爱心”活动捐款81万元。帮扶基金管委会全年召开7次专题会议，研究救助特困职工123户，救助资金119.7万元，并从帮扶基金中拨出45万元，支持二级单位帮扶工作的开展。为职工因病住院医疗、女职工因患重病从省总工会理赔互助保险金54人·次，金额9.89万元。从地方民政部门为141户困难职工群众办理、领取“低保金”41.54万元。在“金秋助学”活动中，资助了困难职工子女36名，助学金额10.56万元。

【职工劳动竞赛】 2011年，水电七局有限公司工会组织把职工劳动竞赛融入生产实际。一是根据水电七局有限公司党委“创先争优”活动的部署要求，结合工会实际，制定了工会系统“创先争优”活动方案，并加以落实。二是与行政联合印发了职工劳动竞赛方案，深入开展南水北调项目劳动竞赛，并与股份公司、南水北调中线局的竞赛有机结合，使竞赛收到了较好的效果。5个参赛项目有4个分别获南水北调中线建管局和股份公司表彰，32名职工被评为股份公司和水电七局有限公司劳动竞赛先进个人。三是各二级单位结合实际，突出重点，广泛组织劳动竞赛的开展。亭子口施工局以“大干100天，奋战四季度，确保三期截流顺利实现”为主题开展劳动竞赛。向家坝施工局把“创先争优”活动与劳动竞赛有机结合，促进了劳动竞赛的深入开展。

【开展“安康杯”竞赛活动】 2011年，水电七局有限公司工会组织以“安康杯”竞赛和“安全月”活动为载体，以安全文化建设为平台，以落实工会劳动保护责任制为重点，把劳动保护工作融入各级行政安全生产管理中。一是制定《关于2011年开展“安康杯”竞赛活动的通知》。二是工会与相关部门制定了《关于开展2011年“安全生产月”活动的通知》，购买了近2000份的“班组职工安全知识竞赛”学习资料和试题，认真组织职工学习和答题，并对竞赛组织单位进行了评比奖励。三是在党政的重视支持下，进一步加大了“夏送清凉”的力度，筹措资金100余万元，深入项目工地，慰问一线职工。水电七局有限公司连续8年获全国“安康杯”竞赛优胜企业奖，水电七局有限公司工会被授予“四川省安康杯竞赛组织工作优秀单位”。

（贺省民）

【共青团工作】 2011年，水电七局有限公司团委按照股份公司团委、省企工委和水电七局有限公司党委的总体部署和要求，遵循“服务青年成长成才，融入中心创造价值”的工作理念，坚持“整体推进、全面活跃、重点突出、创新发展、成果丰硕”的工作思路，着力“强基、聚心、提能、创效、塑形”五位一体目标管理，不断推进团的工作发展。一是以各种纪念活动、工程项目和主题活动为载体，开展学习活动，深化学习内容。如建党90周年活动、“我与七局共发展”主题活动等。二是开展“队、号、手”活动。三是团组织以“五小”科技攻关和QC小组等活动为载体，全面推进青年“创新创效”活动。6名青工参加四川省2011年青年职工职业技能大赛，4名青年进入20强。四是开展“精心做好岗前培训、悉心开展思想引导、倾心营造文化氛围、尽心组织导师带徒、细心安排日常生活”的“五心”服务活动。五是夯实组织基础，开展创先争优，加强团的自身建设。

（刘　莉）

纪检监督

【党风廉政建设责任制】 2011年，水电七局有限公司在党风廉政责任制建设工作中，一是教育为先，制度为重，做好反腐倡廉的基础工作。制定了《反腐倡廉工作要点》、《党风廉政教育工作计划》、《效能监察专项工作计划》、《党政班子成员及机关部室党风廉政建设“一岗双责”职责分工》、《纪检监察组织建设实施细则》、《党风廉政建设责任制执行情况的考核评分办法》。修订了《党风廉政建设责任制实施细则》、《“三重一大”民主决策制度实施细则》。二是以责任制为龙头，层层落实责任。2011年，水电七局有限公司328个责任单位签订《党风廉政建设责任书》597份。三是落实责任制。2011年，加大了与责任书配套的《党风廉政建设责任制执行情况考核评价办法和评分标准》、《纪检监察组织建设实施细则》、《三重一大决策制度实施细则》和“惩防体系建设2011年任务分解”等规章的约束力度和奖惩力度，保证328个责任单位党风廉政建设和反腐败工作的落实。

【纪检监察组织建设】 2011年，水电七局有限公司加强纪检监察组织建设工作，一是落实纪检监察机构设置。凡设有党委的单位均设置了纪委和监察机构；凡施工项目部按分级管理原则配置专职或兼职纪检监察员。二是落实纪检监察人员配置。截至2011年12月，水电七局有限公司共有专职纪检监察人员48人，兼职纪检监察人员98人，专兼职纪检监察人员由2010年的135人增加至146人。三是在薪酬福利等激励机制上，做到了纪检监察人员与人力资源部同职别人员的待遇相同，并于2011年5月举办了由62名各级纪检监察人员参加的“水电七局纪检监察培训班”。

【“制度＋机制”促进惩防体系建设】 2011年，水电七局有限公司制定了《水电七局惩防体系建设制度》和《水电七局惩防体系建设工作机制》两个指导性文件，使水电七局有限公司惩防体系建设具有体系建设“制度化”、制度分类“模块化”和任务分解“具体化”的特点。同时，在“制度＋机制”运行中，形成了纪检监察、内部审计、质量安全、生产经营、财务资产、法律事务等“大构建”机制和“责任追究”机制。2011年9月，四川省国资委在其主办的《企业纪检监察》简报第4期上，推广《水电七局以“制度＋机制”促进惩防体系建设》惩防体系建设经验。

【“服务+监督”开展效能监察】 2011年，水电七局有限公司的效能监察和过程监督工作，一是围绕分包和采购做好过程监督。水电七局有限公司监察部参与物资设备采购（含设备大修、项修）招标监督17次，金额18 047万元；500万元以上工程分包招标监督21次，金额60 814万元。同时，监察部参与二级单位工程分包和采购的工作指导和过程监控，用“服务+监督”指导下级工作，确保各二级单位的分包与采购事项符合水电七局有限公司规章制度的要求。二是做好债权追讨效能监察。2011年，水电七局有限公司监察部以“监察通知书”督促局财务部代表水电七局有限公司与下属各单位签订《债权催收责任书》明确责任，一年来，已回收债权5000多万元。三是围绕“分包、采购”等重要环节开展效能监察。2011年，效能监察立项59项，完成64项，提出整改建议78条，整章建制8个，节约资金510万元，直接增加经济效益175万元。四是做好“工程领域”专项检查和“工程分包回头看”。

（张　禹）

【审计工作】 2011年，水电七局有限公司审计工作发挥内部审计是企业健康发展免疫系统功能作用，突出大型项目、重点项目、高风险项目，以工程分包、设备物资采购与耗用、设备租赁为关键点，突出“过程控制”。既把财务收支合规性和经营成果的真实性作为基础审计，也逐步以业务流程和内控系统审计为主要内容。并将重大决策、业务流程与授权责任、主要风险点及其控制、大额资金的安全性、项目实施过程及效果、内控体系的有效性等作业审计重点。一是实施了桐子林项目、阿海项目、亭子口施工局、观音岩项目、三分局沙湾安谷项目、二分局南水北调焦3项目、安装分局南水北调惠南庄泵站项目的经济效益审计；彭水项目竣工审计和四分局分局长杨愚离任审计、海外事业部材料采购等专项审计。二是审计部、生产经营部、纪委检察部组成联合小组对锦屏项目二分局工程分包招标合规性和程序性进行专项检查。三是由审计部、生产经营部、纪委检察部三部门组成联合小组进行了“假发票”专项治理检查工作。四是审计部和局财务部牵头，各相关部门配合迎接了国务院国资委对集团公司2008～2010年任期经济责任审计。五是加强组织建设，各分局成立了审计部，并开展了审计工作。

（查振花）

【法律事务】 2011年，水电七局有限公司围绕“服务企业，依法治理”的主题，一是根据国家及省市建设主管部门、股份公司关于重新审核资质标准的要求，在各部门、单位的协助下，做好水利水电工程总承包特级等资质的申报工作，力争取得水利行业甲级设计资质。二是加强和完善法律审核工作，在股份公司系统率先将法律风险控制水平纳入水电七局有限公司授权经营单位负责人年度经营业绩考核指标。三是做好“六五”普法工作，制定了《建设工程施工合同法律指引》（试行）。四是根据国务院国资委、股份公司文件精神，配合其他部门，优质、高效地完成企业全面风险管理与内部控制方案中的体系构建工作。五是强化涉诉案件管理，提高诉讼效益，杜绝无效益诉讼。

（金　鹤）

中国水利水电第八工程局有限公司

概　况

【资质、资产】 中国水利水电第八工程局有限公司（以下简称“水电八局有限公司”）是具有中华人民共和国对外承包工程经营资格证、水利水电工程施工总承包特级资质、水利行业甲级承包资质、水利行业设计甲级资质，兼有房屋建筑工程施工、公路工程施工、市政公用工程施工总承包等3个总承包壹级资质，地基与基础工程、土石方工程、钢结构工程、起重设备安装工程、公路路基工程等5个专业承包壹级资质的国有大型建设工程企业，同时还具有工程造价咨询企业甲级资质、测绘资质甲级资质，具有铁路交易许可证、中华人民共和国特种设备制造许可证（起重机械）、中华人民共和国特种设备安装改造维修许可证（压力管道）、中华人民共和国特种设备安装改造维修许可证（起重机械制造安装改造维修资质）A级、全国工业产品生产许可证——预应力混凝土铁路桥简支梁（后张法预应力混凝土铁路桥箱型简支梁 31.5 米双线）、水工金属结构生产许可证。

水电八局有限公司设计资质还有电力行业水力发电（含抽水蓄能、潮汐）乙级，建筑行业建筑工程乙级。所属检测中心具有资质认证（计量认证证书），中国合格评定国家认可委员会实验室认可证书。所属湖南腾达科技有限责任公司具有水利工程质量检测资质等级证书——测量甲级，公路水运工程试验检测机构公路工程综合乙级资质，水利工程质量检测资质等级证书——岩土工程甲级、混凝土工程甲级，资质认定、计量认证证书。所属贵州拓海科技有限责任公司具有资质认定计量认证证书，建设工程质量检测机构资质证书，水利工程质量检测单位资质，混凝土工程甲级资质证书。所属湖南江海科技有限发展有限公司具有水利工程建设监理的甲级资质证书。

2011 年末，水电八局有限公司资产总额为 73 亿元。

（林　华　刘惠勇）

【领导班子】　水电八局有限公司 2011 年领导班子构成：执行董事、总经理、党委副书记林修建，党委书记、副总经理朱素华，副总经理张汉龙、黄敏、曹跃生、姜清华、戴科夫、刘光华、杨刚、刘中刚，监事、党委副书记、纪委书记朱国强，总会计师王意桥，总工程师涂怀健，工会主席肖华民。

【人员、机构】　2011 年底，水电八局有限公司职工总数 11 392 人，其中工程院院士 1 人，教授级高级工程师 55 人，高级职称 625 人，中级职称 1524 人，高级技师 87 人，技师 714 人，一级建造师 103 人，二级建造师 20 人，特聘高级专家及顾问 8 人。

2011 年，水电八局有限公司组织机构设置共 33 个。机关职能机构 17 个：总经理办公室、工程管理部、法律事务部、财务部、经营管理部、技术中心、质量管理部、安全管理部、市场营销管理部、设备物资部、社会保险管理部、人力资源部、资金管理部、审计部、纪检监察部（含纪委）、党委工作部（含团委）、工会。二级单位和直管经营实体 16 个：国际部、二分局、三分局、五分局、六分局、砂石分局、机电制造安装分局、基础工程分局、基础设施分局、贵阳机械厂、中水重工分公司、科研设计院、设备租赁中心、教育培训中心、基地服务管理中心、溪洛渡大坝施工局。责任方联营体项目 1 个：构皮滩八九联营体。另有 3 个改制的参股医院：长沙融城医院、常德市德星医院、贵阳市阳光医院。

（瞿建琴）

【经营业绩】　2011 年，水电八局有限公司完成企业总产值 114.83 亿元，为股份公司业绩考核目标 100 亿元的 114.83%，比 2010 年同期增长 7.7%。其中：建筑业产值 99.49 亿元，工业产值 12.71 亿元，多经产值 2.63 亿元；国内工程完成产值 77.24 亿元，国际工程完成产值 37.59 亿元。

2011 年底，水电八局有限公司在建合同约 330 个。其中：2011 年新开工合同项目 97 个；有 68 个合同项目完工，13 台机组投产发电，总装机容量 86.9 万千瓦；完成土石方开挖回填 3919 万立方米，混凝土浇筑 923 万立方米，金属结构制作 8.74 万吨，金属结构安装 4.92 万吨，帷幕灌浆 34.98 万米，固结灌浆 47.71 万米，砂石成品生产 2143.9 万立方米，商品混凝土生产 64.9 万立方米。

（郑　英）

国内工程（水利水电工程）

【新开工项目 42 个】　新开工国内水利水电工程项目 42 个，主要项目：贵州六池河七里塘水电站大坝工程；苗尾水电站乌堑砂石料场及砂石加工系统工程；南水北调中线一期引江济汉工程渠道 1 标土建及金属结构、电气设备安装工程；云南丹达河水电站厂区枢纽土建及机电金属结构设备安装工程；江西洪屏抽水蓄能电站主体工程土建施工招标（包 1 标）——上水库土建工程；浙江仙居抽水蓄能电站主体工程土建标；四川石洞口水电站土建工程；广西桂林市防洪及漓江补水工程斧子口水利枢纽工程；四川华电木里河上通坝水电站调压井、压力管道及厂房工程等。

【竣工项目 35 个】　国内水利水电工程竣工合同项目 35 个，竣工产值 36.3 亿元。主要项目：四川江边水电站大坝土建及金属结构安装工程，草街航电枢纽右岸泄洪闸及挡水坝土建工程，白竹洲水电站土建及机电安装工程，山西省万家寨引黄入晋工程北干线尚西庄水库土建工程，银盘水电站厂房、左非坝段及二期上下游围堰和基坑开挖工程，西藏自治区藏木水电站导流明渠工程施工 C1 标段，小湾水电站左岸砂石加工系统，湘江长沙综合枢纽右汊泄水闸及桥梁工程，向家坝水电站水轮机部分埋件制作等。

【机组投产发电 4 台】　共完成国内 4 台机组投产发电，4 台机组均为银盘水电站，总装机容量 60 万千瓦。

【国内中标工程51个】 中标国内水利水电工程项目51个，主要项目：金沙江白鹤滩水电站右岸下红岩边坡治理工程，江西洪屏抽水蓄能电站主体工程土建施工招标（包1标）——上水库土建工程，浙江仙居抽水蓄能电站主体工程土建标，贵州六池河七里塘水电站大坝工程，四川华电木里河上通坝水电站调压井、压力管道及厂房工程，四川石洞口水电站土建施工工程，云南丹达河水电站厂区枢纽土建及机电金属结构设备安装工程，苗尾水电站乌堑砂石料场及砂石加工系统工程，南水北调中线一期引江济汉工程渠道1标土建及金属结构、电气设备安装工程，广西桂林市防洪及漓江补水工程斧子口水利枢纽工程等。

【溪洛渡水电站大坝土建及金属结构安装工程】 溪洛渡水电站位于四川省雷波县与云南永善县接壤的溪洛渡峡谷段，是金沙江下游4个巨型水电站中最大的一个，总装机容量为1260万千瓦，年发电量位居世界第三。2007年3月，中标承建大坝土建及金属结构安装工程，合同金额为30.05亿元。截至2011年底，累计完成土石方开挖回填607.3万立方米，混凝土浇筑400.8万立方米，固结灌浆30.8万米。自开工以来，累计完成产值24.05亿元，2011年完成产值9.76亿元。

【银盘水电站三期工程土建及金属结构设备安装施工工程】 银盘水电站位于乌江下游重庆市武隆县境内，上游接彭水水电站，下游为白马梯级，是兼顾彭水水电站的反调节任务和渠化航道的枢纽工程。截至2011年底，上游围堰填筑至设计高程，完成基坑初期抽水，基坑开挖基本完成。开工累计完成土石方开挖回填148.23万立方米，混凝土浇筑15.96万立方米，固结灌浆10 999米。自开工以来，累计完成产值1.36亿元，全部为2011年完成。

【向家坝水电站砂石加工系统工程】 向家坝水电站位于四川、云南两省交界的金沙江下游河段。2006年2月，中标承建太平料场和马延坡砂石加工系统工程，合同总金额10.2亿元，总工期10年4个月。大湾口半成品加工系统于2007年3月19日正式投入生产，马延坡成品料生产系统于2007年8月1日开始成品料生产。2011年完成成品砂石料生产销售648.2万立方米，开工累计完成料场覆盖层剥离417.35万立方米。

【武都水库大坝工程】 武都水库位于涪江干流，是以防洪、灌溉为主，结合发电，兼顾工业及生活用水等综合利用的大型水利工程。2005年1月，中标承建大坝土建工程，合同总金额3.96亿元，合同工期40个月。受2008年汶川地震影响，先后签订2个灾后重建合同，合同金额合计1.88亿元。截至2011年底，累计完成土石方开挖回填176.7万立方米，混凝土浇筑177.09万立方米，固结灌浆58 142米。自开工以来，累计完成产值5.9亿元，2011年完成产值5052万元。

【金安桥水电站左岸砂石系统工程】 金安桥水电站位于云南省丽江市境内的金沙江中游河段。2005年6月，中标承建云南金安桥左岸砂石加工系统及相关工程。2011年完成成品砂石料销售131.26万吨。

【龙开口水电站大坝土建及金属结构安装工程】 龙开口水电站位于金沙江中游、云南省大理州与丽江市交界的鹤庆县朵美乡龙开口村河段上，电站装机规模为180万千瓦。2008年4月，中标龙开口水电站主体工程，合同总金额18.43亿元。2008年10月，大坝开浇混凝土。截至2011年底，累计完成土石方开挖回填979.8万立方米，混凝土浇筑283.6万立方米，固结灌浆92 918米，帷幕灌浆40 955米。自开工以来，累计完成产值14.54亿元，2011年完成产值7.21亿元。

【鲁地拉水电站大坝土建及金属结构安装工程】 鲁地拉水电站位于云南省丽江市永胜县与大理白族自治州宾川县交界处的金沙江干流上。2008年10月，816联营体中标大坝土建及金属结构设备安装工程，中标金额7.38亿元（水电八局有限公司占60%）。截至2011年底，累计完成土石方开挖回填215.52万立方米，混凝土浇筑61.91万立方米，固结灌浆29 613米。自开工以来，累计完成产值2.39亿元，2011年完成产值1.33亿元。

【重庆草街航电枢纽工程】 重庆草街航电枢纽工程位于重庆合川市境内，是以航运为主，兼顾发电，并具有拦沙减淤、改善灌溉条件等效益的水资源综合利用工程。水库总库容22.12亿立方米，电站装机容量50万千瓦。2006年9月和2009年11月，分别中标承建重庆草街航电枢纽厂房及冲沙闸土建工程和草街航电枢纽右岸泄洪闸及挡水坝土建工程。截至2011年底，两合同累计完成产值80 044.19万元，其中2011年完成11 471.79万元。累计完成土石方开挖回填 531.27 万立方米，混凝土浇筑 159.07 万立方米。

【托口水电站主体土建大坝工程】 托口水电站位于湖南省洪江市境内，工程以发电为主，兼有防洪和航运综合效益，正常蓄水时库容 12.49 亿立方米，电站总装机容量为 83 万千瓦。截至 2011 年底，开工累计完成产值 30 523.4 万元，其中 2011 年完成 18 746.8万元。累计完成土石方开挖回填 211.4 万立方米，混凝土浇筑 58.1 万立方米。

【大岗山水电站砂石加工系统及大坝土建工程】 大岗山水电站位于大渡河中游的四川省雅安市石棉县挖角乡境内。2008 年 9 月，中标大岗山大坝人工骨料加工系统工程，合同总金额 5.31 亿元。2009 年 6 月，中标大岗山水电站大坝土建及金属结构设备安装工程，合同总金额 5.67 亿元。截至 2011 年底，砂石系统完成土石方开挖回填 241.87 万立方米，自开工以来累计完成产值 1.87 亿元，2011 年完成产值 5814.3 万元；大坝土建工程完成土石方开挖回填 204 万立方米，混凝土浇筑 4.63 万立方米，自开工以来累计完成产值 1.83 亿元，2011 年完成产值 6167 万元。

【藏木水电站厂房土建及金属结构安装工程】 藏木水电站位于西藏自治区山南地区加查县境内，电站总装机容量 51 万千瓦。2010 年 7 月，中标藏木水电站厂房土建及金属结构安装工程，合同金额为 10.37 亿元人民币。截至 2011 年底，厂房工程累计完成土石方开挖回填 367.21 万立方米，自开工累计完成产值 2.57 亿元，2011 年完成产值 1.84 亿元。

【湘江长沙综合枢纽工程】 湘江长沙综合枢纽工程是湖南省、长沙市“十一五”重大项目，是以适应湘江水运大通道建设、提高城乡供水保障水平和长株潭三市城市发展需要为主，兼顾发电、交通等功能的公益性基础设施建设工程。坝址位于长沙望城县的蔡家洲，电站为河床式厂房，总装机容量 5.7 万千瓦。2009 年 11 月，中标湘江长沙综合枢纽工程右汊泄水闸及桥梁工程，合同总金额 1.37 亿元；2010 年 7 月，中标湘江长沙综合枢纽电站厂房及左汊泄水闸工程，合同总金额 8.54 亿元。两合同 2011 年全年完成土石方开挖回填 170.15 万立方米，混凝土浇筑 26.01 万立方米，开工累计完成产值 3.42 亿元，2011 年完成产值 1.86 亿元。

【仙居抽水蓄能电站上水库工程】 仙居抽水蓄能电站位于浙江省仙居县湫山乡境内的永安溪上。2011 年 10 月，中标浙江仙居抽水蓄能电站上水库工程土建施工（C1 标），合同金额 33 482.49 万元。2011 年完成产值 499 万元。

【白鹤滩水电站右岸下红岩边坡治理工程】 白鹤滩水电站位于金沙江下游四川省宁南县和云南省巧家县境内，电站开发任务以发电为主，兼顾防洪，并有拦沙、改善下游航运条件和发展库区通航等综合利用效益，是西电东送骨干电源点之一。2011 年 12 月，中标白鹤滩水电站右岸下红岩边坡治理工程，合同金额 77 000.32 万元。

（林　华　郑　英）

国际工程

【综述】 2011 年，水电八局有限公司完成国际业务营业收入 37.59 亿元。在亚、非、南美、东欧四大洲 21 个国家参与投标 51 个，新增合同 21 项，新增合同额 60.24 亿元，占新增合同额的 45.57%。在产业结构上，巩固了以水利水电为核心，火电业务为重要增长极，涉及市政、公路、房建、农业园等相关多元化格局。2011 年 7 月，中标承建莱索托麦特隆大坝及原水泵站项目，成功登陆南非市场。形成了东南亚、南亚、中东、西非、南非、南美洲 6 个相对稳定的区域化市场，设有中东、孟加拉、马来西亚、南非、西非、乌干达、塞拉内昂等 7 个驻外办事处。新开辟了莱索托、厄瓜多尔、越南、沙特阿拉伯、缅甸等国别市场。

【国外新中标项目 21 个】 主要项目：委内瑞拉巴里纳斯州阿里托生态农业开发项目，柬埔寨斯伦流域水利开发工程（一期），柬埔寨卜哥山水电站一号坝工程，卜哥山水电站 300 立方米水塔工程，卜哥山水电站 115 千伏输变电线路工程，布维水电项目 EPC 合同-4 号补充协议，缅甸密松水电站右岸 2、4、6、8 号场内道路、右岸上坝公路、右岸滨江公路工程，密松水电站兰家坡砂石加工系统建设与运行管理，莱索托麦特隆（Metolong）大坝及原水泵站项目，马来西亚沐若水电站进厂房道路与居民村道路项目，甘再水电站 BOT 项目 PH1、PH2 电站下游河道整治工程，柬埔寨西哈努克港 2×6 万千瓦燃煤电厂工程 2×5 万千瓦（净）燃煤电厂工程临建配套工程，厄瓜多尔美纳斯水电站工程等。

2011 年 9 月，缅甸政府单方面宣布搁置密松水电站建设，使得该项目无法正常实施。

【马来西亚巴贡水利枢纽工程】 该工程位于马来西亚沙捞越州（SARAWAK）民都鲁地区的拉让（BaLui）江上游。坝型设计为混凝土面板堆石坝，坝高205米，是世界第二高混凝土面板堆石坝。电站装机容量240万千瓦，水库库容438亿立方米，被称为东南亚的“三峡”项目。主体土建工程（EPC项目）由集团公司和马来西亚当地公司组成的马中水电联营体于2002年10月中标承建，在集团公司的统一组织下，水电八局有限公司承建了电站进水口与溢洪道混凝土施工2&3B标段，合同总金额4.71亿元。2005年8月水电八局进场施工，2010年10月实现下闸蓄水。该项目于2011年12月荣获“2010～2011年度国家优质工程（海外工程）金质奖”。

【马来西亚沐若水电站】 该水电站位于马来西亚沙捞越州（SARAWAK）民都鲁地区拉让江（BaLui）上游，电站安装4台23.6万千瓦的混流式发电机组。由三峡发展（马）公司以EPC模式总承包，水电八局有限公司负责土建、金属结构制作安装和永久机电设备安装工程，合同金额30.18亿元。2008年10月开工，2010年5月实现大江截流；2010年11月，开始浇筑大坝基坑混凝土；2011年，完成大坝混凝土浇筑73.2万立方米。截至2011年底，累计完成合同金额16.89亿元。

【柬埔寨甘再水电站】 该水电站是集团公司在境外实施的第一个BOT水电投资项目，位于柬埔寨贡布省甘再河上，总装机容量19.41万千瓦。水电八局有限公司承建该工程土建施工、机电设备安装及金属结构制造安装等，合同金额11.44亿元。2007年9月开工，2008年11月大江截流，2009年9月PH2厂房首台机组发电，比合同工期提前23天。2011年完成所有大坝主体土建工程，PH1厂房及引水发电系统主体土建工程，2011年12月7日举行竣工庆典暨PH1发电仪式。柬埔寨总理洪森、股份公司总经理孙洪水等出席。截至2011年底，累计完成合同金额14.08亿元。

【加纳布维水电站】 该水电站位于加纳共和国BOLE（北部地区）和WENCHI（BRONGAHAFO地区）交界处的沃尔河上，由集团国际公司以EPC模式总承包，并全面委托水电八局有限公司负责实施。电站总装机容量40万千瓦。合同金额28.52亿元（2011年4月签订4号补充协议，增资1.684亿美元）。2007年8月开工，2008年12月提前一年实现大江截流，2009年12月开仓浇筑碾压混凝土。2011年全年完成混凝土浇筑37.28万立方米，2011年6月8日实现下闸蓄水。截至2011年底，累计完成合同金额18.39亿元。

【印度尼西亚亚齐火电站项目】 该火电站位于印度尼西亚苏门答腊岛北部亚齐自治区。2008年4月，集团国际公司中标，并委托812联营体承建，水电八局有限公司为责任方。2008年5月项目启动；2009年11月打下第一根永久工程桩；2010年7月开始吊装锅炉钢架；2011年1月，1号锅炉汽包完成吊装，提前44天实现里程碑目标；2011年12月，开关站受电，1号汽机扣盖。该项目以良好的履约业绩荣获印尼电力系统“2010年最佳工程履约奖”。截至2011年底，累计完成合同金额12.32亿元。

【科威特萨巴赫·艾哈迈迪新城C区基础设施建设工程项目】 该项目位于科威特首都科威特城南部，总占地面积35平方千米。水电八局有限公司承建的萨巴赫·艾哈迈迪城C区项目属新城项目的一期工程，合同总价约4180万美元。2009年8月开始主体工程施工，9月开仓浇筑混凝土。2010年7月，完成20块停车场及其附属设施的移交，顺利实现第一个里程碑目标。2011年2月，完成第二个节点目标，7月完成第三个节点目标。截至2011年底，累计完成合同金额2.65亿元。

【孟加拉达卡至吉大港四车道高等级公路项目】 2009年12月，水电八局有限公司中标孟加拉达卡至吉大港公路2、3、4、5、6、8、9标段，共7个标段，总长139.35千米，总金额约11.5亿元。2011年，完成所有标段的清表，并完成土方填筑156.6万立方米、涵洞117个、混凝土浇筑1.8万立方米。截至2011年底，累计完成合同金额8405万元。

【柬埔寨沃代水电站】 该水电站位于柬埔寨王国菩萨省列文县额勒赛河上游支流的沃代河，由中国大唐集团公司控股的柬埔寨水电开发有限公司以BOT模式开发。水电八局有限公司中标承建沃代水电站Ⅱ标、Ⅲ标。2010年4月签订施工合同，合同金额8959万美元。2010年11月实现大江截流，12月开仓浇筑主体混凝土。2011年8月完成总长度达6226米的引水隧洞开挖，11月成功实现大江二期截流。同时，机组管路预埋、金属结构及压力钢管的安装也顺利进行。截至2011年底，累计完成合同金额2.89亿元。

【委内瑞拉紧急电站新中心电厂项目】　该电厂位于委内瑞拉第一大港——卡贝略港附近，装机容量77.2万千瓦，总造价为10.38亿美元。2010年3月，集团国际公司与委内瑞拉石油公司（PDVSA）签订项目合同，并委托水电八局有限公司作为责任方和水电十二局有限公司联营实施。2010年7月项目动工。2011年，电站土建部分完成全部主机及辅机基础混凝土，以及2个油罐、化水车间、集控楼、黑启动、主变压器及高压厂用变压器基础混凝土的浇筑；机电安装部分完成燃机和发电机、旁路烟囱、主变压器的安装，辅机基本安装完毕；电站初步设计全部完成，详细设计完成95%；永久设备采购完成99%，到港清关运至工地达70%，截至2011年底，累计完成合同金额18.84亿元。

【印度尼西亚东加—巴厘巴板火电项目】　该项目位于印度尼西亚东加里曼丹省巴厘巴板市，为EPC总承包合同。2010年12月，集团国际公司与印度尼西亚国家电力公司签订本项目合同，合同工期33个月，合同金额约2.78亿美元，由水电八局有限公司与印尼ADHI公司组成的联合体实施。2011年主要完成地形、地质和海洋测量，场地平整，电厂及码头初步设计完成并通过业主审批，完成三大主机及4批辅机的采购招标工作。2011年完成合同金额1.31亿元。

【柬埔寨斯伦流域水利开发工程（一期）项目】　该项目位于柬埔寨西北部的斯伦河流域，为中国政府优惠出口买方信贷，总投资为5350万美元。2010年12月，集团国际公司与柬埔寨政府水资源与气象部签订EPC总承包合同，并于2011年2月委托水电八局有限公司实施，委托协议金额为4922万美元。2011年主要完成地形、地貌的勘测等工作，并于12月12日实现开工。2011年完成合同金额1248万元。

【委内瑞拉亚诺阿里托生态农业项目】　该项目位于委内瑞拉巴里纳斯州境内，分3期进行，其中一期工程合同金额约为500万美元，由812联营体实施，水电八局有限公司为责任方。2011年2月开工，年内完成了该项目的勘察设计，蜂蜜加工厂施工完成90%的工作量，水产养殖棚完成85%的工作量。2011年完成合同金额为556万元。

【莱索托麦特隆大坝及原水泵站项目】　该项目距离莱索托首都约35千米，主要向首都马塞卢及周边地区提供工业及生活用水，项目由碾压混凝土大坝、原水泵站和原水管道组成。2011年8月，水电八局有限公司中标该项目，合同金额为7999.116万美元。2011年，主要完成临建设施的施工，完成合同金额488万元。

【埃塞俄比亚GIBEⅢ水电安装项目】　2010年12月，水电八局有限公司从东方电气集团国际合作有限公司分包，总体工作范围为10台单机容量为18.7万千瓦的混流式水轮发电机组的安装、压力钢管的国内制作及现场安装、水工金属结构闸门的国内制作等内容。2011年完成了现场临建的搭建、机电预埋、金属结构安装等的准备工作。

【尼日利亚KAINJI水电站改造项目】　该水电站位于尼日尔河流域，为坝后式电站，采用单管单机的布置方式，共装置12台机组。从中国水电顾问集团华东勘测设计研究院分包，合同主要包括5、6、12号共3台单机容量12万千瓦轴流转浆式机组以及部分辅助设备的拆除、修复、安装及调试。水电八局有限公司是集团公司第一个进入尼日利亚水电市场的单位，为今后开拓尼日利亚及非洲水电市场奠定了基础。

（陈昌杰）

投资开发

【综述】　2011年，水电八局有限公司全资、控股、参股的单位共13家。其中，全资子公司5家：西昌八局机电建设有限责任公司、湖南江海科技实业发展公司、长沙江河物业管理有限公司、长沙县拓海商业服务部、湖南腾达科技有限责任公司。参股公司5家：中国水电建设集团房地产（长沙）公司、湖北朝阳房地产开发有限公司、中国水电建设集团新能源开发有限公司、中国水电贵阳投资发展有限公司（该公司项目已取消，正在办理后续事宜）、湖南金光华海赋房地产有限公司。参股民办非盈利医疗机构3家：长沙融城医院、常德德星医院和贵阳阳光医院。另有自主投资项目2个：科研综合楼、机电设备岳阳分公司项目。

【科研综合楼项目】　该项目位于长沙市天心区生态新城区，为单栋建筑，地下2层，地上20层，建筑高度84.55米。总建筑面积38 277平方米，其中地上27 416平方米，地下10 861平方米，概算总投资21 468万元。主体工程建设已全面开展，累计完成投资7700万元。

【机电设备岳阳分公司项目】　按照股份公司的主业安排，水电八局有限公司在长江城陵矶港口投资兴建机电设备制造厂，位于湖南省岳阳市城陵矶临港产业新区，总用地面积133 429平方米，总建筑面积417 599平方米。2011年，主体工程建设全面展开，进入了土建和安装的高峰期。累计完成投资额3168.89万元。

【中国水电贵阳投资发展有限公司】　贵阳东部新城四路四沟BT项目，总投资估算36.05亿元，该项目在贵阳市注册成立了“中国水电贵阳投资发展有限公司”，集团路桥公司、水电八局有限公司、水电十局有限公司各占股比例为40%、30%、30%。因银行贷款没有到位，经与股份公司协商，当地政府已将此项目转让给中铁集团。

【湖南金光华海赋房地产有限公司】　该公司由集团房地产公司、水电八局有限公司、长沙金光华置业有限公司联合发起组建，各占股比例为48%、12%、40%，主营房地产开发。目前正在进行土地交易和各项准备工作。

（姚　昂）

【西昌八局机电建设有限责任公司】　该公司系水电八局有限公司全资子公司，主营机电设备制造与安装，位于四川省凉山州西昌市安宁镇成·凉工业园区内，厂区总占地面积约64 357平方米，总建筑面积约13 000平方米。2009年初正式投产，年平均生产量16 878吨，年均生产经营产值24 091万元，2011年实现净利润（含上缴，不含财务费用）1000万元以上。

（姚　昂）

基础设施建设（指非水电项目）

【综述】　2011年，水电八局有限公司完成国内非水电建筑业产值13.76亿元，为国内非水电产值计划25亿元的55.%，占整个国内建筑业总包产值的21.7%，比2010年同期减少12.6%。其中完成房建工程产值8242万元，完成公路工程产值74 548万元，完成铁路工程产值3083万元，完成能源工程产值15 028万元，完成市政工程产值22 910万元，完成其他工程产值13 762万元。

2011年，新中标国内非水电项目43个，合同总金额374 756.7万元。主要项目：泉州至南宁国家高速公路江西境内吉安至莲花（赣湘界）土建工程B2合同段，天津塘承高速公路二期工程1-5标段施工工程，湖南怀化市二环路改造工程，昆明县华山水园住宅小区项目建设工程施工一标段，佳木斯木材（滨江）小区工程二标段，四川省会东至河门口公路工程Ⅰ标，国家高速公路网横12杭州至瑞丽公路云南龙陵至瑞丽高速公路土建工程，成都自来水七厂一期工程钢管采购工程（二、三标段）等。

（林　华　郑　英）

【湖南衡阳至桂阳高速公路土建工程第11标段】2009年4月中标，合同段长4.6千米，合同金额22 544万元。截至2011年底，所有合同项目全部施工完毕。自开工以来，累计完成产值19 657万元，2011年完成产值9214万元。

【湖南省溆怀高速公路第三合同段】　该合同段长约3.24千米。截至2011年底，累计完成土石方开挖回填93.1万立方米，混凝土浇筑10.4万立方米。自开工以来，累计完成产值10 859万元，2011年完成产值6293万元。

【泉州至南宁国家高速公路湖南段界化垄（湘赣界）至茶陵高速公路项目第1合同】　该合同段全长4.96千米，自2010年底开工以来，累计完成产值6884万元，2011年完成产值5101万元。

【珠三角城际轨道交通佛山至肇庆项目施工GZZH-6标】　该项目主要包括3座大桥施工，总线路长约7.2千米。自2010年底开工以来，累计完成产值9259万元，2011年完成产值8110万元。

【泉州至南宁国家高速公路江西境内吉安至莲花（赣湘界）土建工程B2合同段】　该合同段全长9.11千米，2011年1月中标，合同金额13 092万元。2011年完成产值5502万元。

【湖南长沙至韶山至娄底高速公路】　2011年1月中标第4标段，全长9.6千米，合同金额14 947万元。2011年完成产值880万元。

【天津塘承高速二期工程第二标段】　该标段全长6.42千米，2011年11月中标，中标额为18 851.68万元。

【湖南怀化市二环路改造工程】　2011年11月中标，中标金额33 141.7万元。怀化市城市二环路总长32.5千米，本次投资建设22.5千米。

【贵州瓮福磷矿二期接替矿山项目穿岩洞矿段基建剥离工程】 瓮福磷矿位于贵州省瓮安县和福泉市境内。瓮福磷矿二期接替矿山项目总投资 19.6 亿元，分两个矿段，其中穿岩洞矿段建设 350 万吨/年的露天矿山，采用分区强化开采及分期建设，服务年限 26 年。穿岩洞矿段基建剥离工程基建剥离总方量约 2800 万立方米，分为两个标段，水电八局有限公司中标二标段，合同金额 28 559 万元，开采量约 1300 万立方米。

（林 华 郑 英）

管理创新

【人力资源管理】 2011 年，水电八局有限公司荣获“全国和谐劳动关系模范企业”称号。

（1）机构设置与调整。新成立项目履约机构 68 个，新设立市场开拓机构 16 个，撤销云南分局、川渝分局，人员、资产、设备分别归属六分局和五分局管理，原昆明、成都办事处工作职责也相应归入。

（2）领导班子和干部管理。①有直管干部 377 人，其中六级以上干部 345 人，七级干部 32 人，任免干部 180 人·次，其中新提任干部 39 人；②3～4 月考核干部 189 人，第一次对水电八局有限公司机关 78 名直管干部进行考核，责成国际部党委启动国外项目直管干部考核；③组织公开竞聘 12 次，参加竞聘 82 人，通过竞聘提任干部 15 人；④修改《二级单位领导班子换届考核组织工作细则》，先后组织对基地服务管理中心、六分局、五分局、二分局 4 个领导班子的换届工作。

（3）绩效与薪酬。制定《高原地区工作补贴制度实施方案》、《高原地区工作人员医疗卫生指导意见》、《基础设施业务区域营销管理部负责人经营业绩考核评价及薪酬管理办法（试行）》；修订《国（境）外项目员工薪酬管理办法》、《所属单位经营负责人业绩考核评价及薪酬管理办法》。

（4）培训与开发。①完成培训班 36 期，所属各单位完成各类培训班 127 期，培训 6752 人·次；②10 月举办第八次职业技能竞赛，首次开展土建三项全能技能竞赛，12 月举行第二届“芙蓉杯”女职工财务执业技能竞赛；③10 月有 300 余员工参加维修电工等 10 个职业的高级技师、技师、高级工的晋级鉴定考试；④组织工程、经济、会计、政工等系列专业技术资格正高级、副高级、中级、初级的评审（认定）工作，其中评审正高级 5 人、副高级 82 人、中级 161 人，初级认定 351 人。

（5）劳动合同管理。全年解除劳动合同 229 人，续订劳动合同 401 人，调入 5 人，录用 519 人（其中，大学毕业生 502 人）。通过分片招聘面试，2012 年毕业本科生有 590 人与公司签约。

（6）信息化管理。补充 2010 年开发的人力资源管理信息系统部分模块，通过特级资质审核组对系统的现场审核，完成人力资源信息管理的新老系统过渡。

（瞿建琴）

【设备租赁经营】 水电八局有限公司在加强设备租赁管理职能的同时，积极推进发展模式和经营模式的转变，设备租赁经营由原来主要的管理职能向经营职能转变。为适应经营模式转变，设备租赁经营在继续巩固做好特种设备管理租赁、高速铁路架桥和水电工程土石方开挖的基础上，面向市场，拓展新的经营领域。2011 年 9 月，中标贵州瓮福磷矿二期接替矿山项目穿岩洞矿段基建剥离工程二标，首次进入矿山施工领域。

目前，水电八局有限公司设备租赁设备资产 2.51 亿元，拥有门塔机、高速铁路架桥施工等特种设备和大型土石方开挖设备 200 台（套）。

（邱君生）

【设备物资管理】 2011 年，水电八局有限公司拥有施工设备共计 24 605 台（套），原值 26.2 亿元，净值 11.98 亿元。主要设备完好率 96.1%，利用率 71.88%。工作重点：继续做好和强化特种设备和易燃易爆危险物品安全管理及设备物资管理信息系统，从而带动和促进公司设备物资管理工作全面开展。加强管理体系文件宣贯，提高制度的执行力，做到设备物资管理的制度化、规范化、程序化。增强两级管控，防范管理风险。强化设备物资的安全管理。编制出版了《特种设备法律法规问答及案例分析》及《设备安全技术操作规程手册》，为项目的设备安全操作及特种设备的管理提供了蓝本。采购管理按照“程序合规，过程透明，监督到位”的原则，严格按《采购控制程序》、《设备物资集中招标采购管理办法》及“三重一大”的工作程序进行集中采购管理，并定期或专项向水电八局有限公司设备物资管理领导小组进行汇报。施工设备采购集中率达到 83.1%，物资集中采购达到 134 批次。根据国家财政部、商务部印发的《进口贴息资金管理暂行办法》，2011 年，水电八局有限公司申请进口贴息约 15.7 万元。2011 年 8 月，由股份公司主管，水电八局有限公司主办的《机电设备技术与管理》季刊（省部级）实现了首刊发行。

（禹建新）

【质量管理】 2011年，水电八局有限公司工程（产品）施工（生产）质量总体良好，施工主体及永久性合同工程无大、重大质量事故发生，产品（工程）质量满足施工合同及水电八局有限公司质量目标要求。工程（产品）验收合格率100%，土建单元工程优良率93.5%，金属结构机电单元工程优良率98.5%，国内非水电项目单元工程合格率100%，国际工程单元合格率100%，一次验收合格率98.8%。对水电八局有限公司2010版体系文件进行了必要的修订和补充。通过持续改进，确保了管理体系能满足水电八局有限公司内外环境变化的需要，并顺利通过GB/T 19001—2008、GB/T 24001—2004、GB/T 28001—2001、GB/T 50430—2007外部认证审核。

对部分在建项目（含海外项目）、二级单位和机关部门进行了内部审核，内审结果将作为对经营单位和经营责任人考核的重要依据。修订《水电八局有限公司奖惩标准》，通过实施相应的质量考核和质量奖罚等办法，从管理过程和结果两个大的方面对二级单位和项目进行质量考核与奖罚。对二级单位、项目质量检控机构的设置进行了明确规定，配备满足施工生产需要的专职或兼职质量管理人员。坚持质检员持证上岗制度。加大了质控人员的培训力度，举办多起水利、公路等行业质量检验与评定规程、管理体系标准等多种培训班。

2011年，共获优质工程奖项12个，7个省部级优质工程奖。其中，5项为中国电力优质工程奖，2项为湖南省优质工程奖，1个鲁班奖，2个国家优质工程奖，1个詹天佑奖，1个四川省天府杯金奖。

（龚　钺）

【施工管理】 2011年，生产进度计划与施工节点目标的控制仍是项目施工过程中的基本目标，也是施工管理的主要内容，两级本部加大了对这两方面的管控力度。充分利用计算机网络平台加大与项目之间沟通与联系，随时掌握项目的施工动态，做到对项目问题早发现、早防治、早控制；加大对问题项目的检查、督促力度；督促项目及时上报施工进度月报表，并附关键部位的工程图片。编制重点、难点项目的综合报表，为水电八局有限公司科学决策提供依据；搞好项目的前期策划工作，为项目施工提供所需的人、材、物；加强部门之间的横向联系和紧密合作，确保项目进度计划顺利实现；完善项目的管理模式，在不同项目分别实施了EPC、施工总承包、单项工程承包、专业分包、劳务分包等模式。2011年在建的200多个工程项目履约状况稳定在较高水平，一批大中型项目得到了业主、监理和社会各界的高度评价。

（周岳望）

【成本控制】 进一步加强《建造合同准则》执行，严格审定公司建造合同报表，明确内部分包单位从2011年4季度开始不再执行《建造合同准则》；严格控制未完施工的增长，关闭了大部分完工或停工3年以上的项目，消化了部分风险较大的未完施工挂账；建立国际项目毛利分成制度，建立国际业务发展调节基金，平衡国际业务经营风险，实现收益共享，风险共担。加强目标成本的管理，对重点监管的项目，要求其编制上报目标成本报表；加强成本分析与总结，每季度重点对未完施工进行专项分析，降低潜亏风险，真实反映企业经营业绩。

（陈　伟）

【资金管理】 加强银企合作，不断优化融资结构，灵活使用各种银行业务，资金运行成本不断降低。创新资金管理办法，全面推行资金全面预算管理，加强了资金全面风险管控，促进了资金集约化发展，资金使用效益明显提高。全年共取得银行综合授信额度121.08亿元，连续10多年保持了在中国建设银行的“AAA”信用等级，继续保持中国工商银行“AA+”信用等级、中国银行“特级信誉企业”。2011年末，银行借款余额7.41亿元，其中，根据国家大力开发西部之优惠政策，从施工所在地中国建设银行取得了2.6亿元的中长期政策优惠贷款，每年可为企业节约604万元的财务费用支出；利用进出口银行对大型国企国际工程建设的扶持政策，争取了1.8亿元的中长期优惠贷款，每年可减少约359万元的贷款利息支出。与交通银行通力合作，年内开通了报账通业务、法人透支账户业务，继续开展了国内信用证业务，提高了工作效率，缓解了短期资金压力，有效改善了水电八局有限公司的负债结构。开展了全面风险管理流程梳理，完善了水电八局有限公司内控制度体系。规范担保业务，及时清理到期担保，有效防范担保风险，截至2011年末，水电八局有限公司对外有效担保降为2063万元，全部为股份公司内部担保，风险可控。

（汤国良）

【财务管理】 2011年，水电八局有限公司对所属单位进行财务大检查，加强对企业会计准则、公司财务制度的执行力度；做好“小金库”专项治理复查工作，进一步严肃了财经纪律，加强了法制教育；加强厂办大企业管理工作，明确国有资产权属关系，确保国有资产保值增值；清理内部三角债，确保内部经济秩序及结算的畅通；加强外部债权回收，加速资金周转，降低经营风险；参与水电八局有限公司全面风险管理体系建设工作，建立财务风险管控流程；完成了国家税务部门对水电八局有限公司2007～2009年发票检查及税务稽查工作，完成了2010年企业所得税清缴工作，2011年3月，水电八局有限公司被评为“2008～2009年度A级纳税信用单位”；加强税收筹划，积极与税务部门沟通，部分境外项目免征建安营业税；配合完成水电八局有限公司特级资质重新申报工作，加强内部控制及信息化建设，全面提升水电八局有限公司企业财务管理水平。

（陈　伟）

【信息化建设】　组织了各单位、项目开展综合项目管理系统的建设，录入各类数据20余万条。印发了《信息化组织体系管理办法（试行）》，对水电八局有限公司各级单位信息化组织的设置和职能提出了具体的管理内容与要求。首次将信息化水平作为各二级单位经营负责人的年薪考核依据，将信息化建设作为水电八局有限公司机关文明处室考核评比内容之一。下发了《关于进一步加强RTX即时通信系统应用的通知》，在水电八局有限公司推广股份公司的RTX通信系统。投入近30万元，购置了深信服的SSL VPN设备，发布《关于推广应用SSL VPN的通知》，建立SSL VPN账户1800余个，于2011年11月底完成配置并正式上线运行。根据股份公司的统一安排，完成了和中国联通公司的6米专线接入合同签订和线路接入，实现了和股份公司机房的专线连接，为下一阶段上高清视频会议做好了准备。投入20万元购买了Office2010办公软件和Windows2008服务器操作系统的授权许可，实现了这两个软件的全面正版化。

（张雄飞）

【基地建设】　水电八局有限公司不断加强政企交流，强化社区功能，企业办社会职能分离得到稳步推进。2011年6月，贵阳基地房改工作取得实质性突破，为第一批1882户住户办理了“上市交易许可证”。同年7月，政府投资780万元的贵州乌江廉租房建设工程开工，水电八局有限公司争取到234套保障住房，有效解决了乌江片困难职工、家属的安居问题。投资119万元的长沙片区自来水供水管网改造全部完成。贵阳基地540余名家属工、临时工参加贵阳市“大集体工”基本养老保险问题得到解决。融城社区为南托基地向政府申请到约10万元室内康复、室外健身器材。东江基地被评为湖南省“文明单位”。武汉客运站年度经营产值突破500万元，创历史新高。积极开拓物业管理市场，寻找新的经济增长点。开展丰富多彩的民众生活，创建和谐温馨的社区环境。五大基地积极开展形式多样的职工群众文体活动，形成了具有特色的企业后线文化，并通过积极参与社区共建活动，主动融入社会，提升了企业品牌影响力和社会知名度。2011年9月，水电八局有限公司与长沙市天心区大托镇政府在南托基地联合成功举办了“全国首届快乐老人门球邀请赛（湖南赛区）”。

（王辉阳）

【社会保障与离退休管理】　2011年末，水电八局有限公司已签定劳动合同在册在职人数11 392人，按规定全部参加各项的社会保险，参保率100%，其中新参保人数522人。2011年，8200余名离退休（职）人员，完成了90%以上离退休人员人脸建模认证工作。配合离退休人员认证，完成了80%定抚人员和离配人员的走访慰问工作。同时，完成了老工伤和离退休人员独生子女情况的摸底工作。首次完成了102名新退休人员和死亡职工的企业年金账户支付工作。水电八局有限公司被评为湖南省社会保险管理服务局“2011年度基本养老保险先进单位”。

（肖琳玉）

企业改革

【调整3年发展规划】　对2011～2013年3年发展规划中的相关指标进行了调整：2011年实现营业收入120亿元，力争3年累计完成营业收入400亿元。3年累计实现利润超15亿元。2011～2013年3年承揽工程400亿元。

【企业改革改制】　2011年，是中国电建集团成立、股份公司整体上市的关键之年，水电八局有限公司加快了产业结构调整、发展方式转变步伐，不断优化内部组织架构，推进管理机制改革。全力推进国际化经营战略，国际业务从国别单一项目向区域项目群转变；全力做强基础设施业务，果断推动基础设施业务机构调整和资源整合，基础设施业务新增合同额大幅增长；有序发展投资业务，参股集团新能源公司、房地产（长沙）公司，投资建设西昌公司、科研综合楼项目、机电设备制造岳阳分公司项目，参与建设贵阳市东部新城“四路四沟”BT项目和长沙暮云房地产项目。进一步推动水电八局有限公司从水电业务向大土木综合经营转变，公司规模效益不断提升。

（王荫皆）

科技进步

【科研项目】 2011年，获得股份公司科研立项项目4个：《特大型水轮发电机组安装新技术研究》、《Geotube土工管袋施工技术在印尼亚齐火电项目码头及防浪堤工程中的应用》、《高性能复合修补材料的研究与应用》、《纤维、橡胶粉在水泥混凝土路面中的降噪机理与工程应用研究》，获得股份公司科研经费资助120万元。承担重大专项课题《特高拱坝关键施工技术研究与应用》，获得股份公司科研经费资助80万元。

（刘菊红）

【科技创新】 立足在建项目开展科研工作，如《大型导流洞高水头特大涌水封堵技术研究与应用》依托构皮滩水电站导流洞封堵工程进行高水头特大涌水状态下的大型导流洞快速安全封堵技术研究，各项指标位居世界前列。施工中通过集成技术创新，采用了多项新技术、新工艺，解决了高水头特大涌水状态下的大型导流洞快速安全封堵施工关键技术难题，缩短施工工期、节约了成本，封堵施工优质安全、快速高效，确保了构皮滩电站首台机组提前发电目标如期实现和“一年五投”，经济和社会效益显著。

（刘菊红）

【科技成果及推广运用】 2011年，股份公司组织对水电八局有限公司承担的4个科技成果进行鉴定，《水工混凝土新型掺合料研究与应用》获国际先进，《四级配碾压混凝土试验研究》获国内领先，《大型导流洞高水头特大涌水封堵技术研究与应用》获国际领先。

（1）水工混凝土新型掺合料研究与应用。研究成果已在甘再、沙坨、金华电航桥等国内外水利水电工程建设中推广应用，保证了工程施工优质、快速高效，节能降耗明显，经济、社会和环境效益显著。

（2）四级配碾压混凝土试验研究。使用四级配碾压混凝土，可以节约成本，大幅度降低混凝土内部温升，并可提高骨料的最大粒径、进一步降低碾压混凝土的胶凝材料用量、增加碾压混凝土施工层厚、降低碾压混凝土的水化热温升，从而简化温控措施，具有较大的技术经济效益。已成功应用于云南红河马堵山水电站、沙沱电站大坝左岸2～5号坝的浇筑。

（3）高水头特大涌水状态下的大型导流洞快速封堵技术研究及应用。课题依托构皮滩1号导流洞封堵工程施工，深入开展了高水头特大涌水状态下的大型导流洞快速安全封堵技术系列科研攻关，在新技术、新材料、新工艺等方面取得了一系列创造性科研成果，填补了国内外“高水头特大涌水状态下的大型导流洞快速安全封堵技术”的技术空白。已在构皮滩电站1号及3号导流洞封堵工程中成功应用。

（刘菊红）

【专利技术】 《混凝土复合引气剂及其制备方法》获得专利证书，3个申请的专利《钻机降尘装置》、《直插式振捣切缝装置》、《U型锚索整体穿索导向器》已获得受理通知书，现在初审阶段。

（刘菊红）

【工程、科技等获奖项目】 2011年，共获得股份公司科技进步奖6项，其中《高水头特大涌水状态下的大型导流洞快速封堵技术研究及应用》获特等奖，与铁路公司等单位联合申报的《京沪高速铁路无砟轨道板综合施工技术研究》、《高速铁路900吨预应力混凝土简支箱梁制运架关键技术》获一等奖，《水工混凝土新型掺合料研究与应用》、《四级配碾压混凝土试验研究》、与铁路公司等单位联合申报的《原排灰、尾砂CFG桩及施工技术》获三等奖。《溪洛渡水电站截流设计与施工关键技术研究》、《特大型人工砂石系统研究与应用》、《溪洛渡“数字大坝”系统的研究与应用》获2011年度中国水力发电科学技术奖一等奖；《土石围堰大块石架空层快速防渗施工技术》获2011年度中国水力发电科学技术奖三等奖。《京沪高速铁路无砟轨道板综合施工技术研究》获中国施工企业管理协会2011年技术创新成果奖，《超高压高精度平面链轮门制造技术研究与应用》、《〈水轮发电机转子现场装配工艺导则（DL/T 5230—2009）〉编制》、《大坝安全实时监控和预警系统》分别获得2011年中国电力建设科学技术成果奖一、二、三等奖。

（刘菊红）

安全生产

【综述】 2011年，安全生产形势持续稳定，基本实现了股份公司下达的安全生产指标和水电八局有限公司年初确立的环境、职业健康安全目标。水电八局有限公司被湖南省省委、省人民政府授予“2011年度安全生产先进单位”荣誉称号。

【落实安全生产责任制】 重点推进了以行政一把手为主要责任人的安全生产责任体系、以主管生产的领导为主要责任人的安全生产实施体系、以主管安全的领导（安全总监）为主要责任人的安全生产监督体系、以总工程师为主要责任人的安全技术保障体系的“四个责任体系”建设。2011年2月，召开2011年安全生产工作会，水电八局有限公司与公司所属19个二级单位、直管项目以及17个机关部门签订了《环境、职业健康安全责任书》。从2011年11月中旬起，对16个二级单位本部（含1个直管项目）、38个项目、水电八局有限公司机关17个部门、水电八局有限公司委派安全监察员22名进行了考核、兑现，确保了责任制的落实。

【建立安全管理长效机制】 编制下发了《安全质量标准化手册（试行）》，开展了“创建标准化示范工地”和安全认证工作。进一步规范了安全评价工作，统一评价标准、统一评价方法、规范评价程序、统一报告格式，努力提高安全评价工作水平。2011年4～7月，对27个项目开展了安全检查；2011年9月，对国外10个项目进行了专项安全检查。通过安全检查，全年共排查出一般隐患9363项，基本及时得到整改；排查出重大隐患173项，已整改168项，整改率97.11%；对未整改的隐患均制定整改方案、明确治理整改责任人、制定应急措施和预案、落实治理资金进行整改。

【安全宣传教育】 2011年，继续深入开展“安全生产年”活动。水电八局有限公司及各单位采取请进来、派出去的方法，通过资格取证、专业教育、岗前培训、入职教育等多种方式，开展“三类人员”、特种作业人员、一线作业人员以及新员工的培训，特别是加强对农民工的安全意识教育和操作技能培训，加强外协队伍培育与建设等工作，取得了较好的效果。

【安全文化建设】 坚持“两个第一”安全文化理念，即2011年第一个文件是安全工作计划的下发文件，第一个大型会议是安全工作会议。开展了“生命之歌”大家唱歌咏比赛、“科学发展，安全发展”为主题的征文活动、平安班组建设和“班前安全5分钟讲话”比赛等活动，宣传安全生产法律法规，传播安全文化，营造良好的文化氛围营造了浓厚安全文化氛围。

（陈于保）

经营管理

【建造合同执行】 2011年，修订了《关于〈建造合同准则〉实施细则（国内工程项目部分）》、《关于下发水电八局有限公司执行〈建造合同 准则〉实施细则解释（一）的通知》；年度共完成了执行建造合同17家单位200多个项目预计总收入、预计总成本和毛利率的确认和审核，并进行书面批复确认。2011年底，未完施工总额得到了大幅度的减少，累计建造与结算产值差异2.14亿元。

（林　华）

【变更索赔管理】 2011年，实现变更索赔产值18.23亿元，较2010年度增长21.6%。《施工项目变更精细化管理》项目分别获全国电力行业企业管理创新成果二等奖和集团公司首届企业管理创新成果二等奖。

（林　华）

【构建全面风险管理体系】 全面推进全面风险管理体系建设，2011年，重点落实水电八局有限公司总部机关层面全面风险管理体系的建设；制定了全面风险管理与内部控制工作方案；对水电八局有限公司现有存在的风险进行了识别，并整理出70条风险题进行调查问卷；梳理出15个一级业务流程，60个二级流程，167个三级流程，构建了完整的风险管理与内部控制制度和程序框架，形成了水电八局有限公司统一的风险管理与内部控制制度管理体系，并提交《水电八局有限公司2012年度全面风险管理报告》。

（林　华）

【合同项目前期及中期经济分析】 2008年，水电八局有限公司建立了合同项目前期经济分析策划制度，发布了《合同项目经济分析管理办法（试行）》；2010年，组织对部分大型项目的前期经济策划分析报告进行了审查，探索前期经济分析报告编制工作改进方法，修订完善了项目前期经济策划分析的方法、计算步骤、格式标准、具体要求，同时增加了中期经济分析的要求和规定，促进经济分析操作标准化、模块化；2011年，把合同项目前期经济分析策划工作纳入对二级单位经营者经营业绩考核评价范围，推动经济分析工作有效开展。

（林　华）

【分包管理】 修订完善了有关分包管理制度和办法。针对内部经营需要重点强调的管理内容或需要重点治理的管理“短板”而制定了签约分包商入库率、工程分包策划完成率、分包商竞争性报价选择率、合同履约纠纷及民工工资管理。下发了《关于进一步规范合作施工项目管理的通知》，进一步加强项目管理和风险防范。联合开展分包专项检查、管理体系内部审核、效能监察、审计等检查工作，促进分包管理制度有效落实。

（陈建平）

【特级资质重新就位】 自2009年启动特级资质就位申报工作。2010年11月，调整了特级资质申报工作计划安排并进行任务分工，明确了申请报送具体资料清单，制定了《特级资质重新就位申报工作考核办法》、《综合项目管理信息系统实施办法》等管理办法，坚持对综合项目管理系统的应用情况进行考核。2011年6月，通过了住房和城乡建设部委托水利部派出的施工总承包特级资质核查组的现场核查。

（林　辉）

【完工项目清理】 下发了《关于完工项目清理工作实施规定》，每年下发完工项目清理工作计划通知，核定奖罚指标，对完工项目清理工作完成情况进行通报。截至2011年，水电八局有限公司清理和收集完工合同竣工结算资料近400份，其中2011年收集完工合同竣工结算资料66份，66个合同项目关闭；2009～2011年，共发放完工清理奖励金额共计185.5万元，其中2011年发放奖励57.4万元。

（郑　英）

【经营报表管理系统应用】 委托武汉英思工程科技有限公司联合开发了经营报表管理信息系统。下发了《经营报表管理系统管理办法》。经营报表管理系统于2011年上半年初步开发完成，并在2011年年报全面上线应用。各二级单位（除国际部）全面完成了2011年年报在系统中的申报工作，公司经营报表也基本实现了系统审核汇总功能。

（郑　英）

【顾客满意程度监视回访】 对2011年已完工、在建的工程（产品）在质量、工期、安全、设备、人力资源、工艺、现场管理、环境管理、交付使用、服务等方面的反映进行了调查、监测和分析。回访调查的在建工程项目194个，“满意”项目占所调查项目的88.95%，“基本满意”项目占所调查项目的10.88%；项目保修期内参加回访调查的工程项目56个，综合获评情况为100%“满意”。

（林　辉）

【经营系统队伍培训】 2011年8～9月，分4期对所有经营系统人员进行轮训。23名经营管理人员参加了水电水利规划设计总院举办的水电工程造价专业人才培训班；举办了水电八局有限公司内部统计培训班、首届工民建造价培训班；22名全国造价工程师、25名全国水利造价工程师、21名全国水电造价专业人员参加继续教育；2011年有25名造价从业人员取得了全国水电工程造价专业人员资格证书，25名取得了全国建筑工程造价员资格证书。

（郑　英）

党群工作和企业文化建设

【党建工作】 水电八局有限公司党委坚持围绕经营抓党建，抓好党建促发展，实现党建与企业发展深度融合，促进了水电八局有限公司和谐、稳定、健康发展的新局面。2011年1月，召开党群工作座谈会；2011年3月，召开党建工作专题会；2011年10月，召开党建工作研讨会，交流论文和调研报告20篇。举办的党务干部培训班撰写研讨报告53篇，并进行了评奖。2011年2月，下发《关于规范召开二级单位党代会的通知》，对各二级单位召开党代会进行了规范。

将股份公司党委、湖南省直党工委部署的争创“四好党委”、“五好党支部”和争当“五个模范”、进一步开展党群共建、促进创先争优、创建学习型党组织、公开承诺、党务公开、机关党支部连基层、庆祝建党90周年等活动进行整体部署，整体推进。2011年6月30日，召开庆祝中国共产党成立90周年大会，水电八局有限公司党委书记上了《弘扬党的伟大精神，促进公司科学发展》的党课，表彰了23个“共产党员主题实践活动先进党组织”。“七一”期间，水电八局有限公司与各单位组织学习了胡锦涛总书记的“七一”讲话，开展了一系列以“永远跟党走”为主题的庆祝活动与传统教育。水电八局有限公司党委举办了“七一”征文与摄影竞赛。各二级单位召开庆祝大会、创先争优表彰会或座谈会，举办入党积极分子培训班，组织党建知识竞赛、文艺表演与歌咏比赛、演讲比赛、书画比赛，开展红色旅游传统教育和义务劳动等活动。

经股份公司检查考核，水电八局有限公司被授予股份公司“2009～2010年度‘四好’领导班子”荣誉称号。同时，对各二级单位（项目）2010年

“四好”领导班子创建活动进行了检查考核，授予12家单位（项目）“2010年度水电八局有限公司‘四好’领导班子”称号。建立了领导干部党建工作联系点制度，积极深入基层调研，帮助基层解决实际问题，每一位水电八局有限公司领导都确定了调研课题，并把调研活动与推动水电八局有限公司管理创新相结合。2011年，水电八局有限公司党委审定调研课题17个，共完成调研报告20篇。按照党建工作责任制考评办法相关规定，经检查考核，授予12家单位水电八局有限公司2010年度“党建工作先进单位”称号。

（刘惠勇）

【工会工作】 2011年，水电八局有限公司工会主动、务实、创新开展工会工作，取得了较好的成绩：被全国总工会、人力资源和社会保障部授予“全国模范劳动关系和谐企业”称号，被国务院国资委授予“中央企业技能竞赛先进单位”称号，被全国能源化学工会授予“工会工作先进单位”称号，工会主席肖华民被全国总工会授予“全国优秀工会工作者”称号。

积极履行维护职能：首次评选了“三心”工会干部；对“五必到，五必访”规范化运作提出了具体要求；“主席信箱”、“主席接待日”活动得到较好推广；下拨31万元经费到部分项目，以带动基层单位开展“夏季送清凉”活动；继续进行慰问工龄满30年职工活动；积极联系开发商，帮助职工以优惠的价格购买商品房；实行职工积分奖励性疗休养，103名职工、家属参加了境内外疗休养活动；下拨100多万元经费支持各单位开展文体活动；深入开展扶贫帮困工作，困难职工档案全部进入工会帮扶系统；2011年两节慰问活动共支出慰问及送温暖资金600多万元，“金秋助学”活动帮扶困难学生199人，发放助学金24.86万元，日常救助特困职工和退休人员33人，救济金额7.9万元。

积极履行建设职能：工会下拨90多万元经费支持基层单位开展劳动竞赛活动，全年各单位共开展95项劳动竞赛活动，投入费用600多万元；开展以“五小”活动为载体的群众性经济技术创新活动，表彰创新成果18个，“向家坝成品加工系统石粉回收技改项目”获湖南省职工科技创新奖；继续强化安全生产监督和安全监督文化建设，督促各基层项目规范“温馨安全提示语”、“警示语”的现场使用，开展“班前五分钟讲话”、安全生产隐患有奖举报、群众性安全生产监督、安全生产主体责任知识学习与答题竞赛、“生命之歌大家唱”等一系列学习与竞赛活动。

积极履行教育职能：全年各单位共开展55次技能比赛，参与人数951人，开展技术比武、岗位练兵92次，参与人数2108人。第七届全国电力行业坝工模板工决赛第一名张志平同志获“全国五一劳动奖章”；继续支持基层单位建立职工书屋或为职工配发书籍开展学习活动，由水电八局有限公司工会支持建立的职工书屋达10多个，各单位建立职工书屋55个；二分局湘江综合枢纽项目部被评为“湖南省模范职工小家”。积极培育先进，发挥先进人物的引领示范作用，夏国文、沈正龙分别获贵州省、重庆市“五一劳动奖章”，杨一心获评湖南省“五一先锋”，宁梅珍获评湖南省“芙蓉百岗明星”。

（方国民）

【共青团工作】 各级团组织积极开展服务大局、服务企业、服务青年主题实践活动，创“青年文明号”4个；青年突击队5支，153人参加；开展导师带徒活动，新结成师徒对子503对。开展创新创效标兵评比，20位青年受到表彰。开展了英语演讲比赛。开展了“五四”评选表彰、导师带徒表彰等活动。国际部加纳布维项目团工委荣获“湖南省直标兵红旗团委”，受到了湖南省委书记周强的亲切接见。水电八局有限公司团委荣获“湖南省五四红旗团委”。

（杨 光）

【文明建设】 开展2011年度文明工程项目评比活动，11个工程项目被评为2011年度水电八局有限公司文明工程；溪洛渡大坝工程项目被评为股份公司文明工程项目；砂石分局被继续认定为湖南省直文明单位。

【企业文化建设】 大力宣传和弘扬集团公司的文化理念，积极推广应用集团公司的形象识别体系，编辑发布了《水电八局有限公司形象识别指导手册》，对企业形象识别与应用系统进行了规划，基础规范部分统一使用《中国水电建设集团形象识别指导手册》规范。应用部分主要对办公场所、项目营地、工区和施工现场、设备、办公用品、安全帽与工作服装等应用部分进行了规范。同时，还对水电八局有限公司文化与业绩展示进行了规范，包括公司简介、集团文化理念、企业文化理念与文化用语、业绩图片、荣誉奖牌、公司人物、领导题词、领导关怀等内容。

把项目文化建设作为重要课题，开展了溪洛渡项目文化建设，制定了项目文化建设实施方案，召开了项目文化建设启动会，开展了文化理念的征集与研讨活动，举办文化建设讲座，规范项目形象识别系统，开始了300米级高拱坝施工工艺片的摄制。通过项目文化建设，形成了溪洛渡大坝施工局的项目文化理念。同时，全面推进项目执行文化、安全文化、质量文化、形象与品牌文化建设。大力推行廉洁文化建设，制定了《廉洁文化建设推进意见》，举行了廉洁文化建设及“家庭助廉”活动启动仪式，开展了一系列廉政文化建设活动。水电八局有限公司安全文化，质量文化等文化建设也得到进一步地推进。水电八局有限公司技校校园文化建设成果获全国电力行业文化与企业文化优秀成果一等奖。

【宣传工作】 编印《八局风采》37期，共138版；刊发网站新闻1337条，视频新闻76条；编辑新闻图片13期；设计制作宣传画册2本、宣传台历1个；编辑电视专题片4部；在网站开设“2011年两会报道”、“安全生产月活动”、“质量文化建设”、“第八次职业技能大赛”4个专题；编制并发布《水电八局有限公司视觉形象识别指导手册》，对水电八局有限公司形象宣传进行了规范；加强舆论引导工作，继续办好报纸“两会评论”和“十日谈”两个言论栏目；组织开展了“着力推进管理创新，提升公司管理水平”主题宣传活动，对水电八局有限公司管理创新方面的先进经验进行了收集整理，并汇编成《开创新境界——水电八局管理创新经验介绍》一书；在省部级媒体上发表新闻稿件700余篇（幅），重点加强了对溪洛渡大坝工程、湘江长沙综合枢纽工程、山西金沙滩水库工程、珠海竹银水库工程等工程的对外宣传，提升了企业社会形象和知名度；参加股份公司报社好新闻评选，水电八局有限公司记者站连续5年获得“标兵记者站”称号，10件作品获奖，1人被评为“标兵记者”，5人被评为“优秀记者”，1人被评为“优秀通讯员”；在水电八局有限公司范围内组织开展了建党90周年征文和摄影竞赛活动，选送多幅作品参加湖南省直工会摄影竞赛，获金奖2项、银奖1项、铜奖6项。3幅作品入选建党90周年湖南省美术书法摄影展览。4幅作品在“中国三峡杯”全国首届水电摄影大赛中获优秀奖。

（全　红）

检查监督

【职工代表大会监督】 2011年2月，召开水电八局有限公司六届五次职工代表大会，听取审议了执行董事、总经理、党委副书记林修建所作的题为《转型升级谋跨越，提升质量上水平，全力推进公司迈向科学发展新阶段》的工作报告，水电八局有限公司党委书记、副总经理朱素华作了题为《立足新起点，抢抓新机遇，谋划新跨越，为开创“十二五”新辉煌而努力奋斗》的总结报告，中国工程院院士、水电八局有限公司高级技术顾问谭靖夷作了重要讲话。会上还作了市场营销、生产经营、国际业务、财务工作报告和职工代表提案处理情况报告。水电八局有限公司领导进行了述职述廉；通过了总经理工作报告、水电八局有限公司奖惩标准、水电八局有限公司女职工权益保护专项集体合同、职工奖励性疗休养管理办法、2011年职工培训计划、工资集体协议等6项决议，签订了女职工权益保护专项集体合同、2011年工资集体协议；通报了2010年度生产经营单位考核情况、兑现责任人年薪情况和2010年度党风廉政建设考核结果；签订了2011年生产经营业绩责任书与党风廉政建设责任书；对2010年度水电八局有限公司二级单位“四好”领导班子、公司文明工程和2010年度市场营销先进集体、先进个人，2010年二级单位“双十亿”特别贡献奖进行了表彰；对水电八局有限公司领导、机关部门负责人和机关部门绩效进行了民主测评，对水电八局有限公司后备干部进行了民主推荐。2011年8月，召开职工代表大会联席会议，审议并表决通过了修订后的水电八局有限公司奖惩标准、职工奖励性疗休养管理办法，并在下一次职工代表大会上予以确认。

（方国民）

【民主管理与民主监督】 印发了《“三重一大”决策制度实施细则》、《重大事项内部报告制度》等管理制度。2011年2月，召开2011年工资集体协商会议，水电八局有限公司同意采取发放施工津贴、话费补贴、提高保底线等刚性措施提高一线职工收入待遇，形成了《水电八局有限公司2011年工资集体协议》草案，交六届五次职工代表大会审议通过。水电八局有限公司在湖南省直单位工资集体协商推进会上作了经验交流。水电八局有限公司工会对六届四次职工代表大会提案执行情况进行了检查，16个提案中已落实或基本落实14个，2个提案待落实；六届五次职工代表大会共收到有效提案40条，形成提案处理报告在职工代表大会上明确进行了答复。会后，水电八局有限公司工会又对职工代表的提案落实情况进行了督办。

（方国民）

【厂务公开】 在水电八局有限公司六届五次职工代表大会上，通报了2011～2013“三年规划”目标修订情况、2010 年度生产经营完成情况、安全生产情况、市场营销情况、国际业务情况、财务预决算情况、各单位领导班子年薪考核情况、职工代表提案处理情况、各单位党风廉政建设考核情况等，明确了 2011 年各项工作任务；2011 年 7 月，召开年中经营会，对上半年生产经营、市场营销等情况进行了通报，对下半年工作进行了安排；六届六次工会委员会全会上，通报了困难职工帮扶情况等。通过水电八局有限公司网站、《八局风采》、文件、宣传栏等对各阶段生产经营情况、设备物资采购、人事任免、内部资金融通、各项考核结果、先进评比等进行了公示或通报，2011 年，对提拔的 43 名水电八局有限公司管理干部、85 名申报高级职称人员进行了公示，公开发布 25 个岗位的竞聘选聘公告，对 513 名拟正式退休人员、208 名申报奖励性疗休养人员、199 名金秋助学补助人员、2918 名满 30 年水电工龄慰问人员进行了公示。

（方国民）

【落实党风廉政建设责任制】　完善了《“三重一大”决策制度实施细则》、《党风廉政建设责任制实施办法》、《加强和改进纪检监察组织建设实施细则》、《党风廉政建设和反腐败工作联席会议制度》、《效能监察联席会议制度》等相关工作制度。在科研楼、岳阳厂兴建、内部资金审贷、水电八局有限公司直管干部任免、大型设备物资采购等重大工作，水电八局有限公司纪委都派员参与，保证了“三重一大”事项依法依规决策。层层签订党风廉政建设责任书，形成了纵到底、横到边的网络体系，“一岗双责”情况良好。对所属二级单位进行了 2011 年度党风廉政考核，17 个单位中有 12 个被评为优秀，4 个被评为良好，1 个被评为合格，下发二级单位责任制考核兑现奖金 106 000 元。2011 年，水电八局有限公司再次被股份公司评为“党风廉政建设优秀单位”。

（杨　艺）

【纪检工作】　在水电八局有限公司、二级单位、三级项目形成了健全的纪检监察系统。水电八局有限公司纪检监察部完善了统计台账和系统工作人员档案，共参与设备物资采购招标、废旧材料处理等监督活动 90 余次，参与干部竞聘监督 20 余次。开展廉洁从业主题教育“五个一”系列活动。开展“以案说纪”活动，增强了各级领导人员遵纪守法的自觉性。通过系统内刊、报纸专栏、廉政信息定期发布、开发廉洁文化产品等平台，不断夯实廉洁文化教育阵地。廉洁文化课题研究推进取得新突破，形成了《廉洁文化建设课题总结》。通过藏木案件查办，维护了水电八局有限公司整体利益，起到了强烈的警示教育作用。建立了惩防体系工作联络协调机制和联系员制度，完成了惩防体系管理信息系统“廉洁从业”申报工作；创建与完善了效能监察联席会议制度、纪委书记年底述职制度、纪委书记汇报制度，纪检监察基础工作不断夯实，系统执行力明显提升。

（杨　艺）

【效能监察】　2011 年，由水电八局有限公司立项执行的效能监察项目有澧河项目、黄登进场项目、鲁地拉项目、孟加拉国公路项目、加纳项目、藏木水电站项目。进一步规范了效能监察工作程序，将效能监察划分为选题立项、监察通知、项目情况汇报、检查组工作准备、监察过程把控、监察情况现场反馈、监察报告、监察建议书、项目整改情况汇报、效能监察回头看等 10 个环节，对每一个环节都明确了具体要求、关注重点与处理方法。通过效能监察联席会，选题立项具有很强的针对性，效能监察重点突出；机关本部通过资源整合，形成了综合能力强的工作小组；各工作组成员提前关注被监察项目，在效能监察实施前做了大量的准备工作；要求被监察项目汇报工作，促进了项目全面自查、提前整改，有助于项目管理查漏补缺；监察过程中加大了工作力度，深入群众、认真查找资料，能及时发现问题，彻底查清问题。水电八局有限公司及所属各二级单位、直管项目结合自身实际，共开展效能监察 44 项，提出效能监察建议 157 条，发出效能监察建议书 38 份、监察决定书 7 份，完善规章制度 71 项。

（杨　艺）

【企检共建】　重视并不断加强与地方司法机关的联系和沟通，形成了信息共享、协作办案、预防职务犯罪的企检共建机制。水电八局有限公司与湖南省高级检察院共同开展《工程建设领域预防职务犯罪工作》课题研究，水电八局有限公司确定的工程分包过程监督、设备物资采购过程监督与廉洁文化建设 3 个子课题，于 2011 年底均已完成阶段性课题研究任务。与湖南省高级检察院在湘江电航工地召开共同预防职务犯罪研讨座谈会，对深入开展“企检共建”、共同预防职务犯罪、跨省协作预防等达成了一致意见。在藏木案件查办过程中，“双联”与“企检共建”成效得到充分运用，对公司法律援助、跨省关系协调等方面给予了强有力的支持。

（杨　艺）

【审计监督】 共完成审计项目19项，含计划外10项。其中，内部控制审计7个，经济效益审计5项，领导人员离任审计7项，完成审计项目数量占计划的136%。全年审计共发现审计问题84条，提出审计建议83条，发出管理建议书18份。通过深入开展内部控制审计、经济效益审计和经济责任审计，建立事前、事中、事后一体化的审计监督流程，审计中兼备事前预防、事中控制、事后问责的功能，充分发挥内部审计的监督、服务和评价职能，覆盖经营管理全过程。在企业招标采购监督方面，水电八局有限公司审计部作为水电八局有限公司评标委员会成员和内部监督部门，全年共参加了由水电八局有限公司设备物资部组织的设备物资采购招标96次，通过对采购过程进行监督，使招标采购过程规范化、透明化，大大降低了采购成本，防止了违规行为的发生。

（魏学元）

【法律事务与普法教育】 初步建立了水电八局有限公司合同风险防范体系；初步建立了水电八局有限公司法律风险预警机制与法律风险救济机制；重新梳理了法律工作管理流程，制定了《法律事务考核标准与评分准则》；完善了委派法律顾问制度，不断优化专业法务人员的结构与配置，积极创新人才培养模式；继续推行重大法律事务办理合议制度；加强队伍建设，始终按照“以后天的标准打造今天的团队”的理念，不断优化法务人员的结构与配置，截至2011年底，水电八局有限公司专职法务人员23名，硕士研究生以上学历占到了50%，80%的人员通过了司法考试或企业法律顾问考试；水电八局有限公司总法律顾问获评国务院国资委“五五”普法先进个人，基础设施分局获评股份公司“五五”普法先进单位，积极组织“六五”普法考试，参考率达到99%，及格率达100%。

2011年，水电八局有限公司法律事务部已审查包括建设工程分包、劳务派遣、设备物资采购、企业年金等各类书面合同900余份，接受各类咨询答疑150余次，企业法律顾问实名出具书面法律意见180余份，累计涉及金额达39亿元，重大合同审查率达100%。另外，审查二级单位对外函件13份，审查二级单位相关规章制度47份。办理了历年未结案件28起，诉讼金额达2.4亿元。截至2011年底，已结案件胜诉率达92%，直接或间接为企业挽回经济损失达4600万元。

（尹玲俐）

中国水利水电第九工程局有限公司

概　　况

【资产、资质】 中国水利水电第九工程局有限公司（以下简称“水电九局有限公司”）是具有水利水电工程施工总承包壹级、市政公用工程总承包壹级、房屋建筑施工总承包壹级、公路工程施工总承包贰级、土石方工程专业承包壹级、地质灾害治理施工甲级、水电设计乙级资质，并且具有特种设备、起重机械安装维修资质以及中华人民共和国对外承包工程经营资格证的国有大型综合施工企业。2011年，水电九局有限公司拥有固定资产总值6亿元，总资产24亿元。

【领导班子】 水电九局有限公司领导班子为：执行董事兼总经理陈学云，党委书记张付，副总经理王力、付勇、张建军、刘庆福、王忠禄，监事、党委副书记兼纪委书记张鉴，总会计师吴杰，工会主席孙化瑜，总工程师王军。

【人员机构】 水电九局有限公司现有职工5429人，其中管理及专业技术人员2289人、高级专业技术职称199人、中级专业技术职称653人，具有大学本科及以上学历847人、大学专科学历1016人，一级建造师39人、二级建造师162人，高级技师22人。

水电九局有限公司总部设总经理工作部、党委工作部、人力资源部、财务产权部、经营管理部、工程管理部、市场开发部、海外事业部、安全监察管理部、质量管理部、设备物资部、法律事务部、企业发展部、审计部、纪检监察部、公司工会、基地管理部、社会保险管理中心等职能部门。水电九局有限公司所属二级单位和直管经营实体15个：国际公司、一分局、二分局、三分局（设备租赁公司）、砂石分局、建工分局、基础分局、安装分局、金阳分局、久泰大酒店、中心医院、物资供应公司、中心试验室、劳务管理中心、资金结算中心。

【经营业绩】 2011年，水电九局有限公司实现营业收入22.94亿元，其中主营业务收入22亿元，其他业务收入0.94亿元。主营业务收入中，水电建设收入15.24亿元，非水电建设收入6.76亿元（国外工程0.73亿元）。市场开拓方面，2011年新签项目42个，合同金额51.88亿元，其中国内水电工程中标项目23个，中标金额12.45亿元，占总金额的24%；非水电工程中标项目14个，中标金额15.2亿元，占总金额的34.11%；国外中标项目5个，中标金额21.73亿元。2011年储备合同存量78.46亿元。全年在建合同工程项目94个，完工待结算和正在收尾的合同工程57个，竣工合同工程项目29个。完成土石方开挖872.23万立方米、混凝土浇筑58.52万立方米、金属结构制作安装7964.13吨。2011年在岗职工人均年收入增长16.28%，全员劳动生产率62.2万/（人·年）。水电九局有限公司连续8年被评为贵州省“守合同、重信用”企业，贵州省优秀施工企业，贵州省行业第一品牌、最具影响力品牌；获得股份公司“安全生产优秀企业”等荣誉称号。

（张炜冬）

国内经营

【获奖工程】 2011年5月，水电九局有限公司承建的北盘江董箐水电站发电厂房结构工程获得2010年度贵州省“黄果树杯”优质工程，同年11月又获得集团公司2010年度“中国水电优质工程奖”。北盘江董箐水电站总装机容量88万千瓦。2007年3月1日，水电九局有限公司中标北盘江董箐水电站发电厂房结构工程并开工建设，2009年11月主厂房主机间仅用12个月即封顶，较合同工期17个月提前5个月，实现了“一年两投”的目标。

2011年6月，水电九局有限公司参建的北盘江光照水电站工程获2011年度“中国电力优质工程奖”。北盘江光照水电站总装机容量104万千瓦。整体工程于2003年5月1日开始施工准备，2007年12月31日下闸蓄水，2008年8月5日～12月18日4台机组相继投产发电。水电九局有限公司承建电站厂房结构工程（3、4号机组）、厂房开挖工程等施工。

（洪贵江）

【黔中水利枢纽一期工程总干渠C2标土建及金属结构制安工程】 2011年3月28日，水电九局有限公司中标黔中水利枢纽一期工程总干渠C2标土建及金属结构制安工程，中标金额11 995.72万元。工程位于贵州中部，涉及贵州三市（贵阳、安顺、六盘水）、一州（黔南自治州）、一地区（毕节地区）的10个县（区）和贵阳市区、安顺市区。工程以灌溉、城市供水为主，兼顾发电等综合利用，是贵州省有史以来首个大型水利枢纽工程。该标段渠线全长6.617千米，主体建筑工程：明渠5段，长1751米；隧洞5条，长2428米；渡槽2座，长2287米。配套建筑物：支渠分水闸阀，3个分水斗门，3座排洪渡槽，7座人行桥，渠外排水沟8条，总长150米。

全年完成产值1575.7万元，完成实物工程量：土方开挖5.16万立方米、石方开挖7.26万立方米。

【贵州北盘江马马崖一级水电站引水发电系统土建工程】 2011年5月30日，水电九局有限公司中标贵州北盘江马马崖一级水电站引水发电系统土建工程，中标金额27 180万元。马马崖一级水电站位于北盘江干流（茅口以下）中游，工程任务以发电为主，航运次之。电站装机容量54万千瓦，属二等大（2）型工程。

马马崖一级水电站引水发电系统土建工程布置在大坝左岸，由主厂房、副厂房、主变压器洞、母线洞、厂坝电梯井、出线平洞、出线竖井、排风洞、进风洞、进风竖井、排水廊道、厂用变压器交通洞、主变压器交通洞、主变压器交通廊道等地下洞室和地面开关站和引水系统以及尾水系统组成。

2011年7月25日工程开工，合同工期40个月。2011年完成施工进度：1号施工支洞洞身开挖及喷锚支护，2号施工支洞开挖至0＋165.00桩号、锚杆支护至0＋120.00桩号，5号施工支洞开挖完成、锚杆支护至0＋160.00桩号，上层排水廊道开挖完成420米，主变压器洞完成厂横（0－9.10）～（0＋60.00）桩号段顶层开挖，1～3号引水隧洞下平段开挖完成124.8米，主副厂房第一层开挖及支护完成。全年完成产值1944.8万元，完成石方工程1.87万立方米，混凝土工程0.06万立方米。

【黄金坪水电站人工骨料加工系统工程】 2011年1月28日，水电九局有限公司中标黄金坪水电站人工骨料加工系统工程，中标金额14 181.93万元。黄金坪水电站位于四川省甘孜藏族自治州康定县境内，总装机容量85万千瓦，是以发电为主的大（2）型工程，采用水库大坝和“一站两厂”的混合式开发。

电站砂石系统工程布置于黄金坪水电站坝址上

游右岸约1千米的临时桥桥头填方场地上，该场地为河滩地回填场地，场地面积8万平方米。需满足工程175万立方米混凝土所需的成品骨料供应，生产成品骨料405万吨，其中细骨料总量158万吨，粗骨料247万吨。系统处理能力1000吨/小时，成品料生产能力800吨/小时，其中人工砂生产能力310吨/小时，成品骨料最大粒径80毫米。

2011年3月1日工程开工，10月30日砂石系统联动调试，11月12日半成品打料，11月22日系统带料调试运行。全年完成产值4485.4万元。完成土方工程35.55万立方米，石方工程51.06万立方米，混凝土工程1.26万立方米，金属结构制作安装976.42吨。

【瓮福磷矿二期接替矿山项目穿岩洞矿段基建剥离工程一标段】 2011年9月22日，水电九局有限公司中标瓮福磷矿二期接替矿山项目穿岩洞矿段基建剥离工程一标段，中标金额32 497.5万元。该项目位于贵州省瓮安县和福泉市境内，隶属黔南布依族苗族自治州。2011年10月1日开工，工期27个月。主要工程量：土方挖、装、运、推排30万立方米，石方穿孔、爆破、挖、装、运、推排1470万立方米，月高峰强度达到90万立方米。

（潘　友　蔡　霞）

【南水北调中线一期工程总干渠沙河南—黄河南段沙河渡槽工程第三施工标段】 2011年，水电九局有限公司承建的该标段工程进度箱基渡槽段土方开挖、地基处理全部完成。垫层混凝土浇筑完成1660米，右联箱涵底板混凝土浇筑完成100仓，右联箱涵侧墙及中隔墙混凝土浇筑完成79仓，右联槽身底板混凝土浇筑完成40仓，右联槽身侧墙混凝土浇筑完成9.5仓，落地槽除Ⅳ号坡外其他边坡土石方开挖、边坡支护全部完成，垫层混凝土浇筑完成673.5米，底板混凝土浇筑完成45仓，侧墙混凝土浇筑完成17.5仓。

全年完成产值12 733万元，完成土方开挖59.36万立方米、石方开挖43.47万立方米、混凝土浇筑8.51万立方米。

【四川大渡河黄金坪水电站导流（兼泄洪）洞工程】该工程2011年施工进度：泄洪洞开挖工程除引水洞进口边坡开挖剩余5000立方米，出口消力池段开挖剩余工程量3万立方米，其余各工作面（包括出口护坦段）都已进入混凝土施工工序；进口工程进口明渠完成混凝土2300立方米，进水塔混凝土浇筑至1418米高程，完成混凝土4500立方米；泄洪洞有压段下半弧混凝土浇筑完成189.79米，上半弧浇筑完成108.79米；工作闸室垫层混凝土施工结束，正在进行钢筋制作安装；泄洪洞无压段底板混凝土浇筑完成156米，边墙浇筑完成108米；泄洪洞出口护坦混凝土浇筑完成13－4、13－5、14－4、14－5块共4仓，贴坡底板混凝土浇筑完成13－1、14－1、15－1块共3仓，浇筑方量约1400立方米。

全年完成产值35 096.8万元，完成土方工程25.3万立方米、石方工程25.12万立方米、混凝土工程2.41万立方米。

【木坡水电站引水系统工程】 该工程2011年施工进度：1号支洞主洞完成引水隧洞开挖及支护950.5米，底板混凝土衬砌144米，边顶拱混凝土衬砌48米；2号支洞主洞完成引水隧洞开挖及支护1364米；3号支洞主洞完成引水隧洞开挖及支护1817米；4号支洞主洞完成引水隧洞开挖及支护1101.9米；5号支洞主洞完成引水隧洞开挖及支护600米，引水隧洞末端开挖及支护103.228米；通风道开挖及临时支护全部完成，调压井顶部开挖及临时支护全部完成，压力管道开挖及临时支护全部完成。

全年完成产值8693.1万元，完成石方工程15.63万立方米、混凝土工程1.87万立方米。

【甲米河二级水电站引水系统后段及厂区枢纽工程】该工程2011年施工进度：3月14日，首部枢纽工程一期防渗墙施工完成，左岸非溢流坝段混凝土浇筑至2056.00米高程，左岸钢筋混凝土挡墙浇筑完成，海漫段浆砌石挡墙砌筑完成。一期护坦、海漫、闸室底板钢筋混凝土施工完成。1～5号闸墩及胸墙钢筋混凝土施工至2054.80米高程。11月28日，二期围堰截流完成。右岸施工便道施工完成，右岸进水口边坡已开挖至2056.00米高程。引水隧洞前段1、2号支洞开挖支护全部完成共1407米。1号支洞控制段上游开挖支护至K0＋053.4桩号，下游开挖支护至K0＋535.1桩号。2号支洞控制段上游开挖支护至K1＋257.7桩号，下游开挖支护至K2＋183.0桩号。全年完成产值3393.5万元。

【乡城水电站首部枢纽、引水隧洞S3＋600以前段土建及金属结构安装工程】 该工程2011年施工进度：首部枢纽主体工程基本完工，金属结构安装工程完成90%；进水塔浇筑至2927米高程（设计高程2935米）；引水隧洞工程全长1068.55米，一期开挖及支护完成，目前正在进行洞内混凝土衬砌（已衬砌36米）。

全年完成产值2450.6万元，完成石方工程1.51万立方米、混凝土工程0.84万立方米、金属结构制作安装185吨。

（蔡　霞）

【市政工程】　2011年，水电九局有限公司在市政、房建工程领域有了新进展。主要中标项目：

（1）2011年11月20日，水电九局有限公司中标中国水电·观府壹号项目二组团一期建筑安装工程施工总承包一标段，中标金额18 588万元。二组团一期建筑面积20.46万平方米。一标段6、7、8号楼及地下室，建筑面积约11.23万平方米。

（2）2011年4月16日，水电九局有限公司中标凤冈县有机食品城（一期）工程，中标金额23 800万元。工程位于贵州省遵义市凤冈县，工程包含1号、2号、17号、18号、会展中心地块。其中，1号、2号地块建筑面积6.8万平方米（含地下室），最高层高25层，最低层高2层；17号、18号地块建筑面积6.8万平方米（含地下室），最高层数24层，最低层数7层；会展中心总建筑面积3万平方米，无地下室，总高7层，局部1、2层。

主要在建项目：天津市武清区“新城开发”徐官屯房建还迁小区一期工程，建筑总面积12.73万平方米，合同工期671天，完成产值2.10亿元；毕节碧水星苑工程，合同金额1.2亿元，总建筑面积12.20万平方米，工期2年8个月；中国水电观府壹号二组团二期场地平整及土石方工程，工期45天，合同金额692.10万元；贵阳高新技术产业经济带沙文生态科技产业园金苏大道道路工程（七标段）施工工程，工期300天，本标段道路全长1.88千米，合同金额8218.62万元；凤冈县有机食品城（一期）项目17号地块、18号地块及会展中心工程，合同工期483天，总建筑面积17万平方米。

主要完成项目：贵阳市金阳新区迎宾西路（二期）道路工程，合同金额1791.43万元，合同工期345天，道路全长1430米；观山湖1号项目18套未销售房屋简装施工，工期20天，工程量1.235万平方米，结算金额11.87万元；贵州省人民检察院办案用房和专业技术用房场平工程，合同金额80.69万元，工期60天，土石方开挖1万立方米。

（刘劳才　潘　友）

国际工程

【毛里求斯B6公路工程】　2011年4月，毛里求斯B6公路项目部首批工作人员进场。先后完成机构设置、当地劳务招聘和工程分包、道路地形测量及建筑许可申请等前期各项准备（筹备）工作，同时，完成营地场地平整2.8万平方米、活动板房安装2232平方米、施工辅助车间搭建350平方米、预制场地坪施工800平方米。2011年8月18日，工程正式开工。全年完成土方开挖9.62万立方米，石方开挖1.94万立方米，混凝土浇筑0.08万立方米，完成产值2618.23万元人民币。

【利比亚乌姆艾拉尼卜房建工程】　2011年2月，利比亚发生动乱，2月21日，水电九局有限公司承建的利比亚乌姆艾拉尼卜房建工程项目全面停工。在国家相关部委及股份公司的指导下，水电九局有限公司有关方面迅速采取切实、有效措施，将水电九局有限公司驻利比亚项768名员工和劳务全部安全撤离回国。2011年，利比亚乌姆艾拉尼卜房建项目共完成经营产值4410.01万元人民币。

（姚德文）

管理创新

【质量目标控制】　2011年，水电九局有限公司完成单元工程9664个，其中水利水电工程6403个，市政及房建工程3261个。优良单元工程5403个，单元工程优良率84%，一次性验收检查合格率100%。均满足水电九局有限公司管理体系的质量目标要求。

【质量、环境、职业健康安全管理体系持续有效运行】　2011年，水电九局有限公司完成管理体系34个《程序文件》和《管理手册》换版工作，5月1日正式发布实施。

2011年3～8月，水电九局有限公司统一聘用66位持有质量、环境、职业健康安全3个标准内部审核证书的人员，组成内部审核小组，采用分散式内部审核。完成下属47个单位（项目部）管理体系内部审核工作。在管理体系内部审核中，没有发生重大质量责任事故，没有发生环境污染事故和相关投诉，没有发生重大安全生产事故。

2011年9月10～29日，水电九局有限公司接受四川三峡认证公司再认证审核；10月10日，向三峡认证公司提交整改报告和验证资料，四川三峡认证公司组织审核组进行现场审核后予以推荐；10月13日，向水电九局有限公司颁发质量管理体系（GB/T 19001—2008/ISO 9001：2008和GB/T 50430—2007）、环境管理体系（GB/T 24001—2004/ISO 14001：2004）和职业健康管理体系（GB/T 28001—2001）认证证书。

（洪贵江）

【经营管理】 2011年，水电九局有限公司根据国务院国资委及《中国水利水电建设股份有限公司子公司年度业绩考核办法》要求，重新修订《中国水利水电第九工程局有限公司所属单位负责人年度业绩考核办法》。新的管理办法由《中国水利水电第九工程局有限公司分局及直管项目负责人年度经营业绩考核办法》和《中国水利水电第九工程局有限公司二级经营单位及直管项目负责人管理评价暂行办法》构成。新的管理办法结合了水电九局有限公司战略发展所处不同时期的新特点，建立有效的激励和约束机制，用科学的发展观和正确的业绩观评价各二级经营单位及直管项目部负责人经营业绩和管理能力，加强水电九局有限公司短板的考核，体现区别对待的原则和充分发挥业绩考核评价的导向作用。

（蔡　霞）

【人力资源管理】 2011年，水电九局有限公司以创新人才发展机制、保持人才总量稳定、优化人才队伍结构、提高人才队伍素质为核心，以能力建设为主题，紧紧抓住吸引、培养、使用、开发、提升等环节，对人力资源管理制度、员工岗位职责及员工岗位任职条件进行了修改和完善。完成向集团公司申报评审工作，通过高级职称29人。完成专业技术初级、中级职称申报评审工作。全年引进各类专业大中专毕业生252人。加强劳动合同管理，新签续签劳动合同829人，办理解除劳动关系199人，办理退休移交126人。严格执行股份公司工资政策，实行工资计划总额控制，完成对各二级单位的工资计划的管理和预算、下达工资计划工作。继续落实历史遗留的家属工问题，处理原服务机构从业人员参加社会保险工作，为919人提供个人参保的相关资料。认真处理职工群众的来信和来访工作，处理20世纪60年代精简下放人员的有关问题。根据贵州省民政局的相关文件精神，为部分20世纪60年代在水电九局有限公司精简下放的人员查找资料、出具证明材料等20多人·次，接待来访群众130余人·次。

（胡　蓉）

【人力资源培训】 2011年，水电九局有限公司共举办各类培训班16期，参加培训学员1252人。其中，举办特种设备人员培训班5期，关键岗位证书复审、取证培训2期，测量培训班1期，统计人员培训班1期，三类人员继续教育1期，造价员培训1期，职业技能鉴定4期，考评员培训班1期。继续教育培训人数482人，资格培训人数244人，适应性培训人数371人，技术等级培训155人。

（方　劲）

【设备管理】 2011年，水电九局有限公司建立设备物资管理工作例会制度。设备物资管理工作例会每季度召开一次，各二级单位设备物资管理分管领导及业务部门负责人参加会议，以检查落实设备物资管理工作执行情况，及时发现问题，交流管理经验等。项目设备资源配置以“控制增量、盘活存量”为原则，大量修复使用闲置设备。加强设备安全管理，组织完成特种设备安全专项检查工作。为提高从业人员业务素质，举办设备物资管理工作业务培训班，共50余人参加培训。表彰设备物资管理工作先进单位5个、优秀个人31名。

【物资管理和采购】 2011年，水电九局有限公司评审发布设备合格供应商93家，物资合格供应商71家。签订采购合同24份、保廉合同24份，采购金额2525.17万元，其中集中招标采购设备70台(套)，金额2331.52万元，集中招标采购率92%，超过股份公司集中招标采购率不低于70%的要求。

（张桂芳）

【财务管理】 2011年，水电九局有限公司实行全面预算管理，规范内部预算行为，强化财务管理职能。2011年4月1日，召开发票自查工作专题会。组织完成水电九局有限公司2007～2009年发票自查及迎接重点企业发票使用情况检查工作。深入贯彻落实“小金库”专项治理工作，巩固自查自纠和重点检查成果。进一步加强成本管理核算体系，减少非生产性开支。加强内控管理，认真执行《建造合同》，对费用单位的费用支项目进行严格控制和定额管理，资金使用实行计划管理，并经审核后在计划内使用，规避因现金流管理失控而导致的风险。加强对应收账款的催收力度，梳理各挂账单位情况进行函证追收，努力减少负债规模，及时清理内部单边挂账情况，进行账务处理。分2期集中对水电九局有限公司财务人员进行继续再教育培训，特别是对税法知识进行重点培训。

（曾　英）

【资金集约化管理】 2011年，水电九局有限公司被中国农业银行贵州省分行评为“AAA”级企业，被中国建设银行贵州省分行评为“AA+”级企业。在各银行授信总额24.70亿元（比2010年增加6.56亿元），全部为信用授信。完成股份公司2011年初下达资金集中管理的各项指标任务。经营活动产生的资金流入公司资金结算中心资金流量集中度为87.14%，经营活动产生的资金流入股份公司资金管理部资金流量集中度为61.19%。制定《资金预算管理实施细则》。

2011年，水电九局有限公司对各单位网上资金流转进行实时监管，动态掌握资金流动信息和各单位资金余缺状况。规范和完善资金使用审批流程、资金计划管理。特别强调对业主监管项目的资金如何进行管控。资金NC系统先后实现了与中国建设银行、中国银行、中国农业银行的银企直联工作，中国工商银行的银企直连工作正在办理。制定水电九局有限公司NC资金管理系统分工与权限设置。严格按照分工与权限进行日常资金结算工作，严禁单人操作资金业务全过程，坚决杜绝任何结算风险。通过加强资金结算管理、对外融资管理、内部资金融通管理和对外担保业务的管理等加强资金风险防范工作。

（刘方辉）

企业改革

【综述】　2011年，水电九局有限公司完成股份公司“跨越工程”所需各项证明资料上报和水电九局有限公司“十二五”战略规划编制工作。

【改制工作】　2011年，为盘活国有资产，经股份公司批示，完成对久泰大酒店的资产评估，目前正按计划在上海联合产权交易中心挂牌交易。完成贵州光明房地产公司自然人股东的股份收购工作，贵州光明房地产公司转变成为水电九局有限公司的全资子公司。积极配合中心医院移交地方政府，随时关注国家及地方政府相关政策，及时与中心医院进行沟通。

【全面风险管理与内部控制】　2011年，制定《中国水电第九工程局有限公司全面风险管理和内部控制工作实施方案》。从业务流程输理和业务流程框架确定开始，按照计划逐步开展工作。总部各部门风险管理专职人员学习使用绘制流程图软件，完成风险数据库、风险控制矩阵、控制文档等风险体系文档的建立工作。组织发放和统计“水电九局有限公司风险评估调查问卷”，找出水电九局有限公司重大风险，并形成水电九局有限公司重大风险库和重大风险分布图。编写水电九局有限公司2011年度风险管理报告、内部控制自我评价报告和风险管理手册。

（蒋　敏）

科技进步

【综述】　2011年，水电九局有限公司表彰2010年度公司优秀论文15篇，表彰3个先进科技单位及优秀科技人员30人。有7个科研项目实施研究，其中完成股份公司《半干式人工制砂工艺在核电工程建设中的应用》，并申请了股份公司成果鉴定结题；《半干式人工砂生产工艺智能化控制技术》、《石粉的气力分级技术》和《大型砂石厂生产废水的零排放工艺》3项股份公司科研项目正编制结题资料；贵州省科研支撑计划项目《高品质混凝土人工砂石骨料绿色环保生产技术的研究》正依托观音岩水电站和台山核电砂石系统项目实施；《古河床高地热隧洞开挖》、《长引水隧洞通风》两个科研课题已完成结题准备工作。荣获省部级科学技术进步奖1项，获国家一级工法1项、省级施工工法1项，获专利3项。编印科技期刊《水电工程》4期，共发表设计施工、试验与应用、基础处理、机电和经营类论文50篇。科研经费投入274万元。

【新技术推广应用】　2011年，水电九局有限公司所属各单位结合工程实际广泛开展科技创新、四新技术推广应用、施工工艺技术革新和施工合理化建议活动。

土建工程：依托南水北调沙河渡槽、黄金坪、黔中水利枢纽C2和C3标工程、观府壹号等工程，大力开展四新技术推广应用。南水北调沙河渡槽根据现场地质条件对软弱基层换填新材料改造；黄金坪泄洪（兼导流）洞进口、洞身和消力池采用HF抗冲磨添加剂；黔中枢纽一期工程总干渠C2标针对15米跨度的槽壳采用碗扣式满堂脚手架作为临时支撑系统，针对50米高度跨度渡槽槽壳采用折叠式移动收缩平台作为临时支撑系统。

人工砂石生产系统工程：依托沙沱、观音岩水电站和台山核电人工砂石加工系统展开了智能化控制技术、石粉的气力分级技术、大型砂石厂生产废水的零排放工艺、低损耗人工砂石骨料加工工艺、高品质混凝土人工砂石骨料绿色环保生产技术的研究。

基础处理工程：在黄金坪水电站导流洞出口围堰施工中，由于覆盖层深度达80米以上，以“复杂地层围堰快速堵漏灌浆技术”为基础，采用悬挂式帷幕处理围堰防渗取得成功。

合理化建议和技术革新活动：南水北调宝郏三标段在结构建筑物混凝土施工过程中，对倒虹吸底板八字角位置的模板特制定做，同一倒角的模板可以几个倒虹吸共用，节约施工成本。在止水带安装过程中，用两条 ϕ16 的二级钢做成“U”形，在中间穿螺栓，两头用螺母拧紧做成止水夹子固定，可保证止水偏移不超过 1 毫米，满足南水北调工程的规范要求。

【科研项目】 2011 年，水电九局有限公司继续对贵州省科技攻关项目《高品质混凝土人工砂石骨料绿色环保生产技术的研究》进行课题研究。2011 年 2 月，完成股份公司科研项目《半干式人工制砂工艺在核电工程建设中的应用》课题研究，已向股份公司提出成果鉴定及结题申请。《半干式人工砂生产工艺智能化控制技术》、《石粉的气力分级技术》和《大型砂石厂生产废水的零排放工艺》3 项股份公司科研项目正编制结题资料。

【施工工法】 2011 年，水电九局有限公司《1.3 兆帕水压力下地下洞室大流量透水灌浆封堵技术施工工法》被批准为国家级施工工法。《溢洪道溢流面无裂缝快速施工工法》被中国电力建设企业协会批准为部级工法。

【实用新型专利技术】 2011 年，水电九局有限公司共获得 3 项实用新型专利，分别是：《胶带机杠杆式清扫器》，专利号 ZL201120090009.8；《粗骨料的简易冲洗脱水装置》，专利号 ZL201120089960.1；《双点同时卸料的车式布料装置》，专利号 ZL201120089919.4。

（任瑢瑢）

安全生产

【安全生产责任制】 2011 年 2 月 18 日，水电九局有限公司召开安全生产工作会议，签订《2011 年职业健康安全、环境管理目标责任书》，兑现《2010 年职业健康安全、环境管理目标责任书》，表彰股份公司 2010 年度安全生产优秀项目经理和先进个人，表彰水电九局有限公司 2010 年度安全生产单位、先进项目部和先进个人。2011 年，水电九局有限公司继续实行安全生产管理人员委派制，对专职安全管理人员发放安全生产技术津贴，全年调整和聘用 24 位安全总监，2011 年 6 月聘任 1 位安全督导。投入安全生产费用 3849 万元。全年召开两次安全生产委员会会议，召开两次二级单位安全科长会议。继续保持生产性死亡事故为零，重大设备、交通安全、火灾事故为零的目标。

【安全管理制度建设】 2011 年，水电九局有限公司制定下发《项目领导现场轮流带班制度》、《重大隐患挂牌和安全事故查处督办制度》、《现场紧急撤人避险制度》、《项目经理安全生产处罚制度》等安全管理制度，进一步规范安全领域的监管。下发《工程建设领域预防安全事故专项治理工作方案》、《关于调整公司安委会及各成员单位安全生产工作职责的通知》，进一步明确各部门的安全职责。

【安全生产检查与考核】 2011 年，水电九局有限公司对二级单位、公司总部、工程项目部在安全生产管理、环境保护工作方面进行内部审核，重点检查在建工程项目施工安全、文明施工、防洪度汛、设备安全、民用爆炸物品管理、交通安全等内容，查出不合格报告在规定时间内进行整改。2011 年 4 月下旬～6 月底，分 3 个检查组对 11 家二级单位及项目部进行安全生产大检查，2011 年 11 下旬开始分 4 个检查组对各二级单位及部分项目部进行安全生产检查考核。2011 年中，水电九局有限公司还开展防洪度汛检查、特种设备检查和安全生产督监察各一次。

【安全教育与培训】 2011 年，水电九局有限公司组织 85 人参加贵州省住建厅“三类人员”新办证安全生产教育学习，其中 50 人通过考试，取得合格证书。组织 95 人参加贵州省住建厅“三类人员”延期学习，其中 77 人顺利办理证件延期。组织 48 人参加水利部“三类人员”新办证学习。组织 89 人通过网上报名认证，参加由水利部水利协会举办的水利部“三类人员”继续教育培训班。组织 161 人参加贵州省安监局举办的职业健康管理人员培训，全部通过考核，获得培训合格证书。2011 年 4 月 18 日，安全生产许可证换取新证，确保了水电九局有限公司今后 3 年招投标工作的顺利进行。

【安全生产年活动】 2011 年，水电九局有限公司继续深入开展“安全生产年”活动。组织开展“安全月活动”、“安全生产心中有数”活动，总部划拨专项资金 3 万元，作为安全生产月活动费用。购买安全宣传贴画、安全宣传扑克牌、安全书籍等分发各二级单位和项目部。购买安全学习光盘等供二级单位和项目部借阅使用。制作标语横幅 5 幅，分别悬挂在和尚坡基地进行宣传。举办“落实企业安全生产主体责任”知识竞赛活动，1243 名员工参加竞赛，占职工总人数的 37.71%。赛后通过评选打分和公开抽奖，3 个单位获得优秀组织奖，60 人分别获得个人优胜一、二、三等奖，100余人获得纪念奖。

【安全生产隐患整治】 2011年，水电九局有限公司建立安全生产隐患排查治理信息专报制度。要求各单位明确责任部门、分管负责人，并要指定联络员。规定每周报送1条信息，内容包括：隐患排查治理开展情况、实时进展情况、阶段性成果、值得推广的经验和做法，工作中存在的问题、教训对策及建议等；每月报送排查治理数据，每季报送一次隐患排查治理工作总结。全年排查治理一般安全隐患1437条，已整改1437条，整改率100%。在排查过程中，没有发现重大安全隐患，整改率为100%。

【工伤事故管理】 2011年，水电九局有限公司未发生生产死亡事故，发生轻伤事故15起（另有场外道路交通事故1起，已上报地方相关部门），轻伤15人·次。与2010年相比，重伤下降了100%，轻伤事故上升了36.36%，事故负伤率3.25‰。全年未发生一次经济损失超过20万元的设备、交通、火灾事故，安全生产处于受控状态。完成贵州省和股份公司下达的安全生产考核目标。加大对老工伤遗留问题的处理力度。对老工伤未鉴定伤残等级的700名人员进行清查，初步符合要求的有695人。

（况明胜 陈德平）

党群工作和企业文化建设

【党建工作】 2011年，水电九局有限公司认真落实党建工作责任制，制定印发《水电九局有限公司党建工作责任制实施方案（试行）》（以下简称“《实施方案》”）及其配套的党建工作责任制考核评价办法、考核评分标准。将党建工作纳入《企业业绩考核评价体系》之中，在企业管理评价体系中占有一定比例。7月，对《实施方案》进行宣贯，对各单位党建责任制落实情况进行检查，提出整改意见；11月，对所属二级单位落实党建工作责任制进行检查考核。坚持每月召开一次政工部门办公会，每两月召开一次二级单位党委工作汇报交流会，半年一次党建工作检查，年底党建综合检查考核等制度。

加强各级党委中心组学习，党委中心组学习有制度、有记录、有落实。建立中心学习发言人制度，水电九局有限公司党委中心组的每次学习都要明确1名公司领导和1～2名部门负责人作为中心发言人，发言人结合实际谈自己的学习体会，有一定的深度。2011年，水电九局有限公司党委中心组集中学习13次，参学率达到85%以上。

开展建立学习型党组织活动，制定学习型党组织实施办法。有序推进党务公开工作，印发党务公开实施方案，各单位党委和项目部在建立党员活动室的同时就设立了党务公开栏。四好领导班子创建形成长效机制，2011年评比表彰“四好”领导班子2个。

党员教育管理常抓不懈。通过“三会一课”认真组织党员学理论、学业务，提素质。水电九局有限公司党委书记和各单位党委书记为党员上党课。建党90周年组织党员观看电影《建党伟业》，组织党员参加贵州省国资委党史知识竞赛。各单位通过送外培训、以会代训等方式对党务人员进行培训，提高工作能力和业务素质。做好入党积极分子培训工作，各单位结合实际在水电九局有限公司党委授权下举办入党积极分子培训班7期。基础分局沙沱项目部积极与协作单位联系，选送3人参加入党积极分子培训班。水电九局有限公司党委送外培训13人·次。

“一室一家”创建形成常态机制，全年11个项目“标准化党员活动室”通过水电九局有限公司党委验收考核。思遵项目部、善泥坡项目部以“一室一家”为平台，开办农民工培训学校，积极开展农民工技术培训活动。

开展党建扶贫工作。2011年，水电九局作为贵州省直机关农村党建扶贫黎平工作队的队长单位，积极与其他3家贵州省直单位一起落实扶贫项目，协调扶贫资金，共为黎平县德顺乡支持（包括中央财政50万元资金）和协调各类扶贫资金和物资共计313.5万元，其中水电九局有限公司帮助协调的德顺乡张鲁村小河流域治理项目资金70万元。

【创先争优活动】 2011年3月，按照创先争优活动的整体安排，开展创先争优领导点评活动，将领导点评工作与生产经营、项目文化创建工作中的难点问题结合起来，采取支部大会集中点评、工作现场点评等方式，将点评具体落实到各党支部和全体党员。2011年7月，开展选树创先争优先进典型活动，在纪念建党90周年庆祝大会上，对在创先争优活动中涌现出的100名优秀共产党员和20个优秀基层党组织进行表彰。2011年4月，利比亚发生战乱，在利比亚撤离行动中，水电九局有限公司各级党组织和共产党员充分发挥战斗堡垒作用和先锋模范作用，确保了撤离行动顺利完成。刘庆福同志被评为国务院国资委“中央企业利比亚撤离行动优秀共产党员”和股份公司“利比亚撤离行动优秀共产党员”，周林同志被评为股份公司“利比亚撤离行动优秀共产党员”。

2011年，水电九局有限公司党委被评为“建党

90周年全国企业党建工作先进单位”，一分局党委书记彭黔渝获“建党90周年全国企业优秀党委书记”称号。陈义龙同志被贵州省国资委评为“优秀共产党员”。

【精神文明建设和企业文化建设】 2011年，水电九局有限公司积极参与省、市地方精神文明创建工作。砂石分局被评为贵州省“文明单位”，一分局和基础分局被评为贵州省“精神文明建设先进单位”。一分局获得贵阳市“‘三创一办’文明单位”荣誉。

企业文化建设创新拓展。集团（股份）公司企业文化得以落地，以项目文化建设推动企业文化建设。各单位结合实际，积极拓展企业文化建设，取得较好成绩。2011年，金阳分局先后评为“全国‘企业文化融合’荣誉单位”、“2011年度中国企业形象优秀单位”、“全国企业文化建设社会责任先进单位”；张伟同志被中国企业文化促进会评为2011年度“企业文化建设优秀管理者”。

文明工程积极开展。认真贯彻股份公司《文明工程项目创建活动实施意见（试行）》，开展文明工程评比活动。6个工程项目获评水电九局有限公司2011年度文明工程项目。董箐项目获评股份公司2010年度文明工程项目。

【思想政治工作】 2011年，水电九局有限公司建立各单位党委工作汇报例会制度，各单位认真落实维护稳定工作责任制，建立职工思想动态定期分析和上报制度，定期听取基层单位职工思想动态。

劳务管理中心坚持下岗、内退职工走访制度，做好来访职工的接待工作，注意掌握他们的思想动态。做好下岗、内退、工伤、长病职工的思想工作。基地管理部党委一是健全各党支部组织，通过党支部有效组织广大离退休党员开展活动；二是通过向离退休党员作形势报告等及时宣传党和国家政策和公司发展状况，三是通过对部分离退休人员走访谈心，掌握党员、职工思想动态，及时宣传相关政策和化解矛盾，有针对性地开展思想政治工作。

（兰亚丁）

【宣传工作】 2011年，水电九局有限公司宣传工作重点是公司在生产经营和改革发展上取得的成绩，水电九局有限公司内部报刊《水电开发报》全年出版15期92个版，其中报道工作会特刊一期20个专版，报道利比亚撤离行动8个专版，庆祝建党90周年专刊一期8个版。在贵州省内外报刊发表宣传水电九局有限公司的新闻稿件、新闻图片1000余篇（幅）。

【共青团工作】 2011年“五四”期间，水电九局有限公司召开“我与祖国共奋进”形势报告会，在基层团支部组织了两次形势宣讲会。组织开展“师带徒”活动，采取“一带多”、“多带一”等不同形式，保证能够使新员工尽快实现理论和实践的有效衔接。扎实推进“推荐读一本好书”活动，先后配备了管理、文学、团建工作等方面书籍、杂志100多册，将读书活动纳入到团工作考核之中。积极开展青年突击队活动，抢抓生产任务，啃硬骨头。马马崖项目部团支部被股份公司授予“青年文明号”，龙潭嘴项目部团支部被股份公司授予“五四红旗团支部”称号，陆昌奎被评为优秀共青团员，赵斌被评为青年岗位能手。

（李启蒙）

【工会工作】 2011年，水电九局有限公司以“职工之家”建设为载体，开展劳动竞赛，推进职工素质工程、职工经济技术创新活动。砂石分局被贵州省总工会授予“全省职工素质建设工程先进单位”。11个在建项目“职工之家”通过考核验收。坚持冬“送温暖”、夏“送清凉”、金秋助学活动和群众性安康工程，继续做好全国“安康杯”竞赛活动的总结推进工作。组织开展各类文体活动打造企业文化品牌，加强工会组织建设，通过绩效量化责任考核，全面履行工会各项职责，在构建和谐、维护稳定、推动发展和建设发展生态方面积极作为，发挥了工会组织应有的作用。

【企业文体活动】 2011年3月，水电九局有限公司组队参加贵州省妇联、省体育局举办的“三八体育彩票杯”女职工拔河比赛活动，获优秀组织奖。5月，参加国家能源局举办的“中国三峡杯”全国首届水电摄影大赛，报送参赛作品光碟，选送作品20余幅。6月，音乐舞蹈节目《映梦江河》参加贵州电力行业庆祝建党90周年职工文艺汇演。组织以“颂歌献给党，齐心创辉煌”为主题的纪念建党90周年职工大型文艺汇演，有16个二级单位参加，演出节目28个。参加贵州省国资委主办的“热爱贵州、唱响贵州、建设贵州”为主题的2011“多彩贵州”歌唱比赛，1名歌手获优秀奖。9月，夏季周末露天电影免费向职工群众放映。金秋十月，组织送文化到项目慰问活动，率业余文工团到黔中水利枢纽、观音岩、黄金坪3个项目巡回慰问演出。2011年12月，水电九局公司工会荣获2011年度贵州省职工文体活动先进单位荣誉称号。

（王洪明）

【建立电子职工书屋】 2011年8月1日，水电九局有限公司在公司网站上建立《电子职工书屋》。开通时政新闻、金融财经、营销管理、女性家庭、时尚娱乐、体育军事、旅游文化、艺术品位、健康养生、文学文摘、科学技术、社科综合、教育教学等栏目和200种期刊、200种报纸、3000种图书。水电九局有限公司工会依托“电子职工书屋”，深化“学习型企业、知识型员工队伍”活动，做到“哪里有项目，哪里有职工，哪里就有书读”，让“电子职工书屋”的触角延伸至所有施工项目，成为职工的“精神文化家园”。水电九局有限公司被中华全国总工会授予“全国工会职工书屋示范点达标单位”和“全国优秀职工书屋”称号。

（朱海燕）

【送温暖工作】 2011年，水电九局有限公司对帮贫济困、女职工关爱行动、医疗互助保险、金秋助学活动等工作进行专项布置。春节期间，对离退休人员、特困党员、困难职工、工伤职工、国外员工家属、住院职工家属、工亡遗属、军烈属、省部级以上劳模、五一劳动奖章获得者等6350人进行慰问。启动女职工“关爱行动”，对253名女职工进行“两癌”检查，对77名单亲困难女职工帮扶救助。“医疗互助合作保险基金”承兑职工住院及特殊门诊医疗互助257人。“特困帮扶基金”对6名特困职工实施大额帮扶。职业健康安全活动为职工提供医疗体检1839人。“金秋助学”活动对193名职工子女实施助学帮扶。2011年发生扶贫送温暖慰问金395.8万元。

（童林芬）

【“安康杯”竞赛】 水电九局有限公司连续第五年荣获“全国‘安康杯’竞赛优胜企业”称号。

创新推进竞赛活动，抓好“四个结合”工作。一是与劳动竞赛结合起来；二是与创先争优结合起来；三是与“农民工安全技术培训学校”结合起来；四是与安全文化建设结合起来。

重视宣传、监督工作，确保“两个到位”。一是充分利用报刊、网络等形式开展安全宣传教育活动；二是大量购买、张贴安全生产标语、横幅、挂图、宣传画；三是以贯彻落实《国务院关于进一步加强企业安全生产工作的通知》和《中央企业安全生产禁令》精神为重点，认真开展安全生产法律法规宣传教育；四是为52个项目“职工之家”订购贵州《劳动时报》，配发全国“安康杯”竞赛组委会编写的《班组职工安全知识教材》和工会汇编的《安康杯竞赛活动在九局》特刊等。确保群众监督到位。一是职工代表巡视检查《集体合同》时，同步检查“安康杯”竞赛活动；二是充分发挥工会聘任的职业健康安全监督“员工代表”的监督作用，进一步促进竞赛活动开展。

突出抓好重点工作。一是通过内培外训做好全员安全教育培训工作，确保从业人员的安全培训教育在学时、内容、效果方面符合法律法规的要求；二是在认真开展“十个一”活动的基础上组织开展职工安全征文、演讲、警句征集评选、安全文艺节目创作演出等活动；三是“安全月”期间，组织职工（含部分农民工）认真参加国家、省、市“落实安全生产主体责任”、“全国职工职业安全卫生健康知识”答题竞赛活动，2011年水电九局有限公司工会被全国“安康杯”竞赛组委授予“优秀组织单位”称号；四是组织开展了数十场次的安全知识竞赛和“我要安全、我会安全”职工签名各类文体活动；五是组织开展了电工、电焊工、汽车驾驶等“安康杯”职业技能竞赛活动；六是邀请地方卫生防疫部门开展安全卫生健康知识咨询服务活动；七是配合行政共同做好“防高坠、抗洪抢险”等应急救援预案及消防培训演习演练工作。

（杨继新）

检查监督

【职工代表大会监督】 2011年2月，水电九局有限公司完成第十一届职代会换届选举工作，选举产生十二届职代会代表100名，征集职工代表提案7个和意见、建议23条。

2011年2月18日，水电九局公司2011年工作会议暨第十二届一次职工代表大会、安全生产工作会、纪检监察工作会召开。参会职工代表96名，审议通过水电九局有限公司执行董事兼总经理陈学云所作的《转变发展方式，加快追赶步伐，全力以赴开创公司追赶式发展新局面》的工作报告并形成决议；审议通过水电九局有限公司总会计师吴杰所作的《公司2010年财务决算、2011年财务预算报告》和业务招待费使用情况、水电九局有限公司工会主席孙化瑜所作的《围绕中心，创新工作，动员全体职工为实现追赶式发展目标建功立业》的职代会工作报告、水电九局有限公司副总经理付勇所作的《抓好延伸，提升能力，努力构建本质安全型企业》的安全生产工作报告；民主评议公司领导、总部部门主任、副主任、后方二级管理单位党政工主要负责人；民主推荐后备干部；签订第四轮《集体合同》、第二轮《女职工权益保护专项集体合同》、第一轮《劳动安全卫生专项集体合同》并送贵州省人力资源和社会保障厅审查通过，在办公系统上向全体职工发布。

（朱海燕）

【党风廉政建设】 2011年，水电九局有限公司认真做好《2011年党风廉政建设目标责任书》的签订工作，所有中层以上领导人员同时签订了《廉政从业承诺书》。《党风廉政建设目标责任书》所确定的8个任务基本实现，各级领导人员和重要管理岗位没有发生违反《国有企业领导人员廉洁自律若干规定》和其他廉洁自律方面的行为，各项廉政制度得到有效执行。2011年度中，水电九局有限公司党风廉政建设工作考核中被股份公司定格为“优秀”，7个二级经营单位定格为优秀，3个定格为良好。

【惩防体系建设】 2011年，水电九局有限公司多次召开惩防体系相关工作会议，制定了联络员、责任人、半年总结和定期交流会3项工作制度。印发《2011年惩防体系建设工作计划分解细则》，制定《监督工作联席会议制度》，掌握各级领导人员在遵守《廉政准则》和《廉洁从业规定》方面的动态，防止各类违法、违纪、违规案件的发生。在制度建设、宣传教育、干部考察、工程分包、设备物资采购、效能监察、专项治理、责任追究等工作中，水电九局有限公司各部门之间相互配合，相互协作，较好地完成了2011年度惩防体系建设计划。

【企业廉洁文化建设】 2011年，水电九局有限公司把领导人员的廉洁从业教育和对广大职工开展的企业文化教育结合起来，通过多种形式促进廉洁文化进班子、进项目、进机关、进岗位、进家庭。一是坚持每月一次的党委中心组学习，每季一次的职工思想政治工作联席会，两月一次的党委书记工作例会；二是向公司领导、总部部门负责人、各二级单位领导人员发放《廉政日志》，组织学习《镜鉴》、《国有企业典型案例剖析》；三是在水电九局有限公司范围内播放了4部警示教育片；四是开展“庆祝三八妇女节，廉洁文化进家庭”联谊会；五是组织贵阳片区科级以上管理人员参加全国检察机关“法制与责任”巡回展和贵阳市检察院主办的警示教育活动；六是针对网络上某企业涉嫌行贿事件，召开贵阳片区中层以上管理人员廉政警示教育专题会；七是在各级单位机关总部及黄金坪等几个大型项目开展廉洁文化进项目工作；八是在庆祝建党90周年文艺汇演上，由基层单位选送的3个反映廉洁文化建设方面的节目获好评；九是在水电九局有限公司网站上建立反腐倡廉网页，全面反映水电九局有限公司反腐倡廉工作状况和廉洁文化建设工作情况。

【党务公开】 2011年2月，水电九局有限公司印发《水电九局有限公司基层党组织实行党务公开工作实施细则》，成立党务公开领导小组。按照《实施细则》和《公开目录》的要求，在水电九局有限公司总部、分局机关、项目部党员活动室开辟了党务公开栏，充分利用内部报刊、网站、宣传栏等定期将本单位、项目部的组织建设情况、党风廉政建设情况、“三重一大”可以公开的事项向广大党员进行公开，接受职工党员的监督，确保党员的知情权、参与权、监督权和选择权。

【效能监察】 2011年，水电九局有限公司确定效能监察立项项目8个，各二级单位确定效能监察项目13个，合计立项21个。按照《效能监察模块》和《实施方案》，分别进行检查。水电九局有限公司立项的8个项目全部完成，下发监察建议41条，全部得到有效整改。对效能监察提出的问题采取杀“回马枪”的做法，促进整改工作的落实，并通过对26个分包协作队伍、3家供应商和38人进行谈话和调查，验收《保廉合同》29份。

【专项治理】 2011年，水电九局有限公司在工程建设领域、小金库专项清理和工程分包合同专项方面开展专项治理工作。2011年4、5月中下旬，分别对国家投资和股份公司投资的5个项目进行检查，发现问题46项，提出整改建议36条。检查中，没有发现上述项目部存在违反法律法规、廉洁自律方面规定的行为。开展“小金库”的全面复查工作，核查103户，复查面100%。复查结果与自查自纠阶段发现并纠正的“小金库”情况一致。未发现新的“小金库”。2011年5月中下旬，到各生产经营性单位和5个大中型项目开展工程分包管理专项自查自纠工作。逐一对工程分包合同的签订时间、合同方式、分包招标方式、招标主体、分包合同金额、承包方式、合同签订时间、审批流程等进行检查。

（邓洪文）

【法治建设】 2011年，水电九局有限公司获得贵州省依法治省工作领导小组颁发的“贵州省先进普法依法治企办公室”荣誉，2人获得股份公司“‘五五普法'先进个人"荣誉。

完善工作体系。以总法律顾问牵头，各二级单位都设置了专、兼职的法律顾问，法律顾问参与重大事项的决策，水电九局有限公司及二级单位都建立法律台账。从项目的立项、分包、招投标、合同的起草、履行，法务机构全程参与并监督。全年参与重大项目评审5项，审查合同60余份，审查分包单位资质57家。

诉讼及非诉讼案件。全年发生诉讼案件14起，均已结案，避免损失200余万元。非诉讼案件10多起，通过协调已妥善解决。实现债权600余万元，收回海南别墅一栋，原值300余万元。处理债务1000余万元。通过诉讼、非诉讼，把问题及时处理，避免了矛盾激化。全年无重大案件发生。

【普法工作】 2011年，水电九局有限公司成立六五普法领导小组，下发《中国水利水电第九工程局有限公司法制宣传教育第六个五年规划》。广泛开展普法宣传和教育工作，除了组织集中培训外，还通过报刊、网络、宣传栏等形式大力普法，搞好法制宣传。全年举办大型法制教育活动3次，参加培训人员1000多人。举办以《宪法》为主要内容的知识竞赛，参赛人数650人。除了内部培训外，还积极参加相关单位组织的法律培训，20人参加中国企业家协会举办的专业法规的学习、30人参加贵州省住房和城乡建设厅举办的《合同法》培训、2人参加贵州省国资委举办的企业法律顾问培训，参训人员全部达到合格标准。

（刘　斌）

【审计监督】 2011年，水电九局有限公司积极探索新的工作思路，重点做好对所属单位经营业绩考核的审查，着力开展好经营目标责任审计、领导干部经济责任审计评价及经济效益审计工作，大力加强内部控制制度的执行情况检查，进一步突出审计重点，努力提升审计水平。配合完成国务院国资委及股份公司对有关领导任期、任中经济责任的审计工作。全年完成审计项目8个（其中目标责任审计7个、离任审计1个），提出审计建议28条。

（张丽萍）

中国水利水电第十工程局有限公司

概　况

【综述】 2011年，中国水利水电第十工程局有限公司（以下简称"水电十局有限公司"）努力实践科学发展观，切实加快转变经济发展方式，认真贯彻股份公司优先发展国际、转型升级上水平的发展战略，坚持以人为本、特色为重、突出质量的发展思路，坚持把创建特级施工企业、打造质量效益型中国水电国际化强局作为统筹全局的战略制高点，坚持把企业发展成果惠及全体员工及离退休老同志作为重要着力点。一年来，企业的经营规模、盈利能力、经营质量、企业活力和特色竞争力都得到较大提升。

2011年，水电十局有限公司继续入选四川省100强企业，荣获"四川省优秀诚信企业"和"成都市A级守合同重信用企业"称号；先后有7名员工分别获评全国"五·一"巾帼标兵、四川省灾后重建先进个人、四川省"五一"劳动奖章荣誉；水电十局有限公司荣获"全国'安康杯'竞赛优胜企业"、"四川省厂务公开先进单位"、"四川省'五·五'普法先进集体"称号。

【队伍状况与机构设置】 截至2011年底，水电十局有限公司在册职工为4725名，其中，本科及以上学历809人，大专学历1805人。具备初级以上技术职称的1866人。年龄在29岁及以下的1356人，30～39岁的1059人，40～54岁的2175人，55岁以上的仅135人。2011年，水电十局有限公司机关机构设置为总经理办公室（含史志编辑办公室）、党委工作部（含局团委）、人力资源部、财务部、资金管理部、市场开发部、工程管理部、信息中心、企业发展部、安全生产监督管理部、设备物资部、法律事务部、审计部、社会保险工作部、海外事业部、基础事业部（含灾后重建办公室）、人力总站及离退休管理办公室、纪检监察部、工会办公室。水电十局有限公司下属单位为一分局、二分局、三分局、六分局、机电安装分局、基础工程分局、勘测设计院、基地建设管理处（含佳馨物业管理公司、通惠门宾馆、多种经营开发公司）及水电十局有限公司直管海外各工程项目部。

【领导班子】 2011年1月，股份公司任命靳山为水电十局有限公司纪委书记、公司监事，原水电十局有限公司监事、党委副书记、纪委书记王坤任调四川公司。截至2011年底，水电十局有限公司领导班子成员为：执行董事、总经理、党委副书记、公司法人代表杜学泽；党委书记、副总经理何其刚；公司监事、纪委书记靳山；副总经理彭勇、柳赋渊、余明川、涂建湘、张长万；总会计师王全军；总工程师陈茂；工会主席陈顺清。

【经营业绩】 2011年，水电十局有限公司实现营业收入34.82亿元，为年初计划目标值29亿元的120.07%，其中国内水电完成营业收入12.69亿元，非水电完成1.11亿元；海外水电完成12.45亿元，海外非水电完成8.57亿元；市场开发完成92亿元。水电十局有限公司2011年资产总额31.69亿元，所有者权益总额7.14亿元，公司注册资本金由2.2亿元增至3.2亿元；全年实现利润比股份公司下达的指标增加2.51%。在职职工工资增长率为19.12%；土建工程合格率100%，优良率96%；金属结构制造合格率100%，优良率97%；机电安装合格率100%，优良率96%。

【新签工程合同】 2011年，水电十局有限公司全年新签国际国内工程合同总额92亿元，主要有：南水北调中线一期工程总干渠南阳段、镇平段，两个标合同金额7.46亿元；老挝南椰2水电站工程，合同金额2.94亿美元；云南普渡河甲岩水电站工程，合同金额2亿元；斐济维尼萨乌勒乌大坝加高工程，合同金额2400万斐济币；缅甸蒙育瓦莱比塘铜矿项目，分为基建期和生产期两个阶段，基建期主要工程内容包括约2000万立方米剥离量和6.6千米的道路建设，合同金额约6000万美元，生产期总服务年限约32年，年采剥总量约2760万立方米，合同额约8000万美元/年。

【灾后重建结束】 2011年4月8日，水电十局有限公司最后一项灾后重建项目正式动工，该项目包括学生公寓加固维修2700平方米、职工食堂维修恢复、都江堰办公区及上基地环境整治，总投资412.2万元。2011年10月8日，该项目全面竣工并通过验收。至此，历时3年的水电十局有限公司“5·12”特大地震灾后重建宣告结束。

（徐月明）

国内主要工程项目

【毛尔盖水电站厂区枢纽工程项目】 毛尔盖水电站位于四川省阿坝藏族羌族自治州黑水县境内。电站装机3台，总装机容量42万千瓦。水电十局有限公司承建引水隧洞、调压室、压力管道、主副厂房、安装间、GIS楼、尾水建筑物、厂区附属工程等，合同金额2.57亿元，合同工期为2008年7月20日～2012年5月31日。

2011年度主要完成：引水隧洞、调压井、压力管道交付使用；主厂房、GIS楼、副厂房施工，尾水门机轨道全部安装；尾水单向门机安装，尾水门机开始进入运行期调试施工；尾水单向门机调试，并向运行单位移交，尾水单向门机正式投入运行。2011年完成产值1.3亿元，含参与4标、5标和地震灾后重建工程。

【宁朗水电站厂区枢纽工程项目】 宁朗水电站位于四川省凉山州木里县境内。水库总库容173.9万立方米，调节库容110.9万立方米，装机容量11.4万千瓦。水电十局有限公司承建宁朗水电站引水调压工程和地面厂房工程，合同金额1.09亿元，合同工期为2009年3月16日～2011年6月30日。

因合同变更，2011年度主要完成：引水隧洞全断面板混凝土衬砌（Ⅳ/Ⅴ类）、3号施工支洞封堵具备过水条件、压力管道具备过水条件、调压井工程，主机段1号、2号、3号机组具备发电条件，主副厂房、GIS楼的装修工作，厂区及进场公路等工作。2011年完成产值3356.8万元。

【古城水电站厂区枢纽工程项目】 古城水电站位于四川省平武县境内。电站装机2台，总装机容量为10万千瓦。水电十局有限公司承建引水隧洞及5号施工支洞、调压室、压力管道、主副厂房等，合同金额1.28亿元，合同工期为2010年6月～2013年11月。2011年完成产值2832.7万元。

【沙尔布拉克水电站工程项目】 沙尔布拉克水电站位于新疆阿勒泰市富蕴县境内，是以发电为主，结合水产养殖等综合效益的水利水电工程。电站装机容量3×1.5万千瓦。水电十局有限公司承建引水隧洞、压力管道、主副厂房等，合同金额6894.5万元，合同工期为2010年9月～2013年10月。

2011年度主要完成：厂房围堰防渗高喷灌浆，

厂房土石方开挖，厂房部分下部及结构混凝土浇筑，厂房3台机组肘管、锥管及相应机电预埋件预埋，引水隧洞施工支洞洞挖及临时支护，引水隧洞460米石方洞挖及临时支护等项目施工。2011年完成产值2454.9万元。

【别迭里水电站工程项目】 别迭里水电站位于新疆维吾尔自治区克孜勒苏柯尔克孜自治州阿合奇县库兰萨日克乡境内。电站总装机容量24.8万千瓦。水电十局有限公司承建二级电站建筑及闸门启闭机安装工程标，合同金额2.89亿元，合同工期为2009年4月1日～2011年8月31日。因合同变更，2011年完成产值1.17亿元。

【葛达水电站厂区枢纽工程项目】 葛达水电站位于四川省甘孜州雅江县境内。电站装机容量为6万千瓦，水库总库容36.3万立方米，具有日调节能力。水电十局有限公司承建引水隧洞、调压井、压力管道、主副厂房等工程，合同金额7031万元，合同工期为2010年9月～2012年12月。2011年完成产值3094.6万元。

【娘拥水电站A标首部枢纽项目】 娘拥水电站位于四川省甘孜州乡城县境内，电站装机容量9.3万千瓦。水电十局有限公司承建首部枢纽建筑物，包括泄洪闸、冲沙闸、进水口及挡水坝段等工程，合同金额5212万元，合同工期为2008年3月～2010年12月。因合同变更，2011年完成产值880万元。

【洞松水电站厂区枢纽工程项目】 洞松水电站位于四川省甘孜州乡城县香巴拉镇、尼斯乡及洞松乡境内，电站装机容量18万千瓦。水电十局有限公司承建引水隧洞S17+200以后段、调压井、压力管道及厂区枢纽工程，合同金额1.62亿元，合同工期为2009年1月～2010年12月。因合同变更，2011年完成产值5453.2万元。

【河口村水库工程项目】 河口村水库工程位于河南省济源市克井乡境内，是控制沁河洪水、径流的关键工程，也是黄河下游防洪工程体系的重要组成部分。水电十局有限公司承建：引水发电洞主洞与岔洞、大小电站全部土建、引水发电系统机（组）电设备和金属结构安装、11号道路修建；室外油库建设；电缆沟及电缆敷设等。合同金额3965万元，合同工期为2011年6月～2013年5月。2011年完成产值1176.1万元。

【硬梁宝水电站工程项目】 硬梁宝水电站位于四川省甘孜藏族自治州泸定县冷碛镇境内，装机容量120万千瓦。水电十局有限公司承建场内交通工程炸药库专用道路，合同金额1316万元，合同日期为2010年5月～2011年12月。因合同变更，2011年完成产值675.8万元。

【甲岩水电站厂区枢纽工程项目】 甲岩水电站位于云南省禄劝县境内，电站总装机容量24万千瓦。水电十局有限公司承建引水隧洞、调压井、压力钢管、发电厂房等工程，合同金额2亿元，合同工期为2011年6月～2013年12月。2011年完成产值1848.2万元。

【撒多水电站首部枢纽工程项目】 撒多水电站位于四川省凉山彝族自治州木里县境内。电站装机3台，总装机容量21万千瓦。水电十局有限公司承建：电站左、右岸挡水坝段，3孔泄洪闸，1孔冲沙闸，进水口及取水闸等部分，以及引水隧洞工程。合同金额1.29亿元，合同工期为2010年1月～2012年3月。2011年完成产值6690.4万元。

【福堂电站厂区边坡处理工程项目】 福堂水电站位于四川省汶川县绵篪镇岷江主流上。汶川“5·12”地震后，厂区工程边坡局部松动变形和开裂，厂区自然边坡浅表风化、卸荷岩体普遍发生崩塌，现坡面仍残留较多的松动岩体及解体岩块，危及厂房及进厂公路安全。同时，由于调压井中上部置于强风化、强卸荷山体内，此次地震造成山外侧中上部岩体多松弛变形，崩塌破坏。为保证厂房、调压井等建筑物及人员安全，水电十局有限公司承建边坡治理和加固工程。合同金额3191万元，合同工期为2009年7月～2011年5月。项目按合同工期完工。

【洛古水电站边坡治理工程项目】 洛古水电站位于四川布拖县联补乡境内，电站装机11万千瓦。水电十局有限公司承建：7号滑坡体处理；1～3号镇墩左侧边坡、5号镇墩坡外侧边坡处理；压力钢管边坡处理。合同金额2520万元，合同工期为2011年4月～2011年10月。项目按合同工期完工。

【干溪坡水电站引水隧洞灌浆工程项目】 干溪坡水电站位于四川省雅安市天全县境内，电站装机3台，总装机容量为7.5万千瓦。水电十局有限公司承建：引水隧洞、压力管道段以及1、2号洞支洞封堵段的回填、固结、接触灌浆钻孔与灌浆工程。合同金额

1495万元，合同工期为2011年8月～2011年10月。项目按合同工期完工。

（吴方明　周君波　李　超　陈　行　周菊兰　周雪琼　张　倩）

【金属结构制作与机电安装】　2011年，水电十局有限公司金属结构制造安装与机电安装共计完成产值5.1亿元，合同中标总金额5.8亿元；安装发电机组24台，装机总容量102.2万千瓦，其中投产发电7台，发电容量41.4万千瓦；制作金属结构产品1.31万吨，安装金属结构产品2.54万吨。

（周　荣）

【国内勘测设计项目】　2011年，水电十局勘测设计院强化勘察设计、工程试验、安全检测、工程测量和监理咨询5个主导专业49个项目过程的精确化、精细化、精益化三级（即院、实体单位、项目）管理，在不断扩展规模的基础上，确保了国内、外项目协调发展。

2011年，水电十局勘测设计院签订和启动了灾后香港援建的卧龙熊猫水电站（装机容量2万千瓦）设计工作，签订了理县梦古沟、三板召等水电站设计合同并进入设计阶段；继续开展理县芦杆桥水电站、青川县文江口水电站设计等20个水电站项目的勘察设计业务。累计装机容量28万千瓦，国内项目勘测设计全年完成产值2040万元。

（瞿德仁）

国际主要工程项目

【老挝万象钾盐矿项目】　该项目位于老挝首都万象市赛塔尼县境内的塔贡矿段，由股份公司投资建设。2009年12月28日在北京签订协议，以设计建造总承包合同方式委托水电十局有限公司实施，合同总价约5.5亿元人民币，其中水电十局有限公司实施部分合同金额为2.37亿元人民币。项目工期为2010年8月1日～2012年11月30日，共28个月。

项目计划建成年产量12万吨的钾盐工业生产装置。项目主要工程包括钻井、各工艺设备车间及其配套的辅助工程、公用工程和服务性工程的设计、采购、施工及工艺设备的采购、安装、试运行等。2011年度完成产值1642万美元。

【老挝欣合—琅勃拉邦线路项目】　该项目位于老挝西北部，连接万象省欣合区和琅勃拉邦省湘嗯区。主合同是由集团国际公司与老挝国家电力公司（EDL）签订的EPC（设计—采购—施工）总承包合同。2009年12月28日，水电十局有限公司与集团国际公司签订项目委托实施协议，委托协议总价1.01亿美元，主要施工内容为：欣合变电站至琅勃拉邦2变电站全长164千米的230千伏同塔双回输电线路；新建一座琅勃拉邦2变电站；扩建欣合变电站2个230千伏间隔。项目于2010年11月8日开工，计划2014年5月7日完工。2011年度组立铁塔78基，完成产值3467万美元。

【老挝南坎2水电站项目】　该项目位于距老挝琅勃拉邦市东南约30千米的南坎河上。2009年8月11日，集团国际公司与业主老挝国际电力公司签订EPC（设计—采购—施工）总承包合同；2010年12月29日，水电十局有限公司与集团国际公司在老挝万象签订项目委托实施协议，委托实施合同金额为2.94亿美元。

该电站装机2台，装机容量6.5万千瓦，年发电量5.58亿千瓦·时，水库总库容7.5亿立方米。主要施工内容包括：一座高141米的混凝土面板堆石坝；溢洪道、放空洞、引水系统、厂房及冲沟排水洞工程；导流工程；交通工程；监测工程；机电安装及金属结构制作等。2011年度完成产值2841万美元。

【老挝南俄5水电站项目】　该项目位于老挝北部山区，在Nam Ngum河支流Nam Ting河上，距首都万象300千米左右。项目分多个标段：水电十局有限公司于2007年12月19日中标南俄5水电站项目导流洞及进场道路交通洞标和进场道路标，合同金额分别为179万美元和405万美元；2008年8月底签订水电站大坝项目的工程承包合同，主体合同共包括老挝南俄5水电站BOT（建设—运营—移交）项目大坝工程、压力钢管制作及机电安装工程3个协议，主体合同总金额4302.34万美元。合同工期自2008年10月～2011年10月。

2011年，大坝右岸碾压混凝土浇筑至1101.8米高程，已浇筑完毕；闸墩浇筑至1095.4米高程；左岸碾压混凝土浇筑至1089.4米高程。2011年度完成产值约1963万美元。

【老挝塔克水泥厂项目】　该项目位于老挝甘蒙省塔克市境内，原为老挝的私人股份有限公司，后来集团国际公司入股，股份为45%，成为最大的股东。

2006年5月26日，集团国际公司与该水泥厂签订了矿石开采协议，并于2006年5月30日与水电十局有限公司签订了相应的委托实施协议，全权委托水电十局有限公司实施。合同期限为20年。

该水泥厂正常施工年份要求日供应水泥强度为4000～4800吨，年供应水泥强度为100万～120万吨。2011年完成产值约220万美元。

【尼日尔阿泽里克矿冶项目】 该项目位于尼日尔首都尼亚美北953千米。2008年3月31日，中国水电建设集团国际公司与中国国核海外矿冶资源开发公司签订了阿泽里克矿冶项目工程合同协议，合同总金额约1.40亿美元，工期910天，水电十局有限公司承担约1亿美元的施工份额。

该项目是采冶联合项目，包括矿山工程、水冶厂工程、生产辅助设施、生活设施工程、配套小火电站等工程。矿山工程含2个矿床，采矿规模为每年60万吨。2011年度项目完成产值约为942万美元。

【印尼佳蒂格德（JATIGEDE）大坝项目】 该项目位于印度尼西亚西爪哇省境内芝马努河畔的佳蒂格德村。2007年4月30日，集团国际公司与印尼合作伙伴CIC作为承包商联合体，同项目业主签订了施工承包合同，合同金额2.4亿美元，合同工期为1950天，项目业主是印尼政府公共工程部，项目贷款采用中国进出口银行的优惠买方信贷，2007年11月15日项目开工。

该项目是以农业灌溉为主的水利枢纽工程，水库控制流域面积1414平方千米，设计水库面积35.93平方千米，总库容10.63亿立方米。项目的工程结构主要有黏土芯墙堆石坝、导流洞、溢洪道、灌溉洞、交通和灌浆廊道，引水洞进口150米，以及闸门等水机工程组成。

该项目于2011年8月实现大坝截流，并同时开始大坝主围堰填筑。完成左岸700米长的填筑到达设计的坝顶高程，50米高主围堰填筑。2011年度完成合同金额约6854万美元。

【厄瓜多尔科卡科多—辛克雷（CCS）水电站项目】该项目于2009年10月5日，由集团国际公司与科卡科多—辛克雷公司在厄瓜多尔总统府签署，合同金额23亿美元，为EPC总承包合同，包括设计、采购、施工、试运行等。项目安装8台机组，装机容量150万千瓦。

该项目是厄瓜多尔历史上外资投入金额最大、规模最大的水电站项目，同时也是目前中国对外投资承建的最大水电站工程项目。水电十局有限公司主要承担工程为：2号支洞以下的输水隧洞工程，包括1台TBM（全断面隧道掘进机）设备的采购、使用和处理等；至调节水库的永久道路工程；调节水库工程；业主永久营地工程；从调节水库到厂房的电动缆车工程。该项目合同金额3.6亿美元。2011年度完成产值为853万美元。

【卡塔尔路赛基础设施第一标段（CP1）项目】 该项目位于卡塔尔首都多哈北郊，工程内容包括道路和停车场修建、饮用水、灌溉用水、污水、雨水及地下水、高低压供配电、埋设高压及通信电缆管道、路灯电缆、标志及公用设施涵洞等。业主为卡塔尔迪尔不动资产投资公司招标拍卖委员会，承包商为集团国际公司，合同金额约6.42亿美元，2008年4月1日开工，合同工期约700天。水电十局有限公司承担20%（约1.3亿美元）的施工份额。2010年，由于合同变更，水电十局有限公司新增合同金额1.39亿元人民币。2011年度完成产值约为6030万美元。

【斐济南德瑞瓦图（Nadarivatu）可再生能源项目】该项目位于斐济群岛的维提岛西北部，业主斐济电力局（FEA）通过世界银行和欧洲投资银行的贷款为项目融资。集团国际公司于2008年8月14日中标该项目，合同金额约1.25亿美元，为EPC（设计—采购—施工）总承包合同，主要工程包括混凝土重力坝、引水系统、厂房和132千伏输电线路等3个标段，装机2台，装机容量2.2万千瓦。水电十局有限公司负责工程施工，2008年9月15日开工，合同工期1072天。

132千伏输电线路工程，全长约4.9千米。该输电线路共16基铁塔，最大铁塔高度45米。导线采用断面为150平方毫米的铝包钢绞线，按同塔双回路设计。由于斐济地处热带海洋气候，每年都有数次破坏性较大的台风经过，因此，业主要求132千伏输电线路必须抵御1000年一遇的超强台风，即按照90米/秒的风速进行设计施工，填补了国内超高风速高压输电线路施工领域空白。

2011年度引水隧洞洞内清理完成，并顺利通过业主组织的竣工验收。大坝工程一期、二期混凝土施工全部结束。厂房内各种电器控制盘柜全部安装就位，并开始进行调试。132千伏输电线路的架线工程于2011年12月8日全部结束。2011年度完成产值约4704万美元。

【哈萨克斯坦玛依纳水电站项目】 该项目位于哈萨克斯坦东南部阿拉木图州莱姆别克区的恰伦河上，为引水式电站，总装机容量30万千瓦。业主为哈萨克斯坦玛依纳股份有限公司，主承包商为中国水利电力对外公司，水电十局有限公司于2008年2月中标相关标段，主要承建引水隧洞及厂房第二标段和第三标段的1、2、3号施工支洞和主洞段开挖、支护及相关项目施工。合同金额为8689.71万元人民币(1272万美元)，合同工期为2008年11月～2010年10月。2010年6月，项目新增隧洞混凝土工程分包合同，合同金额1729.41万美元，工期为2010年9月～2011年12月31日。已于2011年12月22日全部完工。

【尼日尔伊姆矿冶项目】 该项目地处尼日尔阿加德兹省阿利特市，撒哈拉沙漠南缘。集团国际公司和法国AREVA公司旗下的IMOURAREN S.A.签署了尼日尔伊姆矿工程临时土建标项目的合同协议，并委托水电十局有限公司负责施工。

水电十局有限公司中标的尼日尔伊姆矿冶分两个标段：一是临建工程标，于2011年8月4日签订，合同工期34周，合同总金额约为1430万美元；二是场地矿冶开采工程标，于2011年8月30日签订，合同金额11.41亿人民币，合同工期24个月。

2011年，第一标段营地及办公区域的建设施工已基本完成，完成产值552.8万元。

【缅甸蒙育瓦莱比塘铜矿项目】 该项目位于缅甸实皆省(Sagaing)南部，与该省最大的城镇蒙育瓦(Monywa)直距约5千米，公路里程约26千米。缅甸政府初步划定的矿区范围，矿区面积约32.73平方千米。根据缅甸蒙育瓦莱比塘铜矿《露天采场基建剥离及采剥生产外包主体合同》约定，露天采场主体合同由基建剥离合同和采剥生产合同组成，合同总金额8亿美元。其中，水电十局有限公司占65%份额。

基建剥离合同签订于2011年8月18日，工期17个月，合同金额5000万美元。采剥生产期合同，工期10年，合同金额7.5亿美元。项目于2011年11月18日正式开工。2011年度完成产值约为91万美元。

【老挝南椰2水电站项目】 该项目位于老挝川圹省查尔平原的东南部，电站装机总容量60万千瓦。南椰2水电站于2011年8月30日与EPC（设计—采购—施工）总承包商——中国水利电力对外公司签订工程总价承包合同，合同总价1.51亿美元。水电十局有限公司承建，工作内容主要包括黏土心墙主坝、溢洪道、导流兼泄洪冲沙洞、电站进水口、引水发电系统工程。项目工期为2011年10月1日～2015年12月1日。2011年度完成产值约315万美元。

【柬埔寨甘再水电站运行维护】 该项目是柬埔寨政府以国际竞标和BOT模式（建设—运营—移交）开发实施的水电站项目，也是集团公司海外投资的第一个BOT电站项目，电站总装机总容量19.41万千瓦，动态总投资2.8亿美元。项目融资期1年，特许经营期44年，其中施工期4年，商业运行期40年。

该电站位于柬埔寨王国西南的贡布省境内，水电站运行维护合同工期5年，2011年是该合同实施的第二年，合同金额3828万元，主要工作范围是柬埔寨甘再水电站的生产准备、生产运行、设备维护、小修，管理和培训。

【老挝片区项目部】 老挝片区项目部是水电十局有限公司按照国家“走出去”战略，在老挝组建的树立水电工程专业化施工队伍，拥有总资产4.04亿元人民币和2.03亿元人民币的施工设备，年产值约6亿元人民币。

老挝片区项目部目前在老挝拥有年制造1万吨水工金属结构产品的制造厂，同时能承接两个中大型水电站的水工金属结构制作安装能力。老挝片区项目部在中大型水利水电施工、机电安装及调试方面的能力在老挝居于首位。能独立承接中大型变电站、输电线路、人工砂石及其民用建筑、市政建设、公路桥梁等工程施工。

目前，老挝片区项目部在建工程有南俄5水电站、南坎2水电站、南椰2水电站、琅勃拉邦2变电站、欣合变电站至琅勃拉邦2变电站230千伏同塔双回路线路、年产12万吨的钾盐工业生产装置，股份公司万象基地、南乌江路桥项目等。

【海外非水电矿产项目】 随着全球投资主体多元化、企业生态环境复杂化，水电十局有限公司充分利用多年以来积累的优势，在稳定发展水电工程建设的同时，积极拓展海外非水电矿产项目业务，转向新兴市场和高端市场，包括尼日尔阿泽里克矿冶及依姆矿冶项目、老挝水泥矿和钾盐矿项目、缅甸蒙育瓦莱比塘铜矿项目等，标志着水电十局有限公司努力打造中国水电矿产品牌。

（安奕静）

【国际项目勘测设计】 2011年3月，水电十局勘测设计院在老挝签订了老挝南坎2水电站工程监理、工程试验、安全监测项目合同，同年12月又签订了老揽南椰2水电站工程试验、安全检测合同，实现了工程设计、工程试验、工程监理、安全检测5个专业在国外项目的全面发展。

（瞿德仁）

非水电主要工程项目

【南水北调汤阴Ⅰ标项目】　南水北调汤阴Ⅰ标项目位于河南省安阳市汤阴县境内，设计桩号为Ⅳ175＋432.8～Ⅳ185＋000，标段全长9.57千米，标段内共有各种建筑物15座。水电十局有限公司承建总长9.57千米的渠道及渠系建筑物的土建、金属结构及机电安装工程。合同金额2.63亿元，合同工期为2009年5月～2012年2月。2011年度完成产值1.19亿元。

【南水北调中线内邱段SG09标项目】　南水北调中线Ⅰ期工程总干渠漳河北至古运河南土建施工SG09标，起自内邱县中宅阳村，止于内邱县西邵明村，起止桩号（133＋870）～（145＋580），标段全长11.71千米，共有各类建筑物9座。水电十局有限公司承建：标段范围内的建筑工程、机电设备安装、金属结构安装、通信管道采购及敷设、临时工程、水土保持工程及施工期环境保护工程等。合同金额3.68亿元，合同工期为2010年6月～2013年3月。2011年度完成产值1.31亿元。

【南水北调南阳2标项目】　南水北调南阳2标项目位于河南省南阳市市区内，设计桩号为（TS94＋365）～（TS100＋500），标段全长6.14千米，共有各种建筑物11座。合同金额3.24亿元，合同工期为2010年1月～2013年6月。2011年度完成产值6193.2万元。

【桃巴高速公路工程LJ8合同段项目】　桃巴高速公路LJ8合同段项目位于巴中市南江县南江镇渔坝村与双元村境内，接在建巴中至南部高速公路，并与广元—巴中—达州高速公路互通，路线全长114.9千米。水电十局有限公司承建部分：路线全长3.45千米，设有特大桥1座1.05千米、大桥3座1.7千米、中桥1座34米，涵洞1道13米；互通式匝道共有大桥4座846.6米、中桥78米、涵洞68.5米。合同金额2.61亿元，合同工期为2011年1月～2012年10月。2011年度完成产值6609万元。

【南水北调中线镇平段三标项目】　南水北调中线干线镇平段施工三标工程位于河南省南阳市镇平县境内，起点桩号76＋100，终点桩号87＋925，总长11.8千米。水电十局有限公司承建：11.8千米长的明渠渠道，8座左岸排水建筑物，8座公路桥，4座生产桥。合同金额4.22亿元，合同工期为2011年3月～2013年6月。2011年度完成产值1.07亿元。

【马昌山风电场一期工程项目】　甘肃白银马昌山风电场项目位于白银市景泰县喜泉镇，规划总容量9.9万千瓦，一期工程装机容量4.95万千瓦。水电十局有限公司承建：27台风机、塔筒及箱变土建、安装工程，以及进场施工道路。合同金额1796万元，合同工期为2010年12月～2011年5月。2011年按期全部完成。

【马昌山风电场二期工程项目】　甘肃白银马昌山风电二期工程位于马昌山一期风电场工程南侧，在一期工程的基础上扩建4.95万千瓦，并利用一期工程已建的110千伏升压变电站接入系统。工程装机容量4.95万千瓦，由24台2000千瓦和1台1500千瓦共25台机组成。水电十局有限公司承建：马昌山风电场二期4.95万千瓦项目，25台风机、箱变、110千伏升压站二期配套设施的土建及安装工程。合同金额2896万元，合同工期124天。

2011年，完成13个机位的浇筑工作及升压站配套设施的土建施工，15个机位混凝土的浇筑及43、44号机位风机的吊装，升压站安装并调试完成。

（吴方明　周君波　李　超　陈　行　周菊兰　周雪琼）

【物业管理】　水电十局都江堰市佳馨物业管理有限责任公司的业务范围主要有：住宅小区、宾馆、办公大楼、学校、医院、发电厂等机关、单位各类物业管理，停车场管理以及水库库区打捞等。2011年完成产值748.71万元，先后被四川省质量技术监督宣传中心授予“重质量、守规则、共铸诚信单位”，四川省第三产业协会授予“四川省服务质量达标示范单位”，都江堰市房地产管理局、都江堰市物业管理协会授予“信得过企业”和“优秀物业管理企业”称号。

（余　浩）

管理创新

【公司三年发展规划】　《水电十局2011～2013年发展规划》于2011年1月27日在水电十局有限公司七届九次职工代表大会审议通过。三年发展总体思路和目标为：巩固国内、发展国际，全力拓展基础设施市场，以人为本，特色为重，创建特级施工企业，打造质量效益型中国水电国际化强局；通过三年的努力，基本建成产业特色明显，比较竞争力强，人均指标先进，管理规范，进入特级企业，具有可持续发展能力的质量效益型全面国际化强局。

（张荣苍）

【建立企业全面风险管理与内部控制体系】 2011年，水电十局有限公司根据世界经济、金融形势的冲击和影响，按照股份公司的统一部署，狠抓企业的全面风险管理与内部控制工作，成立了公司级的领导小组办公室，二级单位明确了专门的工作团队，分解落实工作任务，梳理业务流程，进行业务辅导，编写了《业务流程体系框架》。水电十局有限公司全面风险管理和内部控制体系，着重抓了组织职能体系、制度体系、风险评估与管理体系、信息与监测体系、培训与文化体系、监督与改进体系“六大体系”建设，着重防范战略风险、财务风险、市场风险、运营风险、法律风险。

（徐月明）

【推动全局国际化进程】 2011年，水电十局有限公司推动全局国际化进程，在一、三分局已落实国际项目管理职责的基础上，对二分局和六分局与国际部分项目整合，全面落实分局参与国际项目管理职责。整合后，卡塔尔CP1项目联营体总部归中东片区经理部管理。作业队的人员成建制划归二分局，哈萨克斯坦玛依纳水电站项目土建全体人员及物资设备、厄瓜多尔CCS项目出口部分的土建人员及项目划归二分局。老挝南坎2、南俄5、南立1-2、XE-SET2和老挝水泥厂等5个项目的土建施工人员除已经另有安排外，其他全部划转给六分局管理，相应项目设备和物资一同划转六分局管理。

（余 琴 李开海）

【财务资金管理】 2011年，水电十局有限公司财务资金管理以宣贯股份公司财务要点为核心，加强制度建设，梳理、规范财务标准化工作。每月一次财务资金会议，定期分析国际经营隐性和显性风险。利用VPN广域网系统，推进财务NC平台核算系统工作加快财务信息传递。利用每月统计上报项目的劳务结算台账，及时反映项目劳务合同履约情况，项目劳务资金支付控制情况及分包文件的执行力。注重重大财务事项备案。

（卢勇华）

【工程管理】 2011年，水电十局有限公司工程管理坚持以科学发展观为指导，以可持续发展为宗旨，以履约管理为主题，以相关方满意为目标，对新中标项目进行技术策划，对在建项目的技术、进度、质量等工作进行现场检查、督促。不定期对各项目部施工现场检查，保证工程施工顺利进行。

管理体系外审通过。四川三峡认证有限公司认证审核组于2011年11月对水电十局有限公司质量管理体系进行了监督审核，对环境、职业健康安全管理体系进行了再认证审核。审核结论为：质量管理体系保持认证注册资格，环境、职业健康安全管理体系推荐认证注册。

【质量管理】 2011年，水电十局有限公司运用过程管理方法，持续改进，进一步推动了质量管理水平的提升。按照ISO 9001质量体系标准的要求，进行了2011年度客户满意度测评工作，顾客总体满意度指数为91.1分，测评结果顾客满意度为满意。

【节能减排】 2011年，水电十局有限公司坚持以“创建节约型企业、节能减排、科学发展”为核心，扎实开展节能减排工作。举办了节能减排培训班，对各单位节能减排工作进行了检查并能耗统计，水电十局有限公司万元营业收入综合能耗（现价）为0.1377吨标准煤，比2010年0.1439吨下降4.32%。2011年投入节能减排资金273.1万元。

（吴方明 周君波 李 超 陈 行 周菊兰 周雪琼）

【经营管理】 2011年，修订并下发了《2011年度经营管理业绩考核暂行办法》和《年度责任书考核细则》，完成了各二级单位、海外项目2010年经济责任书的考核及兑现工作。制定下发了《水电十局关于开展分包商入库工作的通知》、《水电十局关于开展分包商评价工作的通知》、《水电十局海外项目工程分包管理（暂行）办法》、《水电十局分包商资源库管理办法》、《关于报送项目分包策划报告的通知》等，强调了分包硬性管理环节。对项目在施工过程中出现的合同内结算及项目变更和索赔给予了关注，项目经营管理人员及时与业主及监理方建立了良好的沟通机制。制定并实施了《中国水利水电第十工程局有限公司统计管理办法》。完成了各级各类统计报表，完成了国家统计局成都企业调查队的采购经理调查、样本工程项目的价格指数调查、国家建设部的建筑企业主要指标调查等工作。

（张 倩）

【人力资源管理】 2011年，拟定了水电十局有限公司“十二五”人力资源规划和三年人力资源规划，并上报股份公司。根据水电十局有限公司发展需要，成立了企业发展部，资金结算中心更名为“资金管理部”，与集团公司接轨。为了加强对国际项目的后勤保障，成立了北京保障分部、昆明保障分部。调整充实了六分局、机电安装分局、二分局和部分项目领导班子成员。

建立了人力资源管理人才激励机制，对一级建造师、注册安全工程师、注册会计师、注册造价师等实行奖励制度。2011年，共举办培训班23期，合计培训1032人。完成了计算机考试教室建设，并通过了省、市安检部门和培训中心对教学点的达标验收工作。

2011年，制定了《水电十局领导干部管理暂行办法》、《关于进一步加强劳动用工和劳动合同管理的通知》、《水电十局企业年金计划方案》。修订了《水电十局国内工资分配管理办法》、《水电十局国际工程项目工资分配管理办法》，在提高员工收入的前提下，工资分配向施工一线倾斜。

（李跃文　殷志豪）

【信息化建设】　2011年，水电十局有限公司信息化建设重点完成了广域网二期以及综合项目管理信息系统的建设任务。广域网采用硬件加速型VPN设备与SSL VPN相结合的方式，共有10个分支机构与水电十局有限公司广域网实现互联互通。

2011年，完成了都江堰办公区学生公寓楼网络建设，并于10月投入使用；参与了股份公司与微软的正版化工作，与欧特克公司达成《谅解备忘录》，解决了CAD系列软件的正版化问题，签署了为期10年的CAD软件采购及服务合同；印发了《水电十局信息化建设年度绩效考核（暂行）办法》，首次将信息化建设工作纳入二级单位绩效考核内容。

（郭泽民）

【社会保险工作】　2011年，根据川企转组〔2010〕2号《关于调整部分企业退休军转干部解困标准的通知》精神，按照“属地管理”的原则解决了水电十局有限公司退休军转干部的困难补助。从2011年10月1日起将在岗职工住房公积金扣缴比例由6%调整为12%。办理了130人退休。

（钱春梅）

【法制建设】　2011年，水电十局有限公司法制建设以法律风险“事前防范、事中控制、事后补救”为重心，以建立健全法律风险风范体制机制，为生产经营提供良好的法律支撑与保障为目标，以开展“三大”法律审核（包括重要规章制度、重大经济合同及重要经营决策）及法制宣传教育为抓手，制定了《水电十局经营行为法律审核规范实施办法》和《水电十局法律纠纷案件办理规范实施细则》。

（李金泉）

【设备物资管理】　2011年，水电十局有限公司设备总计5358台（套），原值10.04亿元，净值4.17亿元。其中，国内设备3684台（套），原值2.65亿元；国际设备1674台（套），原值7.39亿元。

2011年，水电十局有限公司修订了《水电十局设备物资采购招标程序规则》，重新修订了《水电十局设备物资管理考核暂行办法》。设备物资采购实行三轮磋商谈判，纳入“三重一大”监督体系。2011年，设备采购321项金额2.3亿元，物资采购3.2亿元。

（卢刚义　李　蓉）

科技进步

【毛尔盖水电站破碎围岩深大调压井快速施工技术研究】　水电十局有限公司2009年度股份公司科研立项项目，该项目已完成，进入后期成果资料收集分析汇总，准备申请成果鉴定。

【特大地下洞室群绿色施工技术研究】　水电十局有限公司从2010年8月开始承担股份公司“特大地下洞室群施工安全环保关键技术研究与应用”之“特大地下洞室群绿色施工技术研究”课题，联合天津大学成立了《特大地下洞室群绿色施工技术研究》课题小组，已进入编写阶段。

【双向空气潜孔锤冲击回转钻井系统】　水电十局有限公司2011年度股份公司科研立项项目，正在进行中。

【自动控制装置定期试验标准化研究】　水电十局有限公司2011年8月31日中标自动控制装置定期试验标准化研究项目。该项目涉及华能四川公司所属的16个水电站48台机组，装机总容量219万千瓦。

【超高风速高压输电线路施工】　2011年12月8日完成的斐济南德瑞瓦图可再生能源项目132千伏输电线路工程，设计要求必须抵御1000年一遇的超强台风，即按照90米/秒的超高风速进行设计施工，超过国内高压输电线路最高风速设计标准，填补了国内超高风速高压输电线路施工领域空白。

【标准规范】 水电十局有限公司主持《TBM（全断面隧道掘进机）施工技术导则》、《水利水电工程施工技术大全》、《水工建筑物滑动模板施工技术规范》规程规范修订编写工作；参与《混凝土面板堆石坝翻模固坡施工技术规程》编写工作。

【工法及专利】 水电十局有限公司编写的《平洞滑模施工工法》获2011年度中国电力建设工法。2011年申报发明型专利2项、实用新型专利3项，其中已有2项实用新型专利通过国家知识产权局审核并已授权，专利名称分别为《混凝土溜管缓冲装置》、《简易开式压力机》。

【创优工程及科技成果】 2011年10月，水电十局有限公司承建的赛珠水电站厂房枢纽工程获中国水电建设股份有限公司2011年度“中国水电优质工程奖”；2011年12月，水电十局有限公司承建的云南省铅厂水电站项目和鲁基厂水电站项目分获云南省2011年度优质工程一等奖和三等奖；水电十局有限公司《京沪高速铁路路基施工关键技术研究》获股份公司2011年度科技进步一等奖。

【全国水利水电地基与基础工程学术研讨会】 2011年11月2～5日，水电十局有限公司承办了全国水利水电地基与基础工程学术研讨会，中国水利学会地基与基础工程专业委员会主任夏可风对水电十局有限公司的会议承办工作给予了高度评价。与会的学会领导、专家、代表对会务服务工作表示赞扬和肯定。

（吴方明 周君波 李 超
陈 行 周菊兰 周雪琼）

安全生产

【安全生产责任制】 2011年，水电十局有限公司着重强化了各单位第一责任人的安全生产监管职能和责任，对原有的29个安全管理制度进行了重新修订，增加了领导人员带班值班制度和紧急避险方面的内容，尤其是加强各级单位一把手对本单位安全生产责任的全面落实，使企业安全生产主体责任得以层层分解、层层传递、层层落实。

【安全管理体系建设】 2011年，水电十局有限公司和各二级单位（工程项目部）均建立了以行政一把手（项目经理）为主要责任人的安全责任体系，以主（分）管生产的领导人员（项目副经理）为主要责任人的安全生产实施体系，以主（分）管安全领导人员（安全总监）为主要责任人的安全生产监督体系，以总工程师为主要责任人的安全技术支撑体系。

【安全宣传教育与培训】 为进一步强化生产一线从业人员的安全生产意识，提高全体员工的安全操作技能，水电十局有限公司组织了各类安全生产培训共计1533人次，全年用于安全宣传教育培训费用达180余万元。

【施工安全检查】 2011年，水电十局有限公司重点对二级单位和工程施工项目进行了查安全生产规章制度落实，查各级领导现场带班制度执行，查一线员工安全教育和培训，查安全生产制度和操作规程执行情况，查隐患排查整治专项行动开展，查安全记录，查应急预案编制、演练和评审修订、应急物资储备和应急队伍建设，查施工安全技术措施的编制、审查和交底，查“四个体系”建设情况，查施工用电和高处作业、施工脚手架（平台）安全监管、风险评估等。

【隐患排查专项治理、防洪度汛与地质灾害防治】 2011年，水电十局有限公司加大了对二级单位防汛及地质灾害隐患重点监测项目的专项安全督查和工作指导。全年共对重点监控项目开展了专项隐患排查51次，提出了整改要求，整改率达100%，事故隐患落实整改治理资金663余万元。开展2011年汛期防洪度汛与地质灾害防治工作，有效防范灾害事故的发生。

【应急管理体系建设】 2011年，重新修订了《水电十局突发事件总体应急预案》、《水电十局重大地质灾害应急预案》等9个应急预案。各分局、项目部具体负责专项应急工作预案的实施与演练，落实水电十局有限公司应急领导小组决定的事项。

【职业安全健康监管与防护】 水电十局有限公司通过设立专门的职业健康管理机构，建立了职业健康管理体系。

（闫凤枝 张思福）

党建工作和企业文化建设

【党建工作】 截至2011年末，水电十局有限公司党委共下设8个党委、3个直属党支部、4个项目党工委，共有基层党支部67个。共有党员1632人，其中离退休党员582人。党员较2010年增加137人，其中发展党员56人，转入组织关系81人。

【四好领导班子建设】 2011年，水电十局有限公司党委着力推动“四好”班子创建活动向项目（队）延伸，形成了局、分局、项目（队）三级联创体系。

【创先争优活动】 2011年，水电十局有限公司党委先后制定下发了《水电十局关于在创先争优活动中认真做好领导点评工作的通知》、《关于在水电十局深入开展创先争优活动中实行公开承诺的实施办法》、《中国水电十局有限公司创先争优活动考核评分暂行办法》。

【党建责任制】 2011年，水电十局有限公司党委制定下发了《水电十局党建工作责任制实施细则（试行）》、《水电十局党委议事规则》、《水电十局创先争优活动考核评分暂行办法》、《水电十局“三会一课”制度》、《水电十局党委委员联系点工作制度》、《水电十局巡视工作暂行办法》、《水电十局党委书记例会制度》、《水电十局党务公开实施方案》、《水电十局领导干部管理暂行办法》等。同时，水电十局有限公司党委将党建工作责任制向分局和项目党组织进行延伸扩展。

【党员教育与管理】 2011年，水电十局有限公司党委始终把发展党员和党员教育作为一项重要内容，共培训入党积极分子、党群干部和青年职工660人次。以建党90周年为契机，开展学党史知识竞赛、读红色书籍征文、参观革命圣地接受再教育等系列活动20余次，收到征文56篇，参加党员800余人。

（向　东）

【庆祝建党90周年活动】 为庆祝建党90周年，水电十局有限公司各级党组织开展了丰富多彩的庆祝活动，开展了走访慰问困难党员等活动。

【党务公开】 2011年，水电十局有限公司党委制定下发了《中国水电十局党委党务公开实施方案》，确定了28项党务公开基本目录。各二级单位通过专栏、墙报等形式，陆续完成了党务公开任务。2011年12月底，水电十局有限公司党委党务公开专栏正式上墙。

（邱雷声）

【离退休党委基层组织建设】 2011年3月，汶川“5·12”地震后都江堰市政府灾后重建最后一批置换安居房到位后，为加强离退休党员管理，水电十局有限公司离退休党委经过大量的摸底、调查等筹备工作，全年在都江堰市范围先后组建成立了居住片区退休党支部14个。

【二级单位党组织换届改选】 根据《水电十局基层党组织换届选举工作暂行办法》的要求，2011年下半年，水电十局有限公司党委督促指导下属各党委（支部）先后召开党代会或党员大会，选举产生了本单位新一届党委（党支部）委员、纪委委员和党委（党支部）书记、纪委书记，同时还选举产生了出席水电十局有限公司第六次党代会代表。

【共青团工作】 2011年底，水电十局有限公司在册共青团员1121人，35岁以下青年职工达2128人，占水电十局有限公司职工总数的43.3%；水电十局有限公司团委所属二级团委共7个，直属团工委1个，直属团支部1个，基层团组织37个。

2011年，水电十局有限公司团委按照股份公司团委、省企业团工委和局党委的统一安排部署，积极开展特色鲜明的“青字号”活动，发挥共青团组织的优势。水电十局有限公司团委荣获股份公司2011年度“五四红旗团委”称号；被中央企业团工委评为“2011年度中央企业五四红旗团委”。

（卢琴之）

【工会工作】 2011年末，水电十局有限公司工会会员4956名，基层工会组织59个（含十局直管项目），专兼职工会主席59人，专兼职工会干部63人。2011年，水电十局有限公司工会认真贯彻上级重要决策和部署，在党委的领导、行政的大力支持以及各级工会的共同努力下，围绕开展劳动竞赛、送温暖帮扶、女职工工作、职工民主管理、工会自身建设、协助党委、行政做好信访和维稳、协助行政做好人口与计划生育等方面工作，圆满完成了全年工会目标任务。

【劳动竞赛】 2011年，水电十局有限公司工会紧扣中心，找准着力点，积极组织开展“转型升级上水平，努力完成2011年生产经营目标”的劳动竞赛活动。一是开展重点工程项目劳动竞赛；二是开展经济技术创新和岗位技能比武活动；三是组织各单位、项目开展以争创“工人先锋号”、“五一劳动奖章”竞赛活动。

【送温暖、帮扶工作】 2011年，水电十局有限公司开展重大节日送温暖帮扶工作，帮扶中心对945户困难职工、离退休人员、遗属等家庭发放送温暖补助金，先后为83户职工、家属申请办理享受了地方民政部门的“低保”救济补助保障金，为25户残疾职工申请享受了地方残疾人专项补助金。

【女职工工作】　开展了“巾帼建功”女职工技能大赛，有302名女职工参加了电焊工、电工、车工、计算机等工种的比赛。先后为1200名女职工办理了“六大疾病保险”。

（黄　镇）

【企业文化】　2011年，水电十局有限公司继续围绕“以人为本，特色为重”的企业文化理念，努力建设具有十局特色的企业文化，得到各级干部员工的进一步认同。

在党员干部中倡导“讲党性、讲奉献、重品行、作表率、顾大局”的价值观；在员工中倡导“向管理要效益”、以项目“盈利为荣，亏损可耻”、经营者“阳光收入，贡献拿薪”、“以业主满意和项目利润最大化为目的”的业绩观，“十局荣誉高于一切”、“企业利益就是员工的利益、企业的前途就是员工的前途，企业的荣誉就是员工的荣誉”的荣誉观。

利用水电十局有限公司《岷江报》、水电十局有限公司网站、史志鉴、宣传专栏等宣传载体构建企业文化底蕴。在“5·12”汶川特大地震三周年之际，《岷江报》再推纪念专刊，旨在弘扬伟大的抗震救灾精神，把抗震救灾精神真正成为企业文化重要元素之一。《岷江报》千期之际，编辑部主办了“我与岷江报”征文活动，重温水电十局有限公司的企业文化建设史。

【新闻宣传】　2011年，紧紧围绕水电十局有限公司发展战略和三年发展规划这一重要主题，着力宣传企业在新时期的新变化、新形象，坚持正确的舆论导向不放松，从提升新闻宣传质量和新闻宣传影响力两方面入手，抓重点、找焦点、出亮点，切实做好重大决策、重大部署、重大活动的宣传报道。水电十局有限公司《岷江报》继续被成都市新闻工作者协会授予2011年度成都市优秀企业报称号。安装分局员工李晓菊被成都新闻记协评为先进个人。

（马川江）

【维稳信访工作】　2011年，水电十局有限公司认真学习、贯彻、落实国务院国资委召开的中央企业维稳信访工作会议精神，遵照股份公司维稳信访工作会议中的意见和要求，对水电十局有限公司的实际状况开展了有针对性的工作。在进一步巩固和完善维稳信访工作体系建设、全面提高对维稳信访工作管理的基础上，切实做到了维稳信访组织责任明确到人、工作任务落实到位。对历年累积的老案、旧案重点清理排查，落实包案责任制度，将一切不稳定的因素掌握在管控之中，预防在源头。2011年，维稳信访工作共受理人民来信11件，接待来访64批、228人次。

（王利雄）

检查监督

【职工民主管理】　2011年1月，水电十局有限公司第七届九次职工代表大会暨2011年工作会在成都办公区召开。会议通过了《水电十局2011～2013年发展规划》、《水电十局集体合同》、《工资集体协议》、《女职工权益保护专项集体合同》，对后备干部人选进行了民主推荐。组织职工代表对6个建设项目就执行厂务公开情况进行了监督检查。召开职代会团（组）长会议讨论企业年金试行办法、调整住房公积金扣缴比例、劳动模范、先进集体、先进个人推荐等事项。

（黄　镇）

【审计监督】　2011年，水电十局有限公司开展了离任审计、完工项目审计、任期届满经济责任三方面的审计工作，实施审计项目22项，审结项目13项。对“5·12”地震灾后重建的办公房、学生公寓加固，进行了全程跟踪监控和检查督导。完成了股份公司和国务院国资委先后来水电十局有限公司进行经济责任审计迎审任务。2011年，水电十局有限公司接受股份公司对杜学泽总经理的任期经济责任审计工作，接受了国务院国资委财务审计组对水电十局有限公司进行的三年经济责任审计。

（徐　毅）

【反腐倡廉】　2011年3月9日，水电十局有限公司召开2011年反腐倡廉工作会议；4月9日，组织参观金堂监狱活动，水电十局有限公司班子成员、二级单位部分班子成员，机关中层干部共计95人参加。2011年，加强了关键岗位人员的反腐倡廉教育，领导干部和关键岗位管理人员受教育面达到95%。

【效能监察】　2011年5月7～13日，由水电十局有限公司纪委对老挝片区南俄5项目重点开展了项目资产管理效能监察；6月，对国内部分项目开展了综合效能监察；8月，对各二级单位开展“三重一大”决策制度执行情况效能监察。

【监督检查】 一是对灾后重建项目学生公寓楼加固改造工程进行监督检查。二是加强设备物资采购环节的监督，全年参与设备物资采购招标、评标监督115批次，涉及采购金额1.68亿元。三是对毛尔盖项目分包开展专项监督检查。

【检企共建】 为落实检企共建目标任务，水电十局有限公司纪委与都江堰市检察院联合召开以工程建设领域预防职务犯罪为主题的教育会，双方共同签订了预防职务犯罪“同保共建”协议书。

（孙殿春）

中国水利水电第十一工程局有限公司

概　况

【综述】 中国水利水电第十一工程局有限公司（以下简称“水电十一局有限公司”）隶属于中国水利水电建设股份有限公司（以下简称“股份公司”），具有国家水利水电工程施工总承包特级资质。

2011年，水电十一局有限公司在册职工8621人，其中科研、技术和经营管理人员4600人。下设施工生产单位15个，多种经营单位13个，在国外设有2个分公司、7个区域经理部（代表处）。注册资本3.77亿元，企业总资产78.86亿元。

（樊　欣）

【领导班子】 2011年，水电十一局有限公司领导班子为：执行董事、总经理兼党委副书记孙玉民，党委书记兼副总经理张玉峰，副总经理金万福、黄敏吾、陈双权、张东生、夏水芳、钟彦祥，监事、党委副书记兼纪委书记冯真理，总会计师牛健，总经济师高留发，副总经理兼总工程师杨和明，工会主席王大刚。

2011年2月25日，股份公司党委以中水电股党〔2011〕13号文任命张玉峰为水电十一局有限公司党委书记，免去王禹党委书记职务；以股份公司中水电股人〔2011〕18号文，聘任钟彦祥为水电十一局有限公司副总经理，免去其总工程师职务，聘任杨和明为水电十一局有限公司副总经理兼总工程师。

（魏进军）

【年度工作】 2011年，水电十一局有限公司大力推进国际业务优先发展战略，加强海外市场的开拓与管控，成立了委内瑞拉、中美洲区域经理部和莫桑比克分公司，参与海外项目施工的二级单位达到10个。国内非水电业务进入新领域，参与了郑州三环BT等项目的投标、合同洽谈工作；首次参与了风电投资项目。全面风险管理体系建设扎实推进，顺利通过了特级企业资质就位审核。水电十一局有限公司获“国优工程设立三十周年先进单位”、河南省“安全文化建设示范企业”等称号，连续6年入选“河南企业100强”。

2011年，完成营业收入73.32亿元，其中：海外项目31.76亿元，国内水电项目29.16亿元，非水电项目6.98亿元，多种经营5.42亿元。新签约工程项目33个，签约合同总金额77.67亿元，其中：国内项目14个，合同金额19.05亿元；海外项目19个，合同金额58.62亿元。全员劳动生产率96.08万元/（人·年）。在股份公司综合业绩考核中，水电十一局有限公司排名第4位。

（樊　欣）

国内工程

【国内中标工程综述】 2011年，水电十一局有限公司签约国内项目14个，合同金额19.05亿元，其中：水电工程项目11个，合同金额14.69亿元；非水电工程项目3个，合同金额4.36亿元。

【两河口水电站初期施工导流庆大河沟水处理二期工程】 该工程位于四川省甘孜州雅江县境内的雅砻江干流上，由水电十一局有限公司中标承建，合同金额1.18亿元，合同工期为2010年11月20日～2012年6月30日。合同主要内容为：两河口水电站初期施工导流洞庆大河二期工程施工。建筑物由挡水坝和排水洞组成，挡水坝坝顶高程2684米，最大坝高 54.4 米，坝顶宽 10 米，坝顶轴线长 148.35 米。二期排水洞进口位于庆大河右岸，瓦支沟沟水处理排水洞出口下游 100 米处，进口引渠底板高程 2640 米，洞身全长 2062.19 米。

【黄河大河家水电站泄洪闸土建及金属结构安装工程】 该工程位于甘肃省积石山县大河家镇与青海省民和县官亭镇交界的黄河干流上，由水电十一局有限公司中标承建，合同金额 1 亿元，合同工期为 2011 年 6 月 1 日～2013 年 3 月 30 日。泄洪闸坝段宽 71.5 米，左侧与厂房连接，右侧通过混凝土挡墙与右副坝连接，坝顶高程 1785 米，最大坝高 44.5 米；顺水流方向长 46 米，桩号为坝 0＋000 米～坝下 0＋046 米；布置 3 孔泄洪闸，单孔孔口宽 15 米，每孔采用缝墩结构，除左边墩厚度为 6.5 米外，其余墩厚 4 米。

【云南普西桥水电站引水发电系统、泄洪冲沙洞土建及金属结构、机电设备安装工程】 该工程位于云南省墨江县雅邑乡，由水电十一局有限公司中标承建，合同金额 2.54 亿元，合同工期为 2011 年 3 月 1 日～2014 年 5 月 31 日。工程包括电站进水口及泄洪冲沙洞进口高程 742 米以下（二期）土建施工，泄洪冲沙洞土建及金属结构安装，引水隧洞洞身土建施工，钢管道土建及压力钢管制造安装，主副厂房土建施工，电站进水口金属结构安装，厂房尾水闸门及启闭机安装等金属结构安装，水轮发电机组安装调试及开关站电气设备安装调试等机电设备安装，接地，建筑初装修及建筑给排水等。

【南水北调中线一期工程总干渠沙河南—黄河南（中线建管局直管项目）荥阳段工程施工 2 标】 该工程位于河南省荥阳市境内，由水电十一局有限公司中标承建，合同金额 4.77 亿元，合同工期为 2011 年 3 月 1 日～2013 年 4 月 30 日。工程包括长 13.97 千米的渠道，沿线各类建筑物 19 座，其中河渠交叉、渠渠交叉各 1 座，分水口门 1 座，公路桥 10 座，生产桥 6 座。主要工程量为：土石方开挖 943 万立方米、土石方填筑 90 万立方米、混凝土浇筑 21 万立方米、钢筋 1.21 万吨、复合土工膜 86 万平方米。

【南水北调中线一期工程总干渠沙河南—黄河南（委托建管项目）郑州 2 段交通桥第一施工标段】 该工程位于河南省郑州市境内，由水电十一局有限公司中标承建，合同金额 6863 万元，合同工期为 2011 年 5 月 15 日～2012 年 10 月 18 日。工程包括交通桥 12 座，其中公路桥 8 座、生产桥 4 座。主要工程量为：土石方开挖 2.09 万立方米、土石方填筑 8.19 万立方米、浆砌石 2200 立方米、混凝土浇筑 3.31 万立方米、钢筋制作安装 4222 吨、钢绞线 351 吨、砂砾石垫层 581 立方米。

（张海刚）

【南水北调中线一期工程总干渠沙河南—黄河南（委托建管项目）宝丰郏县段施工一标】 该工程位于河南省宝丰县境内，由水电十一局有限公司中标承建，合同金额 2.72 亿元，合同工期为 2010 年 12 月 1 日～2013 年 6 月 30 日。工程包括全长 6.05 千米的总干渠，建筑物 12 座，其中河渠交叉、左岸排水、分水闸、生产桥各 1 座，公路桥、渠渠交叉各 4 座。主要工程量为：土石方开挖 447.59 万立方米、土石方填筑 100.16 万立方米、混凝土浇筑 13.28 万立方米、砌石及砂石垫层 16.83 万立方米、钢筋制作安装 4598.95 吨。2011 年完成产值 4898.56 万元，累计完成土方开挖 151.82 万立方米、石方开挖 90.94 万立方米、土方回填 3.7 万立方米、混凝土浇筑 3100 立方米、钢筋制作安装 257.98 吨。

【南水北调中线一期工程总干渠陶岔—沙河南（委托建管项目）南阳段第七施工标段】 该工程位于河南省南阳市境内，由水电十一局有限公司承建，合同金额 2.27 亿元，合同工期为 2010 年 12 月 1 日～2013 年 6 月 30 日。工程共有公路桥 3 座，包括：程沟东南 1 公路桥（桩号 TS93＋868），桥梁全长 199 米，路线全长 770 米，主桥桥型为单跨 130 米系杆拱桥；姚湾东南公路桥（桩号 TS97＋406），桥梁全长 251 米，路线全长 1160 米，主桥桥型为单跨 180 米系杆拱桥；孙庄东南公路桥（桩号 TS100＋192），桥梁全长 192 米，路线全长 800 米，主桥桥型为单跨 180 米系杆拱桥。主要工程量包括：土石方开挖 2.12 万立方米、土石方填筑 61.9 万立方米、混凝土浇筑 6.49 万立方米、钢筋制作安装 1.1 万吨。2011 年完成产值 4893.7 万元，完成土方开挖 8000 立方米、土方回填 2.4 万立方米、混凝土浇筑 2.91 万立方米、钢筋制作安装 2939.95 吨。

（张海刚　赵信峡）

【南水北调中线一期陶岔渠首工程主体工程施工】 该工程位于丹江口水库东岸的河南省淅川县，由水电十一局有限公司中标承建，合同金额 1.69 亿元，合同工期为 2010 年 6 月 1 日～2013 年 11 月 30 日。2011 年完成产值 5283.04 万元。累计完成产值

6191.72万元；土方开挖15.35万立方米，石方开挖22.29万立方米，混凝土浇筑11.74万立方米，金属结构安装22.75吨，金属结构制作48.4吨，固结、帷幕灌浆1560米。

【南水北调中线一期总干渠漳河北—古运河南中线建管局直管工程高邑赞皇段】 该工程位于河北省高邑县和赞皇县，由水电十一局有限公司中标承建，合同金额3.47亿元，合同工期为2010年1月20日～2012年6月30日。2011年完成产值1.37亿元。累计完成产值1.99亿元；土方开挖582.25万立方米，土方回填226.99万立方米，石方开挖8.68万立方米，混凝土浇筑9.37万立方米，钢筋制作安装5287吨，渠道单边衬砌5830米，渠底衬砌1363米。

【南水北调中线一期工程总干渠漳河北—古运河南（委托河北建设管理项目）土建施工SG8标】 该工程位于河北省任丘县，由水电十一局有限公司中标承建，合同金额2.3亿元，合同工期为2010年6月～2013年3月。2011年完成产值8301.85万元。累计完成产值1.17亿元；土方开挖357.52万立方米，土方回填101.18万立方米，混凝土浇筑10.2万立方米，钢筋制作安装5795.19吨，渠道单边衬砌1240米，渠底衬砌976米。

【南水北调中线一期工程总干渠沙河南—黄河南郑州二段工程第一施工标段】 该工程位于河南省郑州市，由水电十一局有限公司中标承建，合同金额2.85亿元，合同工期为2009年8月1日～2012年2月29日。2011年完成产值8202.69万元。累计完成产值1.89亿元；土方开挖619.83万立方米，土方回填26.72万立方米，混凝土浇筑9.28万立方米。

【南水北调东线第一期工程泗阳站工程土建施工及设备安装】 该工程位于江苏省泗阳县，由水电十一局有限公司中标承建，合同金额1.01亿元，合同工期为2009年12月20日～2012年12月20日。2011年完成产值3027.95万元。累计完成产值4880.91万元；土方开挖65.25万立方米，土方回填29.22万立方米，混凝土浇筑3.76万立方米。

【南水北调中线工程汉江兴隆水利枢纽电站土建及金属结构安装工程】 该工程位于汉江下游湖北省天门市，由水电十一局有限公司（占合同份额的60%）与基础局有限公司联合中标承建，合同金额2.3亿元，合同工期为2010年2月1日～2012年12月31日。主要工程量为：土石方开挖119万立方米、土石方填筑48.49万立方米、混凝土浇筑20.29万立方米、钢筋制作安装1.12万吨、金属结构安装2659吨、水泥搅拌桩15.64万米。2011年完成产值8517.24万元。累计完成产值1.02亿元；土方开挖71.86万立方米、土方回填5.75万立方米、混凝土浇筑9.85万立方米、钢筋制作安装7164.97吨、金属结构安装40.42吨。

【金沙江中游河段梨园水电站厂房土建及金属结构安装工程】 该工程位于云南省迪庆州香格里拉县（左岸）与丽江地区玉龙县（右岸）交界河段，由水电十一局有限公司中标承建，合同金额3.38亿元，合同工期为2010年10月1日～2014年4月30日。2011年完成产值4780.95万元。累计完成产值5184.35万元；土方开挖8.28万立方米，石方开挖1.2万立方米，混凝土浇筑11.58万立方米，固结帷幕灌浆1915米。

【新疆吉勒布拉克水电站大坝工程】 该工程位于新疆维吾尔自治区哈巴河县，由水电十一局有限公司中标承建，合同金额3.44亿元，合同工期为2010年7月20日～2013年10月31日。2011年完成产值1.2亿元。累计完成产值1.52亿元；土方开挖33.44万立方米，石方开挖156.3万立方米，土方回填16.09万立方米，石方回填73.55万立方米，混凝土浇筑3.66万立方米。

【云南勐野江水电站首部枢纽工程】 该工程位于云南省江城县和宁洱县两县界河上，由水电十一局有限公司中标承建，合同金额1.72亿元，合同工期为2010年11月25日～2013年5月31日。2011年完成产值3056.08万元。累计完成土方开挖7.3万立方米，石方开挖31.03万立方米，混凝土浇筑7900立方米，钢筋制作安装804吨。

【四川大瓦龙水电站建筑安装工程Ⅰ标】 该工程位于四川省稻城县，由水电十一局有限公司中标承建，合同金额1.94亿元，合同工期为2010年5月31日～2013年4月30日。2011年完成产值1945.9万元。累计完成产值3224.44万元；土方开挖4.08万立方米，石方开挖5.06万立方米，混凝土浇筑1400立方米，洞挖进尺912.05米。

【四川甘孜州古学水电站主体工程Ⅲ标】 该工程位

于四川省得荣县，由水电十一局有限公司中标承建，合同金额2.26亿元，合同工期为2010年12月20日～2014年1月20日。主要工程量为：土石方开挖10.63万立方米，土石方填筑5.79万立方米，混凝土浇筑7.35万立方米。2011年完成产值2106.3万元。累计完成土方开挖3.07万立方米，土方回填8800立方米，石方开挖7.44万立方米，混凝土浇筑3800立方米，洞挖进尺1902.61米。

【四川华能宝兴河飞仙关水电站土建工程】 该工程位于四川省芦山县，由水电十一局有限公司中标承建，合同金额2.54亿元，合同工期为2010年3月20日～2013年12月31日。2011年完成产值7712.32万元。累计完成产值1.18亿元；土方开挖、石方开挖各49.75万立方米，混凝土浇筑15.05万立方米。

（赵信峡）

【竣工工程】 2011年，水电十一局有限公司竣工项目12个，产值17.7亿元。①黄河拉西瓦水电站7月竣工，含右岸低线公路9标段、右岸低线过坝交通公路、进场交通洞、地下厂房系统尾水施工支洞开挖、坝顶以上高边坡二期处理、右岸低线至进水口卸料平台公路、砂石加工系统建筑安装、引水发电系统尾水部分土建及金属结构安装、750千伏户外出线楼及混凝土双曲拱坝；②黄河龙口水电站7月竣工，含龙口公路桥及连接线右岸1号连接道路、龙口公路桥左岸2号连接路、砂石骨料及混凝土拌和系统生产运行管理、公路桥及连接线右岸石料场石方开挖、缆机平台、公路桥围堰及临时砂石拌和系统场地平整、右岸承包商营地建筑安装、左岸承包商营地建筑安装、金属结构设备（闸门）制造标及发电厂房建筑及安装；③贵阳中环观山湖1号项目一期建设工程7月竣工；④山西省坪上应急引水工程季庄—忻府区供水支线土建安装03标、忻府区调节池施工16标，9月竣工；⑤郑州市常庄水库除险加固及溢洪道建闸二期工程8月竣工；⑥信阳市长洲河水库除险加固8月竣工；⑦福建省武夷山至邵武高速公路三标段11月竣工；⑧龙江水电站枢纽大坝坝基开挖及边坡支护（左岸）及引水洞、厂房，10月竣工；⑨龙开口水电站进场公路Ⅱ标段、燕子崖砂石系统长距离胶带机隧洞Ⅱ标段，10月竣工；⑩贵州桐梓河杨家园水电站大坝及溢洪道土建工程10月竣工；⑪猴子岩水电站场内交通2号公路11月竣工；⑫白龙江水泊峡水电站机电设备安装11月竣工。

【机组投产情况】 2011年，水电十一局有限公司安装机组3台，装机容量13.2万千瓦（3×4.4万千瓦），均为新疆伊犁雅玛渡水电站设备安装，投产日期分别为8月28日、8月29日、9月7日。

（张秀敏）

【获奖工程】 2011年，水电十一局有限公司获奖工程：6月，施工的贵州北盘江光照4×26万千瓦水电站工程被中国电力建设企业协会授予“中国电力优质工程奖”；11月，承建的黄河小浪底水利枢纽工程被住房和城乡建设部、中国建筑业协会授予“中国建筑工程鲁班奖”；11月，参建的大唐国际内蒙古胜利东二号露天煤矿一期工程被国家工程建设质量奖评委会授予“国家优质工程金奖”；12月，承建的上海太浦河泵站工程被国家工程建设质量奖评委会授予“国家优质工程奖设立30周年精品工程”。

（杨朝霞）

国际工程

【综述】 2011年，水电十一局有限公司国际经营产值31.17亿元。国际经营项目38个（含缅甸8个），竣工项目2个。新签约项目19个，合同金额58.7亿元人民币。

【巴基斯坦M4高速公路项目】 该工程位于巴基斯坦首都伊斯兰堡以南700多千米，由水电十一局有限公司承建，合同金额4.68亿元人民币，合同工期为2010年2月25日～2013年2月24日。2011年完成产值3067.17万元人民币。

【委内瑞拉应急电站项目新卡夫雷拉燃气电厂项目（EPC）】 该工程位于委内瑞拉阿拉瓜州马拉凯市郊卡夫雷拉镇附近，水电十一局有限公司为总承包方，合同金额36亿元人民币，合同工期为2011年3月1日～2012年2月28日。2011年7月11日，主合同支付货币变更增加人民币币种；7月31日，第一台10万千瓦燃气机组主机就位。2011年完成产值14.14亿元人民币。累计完成产值20.46亿元人民币。

【委内瑞拉巴里纳斯圣多明戈—帕格伊社会主义农业发展项目】 该工程位于委内瑞拉西部安第斯山脉以南的巴里纳斯州中西部，介于帕格伊河与圣多明戈河之间，由水电十一局有限公司承建，2010年12月2日签订合同，合同金额2.85亿美元，合同工期24个月。合同主要内容为规划设计和施工详图设计，农业生产开发和生产基础设施建设。包括：播种和培植农作物3474公顷、淡水鱼养殖50公顷、林业种植550公顷；圣多明戈河河道疏浚90千米，驳船造船厂建设和装配；U.P.S.（国营农场）巩固5个；帕格伊河无径流调节灌溉系统建设4公顷。2011年10月13日已纳入合同内的紧急工程项目有：巴里纳斯水厂滚水坝重建工程、一座公路桥和12.5千米道路修复，6眼水井建造和装备等紧急工程。2011年1月15日，首批管理人员进场；12月12日，巴里纳斯水厂溢流坝重建工程一期围堰填筑开始施工。

【尼泊尔上塔马克西水电站】 该工程位于尼泊尔首都加德满都以东180千米，由水电十一局有限公司承建，合同金额8.53亿元人民币，合同工期为2010年9月2日～2015年3月5日。2011年6月28日，碱骨料试验成功；11月20日，百色支洞洞脸爆破，主体工程开工。2011完成产值1217.6万元人民币。

【博茨瓦纳迪克戈洪大坝】 该工程位于博茨瓦纳首都哈博罗内450千米处，由水电十一局有限公司承建，合同金额14.05亿元人民币，合同工期为2008年3月9日～2012年2月8日。2011年9月27日，大坝下闸蓄水。2011年完成产值1.45亿元人民币，累计完成产值10.55亿元人民币。

【博茨瓦纳骆察尼大坝工程】 该工程位于博茨瓦纳首都哈博罗内350千米处，由水电十一局有限公司承建，合同金额8977.62万美元，合同工期为2009年4月6日～2011年10月4日。之后，合同工期又延期至2012年6月17日。2011年完成产值3.24亿元人民币，累计完成产值6.64亿元人民币。

【博茨瓦纳FR78公路改建项目】 该工程位于博茨瓦纳东北部，由水电十一局有限公司承建，合同金额5944.51万美元，合同工期为2008年9月29日～2010年9月28日。之后，合同工期又延期至2011年12月12日。项目起点位于弗朗西斯警察局前的转盘处，向北一直延伸到博茨瓦纳与津巴布韦的边境小镇拉姆奎巴纳，是连接博茨瓦纳、南非、津巴布韦和赞比亚的主要国道。2011年10月7日，全线78.8千米主路双表处全线贯通。2011年完成产值1.75亿元人民币，累计完成产值3.27亿元人民币。

【赞比亚卡里巴扩机项目】 该工程位于赞比亚和津巴布韦交界的赞比西河卡里巴峡谷段，由水电十一局有限公司承建，合同金额18.06亿元人民币，合同工期为2008年11月5日～2012年11月4日。之后，合同工期又延期至2014年3月31日。2011年9月19日厂房第一仓混凝土浇筑。2011年完成产值5.61亿元人民币，累计完成产值10.1亿元人民币。

【赞比亚依泰兹水电站工程】 该工程位于赞比亚首都卢萨卡330公里的凯福河上，由水电十一局有限公司承建，合同金额1.63亿美元，合同工期41个月。工程原定于2010年3月16日开工，由于融资问题未解决，开工延期。经协商，2011年4月18日基础设施部分开工。2011年完成产值4180.82万元人民币。

【哥斯达黎加楚卡斯水电站项目】 该工程位于哥斯达黎加首都圣何塞以南40千米的塔古拉斯河上，由水电十一局有限公司承建，合同金额9235.76万美元，合同工期为2011年2月18日～2013年8月17日。主要合同内容包括：1座高54米、坝顶长度200米、4个15米×11.25米弧形闸门溢洪道的碾压混凝土大坝；直径9.8米、长300米的马蹄形导流洞以及上下游土石围堰；发电进水塔以及直径6.5米、长200米的混凝土包裹压力钢管；两台单机容量2.5万千瓦混流式机组安装，地面式水电站；230千伏开关站和3.5千米230千伏输电线路；3.6千米碎石路面进场道路和单跨90米的钢桥。2011年完成产值2833.2万元人民币。

【洪都拉斯帕图卡水电站Ⅲ一期工程】 该工程位于洪都拉斯瓜亚姆布雷河与瓜亚佩河汇合点5千米的峡谷处，距奥兰乔的胡蒂卡尔帕南部50千米，由水电十一局有限公司承建，合同金额5050万美元，合同工期为2011年5月30日～2012年4月29日。主要合同内容包括：设计和勘探、导流（导流洞长510米）、营地、道路、车间、仓库、供电设施、供水设施以及骨料站、拌和站的土建准备等临建工程。2011年5月30日工程开工；12月5日导流洞主洞开挖。2011年完成产值4716.8万元人民币。

【埃塞俄比亚GD99公路项目】 该工程位于埃塞俄比亚北部地区，由水电十一局有限公司承建，合同金额6295.26万美元，合同工期为2009年4月1日～2012年3月31日。之后，合同工期又延期至2012年11月30日。2011年3月10日，沥青混凝土路面铺筑开始。2011年完成产值7788.55万元人民币。累计完成产值1.35亿元人民币。

【埃塞俄比亚AD116公路项目】 该工程位于埃塞俄

比亚首都亚迪斯南部177公里，由水电十一局有限公司承建，合同金额4490万美元，合同工期为2007年8月16日～2010年8月15日。之后，合同工期又延期至2011年12月26日。2011年11月27日沥青主路全面贯通；12月26日全面移交，进入质保期。2011年完成产值1.68亿元人民币，累计完成产值3.63亿元人民币。

【埃塞俄比亚AK97公路工程】　该工程位于埃塞俄比亚西北部，由水电十一局有限公司承建，合同金额4581.7万美元，合同工期为2009年4月9日～2012年4月8日。之后，合同工期又延期至2012年6月26日。2011年完成产值1.18亿元人民币，累计完成产值1.99亿元人民币。

【坦桑尼亚IM95公路项目】　该工程位于坦桑尼亚首都达累斯萨拉姆500千米处，由水电十一局有限公司承建，合同金额6089.22万美元，合同工期为2011年3月15日～2014年2月14日。公路长95.2千米，路面宽6.5米，路肩宽1.5米；现浇箱涵94道，预制管涵164道。自起点伊林加市中心转盘处至16.5千米处，由双表处路面升级至沥青混凝土路面。自16.5千米处伊林加机场至终点莫荷瑞95.2千米处，由碎石路面升级至沥青双表处路面。2011年完成产值3944.11万元人民币。

【坦桑尼亚MF93公路项目】　该工程位于坦桑尼亚南部高原地区，距首都达累斯萨拉姆500多千米，由水电十一局有限公司承建，合同金额5322.5万美元，合同工期为2011年3月16日～2014年2月15日。主要工程内容是：将原有道路升级为6.5米宽行车道及两边各1.5米宽路肩的沥青标准公路。2011年7月14日主体工程开工。2011年完成产值4480.1万元人民币。

【安哥拉恩泽托市政项目】　该工程位于安哥拉西北部的扎伊尔省，距首都罗安达260千米，由水电十一局有限公司承建，合同金额3193.95万美元，合同工期为2011年2月3日～2012年8月2日。主要工程内容为供水、污水、雨水、中低压电力、街道照明等系统的修复。

【竣工工程】　2011年，水电十一局有限公司国际工程竣工项目2个：埃塞俄比亚腾达获砂石料项目（2007年12月23日开工），2010年12月4日竣工；莫桑比克马瓦耶拉公路项目（2010年1月1日开工），8月31日竣工。

（贺军粉）

基础设施建设

【河南省兰考秸秆热电项目（2×1.2万千瓦）工程】　该工程位于河南省兰考县境内，由水电十一局有限公司中标承建，合同金额1.41亿元，合同工期为2011年8月26日～2012年9月30日。项目采用秸秆燃烧蒸汽动力发电，安装2台单机容量1.2万千瓦机组，总装机容量2.4万千瓦。主要工程内容包括：冷却塔、烟囱、厂房、锅炉房、办公楼等构筑物，循环水系统及机电安装。主要工程量为：土方开挖3.01万立方米、土方回填7600立方米，混凝土浇筑2.1万立方米，钢筋制作安装2200吨。2011年完成产值584.27万元；完成土方开挖1.92万立方米、混凝土浇筑5400立方米。

（张海刚　赵信峡）

【济宁—祈门高速公路永城段（一期工程）土建工程施工TJ-4标】　该工程位于河南省永城市，由水电十一局有限公司和水电路桥公司合作中标承建，合同金额1.7亿元，合同工期为2010年10月～2012年4月。2011年完成产值5717.12万元。累计完成土方开挖10万立方米，土方回填97.3万立方米，桥梁、涵洞混凝土浇筑4.38万立方米。

【郑卢高速公路洛宁—卢氏段土建工程第九标段】　该工程位于河南省洛宁县，由水电十一局有限公司和集团路桥公司合作中标承建，合同金额2.66亿元，合同工期为2010年11月20日～2012年5月31日。2011年完成产值6138.32万元。累计完成土、石方开挖192.05万立方米，土方回填25.66万立方米，混凝土浇筑4.01万立方米。

【郑州引黄灌溉龙湖调蓄工程施工3标】　该工程位于河南省郑州市郑东新区，由水电十一局有限公司中标承建，合同金额2.28亿元，合同工期为2010年10月16日～2011年7月31日。因建设方征地、地面附着物、地下光缆拆迁、协调等原因，工程被延误至2011年3月30日开工。2011年完成产值1.05亿元。累计完成土方开挖18.14万立方米、混凝土浇筑11.8万立方米。

（赵信峡）

多种经营

【综述】　2011年，水电十一局有限公司从事多种经营企业13家，其中，分公司11家，独资子公司2家，从业人员1681人。多种经营在2011年以转变经济增长方式，调整优化经营结构，推行企业成本目标管理为重点，全年完成营业额5.42亿元，全员劳动生产率32.2万元/(人·年)，资产4.41亿元。

2011年，黄河医院大力推进操作规范、抢救流程、诊疗常规培训，建立门诊信息化管理，增加便民措施，完成门诊医生工作站的建设；8月9日，眼科《新型药物与光凝治疗糖尿病患者白内障术后黄斑水肿》获河南省医学科学技术进步二等奖；8月13日，急诊科获评河南省卫生厅“五一先锋号”急救站；眼科成功创建2011～2015年度河南省医学重点培育学科。千禧商贸公司优化软件升级系统，搭建超市网络运行连锁架构，建立商品销售动态和经济运营信息监控体系，调整和优化经营结构，10月开发了义马千禧生活超市。九分局加强市场开拓、物业服务与基地建房工作，完善小区硬件设施，完成基地集中供暖、部分小区供气设施建设；承建的黄河医院病房楼主体施工12月7日封顶完工，承建的人和小区、砥柱大厦住宅楼工程进入基础施工阶段；3月被授予“河南省单位内部治安保卫先进集体”称号。物资公司通过调整经营结构，实现以物贸业为经营主业的转型，仓储业由煤炭发运向普通货物运存的转型；先后中标安装分局、兴隆电站、南水北调等项目钢材、水泥、油料供应。三隆公司按照国家对乳制品行业重新审核标准要求，改造和完善基础设施建设，建成规范化乳品生产基地，取得行业乳品生产许可证；7月参评的冰糖山楂、纯莲蓉月饼分别获得“河南名饼”和“河南优质月饼”称号。铁路分局遵循市场行情，实施运价调整和货场梯级收费，提高货场周转率，发运量提高112.7%。郑州峭山宾馆修建200平方米多功能会议室，扩大会议与宴会承接能力；开发改造太阳能供热水系统，降低运营成本；与手拉手网合作，扩大网络团购业务。三门峡峭山宾馆着重调整和优化软硬件实力，设立“创新成果奖”，建立宾馆门户网站，实现客源结构从大众型向商务型的转变。培训中心以市场需求调整改革课程；组织省内外7家企业到校招聘，实现学生就业安置率98.4%；6月参赛学生获河南省劳动厅“学生计算机平面设计”优秀奖和三等奖。幼儿园开办特色幼儿教育，英语、语言艺术、美劳操作、合唱等12类特色班、兴趣班共招生724名；5月获河南省“卫生先进单位”称号。商业总经理部房屋租赁经营面积1.39万平方米，三门峡城区改造拆迁门面房2193平方米。和平商场按照三门峡市政府实施旧城改造方案，11月整个商场拆迁，拆迁对换商业面积1万平方米。

（高妍珍）

管理创新

【十二五发展规划】　水电十一局有限公司《“十二五”发展规划》主要内容如下：

（1）指导思想：以邓小平理论和“三个代表”重要思想为指导，以科学发展观统揽全局。在股份公司总体发展战略引导下，坚持以人为本，以市场为导向，以改革创新为动力，创新管理模式，加快转型升级，推进精益化、标准化和信息化管理，培育和谐发展文化，坚定不移地走质量效益型国际强局的发展道路。

（2）战略定位：进一步完善现代企业制度，提升施工管理和技术水平；优先发展国际业务，大力开拓国内水电、非水电业务；依托股份公司，以参股形式积极参与小水电和风电、基础设施BT、BOT及房地产项目的投资开发；产业结构调整优化，多种经营协调发展，努力建设成为管理一流，技术领先，具有较强自主创新能力、可持续发展能力和较强国际竞争力的质量效益型国际强局。

（3）发展目标：在经营规模上保持快速稳健增长，不断提升在集团行业中的地位；在施工质量和成长性方面领先于国内主要竞争对手，成为具有较强国际竞争力的百亿国际强局。到2015年，资产总额将突破82亿元，营业收入达到100亿元，实现利润总额3.5亿元，人力资源总量控制在8800人以内。

【全面风险管理】　2011年，水电十一局有限公司持续推进全面风险管理及内部控制项目整体实施，按照股份公司统一要求，在总部部门系统内构建起全面风险管理与内部控制的组织职能体系、制度体系、风险评估与管理体系、信息与监测体系、培训与文化体系、监督与改进体系等“六大体系”，有效地防范战略风险、财务风险、市场风险、运营风险、法律风险等“五类风险”，促进公司提高管理水平和抗风险能力，增强市场竞争力。分7个阶段开展体系建设，形成流程体系框架、流程图、流程描述、制度框架、风险控制矩阵、流程层面风险数据库、控制文档等十四项成果文件。

【完善绩效考核制度】　2011年，水电十一局有限公司重新修订施工单位、海外事业部、多种经营单位和教育单位的考核标准，完善考核内容、分值权重等，将安全、信息化纳入综合考核，增加创建一流办公室的考核内容。印发《国内在建项目综合管理考核办法（试行）》，改进原来各分局对项目的考核内容及标准不统一的问题。

（柯有军）

【质量管理】 2011年，水电十一局有限公司共完成土建单元工程15022个，其中优良14015个，优良率93.3%；金属结构安装单元工程799个，其中优良781个，优良率97.7%；工民建、公路交验及分项工程合格率100%，未发生重大责任质量事故，未发生顾客质量投诉事件，合同履约率100%，顾客满意度94%。水电十一局有限公司41项QC成果发布，评选优秀组织单位4个，优秀QC发布成果奖18项，最佳发布个人奖3名。5月6日，河南省建筑业协会举办2011年河南省工程建设优秀QC小组成果交流会，水电十一局有限公司获河南省工程建设QC小组活动优秀企业称号，《24米跨渡槽预应力混凝土槽身质量控制》、《提高桥梁底座板施工高程合格率》、《提高用电质量，降低用电成本》三项QC成果均获二等奖。

（刘怡辉 丁 毅）

【技术管理】 2011年，水电十一局有限公司印发《优秀施工组织设计奖评选方法》，促进整体施工策划及施工技术水平提高，评选出2008～2010年度优秀施工组织设计一等奖1部、二等奖2部、三等奖4部、鼓励奖7部；优秀施工方案5个，鼓励奖7个。编制《危险源（危险因素）辨识导则》和《环境因素辨识导则》，规范危险源（危险因素）和环境因素的辨识方法及风险评价。编辑出版《高速铁路工程项目手册》，规范和指导高速铁路工程的施工管理，对施工过程中的“现场管理”、“过程控制管理”，“施工作业管理”中的技术、质量、环境安全等内容进行系统、详细描述。

（赵翠云）

【在建项目管理】 2011年，水电十一局有限公司在6个方面加强在建项目管理：

（1）加强计划统计管理。围绕经营计划目标，定期编排计划，每季度编写《工程管理简报》。

（2）实行重点监控，确保履约。通过实施周报表方式加强重点监控项目履约跟踪管理，编发重点工程快报52期，编发南水北调月报12期。

（3）强化分包过程控制。对30个300万元以上分包项目的队伍资质、分包单价进行监控，公布合格分包商和不合格分包商名册，分包管理整体受控。

（4）组织项目经理进行观摩考察。7月28～29日，组织南水北调在建项目经理（总工）及总部相关部室负责人共42人分别对四分局宝郑项目、水电四局南水北调渡槽项目和五分局陶岔项目进行观摩；11月7～9日，组织32名项目经理前往四川省西昌市观摩锦屏一级水电站和官地水电站项目。

（5）进行专业培训。11月4～8日，对45位二级单位商务经理、经营科长进行专业培训。

（6）定期发布《工程分包及内部计件承包参考单价信息》，为项目的成本控制提供参考资料。

【建造合同管理】 2011年，水电十一局有限公司完成编报、编审、核批建造合同175份，其中初始38份、变更调整109份、完工28份。完成结算收入73.05亿元，与全年营业收入73.32亿元基本吻合。

（范保民）

【人力资源开发与管理】 2011年，水电十一局有限公司在4个方面加强人力资源开发与管理：

（1）完成人力资源管理风险管控编制工作。

（2）岗位公开竞聘进一步深入。根据施工分局机关岗位的需要，对8个分局机关的机构、岗位、定员进行设置，对73个岗位公开竞聘，经综合考评，聘用66人。根据工作需要，对总部机关11个部门23个岗位公开竞聘，经综合考评，聘用18人。

（3）结合实际需求开展职工培训。在长沙同济培训中心举办2011年一级建造师考前培训班，共有69人参加；在培训中心举办第一期班组长培训班，共有58人参加；在华北水利水电学院开办水利工程造价培训班、第四期项目经理培训班，分别有58名管理人员和57名项目经理参加；在公司机关举办3期以提高员工的综合素质和职业素养为目的的《团队执行力》、《以人为本的时间管理》、《成功从优秀员工做起》等系列培训，公司总部、海外事业部和设计院共计300余人参加；开展一期人力资源系统培训，40余人参加。

（4）引进人才改善结构。招收高校毕业生460人。其中研究生9人、本科生425人、专科生26人，男生344人、女生116人，英语四级以上的273人、英语六级的55人。

（俞为国）

【财务管理】 2011年，水电十一局有限公司在5个方面加强财务管理工作：

（1）抓经营促生产，确保财务预算的实现。

（2）抓预算强执行，确保各项财务指标完成。

修订了《预算管理实施细则》，各部门联动，按部门职责分工提供预算数据；强化预算执行，对财务预算指标进行对比，对预付账款、已完未结算、安全费用投入、科研经费等进行清理，保证全年预算指标的刚性约束和控制目标；实行全级次预算编制上报，过程中严格控制，事后分析考核，全年各项财务预算指标整体受控。

（3）抓清欠促回收，保证资金流动畅通。针对10个主要施工单位下达了《2010年度清理回收应收款项指标的通知》，全年清理回收资金9037.38万元；对所属19家单位内部“三角债”进行清理，共计清理3037.38万元。

（4）抓管理防风险，推进财务工作标准化、精细化管理。制定了《NC集中核算系统运行维护管理制度》、《产权管理实施细则》、《预算管理实施细则》，完善财务全面风险管理与内部控制体系建设；13个南水北调项目群召开专题会议，开展经济活动分析；适时调整预计合同总收入、总成本，确保完工百分比与实际工程进度趋于吻合，经营成果真实可靠；对新开工的22个项目实施NC核算系统，对192个单位（项目部）数据全部补录完成，实施用友NC的单位（项目部）共计214家，实施率84.21%。

（5）抓系统带队伍，提高财务人员岗位技能。举办首届财务会计知识大奖赛，307名财务人员参加；对46名财务人员实行导师带徒；举行会计学会换届选举，成立预算、成本、税务研究室。

（俞志勇）

【资金管理】　2011年，水电十一局有限公司强化资金集约化管理，国际项目资金集中度与2010年同期相比增加了24个百分点，公司日均货币资金存量与2010年相比增加了38%；银行信用不断提升，授信结构进一步优化，保证了融资和市场开发对银行授信的需求，贷款规模控制在股份公司核定的额度之内；加强了资金管理的信息化建设，完成了三门峡资金分部的NC资金管理系统上线工作；与8个单位签订了8460万元的内部定期存单，与去年相比增加了39%；办理银行承兑汇票7300余万元，收回投标保证金等9030.82万元，减少财务费用支出1000余万元。

（房广华）

【物资设备管理】　2011年，水电十一局有限公司在物资设备系统开展“加快库存物资周转速度”的主题活动，国内施工单位物资采购库存率由2010年的2.05降为0.74，国际项目由2010年的5.04降为2.81。进一步规范和强化两级集中采购平台的程序和职能，公司级物资集中采购率为58.7%，公司级设备集中采购率为77.6%。认真做好物资设备系统信息系统的开发、资料录入、监督检查等一系列工作，录入设备台账信息、计划、进退场、运行、保养、维修、调拨等信息共10万余条，录入材料计划、合同、入库、出库、调拨等信息40万余条。建立公司内部闲置物资设备调剂平台，每月进行闲置、急需设备统计、发布；当年通过各种形式发布闲置及急需设备信息506台次，成功调剂设备160台次。

（贾月仙）

【法律事务】　2011年，水电十一局有限公司办理各类诉讼案件49件，涉案标的额共计3680万元。处理了结诉讼和非诉讼案件30起，为企业挽回或避免经济损失560.9万元。接待基层单位咨询86人次，处理律师催款函8件，现场参与合同谈判等4次，出具法律意见书10份，协调外部律师事务所为投标工作提供无诉讼记录证明11份，审查各类合同55份。编写普法读本两期、典型案例选编一期、法制工作简报四期。

（屈伊强）

科技进步

【综述】　2011年，水电十一局有限公司科技项目管理有序运行，经科技委员会评审，44项科技进步项目获奖，其中特等奖3项，一等奖2项，二等奖15项，三等奖21项，优秀奖3项。奖励金额20万元。科技活动支出费用1383.56万元。编辑出版4期《中州水电》、2期《工法交流》。

【科技立项】　2011年，水电十一局有限公司科技进步评审委员会确定15项科研课题为重点科技开发课题，与科研开发课题组签订科技开发合同，对课题成果内容及完成时间提出明确要求，批准立项资助金额共110万元。

【施工工法及专利】　2011年，水电十一局有限公司自主研制的“高性能抗冲击性能测试仪器”被国家知识产权局授予发明专利证书。水工建筑物过流面抗磨层环氧胶泥施工工法、碾压混凝土坝异种混凝土同步浇筑上升施工工法被住房和城乡建设部工程质量安全监管司组织专家评审审定为国家级工法。环氧地坪施工工法、水工建筑物过流面抗磨层环氧胶泥施工工法、高地下水位复杂地质条件下泥水平衡式顶管施工工法、碾压混凝土坝异种混凝土同步浇筑上升施工工法、高速铁路四线简支钢箱拱梁施工工法、预应力混凝土连续梁工法、悬挂式贝雷架施工工法等7部工法，经集团公司科技委员会评审批准为集团公司工法。

【科技进步奖项】 2011年，水电十一局有限公司《京沪高速铁路无砟轨道板综合施工技术研究》、《四线两跨高速铁路钢箱系杆拱桥安装工艺》分别获得中国施工企业管理协会科技创新成果一、二等奖。《京沪高速铁路无砟轨道板综合施工技术研究》、《四线两跨高速铁路钢箱系杆拱桥施工技术》、《悬挂式贝雷架在大跨度高架渡槽施工中的应用》分别获得集团公司科技进步一、二、三等奖。

（吕　磊）

【信息化建设】 2011年，水电十一局有限公司根据住房和城乡建设部特级企业资质标准要求和股份公司信息化工作部署，大力推动信息化建设。主要完成了5项工作：

（1）加强网络基础建设。加强和完善了网络机房建设，提升机房相关网络服务的性能；分局级单位和3000万以上施工项目具备网络条件的100%完成了广域网建设；各单位最少设置一名专职或兼职信息管理人员，制定了信息管理岗位职责手册。

（2）加强了项目管理系统的推广。通过系统优化、消缺、培训等方式，不断提高系统性能和应用效果。分局及多种经营单位上线27家，项目上线52个，印发了工程项目管理系统《数据填报标准》、《用户操作手册》、《配置及用户权限手册》、《管理员维护手册》、《运行维护手册》、《应急方案》等文件，提升系统使用的规范性和基础数据的共享。

（3）根据股份公司OA（Office automation system即“办公自动化系统”）办公系统推广实施计划安排，公司OA办公系统在总部各部门及27家二级单位运行，处理公文1000余份。

（4）完成了网站第三次改版工作。新版网站设置10个一级栏目、43个二级栏目。

（5）组织OA办公、工程项目管理等系统及信息安全等人员培训6次，共258人次参加。

（李雪峰　郑　旭）

安全生产

【综述】 2011年，水电十一局有限公司通过专项、综合安全检查活动，消除安全生产隐患360条，对二级单位及项目部检查、考核140余次，开展了安全培训、安全标准化等工作，实现了安全管理控制目标。获“河南省安全文化建设示范企业”、河南省人民政府安委会“2011年度安全生产先进单位”、河南省建筑业协会“2011年度建筑安全先进企业”、股份公司“2011年度安全生产优秀企业”等称号。

【安全标准化】 2011年，水电十一局有限公司开展了“安全文化建设示范企业”创建、安全信息化建设和安全标准化建设活动，完善了《项目管理软件》安全模块使用功能，制定了安全模块操作指南和考核标准，出版印刷了《建筑工程实用安全技术手册（上、下册）》。

【安全督查】 2011年3～4月，水电十一局有限公司组成5个督察组对63个项目开展了督查行动，下发整改通知44份，整改276项；6月开展了汛期安全大检查；7月对13个项目部进行防坍塌、特种设备专项检查，检查大型设备30余台（套）；每季度对南水北调在建项目进行考核；修订了安全生产考核评价表，7月、11月进行了上半年和年度安全生产系统工作考核。

【安全培训】 2011年，水电十一局有限公司举办了施工现场临时用电安全管理培训班，参加人员120名；举办了市政公用、建筑、公路水运和水利水电专业“三类人员”安全管理培训班，722人取得相应资格证书；举办了安全技术管理培训班，参加人员60名。

【安全月活动】 2011年6月，全国“安全生产月”期间，水电十一局有限公司制作了安全展板，刻录了安全生产警示教育片、安全歌曲光盘发放到项目部；参加了河南省“安全生产知识竞赛活动”；开展了应急救援演练活动；举办了“安全管理知识”竞赛和“安全歌曲大家唱”活动，380名员工参加。

【应急管理】 6月13日，水电十一局有限公司和股份公司联合举行了脚手架坍塌高处坠落事故应急演练活动。演练模拟七分局南水北调郑州项目部施工现场发生双排脚手架倒塌，造成4名施工人员高空坠落的事故。项目部280余人参加演练，兄弟单位180余人现场观摩。根据演练情况，对应急预案进行了修订完善。

（贾海叶）

党群工作和企业文化建设

【党建工作】 2011年，水电十一局有限公司两级领导班子开展“以领导方式转变加快发展方式转变”活动，通过主题报告会、中心组学习、专题研讨、管理系统培训、“专家讲堂”、地方党校送培等形式强化干部能力建设，全年共培训483人次。贯彻、落实党建工作责任制，重新修订完善项目党群目标考核标准。水电十一局有限公司党校深入施工生产一线举办党的基本知识专题培训班，近400名新党员和入党积极分子参加培训。海外事业部党委联系实际加强分类指导，推动了海外项目党建工作水平的提升。推动领导班子建设相关制度的执行，出台了“三重一大”决策事项备案簿、“三重一大”月报、违规追究办法等制度，加大对二级单位领导班子执行“三重一大”制度情况的监督检查力度。修订干部管理办法，推进干部岗位交流，共有46名中层干部进行了岗位交流或变更。公司各级党组织广泛开展以基层党组织和党员公开承诺、“党员先锋号”争创活动为主要内容的创先争优活动，其中，南水北调工程“党员先锋号”立项22项。隆重举行纪念建党90周年活动，召开庆祝大会，举办庆祝文艺演出，在郑州和三门峡两地分别举办“没有共产党就没有新中国”党史专场报告会；对特困党员进行慰问；开展红歌合唱比赛、重温入党誓词、观看革命影片、党史知识竞赛、征文比赛和书画摄影展等纪念活动。2011年，水电十一局有限公司党委获“河南省先进基层党组织”称号、官地施工局党工委被授予“中央企业先进基层党组织”称号。

（魏进军）

【新闻宣传和企业文化】 2011年，水电十一局有限公司加强窗口媒体建设，在新华网、人民网、电建网、南水北调报、中华建筑报、中国水利报、三门峡电视台等媒体发表文章300余篇。制作电视新闻100期，制作专题片57部。《今日十一局》由旬报变为周报，全年共发行40期；由黑白印刷变为彩色印刷，开设《身边》栏目。电视开设《我的路》栏目，刊发13个一线人物事迹。加强分支文化建设，成功申报河南省安全文化建设示范企业。组织公司文艺宣传队分别到南水北调陶岔、宝郏、焦作、赞皇、天津4—2标等11个项目进行慰问演出。制定了水电十一局有限公司《文明工地创建管理办法》，11个工程项目被评为水电十一局有限公司文明工地。

（祁海生）

【党风廉政建设责任制】 2011年，水电十一局有限公司完善、修订了《党风廉政建设责任制实施细则》，逐级签订责任书303份，签订率100%；年中抽查18个单位，年末全面考核责任制落实情况。完善“三重一大”决策管理，修订了《“三重一大”决策制度实施办法》，出台了《党政领导班子“三重一大”决策责任追究实施办法》。加强廉洁风险防控机制建设，提出廉洁风险预警措施方法，编制工程分包、设备物资采购廉洁风险点排查表，在部分项目部实施试点工作。与地方检察院签订“企检共建”协议书，开展教育活动168场次，5320人次参加。各级纪检监察部门收到上交礼金2.7万元，医务人员拒收红包12.2万元。

（李　智）

【工会工作】 2011年，水电十一局有限公司工会主要开展了以下工作：

（1）企务公开1280项，6361名职工参加了企务公开测评，5715人参加集体合同和女工集体合同测评，满意率为97%。

（2）大力开展劳动竞赛活动。基础分局秀山项目及二分局山西大梁项目通过开展劳动竞赛，顺利实现工程节点目标。9～12月，水电十一局有限公司在参建的南水北调工程全线14个项目开展劳动竞赛。其中，8个项目参与股份公司劳动竞赛，获流动红旗3次；7个项目获劳动竞赛一、二、三等奖和进步奖。

（3）员工提合理化建议556项，创效3000余万元。评出一等奖2项、二等奖5项、三等奖7项、四等奖5项。

（4）组织班组长43人参加清华大学第三期“班组长管理能力远程教育”培训。

（5）救助困难职工371人，发放困难救助金49.8万元；慰问劳模及劳模遗属、矽肺病、困难企业及退休职工等70余人，发放慰问金2.99万元；日常救助特困职工147人，发放困难救助金21.96万元；“六一”儿童节慰问幼儿园、单亲女职工及子女14人，发放救助金1.3万元；“金秋爱心助学”救助困难家庭大学生30名，发放救助金5万多元。

（6）开展以“抓班组，提高管理水平；重教育，推进安全文化”为主题的“安康杯”竞赛活动。

（晋保卫　马文石　丁　毅　李芳琳）

【共青团工作】 2011年，水电十一局有限公司团委广泛开展职业生涯导航活动，签订导师带徒合同362份；开展形势任务教育49次，主题教育实践活动60次；新创建青年文明号12个，培养青年岗位能手65人，设立青年安全生产示范岗28个，聘任青年安全生产监督员96人；开展志愿者活动70余次，参与青年800人次；组织“情牵晨风，缘定今生”相亲大会；慰问困难青工63人次，发放慰问金3.79万元；举办“明天更辉煌”、纪念建党90周年、中央企业青联走进中原经济区学习活动联谊晚会、中电建集团驻豫企业迎新年联欢晚会等文艺演出。

（杨　尚）

检查监督

【效能监察】　2011年，水电十一局有限公司效能监察17项，二级单位效能监察52项，提出整改建议265条，建章立制18项，节约资金206万元，避免经济损失143万元，挽回经济损失106万元。效能监察巡视小组对9个项目进行了巡视，查找问题90项，提出整改建议44条。效能监察及巡视工作涉及在建施工项目45个，覆盖面达40%以上。

（李　智）

【审计监督】　2011年，水电十一局有限公司完成审计项目84项，提出审计建议和管理建议70条，落实整改率91%。开展了以南水北调为主的国内重点项目审计；对4个施工分局领导人的任期经济责任进行了审计；完成所属24家二级单位2010年年薪兑现审计；首次对埃塞俄比亚区域AD116、AK97、GD99等3个国外公路项目开展审计监督。6月，联合河南省内审协会举办《内部审计岗位资格培训》，54名同志参加培训并取得内部审计上岗资格证书。加强审计信息化建设，完善计算机辅助审计工作，达到和符合特级资质对审计信息化建设条件的管理要求。

（胡双军）

【职工代表大会监督】　2011年3月10～11日，水电十一局有限公司召开八届一次职代会，听取和审议了总经理的工作报告，336名职工代表和83名列席代表对30名后备干部进行民主评议；193名副处级以上职工代表和列席代表对32名机关部室领导干部进行民主评议；419名职工代表和列席代表对13位领导班子进行“企业领导人员述廉议廉民主评议”、“领导班子党风建设和反腐倡廉情况民主评议”；签订了2011～2013年《集体合同》。

（晋保卫）

中国水利水电第十二工程局有限公司

概　况

【综述】　2011年，中国水利水电第十二工程局有限公司（以下简称“水电十二局有限公司”）以中国水利水电建设股份有限公司上市为契机，按照“三控、三强、一确保”的要求，迎难而上，坚持以加快转变发展方式为主线，继续强化市场开发、项目履约、精益化管理，提升管控水平，保持了持续平稳、健康发展。

2011年底，水电十二局有限公司共有员工3100余人。其中教授级高级工程师20人、高级职称189人、中级职称430人、高级技师17人、技师193人。

2011年，水电十二局有限公司实现营业总收入33.66亿元，比2010年增长26%，其中国内水电业务收入占总收入的56.20%，国内非水电业务收入占总收入的18.18%，国际业务占总收入的25.46%。全员劳动生产率持续增长，为98.84万元/（人•年）；实现经营利润1.31亿元，比2010年增长155%；中标合同金额19.3亿元；单元工程一次验收合格率99.8％，单元工程优良率93.2％，无重大质量、安全事故。

（姜志娟）

【企业资质】　2011年，水电十二局有限公司共有总承包资质6项：水利水电工程施工总承包壹级、市政公用工程施工总承包壹级、港口与航道工程施工总承包壹级、房屋建筑工程施工总承包贰级、公路工程施工总承包贰级，新增电力工程施工总承包叁级资质。

（姜　波）

【领导班子】　2011年12月，水电十二局有限公司领导班子成员为：执行董事、总经理兼党委副书记孙阳；党委书记兼副总经理杨永祥；副总经理陈泽鑫、郦平（兼总经济师）、潘承东、沈益源、杨德臣；监事、党委副书记兼纪委书记文林；总会计师章银先；总工程师李秋生；工会主席王竹如。12月2日，股份公司以中水电股人〔2011〕85号文件任命文林任水电十二局有限公司监事；股份公司党委以中水电股党〔2011〕78号文件任命文林任水电十二局有限公司党委副书记、纪委书记。

【组织机构】 2011年初，为做强、做大公司基础设施建设业务，明确公司所属第四分局为非水电专业分局，先后撤销了宜兴施工局和光照施工局，并将非水电单位玉环施工局成建制划入第四分局。

2011年底，水电十二局有限公司机关总部设置总经理工作部、市场开发部、市场开发二部（非水电市场开发部）、海外事业部、人力资源部、财务产权部、企划部、法律事务部、工程质量管理部、安全监督部、技术部、审计部、监察部等职能部门，以及党委、纪委、工会、团委等组织的办事机构。水电十二局有限公司下属单位有：第一分局、第二分局、第三分局、第四分局、第五分局、第六分局、第七分局、机电安装分局、电建分局等9个专业及综合分局，两河口施工局、董箐施工局、金塘集装箱码头工程项目部、越南福和闸堰项目部等4个直属项目部（施工局）以及越南松邦4水电站联营体、印尼亚齐火电项目联营体、委内瑞拉新中心电厂联营体等3个联营体；辅助生产和后方管理单位有设备物资公司、施工科学研究所、医院、社会职能管理中心、教育培训中心。水电十二局有限公司下设5个全资子公司、1个控股公司和1个参股公司。

（冯建伟）

【公司注册资本金增资】 为满足公司业务发展需要，水电十二局有限公司根据股份公司中水电股财〔2011〕19号文件，于2011年3月29日将注册资本金由28 000万元增资为31 960.968万元；根据股份公司中水电股财〔2011〕130号文件，于2011年12月23日再次增资，将注册资本金增资为40 060.968万元。

（姜　波）

国内工程

【综述】 2011年，水电十二局有限公司共中标水利水电工程项目11个，合同金额6.7亿元。其中，中标价1亿元及以上的项目有2个，即：四川雅砻江卡拉、杨房沟水电站交通专用公路工程土建Ⅷ标，龙背湾水电站溢洪道工程。中标价在1000万～1亿元的水利水电工程项目共8个。合同价在1000万元及以上完工的水利水电项目10个。

【响水涧抽水蓄能电站输水系统及地下厂房土建工程】 该电站位于安徽省芜湖市三山区峨桥镇境内，水电十二局有限公司中标承建该电站输水系统及地下厂房土建工程，合同金额2.03亿元。2011年是工程第五个施工年，全年完成产值3124.24万元，累计完成1.58亿元。

【官地水电站引水发电系统工程】 该电站位于四川省凉山彝族自治州西昌市和盐源县交界的打罗村境内，水电十二局有限公司中标承建官地水电站工程，合同金额2.77亿元。施工内容主要包括右岸引水发电系统土建工程、引水发电系统金属结构安装工程、厂房部分机电设备埋件安装工程及部分隧洞的封堵工程。2011年是工程第五个施工年，全年完成产值9199.80万元，累计完成产值2.62亿元。

【溧阳抽水蓄能电站进场交通洞及施工支洞工程】 该电站位于江苏省溧阳市，水电十二局有限公司中标承建该电站进场交通洞及施工支洞工程，合同金额1.60亿元。2011年完成产值4064.91万元，累计完成产值1.09亿元。

【溧阳抽水蓄能电站主体工程】 该电站位于江苏省溧阳市，水电十二局有限公司中标承建该电站主体工程，合同金额10.50亿元，合同工期2011年2月12日～2015年3月31日。枢纽建筑物主要由上水库、输水系统、发电厂房及下水库等4部分组成，电站安装6台单机容量25万千瓦的可逆式水泵水轮发电机组。2011年完成产值2.44亿元。

【雅砻江卡拉、杨房沟水电站交通专用公路工程土建Ⅷ标】 该公路工程起点位于四川锦屏一级8号公路，终点位于杨房沟水电站上坝址上游金波石料场附近。水电十二局有限公司中标承建电站交通专用公路工程土建Ⅷ标，合同金额2.68亿元，合同工期2011年2月15日～2013年6月30日。公路全长92.3千米。2011年完成产值8666.19万元。

【江西峡江水利枢纽主体土建Ⅱ标工程】 该工程位于江西省吉安市峡江县，水电十二局有限公司中标承建峡江水利枢纽主体土建Ⅱ标，合同金额5.87亿元，合同工期2010年3月21日～2015年8月30日。枢纽电站装机容量为36万千瓦，施工内容主要包括：

发电厂房、右岸11.5孔泄水闸、右岸灌溉总进水闸、右岸混凝土重力坝、鱼道、右岸坝顶公路桥、进厂及右岸上坝公路、11.5孔泄水闸坝段等防雷接地工程。2011年完成产值1.63亿元，累计完成产值1.96亿元。

【南水北调中线一期工程天津干线保定市1段TJ2-2标】　该工程位于河北省保定市徐水县，水电十二局有限公司中标承建南水北调中线一期工程天津干线保定市1段TJ2-2标，合同金额3.06亿元，合同工期2009年8月15日～2012年8月15日。施工内容主要包括建筑、电气设备安装工程，金属结构设备安装工程以及水土保持工程和施工期环境保护等。2011年完成产值1.80亿元，累计完成产值2.57亿元。

【盖下坝水电站大坝土建及金属结构设备安装工程】该电站位于重庆市云阳县，水电十二局有限公司中标承建该电站大坝土建及金属结构设备安装工程，合同金额3.06亿元。施工内容主要包括混凝土双曲拱坝、消能塘、引水隧洞、进水口等。2011年完成产值9003.20万元，累计完成产值1.54亿元。

【顺溪水利枢纽大坝土建工程】　该工程位于浙江省温州市平阳县，水电十二局有限公司中标承建顺溪水利枢纽大坝土建工程，合同金额1.40亿元，合同工期2010年5月1日～2013年8月31日。工程枢纽建筑物主要有拦河坝、泄水建筑物、发电引水建筑物、发电厂等。2011年完成产值2951.26万元，累计完成产值3372.86万元。

【钱塘江中上游衢江（衢州段）航运开发工程红船豆枢纽及船闸工程水利部分施工标】　该工程位于浙江衢州市龙游县境内，水电十二局有限公司中标承建红船豆枢纽及船闸工程水利部分施工标，合同金额1.90亿元，合同工期2011年1月20日～2013年10月19日。工程以航运、水力发电为主，结合改善水环境，兼顾农田灌溉等综合利用。施工内容主要包括泄洪闸工程、电站厂房工程、左岸新建防洪堤、左岸排水工程等。2011年完成产值4501.05万元。

【仙游抽水蓄能电站地下厂房及部分尾水系统土建工程】　该工程位于福建省莆田市仙游县，水电十二局有限公司中标承建该电站地下厂房及部分尾水系统土建工程，合同金额2.20亿元，合同工期2009年5月1日～2013年7月31日。2011年完成产值5137.36万元，自开工累计完成产值1.42亿元。

【南水北调中线一期工程鹤壁段施工三标】　该工程位于河南省鹤壁市，水电十二局有限公司中标承建中线一期总干渠黄河北—羑河北段鹤壁段施工三标，合同金额3.63亿元。施工内容主要包括渠道、渠道倒虹吸、左排倒虹吸、分水闸、节制闸、退水闸及公路桥、生产桥。2011年完成产值1.27亿元，累计完成产值2.24亿元。

【南水北调中线一期工程总干渠沙河南—黄河南禹州长葛段施工一标段】　该工程位于河南省禹州市境内，水电十二局有限公司中标承建中线一期总干渠沙河南—黄河南禹州长葛段施工一标段，合同金额2.01亿元，合同工期2010年9月1日～2013年4月30日。标段内共有各种建筑物6座，其中左岸排水2座、公路桥2座、生产桥2座。2011年完成产值5398.77万元。

【两河口水电站前期导流洞工程】　该工程位于四川省雅江县，水电十二局有限公司中标承建该电站导流洞工程，合同金额4.41亿元。电站枢纽建筑物由砾石土心墙堆石坝、溢洪道、泄洪洞、放空洞、地下厂房等建筑物组成，堆石坝最大坝高295m，电站装机容量300万千瓦，为一等大（1）型工程。施工内容主要包括初期导流洞即1号导流洞和2号导流洞的下游段、过坝交通洞、尾水隧洞闸室交通洞、导流洞2号施工支洞等工程。2011年完成产值1.35亿元，累计完成产值3.72亿元。

（黄和平）

国际工程

【综述】　2011年，水电十二局有限公司统一思想，明确目标，继续认真贯彻执行“东扩西进出国门”的营销方针，克服困难，齐心协力，在集团国际公司的大力支持下，继续保持越南、印尼和南美3个市场的营销板块业务，重点跟踪了亚洲、非洲和南美洲的一些项目。2011年，水电十二局有限公司国际经营项目共5个，分布在3个国家，其中新承接的项目1个，全年实现国际经营产值8.51亿元人民币。

【越南松邦4水电站土建工程】　该工程位于越南中部的广南省南江县他兴乡和左应乡境内的武家河支流松邦河上。项目主要由碾压混凝土坝、坝面溢洪道、引水隧洞、发电厂房、开关站，导流涵洞等建筑物组成。项目以发电为主，电站总装机容量为

15.6万千瓦，年发电量为5.90亿千瓦·时。业主为越南国家电力公司。2010年4月，水电十二局有限公司中标承建该项目，合同金额约10 053万美元，合同工期为2010年9月～2014年11月。2010年9月3日，土建工程项目开工。2011年9月1日，项目改由水电八局有限公司为责任方、水电十二局有限公司为合作方，组建“812联营体”全面组织实施。截至2011年底，累计完成产值1984.91万美元。

【越南福和闸堰渠首水利枢纽工程】 该工程位于越南南部平阳省和平福省交界处。枢纽主要由土坝、引水渠及取水口、溢洪道、紧急溢洪道、鱼道和场内施工道路等组成。2007年11月，水电十二局有限公司中标承建该项目，合同金额约3757万美元，2008年3月9日正式开工，合同工期为36个月。由于恶劣天气、征地问题和图纸延误等原因，完工日期由原来的2011年3月8日延至2011年12月3日。2011年12月7日，工程顺利通过验收并移交业主。截至2011年底，累计完成产值4864.97万美元。

【委内瑞拉新中心电厂项目】 该工程位于委内瑞拉东北部CARABOBO市，项目承包方式为EPC总价承包，合同工期9个月，装机容量为4×19.26万千瓦，合同总金额约为7.79亿美元。水电八局有限公司和水电十二局有限公司组建委内瑞拉新中心电厂项目“812联营体”共同承建该项目，水电八局有限公司为责任方占65%，水电十二局有限公司为合作方占35%（约合24.80亿元人民币）。主体工程主要包括燃气涡轮机、旁路烟囱和发电机主要设备、热力学部分、电气系统、仪器和控制系统、化学水处理系统等。2011年3月3日正式开工。截至2011年底，共完成产值4.39亿美元。

【印尼亚齐火电项目】 该工程位于印度尼西亚苏门答腊岛北部的亚齐省，属于EPC总承包总价合同。水电八局有限公司和水电十二局有限公司组建印尼亚齐火电项目“812联营体”共同承建该项目，水电八局有限公司为责任方占55%，水电十二局有限公司为合作方占45%，水电十二局有限公司所占合同金额约合8.24亿元人民币。主要施工内容是火电站整个工程项目的设计、采购、建设和安装、调试、试运行等。截至2011年底，共完成产值1.86亿美元。

【委内瑞拉农业项目】 该工程位于委内瑞拉的BARINAS州，项目名称为亚诺阿里托LLANO ALTO生态农业开发项目，主要施工内容有蜂蜜加工厂，水厂养殖棚，浮式水箱，咖啡、可可和林业苗圃等。2010年12月3日，集团公司与委内瑞拉国家农村发展协会签署生态农业项目合同，总工期为24个月。合同基础价格为316.94万美元、1831.64万人民币，总计折合美元578.60万美元。中国水电亚诺阿里托农业发展项目“812联营体”以紧密型联营方式运行，水电八局有限公司为责任方持有65%份额，水电十二局有限公司为合作方持有35%份额。截至2011年底，共完成产值348.90万美元。

（周 雷）

基础设施建设

【综述】 2011年，水电十二局有限公司中标非水电工程项目共30个，合同金额12.50亿元，其中合同价在1000万元以上的项目有11个，合同价在1000万元以上的完工项目有6个。

【漩门三期围海工程Ⅱ标段】 该工程位于浙江省玉环县漩门湾，水电十二局有限公司中标承建三期围海工程Ⅱ标段，合同金额3.35亿元，合同工期2006年5月29日～2010年3月31日。主要施工内容为干江堤和珠港堤。2011年，完成产值2818.5万元，累计完成产值2.87亿元。截至12月底，该工程主体已进入收尾阶段。

【鳌江标准海堤（龙港城区段）除险加固工程Ⅱ标】该工程位于浙江省苍南县龙港镇，水电十二局有限公司中标承建鳌江标准海堤（龙港城区段）除险加固工程Ⅱ标工程，合同金额3655.69万元，合同工期2011年8月8日～2012年8月8日。主要施工内容包括江湾段、进港段防洪堤除险加固工程，为50年一遇及以上堤防工程。2011年完成产值1062.21万元。

【路桥金清渔港二期工程】 该工程位于浙江省台州市，水电十二局有限公司中标承建台州市路桥区金清渔港二期工程，合同金额4248.19万元，合同工期2011年8月1日～2013年1月31日。主要施工内容包括金清渔港闸内港区和闸外港区，渔港内港区主要建筑物为重力式码头、护岸、港区道路、管理房等，外港区主要建筑物包括浮码头、栈桥及港区道路等。2011年完成产值1873.77万元。

【福宁湾围垦工程】 该工程位于福建省霞浦县福宁

湾内，水电十二局有限公司中标承建福宁湾围垦工程，合同金额2.43亿元。主要施工内容为5434米长海堤、南岸35米总净宽水闸及北岸50米总净宽水闸各1座。2011年完成产值9118.07万元，累计完成产值2.00亿元。

【华能沁北电厂三期工程厂外供水管线输水隧洞A段】 该工程位于河南省济源市，水电十二局有限公司中标承建华能沁北电厂三期供水管线工程输水隧洞A段，合同金额2259万元。主要施工内容包括进水明渠和2315米长的输水隧洞。2011年，完成产值993.58万元，累计完成产值1544.16万元。

【702所综合实验水池工程】 该工程位于江苏省无锡市，水电十二局有限公司中标承建综合实验水池工程，合同金额2.10亿元。主要施工内容为水池主体地上1层，辅助楼部分地上3层，水池主体地下1层（局部4层），辅助楼部分地下1层。2011年完成产值9131.46万元，累计完成产值1.23亿元。

【崇武闽台贸易码头改扩建工程（一期）】 该工程位于福建省泉州市惠安县崇武镇，水电十二局有限公司中标承建崇武闽台贸易码头改扩建工程一期，合同金额5758.87万元，合同工期2010年11月8日～2012年7月8日。主要施工内容为一个5000吨级杂货码头（2号）及相应的配套设施，1号码头及引堤的加高改造等。2011年完成产值734.85万元。

（黄和平）

管理创新

【经营业绩责任制】 为充分发挥经营业绩考核与管理评价导向作用，强化公司所属单位负责人的业绩考核，2011年，水电十二局有限公司重新制定了《公司所属单位负责人业绩考核办法》，对所属分局、项目部及子公司，分别建立经营业绩考核与管理评价两大体系，涉及了22个经营业绩考核指标和21个管理评价指标。

成立业绩考核评价委员会，下设工作组。业绩考核以公历年度为考核期，以3年任期或项目周期为总考核期，实行年度考核与任期考核相结合、结果考核评价与过程考核评价相统一、考核结果与年薪奖惩兑现相挂钩的考核方式。2011年，水电十二局有限公司与33个所属单位（含12个一级核算项目部）签订经营业绩责任制，并且加强了对责任制实施过程的检查、跟踪和监督执行。

（金水林）

【全面风险管理】 2011年，水电十二局有限公司为提高公司管控能力，按照股份公司的部署全力开展了全面风险管理与内部控制体系建设工作。5月召开公司全面风险管理与内部控制工作推进会议，标志着该项工作进入全面推进阶段；6月完成了《公司分局业务流程体系框架》、《公司直管项目部业务流程体系框架》，标志着所属单位进入实施阶段；10月下发了公司层面十大重大风险的管理策略、整体解决方案；12月上报了《2011年度全面风险管理报告》，完成了公司层面全面风险管理与内部控制体系建设工作年度目标。

加强对重大风险的管理，一是化解和防范履约风险，提高公司工程项目的经营质量效益；二是以强化分包工程管理为突破口，提升公司经营管理的风险防控水平；三是严防系统性财务风险，保证工程项目资金链正常；四是依法经营、依法管理，规避或减少法律风险发生。

（彭建明）

【财务管理】 2011年，水电十二局有限公司认真贯彻落实股份公司“三控、三强、一确保”的综合风险防控措施，把防范财务风险放在突出位置来抓，企业投融资规模、应收款项、未完施工、资产管理等方面财务风险都在受控以内。

修订完善了《预算管理实施细则》、《财务管理办法》、《工程分包结算发票使用管理办法》、《资金预算管理实施细则》、《境外机构税收管理办法》、《企业所得税汇算清缴管理办法》等一系列内控制度，保证企业财务、资金管理工作有序、规范进行。全面实施NC会计核算系统，实行网络化管理，实时反映，提高会计信息质量。11月，在总会计师的带领下组成了5个专项检查工作小组，在公司范围内全面开展了《建造合同准则》执行情况和财务NC集中核算系统运行情况的重点检查，促进了各单位、项目部《建造合同准则》执行和财务NC集中核算系统运行情况的能力。

（吴琳梅）

【资金结算管理】 2011年，水电十二局有限公司资金结算中心规范运作，健康发展，以收支两条线为载体，以现金流量管理为主线，建立起了规范、高效、安全的资金管理体系，在此基础上不断创新。资金控制力度增强，资金使用效率大幅提高。2011年除部分业主受限资金外，集中归集资金受控率达90%以上，资金通过分次下拨，使项目资金最大程度掌握在公司本部，沉淀资金给公司带来了资金使用效益，银行信用不断提升，贷款规模控制在股份公司核定的额度内，年内新增与浦发银行杭州清泰支行信贷业务往来。积极稳妥开展内部信贷业务，较好地解决了投保保证金和生产过程中的临时周转资金。

（朱桂萍）

【股权和投资】 2011年，水电十二局有限公司实际完成投资6265.04万元。为最大限度地优化配置公司资源，合理调整生产力布局，水电十二局有限公司加强对股权尤其是控股权的指导和协调，通过拓展新的发展领域等方式，增强盈利能力，激活再融资功能，有效提升竞争力，扩大非水电建筑市场的份额。截至2011年底，累计投资10 176.87万元。其中全资子公司5个：浙江电力建设土建工程质量检测中心有限公司、浙江中水东方建设工程咨询有限公司、浙江中水勘测设计研究院有限公司、金华华电房地产开发有限公司、浙江安源工程检测有限公司等，共投资1986.87万元。控股公司1个：浙江中水电港航工程有限公司，占该公司股份的51%，计8160万元。参股公司1个：北京新时代电站装备有限公司，参股7.5%，计30万元。

（吴琳梅）

【人力资源管理】 2011年，水电十二局有限公司根据生产经营需要，共引进大中专毕业生及专业技术人员260余人，充实到各施工生产单位。同时，做好下岗人员再就业及内部人才调配工作，全年协调内部调动及上岗138人次。为稳定人才队伍和调动职工的工作积极性，制定2011年职工增资方案、越南项目薪酬方案和海外事业部增资方案并予以实施。针对公司发展和培育合格工程分包商的战略需要，制定了《工程项目分包用工监督管理办法》，规范劳动用工管理，并结合水电十二局有限公司分包检查工作，采取有效措施，保障农民工的工伤保险权益和工资及时发放，降低了分包用工管理的风险。加强制度建设，制定了《公司所属单位负责人年薪制办法》、《员工考勤管理办法》等，并认真贯彻、落实修改后的《工伤保险条例》、《浙江省关于进一步解决部分精减退职人员生活困难补助问题的通知》。

（鞠章伟）

【在建工程项目管理】 2011年，水电十二局有限公司面临的履约压力空前，在建项目有50余个，施工战线比以前拉得更长，管理跨度和难度比以往都大。为了顺利完成繁重的施工任务，一是加强项目经理的选配和管控力度；二是落实好项目管理授权委托制度、项目履约管理协调会制度、项目经理述职制度；三是制定工程项目施工进度考核管理办法，把项目关键节点、重要环节的实现情况纳入业绩考核范畴，与责任人的年薪挂钩；四是按照“抓重点带全面”的原则，明确重点项目，抓重点工程施工，以此带动其他项目；五是在各项目逐步推开架子队管理模式，充分利用社会劳动力资源，实现施工现场管理与作业层的有机衔接和有效运作，确保工程项目履约；六是实行公司领导到履约风险大、压力重的项目蹲点，现场协调。为提升项目履约能力和水平，水电十二局有限公司评定和通报表彰了2011年度良好履约十大项目。

（黄和平）

【质量管理】 2011年，水电十二局有限公司以质量、环境、职业健康安全一体化管理体系运行和外部监督审核为载体，全面运行质量管理体系，规范质量管理行为。加大了对质量管理的考核奖惩力度，评选表彰了2011年度质量管理先进单位3个、质量管理先进项目部4个，评选表彰了30名优秀质检员和30名优秀内审员。第一分局、机电安装分局获评“十一五”期间股份公司质量管理先进单位，方旭光等5人获评“十一五”期间股份公司质量管理先进工作者。水电十二局有限公司对获奖的先进集体和个人给予了奖励。

2011年，水电十二局有限公司负责承建主体土建工程Ⅰ标的黑麋峰抽水蓄能电站获中国电力优质工程奖和鲁班奖；承建引水发电系统工程的光照水电站获中国电力优质工程奖；承建的桐柏抽水蓄能电站被评为国家优质工程奖设立三十周年精品工程；水电十二局有限公司被评为国家优质工程奖设立三十周年先进单位。

（李雪琴）

【质量、环境、职业健康安全管理体系】 2011年，水电十二局有限公司对质量、环境、职业健康安全一体化管理体系运行的有效性、适宜性和符合性进行了一系列策划。同时，结合《工程建设施工企业质量管理规范》的要求对B版质量、环境、职业健康安全管理体系的手册和程序文件进行了整合、修订和换版，C版手册和程序文件于8月30日经总经理批准发布，9月10日实施执行。

2011年6～8月，水电十二局有限公司实施了内审，所有不符合报告于10月上旬完成封闭验证工作；11月，召开管理评审会议，评审管理体系运行报告，并对2010年的改进建议进行了封闭验证，形成了2011年管理评审报告。11月，浙江公信认证有限公司委派审核组对水电十二局有限公司一体化管理体系进行了复评审核，水电十二局有限公司顺利通过了外部审核。

（程丽霞）

【信息化建设】 2011年，水电十二局有限公司继续做好综合项目管理系统在各分局和项目的应用工作，收集了在建主要项目的大量相关信息，为公司管理层决策提供参考，并取得了初步成效。在信息化基础设施建设方面，积极落实股份公司统一部署，对网络进行了优化，以满足不断发展的应用需求。在主要业务系统建设方面，不断扩大和深入各业务应用系统的使用，人力资源、财务NC、办公自动化、设备物资等信息系统已成为管理人员日常办公必需。在公司门户网站建设方面，完成了对网站的总体结构的改版优化，提升了实用性效果。

（陈　峰）

【法律事务与普法工作】 2011年，水电十二局有限公司法律事务部认真把好企业规章制度及合同的审核关，参加合同谈判和签订工作，及时进行法律跟踪指导，确保签订的合同合法合规。6～7月，开展了一次经营行为法律审核工作落实情况的专项检查，促进了企业法律审核工作的健康发展。11月，举办了法制及合同管理培训班，公司所属单位36名法务及合同管理人员参加了本次培训，有效提升了公司法律事务及合同管理人员的业务能力和水平。2011年，共发生法律纠纷案件15起，涉案金额达1354.11万元，其中11起案件已经结案，挽回损失共计887万元；未发生重大纠纷案件。按照股份公司统一部署，积极开展“六五”普法工作准备。结合中央企业法制工作新三年目标精神，深入宣传法律知识。水电十二局有限公司被股份公司评为“五五普法先进单位”。

（魏安江）

科技进步

【科技管理】 2011年，水电十二局有限公司高度重视技术交流活动，努力做好技术研究成果在公司范围内的推广应用工作，把好施工技术方案的编制和审查关，在技术上确保工程的施工质量与安全，加大了科技经费投入和人才激励机制的力度，调动广大科技人员的工作积极性和创造性，合力提升公司的科技竞争力。

完成了《专利管理办法》等相关管理制度的修编工作，制定了水电十二局有限公司《五年科技发展规划》，编制了《科技进步考核管理工作流程》、《科技项目立项管理工作流程》、《科研成果验收鉴定管理流程》、《技术交底管理流程》等11个科技管理工作流程。

【科研立项项目】 2011年，水电十二局有限公司新增立项课题8个，上年度延续课题16个，共有24个科技项目在执行中，其中股份公司课题项目5个。本年度完成了2项股份公司课题申报工作，获得了批准立项，上年度延续项目3个。本年度结题项目共有11个，其余13个项目将延续到下年度继续执行。

江苏溧阳抽水蓄能电站《多样性料源填筑高面板堆石坝的质量控制技术研究》、崇武闽台贸易码头改扩建工程（一期）《复杂海洋环境沉箱码头施工技术研究》两项课题均获准股份公司立项。《大型气密性试验水池施工技术研究》课题实施进度情况符合计划要求。《特大地下洞室群关键施工技术与安全环保技术研究与应用》研究项目，水电十二局有限公司承担的子课题《特大地下洞室安全施工技术研究》，本年度组织了两次专题研讨会，目前正与高等院校联合研究。《复杂边界环境下的围垦工程施工技术研究》课题包括三个子课题。其中，《扭王字块体混凝土浇筑工法》研究已获得2010年度股份公司企业工法；《反衬式钢模台车在围垦工程防浪胸墙施工中的技术研究》已结题，获水电十二局有限公司科技进步二等奖，反衬式钢模台车现正在积极申报国家专利；《闭气土施工技术研究》子课题，预计到2012年结题。

【科技攻关】 2011年，水电十二局有限公司科技攻关活动，重点针对股份公司的科研课题项目和在建工程中技术难度较高的项目。

（1）官地水电站进水塔大体积清水镜面混凝土施工技术研究。项目采用了全钢镜面悬臂大模板快速爬升施工新技术、悬臂大模板免贴PVC板及薄膜保护法施工新技术、定位锥重复利用与免拉条加固等多项施工新技术。

（2）溧阳抽水蓄能电站多样性料源填筑高面板堆石坝的质量控制技术研究。主要研究内容包括分析解决下库复杂料源的开采方法，提高料源的利用率；研究土石方动态平衡分析方法，解决料源紧张等问题。

（3）复杂海洋环境沉箱码头施工技术研究。本课题以崇武闽台贸易码头工程为依托，研究内容为复杂海洋环境条件下沉箱码头基础处理，沉箱预制、沉箱水上运输、沉箱安装等施工工艺。

(4) 百万千瓦压水堆核电站核级支吊架国产化研制。由水电十二局有限公司与杭州公共消防安全有限公司合作开发核电管道支吊架产品。本课题对百万千瓦压水堆核电站核级标准支吊架进行了国产化应用开发，填补了国内空白。

(5) 溧阳抽水蓄能电站大坝施工质量实时控制系统。研究开发内容主要包括大坝填筑碾压质量实时监控系统、坝料上坝运输过程实时监控系统、大坝施工信息PDA实时采集与调度系统和数字大坝综合信息集成系统等4个系统的研制等。

【科技奖项】 2011年，水电十二局有限公司科学技术进步奖共有7项：《大体积清水镜面混凝土施工技术》、《核电管道支吊架研制开发》获一等奖；《特殊环境下平原围封水库施工技术研究》、《物资管理软件开发及数据库建立》、《热带平原地区闸堰土坝施工技术研究》获二等奖；《电厂化学补给水处理系统施工技术》、《MQ600/30高架门机电气改造》获三等奖。

【技术标准与规程规范】 由全国水利水电施工信息网和股份公司主持编纂的《水利水电工程施工技术全书》第二卷第六分册《混凝土面板堆石坝》由水电十二局有限公司和武警水电指挥部共同负责编写，正在修改完善中。

水电十二局有限公司参与编写的国家、省部级规程规范共有7项，分别为《钢筋焊接接头试验方法标准》、《碾压胶凝粗砾料施工导则》、《钢筋焊接及验收规范》、《110kV～1000kV变电(换流)站土建工程施工质量评价规程》、《110kV～1000kV变电(换流)站土建工程施工质量验收规程》、《水电工程土工膜防渗技术标准研究》、《挤压边墙混凝土施工规范》。参加行业标准审查项目两项，分别为《钢结构焊接从业人员资格认证》和《钢结构焊接热处理技术规程》。

(孙美凤)

安全生产

【安全生产责任制】 2011年，水电十二局有限公司总经理与公司分管安全的副总经理、机关部门负责人及所属生产施工和后勤服务单位均签订了安全生产责任书。水电十二局有限公司所属单位也同所辖施工项目部签订了内部安全生产责任书，建立了纵向到底、横向到边的安全生产责任体系。将安全生产考核纳入经营业绩考核范畴，日常结合安全检查对责任书履行情况进行跟踪，对存在的问题提出整改要求，并纳入年度考核。

【安全生产大检查与专项检查】 根据2011年初制定的安全生产检查计划，分3个阶段进行。第一阶段由公司领导带队，对11个项目进行安全检查，提出了64条整改意见，项目部根据提出的整改要求，制定相应措施，全部进行了整改封闭。第二阶段，公司安全监督部结合"一体化"管理体系内审，对22个项目进行了安全检查，对存在问题出具了不符合报告和不符合情况通知单。第三阶段，检查了8个单位、项目部，对检查中发现的隐患提出整改要求，定时定措施定责任人整改封闭，并对所有资料建立了相应的台账。

【安全生产应急预案】 水电十二局有限公司制定了《进一步完善公司安全生产应急预案工作方案》，对各单位、项目部有关综合预案、专项预案、现场处置方案的编制、演练等工作进行了专题布置。重新制定了水电十二局有限公司《生产安全事故或自然灾害综合应急预案》。各项目部结合各自的施工特点，针对泥石流、洪水、台风、坍塌、火灾、炸药库、油库等自然灾害和危险源及主要事故类别进一步完善专项预案，针对爆破作业、水上作业、高处作业、吊装作业、带电作业、场内交通等高危作业场所和岗位进一步完善现场处置方案。

【安全生产委员会会议】 2011年1月28日，水电十二局有限公司召开了安全生产委员会会议，会议由安委会主任、公司总经理孙阳主持。会议传达了全国安全生产电视电话会议、股份公司安全工作会议、浙江省中央企业综合安全监管座谈会精神；学习了国务院国资委《中央企业安全生产禁令》、浙江省人民政府《关于进一步加强企业安全生产工作的实施意见》；总结、分析了2010年水电十二局有限公司安全工作，研究2011年主要安全工作，布置采掘施工安全标准化工作；评选水电十二局有限公司2010年度安全生产先进单位、项目部、个人；签订部门2011年安全生产责任书。

【安全生产教育与培训】 2011年，水电十二局有限公司安全教育主要做了3方面工作：一是统一举办安全生产知识考试，全公司有近2300人参加了考试答题；二是注重一线员工的安全培训，制作了"互动式"教学光盘，由项目部在活动月期间组织农民工观看，并作为民工学校的教材，同时还举办了一期分包商主要负责人和安全管理人员培训班；三是组织了一期水利部“三类人员”复审培训班，共有126人参加了此次培训，同时有12人参加了股份公司组织的水利部“三类人员”的取证培训。

【群众性安全生产活动】 水电十二局有限公司工会组织开展了“人人查找安全隐患”和“职业健康安全问卷调查”活动。在活动中，共查出隐患152条，已全部整改完成；有1641人参加了问卷调查，调查内容包括作业场所事故隐患整改情况、员工个体劳动防护、员工住宿及饮食、安全生产考核等6个方面，满意度在81%以上。

（董谊标）

党群工作和企业文化建设

【党建工作】 2011年，水电十二局有限公司党委下设12个党委，4个党总支，5个直属党支部，70个基层党支部，共有党员1515名，其中离退休党员500名。

水电十二局有限公司继续深入开展创先争优活动，全面推进和加强党的思想建设、组织建设、作风建设、制度建设和反腐倡廉建设，充分发挥了党组织的政治核心和保证监督作用。

（1）思想建设。2011年3月初，水电十二局有限公司党委启动形势任务宣传教育活动。公司党政主要领导带头讲党课，作形势报告，把党的路线、方针和基本国情，以及水电行业内外发展形势任务传达到党员干部，为确保公司生产经营、改革发展的顺利进行奠定了良好的思想基础。

（2）组织建设。继续深入开展创先争优活动，扎实推进学习型党组织建设，以争创“四好党委”、“五好党支部”和争当“五个模范”党员活动为抓手，以开展“争创标杆，彰显责任”和“党员身份亮出来，党员形象树起来”等主题实践活动为载体，切实抓好基层党组织建设和党员干部的教育管理，引导广大党员干部从思想上带头创先争优。

（3）作风建设。领导班子成员率先垂范，深入基层单位调研，深入施工一线蹲点指导，切实解决生产经营疑点、难点问题。总部机关各职能部门通过召开项目现场协调会、专题分析会以及生产述职会等形式，进行面对面的服务基层活动，不断转变领导班子成员和总部机关的工作作风。

（4）制度建设。制定了《党建工作责任制实施细则》，修订和完善了《基层党组织换届选举工作暂行办法》、《关于加强和改进党员管理工作的意见》、《党委理论中心组学习制度》、《规范领导班子民主生活会制度的实施意见》、《关于“三重一大”决策制度的实施办法》、《关于加强企业文化建设的实施办法》、《党务公开工作实施方案》等工作制度，推进了水电十二局有限公司党建工作制度化、规范化、科学化建设。

【“四好”领导班子建设】 水电十二局有限公司党委重点围绕“学习型、勤政型、团结型、廉洁型”领导班子进行创建。

一是坚持特别讲学习，重理论联系实际，创建“学习型”班子。通过党委理论中心组学习，结合水电十二局有限公司实际进行专题研讨，班子成员深入基层单位调研指导公司的改革发展实践。

二是坚持特别讲实干，重经营业绩，创建“勤政型”班子。着重围绕“市场营销、项目履约、精细管理”开展各项工作，不断引领广大干部职工争创良好业绩。

三是坚持特别讲大局，重班子团结协调，创建“团结型”班子。严格按照水电十二局有限公司及水电十二局有限公司党委议事规则进行科学民主决策。班子成员分工明确，团结协作，平时自觉维护班子集体的团结，自觉维护班子的整体形象，服从发展大局。

四是坚持特别讲纪律，重党风廉政建设，创建“廉洁型”班子。通过开展各种形式的廉洁从业教育特别是开展以案示警专项教育活动，使各级领导干部进一步增强了责任意识、大局意识、服务意识和廉洁从业意识。

（冯建伟）

【创先争优活动】 2011年，水电十二局有限公司党委在开展创先争优活动中，注意做到“四结合”。

一是把学习型党组织建设和加快转变发展思路结合起来。公司党政主要领导带头讲党课，作形势报告，把党的路线、方针和基本国情，以及水电行业内外发展形势任务传达到党员干部。各级领导班子成员累计上党课36人次，专题辅导32次。

二是把班子建设和企业转型升级结合起来。制定班子成员党建责任制联系单位制度，落实班子成员分管在建工程项目的规定，围绕重点工程项目节点目标，公司班子成员深入施工一线进行指导帮助。

三是把党组织建设和党员作用的发挥结合起来。重视加强党员的教育培训，全年进行党员集中教育或各单位自主培训共256人次。全面安排部署新一轮的基层党组织和党员公开承诺工作，各单位党组织按照要求，都进行了党员公开承诺，并进行了点评。

四是把创先争优活动和党内先进评选结合起来。公司党委召开了“创先争优”表彰大会，对开展创先争优活动以来表现突出，发挥了先锋模范作用的2个四好领导班子、2个先进基层党组织、20个先进党支部、35名优秀党员和3名优秀党务工作者进行了表彰。

【“争创党员标杆、彰显水电形象”主题实践活动】水电十二局有限公司开展了“争创党员标杆、彰显水电形象”的主题实践活动。

一是开展“把党员身份亮出来”示范活动。在党员中积极开展“党员示范岗”活动，为每位党员统一制作了“党员示范岗”标牌、并佩戴党徽，亮出党员身份。在党员承诺点评中，做到与民主评议党员和评选先进相结合。组织唱“红歌”、党员志愿者服务等活动，加深党员对党的认识和肩付历史的责任。二是开展“让党员旗帜树起来”教育活动。各项目部围绕工程节点目标，开展劳动竞赛活动，成立“党员青年突击队”和党员干部、入党积极分子组成的义务劳动队伍，为确保工程目标的实现奠定良好基础。

（赵春玉）

【工会工作】 2011年，水电十二局有限公司工会重点抓了以下几方面工作：

一是深入开展群众性生产活动。深入开展重点工程项目“六比六赛”劳动竞赛，积极支持所属单位开展多种形式的劳动竞赛，深入开展群众性技术创新和合理化建议活动。

二是充分发挥工会组织在安全生产中的作用，包括牵头举办分承包单位责任人和安全管理人员安全教育培训班、提高民工学校教学质量、开展“人人查找安全隐患”活动、做好一线作业员工高温慰问等工作。

三是进一步推进加强民主管理。职代会按时完成五年一次的换届，修订了职代会实施细则，把公司机关中层干部列为民主评议范围。

四是积极推动提升职工队伍素质。举办了第四届水工建筑材料试验工技能竞赛，导师带徒从原来规定三年改为一年，把开展“工人先锋号”活动的重点放在推动加强班组建设上。

五是高度重视加强企业文化建设。公司工会牵头组织了建党90周年相关活动，举办了“永远跟党走”红歌大家唱大型演唱会，组织摄影书画作品展览，举行了“十佳歌手”比赛活动。

六是积极推进构建和谐企业。把督促检查职工和农民工工资是否按时发放作为重要工作来抓，积极为职工群众做好事办实事，认真落实两年一次的职工体检，组织89名职工进行短期疗休养。做好扶贫济困工作，通过元旦春节期间送温暖、金秋助学、互助帮困等各种形式，给689名职工和退休人员及家属发放困难补助金40.95万元，使特困人员及时得到救助。

（吕槐阳）

【共青团工作】 2011年，水电十二局有限公司开展了“青年文明号”、“青年突击队”、“青年安全监督岗”创建活动和“青年创新创效”等多项活动。多家二级单位团组织开展了“青年突击队”创建活动，新创建青年突击队5支；水电十二局有限公司团委制定了《青年安全监督岗实施细则（试行）》，要求各二级单位团组织按照团组织建制成立青年安全监督岗，共计成立青年安全监督岗9个，岗员220名。5月，水电十二局有限公司团委在全公司范围内开展了创建青年安全监督岗活动。江西峡江施工局综合青年突击队获得2010年度浙江省青年文明号称号；水电十二局有限公司有4个集体和4人分别获得共青团浙江省委、中央企业团工委和股份公司团委的表彰。

（叶小川）

【企业形象宣传】 水电十二局有限公司重视企业的宣传教育工作。通过企业形象与品牌的宣传，展示公司优势，增强企业的向心力和凝聚力，为公司拓展市场服务。努力办好《水电工人报》，积极向《水利水电工程报》投稿，并积极借助社会新闻媒体宣传企业。2011年《水电工人报》分别被浙江建筑业协会和中国建筑业协会评为最佳企业报和精品报。利用局域网，不定期地制作视频新闻，让公司员工相互了解各项目工地生产施工情况，向社会各界展示水电十二局人的风采。2011年共制作各类专题片16部。

【文明建设】 2011年，水电十二局有限公司继续重视做好集团文化的宣贯工作，制定《加强企业文化建设的实施办法》，对2011年企业文化建设提出具体要求。按照文明工程“六达标”的要求，各工程施工单位加强了对文明工程创建活动的领导。2011年两河口电站初期导流洞Ⅱ标工程、南水北调天津干线保定市1段TJ2-2标工程、甘肃崇信电厂一期工程获公司文明工程。通过文明工程创建活动的开展，推动了优质工程、精品工程建设，促使文明施工管理水平再上新台阶。

（赵春玉）

【中层干部选聘】 2011年，水电十二局有限公司坚持德才兼备、以德为先的干部选聘路线，选好配强公司中层领导干部。坚持以能力建设为重点，切实提升公司中层领导干部特别是二级单位党政一把手科学发展的能力，着力提高各级领导的素质和能力，发挥领导班子的整体功能。加大对中层干部的选拔考核力度，加大对年轻干部的选拔培养，修订和完善《公司中层管理人员任职年龄相关规定》，制定《机关总部中层管理人员末位淘汰办法（试行）》，不断探索和完善中层干部退出机制，形成干部能进能出、能上能下的良好循环机制，改善了领导班子结构，增强了中层干部队伍的活力。

（冯建伟）

【重点工程劳动竞赛】 2011年，水电十二局有限公司工会在所属24个国家和省重点工程项目开展“六比六赛”劳动竞赛。评选表彰了溧阳、峡江等8个工程项目为年度劳动竞赛优胜单位。积极支持所属单位开展多种形式的劳动竞赛，促进急难重任务目标按期实现。第一分局溧阳抽水蓄能电站项目荣获溧阳市“八比八赛”优胜单位称号，第二分局南水北调保定T12-2标项目荣获南水北调中线局劳动竞赛一等奖，机电安装分局草街航电项目被重庆市总工会授予“工人先锋号”称号，第四分局墙框堡水库项目荣获山西省劳动竞赛委员会“五一”劳动奖状，第七分局南水北调鹤壁Ⅲ标项目获得股份公司劳动竞赛先进单位。

【技术创新和合理化建议活动】 2011年，各级工会组织广泛发动职工群众，开展以小革新、小发明、小创造、小设计、小建议等“五小”为内容的群众性技术创新和合理化建议活动。19名职工的9项优秀成果分别评选出一等奖2个、二等奖3个、三等奖4个，受到水电十二局有限公司、水电十二局有限公司工会表彰奖励。

【岗位练兵与技能大赛】 2011年，水电十二局有限公司开展了第四届水工材料试验工技能竞赛。王爱军、常中飞、夏晓春分别荣获一、二、三名。竞赛题目按技师要求标准设置，理论与实际操作比例为1∶3。理论试题更具有广泛性，实际操作试题更注重规范性。水电十二局有限公司工会自2005年开展技能竞赛活动以来，水工材料试验工技能竞赛坚持每两年举办一次，对引导职工，特别是对近几年招聘的大学生学习新技术、苦练基本功、岗位成才起到了积极的推动作用。

（吕槐阳）

检查监督

【纪检工作】 2011年，水电十二局有限公司深入推进惩防体系建设。公司纪委多次举办惩防体系信息系统操作培训，所属11个单位的中层领导人员和各单位纪委副书记、监察员50人参加了培训。建立了监督工作联席会议制度，研究水电十二局有限公司在监督检查中发现的违法违纪苗头性问题，统筹协调相关工作，增强监督实效。

建立健全并严格执行各项廉洁制度。2011年，修订了水电十二局有限公司《党风廉政建设责任制实施细则》、《党风廉政建设责任制考核评价办法和评分标准》、《关于“三重一大”决策制度的实施办法》、《保廉合同管理办法》等制度。坚持领导人员述职述廉制度和廉洁谈话制度，2011年公司纪委负责人对25名领导人员进行了谈话，诫勉谈话1人；坚持执行中层以上领导人员个人收入申报、个人重大事项报告制度；认真落实项目招标、工程分包、设备物资采购管理规定及财经制度。

规范执行“三重一大”决策制度。2011年，水电十二局有限公司党委会、党政联席会、总经理办公会均以会议形式对职权范围内的“三重一大”事项民主决策。纪检监察部门对所属单位“三重一大”决策制度执行情况进行了监督检查。

切实加强纪检监察队伍建设。设立了水电十二局有限公司纪委办公室，健全了组织机构；配备了所属单位纪委副书记10人，纪检委员4人，监察员15人，加强了纪检监察干部队伍建设。

【党风廉政建设责任制】 2011年，水电十二局有限公司党政正职与副职、党政副职与机关部门、公司与所属单位签订党风廉政建设责任书86份，所属单位层层签订责任书341份。年中对6个单位上半年党风廉政建设责任制落实情况进行了抽查；年底分4个考核组对17个单位党风廉政建设责任制落实情况进行了考核。考核情况向所在单位班子成员反馈，不足方面提出整改要求，考核结果与领导人员年薪挂钩。水电十二局有限公司党委召开了三次党风廉政分析会，重点分析领导人员作风建设问题。

【廉洁从业专项教育】 2011年，水电十二局有限公司在全公司范围内广泛开展廉洁从业专项教育活动。

专项教育与年度党风廉政建设责任制考核相结合，考核组在被考核单位召开领导人员和有资源配置权人员大会，通报近年来公司发生的案件，用身边发生的事教育身边的人，增强教育的针对性和直观性，取得了较好效果。

【效能监察】 2011年，水电十二局有限公司重点对分包管理、大额资金使用、债权债务、废旧设备物资管理以及领导人员履职等进行了专项效能监察，发出监察通知书5份，提出16条监察建议。对工程领域突出问题专项治理涉及的2个项目进行了排查，对存在问题进行整改。所属单位效能监察立项21项，把工程项目成本管理、工程款结算、设备物资采购和废旧物资处理作为立项重点，增加效益767.96万元，避免损失20.79万元，作出监察决定3条，建章立制26项。水电十二局有限公司监察部严格执行《保廉合同》规定，对2010年2起案件涉案违约行为的分包商追缴违约金108.6万元。

（周　蓉）

【审计监督】 2011年，水电十二局有限公司开展了全面风险管理和内部控制的各项基础工作，制定了《投资项目后评价管理办法》、《投资项目审计管理办法》、《投资项目审计实施细则》、《审计计划制订与下达流程》等管理制度。全年有25名专、兼职审计人员参加了浙江省内部审计协会组织的继续教育学习。实施完毕审计项目10个，其中经济效益项目4个、经济责任项目4个、财务收支审计1个、节能减排项目1个。查出违规金额633.33万元，提出审计建议49条，采纳49条。

（方高钧）

【十一届一次职工代表大会】 2011年1月26～27日，水电十二局有限公司召开十一届一次职工代表大会。审议通过了水电十二局有限公司《三年（2011～2013）发展规划（草案）》、《职工代表大会条例实施细则（草案）》、《2011年岗位工资、工龄工资调整方案（草案）》、《2011年职工教育计划（草案）》，审议通过了职代会各专门工作委员会成员和集体合同平等协商代表建议名单。

（吕槐阳）

【发票使用专项检查】 根据国家税务总局、浙江省国家税务局稽查局、浙江省地方税务局稽查局要求，2011年4月12日，公司及时成立了打击发票违法犯罪活动工作领导小组。领导小组由公司执行董事、总经理任组长，公司总会计师任副组长，领导小组下设工作办公室，负责发票违法犯罪活动专项检查的具体工作。并下发通知进行周密部署，对打击发票违法犯罪活动自查工作进行了层层落实。通过自查，补缴税费共计金额29.90万元。针对发票使用情况，公司提出了具体整改措施。

（吴琳梅）

中国水利水电第十三工程局有限公司

概　况

【综述】 2011年，中国水利水电第十三工程局有限公司（以下简称“水电十三局有限公司”）坚持国际业务优先发展战略，坚持统筹利用好“两个市场”、“两种资源”，保持了企业平稳较快发展的良好态势。截至2011年底，水电十三局有限公司注册资本金增至5.76亿元，总资产56.29亿元，员工4883人，国内设有6个全资子公司、8个分公司、9个参股公司、2个后勤服务单位，海外设有5个经理部。全年实现营业收入65.11亿元，新签合同81.06亿元，完成股权投资2.56亿元，国内参建了京沪高铁工程、南水北调、贵广高速铁路等国家重点工程，投资并总承包实施了天津武清市政、抚顺石化新城基础设施等BT项目；在海外形成了东非、北非、中东等相对稳定的区域化市场，在12个国家执行在建合同57项，营业收入占51.16%。2011年被评为“全国优秀施工企业”、“全国电力建设优秀施工企业”，并分别荣获天津市和山东省“文明单位”荣誉称号。

【领导班子】 2011年，水电十三局有限公司领导班子成员为：执行董事、总经理、党委副书记何占颁，党委书记、副总经理于晓，副总经理杨涛（兼总工程师）、刘晓辉、徐德阳、秦超、杨长才、闫修春，总会计师席国超，总经济师殷国宝，工会主席李汝伟，党委副书记、纪委书记、公司监事刘光荣。

（杨苏飞）

【组织机构】 2011年，水电十三局有限公司总部职能部门16个：总经理工作部、人力资源部、企划经管部、设备物资部、资金管理部、工程管理部、安全生产监督管理部、全面风险管理办公室、财务产权部、审计部、法律事务部、技术中心、党委工作部、纪检监察部、工会、离退休管理部。内部独立核算单位3个：国内市场开发公司、海外市场开发公司、基础设施事业部。生产经营单位8个：二分公司、三分公司、四分公司、天津分公司、铁路分公司、天津国际贸易分公司、机电安装分公司、橡塑制品厂。后勤服务单位2个：十三局医院、德州管理中心。全资子公司6个：水电工程有限公司、房地产开发有限公司、天津勘测设计研究院有限公司、德州天达工贸有限公司、北京流芳宾馆有限公司、监理中心有限公司。

（姚瑞丽）

【职工队伍】 截至2011年末，水电十三局有限公司共有员工4883名，平均年龄35.1岁。硕士生及硕士以上学历43名，本科学历1828名，大专学历1372名，大专以上学历占66.41%。具有高级专业技术资格349人，中级专业技术资格617人；高级技师27人；高级工559人。公司有一级建造师116人，二级建造师44人；注册造价工程师39人，注册安全工程师19人，注册质量工程师14人，注册监理工程师23人，企业法律顾问7人。

（郭本强）

【经营业绩】 2011年，水电十三局有限公司实现营业收入65.11亿元，全员劳动生产率158.56万元/（人·年）；资产总额为56.29亿元；国有资产保值增值率129.64%；资产负债率为74.56%，较2010年同期降低3.77个百分点，资产结构进一步优化。全年新签合同金额81.06亿元，超额完成年初下达的76亿元经营计划目标，结转到2012年的合同存量为157.67亿元。2011年，水电十三局有限公司在集团全资子公司序列综合业绩考核中排第三名。

（杨苏飞）

国际工程

【综述】 2011年，水电十三局有限公司国外工程在建项目54个，其中新签项目21个，完工项目12个，分布在巴基斯坦、卡塔尔、也门、利比亚、安哥拉、坦桑尼亚、肯尼亚、阿尔及利亚、沙特阿拉伯、乌兹别克斯坦、刚果（布）、南苏丹等12个国家。当年完成营业收入33.22亿元，新签合同金额48.83亿元，结转至2012年合同存量为118.09亿元。

【巴基斯坦杜伯华水电站工程】 该工程于2011年4月23日发电机厂房封顶。截至2011年底，累计完成土石方挖填112.30万立方米，混凝土浇筑20.74万立方米，压力钢管安装1552.80吨，金属结构安装402.00吨，完成合同金额的102%。

【巴基斯坦达拉瓦特大坝工程】 该工程位于巴基斯坦信德省，2011年4月完成大坝和灌渠初步设计，截至2011年底，设计报告仍未获批准，累计完成石方明挖12.80万立方米，完成合同金额的11%。

【巴基斯坦纳拉渠修复项目】 该工程位于巴基斯坦信德省，由中国水利电力对外公司和巴基斯坦TTP公司组成联营体中标，水电十三局有限公司和中国水电港航建设有限公司组成联营体承建。合同金额7496.17万美元。2011年8月1日开工；10月10日，纳拉渠导流围堰和导流渠施工完成。

【坦桑尼亚辛吉他—达瑞达公路工程】 该工程位于坦桑尼亚中部城市辛吉达和阿鲁沙之间，总长223千米。水电十三局有限公司负责实施Lot1合同段（65.1千米）和Lot2合同段（73.8千米）。工程主要内容：将现有的砂石路升级到沥青表处路标准，升级后的行车道宽6.5米，两侧路肩各1.5米。Lot1段合同金额4218.03万美元；Lot2段合同金额5240.88万美元。2011年12月6日，Lot1段路面完工移交。截至2011年底，Lot1段累计完成土石方117.05万立方米，浇筑混凝土2308立方米，完成合同金额的86%；Lot2段累计土方回填163.19万立方米，浇筑混凝土6392立方米，占合同金额的69%。

【坦桑尼亚坦噶公路工程】 该工程位于坦桑尼亚坦噶省境内，为坦桑尼亚克拉维至木卡他至汉德尼的公路升级工程，包括两个合同段，Lot1段长约54千米，Lot2段长约65千米。工程主要内容：将现有砾石路面升级改造为标准沥青路面，道路升级到主干道标准。Lot1合同金额4427.7万美元；Lot2合同金额4880.26万美元。截至2011年底，累计完成土石方297万立方米，占合同金额的38%。

【坦桑尼亚坦噶—浩乐浩乐公路升级项目】 该工程位于坦桑尼亚坦噶省境内，是美国援助坦桑尼亚千年挑战资金项目。截至2011年底，累计完成土石方开挖与回填96.10万立方米，混凝土8900立方米，钢筋687吨，占合同金额的55%。

【坦桑尼亚马尼奥尼—伊蒂吉—恰亚公路升级项目】该工程为坦桑尼亚马尼奥尼—伊蒂吉—恰亚全长89.3千米的公路。截至2011年底，累计完成土方填筑20.63万立方米，占合同金额的12%。

【坦桑尼亚佩拉米霍—姆宾加公路升级项目】 该工程起点为坦桑尼亚佩拉米霍，终点为姆宾加，标段全长78千米。截至2011年底，累计完成土石方开挖与回填68.95万立方米，混凝土2300立方米，占合同金额的20%。

【坦桑尼亚多多马—巴巴提公路项目第一标段】 该工程起点为坦桑尼亚首都多多马，终点为马亚马亚，标段全长43.65千米。截至2011年底，累计完成土石方开挖与回填11.24万立方米，占合同金额的10%。

【坦桑尼亚马萨西和纳钦圭阿供水项目】 该工程位于坦桑尼亚南部港口城市穆图瓦拉西约150千米，合同金额2305.80万美元。工程于2011年2月15日开工，3月1日开始两城区城市管网铺设。截至2011年底，累计完成土石方开挖与回填1.34万立方米，铺设管线258千米，占合同金额的58%。

【坦桑尼亚普盖—塔波拉公路升级项目】 该工程为坦桑尼亚普盖—塔波拉全长56.1千米的公路。工程于2011年2月3日开工，截至2011年底，累计完成土石方开挖与回填1.2万立方米，占合同金额的2%。

【阿尔及利亚德拉迪斯大坝项目】 该工程位于阿尔及利亚赛迪夫省。由水电十三局有限公司（51%）与水电三局有限公司（49%）组成的联营体承建。截至2011年底，累计完成土石方开挖63.55万立方米，大坝填筑218.60万立方米，浇筑混凝土3.80万立方米，占合同金额的45%。

【阿尔及利亚玛乌阿纳大坝工程】 该工程位于阿尔及利亚盖萨尔河上。由水电十三局有限公司（49%）与水电三局有限公司（51%）组建的联营体承建。截至2011年底，累计完成土石方开挖238.67万立方米，大坝填筑370.47万立方米，混凝土1.44立方米，占合同金额的47%。

【安哥拉安杜鲁—聂来亚公路工程】 该工程为安哥拉自安杜鲁至聂来亚公路修复项目，主要工程内容为44.2千米道路双表处路面修复。截至2011年底，累计完成路基工程48.25万立方米，涵洞22座，占合同金额的59%。

【安哥拉鲁娜—卢库塞（134公路）道路修复工程】该工程为安哥拉鲁娜—卢库塞134千米道路修复和加宽。截至2011年底，累计完成土石方挖填50.17万立方米，路槽3.47万立方米，碎石基层12.29万立方米，占合同金额的64%。

【安哥拉罗安达供水系统改造二期项目】 该项目位于安哥拉罗安达市。截至2011年底，累计完成管道113.73千米，饮水点240个，浇筑混凝土7488立方米，占合同金额的78%。

【安哥拉索约市政项目】 该工程位于安哥拉扎伊尔省索约市，为设计施工总承包项目，合同金额3832.74万美元。工程主要内容：修复索约市现有供水及电力系统，改建市内3条沥青道路，供水、污水、雨水排放系统，室外电力、电信管道、污水泵站电力等。工程于2011年5月29日开工。截至2011年底，累计完成土方6000立方米，占合同总量的8.57%。

【安哥拉卢埃纳机场三期项目】 该工程位于安哥拉卢埃纳市，合同金额1752.67万美元。主要工程量包括铺设水稳1.44万立方米，沥青混凝土7150立方米，清表5.4万平方米。工程于2011年9月开工。截至2011年底，累计清除现有3厘米表面2700平方米，占合同金额的6%。

【卡塔尔路赛开发区基础设施第一标段（CP1）】 该工程位于卡塔尔多哈市。由水电十三局有限公司、水电三局有限公司、水电十局有限公司联合施工。2011年合同金额增加到14.01亿美元，合同外增加项预计到2013年6月4日完工。截至2011年底，累计完成土石方明挖367.60万立方米，土方回填290.10万立方米，混凝土53.60万立方米，钢筋制作安装82 031吨，占合同金额的61%。

【肯尼亚内罗毕—锡卡公路道路升级改造工程第2标段】 该标段为肯尼亚内罗毕—锡卡14.1千米公路升级工程。截至2011年底，累计完成土石方开挖与回填199.59万立方米，浇筑混凝土9.50万立方米，铺筑沥青混凝土9.11万立方米，占合同金额的85%。

【肯尼亚松高罗水电站工程】 该工程建在肯尼亚西部维多利亚湖盆地内的宋杜—米利乌河上，位于首都内罗毕西北约250千米，电站为引水式水电站，装机容量2×1.06万千瓦。工程内容包括土建工程施工及机电设备的设计、采购与安装，合同金额5155.22万美元。截至2011年底，累计完成土石方开挖36.97万立方米、回填6.10万立方米、浇筑混凝土3.15万立方米，占合同金额的81%。

【肯尼亚科密拉—欧鲁赤灌溉项目】 该工程位于肯尼亚尼扬扎省维多利亚湖边。截至2011年底，累计完成土石方开挖33.64万立方米、回填29.78万立方米，混凝土浇筑3.03万立方米，钢筋制作安装711吨，占合同额的82%。

【肯尼亚伽撒拉尼污水干线项目】 该工程位于肯尼亚内罗毕市区东北部。截至2011年底，累计完成石方开挖6.66万立方米，混凝土浇筑2.40万立方米，安装混凝土管道2.48万米，占合同金额的78%。

【肯尼亚堪达拉供水项目】 穆拉雅南北供水工程一标堪达拉（Kandara）供水项目，合同金额998.55万美元。2011年5月18日授标，6月14日签约。工程于7月29日开工。截至2011年底，累计完成合同金额的7.5%。

【沙特阿拉伯延布场地发展项目第四期工程】 该工程位于沙特阿拉伯西部红海岸边的延布工业城。2011年4月25日开工。截至2011年底，累计完成土方21.18万立方米，占合同金额的10%。

【乌兹别克斯坦费尔干纳水资源处理工程】 该工程位于乌兹别克斯坦费尔干纳自治州，通过修复原有排水渠、排水井等和修建新的排水渠、减压井、竖向排水井等对地区地下水进行综合治理。合同金额4883.18万美元。主要工程量为土方开挖总长1120千米，土方量914.5万立方米，填筑876万立方米。工程于2011年8月29日开工。截至2011年底，累计完成渠道开挖21.84万立方米，占合同金额的15%。

【刚果（布）凯塔—别斯—喀麦隆边境段公路整治工程】 该工程为刚果（布）雅温得—布拉柴维尔走廊段交通优化道路整治项目，共分为2段，LOT a1段为121千米沥青混凝土路，路面宽7.5米，两侧路肩宽2米；LOT a2段为191千米毛拉姆土路面，路面宽度为8米。2011年7月28日签约，合同金额1.50亿美元。主要工程量包括土方开挖53.30万立方米，石方开挖12.36万立方米，土方填筑325.57万立方米，混凝土2.89万立方米，级配碎石基层35.11万立方米，沥青混凝土磨耗层4.86万立方米。工程于2011年12月27日开工，2011年主要进行测量、设计和营地建设。

（郑花香）

国内工程

【综述】 2011年，水电十三局有限公司国内在建工程项目70个，分布在20个省、市、自治区，完成营业收入31.89亿元。国内完工工程28个，新承接工程项目40个，新签合同金额30.23亿元。

【济南市小清河综合治理二期睦里闸—京福高速第一标段】 该工程位于山东省济南市，合同金额9076.71万元。工程主要内容：渠道土方开挖与回填、河道衬砌工程等。工程于2011年7月20日开始进场，截至2011年底，累计完成营业收入869.97万元，为合同金额的9.58%。

【南水北调东线一期工程鲁北段大屯水库工程】 该工程位于山东省武城县。截至2011年底，累计完成营业收入2966.94万元，为合同金额的25.37%。

【南水北调东线一期工程鲁北段小运河段3标】 该工程位于山东省聊城市东昌府区，合同金额1.58亿元。工程主要内容：渠道土方开挖与回填、河道衬砌工程，该段范围内的建筑物、交通道路、护栏工程。工程开工令于2011年7月12日签发，截至2011年底，累计完成营业收入1423.30万元，为合同金额的9.03%。

【南水北调中线一期工程总干渠漳河北—古运河南土建施工SG13标】 该工程位于河北省鹿泉市。截至2011年底，累计完成营业收入2.14亿元，为合同金额的54.97%。

【太仓市应急水源地工程围堤2标段】 该工程位于江苏省太仓市浏河镇，合同金额1.67亿元。工程主要内容：西堤加固清淤、堤芯采砂吹填、砂肋软体排铺设、堤芯防渗墙、聚丙烯编织充砂管袋棱体、钢筋混凝土栅栏板护坡、库底清淤及监测设施等。工程于2010年12月15日开工。截至2011年底，累计完成营业收入3651.86万元，为合同金额的21.92%。

【安徽黄山新安江中心城区综合治理工程】 该工程位于安徽省黄山市屯溪区，合同变更后金额1.09亿元。工程主要内容：土方开挖、回填和暗涵钢筋混凝土浇筑、金属结构安装、浆砌石、机房房建等。截至2011年底，累计完成营业收入1.07亿元，为合同金额的98.01%。

【哈达山水利枢纽工程（一期）防护区工程土建施工［A-07］标段】 哈达山水利枢纽工程位于第二松花江干流下游河段，坝址在吉林省松原市东南约20千米处。截至2011年底，累计完成营业收入1.18亿元，为合同金额的85.80%。

【吉林省大安灌区姜家围子泵站土建工程】 该工程位于吉林省大榆树乡姜家围子村大安灌区，合同金额5236.03万元。截至2011年底，累计完成营业收入3107.08万元，为合同金额的59.34%。

【南水北调中线一期工程天津干线西黑山进口闸至有压箱涵段】 该工程位于河北省徐水县西黑山，合同金额4.53亿元。工程主要内容包括现浇混凝土箱涵、西黑山进口闸枢纽、东黑山陡坡、东黑山村东检修闸、文村北调节池、屯庄南保水堰、公路交叉建筑物等。截至2011年底，累计完成营业收入4.41亿元，为合同金额的97.30%。

【南水北调中线一期工程磁县干渠工程第二标段】 该工程位于河北省邯郸市磁县境内，合同金额3.57亿元。工程主要内容：渠道长13.37千米、建筑物长0.496千米。截至2011年底，累计完成营业收入1.77亿元，为合同金额的49.65%。

【南水北调东线一期工程胶东干线济南至引黄济青段（第六批）明渠工程八标】 该工程位于胶东输水干线西段下游，合同金额7407.03万元，合同工期为2010年12月30日～2012年4月30日。工程主要内容：该标段全长17.09千米，全线为梯形土质渠道，交叉建筑物工程56座。工程于2011年2月18日开工。截至2011年底，累计完成营业收入2294.22万元，为合同金额的30.97%。

【南水北调中线一期汉江中下游部分闸站改造工程（第5标段）】 该工程位于湖北省潜江市高石碑镇，合同金额7770.90万元，合同工期为2011年11月1日～2013年12月31日。工程于2011年12月18日开工。截至2011年底，累计完成营业收入91.16万元，为合同金额的1.17%。

【潍坊市沿海防护（二期）防潮闸工程二标段】 该工程位于山东省潍坊市滨海经济开发区，合同金额1.187亿元。工程主要内容：消力池、海漫、防冲槽、防潮闸、挡土墙、交通桥、排架检修桥及机电金属结构安装等。截至2011年底，累计完成营业收入7635.58万元，为合同金额的64.33%。

【德州基地西区棚户区住宅改造项目】 该工程位于德州市老城区十三局家属区西区，合同金额1.32亿元。该项目总建筑面积约9.58万平方米，工程于2010年12月25日开工。截至2011年底，累计完成营业收入7777.76万元，为合同金额的58.93%。

【红岛连接线双高路—海湾大桥红岛收费站段工程】 该工程位于山东省青岛市城阳区国家高新区，合同金额1.04亿元。工程主要内容：路基、路面、桥涵、交通设施及附属工程。工程于2010年9月20日开工。截至2011年底，累计完成营业收入7071.81万元，为合同金额的68.26%。

【南水北调中线总干渠安阳段第三施工标段】 该工程位于河南省安阳市，合同金额1.14亿元。截至2011年底，累计完成营业收入1.30亿元，为合同金额的114.25%。

【南水北调中线一期工程总干渠辉县段第六施工标段】 该工程位于河南省新乡市辉县。截至2011年底，累计完成营业收入2.34亿万元，为合同金额的74.52%。

【南水北调中线一期工程总干渠潮河段工程第七标】 该工程位于河南省新郑市。截至2011年底，累计完成营业收入7409.44万元，为合同金额的27.24%。

【南水北调中线一期工程总干渠潮河段交通桥五标】

该工程位于河南省郑州市中牟县和新郑市，合同金额9910.09万元，合同工期为2011年5月15日～2012年10月15日。工程主要内容：该渠段长45.847千米，包括公路桥7座、生产桥5座，共12座桥梁工程。工程于2011年7月20日开工。截至2011年底，累计完成营业收入2014.72万元，为合同金额的20.33%。

【南水北调中线一期工程总干渠南阳段一标】 该工程位于河南省南阳市，合同金额4.55亿元，2011年2月16日下达开工令。工程主要内容：该标段全长约6.44千米，标段内共有各类建筑物11座，其中河渠交叉建筑物1座，左岸排水建筑物4座，渠渠交叉建筑物1座，退水闸1座，公路桥3座，生产桥1座。工程于2011年3月7日开工。截至2011年底，累计完成营业收入8350.40万元，为合同金额的18.33%。

【青岛市女岛港疏港公路工程】 该工程位于山东省青岛市即墨市田横镇，合同金额1.32亿元。工程主要内容：该工程全长13.292千米，其中主线长12.626千米，连接线长0.666千米，全线路基宽度24.5米。工程于2010年7月15日开工。截至2011年底，累计完成营业收入1.26亿元，为合同金额的95.46%。

【青岛市双积公路高新区—红石崖段一标段】 该工程位于山东省青岛市城阳区国家高新区，截至2011年底，累计完成营业收入2.02亿元，为合同金额的90.07%。

【霍林河霍林郭勒市城区段防洪工程一标段】 该工程位于内蒙古霍林郭勒市，截至2011年底，累计完成营业收入8908.88万元，为合同金额的87.53%。

【贵阳—广州铁路站前工程GGTJ-12标】 该工程位于广东省肇庆市鼎湖区境内，合同金额5.20亿元。工程主要内容：特大桥3座、大桥4座、中桥2座、连续梁7联，桥梁合计10 549米，路基4476米。截至2011年底，累计完成营业收入3.40亿元，为合同金额的65.40%。

（金英凤）

投资开发

【综述】 2011年，水电十三局有限公司加大投融资力度，实施战略转型、产业升级；调整优化产业结构，通过投资拉动施工总承包并获取合理投资收益，确保企业平稳较快发展。水电十三局有限公司积极参与市政、路桥等基础设施、房地产、水利水电、风电等项目，充分挖掘投资机会，审慎决策，以参股形式开展投融资业务。2011年，水电十三局有限公司完成投资计划的106.75%，其中股权投资2.56亿元。

【抚顺投资项目】 2011年，水电十三局有限公司与中国水电建设集团房地产有限公司共同出资设立——中国水电建设集团（抚顺）投资建设有限公司与中国水电建设集团房地产（抚顺）有限公司，注册资金均为5000万元，水电十三局有限公司持有40%股份，并为BT项目总承包施工方。中国水电建设集团（抚顺）投资建设有限公司主营抚顺市东洲区石化新城BT开发建设项目群，预计总投资10亿元，投资收益率9%。2011年内已开工9个项目，其中东洲桥建成通车，河口桥主体基本完工。政府已用土地款返还2.27亿元工程款。中国水电建设集团房地产（抚顺）有限公司2011年内竞拍到抚顺市东洲区小甲邦6、7号地，约305亩，预计开发成本22亿元，计划分三期开发。截至2011年底，水电十三局有限公司除资本金投入外，还向该公司内部融通资金8158万元用于支付开发地块的土地出让金。

【瓜州风电项目】 2011年3月8日，水电十三局有限公司与新能源公司、水电六局有限公司签署《合资意向书》，约定水电十三局有限公司与水电六局有限公司各出资1亿元分别持有中国水电建设集团瓜州风电有限公司23.81%股份，新能源公司持有52.38%股份。2011年1月26日首台风机并网发电，风机调试于2011年4月16日全部完成，并实现整场并网，133台风机全部并网发电。水电十三局有限公司实际出资累计5000万元。

【辽宁北票王子山风电场项目】 2011年3月8日，水电十三局有限公司与水电十一局有限公司、新能源公司签署三方投资协议，合资开发辽宁北票王子山风电场项目。项目计划总投资4.6亿元，注册资金9000万元，水电十一局有限公司持有30%股份。该项目投资回收期10.63年。截至2011年底，水电十三局有限公司投入810万元。

【武汉房地产项目】 中国水电建设集团房地产武汉有限公司于2011年6月20日注册成立，注册资本金1亿元，水电十三局有限公司参股25%，已完成注资

2500万元，另投入项目前期运营资金1.275亿元。

【天津武清BT开发项目】 中国水电建设集团路桥工程有限公司、水电十三局有限公司等7家公司出资设立中水电津城投资发展有限公司，合资开发天津市武清区“新城开发”BT项目，项目总投资约40亿元。中水电津城投资发展有限公司注册资金3亿元，水电十三局有限公司持有10%股份。2011年，水电十三局有限公司继续增资4000万元用于后续开发。

（方永民）

管理创新

【制订“十二五”发展战略】 2011年，水电十三局有限公司根据企业内外环境的变化和竞争力分析，制订出台了2011～2015年“十二五”发展规划，确立了将公司建设成为国际业务领先、管理先进、专业化能力较高、可持续发展能力较强的质量效益型股份公司旗下国际强企的发展目标，并实施转型升级、国际业务优先发展、国内基础设施重点发展、科技兴企、人才强企、全面风险管理、质量安全管理、企业党建等专业战略，形成公司核心竞争力，提升综合竞争优势，以实现公司战略目标。

（王 琪）

【创新营销模式】 2011年，水电十三局有限公司坚持国际业务优先发展战略，调整优化国际业务布局，实施营销重心前移，多渠道开展海外市场营销。2011年内，撤销了阿尔及利亚和卡塔尔经理部，成立中东、北非区域经理部。在巩固扩大东非、中东、北非、安哥拉等国别市场的基础上，参与东欧、中西非等新兴国家市场开发。在坚持股份公司“四个统一”原则下，与中国航空技术国际工程有限公司签订战略合作协议，并承接了南苏丹房建项目；联合港航公司，与中国水利电力对外公司合作中标了巴基斯坦纳拉渠道修复工程；与江西省水利水电建设有限公司开展合作，承接了蒙古国公路工程项目。

（朱明磊）

【工程质量管理】 2011年，水电十三局有限公司修改、完善《水电十三局有限公司质量考核奖罚办法》确保了全公司在建工程项目整体质量。2011年，水电十三局有限公司国内在建项目中水电工程55项，完成分部（分项）工程334个，合格率100%，优良率74.85%；完成单元工程20 157个，合格率100%，优良率89.45%。非水电工程15项，完成分部（分项）工程404个，合格率100%；检验批个数5279个，合格率100%。

（刘佩河）

【工程分包管理】 水电十三局有限公司加大管理力度，安排专职管理人员对公司工程分包管理业务进行全面监督、指导、控制和协调。对公司工程分包管理办法进行全面修订，并制定了考核办法，调整了工程分包管理领导小组；针对工程分包业务人员缺乏的现状，工程管理部拟订了人才培养计划，起草了《水电十三局有限公司工程分包管理指导手册》；为了解全面工程分包业务动态，工程管理部制定了《工程分包管理台账》，建立工程分包管理工作月报制度。

（左联宾）

【企业风险管控】 2011年，水电十三局有限公司全面风险管理与内部控制体系建设工作全面开展。完成了公司治理模块、人力资源管理模块、财务管理模块、市场营销模块等12个管理模块的关键内控业务流程的梳理，搭建并完善了制度体系框架。通过对水电十三局有限公司总部18个部门进行访谈、调研及资料收集分析，确定了二级业务模块49个，共梳理三级业务流程157个，完成了相应流程文档与风险控制文档的编制工作，完善和健全了业务流程体系。按照“风险事件发生的可能性”和“风险事件发生后对企业经营目标的影响程度”两个维度，将水电十三局有限公司当前面临的重大和重要风险绘制成风险坐标图，并制订了风险管理策略及解决方案。

（余 梅）

【两级市场营销体系建设】 2011年，水电十三局有限公司以国内市场开发公司为龙头，引领二级单位结合各自特点开展区域营销，做强、做大特色业务，形成上下互动、立体开发的市场营销网络。2011年，水电十三局有限公司两级营销体系建设成效明显，二级单位累计签订合同占公司国内总签约额的52.28%。

（赵 璇）

【财务集约化管理】 2011年，水电十三局有限公司依托用友NC财务管理信息系统，充分发挥其实时监控和在线共享的优势，着力整合会计资源，积极推行会计集中核算，提高了会计核算和财务报告的质量。同时，水电十三局有限公司进一步推进财务职能调整和财务机构扁平化工作。在总部搬迁天津后，水电十三局有限公司在德州基地继续进行业务整合，调整财务职能，推进财务机构扁平化管理，消减核算单位和纳税主体，不仅有效降低了人员占用，还大大提高了风险管控能力。

【税收管理】 2011年，水电十三局有限公司加大了对国内、外税收筹划的力度，在各个税种上最大限度获取节税利益。在个税方面，通过对工资与年终奖金在全年范围内的合理分配、将年终奖适用税率控制在临界点等方法对个人所得税进行筹划，有效降低了广大职工个人所得税税负。在企业所得税方面，充分利用研发费用税前加计扣除和安置残疾人就业等税收优惠政策，统筹安排，合理筹划公司企业所得税。在国际税收管理方面，通过深入研究项目所在国财税政策，不断强化了境外涉税管理工作，提高了国际竞争力。

（张　泽）

【资金集约化管理】 2011年，水电十三局有限公司通过强化银行账户、财务预留印鉴的规范化管理，加强内部资金的调剂力度，盘活国际国内存量资金，继续推进资金集约化管理，子公司资金集中度和股份公司资金流量集中度均高于股份公司考核目标值。

【融资管理】 2011年，水电十三局有限公司凭借良好的银企资源，继续深化与中国建设银行、中国银行、中国工商银行、交通银行、中信银行、招商银行等商业银行的合作，得到各大银行的鼎力支持。2011年，水电十三局有限公司在商业银行的授信额度达到34亿元。获取了国家开发银行2亿美元贷款授信。积极办理承兑汇票，解决了所属部分单位短期资金短缺问题，改善了公司现金流。

【国际资金管理】 2011年，水电十三局有限公司针对境外项目重新修订了《境外机构现金管理办法》，进一步明确各境外机构的库存现金、单次提取现金金额，并强化项目经理、安全总监、总会计师、财务主管、出纳现金管理职责。完善资金周报制度，动态关注国际汇率和局势变化，要求境外机构及时将留足本单位两个月使用量的前提下，将剩余外汇资金汇回国内，确保外汇资金安全。2011年，配合国际公司资金管理部对所属项目境外外汇账户进行全面清理，完备报批、备案等手续，水电十三局有限公司资金管理部也设置了台账，对公司所有境外账户进行动态管理，防范外汇账户风险。

（吴扬宇）

【人力资源管理】 2011年，水电十三局有限公司下发了《关于调整水电十三局有限公司国外经理部工资核算标准的通知》和《关于调整水电十三局有限公司国外项目部工资核算标准的通知》，重新核定了所有国外经理部和项目部人员工资标准，进一步规范和完善了公司国外经理部、项目部薪酬制度，充分发挥薪酬的激励作用。为适应公司快速发展需要，根据公司总体发展规划，分析公司人力资源现状，起草制订了水电十三局有限公司“十二五”人力资源发展规划。

（郭本强）

【设备物资管理】 2011年，水电十三局有限公司重新梳理现有的设备物资管理制度，制定了《特种设备安全管理办法》、《设备物资集中采购招标管理办法》等，完善了制度体系。充分发挥水电十三局有限公司资产调剂平台作用，努力实现资产管理信息共享，对各项目设备使用管理实施动态监控。减少新开工项目不必要的投入，提高了旧设备的使用率，节约了资金。制订合理的下场设备处置方案，避免设备资产人为流失。加强采购计划管理，优化招投标流程，利用集中采购平台提高招投标效率。截至2011年末，水电十三局有限公司设备集中采购招标701台（套），总值1.73亿元；物资集中采购招标21批，金额为3774万元。

（王莉敏）

【企业级项目综合管理系统建设】 2011年6月24日，水电十三局有限公司与上海普华科技发展有限公司山东分公司（以下简称“普华公司”）签订《企业级项目管理系统实施与服务》合同，PowerOn公司企业级综合项目管理系统建设正式启动。2011年6月28日，普华公司开发人员进驻天津总部，开始为期10个月的功能需求调研和二次开发工作。

（安东利）

企业改革

【组织机构调整】 2011年，水电十三局有限公司对机关总部职能设置进行调整：成立了公司全面风险管理办公室。对市场开发总公司的机构设置进行调整：撤销市场开发总公司，成立海外市场开发公司，下设一部、二部、三部和综合部；成立国内市场开发公司，下设一部、二部、华东市场开发部和综合部；华东市场开发部重点开发安徽及周边的江苏、上海、浙江、江西等市场。成立了铁路分公司。撤销阿尔及利亚经理部、卡塔尔经理部，成立了北非经理部和中东经理部。

【业务流程再造】 2011年，水电十三局有限公司依靠信息化手段，创新企业管控模式，大力推进企业级项目综合管理系统建设，基本完成系统的二次开发。梳理公司总部业务流程和制度体系。对德州天达工贸有限公司经营项目进行梳理，宾馆餐饮业实施统一核算，将金龙宾馆、银龙宾馆、水电宾馆财务合并核算。

【注册资本金增资】 2011年，水电十三局有限公司取得了《对外承包工程经营资格证书》，提高了对外经营能力。公司注册资金由5亿元增加至5.76亿元，并及时进行了公司营业执照的变更和章程的修正。

（姚瑞丽）

科技进步

【科技投入】 2011年，水电十三局有限公司科技投入达2.30亿元，占总收入的3.54%；积极开展科研立项、技术革新和合理化建议活动，鼓励各单位积极采用新技术、新工艺、新材料，并及时总结施工经验，组织专利、科研项目与工程项目创新创优的评审和申报；加强对重点项目的施工组织设计评审与技术指导工作，保证工程项目顺利开展；推广工法的实施应用，不断提高企业自主创新能力和科学管理水平。

【专利】 2011年，水电十三局有限公司共申报专利17项，其中发明专利7项。“滚轮式焊接地线连接机构”等9项实用新型专利被国家专利局授权。截至2011年底，共拥有专利22项，其中发明专利1项。

【工法】 2011年，水电十三局有限公司的“大跨度上承式预应力混凝土拉杆拱施工工法”被评为国家级工法，“CRTSⅡ型无砟轨道板铺设施工工法”等4项施工工法被评为2009～2010年度集团级工法。

【科技奖项】 2011年，水电十三局有限公司参与完成的“京沪高速铁路无砟轨道板综合施工技术研究”获中国施工企业管理协会科学技术奖技术创新成果一等奖。

（孟庆婕）

安全生产

【综述】 2011年，水电十三局有限公司按照股份公司安全生产工作部署，统筹兼顾，突出重点，不断强化安全管控力度，主动服务施工一线，实现了年度安全生产管理目标。水电十三局有限公司再次荣获股份公司“2011年度安全生产优秀企业”；9个国内外项目部荣获股份公司“2011年度安全生产先进项目部”。

【安全生产责任制】 2011年，水电十三局有限公司继续推行“一岗双责”安全生产责任制，建立健全各级领导安全生产责任。按照“谁主管、谁负责”，“谁审批、谁负责”的原则，通过签订安全生产责任书，将安全生产责任分解落实到各子公司、直属各单位、各部门。完善了安全生产奖惩机制，安全考核过程中做到公平、公正、公开，重奖重罚，严格执行“一票否决制”，严肃处理各类安全事故。2011年初，水电十三局有限公司与13个二级单位（子公司）、17个部门，31个直属项目部签订了安全生产责任书。根据2011年营业收入计划，确定本年度安全投入计划为6642万元，安全生产实际投入为1.08亿元。

【项目安全监管】 2011年，水电十三局有限公司按照“差别监控，专人跟踪”、“严格管理，持续改进”的原则，综合考虑各项目部危险源分布、安监力量强弱等情况，制订差别化管控措施，落实层次化监控体系，持续改进监控方式方法，投入必要的安全资源，确保项目安全生产形势稳定、受控。检查中充分发挥总部服务和监督双重管理职能，不仅排查施工现场存在的安全隐患，传授安全生产知识，对项目安全工作亮点进行推广。水电十三局有限公司围绕“安全责任，重在落实”这条主线，积极开展“安全生产月”活动，组织了“安全生产月普法知识竞赛”活动。

【安全隐患排查治理】 2011年，水电十三局有限公司完善隐患排查工作体系，实行隐患排查奖惩制度，建立隐患排查考评机制，坚持隐患工作“日清、周整、月扫除”活动，建立隐患排查治理档案，实现隐患排查工作的系统化、制度化、规范化。水电十三局有限公司对所有在建项目进行全面梳理，根据项目危险源性质及分布时段，将项目分为公司监控、二级单位（区域经理部）监控、项目监控三大类。同时根据工程进展及危险源变化情况，适时上升或降低监控级别。2011年，各项目部共开展隐患排查800余次，查出一般事故隐患3219项，重要事故隐患59项。对重要隐患，项目部制订了专项治理方案，对治理情况进行跟踪验证。

【安全生产标准化】 水电十三局有限公司编制了《安全生产标准化管理手册》(试运行版),并于2011年10月正式发布。《安全生产标准化管理手册》以《企业安全生产标准化基本规范》(AQ/T 9006—2010)为模板,分为上下两册,包含13个一级要素和37个二级要素,由管理标准化、现场标准化、作业标准化三部分组成,涵盖了安全生产过程每个环节。其中,流程化、图表化、量值化是《安全生产标准化管理手册》区别于其他安全文件的显著特征。结合公司组织机构、管理职能调整,全面修订了33个安全生产规章制度,于2011年11月发布。

【安监队伍建设与培训】 2011年,水电十三局有限公司加强安监队伍建设,重视安全教育培训,将培训覆盖至海外项目,根据培训信息安排对口培训。组织参加水利部、交通部、天津市建委安全培训,全年累计333人次参加。同时,对460名新分大学生进行安全培训。2011年,通过项目推荐,安监部、人资部审核,共为14个海内外项目部委派安全总监,在建项目安全总监到位率100%。

【安全生产应急管理】 2011年,水电十三局有限公司各单位和项目部重点加强了消防、防汛、防恐应急救援演练。26个直属单位(含国内项目)和22个海外项目部,组织开展防汛、消防等各种类型应急演练52次,参加演练人员1355人,投入资金约26万元。

(徐世东 王文珏)

房地产开发

【水电新景苑开发项目】 2011年,水电新景苑开发项目一期工程建成销售,该项目由水电十三局有限公司全资控制。项目占地面积约4.64公顷,总建筑面积9.58万平方米,总户数886户,共有15座楼盘,其中9栋多层,6栋高层,综合了多层、小高层、高层住宅。二期工程正处于建设及销售中。

【天津华苑实验中心建设工程】 2011年7月,水电十三局有限公司在天津华苑产业园(环外)海泰发展二路和海泰发展二道交口购买约17亩的地块;一期规划建设面积1.80万平方米,实验主楼为8层,副楼3~4层,物流2层。预计2012年底完工。

(王保雨)

党群工作和企业文化建设

【落实党建工作责任制】 2011年,水电十三局有限公司党委制定印发了公司党建工作责任制《实施办法》、《考评办法》和《评分标准》。2011年11月中旬,综合检查组按照责任制考核评分标准,对各二级单位进行党建责任制检查考核,并进行民主测评。将党建工作考核结果纳入企业综合考评中。在2011年度集团公司全资子公司序列综合业绩考核之管理评价专项考核中,水电十三局有限公司"党建工作"排名第一。

【海外项目党建工作】 2011年,水电十三局有限公司党委紧紧围绕国际经营,按照"三同时,三基本"的要求,切实做好海外项目党建工作。制定印发了《水电十三局有限公司海外工作机构党建工作指导意见》,加强项目基层党组织建设,深入探索海外项目党建的特点和规律。截至2011年底,水电十三局有限公司在海外共设2个党工委、2个党总支、7个直属党支部。2011年8月,中央企业海外党建调研组到水电十三局有限公司肯尼亚锡卡公路项目、沙特供水项目检查指导工作,对海外项目党建工作给予了高度评价。

【创先争优活动】 2011年,水电十三局有限公司党委制订了创先争优活动第二、第三阶段工作安排,做好领导干部点评创先争优工作,通过召开党建工作座谈会、领导点评,开展党员公开承诺活动,领导专题调研活动,选树典型、宣传典型等,使创先争优活动按阶段推进,逐月落实。围绕建党90周年开展了征文演讲比赛、红歌会、劳模事迹报告会、组织优秀党员去井冈山进行红色教育等活动,均取得良好效果。

(李林岳)

【组织工作】 2011年,水电十三局有限公司新组建项目党工委1个,党支部8个;新发展党员52名;新提拔中层领导干部27名。截至2011年底,水电十三局有限公司下设9个二级党委,7个党总支,2个党工委,10个直属党支部,共有党员2100名。上半年,水电十三局有限公司党委指导各二级单位严格按照程序完成了党组织改选换届工作;7月,组织举办了"党支部书记培训班",共84人参加了培训。

(李 慧)

【宣传工作】 2011年,水电十三局有限公司通过编发学习提纲、组织形势任务讲座、劳模事迹报告会、主题党课、举办各种培训班等方式,开展形势任务教育。通过开辟专栏,宣传"四强四优"、"创先争优"、"建党90周年系列活动"。2011年全年在股份公司网站登载新闻稿件195篇；在全国新闻媒体刊发新闻稿件58篇；其中有10篇消息在搜狐、凤凰、新浪、国务院国资委、南水北调网上刊载。

【企业文化建设】 2011年，水电十三局有限公司制订出台了《关于加强企业文化建设的实施意见》、《企业文化三年发展规划（2011～2013年）》和《廉洁文化建设实施意见》等系列文件，加强了组织建设、制度文化建设以及子文化建设工作。

【精神文明建设】 2011年，水电十三局有限公司在国内外工程项目中广泛开展“文明工程项目”创建活动，修订了《水电十三局有限公司文明工程项目创建活动实施意见（试行）》，制订出台了《精神文明建设三年发展规划（2011～2013年）》，调整了精神文明建设领导小组。水电十三局有限公司被评为天津市“文明单位”，山东省“文明单位”。

（王　玮）

【史志鉴工作】 完成了集团公司《志·中国水利水电第十三工程局卷》编纂、审校、上报工作，2011年8月底交中国电力出版社进入出版流程；完成了集团公司《组织机构志》、《大事记》、《年鉴》和《人物志》有关内容的编撰任务。2011年7月26日，集团公司《人物志》天津片区编修座谈会在水电十三局有限公司召开，基础局有限公司、港航公司负责《人物志》编写的人员参加了会议，特邀北京地方志学会副会长罗保平进行《人物志》撰写培训，并交流了《人物志》编修工作体会及存在的问题。

（韩国芬）

【工会工作】 2011年，水电十三局有限公司工会会同人力资源部对各单位集体合同、劳动合同、劳动用工情况进行了检查，签订了《水电十三局有限公司工资协议》、《水电十三局有限公司集体合同》。实施群众性经济技术创新工程，2011年全年共上报129项经济创新成果。公司所属各单位根据天津市总工会对“五比一创”竞赛活动的要求，举办了“兴德杯”、“西黑山杯”、“石化新城杯”和“创优杯”等劳动竞赛11项，参赛职工达到1500多人次，四公司南水北调两个项目部参加了集团公司组织的南水北调劳动竞赛活动，获得第一名。2011年“五一”前夕，水电十三局有限公司工会组织退休劳模查体活动，组织在职劳模去井冈山革命圣地参观学习。

（陈劲松）

【共青团工作】 2011年，水电十三局有限公司团委融入生产经营，贴近广大团员青年需求，切实加强基层组织建设，不断提升服务企业、服务青年的能力和水平，带领广大青年员工为公司持续健康发展建功立业。2011年12月7日，召开共青团水电十三局有限公司第八次代表大会，选举产生了共青团水电十三局有限公司第八届委员会。

（李林岳）

【法制建设】 2011年，水电十三局有限公司法律事务处进一步加大对企业规章制度、重大经济合同，重要决策的法律审核力度。积极参与公司合同评审并及时给出法律意见和修改方案，法律事务处全年共接待各类法律咨询300余项，出具《法律意见书》20余份。全年共处理涉诉案件5起，涉及诉讼金额5354万元。开展了各种形式的普法教育活动，对新分大学生进行《劳动法》、《劳动合同法》和《建筑法》等法律培训，在各二级单位和项目部定期组织普法讲座，普法知识竞赛等活动，提升了公司依法经营管理水平。

（田　苹）

【维稳工作】 水电十三局有限公司认真分析研究确定搬迁天津后内部可能存在的不稳定因素，及时调整企业维稳工作重心：一是将及时化解“初信初访”作为工作重点，把矛盾化解在萌芽之中；二是主要领导高度重视维稳工作，下大力气化解信访积案；三是重点加强建筑施工过程中的稳定工作，避免发生恶性群体事件；四是积极稳妥处理海外突发事件。2011年，水电十三局有限公司上访、信访次数与2010年相比大幅降低；2人获“天津市城乡规划建设交通系统先进个人”；5个单位被命名为“平安单位”、“平安工地”、“安全稳定办公室”。

（韩冀臣）

【离退休管理】 根据《关于退休职工集中统一管理的通知》水电十三局有限公司二级单位原由山东省统筹的退休（退职）职工，统一由离退休职工管理部实行集中管理。离退休职工管理部先后组织开展了与党“同呼吸、共命运、心连心”征文等多项活动，丰富了文化生活。按照上级文件，提高了85名离休干部的生活补贴；为900余名异地安置退休职工办理了养老金资格认证，协助质安部为114位离退休职工办理“老工伤”手续。

（武　卫）

检查监督

【落实党风廉政建设责任制】 2011年初，水电十三局有限公司与各单位及分管部门签订责任书67份；公司所属各单位共签订责任书310份。修订下发了《党风廉政建设责任制考核办法》、《党风廉政建设责任制评价办法及评分标准》，根据实际情况针对直属经理部、项目部的考核评分标准做了简化，责任制测评首次增加了公司党委委员评分，使评价体系更加科学合理。2011年中，对5家主要生产经营单位党风廉政建设责任制执行情况进行检查。2011年底，对各二级单位进行全面考核，并对考核情况进行了集中反馈。

（赵乃明）

【廉洁从业专项教育】 2011年3～5月，水电十三局有限公司开展了以“学准则、讲廉洁、树新风、做表率”为主题的廉洁从业专项教育活动。水电十三局有限公司党委、纪委精心组织，以丰富多样的载体将主题教育活动效果落到实处。水电十三局有限公司组织各级领导人员等学习《廉政准则》、《国有企业领导人员廉洁从业若干规定》，组织廉洁从业知识答题活动，组织观看警示教育片36场次；水电十三局有限公司总部和驻德单位分别参观“全国检察机关惩治和预防渎职侵权犯罪巡展”，邀请天津市、德州市人民检察院到水电十三局有限公司总部及南水北调工地举办预防职务犯罪讲座。

（刘燕平）

【惩防体系建设】 2011年，水电十三局有限公司将“惩防体系植于企业内部控制和风险管理制度之内、融入企业经营管理体系之中”，坚持齐抓共建，全面推进惩防体系建设工作。2011年5月，水电十三局有限公司承办了国务院国资委惩防体系建设第二小组交流研讨会；9月，作为组长单位与水电六局有限公司举办股份公司惩防体系建设第三片区交流研讨会。2011年内，完成200余名领导人员信息采集和录入工作，实现中层干部全员在线申报廉洁从业，进一步充实廉洁从业、日常办公、纪检业务等板块内容，惩防体系管理信息系统运行良好，信息发布及时、准确、规范。

（尚东梅）

【海外项目效能监察】 2011年，水电十三局有限公司监察部结合东非六个完工项目经济责任制兑现审计，对东非项目群内控制度的建立与执行开展效能监察，对效能监察情况做了反馈，要求项目经理规范用权行为，在合同管理、成本管理、薪酬管理、分包管理、物资采购、资金使用方面，进一步完善各项制度，加强风险管控。对巴基斯坦达瓦特大坝基础处理工程分包审批开展专项监察，检查相关人员履职情况，梳理分包审批工作流程。2011年全年共完成效能监察19项，提出监察建议80条，建立和修订管理制度117个。

（付文博）

【经济责任审计评价】 2011年，水电十三局有限公司审计部联合财务部、工程管理部等有关部门，通过“大审计”方式，完成任期经济责任（离任）审计28项，出具审计意见书28份，管理建议书7份，提出审计建议、意见合计80条，各单位已采纳并落实整改77条。

（龙　芹）

【厂务公开】 2011年，水电十三局有限公司厂务公开工作的重点是推进厂务公开工作标准化、程序化、规范化、制度化，继续在重点工程项目上深化厂务公开工作。在公开形式上除了把职代会作为基本载体和主渠道外，还利用公司大事记、工程简报、党政联席会议、公开栏等渠道进行公开，加大力度，扩大覆盖面，职工的知情权得到落实。

（陈劲松）

中国水利水电第十四工程局有限公司

概　　况

【综述】 中国水利水电第十四工程局有限公司（以下简称“水电十四局有限公司”），具有水利水电工程施工总承包特级资质，市政公用工程施工总承包、土石方工程专业承包一级资质，隧道工程专业承包、水利行业设计甲级资质和对外援助成套项目A级实施企业资格，城市轨道交通工程专业承包资质和承包经营国外工程资质。水电十四局有限公司注册资本金8.69亿元，资产总额77.5亿元，具有年挖填土石方5000万立方米、混凝土浇筑500万立方米、人工砂石料生产600万立方米、水轮发电机组安装550万千瓦、金属结构制作安装5万吨、公路施工300千米的施工能力。

2011年，水电十四局有限公司参建的小浪底水利枢纽荣获“鲁班奖（国家优质工程）”，参建的大唐胜利东2号露天煤矿一期工程荣获“国家优质工程金质奖”。全年荣获“中国电力优质工程奖”两项；荣获云南省2010年度优质工程一等奖一项，云南省2011年度优质工程一、二、三等奖各一项；荣获第六批全国建筑业新技术应用示范工程称号奖两项，第二批全国建筑业绿色施工示范工程一项。被评为创国家优质工程奖先进单位，2010年度全国电力建设优秀施工企业，连续22年被评为“守合同重信用”企业。以年营业收入102.92亿元排名2011年度云南企业100强第14位；被评为云南省外经企业前10名，且名列榜首。

【领导班子】　2011年，水电十四局有限公司领导班子由13人组成：公司执行董事、总经理周宇（兼党委副书记），党委书记洪坤（兼副局长），副总经理刘光，监事、党委副书记陈志明（兼纪委书记），副总经理王曙平（兼总经济师）、于涛、宋家华、俞祥荣、杨毅平、唐光皋，总工程师和孙文，总会计师崔志强，工会主席张廉荣。

【组织机构】　2011年，水电十四局有限公司共有12个所属单位：曲靖分公司、大理分公司、机电安装分公司、路桥市政工程分公司、勘察设计研究院、机械设备厂、设备租赁中心、昆明管理处、曲靖管理处、大理管理处、昆明医院、大理医院。另有控股企业大理聚能投资有限公司，参股企业云南水电十四局有限公司昆华建设有限公司、云南水电十四局有限公司东华装饰工程有限公司和中国水电建设集团房地产（昆明）有限公司等。有直管项目部19个，施工联营体4个。水电十四局有限公司机关行政部门设总经理工作部、市场开发部、工程科技部、经营管理部、人力资源部、财务管理部、资金管理部、安全监察部、资产管理部、审计部、企业发展部、海外事业部、基础设施部、史志办公室，党群部门设纪委（监察室）、工会、党委工作部（团委）、企业文化中心等。

【经营业绩】　2011年，水电十四局有限公司各项经济指标取得较大幅度增长，完成营业额和新签合同金额连续两年突破百亿元大关，呈现出平稳较快发展的态势。全年实现营业总收入113亿元，为年计划的102.4%，同比增长9.8%；营业收入利润率4.74%，实现利润总额5.37亿元，同比增长29.88%；在岗职工人均收入6.83万元，同比增长16.74%。全年新签合同69项，合同总金额100.79亿元，为年计划的109.98%，合同存量337.7亿元。

（李小岗）

国内工程

【综述】　2011年，水电十四局有限公司国内水电工程新签46个，合同金额35.23亿元；国内非水电工程新签7个，合同金额为30.36亿元。全年国内工程实现产值79.12亿元，同比增长1.70%。国内在建项目123个。承建工程质量合格率100%，其中水电工程优良率90%，非水电工程合格率99.9%。

【云南金沙江乌东德水电站右岸导流隧洞工程】　乌东德水电站位于云南省禄劝县和四川省会东县交界的金沙江干流上，是金沙江下游河段梯级开发的第1个梯级电站，总装机容量1020万千瓦。2011年12月31日，水电十四局有限公司中标该电站右岸导流隧洞工程，合同金额12.06亿元。

【四川大渡河黄金坪水电站引水发电系统工程（Ⅲ标）】　黄金坪水电站处于大渡河上游河段，是大渡河干流水电规划“三库22级”的第11级电站，总装机容量85万千瓦。2011年8月4日，水电十四局有限公司中标承建该电站地下厂房系统的土建工程、金属结构及部分机电设备安装工程等，合同金额6.76亿元。当年完成石方洞挖3.92万立方米，混凝土0.16万立方米，完成产值5090万元。

【云南普西桥水电站大坝、溢洪道土建及金属结构安装工程】　普西桥水电站位于云南省墨江县雅邑乡普西村，是阿墨江规划河段梯级水电站中第2个梯级电站，装机容量20万千瓦。水电十四局有限公司于2011年2月28日签订该电站大坝、溢洪道土建及金属结构安装工程合同，金额5.31亿元。当年完成产值1.70亿元。

【云南镇康南捧河大丫口水电站首部枢纽土建等工程】　南捧河大丫口水电站位于云南省临沧市镇康

县南汀河流域的南捧河上。水电站总库容约1.71亿立方米，总装机容量10.2万千瓦。2011年8月15日，水电十四局有限公司中标该电站首部枢纽土建工程和调压井、钢管道及厂房枢纽土建工程，合同金额1.60亿元。当年完成土方明挖0.30万立方米，石方明挖2.90万立方米。

【广东清远抽水蓄能电站机电设备安装工程】 清远抽水蓄能电站位于广东省清远市清新县太平镇境内，是一座日调节的纯抽水蓄能电站，总装机容量128万千瓦。2011年8月19日，水电十四局有限公司中标承建该电站机电设备安装工程，合同金额1.43亿元。

【湖北龙背湾水电站发电引水系统工程施工】 龙背湾水电站位于湖北省竹山县堵河支流官渡河上，为第1级电站。水库最大库容8.3亿立方米，总装机容量18万千瓦。2011年11月2日，水电十四局有限公司签订发电引水系统工程施工合同，合同金额0.90亿元。

【新疆G3012阿克苏—喀什高速公路项目AK-3标段】 G3012阿克苏—喀什高速公路项目是连接塔里木盆地北缘阿克苏、阿图什、喀什等3座南疆重镇的一条高等级公路，是国家高速公路网规划中连云港—霍尔果斯高速公路吐鲁番—和田及伊尔克什坦联络线的一段。2011年5月19日，水电十四局有限公司中标承建AK-3标段，合同金额26.92亿元。当年完成产值2.1亿元。

【云南澜沧江糯扎渡水电站引水发电系统土建及金属结构安装工程】 2011年，水电十四局有限公司完成产值3.52亿元，石方洞挖3.72万立方米，混凝土27.41万立方米。

【四川锦屏一级水电站引水发电系统及泄洪洞工程】 2011年，水电十四局有限公司完成产值5.92亿元，石方明挖22.14万立方米，石方洞挖4.33万立方米，混凝土33.99万立方米。

【云南溪洛渡水电站右岸地下电站、泄洪洞土建及金属结构安装工程】 2011年，水电十四局有限公司完成产值4.54亿元，石方洞挖2.69万立方米，混凝土41.29万立方米。

【云南澜沧江黄登水电站导流洞土建工程】 2011年，水电十四局有限公司完成产值2.41亿元，土石方明挖103.67万立方米，石方洞挖17.44万立方米，混凝土7.73万立方米。

【云南澜沧江里底水电站土建、机电及金属结构安装工程】 2011年，水电十四局有限公司完成产值1.40亿元，土石方明挖9.9万立方米，石方洞挖0.22万立方米，混凝土22.33万立方米。

国际工程

【综述】 2011年，水电十四局有限公司在股份公司“国际业务优先发展”战略引领下，国际业务持续、稳定、健康发展，经营规模不断扩大，经营质量稳步提升，国际业务呈现出良好的发展态势。全年国际业务新签合同金额35.20亿元，占新签合同金额的31.77%；国际业务合同储备186.37亿元，占合同储备的55.18%；国际业务营业收入33.04亿元，占营业收入的30%。

【厄瓜多尔Coca Codo Sinclair水电站】 厄瓜多尔Coca Codo Sinclair（以下简称“CCS”）水电站为引水式电站，工程主要包括首部枢纽、输水隧洞、调节水库、压力管道、地下厂房和地下主变室工程等。水电十四局有限公司中标合同总金额为19.80亿美元。截至2011年底，累计完成产值1.91亿美元，完成合同金额的10%。

【刚果（金）布丹博市政工程项目】 刚果（金）布丹博市政道路属于刚果（金）2号国道的一段，位于刚果（金）东北部的北基伍省境内的布丹博（BUTEMBO）市内，全线长7.85千米。项目业主为刚果（金）政府投资，由北京方圆监理工程公司监管，由水电十四局有限公司承担设计和施工。合同金额3334.27万美元。2011年，完成产值1528.26万美元，占合同金额的46%。

【刚果（金）肯盖市政工程项目】 刚果（金）肯盖市政工程项目位于刚果（金）班顿度省肯盖市，道路全长5.13千米。业主为刚果民主共和国基础设施、公共工程和重建部，由刚果（金）设计及工程公司监管，由水电十四局有限公司承担设计和施工。合同金额1254.81万美元。2011年9月，签署补充协议，增加投资174.48万美元。2011年，累计完成产值1061.81万美元，占合同金额的98%。

【刚果（布）欧科优—雷克提—加蓬边境公路项目】 刚果（布）欧科优—雷克提—加蓬边境公路项目位

于刚果（布）北部西圭省境内。公路起点（奥科优）距刚果（布）首都布拉柴维尔约565千米，终点到加蓬边境，公路全长89千米。业主为刚果（布）重大工程委员会，由德国Fichtner咨询公司监管，由水电十四局有限公司承担设计和施工。合同金额5300.73万美元。2011年底开始进点。

【刚果（布）1号国道黑角—布拉柴维尔公路2-2标段项目】 刚果（布）1号国道黑角—布拉柴维尔公路2-2标段，全长76千米，设计路面宽15.8米，为双向四车道高速公路。项目由刚果政府投资，中国建筑股份有限公司总承包，Egis Bceom International公司监管，中交第二公路勘察设计研究院有限公司设计，水电十四局有限公司承担施工。合同总金额1.03亿美元。截至2011年底，累计完成产值891.86万美元，占合同金额的9%。

【加蓬布巴哈水电站项目】 加蓬布巴哈（Poubara）水电站位于加蓬共和国第二大城市弗朗斯维尔市西南，电站装机容量16万千瓦，由水电十四局有限公司承建。截至2011年底，累计完成产值2.60亿美元，占合同金额的65%。

【加蓬 Leyou-Lastoursville 公路改造工程】 加蓬 Leyou-Lastoursville 公路改造工程，位于 Ogooue-Lolo省内，全长97千米。业主是加蓬共和国公路工程、基础设施和建设部，由突尼斯STUDI国际咨询公司监管，水电十四局有限公司承担设计和施工。截至2011年底，累计完成产值7569.59万美元，占合同金额的70%。

【加蓬 Akieni-Okondja 公路改造工程】 加蓬 Akieni-Okondja 公路改造工程，位于加蓬东部 Haut ogooue 省，全长74.1千米，路面行车层宽7米，每边路肩宽1.5米。水电十四局有限公司承担设计和施工，截至2011年底，累计完成产值1176.08万美元，占合同金额的12%。

【喀麦隆 RN6-LOT2 公路项目】 喀麦隆 RN6-LOT2 公路项目位于喀麦隆西南部边境，业主是喀麦隆公共工程部，由 SNC-LAVALIN International Inc（加拿大）监管，水电十四局有限公司承担设计施工。合同金额约1.07亿美元。截至2011年底，累计完成产值2347.46万美元，占合同金额的22%。

【喀麦隆 RN1-LOT2 公路项目】 喀麦隆 RN1-LOT2 公路标包含主线 Nkolessong-Nding（89千米）及支线 Nanga-Eboko-Bifogo（6千米），业主是喀麦隆共和国公共工程部，由喀麦隆国家实验室（土工监理）和 SARL 公路监管设计院（技术监理）共同监管，水电十四局有限公司承担设计施工。合同金额8142.61万美元。截至2011年底，累计完成产值1576.48万美元，占合同金额的16%。

【喀麦隆雅温德排污项目】 喀麦隆雅温德排污项目位于喀麦隆首都雅温得市中心，由水电十四局有限公司施工，合同总金额为3066.43万美元。该项目于2011年9月7日完工，通过临时验收。

【马达加斯加安德卡勒卡水电站扩机3号机组安装项目】 马达加斯加安德卡勒卡水电站业主是马达加斯加国家电力公司（JIRAMA），监理为法国科英贝公司（COB）监管，中国水利水电建设集团公司设计，水电十四局有限公司担负施工。截至2011年底，累计完成产值2076.84万美元，占合同金额的61%。

【中非共和国芳贝拉—巴布啊公路项目】 中非芳贝拉—巴布啊公路项目截至2011年底，累计完成产值1506.99万美元，占合同金额的65%。

【斯里兰卡 C11 标公路项目】 斯里兰卡 C11 标公路项目位于斯里兰卡北部地区 Mullativu 城附近，公路总长度为95.09千米。业主是斯里兰卡公路开发局，CECB公司监管，水电十四局有限公司承担设计施工。截至2011年底，累计完成产值1629.10万美元，占合同金额的16%。

【缅甸密松和其培水电站施工电源电站项目】 该电源电站位于缅甸北部克钦邦其培市附近，是伊洛瓦底江密支那以上流域近期开发工程——密松和其培水电站的施工电源项目。截至2011年12月底，累计完成产值6111.13万美元，占合同金额的139%。

【缅甸板瓦至其培公路工程项目】 缅甸板瓦至其培公路工程是缅甸伊江上游水电项目对外交通项目，由水电十四局有限公司施工，合同总价4129.07万美元。截至2011年底，累计完成产值989.94万美元，占合同金额的24%。

【缅甸密松水电站工程项目】 缅甸密松水电站装机容量600万千瓦。水电十四局有限公司承担电站左岸沿江及上坝公路和1号场内公路施工，合同总金额

1329.45万美元。截至2011年底，累计完成产值1154.43万美元，占合同金额的87%。

（陈世锐 李小岗）

投资开发

【综述】 截至2011年底，水电十四局有限公司投资控股、参股公司8家，投资项目涉及风力发电、公路BOT、基础设施BT、小水电、房地产、建筑等。截至2011年底，水电十四局大理聚能投资有限公司累计完成发电量2.90亿千瓦·时，其中当年发电量1.16亿千瓦·时。

【投资项目】 2011年，水电十四局有限公司将所持股份166.8万元全部转让，正式退出对文山陆河发电有限责任公司投资；开展斗顶山风电场（五福山风电一期）预可行性研究、可行性研究、各专项报告评审及项目核准申请工作，在做好现已规划几个风电场前期工作的同时，积极开展其他项目的跟踪、评审及上报审批工作；对参股公司中水电津城投资发展有限公司、四川小金川水电开发有限公司完成本年度注资工作。

（李云峰）

管理创新

【国际业务管理】 2011年，水电十四局有限公司国际业务持续、稳定、健康发展，经营规模不断扩大，经营质量稳步提升，已逐步成为水电十四局有限公司可持续发展的支柱型产业。

一是进一步完善国际业务管理体系，颁布实施了《水电十四局有限公司国际业务管理办法》等30多项管理制度和管理办法，内部发行了《水电十四局有限公司国际公路工程项目管理指导手册》等，发布了海外业务三标管理体系文件。二是建立健全经营业绩考核体系，有效激励项目管理团队的积极性。三是强化人才队伍建设，努力实现国际业务人力资源管理“国际化、本土化、多样化”。四是切实推进设备物资规范化管理，制定了《水电十四局有限公司国际工程项目设备管理办法》等制度。五是进一步完善国际工程全面风险管理与内部控制体系建设工作。六是发挥党组织政治核心作用，保障国际业务正确发展方向。

【质量控制】 2011年，水电十四局有限公司质量管理及体系运行工作得到进一步加强，质量管理及施工产品质量水平显著提高，全年没有发生较大以上质量事故，工程施工质量受控、在控。

2011年，修订或制定了《质量管理办法》等制度。5月接受了中国船级社质量认证公司组织的管理体系的复评换证外审工作，并增加了GK/T50430：2007《工程建设施工企业质量管理规范》认证；7月12日通过复评换证取得证书。

2011年全年共完成水电项目验收单元31 439个，合格率100%，优良率94%；完成非水电项目验收单元42 042个，合格率100%。

【信息化建设】 2011年，水电十四局有限公司信息化建设重点围绕施工企业特级资质考评工作展开，狠抓综合项目管理系统推广应用。

一是改造中心机房，对原有信息中心机房进行清理，改造成为备份设备机房。二是第二期VPN广域网建设，在总部部署一台SINFOR M5400-AD应用交付设备，作为统一出口的网关设备；将直管项目部等30家单位纳入公司VPN广域网建设范围。三是局域网系统改造，将原有IP地址从10.84段重新按10.83段的地址进行规划，完成了所有服务器设备和网络设备的调整，并对局域网系统进行局部调整，完成了内网DNS服务器的架设，正常解析水电十四局有限公司及股份公司相关系统服务地址。四是应对特级企业资质考评，完善及推广使用综合项目管理系统功能。2011年11月，水电十四局有限公司综合项目管理系统和其他信息化建设工作通过特级企业资质考评。

【财务管理】 2011年，水电十四局有限公司以“保增长、提质量、控风险、促发展”为根本任务，提升财务管控能力。财务报表编制工作再次荣获股份公司先进单位。

2011年，制定了《水电十四局有限公司安全生产费用管理及核算办法》和《水电十四局有限公司管理处费用审批及支付流程》，并完善职工教育经费和科技开发费用管理及核算办法。积极组织开展应收款项清理及回收工作，年终应收款项急剧增长的势头得到一定抑制。继续争取到了享受境外所得免征所得税和西部大开发税收优惠政策。配合上级单位开展对公司总部、所属二级单位等的税务稽查工作，开展“小金库”专项治理工作，进一步巩固和扩大专项治理工作成果。着力加强财务团队建设，不断提高财务人员执业水平和能力。

【资金管理】 2011年，水电十四局有限公司认真分析当前资金工作的特点、难点，寻求内部最大限度的资源整合，在高度集中的管控下实现资金资源的规模效应和资金使用权的二次调节。

一是将防控资金风险放在第一位。严格遵守股份公司下达的信贷计划底线。二是处理好资金成本、信贷计划和银行信贷规模的关系，把信贷规模控制在股份公司下达的信贷计划内。三是进一步完善和打造公司资金内部管理机制。拟订《资金管理结算办法》、《银行账户管理办法》和《信息系统管理办法》等。

【资产管理】 2011年，水电十四局有限公司完善资产管理制度，修订了《物资管理办法》。推广综合管理系统设备物资管理模块的应用，完善设备物资数据库。

2011年，水电十四局有限公司共有机械设备14 776台（套），总原值为21.16亿元，总净值11.73亿元。当年新增设备1889台（套），总原值2.16亿元。全年平均设备净值为11.28亿元，设备净值创效系数为0.46；主要施工机械完好率为94%、利用率为70%。

2011年，通过股份公司与水电十四局有限公司两级招标采购平台，完成设备集中招标采购732台（套），总金额8.02亿元。完成物资集中招标采购319项次，总金额6.49亿元。设备集中采购率为85%；物资集中采购率为20%。

【招投标管理】 2011年，水电十四局有限公司共编投标303个，编标金额达964.1亿元，中标69个，金额100.79亿元。其中国内水利水电工程共编投标185个，编标金额达325.8亿元，中标46个，金额35.23亿元，完成年计划的100.66%；国内非水利水电工程共编投标84个，编标金额达296亿元，中标7个，金额30.36亿元，完成年计划的151.75%；国际工程共编投标34个，编标金额达342.3亿元，中标16个，金额35.20亿元，完成年计划的78.22%。

（朱仁杰　侯堂平　王永林　汪　英　杨松桂　林鹏波　裴智尧　刘省忠　李世中　李小岗）

企业改革

【调整经营结构，加快战略转型】 2011年，水电十四局有限公司编制了《2011～2015年发展规划》，未来五年发展的战略构想：坚持以科学发展观统揽全局，以地下工程核心竞争力为主导，充分发挥地下工程施工的技术优势和管理优势，并将这一优势由国内水利水电建筑扩展至国内基础设施建筑和国际建筑工程，精心培育新的竞争力品牌，力争在五年时间内使经营结构得到优化，经济规模、经济效益、产品品牌、技术专利、经营管理均处于国内建筑企业先进行列。未来五年发展的战略定位：在巩固国内水利水电建筑市场的基础上，优先发展国际业务，全力拓展国内基础设施建筑市场，积极稳妥科学审慎地开展投资业务。通过改革和发展，调整产业结构，优化组织结构和业务结构，将逐步建设成为集科研设计、施工和投融资于一体，以国内基础设施工程、国内水利水电工程和国际工程三大核心业务为主，资产经营为重点，管理现代化、经营国际化、具有较强竞争力的质量效益型的国内一流综合性建筑企业。

【三项制度改革】

（1）劳动制度改革。2011年，《水电十四局有限公司集体合同》正式实施，发挥工资集体协商制度作用，维护广大职工权益；继续推进《员工管理手册》贯彻落实，规范企业和员工行为，维护企业和员工的合法权益；组织所属各单位接受省人力资源和社会保障厅组织的劳动执法年审培训和劳动执法年审，2011年所有单位一次验收合格；围绕新颁布实施的《社会保险法》及《工伤保险法》认真学习并贯彻落实，参加省社保机构组织的《工伤保险条例》学习培训，结合实际研究实施细则。

（2）工资薪酬分配。加强薪酬体系管理和员工职位等级管理。提出了提高公司在岗员工年功工资标准和企业年金记账利率标准方案，经工会第二十四次全委会（扩大）会议通过；印发《关于规范新增员工薪酬制度的通知》，将新增员工纳入统一员工职位等级管理，提高了新增员工工资待遇标准，建立了工资正常增长机制；印发《关于统一水电十四局有限公司薪酬分配制度的通知》，布置安排各单位（项目部）薪酬分配制度和职位等级管理向统一体系并轨方案，并监督执行。

（3）人事制度改革。2011年，水电十四局有限公司面向内部公开招聘了经营部3个职位、人力资源部2个职位、财务管理部1个职位及海外事业部机关9个职位；为进一步加强企业风险法务管理，成立“法律事务部”；为安装分公司、设备租赁中心、勘察设计研究院增设了纪检监察岗位，并增设海外事业部纪检机构及相关岗位。积极探索广东分公司从片区项目区域化管理，向二级生产经营单位管理过渡的实现形式，正式行文公布了广东分公司作为区域分公司，负责华南市场的开拓和项目管理。

（李云峰　王耀东）

科技进步

【科技创新及推广应用】 2011年，水电十四局有限公司以施工技术研究为主线开展全方位技术创新活动，有2个科研课题取得股份公司立项，17个科研课题取得水电十四局有限公司内部立项，研究内容涉及土石方工程、混凝土工程、基础处理工程、金属结构制作安装工程等领域。

2011年，通过新材料、新工艺的施工实践，进行了深入的探讨研究和技术创新，进一步取得了新的施工经验，不断总结出了一批较成熟的施工技术，进一步掌握了水利水电施工、铁路工程施工、非水电工程施工及国际工程施工的更多前沿技术，使得地下工程、大坝工程、金属结构制作安装和铁路等非水电工程施工技术，得到更大的发展和提高，尤其是地下厂房的施工技术继续保持了国际领先水平。

通过科技创新和技术研究，为在水电工程地下施工提供了有力保证，为品牌优势注入了活力。如溪洛渡水电站地下厂房开挖施工中，岩壁吊车梁开挖率先采用横向预裂技术代替传统的径向预裂，同时厂房分层开挖采用深层预裂、薄层开挖施工，为中标其他电站地下工程提供可靠的技术保障。又如糯扎渡水电站地下厂房混凝土浇筑应用布料机技术获得成功，有效解决了地下混凝土浇筑的难题。通过惠州抽水蓄能电站污水处理研究、鲁地拉水电站尾气净化研究等，开展了地下工程绿色施工研究。

【修编发行科技规范和书籍】 2011年8月，水电十四局有限公司修订编写的《水工建筑物地下工程开挖施工技术规范》（DL/T 5099—2011）获得国家能源局批准，11月1日起正式实施，由中国电力出版社出版发行。

水电十四局有限公司参与编写的电力行业标准《水电水利工程岩壁梁施工规程》、《水电水利工程施工机械安全操作规程　多臂台车》先后完成了征求意见稿和送审稿编制工作，并于2011年10月在丹东召开了送审稿审查会，根据专家组的审查意见，起草单位对规程送审稿进行了修改，已完成报批稿并申请报批。

2011年1月，经水电十四局有限公司组织，由马洪琪、周宇和孙文等联合编著的《中国水利水电地下工程施工》一书由中国水利水电出版社出版，面向全国公开发行。

【科研成果及其运用】 2011年，水电十四局有限公司完成了21项科研成果的鉴定，其中“大型地下洞室高边墙稳定施工技术研究”、“塑性混凝土弹性模量和渗透系数试验方法的研究”和“糯扎渡水电站尾水系统五岔口快速开挖施工技术研究与实践”3项课题，均由云南省科技厅鉴定为“达到国际先进水平”；“水利水电1000兆帕级高强钢工程应用技术研究”、“低强度应力比高地应力特大地下洞室群开挖关键技术研究与应用”、“软土深基坑施工与环境安全综合技术研究与应用”、“复杂软土地区城市地铁隧道盾构施工综合技术研究与应用”和“水利水电工程施工安全标准化建设”5项课题由股份公司组织鉴定，前两项“达到国际领先水平”，第三项“达到国际先进水平”，后两项“达到国内先进水平”。同时完成了水电十四局有限公司内部课题成果鉴定评审会，对“热带多雨地区土质防渗体分区坝快速施工技术研究”等13项科技项目进行了成果鉴定，其中达到国际先进水平3项，达到国内领先水平2项，达到国内先进水平5项，达到行业领先水平1项，达到行业先进水平2项。

【专利技术和工法】 2011年，水电十四局有限公司共进行了15项专利的申请工作。其中“一种设备基础地脚螺栓预留孔施工方法及装置”等获得发明专利7项，“一种多功能板材承载力实验装置”等获得实用新型专利8项。

水电十四局有限公司完成的“粒状物料斜坡输送方法及装置”、“一种测定塑性混凝土渗透系数的试验方法”获发明专利授权，完成的“一种胶带输送机上的防雨罩”、“一种地脚螺栓预埋套管定位装置”和“一种改进型混凝土吊斗”获实用新型专利授权。

2011年，水电十四局有限公司申报的“大型地下洞室交叉口开挖支护施工工法”等25项工法获批。其中获股份公司工法11项，获电力建设协会工法5项，获水利工程协会工法9项。

【科技奖项】 2011年，水电十四局有限公司荣获各级科技奖项23项。

水电十四局有限公司与天津大学等单位联合申报的课题“重大水利水电工程施工实时控制关键技术及其工程应用”获国家科技进步二等奖；与天津大学等单位联合申报的课题“高混凝土土坝与地下厂房施工实时控制关键技术及工程应用”获天津市科技进步一等奖；完成的“小湾水电站700兆瓦高水头大型水轮机埋件制造安装技术总结与创新”和“大型地下洞室高边墙稳定施工技术研究”获云南省

科技进步二等奖；完成的“一种反井钻头”等5项专利获云南省政府“工程标准化建设、科技创新和技术进步奖”；“特高拱坝坝肩复杂地质抗力体加固处理施工技术”获中国电力建设科学技术成果二等奖；“大跨度高采空区上部地下厂房二次开挖施工技术”等3项课题获中国电力建设科学技术成果三等奖；“水利水电1000兆帕级高强钢工程应用技术研究”获水力发电科学技术三等奖；“特高拱坝坝肩复杂地质抗力体加固处理施工技术”等3项课题获中国施工企业管理协会技术创新成果一等奖；“Nam Ngun5水电站带缝碾压混凝土重力拱坝静动力分析及坝体安全评价”和“活性粉末混凝土及高速铁路电缆槽盖板生产技术”获中国施工企业管理协会技术创新成果二等奖。

（徐　萍　杨立峰　李小岗）

安全生产

【落实安全生产责任制】　水电十四局有限公司在2011年度安全生产工作会上，安排和部署了2011年安全生产工作。组织安全考核组，对各单位进行年度安全考核工作，根据考核结果兑现2010年度安全责任奖惩，与24个二级单位和项目部签订2011年安全生产责任书。在开展“安全生产年”、“安全生产月”、“安全生产心中有数”、隐患排查治理、交通安全专项整治等活动中，进行前期策划和部署，过程中由各级安全管理部门进行监督和检查。为实行全员安全管理，推行全员安全承诺，让在岗员工签订《安全承诺书》。同时通过实行项目安全风险抵押金制度，把安全责任与个人经济利益挂钩。在安全生产监督体系建设中，已形成了“公司—二级单位—厂队—班组”四级安全监督管理体系，各单位均设置了健全的安全管理机构，配备了专职安全管理人员。

【安全生产年活动】　2011年，水电十四局有限公司对继续深化“安全生产年”活动进行深入研究和部署。一是开展安全宣传活动。各单位充分利用报刊、安全管理信息系统开展多方位安全宣传，有效提高了员工的参与积极性。二是强化各级监督管理部门对安全生产工作的指导协调和管控力度，保证过程的安全生产。三是深化专项整治。各单位通过开展设备安全、防地质灾害、防洪度汛、交通安全、隐患治理等专项整治，进一步整顿了施工安全秩序、改善了安全生产环境。四是各单位以“查三违，防事故”为核心，将反“三违”作为一项常抓不懈的工作。

【安全生产标准化】　2011年，水电十四局有限公司继续深入推进安全生产标准化工作。一是颁布《国际工程安全生产标准化管理手册》，按照“全面实施、重点突出、样板引领”的原则全面实施海外项目安全生产标准化。二是进一步对各单位安全生产标准化实施进行再宣贯，增强各级领导、管理人员和作业人员对安全标准化的理解和实施，有效理顺了标准化与规章制度、职业健康安全管理体系的关系。三是正确把握安全生产标准化精髓，实施中以管理标准入手，严格执行每一个管理要素的方法与工作流程、规定和记录管理，并针对实施过程中各个施工程序进行有效的标准化管理。四是通过作业人员行为标准化、物品状态标准化、工作环境标准化和管理标准化，使标准化建设水平得到进一步提高。五是建立标准化考评体系。2011年，国内项目安全标准化实施率达100％。

2011年11月，水电十四局有限公司安全标准化建设课题成果被股份公司鉴定为达到国内领先水平。

【安全生产规章制度】　2011年，水电十四局有限公司结合企业生产经营特点及安全生产的新要求和新形势，对2008年颁布实施的27个安全管理制度进行补充和完善，并于2011年7月颁布实施了新修编的《安全生产管理制度》，做到“三个到位”：一是宣传贯彻到位，分期、分批组织制度学习贯彻工作。二是强化制度贯彻落实，要求各单位、项目严格执行安全管理制度，以适应新时期安全生产工作要求。三是监督检查到位，在安全检查和年度安全考核中把制度落实作为重点内容之一，督促各单位做好制度落实工作。

【应急管理】　2011年，水电十四局有限公司着重于完善各单位应急预案工作，保证其操作性、科学性，切实做好应急管理的基础性工作：一是修订和完善应急预案。依据《生产经营单位安全生产事故应急预案编制导则》重新修订综合预案及专项预案，邀请有关专家进行评审，并按照属地管理原则，向当地安全生产监督管理局备案。二是组织开展应急演练。通过演练提高应急处置水平。三是建立应急预警系统。针对近年来澜沧江流域气候异常，汛情风险大的特点，2011年汛期，重点建立乌弄龙、里底、黄登3个项目之间水情预警通信联动机制，有效保障了防洪度汛目标的实现。

【安全生产大检查】　2011年，水电十四局有限公司为监督各单位安全职责的落实，下发《关于开展安全生产检查的通知》和《关于开展2011年度安全生产、文明施工责任书检查考核的通知》，对安全检查和考核作了部署和安排。

2011年，水电十四局有限公司各单位检查、排查出一般安全隐患2797条。对检查、排查出来的安全隐患，各单位严格实行督办制度，由各级责任人负责隐患整改工作，隐患整改率达100%。

【国际工程安全管理】 2011年，水电十四局有限公司严格按照“国际业务安全管理不低于国内安全生产管理标准”的要求开展安全工作，修订《海外事业部安全生产考核管理办法》等规章制度，完成了国际工程安全管理的建章立制工作。

2011年，水电十四局有限公司与17个国际项目部签订安全生产、文明施工责任书。并成立安全检查考核小组，负责国际工程项目年度责任书的考核。在应急体系方面，组织编制《海外事业部生产安全事故综合应急预案》，并要求各项目部完善生产安全应急预案体系建设和管理工作。2011年，在应对刚果（金）、喀麦隆、马达加斯加、缅甸等发生的多起枪战、社会治安事件、罢工事件、武装冲突事件等应急处置工作中处置得当，有效保障了国际项目的人身及财产安全。

【安全生产奖项】 2011年，水电十四局有限公司分别获得“云南省安全生产优秀单位”和“股份公司安全生产优秀企业”称号。所属南水北调廊坊项目部等10个项目及项目经理被股份公司评为安全生产先进项目部和优秀项目经理，有11人被评为安全生产先进个人。

（黄湘波）

党群工作和精神文明建设

【党建工作】 2011年，水电十四局有限公司以加强基层组织建设为重点，围绕企业生产经营开展创先争优活动。

一是坚持做到“三同时、三基本”原则，抓好基层组织建设，健全党建工作责任制，制定并下发《党建工作责任制考核实施办法》。二是深入扎实推进创先争优活动的开展，对各级党组织“公开承诺”情况进行检查、点评。深入学习杨善洲同志先进事迹，在水电十四局有限公司范围内开展学习征文活动和演讲比赛，掀起“学习杨善洲先进事迹，争做优秀共产党员”热潮，推动创先争优活动深入开展。三是围绕生产经营任务开展创先争优活动。制订了《水电十四局有限公司加快转变经济发展方式实施方案》，按照“融入中心，参与管理”的方针开展活动，引导广大干部职工在项目经营管理、工程履约、开源节流、维护职工队伍稳定等方面创先进、争优秀，全面掀起比、学、赶、帮、超的活动。四是围绕建党90周年开展系列庆祝活动。开展了评比表彰先进活动，树立典型，奖励优秀。组织开展红歌演唱比赛活动，征文活动和书法摄影美术展。各单位、项目部开展以纪念建党90周年、推进创先争优为主题的各种活动。积极参与省国资委党委举行的纪念建党90周年歌咏比赛，获得“特别组织奖”。

【开展“四强四优”活动】 2011年，水电十四局有限公司认真开展“四强四优”活动，发挥党组织政治核心作用，保证党的路线方针政策在企业贯彻执行。

一是认真执行“四强四优”活动方案，突出加强党组织的战斗堡垒作用和四优共产党员的先进模范作用。二是重视各级领导班子和干部队伍思想政治教育，不断提升领导干部队伍素质。明确规定公司党委理论中心组学习全年不少于12次，二级单位每年学习不少于9次，项目部每年学习不少于6次。三是贯彻落实党委参与企业重大问题决策和领导班子“三重一大”民主决策制度，坚持民主集中原则。四是贯彻落实党管干部、党管人才的原则。

【维稳工作】 2011年，水电十四局有限公司切实做好维稳工作，坚持以人为本，积极落实责任，最大限度减少不和谐因素。妥善处理突发事件的后续问题，积极与地方政府协调解决未能移交地方管理的在职及退休教师问题，努力化解贵广项目因业主资金紧张、工程款结算不及时，而引发的农民工工资支付和施工临时征地问题处置不妥引发的群体性事件。在当地政府支持下，基本解决了新机场建设144户职工永久性安置房问题，顺利完成了吴井桥拆迁，启动了大理片区职工保障性住房建设等工作。

【精神文明建设】 2011年，水电十四局有限公司始终坚持精神文明与物质文明结合一起抓，持续开展以文明工程创建为主的“三创建”活动，在对文明工程的考核评定中，始终按照队伍建设好、工程进度好、工程质量好、安全生产好、经济效益好、施工环境好的“六达标”内容及各项量化考核指标进行考核，并首次在国外项目开展了文明工程创建活动。

2011年，水电十四局有限公司大理管理处被评为“大理州文明单位”，多个在建项目被业主评为“文明平安工地”。公司担负施工的加蓬布巴哈水电站总承包工程等被评为水电十四局有限公司2010年度“文明工程”。

【企业文化建设和新闻宣传】 2011年，水电十四局有限公司企业文化建设和新闻宣传工作，紧紧围绕中心服务大局，充分发挥了企业文化的推动作用和宣传舆论的导向作用。

加大了在地方和行业媒体《云南网》、《云南日报》、《中国电力报》、《中国水利报》和《云南电力报》等的宣传报道力度，充分利用中国电建集团和股份公司网、报对外宣传平台，抓住外国领导人参加水电十四局有限公司承建工程的庆典，部、省领导前来工程项目视察的机会；企业科技进步取得重大成果，承建工程荣获国家级、省部级优质工程奖；市场开拓取得重大成果，在建工程重大活动；企业工作受到表彰，员工获得重大荣誉，以及企业勇担社会责任等重大新闻事件积极发稿，进行大张旗鼓的宣传，受到社会关注。

水电十四局有限公司承建的四川邛名高速公路，四川泸定、长河坝、大岗山水电站等项目，在股份公司和水电十四局有限公司网、报刊登通讯，进行深度报道。完成了《商务风》杂志和《云南电力报》“云南企业在非洲”专题的报道，对企业在风电塔架市场开拓取得的突出成绩，在《云南日报》等多家媒体报道，受到好评。

超计划完成《云水之光》企业报编辑出版工作，并适时开设专栏，提高宣传效果。

2011年，水电十四局有限公司依照规划继续抓企业文化的对内宣贯和对外传播工作，全面推进企业文化建设。颁布了《企业形象识别手册》，加大了形象宣传工作的管理；通过对企业及工程项目大型活动的策划，较好地展示了企业文化；采取不同形式加大了集团公司统一的企业文化要素宣传，取得明显成效；完成了在多个刊物和出版物的形象宣传活动，由企业文化中心和工会成功举办了建党90周年书画摄影比赛，为中国共产党90华诞献上了一份礼物；完成了文艺刊物《银河》2011年号编辑出版工作，传播了企业文化。

2011年，水电十四局有限公司表彰了年度优秀通讯员及好作品，奖励了对外宣传报道稿件。《云水之光》还被授予2011年度“全国工程建设行业优秀报纸”称号，6件作品获“云南省企业好新闻”奖励，1件作品荣膺云南省“五一”新闻奖二等奖。《水利水电工程报》水电十四局有限公司记者站再次被股份公司授予“标兵记者站”称号，第13次获得“标兵记者站”或“先进记者站”殊荣，并进行了书面交流。

【开展工会创新活动】 2011年，水电十四局有限公司工会再次荣获“云南省工会工作目标责任考核一等奖”。

水电十四局有限公司各级工会广泛开展实施“十二五规划”群众性建功立业竞赛活动，表彰了一大批先进集体和个人。如水电十四局有限公司工会成功选树了两名省级劳模；在南水北调河南段组织2个项目部开展了“为民服务建新功、五比五赛展风采”劳动竞赛，一个项目部荣获“优胜单位”第一名，一个项目部荣获“三等奖”，4名职工评为先进个人。

各级工会在实施安全生产和劳动保护的群众监督、配合行政开展安全生产大检查的同时，与行政安全管理部门通力合作，积极开展“安康杯”活动、“云维杯”职业病防治和安全生产知识竞赛、“生命之歌大家唱”等活动。

各级工会紧紧围绕企业生产经营实际，努力营造“学习工作化、工作学习化”的良好氛围。形式多样的“职工之家”和“职工书屋”建设、岗位练兵、“师带徒”、合理化建议等活动，为职工群众学技术、比技术、用技术和岗位成才、争创一流提供了广阔舞台。25名班组长在“中央企业班组长岗位管理能力资格认证远程培训”考核中获得认证。安装分公司、功果桥项目部、大理管理处等6个单位荣获“云南省创争活动十佳班组”、“云南省模范班组”暨“云南省工人先锋号”、“云南省职工经济技术创新活动先进集体”、“全省工会职工书屋三年建设优秀示范点”等荣誉。7名优秀个人先后荣获“云南省创争活动先进个人”、“云南省模范班组长”、“云南省职工经济技术创新活动先进个人”、“职工书屋建设优秀工作者”、“广东省五一劳动奖章暨‘广东省十项工程劳动竞赛模范工人’”等称号。

以中国共产党成立90周年为契机，组织开展了“劳动者风采”宣传、“职工摄影书法美术作品赛”、“红歌演唱”和文艺汇演等职工系列纪念活动，取得良好效果。

【共青团工作】 2011年，水电十四局有限公司坚持党建带团建，进一步加强团的组织建设。

一是印发《关于切实加强新形势下基层党建带团建工作的通知》，明确各级党组织要通过党建带团建，把团建工作纳入党建工作体系内，一起研究部署、督促检查，形成相互促进、共同提高，有机衔接的工作格局。二是重视各级团的组织机构的稳定、发展和团干部队伍的建设与培养。对新成立的工程项目部，及时成立团的组织机构。三是拓宽引导途径，加强团员青年队伍思想建设。在团的系统内开展以“高举团旗，创先争优促发展；立足岗位，献身水电建新功”为主题的创先争优活动，组织带领团员青年围绕企业“全面建设质量效益型国内综合性一流建筑企业”奋斗目标，高举团旗、立足岗位、创先争优，在推动又好又快发展的实践中建功立业；以纪念建党90周年为契机，广泛开展“学党史、知党情、跟党走”主题教育活动，积极参与党委组织的“水电杯——颂歌献给党、建功在水电”主题红歌会，以党的光荣传统激励青年，激发青年的爱党、爱国、爱企热情；开展形势任务教育。引导青年把思想统一到中央对国内外经济形势的分析判断上来。四是围绕项目生产经营和企业管理，积极开展团的主题实践活动。以“立足岗位、成长成才、实现价值”为宗旨，前方结合工程项目的生产经营，后方结合企业职能管理，立足青年自身岗位，扎实开展和推进“号、手、队”等主题实践活动。在“五四”期间，对所属的22个先进青年集体，45名优秀青年个人进行了集中表彰；在项目生产一线的质量安全，文明生产等岗位和环节，创造性开展五小活动、“质量月”活动、技能比赛活动等。

【爱心捐款】 2011年，水电十四局有限公司坚持维护企业改革发展稳定与维护职工合法权益相统一，继续做好弱势群体的关爱帮扶工作，以劳动关系和谐构建企业和谐。投入专项扶贫资金35万元。积极组织党员、干部职工向盈江地震灾区捐款，共捐款37.37万元，向省慈善总会捐款60万元，捐赠福贡县总工会帮扶金5万元。继续选拔政治业务水平较高的年轻干部作为新农村建设指导员到基层指导，被云南省委、省政府评为“社会扶贫工作年度先进集体”。

2011年，水电十四局有限公司工会坚持节假日入户进家慰问全国和省部级劳模、困难职工和离退休老同志，走访生病住院职工。分别慰问了全国困难劳模和省部级困难劳模，安排10名省部级劳模健康体检，向5名困难劳模发放了“健康药箱”。拨出专款近10万元与海外事业部共同慰问海外工程项目部员工及其家属；向后方二级单位工会增拨经费17万元，组织开展了“走访慰问艰苦奋战在生产一线职工”活动、“农民工生产生活现状调研”。圆满完成云南省第八期职工医疗互助，130多名职工获得工会组织的临时困难救助，29名职工子女获得“金秋助学”。

（李红东　严镇威　冉路超　曹云红　李小岗）

检查监督

【落实党风廉政建设责任制】 2011年3月25日，水电十四局有限公司召开反腐倡廉建设工作会议，表彰奖励了2010年度党风廉政建设考核为优秀的19家单位和考核为良好的5家单位；并分别与13个常设二级单位、10个直管项目部第一责任人签订了2011年度党风廉政建设责任书。

2011年，继续加强廉洁从业教育，认真组织党员干部学习《中国共产党党员领导干部廉洁从政若干准则》和《国有企业领导人员廉洁从业若干规定》；开展学习《镜鉴》警示教育活动；开展向孙家栋同志学习和学习杨善洲同志先进事迹等专项教育活动。以庆祝建党90周年纪念活动为契机，所属各单位积极组织干部职工参观反腐倡廉警示教育基地、参加反腐倡廉知识竞赛、观看红色教育片、重温入党誓词等形式多样的廉洁从业教育活动，促进了水电十四局有限公司各级领导人员廉洁从业、依法履职。

2011年，水电十四局有限公司党委坚持把反腐倡廉建设放在更加突出的位置。进一步完善了党政联席会议事规则，制订了《“三重一大”决策制度实施细则（暂行）》，明确了“三重一大”决策事项的内容和范围；开展全面风险管理与内部控制体系建设，规范了对权力运行的监督；进一步加强“企检共建”预防职务犯罪工作机制，惩防体系信息化系统内容得到进一步补充和完善。

2011年，水电十四局有限公司严肃查办各类违纪违法案件。纪委、监察室共收到纪检监察信访举报7件次，收到的7件信访举报已全部初核了结。

【效能监察】 2011年，水电十四局有限公司共立项效能监察项目36个，完成率达100%。其中，本部国内项目立项8个，海外项目立项1个；二级单位国内项目立项20个，海外项目立项7个。36个效能监察实施项目共提出监察建议259条，建章立制17个。

【职工代表大会监督】 2011年3月24日，水电十四局有限公司召开十六届二次职代会暨2011年工作会议。会议总结2010年和“十一五”工作，确定2011～2015年公司发展思路和总体要求，深入分析公司所面临的新形势、新任务，研究部署2011年主要工作，明确提出“转变方式谋发展，提质增效促转型，全面建设质量效益型国内综合性一流建筑企业”的奋斗目标。来自各二级单位、项目部及总部机关代表等150多人参加会议。

会上，水电十四局有限公司总经理周宇作了题为《转变方式谋发展，提质增效促转型，全面建设质量效益型国内综合性一流建筑企业》的工作报告。党委书记洪坤作了题为《进一步发挥党组织政治核心作用，为实现公司“十二五”目标提供有力支持》的讲话。职工代表们分组讨论了行政工作报告、专题报告及《2011～2015年发展规划》。

【审计监督】 2011年，水电十四局有限公司完成审计项目15个，其中经济效益审计9个，工程完工审计6个。提交审计结果报告15篇，提出审计建议78条，查出违规金额25.43万元。同时向职工代表大会提交2011年度审计工作报告。

【法律事务工作】 水电十四局有限公司于2011年11月设立法律事务部，使法律事务工作组织机构进一步完善。制定了《经营行为法律审核工作规范（试行）》和《全面风险管理与内部控制体系建设及法律事务管理考核办法（试行）》，法律事务制度体系初步形成。

2011年，法律事务部共审核各类法律文件137份，其中合同文件85份，制度文件52份，出具书面评审意见书46份。

2011年，共处理法律纠纷案件13件，涉案金额2782.62万元。2010年遗留案件5件，涉案金额496.9万元；新发生案件8件，涉案金额2285.72万元。当年结案9件，涉案金额2151.84万元，挽回经济损失1335.34万元。

（杨兴泽　杨海洋　冉路超　沈　萍　陈继伟　李小岗）

中国水电建设集团十五工程局有限公司

概　况

【2011年工作】 2011年，中国水电建设集团十五工程局有限公司（以下简称“水电十五局有限公司”）完成营业收入41.82亿元，为股份公司下达指标的146.74%。中标工程51项，签约合同金额52.15亿元，是年度计划的130%，是股份公司下达目标值的165%。按照“夯实管理强局基础，实现经济强局目标，五年翻一番，再造一个十五局”的“十二五”战略规划总体目标，紧扣企业新一轮战略落地这条主线，抢抓三大机遇，补强四大短板，推进国际业务和非水电业务，取得了新的业绩。按照股份公司新的业绩考核体系，编制了新的考核实施办法和配套细则。全面风险管理与内部控制体系初步建立，战略管理对企业发展的引领作用日益凸显。进一步转变资源配置方式，加强项目策划评估，商业运营模式不断创新，在建项目履约良好。深入开展“安全生产年，安全生产月”活动和安全大检查，安全生产形势平稳，科技工作成绩突出，科技创新成果丰硕。2011年获得国家产权局8项专利技术授权。获得集团公司企业工法10项，水利水电工程建设工法11项，国家级工法1项，获得1项科技创新成果一等奖。财务管理不断强化，审计和法律事务工作成效显著。人才强企战略加快推进，修订了《职工教育培训管理办法》，开办了项目经理PMP研修班。党群工作深入开展，深入开展了“作风建设主题实践活动”和“创先争优”活动，党建管理咨询取得重要成果。积极开展劳动竞赛活动，创建“先进职工之家”，连续六年承办陕西省“水电工程杯”职业技能大赛，有效发挥了对企业生产经营的促进作用。职工福利待遇得到落实，在岗职工年平均工资达到52 324元，年增长率为19.3%。

2011年，水电十五局有限公司先后荣获“全国优秀施工企业”、“全国建筑业先进企业”、“全国工人先锋号”、“全国模范职工之家”等荣誉。

（忽国旗　李富强）

【企业资质】 水电十五局有限公司具有水利水电工程施工总承包壹级、房屋建筑工程施工总承包壹级、公路工程施工总承包壹级资质；公路路基工程专业承包壹级、桥梁工程专业承包壹级、隧道工程专业承包壹级、起重设备安装工程专业承包壹级资质；市政公用工程总承包贰级资质；测绘乙级资质；大Ⅱ型平面滑动闸门、大Ⅰ型平面定轮闸门、大Ⅰ型弧形闸门、大Ⅱ型拦污栅、大型水利水电工程压力钢管、大型水利水电压力钢岔管全国工业产品生产许可证。

（张宝发）

【领导班子】 2011年，水电十五局有限公司领导班子成员为：董事长、党委书记王增发，总经理、党委副书记、董事、总经济师梁向峰，副董事长徐中秋，副总经理、董事李康民，外部董事文俊杰、陈正平，职工董事、工会主席鞠汉中；副总经理陈银生、田习学、阚建平、张胜利；党委副书记、纪委书记、监事会主席任志宏，监事马宗锁、丁永泉；总会计师杨思江，总工程师何小雄。

（邵 军 赖吉盛）

国内工程

【市场开发】 2011年，水电十五局有限公司坚持"抓大放小、择优选择、禁止民营"的市场营销方略，稳步推进品牌营销战略，不断加大市场营销工作力度，取得了较好成绩。全年中标51项工程，合同签约总金额52.15亿元，中标项目按行业分为：国内水利水电项目29项，中标金额24.89亿元；非水电项目16项，中标金额24.79亿元；国外项目6项，中标金额2.48亿元。

（张 锦）

【在建工程】 2011年，水电十五局有限公司共有在建项目116个，分布在国内15个省（市）区和4个国家。年内新增项目39个，新开工34个，年内基本完工项目9个。阶段目标全部按期完成。

【南水北调中线一期总干渠卫辉段第Ⅲ标段工程】 该工程位于河南省新乡市凤泉区和卫辉市。截至2011年底，完成土方开挖273.55万立方米，石方开挖56.6万立方米，混凝土浇筑12.56万立方米，完成产值0.73亿元。

【南水北调中线一期总干渠漳河北—右运河南土建SG11标段】 该工程位于河北省临城县。截至2011年底，完成土方549.45万立方米，石方开挖81.61万立方米，混凝土浇筑2.60万立方米，累计完成产值1.27亿元。

【南水北调中线一期南沙河倒虹南段工程】 该工程位于河北省邢台市与沙河市之间的南沙河上。截至2011年底，完成土方309.45万立方米，混凝土浇筑9.56万立方米，累计完成产值1.55亿元。

【南水北调中线一期总干渠温博段第Ⅲ标段工程】 该工程位于河南省焦作市的温县和博爱县。截至2011年底，完成土方开挖334.08万立方米，石方开挖6.75万立方米，混凝土浇筑13.14万立方米，累计完成产值1.85亿元。

【新疆库什塔依水电站沥青混凝土心墙坝工程】 该工程位于新疆特克斯县境内的特克斯河一级支流库克苏河上。截至2011年底，累计完成产值2.09亿元，完成土方开挖51.57万立方米，石方开挖419.29万立方米，混凝土浇筑3.01万立方米。

【新疆石门水电站工程】 该工程位于新疆呼图壁县。截至2011年底，累计完成土方开挖106.24万立方米，石方开挖301.38万立方米，混凝土浇筑18.98万立方米，金属结构安装178.75吨，完成产值2.76亿元。

【湖北潘口水电站大坝、溢洪道土建及金属结构安装工程】 该工程位于湖北省竹山县境内。截至2011年底，完成土方开挖101.2万立方米，石方开挖475.45万立方米，混凝土浇筑12.77万立方米，累计完成产值4.04亿元。

【湖北堵河小漩水电站主体土建及金属结构设备安装工程】 该工程位于湖北省十堰市竹山县境内的堵河上游河段。截至2011年底，完成土方开挖18.83万立方米，石方开挖18.12万立方米，混凝土浇筑14.61万立方米，金属结构安装145.43吨，完成产值4630万元。

【贵州黔中灌区一期水源枢纽工程】 该工程位于贵州黔中地区，截至2011年底，累计完成产值7608万元，完成土方开挖15.52万立方米，石方开挖2.71万立方米，混凝土浇筑0.02万立方米。

【广西桂林小溶江水利枢纽工程】 该工程位于漓江上游支流小溶江上。截至2011年底，累计完成产值5675万元，完成土方开挖25万立方米，石方开挖61万立方米，混凝土浇筑1.95万立方米。

【新疆台南河一、二级水电站主体工程】 该工程位于新疆阿克苏地区温宿县境内。截至2011年底，累计完成产值1.02亿元，完成土方开挖426万立方米，石方开挖3.7万立方米，混凝土浇筑6.75万立方米，金属结构安装446吨。

【陕西延安南沟门水利枢纽工程】 该工程位于陕西省延安市黄陵县境内。截至2011年底，累计完成产值8230万元，累计完成土方开挖61.22万立方米，石方开挖12.86万立方米，混凝土浇筑3.86万立方米。

【南水北调中线淅川段工程施工七标】 该工程位于河南省邓州市，渠道总长7.4千米。2011年2月，水电十五局有限公司以4.39亿元中标；3月1日开工。2011年，累计完成土方开挖284.85万立方米，混凝土浇筑4.83万立方米，完成产值1.03亿元。

【湖北龙背湾水电站混凝土面板堆石坝工程】 该工程位于湖北省竹山县堵河支流上。2010年12月23日，水电十五局有限公司以3.98亿元中标；12月28日开工。截至2011年底，累计完成产值3200万元，完成土方开挖14万立方米，石方开挖82.8万立方米。

【青海石头峡水电站工程】 该工程位于青海省门源县苏吉滩乡。2010年10月28日，水电十五局有限公司以3.45亿元中标；11月1日开工。截至2011年底，累计完成产值395万元，完成土方开挖22.41万立方米，石方开挖0.83万立方米。

【南水北调中线一期总干渠镇平段Ⅱ标工程】 该工程位于河南省南阳市镇平县境内，渠长12千米。2011年1月7日，水电十五局有限公司以5.28亿元中标；3月1日开工。截至2011年底，累计完成产值1.12亿元，完成土方开挖357.65万立方米，混凝土浇筑2.24万立方米。

（李御冰）

国际工程

【综述】 2011年，水电十五局有限公司国际业务按照“先做强、再做大”的工作思路，调整组织机构，整合境外资源，理顺管理架构，首次进入火电领域，在建项目整体履约良好。全年营业收入7.5亿元，同比增长88.79%；营业利润1486.03万元，同比增长226.42%；中标项目6项，新签合同金额2.47亿元；合同储量9.75亿元。

【老挝南俄5水电站项目】 南俄5水电站位于老挝北部山区。截至2011年，该项目完成土方开挖15万立方米，石方开挖67.58万立方米，混凝土浇筑7.2万立方米，钢筋制作安装2503吨。2011年，完成产值1123万美元。

【柬埔寨科普奥斯大桥项目】 柬埔寨科普奥斯(Kohpuos)跨海大桥项目位于柬埔寨西哈努克市区，2011年5月28日该工程成功合拢，6月底全桥完工。累计完成混凝土浇筑2.3万立方米，T型梁安装71片，钢筋制作安装3640吨，预应力钢绞线620吨，支座安装132个；累计完成产值1.17亿元。

【突尼斯马代尔管道三标项目】 2011年12月底该工程主体完工，累计完成清表77.16万平方米，管沟开挖78万立方米，管道运输4.2万延米，管道安装4.23万延米，混凝土浇筑8477立方米，金属结构安装230吨；累计完成产值7023万元。

【卡伊机场跑道改造工程项目】 2011年8月7日该工程通过初验，9月18日机场通航，项目完工。累计完成土方开挖及回填23万立方米，砂垫层填筑4.8万立方米，红土砾石底基层填筑4.8万立方米，清表51万平方米，沥青碎石基层铺筑0.7万立方米，面层沥青混凝土1.1万立方米；累计完成产值8993万元。

【马里费鲁水电站项目】 截至2011年，该项目累计完成土方开挖1.47万立方米，石方开挖59.5万立方米，混凝土浇筑3.95万立方米，钢筋制作安装1362吨，金属结构安装365吨；累计完成产值6.19亿元，2011年完成产值4.2亿元。

【柬埔寨额勒赛下游水电站项目】 额勒赛下游水电站位于柬埔寨戈公省戈公市以北约20千米的额勒赛河上，电站由相距约8千米的上、下两个梯级电站组成。该项目于2010年9月28日中标，合同金额3640万美元。截至2011年底，累计完成土方明挖5.22万立方米，石方明挖8.5万立方米，洞挖石方10万立方米，混凝土浇筑467立方米；累计完成产值693万美元。

（张建云）

基础设施建设

【综述】 2011年，水电十五局有限公司共有在建基础设施项目32个，完成营业收入9.92亿元，占公司总经营收入的23.78%。全年中标16个项目，新签合同金额24.79亿元，占全公司新签合同总金额的47.5%，首次进入新疆、安徽、贵州、辽宁、青海等非水电市场，积极挺进市政、地方铁路及风电、光伏等领域。全年运行平稳，实现了各基础设施项目按期履约无投诉、质量安全无事故和维稳平安的目标。宝天高速BT4标获得股份公司“优质工程奖”，水电十五局有限公司被交通部评为“全国施工企业信用评价AA级”。

【徐州—明光高速公路路基工程第八合同段】 徐明高速第八合同段全长14.01千米，起点位于安徽省泗县草沟镇，终点位于安徽省五河县双忠庙镇。2011年1月，水电十五局有限公司以1.57亿元中标，工程于3月15日开工。截至2011年底，完成产值3000万元；当年完成路基清表60.7万平方米，灰土28.5万立方米，清淤1.4万立方米。

【新疆克拉玛依—塔城高速公路工程KT-1标段】 新疆克拉玛依—塔城高速公路KT—1标段全长79.88千米。该项目由路桥公司中标，水电十五局有限公司负责整个标段管理工作并承担其中一工区施工任务，整个标段合同金额21.94亿元。2011年4月1日开工，截至2011年底，完成产值2.04亿元。

（王小婷　张　帆）

【龙滩水电开发有限公司南宁基地职工周转房大楼工程】 龙滩水电开发有限公司南宁基地职工周转房大楼工程位于南宁市民族大道126号，建筑面积4.94万平方米（其中地上面积3.48万平方米，地下面积为1.47万平方米），框剪结构，地上30层，地下4层。该项目于2010年4月18日中标，合同金额1.14亿元。2010年6月17日开工，2011年6月底完成基础及地下结构工程。截至2011年底，已完成地上11层施工任务，完成产值4720万元。

【天津市武清区东蒲洼还迁小区一期工程项目】 天津市武清区东蒲洼还迁小区一期工程项目位于天津市武清区内，水电十五局有限公司项目经理部承建该工程中1～6号楼和16～24号楼共15栋楼的施工任务，建筑面积10.34万平方米，总造价约2.3亿元。该工程于2010年7月1日开工。2011年5月31日，15栋楼全部完成封顶，项目转入二次结构施工阶段。截至2011年底，完成装修抹灰、第一遍内墙腻子工程、外墙保温、涂料工程及暖气片安装，水电安装完成70%。

（赵忠吉）

管理创新

【战略管理】 2011年，水电十五局有限公司“十二五”战略规划文本正式发布，总体战略规划目标确定为“夯实管理强局基础，实现经济强局目标，五年翻一番，再造一个十五局”。2011年12月，水电十五局有限公司召开2011年度战略评审会议，全面回顾了2011年战略管理工作，点对点总结了年度战略纲要推进落实情况，明确了2012年度全公司工作的指导思想、主要目标和战略改进措施，发布了2012年战略推进纲要。

（姜军利　梁　锐）

【风险管理与内部控制工作】 2011年，水电十五局有限公司按照股份公司风控专项工作总体部署，以“企业教练”的方式，与金蝶软件有限公司合作完成了总部层面的全面风险管理与内部控制体系搭建工作，初步在公司层面构建起战略风险、财务风险、市场风险、运营风险、法律风险等“五大风险”防范体系，为内控机制和风险评估常态化奠定了基础。

（吴学庆　梁　锐）

【信息化建设】 2011年，水电十五局有限公司对公司机关信息机房按照建设规范进行了优化改造；以秦海大厦新办公楼建设为契机，按照标准规范，建成了信息机房和局域网；建成与总部互连的专线广域网，为公司核心业务服务器的数据共享与应用提供了安全可靠的通道。

2011年，着重开展了3个信息系统的建设与推广应用工作：工程项目综合管理系统、办公自动化系统、人力资源管理信息系统。

2011年，水电十五局有限公司统一部署了服务器存贮与备份系统，使得企业关键服务器的业务数据及操作系统和应用程序得到有效保护，妥善地进行了备份，将系统风险影响降到最低程度。

2011年，水电十五局有限公司信息化建设投入资金达300余万元。

（忽国旗　曾润丽）

【建造合同准则管理】 2011年，水电十五局有限公司继续加强《建造合同准则》管理工作，按照《建造合同准则》编制审核流程实行工程局、分（子）公司、项目部三级管理，根据管理权限分别审查审批。根据上报《建造合同准则》执行小组组织机构图，建立了分（子）公司和在建项目建造合同主管人员联系方式一览表，全面覆盖，解决执行过程中存在的问题。2011 年度共审批亿元以上 40 个项目建造合同资料 160 份，6 个预计亏损项目 24 份，按季度形成审批文件并下发全公司执行。

【项目管理】 2011 年，水电十五局有限公司全面梳理项目管理制度落实情况和执行中存在的问题，继续完善项目管理制度体系建设。通过在新疆区域市场、南水北调区域市场从项目策划评估、“五金一险”管理、项目经理责任制实施、设备管理、在建项目履约管理等 5 个方面进行调研，积极推进技术型管理模式。完成了 10 个项目管理内部体系流程，绘制了流程图，进行了风险评估，及时补充了项目收尾、信息化管理等流程。

水电十五局有限公司全面按照股份公司总体部署和安排，做好分包管理工作。2011 年 4 月底，发布了年度合格分包商名单，起草了《项目分包招标实施细则及评标规定》及《分包招标文件示范文本》。加大分包结算监督管理，按月、季度对项目分包结算进行汇总分析。

2011 年，水电十五局有限公司根据项目需要，管理服务前移。年内完成了石头峡大坝等 36 个项目的策划工作；完成了桂松干渠 C6 标工程等 29 个项目的评估工作。指导协助大西沟等多个项目完成了合同外的变更补偿工作。2011 年，水电十五局有限公司加大项目奖励力度，评选和表彰了一批先进项目部和优秀项目经理。

（高　宣）

【质量管理】 2011 年，水电十五局有限公司以科学发展观为统领，积极贯彻实施《工程建设施工企业质量管理规范》，以在建工程质量管控为重点，加强质量管理标准化建设，在建工程质量优良。在工作会上，总经理与 15 个二级单位负责人签订了质量目标责任书，建立和完善了从上到下的质量目标管理体系。

2011 年，水电十五局有限公司水利水电工程共评定单元工程 14049 个，优良 13 113 个，优良率 93.3%；公路、房建等不评优工程共评定分项工程 6295 个，保持百分之百的合格率。工程质量整体优良。

（王星亮）

【设备管理】 2011 年，水电十五局有限公司制定了《物资管理办法（试行）》、《工程项目物资采购供应实施细则》和《设备物资采购招标实施细则补充规定》，制定并发布了《2011 年度设备物资合格供应商名册》。

2011 年，设备物资管理中心组织设备招标 23 次，集中采购招标范围涵盖工程设备、非生产车辆、加工修理机械、安全监测仪器。全年共采购设备 216 台（套），合同金额 4421 万元；全年购置非生产车辆 13 辆，合同金额 655.26 万元，集中采购率 54%。招标采购节资率达到 7.1%。开展报废处置专项检查。办理 2010 年度设备报废 354 台（套），原值 2.34 亿元，办理设备让售审批 74 台设备，原值 2903 万元。

组织开展“道路交通和设备物资安全管理专项整治活动”，特种设备、外租设备、民爆及危险物品安全管理四查活动。公司设备物资管理中心还自主开发了设备管理信息系统，建立了全公司设备、非生产车辆数据库。

（许有清）

【财务管理】 2011 年，水电十五局有限公司召开了严防系统性财务风险专题工作会议，就如何识别、评估与应对系统性财务风险提出八条措施并积极落实。加大应收账款和未完施工压缩控制力度。制定了《应收账款和未完施工压缩控制实施方案》，按月发布应收账款和未完施工通报及台账。不断加强完工项目清欠工作，全年共收回完工项目各种逾期质保金、工程款 5710 万元。

水电十五局有限公司顺利通过陕西省发展改革委鼓励类企业年审工作，积极争取新的鼓励类产业，新增了“公路、铁路等非水电工程”鼓励类项目。积极向西安市地方税务局申报 2010 年度企业所得税，并继续享受西部大开发税收优惠。按省地方税务局、稽查局要求，对近三年纳税情况进行自查，及时上报自查报告。同时，对境外项目纳税情况进行自查，向股份公司海外事业部提交了《税务清查报告》。

水电十五局有限公司不断加强会计电算化工作。全年新增用友 NC 站点 50 个，增加后并发许可站点数达到 170 个；完成了用友 NC 软件网络迁移工作，将用友 NC 网络并入局域网，大大提高了 NC 客户端的操作速度。

水电十五局有限公司制订发布了“十二五”《财会人才发展规划》，提出了财会人才“十二五”发展目标，并制订了 8 条主要措施。

（朱继斌　卢仁远）

【资金管理】 2011 年，水电十五局有限公司为统一规范资金管理工作，提高资金使用效率，防范资金运营风险制定了《资金管理办法》。针对严峻的金融形势，召开了“严防系统性财务风险专题工作会议”，制订了防范系统性财务风险的8条具体措施，要求全公司所有单位严格执行。

2011年，水电十五局有限公司新增中国农业银行等银行综合授信额度12.32亿元，银行授信额度余额30余亿元。增加了中国建设银行6000万元“零”保证金银行承兑汇票额度，新增中国农业银行5000万元“法人账户透支”额度。2011年，全公司内部单位资金融通余额5.04亿元，净增加内部资金融通3291.6万元。

（孙文军　寇建刚）

【企业法律事务管理】　2011年，水电十五局有限公司在审民事案件7件，其中一审案件5件，二审案件2件。2011年新发生民事案件8件，诉讼标的514万元。共审结往年及当年案件10件，减少或挽回经济损失900万元。2011年审核建设工程分包合同及清算协议共计89份，累计金额超过2亿元。接待各类法律咨询50多次。对照《中国水利水电建设股份公司法制工作三年规划》对公司三年目标落实情况进行了自查总结，形成自查报告并上报股份公司。根据股份公司法制工作考核办法，水电十五局有限公司拟订了法制工作考核办法，第一次将法制工作纳入考核体系。

（任科技）

企业改革

【业绩考核】　2011年，水电十五局有限公司对接股份公司新的业绩考核办法，结合企业实际，组织反复讨论，编制完成了新的业绩考核实施办法和配套细则，通过强化战略导向、实施分类考核、突出管理评价，实现了业绩考核与企业战略管理的有效衔接互动。

（姜军利　吴学庆）

【人事制度深化改革】　2011年，水电十五局有限公司制定《企业领导人员管理暂行办法》，规范中层管理者和后备干部管理流程，加大干部交流力度。全年通过公开选聘、竞争上岗和组织推荐三种方式共提拔中层管理人员正职4人，副职16人，职务调整24人。制定《职工调配管理办法》，进一步规范公司内部职工调配工作流程，促进人才在公司内合理流动。

（邵　军　赖吉盛）

【全员薪酬制度改革】　2011年，水电十五局有限公司调整了局属单位负责人基础年薪计算办法，计算基薪的工资基数按全局在岗人均工资和本单位在岗人均工资各占相应权重计算，使局属单位负责人的薪酬增长与本单位职工工资增长相协调。绩效年薪向施工一线倾斜，项目班子副职绩效年薪可按正职的85%确定，机关工作的副职执行正职的70%。为了落实国际业务优先发展战略，国际公司在国外工作满8个月或超过240天的，年薪标准可以按同职级国内班子成员2倍确定。

水电十五局有限公司制定了《局属单位负责人年薪制管理办法》、《项目班子成员年薪制管理指导意见》、《二级单位工资总额预算管理办法》、《员工岗位绩效工资制度》等薪酬制度。新的岗位绩效工资制度将原有三大工资序列合并为一个等比工资序列；在提高员工整体收入水平的同时，实现了工资结构调整，平稳过渡中实现了向关键岗位员工倾斜；拓宽了专业技术人员和工人工资晋升通道；增设年功工资，增加员工归属感。

（邵　军　王　喜）

【完善职工社会保障体系】　2011年，水电十五局有限公司社会保险管理在逐步统管的基础上，加强社会保险管理，保障职工利益。指导各二级单位积极完成各项社会保险管理工作，督促健全各类保险，年末将按时足额缴纳社会保险费纳人局属单位经营业绩考核体系。完成社会保险年审及基数申报工作，办理各类保险人员参保、转移、暂停等业务近2000人次，完成了老工伤人员及工亡职工遗属待遇纳入工伤保险基金工作。

2011年，水电十五局有限公司召开了企业年金启动会，印发《企业年金宣传册》3000多册，安排职工填写《加入企业年金计划申请表》，建立企业年金信息数据库，为企业年金运转做好了充分准备。

（王　喜　张丽萍）

科技进步

【科技攻关活动】　2011年，水电十五局有限公司对“膨胀黏性土渠道降排水施工技术研究”等13项科研项目组织专家进行评审，评选出8项科研课题作为公司级科研立项项目进行研究攻关。同时优选了“堆石坝面板混凝土防裂技术研究与应用”等3个科研项目申报集团公司科技立项。

【新设备、新材料、新技术、新工艺的推广应用】
2011年，水电十五局有限公司新疆库什塔依项目部对沥青混凝土的施工设备进行改造更新，引进使用拌和机除尘系统、保温系统、称量控制系统，节约成本约200万元；南水北调中线镇平段施工二标项目部在排水倒虹吸土方开挖施工中，采用钢管桩支护技术。橡胶止水带接头引进使用了硫化接头仪焊接。桥梁工程独柱式盖梁采用双抱箍施工法，有效解决了传统单抱箍加钢栓施工法需要在墩柱上打通孔的质量弊病；南水北调新卫三标项目部采用大型倒虹吸液压钢模台车及液压混凝土布料机施工，还在大型倒虹吸混凝土养护方面，引进使用了喷涂混凝土养护剂养护工艺等。

（王　伟）

安全生产

【“安全生产年”和“安全生产心中有数”活动】2011年，水电十五局有限公司筹办安全生产工作会议和活动8次，累计下发各类安全文件44份，对“安全生产年”、“安全生产心中有数”、“安全生产月”活动的开展等进行了全面部署安排。

在全国第十个安全生产月中，水电十五局有限公司围绕“安全责任、重在落实”这个主题，安排部署局属各单位、项目部开展了形式多样、内容丰富的活动。2011年6月1日，组织召开了“安全生产月动员大会”；6月12日，在南水北调新卫三标项目部举行“安全生产月”咨询教育日活动；6月18日，在新疆石门水库项目部举行了防洪度汛紧急撤离演练；6月29～30日，在南水北调SG11标项目部召开了2011年上半年安全生产总结会等，表彰奖励了优秀单位和先进个人。

【安全生产大检查】　2011年，水电十五局有限公司安全生产监督管理部组织牵头共成立10个检查组、2个督察组，对全公司所有在建项目进行了2次安全大检查。2011年下半年联合工程科技部、财务部对各在建项目安全技术措施和安全资金投入情况进行检查。各检查督察组共查出安全隐患138项，整改138项，隐患整改率100%。

【安全管理QQ平台建设】　2011年，水电十五局有限公司完善了安全管理QQ平台。要求局属各二级单位安全管理第一责任人、分管安全领导、安全管理部主任等都加入局安全管理QQ平台，每周、每月上报各自单位主要施工内容、存在的安全隐患及治理情况、安全教育培训情况、安全投入情况、事故情况等，重点管控项目每天上报。通过这一举措，做到安全管理信息的快速流动，及时传递，缩短了管理链条。

（刘国庆）

党群工作和精神文明建设

【综述】　2011年，水电十五局有限公司各级党组织坚持以邓小平理论和“三个代表”重要思想为指导，全面落实科学发展观，切实贯彻党的十七大和十七届四中、五中、六中全会和胡锦涛总书记“七一”讲话精神，以深入推进“作风建设主题实践活动”和“创先争优”活动为载体，不断加强和改进企业党建工作，为加快建设经济强局，推动企业科学发展提供了坚强的政治保证和精神动力。

2011年，水电十五局有限公司党委评选表彰了一公司、二公司两个“四好”领导班子，15个先进党支部，9个党风廉政先进集体，24名优秀共产党员，11名优秀党务工作者，22名党风廉政建设先进个人，党建工作和精神文明建设出现了可喜局面。

【党建工作】　2011年，水电十五局有限公司党委积极组织全公司各级党组织开展了“学党史、知党情、跟党走”主题读书活动，开展了纪念建党90周年党建研究征文、党员领导人员讲党课、红色之旅、党史知识答题竞赛、观看纪念影片等活动。公司党委中心组全年学习15次，每位领导干部记学习笔记5000余字，撰写心得体会1篇。建立学习平台“秦海大讲堂”，邀请专家学者授课。公司党委加强政治理论与形势任务的学习，下发《中国共产党简史》等学习材料2000余册。2011年7月1日，召开庆祝建党90周年纪念大会，举办了“与党共奋进，与企业同成长”主题演讲比赛活动；7月27～29日，举办了学习贯彻胡锦涛“七一”重要讲话暨党建工作培训班，对全公司80余名政工干部进行了为期三天的业务培训；10月14日下发《中国水电十五局有限公司党建工作责任制实施细则（试行）》、《考核评价办法》和《考核评分标准》。2011年终按照党建工作责任制要求，对局属19个党组织进行量化打分考核。组织征集并报送6篇论文参加省国资委系统纪念建党90周年党建研究论文评比活动。学习型党组织建设成果在省国资委系统党组织建设工作经验交流会上进行了交流。

【作风建设主题实践活动】　2011年，水电十五局有限公司党委在全公司开展了“狠抓作风建设　树立良好形象　加快科学发展”主题实践活动，制订并扎实落实《水电十五局有限公司作风建设主题实践活动实施方案》。通过3个阶段11个环节的扎实工作，有力地促进了干部作风的持续好转。活动中下发《赢在执行》、《没有任何借口》等书籍2000册。公司机关召开了各部门作风建设专题汇报会。公司党委确定了每年5月为党组织和党员“公开承诺月”，督促各二级单位将作风建设主题实践活动整改落实方案通过一定的形式进行公开。公司领导带头深入16个单位和30多个项目进行调研，形成调研报告13份。公司作风建设主题实践活动办公室编发简报20期，在公司网站专栏发布各类信息43条，形成了《调研工作报告》及《整改落实方案》两本资料汇编。

【“创先争优”活动】 2011年，水电十五局有限公司党委坚持把“创先争优”活动与“十二五”发展规划和实现战略目标结合起来，与完成年度生产经营各项指标结合起来，与加强基层领导班子建设和基层组织建设结合起来。1月，下发《关于普遍开展领导干部点评创先争优工作的通知》，把做好领导点评工作作为督促基层党组织和党员践行公开承诺的重要举措，作为进一步推进创先争优活动深入发展的重要途径，并形成了《创先争优活动领导点评情况统计表》。3月，水电十五局有限公司党委领导在南水北调区域市场和其他在建项目开展创先争优督导。4月对“创先争优”活动中涌现出的先进集体和先进个人进行评比表彰。5月，按照省国资委党委《关于组织开展好网上投票推荐全国优秀共产党员活动的通知》精神，在全公司范围开展网上投票推荐全国优秀共产党员活动。水电十五局有限公司“创先争优”活动经验材料被省国资委党建专刊刊登推广。

（邓 飞）

【宣传工作和企业文化建设】 2011年，水电十五局有限公司《秦海水电报》出刊27期。公司网站发稿630余篇，给股份公司网站、报纸投稿200余篇。组织中国水利报记者到新疆区域项目进行采风，并在中央政府网、新华网、中国水利报等媒体进行深度报道。策划了新疆区域宣传，依托新疆区域总部与新疆卫视完成策划新春大拜年有关工作。配合延安南沟门水利枢纽工程截流，为业主单位和项目部设计宣传彩页、截流展板和宣传栏，并对截流仪式在网站、报纸上及时报道。撰写了《党建引领企业跨越发展》，成为《陕西参事》杂志理事单位。邀请陕西日报等新闻媒体的专家为全公司通讯员进行了新闻宣传写作专题培训。

2011年，水电十五局有限公司两本专业画册《土石坝专辑》和《混凝土坝专辑》印刷出版，加强了对外宣传，扩大了社会影响力。

（杨 莉）

【职工之家建设】 2011年，水电十五局有限公司下发了《工会组织开展创先争优活动实施意见》、《关于进一步开展项目职工之家建设的实施意见》，要求把创先争优与建设职工之家活动有机结合起来，先后深入10多个项目工地点评创先争优工作。新疆库什塔依等10个项目部分别创建为合格或者先进职工之家。第一工程公司工会创建为“全国模范职工之家”，路桥公司工会创建为“陕西省模范职工之家”。

2011年，水电十五局有限公司工会新建项目“职工书屋”6个，黔中水利枢纽工程项目职工书屋获评“全国职工书屋示范点”，获赠1000多册图书。组织动员职工参加“铁人杯”全国工会知识答题竞赛，1人获评优秀选手，15人获“幸运奖”，公司工会获评“优秀组织奖”。

2011年，水电十五局有限公司完善和出台了工会系统考核办法及评分标准，获陕西省总工会目标责任考核优秀奖；路桥工程公司女职委被评为陕西省总工会“先进女职工委员会”；水电十五局有限公司工会表彰了一批先进集体和个人。

【职工经济技术创新】 2011年，水电十五局有限公司以“五比五赛”（比质量，赛工程创优；比安全，赛规范施工；比技术，赛工艺创新；比高效，赛工程进度；比文明，赛文明建设）为主要内容，组织局属南水北调项目部等重点项目开展劳动竞赛，参与职工超过3000人次。南水北调新卫三标项目部获得国调办中线局、股份公司劳动竞赛一等奖，获评“全国工人先锋号”。陕西南沟门水利枢纽项目部荣获陕西省重点工程建设立功竞赛先进集体。水电十五局有限公司连续六年被评为“全国安康杯竞赛优胜企业”。建筑工程公司获评陕西省“安康杯”竞赛优胜企业。

2011年，水电十五局有限公司成功承办了第六届陕西省“水电工程杯”职业技能大赛。2人被评为陕西省“技术状元”，4人被评为陕西省“技术能手”；局属单位包揽团体前三名。在陕西省首届科技节上，杨继勋等5人获评“陕西省杰出能工巧匠”称号。湖北潘口项目大坝工区荣获陕西省工人先锋号。

2011年，水电十五局有限公司有620多名女职工参加了重点工程劳动竞赛，2人分别获得技术能手、技术状元称号。

【厂（企）务公开】 2011年，水电十五局有限公司巩固和弘扬“全国模范劳动关系和谐企业”成果，年中、年末两次检查集体合同履约情况，开展工资集体协商，确保职代会决议落实。

2011年，水电十五局有限公司通过会议和公示栏、报纸、简报、局域网站等载体公开企业重大决策及涉及职工切身利益的有关事宜180件/次。与此同时，创新调研方式，召开一线座谈会9次，回收有效问卷277份。经过统计分析，形成了调研报告。

2011年，水电十五局有限公司颁布《实施厂务公开职代会星级创建标准和办法》，表彰了一批先进单位和个人。

（辛月诚）

【共青团工作】 2011年5月4日，水电十五局有限公司团委召开了纪念“五四”表彰大会，对2010年全公司涌现出的优秀青年集体和个人进行了表彰奖励。邀请陕西省团校教授对100余名团员青年和团干部进行了形势任务政策培训。以“导师带徒”活动为着力点加速青年成长成才，全年签订师徒合同146份；以“关爱农民工子女”活动为抓手深化青年志愿者行动；以新浪微博等新媒体服务青年，建立工作新平台；联合五家企业团委成功举办“六企联动，爱在金秋”青年交友联谊会，三对青年成功牵手。组织机关全体人员参加“活力水电 健康运动”冬季徒步越野赛。

2011年，水电十五局有限公司共青团系统荣获“陕西省青年文明号标兵”、陕西省“五四红旗团委”等省部级以上荣誉10余项，公司团委被团省委列入全省青年思想引导首批转化单位。

（杨 莉）

【职工培训】 2011年，水电十五局有限公司以加快培养企业急需人才、补齐人才短板为目标，修订了《职工教育培训管理办法》，完善职工教育培训工作；制订了《开展项目职工夜校指导意见》，创办项目职工夜校44个，举办培训660次，培训18 494人次；和陕西工商管理硕士学院联合举办项目管理PMP研修班，加强关键岗位人才培养；开展后取学历继续教育，完成了145人后取学历认证工作。全年共举办各类培训班827期，培训31 028人次。

（赖吉盛 柳 捷）

【帮困扶贫工作】 2011年，水电十五局有限公司领导干部与困难职工“交友帮扶结对子”，筹集23万元对83名困难职工进行走访帮扶。工会投入30余万元，慰问职工2100多人次。“六一”慰问困难单亲女职工13名；中秋节为国内60个项目近3000名职工邮寄月饼。

2011年，第六期在职职工住院医疗互助保险参保续保工作有序开展，全公司参保职工首次突破2000人次，114人次受益，赔付金额22.2万元。

继续做好在白河县中厂镇新厂村的社会对口扶贫工作，帮扶新厂村建起20座蔬菜和花卉大棚；争取社会资金4000元，继续帮扶两位贫困学生。

【职工文体活动】 围绕建党90周年，成功组织了以弘扬企业文化，吟诵党的丰功伟绩为主题的“华彩绽放，铸梦新图”大型迎春文艺晚会。举办了“庆祝建党90华诞职工书画展”，展出作品90件，观看人数超过2000人次。组织40幅摄影作品参加了股份公司承办的“中国三峡杯摄影大赛”，《大江截流》获三等奖。

以“提升和谐发展能力，推动企业战略落地”为主题，成功举办第四届职工运动会羽毛球、乒乓球赛。组织参与了股份公司举办的领导干部羽毛球邀请赛。

（辛月诚）

检查监督

【落实党风廉政建设责任制】 2011年初，水电十五局有限公司召开了反腐倡廉建设工作会议，对全公司反腐倡廉和纪检监察工作进行安排部署。全公司组织签订《党风廉政建设目标责任书》564份。重新修订《党风廉政建设责任制实施细则》、《党风廉政建设责任制考核评分办法》和《考核评分标准》。7月，对9个党风廉政建设先进集体和22名党风廉政建设先进个人进行了表彰。11月，采取各单位汇报、查阅相关资料和记录、个别谈话、评委打分等形式，对19个基层单位党风廉政建设责任制工作进行集中检查考核。2011年，水电十五局有限公司未发生违法违纪、积压信访和有案不查、瞒案不报的现象。

【惩治和预防腐败体系建设】 2011年，水电十五局有限公司全面落实惩防体系建设工作规划任务分解方案。公司领导班子及各级领导班子成员结合作风建设主题实践活动，组织传达学习了国务院国资委、陕西省廉政工作暨惩防体系建设会议及全省纪检监察机关查办案件工作座谈会精神，邀请西安市检察院专家进行了职务犯罪的特点及成案分析专题讲座。组织参观了“法治与责任——全国检察机关惩治和预防渎职侵权犯罪展览”，组织参观陕西省看守所，召开预防职务犯罪现场教育会，开展警示教育。制定了《关于加强和改进纪检监察组织建设的实施细则》、《监督工作联席会议制度》和《领导人员廉洁从业谈话实施意见》。8月，组织召开了惩防体系建设工作交流会，全面总结了惩防体系建设工作成效，对进一步加强惩防体系建设作出部署。在省国资委推进惩防体系建设工作座谈会上，以《突出教育的基础性作用，扎实推进惩防体系建设》为主题，全面介绍了公司惩防体系建设等方面取得的成绩和体会。参加了省国资委组织的调研活动，获“优秀组织奖”。

【效能监察】 2011年初，水电十五局有限公司制订了《2011年效能监察工作实施意见》。4月，召开了效能监察工作会议。会议确定了新疆石门水电站等5个项目为2011年效能监察项目，安排了具体实施工作，强调要以工程项目分包、“三重一大”制度的贯彻执行和财务资金管理情况为工作重点开展工作。通过对5个项目的实地监察、资料检查和座谈了解，对项目工程分包、商务管理、财务资金和人事薪酬管理及廉洁从业等工作方面存在的问题和不足提出了意见和建议，印发《效能监察建议书》5份，共提出70条监察建议，并对整改情况进行了跟踪检查。

【工程建设领域突出问题专项治理】 2011年，水电十五局有限公司在工程建设领域突出问题专项治理工作上，公司领导带头深入项目一线，各业务部门结合职能工作内容和项目情况，进行深入排查和监督检查。发现了经营管理、财务管理、设备物资采购等方面存在的一些问题，及时反馈、下发整改通知书，相关项目部进行了认真整改。为继续抓好整改工作，提出了进一步加强项目经营管理，规范工程分包、进一步加强财务资金管理，严格审计监督、进一步加强对工程项目的监管力度、进一步加大制度落实力度等四个方面的整改措施，下大力气推进整改工作，并纳入经常性监管，建立健全了长效机制，专项治理工作取得成效。

(衡挽澜)

【审计监督】 2011年，水电十五局有限公司准确把握审计工作重点，积极探索新形势下风险导向审计新方法。审计部先后两次召开审计通报会，狠抓审计意见整改与落实。全年累计完成在建项目过程审计16项，出具审计报告13份，提出审计意见89条；对6个项目进行了审计检查；委托社会中介机构完成局属二级单位机关财务收支审计5项，经济责任审计4项，完工终结审计7项，共出具审计报告16份，提出整改建议49条。

(牛继明)

【一届五次职工代表会】 2011年1月27～28日，水电十五局有限公司在西安召开了一届五次职工代表大会。会议听取、讨论和审议了总经理梁向峰所做《夯实管理强局基础，实现经济强局目标，为全面完成2011年的目标任务而努力奋斗》的工作报告及《2010年财务决算暨2011年财务预算报告》、《2010年集体合同履行情况报告》和《2011年工资集体合同（草案）》，形成职代会决议4个。在职代会上，工会主席鞠汉中代表全公司职工与企业法人签订了2011年工资集体合同。还对134名中层经营管理者进行了民主测评。

(辛月诚)

中国水利水电第十六工程局有限公司

概　　况

【新增注册资本资质与分支机构】 2011年8月24日，中国水利水电第十六工程局有限公司（以下简称“水电十六局有限公司”）换发企业法人营业执照，法定代表人林文进，注册资本由1.8亿元增加为3亿元。因水电十六局有限公司原公路工程施工总承包一级资质整合至中国水利水电建设集团公司路桥公司，经重新申报，2011年4月29日取得公路施工总承包三级资质。经集团公司等批准，水电十六局有限公司于2011年1月20日首次在境外注册成立中国水利水电建设集团哈萨克斯坦分公司；3月1日，成立深圳分公司；11月16日，成立上海分公司。

【领导班子】　2011年，水电十六局有限公司领导班子成员为：执行董事、总经理兼党委副书记林文进，党委书记兼副总经理李良顺，副总经理吕孟静、吴广忠、魏振刚、方彦铨、金建国、杨伟明，监事、党委副书记、纪委书记徐炳春，总会计师曾继亮，总工程师吴秀荣，工会主席谢小坡。

【2011年工作】　2011年，水电十六局有限公司全面完成中国水利水电建设股份有限公司下达的资产经营、安全生产、党建工作及党风廉政建设各项责任制目标考核任务，全年实现营业收入29.94亿元，新承揽工程合同金额73亿元，利润率进一步提高，全额上缴股份公司投资收益，国有资本得到保值增值，职工收入稳步增长。其中，年度完成营销计划率与年终人均合同存量分别名列股份公司各工程局（厂）第二名，已连续三年保持“安全生产优秀企业”称号。2011年，水电十六局有限公司开创了2个200亿元的发展新局面，即向国家与社会贡献的总产值累计突破200亿元，年完成营业收入与新签合同总金额、合同存量合计突破200亿元。

水电十六局有限公司综合实力显著提升，所承建的国内外工程项目全面履约，诚信经营与品牌优势得到社会和业界赞扬。继续保持福建省守合同重信用企业与建筑业总承包30强企业、中国水利水电施工企业20强。承建的贵州光照水电站碾压混凝土大坝工程获“中国电力优质工程奖”。承建的上海浦东国际机场扩建工程获“国家优质投资项目奖”，虹桥国际机场扩建工程再度赢得“上海市市政工程金奖”。福建省武邵高速公路路基路面、昆明新机场、新疆喀腊塑克水利枢纽碾压混凝土大坝等4个项目获“中国水电优质工程奖”。

2011年，是水电十六局有限公司全面实施党建工作责任制的第一年，以庆祝建党90周年为动力，深入推进创先争优活动，队伍展现良好的精神风貌。水电十六局有限公司摘取福建省思想政治工作优秀企业荣誉，首次荣获全国模范职工之家称号，同时还获得全国电力行业优秀企业、福建省“十一五”建筑行业先进集体与建筑行业先进企业、“安康杯”竞赛先进单位等表彰，基层单位和施工项目获得福建省五一劳动奖状、工人先锋号、“五四”红旗团委和全国青年安全生产示范岗等奖项，一批骨干赢得全国工程建设优秀项目经理、全国“五一”巾帼标兵、福建省企业优秀思想政治工作者与“五四”奖章、股份公司利比亚撤退行动表现突出的优秀共产党员等先进称号。

（吕槐青）

【组织机构】　2011年末，水电十六局有限公司总部机关职能部门与工作机构有总经理工作部、党委工作部、人力资源部、市场开发部、策划经营部、财务产权部、工程科技管理部、安全生产监督管理部、机电物资部、审计部、资金管理部、纪委与监察部、法律事务部、工会、项目管理部、投融资管理部；驻外办事机构为北京办事处。水电十六局有限公司的经济核算与经费单位有海外事业部、第一分局、第二分局、第三分局、第五分局、机电制造安装分局、基础分局、新疆施工局、勘测设计院、基地综合管理处。水电十六局有限公司市场经营与工程实施设区域经理部和项目经理部。

【职工队伍】　2011年末，水电十六局有限公司在册职工3705人，其中研究生学历12人，本科893人，大专1035人，中专320人，技校482人；硕士学位7人，学士586人。各类专业技术人员和管理人员2057人，其中高级职称218人，中级职称400人，初级职称815人。注册一级建造师90名，二级建造师227名，质量工程师10名，安全工程师24名，监理工程师1名，造价工程师18名，结构工程师1名，会计师52名，招标师2名。高级技师64名，技师134名。

（丁家武　苏光平）

国内工程

【综述】　2011年，水电十六局有限公司国内水利水电工程完成营业收入12.48亿元，比2010年增长21%；新签合同金额11亿元，比2010年增长39.2%。在建工程良好履约，完工项目分别获得中国电力和中国水电优质工程奖。在建重点项目南水北调东线、中线工程有5项，合计线长超过25千米。在新疆市场形成多个项目同步推进的施工格局，在贵州新承揽马马崖一级水电站百米以上碾压混凝土高坝工程。

【南水北调工程项目群】　南水北调中线一期工程天津干线保定市1段TJ2—4标段工程，2011年，完成土方开挖84.25万立方米，土方回填83.20万立方米，混凝土浇筑17.10万立方米，钢筋制作安装1.60万吨，产值2.13亿元，实现年度计划目标。工程经验收的1095个单元工程，合格率100%，优良率96.26%；被河北省南水北调工程建设管理中心评为安全生产目标管理合格单位，并2次获得劳动竞赛一等奖。

南水北调东线一期工程济南—引黄济青（第三

批）济南市区段11标段工程（二环西路—济洛路输水暗涵工程），于2011年8月完工。2011年，完成土方开挖14.45万立方米、混凝土浇筑3.5万立方米、钢筋制作安装2640吨，产值4000万元，实现年度计划目标。单元工程合格率100%，优良率95.77%；被山东省南水北调工程建设管理局评为2011年度先进施工项目部。

南水北调中线一期工程总干渠沙河南宝丰郏县段第四施工标段工程，2010年12月10日中标，合同金额2.33亿元。2011年，完成土石方开挖61.55万立方米，土石方填筑23.02万立方米，混凝土浇筑8000立方米，钢筋制作安装825.93吨，产值3850万元。

南水北调中线一期工程总干渠沙河南—黄河南鲁山北段工程，2011年1月7日中标，合同金额2.94亿元，全长7.74千米。2011年完成产值6169万元。

南水北调中线一期工程总干渠沙河南—黄河南郑州2段交通桥第二施工标段，2011年5月6日中标，合同金额8379万元。2011年，完成混凝土浇筑394立方米，钢筋制作安装27.4吨，产值419万元。

（王晓锋　关满红　欧信平　陈　琦　张海鸣）

【新疆水利水电工程项目群】　喀腊塑克水利枢纽碾压混凝土重力坝工程，2011年完成混凝土浇筑34 173立方米，帷幕灌浆5965米，固结灌浆1374米，制作安装金属结构902吨与钢筋556.43吨，大坝越冬临时保温工程9985平方米，产值8252.88万元。

布尔津山口水利枢纽常态混凝土双曲拱坝工程，2011年完成土石方开挖12.3万立方米，边坡支护6310平方米，混凝土浇筑大坝1.62万立方米及上游围堰3.37万立方米，帷幕灌浆401米，制作安装钢筋346吨与金属结构128吨，安装投入使用2台20吨辐射式缆机，砂石料加工5.51万吨，产值3725万元。2011年8月14日，中标承建布尔津山口水电站机电设备安装与调试工程，合同金额1588.62万元。

沙尔布拉克水电站碾压混凝土重力坝土建及金属结构制作安装与设备安装工程，2011年大坝工程完成土石方挖填8.9万立方米，导流洞工程完成土石方开挖9.59万立方米，混凝土浇筑0.59万立方米，喷锚1.25万平方米，锚杆支护1115根，挂网钢筋15.45吨，固结灌浆18米，回填灌浆517.3平方米，排水孔681米，钢筋制作安装153.58吨，合计产值2729.9万元。

（刘　辉　朱宝荣　冯士权　刘官升　罗　斌）

【沙沱水电站工程】　2011年，该工程完成混凝土浇筑21.84万立方米，产值8282.85万元，单元工程合格率100%，优良率95%。2011年产值1.93亿元，累计产值2.23亿元。2011年末，4号主机间已浇筑至发电机层，上游副厂房GIS室楼板全部形成，883个单元工程合格率100%，优良率92%。2011年4月11日，中标该电站下游河道护坡及沙沱大桥防护工程，合同金额1191万元。

（倪　磊）

【那比水电站大坝工程】　2011年3月21日，该工程大坝二期导流孔下闸封堵；4月3日，全面完成大坝碾压混凝土浇筑，首台机组并网发电；6月26日，该电站3台机组全部并网发电；11月22日工程竣工。工程质量评定为优良。

（陈　琦　李继官）

【跃洲水电站工程】　2011年，该工程完成土石方开挖133.21万立方米，混凝土浇筑17.3万立方米，钢筋制作安装4395.61吨，产值8471.61万元；单元工程合格率100%，优良率93.85%。项目部被福建省总工会授予“当好主力军、建功‘十一五’、和谐奔小康”劳动竞赛先进集体。

（黄顺晶）

【伦潭水利枢纽工程】　2011年，该工程完成碾压混凝土浇筑8.13万立方米，常态混凝土浇筑7693.38立方米，坝基固结灌浆1220米，帷幕灌浆2640米，产值3086.83万元。经验收的105个单元工程，合格率100%，优良率81.9%。

【华安水电站扩建工程】　2011年，该工程完成洞挖石方17.85万立方米，明挖土石方8.9万立方米，围堰土石方填筑5万立方米，混凝土浇筑5900立方米，混凝土喷护4632立方米，制作安装钢筋114.32吨与钢格栅拱架115.5吨，产值4168.13万元。

【两河口水电站工程】　2011年6月21日，中标两河口水电站交通工程1101号公路施工项目，合同金额1.49亿元。工程位于四川雅江县的雅砻江沿岸。2011年8月13日工程正式开工。截至2011年底完成洞挖石方27 051.89立方米，钢结构制作安装39.07吨，混凝土支护1750.43立方米，锚杆支护5228根，产值1616.94万元。

2011年12月7日，中标该电站交通工程坝区—普巴绒土料场公路Ⅳ标段工程，合同金额1.46亿元，路线总长 3190 米。2011 年，完成项目营地规划及测量控制点布置。

（关满红）

【仙游抽水蓄能电站工程】 2011 年，生产并供应成品混凝土 10.63 万立方米，砂石骨料 1.28 万吨，分别占合同总量的 48.5%和 29.2%。成品料合格率 100%，优良率 97.7%。2010 年 6 月 1 日，承担 2 台单机 30 万千瓦的混流可逆式水泵水轮机发电机组安装工程，合同金额 3868.4 万元。同时，承建的水泵水轮机埋件等工程，合同金额 533.5 万元。

（关满红 张 艳）

【勐野江水电站工程】 2010 年 11 月 6 日，中标勐野江水电站厂区枢纽工程，合同金额 1.04 亿元。2011 年，完成洞挖等项目土石方开挖 27.8 万立方米；产值 4073 万元，占合同金额的 39%；单元工程优良率 100%。

【马马崖一级水电站工程】 2011 年 8 月 29 日，中标马马崖一级水电站碾压混凝土重力坝土建工程，坝高 109 米，合同金额 3.69 亿元，坝址位于贵州关岭县的北盘江。2011 年，完成土石方开挖 20.96 万立方米，产值 1198.9 万元，10 个单元工程优良率 100%。

（倪 磊）

【机电和金属结构制造安装工程】 2011 年，国内外机电和金属结构制造安装工程完成产值 3.17 亿元，新签合同金额 7593 万元。其中，国内产值 8413 万元，总装机容量 33.75 万千瓦，金属结构制作安装 9396 吨。投产发电的 11 台机组中有灯泡贯流式水轮发电机组 6 台。工程质量合格率 100%，优良率 92.3%。

（张 艳）

国际工程

【综述】 2011 年，水电十六局有限公司国际工程完成营业额 1.01 亿美元，承揽工程合同金额 52.21 亿元，年末合同存量 79 亿元。当年新承揽并开工工程 3 项：喀麦隆曼维莱水电站工程、加蓬 KO—51 公路工程、阿尔及利亚图古尔特 240 床位医院房建项目。续建工程 7 项：柬埔寨额勒赛水电站上电站引水隧洞及厂房工程、喀麦隆曼维莱水电站进场公路、格鲁吉亚 E-60 高速公路里科季隧道修复工程、马来西亚巴贡—斯米拉胶 275 千伏输变电线路 B 标工程、马里费鲁水电站机电及金属结构制造安装工程、格鲁吉亚西部绕城公路、哈萨克西南部欧中通道公路。经验收移交工程 4 项：马来西亚巴贡—斯米拉胶 275 千伏输变电线路 A 标、阿尔及利亚布谷斯水坝、阿尔及利亚苏夫二期水处理工程、塔吉克斯坦杜尚别—吉尔吉斯边界道路修复项目第三期工程。加蓬马克库机场修复及扩建工程与利比亚绿山省贝达市房建工程，分别因资金和战乱原因处于暂停状态。

【国际工程保障】 2011 年，经国际公司签订设备物资采购合同 230 份，金额 2.06 亿元；其中各类设备 310 台（套），金额 5940 万元，占总采购金额的 28.86%，办理出口退税 1683 万元。经上海、天津、厦门等港口共发货 98 批次，其中散货 1.74 万立方米，集装箱 261 个，海运费为 1867 万元。2011 年，国际工程保障工作量比 2010 年合同数增长 72%，合同金额增长 289%，固定资产增长率 76%。加强职能建设，海外事业部撤销项目管理部，设立工程管理部、合同与风险管理部。

【阿尔及利亚布谷斯水坝工程】 阿尔及利亚布谷斯水坝于 2011 年 2 月 23 日下闸蓄水，主体工程完工；5 月 24 日通过竣工验收，累计完成产值 6110 万美元。2011 年，浇筑混凝土 118 立方米，帷幕灌浆 90 米，固结灌浆 3353 米，产值 15 万美元。

【阿尔及利亚图古尔特 240 床位医院房建项目】 该工程于 2011 年 5 月 12 日承建，合同金额 5940 万美元。医院位于阿尔及利亚瓦尔格拉省图古尔特市中心，占地面积 37 156 平方米，总建筑面积 34 000 平方米。主体工程结构为地下 1 层，地上 4 层，层高 4.5 米。主楼由 20 栋建筑物构成，以及附属设施。2011 年进行工程前期准备工作。

【塔吉克斯坦杜尚别—吉尔吉斯边界道路修复项目第三期工程】 该工程于 2011 年 9 月 2 日通过竣工验收，累计完成产值 1126.63 万美元。2011 年，完成颗粒料底基层 2928 立方米，颗粒料路肩 1.76 万立方米，级配碎石基层 3206 立方米，沥青混凝土路面（6 厘米厚）2.37 万平方米，透层油洒布 2.61 万平方米，桥面沥青混凝土路面 1038 平方米，完成产值 52.82 万美元。

【马来西亚巴贡—斯米拉胶 275 千伏输变电线路 A 标工程】 2011 年 12 月 29 日，该工程提前两天通过竣工验收，累计完成产值 1126.63 万美元。工程分为Ⅰ期和Ⅱ期两部分，Ⅰ期工程为一条长 109.6 千米的 275 千伏双回路四分裂输电线路与长 2.9 千米的双回路二分裂转换线路；Ⅱ期工程为一条长 22.3 千米的 275 千伏双回路二分裂输电线路。

【马来西亚巴贡—斯米拉胶 275 千伏输变电线路 B 标工程】 2011 年该工程基本完工，累计完成产值 5974 万美元，完成了采购和施工约 112 千米双回四分裂导线、约 26 千米双回双分裂导线 275 千伏输电线路及相关土建工程。

【马里费鲁水电站机电及金属结构制造安装工程】 2011 年，该工程完成产值 1618 万欧元，完成电站首部取水口 2×160 千牛门机轨道预埋件安装，进口拦污栅门机轨道部分安装，1 号机组开始管型座拼装和焊接，检修排水总管安装，1～3 号机组测量管路安装，上游侧机组埋件安装，土建工程各部位接地，预埋电缆管道，接地铜绞线预埋 1.2 万米，电缆管道 600 米。工程累计完成产值 3644 万欧元。

【柬埔寨额勒赛水电站工程】 2011 年，该工程完成产值 749 万美元，累计产值 932 万美元，已完成引水系统工程洞挖 2603 米、系统喷混凝土 1276 立方米、锚杆 3248 根，发电厂房开挖土石方 14.34 万立方米，公路土石方开挖 15 万立方米。

【格鲁吉亚 E-60 高速公路里科季隧道修复工程】 2011 年，该工程完成产值 1360 万美元，完成衬砌混凝土 1.54 万立方米，假顶混凝土 3268 立方米，洞内沥青路面 4.32 万平方米，防水膜 3.65 万平方米，土工布 3.65 万平方米，假顶及衬砌钢筋 1247 吨。工程累计产值 2330 万美元。

【格鲁吉亚西部绕城公路工程】 2011 年 4 月 21 日该工程开工，完成年度产值 791 万美元，土方开挖 1.32 万立方米，石质土压实 14.03 万立方米，水泥土桩 17.45 万米，混凝土浇筑 8318 立方米。

【加蓬 KO-51 公路工程】 2011 年 3 月 25 日，水电十六局有限公司中标该工程，5 月 26 日签约，合同金额 7929 万美元，11 月 20 日开工。工程位于加蓬 OGOOUE IVINDO 省库马梅永至奥万公路，施工内容为全长 51 千米的原路基清表工程、土石方工程、路基和路肩 30 厘米厚红土砾石层施工、道路沥青混凝土结构层、涵洞和排水工程等，当年进行临建设施和工程测量。

【哈萨克斯坦双西公路第五标段工程】 2011 年 3 月 1 日该工程开工，当年完成产值 1462 万美元，完成各类开挖及回填 82.32 万立方米，底基层施工，7% 水泥稳定基层 2.20 万立方米，水泥混凝土路面 2.07 万立方米，涵洞 2451 米。

【喀麦隆曼维莱水电站工程】 该工程为集团公司实施的建设融资和施工（EPC）合同项目，项目总金额 7.99 亿美元，水电十六局有限公司承担施工任务。2011 年，主要施工电站进场公路整治工程，完成产值 8210 万欧元，灌木清除 25 万立方米，普通开挖回填 11 万立方米，磨损层 1.75 万立方米，钢筋混凝土箱涵管涵 1 座及桥梁部分工程。

（李越英　林　海）

基础设施建设

【综述】 2011 年，水电十六局有限公司国内基础设施等非水电业务营业收入 11.11 亿元，新签合同金额 9.89 亿元。公司总部所在福建省市场的业务持续推进，不断拓展。机场专业施工品牌得到提升，新中标上海浦东、云南昆明、福建三明沙县等机场共计约 7 亿元的工程量，并首次获得辽宁沈阳桃仙机场工程，生产经营范围延伸至东北地区。

【平潭综合实验区工程项目群】 2011 年 10 月 20 日，平潭综合实验区澳前商品混凝土搅拌站投入使用，当年生产销售商品混凝土 6 万立方米。截至 2011 年底，累计投入资金 7000 万元，完成场地平整、排水系统、站区支护、围墙大门、拌和楼系统、地磅基础、供水供电及场地与道路硬化等工程，并配备年产混凝土 60 万立方米所需各种设备。

平潭综合试验区竹屿排涝防潮闸工程，2011 年 5 月 15 日中标，合同金额 7500 万元。当年完成产值 7000 万元，土石方开挖 14 万立方米，混凝土浇筑 2.5 万立方米，金属结构安装 550 吨。

平潭综合实验区环岛公路潭南湾段 B 标段工程，2011 年工程基本完工，完成所有土石方开挖 19.11 万立方米，土石方填筑 29.94 万立方米，排水管线 1.27 万米等工程。

平潭综合实验区坛西大道竹屿口段工程，2011 年完成产值 1.4 亿元，完成路基土石方开挖 5.1 万立方米，填筑 45 万立方米；水闸桥桥梁、万北路跨线桥、龙凤路跨线等主体工程已完工。

平潭综合实验区三十六脚湖清淤工程，2011 年 6

月 15 日完工并于 11 月 23 日通过竣工验收。2011 年完成产值 6343 万元，清淤 189 万立方米。

【浦东国际机场工程】 浦东国际机场商飞配套四跑道地基处理及排水工程 1 标段项目，合同金额 6593.67 万元，2011 年 4 月 25 日中标，11 月竣工，完成土方工程 160 万立方米，排水沟工程 4500 米，山皮石垫层铺筑、冲碾、找平 9 万立方米。

浦东国际机场商飞配套四跑道飞行区场道及附属设施工程 1 标段项目，合同金额 6890 万元。2011 年 12 月 19 日开工，主要施工内容为土方工程、道槽地基修正、场道工程、消防给水管道工程、安防系统管道预埋与设备基础工程、附属设施工程等。

【昆明新机场工程】 昆明新机场人工砂石骨料加工系统项目，2011 年 1 月底完成系统建设并正式投入运营，累计生产人工砂石骨料 163 万吨。2011 年完成产值 4000 万元。

昆明新机场规划用地预处理工程 DC3 标段项目，2011 年完成产值 9528 万元，6 月底完工。

昆明新机场飞行区水泥混凝土场道工程（FXQ-CDGC-001）标段项目，以水电十六局有限公司为责任方与中国葛洲坝集团组成闽葛联营体于 2010 年 12 月 31 日中标，合同金额 1.88 亿元。工程于 2011 年 1 月 20 日开工，6 月 30 日完工，11 月 3 日通过竣工验收。2011 年 8 月工程业主将东跑道延长段 500 米平行滑行道及联络道道面与道肩工程混凝土施工任务委托水电十六局有限公司施工并完工。工程被评定为优良工程，水电十六局有限公司完成年度产值 1.18 亿元。

【三明沙县机场工程】 2011 年 9 月 7 日，水电十六局有限公司中标三明沙县机场飞行区、侧净空、航站区土石方和道面、站坪等工程 D 标段项目，合同金额 1.85 亿元。标段工程主要包括机场飞行区、侧净空、航站区土石方和道面、站坪等项目。当年完成产值 1200 万元，完成 4.5 千米施工便道的修筑及加固工程，清除耕植土 26 万立方米，地基处理 3 万平方米。

【沈阳桃仙国际机场工程】 2011 年 10 月 13 日，水电十六局有限公司中标沈阳桃仙国际机场航站区扩建工程下穿通道、综合管廊及滑行道桥工程（二标段），合同金额 2.44 亿元，10 月 21 日开工，当年完成产值 6402 万元，完成灌注桩混凝土 2.54 万立方米，钢筋制作安装 4478 立方米，土方开挖 9.7 万立方米，混凝土冠梁 219 米。

（张宏升）

【宁德至武夷山高速公路工程】 2011 年，该工程完成产值 1.5 亿元，其中路基工程产值 4273.65 万元，完成挖方 32.2 万立方米，填方 18.4 万立方米，防护、排水砌体 2.35 万立方米、高边坡锚杆、锚索 3.11 万米，路基交验 5.64 千米；桥梁工程产值 7903.46 万元，完成涵洞 52 道（含变更）、墩柱 105 根、盖梁、台帽 101 道、梁板预制 779 片、梁片安装 944 片、桥面铺装 4019.2 米、防撞栏杆 6750.5 米；隧道工程完成产值 2770.2 万元。

【成都—简阳快速路工程】 2011 年 7 月，该工程通过竣工验收，累计完成土石方挖填 198.1 万立方米，挡土墙砌筑 1 万立方米，特殊地基处理 2.76 万立方米，水沟砌筑 1.15 万米，植草防护 4.39 万平方米等。

（陈　琦　王荣金　白慧霞　张海鸣　林海霞）

【厦门滨海西市政大道Ⅰ标工程】 该工程位于福建厦门市同安区，项目南起在建的国道 324 复线，北接现状国道 324 线，是一条交通性主干道。2011 年，完成产值 3262 万元，土方挖填 22 万立方米，淤泥开挖 10 万立方米，回填砂 6 万立方米，浆砌石 1.4 万立方米，干砌块石 7000 立方米，混凝土浇筑 3400 立方米，钢筋制作安装 301 吨等施工任务。

【龙岩紫金山金铜矿 227 重力坝工程】 2011 年 8 月 5 日，水电十六局有限公司中标该工程，合同金额 7000 万元。工程位于福建上杭县同康村，为防洪调节池下游拦挡坝采用 C20 常态混凝土重力坝。2011 年，完成大坝浇筑前期的基坑开挖和支护施工，混凝土浇筑 2.64 万立方米。

（欧信平）

管理创新

【管理体系建设】 2011 年，水电十六局有限公司以 GB/T 19001—2008《质量管理体系要求》、GB/T 28001—2001《职业健康安全管理体系要求》、GB/T 24001—2004《环境管理体系要求及使用指南》和 GB/T 23331—2009《能源管理体系要求》四个管理体系全面覆盖，正常运行，并于 5 月 19 日启动 GB/T 50430—2007《工程建设施工企业质量管理规范》标准的质量管理体系转换工作。当年在建工程质量总体平稳，所承建工程合格率 100%，土建工程优良率 91.1 %，机电工程优良率 94.2 %，无质量事故和重大顾客投诉，高于年度质量管理目标；人员伤亡事故为零，职业病事故为零，实现年度职业健康安全管理目标；没有出现违法违规的环境事件，各种污染物排放水平均满足国家和地方环境标准要求，实现年度环境管理目标和指标；能源消费总量 6.07 万吨标准煤，万元营业收入综合能耗为 0.23 吨标准煤，比 2010 年同期降低 3.32%，完成股份公司年度经营业绩责任书规定的万元营业收入综合能耗降低目标。

（王健亮　陈　平　张彩虹　张敏娟）

【经营管理】　2011 年，水电十六局有限公司完成总产值 29.94 亿元，其中，国内产值 23.59 亿元，国外产值 6.35 亿元。新签合同总金额 73 亿元，其中，国内水利水电业务 11 亿元，国内基础设施业务 9.89 亿元，国际业务 52.21 亿元。截至 2011 年末，累计合同存量 104 亿元。加强经营管理制度建设，修订《国内工程分包管理办法》，并对管理制度进行汇编，形成统一的《管理手册》。初步构建全面风险管理与内部控制体系，完成合作企业注册管理，评审确定 2010 年度股份公司合格分承包商，申报注册公路工程总承包三级资质，通过电力承装、承试一级资质电脑申报年检，并完成福建省建筑企业资质年度检查审批工作。

（牛新平　钟志刚）

【项目管理】　2011 年，水电十六局有限公司国内在建工程共计 64 个，工程项目分为水电、公路、机场、市政 4 大项，分布在新疆、甘肃、辽宁、山东、河南、上海、湖南、福建、江西、广西、四川、云南、贵州等 13 个省市自治区。全年发布《工程月报》12 期，对 6 个重要项目进行开工前评审咨询，处理工程业主、监理各类来函 10 份和项目部来函 2 份。同时，派出工作组 34 批次，下发《项目管理部工程检查处理记录表》32 份，召开专题会议 4 次，下发会议纪要 4 份，检查项目部覆盖公司所有直控项目、1 亿元以上监控项目及公司监控的有关项目，并对国际工程格鲁吉亚项目、哈萨克斯坦项目进行工作检查与指导。做好在建工程防洪防汛制度执行工作。对在建工程发出《业主意见征求函》33 份，收到回函 26 份，得到良好评价。

（张礼强　李延宝）

【质量管理】　2011 年，水电十六局有限公司在建的 5 个南水北调项目工程质量受控状态良好，未出现较大及以上质量问题，未接到业主重大投诉，其中南水北调东线济南市区段二环西路—济洛路输水暗涵工程施工 11 标已通过初步验收，南水北调中线河北保定 1 段 TJ2—4 施工标和河南鲁山北段工程质量多次受到各级领导表扬。质量创优工作取得新进展，贵州光照水电站大坝土建工程获“中国电力优质工程奖”。

（杨祥震　张敏娟）

【投融资管理】　2011 年，水电十六局有限公司投资项目共有 4 个（3 个 BT 项目），分别是中水电岚海（福建）商品混凝土有限公司平潭澳前商品混凝土搅拌站项目、平潭三十六脚湖水库清淤 BT 项目、平潭金井湾场地平整 BT 项目、泉州市泉港区山腰盐场蓄水系统工程 BT 项目。截至 2011 年底，平潭三十六脚湖水库清淤 BT 项目、泉州市泉港山腰盐场蓄水系统工程已完成合同内全部工程项目，正在进行竣工资料移交和办理结算、回购款申请函等手续。平潭金井湾场地平整 BT 项目，就实际已完工程进行验收和结算。平潭澳前商品混凝土搅拌站进入试运营，进行后续项目的完善和设备补充。

（陈盛昌　朱鲁荣）

【资产经营责任制】　2011 年，水电十六局有限公司良好地完成股份公司下达的资产经营责任制考核指标，营业收入完成率 122.21%；实现利润 7541 万元，超出考核指标 1.12%；现金流保障倍数、应收账款周转率、资金集中度、职工平均工资增长率等业绩指标均优于考核指标。水电十六局有限公司层层落实内部经营目标责任制，分局（单位）实行年度经营业绩考核评分，公司直管（控）项目部在项目竣工后进行审计考核，联营体按董事会章程与协议约定执行考核。

【财务产权管理】　2011 年，经股份公司批准，水电十六局有限公司注册资本金由原 2.28 亿元变更增加为 3 亿元，转增实收资本 7205 万元。全面应用用友 NC 财务集中核算系统，继续加强《建造合同准则》执行管理，建造合同审批实行由 OA 系统进行机制审批流程。向国有企业监事会报送 2011 年度《企业年度工作报告》，按股份公司上市的相关要求编报 2011 年财务决算及 2012 年预算报表。截至 2011 年底，水电十六局有限公司对外投资 1.06 亿元。

（曾昭森　柯玉清）

【资金管理】　2011 年，水电十六局有限公司不断强化资金集约化管理，制订资金管理实施细则，加强对银行账户监管和清理，完善资金预算管理，防范资金风险，重视机构和队伍建设。2011 年全年公司资金集中度为76%，完成上级下达的考核指标。全年融资金额3.3亿元，比2010年增长106%；内部调剂资金2亿多元，为参与海峡西岸经济区的开发建设提供资金保证。与中国建设银行、中国农业银行、中国银行、交通银行、民生银行、兴业银行等多家银行建立良好合作关系，年度授信额度超过10亿元，被中国建设银行等多家机构评为信用AAA级企业。

（吴寅初）

【人力资源管理】 2011年，水电十六局有限公司加强专业技术人才队伍建设和管理，聘用116名技术人员为公司各专业总工、副总工等，完成247人的初、中、高级职称评审确认工作。组织各单位职工参加一、二级注册建造师、监理工程师、五大员学习考试300多人次，新申报一级注册建造师11人，二级注册建造师29人。培训商务、经营、技术、安全等岗位人员1707人次。评审认定高级技师13人，技师19人。水电十六局有限公司技能鉴定站对25人进行汽车维修中、高级技能鉴定；完成185名特种作业人员换取证件工作。发挥OA干部人事档案信息化两级管理作用，有2343人的基本资料录入信息库。为加强国际工程管理人才的培养，组织17名专业技术人员进入天津大学攻读第二学位，全年送外参加各类学习培训69人。确认62名职工后续学历。新招收438名大学毕业生，并集体进行入职培训。经水电十六局有限公司职代会主席团会议审议通过《职工工资管理办法（试行）》，于2011年6月1日开始执行新的工资调整方案。先后出台《关于加强职工内部调动管理的通知》、《关于加强劳务派遣人员管理的通知》等制度。

（丁家武　钟登梁）

【机电物资管理】 2011年，水电十六局有限公司机电物资部门调剂设备105台（套），原值3078.56万元，节省资金3078.56万元。签订24份采购合同，合同金额4132.05万元，节约资金62.58万元。组织专项安全检查，发出在用特种设备定期检验函5份，收到各单位和项目部《设备检查记录》90份，《特种设备检查记录》95份，设备检查整改意见11份，设备物资安全管理自查自纠汇报14份。全年未发生机械设备生产事故。在用特种设备安全使用许可证（合格证）96本，停用特种设备92台（套）。物资集中采购20批次。投保车辆237辆，保险金额95.17万元。印发管理文件，规范设备采购、旧设备处置、旧材料处置等流程。制定《关于进一步加强国外工程设备使用管理的通知》，加强国外工程设备物资的宏观管理。推广应用设备物资管理信息系统，提高企业设备物资管理的现代化水平。坚持评选红旗设备，表彰3个先进集体、7名先进工作者、20台（套）红旗设备。

（罗金星　李　岩）

【办公室综合管理】 2011年，水电十六局有限公司积极推进办公事务与行政后勤管理工作规范化，主管部门率先实施《首问责任制管理规定》。加强内外部沟通协调与工作督办及接洽安排，完成重要庆典与会务工作。健全《办公室用品及物资采购报销规定》、《印章管理制度》、《公文处理办法》、《车辆管理办法》等制度。强化涉密内容信息的控制和管理，开展“保密观展”宣传学习，公司与各单位、部门签订保密责任书，与重点岗位签订保密承诺书，没有发生失密、泄密事件。全年妥善处置解决来信来访人员50余人次，实现越级上访零目标。加强档案基础管理，添置和改善档案管理硬件基础，重新修订完善档案管理制度，组织专业档案管理人员参加专业知识培训。完成2010年以前人事和文书档案归档工作，经省档案局等组成的档案整理质量检查组检查验收合格。加强总部机关安全保卫、物业及职工食堂管理。

（范玲斌　顾小刚）

【法治管理】 2011年，水电十六局有限公司处理法律事务案件33件，其中当年新案件20件，诉讼金额4058.06万元；处理历史遗留案件13件，诉讼金额12 872.94万元，挽回经济损失3784.52万元。调解并结案西汉兴达、山东李光亮两起案件。为龙海市龙江大桥工程项目履行过程中出现的问题、厦门海沧垃圾焚烧发电厂农民工工资发放问题、龙湾区蓝田水闸改建工程分包商领取决算尾款等提供法律意见。参与海外事业部工伤保险纠纷调解。为退休职工房屋产权被侵占提供法律援助。参加股份公司全面风险管理与内部控制体系建设，制订体系框架、事务流程，进行风险评估和控制措施评价。开展公司“六五”普法活动，开展“12·4”全国法制宣传日普法活动，总部机关共有216人参加组织普法知识测试。

（孙建平　张茂丰　包晓芳）

【信息化建设】 2011年，水电十六局有限公司办公光纤带宽线路进行升级扩容，由原10兆光纤扩容为20兆光纤。配合新闻中心全面改版公司网站，并取代旧网站于12月28日正式对外发布。开发并上线运行OA的人力资源管理系统功能，将人力资源资料以信息化方式体现，达到数据标准化、规范化、表格化及精细化，并推行向全公司范围使用，大大加快了人力资源信息网络化管理进程。经过推广普及，水电十六局有限公司OA系统用户总数已上升至2736人，提升了工作效率。

（范玲斌　高　斌）

企业改革

【改革发展战略规划】　水电十六局有限公司加强企业改革发展各方面战略规划编制工作，于2011年6月8日印发《水电十六局有限公司“十二五”规划》，确立了企业总体发展战略思路和发展战略定位，提出了2011～2015年各年度企业经济发展目标、产业结构调整目标、组织机构调整目标、人力资源发展目标、党建工作发展目标、科技创新发展目标、安全生产发展目标、管理创新目标、企业文化建设发展目标，并制订了相应保障措施。此外，还分别出台了《人才队伍建设“十二五”发展战略规划（2011～2015年）》和《“十二五”国内市场规划》等。

【公司内部机构整合】　2011年1月12日，水电十六局有限公司基地综合管理处和职工医院合并，成立基地综合管理处，对外保留职工医院名称与工作职能。10月13日，投融资管理部主任不再兼任项目管理部副主任职务，项目管理部与投融资管理部分立运行。

（吕槐青　钟志刚）

科技进步

【科技发展规划】　经水电十六局有限公司科技工作会议讨论通过，2011年1月21日印发《水电十六局有限公司科技发展规划（2010～2015年）》，提出了科技创新、集团先进、重点突出、引领支撑企业发展的指导方针；同时，把自主创新作为主线，突出碾压混凝土、机场场道、公路和人工砂石料生产等技术品牌优势，大幅度提升科技创新能力；以公司和分局技术中心建设为重点，创新科技体制与机制；以工程项目为依托，加大科技投入，全面推进企业科技创新体系建设；以科技成果推广应用为契机，加大技术交流和人才培养力度，促进科技成果转化应用和人才快速成长，加快建设科技先进型企业。

【科研立项项目】　水电十六局有限公司2011年立项科研项目13项，申报股份公司科技项目4项，其中3项列入股份公司2012年度立项项目。全年投入科研经费1100万元。

【技术标准与施工工法编制】　2011年，水电十六局有限公司主编的《贫胶渣砾料碾压混凝土施工导则》，7月28日由国家能源局批准为电力行业标准。参加编制国家规范《高填方地基基础技术》、《水利水电基本建设单元工程—水工碾压混凝土》和水利行业标准《堆石混凝土与胶凝砂砾石筑坝技术导则》。编制股份公司工法《碾压混凝土坝异种混凝土同步浇筑上升施工工法》、《厚层冲击碾压快速施工工法》，其中《碾压混凝土坝异种混凝土同步浇筑上升施工工法》被评为国家级工法和福建省省级工法。

【科技信息交流】　2011年，水电十六局有限公司协办福建省水力发电工程学会和省科协十一届学术年会分会场交流会议，交流科技论文5篇。提交10篇科技论文参加省第三届建筑施工优秀论文评选。参加省第十一届青年科技奖候选人推荐与评选。获“十一五”期间省建筑行业先进集体表彰。发挥全国水利水电施工技术信息网副网长单位作用，与全国部属各水利水电设计、施工、科研单位和部分相关院校、部分省属水电工程局长期保持情报信息交流。全年向《水利水电施工》、《福建水力发电》、《水利科技》等刊物推荐技术论文12篇，多篇论文获奖。编辑出版《闽江水电科技》两期。

【科技会议】　2011年9月2日，福建省水力发电工程学会施工专业委员会与水电十六局有限公司在福州联合召开“2011年施工技术经验交流会”，共有60多位专家及技术人员参加交流会，水电十六局有限公司交流了13篇论文，内容涵盖碾压混凝土施工、机场场道施工、金属结构施工、工程的试验与研究、工程质量与安全管理技术等，并汇编成论文集。

（杨祥震　张敏娟）

安全生产

【安全生产责任制】　2011年，水电十六局有限公司在股份公司安全生产综合考核中获第四名，继续保持股份公司安全生产优秀企业（A类）称号。水电十六局有限公司有7个项目部与单位被股份公司评为“安全生产优秀项目部（集体）”。当年，公司与二级单位、公司直管（控）项目部签订安全生产责任书11份；所属二级单位与项目部均层层签订安全生产责任书。大力推行安全生产四个责任体系，形成全面覆盖的安全生产管理、技术支撑与监督网络。

【安全生产制度建设】　2011年，水电十六局有限公司加强安全生产制度的执行与实施检查，深入推进安全生产制度建设，制订《2011年安全生产工作目标计划》、《安全技术管理办法实施细则》、《工程项目安全生产考核管理办法》、《安全生产奖惩管理暂行办法》、《安全生产费用投入和统计暂行管理办法》和《工程项目安全总监培训手册》等。强化总工程师为主要责任人的安全技术责任体系，理顺和强化工程技术部门与安全监督管理部门的责任与工作关系，推动安全生产管理工作向抓安全技术的本质转变。

【安全生产大检查与专项检查】　2011年，水电十六局有限公司结合工程防洪度汛工作，组织各工程项目开展“工程安全防洪度汛、隐患排查治理、安全心中有数、项目安全评价与督察”安全生产检查。先后对多个工地的特种机械设备和危险物品进行专项检查，各分局、项目部提交《设备检查记录》90份，《特种设备检查记录》95份，开展设备物资安全管理自查自纠活动；发出在用特种设备必须定期进行检验函5份，设备检查整改意见11份。特种设备全部通过地（市）级质量技术监督局检验检测中心验收合格。设备技术性能、安全装置满足安全生产要求。

【安全生产应急体系建设】　2011年，水电十六局有限公司各单位组织各类应急演练21场。针对南平黄墩基地2010年“6·18”洪灾，根据股份公司要求，制定并组织宣贯《黄墩基地地质灾害应急预案》。针对公司总部机关办公大楼及档案馆等使用年限已久、部分设施老化失修、三次检查发现的问题，安装防雷、防火消防基本设施及报警装置，制定《总部大楼火灾应急流程》和《总部大楼火灾逃生指南》，完善应急体系。

【安全生产会议】　2011年3月27日，水电十六局有限公司召开2011年安全生产工作会暨安全生产委员会年度第一次扩大会议，对安全生产工作进行总结与部署。会议上公司与各二级单位、公司直管（控）项目部签订2011年度安全生产责任书，对2010年度获得股份公司安全生产先进项目部和个人进行表彰，并传达学习了股份公司《关于落实〈中央企业安全生产禁令〉实施方案》。

【安全生产教育与培训】　2011年，水电十六局有限公司与福建省安监局、省安全协会共同举办了公司项目安全总监及安全管理人员业务培训班，共有国内外项目和合格分包商的130名领导、安全管理人员参加。水利水电系统安全生产三类人员培训按计划进行，并有10名外协施工队伍的项目负责人和安全管理人员经培训取证。参加注册安全工程师继续教育培训和福州电监办电力企业管理人员安全培训。

（徐孝模　张芝芳）

党群工作和企业文化建设

【党建工作责任制】　2011年6月15日，水电十六局有限公司党委印发《水电十六局有限公司党建工作责任制实施方案（试行）》，正式实行党建工作责任制。实施方案包括实施办法、考核评价办法和考核评分标准三部分内容，并在原有制度基础上，先后制订修订了30余项配套制度；公司属各分局（二级单位）分别制订了相应实施细则与制度，形成较为完善的两级党建工作责任制制度体系。经过股份公司年度考核，水电十六局有限公司党建工作取得良好成绩。

【党建工作】　2011年11月18日，水电十六局有限公司获福建省“2009～2010年度思想政治工作优秀企业”，水电十六局有限公司党委书记李良顺同时获福建省“2009～2010年度优秀思想政治工作者”称号。2011年末，水电十六局有限公司共有13个基层党委，11个党总支，110个党支部；党员1687人，全年发展党员62人；共有申请入党积极分子130名，向党组织递交入党申请书人员410名；党建工作专兼职人员80人。5月25日，举办了党支部书记培训班。11月9日，水电十六局有限公司党员培训中心在南平黄墩基地成立，并举办了第25期申请入党积极分子培训班，有52人参加。

学习贯彻胡锦涛总书记在庆祝中国共产党成立90周年大会上的重要讲话精神，深入推进创先争优活动。“七一”期间，福建省直机关党工委授予水电十六局有限公司6名党员为“2008～2010年度优秀共产党员”称号，3名党建工作者分别获“优秀党务工作者”和“优秀党支部书记”表彰；水电十六局有限公司表彰了先进基层党组织、优秀共产党员、优秀党支部书记和优秀党务工作者，并开展党的基本知识竞赛等活动。7月，水电十六局有限公司开始实施每月一次的党群工作例会制度。8月31日，水电十六局有限公司召开年度党建工作会议暨政研会八届一次会议，总结部署交流党建工作经验，进行政研会理事会换届，对18篇党建和思想政治工作优秀论文进行表彰。9月，创办《党群工作动态》简报，每半月编印一期。

水电十六局有限公司党委制定《水电十六局有限公司党委会议事规则（暂行）》和《水电十六局有限公司中层领导人员管理暂行办法》等制度，深入推进“四好”领导班子建设，并表彰了3个分局（二级单位）为水电十六局有限公司2009～2010年度“四好”班子。公司与分局（二级单位）两级职代会分别对各自领导班子及成员进行民主测评与推荐后备干部。增强领导力量，全年选聘中层领导人员20人。

（潘金仁　黄建琛　杨尚怀）

【工会工作】　2011年，水电十六局有限公司工会获全国模范职工之家、福建省总工会财务工作竞赛一等奖等表彰，被评定为全省工会经审规范化建设B级。第三分局获福建省五一劳动奖状。水电十六局有限公司工会紧紧围绕企业中心任务，开展劳动竞赛。组织“安全生产网络数码摄影展”，征集展示作品338幅。推进民主管理，落实维权职能。健全三级厂务公开网络，积极推动工资集体协商。“送温暖献爱心”活动持之以恒，当年走访慰问困难职工292人，资助患重病职工和离退休人员59人，“金秋助学活动”资助困难职工子女29名，慰问南平黄墩基地“6·18”洪灾受灾人员50名，发放各类困难补助金73.55万元、慰问金37.17万元。元旦、春节筹措并发放各类帮扶金、慰问金等97万元。同时，为804户抚恤救济人员再次提高生活救济补助费，总金额近百万元。加强对职工来信来访的协调，当年共收到信访件694件，帮助解决职工合理诉求639件。

（唐福闽　万　谦　林　霞　徐　蓓　林惠仙）

【共青团工作】　2011年末，水电十六局有限公司共有35周岁以下团员青年1439人，下设基层团委7个，直属团总支2个，直属团支部1个，基层团支部54个。6月10日，水电十六局有限公司召开第十次团代会，选举产生第十届团委委员及书记、副书记。新成立第五分局、新疆施工局团委，考核任命第三分局、勘测设计院、总部机关团委负责人。积极开展创先争优抓树青年典型活动，“五四”期间，水电十六局有限公司团委表彰了11个先进集体和40个先进个人，并有1个项目部获全国青年安全生产示范岗，各有1个基层团委与团支部分别获福建省“五四”红旗团委、支部，1名青年获福建青年“五四”奖章，5名团员青年得到福建团省委表彰。同时，组织青年突击队参加共青团福建省委举办的“纪念‘五四’运动92周年暨青年突击队誓师大会”。在团员青年中开展问卷调查，收回929份问卷，以了解青工所思所想。根据团中央《青年思想引导大纲》编制水电十六局有限公司《青年思想引导手册》。安全生产月期间，联合开展创建青年安全哨岗等三项竞赛活动。

（何　琳）

【女工工作】　2011年，水电十六局有限公司通过开展特别关爱女职工行动，制订涉及女职工权益的规章制度，指导基层女职工专项集体合同起草工作，获全国推进女职工权益保护专项集体合同工作先进单位表彰。召开纪念“三八”国际劳动妇女节101周年先进女职工座谈会和女职工组织规范化建设推进会。深入开展女职工建功立业活动，涌现出“全国五一巾帼标兵”林玉宋。通过“我为生活添色彩”女职工巧手赛，展示了基层单位选送的摄影等作品近300幅。公司与各基层单位两级女工委积极组织女职工进行拔河、游泳、乒乓球等文体活动；增加专项体检项目和费用，组织700多名女职工参加妇检。

（林　霞）

【新闻与信息工作】　2011年，水电十六局有限公司编辑出版纸质和网络版《闽江资讯》31期。全年在《水利水电工程报》、《中国水利报》、《中国电力报》、《福建日报》与《生活创造》等报刊发表50余篇作品，在中国电建集团、股份公司等上级网站刊载各类信息162条。改版公司网站，不断更新网站内容。9月1日，召开2011年新闻信息宣传工作会议，总结部署工作，表彰新闻宣传工作先进集体与优秀通信员、好新闻与副刊好作品，及纪念建党90周年征文活动优秀作品。制作《空港建设生力军》电视专题片，纪念公司参加机场建设30周年。

【史志鉴编研工作】　按照集团公司部署，2011年12月26日，水电十六局有限公司上报集团公司志书系列编著之一的《中国水利水电闽江工程局卷(1955～2006年)》评审稿，文字部分70万字，卷首彩页照片225帧。在原编纂的集团公司1950～2006年《大事记》、《组织机构志》、《人物志》中有关水电十六局有限公司篇章内容基础上，按时上报2007～2010年相应增补内容。按期完成集团公司年鉴（2011年卷）中有关水电十六局有限公司章节内容及2010年大事记、各类奖项登记、照片等编纂任务。同时，还完成《福建省建设志（1998～2005年)》有关水电十六局有限公司章节文稿。

（孙福枝　董　红）

【企业文化建设】　2011年，水电十六局有限公司成立企业文化建设相关工作机构，并明确工作职责，印发加强企业文化建设实施方案。坚持开展群众性精神文明创建活动，7月1日，水电十六局有限公司表彰了2个文明工程，并向股份公司申报了文明工程项目。8月31日，召开水电十六局有限公司文学艺术协会五届一次代表会议，选举产生文协第五届理事会，审议通过《水电十六局有限公司文学艺术协会章程（修订稿）》和《水电十六局有限公司职工在外部媒体发表文艺类作品的奖励办法（暂行）》，表彰第四届文协期间文艺工作先进集体与文艺工作积极分子。在庆祝建党90周年之际，举办水电工人永远跟党走红歌演唱会，公司各单位12支代表队参加；印制纪念邮册，展示公司品牌建设成就。承办股份公司首次领导干部羽毛球邀请赛。职工文体协会开展片区性专项体育竞技、健身活动。

（吕槐青　林　霞）

【劳动竞赛活动】　2011年，水电十六局有限公司江西于都跃洲水电站项目部获福建省“当好主力军，建功‘十一五’，和谐奔小康”劳动竞赛活动先进集体称号；南水北调TJ2—4标项目部在南水北调中线局组织的劳动竞赛中完成计划任务的107%，获劳动竞赛一等奖；南水北调河南鲁山北段项目部在股份公司开展的劳动竞赛中获三等奖。平潭综合实验区区域指挥部环岛路（竹屿口段）、水闸和坛南湾B标段三个项目，开展“大干60天，全面实现9·8节点目标，向建党90周年献礼”劳动竞赛。宁武高速公路、制安分局水工机械厂、新疆施工局喀坝和海外哈萨克西南欧中通道项目部等组织开展各种形式的劳动竞赛。公司各单位与项目部全年共组织职工2852人次计37场次的劳动竞赛。两个基层单位获福建省“工人先锋号”表彰。

（万　谦）

检查监督

【纪委工作】　2011年，水电十六局有限公司落实《惩防体系建设2008～2012五年规划》取得成效，并制定、修订了《贯彻落实“三重一大”决策制度实施细则（暂行）》与《反腐倡廉教育长效机制实施细则》等制度。3月28日，水电十六局有限公司召开反腐倡廉建设工作会议，福州市鼓楼区检察院有关领导作预防职务犯罪专题讲座。第三季度，水电十六局有限公司分别在福州和南平两个片区召开年度惩防体系建设交流研讨会。10月，参加股份公司惩防体系建设第二片区交流研讨会。7月，与福州市鼓楼区检察院召开“企检共建”座谈会，探讨预防职务犯罪工作。加强惩防体系信息化建设，在网站发布领导重要讲话和规章制度，建立领导人员和纪检监察队伍台账。水电十六局有限公司领导班子12名成员和150名中层干部，通过网络系统上报个人收入申报、重大事项报告、廉洁承诺等12项廉洁从业事项。4月，开展主题为“学习廉政准则，促进廉洁从业”教育活动，福建省纪委有关领导到水电十六局有限公司作专题辅导。4月和7月，分别开展《廉政准则》知识测试和“纪念建党90周年反腐倡廉知识竞赛”，水电十六局有限公司中层以上领导参与率100%。

截至2011年底，水电十六局有限公司各级纪检监察部门专兼职纪检监察人员36人，当年新增加15人。

【党风廉政建设责任制】　2011年，股份公司与水电十六局有限公司，党政“一把手”与班子其他成员、各分局（单位）党政“一把手”，公司分管领导与总部各部门主要负责人共签订2011年度《党风廉政建设责任书》37份；各二级单位按照要求层层签订责任书，并严格执行“廉政保证金”奖惩制度。修订完善公司《党风廉政建设责任制实施细则》等制度。围绕贯彻执行党风廉政建设责任制情况，年中进行重点检查与整改，年末进行全面考核与奖惩，不断完善各级领导人员落实“一岗双责”责任保证体系。

【效能监察工作】　2011年，水电十六局有限公司对南水北调工程两个在建项目的工程领域专项治理整改落实情况和部分单位“三重一大”执行情况开展4项效能监察，并选择9个自选项目，围绕海外工程、设备物资采购、工程分包等开展监察。提出监察建议96条，整章建制17个，避免经济损失29.43万元，挽回经济损失17.2万元，节约资金781.35万元。

（林木强　王建平　梁　亮　唐　琦）

【领导班子民主生活会】　2011年，水电十六局有限公司领导班子民主生活会主题为“坚持以人为本执政为民理念，发扬密切联系群众优良作风”，召开期间，福建省纪委、省委组织部和省直党工委有关领导到会指导并给予充分肯定，领导班子成员12人参加，因工作原因未能到会1人。2011年11月13日之前，公司所属分局（二级单位）和两个责任方项目联营体，均分别召开民主生活会，公司班子成员全部按照党委安排参加联系单位民主生活会并作指导。期间，共征求职工群众意见和建议72条，经梳理归纳为23条进行整改落实。

（林木强　黄建琛）

【第十三届三次职工代表大会】　2011年3月26～27日，水电十六局有限公司第十三届三次职工与工会会员代表大会暨2011年工作会议在福州总部召开。会议审议通过水电十六局有限公司总经理林文进所作的《强化体制机制创新，加快人才队伍建设，努力建设具有较强竞争力的质量效益型企业》的工作报告，党委书记李良顺作了题为《凝聚力量，务实创新，努力推动企业科学发展上水平》的重要讲话，并分别审议通过工会财务、审计、厂务公开工作和代表提案收集处理情况等报告。与会代表还听取了公司领导班子成员述职述廉报告，对公司领导班子及成员进行民主测评，推荐公司领导班子后备干部，选举产生工会新一届女职工委员会。会议公布了基层生产单位2010年经营绩效情况，与各基层生产单位签订2011年经营责任书。

【厂务公开】　2011年，水电十六局有限公司与分局（二级单位）两级单位厂务公开内容共计997项，其中，有关企业重大决策239项，生产经营管理的重要内容277项，涉及职工切身利益的重要事项和职工关注的热点问题319项，领导班子建设和党风廉政建设情况162项。水电十六局有限公司当年业务招待费使用情况在职代会上报告。

（唐福阆　万　谦）

【审计监督】　2011年，水电十六局有限公司审计部完成审计项目7项，与相关部门共同完成综合检查和效能监察12项，物资设备采购招标及合同谈判30余项。指出存在问题174条，发现违规金额786万元，提出改进措施和建议153条。发挥监督职能，强化监管力度，确保遵纪守法，促进流程规范，为推进全面风险管理提供保障。

（刘春英）

中国水电基础局有限公司

概　况

【综述】　2011年，中国水电基础局有限公司（以下简称“基础局有限公司”）紧紧围绕年初工作部署，创新发展方式，强化管控职能，全体员工团结协作，奋勇拼搏，各项工作成效显著，确保了持续稳步发展。

2011年，基础局有限公司生产经营取得喜人成绩：全年共完成营业收入17.32亿元，实现利润总额7290万元；新签合同金额23.57亿元。

基础局有限公司经营规模持续增长，经营领域不断扩大。2011年全年在建工程共115项，新开工项目67个，竣工项目55个。完成单元工程合格率100%，优良率94%；交验工程合格率100%，优良率86.7%。

在市场开发方面，基础局有限公司在强化水利水电基础业务营销的同时，重点拓展国际业务和非水电、非基础业务，加大了国家重点工程和西藏、新疆市场的营销力度；继续贯彻国际业务优先发展战略，加强与股份公司及其他对外窗口的联络，充分发挥在建项目辐射作用，不断拓宽海外业务领域。进一步拓宽了城市人防工程、地质灾害治理、城市环保等领域。

在基础管理方面，强化项目监管，严格分包管理，全面推进精益化管理，提高项目创效能力；注重安全质量管理，健全安全质量管理规章制度，加大安全质量管理培训力度，严格安全质量管理责任制，扎实推进节能减排工作；加强人才队伍建设，创新人才的培养、引进机制；加强财务管理，增强资金管控力；严格物资设备集中招标采购，强化设备管理；强化科技兴企战略，不断提升科技创新能力；强化监察、审计及法律管控，大力推动全面风险管理。进一步加强党建工作和党风廉政建设，大力推进企业文化建设。

基础局有限公司积极探索产业结构调整，转变经济发展方式。2011年，与中国国电集团西藏分公司合作，共同开发西藏尼洋河流域，已经开发建设多布水电站，基础局有限公司占有30%的股份。

2011年，基础局有限公司科技创新取得了新的成绩。公司参建的小浪底水利枢纽工程获鲁班奖、索风营水电站获第十届中国土木工程“詹天佑”奖、有6个项目获“中国水电优质工程奖”。

【领导班子】 2011年，基础局有限公司领导班子成员为：董事长兼党委书记张源智，总经理兼党委副书记赵存厚，党委副书记兼纪委书记、工会主席袁国俊，副总经理田学良、黄炳福（兼总经济师）、刘建发、韩伟、徐方才、彭善民，总工程师肖恩尚，总会计师雷土祥。

【组织机构】 基础局有限公司下设4个二级公司及科研所、西藏公司、海外事业部、西南机械制造公司、社会服务中心，子公司——西藏天峰能源天发有限公司、中基飞科科技有限公司，控股公司——中基大地工程有限公司。本部设置11个职能管理部门：总经理工作部、人力资源部、企业发展部、财务产权部、安全生产管理部、技术信息中心、审计部、党群工作部、监察部、史志办公室、项目监管办公室；设立4个专业管理职能机构：市场开发部、基础设施开发部、物资设备管理公司、资金结算中心。

【职工队伍】 截至2011年末，基础局有限公司在册职工1784人，管理人员1042人，操作人员742人；高层管理人员11人，中层管理人员148人，主管和二级单位主任207人。具有专科以上学历的978人；具有初级以上职称的883人；持有职业资格技能等级的575人；拥有各类执业资格的151人；292人次取得各类特种设备作业证。

国内经营

【综述】 2011年，基础局有限公司中标工程项目共69项，合同金额16.40亿元。在新签的合同中，非水电项目15项，合同金额3.75亿元；水电项目27项，合同金额5.29亿元；水利项目27项，合同金额7.36亿元。

【中标工程】 基础局有限公司2011年中标项目69个，主要有：南水北调中线一期引江济汉工程渠道7标土建及金属结构、电气设备安装工程，南水北调中线一期引江中下游部分闸站改造工程东荆河倒虹吸土建及金属结构、电气设备安装工程，南水北调配套工程廊涿干渠（廊坊段）第一标段，山西太原平阳景苑项目基坑支护工程，山西太原御祥苑桩基及基坑支护工程，西藏尼洋河多布水电站施工准备项目一期围堰防渗工程，雅鲁藏布江藏木水电站二期上游围堰修复工程，西藏旁多水利枢纽灌溉输水洞工程第1标段，西藏自治区江雄水库渗漏水技术处理工程，梨园水电站念生垦沟堆积体三期及近坝库岸一期治理工程，金沙江中游河段阿海水电站右岸进场公路K40-K72段桩基加固工程等。

【在建工程】 2011年，基础局有限公司在建工程88项，主要项目有：南水北调中线一期工程总干渠黄河北—羑河北（委托建管项目）辉县段第二施工标段工程，武都水库左、右岸基础处理工程，海南省万泉河红岭水利枢纽基础处理工程、窄巷口水电站渗漏稳定及渗漏处理工程，贵州格里桥大坝防渗帷幕灌浆工程，元江县者嘎水库除险加固工程，梨园水电站念生垦沟堆积体治理工程三期及近坝库岸一期治理工程，梨园水电站大坝、溢洪道土建及金属结构安装工程围堰防渗墙、帷幕灌浆及灌浆洞工程，山西柏叶口水库大坝帷幕灌浆工程等。

【竣工工程】 2011年，基础局有限公司竣工项目45项，主要项目有：苗家坝水电站上下游围堰防渗墙及大坝基础防渗工程、黄南州扎毛水库工程、四川毛滩电站右岸下游防洪堤整治工程、四川大渡河泸定水电站大坝基础处理工程、黄河大河家水电站工程一期围堰防渗工程、固原市原州区彭堡水源地地下水库地下连续墙中段（1标段）工程、北京市南水北调配套工程大宁调蓄水库工程施工第四标段穿副坝段倒虹吸砂卵石水平帷幕灌浆工程、内蒙古赤峰市英金河灌区续建配套与节水改造（2010年项目）第二标段、四川省田湾河仁宗海水库电站库区渗漏修复工程等。

【西藏旁多水利枢纽大坝基础处理工程】 该工程由于工程量的变更，截至2011年底完成主要工程量有：土石方开挖65.47万立方米，凝土防渗墙10.84万平方米，完成合同金额的88%。

【台山核电厂HCD排水暗涵工程】 该工程由于施工场地未及时提供，方案变更，截至2011年底，完成混凝土5903方，土方123.95万方，石方31.22万方，钢筋462吨。完成合同金额的20%。

（刘艳妮）

国际经营

【综述】 2011年，基础局有限公司在海外市场投标41个，在亚、非、南美洲10个国家成功中标17个项目，新签合同金额7.03亿元；年内完工项目7个，完成营业额1.94亿元。

【文莱乌鲁都东水坝项目】 文莱乌鲁都东水坝项目位于文莱Sg Tutong区原始热带雨林中。2011年，项目部克服资金短缺、进场道路差、当地资源匮乏、中方劳工配额限制等诸多困难，完成了导流隧洞贯通、导流洞进水口边坡支护等关键线路分部工程，完成施工产值3000多万元。

【老挝万象12万吨/年钾盐矿钻井与采输卤工程】老挝万象12万吨/年钾盐项目位于老挝万象市赛塔尼县境内，该工程由国际公司投资控股。基础局有限公司主要承担项目钻井和采输卤工程，主要工作内容包括：基建期钻井、采输卤设备采购、采输卤设备安装、采输卤土建、生产期钻井等，合同金额4700万美元。项目于2011年3月13日开工，当年完成施工产值约1600万元。

【泰国俊安热回收焦炉项目土建工程】 泰国俊安热回收焦炉项目位于泰国罗勇府地区，该项目总投资金额预计22.58亿元。

泰国俊安热回收焦炉项目土建工程是基础局有限公司进入泰国市场的第一个项目。基础局有限公司承担的主要工作内容包括：混凝土3.1万立方米，混凝土钢筋制作安装2929吨，钢结构制作安装882吨，施工产值约9500万元。项目于2011年4月29日开工，当年完成产值2400万元。

【马来西亚曼绒火电厂扩建项目桩基工程】 马来西亚曼绒火电厂扩建项目位于马来西亚霹雳州，该电厂是东南亚首座1000兆瓦超临界燃煤电厂。基础局有限公司承担了该项目桩基工程，主要工作内容包括：桩径ϕ800毫米、ϕ1000毫米、ϕ1200毫米的桩基共计约1500根，平均深度在60米左右，合同金额1.3亿元。项目于2011年7月15日开工，当年完成施工产值约6500万元。

【卡塔尔多哈新港码头内防波堤围堰止水工程】 卡塔尔多哈新港项目地处卡塔尔MASAEED工业城内，距多哈市区40千米。该项目为内挖式港口，码头岸线长7845米，2760米的防波堤，约6500万立方米的土方石方开挖。合同金额5625万元。

卡塔尔多哈新港码头内防波堤围堰止水工程是基础局有限公司进入国际高端建筑市场的首个工程。项目部较合同工期提前17天完成全部施工任务，共完成产值6100万元，超过合同金额475万元。

【老挝甘蒙塔克水泥厂运营管理项目】 老挝甘蒙塔克水泥厂项目位于MuangThakaek东北部26千米，厂区占地面积28公顷。水泥生产厂在建的是一条生产线，日产2500吨熟料，年产约100万吨波特兰水泥的生产线，预留了一条2500吨的生产线。该项目总投资6800万美元，由中老双方投资开发，水泥厂隶属于集团公司控股的LCI老挝水泥工业有限公司。2011年1月1日，基础局有限公司正式承接了老挝甘蒙塔克水泥厂运营管理工作。基础局有限公司承担的主要工作内容包括：水泥及熟料和生产运营管理工作，即从原材料到厂验收、加工、生产到水泥出厂的整个过程，2011年，水泥厂运营良好，各项指标均好于2010年度。

（屈恩才）

管理创新

【项目监管】 2011年，基础局有限公司不断强化项目监管，在建项目履约情况良好，通过走访、座谈方式对47个在建工程的业主和监理单位进行了回访和满意度调查，收集工程顾客满意度调查表45份、工程回访记录47份。另外，基础局有限公司还收到业主单位和监理单位发来的感谢贺电2封。业主和监理单位对基础局有限公司工程项目施工都给予较高评价，总体满意度得分98.6分。

2011年，股份公司市场经营管理系统在项目监管方面运行正常，完成了相关统计数据、分包合同管理数据、分包商注册资料、合同履行数据录入和管理工作，系统运行良好，数据信息录入及时准确。

（刘才高）

【分包管理】 2011年，基础局有限公司共实施工程分包71项，创历年最高。分包项目涉及土石方工程、混凝土工程、钢筋加工、混凝土防渗墙、高压旋喷灌浆、帷幕灌浆、基坑支护桩等项目。分包队伍引进根据工程实际情况，主要采取邀请招标和协商议标形式。基础局所有工程分包均按程序进行了立项审批、资质审查、合同履约能力鉴定等工作，工程分包管理总体上处于受控状态，分包合同依照股份公司下发的分包合同范本进行合同签订，同时均签订有安全生产合同和廉政合同。分包商履约良好，无违约行为及合同纠纷，分包商能够按照分包合同进行施工，施工质量、安全、进度符合分包合同规定要求。分包计量、结算、支付正常，民工工资均能按时发放。

（刘　勇）

【财务资金管理】　2011年，基础局有限公司财务管理主要做了以下工作：

（1）强化财务资金风险管控，继续加大应收账款清欠力度，起草修订了《中国水电基础局有限公司应收账款催收奖励办法》。

（2）继续大力推行项目目标成本管理，提高项目盈利水平，深入贯彻执行《建造合同》准则，加强在建项目管理，提高创效水平。

（3）积极配合天津市和武清区两级税务机关完成发票检查工作，顺利完成了各阶段相关工作，并向税务部门提交了发票检查专项自查报告，拿出了合理的解决方案，税务部门充分肯定了基础局有限公司的自查报告。

（4）加强队伍建设，不断提升财务人员业务素质。举办了基础局有限公司第二届会计知识竞赛；组织了新员工岗前业务培训；安排3人参加了国家会计学院总会计师培训班，积极开展与会计师事务所、税务师税务所的合作，聘请专家针对重点、疑难课题举办专题讲座。

（5）深入学习研究税收政策，积极开展税收筹划工作，为公司申报高新技术企业做了大量基础工作，基础局有限公司成功通过了高新技术企业认证。2011年11月，天津市科学技术委员会、天津市财政局、天津市国家税务局、天津市地方税务局联合下发了高新技术企业证书，有效期3年。

（杨晓红）

【人力资源管理】　加强人才队伍建设，创新人才的培养、引进机制，扎实推进薪酬分配和社会保险工作。

加大人才引进和交流力度，共引进116名应届高校毕业生、19名技校生、面向社会公开招聘12名工程专业人员。各类专业技术（技能）人员内部转岗、岗位交流67人。

加强培训教育，大力推进执业资格取证、职称评审和职业技能鉴定培训力度。全年共有4093人次参加。首次对18名外来务工人员进行了特殊工种技能鉴定。

依靠制度选人用人，拓宽员工晋升和发展渠道，中层管理人员中56人得到晋升，二级单位主任级中55人得到晋升；开展了机关本部各部门、各专业管理部门岗位竞聘工作，27人竞争到主管岗位，8人竞争到主办岗位。

完善了薪酬分配制度，规范了工资总额管理，调整现有工资结构，建立了年功工资、执业津贴；调整了岗位工资标准和其他津、补贴标准；对内退人员及待岗人员生活费作了相应调整。

（鲁　青）

【信息化建设】　2011年，基础局有限公司深入开展信息化建设工作，主要完成工作如下：

（1）加强了VPN通道的建设。在总部机房部署了双链路SSL VPN设备及VPN通道硬件防火墙，并实现了主要业务系统单点登录功能；基于硬件网关的VPN二级公司覆盖率达80%。

（2）加强了信息化管理制度建设。下发了《中国水电基础局有限公司SSL VPN账号管理办法》、《中国水电基础局有限公司计算机设备和信息网络使用管理办法》和《中国水电基础局有限公司计算机信息安全保密管理规定》等。

（3）加强了网络信息安全保护建设。在网站服务器上部署了网站防篡改、防病毒/防木马等系统；局域网严格分区管理，并通过硬件防火墙进行有效隔离；业务管理系统100%转入到内网中工作。

（4）建立了股份公司财务报表与预算管理系统的管理制度，基础局有限公司核算单位全部纳入管理系统，数据及时准确；股份公司其他管理系统，大都建立了管理制度或直接执行股份公司相关规定，上报数据完善准确。

（谭景春）

【法律风险管控】　2011年，基础局有限公司法制工作紧紧围绕全面风险防范和加快公司经济发展进行，努力提高法制工作水平，为公司年度各项计划目标顺利实现和健康稳步发展发挥了支持和保障作用。

（1）法制工作三年规划目标顺利实现。基础局有限公司积极落实股份公司法制工作三年规划，建立组织工作体系，实施“五个一”的标准配置，建立健全法制工作制度体系，建立法制工作考评机制，严格法律审核制度，实施全面法律风险管控。

（2）全面风险管理与内部控制体系建设取得阶段性成果。建立健全了全面风险管理与内部控制工作组织领导体系。基础局有限公司设立全面风险管理领导小组，在内部构建起全面风险管理与内部控制的组织职能体系、制度体系、风险评估与管理体系、信息与监测体系、培训与文化体系、监督与改进体系等“六大体系”，有效防范战略风险、财务风险、市场风险、运营风险、法律风险等“五类风险”。截至2011年底，公司总部已完成了流程梳理、制度梳理和自我风险评估准备工作。

（3）“法律进项目”活动取得积极成效。对项目法律需求的调查研究和服务工作逐步深入。对投资建设项目的立项、合同签订和履行全过程提供服务。

（4）“法治单位”创建活动不断深化。基础局有限公司的“法治单位”创建活动，已进入到组织实施的第二阶段。基础局有限公司通过领导班子中心组学法、领导干部学法用法、干部任前法律知识考试，公司于8月12日～9月7日组织对7个分公司、1个控股公司进行“法治单位”创建工作中期考核检查，8个单位综合评定分数都在95分以上。

（张义新）

安全生产

【安全生产责任体系】　在安全生产教育培训方面。一是组织参加天津市建设系统关于安全“三类人员”延期培训考核，44人次分3批参加培训和考试，均合格通过。二是组织新入厂大学生安全教育培训100多人次。三是参加股份公司2011年10月下旬在长沙举办的安全管理知识培训29人次，取得“三类人员”安全生产资格。

推进安全风险管控工作 。2011年3月，基础局有限公司制定并下发了《安全生产评价管理规定(暂行)》，要求各施工单位、项目部对管理制度、机构设置、人员配置情况进行评价，并根据评价结果制订切实可行的监管措施，确保安全生产。

深入开展隐患排查整改。据不完全统计，2011年全年公司范围内开展隐患排查共查出一般安全隐患432项，对查出的一般性安全隐患都提出了整改要求，整改率达100%。

加强管理体系内部审核和安全生产检查。2011年，基础局有限公司采取了相对集中的内部审核方式，对工程项目、二级机关、总部各职能部门进行了全面审核；基础局有限公司先后组织了对河南郑州龙湖等项目的安全生产检查。各在建工程总体安全生产目标管理情况良好，符合安全生产管理制度要求，安全生产处于受控状态。

（冯　丽）

【质量管理】　2011年，基础局有限公司以贯彻《工程建设施工企业质量管理规范》为契机，不断完善质量管理体系，落实质量责任目标，严格工程项目质量监管，推进质量创先争优工作，树立企业品牌形象。全年在建工程88项，完成单元工程10 227个，终评单元工程5550个，其中优良单元工程5221个，单元工程合格率100%，优良率94.1%；交验工程15项，其中13项交验合格率100%，交验优良率86.7%，实现了质量目标。

【环境管理】　2011年，基础局有限公司认真贯彻落实节能减排方针、政策，严格遵守国家、行业和地方政府有关环境保护的法律法规，积极开展节能减排工作，努力加强环境因素控制，实现了万元营业收入综合能耗同比降低6.81%的目标，超过股份公司下达的指标，全年未发生影响环境因素事件，为树立企业良好形象、促进公司健康和谐发展创造了条件。

（张佳钰）

党建工作和企业文化建设

【党建工作】　2011年底，基础局有限公司党委下属基层党委9个，直属党总支1个，基层党支部37个，直属项目部临时党委5个。共有党员810人。2011年，基础局有限公司党委坚持科学、创新、规范、务实、专业的党建工作思路，以推行党建工作责任制和配套制度为重点，以融入中心、服务大局；把握方向、参与大事；抓好班子、带好队伍；建立制度、形成体系；保证监督、促进发展为目标，为实现公司又好又快、持续健康发展提供坚强的政治保证和组织保证。

2011年基础局有限公司党委理论中心组集中学习13次，按上级要求召开两级领导班子民主生活会。基础局有限公司党政领导班子全部按要求参加各二级单位民主生活会。

加强基层组织建设。基础局有限公司党委高度重视党的基层组织建设，2011年成立了西藏公司党委，对5个二级单位党委书记作了调整和交流。2011年共发展党员20名。

深入开展创先争优活动。基础局有限公司35个党支部、580多名党员作出公开承诺，并将承诺内容进行公示。在“七一”表彰大会上，一批先进集体和个人受到表彰。

学习型党组织创建活动取得实效。两级党委在建设学习型党组织活动中，认真落实中心组学习制度，深入实际，调查研究，11名领导班子成员调研成果全部获天津市委工委系统领导干部优秀调研成果奖。

（何剑英）

【精神文明建设和企业文化建设】 2011年，基础局有限公司连续20年被评为“天津市文明单位”。深化文明工程创建活动，8个项目被授予“2011年度文明工程”称号。

基础局有限公司加强对外宣传，塑造企业形象，加大重点市场和重点工程在知名报纸、网络的对外宣传力度。组织《基业何以长青——从郑州龙湖工程探析基础局屡创纪录的源动力》报道，在《中国水利报》刊发；《新疆经济报》专版报道《四进新疆——基础局新揽新疆乌鲁木齐大西沟水库坝基处理工程》，新疆电视台《新闻联播》栏目也加以报道。

制订下发了《关于加强企业文化建设的实施意见》。各单位、各项目部结合实际开展安全文化、质量文化和廉洁文化建设。大力开展安全质量月活动，征集和传播安全质量名言警句，加强安全质量培训，提高安全质量意识。开展了纪念建党90周年廉政诗歌征集活动。纪念建党90周年系列活动丰富多彩。组织开展第二届“基础杯”综合体育比赛，开展以“回顾党的光辉历程，讴歌水电发展成就”为主题的纪念建党90周年征文大赛。举办“迎七一、唱红歌”比赛，组织庆七一汇演。太原平阳景苑、一公司窄巷口项目部等项目党组织因地制宜，组织开展各类纪念活动，营造浓厚的活动氛围。

（佘洪波）

【工会工作】 基础局有限公司荣获2011年度全国“安康杯”优胜企业和天津市“安康杯”优胜企业。有9项科技成果通过了天津市员工技术协会审批认证。

职工住房公积金缴存比率由原来的13%提高到14%。

认真开展一年一次员工体检工作，首次为高原、化灌、核电施工人员建立了职业病健康档案。组织了11名获得公司级荣誉的先进人物及配偶前往海南三亚进行疗养。

各级工会组织确保“两节”送温暖活动及应急救助活动的开展，全年筹集资金33万元对困难户112户、困难员工248人进行送温暖活动，帮助他们解决生活中的困难。

组织开展了第二届“基础杯”综合体育比赛，举办了“迎国庆”趣味运动会。参与市总工会举办的体育健身活动，取得跳绳比赛二等奖；参加武清区消夏晚会专场演出。2011年，基础局有限公司被命名为“天津市文体示范单位”，进一步提升了公司品牌和声誉。

（韩 霞）

【共青团工作】 2011年，基础局有限公司团委以迎接建党90周年为契机，进一步加强青年员工思想政治教育。3月，组织青年员工学习贺国强出席中央纪委监察部机关2010年度竞争上岗任职人员集体谈话会上的讲话。为庆祝建党90周年，各基层团组织举办以“创先争优我先行”为主题的图片展览活动。山西平阳景苑项目部临时团委开展了“学党史、知党情、跟党走”的主题团日活动。机关青年员工将学习胡锦涛总书记“七一”讲话心得撰写成文，在机关读书月活动心得评比中取得了优异成绩。4月29日，基础局有限公司团委与武清区交通局、中国工商银行武清分行在公司本部共同举办“五月放歌”联谊活动。5月4日，基础局有限公司机关团委还组织了“励志青春 创先争优”为主题的拓展训练活动。基础局有限公司团委建立了“年青的朋友来相会”QQ群，组织各基层单位团委统计单身青年员工信息，吸纳60多位新员工加入QQ群进行交流。6月，旁多项目部团委牵头向旁多乡中心小学进行捐资助学活动。2011年，基础局有限公司先后成立了龙湖调蓄项目经理部临时团委、文莱都东水坝项目部临时团委、共青团海外事业部委员会、共青团西藏多布项目经理部委员会，共青团天津中基大地工程有限公司支部，使基层团组织建设实现了全覆盖。10月28日，西藏多布项目部联手中国国电集团西藏分公司和武警水电多布项目部开展“保护母亲河，我们在行动”主题团日活动。2011年底，各基层单位团委负责人纷纷撰写调研报告，认真学习了《苦难辉煌》一书，撰写了读书心得。

（王晓颖）

检查监督

【党风廉政建设责任制】 为加强对党风廉政建设工作的组织和领导，基础局有限公司成立了党风廉政建设领导小组，设立了领导小组办公室，进行了责任分工，明确了责任体系。

职代会上，基础局有限公司党政一把手与所属8个二级单位、4个直属项目部及公司11个职能部门、3个专业管理公司分别签订了2011年度党风廉政建设目标责任书。公司所属二级单位也层层签订了责任书。

为了确保责任制落到实处，加大了对责任制的考核、监督力度。完善了《基础局有限公司党风廉政建设责任制考核评价办法》，并将党风廉政建设责任制考核情况与各级班子年终考核兑现挂钩。

按照基础局有限公司党委统一部署，2011年7月中下旬，组成了由公司党委副书记为组长，党群工作部、纪检监察部主要负责同志为成员的检查小组，对基础局有限公司所属一、二、四公司等单位落实党风廉政建设责任制情况进行了专项抽查，对基础局有限公司本部党风廉政建设责任制落实情况进行了自查。并针对检查情况向下属单位进行通报，限期进行整改。

【惩防体系建设】 认真完善惩防体系建设领导体制、工作机制。在完善惩治和预防腐败体系的过程中，基础局有限公司建立健全惩治和预防腐败体系工作领导小组，由公司党政一把手担任小组组长，班子成员担任小组副组长，各职能部门主要负责人担任领导小组成员。基础局有限公司重视惩防体系建设，将惩防体系建设与企业生产经营管理同步规划，同步部署，在2011年初的纪检监察工作会上，对惩防体系建设工作进行了专题部署。

基础局有限公司建立了由纪委牵头的监督工作联络协调机制，在各部门、下级单位均设立了惩防体系建设联络员。

在惩防体系信息化建设方面，认真落实股份公司监察部要求，配备了专职人员、设备，完成了中层领导人员廉洁从业信息、文件库、制度库及效能监察等信息的录入工作。

【效能监察】 按照股份公司关于开展效能监察工作的有关文件精神，结合基础局有限公司的实际，监察部重点围绕“三重一大”制度执行情况、工程专项治理及财务资金管理开展效能监察。2011年，基础局有限公司本部立项4个，二级单位立项16个。

基础局有限公司本部效能监察工作主要是针对二级单位“三重一大”制度执行情况开展工作，由党群工作部、财务部、监察部组成综合检查组，对其中两个单位进行综合检查，提出监察建议8条；在工程建设领域突出问题专项治理方面，对山西泽城水库项目部开展效能监察工作，对项目部分包工作、资金、物资设备采购、成本控制等方面工作进行总体评价，指出了问题和不足，提出了建议；对台山核电厂HCD暗涵工程项目进行财务资金管理开展效能监察，提出监察建议3条，项目部积极进行了整改。

（杨同萍）

【审计监督】 2011年，基础局有限公司审计工作按照部门职责和管理层要求开展工作，对公司经营管理活动及领导干部履职情况进行客观公正地监督评价。

2011年，计划审计项目4个，实际完成审计项目8个。其中：项目经济效益情况审计3个，项目内部控制情况审计1个，经济责任审计4个。提出审计建议44条，被审计单位据此进行了整改，并以书面形式反馈了审计意见采纳和整改情况。

（宋　强）

中国水电建设集团夹江水工机械有限公司

概　况

【综述】 中国水电建设集团夹江水工机械有限公司（以下简称“夹江有限公司”）是为水利水电工程提供施工专用设备及永久性设备的专业化生产基地。夹江有限公司是四川省重大技术装备产业链企业，1998年即获得自营进出口权，2003年被评为国家级“守合同、重信用”公示企业。2011年通过了ISO 9001国际质量体系认证、“夹江水工”省级著名商标、“SJ”牌电站闸门、启闭机“四川省名牌产品”、“省级企业技术中心”、省级“守合同重信用企业”等复审。截至2011年，夹江有限公司已连续15年为省级“守合同重信用企业”。

夹江有限公司主要产品包括水电站各类闸门设备、闸门启闭机械设备、厂房桥机、缆索起重机、大坝升船机、非水电产品（高铁架桥机、石油钻机、煤矿救生舱及混凝土施工机械等）六大类。在水电设备制造市场竞争中，公司品牌和业绩优势明显，拥有超大型水工闸门、门机、桥机、升船机、缆机的生产资质，门机、桥机、缆机的独立设计能力，成熟的工艺技术、熟练技能的技工，完善的质量控制体系和信息化管理系统。夹江有限公司良好的制造业绩和优质的售后服务获得了业主好评。

【领导班子】 2011年，夹江有限公司领导班子由8人组成：执行董事兼总经理、党委副书记雷建容，党委书记兼副总经理刘忠长，副总经理吴渝、曾文（兼总工程师）、程胜华、王忠义，党委副书记兼纪委书记、工会主席张克爱，总会计师张大军（2011年11月调至水电一局有限公司任总会计师）。

【组织机构】 夹江有限公司下设18个部门：总经理工作部、党委工作部、市场开发部、生产管理部、工艺技术部、人力资源部、财务管理部、技术质量管理部、机械设计研究所、安全生产监督管理部、审计监察部、保卫部、采购部、外协部、设备物资管理部、信息中心、工会办公室、离退休办公室。下属5家生产分厂：金属结构制造分厂、机电设备制造分厂、备料分厂、电气分厂、非水电设备制造分厂。另有长宏公司、蜀源公司和职工医院3家。

【经营业绩】 2011年，夹江有限公司完成销售总额3.91亿元；工业总产值3.30亿元；新增合同3.95亿元，其中非水电2250万元；实现利润2283万元；全员劳动生产率38万元/（人·年）；国有资产保值增值率为108.58%，完成了股份公司经营考核指标。

（何万里）

生产管理

【综述】 2011年，夹江有限公司坚持以销售为中心，保证合同履约，全年为国内外44个工程提供产品共计113种，综合产量2.08万吨。加强对产品生产全过程监控，加大对重点生产节点考核力度，针对各产品特点重点组织，有效控制生产过程，较好地履约和满足合同要求。

【溪洛渡水电站设备制造】

（1）云南溪洛渡工程引水发电系统和大坝导流底孔设备制造。主要设备有：左岸进水口500千牛双向门机，左岸进水口2500千牛双向门机，右岸进水口2500千牛/500千牛双向门机，左/右岸尾调室2×2500千牛台车式启闭机，1、2、5、6号导流底孔1600千牛固定卷扬式启闭机，3、4号导流底孔进口3200千牛固定式卷扬机，7～10号导流底孔进口4000千牛/6300千牛固定卷扬式启闭机及对应抓梁、埋件等，设备制造总重量1349.5吨。该项目从2009年7月开始启动设计，陆续投产。

（2）云南溪洛渡工程电站泄洪系统金属构件设备制造。主要设备为深孔工作门及门槽各8套、表孔工作门及门槽各7套、泄洪工作门及门槽各4套，设备制造总重量6768吨，2011年完成了弧面加工的深孔工作门及充水门槽、泄洪工作门及槽的主体工作，陆续验收发运中。

【锦屏二级水电站卷扬式启闭机设备制造】 四川雅砻江锦屏二级水电站移动卷扬式启闭机制造，主要设备为进水口坝顶2×500千牛双向门机、进水口事故闸门2×2500千牛双向台车式启闭机、尾水事故闸门2×2500千牛台车式启闭机、尾水检修闸门2×250千牛台车式启闭机、拦河闸检修闸门2×320千牛单向门机等，总重量831吨。该项目从2009年12月开始启动设计，并陆续投产。按合同期分批供货，于2011年底已全部交付工地。

【缅甸道耶坎水电站设备制造】 缅甸道耶坎二级水电站项目设备制造，主要设备为溢洪道弧门及埋件、液压启闭机及埋件、溢洪道事故检修门及埋件、溢洪道双向门机及抓梁、进水口拦污栅及埋件、进水口事故检修门及埋件、进水口卷扬式启闭机、尾水工作门及埋件、尾水工作门单向门机及抓梁、导流封堵门及埋件、导流封堵门卷扬式启闭机等，设备总重量2160吨。该项目从2010年12月开始启动设计，2011年陆续投入生产，严格按专项进度要求组织生产，产品已完成验收并发往工地。

【智利拉哈一级水电站桥机等设备制造】 智利拉哈（LAJA）一级水电站设备制造，主要设备为850千牛双向门机含抓梁、220千牛单向门机含抓梁、100千牛底孔桥机等，设备总质量372吨。该项目从2010年6月开始启动设计，8月完成工艺技术准备并陆续投入生产，年内完成生产验收，于2011年1月按期发运港口。

【非水电煤矿救生舱项目制造】 2011年11月，夹江有限公司第一台煤矿救生舱样机试制成功，获得业主好评，同年12月开始批量生产，这一产品的投产标志着夹江有限公司继矿用防爆泵后，又一产品进入煤矿行业，对公司经济转型升级将起到重要作用。

（陈惠民）

市场经营

【综述】 2011年，夹江有限公司立足国内水电，优先发展国际业务、大力开拓非水电市场。先后签订三峡水利枢纽工程、向家坝水电站等 10 余个工程项目金属结构、门桥机、启闭机设计制造合同 1.8 亿元；在国际业务开发中，以实现自营出口为契机，坚定不移地推进国际业务优先发展战略，全年签订埃塞俄比亚吉布、加蓬、赞比亚卡里巴、马来西来沐若、巴基斯坦马若拉、安哥拉马塔拉等 8 个国际项目 2.1 亿元，实现了智利安都斯拉、加拿大麦卡电站自营出口，创汇金额 680 万美元；在非水电市场开发中，成功试制矿用井下救生舱。

【中标向家坝水电站升船机导轨设备合同】 2011 年 2 月，夹江有限公司与中国长江三峡集团公司签订向家坝水电站升船机平衡重导轨、船厢纵向导轨与对接锁定导轨设备采购合同，金额 4952 万元。向家坝升船机设备轨道设备包括 16 套平衡重导轨、2 套船厢纵向导轨和 4 套对接锁定导轨。导轨平衡重导轨共 3200 件，船厢纵向导轨 64 件，对接锁定导轨 168 件。

【中标广东清远抽水蓄能电站闸门及启闭机设备合同】 2011 年 5 月，夹江有限公司与东芝水电设备（杭州）有限公司签订广东清远抽水蓄能电站尾水事故闸门及启闭机（闸门）设备采购合同，金额 735 万元。

【中标湖南省沅水托口水电站升船机及其控制系统设备合同】 2011 年 7 月，夹江有限公司与怀化沅江电力开发有限责任公司签订湖南省沅水托口水电站升船机及其控制系统设备采购合同，金额 2400 万元。主要设备包括 1 台干运 50 吨级垂直升船机（包括启动和控制设备）、1 台承船箱、1 套自动化元件及保护设备、1 套交通指挥系统、8 套上下游导槽埋件、1 套垂直升船机轨道及其埋件、6 套承船厢检修平台埋件。

【中标湖南沅水桃源水电站闸门设备合同】 2011 年 7 月和 11 月，夹江有限公司与中国水电顾问集团华东勘测设计研究院签订湖南沅水桃源水电站发电进水口检修闸门、尾水事故闸门、右岸泄洪闸浮式检修闸门及门库检修闸门设备合同和船闸工程金属结构制造合同，金额 3500 万元。

【中标向家坝水电站升船机室检修桥式起重机设备合同】 2011 年 10 月，夹江有限公司与中国长江三峡集团公司签订金沙江向家坝水电站升船机室检修桥式起重机合同，金额 1092 万元。

【中标长江三峡水利枢纽升船机室检修桥机及其轨道梁设备合同】 2011 年 12 月，夹江有限公司与中国长江三峡集团公司签订长江三峡水利枢纽升船机室检修桥机及其轨道梁设备采购合同，金额 2800 万元。合同包括上闸首工作门 2×2500 千牛桥式启闭机 1 台、上闸首辅助门 2×1500 千牛桥式启闭机 1 台、下闸首检修门 2×800 千牛桥式启闭机 1 台、上闸首轨道梁 1 套、下闸首轨道梁 1 套。

（杜　强）

【中标赞比亚卡里巴水电站清污机、门机设计制造合同】 2011 年 2 月，夹江有限公司中标赞比亚卡里巴水电站清污机、门机设计制造合同，金额 790 万元。合同包括进水口 1000 千牛坝顶门机 1 台、尾水 1000 千牛门机 1 台、进水口清污门机 1 台。2011 年底，该合同项下所有设备已按期完成出厂验收并陆续发往工地。

【中标埃塞俄比亚吉布 3 水电站卷扬式启闭机采购合同】 2011 年 3 月，夹江有限公司中标埃塞俄比亚吉布 3 水电站卷扬式启闭机及附属设备采购和技术服务合同，金额 850 万元。合同包括溢洪道 5000/200 千牛双向门机 1 台、进水口 1250 千牛固定式卷扬机 4 台、尾水 160 千牛检修用电动葫芦 1 台、尾水 630 千牛单向门机 1 台、压力管道 20 千牛内部检修启闭机 1 台。

【中标马来西亚沐若水电站门机、固卷制造合同】 2011 年 5 月，夹江有限公司中标马来西亚沐若水电站门机、固卷制造合同，金额 1098 万元。合同包括 1 台（套）2000/400/100 千牛双向门机、1 台（套）2×400 千牛单向门机和 1 台（套）2×3600 千牛固卷。

【中标巴基斯坦马若拉—帕克帕坦水电站闸门及启闭机制造合同】 2011 年 10 月，夹江有限公司中标巴基斯坦马若拉—帕克帕坦（Marala&Pakpattan）水电站闸门及启闭机制造合同，金额 2060 万元。合同主要设备包括进水口拦污栅及清污门机 8 台（套）、进水口叠梁门 4 套、尾水定轮门及液压启闭机 12 台（套）、溢洪道弧门及液压启闭机 26 台（套）、溢洪道叠梁门 4 套。

【中标安哥拉马塔拉水电站闸门制造合同】 2011 年 12 月，夹江有限公司中标安哥拉马塔拉（Matal）水电站闸门制造合同，金额 3132 万元。合同设备主要包括溢流坝弧门及液压启闭机 16 台（套）、溢流坝检修闸门 8 套；电气远程控制设备 1 套。这是夹江有限公司再次与国外企业签订出口合同并直接接收外汇货款，扩大了自营出口规模。

【中标巴基斯坦尼拉姆—吉拉姆水电站项目 H1 标段机电设备制造及安装合同】 2011 年，夹江有限公司中标巴基斯坦尼拉姆—吉拉姆（Neelum-Jhelum）水电站项目 H1 标段所有机电设备制造及安装合同，金额 1.20 亿元。合同项目包括溢洪坝段弧门、舌瓣门、液压启闭机及门机等共计 13 台（套），引水坝段拦污栅、叠梁门、定轮门、滑动门、液压启闭机及清污门机共计 36 台（套），沉沙池滑动闸门及液压启闭机共计 48 台（套），引水渠封头 4 套及隧道移动式泄水装置 2（套），尾水管阀帽闸门、舌瓣门、尾水隧道出口闸门及液压启闭机、电动葫芦和转运小车共计 23 台（套），连续沉积物测量及实验室设备共计 17 套。

（蔺会见）

管理创新

【管理创效】 夹江有限公司坚持开展“管理创效”活动，以“管理上水平，创效增能力”为总体目标，严控非生产性支出，压缩投资性支出，保证经营活动资金需要；加快产品产出，减少库存材料占用，盘活存量资产，促进资金回收；对往来款项清理，加大法律追偿力度，控制负债规模，降低资产负债率；采购外协部门扩大集中招标范围，财务部门开展经济活动分析，实施生产费用定额考核奖惩。各分厂加强成本控制，围绕提高效率开展技术更新和设备改造，降低制造成本等方面，取得了实质性成效。

（张 俊）

【资金管理】 2011 年，夹江有限公司把防止资金断链作为资金管理工作重点，成立资金管理委员会，负责资金预算平衡和统一调度工作；编制月度、年度资金预算，坚持以收定支，关注经营活动现金流量平衡；加强资金集约化管理，坚持资金上存，用款下拨；按月召开资金调度会，加大资金使用透明度，严格支付手续。融资方面，以“控制融资规模、降低融资成本、强化风险管控、服务生产经营”为目标，通过票据业务、国际保理等新型金融产品，开拓多种形式的融资渠道，满足了生产经营流动资金的需求，降低了财务成本，利息支出和各类银行手续费有了较大幅度减少。

（谢 勇）

【成本管理】 2011 年，夹江有限公司修订年度《工效挂钩方案》，对分厂二级分配方案进行业务指导，审查二级单位工资分配方案，做好工挂结算和工资审核，执行生产进度和产品质量保证金制度，把当期质量、安全、设备损失与工效收入挂钩。在产品包装费用核定、售后技术服务和工地维修业务等管理方面，按制度规定合理结算相关费用。

（张 俊）

【质量管理】 继续保持闸门、启闭机“四川省名牌产品称号”；保持企业相关资质有效，满足企业发展需要。执行特种设备制造监督检验申请和特大型特种设备制造申请制度，全年共有 21 台特种设备通过监督检验机构审查。质量管理体系与欧洲焊接质量体系运行持续、有效。通过四川三峡认证有限公司审核组全面审查，确认夹江有限公司质量管理体系运行持续、有效，顺利通过了第三方认证机构再认证审核；二级单位质量体系运行情况的监督检查方面，采取每个月定期检查的方式，各二级单位均完善了内部质量管理办法并对本单位质量体系运行实施有效管理，产品质量得到有效监控。

（金锦英）

【设备管理】 2011 年，夹江有限公司有各类设备 875 台（套），其中生产设备 400 台，包括金属切削设备 75 台、起重设备 71 台、焊接设备 254 台，其他设备 71 台，设备原值 8794.2 万元。夹江有限公司始终重视设备管理工作，坚持实施每年定期或不定期检查、评比、考核制度，保证设备完好率达 99.51%，利用率 93.16%，设备大中修实现率达 95%以上。特别是强化特种设备安全管理，制订有各类操作规程、保障措施和应急预案，建立健全各类设备台账，实现设备动态管理。各类配套设备和管理满足了从事大型、特大型水电站金属构件设备生产需要。

（邓 斌）

【人力资源管理】 2011 年 3 月，夹江有限公司完成新一轮机构调整，人员重新竞聘上岗，公司机构设置为：5 个分厂、1 个基地、19 个业务部门和 2 个公司（蜀源公司、长宏公司），制订了“十二五”人才发展规划。

【工资、社保管理】 2011 年，夹江有限公司增加职工基础工资，提高住房公积金比例，调整了各类相关人员津补贴，重新对公司管理人员岗级进行核定，修改了数据库结构和程序。清理、核发了不同人员岗位、年功工资和各类津补贴。清理核对了2010年职工工资收入，并上报省社保局基本养老保险缴费基数。清理各项保险，住房公积金比例的上调，认真清理并做好调整明细。办理基本养老保险关系转移，为职工报销生育保险费等工作。上报离退休人员两费报表、办理特殊工种退休审批手续，办理了2010年度用工年检手续和企业劳动保障诚信等级申报工作。

【职工教育】 2011年，夹江有限公司组织职工开展合同法培训、企业标准宣贯工作；组织天车、起重特种作业人员135人进行安全作业技能考试；完成对34名焊工高级焊工培训、考试和取证；组织车工、钳工、焊工参加乐山市技能大赛，取得两个二等奖、一个三等奖的较好名次；完成乐山市有突出贡献技师和技能大师工作室的申报，被乐山市授予首个焊工技能大师工作；完成职称评审申报、专业技术带头人申报等工作。

（张 俊）

科技进步

【综述】 2011年，夹江有限公司在科技管理和技术革新方面取得了一定进步，其中“向家坝水电站大跨度、刚柔腿、铰接梁式双向门机”重大技术装备立项，获得省财政厅、省经信委下发的2011年“重大技术装备创新研制和技术改造专项补助”。持续开展合理化建议和技术改进活动，向各分厂下发了“合理化与技术改进”研发经费。

【新技术】

（1）向家坝水电站工程泄洪坝段4000千牛/1250千牛坝顶双向门式启闭机。该机主要特点有：大容量、大跨度、高扬程，同时为双小车运行。

（2）溪洛渡水电站坝顶8000千牛/160千牛双向门式启闭机。该机是截至2011年底国内水电站门机起升容量最大的起重设备，属于超大型起重机，主要特点有：超大起升容量、起升机构有斜拉工况、门机大车走弧形轨道等。

（3）三峡升船机机房630千牛/2×160千牛检修桥机。该机主要特点是超大起升高度，达到157米，与在门槽内运行的高扬程启闭机不一样，桥机需要解决钢丝绳扭转问题，主要使用不旋转钢丝绳和加大定滑轮间距等技术，满足合同使用要求。

（杨 芳）

【技术革新】

（1）溪洛渡水电站泄洪系统深孔工作闸门支臂端板上螺孔工艺改进：将深孔工作闸门支臂前、后端板上的螺孔（$\phi 50$）工序优化改进，由原支臂焊后整体加工时由特镗加工，改为下料后先大钻钻孔，减少了占用大型加工设备的时间。

（2）溪洛渡泄洪洞工作闸门大拼工艺优化：溪洛渡泄洪洞工作闸门为双主横梁、直支臂潜孔弧形闸门，孔口尺寸14.0米×12.0米，弧门半径23米，横向分5节，闸门自重约700吨，单片支臂重约116吨，单节门叶最重的约71吨，是国内单套重量最重的工作闸门，拼装难度极大。在拼装工艺上，支臂采用单片整体吊装，专门制订了连接部位的加固方案和吊装方案，确保吊装安全顺利进行。门叶的吊装，采用了以往不同的方式，措施是依次从底到上进行吊装，将带有主横梁的两节分别拼装到位划线吊下转加工主梁后翼，再复位，这样闸门整体只需一次大拼即可完成检测项目。

（3）不锈钢实芯焊丝焊接试验及推广应用：工艺技术部焊接实验中心通过广泛资料收集和技术准备，对不锈钢实芯焊丝进行反复焊接试验，最终摸索出采用二氧化碳气体保护焊机进行不锈钢实芯焊丝的焊接规范和适用的混合气体，在此基础上又进行了相关焊接评定。为此，又对厂内焊工进行技能培训，为该项新技术的应用推广创造条件。该项新技术首先用于向家坝升船机导轨埋件的制作，该批导轨埋件的数量多达3000多件，从焊接评定达标到焊接效率提高方面均收到理想效果。

（李 谦）

【科技成果】 2011年，夹江有限公司上报并经省经委确认了5项“四川省技术创新项目计划”：①长江三峡水利枢纽升船机机房630千牛/2×160千牛检修桥机；②多吊点移动提升式垂直升船机的研发；③金沙江溪洛渡水电站泄洪系统深孔工作闸门；④金沙江溪洛渡水电站泄洪系统泄洪洞工作闸门；⑤金沙江向家坝水电站泄洪坝段4000千牛/1250千牛坝顶双向门机。完成了省工业设计发展专项资金项目——“水电站船舶过坝卷扬提升式升船机的研发”的申报。

【专利技术】 2011年，夹江有限公司获得三项实用新型专利：加工卷筒、便携式磨头、深孔弧门面板。

（吴 红）

【信息化建设】 2011年，夹江有限公司信息化建设按项目计划有序进行。对中心机房进行了装修改造，安装了UPS应急电源，铺设了防静电地板，新购服务器2台，构建了主/辅域服务器同时运行的架构，提高了域管理服务效果；增设了文件异地备份服务器，数据安全保障得到提高。增加了互联网接入带宽，办公条件有了改善。

信息化管理系统建设，新开发了生产管理系统两个子模块：即生产任务管理和生产过程管理。对成品管理系统进行了改进和完善；对CAPP系统进行了完善，对版本作了一次升级；3月，股份公司设备管理系统正式开始在设备管理部门运行。

信息化应用管理，制订了信息化发展的“十二五”规划，重点在信息化新技术的应用和以制造业ERP为核心的信息化管理系统建设。制定并颁发了《物资管理系统应用规定》和《计算机辅助工艺设计系统（CAPP）应用规定》，规定了这两个信息系统的操作流程，明确了相关部门职责。加强对股份公司统一信息平台的应用检查，督促相关部门建立应用规定，指定专人操作，及时完善基础数据录入，按要求及时填报数据，各系统应用有较大改进。

（张裕文）

安全生产

【安全心中有数活动】

（1）危险有害因素评价。开展了历时5个月的内部安全现状评价工作，采用“LECD”安全风险评价法，经过筛选、分类、分析、讨论及现场验证，确定了夹江有限公司存在406项危险有害因素。通过对406项危险有害因素以10%比例抽样选择的41项进行现场检查与符合度验证，在定性定量评价基础上形成了“安全生产总体基本受控”评价结论。

（2）隐患治理。废除了自制钢筋钩，全部改用专业生产厂家生产的专用吊具，杜绝了起重机械作业中滑钩、飞钩等现象发生。

【安全整顿年】

（1）安全标准化建设。2011年1月10日，由4名专业人员组成的安全技术小组正式成立，专职进行安全生产标准化制度的研究和制定；10月26日，完成了由“管理办法（26项）、管理程序（27项）、操作规程（98项）、作业规范（24项）”所构成的安全生产制度体系建设；转发、制订、发布了《企业安全生产基本规定》等5项企业安全标准。

（2）安全教育培训。开展了全员、全方位安全理念教育与宣传。全年共完成23个班次，1125人次，4725学时的培训教育。开展了2011版“安全管理制度”、“安全操作规程”、“安全作业规范”专项培训，机关在岗人员学习“员工安全守则”，生产单位分班组对应学习相关“操作规程”，并开展学习活动专项检查。

【安全岗位责任制】　2011年，夹江有限公司推进安全生产管理体系建设，落实安全岗位责任制。在以各级行政一把手为主要责任人的安全管理体系下，构建和完善了安全管理的三个子体系。在分厂（部门）增设6名专职安全员岗位，在二级单位实行专、兼职互补，平行、垂直交叉的工作模式，逐级逐层签订安全生产责任书787份，对在安全生产管理存在较多问题的单位班子成员由总经理进行集体安全诫勉谈话。

【安全风险管理及抵押金】　夹江有限公司为体现安全管理的风险与责任，一方面，首次全面实行全员安全风险抵押金制度，安全风险抵押金分层级缴纳，年终按本人风险抵押金账户余额进行等额奖励。全年有25人次受到处罚，处罚金额3300元，年终兑现奖励总金额160多万元。另一方面，对二级单位月度安全考核与本单位当月工效结算额按0.5%～1%直接挂钩。

（陈　波）

党群工作及企业文化建设

【党建工作】　夹江有限公司党委以科学发展为统领，一是把思想建设放在首位，加强领导班子和干部队伍建设，以党委中心组学习为龙头，推进学习型党组织建设；对基层党务工作者进行《如何当好企业党支部书记》、《发展党员的基本程序》、《基层党组织建设制度》等专题辅导。抓好党管人才工作，公开招聘选拔中层副职领导3人。二是完善“三重一大”决策制度，加强党风建设和反腐倡廉工作。三是以创先争优活动为抓手，推进基层党组织建设，成立领导班子联系点制度，实行党支部月报表制度，开展党员公开承诺“回头看”工作，开展“四强四优”创建活动。四是以纪念建党90周年活动和召开公司第一次党代会为载体，开展党员先进性教育活动。五是制订党建工作责任制考评办法，加大责任制督促检查力度，落实党建工作责任制。全年发展党员12人。

【党建工作责任制】　夹江有限公司党委制定了《夹江水工机械有限公司党建工作责任制考评办法和标准》，对党建工作内容分项进行目标责任分解，建立健全党建工作长效机制；党委召开年度党建工作会，党委书记分别与各党（总）支部书记签订党建工作责任书，将党建工作目标责任制纳入经营业绩考核，与薪酬挂钩；党委分别于年中、年底对各党（总）支部党建工作责任制落实情况进行了自查与考核检查。

【创先争优活动】　夹江有限公司党委深入开展“创先争优”和“四强四优”活动，制订实施方案，建立公司领导人员活动联系点制度。两级党组织和党员开展创先争优公开承诺、亮诺、践诺活动，自觉接受广大职工监督；围绕生产经营任务，组织开展“优质、安全、创高产”创先争优劳动竞赛，涌现出了一大批先进班组和个人；开展“学制度、守纪律、提高执行力”活动，提高党员干部和广大职工的工作积极性；推行党总支、党支部月表制度，将“四强四优”活动和“四好”党委、“五好党支部”建设作为重点，加强和改进基层党建工作。持续开展创先争优活动，分别有一个基层党支部和两名党员受到了四川省国资委党委表彰；有2个党（总）支部、12个党小组、24名党员受到公司党委表彰。

【党代会召开】　2011年9月，夹江有限公司党委召开了第一次党员代表大会，大会对公司党委2006年以来工作进行了总结，对今后几年的总体工作思路进行了部署，大会选举产生新一届公司党委和纪委班子；夹江有限公司第一届委员会委员：刘忠长、雷建容、张克爱、王忠义、吴渝、张大军、曾文、程胜华 、简崧。选举刘忠长为党委书记，雷建容、张克爱为党委副书记；新一届纪律检查委员会委员：张克爱、郎大予、井奇峰、何万里、简崧，选举张克爱为纪委书记。

（吴志杰）

【宣传工作】　2011年，夹江有限公司宣传工作紧紧围绕企业战略目标和中心工作，有效发挥报纸、有线电视、网站等媒体，全方位及时报道市场开发、在建工程产品进度、管理创新及合同履约等方面的重要新闻，加大对国际业务和非水电业务的宣传力度，为公司完成年度各项工作任务提供强有力的舆论支持和思想保证。

2011年全年共编辑出版《夹江水工之声报》14期，制作电视新闻节目18期。2011年公司网站信息量不断增大，刊发消息近百条。坚持定期不定时更换宣传栏和办公楼黑板报，在《水利水电工程报》、股份公司网站、能源网等媒体发表新闻，刊发大量文稿和图片，采写的《中国电建集团夹江公司生产的首批矿用救生舱交付使用》在国务院国资委《央企要情》登用。

（周诗权）

【工会工作】　职工之家建设。2011年，夹江有限公司工会下设9个分工会和1个控股公司工会，会员1039人。截至2011年底，有26名职工加入工会组织，职工入会率100%。全体职工依法建立劳动关系，劳动合同签订率达100%，注重劳动争议调解工作，全年未发生一起劳动争议。认真开展计划生育工作，无违反计划生育政策事情。

职工文化生活。2011年6月，开展“纪念建厂45周年活动”结合“纪念建党90周年活动”，夹江有限公司工会组织合唱队参加夹江县委组织的“红歌大合唱比赛”，200多名职工参加“夹江水工第一届环山越野赛”，举办“职工书画展”，举办迎春拔河比赛、与当地驻军开展篮球联谊赛、放映革命历史题材影片、组织春节游园等活动。

开展劳动竞赛。2011年3月，夹江有限公司工会组织开展为期9个月的“优质、安全、创高产”创先争优劳动竞赛活动，全年共有5个生产分厂、4个机关部门、21个班组受到表彰。

帮扶送温暖工作。2011年9月，夹江有限公司帮扶中心修订了《夹江水工机械有限公司帮扶工作实施细则》，办理困难职工补助共129人次计7.94万元；夹江有限公司工会出资50%为全体职工办理“职工互助医疗保险”，帮助84位生病住院职工报销医疗费6.43万元；工会“职工互助基金”先后向43名职工借支互助金共19.9万元；公司工会和各二级分工会先后到医院看望生病职工140人，报销营养费1.41万元。

【职工民主管理】　夹江有限公司坚持以职工代表大会制度促进企业民主管理。2011年3月，夹江有限公司工会整理出了职工代表在职代会上提出的意见和建议共44条，公司相关部门对所提意见和建议都作出了认真答复，并于3月底印发、反馈到了职代会主席团成员和各职工代表小组。

夹江有限公司一直坚持以厂务公开制度促进企业民主管理，截至2011年底，共编发《厂务公开简报》37期。全面修订了《夹江水工机械有限公司厂务公开实施办法》（以下简称“《办法》”）。新《办法》健全了厂务公开领导体制和工作机制，完善了厂务公开内容和方式。据不完全统计，各职能部门共印发文件、会议纪要、通知、公示等24件，将各方面工作信息在规定范围内予以公开。

（郑利华）

【共青团工作】　2011年，夹江有限公司团委围绕企业生产经营中心，组织开展“我与祖国共奋进，我与企业同发展”主题实践活动，以爱国主义教育、社会主义荣辱观为活动内容，引导广大团员青年与祖国共奋进，与企业同发展，团组织思想建设进一步加强；坚持党建带团建工作机制，落实共青团工作目标考核制度、每月例会制度，共青团工作覆盖了35岁以下青年、团员，团组织建设扎实有效；结合生产实际，将“双争活动”与技术比武、技能培训、师带徒、职业技能鉴定、青年突击队活动相结合，促进了青工技术水平的提高。围绕生产经营开展的安全争先、节能降耗、生产突击、设备保养、环境整治、进社区服务等青年志愿者活动影响广泛。组织青工参加内外婚恋派对，开展演讲、征文、摄影、联谊等活动，丰富青年职工业余文化生活，服务青年成效明显，被股份公司评为“2010～2011年度五四红旗团委”。

（吴志杰）

检查监督

【落实党风廉政建设责任制】 夹江有限公司认真贯彻落实股份公司反腐倡廉建设工作部署，着力抓好党风廉政建设责任制的落实，为促进企业健康发展提供政治保证。2011年9月6日，夹江有限公司党委召开了第一次党员代表大会，选举产生新一届纪律检查委员会。修订完善《党风廉政建设责任制实施细则》，明确责任体系和工作内容，两级领导班子成员落实“一岗双责”，部署年度反腐倡廉建设工作，并层层签订党风廉政建设责任书52份。一年两次对二级单位党风廉政建设责任制落实情况进行检查考核。修订《“三重一大”决策制度实施办法（暂行）》，编制《“三重一大”事项决策议题提案登记表》、《“三重一大”决策情况表》等，以表格形式，规范决策程序。2011年，涉及“三重一大”决策事项20项，没有发生不履职或履职不当行为。经股份公司年终考核，夹江有限公司党风廉政建设责任制落实情况被评为“优秀单位”。

【开展反腐倡廉教育】 夹江有限公司制定了《反腐倡廉教育长效机制实施细则》、《纪委学习组学习制度》，结合党委中心组学习计划内容，构建了充分发挥教育说服力和制度约束力的反腐倡廉教育机制，形成常规教育与重点教育相结合的基本教育机制。2011年3月，党委书记在年度反腐倡廉建设工作会上作反腐倡廉形势报告。8月，党委组织中层以上领导人员等开展《关于“学习制度、守纪律、提高执行力”》为主题的教育活动。把对领导人员和重要岗位人员的党性、党风、党纪教育和预防职务犯罪教育贯穿于教育活动的始终，增强了两级领导人员执行制度的自觉性和廉洁从业自觉意识。

【惩防体系建设】 夹江有限公司积极构建“五道防线”，推进惩防体系建设各项工作。2011年3月10日，党委召开专题会议，围绕教育、制度、监督研究部署年度惩防体系建设工作。为抓好内控制度建设，完善了《外协产品回厂材料调拨及办理加工的程序规定》、《规范各类费用报销和资金审批程序》和《差旅费报销补充规定》等制度。为确保年度工作按计划实施，夹江有限公司惩防体系建设领导小组分别于2011年8月18日和10月11日召开各部门惩防体系联络员会议，在重要部门、关键岗位开展廉洁风险源、风险节点辨识排查专项工作，各相关部门排查廉洁风险点11个，并提出相应管控措施。认真执行《监督工作联席会议制度》召开联席会议3次。惩防体系信息化管理进入规范化，56名中层以上领导登录惩防体系信息管理系统申报个人廉洁从业信息。

【效能监察】 2011年，夹江有限公司下发了《2011年效能监察工作安排》，经总经理批准，效能监察立项为：“落实‘三重一大’决策制度情况效能监察”、“《全员安全风险抵押金实施细则》执行情况效能监察”、“招标、评标及合同审计制度落实情况效能监察”、“二级单位内部分配制度效能监察”和“钢材发放及余料回收管理制度执行情况效能监察”。由监察部制订实施方案，会同相关部门组成效能监察组对以上项目实施效能监察，提出监察建议23条，向相关部门下达监察建议书，落实责任，反馈落实整改情况，根据监察建议，整章建制3个。

（徐超敏）

【审计监督】 2011年，审计部门完成审计项目11个，其中财务收支审计1个，经济责任审计1个，合同审计4个，其他审计5个，共提出审计建议23条并得到采纳。

（郎大予）

【普法工作】 2011年，夹江有限公司接受了上级和地方政府分别进行的全面检查验收，被地方政府授予“五五普法工作先进单位”称号。夹江有限公司党委积极部署安排“六五普法”工作，制订下发《关于在职工中开展“六五普法”宣传、教育规划（2011～2015年）》，调整了公司普法领导小组和工作机构，安排了年度普法学习计划，针对“六五普法”工作重点，侧重抓好公司两级班子法纪知识学习，规避企业经营风险。

（武　超）

中国水电
SINOHYDRO

第十一篇　人物及先进集体

Chapter Ⅺ Distinguished Individuals and Units

院　士

谭靖夷

谭靖夷，男，汉族，中国共产党党员，中国工程院院士。

1921年11月出生于湖南省衡阳县金木乡，1946年5月毕业于交通大学唐山工程学院土木工程系，获学士学位，1948年8月在福建古田水电工程局参加工作，任施工技术科科长；1956～1989年历任柘溪、韶山灌区等多项工程总工程师；曾任中国水力发电工程学会第一、二、三届理事会理事，湖南省水力发电工程学会第一届理事会副理事长，先后受聘担任水口、岩滩、广州抽水蓄能、二滩、漫湾、天生桥、大朝山、龙滩等大型水电工程专家组成员或组长，长江三峡工程专题论证及质量检查专家组专家。黄河小浪底水利枢纽工程技术委员会委员，中国国际工程咨询公司专家，国务院南水北调工程建设委员会专家，澜沧江流域水电工程专家组顾问。现为水电八局有限公司高级顾问。

1950年，谭靖夷被评为福建省劳动模范，出席了福建省首届战斗英雄劳动模范代表会议。1982年9月加入中国共产党，曾当选为第五届全国人大代表、第六届湖南省人大代表和第八届湖南省党代表。1985年获国家科技进步一等奖，1987年被湖南省委和省政府授予“湖南优秀科技工作者”荣誉称号，1992年批准享受国务院政府特殊津贴，1996年被湖南省科学技术协会命名为“湖南科技之星”，1997年当选为中国工程院院士。2008年5月获中国第七届光华工程科技奖——工程奖。2009年被水利部授予“长期奉献水利优秀人员”称号。

2011年，谭靖夷年届90高龄仍倾注于水利水电建设事业，参与各大工程技术咨询，质量检查或技术鉴定等活动。1月，参加四川大渡河猴子岩水电站招标设计评审会。2月，南下广州，共商广州抽水蓄能电站地下厂房结构抗震设计。3月，参加金沙江溪洛渡、向家坝工程年度质量检查，着重提出溪洛渡工程蓄水发电前高拱坝横缝压缝的一系列预防措施、对向家坝河床右侧基防渗墙重大质量缺陷补强御理建议和相应措施。4月，参加澜沧江糯扎渡工程第三次质量检查。5月，参加金沙江向家坝工程人工砂石料系统科技成果鉴定；前往江苏溧阳参加集团公司召开的科技大会，对集团公司近年科技工程和取得的成果进行系统总结，还考察了京沪高速铁路；赴长春丰满水电厂参加丰满大坝第三次定期检查。6月，参加乌江构皮滩高拱坝技术鉴定，认为，该坝在岩溶地基处理和坝体混凝土全面、全过程温度控制等方面成就显著；参加澜沧江小湾高拱坝提高蓄水位咨询会，认为分期、分段稳步提升蓄水位至1240米设计高程是安全可靠的；赴雅砻江官地水电站，明确了2012年3月蓄水发电目标。8月，赴锦屏一级工程现场落实高拱坝温度控制和坝基处理要求。9月，参加长江三峡工程右岸地下厂房及首批机组安全鉴定，10月，商定湘江土谷塘航运枢纽施工导流程序。12月，在湘江长沙枢纽现场对该工程进行年度总结，认为工程质量和进度均处于良好受控状态。

先　进　人　物

全国五一劳动奖章获得者

姓　名	单　位	荣誉称号	授奖部门	授奖年月
张　宏	水电四局有限公司	全国五一劳动奖章	中华全国总工会	2011年4月
曹　奇	水电四局有限公司	全国五一劳动奖章	中华全国总工会	2011年4月

续表

姓　名	单　位	荣誉称号	授奖部门	授奖年月
李建峡	水电四局有限公司	全国五一劳动奖章	中华全国总工会	2011年4月
王雄武	水电四局有限公司	全国五一劳动奖章	中华全国总工会	2011年6月
何福江	水电七局有限公司	全国五一劳动奖章	中华全国总工会	2011年4月
张志平	水电八局有限公司	全国五一劳动奖章	中华全国总工会	2011年4月
黄　岗	水电十四局有限公司	全国五一劳动奖章	中华全国总工会	2011年6月

省级劳动模范

姓　名	单　位	荣誉称号	授奖部门	授奖年月
蒋　济	水电十四局有限公司	云南省劳动模范	云南省总工会	2011年4月
李朝杰	水电十四局有限公司	云南省劳动模范	云南省总工会	2011年4月
石　峰	基础局有限公司	2010年度天津市劳动模范	天津市委、市政府	2011年4月
李久春	港航公司	2010年度天津市劳动模范	天津市委、市政府	2011年4月

中央企业优秀共产党员

姓　名	单　位	荣誉称号	授奖部门	授奖年月
杨　忠	股份公司	中央企业优秀共产党员	国务院国资委党委	2011年6月
席　浩	水电四局有限公司	中央企业优秀共产党员	国务院国资委党委	2011年6月
孙　越	国际公司	中央企业优秀共产党员	国务院国资委党委	2011年6月
贠　亮	国际公司	中央企业优秀共产党员	国务院国资委党委	2011年6月
刘庆福	水电九局有限公司	中央企业优秀共产党员	国务院国资委党委	2011年6月
刘玉飞	水电二局有限公司	中央企业优秀共产党员	国务院国资委党委	2011年6月
刘俊磊	水电四局有限公司	中央企业优秀共产党员	国务院国资委党委	2011年6月
顾　宁	水电十三局有限公司	中央企业优秀共产党员	国务院国资委党委	2011年6月

省级五一劳动奖章获得者

姓　名	单　位	荣誉称号	授奖部门	授奖年月
邹　强	水电四局有限公司	四川省五一劳动奖章	四川省总工会	2011年6月
吴文良	水电五局有限公司	四川省五一劳动奖章	四川省总工会	2011年4月
唐仲海	水电五局有限公司	四川省五一劳动奖章	四川省总工会	2011年12月
张卫红	水电五局有限公司	四川省五一劳动奖章	四川省总工会	2011年12月
王强荣	水电七局有限公司	四川省五一劳动奖章	四川省总工会	2011年4月
杨　勇	水电七局有限公司	四川省五一劳动奖章	四川省总工会	2011年6月
杨　帆	水电七局有限公司	四川省五一劳动奖章	四川省总工会	2011年6月
沈建民	水电七局有限公司	四川省五一劳动奖章	四川省总工会	2011年6月
夏国文	水电八局有限公司	贵州省五一劳动奖章	贵州省总工会	2011年5月
沈正龙	水电八局有限公司	重庆市五一劳动奖章	重庆市总工会	2011年9月
汪　勇	水电十局有限公司	四川省五一劳动奖章	四川省总工会	2011年4月
李　俊	水电十局有限公司	四川省五一劳动奖章	四川省总工会	2011年4月
曾　彬	水电十二局有限公司	重庆市五一劳动奖章	重庆市总工会	2011年9月
刘　宁	水电十四局有限公司	广东省五一劳动奖章暨广东省十项工程劳动竞赛模范工人	广东省总工会	2011年8月

获国家、省部级荣誉称号的先进个人

姓　名	单　位	荣誉称号	授奖部门	授奖年月
王　青	集团公司玉树灾后重建现场指挥部	青海省优秀共产党员	青海省委	2011年6月
王春孝	集团公司玉树灾后重建现场指挥部	青海省优秀共产党员	青海省委	2011年6月
王　伟	水电一局有限公司	吉林省见义勇为模范	吉林省政府	2011年8月
张智华	水电一局有限公司	五一巾帼标兵	吉林省总工会	2011年3月
于海安	水电二局有限公司	北京市五四奖章	共青团北京市委	2011年5月
陈晓娇	水电二局有限公司	北京市优秀共青团员	共青团北京市委	2011年12月
羊绍元	水电三局有限公司	青年岗位能手	共青团中央、中国长江三峡集团公司	2011年6月
曹文斌	水电三局有限公司	2010年度金沙江向家坝水电工程优秀建设者	中国能源化学工会、四川省总工会、云南省总工会、中国长江三峡集团公司工会	2011年6月
樊婷婷	水电四局有限公司	全国五一巾帼标兵	全国总工会	2011年4月
陈　翀	水电四局有限公司	青年岗位能手	共青团中央、中国长江三峡集团公司	2011年6月
胡艳军	水电四局有限公司	青年岗位能手	共青团中央、中国长江三峡集团公司	2011年6月
龙章鸿	水电四局有限公司	2010年度金沙江溪洛渡水电工程优秀建设者	中国能源化学工会、四川省总工会、云南省总工会、中国长江三峡集团公司工会	2011年6月
张福林	水电四局有限公司	2010年度金沙江向家坝水电工程优秀建设者	中国能源化学工会、四川省总工会、云南省总工会、中国长江三峡集团公司工会	2011年6月
兰国龙	水电四局有限公司	青海省优秀共产党员	青海省委	2011年6月
施正全	水电四局有限公司	甘肃省优秀共产党员	甘肃省委	2011年6月
耿新奇	水电四局有限公司	优秀共青团干部	共青团青海省委	2011年5月
刘　勇	水电四局有限公司	优秀共青团员	共青团青海省委	2011年5月
刘占昌	水电四局有限公司	青海省“十一五”建功立业竞赛先进个人	青海省总工会	2011年4月
乔世雄	水电四局有限公司	青海省“十一五”建功立业竞赛先进个人	青海省总工会	2011年4月
胡 阳	水电四局有限公司	青海省“十一五”建功立业竞赛先进个人	青海省总工会	2011年4月
李忠德	水电四局有限公司	青海省“十一五”建功立业竞赛先进个人	青海省总工会	2011年4月
长福俊	水电四局有限公司	青海省“十一五”建功立业竞赛先进个人	青海省总工会	2011年4月
韩宝玉	水电四局有限公司	青海省“十一五”建功立业竞赛先进个人	青海省总工会	2011年4月
张致智	水电四局有限公司	青海省“十一五”建功立业竞赛先进个人	青海省总工会	2011年4月
金　俊	水电四局有限公司	青海省“十一五”建功立业竞赛先进个人	青海省总工会	2011年4月
赵　辉	水电六局有限公司	青年岗位能手	共青团中央、中国长江三峡集团公司	2011年6月
赵　辉	水电六局有限公司	2010年度金沙江溪洛渡水电工程优秀建设者	中国能源化学工会、四川省总工会、云南省总工会、中国长江三峡集团公司工会	2011年6月

续表

姓　名	单　位	荣誉称号	授奖部门	授奖年月
马雨峰	水电六局有限公司	火车头奖章	全国铁路总工会	2011 年 1 月
罗荣菊	水电六局有限公司	辽宁省五一巾帼先进个人	辽宁省总工会	2011 年 3 月
王国君	水电七局有限公司	全国优秀工会工作者	中华全国总工会	2011 年 3 月
李建文	水电七局有限公司	优秀共产党员	四川省委	2011 年 6 月
杨　帆	水电七局有限公司	青年岗位能手	共青团中央、中国长江三峡集团公司	2011 年 6 月
杨　帆	水电七局有限公司	2010 年度金沙江向家坝水电工程优秀建设者	中国能源化学工会、四川省总工会、云南省总工会、中国长江三峡集团公司工会	2011 年 6 月
沈建明	水电七局有限公司	2010 年度金沙江向家坝水电工程优秀建设者	中国能源化学工会、四川省总工会、云南省总工会、中国长江三峡集团公司工会	2011 年 6 月
王焕强	水电七局有限公司	火车头奖章	全国铁路总工会	2011 年 1 月
张兴德	水电七局有限公司	火车头奖章	全国铁路总工会	2011 年 1 月
牟兴华	水电七局有限公司	火车头奖章	全国铁路总工会	2011 年 1 月
姜立功	水电七局有限公司	火车头奖章	全国铁路总工会	2011 年 12 月
何　菁	水电七局有限公司	四川省三八红旗手	四川省妇女联合会	2011 年 3 月
肖华民	水电八局有限公司	全国优秀工会工作者	全国总工会	2011 年 11 月
李战锋	水电八局有限公司	青年岗位能手	共青团中央、中国长江三峡集团公司	2011 年 6 月
胡彦平	水电八局有限公司	青年岗位能手	共青团中央、中国长江三峡集团公司	2011 年 6 月
易　波	水电八局有限公司	青年岗位能手	共青团中央、中国长江三峡集团公司	2011 年 6 月
唐　勇	水电八局有限公司	个人一等功	山西省劳动竞赛委员会	2011 年 12 月
周光荣	水电八局有限公司	2010 年度金沙江溪洛渡水电工程优秀建设者	中国能源化学工会、四川省总工会、云南省总工会、中国长江三峡集团公司工会	2011 年 6 月
胡正华	水电八局有限公司	2010 年度金沙江溪洛渡水电工程优秀建设者	中国能源化学工会、四川省总工会、云南省总工会、中国长江三峡集团公司工会	2011 年 6 月
罗秀堂	水电八局有限公司	全国电力行业技术能手	人力资源和社会保障部	2011 年 4 月
宁梅珍	水电八局有限公司	芙蓉百岗明星	湖南省总工会	2011 年 4 月
杨一心	水电八局有限公司	湖南省五一先锋	湖南省总工会	2011 年 4 月
周礼艳	水电十局有限公司	全国五一巾帼标兵	中华全国总工会	2011 年 4 月
陈祖德	水电十局有限公司	汶川灾后重建先进个人	人力资源和社会保障部、国家发展和改革委员会、解放军总政治部	2011 年 10 月
赵兴中	水电十局有限公司	四川省优秀共青团员	共青团四川省委	2011 年 5 月
张至森	水电十一局有限公司	优秀共产党员	河南省委	2011 年 6 月
刘　沐	水电十一局有限公司	中央企业青年五四奖章提名奖	国务院国资委党委	2011 年 8 月
武尚臣	水电十一局有限公司	中原儿女“三平”精神五四特别奖	共青团河南省委	2011 年 5 月
王竹如	水电十二局有限公司	全国优秀工会工作者	中华全国总工会	2011 年 10 月
李汝伟	水电十三局有限公司	全国工会职工书屋建设先进个人	全国总工会	2011 年 6 月
杨旭东	水电十三局有限公司	中央企业青年五四奖章	国务院国资委党委	2011 年 8 月
丁万龙	水电十四局有限公司	骑士勋章	刚果（布）	2011 年 5 月
李　荣	水电十四局有限公司	青年岗位能手	共青团中央、中国长江三峡集团公司	2011 年 6 月

续表

姓 名	单 位	荣誉称号	授奖部门	授奖年月
曾 理	水电十四局有限公司	2010年度金沙江溪洛渡水电工程优秀建设者	中国能源总工会、四川省总工会、云南省总工会、中国长江三峡集团公司工会	2011年6月
杨宏美	水电十四局有限公司	优秀共青团干部	共青团云南省委	2011年5月
李学海	水电十四局有限公司	优秀共青团干部	共青团云南省委	2011年5月
韩林安	水电十五局有限公司	中国建筑业项目管理模范人物	住房和城乡建设部	2011年4月
林玉宋	水电十六局有限公司	2010年全国五一巾帼标兵	中华全国总工会	2011年2月
邓 进	水电十六局有限公司	福建省五四奖章	共青团福建省委	2011年4月
杨 帆	水电十六局有限公司	2010年度福建省十佳共青团员	共青团福建省委	2011年4月
李绍辉	水电十六局有限公司	2010年度年度福建省优秀共青团干部	共青团福建省委	2011年4月
袁国俊	基础局有限公司	中央企业优秀党务工作者	国务院国资委党委	2011年6月
薛志勇	集团公司房地产公司	中央企业青年五四奖章	国务院国资委党委	2011年8月

先 进 集 体

文 明 单 位

单 位	荣誉称号	授奖部门	授奖年月
集团公司总部	全国文明单位	中央精神文明建设指导委员会	2011年12月
水电四局有限公司	全国文明单位	中央精神文明建设指导委员会	2011年12月
水电八局有限公司东江基地	湖南省省级文明单位	湖南省委、省政府	2011年3月
水电九局有限公司砂石分局	2011年度贵州省文明单位	贵州省精神文明建设指导委员会	2011年12月
水电十三局有限公司	山东省文明单位	山东省精神文明建设委员会	2011年12月

省级五一劳动奖状获得单位

单 位	荣誉称号	授奖部门	授奖年月
水电五局有限公司机电制造安装分局	四川省五一劳动奖状	四川省总工会	2011年1月
水电五局有限公司成都五兴物业有限公司	四川省五一劳动奖状	四川省总工会	2011年4月
水电六局有限公司	辽宁省五一劳动奖状	辽宁省总工会	2011年4月
水电七局有限公司五分局	四川省五一劳动奖状	四川省总工会	2011年4月
水电七局有限公司向家坝施工局	四川省五一劳动奖状	四川省总工会	2011年6月
水电七局有限公司溪洛渡施工局	四川省五一劳动奖状	四川省总工会	2011年6月
水电八局有限公司草街施工局	重庆市五一劳动奖状	重庆市总工会	2011年9月
水电八局有限公司	山西省五一劳动奖状	山西省劳动竞赛委员会	2011年12月
水电八局有限公司 湖南江海科技发展有限公司	山西省五一劳动奖状	山西省劳动竞赛委员会	2011年12月

续表

单　位	荣誉称号	授奖部门	授奖年月
水电十一局有限公司	山西省五一劳动奖状	山西省劳动竞赛委员会	2011 年 12 月
水电十四局有限公司安装分公司小湾项目部	云南省五一劳动奖状	云南省总工会	2011 年 2 月
水电十六局有限公司第三分局	福建省五一劳动奖状	福建省总工会	2011 年 4 月

省级工人先锋号获得单位

单　位	荣誉称号	授奖部门	授奖年月
集团公司玉树灾后重建现场指挥部第三工区	青海省玉树灾区重建工人先锋号	青海省总工会	2011 年 8 月
集团公司玉树灾后重建现场指挥部第五工区	青海省玉树灾区重建工人先锋号	青海省总工会	2011 年 8 月
集团公司玉树灾后重建现场指挥部第一工区	青海省玉树灾区重建工人先锋号	青海省总工会	2011 年 8 月
集团公司玉树灾后重建现场指挥部第二工区	青海省玉树灾区重建工人先锋号	青海省总工会	2011 年 8 月
水电二局有限公司津城第三项目经理	全国交通建设系统工人先锋号	中国海员建设工会	2011 年 12 月
水电三局有限公司向家坝施工局金属结构安装公司	四川省工人先锋号	四川省总工会	2011 年 6 月
水电四局有限公司溪洛渡施工局浇筑中队	四川省工人先锋号	四川省总工会	2011 年 6 月
水电四局有限公司向家坝工程项目部基础科	四川省工人先锋号	四川省总工会	2011 年 6 月
水电四局有限公司第一分局拉西瓦施工局浇筑大队	青海省玉树灾区重建工人先锋号	青海省总工会	2011 年 8 月
水电五局有限公司基地分局广元基地管理处	四川省工人先锋号	四川省总工会	2011 年 1 月
水电五局有限公司职工教育培训中心	四川省工人先锋号	四川省总工会	2011 年 1 月
水电五局有限公司一分局清蓄项目部	四川省工人先锋号	四川省总工会	2011 年 4 月
水电五局有限公司五分局南水北调焦作项目部	四川省工人先锋号	四川省总工会	2011 年 4 月
水电六局有限公司溪洛渡施工局综合一队钢筋加工厂	四川省工人先锋号	四川省总工会	2011 年 6 月
水电六局有限公司三分局浑河闸应急除险加固工程项目部综合一队	辽宁省工人先锋号	辽宁省总工会	2011 年 4 月
水电七局有限公司三分局斜卡项目部	四川省工人先锋号	四川省总工会	2011 年 4 月
水电七局有限公司向家坝施工局二工区帷幕灌浆班	四川省工人先锋号	四川省总工会	2011 年 6 月
水电七局有限公司溪洛渡施工局一工区	四川省工人先锋号	四川省总工会	2011 年 6 月
水电七局有限公司安装分局水工机械厂下料班	四川省工人先锋号	四川省总工会	2011 年 11 月
水电八局有限公司溪洛渡大坝施工局二工区木工班	四川省工人先锋号	四川省总工会	2011 年 6 月
水电八局有限公司向家坝砂石项目部成品工区制砂班	四川省工人先锋号	四川省总工会	2011 年 6 月
水电八局有限公司五分局大岗山大坝项目部	四川省工人先锋号	四川省总工会	2011 年 9 月
水电九局有限公司成简项目部辅企队	贵州省工人先锋号	贵州省总工会	2011 年 4 月
水电十局有限公司三分局南水北调汤阴 1 标项目部	四川省工人先锋号	四川省总工会	2011 年 4 月
水电十一局有限公司京沪高铁施工局	河南省工人先锋号	河南省总工会	2011 年 4 月
水电十二局有限公司草街项目部	重庆市工人先锋号	重庆市总工会	2011 年 9 月
水电十三局有限公司武清开发区基础设施总承包部	天津市工人先锋号	天津市总工会	2011 年 12 月
水电十三局有限公司第三分公司武清项目路桥施工队	全国交通建设系统工人先锋号	中国海员建设工会	2011 年 11 月
水电十四局有限公司溪洛渡项目部机电大队供电中队	四川省工人先锋号	四川省总工会	2011 年 6 月
水电十六局有限公司平潭综合实验区环岛路项目部	福建省工人先锋号	福建省总工会	2011 年 10 月
水电十六局有限公司安全生产监督管理部	福建省工人先锋号	福建省总工会	2011 年 10 月
基础局有限公司西藏旁多项目部工程质量技术部	天津市工人先锋号	天津市总工会	2011 年 1 月
港航公司平潭金井湾工程项目部	全国交通建设系统工人先锋号	中国海员建设工会	2011 年 12 月

获国家、省（部）集体荣誉称号单位

单 位	荣誉称号	授奖部门	授奖年月
集团公司玉树灾后重建现场指挥部	全国五一劳动奖状	全国总工会	2011 年 4 月
集团公司利比亚区域总部临时党委	中央企业先进基层党组织	国资委党委	2011 年 6 月
集团公司工会	创先争优先进单位	中国能源化学工会	2011 年 2 月
集团公司玉树灾后重建现场指挥部	青海省先进基层党组织	青海省委	2011 年 6 月
集团公司玉树灾后重建现场指挥部第一工区	青海省十一五建功立业竞赛先进集体	青海省总工会	2011 年 4 月
集团公司玉树灾后重建现场指挥部第五工区	青海省十一五建功立业竞赛先进集体	青海省总工会	2011 年 4 月
集团公司玉树灾后重建现场指挥部团委	五四红旗团委	共青团青海省委	2011 年 5 月
集团公司玉树灾后重建现场指挥部第三工区	青年文明号	共青团青海省委	2011 年 5 月
集团公司玉树灾后重建现场指挥部医疗保障中心	玉树灾后重建志愿服务先进集体	共青团青海省委	2011 年 5 月
水电一局有限公司松江施工局财务部	五一巾帼标兵岗	吉林省总工会	2011 年 3 月
水电三局有限公司向家坝施工局高架门塔机运行班	青年安全生产示范岗	共青团中央、中国长江三峡集团公司	2011 年 6 月
水电三局有限公司向家坝施工局制安分局向家坝项目部	2010 年度金沙江向家坝水电工程建设先进集体	中国能源化学工会、四川省总工会、云南省总工会、中国长江三峡集团公司工会	2011 年 6 月
水电三局有限公司向家坝浇筑二工区	2010 年度金沙江向家坝水电工程建设先进班组	中国能源化学工会、四川省总工会、云南省总工会、中国长江三峡集团公司工会	2011 年 6 月
水电四局有限公司	全国模范劳动关系和谐企业	国家人力资源和社会保障部、全国总工会	2011 年 12 月
水电四局有限公司	全国劳动争议协调示范单位	国家人力资源和社会保障部、全国总工会	2011 年 12 月
水电四局有限公司党委	中央企业党建带团建工作先进单位	国务院国资委党委	2011 年 8 月
水电四局有限公司工会	“十一五”时期社会主义劳动竞赛先进单位	中华全国总工会	2011 年 4 月
水电四局有限公司向家坝工程项目部	全国五一劳动奖状	中华全国总工会	2011 年 6 月
水电四局有限公司溪洛渡施工局浇筑中队	全国工人先锋号	中华全国总工会	2011 年 6 月
水电四局有限公司向家坝工程项目部 TC 1 号塔带机运行班	全国工人先锋号	中华全国总工会	2011 年 6 月
水电四局有限公司机电安装分局	全国安康杯竞赛优胜单位	中华全国总工会	2011 年 6 月
水电四局有限公司第二分局宁杭客专徐舍制板厂	全国安康杯竞赛优胜班组	中华全国总工会	2011 年 6 月
水电四局有限公司溪洛渡施工局浇筑综合中队	青年文明号	共青团中央、中国长江三峡集团公司	2011 年 6 月
水电四局有限公司向家坝工程部机械大队	青年文明号	共青团中央、中国长江三峡集团公司	2011 年 6 月
水电四局有限公司向家坝工程项目部综合加工厂金结车间安装班	青年安全生产示范岗	共青团中央、中国长江三峡集团公司	2011 年 6 月
水电四局有限公司溪洛渡施工局	2010 年度金沙江溪洛渡水电工程建设先进单位	中国能源化学工会、四川省总工会、云南省总工会、中国长江三峡集团公司工会	2011 年 6 月

续表

单　位	荣誉称号	授奖部门	授奖年月
水电四局有限公司溪洛渡项目部混凝土班	2010年度金沙江溪洛渡水电工程建设先进班组	中国能源化学工会、四川省总工会、云南省总工会、中国长江三峡集团公司工会	2011年6月
水电四局有限公司向家坝工程项目部	2010年度金沙江向家坝水电工程建设先进单位	中国能源化学工会、四川省总工会、云南省总工会、中国长江三峡集团公司工会	2011年6月
水电四局有限公司向家坝机电安装工程项目部	2010年度金沙江向家坝水电工程建设先进单位	中国能源化学工会、四川省总工会、云南省总工会、中国长江三峡集团公司工会	2011年6月
水电四局有限公司向家坝工程项目部浇筑一大队	2010年度金沙江向家坝水电工程建设先进集体	中国能源化学工会、四川省总工会、云南省总工会、中国长江三峡集团公司工会	2011年6月
水电四局有限公司向家坝工程项目部供料线中队	2010年度金沙江向家坝水电工程建设先进班组	中国能源化学工会、四川省总工会、云南省总工会、中国长江三峡集团公司工会	2011年6月
水电四局有限公司第一分局拉西瓦施工局浇筑大队	青海省十一五建功立业竞赛先进集体	青海省总工会	2011年4月
水电四局有限公司第二分局	青海省先进基层党组织	青海省委	2011年6月
水电四局有限公司第四分局	青海省“安康杯”竞赛优胜单位	青海省总工会	2011年4月
水电四局有限公司尼那电厂	青海省“安康杯”竞赛优胜单位	青海省总工会	2011年4月
水电四局有限公司水工总厂酒泉新能源公司塔筒卷制班	青海省“安康杯”竞赛优胜单位	青海省总工会	2011年4月
水电五局有限公司	全国五一劳动奖状	中华全国总工会	2011年4月
水电五局有限公司	全国“安康杯”竞赛优胜企业	中华全国总工会、国家安全生产监督管理局	2011年9月
水电五局有限公司亭子口项目部	全国工会优秀职工书屋示范点	中华全国总工会	2011年5月
水电五局有限公司基础处理分局党政办公室	全国五一巾帼标兵岗	中华全国总工会	2011年5月
水电五局有限公司京沪高铁三标段二工区	全国工会优秀职工书屋	中华全国总工会	2011年5月
水电六局有限公司	2010年度全国安康杯竞赛优胜企业	中华全国总工会 国家安全生产监督管理局	2011年12月
水电六局有限公司南广铁路项目部一分部机电队	全国工人先锋号	中华全国总工会	2011年4月
水电六局有限公司溪洛渡施工局综合三队综合班	2010年度金沙江溪洛渡水电工程建设先进班组	中国能源化学工会、四川省总工会、云南省总工会、中国长江三峡集团公司工会	2011年6月
水电六局有限公司西南分局溪洛渡项目部综合三队运输班	创先争优先锋团队	辽宁省总工会	2011年4月
水电六局有限公司	安康杯竞赛优秀组织单位	辽宁省总工会、省安全生产监督管理局	2011年4月
水电七局有限公司	全国安康杯竞赛优胜企业	中华全国总工会、国家安全生产监督管理总局	2011年8月
水电七局有限公司党委	中央企业党建带团建工作先进单位	国务院国资委党委	2011年8月

续表

单　位	荣誉称号	授奖部门	授奖年月
水电七局有限公司向家坝施工局厂房片区	青年文明号	共青团中央、中国长江三峡集团公司	2011年6月
水电七局有限公司溪洛渡施工局安全环境管理部	青年安全生产示范岗	共青团中央、中国长江三峡集团公司	2011年6月
水电七局有限公司向家坝施工局焊工班	青年安全生产示范岗	共青团中央、中国长江三峡集团公司	2011年6月
水电七局有限公司三分局市场开发部	全国五一巾帼标兵岗	中华全国总工会	2011年4月
水电七局有限公司第一分局党委	中央企业先进基层党组织	国务院国资委党委	2011年6月
水电七局有限公司南广铁路项目部	火车头奖杯	全国铁路总工会	2011年1月
水电七局有限公司向家坝施工局二工区	2010年金沙江流域水电工程劳动竞赛先进集体	中国能源化学工会、四川省总工会、云南省总工会、中国长江三峡集团工会	2011年6月
水电七局有限公司溪洛渡施工局实验中心混凝土质控班	2010年度金沙江溪洛渡水电工程建设先进班组	中国能源化学工会、四川省总工会、云南省总工会、中国长江三峡集团公司工会	2011年6月
水电七局有限公司向家坝施工局主厂房班	2010年度金沙江溪洛渡水电工程建设先进班组	中国能源化学工会、四川省总工会、云南省总工会、中国长江三峡集团公司工会	2011年6月
水电七局有限公司三分局	四川省安康杯竞赛优胜单位	四川省总工会	2011年8月
水电七局有限公司安装分局	四川省安康杯竞赛优胜单位	四川省总工会	2011年8月
水电七局有限公司五分局云南小湾项目部骨料班	四川省安康杯竞赛优胜班组	四川省总工会	2011年8月
水电七局有限公司工会	四川省安康杯竞赛优胜组织工作优秀单位	四川省总工会	2011年8月
水电八局有限公司	全国模范劳动关系和谐企业	中华全国总工会等	2011年8月
水电八局有限公司溪洛渡大坝施工局缆机工区检修班	全国工人先锋号	中华全国总工会	2011年6月
水电八局有限公司	中央企业技能竞赛先进单位	国务院国资委	2011年4月
水电八局有限公司工会	全国能源化学系统先进工会	中国能源化学工会	2011年11月
水电八局有限公司二分局湘江综合枢纽项目部工会	湖南省模范职工小家	湖南省总工会	2011年12月
水电八局有限公司砂石分局大岗山项目部	四川省重点工程劳动竞赛先进集体	四川省总工会	2011年9月
水电八局有限公司溪洛渡大坝施工局二工区	青年安全生产示范岗	共青团中央、中国长江三峡集团公司	2011年6月
水电八局有限公司溪洛渡机电安装项目部电气队维护班	青年安全生产示范岗	共青团中央、中国长江三峡集团公司	2011年6月
水电八局有限公司向家坝砂石项目部半成品工区电工班	青年安全生产示范岗	共青团中央、中国长江三峡集团公司	2011年6月
水电八局有限公司溪洛渡大坝施工局施工部	青年文明号	共青团中央、中国长江三峡集团公司	2011年6月
水电八局有限公司向家坝砂石项目部长胶工区电工班	青年文明号	共青团中央、中国长江三峡集团公司	2011年6月

续表

单 位	荣誉称号	授奖部门	授奖年月
水电八局有限公司向家坝砂石项目部成品工区制砂班	湖南省劳动竞赛先进班组	湖南省总工会	2011 年 11 月
水电八局有限公司溪洛渡机电安装项目部	2010 年度金沙江溪洛渡水电工程建设先进单位	中国能源化学工会、四川省总工会、云南省总工会、中国长江三峡集团公司工会	2011 年 6 月
水电八局有限公司溪洛渡施工局大坝二工区	2010 年度金沙江溪洛渡水电工程建设先进班组溪洛渡工程先进集体	中国能源化学工会、四川省总工会、云南省总工会、中国长江三峡集团公司工会	2011 年 6 月
水电八局有限公司溪洛渡机电安装项目部综合队	2010 年度金沙江溪洛渡水电工程建设先进集体	中国能源化学工会、四川省总工会、云南省总工会、中国长江三峡集团公司工会	2011 年 6 月
水电八局有限公司大坝施工局机械工区平振班	2010 年度金沙江溪洛渡水电工程建设先进班组	中国能源化学工会、四川省总工会、云南省总工会、中国长江三峡集团公司工会	2011 年 6 月
水电八局有限公司向家坝砂石项目部	2010 年度金沙江向家坝水电工程建设先进单位	中国能源化学工会、四川省总工会、云南省总工会、中国长江三峡集团公司工会	2011 年 6 月
水电九局有限公司	2010 年度全国安康杯竞赛优胜单位	中华全国总工会	2011 年 4 月
水电九局有限公司工会职工书屋	全国工会优秀职工书屋、全国工会职工书屋示范点达标单位	中华全国总工会	2011 年 1 月
水电九局有限公司二分局黄金坪项目部	贵州省安康杯竞赛优胜班组	贵州省总工会	2011 年 8 月
水电十局有限公司	全国“安康杯”竞赛优胜单位	中华全国总工会和国家安全生产监督管理总局	2011 年 7 月
水电十局有限公司	2009～2010 年度四川省“安康杯”竞赛组织工作“优秀单位”	四川省总工会	2011 年 8 月
水电十局有限公司一分局	2009～2010 年度四川省“安康杯”竞赛“优胜单位”	四川省总工会	2011 年 8 月
水电十局有限公司勘测设计院中心试验室和机电安装分局金属结构厂电焊班	2009～2010 年度四川省“安康杯”竞赛“优胜班组”	四川省总工会	2011 年 8 月
水电十局有限公司别迭里项目部	自治区重大工程建设突击队	共青团自治区委	2011 年 5 月
水电十一局有限公司党委	河南省先进基层党组织	河南省委	2011 年 6 月
水电十一局有限公司官地施工局党工委	中央企业先进基层党组织	国资委党委	2011 年 6 月
水电十一局有限公司团委	五四红旗团委	共青团河南省委	2011 年 5 月
水电十二局有限公司第一分局溧阳施工局水电队电工班	安康杯竞赛优胜班组	浙江省总工会	2011 年 5 月
水电十三局有限公司橡塑厂汽车销售服务组	山东省女职工建功立业标兵岗	山东省总工会	2011 年 3 月
水电十四局有限公司曲靖分公司工程管理部	全国五一巾帼标兵岗	中华全国总工会	2011 年 4 月
水电十四局有限公司溪洛渡项目经理部安全部	青年文明号	共青团中央、中国长江三峡集团公司	2011 年 6 月
水电十四局有限公司总调室厂房组	青年安全生产示范岗	共青团中央、中国长江三峡集团公司	2011 年 6 月

续表

单　位	荣誉称号	授奖部门	授奖年月
水电十四局有限公司溪洛渡项目部测量队	2010年度金沙江溪洛渡水电工程建设先进集体	中国能源化学工会、四川省总工会、云南省总工会、中国长江三峡集团公司工会	2011年6月
水电十四局有限公司溪洛渡项目部质量管理部厂房组	2010年度金沙江溪洛渡水电工程建设先进班组	中国能源化学工会、四川省总工会、云南省总工会、中国长江三峡集团公司工会	2011年6月
水电十四局有限公司海外事业部团委	五四红旗团委	共青团云南省委	2011年5月
水电十四局有限公司黄登项目经理部团总支	五四红旗团支部	共青团云南省委	2011年5月
水电十五局有限公司	全国安康杯竞赛优秀单位	全国总工会	2011年4月
水电十五局有限公司南水北调新卫三标项目部	全国工人先锋号	中华全国总工会	2011年4月
水电十五局有限公司一公司工会	全国模范职工之家	中华全国总工会	2011年10月
水电十五局有限公司二公司贵州黔中项目部职工书屋	全国工会职工书屋示范点	中华全国总工会	2011年11月
水电十五局有限公司一公司积石峡项目团支部	陕西省青年文明号	共青团陕西省委	2011年3月
水电十六局有限公司工会	全国模范职工之家	中华全国总工会	2011年10月
水电十六局有限公司新疆喀坝项目部	全国青年安全生产示范岗	共青团中央	2011年5月
水电十六局有限公司	2010年度福建省安康杯竞赛先进单位	福建省总工会	2011年1月
基础局有限公司	天津市“安康杯”竞赛优胜单位	天津市总工会	2011年6月
基础局有限公司西藏旁多项目部党委	天津市先进基层党组织	天津市委	2011年6月
基础局有限公司西藏旁多项目部	优秀青年突击队	共青团天津市委	2011年1月
集团公司利比亚区域总部临时党委	中央企业先进基层党组织	国务院国资委党委	2011年6月
集团公司房地产有限公司党委	中央企业先进基层党组织	国务院国资委党委	2011年6月
港航公司	2010年度全国安康杯竞赛优胜单位	中华全国总工会	2011年4月
港航公司马里项目部	2010年度全国“安康杯”竞赛优胜班级	中华全国总工会	2011年4月
港航公司工会	全国安全督导人员培训先进集体	全国总工会	2011年4月

获学（协）会集体荣誉称号单位

单　　位	荣　誉　称　号	授奖部门	授奖年月
水电四局有限公司	2010年度全国电力建设优秀施工企业	中国电力建设企业协会	2011年2月
水电五局有限公司	全国管理先进企业	中国建筑业协会	2011年12月
水电五局有限公司	全国建筑业先进企业	中国建筑业协会	2011年12月
水电五局有限公司	2010年全国工程建设优秀施工企业	中国施工企业管理协会	2011年3月
水电五局有限公司	2010年度安全生产工作先进单位全国电力建设优秀企业	中国电力建设企业协会	2011年3月
水电五局有限公司	全国电力行业优秀企业	中国电力企业联合会	2011年1月
水电六局有限公司	全国计划生育协会企事业先进单位	中国计划生育协会	2011年1月
水电六局有限公司	2010年度全国电力行业优秀企业	中国电力建设企业协会	2011年12月
水电七局有限公司	2010年度全国电力建设优秀施工企业	中国电力建设企业协会	2011年3月
水电七局有限公司	2010年度全国优秀施工企业	中国施工企业管理协会	2011年4月
水电七局有限公司	全国实施卓越绩效模式先进企业	中国质量协会	2011年10月

续表

单　　位	荣　誉　称　号	授奖部门	授奖年月
水电八局有限公司	2010年度全国电力建设优秀施工企业	中国电力建设企业协会	2011年3月
水电八局有限公司	2011中国境外工程承包优秀企业	中国建筑施工管理协会	2011年8月
水电九局有限公司党委	建党90周年全国企业党建工作先进单位	中国企业党建研究中心等协会	2011年7月
水电九局有限公司金阳分局	全国企业文化融合荣誉单位	中国企业文化研究会	2011年6月
水电九局有限公司金阳分局	企业文化建设2011年度社会责任先进单位	中国企业文化促进会	2011年9月
水电九局有限公司金阳分局	2011年度中国企业形象优秀单位	中国工业合作协会、中国社会经济文化交流协会、中国企业文化研究会企业文化专业委员会	2011年4月
水电十局有限公司	2010年度全国建设安全生产先进单位	中国建筑业联合会	2011年4月
水电十三局有限公司	2010年度全国电力建设优秀施工企业	中国电力建设企业协会	2011年2月
水电十三局有限公司	2010年度全国优秀施工企业	中国施工企业管理协会	2011年3月
水电十三局有限公司	2011年度全国电力建设优秀施工企业	中国电力建设企业协会	2012年2月
水电十三局有限公司	2011年度全国优秀施工企业	中国施工企业管理协会	2012年3月
水电十三局有限公司	第三届全国电力行业设备管理工作先进单位	中国电力设备管理协会	2011年1月
水电十四局有限公司	第三届全国电力行业设备管理工作先进单位	中国电力建设行业协会	2011年2月
水电十四局有限公司	2010年度全国电力建设优秀施工企业	中国电力建设行业协会	2011年3月
水电十四局有限公司	电建行业首批信用年检合格企业	中国电力建设企业协会	2011年7月
水电十五局有限公司	2010年度中国建筑业最具成长百强企业	中国建筑业协会	2011年10月
水电十五局有限公司	全国建筑业先进企业	中国建筑业协会	2011年11月
水电十五局有限公司	2010年度全国优秀施工企业	中国施工企业管理协会	2011年3月
水电十六局有限公司	全国电力行业优秀企业	中国电力企业联合会	2011年12月

工　程　奖　项

中国建筑工程鲁班奖

单　位	荣誉称号	获奖工程	授奖单位	授奖年月
水电二局有限公司	中国建设工程鲁班奖	安哥拉卢班戈体育场工程	住房和城乡建设部、中国建筑业协会	2011年11月
水电八局有限公司	中国建设工程鲁班奖	湖南黑麋峰抽水蓄能电站工程	住房和城乡建设部、中国建筑业协会	2011年11月
水电十二局有限公司	中国建设工程鲁班奖	湖南黑麋峰抽水蓄能电站工程	住房和城乡建设部、中国建筑业协会	2011年11月
国际公司	中国建设工程鲁班奖	埃塞俄比亚泰克泽水电站工程	住房和城乡建设部、中国建筑业协会	2011年11月

2011年优质工程奖

单　位	荣誉称号	获奖工程	授奖部门	授奖年月
水电四局有限公司	黄河公伯峡水电站工程	国家优质工程奖30年经典工程	中国施工企业管理协会	2011年12月

续表

单　位	荣誉称号	获奖工程	授奖部门	授奖年月
水电四局有限公司	长江三峡水利枢纽工程	百年百项杰出土木工程	中国土木工程学会、詹天佑科学技术发展基金会	2011年9月
水电四局有限公司	黄河小浪底水利枢纽工程	百年百项杰出土木工程	中国土木工程学会、詹天佑科学技术发展基金会	2011年9月
水电四局有限公司	黄河公伯峡水电站工程	百年百项杰出土木工程	中国土木工程学会、詹天佑科学技术发展基金会	2011年9月
水电四局有限公司	广西长洲水利枢纽工程	2011年度中国电力优质工程	中国电力建设企业协会	2011年6月
水电四局有限公司	贵州北盘江光照水电站工程	2011年度中国电力优质工程	中国电力建设企业协会	2011年6月
水电四局有限公司	青海康扬水电站工程	江河源杯奖	青海省住建厅、青海省建筑业协会	2011年1月
水电四局有限公司	山东潍坊市峡山水库除险加固工程	山东省大中型病险水库除险加固十大经典工程	山东省水利厅、发展改革委、财政厅	2011年9月
水电五局有限公司	中国水利工程优质（大禹奖）	甘肃昌马水库枢纽工程	中国水利工程协会	2011年1月
水电五局有限公司	四川建设工程天府杯金奖	四川水牛家水电站大坝工程	四川省建设厅	2011年11月
水电五局有限公司	四川建设工程天府杯金奖	四川嘉陵江金银台航电枢纽船闸工程	四川省建设厅	2011年11月
水电六局有限公司	中国土木工程詹天佑奖	贵州乌江索风营水电站工程	中国土木工程学会	2011年2月
水电七局有限公司	2010～2011年度国家优质工程奖金质奖（海外）	马来西亚巴贡水电站工程	中国质量协会	2011年11月
水电七局有限公司	中国电力优质工程奖	广西龙滩水电工程	中国电力建设企业协会	2011年6月
水电七局有限公司	中国电力优质工程奖	四川乐山大渡河沙湾水电站	中国电力建设企业协会	2011年6月
水电七局有限公司	中国电力优质工程奖	广西长州水利枢纽	中国电力建设企业协会	2011年6月
水电七局有限公司	中国电力优质工程奖	贵州北盘江光照水电站	中国电力建设企业协会	2011年6月
水电七局有限公司	中国电力优质工程奖	甘肃黄河乌金峡水电站	中国电力建设企业协会	2011年6月
水电七局有限公司	2010年度四川省工程建设系统用户满意工程	苏巴古水电站工程	四川省建设工程质量安全与监理协会	2011年4月
水电七局有限公司	2010年度四川省工程建设系统用户满意工程	成简快速路2标工程	四川省建设工程质量安全与监理协会	2011年4月
水电八局有限公司	2010～2011年度国家优质工程金奖	马来西亚巴贡水电站	国家工程建设质量奖审定委员会	2011年11月
水电八局有限公司	2010～2011年度国家优质工程银奖	江苏如东二期风电特许权项目一期	国家工程建设质量奖审定委员会	2011年11月
水电八局有限公司	第十届中国土木工程詹天佑奖	贵州乌江索风营水电站	中国土木工程学会	2011年2月
水电八局有限公司	2011年度中国电力优质工程奖	湖南黑麋峰抽水蓄能电站工程	中国电力建设企业协会	2011年5月
水电八局有限公司	2011年度中国电力优质工程奖	龙滩水电（4901兆瓦）工程	中国电力建设企业协会	2011年5月

续表

单　位	荣誉称号	获奖工程	授奖部门	授奖年月
水电八局有限公司	2011年度中国电力优质工程奖	贵州北盘江光照水电站工程	中国电力建设企业协会	2011年5月
水电八局有限公司	2011年度中国电力优质工程奖	江苏如东二期风电特许权项目一期100.5兆瓦扩建工程	中国电力建设企业协会	2011年5月
水电八局有限公司	2011年度中国电力优质工程奖	华能启东风一期91.6兆瓦风电场工程	中国电力建设企业协会	2011年5月
水电八局有限公司	2010年度湖南省优质工程	湖南黑麋峰抽水蓄能电站	湖南省建筑业协会	2011年7月
水电八局有限公司	2010年度湖南省优质工程	湖南长沙星城映象6、8、9、12、13栋	湖南省建筑业协会	2011年7月
水电八局有限公司	四川省建设工程天府杯金奖	四川省广元至巴中高速公路工程	四川省住房和城乡建设厅	2011年7月
水电九局有限公司	第十届中国土木詹天佑奖	贵州乌江索风营水电站	中国土木工程学会	2011年2月
水电九局有限公司	2011年度中国电力优质工程奖	贵州北盘江光照水电站工程	中国电力建设企业协会	2011年6月
水电九局有限公司	2010年度贵州省黄果树杯	贵州北盘江董箐水电站厂房结构工程	贵州省住房和城乡建设厅	2011年5月
水电十局有限公司	云南省2011年度优质工程一等奖	云南省铝厂水电站项目	云南省建筑业协会	2011年12月
水电十局有限公司	云南省2011年度优质工程三等奖	鲁基厂水电站项目	云南省建筑业协会	2011年12月
水电十一局有限公司	中国电力优质工程奖	贵州北盘江光照水电站工程	中国电力建设企业协会	2011年6月
水电十一局有限公司	国家优质工程奖设立30周年精品工程	太浦河泵站工程	国家工程建设质量奖评委会	2011年12月
水电十一局有限公司	国家优质工程金质奖	大唐国际发电股份有限公司胜利东二号露天煤矿一期工程	国家工程建设质量奖评委会	2011年11月
水电十二局有限公司	2011年度中国电力优质工程奖	湖南黑麋峰抽水蓄能电站	中国电力建设企业协会	2011年6月
水电十二局有限公司	2011年度中国电力优质工程奖	贵州北盘江光照水电站	中国电力建设企业协会	2011年6月
水电十二局有限公司	国家优质工程奖设立三十周年精品工程	桐柏抽水蓄能电站	国家工程建设质量奖审定委员会	2011年12月
水电十三局有限公司	全国市政金杯示范工程	天津市天津大道主线工程	中国市政工程协会	2011年12月
水电十三局有限公司	天津市政建设工程金奖海河杯	天津市天津大道主线工程	天津市建筑业协会	2011年12月
水电十四局有限公司	云南省2010年度优质工程一等奖	云南马鹿塘二期水电站大坝、溢洪道及放空洞工程	云南省建筑业协会	2011年1月
水电十四局有限公司	第六批全国建筑业新技术应用示范工程	重庆乌江彭水水电站引水发电系统和广东惠州抽水蓄能电站两工程	中国住房和城乡建设部	2011年1月

续表

单　位	荣誉称号	获奖工程	授奖部门	授奖年月
水电十四局有限公司	中国电力优质工程	云南省李仙江戈兰滩水电站工程	中国电力行业协会	2011年3月
水电十四局有限公司	中国电力优质工程	广西龙滩水电工程（地下厂房建筑安装）	中国电力行业协会	2011年6月
水电十四局有限公司	2010～2011年度国家优质工程金质奖	大唐胜利东二号露天煤矿一期工程	国家工程建设质量奖审定委员会	2011年11月
水电十四局有限公司	分获云南省2011年度优质工程一、二、三等奖	云南铅厂水电站、牛栏江天花板水电站、马鞍山风电场等3项工程	云南省建筑业协会	2011年12月
水电十五局有限公司	中国水利工程优质（大禹奖）	新疆乌鲁瓦提水利枢纽工程	中国水利工程协会	2011年1月
水电十五局有限公司	中国水利工程优质（大禹奖）	江苏沂沭泗河洪水东调南下续建工程刘家道口枢纽工程	中国水利工程协会	2011年1月
水电十六局有限公司	2011年度中国电力优质工程奖	贵州北盘江光照水电站工程	中国电力建设企业协会	2011年5月
水电十六局有限公司	2011年度上海市市政工程金奖（第17届）	上海虹桥机场扩建工程	上海市市政公路行业协会	2011年12月
四川公司	2011年度中国电力优质工程奖	四川大渡河沙湾水电站	中国电力建设企业协会	2011年5月

2011年国家科技进步奖

单　位	荣誉称号	获奖工程	授奖单位	授奖年月
水电十四局有限公司	国家科学技术进步二等奖	重大水利水电工程施工实时控制关键技术及工程应用	国务院	2011年12月

（李霞林　汇总）

第十二篇　附　录

Chapter Ⅻ Addenda

2011年股份公司成员企业完成主要实物工程量统计表

序号	企业名称	实物工程量					
		土方（万立方米）	石方（万立方米）	混凝土（万立方米）	金属结构安装（吨）	水轮机组投产	
						台	万千瓦
1	合计	38 304	14 027	5963	397 625	75	438
2	水电一局有限公司	999	799	848	106 300	0	0
3	水电二局有限公司	820	96	20	5374	0	0
4	水电三局有限公司	1056	459	305	15 423	11	48
5	水电四局有限公司	1148	384	341	53 032	3	15
6	水电五局有限公司	5639	1695	1151	52 316	4	17
7	水电六局有限公司	2766	465	139	14 209	4	12
8	水电七局有限公司	2787	1852	839	18 965	7	87
9	水电八局有限公司	1576	800	552	19 298	13	87
10	水电九局有限公司	264	579	66	5949	0	0
11	水电十局有限公司	1539	523	75	25 437	17	80
12	水电十一局有限公司	4396	606	251	5855	3	13
13	水电十二局有限公司	1609	1697	137	6352	0	0
14	水电十三局有限公司	3055	391	108	4594	0	0
15	水电十四局有限公司	1879	1048	439	49 116	2	45
16	水电十五局有限公司	2717	1599	464	2897	0	0
17	水电十六局有限公司	904	897	131	12 422	11	34
18	辽宁水电工程局有限公司	129	123	18	0	0	0

2011年集团（股份）公司重要文件题录

发文日期	发文编号	文件标题
1月4日	中水电股党1号	关于转发《国务院国资委党委办公室关于转发〈党的十七届五中全会精神宣传提纲〉的通知》的通知
1月12日	中水电股党2号	关于印发范集湘同志、陈永录同志在股份公司2010年党建工作座谈会上讲话的通知
2月14日	中水电股党7号	关于成立股份公司中老铁路项目指挥部党工委及有关人员任职的通知
1月27日	中水电股党8号	关于做好创先争优活动重点工作的通知
1月27日	中水电股党9号	关于转发《关于在中央企业普遍开展领导干部点评创先争优工作的通知》的通知
1月27日	中水电股党10号	关于表彰2009～2010年度股份公司"四好"领导班子的决定
2月10日	中水电股党11号	关于印发范集湘同志在集团玉树重建2010年总结大会上的讲话的通知
2月25日	中水电股党14号	关于成立铁路建设有限公司临时党委、纪委和工会的通知
3月7日	中水电股党17号	关于印发《中国水利水电建设股份有限公司2011年纪检监察和反腐倡廉建设工作要点》的通知
3月4日	中水电股党19号	关于印发《2011年股份公司党建工作要点》的通知
4月6日	中水电股党25号	关于转发《关于开展向孙家栋同志学习活动的通知》的通知
3月31日	中水电股党26号	关于印发《中国水利水电建设股份有限公司企业领导人员报告个人有关事项的规定》和《关于对配偶子女均已移居国（境）外的企业领导人员加强管理的暂行规定》的通知
5月17日	中水电股党30号	关于印发《中国水利水电建设股份有限公司党建工作责任制实施办法（试行）》的通知
6月20日	中水电股党35号	关于印发《中国水利水电建设股份有限公司深化厂务公开工作的指导意见》的通知
6月22日	中水电股党38号	关于转发国务院国资委党委《2011年中央企业学习型党组织建设工作要点》的通知

续表

发文日期	发文编号	文件标题
7月7日	中水电股党42号	关于认真学习贯彻《胡锦涛总书记在庆祝中国共产党成立九十周年大会上的讲话》的通知
7月8日	中水电股党43号	关于印发《中国水利水电建设股份有限公司党风廉政建设责任制实施办法》的通知
7月7日	中水电股党45号	关于转发《全国电力行业核心价值公约》的通知
7月8日	中水电股党46号	关于印发《中国水利水电建设股份有限公司党风廉政建设责任制考核评价办法》和《中国水利水电建设股份有限公司党风廉政建设责任制考核评分标准》的通知
8月2日	中水电股党52号	关于转发中组部《关于在全国组织系统学习贯彻胡锦涛总书记在庆祝中国共产党成立90周年大会上的讲话的通知》的通知
8月5日	中水电股党53号	关于认真贯彻落实《关于加强新形势下基层党建带团建工作的意见》的通知
8月10日	中水电股党55号	关于印发《中国水利水电建设股份有限公司反腐倡廉教育长效机制实施办法》的通知
8月11日	中水电股党56号	关于印发《中国水电建设股份有限公司开展加快转变经济发展方式监督检查的实施方案》及《中国水电建设股份有限公司加快转变经济发展方式监督检查工作领导小组名单》的通知
9月9日	中水电股党60号	关于转发《国务院国资委党委关于表彰中央企业党建带团建工作先进单位的决定》的通知
9月19日	中水电股党61号	关于印发《中国水利水电建设股份有限公司关于规范庆典、研讨会、论坛活动的管理办法》的通知
10月10日	中水电股党64号	关于印发《中国水利水电建设股份有限公司文明工程项目创建活动实施意见(试行)》的通知
10月31日	中水电股党70号	关于转发中国电力建设集团有限公司领导人员任职文件的通知
11月4日	中水电股党71号	关于转发国务院国资委党委关于印发《中央企业贯彻落实〈国有企业领导人员廉洁从业若干规定〉实施办法》的通知
1月6日	中水电1号	关于印发《中国水利水电建设集团公司企业改革重大事项社会稳定风险评估实施办法》的通知
4月21日	中水电56号	关于转发国务院国资委、国资委党委有关成立中国电力建设集团有限公司筹备组和范集湘等同志任职文件的通知
4月21日	中水电57号	关于传达贯彻国务院国资委、发展改革委有关电网企业主辅分离改革及电力设计、施工企业一体化重组文件精神的通知
1月30日	中水电股总5号	关于印发2011年工作会议暨一届二次职代会文件的通知
2月14日	中水电股总7号	关于印发国务院监事会主席李志群《在中国水利水电建设股份有限公司2011年工作会议上的讲话》的通知
4月14日	中水电股总17号	关于印发《中国水利水电建设股份有限公司总部公务接待费管理暂行办法》的通知
4月28日	中水电股总20号	关于原富春江水电设备总厂离休干部住房补贴有关问题的批复
5月5日	中水电股总21号	关于转发国务院国资委《关于印发王勇同志在中央企业产权管理工作会议上讲话的通知》的通知
5月20日	中水电股总25号	关于转发国务院国资委《关于印发电网企业主辅分离改革及电力设计、施工企业一体化重组宣传提纲的通知》的通知
6月3日	中水电股总26号	关于转发《国务院办公厅关于规范商业预付卡管理意见的通知》的通知
6月8日	中水电股总27号	关于转发中央纪委等六部委《关于印发贯彻实施党政主要领导干部和国有企业领导人员经济责任审计规定意见的通知》的通知
6月21日	中水电股总28号	关于转发住房和城乡建设部《2011～2015年建筑业信息化发展纲要》的通知
7月4日	中水电股总31号	关于转发《中央企业境外国有资产监督管理暂行办法》的通知
10月21日	中水电股总44号	关于转发范集湘董事长《在中国电力建设集团有限公司首次干部大会上的讲话》的通知
10月26日	中水电股总46号	关于转发中国电建集团《关于转发国资委关于印发〈中国电力建设集团有限公司组建方案〉和〈中国电力建设集团有限公司章程〉的通知》的通知
11月17日	中水电股总48号	关于转发《关于中国电力建设集团有限公司总部部门及事业部负责人聘任的通知》的通知

续表

发文日期	发文编号	文件标题
11月21日	中水电股总49号	关于转发电建集团《关于印发〈中国电力建设集团有限公司工作规则(暂行)的通知〉》的通知
11月21日	中水电股总50号	关于转发电建集团《关于印发〈中国电力建设集团有限公司领导班子成员职责分工〉的通知》的通知
11月21日	中水电股总51号	关于转发《中国电力建设集团有限公司第一次党政联席会议纪要》的通知
11月21日	中水电股总52号	关于转发《中国电力建设集团有限公司高级管理人员聘任的通知》的通知
11月22日	中水电股总53号	关于转发中国电建集团关于转发国务院国资委《中央企业负责人职务消费管理暂行规定》的通知
11月22日	中水电股总54号	关于转发国务院国资委《关于在国资委系统推动构建国资监管大格局的指导意见》的通知
6月20日	中水电股人71号	关于印发《中国水利水电建设股份有限公司"十二五"人才战略规划》的通知
7月22日	中水电股人72号	关于转发人力资源和社会保障部《关于授予2010年度职业技能竞赛优秀选手全国技术能手荣誉称号的决定》的通知
9月8日	中水电股人75号	关于公布2010年度电力行业特有工种高级技师资格名单的通知
9月30日	中水电股人77号	关于确认2010年度工程、经济、会计、政工、法律系列专业技术资格人员名单的通知
12月15日	中水电股人88号	关于转发《关于印发〈电力行业特有职业(工种)高级技师鉴定考评办法〉的通知》的通知
9月7日	中水电股干18号	关于国际公司区域业务总部更名及区域总部总经理任职的通知
1月6日	中水电股财139号	关于转发国务院国资委《中央企业负责人职务消费管理暂行规定》的通知
10月12日	中水电股经18号	关于印发《子企业综合分析机制工作办法(试行)》的通知
11月7日	中水电股经20号	关于印发《中国水利水电建设股份有限公司经营计划管理办法》的通知
11月7日	中水电股经21号	关于印发《中国水利水电建设股份有限公司经营活动分析工作指导意见》的通知
12月6日	中水电股经24号	关于印发《中国水利水电建设股份有限公司科学管理课题立项管理办法(暂行)》的通知
12月6日	中水电股经25号	关于印发《中国水利水电建设股份有限公司市场经营管理系统运行管理暂行办法》的通知
1月30日	中水电股审1号	关于印发《中国水利水电建设股份有限公司水电投资建设项目后评价工作细则》的通知
2月12日	中水电股审2号	关于印发《中国水利水电建设股份有限公司2011年审计工作要点》的通知
6月20日	中水电股审14号	关于印发《中国水利水电建设股份有限公司经济责任审计实施办法》的通知
4月21日	中水电股资8号	关于下达2011年融资计划的通知
5月10日	中水电股资9号	关于转发国务院国资委《关于进一步做好中央企业资金保障防范经营风险有关事项的紧急通知》
9月1日	中水电股资18号	关于印发《中国水利水电建设股份有限公司资金预算管理实施办法》的通知
4月15日	中水电股投9号	关于下发股份公司2011年度投资计划的通知
3月10日	中水电股企6号	关于印发《2011年公司战略管理、改革重组、全面风险管理和内控工作要点》的通知
4月25日	中水电股企13号	关于印发《中国水利水电建设股份有限公司"十二五"发展规划》的通知
5月10日	中水电股企14号	关于印发《中国水利水电建设股份有限公司战略管理办法》的通知
7月25日	中水电股企22号	关于印发《股份公司2011年度全面风险管理报告》的通知
11月8日	中水电股企31号	关于将中国水电建设集团辽宁工程局有限公司整体划转至中国水利水电第六工程局有限公司进行重组整合的通知
11月9日	中水电股企32号	关于转发《中央企业"十二五"和谐发展战略实施纲要》的通知
11月24日	中水电股企34号	关于发布《中国水利水电建设股份有限公司全面风险管理与内部控制手册》的通知
11月25日	中水电股企35号	关于印发《中国水利水电建设股份有限公司厂办大集体改革指导意见》的通知
1月20日	中水电股安2号	关于表彰2010年度安全生产优秀企业、先进项目部、优秀项目经理和先进个人的决定
3月7日	中水电股安3号	关于印发落实《中央企业安全生产禁令》实施方案的通知
4月28日	中水电股安7号	关于印发《中国水利水电建设股份有限公司安全生产管理制度》的通知

续表

发文日期	发文编号	文件标题
5月12日	中水电股安8号	关于转发《国家安全监管总局关于做好建设项目职业卫生“三同时”监督管理工作的通知》等文件的通知
6月8日	中水电股安10号	关于印发《工程建设领域预防安全事故专项整治工作方案》的通知
6月7日	中水电股安11号	关于转发《国家安全监管总局、中华全国总工会、共青团中央关于深入开展企业安全生产标准化岗位达标工作的指导意见》的通知
6月29日	中水电股安12号	关于印发《进一步完善股份公司安全生产应急预案工作方案》的通知
1月18日	中水电股工2号	关于转发《2010年度水力发电科学技术奖励的通知》的通知
12月13日	中水电股工36号	关于印发股份公司2011年质量管理工作专题会议领导讲话和工作报告的通知
1月25日	中水电股史1号	关于印发《股份公司2011年史志鉴工作任务计划》的通知
3月10日	中水电股史2号	关于调整集团(股份)公司《组织机构志》、《大事记》、《人物志》记述时间的通知
3月11日	中水电股史3号	关于印发《中国水利水电建设集团(股份)公司年鉴(2011年卷)篇目》的通知
3月10日	中水电股察1号	关于印发《中国水利水电建设股份有限公司2011年效能监察工作安排意见》的通知
2月11日	中水电股法1号	关于印发《2010年法制工作总结暨2011年法制工作要点》的通知
9月1日	中水电股法6号	关于印发《中国水利水电建设股份有限公司法制工作考核办法》的通知
10月17日	中水电股法8号	关于印发范集湘董事长批示、袁柏松副总经理在股份公司2011年法制工作会议上讲话及会议资料的通知
7月27日	中水电股外16号	关于印发《中国水利水电建设股份有限公司海外项目前期启动管理办法(暂行)》的通知
8月8日	中水电股外17号	关于印发〈中国水利水电建设股份有限公司国外工程项目投标标前协议管理办法〉的通知
8月8日	中水电股外18号	关于印发〈中国水利水电建设股份有限公司国外工程内部委托实施协议管理办法〉的通知
2月16日	中水电股信3号	关于转发《关于进一步推进中央企业信息安全等级保护工作的通知》的通知
8月2日	中水电股信5号	关于印发《中国水利水电建设股份有限公司信息化“十二五”战略规划》的通知
12月2日	中水电股信8号	关于印发《中国水利水电建设股份有限公司信息化水平评价办法》的通知
9月26日	中水电股基1号	关于印发《中国水利水电建设股份有限公司基础设施项目任务计划分配与管理规定》的通知
5月4日	中水电股铁建4号	关于转发铁道部《铁路建设工程转包和违法分包清理规范建议方案》的通知
5月5日	中水电股铁建5号	关于转发铁道部《铁路建设招标投标专项整治工作实施意见的通知》的通知
5月12日	中水电股铁建6号	关于转发铁道部《进一步提高监察工作有效性的实施意见》的通知
9月28日	中水电股铁建11号	关于转发铁道部《关于贯彻国务院加强地质灾害防治工作决定的通知》的通知

索　　引

说　　明

1. 本索引采用主题分析法编制，按索引栏目第一字汉语拼音顺序排列，同音字按声调排列，声调相同按下一字音序排列；集团公司成员企业最后按序索引。

2. 索引标引词后“（ ）”中的内容表示对标引词的限定，图、表均注明“图”或“表”字样。

3. 标引词后的阿拉伯数字表示内容所在的页码。

4. 本年鉴“特载”、“文件　文献”、“专论”、“大事记”篇目均未作索引。

G

H

J

K

L

N

Q

R

S

T

W

X

Y

Z

编　后　语

《中国水利水电建设集团公司年鉴（2012）》是集团公司连续编纂出版的第八部年鉴，《中国水利水电建设集团公司年鉴》编辑部承担了年鉴编纂任务。在编纂过程中，编辑部遵照集团公司领导的指示精神，严格编纂工作程序，认真落实编纂工作责任，9月完成年鉴编纂工作并进入出版流程。

集团公司年鉴编纂工作，始终得到公司领导的关怀和指导，范集湘董事长、孙洪水总经理在百忙中经常过问年鉴编纂工作，陈永录副书记对公司史志鉴工作提出具体要求，听取史志鉴工作情况汇报，公司其他领导也都十分关注史志鉴工作。公司领导的高度重视、正确领导和亲切关怀，公司科学可持续发展的大好形势，是我们做好年鉴编纂工作的根本保证。

集团公司总部各部门、各子公司对年鉴编纂工作给予了大力支持和热情帮助，总部各部门、各子公司领导亲自部署2012卷年鉴的撰稿工作，审阅稿件内容；各单位组稿、撰稿人员勤奋工作，无私奉献，对年鉴编纂工作付出了艰辛劳动。在此，谨一并表示衷心感谢！

集团公司年鉴编纂工作实行文责自负原则，所提供的文字内容和图片由提供单位负责审定。本卷年鉴编辑工作由编辑部负责，各篇目责任编辑负责相关篇目编辑工作。第一篇“特载”由张延乐负责，第二篇“文献　文件”由冯有维负责，第三篇“专论”由张延乐负责，第四篇“综述”由冯有维负责，第五篇“大事记”、第六篇“集团化建设”由李霞林负责，第七篇“科学可持续发展”由冯有维负责，第八篇“党群工作和企业文化建设”、第九篇“检查监督”由李霞林负责，第十篇“成员企业要览”由张延乐、冯有维、李霞林负责，第十一篇“人物及先进集体”、第十二篇“附录”由李霞林负责，图片彩页、中英文目录、索引由冯有维负责。

集团公司年鉴编纂工作是公司企业文化建设的重要组成部分，是提高公司企业文化软实力的需要。在年鉴编纂过程中，力求体现年鉴的科学性、准确性、系统性、实用性，对历史负责。由于水平和资料所限，疏漏之处难免，敬请读者批评指正。

《中国水利水电建设集团公司年鉴》编辑部

2012年9月

中国水利水电建设集团公司

管理方针

科学管理　保证质量

诚信守法　安全环保

预防为主　持续改进

SINOHYDRO

地　　　　址：北京市海淀区车公庄西路22号
邮 政 编 码：100048
集团公司传真：010—58382888　58382999
网　　　　址：www.sinohydro.com